［内部资料　注意保密］

CHINA CONSTRUCTION BANK ALMANAC

# 中国建设银行年鉴

# 2016

中国金融出版社

责任编辑：肖丽敏
责任校对：张志文
责任印制：裴　刚

图书在版编目（CIP）数据

中国建设银行年鉴 2016（Zhongguo Jianshe Yinhang Nianjian 2016）/中国建设银行编. —北京：中国金融出版社，2017. 2

ISBN 978 -7 -5049 -8842 -3

Ⅰ. ①中…　Ⅱ. ①中…　Ⅲ. ①建设银行—中国—2016—年鉴　Ⅳ. ①F832. 33 -54

中国版本图书馆 CIP 数据核字（2016）第 319246 号

出版
发行　中国金融出版社
社址　北京市丰台区益泽路 2 号
市场开发部　（010）63266347，63805472，63439533（传真）
网上书店　http：//www. chinafph. com
（010）63286832，63365686（传真）
读者服务部　（010）66070833，62568380
邮编　100071
经销　新华书店
印刷　北京七彩京通数码快印有限公司
尺寸　205 毫米×280 毫米
印张　46
插页　20
字数　1563 千
版次　2017 年 2 月第 1 版
印次　2017 年 2 月第 1 次印刷
定价　139. 80 元
ISBN 978 -7 -5049 -8842 -3

# 《中国建设银行年鉴2016》编委会

# 《中国建设银行年鉴2016》编辑部



## 本年鉴数据使用责任说明

本年鉴为中国建设银行股份有限公司内部刊物，不对外发行，本年鉴中的部分数据在使用之初仍处于审计过程中，为了在年鉴中真实体现当时数据使用环境的历史面貌，我们保留了这些数据。这些数据与本行公布的招股说明书、定期报告和临时公告有差异的，应以招股说明书、定期报告和临时公告的数据为准。因此，本年鉴使用者不得以任何形式复制、打印、转发、分发或以其他任何方式使用这些数据。如有违反，责任自负。

# 卷首语

2015年，建设银行面临的经营形势异常复杂严峻，全行上下坚定贯彻党中央、国务院的决策部署，以全行转型发展规划为指导，以改革创新为驱动，稳中有为、克难而进，集团资产负债平稳增长、风险管控主动有效、盈利能力保持领先、转型成果大量涌现、发展基础不断增强。总的来看，取得了好于预期、同业前列的工作业绩，实现了转型发展与风险防控互促共进，规模、质量和效益协调发展。

第一，支持实体经济更加精准有力。全行密切跟进国家重大战略，综合运用存量和增量资源、信贷和非信贷手段，加大了对经济社会发展重点领域的支持力度。2014年境内人民币贷款新增9 169亿元，同比多增796亿元，按可比口径还原实际多增2 315亿元。多渠道引导金融活水注入实体经济，投行、资管、信托、基金等综合投融资新增1.62万亿元。连续多年实现非信贷融资总额和增速超过信贷融资。信贷结构不断优化，基础设施贷款余额达到2.7万亿元，个人贷款、战略性新兴产业贷款、绿色信贷等增速均超过贷款平均增速。积极为国际产能合作、“走出去”客户提供全球化服务，超额实现“百户千亿”目标。推广“助保贷”“五贷一透”“快贷”等新产品，有力地支持了小微企业发展和“大众创业、万众创新”。主动减费让利，进一步精简服务收费项目，降低客户融资成本，全行非贴公司类贷款加权平均利率同比下降了1.03个百分点，得到了客户的好评。积极支持“三农”、扶贫工作，探索出了诸如湖北省分行“裕农通”、甘肃省分行金融精准扶贫等新模式。

第二，风险防控更加积极有效。全行按照2014年南北两个片区风险管控专题座谈会精神，转变思路，在风险“了解”和“化解”上狠下工夫，把握风险演化规律、提升风险化解能力、创新风险处置模式，采取了更加积极主动的硬措施、硬办法。总分行各级领导干部带头分片包干、分类施策，初步遏制了不良贷款大幅暴露的势头，实现了资产质量总体可控。着力健全风险管理长效机制，推进授信审批专业化建设、放款中心建设，完善“三授信”机制，强化风险排查和贷后管理，开展新发放贷款“回头看”、担保圈风险治理等，提升了全流程风险管控能力。开展“合规管理年”、“平安建行”创建等活动。倾听客户之声和各方诉求，及时发现问题和解决问题。冷静应对金融市场波动，强化流动性风险、市场风险管理，在自身守牢底线的同时，给予了市场强有力的资金支持，起到了风险“减压阀”的作用。

第三，发展基础更加宽广厚实。全行着力在客户、渠道、IT建设等方面夯基固本，发展后劲不断增强。客户基础方面，通过大、中、小客户并举，拓宽服务覆盖面，提高产品覆盖度。单位人民币结算账户增量和增速保持同业领先；个人有资产客户达到 3. 1 亿人，AUM1 000 万元以上私人银行客户增长 23%。公司和个人客户产品覆盖度分别达到 4. 42 个和 4. 32 个。渠道基础方面，网点“三综合”和前后台分离成效显著，综合营销团队覆盖 98% 的综合性网点，综合服务能力不断提升。智慧网点和旗舰型、综合型、轻型网点建设有序推进。电子银行主渠道作用进一步凸显，账务性交易量占比提升 30 个百分点。个人网上银行、手机银行、微信银行用户数同业领先。IT 基础方面，新一代核心系统建设取得突破性进展，二期项目顺利投产上线，对公业务实现向新一代平台整体平稳迁移，系统功能释放为业务发展创新注入了新动力。

第四，转型规划推进步履坚实。2015 年是建设银行转型发展规划实施的第一年，从规划宣传培训、条线分解、方案细化到全行上下落地实施，各项工作进展有序，取得了阶段性成果。

转型的顶层设计不断完善。对公条线立足转型先发优势，着力打造综合服务平台，加快由资金提供者向资金组织者转变。零售条线聚焦“一个核心、两条主线、三大模式、四大方向”，全力构建客户金融生态系统。国际化转型全面提速，制订了海外机构“一行一式”转型方案。内控合规转型落地实施，启动了合规官制度试点。资产负债和财务管理在加快自身转型的同时，为全行转型发展提供了有力的资源倾斜和机制保障。

转型的基层探索亮点纷呈。各分行结合自身实际制订转型实施方案，在实践中形成了很多鲜活的经验做法，并在很大程度上具备了可借鉴和复制的价值。例如，北京市分行紧扣优势、差距、红利等“五大导向”激发转型内生活力；上海市分行依托自贸区金融服务创新助推业务转型；广东省分行以深化“六个一”模式推进综合金融服务转型；深圳市分行确立了“一点、两线、三网、四项基础”的转型重点；厦门市分行从大资产、大负债、大中收、大渠道、大数据“五大方向”推动转型突破；重庆市分行着力以大资产为先导带动大负债转型；河南省分行以高端化、批量化、平台化推进营销模式转型；辽宁省分行以“五套体系、六项机制”夯筑转型发展基础；山东省分行以目标管理等“五个机制”推动转型规划落地；湖南省分行以“六个抓”“五加大”打造传统和新兴业务转型新优势，等等。

五位一体转型协同推进。集团综合性经营牌照领先同业，综合金融服务能力不断提升。建信养老金管理公司正式挂牌成立，建信保险资产管理公司获批筹建。新设 8 家海外机构开业。智利和苏黎世分行继伦敦之后，获任当地人民币清算行资格。境内外母子公司业务联动、创新联动不断取得新成果。集约化改革深入推进，总行党委确定了 8 个集约化重点专题，部分工作取得阶段性成果，设立了资产管理业务中心、同业业务中心、金融市场交易中心，筹建工程造价咨询公司、财险公司。智慧型和创新型银行建设高标准规划、高水平起步。全国建成 12 家智慧银行。智能客服的业务量已超过 95533 和 400 人工服务的总和。启动大数据战略，组建了上海数据分析中心，先期探索开展的 20 多个大数据运用项目起到了很好的引领示范效应。加强产品创新实验室、创新团队建设，全年完成产品创新 1 600 多项；依托“金融 + 互联网”、跨界合作、银政合作等创新商业模式，与交通部共同推广的 ETC、与税务总局合作推出的“税易贷”、与地方政府合作推出的善融商务“地方馆”O2O新模式等，深受市场和客户的欢迎。

转型业务增长势头迅猛。总行重点监测的19大类61项转型业务中，除了极个别指标外都超额完成计划，平均增速达到37%，其中有一半以上增速超过20%。转型发展重点领域的主要任务和指标的完成情况超过预期。大资产大负债转型发展方面，全行直接融资与间接融资配比从2.25倍大幅提升到4.01倍。零售类贷款新增占比达到80%；资金承接率和体内循环率均超过50%。金融市场主要做市和交易指标同业领先。非金融企业债承销、养老金受托、账管新增规模等同业领先。批发业务转型发展方面，对公“三综合”成效显现，综合营销能力增强，综合定价试点户扩展到4 639家。境内外跨国企业、重大项目的综合营销与服务机制运转良好并取得重要成果，初步形成了市场竞争优势。总行牵头营销储备境内外国家重大战略项目500多个。珠三角、京津冀区域联动不断深化，对接联动需求近500项。转型典型案例的复制推广卓有成效，如ETC卡已覆盖全国23个省，业务增长466%。零售业务转型发展方面，启动了金融生态系统建设，搭建企业级个人客户经营管理体系，打造百类核心客群。个人住房贷款保持同业领先，信用卡消费交易额等3项关键指标首超同业领先者。渠道转型破题，智慧网点建设、营业网点分类、网点形象设计开始实施，渠道管理统一制度、统一流程、科学考核等扎实起步。电子银行业务转型发展方面，移动优先战略全面开花，移动用户数、交易量、交易额等指标全面领跑同业，微信银行客户增长152%，互联网支付市场份额遥遥领先。个人网银用户规模率先突破2个亿。善融商务入驻商户6万余家，累计提供融资400亿元。资产管理转型发展方面，“大资管”业务取得新突破，理财规模创历史新高，债券承销“五连冠”，托管规模从4万亿元跃升到7万亿元。部分分行和子公司通过设立轨道交通PPP基金、城镇化基金等，引导社会资本投入重点项目。子公司转型发展方面，综合化经营子公司金融资产突破2万亿元，增幅达68%，净利润增长62%，建信人寿、建信信托、建信基金、建信租赁等均实现超常规发展。母子公司业务联动量达到3 709亿元，同比增长49%。国际化和海外业务转型发展方面，跨境人民币客户数同比增幅达41%，国际结算量逆势增长达到1.3万亿美元。海外机构资产总额突破2 000亿美元，客户数达到35.6万户。总的来看，在当前银行业传统业务增长普遍乏力的格局下，转型业务逐渐成为发展的新动力引擎。

第五，“三严三实”融入全面从严治党治行各项工作中。深入开展“三严三实”专题教育，组织开好专题民主生活会和组织生活会，抓住了领导干部这个“关键少数”，深入查摆和纠正不严不实问题。全力做好配合中央巡视组工作。入驻前，认真组织开展了对全行财务管理、选人用人、信访举报等方面的自查、整改和问责；入驻后，就巡视发现的问题立行立改、及时核查，严肃处理违规违纪人员并召开警示大会，起到了教育和震慑作用。

党的制度建设取得新进展。根据中央要求修订总行党委工作规则，建立和完善党委职能部门联席会议制度；制定总行党委管理的领导人员选拔任用工作规定，下发了加强和改进境内子公司、总行直属中心、境外机构党组织建设的意见。开展党组织书记抓基层党建工作述职评议考核，制定机关党建工作量化评价办法。修订完善总行巡视工作规定。

全面推动“两个责任”落地。组织落实党风廉政建设党委主体责任和改进工作作风专项检查，全行违规违纪责任检查、责任认定、责任追究工作进一步规范有效。开展了“讲规矩、正风纪、守廉洁”主题教育活动。强化监督执纪，严肃问责各类违规违纪事件；保持对案件和重大风险事项的高压态势。开展了对总行本部部门巡察工作。

形成选人、用人新气象。紧扣习近平总书记提出的“五好”干部标准，做到选对人、用好人。2014 年以来，陆续调整了部分省级分行的领导班子。通过充实和调整，班子力量明显加强，为全行转型发展奠定了重要基础。依托党校和高级研修院，着重加强对省级分行领导班子成员政治培养、党性教育，以及主体责任意识、党风廉政建设方面的培训，促进了政治意识、大局意识、党风廉政意识不断增强。

加强党对群团工作的领导。合并机关党委、工会（团委），成立党群工作部。推进温暖工程、“职工之家”建设为员工送关爱，推广网点员工健身操为建行增彩，举办个人客户经理风采展示大赛为基层员工点赞。开展了“善健者行健步走”、心理疏导等活动。妥善处理各类信访事项。紧扣党的理论教育和党性教育加强党校建设。转型发展和上市十周年成果宣传有声有色，海外业务宣传力度加大并取得明显成效，“寻找身边‘李红英’，争做最美建行人”主题宣传教育活动在全行反响强烈。全行公共关系维护、声誉风险管理、履行社会责任等方面取得了重要成果，安全保卫、青年工作、信访、老干部等工作成效显著。这些工作都为转型发展凝聚了向心力和正能量。

2015 年全行取得的良好业绩，为“十二五”画上了圆满句号。在经营形势错综复杂、经济下行压力加大、风险暴露增多的大环境下，取得如此成绩实属不易，凝聚着全行 37 万多名员工的心血、智慧和奉献。未来的工作任务将更加艰巨，全行要进一步认清形势、把握时机，上下同欲、奋发蹈厉，以转型发展的新跨越开创“十三五”良好开局。

王洪章

董事长

# 王祖继

行　长

张建国

行　长

郭　友

监事长

2015年4月9日，董事长王洪章在西安出席“丝绸之路经济带投资推介会”暨建设银行与陕西省政府银政战略合作协议签字仪式并接受中央电视台专访。

2015年6月30日（法国当地时间），董事长王洪章在建设银行欧洲巴黎分行开业庆祝活动上致辞。

2015年7月30日，董事长王洪章到青岛海尔路支行视察。

2015年9月11日，董事长王洪章在大连出席2015年达沃斯论坛新领军者年会。

2015年10月23日，董事长王洪章在香港出席“CCB2020 新的起点 新的未来”大型宣传推介活动并讲话。

2015年6月25日，行长王祖继到武汉生产基地调研。

2015年6月27日，行长王祖继在上海出席2015陆家嘴论坛。

2015年8月11日，行长王祖继与福建省常务副省长张志南共同为“中国建设银行海峡两岸跨境金融中心”揭牌。

2015年12月3日，行长王祖继出席中国银行业信息科技风险管理2015年会暨银行业信息科技风险管理高层指导委员会全体会议并致辞。

2015年12月7日，行长王祖继在平均海拔5000米的西藏自治区尼木县续迈乡霍德村看望慰问建设银行西藏自治区分行驻村工作队员及当地困难群众。

2015年1月5日，行长张建国（时任）到河北省涿鹿支行调研。

2015年1月8日，行长张建国（时任）赴二重集团（德阳）重型装备股份有限公司考察。

2015年1月14日，行长张建国（时任）拜访首都机场集团公司总经理刘雪松并就北京新机场项目合作进行会谈。

2015年3月2日，行长张建国（时任）在河南省郑州市出席建设银行2015年风险管理工作转型会议并向河南省分行下发风险防控工作责任书。

2015年3月20日，行长张建国（时任）在北京总行大楼会见法国巴黎银行董事长让·勒米艾尔先生。

2015年1月1日，监事长郭友到总行审计部慰问员工。

2015年3月6日，监事长郭友出席天津市分行领导干部大会并讲话。

2015年6月30日（荷兰当地时间），监事长郭友与阿姆斯特丹市长范兰德共同为建设银行欧洲阿姆斯特丹分行揭牌。

2015年10月21日，监事长郭友出席“建行杯”中国大学生创新创业大赛，并为获奖者颁奖。

2015年11月19日，监事长郭友在宁夏总审计室慰问员工。

2015年2月16日，副行长庞秀生到浙江省分行调研。

2015年5月20日，副行长庞秀生到四川省分行调研。

2015年10月22日，副行长庞秀生在宁波市与宁波市副市长王仁洲会谈。

2015年4月24日，副行长章更生到二重集团（德阳）重型装备股份有限公司考察。

2015年5月14日，副行长章更生慰问山西省分行李红英同志。

2015年11月9日，副行长章更生到浙江省分行调研并出席建信人寿浙江分公司开业暨业务启动仪式。

2015年4月17日，副行长杨文升到厦门市分行调研。

2015年10月8日，副行长杨文升到湖北省鄂州调研“裕农通”业务。

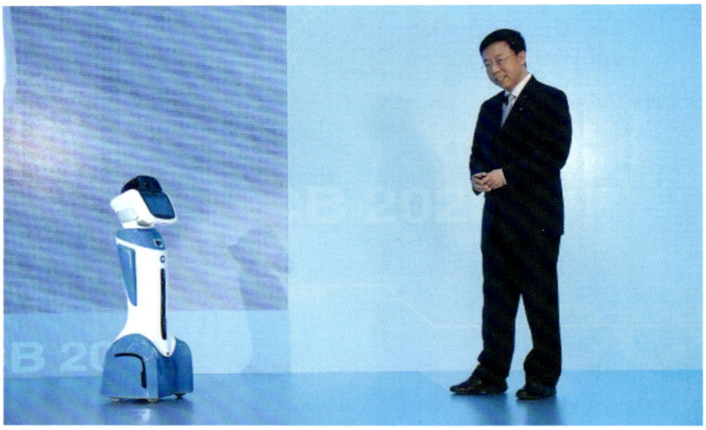

2015年10月23日，副行长杨文升出席建设银行在香港举办的“CCB2020”转型发展宣传推介活动，图为副行长杨文升展示建设银行金融生态系统并与智能机器人进行互动。

2015年1月9日，副行长黄毅到四川西昌出席建设银行龙卡信用卡“积分圆梦·微公益走入四川”快乐音乐教室捐建活动。

2015年9月19日，副行长黄毅在广西南宁出席第七届中国—东盟金融合作与发展领袖论坛“黄金机遇　合作共赢”分论坛并发表演讲。

2015年10月16日，副行长黄毅到总行党委委员联系点贺兰支行就党建工作进行调研。

2015年11月2日，副行长余静波在上海出席“梦想起航”中国商飞C919大型客机首架机总装下线活动。

2015年11月12日，副行长余静波在山西省分行调研。

2015年12月13日，副行长余静波到苏州分行调研并参观基层网点。

2015年8月27日，纪委书记朱克鹏到广西区分行营业部调研。

2015年10月21日，纪委书记朱克鹏到云南省分行调研。

2015年12月17日，纪委书记朱克鹏到常州培训中心为学习贯彻中国共产党巡视工作条例培训班学员作专题辅导。

# 目录

# CHINA 中国建设银行年鉴
# CONSTRUCTION BANK ALMANAC

# 2016

CHINA 中国建设银行年鉴 2016
CONSTRUCTION BANK ALMANAC

# 第一部分　战略决策与战略管理

# 董事会的改革与成就

2015年是建设银行转型发展规划实施的第一年，董事会持续完善公司治理，着力研究重大问题，持续提高决策效率和水平，推动全行改革创新和转型发展。建设银行不断主动、有效加强风险管控，夯实客户、渠道、IT建设等发展基础，保持资产负债平稳增长和盈利能力同业领先，实现规模、质量和效益协调发展，取得了难能可贵的业绩表现。

截至2015年底，集团资产总额达18.3万亿元，增长9.6%，保持四大行第二位；负债总额达16.9万亿元，增长9.1%，存款稳定性强，日均新增四大行第一；支持实体经济，贷款新增额四大行第一、个人住房贷款和信用卡贷款新增额四大行第一；资产质量保持稳定，集团不良贷款不良率为1.58%，控制在董事会确定的1.60%的目标之内；盈利水平符合预期，集团实现净利润2 289亿元，同比增长0.3%；资产回报率（ROA）为1.3%，平均股东权益回报率（ROE）为17.27%，净利息收益率（NIM）为2.63%，成本收入比为26.98%，资本充足率为15.39%，均居四大行前列。

2015年，建设银行先后获得国内外各类奖项120余项，荣获美国《环球金融》杂志“中国最佳银行”、香港《财资》杂志“中国最佳银行”及香港《企业财资》杂志“中国最佳银行”等大奖；在英国《银行家》杂志2015年“世界银行品牌1 000强”中，一级资本总额居全球第2位；在美国《福布斯》杂志2015年度全球企业2 000强中居第2位。

## 一、持续完善公司治理机制

### （一）坚持党的核心领导，发挥董事会专业决策作用

坚持党的核心领导。建设银行正确处理党委会与公司治理的关系，积极研究将党建工作总体要求纳入公司章程的实现方式。通过党委委员和董事会成员“双向进入、交叉任职”机制，将党的领导和董事会决策有机结合起来，将党和国家的方针政策传达到董事会，使董事会决策体现国家意志。党委充分发挥把关定向、领导协调、推动落实的核心作用，建立健全重大决策、重要人事任免、重大项目安排及大额资金运作等“三重一大”决策制度，主动创造条件支持公司治理各方依法行使职权。通过努力，建设银行较好地实现了党的领导和公司治理的协调融合，有力地保证了改革发展举措的实施与推进。

发挥董事会专业决策作用。2015年，全体董事勤勉尽职，共召开董事会定期会议和临时会议8次，审议议题55项，内容涵盖转型发展、资本管理、风险防控、内控合规、海外发展、IT建设、外审选聘和董事提名等重大事项。合理制订经营计划，综合评估2015年经济金融环境，按照全面推进综合性、多功能、集约化的战略转型要求，兼顾银行长期发展和股东利益，督促落实经营计划，保障实现预期经营成果。

落实股东大会决议，统筹兼顾银行发展和股东回报，2014年度分红派息方案在四大行中保持领先；督促执行固定资产投资预算，资源配置向战略性和生产性支出倾斜，重点支持包括物理网点和电子化在内的渠道体系建设、信息系统建设等领域。

### （二）加强公司治理研究

董事会根据外部形势变化和建设银行转型发展要求，积极加强宏观经济形势、体制机制改革、转型发展、海外战略、信息系统建设和社会责任等重大问题研究，为经营决策提供重要支持。

关注宏观经济形势变化。董事会战略发展委员会每次会议都听取宏观经济形势相关分析报告，及时跟踪、研判宏观经济金融发展态势、国家财政政策、货币政策和监管规则调整变化，分析建设银行面临的机遇及挑战，提出应对策略。

体制、机制改革研究。针对银行业经营环境发生的深刻变化，为适应新常态，释放银行经营活力，根据中央深化金融体制改革和国有企业改革的指导意见，董事会组织推动国有金融资本管理体制、混合所有制改革等课题研究。董事会持续跟踪深化改革的政策动态、国有企业和金融同业改革实践进展；调研考察了国资委“四项改革”试点企业；与外部专业咨询机构一起对混合所有制实现路径案例、国内外公司治理理论以及股权激励模式等内容进行深入探讨；多次向大股东、国家有关部委和监管部门汇报建设银行有关深化体制机制改革的理解和认识。

2015 年，董事会年初制订了全年专题调研计划，重点关注转型发展规划落实、海外发展、信贷风险防控、渠道建设、“互联网 +”及大数据运用、集约化经营管理等问题。董事会成员多次到总行相关部门、境内分行和海外机构进行调研，形成专题调研报告并汇编成册，为董事会成员履职和决策提供重要参考。

**（三）优化董事会成员结构**

截至 2015 年底，董事会成员共 15 名，其中执行董事 4 名，股权董事 6 名，独立董事 5 名，分别来自中国大陆、中国香港、美国、欧洲和大洋洲，包括前政府政要、知名学者、专业监管人士、商业银行高级管理人员和职业会计师等，董事会成员的多元化、国际视野、专业背景及经验，对于有效发挥董事会专业决策作用具有重要意义。

研究优化董事会成员结构。董事会深入研究境内外监管规则及最佳实践，对董事会成员构成、基本条件、独立性、任职冲突和提名与审批程序等进行了系统梳理和分析。不断优化董事会成员的区域分布、专业背景、性别和任期安排。

全球范围遴选董事会成员。董事会一直重视董事的国际视野和专业背景，根据董事换届需要，多渠道遴选董事候选人。经过充分调查和综合考量，最终向股东大会推荐来自美国和香港地区的两位董事候选人。

## 二、加强重大问题研究决策

**（一）推动转型发展规划落实**

2015 年，董事会推动转型发展规划全面实施，适时以适当方式对转型发展执行情况进行评估，促进各项转型任务执行和落地，确保全行业务持续稳健发展。

2015 年，全行转型发展取得阶段性成果，综合性、多功能、集约化水平不断提高；智慧型和创新型银行建设高标准规划、高水平起步，全行五位一体转型协同推进，服务国家建设能力、防范金融风险能力和参与国际竞争能力得到增强。一是有力支持实体经济。密切跟进国家重大战略，对接“一带一路”、自贸区建设、京津冀协同发展、长江经济带建设等发展战略，综合运用存量和增量资源、信贷和非信贷手段，加大对经济社会发展重点领域的支持力度。二是转型顶层设计不断完善。对公条线着力打造综合服务平台，加快由资金提供者向资金组织者转变。零售条线全力构建客户金融生态系统。三是综合金融服务能力不断提升。建信养老金公司正式挂牌，建信保险获批筹建，伦敦金交所会员机构收购取得重要进展，集团综合性经营牌照继续领先同业。四是转型业务增长势头迅猛。总行重点监测的 19 大类 61 项转型业务平均增速为 37%。

**（二）推动海外业务健康发展**

董事会充分发挥国际视野和专业背景优势，推动管理层在海外机构布局、业务增长、资源整合、合规管理和基础建设等方面制定措施，总结和评估海外业务发展情况，落实海外机构“一行一式”转型发展方案。

2015 年建设银行海外业务取得积极进展。一是海外布局快速推进。伦敦分行等 8 家海外机构获批并营业，已建成覆盖全球 25 个国家和地区、130 余家境外机构的全球金融服务网络体系。二是海外投资并购取得阶段性成果。完成巴西 BIC 银行要约收购程序，实现建设银行进入拉美市场的战略目标。收购 Windu 银行 60% 股权的交易方案得到监管机构认可。三是业务发展稳步推进。2015 年，建设银行先后获任智利、瑞士人民币清算行资格。上海自贸区、新疆霍尔果斯等特殊经济区主要指标居同业首位。海外机构净利润、资产在集团占比稳步提升。

**（三）加强集团风险控制**

董事会密切关注内外部经营环境变化，研判建设银行面临的主要风险，及时重检修订风险管理政策，了解掌握内外部检查情况，推动监管检查发现问题的整改落实，提出应对措施。

一是重视压力测试管理政策。董事会积极指导、推动制定压力测试管理政策，要求分析各类风险因素对资产质量、盈利能力、资本水平、流动性的影响。董事会审议通过压力测试管理政策，要求压力测试模型及相应的管理工作要有前瞻性，应提前考虑更高的压力测试标准。

二是关注资产质量及市场风险的影响。董事会多次听取资产质量变化、不良资产处置及回收等情况的报告，督促管理层加强风险预警预控，完善客户风险分级监控，加快重点领域风险排查，加强贷款基础管理，不断夯实风险管理基础。

董事会积极关注利率、汇率波动等市场风险及其影响。董事会多次听取市场风险管理情况报告，要求管理层加强利率、汇率、股市和大宗商品价格波动的影响分析，督促管理层建立主动性风险管理模式、开展市场风险监测、加强债券投后管理、强化交易对手信用风险管理，提升市场风险控制能力。

三是修订《风险偏好陈述书》。董事会高度重视建设银行风险偏好的确定，积极推动风险偏好陈述书修订工作，并将陈述书的有效期由 3 年调整至 1 年，审议通过了 2015 年和 2016 年风险偏好陈述书。

四是积极应对全球系统重要性银行监管要求。建行于 2015 年 11 月入选全球系统重要性银行，对建行的资本、流动性和风险管控等监管要求进一步提高，并且要在规定时间内建立有效的恢复处置机制。2015 年董事会听取了建设银行入选全球系统重要性银行所带来的影响分析，要求定期听取全球系统重要性银行有关进展情况的分析报告，以及定期报告建设银行恢复与处置计划情况，建议做好资本补充能力、风险管理和损失吸收能力等方面工作，并加强相关培训。

五是关注海外业务合规管理。近两年，欧美监管当局针对外资银行的监管日趋严格。董事会多次要求管理层汇报海外机构合规管理、反洗钱及监管检查情况，定期听取美国金融监管政策情况报告，要求建立完善的内控合规管理机制，加强对海外机构的检查、辅导和督导力度，督促海外机构遵照监管要求制订整改方案、持续加强与监管部门沟通，不断改进合规工作。

**（四）推动新一代核心系统和大数据建设**

董事会建立定期报告机制，每年两次听取新一代核心系统建设工作进展情况报告，督促管理层以流程银行思路推进 IT 核心系统建设，将各类业务、海内外机构、子公司都纳入系统规划，增强信息技术对业务发展的支撑作用和对大数据采集管理应用能力。

建设银行新一代核心系统建设取得积极进展，技术支持系统发挥重要作用。“新一代”二期顺利投产上线，通过一期、二期项目建设，实现了业务、技术到实施的全面转型。“新一代”在优化渠道体验、支持产品快速创新、完善营销体系、建设流程银行、夯实业务支持基础、强化风险管控能力和提升数据应用水平等方面的效果已经开始显现。

## 三、维护国有银行市场形象

董事会推动银行履行社会责任，保持与监管机构的良好沟通，加强投资者关系管理，依法合规开展信息披露，积极参与 ABAC 等国际合作与交流，提升建设银行良好的国际形象，提振国际社会及投资者对中国经济发展信心。

**（一）持续提高投资者关系和信息披露水平**

2015 年，宏观经济放缓，银行经营环境持续承压，内地和香港两地资本市场大幅波动。董事会高度重视投资者关系和市值管理工作，围绕建设银行业务发展和经营管理优势亮点，通过“请进来”与“走出去”等多种方式，分批、分主题地向资本市场推荐建设银行在主要业务领域的市场地位、竞争优势及未来发展策略，并有针对性地解释说明市场关注的重点问题。董事会成员及高管层分期向资本市场推介建行发展战略、业务亮点和竞争优势，包括转型发展、一带一路、互联网金融、零售银行及风险管理等，有效引导市场预期，化解投资者疑虑。年内组织业绩发布会 4 次，参加投资者论坛 5 次，接待投资者调研团 6 次，接待国内外机构投资者与分析师 300 多人次。

全年累计与投资者和分析师交流1 700多人次。

董事会密切关注上市地证券监管规则及要求变化情况，合规高效开展信息披露。健全内部信息披露工作流程，不断提高工作效率，持续保持信息披露文件零差错，证券监管零违规。加强集团信息披露的协同性，指导子公司证券监管机构的信息报备工作。根据最新监管要求，按时报告董监高持股情况，及时发布控股股东承诺等相关公告，有效维护公司市值稳定。注重年报设计与企业形象展示，结合建设银行60年发展历程和上市十年发展，生动展现建设银行改革发展与战略转型成果，提高建设银行国际影响力；通过实行收取方式和语言版本选择等措施，严格控制年报印刷数量和邮寄费用，在大型银行同业中保持最低水平。年内共发布定期报告4次，临时公告48次，涉及信息披露文件260份，完成各类权益申报事项80余项。

**（二）积极参与国际交流与合作**

随着中国国际交流与合作的不断深入以及国家有关部委的要求，建设银行参与的国际组织和论坛的范围逐步扩大，扩展至亚太经合组织及亚太经合组织工商咨询理事会（APEC及ABAC）、二十国集团及二十国集团工商界（G20及B20）、国际商会、世界经济论坛、博鳌亚洲论坛等。2015年，建设银行担任ABAC金融与经济工作组联席主席、APEC中国工商理事会常务副主席和B20金融促增长工作组联席主席等职。积极推动中国企业在APEC工商领导人峰会及ABAC会议、APEC中国工商理事会年会、夏季达沃斯论坛、中英工商峰会、B20土耳其峰会及B20金融促增长工作组会议以及相关配套活动中发挥作用。其中，在中英两国元首参加的中英工商峰会上，建设银行就政府和社会资本合作（PPP）模式作主题发言，建议中英两国及国际工商界积极拓展PPP领域商机，得到了广泛关注与赞许。

建设银行在国际组织中发挥积极作用。2015年，向ABAC金融与经济工作组提交《加强区域互联互通、促进跨境基础设施融资》提案，倡导APEC经济体建立完善金融监管环境，提高金融监管透明度，加强金融基础设施建设，鼓励银行资金积极参与，促进亚太地区跨境基础设施融资，为中国政府和企业在国际金融及经贸领域赢得利益。提案经ABAC会议审议通过，主要政策观点列入2015年ABAC给APEC领导人和财长的信函。建设银行推进中国参与国际交流与合作进程的努力得到了国家有关部委的高度认可。

**（三）监督履行社会责任**

推动完善绿色信贷工作运行机制。董事会既将绿色信贷作为建行中长期战略发展规划的重点，又将其作为银行履行社会责任的一项重要内容。董事会要求管理层制定绿色信贷政策和流程，定期听取绿色信贷自评价和实施情况报告，推动管理层加强组织领导和相关制度建设。

监督消费者权益保护工作。董事会一直关注银行业消费者权益保护工作，加强对消费者权益保护执行情况的评估，并注重运用专项审计成果，推动全行消保工作管理水平提升。针对消费者投诉管理、消费者权益宣传教育等工作中存在的问题，董事会督促管理层加强对消费者投诉数据和信息的统计分析，改进消费者权益宣传教育活动模式。在董事会的指导下，总行相关职能部门积极落实监管要求，着力整改落实消保监管考评及审计发现的问题，健全消保工作运行机制，切实加强投诉管理，积极开展消保宣传教育等工作。

重视员工职业健康和职业安全保护。董事会研究审阅员工职业健康、职业安全、救助情况以及数据披露情况，提出建设银行作为一家国际化的大型银行，应加强员工安全及权益保护工作，将员工安全和权益保护放在重要的位置，要求职能部门研究、明确相关数据的统计办法，按照国际标准披露相关指标数据。此外，董事会要求建设银行建立员工安全权益保护政策，提高员工体恤力度。在董事会的指导和监督下，建设银行进一步加强员工心理疏导及女员工特殊关爱等方面的工作。

建设银行恪守企业社会责任，积极以公益行动回馈社会。2015年，建设银行对外公益捐赠总额达3 923万元，涉及教育助学、医疗卫生和灾害救助等不同领域。

执笔：王赢

# 监事会的改革与成就

## 一、优化会议议事与运作机制，推动监督工作提质增效

2015年，监事会积极探索改进工作机制，通过合理安排议题、优化工作流程、充分发挥专门委员会作用、加强与公司治理各方沟通交流等一系列措施，积极提升监事会会议质量和效率，进一步增强监督工作的针对性和有效性。

**（一）充实监事会会议议题，聚焦监督重点**

在完成常规审议事项等“规定动作”的基础上，较多地增加了监督工作重要事项的讨论议题，议题内容更加丰富，监督重点更为明确。全年监事会及专门委员会会议议题共90项，较2014年增加22项，增幅为32%。

监事会共召开8次会议，较上年增加1次。审议通过银行定期报告、监事会报告、年度履职监督与评价工作方案等16项议案；专题研究讨论利率市场化加快推进对经营的影响、理财业务发展及风险管控、内控缺陷分析和整改等6项议题；听取全行经营工作安排、压力测试、违规违纪责任追究、“一加强 两遏制”专项自查、中国银监会对建设银行江浙地区钢贸行业信贷风险状况现场检查、押品管理、财务审计发现整改专题汇报等17项议题；听取财委会主席介绍财委会会议情况5次；参阅材料3份；向管理层提出提示函1份。其中，专题研究讨论和听取汇报23项，较2014年大幅增加了16项。这些议题紧扣全行关注的重点工作和事项，使监督工作更加贴近实际，针对性更强。

**（二）优化工作流程，提升监督效果**

一是改进会议议程，通过合理安排议题讨论程序和时间，明确议题说明环节的时限要求，充分保障讨论环节的时间。二是监事会成员会前认真阅研议题材料，会上围绕重点议题深入研究、积极讨论，并从监督角度提出具有实质性、可操作性的意见和建议，促进了监事会议事效率与质量的提高。三是加强对监事会监督意见的督促落实，由办事机构及时将监事会会议形成的主要监督意见进行梳理，将需要落实的事项和内容分解到具体部门，明确反馈的时限要求；通过跟踪落实，使监督意见有效“落地”，监督工作建立完整的反馈机制，监督效果进一步提高。

**（三）充分发挥专门委员会作用，为监事会全面履职提供支持**

履职尽职监督委员会召开会议4次，审核通过监事会对董事会、高级管理层及其成员年度履职情况的评价报告等5项议案，听取了经营转型进展，绩效考核体系，养老金业务发展，关联交易管理以及董事、监事、高管履职相关监管要求等工作汇报或情况介绍。财务与内部控制监督委员会召开会议6次，较上年增加1次；审核通过银行定期报告、年度利润分配方案等7项议案，定期听取财务报告审计、内控合规、内审发现及整改、信贷资产质量、全面风险管理等工作汇报，专题听取了流动性风险管理、集中采购、重点领域信用风险管控、业务管理费和员工费用执行情况等工作汇报。两个专门委员会认真审核并充分讨论拟提交监事会审议的议案；根据监事会统一部署，细化并组织实施确定的监督事项，对监督工作的落实发挥了积极作用。

**（四）进一步加强与公司治理各方的工作沟通，促进监督工作深入开展**

监事会会议形成主要意见和建议，以“监事会会议情况报告”的形式转呈董事会、高管层主

要负责人及成员，保证了会议信息得以及时传递，监督意见得到充分了解。根据工作需要，监事会邀请董事、高管人员列席监事会会议，就重要事项进行多方面的沟通和交流。监事会将研究讨论工作向会议前后端延伸，加大了与管理层有关部门在会前、会后的沟通力度。全年由监事牵头召开的沟通访谈会议20余次，就定期报告、经营费用、资产质量、流动性风险管理、审计发现和整改等事项进行了了解，促进了监督工作的开展。

## 二、认真履行职责，扎实开展监督工作

### （一）加强财务监督，促进财务精细化管理

围绕定期报告编制、审核、披露的依法合规性，切实履行定期报告监督职责。加强与职能部门及外审师的工作沟通，按季听取外审师工作汇报，及时了解财务报告编制审核进展和审计发现，关注可能影响财务报告真实性、准确性、完整性的重大事项。监事会成员列席董事会、董事会审计委员会有关定期报告审核审议的全部会议，以及审计委员会与外部审计师的闭门会议、财务报告预沟通等会议，对其履行财务报告职责情况进行监督。监事会认真审议财务报告相关议案，独立发表审核意见。加强对重大财务决策事项与重要财务领域的监督，通过听取汇报、访谈沟通、分析提示等，重点了解财务费用管理、经营计划安排和执行情况，对并表管理、集中采购管理、利率市场化推进、关联交易管理等方面的情况予以关注，提出意见。通过书面征询等方式，对关联交易、重大资产收购与出售等事项进行监督。依法依规跟进外审师招标选聘过程，委派监事列席审计委员会选聘工作会议和现场参加选聘会议，对重要事项及时提出建议，认真履行了监督职责。

### （二）突出重点开展内控监督，促进加强内控建设

持续开展对董事会和高管层履行内控职责、完善内控体系、组织实施内控评价工作等情况的监督。定期听取内控合规工作情况汇报，及时了解内控合规组织体系建设、规章制度梳理与规范管理、“内控管理年”工作开展等重点工作推进情况，提出着重加强二级分行以及基层网点的内控合规力量，层层落实内控管理责任等建议。以内控缺陷分析和整改为切入点，着力加强对内控评价工作的监督，从公司治理层面持续督促落实《企业内部控制基本规范》等监管要求；组织梳理分析近三年内控评价发现的缺陷及整改情况，召开会议专题研究讨论内控缺陷分析和整改事项，了解内控缺陷反映的突出问题、缺陷整改工作采取的主要措施以及影响整改效果的原因，提出从内容、方式等方面完善员工行为排查工作，深层次分析内控缺陷原因，从机制上提出整改措施，推动问题从源头上彻底整改，加强内控合规部门与其他部门、条线的协同配合等建议。认真审议了银行2014年度内控评价报告，发表了独立意见。落实案件防控监督职责，定期了解案件防控工作情况，提出有针对性地加强县域机构、小型民营企业等案件高发领域的防控工作等建议。

### （三）结合新形势深化风险监督，促进加强风险管控

在经济下行压力加大的形势下，适应银行经营情况的变化，着重加强风险监督，在增加风险管理相关议题的同时，还通过专题沟通、部门访谈等多种形式开展专项监督，加强与管理层之间的沟通交流。以信贷资产质量为重点加强信用风险监督，按季听取信贷资产质量情况专题汇报，主要关注了信贷风险分类、关注类贷款和逾期贷款波动、村镇银行资产质量、小企业和民营企业贷款、评级客户实际违约率、不良贷款处置等一些重点问题，并有针对性地提出加强风险防控的意见或建议。对全面风险管理、重点领域信用风险、理财业务、政府融资平台贷款、押品管理、不良贷款处置等多个领域进行专题研究讨论，适时提示管理层要注重分析不良贷款产生的内因，加强风险预判，注意防范不良贷款批量转让过程中发生道德风险和重大违规事件，提高压力测试模型的针对性与结果的实际运用等。

### （四）认真实施履职监督，审慎开展履职评价

监事会成员出席了年内召开的2次股东大会，列席了董事会及管理层的各种重要会议，对董事会、高管层及其成员履职情况进行监督。认真审核股东大会、董事会决策程序、表决结果、信息披露等的合法合规性，持续关注及分析股东大会和董事会决议的执行情况。加强对重大决策与执行情况的监督，重点关注经营转型实施进展，听取经营转型规划实施情况的专题汇报，就如何具

体落实好转型规划、评估转型规划整体执行效果和存在问题等提出建议。梳理监管部门对独董履职时间、出席会议及发表意见等方面的规定及要求，建立独董参会情况档案并跟踪提示，进一步加强对独董出席董事会会议的监督。组织开展对董事会、高管层及其成员年度履职监督评价工作，包括对部分董事、总行部门及分行主要负责人的访谈座谈，集中审阅董事会、高管层及其成员年度履职报告，在董事、监事、高级管理人员及部分总行部门负责人范围内组织无记名履职测评，对董事、高管个人年度履职情况进行审核等。

## 三、紧密围绕监管要求和经营管理的新情况，加强对重点领域的监督

2015 年，商业银行面临的形势复杂严峻，风险暴露进入高发期，监事会紧密结合新的监管要求和经营管理新特点，将风险、内控重要事项的监督作为重点，开展了大量的研究分析和监督提示。

### （一）就加强押品管理向管理层进行提示

押品是银行信用风险缓释的核心工具，在经济下行期尤为重要。监事会高度重视押品管理，专题听取了银行押品管理情况的汇报。会后向管理层提出《关于加强押品管理的提示》，指出当前押品管理工作中存在的问题，建议：一是高度重视押品管理工作，将强化押品管理作为 2016 年贷后管理的一项重点工作，对全行押品管理实施审计检查全覆盖，并采取有效措施认真整改审计发现的问题；二是押品管理工作专业性强，涉及面广，应借鉴国内外同业好的做法，着力提升押品管理的专业化程度；三是从实处着眼，进一步健全押品管理制度，实行抵质押资产动态评估管理，并抓好制度落实，确保押品缓释作用的发挥。

### （二）对压力测试开展情况进行监督

近年来，国内外监管愈加重视银行压力测试，对银行开展压力测试的要求也愈加严格，尤其在当前复杂的宏观经济形势下，更需要利用压力测试有效计量各种危机情境可能给银行带来的冲击。为此，监事会加强了对压力测试开展情况的监督，组织调阅分析压力测试相关报告，与相关部门进行访谈，专门听取了压力测试工作开展情况的汇报，提出进一步完善压力测试体系，细化压力情景指标设置，提高压力测试模型的针对性与指导性，使压力测试结果更加精准、更加贴近实际，推动压力测试在日常经营管理中切实发挥作用等监督建议。

### （三）加强对流动性风险管理情况的监督

银行业务模式和风险状况的发展变化对银行流动性风险管理提出了新的挑战。中国银监会在借鉴国际监管标准、结合我国银行业流行性风险管理实践的基础上，对监管政策进行了修订。监事会持续关注我行流动性风险管理情况，听取相关情况的汇报，督促各项监管要求逐步落实到位。组织开展流动性风险管理现状与最新监管要求的对比分析，提出流动性风险管理在公司治理，策略、政策和程序以及识别、计量、监测和控制方面存在的主要差距，并建议管理层加强对流动性风险管理的重检和更新，确保及时跟随业务模式和风险状况的变化调整流动性风险管理。

### （四）加强对信贷资产质量的监测与分析

在信贷资产质量连续下滑的形势下，监事会进一步加强了对信贷资产质量的监督。财委会每季度听取信贷资产质量情况的专题汇报，并在会前与职能部门进行充分沟通，就关注的事项和突出风险问题的化解进行讨论，共同寻找对策。组织按月对逾期贷款的变动趋势进行分析，重点监测重要风险领域的变动和新的风险苗头；加强专题研究，通过对近三年外审师信贷审阅降级样本的比较分析，提示关注个别分行信贷风险分类的审慎性，建议加强对分支机构风险分类的督查及管理；通过对 2014 年末四大行资产质量情况的对比分析，指出尽管各行风险暴露趋势相近但并不均衡，建议相关部门对于同业已经暴露出风险而我行风险水平较低的区域或行业要加强预防措施，遏制风险进一步上升。

### （五）加强对屡查屡犯和审计整改的监督

屡查屡犯问题一直是我行基础管理的顽疾，监事会对此高度关注，着力推动问题整改落实。监事与内控、审计部门进行了专题访谈，深入了解屡查屡犯原因、整改管理工作难点，与职能部门充分沟通意见建议，形成《关于工作访谈情况的报告》。报告引起董事会、高管层的重视

### （六）加强对经营计划安排和执行情况的监督

面对经营环境的巨大变化和挑战，监事会加

强了对全行经营计划安排和执行情况的监督，专题听取了2014年经营工作情况的汇报，重点了解了主要指标完成、业务发展目标落实、资产质量变化趋势以及对2015年经营形势的预判等情况，并从不良化解、财务费用安排、风险防范等方面对管理层进行了提示。

**（七）深入开展专题调研**

监事会先后组织开展了县域业务、平台贷款及政府性债务、转型发展规划实施、不良资产批量转让、基层机构内部控制5个领域的专题调研。监事带队赴安徽、上海、山东、江苏、湖南等14家分行，组织与总行部门、分支行的专题座谈访谈50多次，了解具体情况，听取基层意见。这些调研紧扣全行经营管理重点，提出了建设性的意见。例如，县域业务调研指出我行县域业务在物理网点数量、针对性产品、政策保障和资产质量管控方面仍存在不足，建议有步骤、有重点、差别化地推进县域业务，搭建多维立体渠道网络，研究推出贴合客户需求的拳头产品和产品服务组合，加强县域机构内控风险管理，稳步开展资产业务。平台贷款及政府性债务相关情况调研指出平台公司转型的不确定性、部分地区财政收入压力增大、平台贷款现金流真实性等因素可能导致地方政府性债务风险上升以及PPP项目管理存在薄弱环节等需关注的问题，就加强存量平台贷款风险防控、稳妥推动PPP业务发展提出了管理建议。转型发展实施情况调研对全行推进转型规划实施进行了思考，提出了做实转型措施、加大差别化管理力度、创新风险管控、强化基础管理等建议。

## 四、加强对内部审计工作的指导

监事会主要负责人在分管审计工作中，指导审计工作积极适应全行转型发展要求，加快自身转型，主动跟进新形势，全面发挥监督、评价、建设职能，为全行转型发展提供保障。2015年，内部审计积极贯彻落实总行党委部署，工作力度不断加大，审计覆盖领域更加广泛，审计能力不断增强，审计工作层次得到进一步提升，一系列重要审计发现和相关审计信息得到了总行领导、业务部门和各级机构的高度重视，为全行的经营发展和经营管理水平的提升发挥了积极的促进作用。对于年初制订的全行内部审计计划，监事会成员进行认真审阅，并在列席审计计划制订相关会议时就年度审计重点安排提出建议。监事会高度重视审计发现问题的整改，定期听取内部审计发现及其整改情况的汇报，就重要审计发现进行深入了解，专题听取重大信贷风险及问题跟踪审计整改、财务审计发现整改情况汇报，督促问题整改和落实，促进审计效果的发挥。

执笔：邓智琦

CHINA 中国建设银行年鉴 2016
CONSTRUCTION BANK ALMANAC

# 第二部分　战略部署暨文献资料

# 适应新常态　抓住新机遇
# 以转型发展打造竞争新优势

## ——在中国建设银行2015年工作会议上的讲话

**王洪章**

（2015年1月27日）

为深入贯彻党的十八大和十八届三中、四中全会，中央经济工作会议、国务院常务会议精神，全面落实习近平总书记对我行提出的“三个能力”建设要求，总结2014年工作，研判当前经营形势，全面推进转型发展，及早部署2015年工作任务，总行党委决定在春节前召开这次会议。张建国行长还要对全行经营工作作出布置。我首先代表党委讲几点意见。

### 一、关于2014年主要工作

2014年，面对复杂多变的经营环境，全行认真贯彻中央决策部署，把握大势、推动转型、克难奋进，实现了规模、质量和效益协调发展。集团资产总额达16.9万亿元，净利润达2 283亿元，不良贷款率仅1.19%。市场地位进一步稳固，核心指标保持在同业前列；市值排名回升至全球银行第四位，品牌价值蝉联国内金融业首位。

**（一）支持经济转型，服务大局体现了责任担当**

紧密配合国家政策，着力支持国计民生重点领域和薄弱环节。全行人民币贷款新增8 479亿元。进一步发挥我行传统优势，基础设施贷款新增2 793亿元，占公司类贷款新增的66%，投向重点在建续建项目、国家重点工程、城镇化和新农村建设等领域。助推“走出去”战略，在自贸区、“一带一路”、沿边开放地区设立专业机构或专业团队，加强境内外联动服务；跨境业务快速发展，跨境人民币结算量达到1.46万亿元，居四大行第二。

拓展普惠金融。针对小微企业服务模式落后、成本高、质量差等问题，大力推广助保贷等新的经营模式，以及信用贷、POS贷等小微企业专属产品，持续提升为小微企业服务水平；小微企业贷款结构得到优化，抵押率不断提高。配合商事登记制度改革，着力扶持大众创业和万众创新。小微企业贷款余额达1.02万亿元，新增四大行第一。探索农村金融服务新模式，通过服务网点结构调整，不断增加县域机构网点数量，加强与供销社等涉农企业和机构的跨界合作，组织综合金融服务，推广手机银行、ATM、POS机等服务方式，联结涉农龙头企业产供销链条，延伸了服务渠道。涉农贷款余额达到1.8万亿元。继续保持住房金融领先优势，个人住房贷款余额达2.4万亿元，总额和新增居同业首位，房改金融市场占比超过50%。发挥“民本通达”品牌优势，民生领域贷款余额达2 468亿元。

多方挖掘潜力降低企业融资成本。全行认真贯彻落实中央关于解决企业融资难、融资贵问题的指示精神，加强了筹资端的量价策略研究，调整了贷款考核政策，为客户提供包括直接融资在内的多种低成本融资工具。主动减费让利，2014年11月全面实施新版服务价目表，在此前已大幅减免收费的基础上，进一步精简了收费项目，降低了大众服务收费标准。

**（二）着力深化改革，边行边试加快了转型步伐**

总行党委成立了全面深化改革领导小组。开展了公司治理机制研究，着手优化子公司治理结构，跟踪研究国企改革动向；梳理形成了党委深化改革和转型发展思路；启动并实施总行本部组织机构集约化改革，初步解决了经营与管理职责不够清晰、专业职能分散等问题。部分分行按照集约化导向，调整优化了部门设置。开展了总行审批事项清理，精简下放了46%的审批事项。

完成转型发展的顶层设计。2014年一年，集全行之力，组织开展了转型发展规划制订工作。规划领导小组召开了几十个座谈会，充分听取各方面意见，党委召开两次会议进行审定，最后经董事会审议通过，2014年底正式印发了《中国建设银行转型发展规划》。规划明确了全行到2020年的发展方向、转型目标、经营导向和实现路径，明确提出了到2020年实现"资本充足、结构合理，管理规范、控制有效，功能完善、基础扎实，国内最佳、国际一流"的目标，努力创建最具价值创造力的银行；同时也指出了转型是个不断发展的过程，要求全行上下通过边行边试，在发展中摸索转型、在转型中推动发展。

各分行、各部门按照转型规划的总体思路，主动把转型发展作为经营管理的重要指导，在管理理念、经营策略、资产配置、考核机制、组织架构等方面，不断进行探索和调整完善。有的分行不断优化信贷结构、强化信贷管理，注重企业全量资金管理，努力增加基本结算户。大力推行综合金融服务方案，增强了综合金融服务功能，满足客户各种服务需求。公司板块完成了转型发展具体路线图，明确了7大类19项细化目标。总行优化了考核机制，大幅调整和精简指标体系，考核重点进一步向市场表现倾斜，加大市场表现和风险控制指标的权重，等级行指标由9个调整为5个，KPI指标由36个调整为"8+4"模式。在领导班子竞争力考核、等级行考核和KPI指标上，突出了转型的导向。

集团综合化经营框架基本形成，非银行金融牌照保持领先。首家获批筹建养老金管理公司；并购期货公司顺利完成，建信期货正式开业，并按照总行对子公司总体要求加快完善和发展；中德住房储蓄银行在中国人民银行、中国银监会等部门的支持下，经国务院批准，纳入国家多层次住房保障体系，获准全国展业，为快速发展打下了政策基础。子公司金融资产翻番，突破1.2万亿元，净利润增长32%。建信信托管理资产规模跃居行业第二，建信基金公募业务规模进入行业前九，建信人寿保费收入居银行系第一，建信租赁新增租赁资产规模跻身行业前三，建银国际IPO承销项目数在香港各大投行中领先。

多功能服务能力显著提升。通过资产管理、投行和子公司的综合化服务，为客户解决融资需求1.04万亿元，超过全年贷款新增总额。债券承销金额和收入实现同业"四连冠"。金融市场业务收入增长19%。托管规模增长38%，新发基金托管、企业年金和养老金托管等业务规模市场领先。信用卡业务收入、资产质量等6项核心指标保持同业第一。授信流程优化取得了实实在在的成效，在缩短流程、提高效率、强化实质性风险控制的基础上，有序推进"三授信"。建立了集团并表授信管理制度，开展"百行千户"活动，落实主动授信理念，全年完成综合授信2 072户、金额达2.4万亿元；总行牵头完成全球授信24户，已覆盖6成海外机构；推动项目评估专业化转型，评估金额提升21%。工程造价咨询收入93亿元，居国内造价咨询机构首位。

国际业务发展和转型继续取得重要进展。2014年海外并购和新设一级机构4家，总数达到21家，初步实现了对海外主要市场的覆盖。习近平总书记亲自为新西兰子行揭牌，李克强总理亲自宣布我行为伦敦人民币清算行，为全行加快国际化进程奠定了重要基础，也极大地激发了全行努力做好海外业务的积极性和热情。离岸人民币业务快速发展，成功发行了宝岛债、点心债、歌德债、大洋债等。主动融入全球市场，参与国际竞争，落地经营步伐加快，海外机构资产增长34%，净利润增长48%。

**（三）转变经营方式，狠抓基础增强了发展后劲**

面对激烈的市场竞争，全行各级机构认真落实宏观管理部门、监管部门关于持续稳健经营的要求。总行鲜明地提出了在经营管理上要保持定力、打牢基础，坚持稳健经营、持续发展；在存款上要把重点放在日均指标，不得冲时点；在客户服务上要发挥综合化优势，增加有效产品供给，提高产品覆盖度，增强客户黏合力，不搞"短平快"。通过上述工作，矫正了部分分支机构重时点轻日常、重存款轻客户服务的经营模式，引导全行把工夫下在平时，把主要精力转到打牢客户基础、抓好综合服务上。

转变客户营销和服务方式。全面推进对公业务“三综合”、零售业务“三综合”，大力拓展“三大一高”客户，狠抓基本户和全量资金。落实主办行制度，公司有效客户、个人客户、私人银行客户实现较快增长，单位人民币结算账户增量和增速四大行第一。推动小微企业业务向“以小为主、以微为重”转变，搭建银政合作平台开展批量营销，全年客户新增四大行第一；助保贷等新模式得到了国务院领导同志的肯定。

以客户为中心推动渠道功能转变。网点“三综合”取得新进展，建成综合性网点1.37万个，综合营销团队1.75万个，网点功能逐步向客户营销平台、客户体验平台、产品展示平台转变。深化柜面业务前后台分离，处理效率提高了60%。加快电子银行和自助渠道建设，积极探索智慧银行服务模式。全行离柜账务性交易占比达到88%，其中电子银行账务性交易量占比47.4%，主渠道地位凸显；手机银行、个人网银、微信银行等新兴渠道发展迅猛，客户数四大行第一。

部门银行问题逐步得到解决，以集团利益最大化为导向的整体协同配合不断加强。近年来，总分行之间、总分行与子公司之间、境内外以及各分行之间的业务联动和交叉营销取得重要进展，一点接入、多方协同的联动机制初步形成。母子公司全年业务联动量达到2492亿元，境内外联动创新和业务合作更加密切，珠三角、京津冀等区域协调委员会联动机制成效显著，集团综合性、多功能优势得到了较好的发挥。

**（四）做实管控责任，全力以赴守牢了风险底线**

风险管理体制改革成效显现，按照风险管理职责进党委的改革要求，各级分行党委切实承担起风险管控主体责任，形成了风险管控强大的领导力和执行力。总行党委和管理层靠前指挥，召开了10多次风险管控重点分行座谈会和风险处置专题会议，并与地方政府、监管部门、相关企业沟通协商风险处置化解方案；建立总分行领导牵头处置重大信用风险项目机制，其中总行牵头的“三十大”风险项目处置化解率达到33%。总分行领导带头落实风险管控责任，在全行起到了重要的示范作用。“信贷风险防控年”活动成效显著，通过盘活、回收、减免息、拍卖、打包转让、核销等多策并举，处置化解不良贷款786亿元，实现了年度不良贷款控制目标。拨备覆盖率达223%，拨贷比2.66%，保持了良好的风险抵补水平。

进一步发挥审计、纪检监察、巡视、合规等部门监督检查的作用，组织经营部门全面排查、风控部门滚动排查，及时发现问题、消除隐患、落实整改。去年加大了对信贷风险、违规经营、违章操作等有关案件的查处力度，对违规违纪行为严肃责任追究，严厉处理主要责任人员、领导干部和关键岗位的责任人员。给予负主要责任的领导干部和责任人党政纪处分2 680人次，其中领导人员934人次。严肃通报了黑龙江省分行的严重违规违纪案件、温州市分行的区域性金融风险和信贷损失案件、甘肃省分行的伪造印章诈骗案件等重大信用风险和安全事故案例，发挥了警示教育作用。

着力强化信贷管理和风险内控基础。加强行业和区域信贷政策研究和制定工作，信贷政策更加贴近实际，更好地满足不同区域、不同行业的差别化要求。梳理完善了信贷基本制度，强化信贷管理薄弱环节，印发了贷前管理和贷后管理、加强信贷文化建设等指导意见，信贷管理“两头轻、中间重”问题开始受到重视。落实审批“三结合”，建设集中放款中心，加强和促进贷前调查和贷后规范管理工作。按照新资本协议要求落实全面风险管理，首批获准实施资本管理高级法。全面推进内控合规体系建设，编制《通用内部控制标准》，制定了海外机构、子公司内控合规指引。

**（五）加强党的建设，薪火传承汇聚了全行力量**

全行认真学习贯彻习近平总书记系列重要讲话精神，不断巩固和深化教育实践活动成果。按照“三严三实”要求抓整改、转作风。各级领导干部政治意识、大局意识明显增强，思想作风、工作作风、廉政作风进一步转变，想干事、求上进、谋发展的思想意识日益强烈，作风建设取得明显成效。总行党委领导班子教育实践活动“两方案一计划”全面落实，整改措施已完成95%，其余将于2015年整改完成。严格落实“八项规定”精神，认真排查办公用房、公务用车、职务消费、公款出国（境）和企业兼职，从严控制赅建项目和装修改造标准，规范外包事项管理。全行招待费、会议费、宣传费和车辆费同比分别下降33.4%、43.2%、21.7%和14.4%。中央督导组对我行作风建设工作给予了充分肯定。

全面落实党风廉政建设主体责任。总行党委召开全行视频会议进行布置，制定了落实党委主体责任和纪委监督责任、惩治和预防腐败体系、纪律检查体制改革、巡视等配套制度。按照中央关于加强党员领导干部培训和从严管理干部的要求，总行党委决定每年适时举办各分行、各部门“一把手”培训班，并成功开展了首次培训，反响很好。强化各级领导班子和队伍建设，有计划、有步骤地调整和充实各分行领导干部，配齐配强一级分行领寻班子。推进干部年轻化，充实后备干部队伍，加大了各层级间干部交流力度。坚持机关人员充实到前台部门和基层的人力资源配置导向，坚持薪酬、职级、培训等向经营一线倾斜的激励导向，不断调动基层员工的积极性，营造基层业务骨干在职业生涯上能干事、干成事的良好氛围。

传承发扬建设银行的优良传统。60周年行庆宣传工作简朴务实、有声有色，通过讲好“建行故事”、传播建行“好声音”，在社会上引起了良好反响，提升了社会声誉，增强了员工的自豪感和使命感。践行社会主义核心价值观，宣传了李红英同志等先进典型。全行创建全国文明单位55个，总数和增量均为同业第一，为全行提供了正能量。各级工会、共青团、老干部工作卓有成效，通过“温暖工程”、帮扶救助、全员健身计划等系列活动，关心关爱员工；通过劳动竞赛、青年员工成长帮助计划、创新创效金点子、积分微公益等特色活动，激发了员工参与改革发展的热情。

建设银行的良好业绩得到了市场的高度认可。在国际权威奖项排名中，被英国《银行家》杂志评为世界银行品牌1 000强第二位，被美国《福布斯》杂志评为全球企业2 000强第二位。

这些成绩来之不易，得益于党中央、国务院的统揽全局、正确领导，得益于宏观管理部门、监管部门的科学统筹、悉心指导，得益于全行广大干部员工的辛勤工作、锐意进取。这里，我代表总行党委、董事会、监事会、高管层，向大家表示衷心的感谢！

## 二、面临的形势和问题

我国经济发展已进入新常态，速度变化、结构优化、动力转换，带来了很多新的趋势性变化。深刻认识新常态，准确研判新趋势，是做好各项工作的基本前提。

从国际形势看，2015年仍将延续不均衡的弱势复苏格局，主要经济体呈调整分化的走势。美国经济表现强劲，复苏基础渐趋稳固，但也存在量化宽松结束、货币政策回归常态对全球经济的“外溢性”不确定影响。欧元区和日本经济复苏乏力，结构性矛盾突出，通缩风险加大，欧洲中央银行近期启动了量化宽松政策，引发市场大幅震荡。新兴经济体增长下滑，并面临着大宗商品价格急速下跌、货币贬值、资本外流等诸多风险。

从国内形势看，有利的一面是，经济发展速度虽然降到7.4%，但仍处于合理区间，在主要经济体中仍是一枝独秀。习近平总书记在中央经济工作会议上深刻阐述了新常态的9个方面趋势性变化，涉及投资、消费、进出口、结构调整、技术创新等，指出了“四个转向”的阶段性特征，经济正朝着形态更高级、分工更复杂、结构更合理的阶段演化；提出除了继续推进西部开发、东北振兴、中部崛起、东部率先等发展战略外，要重点实施“一带一路”、京津冀协同发展、长江经济带等新战略，为经济发展和参与国际竞争开辟新的领域。同时，我国经济也面临着多重矛盾交织，下行压力增大。低端制造业等传统产业低迷，PPI连续34个月负增长；调结构、去产能远未到位，传统增长动能不足，新的增长动能尚未形成；随着要素成本上升、市场需求疲弱，企业经营困难增多，部分领域风险显化。

从银行业情况看，面临的形势错综复杂。近期，尚福林主席在全国银行业监管工作会议上深刻分析了银行业新常态的特征，指出了新常态下贷款增速回稳、存贷利差收窄、社会融资方式转变、不良贷款反弹、金融监管“宽进严管”等5个大趋势，金融“脱媒”、民营银行、互联网金融等新兴业态和技术对传统银行也提出了挑战，等等。这些趋势给银行的业务发展、盈利增长、风险管控带来了越来越大的压力。2014年，各大银行业务和盈利增速大幅下降，这不是短期波动，而是趋势性变化。银行业风险压力凸显，截至2014年第三季度末，不良贷款已连续12个季度上升，风险频发、案件时现。同时，利率市场化提速、社会融资格局变化，企业对银行非传统业务需求日益强烈等，都使我们不得不思考传统经营模式、传统盈利模式如何进行调整和改变，以应对前所未有的挑战。

从我行自身情况看，也存在不少问题和差距。一是对于中央出台的经济金融新政策、区域和产业发展新变化、国内国际经济深度融合的新趋势等，还缺乏认真、系统的学习和理解，响应预案、政策调整和落实措施还有不及时、不到位的地方。有些还停留于老套路、旧打法上，抓机遇、促发展的办法不多，力度不够。

二是对全行转型发展的重要性、紧迫性认识不足，推进落实的自觉性、主动性不够，细化落地的有力措施欠缺。总分行两个积极性还没有充分调动起来。当前经济进入新常态，银行经营的方式、方法也面临着调整和改革，其实全行都在摸索和创新，对于基层机构在适应新常态和探索转型中的创新做法，我们有的还未能及时发现、总结、提升和推广。

三是部分区域、行业、产品和客户群体仍存在较多的风险隐患。如何统筹兼顾、综合应对，通过细分市场、细分客户，既做好增量摆布，又要把存量调控好，做实信贷资产质量、防止此消彼长；如何通过改革和创新的办法，减少不良贷款的压力等，都还需要认真研究。2014年全行暴露不良贷款1 008亿元，根据最近风险压力测试结果，如果不采取有力措施，2015年新暴露不良贷款可能超过2014年。

四是基础仍显薄弱。管理粗放、有章不循、违规操作现象屡查屡有，信用风险、表外风险、操作风险等问题并未见底，这些表面上看是风险，背后实质却是明显的内控不严、合规失控问题。各方面的合规管理、监督检查问题导向不明显，日常检查监督力度有待加强，尤其是平级监督不到位、对集团表内外实时监督不到位、境外机构的监督严重缺失。

总的来看，新常态下银行面临诸多压力，但机遇明显大于挑战，而且很多挑战可以转化为机遇。如何抓住机遇、应对挑战，关键在于加快转型发展。2014年，全行启动了战略转型，这是因势而动、顺势而为，也是大势所趋的战略选择，全行上下给予了高度认可和赞同。大家普遍认为，战略转型是应势而生，方向正确、目标清楚、导向明晰，通过转型可以极大地促进服务能力、发展能力和价值创造能力的提升，保持国内银行业中第一梯队的位置以及核心指标持续领先，早日跻身国际优秀大银行之列。习近平总书记、李克强总理、马凯副总理等中央领导同志在我行成立60周年之际作出重要批示，既是对我行既往工作的肯定，更为未来转型发展指明了方向。我们已经有了很好的基础和有利条件，一定能通过转型发展实现我们的战略目标。

## 三、2015年工作要求

2015年既是全面深化改革的关键之年、全面推进依法治国的开局之年，也是全面完成“十二五”规划的收官之年。按照中央决策部署和有关监管要求，总行党委、董事会立足建设银行实际，确定了2015年的工作思路和重点。总的要求是深入贯彻落实党的十八大和十八届三中、四中全会，以及中央经济工作会议、国务院常务会议精神，紧紧围绕“三个能力”建设（服务国家建设能力、防范金融风险能力、参与国际竞争能力），全面推动转型发展规划实施，主动适应新常态、敏锐抓住新机遇、大胆探索新模式、不断创造新价值，以转型发展打造市场竞争的新优势。

面对经济金融新常态，从落地实施的角度看，全行各项工作都要进入转型发展的新轨道。具体来说，一要适应新常态，密切跟踪研究经济金融新政策、深化改革新举措、技术进步新趋势、市场运行新特征、客户需求新变化；二要抓住新机遇，及时发现新的业务和利润增长点、增长极、增长带，敏锐捕捉稍纵即逝的市场商机；三要探索新模式，按照“五个转型”、“七大重点”和7个方面保障措施的要求，创新客户服务模式、产品创新模式、业务协同模式，以及大数据管理、网络和移动金融服务等新模式；四要创造新价值，加快从存贷利差为主向综合盈利转型，打造最具价值创造力的银行。重点抓好以下工作。

**（一）把支持实体经济放在首位，因势而为推动新发展**

经济转型升级为银行转型发展提供了难得机遇，建行也只有加快转型，才能更好地支持经济转型。古人讲，“得时无怠，时不再来；天予不取，反为之灾”。如果抓不住这一轮机遇，建行不仅将丧失未来发展空间，而且现有市场地位也会保不住。全行要以高度的历史责任和现实担当意识，在服务实体经济中谋划新的发展。

2014 年底，总行党委召开了 5 个片区的座谈会，分析研判经营形势，听取各分行意见建议。大家都谈到，中央和地方的一系列新政策、改革新举措、区域发展和产业转型的新亮点，都为银行带来巨大商机和发展红利。近期，总行陆续下发了针对性营销指引。全行要密切跟踪，及早行动，抢占先机。

要聚焦“一带一路”、京津冀协同发展、长江经济带三大战略，以及其他重点区域发展规划，提前研究摸底，做好项目对接。积极营销重大基础设施项目、信息电网、油气等重大网络工程、铁路等交通项目、矿产资源保障、环境治理工程等重点项目。积极支持企业“走出去”、转移国内过剩产能，以金融杠杆助推基础设施建设服务、高铁、电力、通信等高端装备出口。2014 年，我行牵头支持了国家电网下属企业在埃塞俄比亚的电站建设项目，创近年来单笔美元融资出口信贷最大签约额纪录，经济效益和各方反响都很好。各条线、各部门、各分行都要增强全球化意识，强化内外联动，做好全球营销、全球授信、全球现金管理、全球账户管理，积极拓展出口信贷、融资租赁、项目融资、资源换贷款、并购融资等新业务，为“走出去”客户提供更好的服务。

要积极跟进国企改革、政府投融资体制改革、自贸区扩围、农村土地改革试点、商事登记制度改革等各个领域的重大变革。要关注改革所催生的新型市场、新生业态、新兴企业等。如自贸区业务创新，要在上海分行已取得经验的基础上，及时梳理总结，迅速复制推广到广东、福建、天津等其他自贸区，形成辐射效应。同时要关注改革对存量业务的影响。从部分先行试点省市的情况看，国企混合所有制改革、地方政府债务清理、PPP（政府与社会资本合作）模式引入等，既给银行带来新的业务机会，也深刻影响银行存量业务份额、客户合作格局。要未雨绸缪，敏锐抓住机会，才能一步主动、步步主动。

农村土地制度改革方面，随着土地经营权流转的推进、农村要素市场的形成，农村经济将迎来新一轮的大发展。长期以来，建设银行在农村金融领域远远落后于同业，但从另一角度来看，差距也恰恰是发展的潜力。要认真落实总行关于加强县域金融服务的有关要求，总结全行先期开展的县域“三农”金融服务创新的经验做法，进一步拓宽思路，推广跨界合作等新模式，开辟农村金融新“蓝海”。

新兴产业方面，新技术、新材料、新能源等关键技术的推广，将培育出巨大的市场。要从技术和市场成熟度、商业可持续性等角度作出科学评估，选择支持具有自主研发能力、战略定位清晰、抗风险能力强的龙头企业。要多了解市场、深入客户，增加切身体验。像现代服务业、互联网企业、新能源企业等，要密切跟踪、及早研究，做好产品和服务模式准备，努力提供良好的服务。最近我和同事一起实地调研了国内一家新能源汽车龙头企业，亲身体验了新产品，大家感觉很受触动，可以说改变了过去的看法。虽然新能源汽车外部配套环境的完善还需要一个过程，但是应该看到，当前治理雾霾已成为全民关注的焦点，习近平总书记将“APEC 蓝”提升到了中国梦的高度，新能源汽车将逐渐进入主流市场。类似新兴产业还很多，相关部门和分行要密切跟进、认真评估，提前做好介入准备和预案。

再如现代服务业，发展势头异常迅猛。像 2014 年底习近平总书记视察的镇江惠龙易通国际物流公司，就是个典型的例子。据分行同志介绍，惠龙易通公司专注于打造物流电商平台，虽属于轻资产企业，但 2014 年就实现了开票交易收入 600 多亿元。这家公司也是我行的战略合作客户，我们为其量身定制了配套产品和服务。总分行要进一步做好后续跟进和业务创新，完善综合服务方案；同时，认真总结和研究这类客户金融服务的特点和规律，从点提升到面，形成可复制推广的营销策略和服务新模式。

**（二）把转型发展规划落到实处，急务先行争取新突破**

《中国建设银行转型发展规划》已经明确了转型方向和各项部署，2015 年的中心工作就是抓落实。

要充分调动总分行两个积极性，做到“操其要于上，分其详于下。”转型各项工作具有很强的关联性和耦合性，总行层面要做好整体统筹。总行党委、董事会将加强指导监督，每年对规划实施情况作出评估。总行已成立了转型发展规划推进指导小组，分管行领导或高管牵头负责相应的转型任务。要把转型发展规划与年度综合经营计划、工作计划紧密结合，做好对标管理，逐项严格考核。各部门、各分行要结合自身情况，抓紧制订具体转型实施方案和工作安排。已经看准了的转型工作，要大胆向前推进。鼓励基础好、有条件的分行先行先试，总行要在授权、资源配置上给予支持。2015 年要争取在以下几个方面取得转型新突破。

——加快推动传统经营模式向大资产大负债模式转变。要探索编制集团大资产大负债经营计划，展示集团完整金融服务视图。打造大资产管理平台，制订《资产管理业务转型方案》，探索以资产管理驱动大负债经营的新模式；加强集团资金全量管理，按照“效益性、安全性、可持续性”的原则配置资源；实施集团境内外、本外币流动性统一管理，组建海外资金中心。交易金融是现代商业银行的重要组成部分，要提高金融市场业务管理水平，增强交易能力，扩大交易品种，增加交易量。提升债券组合精细化管理水平。要加快交易性金融负债、同业大额 CD 等主动负债发展。按照“全模式发展、全资源拓展、全市场配置、全价值链条、全球化经营”五位一体的思路，实施资金境内外互通、资产全球化配置。资产管理能力是国际大银行经营优势的重要体现，全行经营要逐步从信贷为主向资产管理为主转变，着力提升资产管理能力和盈利能力。资产管理、养老金服务、托管业务、同业业务等要强化对标管理，瞄准国内外同业先进管理方式和业务指标，做好服务创新、提升管理水平、加快发展步伐。要研究大资产大负债综合化考核办法，科学设置全面资产管理、全量资金来源等考核指标体系，发挥引领转型的“指挥棒”作用。

——加快推动单一服务模式向差别化综合服务模式转变。以综合贡献度为核心，做好客户细分。客户部门搭台、产品部门唱戏，开展综合金融服务下的综合营销、综合定价和综合考核。继续全面推进“三授信”工作，2015 年要实现综合授信全覆盖、总行战略性客户全球授信全覆盖。大力发展直接融资业务，打通贷款、债券、租赁、理财、保险、信托、私募基金等各类资金供求通道。

健全跨区域、跨条线、跨境联动机制，进一步完善珠三角、京津冀等区域的协同机制，建立海上丝绸之路和陆上丝绸之路经济带、长江经济带、环渤海等区域协同机制。通过加强区域协同，做到信息共享、资源共用、服务整合、快速响应。要在集团层面搭建业务协同平台，充分利用子公司牌照优势，探索子公司产品与母行业务有机融合的新机制。完善配套的收益分成、多边记账等制度安排，支持不同机构、经营主体、条线之间交叉营销与业绩分成，调动各方积极性。

——加快推动传统网点经营模式向全面渠道经营模式转变。总行已对物理渠道和营运业务职能进行调整，实现渠道统一管理、设备统一布放、产品统一配置、制度统一制定的集约化管理模式，这个机制要切实发挥作用。继续实施营业网点功能综合化改造，推进前后台深度分离。以渠道管理功能整合为契机，理顺营业网点的管理、营运、考核机制。大力发展网上银行、远程银行、自助银行等电子渠道，打造“智慧银行”类服务体系。实施“移动优先”战略，将手机银行、微信银行等作为优先发展方向，迅速推广应用，提升市场表现。提前谋划无卡时代金融服务，推进手机支付等工具创新，要制订规划，在技术先进、风控有力的前提下加快推进。强化线上线下协同，构建互联网综合服务平台和线上金融超市，逐步实现所有产品和服务的全渠道协同部署和无缝衔接。

——加快推动统一管理模式向统一性与差别化管理相结合模式转变。信贷政策方面，要根据各地资源禀赋、经济特色、政策条件、发展基础差异，完善“一行一策”或“一域一策”的差别化政策模式。资源配置方面，要细化分类管理，向客户基础好、资本占用少、成本较低、价值创造力强的业务、产品和区域倾斜。在现行信贷资源分配模型基础上，适当增加总行预留额度，用于支持“三大战略”重点项目和转型发展关键领域；财务资源配置要向综合性、多功能及战略新兴业务等重点领域倾斜。为实现转型发展战略目标、夯实目前的市场地位，总行决定进一步调整完善重点城市行战略，对15个副省级城市和计划单列市分行、苏州市分行等重点区域给予政策倾斜。

——加快推动传统信息系统管理向大数据管理模式转变。确保新一代核心系统二期项目投产和三期项目实施，更好地支持转型发展。按照计划，2015年二期完成后将释放70%左右功能，要做好配套的制度规范和流程建设，确保项目投产后迅速转化为生产力。要把上海数据中心尽快打造成全行大数据中心，建立企业级数据仓库，培养大数据专业团队，全面提升数据挖掘分析能力，为客户营销、经营决策、内部管理和转型发展提供专业化支持。

**（三）以深化改革为驱动，抓住关键打开新局面**

改革是破解转型发展难题的重要法宝。要坚持问题导向，持续深入推进各项改革，调整不适应转型发展的体制机制。

做好组织架构调整和相关体制机制改革。目前总行机构的集约化调整已基本到位，下一步重点是完善集约化运行机制，推进分行机构集约化。加大前、中、后台分离力度，中后台支持保障尽可能向总行和一级分行集中。密切跟进国企改革大势，抓好建信信托市场化改革试点，视外部政策环境适时推进其他子公司改革。

探索人力资源管理体制机制改革。要进一步淡化人员管理的行政色彩，突出岗位价值，建立市场导向型的岗位体系。研究建立职务和职级并行机制，通过职级细化、薪酬对应、考核配套等制度，解决优秀人才尤其是基层机构员工晋升“天花板”问题。要拓宽人才来源，通过市场化选聘机制引入一批转型发展亟须的国际化人才、技术领军人才、专业紧缺人才。

主动参与和推动网络金融商业模式变革。近期，李克强总理在视察微众银行时，希望互联网金融用自己的方式来倒逼传统金融的改革。应该看到，除了微众银行外，国内外一些银行已经上线或即将推出网上“直销银行”，这实际上已超出了网络服务渠道的范畴，是代表未来发展趋势的新型商业模式。随着大数据和移动技术的运用、人脸识别等新技术的引入、开户面签等监管限制的放宽，可以预见，这些新的商业模式将对传统银行服务和业务流程带来巨大冲击。作为市场领先银行，我们要转变思维、主动出击，发挥好专业优势，加快探索具有自身特色的网络金融新型商业模式，努力在新一轮变革中引领市场。

**（四）以标本兼治为原则，探索风险内控新思路**

在新常态下，风控工作要从“非常措施”向常态化管理转型，从事后处置向更注重事前防范的全流程管控转型。2015年的风险态势将更加严峻，全行一定要从思想上克服厌战情绪，各级分支行党委要落实主体责任，从战略和战术上做好打长期持久战的准备，毫不懈怠，坚决守住不发生系统性和区域性金融风险的底线。

要进一步加大不良贷款化解力度。按照目前的不良贷款处置和核销制度，总行要多一些作为，提高处置效率和效果。通过适当降低拨备覆盖率，在当前风险高发时期尽量减负、卸包袱，轻装上阵。同时，积极探索不良贷款处置的新模式。一方面，总行相关部门要主动向监管部门和主管机构争取政策支持，拓宽不良贷款处置途径；另一方面，在既有的政策环境下，要挖掘市场潜力，引入包括资产证券化在内的市场化机制，借助建银国际、建信租赁等子公司平台，创新不良贷款处置方式。要解放思想，开动脑筋，争取2015年在不良资产处置创新方面有新突破。

要前移风险管控关口。“善理疾者绝其源”，要加强事前预控。发挥前、中、后台风险“三道立体防线”功能，各条线的合规与风险管理责任要落实，其职能处室要切实发挥作用，信贷管理、审计、合规、风险等部门要加强日常检查监督，注重源头控制。要优化完善压力测试、评估预警、风险视图、黑名单库等风险管理“工具箱”，运用大数据技术手段，提升风险识别和预警能力。要高度重视集群性风险苗头，严防局部风险蔓延。

要守牢合规底线。推进内控合规管理方式转

型，总的原则是，制度建设抓条线、合规控制抓同级。合规管理首先要对同级负责，各分行要对管辖范围内合规状态负全面责任，对本级合规管理负主要责任。业务上的合规问题，各条线要承担直接管控责任。同级的内控合规管理，内控合规部门要承担监控、检查、评价、整改管理的责任，实施贴近控制，及时发现问题、解决问题，不留内控合规真空地带。要加强合规部门建设，研究合规官设置制度。要充实合规力量、提升内控能力，把横向监督做实。同时，要完善内控合规环境，确保各项制度的完备性、适用性，少发红头文件，多编操作手册、活页式手册，既便于学习和执行，又便于监督检查和修订完善。要提升全员内控合规意识和能力，加大基层员工培训力度，尤其要强化信贷人员轮训，实现持证上岗。要按照监管要求抓好“一加强、两遏制”专项自查，对发现的违规违纪行为严肃问责。

要充分发挥审计的作用。落实领导班子审计整改责任制，切实抓好审计发现问题的整改。加大对审计发现问题的责任追究和处置力度，形成威慑。要坚持客观、严肃、认真，确保审计的权威性。着力提升审计工作的效能，加紧研究建立审计效果后评估机制和审计责任制度，增强审计自律意识，防范道德风险。做好审计项目计划管理，强化对转型发展规划和相关政策落实情况的监督检查。要坚持问题导向，针对风险重点领域加强监督，2015 年要加大对重大信用风险包括表内外风险的审计力度，组织对重点基建项目、重大 IT 项目和财务合规问题的专项审计，下半年要选取部分分行进行信贷及表外风险的全面审计。各分行要提前做好自查。

**（五）以党的建设为引领，焕发改革发展新气象**

严格落实从严治党的要求，继续加强全行各级领导班子思想、组织、作风、反腐倡廉和制度建设。强化政治纪律建设，把讲政治、守纪律、懂规矩放在更加重要的位置，确保中央决策部署在全行不折不扣地贯彻落实。要对照“七个有之”问题认真检查，强化监督和问责，进一步严肃党内政治生活。要开好民主生活会，组织好党委中心组学习。持续深化党的群众路线教育实践活动成果，认真开展“回头看”。进一步压缩控制招待费、会议费、差旅费、车辆费、出国（境）等费用，宣传费、广告费要在严格控制的基础上，加大总分行集中使用力度。

深入学习贯彻十八届中央纪委五次全会精神，全面落实党风廉政建设党委主体责任和纪委监督责任，抓好党风廉政建设和反腐败工作。按照总行召开的落实党委主体责任视频会议精神，各级分支行党委要严格“明责、尽责、问责”的要求，切实承担起主体责任，对违反党风廉政建设的行为和腐败现象，按照党纪、政纪规定严肃处理；要坚持一岗双责，做到党风廉政建设和业务发展一起抓，两手都要硬。

加强组织人事工作的战略规划和制度建设。制定并组织实施全行转型发展规划提出的“2·13”人才培养规划和海外人才规划、干部交流制度、后备干部制度、干部轮训制度、干部监督制度等。要坚持德才兼备、以德为先的用人标准，坚持能干事、会干事、干成事的用人导向，坚持客观、公平、公正地选用和评价干部。持续优化各级领导班子结构，增强领导班子能力，选好配强各分行、各部门和机构的“一把手”。继续从严管理干部，加强日常监督，不能只任不管、只任不查。要重视在发展实践中历练培养干部，加强后备干部锻炼，继续推进各层级间人才交流，鼓励年轻干部到基层砥砺品质、提高本领。要加强党校和培训中心建设，持续提高培训效能。

大力宣传社会主义核心价值观和建设银行核心价值理念，使之成为党员干部、广大员工的道德行为准则。培育健康的合规文化、信贷文化。挖掘和宣传身边的先进典型，传播正能量，唱响主旋律。认真总结行庆 60 周年宣传的经验做法，保持住这种气势，把建行故事越讲越精彩。要加大海外宣传力度，发出建行“好声音”，提升品牌国际影响力。

加强员工思想教育，帮助员工更好地规划职业生涯。要研究解决定向招聘员工与普通员工的身份差异问题。继续实施薪酬向前台部门和基层一线倾斜，引导人员向业务部门和基层一线流动。强化职工民主管理，深入实施员工综合关爱计划，建立女员工特殊关爱机制；要加大力度，改善县镇机构基层员工的工作生活环境。继续组织好多种形式的劳动竞赛、青年创新创效金点子大赛等活动，激发广大员工的积极性和创造性。进一步做好各级工会、共青团、老干部工作，广泛凝聚力量，营造良好氛围。

同志们，我们正处于转型发展的重要关口。2015年任务繁重，内内外外的挑战考验我们的勇气、决心和智慧。只要全行上下坚定信心，创新思维，近虑远谋，就一定能够通过转型破解难题，赢得新常态下的新发展。

# 坚持问题导向　充分发挥审计作用

## ——在2015年审计转型发展工作会议上的讲话

**王洪章**

（2015年4月8日）

上午，郭监事长、秀昆总经理围绕2015年的审计工作和未来的审计转型方向作了很好的报告，大家也都赞成。下面，我谈谈对审计工作的几点想法。

### 一、适应审计新常态，做好充足思想准备

在经济新常态下，银行的经营、治理、风险控制也进入新常态，审计也步入关键时期，大家应该深有体会。这几年，总行下达的审计任务、提出的要求，基本上都和当前银行业新常态紧密相关，比如关注不良贷款问题、违章违规问题，尤其是涉及重大违规经营的问题。总行安排的专项审计任务比较多，而且时间紧、任务重，大家感觉人手不够用，工作节奏跟不上，计划有时候赶不上变化，这是审计的新常态，而且越往后看，任务越艰巨，压力越大。大家要充分认识这种新常态，适应这种新常态，做好长期作战的思想准备。

经济发展新常态下，审计要坚持问题导向。一方面，不良贷款还未见底，要抓好不良贷款审计。作为上市银行，投资者、分析师最看重的就是国内经济形势是否持续向上，不良贷款是否暴露充分，这是最大的问题。要从对历史负责、对国家财产负责的角度，认真做好贷款打包处置核销的审计，从机制上解决没有人对不良贷款处置核销负责的问题。这项任务比较重，审计的范围、方法可以有调整，还可以与日常审计结合，但必须要做好。今后，非信贷资产质量问题可能会逐步暴露，相应地还要增加非信贷资产类审计任务。另一方面，审计要对不断暴露的违章违规问题和案件保持高压态势，发挥威慑作用。要通过审计部门监督、防控，及时发现问题、解决问题。

### 二、围绕全行发展，正确处理两类关系

一是事前与事后的关系。审计既要关注事前，也要关注事后。不仅要做好事前正常安排的审计项目，也要协助相关部门做好事后查缺补漏和责任追究等工作。全行风险防范“三道防线”是立体防线，审计对前台、中台、后台，一线、二线都有监督的责任和义务。事前要做好问题的揭示，事后要做好责任认定，跟踪责任处理。审计项目安排也要坚持问题导向，兼顾事前与事后。不良贷款审计主要关注已经暴露的问题，基本是事后的；2015年安排的海外财务、IT项目、基本建设支出等方面的审计，过去没有审计过，这次也是奔着问题去。只要有问题，无论是事前预判到的，还是没有预先充分安排的，都要坚持问题导向。审计要处理好事前与事后的关系，统筹考虑资源部署、力量把控、项目安排，把每项任务都完成好，发挥审计应有的作用。

二是发展与监督的关系。审计部门和被审计单位虽然是监督与被监督的关系，但目标是一致的，都是为了建设银行的长远发展。各分行行长

要提高认识，正确认识到审计是帮助工作的，而不是影响发展的，从而正确处理发展与监督的关系。审计开展工作时，要坚持以服务发展为第一要务，这是审计工作的出发点和落脚点。审计是帮助被审计单位查找合规问题、风险隐患和内控缺陷，进而分析成因乃至帮助制定解决措施，而绝不是和业务发展相对立的。这一点审计部门和被审计部门都要有正确的认识，形成共识。

是不是以服务发展为出发点，审计监督力度就可以降低？即使发现问题也不说，应该进行责任追究的也不追究？我认为不应该这样。不追责就无法体现责任制，这是监督的一个最基本原则。要在坚持发展的前提下，实行更有力的监督。审计监督一定要到位，不到位的监督起不到应有的作用，审计部门的权威性就树立不起来。审计的权威性，就是要体现在监督到位，切中要害，一针见血。比如我们的审计报告很规范，这是有必要的，但更关键的是审计揭示的问题是否到位，是否在审计报告中真实、准确、完整地体现了，是否引起被审计单位的警醒。

## 三、服务转型大局，重点研究几个问题

在转型发展的关键时期，全行还有一些问题需要各级行党委重视和研究解决。

一是正确、全面地认识审计的作用。现在看来有些部门、分行对审计作用的认识还不够，对审计工作以及审计发现问题的重视程度也远远不够，甚至还有一些对立的情绪，从而延误了审计问题的整改，影响了审计作用的发挥。审计与被审计单位都应以发展为出发点，相互支持、理解和配合，共同促进建设银行持续健康发展。

二是对审计发现问题的整改、解决、落实还不够。审计责任制、审计整改领导班子责任制，2015 年要落到实处。过去，有的分行对审计发现的问题，只是简单地由分管领导开会研究，把整改意见报给审计分部或总审计室，后续没有持续跟进问题是否真正解决、落实到位。很多审计发现问题周而复始、屡查屡犯，甚至同一单位同样的问题反复出现，这说明审计整改责任制没有落实。这方面要有措施、办法，形成制度，否则就是监督资源的浪费，人力、物力的浪费。最近两年，我们还强调要开展审计效果后评估，对审计项目进行回头看，对审计效果进行再评估，也是为了督促审计问题的整改、解决和落实。

三是如何客观、准确、全面地反映问题。不仅是审计部门，各级分行党委、各个监督部门都要认真思考这个问题。最近几年，审计部门提出的问题是很真实的，有的问题是很到位的，但是客观、准确、全面地反映问题还有差距，有些问题关键地方没有说清楚。所以，总行党委提出“谁检查、谁认定，谁督促整改”。2015 年我们还提出，审计也要有责任制，今后审计过的事项如果出现问题，要追究审计组的责任，要问审计组长为什么。过去那么多问题，审计不见得没看到，不见得没发现，但是客观、全面反映还不够。比如表外业务，有的分行有上百亿元，里面还蕴藏一些风险，如果这些问题反映不上来，总行党委不清楚，今后出问题可能就是大问题。因此，监督部门一定要真正起到监督作用，通过揭示一个机构、一个部门的问题，进一步分析问题产生的根源，从而为全行治理同类问题创造良好的机制和条件。审计范围可以覆盖全行各级经营机构和所有业务领域，事前事后、前中后台都可以审。相比于纪检监察、内控合规，审计部门更应该坚持客观、准确、全面反映问题的原则，因为责有攸归。

## 四、强化队伍建设，充分发挥审计作用

最近两年，审计部门对自身项目安排、干部管理等提出了一些意见和建议，希望总行党委关心。具体问题请总行相关部门认真研究，我在这里谈几点想法。

一是审计体制机制是健全的、完整的，要继续保持。在建设银行的监督体系中，审计监督是最有力度的。无论体制机制、系统建设、技术方法，都非常完备，这是很好的监督机制，要保持住、利用好，在促进全行合规经营、规范管理，遏制违章违规，严肃责任追究方面发挥更大作用。

二是审计力量需要加强，审计质量需要进一步提高。要保持住建设银行 3 000 人审计队伍，审计条线的干部职级可以适当高配。今后可以考虑将有丰富工作经验、熟悉业务、原则性比较强的同志充实到审计条线，设置部门正总级、分行正行级领导职务。这样更能保障审计的权威性，与被审计单位沟通也更对等。

三是审计条线干部需要加快培养。审计机构和驻地分行之间有人员的常态化交流，这是必要的，但是交流太频繁了也容易影响审计队伍的建设和审计人员专业素质的提高。有的同志适合审计工作，不一定非得交流，但是在审计岗位上要得到认可。要重视审计队伍建设，加强审计自身干部培养，使他们有所作为，同时劳动价值也能够得到很好的实现。

四是打造“国内最佳、国际一流”商业银行，审计作用至关重要。距离2020年建成“国内最佳、国际一流”商业银行目标还有5年时间。就目前的管理水平、内部控制、合规文化，我们离目标还差得远。近期，美联储检查纽约分行发现了6个问题，这些问题在境内每个单位可能都存在，但在美联储看来就是大问题，对建设银行来讲也应该是大问题，切不可见怪不怪。要真正发挥审计的监督和警示作用，把问题揭示清楚、原因分析透彻、整改落实到位，转变过去对违规违章见怪不怪的思想观念，建立合规经营文化。只有这样，才能把建设银行管理好、治理好、发展好，才能实现“国内最佳、国际一流”的转型目标。

同志们，全行正处于风险高发时期和转型发展关键阶段，风险暴露到什么程度，问题原因分析是否透彻、治理措施是否到位，究竟还会出现什么样的新问题，总行党委心里也不是完全有底，这些都需要审计发挥更大的作用，大家要知道自己肩上的担子、背负的责任。希望全行审计条线的干部员工在总行党委的领导下，共同努力渡过这一难关。我坚决支持审计部门和审计条线的干部员工正确履职。工作中有什么困难和问题，我和总行党委同志帮助解决；工作中遇到难处、阻力乃至遭到非议，我们一定全力支持。

# 以“三严三实”砥砺品格锤炼党性

## ——中国建设银行总行机关“三严三实”专题教育党课

王洪章

（2015年5月12日）

为深入学习贯彻习近平总书记系列重要讲话精神和中央有关部署，落实全面从严治党要求，近期，中共中央办公厅印发了《关于在县处级以上领导干部中开展“三严三实”专题教育方案》（以下简称《专题教育方案》）。4月21日，中央召开了“三严三实”专题教育工作座谈会，中央政治局常委刘云山同志和中宣部部长刘奇葆同志、中组部部长赵乐际同志出席了会议，刘云山同志、赵乐际同志作了重要讲话。总行党委召开会议传达学习了座谈会精神和《专题教育方案》要求，结合建设银行实际研究制订了“三严三实”专题教育实施方案。上周，总行召开视频会议对全行系统开展“三严三实”专题教育作了部署。

根据安排，除了这次党课外，总行党委其他同志也要在分管部门处级以上干部中讲党课，各部门负责同志要在部门内讲党课，分支行党委书记、行长也要在本辖内讲党课。要通过讲好党课，加深对“三严三实”的理解，不断把专题教育引向深入。现在专题教育刚刚开始，我和大家一样都有个由浅入深、层层递进的理解过程。今天借这个机会，与大家交流一下学习实践“三严三实”的心得体会，供大家讨论。

### 一、“三严三实”专题教育的重要意义

党的十八大以来，习近平总书记在多种场合强调，党员干部特别是各级领导干部要严以修身、严以用权、严于律己，谋事要实、创业要实、做

人要实。这“三严三实”，贯穿着马克思主义政党建设的基本原则和内在要求，体现着共产党人的价值追求和政治品格，丰富和发展了党的建设理论，明确了领导干部的修身之本、为政之道、成事之要，为加强新形势下党的思想政治建设和作风建设提供了重要遵循。

在“三严三实”专题教育之前，全党落实十八大精神，开展了以整治“四风”为主、以党员领导干部为重点、以贯彻群众路线为宗旨的教育实践活动。应该说，这次群众路线教育实践活动整治之彻底、教育之深刻是我们党历史上少有的。同时，也要看到“四风”治理的艰巨性、复杂性。正如中央指出的，经过半年左右时间的整治，“四风”问题在很大程度上得到遏制，但还没有从根本上解决问题，新常态下还会有不同表现，还可能会死灰复燃，特别是制度、机制、体制建设方面的问题，解决起来还需要时间检验，作风建设任重道远。

因此，“三严三实”专题教育，一是更加彻底，专题教育有助于进一步巩固教育实践活动成果，解决教育实践活动中尚需继续解决的问题。二是更加明确具体，专题教育要求从严求实、脚踏实地，不能镜中看花、雨过地皮湿。三是更加聚焦，明确在县处级以上干部中开展专题教育，聚焦党员领导干部，聚焦领导干部个人身上存在的“三不严，三不实”的问题。四是更加高标准，“三严三实”的前提条件是标准要高，高标准下才能有严的要求，有了严的要求，才能落到实处，产生实的效果。作为党员领导干部，必须高标准严要求，才能履好职。领导干部只有思想观念正、政治素质强、道德操守好，才能说明做到了严以修身；只有正确对待权力、科学使用权力，才能说明做到了严以用权；只有认真执行党章党纪，模范遵守法律和社会公德，才能说明做到了严于律己。“三严”做到了，“三实”问题也就迎刃而解了。

习近平总书记关于党员领导干部“三严三实”的要求，可谓振聋发聩。在当前关键时期开展“三严三实”专题教育，其重要性和针对性是不言而喻的。这是党的群众路线教育实践活动的延展深化，是持续深化党的思想建设和作风建设的重要举措，是严肃党内政治生活、严明党的政治纪律和政治规矩的重要抓手。我个人体会，可以从历史传承、现实需要、问题导向三个维度来认识“三严三实”专题教育的重要意义和现实紧迫性。

**（一）是发扬党的优良传统、赓续民族文化的内在要求**

正如习近平总书记强调的，学习党史、国史，是坚持和发展中国特色社会主义、把党和国家各项事业继续推向前进的必修课。鉴往知来，“三严三实”是历史经验的深刻总结。

“三严三实”是我们党的优良传统、独特优势和克敌制胜的关键法宝。我们党是以革命理想和铁的纪律组织起来的马克思主义政党，在革命、建设、改革各个历史时期，我们党靠的就是“严”和“实”的作风，带领全国人民取得一个又一个胜利。毛泽东同志说过，世界上怕就怕“认真”二字，我们共产党人就最讲认真。讲认真说到底就是讲求“严”和“实”。刘少奇同志说过，共产党员要说老实话、办老实事、当老实人；陈云同志讲过，“不唯上、不唯书、只唯实”，这些都说明“严”和“实”对于党员领导干部来讲是多么重要。中央党校门口刻着“实事求是”四个大字，“实”字在先，以“实”为基础，否则“是”就无从探求。

当前，我们党有436万个基层党组织，县处级以上领导干部70多万人。这么大的队伍，如果不严不实、不讲党性、不讲纪律、不讲政治规矩，那么很快就会成为一盘散沙。从1921年中国共产党成立到1928年井冈山会师之前，党在如何对待内外部斗争形势上作出了一些错误判断，加之纪律也不够严肃，导致许多斗争都归于失败。毛泽东同志率领革命队伍到达井冈山，与中国实际相结合，在罗霄山脉创建了第一个农村革命根据地，提出了思想建党、政治建军、法律建政权等一系列“严”和“实”的要求，摸索出农村包围城市的中国革命的独特道路，提出了革命根据地斗争的策略，写下了《中国的红色政权为什么能够存在》、《井冈山的斗争》、《星星之火可以燎原》等重要著作，引领我们党和军队从一个胜利走向另一个胜利。党的历史上正反两方面诸多经验教训都表明，只要偏离了“严”和“实”的方向，党的事业就会遭受挫折；只有坚持了“严”和

“实”的作风，党的事业才能不断地取得发展进步。

“三严三实”是中华民族文化的重要基因、厚重积淀和安身立命的核心价值。在中华民族生生不息的发展历史中，“严”和“实”的传统一脉相承，构成了中国传统文化的重要精神内核。传统文化对士大夫的要求是“内圣外王”。“内圣”核心是以圣贤标准严格要求自己，强调内化于心；“外王”核心是以实际行动经世济民，强调外化于行。通过从严求实的个人修养和实践，做到“为天地立心，为生民立命，为往圣继绝学，为万世开太平”（儒学大师张载名言，即“横渠四句”）。这种立身准则、价值追求和责任担当，是中华民族弥足珍贵的精神财富。

“严”和“实”是相辅相成的，严于律己、严以修身都要求脚踏实地地调查研究，不能自矜自赏、自以为是。我在海南出差时听分行同志讲，相传北宋时王安石写过两句诗：“明月当空叫，五犬卧花心”，苏东坡看到后认为不合事理，提笔改成“明月当空照，五犬卧花荫”。后来苏东坡被贬谪到海南的儋州，发现当地有一种鸟叫明月鸟，还有一种花叫狗仔花，花瓣就像5只小狗。苏东坡这才恍然大悟，羞愧自己没有调查研究而改错了诗。类似有趣的故事还很多，都说明中国传统文化对严谨求实态度的倡导。

**（二）是应对新形势变化、实现新战略目标的现实需要**

我们党在新的历史时期开展“三严三实”专题教育，我理解这不是一般意义上的再强调、再号召，而是党中央审时度势，为实现“两个一百年”宏伟目标作出的重要战略动员。

当前，我们比历史上任何时期都更接近中华民族伟大复兴的目标。但是目标越近，困难和挑战越多；要把目标变为现实，还有很长的路要走。2015年2月，习近平总书记在省部级主要领导干部学习贯彻十八届四中全会精神全面推进依法治国专题研讨班上提出了“四个全面”战略布局。应该看到，全面建设小康社会正处于决定性阶段，全面深化改革已进入了攻坚期和深水区，全面推进依法治国还有很多工作要做，全面从严治党面临许多亟待解决的重大课题。破解这些难题，都需要广大党员干部掌握和运用好“三严三实”的利器。只有大力弘扬从严求实的精神，锻造“三严三实”的干部队伍，才能不断攻坚克难，才能最大限度地发挥能动性、最广泛凝聚力量，将事业不断推向前进。

对于商业银行来说，随着我国经济发展进入新常态，经济发展方式转变、市场化进程的加速、多层次要素市场培育，以及由此催生的诸多新兴产业、新生业态和新技术革命等，给银行业带来新的发展机遇、新的风险挑战。要做到中央提出的“认识新常态、适应新常态、引领新常态”，商业银行必须大力弘扬“三严三实”精神，积极主动应对经济结构调整、利率市场化等新挑战，努力夯实经营基础、加快转型发展、守牢风险底线。只有从“严”上要求，才能保持广大干部干事创业的劲头，出战斗力、凝聚力；只有从“实”处着力，才能把全行转型发展目标落到具体行动上，出执行力、生产力；只有既严又实，才能打造一支既干净又能干事的干部队伍，在更好地支持实体经济发展中，实现自身的转型发展、科学发展。

**（三）是祛除“四风”之弊、形成长效机制的必由路径**

通过在全党开展群众路线教育实践活动，“四风”问题得到了整治，治标为治本赢得了时间。但是，要认识到“四风”问题的复杂性、严峻性和长期性，不可能靠一次活动“毕其功于一役”。开弓没有回头箭，“三严三实”专题教育作为群众路线教育实践活动的延展深化，是根治“四风”的治本之策。

教育实践活动后，“四风”蔓延势头得到有效遏制，但是滋生“四风”的病原体还没有根除，还有许多深层次问题需要解决。中央深刻地指出，对于不少党员干部来说，解决“四风”问题仍停留在“不敢”上，“不想”的自觉尚未形成。有的党员干部忽视理论学习和党性锻炼，理想信念动摇，甚至“不问苍生问鬼神”；有的党员干部言行不一、弄虚作假，脱离群众、脱离实际，形式主义、官僚主义严重。甚至个别党员干部在诱惑面前迷失自我，堕落为腐败分子。因此，在当前“四风”治理的关键节骨眼上，如果不趁热打铁，再加把力，把作风建设抓严抓实，那么很容易出现“四风”反弹，甚至导致已取得的成果前功尽弃。

从我行情况看，通过扎实开展群众路线教育实践活动，狠抓日常管理、推动制度建设、严肃监督执纪，全行改进作风工作取得了明显成效。但是，有的党员干部从思想上、从深层次认识上还缺乏严和实的自觉自律。2014年以来，总行通过各项监督检查、信访举报核查等，发现全行仍存在不少"四风"方面问题，有的党员干部自我要求、制度执行、监督检查不严不实，有些工作仍浮于表面。例如，费用管控不严格，有的采取变通手段规避监督；办公用房超标较为普遍，个别分行未认真执行交流干部周转用房规定；公务用车管理不规范，有的规定和标准不落实；办事拖拉、推诿扯皮现象仍有发生，文风漂浮、会风不实现象依然存在；有的违反财经纪律和外事制度，还托词是国际惯例；个别领导干部执行八项规定和廉洁自律意识不强，等等。如何持续深化"四风"治理，避免活动过后"山河依旧"，是摆在全行面前的紧迫课题。可以说，"三严三实"专题教育对于建设银行来说正当其时，是打造作风建设长效机制的有力抓手。

## 二、准确把握"三严三实"的科学内涵

"三严三实"是党员领导干部立身、用权、做事的基本指南，它蕴含着一切从实际出发、实事求是的思想路线，是对马克思主义哲学认识论、实践论的鲜活运用，体现了世界观和方法论的有机统一、改造主观世界和改造客观世界的有机统一、内在自律和外在约束的有机统一。具体而言，"三严三实"明确了党员干部修身正心的"思想守则"和干事创业的"行动准则"。"三严"侧重内化于心的思想基础，"三实"侧重外化于行的实践要求，二者互为关联、相辅相成，各有侧重、辩证统一，体现了知行合一的理论特质和实践要求。

### （一）"三严三实"的核心要义

——严以修身是切入点。古人讲"修身、齐家、治国、平天下"，这其中修身是排在第一位。所谓"身修而后家齐，家齐而后国治"，"自天子以至于庶人，壹是皆以修身为本"，讲的就是这个道理。习近平总书记多次强调，打铁还需自身硬。党员领导干部只有加强自身修养，严格党性锻炼，具备过硬的品格和能力，才能远离低级趣味、抵制歪风邪气、培育浩然正气。

修身的第一要务是"立德"。共产党员尤其是党员领导干部一定要以德为先，精神上不能"缺钙"，要站稳政治立场，增强政治定力，牢固树立马克思主义的世界观、人生观、价值观。要在不断学习和实践中，砥砺自身党性，提升个人修养，真正掌握马克思主义的思想武器。要带头践行社会主义核心价值理念，坚守共产党人的精神高地，知廉耻、懂荣辱、辨是非，秉持静专、坚如磐石，增强抵御各种错误思潮、不良风气的免疫力，炼就"金刚不坏之身"。要按照习近平总书记所要求的，保持健康的工作方式和生活方式，多学习充电、消化政策，多下基层调查研究、掌握第一手情况，多系统思考和解决存在的突出问题，自觉远离那些庸俗的东西。

党员干部修身不是独善其身。习近平总书记多次强调，"为官之本，在于为官一场、造福一方"。古人讲"修己以安人"，"穷则独善其身，达则兼济天下"。修身不是超然物外，而要推己及人。具体地说，领导干部要以"修己"做出表率，以"正道"取信于民，以"笃行"为学为政，努力带好一个班子，淳化一方风气，做出一番事业。

——严以用权是着力点。领导干部不同于其他人的地方，就在于手中握着人民赋予的权力。权力是公器，要坚持用权为民，坚持按规则、按制度行使权力，严防权力的异化。

党员领导干部要时刻牢记，手中的权力来自人民，权力行使必须要为民服务，即维护好、实现好、发展好人民群众的根本利益。领导干部要谨慎用权，避免权力任性。邓小平同志说过："我们拿到这个权以后，就要谨慎。不要以为有了权就好办事，有了权就可以为所欲为，那样就非弄坏事情不可。"行使权力过程中要秉持公心和正气，所谓"居官守职以公正为先，公则不为私所惑，正则不为邪所媚"。

要摒弃特权思想，杜绝公器私用。习近平总书记指出："公权为民，一丝一毫都不能私用。"党员领导干部在任何时候都不允许搞特权，绝不允许放纵行使权力，破坏规则程序；决不允许把权力当私器，甚至以权力设租、寻租。要自觉接

受监督，养成在“放大镜、聚光灯”下行使权力的习惯和自觉，杜绝暗箱操作，防止权力越位、权力滥用。要加强对重要岗位领导干部特别是“一把手”的监督，加强行政监察、审计监督、巡视监督，形成严密有效的权力制约机制。

——严以律己是立足点。党员领导干部律己严、立身正，才能脚跟站得稳、腰板挺得直，也才能做到“不管风吹浪打，胜似闲庭信步”。律己的关键是慎独慎微、自警自省。

一是慎独。《礼记》说：“莫见乎隐，莫显乎微，故君子慎其独也。”刘少奇同志在《论共产党员的修养》中将“慎独”作为党性修养的有效形式和最高境界加以提倡，“即使在他个人独立工作、无人监督、有做各种坏事的可能的时候，他能够‘慎独’，不做任何坏事”。习近平总书记则进一步指出，党员干部要“慎独”，做到台上台下一个样，人前人后一个样，尤其是在私底下、无人时、细微处，更要不放纵、不越轨、不逾矩。党员领导干部在任何时候、任何场合都要保持磊落的胸襟和清白的本色，做到“入暗室而不欺”，不越雷池，不触底线，不正之风不沾、不法之事不干、不仁之事不做、不义之财不取，保持共产党员的道德操守。陈毅同志讲，“手莫伸，伸手必被捉”，如果平时怀着侥幸心理，为不可为之事，最后非栽跟斗不可。立身处世最难的就是慎独。领导干部做到了慎独，那么严于律己就成为了行为自觉。

二要慎微。古人讲：“堤溃蚁穴，气泄针芒”，祸患积于忽微。堕落腐坏往往是从生活中的小事、小节开始的。现实生活中，有的领导干部半世勤勉清白，却从一朝小节失守而越陷越深，最终锒铛入狱，令人扼腕。“小事当慎，小节当拘”，于细微处见精神，于细微处见品德。小事小节中体现党性、体现原则、体现人格；小事小节过不了关，大是大非面前就会迷失方向。“不矜细行，终累大德。”每个领导干部都应从小事小节上做到防微杜渐，筑牢思想防线。

三要自警自省。古人讲，“吾日三省吾身”，“检身若不及”，君子要做到静坐常思己过。对于党员干部来说，自警自省的首要参照系就是党章党规党纪，不能以普通人标准要求自己。王岐山同志多次强调，党纪严于国法，要唤醒党章党规意识。我建议各个党支部在这次“三严三实”专题教育中，认真组织学习党章党纪，加深理解，自觉执行。作为党员领导干部要对照党章党规党纪，时时反躬自省：自己是否为民务实清廉，是否对组织忠诚，是否对群众贴心，是否对岗位尽责，是否对工作尽心。要通过自警自省，存正祛邪，增强防腐拒变的“免疫力”。

总之，要以修身增强党性、以慎行管好权力、以守纪保持形象，这应该成为全行党员领导干部的基本遵循。

——“三实”是改造主客观世界的外化实践。“三实”体现了马克思主义实事求是的基本观点，是认识世界、改造世界的根本要求，是我们党的基本思想方法、工作方法、领导方法。

谋事要实，就是要从实际出发谋划事业和工作，使政策、方案符合实际情况，符合客观规律，切忌好高骛远，脱离实际。要真心为人民群众着想，从群众期盼的难事实事做起，从眼前具体事情做起，不追求“短平快”，不搞表面光鲜的“政绩工程”，决不能违反经济社会发展的科学规律，违背人民群众的根本利益，为了眼前“业绩”牺牲人民群众的长远福祉。世界上最快的捷径就是脚踏实地，一步一个脚印，不走回头路，不推倒重来，这样才能事半功倍。领导干部手里拥有决策权、话语权，如果谋事不实、心浮气躁，工作必然会出问题、出纰漏，甚至造成重大损失。

创业要实，就是要脚踏实地、真抓实干，勇于直面现实矛盾，善于解决实际问题，努力创造经得起实践检验、经得起人民检验、经得起历史检验的事业。要做到“一张蓝图绘到底”，一任接着一任持续不断地推进改革发展；要有“滴水穿石”、“功成不必在我”的胸怀，减少急于求成的浮躁心态，避免急功近利的短期行为。这一点对于商业银行来说尤为重要。近年来，总行党委在经营管理、改革发展创新上面，坚持创业要实，恪守稳健经营，要求全行不搞短期行为、不纠结于时点指标，要把功夫下在夯实客户基础、提升综合服务上。这么实实在在抓下来，效果就逐渐显现出来了。去年下半年以来，全行经营指标始终保持平稳，存款也没有出现以往那样大起大落的现象，各项工作正朝着转型发展目标扎实推进。

做人要实，就是要对党、对人民、对同志忠

诚老实，做老实人、说老实话、干老实事，襟怀坦荡，表里如一。这是共产党员先进性的内在要求，是领导干部"官德"的外化表现。应该看到，日常工作中有的党员干部喜欢"打太极拳"，遇到问题左躲右闪，遇到矛盾上推下卸；有的习惯当"老好人"，是非面前不开口，原则问题绕着走，甚至对大是大非态度暧昧，对错误思潮听之任之。这些都违背了党员干部"做人要实"的底线要求。希望全行处级以上领导干部通过"三严三实"专题教育，把这些问题彻底解决好。这其中要注意发挥好两个积极性：一是领导干部的积极性。领导干部要敢于负责、敢于担当、严于管理，同时要给基层的同志创造宽松的环境，使大家敢讲实话。二是基层同志的积极性。基层一线同志直接面对市场和客户，要本着对客户负责、对建行事业负责的态度，如实地反映问题和情况，扎实地做好客户服务。把两个方面积极性都调动起来了，才能迅速准确地应对市场变化，解决好转型发展中遇到的问题；否则，就可能贻误商机，丢掉客户和市场，甚至造成风险损失。

"三实"也是治理"为官不为"的对症良药。邓小平同志曾批评一些干部"把文件传过来传过去，净画圈"，"有的事画圈画了半年还解决不了"。现实中我们也碰到过类似情况，有的文件转了一个多月，从经办、副处长、部门老总一直到行领导，20多人签字，但是问题还是没有得到解决。这虽然是个别现象，但要引起高度重视。一方面，要以自律防止权力任性，以制度约束权力任性；另一方面，又要防止"为官不为"。现在有的领导干部习惯"当太平官"，信奉"只要不出事，宁愿不做事"，这种庸政懒政怠政现象，势必将贻误大事。习近平总书记指出，我们做人一世，为官一任，要有肝胆，要有担当精神，应该对"为官不为"感到羞耻。在当前深化改革、转型发展的攻坚阶段，只有以"三实"祛除虚浮、治庸治懒，才能提振全体党员干部的精神状态，以奋发有为的姿态推动改革发展事业。

**（二）"三严三实"对商业银行具有特殊意义**

——从银行的经营属性看，"严"和"实"是内在要求。银行是经营货币、经营风险的企业，要时刻面对经济周期、监管政策、行业竞争、市场波动等各方面因素带来的风险和不确定性，因此长期以来，"三铁"（最早是"铁款、铁账、铁算盘"，后来演变为"铁款、铁账、铁规章"）一直是银行必须恪守的经营准则，"严"和"实"一直是银行必须遵循的管理铁律。

当前，经济发展进入新常态，经济下行压力不断向银行传导。同时，建设银行上市后经过多年持续高速增长，股改红利已基本用完，发展优势不再。顺风船好驶，逆水舟难驾，稍有差池，既往的改革成果可能前功尽弃。过去我们讲"居安思危"，现在我感觉到了"居危思安"、"居危思变"的时候了。面对前所未有的困难和压力，需要全行以"严"和"实"的态度积极应对、主动作为。董事会决定全年计划不作调整，考虑到降息、不良贷款暴露等因素，完成计划的压力非常大。这个压力也要通过严格管理和考核，向全行传导下去；要在战略战术上、经营管理上把握"严"和"实"的管理铁律，把各项要求落到实处。

同时要看到，经营管理中不严不实问题，已经成为引发风险和案件的主要原因。近几年全行暴露了大量风险事项，核销了大量不良贷款，都是真金白银，令人痛心，这其中固然有经济下行、客户外部欺诈等因素，但是自身管理不严是主要原因。例如，2012年针对"中江系"重大风险，总行对全行亿元以上民营企业贷款开展了审计，审计检查发现的问题和风险，都逐户向分行作了反馈和提示。有的分行很重视，严格要求、自我加压，有的分行对5 000万元以上民营企业又延伸开展了拉网式排查，实实在在处置化解了风险，抓住了解决问题的先机，现在风险暴露压力明显小得多。但是，也有的分行敷衍了事，不认真对待，近两年风险陆续暴露出来，吃尽了苦头。如果当初按照总行要求严一点、实一点，现在就不会这么被动。再如，总行对信贷业务"两头轻、中间重"问题多次警示并提出强化管理的要求，但是仍有些分行执行总行政策要求不严格、管理措施不落地，贷款"三查"不严不实，对客户生产经营发生的重大变化没有深入了解，对抵质押物和担保人情况、相关资产权属变化等事项，了解掌握不及时、不准确，导致了不应该发生的损失，为此付出的代价非常大，教训非常深刻。因此，在"严"和"实"上面，要重视解决"最后一公里”的问题。今后风险、审计、合规等部门一定要定期跟踪，提示风险后要持续跟踪落实情况，多跟踪督促，相关部门、分行、子公司要严格落实风险化解责任制，责无旁贷地承担起抓落实、抓整改的责任，以从严求实的态度解决实际问题。

解决不严不实问题必须从领导干部抓起。2012 年以来我们已经查处了 52 起违规违纪案件和重大风险事件，有的案件涉案金额高达数亿元，风险巨大。除了个别员工挪用资金、职务侵占案件外，更多的是暴露出我们个别机构领导干部违规决策、失职渎职、管理混乱、纪律松弛、内控失效等问题。有的领导干部不敢直面问题，不愿担当，不负责任，无所作为，导致小问题演化为大风险；有的满足于现状，陶醉于个别指标，不求上进，不思进取，在放松自我严格要求之时，贻误了自身工作和建行事业。以“三严三实”矫正个别领导干部的漂浮作风和骄娇二气，倡导干事创业的良好精神状态，是当前全行转型发展的当务之急。

——从银行承担的职责看，“严”和“实”是客观需要。金融是经济的核心，银行对社会资源配置和经济发展起着非常重要的作用，服务实体是银行的首要职责。国际金融发展历史告诉我们，银行如果管理不严发生风险，将对经济金融稳定产生巨大冲击；银行如果“脱实向虚”，将会对实体经济发展带来严重损害。殷鉴不远，2008 年发生的全球金融危机就是典型的例子。

当前，国内经济处于“三期叠加”、转型升级的关键时期，支持实体经济、推动转型升级、守住风险底线是银行面临的紧要任务。李克强总理最近在视察金融机构时强调，中国经济正进入“衔接期”，金融要发挥重要支撑作用。可以说，“三严三实”也是经济社会发展对银行经营提出的客观要求。2014 年，习近平总书记、李克强总理、马凯副总理在我行成立 60 周年之际作出重要批示，对我行发展提出了殷切期望和严格要求。围绕习近平总书记对我行提出的“三个能力”建设（服务国家建设能力、防范金融风险能力、参与国际竞争能力）要求，总行党委集中全行智慧，广泛凝聚共识，于 2014 年底完成了《中国建设银行转型发展规划》（以下简称《转型规划》）的制定并印发全行，可以说恰当其时。转型规划以“综合性、多功能、集约化”为战略统领，明确了全行到 2020 年的发展方向、转型目标、转型重点和实现路径，转型要求纵向到底、横向到边，对各项工作进行了通盘统筹谋划。

目前，《转型规划》已开始全面实施，全行都在深入学习和推进落实。第一，要以从严求实的精神把握好转型方向和要求。包括推动传统经营模式向大资产大负债模式转变、单一服务模式向差别化综合服务模式转变、传统网点经营模式向全渠道经营模式转变、统一管理模式向统一性与差别化管理相结合模式转变、传统信息系统管理向大数据管理模式转变，等等，都要认真学习、准确理解，在编制本部门、分行、子公司年度经营计划、转型目标和工作任务时，切实体现这些要求。第二，要以从严求实的精神抓好指标的分解和落实。转型规划核心指标的制定，也贯彻了“严”和“实”的精神。一开始制订的指标大家觉得太高难以完成，总行转型领导小组考虑到经济进入新常态，对指标做了实事求是的调整。最终确定的转型发展指标是切合实际的，总体上也是稳健的，并不是特别积极。但是，结构调整导向的指标要求是很严格的。像传统业务，指标增长的幅度比较低，而子公司业务、交易投资类资产、海外资产、表外资产等指标增长幅度较高。当然，如果从复合增速来看，这些新兴业务增长指标也不算太高，都比 2013 年的实际增长情况低 50% 左右。因此，全行要坚定信心，关键是按照转型规划要求，努力在体制、机制、管理上实现新的突破。规划落地工作千头万绪，这需要各分行、各部门、各子公司在“严”和“实”上面下更大的工夫，做更加扎实细致的工作，争取尽快打开转型发展的新局面。

## 三、深入践行“三严三实”的具体要求

全行各级领导干部践行“三严三实”要求，要从树立正确的世界观、权力观、事业观入手，要以问题为导向找准关键抓手，以思想自觉促进行动自觉，以行动自觉深化思想自觉。

**（一）牢固树立正确的“三观”**

习近平总书记在中央党校 2010 年秋季学期开学典礼讲话中指出，树立正确的世界观、权力观、

事业观，是领导干部加强党性修养和道德修养的基本要求。可以说，“三观”与“三严三实”存在一脉相承的内在逻辑关系。要践行“三严三实”，首先需要树立正确的“三观”。

——旗帜鲜明坚持正确世界观。世界观是人们关于世界的总体和根本的看法，世界观的基本问题是意识和物质、思维和存在的关系问题。世界观包括自然观、社会历史观、意识观等方面，表现为人们在认识和改造世界时的立场、观点和方法。马克思主义强调，人们要在改造客观世界的同时改造主观世界，而改造主观世界关键在于树立正确的世界观，特别是人生观、价值观。领导干部加强党性修养和锻炼，第一要务就是在树立马克思主义世界观上面下工夫。

树立正确的世界观，必须坚定共产主义理想和中国特色社会主义信念。一个政党、一个国家如果丧失理想信念，就会迷失奋斗目标和前进方向，就会形不成凝聚力，就会失去精神支柱而自我瓦解；一个党员干部如果丧失理想信念，就会迷失自我、蜕化变质。这个朴素的道理，各级领导干部要始终铭记。作为党员领导干部，必须毫不动摇地坚持马克思主义世界观，理直气壮地反对错误的、扭曲的世界观，要敢于发出自己的声音，要敢于挺身而出。

——心存敬畏恪守正确权力观。权力观是关于国家和社会权力的根本观点，包括对权力的来源、行使权力的目的（为了谁、服务谁）等问题的认识和态度。马克思主义权力观，概括起来是两句话：权为民所赋，权为民所用。全心全意为人民服务，是我们党的唯一宗旨，也是马克思主义权力观同资产阶级权力观的根本区别所在。立党为公、执政为民是我们党的执政理念，是领导干部掌权用权的终极要求。

要认识到，权力是一把“双刃剑”。用得好就可以为民造福，成就一番事业，也给自身带来施展抱负的更大空间；用得不好可能贻害深远，给党和人民的事业带来损失，也给自身留下污点乃至骂名。因此，党员领导干部在面对权力、使用权力的时候，一定要有如履薄冰、如临深渊的谨慎心态，要有人民利益高于一切的自觉自律。

要认识到，权力的另一面是责任。权力和责任是对等的，有权必有责。领导干部与普通员工的区别，既在“权”字，更在一个“责”字，用权就要担责。党员领导干部不能只想揽权不想担责，只想出彩不想出力。要树立正确的权责观，既做到敢于担当、善于担当，又做到责在人先、利居人后。

——脚踏实地实践正确事业观。事业观是关于对事业的根本看法和对工作的基本态度，包括采取什么样的事业态度、遵循什么样的事业精神、追求什么样的事业目标，等等。一个人的价值包括社会价值和自我价值两个方面，两者是相互统一、不可分割的。马克思说：“在选择职业时，我们应该遵循的主要指针是人类的幸福和我们自身的完美。”中国共产党人的事业观，就是为人民利益不懈奋斗，为中国特色社会主义事业不懈奋斗。党员领导干部的事业和个人价值，应当体现在为党和人民事业奋斗之中，以自己的辛苦指数换取群众的幸福指数。

天下大事必作于细，领导干部在做事创业中要崇尚实干。邓小平同志说过，世界上的事情都是干出来的，不干，半点马克思主义也没有。各级领导干部绝不能当“口号型”、“口水型”、“纸上谈兵型”的干部，要树立正确的政绩观，做到真干、实干、苦干，坚决杜绝“政绩工程”、“形象工程”，确保所做的工作都经得起群众的检验、历史的评判。尤其是当前全行面临着复杂的经营形势和风险压力，各级领导干部要把精力放在“干得好”而不是“说得好”，不要做纸上谈兵型的干部，不要做事后诸葛亮。要以从严求实的态度谋大局、做实事，切实做到重要工作亲力亲为、关键问题亲自研究、突出矛盾亲自解决，察实情、办实事、出实招、求实效。

**（二）落实“三严三实”的关键抓手**

践行“三严三实”是个系统工程，目前当务之急是要聚焦主要矛盾和矛盾的主要方面，找准抓手、切中肯綮，才能事半功倍，纲举目张。

——严字当头，拧紧“总开关”。“三严三实”核心是一个“严”字，严格教育、严格管理、严格监督。严字当头，一要心存敬畏，杜绝侥幸心理；二要一以贯之，时刻绷紧严格要求这根弦。党员干部要始终牢记入党誓言，坚定对马克思主义、共产主义的崇高信仰，不管遇到什么样的困难都不能丢掉共产党人的理想和追求，都要牢牢把握住思想和行动的“总开关”，做到心有所畏、言有所戒、行有所止。

要加强党员领导干部的理论武装，充分利用好党委中心组学习平台以及党校、培训中心思想教育基地，系统全面地学习中国特色社会主义理论和习近平总书记系列重要讲话精神，更好地掌握和运用马克思主义立场、观点、方法来研究解决遇到的问题，增强辨析能力和政治定力。

——聚焦问题，扭住“牛鼻子”。党的十八大以来，中央各项举措之所以受到群众点赞，就是因为坚持从问题出发，解决了一大批群众反映强烈的突出问题。践行“三严三实”要求，必须突出问题导向，做到不失焦、不散光。要重点围绕中央指出的“三个着力解决”的问题，深刻查摆剖析，对照党规党纪、国家法律、建行的规章制度，对照正反两方面典型，结合个人思想、工作、生活和作风实际，往深里找、往细处查。要针对自身存在的“不严不实”问题，作全方位、立体式的透析检查，把问题找准、找实，对症下药。

要立足全行经营管理实际，从案件、重大风险事项、审计检查发现问题、信访举报等各种线索入手，深入查找业务经营、风险内控、人员管理等方面存在的不严不实的问题，一条一条梳理、一项一项分析，大问题和小毛病都不放过。有问题不可怕，就怕我们的领导干部发现不了问题，或是发现了不采取措施，导致问题越来越多，积重难返，甚至小瑕疵演化成为大问题。要把问题的症结找准、情况摸清、原因查明，通过扎扎实实的整改、严肃客观的问责，营造从严求实的经营环境和管理氛围。

——以上率下，抓住关键少数。领导干部作为“关键少数”，想什么、干什么、提倡什么，起着极大的导向作用。抓好“三严三实”专题教育，领导干部要以身作则、示范带动，一级做给一级看，一级带着一级干。具体来讲，要带头学习理论、提高修养，带头干事创业、攻坚克难，带头服务群众、解决问题，带头廉洁自律、弘扬正气，真正发挥出带头作用。

实践证明，一个分行、一个部门的党风廉政、业务发展、风险管控工作抓得严、抓得实，必然是有一个以身作则、敢于担当的领导班子；反之，问题迭出、风险频发、发展滑坡的单位，多数都源于领导班子不力，甚至是“上梁不正下梁歪，中梁不正垮下来”。近年来，全行针对发生重大案件或严重违规违纪事件、党风廉政建设出现严重问题的，采取“一案双查”，既追查直接责任，又追查管理责任、领导责任，乃至调整了个别单位的领导班子，应该说这是不得已而为之的办法。试想，一个机构问题成串、案件高发，工作不严不实，那么领导班子和主要领导怎么能脱得了干系呢？必须通过抓关键少数，才能起到四两拨千斤的效果。2012 年，总行建立了一级分行党委领导班子综合竞争力考核办法，几年来实施效果很好。越是在环境复杂、经营困难的时期，越要坚持并加强对领导班子的考核，这个时候也越能够看出一个班子实际的战斗力、凝聚力和改革创新能力。要把班子综合竞争力考核等机制作为重要基础和工作抓手，推动“三严三实”要求全面落地。

——求实求效，做实关键动作。全行专题教育要力戒形式主义，确保达到中央提出的“三个见实效”的要求，即在深化“四风”整治、巩固和拓展党的群众路线教育实践活动成果上见实效，在守纪律讲规矩、营造良好政治生态上见实效，在真抓实干、推动改革发展稳定上见实效。要善于解放思想，过去沿袭下来的体制机制、业务流程、制度标准、考核激励措施等，有些已经不符合实际情况和转型发展要求，但是我们有的同志不思改、不愿改、不会改、不敢改，抱残守缺，这个观念要尽快扭转过来。近年来，总行党委审时度势，果断采取措施对风险管理体制和信贷机制、授信流程进行了改革调整，对渠道管理、国际业务、养老金业务等做了根本性调整，对资产管理、同业业务、造价咨询等进行调整优化，对总行所属 25 个中心、部门内设处室进行职责梳理整合，对子公司、海外机构考核进行调整等，促进了经营管理效率和效果的提升。下一步，全行还要进一步研究和创新管用有效的机制、方法和技术，将“严”和“实”的要求融入经营管理流程中，嵌入系统模块中（特别是现代机控手段、IT 技防措施等），确保专题教育和转型发展的各项要求尽快落到实处，真正见到实效。



要坚持专题教育内容和形式有机统一，把中

央要求的4个关键动作抓实在、抓到位。一是要高质量讲好专题党课。原则上不请外部专家讲，重点是联系自身学习心得和本单位实际，联系党员、干部思想、工作、生活和作风情况，领导干部自己动手准备，带头讲好党课。二是高质量组织好专题学习研讨。在个人自学基础上，紧扣实际问题，加强交流互动。三是要高质量召开专题民主生活会和组织生活会。每名领导干部都要深入查摆“不严不实”问题，进行党性分析，严肃认真开展批评和自我批评。四是高质量抓好整改落实和立规执纪。坚持边学边查边改，主要领导干部带头，列出问题清单，一项一项整改，进行专项整治，严格正风肃纪。针对“不严不实”问题，建制度、立规矩，形成制度刚性约束。

## 四、精心组织好全行“三严三实”专题教育

### （一）全行专题教育的总体安排

总行党委根据中央《专题教育方案》和工作座谈会精神，制订了全行专题教育实施方案，现在已经印发各行。方案要求全行七职等以上人员都参加专题教育。从2015年5月初到6月底，全行将开展以“严以修身，加强党性修养，坚定理想信念，把牢思想和行动的‘总开关’”为专题的学习研讨；从7月初到8月底，将开展以“严于律已，严守党的政治纪律和政治规矩，自觉做政治上的‘明白人’”为专题的学习研讨；从9月初到10月底，将开展以“严以用权，真抓实干，实实在在谋事创业做人，树立忠诚、干净、担当的新形象”为专题的学习研讨。从11月至12月底，召开“三严三实”专题民主生活会和组织生活会。同时，将强化整改落实和立规执纪贯穿于整个专题教育的全过程，做到边学边查边改。

### （二）重点强调的几点要求

总行已经对全行专题教育活动提出了明确要求，各分行、各部门、各子公司要抓紧落实、迅速行动起来。这里我着重强调几点。

——落实主体责任，领导树标杆做表率。各级党委要全面负责本机构的专题教育活动，党委主要负责同志要承担起第一责任人的责任。要把抓好专题教育作为履行党建主体责任的重要方面，纳入党建工作述职评议考核的重要内容，对于走过场的要严肃问责。各单位“一把手”要作出表率，带头讲好党课，带头学习研讨，带头剖析查摆问题，带头整改落实。

——结合中心工作，确保两手抓两促进。要统筹兼顾，摆布好时间和精力，落实好中央关于“四个结合”的要求（把专题教育与全面建设小康社会结合起来，与全面深化改革结合起来，与全面依法治国结合起来，与全面从严治党结合起来）。要紧紧围绕全行中心工作，将专题教育与推动全行转型发展和改革创新同谋划、同部署，将从严求实要求与强化管理、开展“合规管理年”等同推动、同落实，切实将专题教育成果转化为深化改革、助推转型、强化管理的动力。

——融入日常管理，做到经常抓抓经常。中央强调，“三严三实”专题教育不分批次、不划阶段、不设环节，不是一次活动，属于经常性、长期性的教育。各单位根据各自实际情况来安排和推动，不能搞成一锅煮、一阵风。全体党员领导干部要牢牢树立“作风建设永远在路上”的意识，常抓不懈、久久为功，做到“润物细无声”，真正起到潜移默化、触及灵魂深处的效果。

——运用法治思维，推动制度化长效化。要改变过去依赖行政化管理的方式方法，以法治理念推动“三严三实”制度建设。一要对制度进行系统性梳理，增强科学性和可操作性，以制度落实“三严三实”要求，约束不严不实的行为。二要通过制度强化正向激励，鼓励严格管理、求真务实的行为，不让老实人、实干者吃亏，在考核制度、薪酬制度、晋升制度安排等方面体现倾斜。三要强化执纪，严格监督检查。要全面发挥纪检、巡视等党内监督，各种检查、审计等专业监督，以及群众监督、舆论监督等合力，形成“三严三实”督促检查的立体式网络。

“三严三实”是党的建设和银行经营的永恒主题，全行要以专题教育为契机，打造一支既干净又干事的干部队伍，为转型发展提供强有力的组织保证。

# 培育新动能 用好新机遇 以“三严三实”全力推进转型发展

## ——在夏季工作座谈会暨战略与创新专题研讨会上的讲话

王洪章

（2015 年 7 月 27 日）

为贯彻落实党中央、国务院近期有关会议精神，总结上半年工作，分析经营形势，部署下一阶段工作任务，研讨战略与创新专题，总行党委决定召开这次会议。祖继行长还要对全行经营工作进行全面总结，并布置下半年工作。我首先代表党委讲几点意见。

### 一、关于上半年工作

2015 年上半年经济形势符合新常态的特点和要求。第一季度和第二季度经济同比增速持平，第二季度环比增速加快，特别是第二产业和第三产业增长快于第一产业。CPI 略有增长，“克强指数”3 项指标表现较好，经济企稳迹象明显。按照中央关于适应新常态的要求，全行干部员工齐心协力，积极应对，为经济企稳和结构调整作出了应有的贡献。

2015 年上半年国内金融形势较好。银行业新增贷款比上年同期增多，其中 6 月当月贷款新增创下 2010 年来同期新高。年初以来中央银行 3 次调整了利率、存款准备金率，利率市场化和金融改革加快。民营银行、互联网金融异军突起，既带来了挑战，也为我们转型发展创造了难得的机遇。前一段时间资本市场出现非正常波动，在监管部门统一安排下，各方积极行动。我们给予了资本市场强有力的资金支持，同时确保了全行流动性符合监管红线规定和相关指标要求，遵守了内部评估审批等各项流程和制度。

国际经济金融形势并不乐观。美国过高的债务负担、低于目标的通胀水平以及美元走强等因素，制约了加息空间。希腊债务危机影响欧洲经济金融政策，带来的问题不可低估。外需不振也导致我国上半年出口回升有限。

在这种错综复杂的形势下，全行上下紧紧围绕习近平总书记对我行提出的“三个能力”建设要求和李克强总理、马凯副总理关于促进经济提质增效升级、建设国际一流银行的批示精神，坚持服务实体经济，落实转型发展规划，全力防控风险，实现了稳健发展。上半年主要经营指标符合预期，主要监管指标符合要求，主要转型发展指标符合规划序时进度。

服务实体经济措施有力。继续围绕国家重大战略和产业布局，信贷投放中基础设施领域贷款新增 1 493 亿元，在对公贷款新增中占比超过 50%；通过理财业务、债券承销及子公司融资等提供资金 5 162 亿元。在支持重大项目、重点企业和重要领域中，实现信贷结构不断调整优化。小微企业贷款投放符合监管要求。“善融贷”“快贷”等新业务借助互联网技术为客户提供了便捷融资服务。服务收费项目大幅度精简，在四大行中最少。

转型发展开局良好。全行对转型发展的认识不断提高，并在推进落实中取得了较好的效果。“春江水暖鸭先知”。各分支行产品供给、功能配套、服务模式等方面的调整，进一步提升了客户综合服务水平；总分行跨区域、跨条线、跨境联动机制以及跨时差不间断服务，使客户感受到了建设银行的多功能与高效率。各分行、各部门、各子公司包括海外机构，都把转型发展纳入年度重要工作任务，有的制定了分年度具体目标和实施措施。母子公司业务联动量增长58%。“大资产大负债”综合业务计划以及与之相适应的战略资源配置，转型中重点加快发展的业务和近年新兴的业务，各类综合营销、综合化服务、综合化协同机制和“一点接入，一站式服务”的成功案例，等等，转型发展许多重要领域取得了新的进展。这些都可以从上半年的经营成效、市场表现以及重大项目、重点客户的服务效果上得到验证。如综合化中重点业务和相关条线收入，以及反映转型进展的产品、渠道、客户的主要指标和辅助指标，增长速度均比传统业务快得多。制定了加快重点城市行发展的差别化政策。深化前后台分离和“三授信”等工作有序推进。善融商务、“快贷”、手机银行，以及通过互联网和信息技术的产品创新、营运模式创新取得了新突破。“新一代”核心系统建设、大数据研究、国际化等都取得了重要进展。

资产质量基本得到控制。一是建立了新机制。总行召开了南北两个片区专题座谈会，明确要求、落实责任。在“三十大”风险项目基础上，总行建立了不良压控分片包干机制。二是加大风险处置力度。上半年全行累计处置不良贷款432亿元。经过全行的艰苦努力，总体上遏制了资产质量“断崖式”下滑势头。三是加大机制调整、审计和责任追究力度。注重从风险案例中汲取教训，查漏补缺完善制度，制订信贷业务操作手册，组织大规模岗位培训。推动授信专业化建设，实施评估转型，传统优势逐步恢复。在一级分行设集中放款中心，建立集约、专业的贷中风控机制。开展“合规管理年”“平安建行”创建活动；推进内控合规转型，建立“制度建设抓条线、合规控制抓同级”的新机制。加大对重点风险领域审计力度，做好“一加强、两遏制”自查整改，得到了监管部门的肯定。

坚持从严治党，落实主体责任。总行党委完善了党建领导小组工作机制，加强了集团层面的统筹部署和组织领导，开拓了集团党建工作新局面。“三严三实”专题教育扎实开局。总行党委中心组把“三严三实”专题教育作为学习重点，安排每位党委成员在全系统或分管部门讲授党课，按照中央要求并结合全行工作实际讲问题，坚持问题导向讲解决措施，在全系统起到了很好的带头作用。各分行、各部门、各机构的班子成员认真开展自学与集中研讨，重点解决工作中“不严不实”的问题。落实年初下发的总行党委工作要点，组织人事制度建设和干部队伍建设取得新成效。持续抓好中央八项规定精神和总行党委十项要求的贯彻落实，招待费同比下降24%，会议费下降42%，车辆费用下降36%。建立党风廉政建设“两个责任”清单，严肃查处案件和严重违规违纪事件。信访工作平稳有序。企业文化建设紧密围绕转型发展、支持“一带一路”和海外发展战略等主题，策划推动得力。机关党委、工会、团委不断创新工作思路，深入推进温暖工程和员工成长帮助计划，开展“善健者行”健步走、网点员工健身操等丰富多彩的群团活动，对内凝心聚力、对外提升形象，发挥了重要作用。

上半年工作成果可圈可点，成绩来之不易。这里，我代表总行党委向大家并通过大家向全行员工表示衷心的感谢！

## 二、关于服务实体经济

2015年是国家“十二五”规划的收官之年，“十三五”规划正在制订之中。中央强调，要适应和把握经济发展新常态的趋势性特征，走出一条质量更高、效益更好、结构更优、优势充分释放的发展新路；要让各种创新资源向企业集聚，让更多金融产品和服务对接创新需求；既着力深挖传统产业升级的潜力，又积极释放新产业新业态蓬勃发展潜力。特别是习近平总书记5月在浙江、6月在贵州、7月在吉林分别召开了部分省区市党委主要负责同志座谈会，为经济增长和结构调整进一步指明了方向。

目前，全面深化改革和经济转型升级的重大战略，正在由顶层设计向各部委、各区域的专项规划、实施方案和具体项目落地，这将是拉动中国经济增长的新引擎，也是银行不可错失的商机。例如，《推动共建丝绸之路经济带和21世纪海上丝绸之路的愿景与行动》提出的投资重点和沿线国家200多个项目储备，《关于推进国际产能和装备制造合作的指导意见》明确的12个重点行业，《中国制造2025》涉及的十大重点发展领域，《京津冀协同发展规划纲要》提出的交通一体化、生态环境保护、产业升级转移，以及北京市行政副中心建设等，这其中有很多“三大一高”优质客户和重大项目，要多渠道多方式全力营销。

古人讲，“机者如神，难遇易失”。全行要主动作为，抓住和用好这一轮发展新机遇。要继续做好“一带一路”、长江经济带建设、京津冀协同发展，以及西部大开发、东北振兴、中部崛起、东部率先发展等国家重大战略的各项配套金融服务，在服务战略大局中担当建设银行应有的社会责任和义务。要大力推进绿色信贷，加大节能减排、绿色环保、民生工程等领域的信贷投放力度。要强化小微企业金融服务，坚持“以小为主、以微为重”，在大众创业万众创新的洪流中做好综合性、多功能服务。推广“助保贷”主打产品，创新小微企业服务模式，充分利用“三综合”网点功能、电子银行产品、互联网技术等，努力实现批发业务、个人业务、战略转型重点业务规模、质量、效益“三丰收”。

根据新的形势变化，全行在市场营销和内部管理上也要作相应调整改进。一是提前介入、精准营销。不能远处看，近处慢。要主动营销，上门服务，更要有备而来，一语中的。二是快速响应、倾斜资源。要针对国家重点工程、优势企业和项目建立便捷流程、绿色通道，做到专业判断、集中决策、快速审批。三是发挥合力、集团联动。全行要落实好一站式服务机制，以及区域协调联动机制、综合服务利益补偿机制。要做到先把客户和项目抓到手，内部再具体分工；通过“客户部门搭台，产品部门唱戏”等综合营销模式，组建跨条线、跨层级的任务型综合服务团队，增强金融综合解决方案提供能力。要大力推进境内外深度联动机制建设，满足升级版“走出去”、国际产能合作的金融需求，提升运用国内外两个市场、两种资源的能力。这方面广东、深圳等分行率先做了大量探索，像“对接深港澳”等跨境金融服务新模式，都可以复制推广。四是做好收费服务优化。要不断丰富服务内容，本着质价相符的原则持续优化服务收费项目，做好综合定价，在为客户创造价值中实现“双赢”。

### 三、关于转型发展

当前除了经济增长压力外，杠杆率过高、泡沫化严重已为人们所关注。去杠杆、去泡沫是个痛苦的过程，处理不好可能事与愿违。其中有两个杠杆最为重要：一是财务杠杆，就企业来讲，资产负债表显示杠杆率很高；二是宏观杠杆，其中一个重要内容是银行资产对 GDP 的比重。从前一个杠杆看，企业在资产不断扩张、负债率高企的同时，盈利能力下降，明显存在着泡沫；从后一个杠杆看，银行资产对 GDP 的比重从 2008 年的 200% 左右增长到目前接近 300%，这个增速是惊人的。而这两个方面，都与银行有关系，在去杠杆、去泡沫过程中银行业一定会产生大量不良贷款。为解决好这些问题和避免这些风险，就要采取“挤”和逐步消化的办法，在产业结构调整中积极稳妥地降低杠杆率。这就要求银行对客户的融资方式、服务方式作出重大调整，要求银行对自身的盈利模式、发展模式作出相应转变。因此，加快转型是一种必然选择。

全行转型发展规划以及相关业务条线、分行制订的转型实施方案，不能挂在墙上，要尽快落到地上。全行要以更严的要求、更实的措施抓好落地工作。要按照习近平总书记关于“三个能力”建设以及“变中求新、变中求进、变中突破”的要求，努力以转型发展培育新动能，创造新的改革红利。

要提高认识，保持良好的状态。转型发展推动得怎样，关键部门、关键人员的思想认识和精神状态非常重要。首先，要继续提高认识，加强各个层级的宣讲和培训。关键是要做实，不能浅尝辄止走形式。有个别部门和分行在转型中办法不多、招数不够，缺乏创新思维，缺少创新意识，经不起同业激烈竞争和“全面考核、压力均等”新机制的检验。这个状况要尽快改变。其次，要有全局意识。切实纠正个别机构和同志“自说自话”的现象。建设银行转型是整体转型，一个部门乃至一个环节步调落后，就可能对全行转型发展带来掣肘。各部门、各分行都要站在全行角度考虑问题、解决问题。我们的服务和管理职能，实际上都面对两类对象，一类是客户，一类是其他部门和分行。如果各弹各的调，各吹各的号，就形不成合力，更做不好转型发展工作。再次，要提高执行力，对于规划已明确的事项，必须不等不靠迅速动起来。中央强调“举直错枉”，要把转型发展成效作为检验各级领导班子改革创新意识的重要标尺。

要打开思路，摆脱固有路径依赖。不能习惯于传统思维，沿袭老套路、旧打法，守着“一亩三分地”过日子。我们面对的是高度市场化的时代，充满着竞争；面对的是客户日趋复杂多变和分层多样的需求，充满着挑战。特别是电子银行、互联网金融、大数据、云计算、IT 迈向 DT 等新趋势，科学上的新思维，技术上大量的“混搭”、跨界、试错等，对此我们不能不善加研究和积极采用。银行经营模式面临的挑战更为现实和紧迫，从重视存款向重视“大资产大负债”、从重资产向轻资产、从资产持有型向资产交易型、从融资向融资与融智相结合转变，这些新模式契合了我们转型发展的方向，也是适应资本管理等方面更严格的监管要求、深度参与国际竞争的内在需要。

要做好对标，增强不进则退的紧迫感。要按照“国内最佳、国际一流”的要求，对标先进同业检视我们转型发展的实际状态，既不能自我陶醉，也不能自愧弗如、宝山空回。总行对国内大型银行战略转型指标进行了定期跟踪分析。从对标情况看，我行有些战略性指标进步明显或优势突出，也有的存在差距或位次下滑。战略转型要有高标准，这个标准就是 100%。对产品质量来讲，不是 100 分就是 0 分，转型发展也是如此。有句话大家可能都听说过，“只比你努力一点的人其实已经甩你很远”。在转型发展的重点领域，要善于通过对标发现差距和不足，找准改进提升的方向，制订更有针对性的赶超计划和转型发展细化举措。

要强化转型保障，进一步改进作风。对转型发展重点领域要继续加大财务资源、信贷资源、人力资源的倾斜力度。包括对 23 个重点城市行加快转型发展的差别化政策要尽快落地；对部分不良资产较多、困难较大的分行，总行要抓紧研究制订相应的资源配置和激励考核政策，支持这些分行通过转型发展尽快走出困境。总行各部门、各分行要寓管理于服务之中，深入开展转型发展调查研究，广泛倾听客户和一线员工的意见建议，做到抓实问题、提实对策，使转型举措更接地气。要进一步简政放权，梳理精简审批事项，特别是总行不承担责任的审批事项要坚决下放。2014 年总行根据基层的诉求，精简了 46% 的审批事项，全年受理分行请示减少了 8000 多件，基层反响非常好。2015 年还要根据转型发展要求，继续对现有的审批事项进行重检和精简。各分行要结合自身实际，勇于探索，创造可复制推广的转型发展经验和典型案例。像上海分行的“八个转变”工作重点、陕西分行的“三轮驱动”转型举措、安徽分行的转型发展“十大考核办法”等，都值得借鉴。发达地区分行、重点城市行要发挥先行者、排头兵的作用，多出转型发展的实招、硬招、新招。总行要从政策上支持这些分行先行一步，不搞“一刀切，齐步走”。

## 四、关于风险管控问题

国务院和监管部门、财政部门非常关注经济新常态下金融风险问题，在不良资产核销打包处置等方面出台了支持政策。全行也付出了巨大努力，包括总分行资产保全、风控、信管、公司以及审计、纪检监察等部门做了大量工作。从会议部署、方案制订，集中打包资产审查、定价、招标、财务支持，以及对资产损失的审计、责任追究等，这些工作牵涉很多人力、物力和工作精力。祖继行长一来就开始狠抓这件事。上半年风险处置总体效果较好，不良贷款率仅 1.42%，控制在目标之内。

这里要重点强调几个方面。第一，在经济发展新常态下，不良贷款发生有其客观原因，我们要理性对待，在这么复杂的经济环境下，在这么大的结构调整和企业优胜劣汰背景下，不良贷款大量产生是正常的。但是，主观原因不可忽视，近年来有数量较多、金额较大的风险损失是违规违纪造成的，管理失控的教训非常深刻。第二，对风险的“两解”即了解和化解还远远不够，有些本来可以避免的风险最终大面积暴露，有些通过主动做工作可以化解的风险，却因工作不到家而形成了重大损失。相反只要“两解”工作到位的分行，风险管控就比较有效。例如，河北省分行在当地钢铁、水泥产业结构大调整过程中，没有出现不良贷款上升的问题，主要是事前应对得好；河南省分行自 2012 年以来持续强化风险排查，及时处置化解，效果很好。吉林省分行本着对不良贷款实事求是的态度，打主动仗，下先手棋，积极争取政府支持化解风险，保持了资产质量稳定状态。辽宁省分行在全省经济下行压力巨大的情况下，坚持防控不良和业务发展两不误，取得了很好的效果。第三，从近年来发生的不少信贷和非信贷不良资产、表外垫款损失乃至涉诉案件看，都暴露出主体责任未落实的问题。有的是领导干部责任意识不强，也有的是能力和水平不够，人岗不相宜。

下一步做好信贷类资产质量控制，要解决的关键问题：（1）明确责任。总分行都要承担起主体责任，重点是分行领导班子特别是“一把手”要做到守土有责，扛起主体责任。（2）转变作风。要深入一线，聚焦重大风险项目，现场办公、实地解决，并主动与总行沟通取得支持帮助。（3）方法得当。一是未雨绸缪，持续抓好抓实排查，做到心中有数，不打无准备之仗。二是对症下药。要制定处置方案，明确专人负责，一抓到底。三是处置合规。集中打包处置可以尽快消化包袱，但是不能“一卖了之”，必须严格条件、严格程序、严格独立审计，确保经得起历史检验。（4）严肃问责。重点有3个：造成损失并存在严重违规违纪行为，主要责任人和负有责任的领导人员，2012年以后新发生大额不良资产损失。要严肃开展责任追究和人员处理，如果不这么做，既是对其他员工不公平，也是对建设银行事业不负责任。

要强化内控合规和审计工作。我行从事审计与合规管理的员工在全行占比不低于其他行。强化内控合规的关键是合规理念、合规行为要寓于业务经营管理流程当中，从事业务操作和管理的人员负有审慎合规经营和操作的第一责任。合规管理更重要的是内控合规评价以及重要业务的合规审查。合规监督更主要的是日常业务操作、岗位履职和营运流程的管控，而不是外部的检查，更不是简单上传下达、汇总报告。内控合规管理体系中最重要的是业务和管理部门、条线、岗位的内控体系标准化和精细化。要进行严格、定期的评估。内控合规部门及合规官的设置，可以先试点后推广，积累经验，逐步做实，要防止“叠床架屋”。合规官必须专业专注，要明晰责任，明确干什么、怎么干，要对岗位心存敬畏；合规官要承担起合规管控的责任，该管没管、该发现问题没发现的要倒追责任。要加快海外机构内控合规体系建设，严格落实海外机构合规官述职考评、双向报告制度。要抓好上半年全行专项审计发现问题的整改落实，相关部门和分行负责人要承担整改主要责任。审计部门要加强督促，保持高压态势；纪检监察部门要对涉及的违规违纪人员严肃问责。要盯住转型发展的基础工作、重点环节和深层次问题，发挥审计条线的专业优势，努力做转型发展的“安全员”、管理改进的“助推器”、权力运行的“紧箍咒”，为全行转型发展保驾护航。

## 五、关于大数据建设

上周党委中心组学习，我们请工信部原副部长杨学山同志作了大数据专题讲座，感觉受益匪浅。大数据已成为现代银行的关键生产要素，也是驱动转型发展最活跃的生产力。习近平总书记近期在贵州视察大数据应用中心时指出，“面对信息化潮流，只有积极抢占制高点，才能赢得发展先机”。推动大数据建设已不仅仅是如何提高认识的问题，而是必须迅速行动起来。我们对大数据还处在认知阶段，我个人更是外行。明天准备请数据管理部和上海数据分析中心的同志介绍一下。我想，大数据可能不是“数”的概念，它应该是指通过对数据的全新处理模式，使之产生强大创新能力、决策能力、流程持续优化能力，进而产生高增长率、高价值的多样化信息资产。对我们来说，大数据最核心的价值就是在于对海量数据进行存储和分析。我们有近400万的对公客户、近5亿的个人客户，3个数据中心产生的海量数据。要把庞大的数据库中的数据，通过加工实现数据量的增加和质的提升，进而提高我们的数据分析和应用能力；通过这些能力提升，改变现有的产品、流程以及商业模式、管理方式。所以，大数据已经不是辅助性和服务型工具，而是一种直接的生产力和竞争力。大数据建设是个庞大的系统工程，对全行来说是个重要产业，也检验我们的差异化竞争能力。

大数据建设是转型发展、创建一流的需要。我们的目标是建成“国内最佳、国际一流”现代商业银行，首先就要有科学的大数据开发使用理念、大数据广泛推广和深度应用的主动行为，以及将其转换为现实竞争力的有效机制。

要以大数据推动产品创新。应该说，当前竞争主要是客户和项目占有的竞争，更多体现在产品和服务上。目前，产品的同质化、客户服务单一化，以及创新速度不快、产品陈旧，缺乏量身定制产品等，导致客户体验不佳。要靠大数据技术扭转这种状况，迅速提升产品和客户服务的竞争力。

要以大数据重塑业务流程。大数据在运营管理、流程再造方面将发挥重要作用，基于大数据技术可以实现智能化运营，提高运营效率。大数据也提供了解决问题的新方法，通过对浩瀚的数据的挖掘分析，可从中获得有价值的信息，最终将演化为一种新的商业模式。

要以大数据支持科学决策。大数据应该在价值创造和科学民主决策上发挥更大作用。财务等战略资源配置只有用大数据才能提高准确性、合理性，才能更好地控制成本、增加收益。机构管理、人力资源管理也只有用大数据才能更加科学化，使人的效能得到最大化发挥，降低人力成本。建立一个机构、完善一项机制，以及人力资源如何配置、能创造多少效益或节约多少成本等，都要有数据支撑，防止"拍脑袋"决策。微软专家史密斯说过："给我提供一些数据，我就能做一些改变；如果给我提供所有数据，我能改变世界"。通过大数据分析可使人们得以发现以往无法察觉的问题和规律，预测事物的发展方向，使决策更加科学有效。以往依赖经验的决策模式，亟须向基于数据和事实的决策模式转变，实现管理经验与数据量化相互印证、业务逻辑因果分析与数据相关性分析有机结合。

要以大数据夯实基础管理。借助大数据技术解决业务基础管理中的一些薄弱问题，提升风险防控能力。要研究如何通过大数据分析，发现各类风险事项的规律性特征和演化趋势，并运用计量模型和技术工具，找出风险防控的重点和针对性措施。要研究内控合规如何通过大数据挖掘技术，并借助相关人员行为数据分析，识别和发现合规风险易发高发岗位，找出合规管控的重要环节、重点人员。要研究审计中如何运用大数据，分析出全行系统违规违章的重点以及产生原因，为整改问题提供依据。实施前后台分离后，后台集中处理产生了大量有价值的数据，一定要善加分析利用，及时监测、预警和控制风险。随着业务的快速发展和复杂程度的增加，要坚持靠制度规范和大数据技术"双轮驱动"来提升基础管理能力。总之，在经营管理各项工作中，要善于通过数据挖掘分析，让数据说话，让数据告诉你实际情况是什么、为什么是这样，告诉你问题和风险在哪里。

要以大数据提升核心竞争力。近年来以互联网金融为代表的各种金融创新，给传统金融业务带来很大冲击。但是也要看到，各种互联网金融创新并没有改变金融的内在本质和核心功能，更谈不上"颠覆"。因此，要主动应对跨界竞争，就必须借助大数据技术提升、做实金融的核心功能，使金融服务更高效地直达客户，更准确地响应客户需求，更好地融合信息时代的技术优势和银行固有的专业优势。这是银行增强核心竞争力的关键，也是"互联网 + 金融"的内在要求。

应该讲，全行在大数据能力建设方面做了大量扎实、富有成效的工作，构建了企业级数据模型，搭建了企业级数据应用平台。上半年还开展了小微企业大数据精准营销、个人客户资金流动规律分析、信用卡数据挖掘、客户资金体内循环分析等应用项目；一些分行借助数据挖掘开展了主动营销。下一步，要学习互联网金融的思维模式、商业模式，充分发挥上海数据分析中心的作用，建立大数据专家团队，加快全行大数据能力建设。要尽快实施一批大数据应用项目，支持客户营销、产品创新、风险防控和营运管理；搭建大数据工作环境，继续推进数据集中管理，打破内部数据壁垒；培养和引进一批业内领先的专业数据分析师。建立大数据分析工具和知识库，加强数据交换工作。由于数据种类多，非标准数据价值大，通过数据共享、交叉享用可以获取更大价值。总之，要通过快速提升大数据能力，为全行转型发展和智慧银行建设打下坚实基础。

## 六、关于重大专题研究

2012 年总行党委建立战略与创新专题研究机制以来，围绕全行改革发展中的重点难点问题开展了一系列专题研究，起到了"推动理念变革，形成战略思维，引导管理创新"的作用。本次会议交流的大数据也是其中一个专题。根据全行转型发展要求，下一步要集中力量做好若干重大专题研究。

关于深化改革。要按照中央关于深化经济体制改革的要求，针对转型发展中遇到的体制机制问题，继续重点抓好以下方面研究：一是公司治理层面，继续跟踪同业混合所有制进展，开展子公司股份制试点探索；研究如何提升治理能力，解决治理结构复杂、成本高、效率不足等问题。要研究落实党中央关于深化国有企业改革中坚持党的领导和加强党建工作的要求，做到党的建设与银行改革同步推进，实现体制对接、机制对接、制度对接、工作对接。二是组织架构方面，要探索建立符合转型发展需要的精简、高效、灵活的组织架构体系，提升前台直接经营能力，研究直营机构或公司化运作新模式，探索中后台“组织集约、管理集成、服务集合”的实现路径。

关于利率市场化风险应对。从国际经验看，利率市场化对银行最大的挑战不是来自利差收窄，而是源于风险管理能力不足。要做好利率全面市场化的风险应对预案，重点做好以下方面研究：一是完善银行账户利率风险计量的系统支持，特别是对各类收益率曲线、重定价期限等作出更精确模拟，更精准计量利率风险。二是提升对市场趋势的分析判断能力，主动管理资产负债缺口；提升投资做市能力，优化金融市场业务投资结构。三是适应监管规则变化，提升市场风险资本计量和管理能力。

关于网络金融生态打造。我行在电子银行、电子商务领域走在同业前列，要在此基础上加快金融生态的打造，重点做好以下方面研究：一是构建具有建行自身特色、可“一站式”满足客户多种需求的“互联网＋”金融服务平台，实现客户场景之间相互关联、有机融合。二是以移动金融、网银网站、善融商务、“悦生活”为核心场景平台，开展动态和静态数据挖掘与应用，提供客户所需的个性化服务，以“智慧、泛在、跨界”提升客户体验。

关于集团集约化建设。近年来全行在推进集约化方面取得长足进展，但是随着业务发展及“综合性、多功能”大步推进，传统集约化模式已经无法解决当前遇到的新问题。例如，一方面是人员总量过多，另一方面则是重点业务和战略性业务专业骨干缺乏；在网点“三综合”、对公业务“三综合”“三授信”、前后台分离等重大机制调整中，人力资源配置还缺乏科学的布局；电子银行和自助设备的账务性交易量占比已超过90%，1.5万个网点又面临新的布局调整和功能整合；各类监督机制特别是审计、内控合规、条线和部门的监督机制需要相互补充、形成合力，避免功能重叠和监督重复；全行各条线的业务流程还需要按照转型要求，以大数据思维进行优化再造，实现流程更简、链条更短、效率更高；分行机关人员过多、经营一线力量明显不足的问题，还需要有新的思路和办法加以解决，等等。

因此，要着力打造集约化升级版，重点加强以下方面研究：一是借助流程银行逻辑和方法论，从企业级维度推动集团集约化制度建设。二是拓展运用近年来已成功实践的前后台分离项目成果，利用云技术等打造跨层级、跨渠道、跨条线、跨境的集中处理平台、资源共享平台，实现分行、子公司、海外机构后台同质化作业集约处理，解放生产力。三是对上述集团层面存在的问题，各部门尽快组织研究，制订方案。总行集约化专题研究小组要在上半年工作的基础上，积极推进课题研究和相关试点，总结出若干可复制的模式和案例，引导和推动全行集约化转型与组织管理改进。

此外，还要就海外机构竞争力提升、综合化经营、资本集约化管理、渠道管理转型等专题持续深入开展研究。

## 七、关于加强党的建设

2015年中央公布的国有企业巡视结果显示，央企普遍存在着党的领导弱化、主体责任缺失，党要管党、从严治党没有落实等问题。对此全行要引以为戒。下半年，中央将对国有金融企业巡视全覆盖。各级领导干部必须高度重视，切实担负起全面从严管党治党的主体责任。

要突出问题导向，通过“三严三实”专题教育实现从严建设各级党组织的目标。各级党委班子要认真学习贯彻习近平总书记系列讲话精神，加强自身建设，落实党章要求，健全相关制度机制，严格党内政治生活，把“三严三实”融入修身做人、用权律己和踏实干事的方方面面。

党员领导干部要从“严”上高要求，自我加压，以良好的形象展示自己，以榜样的力量带动群众。要从“实”处着力。少说空话，少喊口号，少搞高调做派，少作空泛表态。表了态，没做到还是空话。看一个干部，看一个班子，不在于你说了什么，关键在于你做得怎么样。要通过“三严三实”专题教育，确保中央重大战略部署的贯彻落实，确保转型发展扎实推进，确保各项目标任务圆满完成。

要聚焦主体责任，增强担当意识。党的十八届三中全会以来，党委主体责任的内涵不断完善。2015 年，中央纪委首次对履行党风廉政建设主体责任和监督责任不力的典型案件进行了通报。该发现而没有发现问题的要承担责任，发现问题而没有严肃处理的也要承担责任，是理解主体责任的关键。

从纪委以及审计部、财会部检查的情况看，全行财务、采购、基建、IT 建设在执行中央八项规定精神、执行财经纪律等方面仍存在不同程度的问题，具体表现在费用支出超标准、超范围，财务制度不完善、不合规，审批把关不严，闲置浪费问题突出，个别机构虚假交易问题严重。全行各级党委要切实履行主体责任，重点抓好以下工作：一是要严格对照制度及中央规定的各项标准，摸底排查财务管理、采购、基建、IT 建设、办公用房和业务用车等方面的问题，限期完成整改。二是对于检查发现的问题，按照“谁检查、谁认定、谁负责督促整改”的原则，检查部门要向检查对象及时出具整改通知书，严肃追责问责，持续跟踪督促，确保整改到位。被检查单位要承担问题整改主体责任，逐项、限期落实整改，整改情况要报检查部门汇总后报告党委。三是总行相关部门、条线要对共性问题深入研究，从机制、制度、流程及检查督促上采取有效措施，真正从源头避免和堵住问题。

要提高党建工作的制度化、规范化水平。从总行近几年巡视结果来看，一些分行党委在执行民主集中制、坚持“三会一课”等方面存在“不严不实”的情况，党委议事决策程序不规范，会前沟通不充分、会中临时动议、会议记录随意、会议纪要缺失等，反映出分行党委在制度建设方面还需要规范和加强。下一步，总行将按照《中国共产党党组工作条例》有关要求，对党委工作规则作出修订。

抓好党建工作责任制的落实，关键是要通过强化考核和监督问责，推动各级机构担负起抓党建的主体责任。总行将在现有党建工作述职、评议的基础上，研究将党建工作指标纳入考核体系。同时，注重系统性、分层次的党建制度体系建设，为落实从严治党、强化党建工作考核提供依据。

认真落实中央关于领导干部保密工作责任制的要求，将保密工作纳入各级党委的重要议事日程，各级机构主要负责人是保密工作第一责任人。要结合我行实际抓紧制订实施办法，组织总分行处级以上领导干部签订保密责任书。

要深化组织和人力资源管理改革。坚持党管干部原则，建立适应现代企业制度要求和市场竞争需要的选人、用人机制。选好配强班子，推进干部能上能下。着力加强基层党组织负责人政治意识、战略思维和履岗能力建设；强化总行对子公司、直属机构和境外机构的党建管理。要围绕转型发展要求优化人力资源配置和员工队伍结构。要加强干部队伍建设特别是“一把手”和后备干部的培养配备；完善管理岗位、专业技术岗位、经办岗位职务序列；加大转型发展急需人才、专业人才的内部培养力度，拓宽外部市场化招聘渠道，为转型发展提供高层次的人才智力保障。

要加强党风廉政建设，履行好纪委监督责任。各级纪检监察部门要切实履行监督责任，深化转职能、转方式、转作风，健全立体式监督防控体系。继续加大对财务、招投标、采购等方面监督检查，加强海外机构管理。要加大对大案要案、违规违纪行为的查处力度，做好反映领导干部问题线索的清理工作，对信访举报要认真核查，做到件件有落实，不留尾巴。要加强巡视工作，提高发现问题、解决问题的能力。

要加强宣传工作、文化建设和群团工作，提升软实力。以我行上市十周年宣传为契机，提升品牌形象和市场影响力；培育优秀企业文化，引导广大员工自觉践行社会主义核心价值观和建设银行核心价值理念，树立正确的理想信念，养成良好的职业行为习惯。大力宣传平凡岗位上涌现出来的像山西分行李红英同志、北京分行林森同志等身边的先进典型，营造学赶先进、见贤思齐的良好氛围。认真落实习近平总书记在党的群团工作会议上的讲话精神，积极做好工会、共青团、老干部等各项工作，保持和增强群团组织的政治性、先进性和群众性，不断提升凝聚力和向心力。

同志们，下半年工作任务还很艰巨。全行要铆足干劲，以“三严三实”筑牢转型发展基础，培育发展新动能，赢得竞争新优势，努力实现转型发展既定目标。



# 在巡视中国建设银行工作动员会上的表态讲话

王洪章

（2015 年 11 月 3 日）

接受中央第十二巡视组巡视，是建设银行极为光荣的政治任务，充分体现了中央对建设银行的高度重视和亲切关怀。在此，我代表全体干部员工对中央巡视组的到来表示热烈欢迎！刚才，武在平组长、王瑛副主任作了全面部署和明确要求，我们一定要认真学习领会，不折不扣地抓好贯彻落实。下面，我代表建设银行党委作以下表态。

## 一、把思想和行动统一到中央关于党风廉政建设和巡视工作的要求上来

党的十八大以来，中央从关系党和国家生死存亡的高度，以强烈的历史责任感、深沉的使命忧患感、顽强的意志品质推进党风廉政建设和反腐败斗争，坚持无禁区、全覆盖、零容忍，严肃查处腐败分子，着力营造不敢腐、不能腐、不想腐的政治氛围，取得了世人瞩目的成效，赢得了党心、民心。巡视工作是党内监督的战略性制度安排，是全面从严治党的“利剑”。2015 年 8 月，中央颁布了新修订的《巡视工作条例》，全面总结十八大以来中央巡视工作的实践经验和创新成果，扩大巡视覆盖范围，深化巡视监督内容，突出巡视工作重点，聚焦政治纪律、廉洁纪律、组织纪律、群众纪律、工作纪律、生活纪律，是全面从严治党的制度利器。十八大以来，中央巡视工作围绕中心，剑指问题，形成震慑，查处了一批腐败案件和违纪行为，为推进全面从严治党、加强党风廉政建设和反腐败斗争提供了有力支撑。

习近平总书记在中央纪委五次全会上指出，对现阶段党风廉政建设和反腐败斗争形势，党中央的总体判断是依然严峻复杂；现在，腐败和反腐败呈胶着状态，我们在实现不敢腐、不能腐、不想腐上还没有取得压倒性胜利；党风廉政建设和反腐败斗争是一场输不起的斗争，必须决战决胜。习总书记同时指出，一些国有企业在管党治党、党风廉政建设上出现了这样那样的问题，有的问题相当突出。从中央巡视组 2015 年以来对部分国有企业的巡视情况看，一些国有企业党的领导弱化、主体责任缺失的问题十分突出。王岐山同志指出，存在这些问题的本质是企业党组织没有发挥领导核心作用，不忠诚、不担当。建设银行作为党领导下的国有金融企业，必须始终在思想上政治上行动上与以习近平同志为总书记的党中央保持高度一致，清醒认识和深刻领会中央对当前党风廉政建设形势和国有企业面临问题的判断，增强忧患感和使命感，对国有企业存在的这些问题高度警觉，严密防范，坚决扎紧篱笆、守牢仓门，绝不能“牛栏关猫”、来去自由。我们从严管党治党、加强党风廉政建设在任何时候都不能有丝毫动摇、不能有丝毫松懈，必须紧抓不放、一以贯之。

中央巡视组对我行开展巡视，是对我们建设银行管党治党、推进党风廉政建设情况的一次重大检验。这是建设银行第三次接受中央巡视，距离上一次巡视已经时隔五年。这五年，在党中央、国务院的坚强领导下，我们的转型发展和经营业绩取得了全面进步，为经济社会发展作出了应有贡献，2014年我行庆祝成立60周年时，习近平总书记、李克强总理、马凯副总理作出了重要批示，提出了明确要求，为下一步全行改革转型发展指明了方向。除此之外，我们各级党组织在党要管党、从严治党上是否坚决有力，在落实党委主体责任和纪委监督责任上是否有效深入，在思想认识、责任担当、方法措施上是否到位，各级领导干部在遵守党的纪律特别是“六大纪律”上是否严格自觉，在廉洁从业、改进作风上是否扎实过硬，“三失”问题（失之于宽、失之于松、失之于软）是否得到有效解决，都需要接受中央巡视组的全面检验。严管才能出效率、出效益，这次巡视工作，对于全行进一步发挥党的领导核心作用、强化全面从严治党主体责任、保持正确的转型发展方向、促进各项事业全面进步，都具有十分重大的意义。

我们必须从政治高度深刻认识巡视工作，以坚定的党性、严格的纪律、诚恳的态度做好巡视配合工作。要认真学习贯彻习近平总书记关于党风廉政建设和反腐败斗争的一系列重要讲话精神，深刻领会中央全面从严治党、惩治腐败的坚定决心和坚强意志，从全面从严治党的战略高度深刻认识中央巡视工作对建设银行的重大政治意义。要认真正视自身存在的问题，不回避、不推脱、不遮掩、不护短，把中央巡视工作作为我们全面从严治党、加强管理、改进工作的重要契机，作为对全行各级领导班子和领导干部的一次深刻党性洗礼和锤炼，坚决承担好、完成好这项重大政治任务，不辜负中央的关心、期望和重视，不辜负中央巡视组的严格监督和严格要求。

## 二、认真落实中央巡视组的安排部署，全力以赴支持配合巡视组工作

巡视是一项政治性、纪律性非常强的工作。全行各级党组织和干部员工都必须从讲政治、守纪律、讲党性的高度，认真落实中央巡视组的各项安排部署，全力以赴做好支持配合工作。

一是进一步深化认识、端正态度。巡视组是代表中央对建设银行进行巡视，在中央巡视组面前、在党规党纪面前，全行各级领导干部都只是一个普通党员，都只是一个被监督者，都必须严格以一个普通党员的身份把自己摆进去，对党忠诚，襟怀坦白。全行各级领导干部都必须以高度负责的态度，严肃认真地对待巡视配合工作，认真陈述情况、反映问题。作为党委书记，我代表党委郑重表态，我本人和班子其他成员一定按照中央巡视组的要求，诚恳接受巡视监督，全力支持和配合巡视工作，自觉接受监督检查，主动查摆问题，通过此次巡视使政治核心作用发挥更有力、自身党性再提高、自我要求更严格。

二是全面细致做好支持配合工作。总行党委全面负责巡视配合工作，我本人是第一责任人，认真落实责任，做好协调，集中力量，全力支持配合巡视组工作。同时，成立巡视工作联络组，由纪委书记朱克鹏同志任组长，具体负责与中央巡视组的联系、配合、保障、服务等工作。全行各级机构、各部门和干部员工都必须自觉认真、不折不扣地做好巡视配合工作，巡视组提出的各项工作要求必须在规定时间内落实到位，巡视组要求提供的各项文件资料必须在规定时间内提供到位，巡视组要求谈话的人员必须在规定时间内安排到位。对于巡视配合工作，各级机构、各部门主要负责人必须亲自协调过问，确保配合到位，落实责任制，做到各项配合工作高标准、高质量、高效率。

三是严守纪律。《巡视工作条例》规定了严格的纪律，各级党组织和干部员工必须认真遵守。要认真遵守政治纪律和政治规矩，与中央保持高度一致。要按照武在平组长和王瑛副主任的要求，认真遵守巡视工作纪律，不得以任何方式隐瞒真实情况，不得以任何方式阻挠干部员工向巡视组反映问题，不得以任何方式干扰巡视工作。要严格遵守保密纪律，有关巡视工作的相关信息必须严格保密，严禁泄露或私下议论；有关重要材料要专人负责、严密保管。对于违反纪律的，要严肃处理。

## 三、立行立改，切实做好整改工作

一是认真做好问题整改。对于巡视组指出的问题，我们要诚恳接受、深刻反思，以最坚决的

态度、最果断的行动、最有力的措施立行立改，改到位、改彻底。总行党委是整改工作的责任主体，必须走在前面、当好表率，要以严抓、严改、严问责的态度，明确责任，求真务实，动真碰硬，同时要举一反三。各级机构、各部门必须以高度负责的思想态度和良好的工作状态，围绕巡视指出的问题，从制度流程、监督检查、人员管理、体制机制等多方面追根溯源、彻底整改，并及时向巡视组反馈。对于不能马上整改的，也必须制订详细、周密的整改方案，明确责任人、时间表，有序有效整改到位，确保件件有着落、事事有回音。总分行要协调联动，一致行动，确保上下整改一盘棋。对中央巡视组移交的问题线索，不管涉及谁，都要认真核查，严肃处理，决不姑息。

二是要以中央巡视为契机，进一步加强从严治党、从严治行的力度。中央把从严治党放到“四个全面”战略布局的高度。王岐山同志强调，全面从严治党要靠纪律管全党，把纪律挺在前面。在抓好巡视发现问题整改的同时，要以中央巡视为契机，全面深刻领会中央全面从严治党的精神内涵，在思想认识、责任担当、方法措施上紧跟中央要求，进一步加大从严治党、从严治行的力度。要按照把纪律挺在前面的要求，既严肃查处案件和严重违纪行为，又抓早抓小，动辄则咎，把纪律立起来、严起来，让纪律成为监督执纪问责的“利器”。要落实中纪委要求，运用好监督执纪的“四种形态”，进一步严格党内政治生活，进一步加强纪律审查，进一步突出查处重点，体现纪律的威严，落实全面从严治党责任，使纪律成为带电的高压线。

同志们，当前经济金融形势十分复杂，我们党面临的“四大考验”、“四大危险”十分严峻。建设银行作为党领导下的国有控股金融企业，面对市场经济和外部环境的考验，扎紧篱笆、守牢仓门的任务十分艰巨。我们一定要以这次巡视为契机，更加紧密地团结在以习近平同志为总书记的党中央周围，坚决贯彻落实党中央的路线方针政策，始终保持清醒的政治头脑，进一步加强党的建设和各级领导班子建设，强化全面管党治党力度，深入推进党风廉政建设，自觉把“两个责任”抓在手上、扛在肩上，按照习近平总书记的要求进一步增强服务国家建设能力、防范金融风险能力、参与国际竞争能力，为促进实体经济发展、协调推进“四个全面”的战略布局作出更大贡献！

# 打造“软实力”传播正能量<br>围绕全行转型发展做好公关企化工作

## ——在公共关系与企业文化部调研时的讲话

王洪章

（2015 年 11 月 12 日）

今天，我和监事长来调研，主要是听取大家的意见和建议。刚才刘进总经理代表公关部作的工作汇报十分精彩，也是给我们讲解了一堂生动的企业文化教育课，讲得很全面、很丰富、很生动。实事求是地讲，通过刘总的介绍，使我们对建行企业文化理解得更深入了，对建行公关文化队伍现状了解更清楚了。在这里，首先要感谢大家、感谢公关部为建行改革发展所付出的努力，为建行战略转型所作出的贡献。

建设银行的股份制改革从 2004 年开始，十年的时间走到今天，成为一个国际大行，公共关系管理和企业文化建设是不可或缺的，起了重要的作用。论“硬实力”，建设银行很了不起，“软实力”更了不起。特别是刘总来到公关部一年多的时间，各项工作在原来的基础上迈上了一个非常大的台阶，扭转了过去的一些被动局面。现在建设银行这方面的"软实力"在社会上叫得响、吃得开、声誉高、影响大。我们在企业文化建设、公共关系维护和新闻宣传方面，其影响力在国际上也是出类拔萃的。"国内最佳，国际一流"，也体现在公共关系管理和企业文化建设上，这方面我们已经做到了。讲到转型，公关部转型是比较成功的，也是有效的。下面，我想强调以下几个问题。

## 一、要尽快解决党委宣传思想政治工作层层衰减的问题

中央最近召开了十八届五中全会和宣传工作会议，要求加强党的宣传和意识形态工作。我行宣传思想政治工作层层衰减的问题，需要引起重视，我在向中央巡视组汇报时也讲了这个问题。从2016年开始，党委的同志首先要多深入市地行和县支行调研，要多到二级行和县支行，多到贫困落后地区了解实情、传递温暖。我们的宣传思想政治工作也是这样，要加强对基层行、分支行的指导，要把对中央大政方针的学习和宣传思想工作的要求落到实处，学习宣传中国特色社会主义道路、社会主义的核心价值观和"两个一百年"的奋斗目标。这在历史上是没有的，这是世界上最大的一个发展中国家的奇迹。

在实现全面建成小康社会的关键时期，宣传思想工作、意识形态工作至关重要。要把这些指导思想、价值理念、目标要求向全行员工宣传好、贯彻好；要把社会主义核心价值观和建行文化，通过学习培训、宣传教育，嵌入员工的头脑当中，转化为自觉的行动，做到"知行合一"。要宣传中国特色社会主义道路，2020年要全面建成小康社会，世界上任何一个国家，没有一个像中国这么伟大，能把13亿人带到小康社会。公关部作为宣传部门，要把党中央和国家的决策部署、发展蓝图、重大举措，经常地讲、反复地讲，要推动和组织好各分支机构有效开展党的宣传思想工作，力争迈上一个新的台阶。

## 二、要加强党的理论建设和党风廉政建设

我们要加强党的建设理论和方针政策的学习理解，多组织一些报告会、形势分析会，特别是十八届三中、四中、五中全会关于"四个全面"以及"十三五"规划提出的国有企业加强党的建设、加强廉政建设等重要决定、重大决策部署，要认真做好学习宣传和解读工作。党委宣传部要负起这个责任。

要加强对分支行党委中心组学习的指导。总行中心组学习组织得很好，各分支机构、子公司的党委中心组学习也要加强。目前，党的思想建设、组织建设、作风建设，在金融企业党的管理体制调整后有了很大的变化，各分支行、子公司党委、党组织、党员队伍管理，要和中央部委、金融行业管理一致起来，通过党委中心组学习，把各级党委班子建设好，真正发挥战斗堡垒作用和示范带头作用。新的形势下，党委宣传工作和理论教育工作要不断创新，通过形式多样的方式方法，管用有效地组织开展。

## 三、要进一步提升建设银行"软实力"

文化"软实力"现在已经成为建设银行转型发展的重要推动力。公关部正是"软实力"的打造者、组织者和推动者。要练好内功，进一步做好提升"软实力"的公关宣传、思想文化、品牌管理、社会责任等各项工作，持续保持正能量。坚持以银行的优良业绩吸引投资者，以优秀的企业文化凝聚人心，以先进典型的示范引领激励员工，塑造卓越的品牌形象，树立良好的社会声誉。

要加强公共关系工作的研究和总结，进一步提升我们的文化优势。这是我们企业上层建筑的一个重要组成部分，要整理好、总结好，形成一个体系。在这个基础上，要加强工作的创新，继续保持生机与活力。要加强对新媒体的使用和管理，现在新的媒体，如微博、微信、微视频、微电影等，可以说是方兴未艾，以后可能还会出现一些新的东西。这些新媒体、新手段的开发和利用，我们要先人一步，占得先机。作为一个大行，如果这些使用不好、管理不好，我们在社会上的声音就会越来越弱，反应就会越来越慢，就不能适应战略转型和改革发展的需要。

要加强公共关系与声誉风险管理。一是要学习业务、了解业务。不了解业务，不学习业务，就不知道宣传信息该怎么摆布，利用什么渠道什么形式更加有效，就不知道声誉管理该怎么管才能恰到好处，工作效果必然大打折扣。过去，我

们有的舆情应对有过教训，例如，密码升级事件，关键节点上没有说清楚，泛泛地去应对媒体，就没有很强的说服力。再如，辽宁鲁迅美术学院教授要求建行员工道歉那件事，业务上很清楚，我们没有错，员工也没有错，而且事实证明我们没有问题。如果不把真相讲出来，社会上那些不明真相的人就会跟着指责银行。所以按照公开透明和实事求是原则，必须要讲，把事实一讲，挂在网站上，真相大白，效果非常好。公关工作、舆情应对，一定要取得主动权，只有掌握情况、熟悉业务，才能还原真相，看出谁对谁错。二是热点问题解释口径要统一。回答媒体的问题，谁解答，要有个指定；不指定，你说，他也说，说完以后口径不一致就有可能变成一个热点问题。而对于热点的内容，记者往往不去讲正面的东西，恰恰就抓关键的那一句话，给你炒起来。今后，要加强对全行声誉风险管理和公共关系管理的培训，特别是各级领导班子，要认识到公共关系维护与管理的重要性，了解舆情处置的基本常识，掌握处理公关危机的方法技巧。三是应对与处置舆情要讲究方式方法。在媒体、社会公布之前，要提前、充分了解信息，掌握主动。主动应对里面有很多内涵，很多技巧和方法，有时光主动也不行，要抓早抓小，措施要跟上，还要正当。措施不正当，就会越抹越黑、越忙越乱。新媒体时代，信息传播太快、太复杂了，必须予以高度重视。

要继续做好新闻宣传工作。要坚持深入一线，接触实际的事、现实的人，这样写出来的东西才深刻、才生动。写得好和不好，当然跟文笔有关系，但最主要的还是要了解实情、接触实际。坐在屋子里写出来的东西，没有生命力，也缺乏指导意义。要转变工作方法，拓宽视野，主动深入业务、深入基层、深入部门，写出更好的新闻稿件、文章，为全行的转型发展营造良好的舆论氛围。

## 四、要做好广告管理工作

全行广告管理是一项重要工作，应该明晰职责划分，管理方式也应研究调整。涉及全行的重要广告、重大的涉外广告、重大的宣传费用，总行要统一管理，不能分散到让各个行自己管。分散管理的结果是，钱没少花，效果还不好。目前，海外广告做得很好，主打“中国建设银行”，花钱也不多，效果明显。国内的广告投放，应好好研究，分支行可以负责客户服务、产品宣传、市场营销等数额较小的广告投放，大家看得见，效果会更好；总行应统筹考虑，把握广告投放的整体布局，可以对分行实施投放任务管理，哪些应是总行统一安排的，哪些是总分行都可以做的，哪些是分支行可自己做的，把责任和任务分清楚。就像管理海外分行的投放一样，国内也可以这样操作。费用上，尽管我行压缩比较明显，但与同业相比我们还是有差距的。要讲清楚，全行一个法人，总行要统一集中推进，选取规模大并且在全国各地都有机构的厂家进行合作，这样价格肯定要便宜，就可以降低成本和费用开支。现在物流业很发达，相关问题都可以研究解决。办公器材也要在全行实行全国统一招标、统一采购。各分行要是都把精力放在广告、办公器材采购等这些事情上，转型发展工作肯定会受到影响。

此外，要进一步加强企业社会责任的宣传，这也是一种形象广告。树立社会责任意识，履行社会责任，是我们实施股份制改革过程中引进的一个价值理念，是全球企业普遍重视和关注的一项工作。这是正能量，我们已经做了不少，要广泛地传播，要让广大员工人人都有爱心，都有社会责任意识。捐赠要以雪中送炭为主，不搞锦上添花，主要是解决社会的困难，这是建设银行承担的社会责任，对社会的回馈，不是一种恩赐。回馈要正当，应该回馈给谁，不应该回馈给谁，要有标准和评估。比如，对各种学会、协会，不符我们的原则和方向，就一律不给。做好捐赠的同时，要注意打造项目品牌，搞好宣传教育，展示我们大行的社会责任与担当。

## 五、加强企业文化建设

“对内振奋精神，对外塑造形象”。公关部对部门的这个定位很好。建设银行企业文化建设一直走在同业前列，很有竞争力，有力地促进了业务发展。尤其这几年，在助推转型发展上，发挥了很好的作用，取得了良好的效果。

企业文化建设最重要的是传承和创新。建设银行成立60多年来，在精神层面上积淀了丰富的内涵，是我们十分宝贵的精神财富，也是建行“软实力”的重要组成部分。文化具有独特的魅力，不可复制，对人的影响是潜移默化的，重视文化和传承文化对一个企业来说非常重要。讲传承，除了精神传承，也要注重形象、物质方面的传承。我们计划在金融街、稻香湖建立自己的“文化馆”或“文化展示中心”，把建设银行60年来的历史资料、实物等收集起来，展示出来，并把它作为员工教育和对外形象展示、宣传的场所，这是很有意义的。

要积极营造员工交流的文化氛围和机制。目前，员工思想交流主要在各个部门、各个条线，没有统一管理。这种现状不利于对员工思想动态、意见建议及时进行了解、分析和汇总。全行38万名员工应该有一个交流平台，让大家能够顺畅地发表自己的意见、看法，这也是一个了解员工思想、集中员工智慧的渠道。这项工作很重要，需要有个部门专门来负责这个事，及时收集、定期整理、分类分析，属于业务方面的反馈给业务部门，属于人事方面的给人力资源部门，属于员工生活服务方面的给工会，属于管理层面的交给行领导。

另外，境外机构的经营中，还有一个跨文化管理的问题。海外机构员工、并购子行的文化融合很重要，公关部可以先期针对巴西子行开展建行文化的宣传培训活动，比如，可以通过现场调研、交流，或以视频课程方式进行讲解，以达到文化相融，增进价值观的认知认同。

总之，近年来公关部工作发生了很大的变化，工作主动性、舆情应对能力及声誉管理上了一个大的台阶，做得非常好，生龙活虎、生机勃勃。希望各项工作能够持续保持良好的势头，带领全行条线的员工，在现有的基础上再迈上一个新的台阶，为全行转型发展作出更大的贡献。

# 加快转型　稳健经营<br>确保完成全年目标任务

## ——在夏季工作座谈会暨战略与创新专题研讨会上的工作报告

王祖继

（2015年7月27日）

刚才，王洪章董事长作了重要讲话，我完全赞成。明天郭友监事长还要作总结讲话，请大家一并深入学习领会，抓好贯彻落实。按照会议安排，我向大家报告今年以来全行经营情况，并对下一阶段工作部署提出要求。

### 一、全行经营业绩好于预期

2015年以来经济金融环境复杂严峻，在总行党委、董事会的领导和监事会的帮助指导下，全行认真贯彻党中央、国务院决策部署和监管要求，同心齐力，坚定执行年初工作会议的部署，积极推进转型发展，坚持稳健经营，取得了来之不易的经营成果。

**（一）经营指标稳中有进，盈利能力保持领先**

截至2015年6月末，资产总额（集团口径，未经审计）18.6万亿元，比年初新增1.6万亿元，增速为11.2%；其中人民币贷款新增5 009亿元，增速为5.8%；投资和交易性资产余额4.98万亿元，新增7 698亿元，增速为18.3%。负债总额16.65万亿元，新增1.42万亿元，增速为9.3%；其中人民币一般性存款时点余额12.79万亿元，新增6 827亿元，增速为5.6%。

上半年，集团实现净利润1 322.2亿元，同比增加12.5亿元，增幅为1%，居四大行第二；

本行实现净利润1295.6亿元，同比基本持平。平均资产回报率（ROA）为1.51%，平均股东权益回报率（ROE）为19.97%。净利息收益率（NIM）为2.69%。成本收入比22.65%，同比下降1.06个百分点。

**（二）资产负债平稳增长，结构摆布不断优化**

根据市场形势变化适时调整资产负债结构，编制了首份“大资产大负债”综合业务计划，在全行信贷结构调整、金融市场交易策略、存款营销重点、主动负债创新等方面作了前瞻性安排，为上半年经营赢得了主动。

1. 从负债端看，增存稳存态势良好，负债成本管控有效。根据中央银行利率调整政策和市场资金面状况，合理制定挂牌利率，动态调整定价授权，优化资金内转价格，鼓励分行多渠道吸收低成本资金。上半年一般性存款日均新增5 412亿元，居四大行第一，日均余额四大行占比上升。高成本存款大幅下降，全口径存款付息率比上年下降7个基点。

个人板块狠抓旺季营销，深耕专业市场，大力拓展代发工资业务，个人存款时点和日均余额双双突破6万亿元，稳居四大行第二。公司板块着力提升客户资金在我行体内循环率和上下游承接率，发挥资金结算网络优势，实现企业存款时点余额突破7万亿元，时点新增为近5年同期最高。发挥证券客户交易结算资金第三方存管业务（CTS）优势，开展重点营销，非存款类金融机构存款大幅增长，增速达177%。拓展主动负债，选择合适时间窗推出了大额存单。统筹安排集团境内外、本外币、母子公司资金，加大同业资金运用，在保持良好流动性的同时，备付率四大行最低。

2. 从资产端看，贷款结构调整有序，债券收益逆市上升。综合平衡各类资产业务的资本占用、风险与收益状况，主动调整资产结构，推动“大资管”业务发展。适时调整年度信贷政策，优化信贷组合，上半年本外币贷款新增6 797亿元，增幅为7.3%，其中零售类贷款新增占比达到62.3%，余额新增四大行第一。个人住房贷款领先优势进一步扩大，余额超过2.6万亿元，在全行各项贷款中占比29%，贷款余额、新增、资产质量和定价水平都居四大行首位。公司类贷款新增中，基础设施领域贷款占比过半，资信基础差的地方政府融资平台、五大产能严重过剩行业贷款余额继续下降。探索以资产证券化等市场化机制调整信贷结构，完成了相关方案制订，首家获准注册发行资产支持证券。

金融市场资产规模达到3.83万亿元，占全行总资产的21.35%。在市场利率整体下行格局下，通过合理调整优化投资组合，人民币债券实际收益率达到4.55%，比年初提升1.9个基点，拉升全行NIM水平0.3个基点。

发挥综合化服务优势，通过资产管理和投行业务为客户解决融资需求4 431亿元；各子公司提供综合投融资新增731亿元，为集团利润增长贡献0.53个百分点。海外机构资产快速增长，总额突破2 000亿美元。

3. 从表外业务和中间业务看，收入结构不断改善，重点产品增长迅速。表外信用业务量增长6.7%，相应加权风险资产增长2.5%，资本集约化程度不断提升；表外垫款余额67亿元，比年初下降7亿元。中间业务收入总量、增量、增速保持四大行第二。认真执行收费减免政策，在主动压缩贷款相关类收入的同时，实现手续费净收入619亿元，同比增长5.3%。信用卡、理财产品、个人结算、单位结算、审价咨询、代销基金、代客资金、单位国际结算、代理保险、托管等重点产品均实现收入超过15亿元，信用卡、贵金属等业务保持高速增长。债券承销保持市场第一，上半年承销金额2375亿元，同比增长17.08%。养老金管理资产规模超过2 100亿元。跨境人民币实收实付项下结算量同比增长17.38%。投资托管业务规模达5.1万亿元，较年初增长19.19%。金融IC卡新增及行业应用效果良好。

4. 从资产质量看，风险处置成效显著，不良贷款控制在预期目标以内。2015年以来全行合力攻坚克难，完善信贷制度流程，强化贷中、贷后薄弱环节管理，投入大量精力抓风险处置化解，成效非常显著。王洪章董事长亲自出马，高管层全部上阵，各部门、各分行群策群力，多措并举，资产质量管控实现了阶段性目标。累计处置不良贷款431.89亿元，创历史同期最高水平，处置总额居四大行第二。其中，回收盘活130.37亿元，核销83.21亿元，批量转让218.3亿元。截至6月末，集团口径不良贷款率为1.42%，控制在上半年目标以内；境内分行不良率为1.48%，不良贷款余额为1 383亿元，逾期贷款余额为1 967亿元。

5. 从成本管理看，经营费用管控有效，八项规定控制费用大幅下降。上半年增收节支并重，强化了成本源头管控，按照“有保、有压、有控”的原则调整了费用结构。经营费用总量得到有效控制，业务管理费同比下降6.9%；严格落实中央八项规定精神，招待费、会议费、差旅费、宣传费、车辆费等各项压缩类费用在已连续两年大幅压缩的基础上，继续保持下降趋势，降幅分别为23.5%、42%、15.8%、36.3%、35.7%；腾挪出来的费用，主要用于业务发展重点领域，支持转型发展战略目标实现。

**（三）转型发展取得新进展，经营基础更加稳固**

上半年全行大力推进转型发展规划落地，坚持抓有效客户拓展，加快渠道和系统建设，进一步夯实了经营基础。

1. 物理和电子渠道协同架构初步形成。总行成立了渠道与运营管理部，全面推进渠道整合。网点“三综合”建设取得新进展，综合性网点覆盖率达到97%。优化网点布局，增加自助设备布放，深化前后台分离，营业网点“三个平台”功能不断完善。将电子银行打造成为全行交易主渠道，有力地支持物理渠道综合化转型。网上支付业务市场份额和客户体验领先同业，个人、企业电子银行客户规模分别居同业第一、第二位，手机银行、微信银行客户数同业第一。善融商务发展领先银行同业电商。

2. 国际化转型扎实推进。推动建立多功能的营销服务平台，成功获任智利人民币清算行；筹建海外资金平台、海外项目信息管理平台和海外审批中心，推进海外机构清算业务集中和海外网银全球化部署，在总行层面建立海外重大项目月度会商机制。我行牵头的中国化工收购倍耐力、俄气15亿美元银团贷款等项目推进顺利，市场反响良好。海外机构布局进一步优化。巴黎、阿姆斯特丹、巴塞罗那和米兰分行开业，伦敦分行正式对外营业。目前，我行在境外共有一级机构26家，各级机构总数133家，覆盖24个国家和地区。海外机构资产总额较上年增长29%。

3. “新一代核心系统”功能加速释放。“新一代”二期首批27个项目已成功上线，推出了智慧银行、移动智能助手等渠道协同应用，上线了涵盖托管、金融市场、全球现金管理等功能更为完善的业务处理平台，搭建了企业级风险管理平台。系统运行稳定，客户体验良好。2.2期各项目已全面进入测试阶段；二期海外功能和三期项目设计有序推进。

4. 客户和账户增长态势良好。截至6月末，（人行口径）全行单位人民币结算账户达527万户，比年初新增41万户，增速为8.44%，基本户占比提升到66.13%，账户增量和增速均列四大行第一。公司机构客户总量373.7万户，其中对公信贷客户12.41万户，比年初新增1 800户。个人全量客户达到4.9亿个，其中，有资产客户达到2.99亿个，新增1 152万个；金融资产1 000万元以上私人银行客户47 510个，新增5 395个。全行存量个贷客户超过1 000万户，其中房贷客户超过950万户；住房资金缴存单位账户达到100多万个，职工个人账户1.2亿个。

全行转型发展成效逐步显现，反映转型进展的综合性指标表现良好。从收入结构看，剔除国家收费政策、收入核算调整等因素影响，上半年，中间业务净收入同比增速比主营业务收入增速高13.2个百分点；从业务结构看，转型重点业务（涉及11类21项）同比综合增速比本行资产增速高21.5个百分点；从交易渠道看，电子渠道账务性交易同比增速比全口径账务性交易增速高27个百分点，非柜面渠道交易占比同比提升3个百分点；从客户发展看，有效客户增速比人民币一般性存款增速高1.1个百分点；从综合化经营效果看，子公司资产增速比本行资产增速高19个百分点，利润增速比本行高47.6个百分点。

**（四）服务国家重大战略，有力地支持实体经济**

在信贷计划中安排专项规模支持“一带一路”等国家重大战略，加快重点支持领域贷款投放进度，国家重点在建续建项目及城镇化建设相关贷款新增1 037亿元。加大对经济薄弱环节支持力度，小微企业和涉农贷款稳步增长。小微企业贷款较年初新增726亿元，增速6.35%，符合“三个不低于”的监管要求；涉农贷款新增191

亿元，增速 1.1%。精简优化收费目录，收费项目四大行最少，得到国务院领导同志的肯定。在助力经济提质增效升级中加快全行转型发展，履行了国有控股大型银行的社会责任。

上半年良好的经营成果，得益于总行党委、董事会审时度势的战略部署和监事会的支持，得益于全行上下的稳健经营和扎实工作。我来建行这两个多月，在总行20多个部门和几家分行调研过程中，都深切地感受到了全行上下推动改革创新和敢于担当的高度责任感、谋划经营发展的智慧、应对困难挑战的决心和实干精神。这些都是我们建设银行的宝贵财富和重要优势，也是加快转型发展、做好下一步各项经营工作的强劲动力。

## 二、经营中需要关注的问题

全行在充分肯定上半年经营成绩、进一步坚定发展信心的同时，也要客观清醒地分析经营中存在的问题和挑战。

### （一）信用风险管控形势异常严峻

当前全球经济仍处于深度调整期，存在很大不确定性，近期世界银行、国际货币基金组织都下调了世界经济增长预测。加之资本市场、大宗商品市场大幅波动，银行面临的市场风险、国别风险加大。国内经济运行缓中趋稳，上半年 GDP 同比增长 7%，稳增长调结构政策效果逐步显现。但是经济下行压力仍然不小，产能过剩等多年来累积的结构性矛盾不断暴露，PPI 持续 40 个月负增长。客户信用风险加大，全国银行业不良贷款已连续 15 个季度上升，拨备覆盖率快速下降。地区和行业走势分化明显，新旧动力转换还没有衔接到位，部分产业结构调整越早、经济基础越好、市场化程度越高的区域，银行业不良资产暴露越严重，且有向其他区域扩散的势头。

全行资产质量形势之严峻前所未有。2015 年上半年新暴露不良持续增加，达到 2014 年同期的 2 倍，逾期贷款峰值一度达到 2 500 亿元。风险波及面不断扩大，出现跨区域、跨行业、跨客户、跨产品转移的现象。前 5 个月有 36 个分行不良贷款“双升”。重大信用风险事项翻番增长。贷款拨备压力剧增，财务承受能力已接近极限。与此同时，由于贷款核销受限、打包转让市场趋于饱和，不良资产处置化解难度加大。

### （二）利润增长面临很大困难

上半年全行利润增速较 2014 年同期低 8.17 个百分点，下半年压力会更大。一是存贷利差明显收窄。6 月末存贷利差 3.71%，比 2014 年末下降 29 个基点，环比呈逐季下降态势。二是中收增速将放缓。自 7 月 1 日起实施新的减费让利措施，政策效应将在下半年显现。随着股市回调，代销基金、证券投资资金托管等资本市场相关业务高速增长难以持续。三是海外机构收入增速低于资产规模增速，盈利潜力还有待挖掘。四是部分改革措施短期内导致银行支出增加。例如，存款保险制度实施后，预计 2015 年存款保险支出约 12 亿元；金融业“营改增”等政策即将出台，我行业务流程优化、系统改造等都需要增加相应投入。五是不良贷款大量暴露导致拨备快速增长，上半年资产减值支出 391 亿元，同比增长 72.4%，下半年压力仍然很大。

### （三）利率市场化的影响不断显性化

自 2014 年 11 月以来，人民银行 4 次降息，3 次降准，存款利率上浮区间扩大到 50%，大额存单正式推出，利率全面市场化只差“临门一脚”。6 月末，全国新发放贷款加权平均利率为 5.97%，比 2014 年末下降 64 个基点，同比下降 101 个基点；企业整体融资成本为 6.32%，比 2014 年末下降 68 个基点，同比下降 85 个基点。以存贷利差为主的传统盈利模式难以为继，商业银行定价能力、资金运用能力面临重大考验。

从我行情况看，上半年净利差较 2014 年全年下降 12 个基点，初步判断未来 2－3 年，每年影响 NIM 下降 10－20 个基点。新发生定期存款中，上半年超挂牌利率的有 1.9 万亿元，占比为 43%。同时，贷款定价水平下降。大企业自身议价能力较强，小微企业则需要银行尽可能减费让利，贷款定价面临两头压力。我行第二季度新发生的非贴公司类贷款，利率加权浮动水平环比下降了 11 个基点。其中，大中型公司类客户贷款定价低于同业，贷款执行上浮利率占比最少。从投资组合看，随着市场整体债券收益率下行，保持我行目前较高的收益水平难度加大。

### （四）贷款有效需求下降

2015 年第二季度公司类非贴现贷款仅新增 72 亿元，为股改上市以来最低，4—6 月上旬连续负增长。其中原因很多，重点要关注以下方面：一是受经济下行压力影响，企业扩大再生产意愿下降，第二季度中央银行“贷款需求”指数仅为60.4，创近10年来新低。二是客户违约风险上升，很多银行信贷投放不得不趋于谨慎。三是大客户融资需求发生改变，融资渠道逐步多元化，企业倾向于推迟提款，以及通过直接融资和其他非信贷短期融资等方式降低财务成本。当前$M_2$快于$M_1$的增长，在某种程度上也说明了这种现象。四是地方债置换平台类贷款，这个因素对我行贷款新增的影响将在下半年集中体现。五是互联网金融机构、消费金融公司等新型金融机构快速发展，形成业务分流。

贷款有效需求下降是个大趋势，对此我们也要辩证地分析。实际上从另一侧面看，客户相应对银行综合化服务，特别是资产管理、投资银行等业务提出了更多的需求。这就要求银行主动适应变化，加快推进“大资产大负债”转型，否则很难应对未来的市场竞争。

**（五）资本市场和大宗商品市场波动影响不能掉以轻心**

前一段时间股市大起大落，可以说是对突发性系统性金融风险的一个警示。虽然从具体经营角度看对我行直接影响有限，但有几个方面问题需要特别关注。一是股市调整可能引发客户信用风险，特别要防止个别贷款被挪用于资本市场，防范基金、信托、理财挂钩产品的信用风险。二是客户端风险可能传染到银行，尤其要防范大宗商品市场波动引发的代客交易、商品贸易融资等风险。三是易诱发个别员工挪用客户资金等违规行为。四是股市震荡期间的交易量不规律激增，对银证双方的系统都会带来较大负荷压力。五是股市震荡加大市场参与资金的波动幅度，非存款类金融机构存款大进大出，加大了流动性管理和资金有效运用的难度。同时也要看到，目前我行个人客户8.6万亿元金融资产中，约2.6万亿元与资本市场密切相关，受资本市场波动影响，客户可能会提升对理财产品和存款的需求，并给债券等固定收益类业务带来新的市场机会。

**（六）内外部审计检查发现的问题要引起重视**

近年来全行加大了内部审计和检查监督力度，加强整改治理，取得了很好效果，但是近期审计中仍发现不少屡查屡犯的问题。一是制度规章执行不到位。从近期审计批量处置不良资产看，有不少是内部管理不严格、制度不执行、把关措施不落实等问题所导致，还有些简单、低水平的问题重犯，相关机构的基础管理还比较薄弱。二是信贷管理能力还未完全适应复杂局面下的高要求。有的机构在应对产业转型升级、把握客户准入、防控信贷风险等方面，还存在专业能力不足等问题。三是部分海外机构合规经营基础还相对薄弱。对11家海外机构审计发现，财务管理规范性不够，合规管理与当地监管要求存在差距，体现在反洗钱、流动性管理、信贷业务、金融市场业务等多个领域。随着国际化进程的深入，海外机构合规管理能力亟待提升。四是对监管规则严肃性的认识需要进一步增强。我行一直以来秉持合规经营和稳健经营原则，内控合规制度建设和执行情况都是好的，但也有一些不容忽视的问题。不论时点规则还是日常运行规则，都必须严格执行，出现的个别突发事件必须及时上报。类似这方面的问题，请总行内控合规部牵头厘清最近发生的一些事件的责任，完善制度规则，形成有效的机制。

## 三、全力推进转型发展，确保完成目标任务

前面我们分析了宏观经济下行压力给经营发展带来的挑战、困难以及建行自身存在的问题。从有利条件看，我国经济运行缓中趋稳，稳中向好，中央各项稳增长政策措施效果和改革创新红利正在不断释放。2015年以来，国家重大战略加快推进，一系列重大项目陆续落地，为我们营销重点项目和优质客户提供了大好机会。中央关于简政放权、推进大众创业万众创新的政策，为我行发挥民生领域金融服务优势、培育新的业务增长点创造了良好契机。因此，全行既要看到面临的挑战，更要认清和把握当前难得的发展机遇。确保完成全年经营目标并为今后奠定坚实基础，根本的抓手就是全力推进转型发展。会后各位领导要以此为首要任务，安排好工作计划，结合“三严三实”专题教育，推动总行有关部门和分行落实转型发展的各项任务。

**（一）全面扎实推进转型发展规划的落地实施**

要按照习近平总书记提出的“三个能力”建设要求，对照转型发展规划逐项对标、逐项落实。

一是强化执行力，严抓实管落实转型发展任务。在推进转型发展规划上，认识要到位、思想要统一、行动要迅速、力度要加码。要严格执行年初的计划和分工，把转型规划确定的任务融入到日常工作中。总行要根据规划确定的总体目标，加快研究制定可量化的转型发展业务目标体系、评价指标体系，统筹经营策略、资源安排、业务协同等方面具体措施，真正起到转型发展“指挥棒”的作用。前期总行已对公司业务、国际化、渠道与运营、大资管、大托管、大同业等方面的转型落地作了部署，各牵头部门要跟踪督查、严抓落实。这里我就一些重点、难点工作再作个强调。

关于公司业务转型。要巩固传统业务尤其是传统优势业务，发挥好转型发展的基础支撑作用。要积极推动以综合金融服务为导向的综合营销、综合定价和综合考核；强化批发零售整体营销，搭建对公综合营销支持体系。要强化创新驱动，打造对公产品创新平台，不断做大做强互联网信贷业务。

关于零售业务转型。全力打造个人客户金融生态系统，夯实零售业务基础地位。尽快建立企业级个人客户统一视图，完善客户关系管理，深化全量客户经营。总行个人存款与投资部要牵头研究个人客户综合金融需求，围绕个人客户综合金融解决方案，统筹安排产品服务资源和线上线下渠道资源，加强数据应用支持精准营销、精细管理。

关于国际化转型。要明确牵头协调部门的职责和分工，从全行整体加强统筹。总行层面，国际业务部是推动国际化转型发展总的牵头协调部门，战略客户部是海外重大项目的牵头部门；分行层面，也要明确海外重大项目的牵头部门。要借助国家政策支持，加快跨境电子商务综合金融服务平台等基础建设。

关于“大资产”转型。推动资产结构向信贷、投资、资产管理并重，表内表外并重转变。要将“大资管”作为“大资产大负债”转型发展的重要内容，这是全行性、战略性工作。积极推动“全员参与大资管，全力发展大资管”业务竞赛活动，各条线都要积极参与。要持续抓好资本集约化管理，强化监管资本约束及传导，积极拓展低资本占用的轻资产业务，提升资本使用效率。

关于渠道转型。建立高效、协同、互补的渠道体系，完善线上线下渠道协同机制，继续实施移动优先战略。研究制订全行物理渠道转型发展规划，推进渠道管理职能整合。优化经济发达县域和机构空白县的渠道布局，加快“一带一路”沿线、新兴经济区域的网点布设。要积极跟进北京市行政副中心建设等重大规划，在提前谋划好渠道布局的同时，加强综合性服务。

关于子公司转型。要进一步优化子公司治理机制，积极推进建信信托市场化改革和中德住房储蓄银行战略转型。要加强子公司与行业先进的对标，着力提升子公司的市场竞争力、资本收益率以及对集团利润增长的贡献。

二是重点分行在推动转型发展中要有更多担当。对不同分行转型发展的要求要体现差异化，在每个层面都要有引领的分行，有梯次推进的安排。处于经济发达地区的大行，在全行业务中占比高、影响大，不仅要完成好总行下达的经营指标，还要努力挖掘潜力，为全行利润增长、不良管控多作贡献，更要在转型发展中起到先行探路、引领创新的作用。需要关注的是，目前有的大行在多项战略业务指标上表现并不理想，甚至落后于一般分行，如单位人民币结算账户、个人住房贷款、资产管理、金融市场、养老金、私人银行等业务的四大行占比低于全行平均水平。另一个问题是，我们在产品创新领先性方面有待进一步提高。对2014年四大行产品竞争力情况分析显示，我行产品创新相对分散，重大创新产品数量较少，领先性也有差距。总行相关部门要做好分析比较和通报，推动重点分行在创新上多做工作，在落后的转型业务上尽快扭转被动局面。

要加快推进重点城市行转型发展。总行正在研究相关指导意见，总的思路是，根据当地金融资源等情况从二级分行中筛选出23家重点城市行，要求入选行制订三年行动方案和方案落实进程表，明确一般性存款、中收在系统内占比和四大行占比，以及不良贷款率、利润增长率等可量化、可考核的转型发展目标。总行通过配套差别化政策、提高资源配置水平、加大授权力度、支持产品创新等具体措施，推动重点分行提升市场竞争力。总行将严格考核激励，对3年不达标的，将在授权管理和干部配置方面进行调整。

三是要善于用大数据和互联网思维推进转型发展。大数据和“互联网+”给经济社会生活带来深刻影响，是引领金融行业变革的关键因素。总行成立了大数据工作领导小组，受王洪章董事长委托，我担任组长。总行上周举办了党委中心组（扩大）专题讲座，以视频方式在全行开展了大数据培训，本次会议又把大数据作为专题研讨内容。大家要深刻理解、高度重视大数据建设，落实好大数据战略实施规划的要求，通过建立全行协同的大数据工作机制、构建业务价值驱动的大数据应用体系，加快提升大数据分析和运用能力，为全行转型发展提供强有力的驱动引擎。

要把大数据的技术运用和“互联网+”的新商业模式有机结合起来。“互联网+”的核心在于“+”，通过互联网模式变革固有生产流程、生产方式和生活方式。互联网思维的精髓在于普惠、创新、开放、合作。互联网金融对传统商业模式的再造，核心是理念和治理上的突破，绝不能简单地视为技术工具或电子渠道的概念。当前“互联网+”已经上升到国家发展战略层面，对于其影响和作用要进行深入研究。

建设银行前些年就明确提出了抢占信息技术制高点的战略，网络金融创新等诸多方面都走在国内同业的前列，要进一步加大对外宣传力度。应该讲，我们完全有条件、有能力借助大数据和“互联网+”打造新的竞争优势。这个优势，源于我行庞大的客户资源、数据资源、渠道网络和多功能的金融牌照资源等，源于长期形成的良好信誉和口碑，也源于对接互联网和新技术运用的后发优势。最近人民银行等十部委联合发布了《关于促进互联网金融健康发展的指导意见》，全行要以此为契机加紧探索、加快推进，争取新一轮竞争的主动。

四是顺应转型发展要求不断改进总行管理。在面对复杂宏观经济形势和艰难经营环境时，一定要多研究新情况、新问题，不能守着老观念过日子，要靠大家的智慧寻求破解难题的办法和思路。要重视来自基层的鲜活经验，善于从小办法、小思路中总结提炼出大办法、大思路。总行综合管理部门要开阔思路，提高政策措施的针对性和市场敏感性，更好地推动转型发展规划落地，释放全行竞争活力。在风险政策、计划管理、考核激励、审批授权、资源配置、人才队伍、系统建设等方面，要根据新形势变化适时进行政策制度重检和优化调整。有些工作已经做了部署，比如“大资产”的表内外风险偏好和结构摆布问题，要加快研究，推出更多促进转型发展的有力、有效举措。

五是积极推进“新一代核心系统”建设。“新一代”2.2期计划于9月底上线，涉及对公存贷款、支付结算、现金管理、金融市场、托管等32个项目，上线成功对于“新一代”项目最终顺利完成起着决定性作用。要把各项准备工作抓实、抓细，做好系统测试、数据清理、培训及上线演练工作。已上线的项目，要加快功能释放；研发中的项目，相关部门要将转型发展具体需求进一步落实到业务建模、流程再造和系统开发中。要以“新一代”建设为契机，着力提升自主研发能力，打造“互联网+金融”领域IT领先优势。

**（二）全力以赴确保完成党委和董事会确定的全年经营目标**

年初既定的目标任务是硬指标，不能降低。要保持全年利润正增长，确保不良贷款率不能突破1.6%的底线，稳住资产总量四大行第二的位次，保持健康的资本充足水平。

1. 合理安排资源配置，积极支持实体经济。用好人民币贷款8 500亿元的新增计划和存量回收的规模。对分行在国家重大战略、小微企业和涉农业务、个人住房贷款方面的信贷需求，总行可以及时足额满足。要做实贷款储备，进一步提高信贷转化率。2015年总行从行长基金中专门拿出一部分资源作为专项激励，与当年新增授信客户数量挂钩，鼓励各分行积极拓展信贷业务。

积极支持“一带一路”、京津冀协同发展、长江经济带、“走出去”和自贸区等重大战略，继续加大对重点项目的信贷投放力度。跟进“中国制造2025”等产业转型升级政策，前瞻性地调整信贷结构。探索大银行服务小微企业的有效模式，继续加大对小微企业和“三农”的信贷支持，确保小微企业、涉农贷款新增满足监管要求。要适当增加个人类贷款规模配置，创新服务模式，巩固扩大个人住房贷款、房改金融的优势地位，加大对个人消费贷款的拓展力度。要主动营销，积极参与第二批地方置换债券的承销及认购工作；适当增加交易性同业资产配置，动态调整债券投资组合结构，提升投资收益率。要进一步密切与国家有关部门、地方政府和政策性银行的合作，做到信息沟通共享、业务优势互补。要借力高层访问等活动，推动国际化战略实施，服务“走出去”客户，提升建设银行国际声誉和影响力。

2. 多措并举开源节流，确保利润正增长。利润水平是衡量银行经营成果的最核心指标，而且是“士气指标”，涉及经营的方方面面。确保利润正增长非常重要，事关全行广大员工的切身利益。

在收入结构仍以利差为主的情况下，稳定息差是保障盈利水平的首要任务。既要增加稳定、低成本的资金，又要着力提高资金运用能力、资产配置能力，不断提高贷款和投资组合的风险调整后收益。中间业务要着眼于服务能力的提升来创效增收，做到“融资”“融智”并重，在资产管理、托管等业务领域要争取有大的突破。要持续加强成本管理，坚持费用“有保、有压、有控”。严肃财务纪律，继续严控八项规定相关压缩类费用。要全力管控风险，遏制资产减值急遽增长的势头，当前减少风险损失就是最立竿见影的创效途径。

应该看到，2015 年以来受制于利润增长有限，在全行人力费用按零增长上下水平安排的情况下，虽然不存在层层降薪的问题，但是业绩不理想的分行必然会受到影响。为了支持个别特别困难的分行依靠自身努力尽快走出困境，总行正在研究制定针对性的帮扶政策，在坚持“上不封顶、下不保底”政策前提下，要求相关分行制定更加积极的、具有挑战性的中长期规划，快速提高市场竞争能力，改变市场形象。在此前提下，允许分行通过预借后续几年业务发展所创造的价值来解决眼下的困难，帮助分行走向良性发展轨道。

3. 提升定价能力，保持存款稳定增长。利率市场化正在加速推进，预测年内存款利率上限有可能完全打开。在一些省份，部分财政、社保等重要客户要求的存款利率超出银行业自律规定水平，分行面临的压力较大。在这样的情况下，分行领导要重视做好客户的综合营销与定价工作，加强与同业沟通协调，特别是存款在当地市场占据主导地位的分行，更要注意维护市场秩序，主动影响市场定价，不能让同业以少量的高定价影响了我行的定价。我们认为，当前自律机制有利于维护市场稳定，全行应当共同维护和遵守。定价能力靠摸索积累，这里既有技术因素，也有责任心问题。总行在持续推进综合定价，不断完善定价模型。但有的分行和部门一碰到竞争对手，就习惯于在价格上做文章，对全局情况了解不足，具体算账也不够精，这都不是好的银行家的做法。利润考核不可能到所有的产品和部门，这些问题的处理要靠着眼于全局的考虑和对未来负责任的精神来做工作。

要打牢存款稳定增长的基础。通过加快支付结算和现金管理产品创新，发挥网络服务优势，依托大数据分析加强对潜力客户挖掘和营销，增加成本低、稳定性高的存款。目前全行正在开展“建网通天下，转型创未来”竞赛活动，要力争用2－3 年时间从根本上解决客户账户、网络拓展、资金承接、县域发展等制约存款健康发展的8 个方面问题。总分行都要积极行动，把精力和资源投入到解决这些有利于长远的基础性问题中去。总行各部门要细化目标任务，从高端营销、数据和系统支持、经验推广等方面，给分行以切实可行的帮助。各分行应借鉴总行的做法向基层行传导推动。

4. 抓好风险责任落实，确保完成不良控制目标。2015 年不良管控目标不会调整，更不能突破。各分行要自我加压，确保完成总行下达的不良贷款、逾期贷款、垫款和新暴露不良贷款控制计划。确保全行不良资产处置额不低于2014 年。

一是加强组织领导，落实资产质量“一把手”责任制。全行要继续保持不良贷款管控的高压态势，做好打持久战的准备。总行高度重视资产质量管控工作，董事长亲力亲为抓风险控制。我承接了张建国行长的任务，要继续把好的机制坚持下去。总行行领导、高管牵头“三十大”风险项目（目前增补到40 个）处置以及分片包干工作，要抓好抓实。各分行也要比照总行做法，班子成员亲自督导落实，将不良贷款压力传导到各级机构。

不良资产化解第一责任在各个分行，分行"一把手"要有担当意识，靠前指挥。要做到守土有责，既要加大处置力度，又要稳妥有序地控制不良暴露释放。近两年调整到位的"一把手"，对这个问题要高度重视。在这里，我再强调一下，总行看"一把手"工作，看分行不良资产的变化，是看这两方面，两方面同等重要，这是对"一把手""德"和"能"的考验。在这个问题上的态度和做法，总行领导看得清，群众也心知肚明。出现情况的分行，负责同志要尽快调整工作思路，真正遏制住风险高发势头。要充实资产保全专业力量，尤其是不良余额在5亿元以上或不良率超过2%的二级分行，要有专门负责不良资产处置的团队。要严格责任收贷制度，责任追究上坚持"先事后人"。对风险管控工作推动不力、未完成任务的，要对"一把手"、分行班子和个人问责。

为了鼓励分行加大不良资产处置力度，总行研究制定了专项财务激励政策，将根据分行打包处置与呆账核销的额度，按10%的比例计算对应的员工费用计入分行奖金池。希望大家再加把劲，不良贷款处置动手越早、行动越快，2015年乃至2016年的工作就越主动。

二是用发展的思路来解决不良贷款问题。一手抓不良管控一手抓发展，将是今后相当长一段时间工作的常态，这两项工作要有机结合起来。抓经营的时候把防范风险也一并考虑，同政府或企业洽谈项目的时候可以把不良处置一起统筹协调。要将国家和地方的各项政策用好用足，发挥建设银行的综合性、多功能平台的优势，将内外部资源充分地调动起来，促进不良资产有效化解、快速处置。

三是各条线要齐抓共管，发挥"三道防线"的合力。经营条线要管住"入口"，严控不良生成，遏制住风险高发态势。对于风险较高的行业、客户和产品，要建立台账重点排查、滚动排查，准确识别和及时预警风险，做到早发现、早化解、早处置。对于经营遇到临时性困难的客户，要主动沟通，因户施策制订解决方案，避免"一刀切"地抽贷、停贷、压贷。要积极推进授信专业化建设，选好客户和项目，从源头上把控风险并提升风险收益。要统一管控个人综合授信，防范个人客户重复、多头、过度授信风险。

风险条线要畅通"出口"，加快清收、盘活、处置进度，把不良资产处置数控制好。要用足核销和打包处置政策，探索资产证券化、母子公司联动等不良资产处置新渠道，抓紧实施第三季度不良资产批量转让工作方案。要相应调整资产保全审批授权，优化工作流程，提高审批效率。要对全行不良项目进行系统梳理，将外部客观原因之外的内部管理原因、主观方面原因逐一查摆出来，逐项研究剖析，从政策、制度、流程、系统等方面做出针对性的改进完善。

要按照转型发展规划的要求，加快推进涵盖表内外、境内外、本外币和母子公司等在内的集团全面风险管理体系，加强对表外业务、理财业务的风险管控，提升跨境风险、海外业务风险管理能力。

**（三）将"三严三实"贯穿于转型发展和各项经营工作中**

全行"三严三实"专题教育正在深入推进，各级领导干部要按照中央精神和总行党委专题教育实施方案要求，将"严"和"实"的内在要求与日常工作紧密结合起来，做践行"三严三实"、推动转型发展的表率。要扎实深入开展调查研究，多下基层倾听客户和员工的声音，解决一线实际问题。要以更严的要求、更实的措施抓服务、抓管理、抓执行，推进转型发展规划落地，完成好各项经营任务。

要着力解决经营管理中存在的不严不实问题。以从严求实的作风抓好内控管理，深入推动"合规管理年"活动，将"制度建设抓条线、合规控制抓同级"要求尽快落实到位。要强化境外机构合规建设，总行部门要给予更多的支持、指导、监督、提醒。要持续推进"平安建行"创建，营造"平安建行，人人有责"的氛围。要加大重点领域审计力度，开展转型发展战略审计调查，扎实做好"一加强、两遏制"等内外部检查审计发现问题的整改，消除风险隐患，打牢转型发展的基础。

同志们，上半年工作成绩为全年实现更好的

经营成果赢得了主动。全行上下要认真贯彻落实总行党委和董事长的工作部署，坚定信心，继续坚持开拓创新、稳健经营，以全面推动转型发展促进全年目标任务的完成。



# 在部分重点分行资产质量管控专题座谈会上的讲话

王祖继

（2015 年 10 月 21 日）

今天，12 个分行都做了很好的情况汇报。总的来看，大家在推进转型发展和加强信贷风险管控方面都做了很多工作，想了很多办法，取得了初步成效，对做好下一步工作的决心也很大。但从实际情况来看，资产质量形势仍然十分严峻，管控压力空前。2015 年第三季度末，集团口径不良贷款××亿元，不良率为××%，其中境内分行不良额××亿元，不良率为××%，分别比年初增加了××亿元和××个百分点。而且，风险暴露的压力还在持续加大。全行逾期贷款、逾期未减值贷款大幅增加，各项资产质量指标承压巨大。2015 年前三个季度，全行平均每个月新暴露不良贷款超××亿元，要实现年底不良贷款控制计划，压力不言而喻。今天参会的 12 家分行不良额占境内分行的 69%，多数是距全年计划完成偏离度较大的分行，要实现全行的不良控制目标，在座的各分行是关键。大家必须绷紧风险管控的弦，在剩下的两个多月时间里连续奋战，不留余地、不遗余力，有效遏制风险高发态势，为完成全行各项指标发挥积极作用。下面我谈几点意见。

## 一、资产质量管控工作取得初步成效

我到建设银行 5 个多月，最大的感受之一就是重大信用风险暴露多，资产质量管控压力大。6 月，王洪章董事长和我分别主持召开部分分行资产质量管控座谈会，强调转型发展与风险管理要“两手抓”，强调“一把手”对风险防控的第一责任。会后，全行上下高度重视，一致行动。行领导分片包干压控不良，亲赴一线开展现场督导，会见多地省市负责人及重要客户，争取各方支持配合我行化解风险。行领导牵头“三十大”项目处置效果也很明显，前 9 个月化解处置××亿元，处置率为××%。

总行在现有监管框架、政策底线内，创新工作方式和管理办法，拓宽风险化解思路和渠道，实施债权转让、债务转移、调整利率和结息方式、新增短期贷款、促进企业兼并重组、收取优质资产、协调各方帮扶等措施，全力推动风险化解。信贷经营部门积极督导条线压逾期、控不良，月末、季末关键时点逐日监控提示，逐户梳理到期贷款数据，逐笔跟踪回收情况，工作做得很细致。授信审批部门推进授信专业化建设，引导客户选择，同时启动全行综合授信重检工作，建立风险项目快速化解机制，高效率地支持风险处置化解工作。信贷管理部门实施新发放贷款“回头看”、信贷资产观察客户名单、担保圈风险常态化治理、高风险领域专项排查等一系列措施，前移风险管控关口，促进了风险的早发现、早应对、早化解。各分行积极行动，创造性地开展工作，想办法、出实招，尽最大努力，千方百计化解风险，较好地做到了风险的有序释放。

不良贷款处置成效显著，消化了风险暴露的部分压力。保全部门连续奋战，2015 年前三个季度全行累计处置不良贷款××亿元，超过去年全年水平，连创历史同期最高水平。其中，回收盘活××亿元，批量转让××亿元，核销××亿元。参会分行中，浙江处置××亿元，广东处置××

亿元，江苏处置××亿元，福建处置××亿元，山东处置××亿元。

基础管理得到巩固，消除了大量风险隐患。放款中心集中作业初见成效，前9个月共拦截不符合放款要求的业务1 460笔、131亿元，笔数和金额的拦截率分别为1.63%和0.61%。进一步健全了风险预警管理机制，推进大中型客户风险分级预警和控制缓释落地实施，持续优化小企业客户风险预警工具。完善保证人管理，严格保证人选择标准及管理要求，提高合作担保机构的准入门槛。

全行上下做了艰苦细致的工作，才得以将三季度资产质量控制在预定目标之内，实属不易。四季度进入全年收官阶段，挑战和压力将更大。大家要毫不松懈地抓好资产质量管控工作，分行"一把手"要切实承担起风险防控的第一责任，全力以赴，不折不扣地完成全年控制计划。

## 二、正确认识当前面临的形势和资产质量恶化的挑战

目前国内经济仍处于深度调整期，下行压力不减，2015年前三个季度GDP同比增长6.9%，跌破7%。固定资产投资增速下降明显，前9个月同比名义增长仅10.3%，创2000年以来的新低。市场需求不足，进出口总值同比下降7.9个百分点。大量企业生产经营困难，9月PPI同比下降5.9%，连续第43个月下跌；制造业PMI近两个月降至荣枯线以下。前9个月全国规模以上工业企业利润同比下降1.7%，钢铁、煤炭和有色等行业亏损面继续扩大，石化、石油和建材等行业利润下降。

银行业不良贷款额连续15个季度反弹，自2008年金融危机以来首度突破万亿元，不良双升态势短期内难以改变。利率市场化加速推进，金融脱媒不断深化，互联网金融异军突起，对传统银行的业务发展模式和风险管理能力不断提出新的挑战。从目前情况看，全行资产质量管控压力巨大，表现在以下几个方面。

**（一）风险集中暴露的压力巨大**

近几年，全行新暴露不良成倍增长。2012年新暴露不良贷款只有429亿元，同比仅增长6%；2013年增至595亿元，增速升至39%；2014年突破千亿元，增长70%；2015年前9个月新暴露××亿元，超过上年全年水平。到第三季度末，全行有7个分行不良额翻番，今天参会的分行中就有3个。其中，福建增加2.5倍，山东增加1.6倍（含审计调整因素），内蒙古增加1.3倍。此外，黑龙江也增长了近1倍（99%）。不良新暴露超过20亿元的分行增加到18个。其中，超百亿元的有浙江和福建，超50亿元的有山东、江苏、广东和内蒙古。

同时，非零售客户实际违约率持续升高。最近12个月，有评级的非零售客户实际违约率达到××%，同比上升××个百分点；实际违约客户数××户，同比增加××户。实际违约率最高的5家分行是福建、黑龙江、浙江、内蒙古和宁波。年内新增违约客户最多的分行有浙江、福建、广东、江苏、山东和内蒙古。

**（二）重大风险事项频发的压力巨大**

2015年前三个季度，全行重大信用风险事项××户、××亿元，平均每天××户，户数和金额同比分别增长××%和××%。上报重大信用风险事项的分行升至36个，较2014年同期新增6个。重大信用风险事项最多的分行是浙江、福建、广东、宁波和内蒙古。其中，民营企业风险依然突出，重大信用风险事件金额达到××亿元，占比94.2%；制造业和批发零售业信用风险持续处于高位，金额达××亿元，占比64.5%；采矿业和房地产业风险增长较快，金额达××亿元，是上年同期的3倍多。

**（三）潜在风险积聚的压力巨大**

逾期贷款峰值突破××亿元，9月末为××亿元，与不良贷款的"剪刀差"从年初的214亿元扩大到××亿元。逾期未减值贷款××亿元，是年初的××倍。同时，非零售客户信贷资产评级分布呈下降趋势。截至2015年9月末，全行8级（含）以上非零售客户信贷余额占比为××%，较上年同期下降××个百分点，整体上信贷资产潜在风险快速加大。

**（四）不良贷款处置的压力巨大**

不良贷款处置过于依赖批量转让，常规处置手段效能下降。前三季度批量转让占处置总量的××%，回收盘活占比为××%，同比下降近××个百分点。同时，批量转让市场供大于求的

状况日益凸显，资产管理公司购买意愿不强，成交价格持续走低。

**（五）财务资源承载的压力巨大**

一方面，有效信贷需求不足的问题显现，第三季度公司类非贴现贷款负增长。利差也明显收窄，前三个季度 NIM 为××%，同比下降××个基点，利润增长面临很大困难。同时，不良贷款大量暴露导致拨备快速增长，进一步加大了财务压力。第二季度末集团口径拨备覆盖率为 185%，五年来首次低于 200%。前三个季度，全行计提贷款损失准备金××亿元，但拨备覆盖率逐季下降，逐步逼近监管底线。

同志们，2015 年我们在财务、风险管控上的压力都很大，2016 年的形势会更为严峻，压力还会更大。当前，我行转型发展战略正在深入推进，迫切要求资产质量保持相对稳定，不能剧烈波动，更不允许出现断崖式下滑。可以说从现在开始，衡量银行核心竞争力的关键就是看谁的风险管理能力最强，谁能够率先控制住风险，谁就能率先脱离困境。2015 年我们还有时间、有能力，也还有一些资源，大家要充分利用好，为 2016 年的工作提前留出余地。大家在座谈中也谈到了很多困难，总行很理解大家，也出台了一些帮扶政策，但就建设银行整体而言，有些困难必须要自己扛起来。我们必须认识上一致，思想上统一，上下共同分担，共渡难关。响鼓不用重锤，我相信大家有这个能力也有这个水平来克服眼前的困难。

## 三、明确几点工作要求

信贷风险是当前全行面临的最大挑战，直接决定着全行的经营业绩和建设银行转型发展的形象。各分行要充分认识到我们共同肩负的风险管控重大责任，增强大局意识，一手抓发展、一手抓质量，从防范系统性风险、从保障全行转型发展的高度出发，敢于担当，奋发有为，完成全年计划。

**（一）有序释放、有效管控，确保完成资产质量控制目标**

资产质量管控是当前全行工作的重中之重，是检验银行市场拓展能力、风险管理能力和转型发展能力的关键指标。王洪章董事长在 2015 年 6 月的资产质量管控座谈会上指出，不良贷款如果任其发展，前期改革成果会“一风吹”，还会影响全行的转型发展。“三严三实”专题教育，对分支行负责同志而言，就是要落实在具体指标上。总行多次强调，对风险不仅要有效管控，还要有序释放，这是资产质量管控最重要的两手，缺一不可。目前，多数分行工作比较扎实，但有个别分行对自己的风险状况心里没底，还有的分行把工作重心放在打包和核销上，忽视了风险的提前化解，造成矛盾的无序积累和集中爆发。各分行负责同志尤其是在座的各位，必须要高度重视不良贷款问题，严格落实风险防控责任，坚决守住不发生系统性风险的底线，这既是“能”的问题，更是“德”的体现。要按照“三严三实”的要求，严抓实管，进一步改进工作作风。要摸清底数，在分类真实的基础上，真正地把风险控制住，绝不搞数字游戏、绝不做“假账”。要做到王洪章董事长讲的“责有攸归”，分行“一把手”要靠前指挥，必要时亲自出面协调，统筹多方面力量推进风险化解；分管行领导亲力亲为，亲临一线，抓住机会迅速果断处置，遏制风险高发态势。年初总行已经分解下达了全年资产质量控制计划。这个计划是硬约束，各分行要立足自身，确保完成。从目前情况看，审计调整后，已有部分分行超出第三季度控制计划，其中，超计划 10 亿元以上的分行有 6 个。这些分行第四季度要加大力度，想方设法将不良额压回到控制目标之内。在此基础上，大行还要着眼大局、对标同业，不能仅满足于完成总行下达的不良控制计划，还要跟当地同业比、跟自己的过去比，千方百计地减少风险暴露、加快不良处置，多为全行作贡献。

**（二）充分发挥“三道防线”作用，不断完善风险管理的有效机制，形成合力**

银行是经营风险的，信贷经营部门承担着全行信贷经营的主责任。因此，我首先要强调，信贷经营部门是防范信用风险的“第一道防线”，也是控制不良贷款的“第一道防线”，承担着信用风险防控的第一责任，要勇于担当，形成严控信用风险的准入机制。刚才，文升同志强调了一年以内新发放贷款形成不良的问题，这个问题值得大家高度警惕。请各分行对相关情况进行梳理，分析原因，报告总行。我们讲控制、讲管理、讲审计检查发现问题的整改，最终都需要落实到把好源头这一关。现在看，我们遇到的问题都不是复杂问题，也不是新问题，都是可以解决的，但就是因为在“入口”没有做到有效把关，才造成了风险的集中暴露，甚至是不良贷款的“井喷式”增长。我们不能一边大力化解存量风险，另一边又大量产生新的风险源。这就要求信贷经营部门必须在贷前调查、客户选择和贷后管理上把前端基础工作做扎实，把事前功课做充分，发挥“第一道防线”应有的作用。

经营主责任人要切实承担起客户管理和经营责任。一要严查真实性。如果财务报表是假的，交易背景是假的，甚至连客户都是假的，再高的政策标准、再严的审批把关、再好的业务流程都不可能挡住风险。信贷经营部门要做实贷前调查，强化真实性管理，认真审查客户及业务背景资料，深入核实客户关联关系、财务状况、信用记录、押品信息等关键信息，做好交易背景、项目信息、风险缓释措施、资金流向的真实性核查，确保各项信息真实、完整、准确。二要严把准入关。认真执行总行信贷政策要求，严格按照政策标准优选客户和项目，不打擦边球、不搞特殊化。特别是对于总行开展过风险排查的行业，如房地产、建筑、建材、煤炭、高速公路、石油化工、石油制品批发、化纤等，要对照发现的问题认真整改，举一反三，防微杜渐。三要严格贷后管理。抓好授信方案执行，确保授信持续性条件落实到位。为客户量身定制贷后管理方案，做到“一户一策”，实时掌握企业生产经营和财务状况变化情况，保持对风险的敏感性，及早发现客户风险信号，及时进行客户评级重检，提前采取应对措施，避免潜在隐患演变为现实损失。我行大部分新增授信都是存量客户的，把贷后管理做好，可以提升授信审批工作效率和质量。授信审批要运用贷后管理成果，整合好、衔接好信贷管理流程。对贷后管理扎实的分行，总行将研究加大信贷审批授权。四要严格执行管控计划。总行在8月份将全年不良贷款控制计划分解到了各信贷经营条线，信贷经营部门要将总行压控不良的要求及政策传导到基层，将风险防控责任分解落实到具体机构和人员，确保完成本条线全年新暴露不良贷款的控制计划。不良贷款中对公业务占大头，对公条线更要下大力气遏制住风险高发势头。要强化到期贷款管理，做实客户资金监控和预先提示，加强监测与集中催收，防止人为逾期；对暂时遇到困难，但符合政策导向、有市场、有效益的客户，要早安排、早计划、早申报、早审批，避免工作不衔接导致逾期。我们在座分管经营的行长都是部分项目的经营主责任人，过去为全行改革和发展作出了重要贡献，要继续发扬成绩，各条线、各机构要齐心合力，切实把客户经营好，积极探索和推进完善“以客户为中心”的信贷经营管理机制。

第二，风险、信贷管理和审批部门是“第二道防线”的主力军。因为信贷管理工作的重要性，总行专门成立了信贷管理部，至今已有两年多的时间。但管理机制和制度的完善、工作合力的形成，还有赖于大家的共同努力。风险和信贷管理部门要强化风险的预警、预判、预控。运用好信贷资产观察名单工具，推进落实风险客户分级管理，督导风险化解。下一步，要重点抓好大数据能力建设，整合内外部数据信息，借助互联网、数据挖掘等技术手段，为前台提供有效的风险管理工具，开展信贷客户行为和机构信贷行为的“双监控”，提升信贷政策和风险预警预控的前瞻性、针对性和有效性。根据形势变化和分行实际需求，持续优化风险化解处置政策。尽快修订完善再融资等办法，支持全行信用风险化解工作。要大力推进放款中心建设。目前，放款中心运行趋于成熟，但河北、黑龙江、河南、湖南、宁夏、西藏等分行尚未达到总行要求。接下来，总行将全面展开验收，各分行要严格按照“四个统一”和“双集中”的要求，加快进度，年内全部开展集中放款审核和集中会计放款。

授信审批部门要有“火眼金睛”，强化客户实质性风险判断。加快授信专业化建设，推进专业化方法体系的研发和运用，力争两年内覆盖主要行业。扎实做好综合授信环节的“两定一提”，防止过度授信、多头授信。同时，进一步扎实做好综合授信重检工作，强化存量授信客户的风险识别与排查，对出现风险隐患的客户重新制定授信策略。充分发挥风险项目快速化解处置机制的作用，进一步提高风险化解审批效率。授信审批是信贷管理流程中的一个环节，有的分行过度依赖审批环节控制风险，弱化“第一道防线”，事实证明是难以持续的。有效的风险管理是全流程的管理，而不是“中间重两头轻”。

第三，审计监察部门作为“第三道防线”，要做到铁面无私，形成风险管理的威慑机制。要按照有利于业务发展、服务于风险管控、促进风险化解的原则，及时深入地反映信贷经营和风险管理中的深层次问题，加大监督检查力度，在对个案进行风险揭示和责任追究的同时，要在更高层次上，提出完善政策制度流程方面的意见和建议，推动第一、第二道防线在流程中更好地履行各自职能，保障全行信贷业务运行稳健高效。关于内审部门审计问题，刚才曾首席讲了很好的意见，这里我再强调一下，内部审计部门揭示的风险客户，虽然不是各分行不良贷款暴露的依据，但大家要高度关注，要以审计结果为导向，把这些客户作为风险化解工作的重点，制订工作方案，努力消除风险因素，防患于未然。

**（三）化解风险，加快处置不良贷款**

风险化解是银行经营的重要职责。风险化解能力体现两个方面，第一是有序管控，准确识别客户风险程度，安排风险管控方案，完成资产质量控制目标；第二是定价能力，通过合理的定价来弥补风险。随着利率市场化的推进，管控风险的能力就直接体现定价能力。要把化解风险放在首位，这是认识问题，也是能力建设问题。为推动全行不良贷款处置工作，总行在财务费用、减值计提方面给予了充分支持，新的资产保全业务审批授权方案也已生效。总行相关部门要支持资产保全审批工作，提高审批效率。各分行要积极运用多种手段加大不良贷款处置力度，全年处置任务要满足全行资产质量管控工作的需要。要依托地方政府，加强沟通协调，争取政府部门对我行处置不良的支持和配合。进一步发挥现有政策效能。用活重组手段，加强贷款平移、新增授信、以物抵债、债务减免等手段运用，加大工作力度，不良贷款回收盘活占比要争取达到30%以上。用好核销政策，按照新核销办法，对符合条件的项目，尽早启动责任认定和审计工作，抓紧申报核销。用足批量转让方式，梯次安排好第七、第八、九单以及预备包的批量转让工作，做好资产估值、营销推介等工作，确保如期出表。创新处置模式，加快推进成立合资公司，间接参与批量处置。有关分行要做好前期流标资产包重新估价、配合买方尽调等工作，年底前完成交割和出表。这里要强调一点，不良贷款处置工作一定要依法合规，严格按照制度流程操作，绝不能“萝卜快了不洗泥”。

**（四）深刻反思问题贷款，确保信贷风险管控机制有效**

银监会在江浙地区钢贸行业信贷风险现场检查中指出了一系列问题，如上级行对下级行的有效管控不足、风险管理端口滞后、监督检查机制不完善、贷款“三查”流于形式等。这些问题在信贷业务其他领域也有，有的问题还比较普遍，反映出部分分行在信贷管理机制和流程上还存在许多不足。痛定思痛，要在问题当中、在反思当中、在责任的压力下剖析问题、剖析自己，增加解决问题的责任感、使命感和紧迫感，不断完善管理办法，完善责任机制。反思要靠数据、靠事实、靠警示、靠未来的压力。要深入把握问题根源，从自身管理上找准原因，持续优化信贷管理机制。第一，坚持标本兼治，从源头上防控风险。风险管理既要治标，确保全面完成年底资产质量管控计划，更要治本，不断完善信贷管理政策、制度和流程，逐步由块状管理向全流程管理转变。优化体制机制，强化条线管理，确保总行管理意图和政策要求传导到基层、传导到一线，并得到有效落实执行。要以完善押品管理为契机，学习借鉴同业经验，优化制度流程。第二，坚持客户导向，强化客户维度的信用风险统一监控。深化信贷资产风险分类管理，把分类结果和管理过程结合起来，既揭示风险，又要在过程中有效管控风险。同时，加强理财、代销、同业、金融市场等风险管理，逐步由产品和业务维度的信贷风险管控向客户维度的全面信用风险管理转变。第三，坚持主动作为，前瞻性地调整优化信贷结构。根据形势变化，持续优化信贷政策，引导信贷投向，将增量业务风险防范与存量业务风险化解相结合，逐步由事后被动应对向事前主动管理转变。在调结构的同时，我们对高风险项目的掌控能力不能丢，对经营风险能力的培养不能停，对民营企业、小企业的信贷业务不能停。要根据各地经济特色，持续提升管理能力，强化竞争优势。第四，坚持精细化管理。在经济下行期，精细化管理尤为重要，绝不能照搬经济上行期的思维。大家不仅要对当前的情况心中有数，对风险项目分类施策，还要对未来的形势提前预判，提前应对。第五，加强分支机构管理。江苏和浙江分行要认真反思钢贸等信贷业务存在的问题，端正经营指导思想，培育健康信贷文化，狠抓信贷业务的真实性等基础管理，切实落实银监会整改要求，整改绝不能走过场，抓好下级机构风险管控，增强管理的针对性和有效性，举一反三，避免类似问题再次发生。其他分行要引以为戒，持续改进风险管理，强化重点地区风险管控，守牢底线。

**（五）加强信贷队伍建设，不断提高信贷管理和风险管理的能力**

队伍建设问题既有分行的责任，也有总行的责任。董事长要求，总行要研究梳理优化流程，合理调配人力资源和财务资源，形成有效的激励约束机制，推进全行的转型发展。信贷管理是其中的重要内容之一。要通过优化资源配置、夯实基础管理，不断提高信贷管理和风险管理能力。第一，总行信贷管理部要加强系统管理，充分发挥对分行信贷风险管控的组织管理职能，强化信用风险监测分析和预警提示，做好风险化解的牵头组织和督导工作。第二，加强资产保全专业力量。当前不良贷款激增，处置压力日益加大，但全行不良贷款专职处置人员还不足600 人。总行在夏季工作会上已经明确提出要充实资产保全专业力量。各分行要加快落实，确保人员配置到位。第三，充实信贷人员队伍。授信和项目评估人员、客户经理队伍是发现客户商机、防范化解风险、落实管理措施的重要力量。各分行要高度重视，充实客户经理队伍，配足授信评估人员和风险经理，落实好信贷流程岗位分工。同时，加强信贷队伍专业化建设。开展信贷人员大规模培训，既要学习信贷基本原理，操作流程要求，也要学会应用授信专业化方法。建立持证上岗制度，提升信贷人员专业素质和业务能力。第四，扎实推进信贷文化建设。信贷文化是“软实力”，是商业银行核心竞争力的重要体现。长期以来，建设银行形成了非常优秀的信贷文化，这是我们有效应对挑战最重要的基石。为适应转型发展需要，还要进一步加强信贷文化建设，在合规意识、底线思维、风险理念和职业操守方面下更大的工夫。要将“三严三实”专题教育与信贷文化建设相结合，把“三严三实”的要求落实到合规文化和职业操守上，落实到不打折扣地执行总行信贷政策和制度上，落实到提高管控能力、强化管理机制的有效性上。要深入开展信贷文化建设实践活动，通过正反两方面的案例教育、丰富多彩的信贷文化宣传活动，促进健康的信贷文化扎根基层、深入人心，增强员工尽职履责、合规守纪的自觉性。信贷经营管理的关键在人，特别是各级经营管理人员的责任心。业务交易的关键在真，特别是客户及其主营业务的真实性。抓好这两个重点，风险才能管得“严”，经营才能做得“实”。

在会议过程中，各分行提出了很多好的建议和意见。会后，信贷管理部牵头，总行相关部门抓紧研究解决，解决不了的要予以说明。总行将召开行长办公会进行专题研究。希望大家共同努力，敢于担当，全力以赴完成各项目标任务，向总行党委交出一份满意的答卷。

# 主动适应新常态<br>坚定信心　稳中求进

## ——在中国建设银行2015年工作会议上的讲话

张建国

（2015年1月27日）

刚才，王洪章董事长作了重要讲话；明天，郭友监事长还要作总结讲话，希望大家认真学习领会，抓好贯彻执行。下面，我向大家报告2014年全行整体经营情况，并对2015年的经营安排谈几点意见。

### 一、2014年工作总结回顾

#### （一）较好地完成了主要任务目标

2014年，全行努力应对经济下行压力挑战，认真贯彻落实党中央、国务院决策部署，严格遵守各项监管要求，面对复杂的经营环境，保持稳健经营定力，以高度责任感一手抓促发展，一手抓防风险，取得了来之不易的经营成果，也为2015年业务发展打下了良好基础。

1. 业务发展总体平稳。资产负债规模稳步扩大。截至2014年底，（本行口径）资产规模达16.43万亿元，比年初增加13 450亿元，增长8.9%。负债总额达15.2万亿元，比年初增加11 727亿元，增长8.4%。手续费及佣金净收入1 062亿元，增长3.6%，总量四大行第二，对贷款的依存度进一步降低。认真落实中央八项规定精神，招待费、会议费、宣传费和车辆费等控制类费用同比分别下降33.4%、43.2%、21.7%和14.4%。

主要经营指标在同业中保持优良水平。（本行口径）实现净利润2 254亿元，同比增长6.1%。平均资产回报率（ROA）、平均股东权益回报率（ROE）、成本收入比等核心财务指标分别为1.43%、19.68%和28.39%，净利息收益率（NIM）为2.81%。

2. 经营能力稳步提升。

——存款稳定性提高。全行多措并举稳存增存，人民币一般性存款日均新增7 644亿元，居四大行第一。储蓄存款全年大部分时间领先同业。年末存款偏离度下降至0.53%。

——综合服务能力增强。全年集团融资额新增2.9万亿元，增长18.5%。本行通过资产管理和投行业务为客户解决融资需求达到8 600亿元，首次超过当年人民币贷款增量。各子公司通过集合信托、融资租赁、债券承销、IPO和专项资产管理等方式，为集团客户提供综合投融资新增1 785亿元。

——信贷结构优化。各项人民币贷款新增8 479亿元，增长11.1%，增量和增速均列四大行第二。重点支持实体经济尤其是重点领域、薄弱环节和民生改善，基础设施、城镇化建设及新农村建设类贷款合计新增2 793亿元，增速高于各项贷款平均增速1.8个百分点。小微企业贷款满足“两个不低于”要求。涉农贷款较年初新增1 975亿元，增幅达12.3%。个人住房贷款余额和增量、房改金融市场占比同业第一。产能过剩行业、敏感行业、政府平台等调整领域压缩退出政策执行很好。

——战略性业务长足发展。深入推进“八一二程”，巩固了军队武警业务同业第二的市场地位；债券年度承销量和承销期次实现四连冠；企业年金产品数量最多、规模最大；信用卡业务多项指标同业第一，经济增加值实现了由负到正的历史性转变；跨境人民币客户数突破1万个，结算量居四大行第二；人民币债券组合收益率提升。

——渠道统筹协同能力加强。网点布局优化，前后台分离推进有序，网点综合服务能力提高。电子渠道（包括自助设备与电子银行）已成为账务性交易的主渠道。手机银行客户近1.5亿个，移动金融客户体验领先同业。铁路客运、支付宝等电子支付市场份额列同业首位。善融商务稳居银行系电商第一地位。

3. 守牢了风险底线。为系统性地提高风险预警预控能力，全行开展了贯穿全年的“信贷风险防控年”和“管控关键环节，防范突出风险”案件专项治理活动，持续完善信用评级体系，强化了“三查”、抵质押物、风险统一监控等关键风险点控制。对高风险行业、区域、产品实施差别化信贷政策和管控手段，出台了63条行业政策、30条营销指引，优化授信结构，提高授信效率；实施了600多项风险排查，帮助具备条件的企业渡过难关，对高风险客户有序退出。

各级领导靠前指挥。总行牵头“三十大”重大信用风险项目，化解处置143亿元，其中现金回收79亿元，处置率达33%。一级分行领导班子牵头处置的276个重大风险事项，信贷余额减少301.49亿元。

全力压降不良资产。全年共处置不良资产791.69亿元，较上年多处置300亿元，现金回收率达36%；核销207.82亿元；运用市场化手段批量转让不良贷款本金240亿元，既保证了不发生道德风险，又实现了35%的较高回收率。

不良率符合年度控制目标。（集团口径）不良贷款余额为1 129亿元，不良率为1.19%。境内逾期贷款1 284亿元，逾期率在大银行中最低。表外垫款74亿元，由四大行最高降至最低。

4. 为2015年打下坚实基础。

——挤出了存款和经营水分。总行引导全行重视存款日均增长，消化了上年4 000亿元虚增存款，年末冲时点现象得以扭转，今年年初存款虽有波动，但一直是正增长，好于同业和去年同期。减值支出增长42%，为今年消化不良资产打下财务基础。

——中间业务收入结构改善。与贷款关联收入占比由16%下降到11%。贷记卡、个人结算、单位结算及代理清算、理财等重点业务收入均超过百亿元，资产托管、CTS、审价咨询等业务收入增长迅速。

——客户和账户拓展有力。公司结算账户581.68万个，新增72.68万个，增幅为14.28%，基本户占比连续5年持续提升。个人有资产客户达2.9亿个，新增2 193万个，增量创历史最好水平。

——基础建设继续加强。新一代核心系统2.1期投产上线成功，三期主体立项完成。南湖中心建设与系统搬迁顺利完成。经过6年努力，我行成为首批获准实施资本管理高级法的银行。

——综合化经营和海外布局取得新突破。2014年底国务院正式批准我行筹建首家养老金管理公司，非银行牌照领先优势巩固。澳门、新西兰、布里斯班和多伦多4家海外机构正式营业，顺利完成对巴西BIC银行的收购。海外一级机构达到21家，资产总额达1 710亿美元。

**（二）经营管理上存在一些不容忽视的问题**

在充分肯定成绩的同时，也要清醒认识自身存在的问题。

1. 对经济下行压力的思想准备不足，应对措施还不到位。我行对经济金融新常态下全行经营管理工作所面临的艰巨性、长期性和复杂性认识经历了逐渐提高的过程，有些同志在经营理念、风险管控方式等方面还存在惯性现象。例如，经济增速放缓、经济结构调整、产业转移、大宗商品价格大幅下跌等因素肯定对有的地区、部分行业影响更大，但我们对产业、产品政策调整不够及时。再如，即使在下行期，也有许多新的发展机遇和增长点，我们有时“嗅觉”不够敏锐，采取对策措施不够坚决。

2. 传统优势弱化，新的优势尚未形成，市场地位受到挑战。我行资产质量领先地位逐渐失去；ROA、ROE长期领先的优势也在减弱，存款、中收增幅低于一些竞争对手；基础设施融资的传统特点不再突出；对风险计量工具开发应用，如经济资本计量、客户信用评级等领先水平被同业赶超；在军队业务、海外业务等领域，与领先银行的差距还没有实质性缩小。

3. 个别机构指导思想和经营行为仍与商业银行稳健经营的基本原则相悖，存在一定风险隐患。个别分支行片面追求当期业绩，无视监管政策和总行要求，把本来基于真实贸易背景为客户提供的短期融资服务，异化为抓虚假存款、中收，造成资金损失。有的分支行不重视客户第一还款来源，过分依赖互保联保，放松对抵质押条件要求，担保圈、担保链不仅没有起到增信作用，反而变成风险蔓延的陷阱。极端的案例是甚至有个别人帮借款人修改财务报表，调整评级结果，虚构贷款资料，挪用客户资金，严重违规违纪。

4. “以客户为中心”观念深入人心，但服务创新能力仍显落后。截至 2014 年底，全行有评级对公贷款客户 14.3 万户，比年初减少了 5 640 户，贷款余额却增加了 3 813 亿元，反映出信贷有效客户基础不稳；结算账户和基本户增加不少，但存款、中收增幅急剧下降。认真反思不难发现，我行能够真正引领市场、打出品牌的“拳头产品”不多，产品创新的活力和潜力没有完全激发出来。现行部分管理制度繁杂、业务流程重复，还不能高水平利用大数据进行主动营销、差别化定价。

**（三）几点共识**

回顾总结应对经济下行压力中的经验教训，我们认识到越是在复杂多变、困难增加、挑战加剧的形势下，越是要坚守如下几点共识。

1. 坚定发展信心，敏锐预判形势，不断提高应对环境变化的能力。经济周期、市场波动有其内在规律，商业银行经营难以逆势而为。总行从 2011 年就反复提示全行，我国经济已进入个位数增长的阶段，银行业发展将向正常回归。但经济周期的任何阶段都孕育着不同的发展机遇，即使在跌宕起伏甚至经济增速放缓的环境里，商业银行也有新的发展机会。针对全行面临的诸多课题，要主动适应、科学研判、把握机遇、积极作为，要始终坚信发展是解决一切问题的基础和关键。

2. 强化执行能力，坚决执行好中央精神和监管要求，执行好总行的决策部署。要把贯彻国家重大战略与我行自身发展需要有机结合。总行要做到把握政策先机，政策信号要统一清晰明确，综合支持保障平台要搭建到位；各分支机构要做到令行禁止；各级领导干部要顾全大局，在主要负责人新老交替时，新官要理好旧账；在完成任务上，要减少上下级行之间博弈，不打小算盘，不搞小埋伏。

3. 坚持稳健发展，确保领先地位。经济下行压力对商业银行整体经营能力是严峻考验。全行要树立正确的业绩观，重在提升市场地位和竞争实力，不盲目攀比时点数字，不图慕虚名，不单纯以某一天、某一项数字的些许起伏论英雄。只要保持整个员工队伍振奋的精神风貌并夯实良好的经营基础，对于合理范围内的指标波动不必过度解读，要保持平常心，注重谋长远。

4. 开阔眼界兼收并蓄，将创新作为驱动发展的引擎。商业银行的目标市场和金融产品具有很强的可复制性，只有坚持创新、树立品牌、形成特色和优势，才能打开发展空间。当前，我们要顺应大众创业、万众创新的潮流开展创新。在信息技术上，要用好大数据、移动互联、云计算等新技术构建经营的强大保障，实现业务与 IT 的高度融合；在管理方法上，要借鉴完善新的工具手段，将审慎高效的全面风险管理、激励长期价值创造的成本管理、灵活主动的资本管理和定价管理的理念转变为行动，引领推动全行战略转型。

5. 坚持标本兼治，有效管控化解风险。过去几年，全行在防控信贷风险上积累了丰富经验，如及时选择经营管理中的薄弱环节，连续开展专项风险排查，并把这种作法扩大到全行各个业务领域，包括子公司和海外机构。再如在压缩产能过剩行业信贷上，全行见事早、动作快并长期坚持，又将压降措施从严重产能过剩行业扩大到钢贸、煤贸、商贸、餐饮等更多的行业，延伸到基金、理财等产品，因此避免了许多风险事项和损失。在处置不良资产上，创新打包处置方法，严防道德风险，争取减少损失，确保了全行损失最小化。

## 二、贯彻国家重大战略，关注政策变化，把握发展机遇

2015 年宏观经济金融形势依然错综复杂，而且这种局面短期内不会有太大改观。随着我国经济进入“新常态”，银行业也进入了发展回稳、理性回归、推进经营转型的“新常态”。

**（一）把握历史性的机遇和挑战**

中央经济工作会议部署了 5 大工作任务和 9 大领域改革，国家有关部门连续出台一系列重大政策，效应会不断释放。作为国有控股大型银行，我们必须贯彻执行好中央要求，并在履行这一义不容辞职责的过程中，牢牢把握住商机，使全行

整体发展跃上新水平。

1. 国家重大战略和改革实施过程中商业银行业务潜力巨大。推进“四大板块”与“三个支撑带”是中央号召，也是市场需求，为银行业创造了新一轮发展机会。“四大板块”与“三个支撑带”是相互衔接、互为支撑的战略组合，涵盖了“走出去”战略、自贸区建设等内容。我们要用更宽广的视野来观察市场，比如基础设施重点项目，要从“铁公基”扩大到“环城网”，即环境治理保护、城市改造建设、互联网、通讯网及路网、电网、管网等。中央重大战略的实施无疑是发挥我行在基础设施领域传统优势的重要机会。再如产业政策升级、混合所有制改革纵深推进、养老金制度改革等都为银行业带来了新机遇。总行正就服务支持这些重大战略和改革形成金融服务方案，从市场准入、资源配置、贷款及产品政策等全方位做好贯彻落实，将很快在全行推动实施。

2. 财税金融重大政策出台将深刻影响银行经营。

——中央决定继续实施积极的财政政策和稳健的货币政策，适时适度预调微调。总的方向是要加力增效，进一步降低融资成本。实际上，财政政策比以往更积极，表现在赤字率提高、赤字规模扩大而且还有空间。央行相继召开了年度工作会议、货币信贷与金融市场工作会议，进一步明确稳健的货币政策要总量适度、结构优化，为经济结构调整和产业转型升级营造中性适度的货币金融环境。将灵活运用公开市场操作、利率、存款准备金率等货币政策工具，保持流动性合理充裕。总行预判，今年社会资金面会比去年宽松。

——利率市场化趋势不可阻挡，利差缩小已是大势所趋。2014 年 11 月 22 日，中央银行不对称下调基准利率，扩大存款利率浮动范围后，距离人民币利率市场化只有一步之遥。几个月来，银行定价策略出现分化，负债成本上升，资产端收益率下行，贷款重定价压力将在今年释放，利差收窄蚕食利润趋势明显。商业银行长期形成的以存贷利差为主、依赖信贷业务带动中收增长的传统盈利模式难以为继。

人民银行（银发〔2014〕387 号）调整明确了新的存贷款口径。将除银行、信用社、财务公司以外的同业存款纳入“各项存款”，也就是常说的一般性存款统计；将非存款类金融机构拆放（含借款）和“拆放境外同业”纳入“各项贷款”统计。新政策会释放部分信贷投放能力。同时也要看到，同一类存款项目下两种定价机制并存，进一步加剧了银行之间的竞争。

——规范完善地方政府举债融资机制，防范化解债务风险。国务院 43 号文规定地方政府举债融资机制仅限于政府发债、政府与社会资本合作模式（PPP）和规范的“或有债务”，对地方政府债务规模实行限额管理。存量债务须经三方甄别确认后纳入预算管理，各地区可申请发债置换。在建项目后续融资，原贷款银行要重新进行审核。我行涉及地方政府性债务总额为 1.36 万亿元，其中 2 670 亿元平台贷款等待确权。债券置换出的贷款规模要有优质项目来填补，需要做好项目储备；对于尚未确权或不能及时用发债置换的平台项目、在建项目后续融资、或有负债履约风险等问题，要制订预案，提前做好应对。43 号文件的执行也给我们带来很多业务机会，地方政府债承销、PPP 推广市场巨大，财政存款、资金结算、造价咨询等业务机会增加。

——税收政策对银行业影响加大。预计营改增年内将在金融业推广，征收方法、税基税率都会变化。在此之前，银行营业税税负将明显增加。常言道“牵一发而动全身”，税收政策变革要求我们对业务结构甚至整体经营重新审视并做出调整，也要求我们对流程规范、会计系统做出完善升级，对 IT 系统进行更新改造。

3. 深化金融改革催生更激烈竞争。2015 年全国证券期货监管工作会议明确要推进股票发行注册制改革；银行业逐步引入民间资本，民营银行加速设立步伐；互联网金融进一步涉足银行领域，微众等新型银行开始萌芽；外资银行在中国境内设立机构、业务准入等门槛降低。这些都给商业银行带来直接或连带影响。目前，中央银行正对银行业金融机构远程开立本币账户征求意见，若放开限制，互联网技术运用和互联网金融将共同催生银行业发生新一轮变革。

**（二）监管部门和社会各界对银行业要求更加严格**

中国银监会要求，商业银行要主动适应“新常态”，充分认识贷款增速回稳、存贷利差收窄、社会融资方式转变、不良贷款反弹和“宽进严管”五个趋势，推进银行业稳健发展。要求商业银行要全面提升金融服务实效，积极支持国家战略实施，促进产业结构调整，大力推进普惠金融发展；要求商业银行要全面落实风险防控责任，坚决守住不发生系统性区域性风险底线。切实防范化解客户信用、押品价值波动等各类风险。

银行业日益成为社会各界和媒体舆论关注的焦点。有时甚至被指责垄断经营、为富不仁，是推高社会融资成本、致使企业经营不善的罪魁祸首。外部舆论环境容易转换为更严格的外部监督监管。

**（三）整体风险形势严峻**

银行业不良贷款呈快速增加态势。到2014年底，不良贷款额已连续13个季度反弹。真实不良状况比监管机构汇总披露的数字还要严重。据四大银行报汇金公司的预测数据，2015年不良率平均将上升0.3～0.4个百分点。

我行资产质量管控形势也不容乐观。一是逾期贷款、关注类贷款等先行指标增幅较大，波动加剧。2014年末逾期余额较年初增加了430亿元，增幅达50%，峰值一度曾超过1 700亿元；关注类贷款增加2 700亿元，增长38%。二是新形成不良压力加大，2014年不良贷款生成率为1.26%，同比上升0.43个百分点；累计暴露不良信贷类债权超过1 000亿元，是前年的两倍。三是重大信用风险事项不断爆发，2014年涉及542个客户、信贷余额（含理财产品）1 038.9亿元，分别是上年的4倍和4.5倍。四是不良贷款处置压力加大。现金回收和形态上迁占比逐年降低，打包出售市场供求关系正发生变化，迫切需要处置政策和手段的突破创新。

**（四）自身转型发展规划推进落地任务艰巨**

《中国建设银行转型发展规划》已印发全行。规划围绕建设“国内最佳、国际一流”和“最具价值创造力银行”这一主线，明确了“五个转型”的方向，就资产负债、批发、零售、子公司、海外等业务转型重点，以及风险内控、信息技术、人才队伍、企业文化等保障措施提出了具体要求。刚才王洪章董事长在讲话中，已经对2015年转型发展规划推进落地的具体任务目标提出了明确要求。推进落地要在政策上重点保证，在资源上合理配置，在考核上有所体现。总行在抓紧研究配套措施，有关方案措施会尽快出台。总行部分部门的职责和名称已作了调整，更要在转型发展上实现不同于老套路的新变化新举措。

要重视制度建设、队伍建设、县域网点环境改善等基础性工作。总行已下定决心清理现有数量多达6 113项的规章制度和管理文件，主要是整合、废止、清理，改变当前规章制度过多、有的甚至互相矛盾、基层无所适从的局面，既要把基层员工从重复填列报表等无效劳动中解放出来，又要使全行真正做到有章可循、有规可依。各级领导要特别重视加强客户经理队伍建设，重点是稳定队伍、增加数量、提高素质，改变目前1万多名客户经理维护10多万企业客户、6万多亿元贷款，难于深度挖掘业务资源，难于拓展新的客户账户，难于搞好贷后管理、防控风险的状况。

## 三、努力做好2015年工作

**（一）合理确定经营目标，确保经营能力持续上升**

2015年经营工作整体思路：深入贯彻落实党中央、国务院要求，主动适应“新常态”，发挥全行整体特点优势，以转型发展打造新的竞争力。

考虑综合化经营与业务转型的需要，总的经营计划要求为：子公司增长要快于母公司，海外机构发展要快于境内，零售业务增长要快于批发业务，非利息收入增长要快于利息收入，资产管理业务增长要快于自营资产。具体业务目标：集团一般性存款（包括结构性存款、保本理财、非存款类金融机构存款）时点增加1.12万亿元、增速达8.2%，日均新增按9 400亿元把握。综合考虑中央银行核定贷款计划及我行投放需求，集团贷款计划新增9 830亿元、增幅10.4%，境内人民币贷款新增8 500亿元、增长9.9%，其中零售类贷款新增4 500亿元、新增占比53%，批发类贷款新增4 000亿元、新增占比47%。集团手续费及佣金净收入增速5.4%。关于集团财务安排，受非对称性降息、监管趋严以及市场竞争日益激烈等因素影响，2015年全行利润增速下降难以扭转，但考虑利润增长与股东权益及员工收入密切相关，要确保盈利增长为正，争取集团净利润增长1%。关于资产质量控制，集团不良贷款率控制在1.6%以内，信贷成本、拨备比率保持合理。

**（二）抓住机遇，坚持发展**

1. 细化工作措施，抓好推动落实。

一是优化贷款配置，加大结构调整。人民币贷款计划分配，将提升资产质量和余额存贷比敏感度；在投向上，重点满足国家重点项目需求以及良好定价的按揭贷款需要；确保小微企业贷款、涉农贷款新增满足监管要求。

二是推进存款解决方案落地，抓好全量客户、全方位服务。2014年总行推出了对公存款8项措施，细化了ETC、代发工资、资金承接、零资产客户激活等一系列综合推进方案。各分行要结合自身情况，选择2到3个现实问题重点突破。总行将建立评估体系，定期通报全行执行情况并纳入KPI考核。

三是优化中间业务结构，提升服务能力。重点是继续降低贷款相关收入占比，还原相关产品真实收入，并通过做实做精服务提升产品收益水平。对各项战略性业务采取差异化目标管理，着力发展收入占比高、发展前景好、受市场波动和政策影响小的服务类产品。其中，信用卡、理财等要实现两位数增长，房改金融和审价咨询等要巩固传统优势地位。

四是抓好全渠道协同，实施“移动优先”。加快电子渠道功能开发，新产品优先在电子渠道部署，能上线的业务尽快上线办理；在没有物理渠道覆盖地区，可通过电子服务方式进入。我行手机银行业务居于行业第一，进入新年，网络金融部已安排各位行领导用手机银行试办交易业务，各级领导都要亲自体验并以此为契机，推动移动业务快速发展，巩固领先地位。

五是加快海外机构和子公司业务发展，提升对集团整体贡献。全球许多经济体快速增长，美元稳中走强，欧元区启动量化宽松政策，国内新业态迅速发展，子公司和海外机构面临新的业务增长点和发展机会。要强化境内外、母子公司、本币外币协同发展，发挥集团综合化优势，支持海外机构、子公司增强经营能力。今年海外分行和子公司资产总额计划增长25%，利润增幅不低于上年，ROE、ROA、中收等主要财务指标要尽快达到集团平均水平。

2. 做好差异化政策安排，提高经营管理的有效性。

一是分类实施差异化定价。存款定价坚持量价平衡原则，根据客户贡献度进行报价；新型存款产品定价模式要符合商业可持续原则。贷款要着力推进综合定价，依托对公客户综合定价系统，实现从单一产品定价向综合产品定价转变；综合定价客户范围要扩展到所有基本结算户开立在我行的有贷户中的集团和大型客户。总行将适当扩大对分行的定价授权。积极推广贷款基础利率（LPR）在定价中应用。

二是对央企国企分类管理、区别对待。国资委对央企分类管理、分类考核的总体方案预计上半年出台。总行深入分析央企国企改革变化趋势和经营状况不断分化情况，启动了对央企分类管理、区别对待、信贷政策细分工作，将明确优先支持、选择支持、审慎支持、压缩退出大类名单。基本思路是，积极支持符合产业政策的企业集群，大力支持集团中经营主业的企业，优先支持行业中的龙头企业；同时做好央企国企重组预判，谨防我行债权悬空。

三是将分类管理、区别对待原则引入成本管理，优化费用结构，做到有保有压有控。继续执行好中央八项规定精神，招待费、宣传费进一步压缩25%，车辆费、会议费分别压缩22%和5%。加强对总量支出和重点费用管控，对外包费用、营业用房相关费用、研发咨询费用等金额大、节约潜力大的支出项目制定指导性控制目标。将结构调整腾挪出的费用用于促进重点业务和战略性业务发展。

**（三）守牢风险底线，加强风险防控**

风险防控仍是2015年全行信贷经营管理工作的重中之重。要克服畏难情绪、疲劳情绪，坚持那些实践证明行之有效的经验措施，确保资产质量稳定。

一是不断优化授信业务流程，持续完善防范风险措施。总行已经完成了授信管理制度升级完善，要结合行业限额、市场准入、名单制管理、差别化区域及产品等政策一并推进，确保既能拓展有效客户，又能把握好投向。

二是强化风险排查，形成风险联防联控机制。要坚持好实时监控、贷后管理、梳理排查、风险预警等措施，提早发现及时化解风险。近期总行已制定完成了新的贷后管理办法和贷后检查操作规程，会后即可印发。要对当前出现的新风险源保持警惕，对担保圈担保链等做好风险缓释工作，严防引爆重大风险；对政商事件、交叉违约要有防控预案。

三是创新风险处置手段，进一步提升处置不良资产效率。坚持领导带头处置重大风险事项，更新全行"三十大"项目名单，优化具体工作指施，争取2015年取得新成效。要用好本息减免政策，做好坏账核销，继续坚持滚动打包处置，推动不良资产证券化。各级领导要格外重视减免本息后贷款回收、核销后债权追收、打包处置不良中严防道德风险等关键环节工作，争取最大限度地维护全行利益。

**（四）抓好年初开局工作，奠定坚实发展基础**

1. 统筹开展旺季营销活动。旺季营销对赢得全年经营主动和实现年度工作目标具有重要意义，要抓住春节前后资金充裕的有利时机。2014年一般性存款日均增加第一、个人业务全年领先都得益于第一季度的努力，2015年开局不错，要巩固成果，争取更大成绩。

2. 确保各项目标和任务切实落地。增强责任意识，转变工作作风，反对"处长治行"，解决"中梗阻"等问题，把转型发展、服务基层、防控风险等工作要求变成实实在在的行动。

3. 确保运营安全。做好春节前后流动性预测和管理工作，加强资金统筹归集运用，确保流动性安全。营销旺季也是案发高峰时期，要提高警惕，加强防范，确保员工、客户、行产和系统运营的安全。

2015年是我国全面深化改革开放的关键之年，是全面推进依法治国的开局之年，是全面完成"十二五"规划的收官之年，在这"三年叠加"之年，全行同志要凝心聚力，主动作为，推动我行改革发展、经营管理取得更大成绩。

# 在国际化转型发展工作会议上的讲话

**张建国**

（2015年1月29日）

同志们，这次会议开得非常必要。经过二十多年发展，全行外币资产总量不断扩大，海外机构网络快速完善，国际业务和海外业务的竞争能力及市场地位显著提升。现在到了回顾过去、立足当前、谋划未来的时候了，希望这次会议能成为一次在我行国际业务、海外业务发展史上具有里程碑意义的会议。"而今迈步从头越"，全行要以这次会议为新的起点，书写国际业务和海外业务转型发展的新篇章。

刚才，王洪章董事长做了非常全面、很有高度的讲话，对全行未来国际化转型发展具有重要的指导意义。一会儿，郭友监事长还将就推进国际化转型发展做出部署，内容十分重要。作为一名曾长期从事国际业务的专业人员，我认为这两份材料立意高远、内涵深刻，既总结了成绩经验，又揭示了问题差距，符合我行实际。全行要落实好这次会议精神和具体要求。推进国际化转型发展不仅仅是总行国际部和国际业务条线的事，也不仅仅是海外机构的事，这是全行战略，是全行的任务。会后，郭友监事长和我将召开专题会议，研究具体落实的行动方案。接下来，讲三点意见。

## 一、坚定信心，加快国际化转型发展

**（一）加快国际化转型是我行未来发展的必然选择**

首先，这是中央战略要求决定的。改革开放35年，我国在几年前就已经跃居全球第二大经济体，经济对外依存度水平相当高。十八大后习近平总书记第一次发表重要讲话，主要内容就是描绘和实现中国梦。中国梦三项核心内容都与经济发展和国际化有关。国务院领导几次主持会议专门研究，2015 年伊始，即做出了关于金融支持企业“走出去”战略的重要决定。要实现总书记描绘的中国梦，必须贯彻落实国务院做出的一系列重大战略决策。上个月，中央经济工作会议上提出的几大战略都与“走出去”密切相关。要解决我国的经济结构问题，需要向外部转移过剩产能；要持续发展经济，需要继续引入先进技术和高端装备，还需要进口大量能源资源。这些都对大型国有控股商业银行提出了新的要求，我行在国际化转型发展方面必须有更大更好的作为。

其次，这是银行所处的经营环境发生巨大变化决定的。中央高度重视、不断推进人民币国际化。经过多年发展，人民币国际化已经达到了很高程度，距离资本项下可兑换、真正成为可自由兑换货币已为期不远。越来越多的优秀企业、金融机构、各类人员在更高水平上参与国际交往，加快国际化转型不只是支持和服务这些“走出去”的企业和个人，我行也能从中挖掘自身潜力，拓宽发展空间，否则就会失去发展机会，甚至失去很多战略合作伙伴。

最后，这是由我行自身发展方向和经营地位决定的。我行十年前就完成了三部曲改革，97%的流通股在 H 股市场；未来努力方向是成为国内最优、国际一流的商业银行。作为在国际资本市场上市、不断推进国际化发展的大型银行，必须按照国际化标准来经营。要深度融入国际市场，培养更多的国际化人才，服务更多的国际化客户，塑造我行国际化品牌形象，并在这个过程中分享全球经济金融发展的机会。

**（二）加快国际化转型，我行已经具备坚实的基础**

一是经营网络比较完善。国内分支机构大部分已获得国际业务经营资格，而且机构数量还在稳步增加。海外已有 21 家一级机构，到 2015 年底，我行的国际化网络将初步建成。

二是业务规模正在壮大。截至 2014 年末，我行海外资产达 1 710 亿美元，当年增长 34%，其中存款类主动负债 1 285 亿美元，增长 39%，一改若干年前海外资金靠总行支持、相关业务靠国内帮助的状况，2014 年海外机构已具有大额资金回存到国内机构的能力。国内外币资产 1 300 亿美元，保持逐年增长势头；国际结算量连续三年超过 1 万亿美元，在全国对外贸易总量中已经占据很好的市场份额；跨境人民币清算连续四年高速增长，2014 年国内和海外机构清算总额分别达到 1.5 万亿元和 1.8 万亿元人民币。

三是创新能力不断增强。随着人民币离岸市场在许多国际金融中心逐渐形成，4 家海外机构 2014 年在国际市场上发行了人民币债券，有的更成为当地市场人民币债券发行的标杆。2015 年要解决好统一管理、利益协调等内部问题，为海外机构在国际资本市场创新发展创造更好的条件。我行已在上海自贸区、新疆霍尔果斯边境合作中心区域等国内几个特殊经济区域设立机构并开展业务试点，这些特殊经济区域的经营方案都具有可复制性和可推广性。2015 年上海自贸区试点范围将扩大到三省市，总行已启动各项工作，争取尽快将已有方案完善移植到新的自贸区机构。此外，我行努力开辟新的资金来源，利用国家外汇储备发放转贷款，积极拓展内保外贷等业务，海外资产托管业务也取得了突破，这些都为国际化转型发展积累了宝贵经验。

**（三）加快转型发展的要求**

为进一步提升竞争实力，获得规模效益，不断增强抵御风险能力，国内各分行、海外各机构要以此次会议为契机，做大做强、做好做优各项业务。总行将进一步推动全球授信、国别风险、内外授权等重点工作，并要进一步加强境外授信审批中心、合规官职责、资本管理、财会管理等方面的制度完善工作。国内分行要重视跨境人民币结算清算、贸易融资、代客交易、个人业务等战略性业务发展，加强与跨国集团的合作，扩大代理外汇储备资金营运及国内中小商业银行国际业务。外币储蓄一直是全行外币业务经营中的最短板，2014 年底刚刚达到 45 亿美元，在长达 10 年的时间里没增反降，仅近两年增加了 8 亿美元。2015 年，要抓住人民币双向浮动、更多人保存外币意愿增强的机会，加快弥补短板，扭转外币储蓄存款发展不利的状况。海外机构在加快发展的同时，要抓紧解决好下面几个问题：

一是努力丰富经营功能。一方面要加强与监

管机构和当地政府的沟通，完善牌照功能。我行有些海外机构不是全功能牌照，在经营范围、经营功能上明显欠缺。有的监管机构在市场准入、牌照审批时会随着时间推移逐步扩大牌照和业务范围，相关机构要抓住时机尽快完善。另一方面要提高自身服务能力。已取得较为齐全业务经营许可的海外机构，产品种类、服务手段亟待增强，必须尽快提升能力，向国内同业看齐、向当地银行看齐。

二是大力发展收费业务。2014 年我行中间业务收入只增长了 3.6%，但市场投资收益、各项非利息收入占比稳步提高。即使国内中间业务收入增长急剧回落，但占比仍比海外机构高很多，可见海外机构的中间业务收入还有很大增长空间，因此，中间业务、收费业务是海外转型发展的重点。

三是加快推进落地经营。落地经营是海外业务可持续发展的基础，有条件的海外机构要抓住机遇，综合考虑业务资源和发展方向，有效缩短投入产出时间，尽快实现经营落地成果。

四是努力融入当地主流市场。随着“走出去”战略的实施，大部分海外机构拓展当地优质客户、发展战略性业务机会增多。要加强总分行、境内外机构间的业务联动，不断完善机制，加快发展。

## 二、坚持合规经营，强化风险防控

### （一）风险防控工作取得积极成效

2014 年全行外币贷款质量很好。不包括巴西子行，我行海外机构不良资产仅约 12 亿元人民币，不良比率仅为 0.1%，更远远好于全行平均水平。全行国际保理、内保外贷、资金交易等多项业务保证了运营安全，进口开证、打包贷款等贸易融资产品，即使受到进出口增长快速回落不利因素影响，仍做到了风险可控。2014 年，有些国家和地区发生了一连串突发事件，包括越南反华暴乱、香港长时间占中、利比亚和乌克兰动荡、欧美严厉制裁俄罗斯等，在这些突发事件发生的过程中，总行都做到了密切关注，及时预警提示，相关海外机构也启动了应急预案，严防死守。在此期间，全行授信业务、资金调度、结算清算等各项业务应对得当、把握合理，确保了经营未受影响，资金没有损失。

2014 年，国际业务条线和信贷风险条线的领导和同志们，按照总行统一部署要求，认真排查潜在风险，规范业务管理，提高了进口开证等产品的保证金标准，退出了 1 266 家贸易融资客户，压缩授信 415 亿元，及时处置不良资产，成功防控化解了山西海鑫钢铁、浙江金海重工、新疆两家“德正系”企业、大连 GEDEN 项目等一连串重大风险事项。有的是及时压缩回收，有的是在风险事项暴露后收回了贷款，有的是中信保理赔。许多海外机构所在地监管机构，国内银监会、外汇管理局对我行的合规内控、风险防控等工作都给予了正面评价，台湾货币当局甚至把部分外汇储备存放在我台北分行。

### （二）不忘历史教训

在国际业务和海外业务长期发展过程中，我们经历了太多的困难和考验。亚洲金融风暴发生后我行进口开证业务、次贷危机发生过程中的外币资金交易，都曾发生过大额损失。此外，海外机构自身也暴露过一些问题，如东京分行、约堡分行、伦敦子行等信贷风险事项，纽约分行在合规检查中存在的瑕疵等。历史上，国际化银行也曾经发生过不少问题，这些都是深刻的教训，必须吃一堑长一智。

### （三）严格遵守所在地法律法规

首先，要珍惜来之不易的准入机会。近几年我行抓住机会加快发展，这与我国经济金融在全球的地位越来越高是分不开的，也与次贷危机发生后许多国家和地区为了引入资金、调整了准入政策有关。应该说我行对海外机构创建、并购工作高度重视，投入巨大，成绩来之不易。许多国家审批环节异常复杂，流程漫长曲折，有的即使监管机构颁发了初步许可，正式批准还要得到中央银行、部委、议会、甚至总统总理的批准。可以说每一个机构的创建、每一块经营牌照的取得都非常艰难，一定要格外珍惜。

其次，要遵守海外监管要求。西方发达国家以金融监管严密而著称，许多新兴市场国家监管也效仿发达国家，对中资银行市场准入要求更严；有的国家监管当局甚至还掺杂了一些非经济金融因素。

此外，从金融危机开始，国际监管标准就不断提高，监管法规大量出台，监管要求明显趋严，检查频率也在增加。尤其是在合规操作和反洗钱两方面，监管要求不断细化，检查力度不断加大。同时，子公司化监管趋势也日益明显。但不管监管如何变化，既然我行已把国际化转型发展作为重大战略，海外机构的同事们就应从全行发展大局着眼，立足当地市场，严格依法合规，坚持稳健发展，确保经营安全。

**三、胸怀大局，国际业务和海外业务要为全行作出更大贡献**

长期以来，全行对国际业务和海外业务发展高度重视，在资金投入、人才培养上不遗余力，在业务保障、政策倾斜上鼎力支持，甚至在财务计划安排、经营业绩考核上也非常理解包容。股改以来，全行国内本币业务发展很快，效益高速增长。但去年发展速度放缓，净利润增长急剧下降。而同期，美国、印度等经济体快速增长，许多国家正逐渐走出危机，美元走强。外部环境开启了国际业务、海外业务快速发展的好时期。2013 年，我行外币利润扭亏为盈；2014 年，外币资金营运继续保持良好的盈利水平，还带来了 51 亿元人民币国际结算收入，同比增长 7.4%，海外机构税前利润超过 10 亿美元，增速高达 48%，国际业务、海外业务经营能力越来越强，对全行作出的贡献越来越大。

国际业务和海外机构要进一步提高对全行的贡献，不仅要保持资产规模、中间业务收入和净利润持续增长，还要在帮助国内分行引荐优质客户、维护战略合作关系、介绍新的监管标准、积累合规管理经验、引入创新产品和服务等方面发挥更大作用。回顾我国银行业近些年的发展历程，国内银行本币业务创新，很多产品和服务外币业务已然有之；国内外币业务创新，很多产品和服务外资银行在国外也早就在经营，这是因为现代商业银行的发祥地在欧美。海外机构也担负着为全行培养国际化人才的重任，要用合规经营和良好的业绩争取优秀的评级评价结果，扩大我行国际化影响力，塑造我行外部市场形象。最低要求是，要守牢监管评级不降，不给全行整体形象抹黑这一底线。

这是我行第一次召开高规格的国际化转型会议，希望各级领导同志切实担负起我行国际化转型发展的重任，带领全行同志，努力推进国际化转型发展，争取 2015 年就能够取得阶段性成果。

谢谢大家！

# 勇于担当　加快转型<br>推动零售和电子银行业务作出更大贡献

## ——在 2015 年全行零售及电子银行业务转型发展暨工作会议上的讲话

**张建国**

（2015 年 4 月 2 日）

大家好！刚才文升行长对下阶段重点工作进行了部署，希望大家认真学习、贯彻执行。我主要谈几点体会和认识，供大家讨论。

**一、2014 年零售和电子银行业务为全行创新发展、稳健经营作出了巨大贡献**

前几天我行发布了 2014 年经营业绩，全行在过去的一年经营又跃上新台阶，集团资产总额达 16.7 万亿元，实现净利润 2 282 亿元，不良率仅 1.19%。在 2014 年复杂困难的情况下，上述成绩的取得，得益于各方的关心关怀，得益于全行的不懈努力。这其中零售和电子银行业务贡献巨大。2014 年，全行经营承受前所未见的压力，对零售和电子银行条线寄予前所未有的期盼。一年来的实践表明，零售和电子银行条线不负重托，业务发展有稳、有进、有创新，工作成绩值得充分肯定。

一是稳。个人人民币存款新增全年大部分时间内领先同业，日均增长势头良好，时点波动好于同业。2014 年全行一般性存款日均新增 7 644 亿元，个人存款以良好增势贯穿全年，特别是下半年持续提升，有力地支持了全行流动性管理。个人住房贷款余额和新增、房改金融四大行第一，牢牢守住了“要买房、到建行”的领先地位。私人银行业务保持同业第一阵列。手机银行和微信银行客户数量、在支付宝和 12306 等热点网站的电子支付市场份额继续领先同业，善融商务稳居银行系电商第一地位。实现业务稳健发展的同时，守牢了风险底线。个人贷款及信用卡不良率保持行业最优，有力地保证了全行资产质量的稳定。个人、财富和电子银行业务未发生重大风险或安全事件。

二是进。行内贡献、市场竞争力和基础指标等多方面实现新突破。行内贡献方面，个人人民币存款余额全行占比提升 0.9 个百分点、达到 48.3%的历史新高点；2015 年 1 月更站上了 6 万亿元的新高点，站稳了“半壁江山”。个人类贷款余额全行占比提升 1.7 个百分点，达 34%；住房资金存款新增 1 231 亿元，同比多增 1 070 亿元。2014 年全条线实现中间业务收入 520 亿元，全行占比超过 49%；10 项产品收入超十亿元，其中信用卡是全行收入规模最大、增速最快的中间业务产品，借记卡收入过百亿元。零售和电子银行业务的支柱地位进一步稳固。市场竞争力方面，个人人民币存款时点余额四大行占比站上 24.5%的历史新高点，日均新增跃居四大行第二。个贷新增跃居同业第一，房贷领先优势扩大、定价引领同业，房改金融业务四大行占比又有提升。信用卡新增客户、新增发卡、资产质量同业第一“三连冠”，2014 年业务收入超过工行，首次跃居同业第一。手机银行、微信银行保持领先，个人网银客户跃居同业第一。基础指标方面，个人有资产客户新增、新设网点开业、电话银行接通率、现金类自助设备数量增长等多项指标均创历史新高；信用卡业务经济增加值实现由负到正的历史性转变。

三是创新。第一是思路打法有创新。个人条线提出“三个并重”客户发展思路，私人银行条线下发转型方案、制定“实施路线图”并全面推进，房金条线制定“攻守兼备”策略，信用卡条线坚持“提比、进位、上份额”发展目标，电子银行条线秉持“智慧、泛在、跨界”发展方向，这些都是新形势下非常有针对性、非常及时有效的思路打法。第二是协同联动有创新。比如公私联动推出“薪享通”综合服务方案，为中石化、双胞胎等集团客户综合服务提供支持；私私联动推动信用卡与借记卡绑定、公积金龙卡客户综合服务，开展电子渠道签约客户激活活动。集团联动推出“速盈”、“私享建亚”、“留学鑫”等新品牌。第三是产品服务有创新。聚财存款、特色储蓄、“快贷”、全球支付信用卡、私人银行客户资产负债综合报告、电话银行新兴服务方式和“小微”智能客服等引领同业，成效显著。第四是基础管理有创新。比如加快数据挖掘、分析和应用，依托数据支持精准营销；充分发挥产品创新实验室的作用，支持创新引领；开发应用个贷风险监测预警模型，全面启动个贷业务流程再造；创新开展“客户服务、我最用心”岗位劳动竞赛活动等。

上述成绩既是零售和电子银行条线员工努力拼搏的结果，更是全行上下共同支持的结果，“全行办零售”的意识逐渐强化。首先体现在协同联动上。对公和投行条线密切协同、总分行上下互动卓有成效，大力推动了零售客户批量拓展、满足客户全方位需求。境内外、母子公司密切协同，助力零售和电子银行品牌提升。其次体现在资源投入上。财务资源、IT 开发、战略合作等方方面面都在加大对零售的支持。

2014 年，我行获评《福布斯》“全球上市公司 2 000 强”排名第 2 位、BrandZ“中国最具价值品牌”第 4 位、《环球金融》“最佳创新银行”等多项殊荣，零售条线更是首次获评《亚洲银行家》“中国最佳大型零售银行奖”，这一成绩的取得实属不易！借此机会，我代表总行党委、高管层向各位参会代表并通过你们，向支持和推动零售和电子银行业务发展的各级机构和员工，表示衷心的感谢！

## 二、零售和电子银行业务面临的机遇和挑战

我国经济步入新常态，银行业也面临新的机遇和挑战。着眼于零售和电子银行业务发展，总体而言，机遇大于挑战。

### （一）深刻认识当前经营挑战

一是宏观经济下行压力加大，银行经营增速下滑。2014年我国国内生产总值较上年增长7.4%，为24年来最低增速。从2015年2月数据来看，CPI仍在五年低点，PPI连续37个月负增长，制造业PMI指数跌破50%。银行业过往依靠规模扩张的发展方式已然受到冲击，利润增长进入个位数时代，增速回稳成为长期趋势。与此同时，银行业风险压力也在增大，不良贷款余额和比率持续“双升”。

二是利率市场化加速推进，2015年可能全面放开。自2012年贷款利率下浮区间扩大至0.7倍、存款利率上浮区间扩大至1.1倍起，利率市场化进程逐渐加快，不到3年时间，贷款利率已经取消下限、存款利率上浮区间扩大至1.3倍。在这3年间，我国商业银行存贷款利息净收入占营业净收入比例下降了7.3个百分点。随着存款利率上限打开，银行存贷利差空间还将进一步收窄，高度依赖利差的盈利模式难以为继。“两会”期间，周小川行长表示年内存款利率上限或将完全放开。应该说，利率市场化已到了关键时刻。

三是外部竞争日趋激烈，监管要求不断升级。市场竞争升级主要体现在竞争主体日趋多元，金融“脱媒”加剧。竞争主体多元化体现为“三个增加”：民营银行、微众银行等新型主体不断加入同业竞争；证券、信托、基金、期货、保险等非银行金融竞争者加入客户资金争夺战；大量非金融机构竞争者依托互联网跨界进入金融领域，对零售业务的冲击尤为突出。与此同时，监管要求更趋严厉。2014年发展改革委出台了新版商业银行服务价格管理办法、银监会推出了存款偏离度管理，对银行中间业务收入增长和存款经营提出了更高要求，大型银行经营需要承受更大压力。

### （二）全面把握有利发展机遇

我国经济从高速增长进入中高速增长阶段，7%依然是相当高的水平。63万多亿元经济总量的基础上，每一个百分点的增长，代表的含金量是很高的。外部环境为零售业务发展提供强有力支撑，抓住零售才能抓住未来。具体来看：

一是居民收入增长提速。党的十八大后共同富裕、收入倍增成为政府工作的核心目标，经济增长的要素结构正在发生巨大变化，居民收入占GDP的比重出现了上行拐点，收入分配结构将更向居民个人倾斜。二是消费越来越成为经济增长的强劲动力。2014年消费对经济增长的贡献率上升3个百分点，达到51.2%。2014年中央明确要继续发挥消费在推动经济发展中的基础作用，加快推进6大领域消费。2015年政府工作报告提出，要加快培育消费增长点，鼓励大众消费，让亿万群众的消费潜力成为拉动经济增长的强劲动力。居民消费结构正在不断升级，大众化、民生类消费快速升温，旅游休闲、信息消费等个性化、多样化消费渐成主流。三是新型城镇化、“一带一路”、京津冀协同发展、长江经济带等创造无限商机。新型城镇化提出了解决“三个1亿人”的目标，将带来住房、教育、养老、医疗等需求的快速增长。以“一带一路”为例，覆盖总人口约46亿，打开了更为广阔的客户拓展空间。四是资本市场正在崛起。自2014年第四季度以来，上证指数迅速增长近40%；成交金额节节攀升，从上证月度总成交金额来看，2014年12月达到11.5万亿元，是9月总成交金额的3.2倍，是1月总成交金额的8.4倍。五是跨境金融蓬勃发展。受益于人民币汇率双向波动、“沪港通”开通等因素，居民对金融投资、信用卡、保险等产品跨境金融需求增长强劲。2015年“深港通”有望开通，将进一步刺激跨境金融需求增长。居民出境需求也表现出强劲增势，2014年国内居民出境首次超过1亿人次、增长19%，出境游花费超过1 500亿美元；随着各国签证放宽，国内客户境外出游需求会进一步释放。六是财富管理市场机会巨大。2013年中国私人财富增长49%，达22万亿美元，仅次于美国，居世界第二。

## 三、零售和电子银行要为全行转型发展作出新的贡献

虽然经济下行压力大，但整体经济仍保持较

快发展，居民收入稳定增长，大众创业、万众创新成为新的潮流，零售和电子银行业务大有可为。零售业务具有资本占用轻、风险相对分散的特点，在经济下行压力增大、存贷利差持续收窄的严峻形势下，零售业务的发展更为重要；同时零售业务也是消费红利释放的最终落地端，抓住了零售就抓住了未来。这一点，在2015年计划安排中也有所体现，对零售业务增速要求快于批发业务。全行对零售和电子银行业务充满了新的期待，大家要进一步增强信心，继续为全行经营多作贡献。刚才文升行长对2015年工作做出了全面部署，我着重就三个方面谈谈我的看法。

**（一）充分发挥支柱作用，全力助推全行转型**

作为全行三大支柱业务之一，零售和电子银行业务是全行转型发展的基础，要充分发挥好四方面作用。一是为全行经营效益稳健增长发挥支撑作用。一些国际大型银行特别是近年来业绩较为突出的银行，零售业务利润贡献度较高。以富国银行为例，2013年零售业务净利润全行占比达58%。我行零售业务有潜力、更有责任为全行效益增长发挥更大支撑作用。2014年个人存款对全行一般性存款新增的贡献超过68%，个人类贷款对全行各项贷款新增的贡献接近50%；零售及电子银行条线对全行中间业务收入总量的贡献已超过49%，增量贡献更为突出。未来零售和电子银行业务还要继续多作贡献，尽快成为全行盈利增长的新引擎。二是为全行应对外部环境变化发挥平衡作用。作为国际大银行，全局性、系统性的环境变化对银行经营影响巨大。我行上市特别是2008年金融危机以来，之所以保持健康发展，得益于稳健的经营思路、平衡的业务结构和严谨的风险偏好。零售业务的一个突出特征就是稳，在当前新形势下更应将平衡作用更好发挥出来。三是为全行推进转型发展发挥先行作用。零售业务曾是业务转型的排头兵，外部形势急剧变化，已有转型先发优势不再明显。要基于我行实际和历史沿革，积极创新、把握新热点，同时也要充分用好已有转型成果和优势。四是为全行践行普惠金融发挥主体作用。普惠金融是对商业银行服务实体经济、承担社会责任的重要要求。践行普惠金融既是承担社会责任，更可依托互联网等新技术挖掘新增长点。受众多、链条长和覆盖广是零售和电子银行业务的一个突出特征，相当部分普惠金融服务要求集中在我们肩上，要勇于担当。

**（二）加快提升关键能力，全面适应转型之需**

1. 发挥集团优势，提升“全行办零售”能力。零售业务发展到今天，与全行各条线、与集团内各子公司已是密不可分，未来要实现客户综合化经营、全球视野服务，战略协同的重要性和迫切性也更为突出。这些年大家在联动协同方面都做了很多工作，比如2014年我们的联动协同就取得了很好的效果，无论是私私联动、公私联动，还是母子公司联动、境内外分行联动，对业务的推动作用都是很显著的。今后也希望各条线、各分行、各子公司进一步发挥自身优势，聚全行之力，支持零售和电子银行业务发展。重点战略协同事项，如代发工资业务拓展、客户资产全球配置等，要列入各级机构、各部门“一把手”工程，明确牵头部门和配合部门责任。

2. 整合零售资源，提升统筹客户经营能力。零售业务转型首先要抓好客户经营转型。我们对零售客户做了很多细分，比如产品维度的存贷客户、银行卡客户，金融资产维度的中高端客户，渠道签约维度的电子银行客户。细分客户由不同部门在维系，主要是为其提供自己经营的产品和服务。时至今日，单打独斗已无市场，单兵作战已无法制胜。以大零售视角，统筹客户需求，调度全行资源，满足客户需求刻不容缓。“大零售”转型关键是推进全量客户综合化经营，无论是产品销售引入的客户还是渠道签约引入的客户，都是零售部门要共同维护的客户。个人部要切实承担起客户部门责任，要明晰客户需求，善于协调零售板块内、跨条线、境内外、母子公司、第三方等各类资源，将客户需求组织落地。2015年个人客户经营要重点推进三方面工作：一是加快推动企业级个人客户视图建设，实现客户经营全量化。批发式拓展零售客户的同时，完善差别化服务，做大客户资金总量支持存款增长。二是加快打造个人综合金融服务平台，依托传统优势产品、联动创新产品及移动金融、跨境金融等新产品，为客户提供综合解决方案；加快推进综合积分体系建设，建立客户综合营销服务平台，完善客户关系管理。三是加快线上线下融合，明确各类渠道差异化定位，建立线上线下一体化的全渠道营销服务体系，进一步发挥物理网点在产品展示、客户服务和交流互动等方面的营销阵地作用，同时充分发挥电子银行渠道低成本、无边界优势。要做好零售产品涉及的各类应用和服务整合，实现线下线上无障碍迁移。

3. 主动适应市场，提升定价能力。过往我们主要是被动负债，资产业务也未完全实现差别定价。从业务发展来看，零售负债已占全行“半壁江山”、资产占比也超三分之一；从经营环境来看，利率市场化步入“最后一公里”。加强主动负债、努力提升定价能力显得尤为迫切。提升定价能力要突出三个特征。首先是综合化，要改变单一产品和服务分别定价的做法，统筹考虑客户对我行各项业务当期贡献和发展潜力，加快实现综合定价。其次是差别化，在综合化的基础上细分客户，针对不同客户群体甚至每一个客户，给予不同的存贷利率和手续费率，以最优的成本实现最大的价值。最后是动态化。市场在变、客户在变，定价也要依托灵活的响应机制和强大的科技平台，不断调整、优化。

4. 强化创新驱动，提升引领能力。零售和电子银行业务要实现创新引领，亟须引入互联网思维，为我所用。互联网思维的突出特征在于以对方为中心，而不是从自己出发；专注于客户体验，甚至体验高于安全；依托于技术引领，创新动力强劲；致力于资源整合，打造用户闭合生态圈。具体来讲，基于互联网思维的创新首先要将“以客户为中心”的理念贯穿始终，坚持从客户需求出发，顺应客户需求多元化趋势，更加注重集团资源整合、既有功能组合，加快推出综合签约，加大综合服务方案订制和推广，凝聚合力、打造品牌，提升客户体验。同时要紧跟市场热点，加快新型产品研发，快速抢占移动金融、跨境服务等制高点，实现市场引领。创新推动方面，要充分发挥总分行两个积极性。零售板块内各部门要研判市场、把握趋势、主动创新；相关部门要发挥优势、形成合力、支持创新；各分行要跟踪同业、采集需求、大胆创新。对于零售业务市场竞争力领先、管理水平高、内控能力好、创新能力强的分行，可考虑扩大创新授权，在业务准入、系统接口、数据支持、价格管理等方面给予更多先行先试权。创新支撑方面，科技支持要跟上。技术发展到今天，已经到了没有做不到、只有想不到的阶段。技术本身已无所不能，关键是技术如何与业务结合、如何实现与业务相互促进。对于应对利率市场化、互联网金融、支付结算等外部竞争激烈的领域，在开发资源有限的前提下，技术部门还要努力支持，确保人有我有、实现人有我优、争取人无我有。

5. 立足全球视野，提升个人跨境金融服务能力。伴随人民币国际化和汇率波动，个人客户服务也要立足于全球视野。要加快零售业务国际化转型发展步伐，境内境外并举，全面增强服务个人客户“走出去”的能力，加快实现个人客户资产全球配置。在境内，逐年提升外币储蓄等个人外汇业务核心指标四大行占比，丰富产品种类、提升服务能力、打响建行品牌。在境外，顺应个人客户行为国际化的趋势，抢占海外金融服务新的战略制高点，大力拓展海外服务网络、积极推进境外发卡，加快丰富出国金融服务种类。要积极推动和支持海外分行扩大零售业务种类，加强境内外联动，为客户提供全球资产配置服务。当前要抓住“沪港通”和即将推出的“深港通”带来的机遇，充分发挥新建亚的优势，从香港开始落地，推进全球资产配置。要加快推进海外网上银行的全地域覆盖，推出跨境人民币汇款等服务，推进全球现金管理项目，实现电子银行渠道在全球范围内的企业资源整合与财务集中管理，打造境内外一体化服务渠道。

**（三）加大支持保障力度，全面夯实业务基础**

1. 要凝心聚力，带好队伍。各级机构特别是主要负责同志，要关心重视网点员工，要创造越来越好的工作和学习环境。培训资源要向一线倾斜，总行正在考虑基层网点员工和柜员未来的职业生涯，怎样实现更好的晋升。各级机构要注重队伍培养，推动员工成才，下阶段特别是2015年，要抓住三个重点。一是抓好客户经理队伍。要尽最大可能扩充我们的客户经理队伍，增强营销服务能力，在这方面人力资源部门还要大力支持。在人员配备未完全到位的情况下，要通过整合零售条线现有营销力量、加大综合培训、完善职业生涯规划等，加快提升客户经理综合营销服务能力。二是抓实产品经理队伍。零售和电子银行业务产品种类多、创新要求高、服务客户广、涉及领域宽，更需要懂产品、懂投资、懂技术、懂应用的专家专业人才。各级机构要加快大零售产品经理配备，确保每一类产品都有专家支持。三是抓牢网点班长队伍。营业网点是我们营销服务客户的最前线，也是客户营销、客户体验和产品展示的重要平台。要继续加大网点负责人培训力度，增强网点负责人对零售和电子银行业务的理解和认识，充分发挥网点班长的带头作用，做好最前端的营销服务。

2. 要合规经营，控住风险。一是要强化员工合规意识。全员合规是全行稳健经营的必要前提。合规管理要落实到每个网点、每个业务流程、每个岗位上。2015 年“3·15”案例证明我们员工的合规意识是经得起检验的，希望各级机构总结经验，继续强化专业培训、加强员工教育，进一步提升全员合规意识和能力。零售条线还要特别注重产品销售的合规管理，中国银监会已在部分地区试点要求销售过程录音录像，后续对合规销售的要求会越来越高。要继续加强信贷人员规范操作监控和贷后管理。一定要把各项合规要求落到实处，杜绝违规行为。二是要提高风险预警和识别防范能力。要积极运用大数据等先进手段，加大个贷风险监测预警模型优化和推广应用力度，充分发挥电子银行全渠道 7×24 小时事中交易监控机制的作用，通过加强事前预警、事中监测的“机控防控”，实现从“人防”到“技防”，同时事后稽核要落实到每一笔交易。要做好反洗钱合规工作，强化客户身份识别，特别是私人银行客户身份识别。

3. 要加快开发，支持经营。近几年零售和电子银行业务取得了长足的进步，应该说，IT 的支持发挥了很大作用。未来希望 IT 部门继续做好支持。关于 IT 应用，这里提三个要求，希望业务部门和 IT 部门共同努力去实现。一是快速。市场形势快速变化急需产品开发加快响应、系统参数灵活配置，这一点希望技术部门能更好支持。这里再提一下人员的问题，零售业务很多能力提升项目都集中在新一代三期，目前开发工作到了攻坚克难的关键时期，需要大量的人才投入其中，希望各分行继续选派优秀骨干支持开发。二是全面。要顺应大数据时代，有效整合客户信息，搭建企业级平台，支持跨条线、跨部门、母子公司之间的营销服务创新和交叉销售体系建设，提升客户体验。三是引领。当前要注重基于移动互联时代进行产品创新，各项产品、服务要充分考虑在移动便携设备上的应用。

同志们！作为全行三大支柱业务之一，零售业务和电子银行业务基础坚实、发展很快，品牌形象不断提升，全行越来越重视，寄予更高期待。零售和电子银行板块充满激情，2015 年刚刚过去的第一季度，抓住了旺季，实现了良好开局。希望大家进一步坚定信心，为全行改革发展作出更大贡献！

# 在中国建设银行 2015 年工作会议上的总结讲话

郭　友

（2015 年 1 月 28 日）

这次工作会开得很成功，达到了明确部署、增强信心、团结鼓劲、凝心聚力的目的。昨天，王洪章董事长、张建国行长分别作了重要讲话，在充分肯定去年工作成绩的同时，紧紧围绕贯彻落实中央一系列会议精神，推动全行转型发展落地、做实风险防控、强化基础管理等工作作出部署，提出了明确要求。会议还安排了3个总行部门和4家分行作交流发言，介绍了好的经验和做法。

在分组讨论中，大家围绕“两长”讲话热烈发言。从讨论情况看，大家聚焦重点难点问题，集思广益，形成了以下共识：一是对总行转型发展从思想认识上达成进一步的统一，很多同志表示，在新常态下，总行推动转型发展，正当其时，一些分行表示回去以后要把转型发展的精神在分行落地。二是面对当前压力，大家表示要振奋精神，全力推动发展，想方设法为企业提供全方位、综合化的金融服务，加强内部资源整合，提升市场竞争能力。三是面对市场化、国际化竞争，大家表示要加大创新力度，不断适应外部变化的需要，提升集约化水平，在体制、机制、产品和服务能力上加大创新，提升价值创造能力。大家对总行提出很多好的意见建议，涉及转型规划落地、加强风险控制、完善内部管理等，办公室整理汇总后发相关部门，尽快研究解决，做好答复。

下面，我就关注内部管理问题、坚持合规经营和抓好会议精神落实谈3点意见。

## 一、高度关注内部管理问题，加强问题整改

2014年，银监会、监事会、内外部审计、内控合规部以及相关部门开展了很多检查。大家普遍认为，经济进入新常态，面对错综复杂形势，全行上下共同努力，发展总体向好，取得了来之不易的成果，值得充分肯定。但同时也发现，随着经济增速放缓、产业结构调整加速，内部管理问题有所暴露，风险有所抬头。问题归纳起来主要有4个方面。

一是政策执行不到位。总行的一些要求未能引起高度重视，有的分支机构未认真执行总行政策，造成不同程度的风险。对总行明确要求退出的风险较大的产能过剩行业客户，有的分支机构退出不果断、不及时，拖延迟缓，造成损失。对于总行强调审慎支持的行业，有的分行信贷余额上升较快，形成风险。对于总行政策严格限制介入的涉足民间借贷企业，有的分支行不重视，仍维持信贷往来，存在潜在风险。

在外部形势越来越严峻的情况下，有的分支行为了完成考核任务，不顾总行统一的风险偏好政策，客户选择不够谨慎，新增授信条件不落实，甚至放贷后年内就出现不良。例如，有些分支机构为了完成存款和中收的考核任务，人为降低客户选择标准，大量授信，形成垫款。

出现类似问题，表面上看是经济下行的原因，实质上是对经济新常态的认识还没有统一到总行的分析判断上来，对风险的把握没有落实到总行风险偏好和信贷政策要求上来。

二是制度执行不够严格。一些分支机构有章不循、有规不依问题依然存在。信贷方面，有的执行信贷“三查”制度不严；有的执行抵质押担保制度不到位；有的授信业务规避总行审批，还有的变通执行、逆流程操作。比如，有的分行以产品服务创新的名义规避总行审批，有的分行未经总行审批办理私募财务顾问业务，有的分行违规为环保不达标的企业办理信贷业务。

同业业务方面，有的违规办理业务，提供隐性担保；有的会计核算不规范，甚至不真实，未在账内反映。财务管理方面，有的财务成本管控不严，造成资产闲置或低效占用；有的财务费用列支依据不充分，列支标准执行不严格，甚至虚列费用。采购管理方面，有的在关键环节管控不力，造成不合格供应商入选，个别机构甚至人为影响采购评审结果，采购验收不严。

三是合规意识不强。基层机构合规问题应引起高度重视。多数二级分行未设置专职的内控合规岗位，不讲规矩、不按程序办事的情况还时有发生；去年出现了个别员工内外勾结，恶意利用系统和流程控制缺陷，侵害银行利益。个别海外机构合规意识较弱，管理不规范，造成经营被动，发展受到严重影响。正如昨天王洪章董事长在报告中讲到的，大量风险的背后，实质是合规问题、是内控问题、是基础管理的问题。

四是问题整改不彻底。有的部门和分行没有把问题整改真正重视起来，没有把整改持续融入日常经营管理中。有的问题整改落实不到位，屡查屡犯现象仍然较多，典型违规事件重复发生。还有的问题整改流于形式，走过场，甚至蒙混

过关。

各级党委要高度重视内外部审计检查及监管发现的问题，严格落实主要负责人“一岗双责”的要求。对于屡查屡犯的，要在全行范围通报批评。对于拖延、推诿甚至走过场、拒不整改的，要严肃追究相关人员责任。对于违规操作，履职不到位造成重大风险和损失的，要对关键责任人问责。

## 二、坚持合规经营，加强审计监督实效

总行党委十分重视全行的合规经营问题，要求各级管理人员不断增强合规意识，严守风险底线。

一是要增强合规意识，尤其是各级领导带头增强合规意识，完善合规制度，提升合规管理能力。推动合规建设，实行层层管理，做实横向监督。全行要认真做好“一加强、两遏制”全面自查工作，借助机会认真排查风险隐患、合规漏洞，边查边改，不留死角。抓好抓实合规这项基础工作。

二是要加大审计力度，提高审计实效。做好审计项目的规划管理，强化监督检查。今年要加大对重点信用风险，包括表内外风险的审计力度，组织对重点基建项目，重大 IT 项目和财务合规的专项审计。下半年要选取部分分行进行信贷及表外风险的全面审计，要加大对全行创新业务和基础业务的审计。要高度重视全行转型发展在各分支机构的落实效果，强化转型发展规划和相关政策落实的检查力度。要提升审计工作的效能，研究建立审计效果后评估机制，建立审计责任制。要加强审计事项的整改落实工作，落实领导班子审计整改责任制。增强审计检查及问题整改的严肃性。

三是做好监督工作。监事会在去年工作的基础上，要继续完善公司治理，深化财务、内控和风险监督，开展履职尽职评价，着重对信用风险内控缺陷、案件防控强化监督。同时，也要加强对转型发展规划落地实施情况持续监督，推进转型加快落地。

四是坚持“一岗双责”，两手抓、两促进，严格落实中央各项规定要求，严守纪律，严格遵守“八项规定”精神，讲政治、守纪律、懂规矩，抓好党风建设和反腐工作。

## 三、统一思想认识，抓好会议精神落实

这次工作会明确了 2015 年全行工作的指导思想，研究部署了重大决策举措以及全年重要工作。全行上下要准确地把握这次会议的重要精神，认真抓好贯彻落实。

一是努力抓住各种新机遇。我国经济进入新常态，面临的各种挑战和压力很大，但经济基本面没有变，发展的主基调没有变，要坚定发展信心。昨天，王洪章董事长、张建国行长在报告中都分析了各种发展机遇和市场机会，包括新型“四化”建设、“四大板块”与“三个支撑带”发展战略等。全行要增强服务大局意识、转型发展意识，在支持实体经济中抓住这一轮的发展机遇，用好各种有利条件，积极谋划。要坚定信心，勇于破解发展中遇到的各种难题，在攻坚克难中努力实现新突破新跨越。

二是充分认识形势的严峻性。发展环境的复杂性不是短期现象，很可能会持续一段时间。国际环境仍存在不少不确定性和风险，国内金融风险总体可控，但稳中有忧，实体经济风险正在加速向金融领域传递，部分行业和地区的风险还没有有效遏制。2015 年的形势可能比往年更加严峻，不良控制的困难和压力更大。分组讨论中，很多同志都有同感。对此，大家要有充分的思想准备，既要做好打持久战的准备，更要拓宽思路、创新方法，从当下入手把这次会议确定的各项风险防控要求落实到日常工作中。

三是增强推动转型发展的主动性。总行制定的转型发展规划既是助推国家经济转型、产业结构调整的自觉行动，也是我们自身应对市场变化、适应客户需求的迫切要求。2014 年总分行在转型方面做了大量工作，昨天“两长”讲话都对转型作了总动员、总部署。全行要从战略高度来认识和把握转型的重要性、紧迫性，在发展中促转型，在转型中谋发展，努力在更高层次上打造新的竞争优势。各条线、各分行都要动起来，上下呼应，形成气势。要大胆实践，勇于探索，从点到面逐步突破，把转型从构想变成现实。

四是坚持创新驱动。这次 7 个单位的交流发言，有不少是介绍创新方面典型案例，转变思维，

改变打法，效果都很好。全行要鼓励创新，搭建更多的平台和渠道，把广大员工创新的潜能充分激发出来。要互相学习借鉴，总行要做好复制推广，让创新为发展输送动力，注入活力。

全行要狠抓会议精神落实。希望各级领导干部把干事创业作为最大的责任，作出表率，勇于担当，多深入一线，帮助解决实际问题，多为员工鼓劲，提振士气。全行要对照“两长”讲话要求，细化工作措施，尤其要把会议确定的主要任务，作为抓落实的重点，在细化深化上下工夫。2月底前将贯彻落实会议情况报办公室。

最后，感谢全行员工一年来的辛勤努力和艰苦付出。快到春节了，希望各级领导多走访基层机构、困难家庭，加强员工安全警示教育，让全行员工过一个祥和、平安的节日！提前祝大家新春愉快，阖家幸福！

# 在国际化转型发展工作会议上的讲话

**郭　友**

（2015 年 1 月 29 日）

刚才，王洪章董事长和张建国行长围绕当前形势，对未来的经营发展以及国际化转型工作，提出了发展思路、目标和措施，简要全面，重点突出。大家要认真学习，深刻领会，贯彻执行。

按照党委的要求，总行起草了《国际化转型发展暨支持中国企业“走出去”指导意见》（以下简称《指导意见》），提交会议讨论。在《指导意见》的起草过程中，总行先后召开了多次座谈会，听取总行有关部门、部分境内外分行和子公司的意见，专题研究国际化转型工作，大家的意见和建议对《指导意见》的形成起到了重要作用。总行党委对此高度重视，专门听取汇报，对《指导意见》的核心内容提出了明确要求。虽然《指导意见》起草的时间比较短，但这份文件十分重要。下面就《指导意见》一些重点内容做几方面解读。

## 一、关于国际化转型的政策背景与基本思路

建设银行国际化转型的策略和各项措施，紧紧围绕中央关于支持企业“走出去”的大政方针，围绕全行转型发展的整体目标，是全行转型发展的重要组成部分，立意高远。2014 年总行制定印发了《中国建设银行转型发展规划》，对国际业务的转型发展目标提出了总体要求。制定《指导意见》就是要在进一步把握中央扩大对外开放一系列政策精神的基础上，细化国际化转型发展的具体目标，明确具体实施措施。因此，《指导意见》既有原则要求，也有落地性安排。

当前面临的国际化是双向推进的进程，一方面是资本“走出去”，另一方面是市场化“走进来”。扩大对外开放意味着中国经济与世界经济的融合程度不断提高，经济项目加速开放，资本项目管制放松。更加宽松的资本双向流动的要求，必然推动中国经济的进一步市场化。人民币国际化既是人民币走出去，成为国际结算、计价和储备货币的过程，也必然推动人民币利率、汇率形成机制乃至货币政策管理机制的市场化改革，加快金融深化的进程。国际化与市场化的双向进程，对银行传统的经营方式提出了挑战。所以我们讲国际化转型，不仅是发展海外业务，也要转变境内业务的经营管理理念，调整经营管理模式，全面转型发展，才能真正实现“国内一流，国际领先”的战略目标。

国际化转型牵动全行经营管理模式的转变，必须全行动员、共同谋划和统筹实施，落实本外币、境内外一体化经营管理，形成全行办国际业务的新格局。国际化转型是综合性的、整体的转

变，包括客户的经营，产品的匹配，以及内部业务流程，风险、财务、人力政策各个方面，需要充分整合内部资源，做通境内外业务流程，以一体化经营打开双向市场。要求总行各部门进一步落实条线化管理，实现各业务条线、管理条线、支持保障条线对国际业务全覆盖，以全行视角，整体布局国际化转型发展，以业务增长驱动管理改进，以发展措施带动经营模式转变。全行办国际业务，不再是国际业务部一个部门的事。

## 二、关于转型发展的目标

《指导意见》围绕转型发展的核心任务，设置了资产规模、盈利水平、客户基础、机构布局、战略业务承办能力、传统业务市场竞争力等六类指标，根据市场趋势、同业情况和我行现状，量化了国际化转型发展重要任务的具体要求，目的在于结合年度工作安排进行分解落实。

《指导意见》明确提出到2020年“外币资产与海外资产合计在集团中占比超过15%，海外资产总额突破5 000亿美元，海外业务税前利润在集团利润占比达到7%左右”的目标。要达到这些目标，全行上下必须共同努力。

## 三、关于转型发展的重要任务

国际化转型发展工作千头万绪，关键是抓住重点，明确“干什么、怎么干、谁来干”，把各项工作落在实处。当前的重点是要抓住中国企业“走出去”和人民币国际化这两个政策机遇，把建行的海外业务做上去，把海外业务平台搭建好，把海外机构的功能定位搞清楚，管理做扎实，总之是整体加强海外业务的经营管理，提高回报水平。《指导意见》提出了六项主要任务，作为国际化转型的业务重点。

### （一）实现“走出去”业务的重点突破

支持企业“走出去”，既是中央的重大战略，也是商业银行的巨大商机，更是全行国际化转型的核心任务。服务“走出去”重点是要整合境内外资源，实现综合化、本外币一体化经营，加强业务联动，形成合力，着力提升支持大客户、大项目的服务能力。《指导意见》着重就“走出去”的重点行业、客户、项目以及配套产品，提出了工作要求和措施。在加强项目营销与执行方面明确了总分行的职责分工，强调总行要发挥好牵头作用，境内分行和海外机构要做好对接和落实。对于战略性央企、其他国有企业和优质民营企业，都要有对应的客户部门做好牵头营销和综合服务；产品部门要提供专业的投融资产品，做好营销支持；资金部门要筹集好大项目所需资金；风险授信部门要制定细化标准和可操作的流程，推进全球授信机制。“一带一路”沿线64个国家情况各异，要制定差异化的国别风险政策，做好合理规划。可见，对总行各条线、分支行、海外分行既要求分工负责，又要求统筹协调，形成合力。

### （二）打造跨境人民币综合业务的领先优势

跨境人民币和离岸人民币业务对我行国际业务的长期发展具有战略意义，建行作为人民币大行，理应在人民币国际化过程中，成为市场的引领者，实现与自身相匹配的市场地位。推进人民币国际化，要特别重视人民币国际化过程中金融市场业务机会，积极参与离岸人民币汇率和利率市场，提升人民币业务境内外市场的定价权，掌握报价主动权，从根本上形成在人民币市场上的主导地位。从服务“走出去”大客户、大项目的角度来讲，只有增强在资本市场的发言权，提供系统性服务，才能与客户形成全面的、稳定的合作关系。高度重视跨境人民币业务，也是为迎接国内的利率市场化做好准备。

### （三）巩固传统国际业务基础

“走出去”的客户，根基还是在境内，而境内的客户关系首先是依靠人民币业务和传统国际业务建立和维护的。因此，《指导意见》对传统国际业务的转型发展提出了要求，目的就是打好传统业务基础，提升竞争实力。这些年，我行贸易融资、国际结算等业务虽然有较快发展，但与同业领先者还有较大差距，既需要加快发展速度，也需要进行必要的业务整合，通过业务转型、资源整合，从根本上增强发展的基础。《指导意见》提出了推进贸易金融综合化转型发展，满足客户交易驱动型融资需求，创新发展综合化贸易金融产品等措施，提出加大发展全球现金管理业务的力度，就是要从根本上形成对企业境内、外业务的综合服务能力，把客户关系建立在系统服务的基础上。

**（四）把握自贸区政策创新的潜力和机遇**

转型发展重在把握新机遇，抢占市场先机，以自贸区试验田的经验，带动全行国际业务创新发展。《指导意见》这部分内容和前面提到的人民币国际化、利率市场化密切相关，把它单列出来，是希望大家从制度创新层面给予高度重视。自贸区业务的价值从短期看不在于当期有多少收益，重要的是把新的产品和流程做通，为全行示范。除了已经设立的上海自贸区，国务院已经决定在天津、福建、广东等地设立3个自贸区。这些自贸区政策各有特色，各有侧重。在上海自贸区要研究建立自贸账户项下满足境内外资金供求的筹资平台，推进要素市场国际化相关产品研发。其他自贸区所在地分行要借鉴上海自贸区的经验，在当地进行业务推广，抢占先机。

**（五）提升海外整体功能建设和盈利水平**

《指导意见》提出了规划海外布局，提升海外机构功能等要求。建设银行的国际化，不是简单在海外设立几个机构、合并几个机构就能解决的，要把我们国内的力量和资源整合起来，传导到海外去，这样才能把业务做大。无论是客户服务还是项目推进，总行、境内分行都要和海外机构加强联动。总行要通过海外资金中心、海外簿记中心，把前中后台集约化管理的功能延伸到海外。海外机构要加强功能建设，根据自身特点落实“一行一式”的特色经营。《指导意见》里面讲到了一些发展思路，海外机构要结合自身经营境况做好落实。加强海外的合理布局，强化功能定位，逐渐形成科学、有效的全球服务体系。

**（六）全面增强服务个人客户走出去的能力**

我国境内的财富增长很快，个人的对外投资规模逐年增长，商机巨大。目前我们不仅要面对传统意义上的同业竞争，还要面对互联网金融的巨大冲击，比如支付宝推出的退税功能，退税到账时间缩短至1周，客户体验很好。下一步，境内要针对性营销六类重点客户群体，整合渠道服务能力，完善产品组合，推进信用卡产品功能与市场营销国际化；境外要抓住个人客户的跨境需求，如出国留学、旅游、移民等，逐步探索发展私人银行业务。

## 四、关于转型发展支持保障和推动落实

刚才讲的是重点业务，回答“干什么”，下面要讲“谁来干、怎么干”的问题。《指导意见》提出了六项支持保障措施，我归纳总结为四个方面要求。

一是条线专题分工推进，国际部统筹规划协调。国际化转型涉及我们经营的方方面面，涉及每一个重要的条线。总行各业务、管理、支持保障条线，要按照一体化经营的指导思想，围绕重点任务，进一步落实条线化管理责任。重点的业务发展和支持保障措施，如“走出去”、跨境人民币、海外资金中心、人才队伍、IT系统建设等，首先是总行层面要按照职责明确分工，制订专题推进方案、制度规范，乃至可以操作的细化流程，这样工作才能落地。国际部要做好统筹和协调工作，配合业务条线推动国际化业务的总体发展。从2015年开始，年度工作计划要和转型目标衔接，要把日常的经营和转型发展任务很好地结合起来。

二是整合内部资源，前中后台整体推进。建设银行经过60年的发展，形成今天这样的巨大规模，内部资源丰富，整合空间很大。整合资源需要全行统筹，按业务驱动的方式推进。从总行、境内分行、海外机构角度，加强联动。只有这样才有可能有条不紊的，把国际化转型和海外业务发展真正地推动起来。以“走出去”为例，客户营销、风险控制、授信审批、贷后管理、资金来源等问题，要靠整合前、中、后台资源来统一实施；总行做什么、分行做什么，要有明确的分工，总分支行之间要加强联动，总行做好牵头协调，分行做好基础维护，这样才能形成合力。

三是理顺机制，落实支持保障。《指导意见》用专门的篇幅提出了理顺机制，加强国际化人才培养、IT系统建设等内容，目的就是强调转型发展必须建立在坚实的基础上。理顺机制，就是要理顺激励约束机制、绩效考核机制、干部选拔机制、人才培养机制等。机制理顺了，各个条线、总分行就可以更好地各司其职，形成合力，业务才能更好地发展。《指导意见》强调加强基础建设，重点讲了业务机构基础、人力资源基础、IT系统基础三方面内容。境内开办外汇业务的机构数量和功能完善程度，直接影响本外币一体化服务客户的能力。《指导意见》对此也专门进行了描述。国际化转型发展离不开人才的国际化。强

化各层级、各条线领导班子建设，要实施国际化人才发展专项计划，增加熟悉国际业务的专业人才配备，加速国际化专业人才队伍和海外人才培养。IT 系统建设对海外业务发展、打通境内外业务的连接非常重要，要形成对业务发展、授信审批、合规管理和海外机构运营的有效支撑。

四是强化风险管理。“走出去”的过程中伴随着很多新的业务机会，对于新业务，要特别重视风险，不能一哄而上，要认真研判风险、完善制度、严格流程，对不同国家的项目客户要匹配不同的风险缓释措施，风险管理要跟得上、把得准。

海外机构的风险管理要加强。2015 年总行将出台 13 个海外机构的“一行一策”信贷政策，海外机构要按照总行部署，规范信贷流程。随着金融市场业务的发展，汇率利率波动的增大，海外机构的市场风险管理也要强化。此外，海外机构还要加强合规管理，重视反洗钱工作，注重声誉风险和法律风险的防范。海外机构领导干部要遵守组织纪律、政治纪律。海外机构也要按照中央八项规定精神，加强财务管理。要发挥行内审计的作用，提升例行审计和专项审计的效果。

同志们，国际化转型发展是一项系统工程，需要依靠全行的智慧、全行的资源来共同努力完成。这次国际化转型会议非常重要，希望大家认真思考、集思广益，提出好的意见和建议，完善《指导意见》的内容，在此基础上进一步统一全行认识，全力推动全行国际化转型发展的各项工作。

# 适应形势　推动转型<br>更好地发挥审计作用

## ——在 2015 年审计转型发展工作会议上的讲话

郭　友

（2015 年 4 月 8 日）

为贯彻落实全行工作会议精神和转型发展规划要求，总结 2014 年审计工作，部署 2015 年全行审计工作任务，着力推动转型发展，总行决定召开这次会议。秀昆同志还要做工作报告。我先谈几点意见，供大家参考。

### 一、2014 年审计工作成效

2014 年，审计条线认真贯彻总行党委的工作部署，落实董事会、监事会、高管层的相关工作要求，围绕全行工作大局，较好地完成了全年审计工作任务。

一是前瞻性预判和跟进潜在风险领域。针对商业地产、高速公路、新农村和新型城镇化等潜在信贷风险领域开展了审计，提前捕捉风险苗头，为有效规避信贷风险作了很好的预警。

二是强化对风险的持续关注和早期提示。新疆总室持续、多次提示，分行提前退出，使 16.79 亿元贷款成功脱险；成都分部发现跨区域集团客户风险后，及时提示分行终止授信，规避了 3.7 亿元的大额授信风险。

三是积极支持全行案件防控工作。揭示了海外机构金融市场业务超授权、员工参与民间融资、违规代销理财产品等严重违规问题；组织了一批重点不良客户的责任认定，配合分行落实了责任追究。

四是主动分析研究业务发展中的热点、难点问题。运用大数据分析技术，对公司类贷款资金流向行外情况进行了专题分析，对大宗商品贸易融资业务管理中存在的主要问题及特点进行了归纳总结，为业务发展提供了重要参考。

五是跟踪督促审计发现问题的整改落实。通过对审计发现问题整改，2014 年全行提前收回或结清了问题贷款和理财产品共 184 亿元，直接挽回损失 32 亿元；并制定或完善制度 1 400 余个，完善系统功能 150 余项。除以上可以量化的，还有很多无法量化的成果。

以上是 2014 年审计工作的直接成效。董事长、行长、党委成员，对2014 年的审计工作给予了充分肯定，肯定大家付出的辛勤劳动，肯定大家取得的成绩。在此，我代表总行党委向大家表示诚挚的谢意，谢谢大家的努力！

## 二、认清形势，适应转型发展要求

2015 年，我国经济增长目标为 7% 左右，仍在下行通道。银行经营面临压力很大，风险防范形势非常严峻，全行转型发展步入关键时期，内部审计责任重大，挑战更大。

一是不良资产反弹压力持续加大。在“三期叠加”的形势下，实体经济风险正在加速向金融领域传导。2014 年，我行超过半数境内分行不良较年初“双升”，逾期贷款和关注类贷款等先行指标大幅增加，下迁至不良压力巨大。预计 2015 年形势会更加严峻。从区域看，长三角、珠三角地区信贷风险还未见底，中西部地区风险暴露加快。从行业看，部分产能过剩行业、批发零售行业客户偿债能力弱化，风险持续暴露。从客户看，中小型客户和民营客户的风险居高不下，并且向大型企业、国有企业蔓延。从重大风险事件看，信贷领域重大风险呈高发、频发的态势，2014 年分行上报的重大风险事件数量和金额均较以往大幅增加，业务流程外作案明显增多。审计要紧跟形势变化，前瞻性地研究这些问题，提高工作的针对性和质量。在新形势下，审计不能满足于过去的常态，要有前瞻性眼光，及早发现问题、分析问题，帮助化解和解决问题。

二是基础管理尚需进一步加强。从操作层面看，政策执行不到位、制度执行不严格、合规意识不强、问题整改不彻底等现象仍然较为突出。有的部门和分支行不重视总结教训和举一反三，屡查屡犯仍有发生。从管理层面看，部分业务的经营体制、管理机制、制度建设、业务流程、系统支持等还不能完全适应转型发展要求，应对形势变化和风险管理能力亟须增强。很多重大风险事项，表面上是经济下行引起的，实质上其背后隐藏着违规问题、管理问题。对于这类问题，审计必须要加大力度，拓宽视角，深查深挖。要每年从根本上解决一些问题，查找体制、机制、制度、流程方面的根本原因，帮助分行完善内控，强化合规。

三是监管趋严愈发明显。随着银行风险暴露和业务创新增多，外部监管要求更加细致、严格。监管部门不仅加大了银行内部审计监督责任，并且加强了现场检查力度，专门成立了现场检查局，监管检查和问责的力度明显加大。从银监会 2014 年对我行同业业务和近期对钢贸贷款的检查看，检查深度和专业性都很强。审计作为全行一支重要的监督力量，也需要与时俱进，发挥更大作用，体现责任担当。

## 三、加快转型，服务全行发展大局

总行正在全面推动转型发展规划实施，审计作为全行公司治理和风险管理体系的重要组成部分，必须适应转型、融入转型、服务转型。一方面，要通过更新工作理念、调整工作重心、改进工作方法，加快自身转型；另一方面，要主动跟进新形势，全面发挥监督、评价、建设职能，为全行转型发展提供保障。

一是认真研究和落实好审计自身转型的目标、内容和配套措施。要按照全行转型发展规划的总体要求，做好内部审计转型方案，细化各项落地措施。要坚持“揭示风险、服务发展”的理念，进一步提升审计实效。要深化内部审计专业化建设，完善审计流程、技术、方法和工具，全面提升服务全行转型发展的能力。

二是拓宽审计自身转型的领域和空间。要增强审计工作前瞻性，培养、提高预判和超前揭示风险的意识和能力，发挥好预防和警示风险的作用。要提升审计工作的层面，不能只停留在揭示具体问题，还要分析背后的深层动机和产生根源，揭示制度、流程上的缺陷和疏漏。要拓宽审计思路和方法，运用大数据思维，发挥审计技术工具优势，为经营管理提供支持。要提升审计工作的有效性，找准问题关键，促进解决问题、改善机制和管理。要善于跟踪屡查屡犯问题，尤其要盯紧关键问题，进行持续跟踪、督促整改。监事会2015年会专门抓几项审计问题整改的落实，从不同的角度督导重大问题的整改和落实。

三是关注转型发展规划的传导和落实情况。全行战略转型正逢其时，相当重要，核心问题是要落实到位。要加强对转型规划重点工作推进情况和相关配套政策落实情况的监督检查，传导转型要求，防止转型落入形式化，督导转型落地，产生实效。所以2015年的审计计划中，专门有一项是要督导全行认真执行转型发展规划。全行转型过程中，既有机遇也有风险，审计要准确把握转型的目标、重点和要求，及时跟进新情况和新问题，关注转型中的风险以及影响转型发展的因素，积累经验和方法，切实为全行的转型发展保驾护航。

四是关注银行经营管理中的重点风险领域。要坚持“问题导向”，加大对表内外信用风险的审计力度。2015年上半年要针对新发放贷款组织专项审计，下半年要选取部分分行进行信贷及表外风险的全面审计。要密切关注房地产、批发零售、产能过剩行业、平台贷款、贸易融资等重点领域的信用风险，分析研判国企改革、政府债务政策调整、环境污染治理、产业梯度转移过程中可能出现的新风险和新问题，提前跟进关注。要继续加强对民营企业、担保圈客户审计，尤其要关注企业盲目涉足不熟悉的领域、多头融资、关联担保带来的风险。要进一步加强对理财、信托、委托贷款、同业业务等“影子银行”业务的风险排查，防止风险向银行体系渗透。要认真落实好董事会对贷款打包处置和呆账核销的审计要求，关注不良贷款核销、转让、重组过程中的合规问题和道德风险。对于贷款处置核销过程中明显不合理的情况，要认真分析原因，有人为原因和道德风险的，要移交相关部门严肃问责处理。

五是关注影响转型发展的基础工作和深层次问题。要加大对重点基建项目、重大IT项目，以及财务合规、营运柜面、押品管理等基础工作的审计力度，密切关注基层机构操作风险高发区，强化员工行为管理。要关注经营管理盲点和容易忽视领域，除了安排一些专项项目，还要通过灵活的调查项目和适当交叉的全面审计弥补可能遗漏的重要风险。很多风险和违规问题只是表象，根源是管理体制机制、内部控制方面存在缺陷。审计要善于总结，善于挖掘，善于解决根本问题。

## 四、加强整改，提高审计监督实效

2014年审计部组织了一次较为全面的审计跟踪。从结果看，仍有一些分支机构整改浮于一般化、表面化，整改不真实、不及时，问责无力度，很多问题边查边犯，屡禁不止，缺乏严肃性。整改工作体现了基层机构负责人的合规意识和责任意识，看似小事，实则影响大局。整改做不好，我们的基础管理就不可能有实质性的提高，全行转型发展就有可能会落空。

一是要严格落实领导班子整改责任制。分支行领导班子对本单位整改工作负总体责任。“一把手”要切实抓好审计发现问题的整改工作，对重大问题要直接管、亲自抓，杜绝部门间推诿、扯皮现象。一些基层机构之所以对整改不够重视，很重要的一个原因就是问责错位、偏轻。今后对于出现严重违纪违规、造成重大损失的，要重点追究直接责任人和相关管理、领导人员的责任，真正形成震慑。这方面总行党委是下了决心的，要抓住不放，一抓到底。

二是要加强问题整改跟踪。审计部门要研究改进跟踪的方式方法，突出重点跟踪、持续跟踪的原则，科学确定审计跟踪策略。要加大对重大风险事项、重要内控缺陷、整改机制问题、重要问题责任处理情况的跟踪力度。可以研究建立重大风险信息收集分析机制和重要问题跟踪统筹协调机制，集中梳理分析重点分支机构和重点信贷客户的问题，全面评估风险状况和整改结果。这些年审计揭示了很多重要风险和缺陷，但在后续跟踪、提示和督促分行化解风险方面还有许多工作可以做。争取每年能够从根本上解决一批问题。

三是要增强整改的有效性。业务主管部门和分行要注重完善整改流程，建立有效的整改机制，重点解决“前松后紧、突击整改”、“整改信息不真实、认定不准确”以及“屡查屡犯、边查边犯”等问题，进一步提高整改效果。审计部门要和经营部门、合规部门加强合作，共同推动整改落实，不仅要监督整改，还要帮助指导部门和分行落实好整改。

四是要认真做好“一加强、两遏制”自查整改工作。这不仅是国务院和监管部门的专项要求，也是当前形势下我行强化自身管控的内在需要。昨天专门召开全行视频会，部署第二个阶段工作，全行要善始善终。前期自查工作发现了不少问题，要尽快启动整改和问责处理，提前消除隐患，争取主动；要举一反三，标本兼治，完善长效机制。审计要跟进督促整改，发挥应有作用。

## 五、坚持原则，树立审计权威性

行内外实践已经证明，要保持业务的健康发展，必须要有一支过硬的审计队伍。审计要对各类风险和违规问题保持高压态势，要敢于严查、深查、查透，形成威慑，树立权威，这样才能促进全行形成良好的合规文化。

一是要敢于发现和揭示问题。审计能否充分揭示问题，切实发挥作用，最重要的就是要坚持原则、尽职履责。审计要敢于负责，对于影响全行转型发展和稳健经营的不合法、不合规行为要严肃查处，绝不放松，坚持审计的严肃性。

二是要落实审计责任制。全行每年开展很多审计项目，投入了大量资源，要善于发现重大问题，发现问题及时上报，认真履行审计监督职责。审计责任制要通过制度性安排加以落实，对未认真审计造成问题扩大，以及有意掩饰问题的，应明确责任追究机制。

三是要建立审计效果后评估机制。审计项目结束后，要评估审计质量高不高、效果好不好、问题揭示和报告是否充分。审计部和各机构要有专门的处室或岗位负责这项工作。建立效果后评估机制，通过这样一个约束机制，加强审计的责任意识、自律意识，防范道德风险，提升审计效能。

四是全行要充分支持和配合审计工作。分支机构和经营部门要与审计共享信息，使审计更快、更全面地掌握全行经营情况，了解风险动向。自觉接受审计，认真落实整改。双方都要站在全行转型发展的大局考虑问题，密切配合，相互支持。

总的来看，2015 年审计条线的工作相当繁重。面对当前错综复杂的形势，面对全行转型发展的战略任务，审计条线责任重大，任务艰巨，使命光荣。希望大家把思想和行动统一到总行党委的部署和要求上来，顺应全行发展形势，服从全行发展需要，按照全行转型发展的方向，有效实现审计自身的转型，从而更好地服务全行的转型发展，发挥应有的作用。

# 在夏季工作座谈会暨战略与创新专题研讨会上的总结讲话

**郭　友**

（2015 年 7 月 28 日）

这两天的议程很紧凑，内容务实、主题鲜明。会议回顾总结了今年以来的工作重点，剖析了当前发展中遇到的具体难点，明确了下一步转型发展的措施要点。王洪章董事长、王祖继行长作了重要讲话，充分肯定了上半年的工作成绩，深入分析、准确研判当前内外部形势，紧紧围绕落实中央要求和“三个能力”建设，就服务实体经济、推进转型发展、强化风险内控、加强专题研究，以及做好下半年经营管理工作进行了全面部署。会议还就大数据建设进行了专题研讨，使大家对目前大数据最新的发展动态、全行大数据战略规划的整体考虑，以及大数据在银行经营管理中的运用等，有了更全面的认知和深入的了解。

在分组讨论中，大家发言热烈，紧紧围绕“两长”讲话和本单位工作实际，就学习贯彻会议要求、应对复杂经营形势、解决面临的矛盾问题等，进行了深入交流探讨。大家都表示，这次会议使全行进一步统一了认识，坚定了发展信心；尽管工作压力很大，但大家有决心通过加快转型发展，努力完成好各项计划任务。我感觉大家在以下几个方面是非常有共鸣的。

一是转型发展。转型发展是大家讨论的焦点问题。大家都谈到当前发展面临重重压力，必须要通过转型发展来破解难题，培育增长的新动能，也只有通过转型发展才能从根本上解决风险问题。我国经济正处于新旧动力转换的关键阶段，商业银行实际上也进入了发展动力转换的关键时期。通过全面推动转型发展规划实施，把动力转换过来，才能把动能激发释放出来，从而使全行在新常态下赢得新的发展。

二是把握机遇。大家都谈到，在当前经济新常态下，困难多、机会也多。“两长”报告中指出，要主动对接国家战略，牢牢抓住和用好这一轮中国经济转型升级的重大机遇。大家都结合本区域的政策新动向、发展新热点，谈了各自的思考和做法，核心就是要按照会议的要求，朝着国家经济转型发展的大方向，在经济建设主战场找准我们自身的定位，顺应经济转型升级、产业结构调整的路径，调整优化我们的大资产大负债结构，发挥大型银行的综合优势，赢得新的发展红利。

三是风险管控。这次会议“两长”讲话都强调了风险管控问题，提出了非常明确具体的要求。大家都认识到，在经济发展新常态下，对风险要理性对待、科学管控，要按照王洪章董事长和王祖继行长所指出的，做好对风险的了解和化解，“打主动仗、下先手棋”，切实把工作做到家；要明确主体责任、转变工作作风、注意方法得当、严肃责任追究，坚决守住风险底线，完成好不良贷款管控任务。这些思路是全行做好风险管控工作的基本遵循。

四是大数据。这次大家听了大数据战略规划介绍以及交流发言后，都很有收获。经过半天的研讨，对大数据真正有了感觉，也就是说真正“听懂了”，真正理解了王洪章董事长所讲的，“大数据已成为现代银行的关键生产要素，也是驱动转型发展最活跃的生产力”，认识到了谁能率先掌握并运用好大数据谁就掌握了主动权。同时，大家通过4个典型案例，对如何结合自身工作运用好大数据也摸出了一些门道，找到了感觉。会后总行根据会议讨论情况对大数据战略规划作出调整完善后，将尽快印发全行，同时会根据大家的要求，通过适当方式将这几个典型案例发给各分行学习借鉴。

大家在讨论中也对总行提出了一些好的意见和建议。办公室昨天晚上加班都汇总整理出来了，主要有5个方面28项。这其中有很多全行的共性问题。例如，如何进一步解决综合营销、综合定价、综合考核配套机制问题；如何抓住各地实施重大项目、筹建产业发展基金等机遇，推动“大资产”业务转型创新；如何做好渠道转型，探索微网点、微银行建设；如何持续推进“三授信”，进一步延伸覆盖面；如何继续做好新形势下的风险管控，加强对环保风险等新型风险的排查，等等。同时，也有一些个性化的问题。例如，如何解决边疆地区基层人员流失问题，对欠发达地区产品创新开展“技术扶贫”问题，对部分特殊区域、个别困难分行实行差别化政策，等等。无论是共性问题还是个性问题，都提得非常中肯。总分行都要以问题为导向，在认真解决各种问题中不断推进全行转型发展。会后，请办公室牵头将这些问题作个分工，连同本次会议部署的工作任务一并进行分解督办，发送各相关部门抓紧研究落实。

下面，我先通报一下上半年审计检查发现的一些主要问题。

上半年审计检查，以及半年多来“一加强，两遏制”自查发现问题一万多起，全行存在不少问题和隐患，有的还比较严重，需要引起高度重视。王洪章董事长和王祖继行长在讲话中已充分讲述，我在这里再重点提示：一是信贷领域风险管控不到位，一些分支机构贷款“三查”制度执行不严，有些客户调查不充分，有的贷款审批不审慎，存在故意绕开政策规定降低授信标准的情况，有的贷款当年发放，当年形成不良。贷后管理流于形式，少数贷款资金被挪用，有的对风险信号不敏感，退出不及时，造成损失，信贷风险呈高发态势。二是违章违规问题仍然突出，个别员工逆程序办理业务，少数员工在营业场所向客户私售非我行代理理财产品，甚至内外勾结，损害银行利益，2015年以来发生各类案件9起，都发生在二级行及以下基层机构。三是财务制度执行不严格，主要表现在费用支出超标准、超范围，财务制度不完善、不合规，审批把关不严，闲置浪费问题突出，少数机构集中采购程序执行不严谨，财务收支核算不合规、不准确。个别机构仍存在违反中央“八项规定”精神和总行党委十项要求的现象，超标准用房、用车。四是一些分行、机构内控不严，合规意识较弱，对检查出的问题屡查屡犯，整改不到位，落实不彻底，未能查出问题产生的本质原因，未能从根本上解决问题。个别海外机构管理粗放，内控不严，难以适应境外日益严格的监管合规要求，以及总行最近一两年提出的要求。对反洗钱、流动性管理不到位，在信贷客户授信管理，金融市场业务风险监控，财务会计核算等方面还亟待加强。

这些问题关系到全行转型发展和风险管控的大局。全行上下一定要增强责任意识，按照这次会议的要求，切实把整改工作抓紧、抓实。总行党委、管理层对内外部检查审计发现的问题非常重视，就整改落实工作提出了明确要求；王洪章董事长、王祖继行长都专门作出了批示。希望大家高度重视，认真负责，切实履行好“一岗双责”的主体责任。各级分行和机构的“一把手”，对存在的问题要亲自抓，对违规违纪的严重问题，进行严肃查处。对存在的问题要立查立改，不留死角。要注重整改的实际效果，建立长效机制，下决心逐渐分批解决大量存在的屡查屡犯、屡犯屡查的违规问题。总行各部门要认真负责，切实履行分管条线业务的责任，严抓合规，防控风险，遏制案件，保证银行转型的健康发展。

最后，对落实好会议精神提几条要求。

这次会议对全行工作的要求已经非常明确，下一步关键是抓落实。要在上半年已取得成效的基础上，再添把火、再加把劲，把会议部署的各项工作尽快落到实处。

一是围绕转型发展再聚焦、再动员。当前商业银行发展面临巨大压力，转型发展是建设银行制定的发展战略，总行党委集中全行智慧，去年制订了转型发展规划，率先提出了转型的目标规划。但是也要看到，实现转型发展规划确定的目标，还有很漫长的道路，需要扎扎实实走好每一步。希望各分行、各部门、各单位根据这次会议要求，就落实转型发展规划再聚焦、再动员，结合当地经济发展的特色、主要方向以及市场的变化，加快转型方案的落地。

二是坚持两手抓、两促进。面对压力，各级领导要学会两手抓，把工作思路调整到这次会议的要求上来，把转型发展与风险防控有机结合起来，做到两不误、两促进。各级机构“一把手”要善于统抓统管、统筹协调，以转型发展解决风险问题、以风险管控保障转型发展。要主动对接国家重大战略，把握新的发展机遇，抓住经济转型升级的有利时机积极调整信贷结构，实现有质量、有效益的良性发展。严把贷款的入口关，责任层层落实。要全力以赴防范化解风险，防止资产质量出现“断崖式”下滑，各级班子特别是“一把手”要做到守土有责，把风控责任和压力层层传导下去，通过更加有效的举措，守牢风险底线，为转型发展提供坚实保障。

三是打开思路创新工作方式方法。这次会议专题介绍了大数据问题，总行也制订了大数据战略实施规划讨论稿，充分体现了总行从战略层面对大数据的高度重视，希望全行按照这次会议要求，从战略高度认识大数据和运用大数据，借助大数据推进转型发展。总行应尽快做好大数据规划的推广、部署和培训，做好顶层设计和专业指导。各分行要积极响应，共同推进，建设全行可持续发展的网络金融生态，抢占信息时代金融发展创新的制高点。

四是以“三严三实”抓好转型发展规划落地实施。各级党委要按照中央要求和这次会议的部署，认真落实“一岗双责”，将“三严三实”专题教育与转型发展工作同部署、同落实、同考核。要以严的精神、实的措施推进转型发展，强化风险管控，做好经营管理各项工作；要将这些工作成果特别是转型发展的实效，作为检验“三严三实”是否落实的重要标尺。

2015年下半年中央巡视组将进入金融机构，希望大家高度重视，回去以后对照党风廉政建设要求，对照中央“八项规定”精神和相关制度标准，以及总行的有关要求，针对审计检查发现的严重违规问题，财务、用房、用车问题，以及群众反映集中的问题，认真检查，尽快整改。希望大家通过这次会议，统一思想，提高认识，全面推进转型发展规划落地实施，全面完成今年各项目标任务，朝着“国内最佳、国际一流”的目标共同努力。

会议到此结束，各分行传达贯彻会议精神的情况请于8月底前报送总行办公室。

# 在党校2015年秋季学期（第33期）干部进修班开学典礼上的讲话提纲

郭　友

（2015年9月10日）

中共中国建设银行党校2015年秋季学期（第33期）干部进修班今天开学了。在此，我代表总行党委、党校校委，对来党校参加学习的全体学员表示热烈欢迎。今天，是新中国的第31个教师节，借这个机会，向总行党校，哈尔滨、常州分校以及培训中心从事教育培训工作的同志们，致以诚挚的问候！

9月7日，中共中央政治局常委、中央党校校长刘云山在中央党校2015年秋季学期开学典礼上发表了重要讲话，就深入学习贯彻习近平总书记系列重要讲话精神、坚持党校姓党提出要求。下面，我就学习贯彻刘云山同志重要讲话精神，结合贯彻全行“夏季工作座谈会暨战略与创新专题研讨会”精神，谈几点意见。

## 一、要坚持党校姓党，突出“全面从严治党”这个主线

党校姓党是党校工作的根本原则。坚持党校姓党，重要的是坚持坚定正确的政治方向、贯彻实事求是的思想路线、落实从严治校的基本方针。要认真贯彻刘云山同志重要讲话精神，把党的基本理论教育和党性党风教育作为主课，坚持读原著、学原文、悟原理，深化中国特色社会主义理论体系学习教育，深化对习近平总书记系列重要讲话精神的学习教育，深化党章和党纪党规的学习教育。要坚持实事求是的思想方法和工作方法，弘扬理论联系实际的学风，提高教学工作的针对性实效性。

党的十八大以来，新一届党中央围绕全面从严治党这一根本问题，作出了一系列重大决策部署，进行了一系列新的探索实践。贯穿其中的一个鲜明特征，就是要求切实增强党的意识，加强党的领导，巩固党的执政地位。前不久，经中央全面深化改革领导小组第十三次会议审议通过、中办印发了《关于在深化国有企业改革中坚持党的领导加强党的建设的若干意见》（中办发〔2015〕44号），进一步强调，坚持党的领导是国有企业的独特优势。把国有企业做强、做优、做大，不断增强国有经济活力、控制力、影响力、抗风险能力，要坚持党的建设与国有企业改革同步谋划、党的组织及工作机构同步设置，实现体制对接、机制对接、制度对接、工作对接，确保党的领导、党的建设在国有企业改革中得到体现和加强。

党校作为培训党的领导干部的主渠道，在党的建设中具有特殊地位和重要作用。要认真组织学员，深入学习领会习近平总书记系列重要讲话精神，强化抓好党建工作，从严从实履行党建责任，充分发挥党委领导核心作用、基层党组织战斗堡垒作用和党员先锋模范作用，将党建工作与增强“三个能力”和实施转型发展紧密结合。各

级党委负责人要切实履行“一岗双责”，严格落实党建工作责任制，切实履行党风廉政建设主体责任和监督责任，加强基层党组织建设和党员队伍建设，层层抓好党建落实工作。工作中要坚持党管干部原则，从严教育、从严管理干部，要探索建立适应现代企业制度要求和市场竞争需要的选人、用人机制，并把加强党的领导与完善公司治理有机统一起来，确保建设银行转型发展始终沿着正确方向推进。

## 二、要着眼全局，聚焦转型发展规划的落地实施

2015 年 8 月 31 日，我行公布了上半年经营业绩。总的看，全行经营业绩好于预期，集团资产规模达 18.6 万亿元，负债总额达 16.65 万亿元，净利润达 1 322.2 亿元，不良贷款率为 1.48%，平均资产回报率（ROA）为 1.51%，平均股东权益回报率（ROE）为 19.97%，资本充足率、核心一级资本充足率分别为 14.70%、12.35%，主要财务指标继续保持同业领先。在当前复杂的经营形势下，成绩的取得来之不易，凝聚了全行上下的辛勤劳动。我们在充分肯定经营成绩同时，也要清醒地看到，当前商业银行的发展面临着前所未有的压力与挑战，转型发展是必然选择。总行党委集中全行智慧，2014 年制订了转型发展规划，提出了转型的目标任务。各相关业务条线、各分行制订了转型实施方案。全行要按照王洪章董事长、王祖继行长在全行“夏季工作座谈会暨战略与创新专题研讨会”上的讲话精神，紧紧围绕“综合性、多功能、集约化”的发展战略，以更严的要求、更实的措施，抓好转型规划的落地工作。

要提高认识，有针对性地进行深入宣讲和培训，着眼全局，深刻理解、正确把握整体转型，在此前提下，结合各地经济发展的特色、主要方向以及市场的变化，加快转型方案的落地。大家在党校学习期间，要紧密结合理论学习，深入学习研究转型发展规划，增强推进转型发展的紧迫性、主动性。

要学会两手抓，认真落实“一岗双责”，把转型发展与风险防控有机结合起来，以转型发展解决风险问题、以风险管控保障转型发展，既主动对接国家重大战略，把握新的发展机遇，抓住经济转型升级的有利时机，积极调整信贷结构，实现有质量、有效益的良性发展；又要采取更加有效的举措，防范化解风险，守牢风险底线，做到两不误、两促进。

要提高执行力，对于规划已明确的事项，要不等不靠，迅速动起来。要以严的精神、实的措施推进转型发展，强化风险管控，做好经营管理各项工作。要将这些工作成果特别是转型发展的实效，作为检验“三严三实”是否落实、领导班子和领导干部改革创新意识的重要标尺。

## 三、要坚持从严治校，加强学风建设

坚持从严治校，加强学风建设，是党校姓党原则的具体体现，是习近平同志反复强调的重要思想，要认真贯彻到党校教学管理、学员管理及各项工作之中，切实使党校成为“风清气正的学府，锤炼党性的熔炉”。建议大家认真研读《习近平党校十九讲》、《习近平关于党校工作重要论述专题摘编》这两本书。

坚持从严治校，加强学风建设，既是对党校教职工的要求，也是对全体学员的要求。一方面，党校教学管理要严明制度、严肃纪律，把“全面从严治党”、从严治校要求体现到党校工作和学员管理各方面，使党校成为不正之风的“净化器”。另一方面，每一位学员都要强化党的意识，保持对党忠诚的政治品格，忠诚于党的信仰，坚定道路自信、理论自信、制度自信；忠诚于党的宗旨，牢记为了人民是天职、服务人民是本职，自觉践行党的群众路线；忠诚于党的事业，勤政敬业、敢于担当，保持干事创业的进取心和精气神。要强化党的纪律规矩意识，结合党性分析，看一看党的政治准则、组织原则执行得怎么样，党的路线方针政策落实得怎么样，重大事项请示报告制度贯彻得怎么样，找差距、明不足，做政治上的明白人、遵规守纪的老实人。

领导干部来党校学习，要自觉接受党的优良作风的洗礼，修好作风建设这门大课。要重温党的光荣传统，学习革命先辈、英雄模范和优秀典型的先进事迹和崇高风范，自觉践行社会主义核心价值观，永葆共产党人的先进性、纯洁性，以人格力量传递作风建设正能量。要坚持学以致用，

弘扬理论联系实际的学风，努力把学到的理论知识与转型发展、履职尽责的具体情况结合起来，把学习的体会和成果转化为谋划工作的思路、促进工作的措施、领导工作的本领。建行党校近几年来一直鼓励、提倡学员开展课题研究、对策与建议研究，不仅培养与考察了学员的学风及研究解决问题的能力，还形成了一批有金融企业特色的、有较高质量的优秀成果。这一期要继续总结、借鉴经验，结合贯彻全行“夏季工作座谈会暨战略与创新专题研讨会”精神，聚集转型发展规划实施过程中的热点、难点、重点问题，充分发挥党校学习的优势，进行深入系统的研究和探索，力争在几个全局性、战略性、前瞻性问题上开拓新的思路、取得新的突破。

同志们！总行党委非常重视办好党校、培养干部。把大家从繁忙的工作岗位上抽出来脱产学习3个月，机会难得，要倍加珍惜。希望大家深刻认识到进入党校学习的重要性，明确党校学习的目标与任务，珍惜党校教育资源，尽快实现“三个转变”，从严要求自己，以优良的学风投入到学习中去，静下心来，力争多读一些经典，多做一些思考，多组织一些交流，多研究一些实际问题，努力使自己在理论素养、党性锻炼、改进作风和能力提升方面都有大的收获与进步。

最后，祝大家在党校期间取得丰硕的学习成果。

谢谢大家！



# 在信息系统安全运行工作视频会上的讲话

庞秀生

（2015年2月28日）

今天是大年初十，羊年开始工作的第四天，我们就召开包括二级分行的大范围会议，这说明总行对信息系统安全运行和信息安全的高度重视。安全生产始终是我们必须保证的底线，是我们必须做到的基础性要求。在网络信息时代，安全运行最重要的方面，就是信息系统的运行安全和信息的安全，挑战是相当之艰巨。可能我们许多员工都记得，以前我行信息系统多次发生比较严重、影响比较大的事件，那时信息系统运行安全是我们全行信息技术部门的首要任务。2011年和2012年，我们通过系统的设计和安排，全面强化了我行信息系统安全运行的基础，解决了上千个问题和隐患。

最近两年情况有所好转，前年是新一代一期投产，没有发生四级及以上事件；去年是新一代建设的高峰期，发生了一起四级事件，没有发生三级及以上事件。这对全行业务和新一代开发都至关重要，对我们的业务工作，对我们的信息技术工作，都是很重要的保障。

信息系统安全不是一种运气，是我们经过艰苦努力取得的，是总行分行各级领导、各业务部门、信息技术部门人员付出了大量心血取得的。我们这两年取得的成绩，要感谢全行的努力。

近两年没有发生重大事件，是不是就说明我们的安全很牢固，很有把握呢？不是。我们开这个会的目的，就是在没有发生大的问题情况下，给全行敲响警钟，引起重视，要进一步加大力度、投入精力，研究发现我们信息系统运行安全和信息安全方面的隐患，并解决问题。

刚才曾俭华首席风险官和金磐石总经理都做了很重要的讲话，说明了情况，提出了任务和要求。希望各部门、各分行认真贯彻、努力推动、落地落实。在这里总结归纳他们的发言，提出几个判断：

一是能让银行瞬间休克的就是信息系统安全问题，这已有无数例证。

二是我们尚无把握不发生重大问题。目前信息系统没有出现大的问题，但小问题不断发生，而每一个小问题，都有可能演化成大问题。我们前面说的，取得这样的成绩不是偶然，但没有演化成大问题，也有运气成分。

三是银行日常运行的所有部位，所有人员都可能造成信息系统安全问题。软硬件存在的缺陷、技术或业务人员的操作失误、环境、水电等，哪一点出问题都有可能带来大量风险，都可能带来严重后果。特别是在信息安全方面，每时每刻都有人想要窃取银行的客户信息，而且也有人得手，我们曾经试探过，找网上的有些人员，给他千八百块钱，就能轻易查到银行账号余额、交易流水等。这证明既有外部人员的窃取，也有内部人员违规泄露我行客户信息。每时每刻都有人想办法利用这些信息窃取客户资金，尽管我们采取了一系列的措施，总行也组织了专门的队伍管控稽查，但在我看来，道高魔长，窃取信息人员的技术水平也在迅速提高。目前仅仅是没有集中的、大规模的爆发窃取客户信息的情况，但个别的事件始终存在。

四是信息安全形势相当严峻。我们的信息安全在应对个别犯罪分子方面，有一定的问题，那有没有可能在国家层面面临更大的挑战？不仅可以说有，而且是现实存在的。“斯诺登事件”很多人稍微读一下就会知道，我们整个国家的信息安全都面临着严峻的挑战。

近年来，总行在保障信息技术安全的许多方面是下了很大决心，投入了大量的人力、物力以及各方面资源，应该说我们的身体是更壮实了，但是我们面临的环境和挑战对我们身体的要求更加严格。

希望大家警钟长鸣，有危机感和忧患意识，高度重视，尽可能早一步充分发现隐患，研究解决。在推动研究解决的过程中，要充分投入资源，某种程度上可以说要不惜代价。

谢谢大家！

# 直面转型挑战　争创市场最佳　全力提升金融市场业务活跃度、丰富度和影响力

## ——在金融市场业务部分分行座谈会和金融市场业务高级研修班上的讲话

**庞秀生**

（2015 年 3 月 26 日）

2014 年末筹划好 2015 年金融市场业务要开三个会：第一个是部分分行座谈会。金融市场业务和很多业务不太一样，全行几个存款大行占全行份额不太重，但金融市场业务最大的几个行，占全行份额就很大。所以把重点分行和有特色的分行找来，讨论一些问题。第二个是金融市场业务高级研修班，每个行来 1 个负责人，进一步讨论。第三个是全行视频会，开到二级分行。召开全行视频会的前提是充分了解情况，要把金融市场业务的转型方向和措施梳理清楚，因此前面两个会也是为第三个会做准备。视频会上要总结前一阶段金融市场业务计划执行情况，找几个做得好的分行、部门讲一些经验和好的案例，生动地、深入浅出地把怎么发展金融市场业务，把其意义和价值跟大家讲一讲，给全行一些务实层面的帮助和推动。

借此机会和大家谈谈我的几点判断与想法。

## 一、未来几年，金融市场业务实现跨越式发展的转型机遇难得，形势紧迫

### （一）金融市场业务的竞争格局与市场地位将基本确立

未来5年左右，我国的金融市场将处于高速增长、蓬勃发展的阶段，基本上完成跨越式的创新与拓展过程，之后进入稳定成长期。这阶段，会完成三件事，一是客户需求的发掘与成熟。目前，多数客户跟我们一样，对金融市场业务相对比较陌生，但由于经营竞争需要，客户熟悉掌握的过程将非常快。谁率先帮助客户找到、理解并满足其需求至关重要。二是基本完成细分市场的划分与调整。目前金融市场业务的细分市场有两类：一类是有些产品、业务正处于“跑马圈地”的时期，没有划定的“势力”范围，比如贵金属和大宗商品业务基本上就是这个情况，债券承销和销售大致也是如此；另一类是已经有了初步细分市场，类似代客资金这样的业务，中国银行已经占据了相当的优势，但是未来几年也会有比较大的调整和变化。未来几年，细分市场的地位确定会非常重要，这个时期后位置还是会有调整，但想要进入或者占领更多的市场份额，会事倍功半。三是形成经营特色、管理品质和营运效率。这是此期间要完成的最基本的事情，因为进入成长期后更多的竞争就体现在经营特色、管理品质和经营效率方面，要打好基础，中期金融市场业务的发展对建行未来很重要。以上判断我在行里也多次说过，总行党委同志、高管层的同志也是赞同的。

### （二）金融市场业务的价值将快速提升

我国银行业未来几年增长速度较快的业务，必然会有金融市场业务。当然，资产管理、互联网金融等业务也在其内。金融市场业务之所以能实现较快增长取决于两点：一是宏观政策上对金融市场的放开步伐很快，市场发展完善速度也很快；二是在整个经济金融市场化进程中，客户需求在爆发式增长。与国际大银行相比，我国银行业的金融市场业务相对其他业务板块来讲是短板，在能力、人才、经验等方面都相对薄弱，需要一个快速提升的过程。建行在我国银行业中属于第一阵营，但是在提升能力方面不一定是最领先的。金融市场业务的成长性很好，客户需求迅速增长，我们的能力提升潜力很大，这些都决定了未来几年金融市场业务的价值会快速提升。

### （三）满足客户需求十分紧迫，直接关系到全行的整体竞争力

金融市场业务发展得如何，关键还是看能否及时有效地满足客户需求。客户是一定会有需求的，谁发现、谁把需求开发出来谁就占领难得的竞争先机。我们说重视客户关系、发展要转型、以客户为中心，如果连客户要买的产品都没有，其他就都谈不上。比如客户愿意把钱存在银行，要的是合理收益，跟客户关系再怎么好，也得把钱用起来，用得灵活、方便，而且能真正找着赚钱的门道、地方才可以。传统的客户需求谁都有，成熟产品想卖卖不出去还得去求人家；有些比较新的产品如果在你这里没有，客户就会去找别人。况且客户现在也都在慢慢学习、试探，有越来越广泛的需求，建行到底能不能帮助客户，满足客户？必须要有紧迫感。

贵金属和大宗商品业务就是眼前摆着的例子：客户一定有需要，公司客户和个人客户都有需要，而原来客户不知道找谁，如果我们的工作没有实效，慢慢客户就会去找工行或其他银行，那时我们金融市场条线、未来的建行人就会责怪我们，觉得是不是工行天生就有这个优势？当然不是。工行天生有优势的账户和存款，我们部分分支行都把它赶超了，建行好多业务都第一，这样一个新业务我们怎么就甘心拱手让人呢？

此外，金融市场业务涉及银行其他很多方面的业务，直接影响客户关系维护、客户黏度和综合服务能力，因此不是为了发展而发展，更不可能孤立发展。金融市场业务做得不好，不仅仅是其自身的问题，更将成为全行竞争发展中的短板；如果做好了，可能在未来成为建行核心竞争力之一，在短期对我们整体业务竞争也会起到非常积极的作用。

## 二、我行金融市场业务有优势、有亮点，有短板、有潜力

### （一）金融市场业务所取得的成绩确实值得肯定

一是投资组合管理成效显著。我们的债券投

资组合收益率在同业领先，排名市场第一，2014年收益率提高了30多个基点，对全行NIM稳定作了很大的正贡献。而且整个债券投资业务的结构也不错，无论是久期、资本占用，还是信用债券的比例都比较理想，总体上没有出现大的风险。从全行来看，债券投资业务可能与分行关系不大；当然，有一些专项投资，与分行有关，分行要承担信用风险管理责任。二是风险管理水平明显提高。金融市场部和风险管理部、信息技术管理部等几个部门一起针对建行过去几年出现的问题、国内同业及国际同业金融市场业务方面发生的问题做了许多案例解剖，提出解决方案。治标的效果很明显，没有出现大的问题；从治本的角度来说，也在一步步推进，全行金融市场业务的风险管理能力基础建设有很大改进。三是代客业务取得了不错成绩。尽管近期我们反复强调贵金属、代客资金、债券销售业务与工行比有一些值得关注的问题，但是总体成绩要肯定。在总行整体上没有太系统组织推动、分行分散在各个部门的情况下，还是做出了一些成绩，总体比上不足、比下有余。四是产品创新持续推进。各项产品创新在比较困难的情况下仍在积极推进。即使和工行比，我们有些产品还是不弱的、有竞争力的。五是整体保持了蓬勃向上的势头。2015年以来的发展势头令人高兴，总体上一个月比一个月好。特别是外部数据，比如做市商排名，有些还处在第一的位置。全行工作势头和气氛令人高兴。

**（二）客观看待我们的短板，挖掘潜力**

一是市场活跃度、产品丰富度和市场影响力需进一步提升。其实不止我一人，在2014年讨论转型规划及准备总行党委民主生活会的过程中，董事长、行长、监事长都说过，金融市场业务是转型的一个重要方向，不论从长远来看还是从眼前的需要来看，它都是一个增长点、突破口，潜力很大，不能低估。从某种意义上来说，是“三长”的启发让我更注意我们的业务状态。为此，我问了几个外部机构对建行金融市场业务的评价，回答基本都是“稳健”、“不太活跃”、“在市场上属于几个大个儿之一，但是并不喜欢出手”。这个评价值得我们思考。受到上面两点启发，我就特别强调在控制风险、提高风险管理能力的同时，要把业务做得更生动活泼，更有市场影响力。为此，我们从2014年11月开始一直在组织讨论，金融市场部做了7个课题的研究，风险管理部也积极参与，提出一些建议，总行相关部门也给予了更多的关注和支持。二是代客业务需加大挖潜力度。从会议讨论情况来看，一些基本判断大家是有共识的：债券销售业务尽管工行追得很快，但我们还是具有一定优势；代客资金业务总体上略有劣势，但是在局部、在相当一部分分行我们是领先的；贵金属和大宗商品业务，尽管总体有差距，但在实物金方面还是有优势的。只要我们重视、有效推动，很多领域还是很有潜力的，代客业务尤其如此。

### 三、金融市场业务现阶段的发展目标十分明确，要围绕目标想办法、出措施

现阶段发展目标就是赶超工行，建行完全有可能也来得及，在金融市场业务上实现国内最佳、国际一流的目标。综合判断，我们的主要竞争对手是工行。几大银行里只有工行在发展战略里把交易业务放到了特别重要的位置，而且这几年在有效实施推进，谁在哪个方面领先，它就会大力去追。我一直让大家集中注意力，标杆就是工行。比它强的地方继续拉开差距或者保持，最好能做到“强者恒强”，比它弱的要逐渐赶上，一定要缩小差距，追赶它，甚至超过它。哪个产品、业务线、分行某项业务跟工行有差距的，定3年的目标。3年内赶上，用不了3年更好，3年每年一步一步赶上去。现在就超过工行的，至少要保持和工行的差距，不能让它追上。当然，弥补我们的短板，提升市场活跃度、产品丰富度和市场影响力，是赶超竞争对手的前提和基础。

围绕这个目标，我们要按照竞争现实和转型要求，积极想措施，出办法。

一是在实践中探索有效的经营管理模式，克服部门银行弊病。总行金融市场部和各部门最近一段时间在对金融市场业务的重视、对业务态势的理解、对业务的组织推动等方面，开始更充分、更成熟。金融市场业务有其自身特点，现阶段确实很难在行内建立起一支专业队伍来做，但我们可以慢慢探索如何协调联动、组织好营销。这有很大挑战，大家都要在实践中去摸索。如果哪家分行要成立机构我不反对，但是也不会强调这方

面，提倡大家在实践中积极探索，看怎样做更有利。这个业务极特殊，客户、产品、渠道涉及方方面面，而建行的能力、人才、经验又很有限，所以要靠大家去试、去闯。

部门和条线的事情我也一直觉得非常重要，部门银行这是全世界都有的事情，过去有未来也会有，但是不能太过分。我当时分管电子银行业务的时候就很有感慨，好像一说电子银行工作涉及别的条线的事就麻烦了，一年开 12 次协调会，每次会回答都挺好的，一定做好，到后来发现有些事还是没解决。我就很奇怪部门银行、部门利益真的有这么严重吗？全世界所有的产品服务者、客户服务提供者都重视互联网，都在想方设法发挥互联网渠道的作用，用互联网思维来解决问题，我们各产品、客户条线不该重视吗？现在分管金融市场业务又发现了类似的问题。还是提醒各个部门，特别是客户部门、渠道部门、其他产品部门，如果忽视金融市场业务的话，随着时间的推移，你们的业务问题会越来越大，会成为你们条线业务发展的弱点之一。党委要我负责分管金融市场业务，不仅是金融市场部，所有部门涉及金融市场业务的事，我都有权管理，做得好的表扬，做得不好的决不客气。

二是要采取多种形式，在全行积极营造学习金融市场业务的氛围。我要特别表扬行里的贵金属微信群，每天能发几百条，互相交流学习得很活跃、很有效。群里二百多人都是建行金融市场业务的骨干，很多知识和问题大家原来都不懂、不了解，还在问“营业执照是不是得想办法添上”、“要不要向人民银行报备”、“凭证在哪”、“主管行长到北京去哪个部门能签字”、“今天做的这个产品价格怎么执行”、“黄金租借业务对客户有啥好处、怎么去跟客户说”等。那么多分行同志在互相出主意、教知识，这个气氛很让人高兴，我觉得这很有价值，能真正解决问题。

金融市场业务就是这样，主管的领导不太懂，管理的部门也不一定就知道得很清楚，还得慢慢沟通。这说明了什么？说明我们的知识、经验和能力在这方面很有限，整个银行都很有限；同时也说明我们有潜力，如果有很好的学习能力，在这方面能力的积累会很快，进步的空间会很大，只要比同业快一点就好，比人快一点就会有收获。特别是领导的重视极为重要，分行“一把手”、主管行长、各个条线的班子同事都能引起重视，开始讨论、沟通一些问题，就一定会有效果。其实我自己也有学习认识过程，全行也一定需要一个学习认识过程，相关业务条线更需要有这个过程。这很正常，竞争的关键就是谁更有学习能力。

除贵金属和大宗商品微信群、金融市场业务公众号外，代客资金、债券销售的微信群也要组织起来，帮助全系统共享知识，解决问题，成本低、效果快且好。对营销也是支持，慢慢地对客户也会有很大帮助。

三是风险管控决不能放松，同时平衡好和业务发展的关系。2014 年风险管理方面我们有一些进步，但还是要谨慎。金融市场业务能不能够站得住，跟管理能力、员工素质、风险防范都有关系。风险要盯住，一定要知道真正的风险点在哪，把关键风险点管住，绝不在风险和发展中搞跷跷板。总行金融市场部、风险管理部、渠道与运营管理部以及其他各部门一定要下大力气来改善风险控制能力。分行也要注意，不要仅为了把业务做大而冒不该冒的风险。

同时，前、中、后台都要有开拓精神，要敢担当，不要因避免承担责任，层层控死。在控制风险的同时要找准定位，不能牵扯的东西太多，该砍掉的要砍掉，该松绑的要松绑，对于能做成的事情大家还是要多想一下。金融市场部和风险管理部、各部门讨论中提到了很多事情，其中有些管理完全是可以马上改进的。比如黄金租借审批能不能放给分行，我觉得这个要分两点：一是有些审批权可以放一放；二是必须要经总行的事情总行要提高效率。金融市场业务跟其他有些业务不一样，如贷款审批，在总行就一定会要很多材料和程序、需要较长周期。金融市场业务经过总行的流程不一定有那么复杂、需要那么长的周期。有一些业务因为是在场内，一些交割是以总行的名义做的，所以绕不过总行，这要根据具体业务特点来研究，既管住风险又给分行松绑。要从实际出发，根据客户有差异地调整。

四是从考核激励、资源配置和定价管理方面多想办法，支持提升市场影响力和活跃度。总行是有决心的，能放权的都放，能松绑的都松绑，能给的政策、能配置的资源尽可能到位。总行几个部门，包括资产负债管理部、财务会计部也都下了决心，在这项业务处于跑马圈地的时期，就是要加大投入。财务上从2015年起要把金融市场业务作为单独的一块，KPI考核、买单制、专项营销费用都要有考虑。要确保落到基层、用到位，给做出成绩、做成事的人，恰如其分起到作用。考核不仅仅是激励还有约束，各分行要有正视问题、差距的态度，同时针对存在的问题，大大方方、直截了当，该谁解决告诉谁。

定价方面，能给客户创造更多价值、客户也能接受的，就不要去打价格战、去降价，收入是很重要的事情，特别有的业务从财务收入能看出市场份额，从业务量还看不出来。收入是重要，但不是最重要的，最重要的还是要有竞争力，给客户创造价值，满足客户的需求。有的时候价格要放开一点。特别是工行把住的地盘，比如说银联、中石油、中石化、中海油的购汇，我们可以打价格战，暂时不赚钱也可以。定价权可以适当交给分行，由分行决定要不要做。只要分行认真管、认真测算就可以放心，赔钱干想必有干的道理。在各条线之间，金融市场条线可以让利。综合定价就算暂时搞不清楚，只要把事情干成了，部门之间我们大方点，多让他们一些。总分行之间的利益分配可以更灵活，比如说债券承销，分行销售的钱都给分行，实在不行把总行买债赚的钱也分部分给分行，可以多给点，谁干得好就多给谁一点。分行干的收入总行一分不要，总行自己赚的收入可以给分行一些，这方面可以大方一点。

我下定了决心，2015年涉及我个人打分的，就看金融市场业务给分行打分。我分管那么多条线，只看金融市场业务打分是不是有些偏了？这个问题我是仔细想过的，觉得不一定偏。金融市场业务的特点实际上从多方面反映了分行的工作状态、战略理解与执行能力、资源配置能力、业务组织能力、部门间协调推动能力、市场开拓和客户营销能力，涉及方方面面、很多条线。抓住它，既是战略突破的一个方面，也能从侧面观察到各分行的工作水平和精神状态。

会上各分行谈了不少好的想法，我看还是下了不少工夫，也挺进取。总行会全力支持你们，上下合力把工作做好，实现赶超工行的目标。

谢谢大家！

# 在中国建设银行2015年机构业务转型推动暨同业业务专营座谈会上的讲话

**章更生**

（2015年6月10日）

昨天的大会交流和分组讨论，大家都讲得很好，总行机构业务部各位领导也就各自分管的工作做了部署。不管是应对形势变化、业务创新，还是工作重点，都讲得非常详细、到位，希望大家会后抓好落实。

从2014年到2015年5月，总体来讲全行机构业务有了一个很好的发展态势，全行上下都非常努力，机构条线的业绩优良。尤其是在2014年和2015年企业存款增长乏力的情况下，机构业务条线冲在前列，提升了我行对公存款在四大行当中的表现，在日均存款方面的作用更加明显。从分行角度看，虽然仍存在发展不平衡的情况，但相对而言好得多，差的少。在如此艰难的经营环境下，机构业务在稳固我行负债业务市场地位方面功不可没，为保证全行流动性所付出的努力值得肯定。

由于总行机构部各位总经理就今后一个阶段的工作都做了具体的部署，我在全行对公工作会议上对机构业务工作也已讲了不少，因此具体的工作我就不讲了，下面，我从工作思路和工作方法的角度，重点就做什么、怎么做、如何做好这三个方面谈一点我个人的想法。

## 一、做什么

这是前提，抓工作、抓业务，不知道做什么，那是很荒唐可笑的，“做什么”要建立在对于当前面临形势的分析上。

### （一）要明确哪些未变、哪些已变、哪些在变

针对未变、已变和在变三个方面，要做全面的原因分析。分析以后，才能明确下一步往哪儿打？怎么打？有些传统负债业务，比如公检法这一块基本没有变，那就按照过去成功的打法来做；有些是已经变了的或者正在变之中，比如政府职能的转变、财政政策的调整带来的变化等，就一定要根据变化重新调整思路，调整打法。

### （二）要明确往哪儿打

这要做四个方面的分析：一是哪些未涉足。比如说我们有些行在县域这一块，很多地方就没有涉足。二是哪些涉足了，但是做得还不够。这一类也要分析一下，挑出来把短板补齐，例如大同业业务。三是哪些份额上占优，需要巩固。比如说有的地方财政存款，原来在当地的市场份额很高，高的市场份额曾达到70%多，有着很大的优势，现在受到市场压力和同业的争抢，份额有所下降。怎么办？一方面要尽可能地巩固，能巩固到什么程度就尽力巩固到什么程度；另一方面要提前做准备，想办法从其他地方来弥补，避免突然出现“大窟窿”，一下子很难填补，影响机构业务甚至整个行的业务发展。四是因为变化出现了哪些新商机。这要持续不断地寻找新的增长点，发现商机要立即分析并及时进入。

### （三）要确定具体的目标客户

通过以上四方面的分析之后，就能确定具体的目标客户名单，并将其分分类：一是防守类客户，二是进攻类客户，三是维持类客户。这几类目标客户要责任到单位，责任到人，相关要求一定要落在纸上，自上而下按要求、按策略认真执行。

## 二、怎么做

### （一）当好指挥官

总行机构部处长以上干部，一级分行处长和主管行领导一定要把自己的责任厘清，当好指挥官。一是善于带领，要善于带领大家一起干，要善于运用集体的智慧。二是善于调动各种资源，作为一个指挥官要善于调动和运用包括人力资源、财务资源、业务资源、社会资源等。三是善于谋划，要根据任务进行谋划和构思，群策群力。四是善于指挥，能直接、有效地把工作布置好，同时还要使下面能执行好。作为一个好的指挥官，不在于自己个体多么能干，而在于会带领大家一起干。当然，如果既善于带领大家一起干，自己又是个专家，诚然那更好，只是这样全才的人偏少。如果要从“劳模型”领导和“指挥型”领导中选择，我希望大家成为指挥型领导。

### （二）了解客户资源

一是直接资源，也就是客户自身的、内部的资源。二是间接资源，即客户的客户资源，也就是如果我们跟客户关系处得好，就可请客户帮着我们营销客户。三是可整合资源，比如将客户上下游的资源链条进行整合，由点到线，链式营销；再比如整合客户的关联企业，持股、控股的企业的资源等。

借用互联网的几个概念，我们在业务营销中要针对不同类型的客户资源，采取不同的营销策略和打法：一是B2C，B指的是银行，C指的是客户，就是银行对客户直接的营销；二是B2C2C，就是利用客户营销客户，我们在这里面潜力还是很大的；三是C2B2C，从一个客户向我们提出需求，到我们再去营销同类其他的客户。

### （三）了解客户需求

客户需求是做业务的前提，除了直接需求，客户需求还包括以下几类：一是间接需求。即客户的需求并不在银行，但是如果我们利用我们的相关资源为客户解决了，相当于进行了一次有效的营销，以后该客户有业务，我们就有可能拿到。二是制造需求。我们一定要有制造需求的能力。在这一点上，我们要向西方国家的企业学习，要能针对客户设计出他可能会感兴趣的、需要的产品，而这种产品可能是客户事先所不知的。三是

创新求变。一方面通过创新挖掘竞争对手的资源，就是“动别人的奶酪”；另一方面自己寻找切入点创造商机，就是要围绕为客户解决困难和不便去创新，围绕为客户保值增值去创新，围绕为客户增信、风控去创新，围绕为客户扩展功能去创新。

**（四）增加客户黏性**

一是通过搭建系统，用系统来锁定客户，使其他竞争对手难以渗透。二是通过签订战略合作协议，把客户框定在一定范围一定期限内进行合作，使与客户的合作唯一化、长期化。

**（五）加强联动**

这虽然是老生常谈，但是却非常重要。联动本质上是要形成合力的效果，体现出一个银行的文化和整体竞争力。过去大家在这方面总体上做得很不错，如在代发工资、发卡等方面，都积极地冲在前面，不计较得失。作为对公条线，对个人业务的贡献度是很大的，而且一旦拿下来，后续的收益源源不断，且能够保持一个稳定的增速。对私条线对对公条线也有不小的支持，如在军队房改上，利用个人房贷的支持对稳定和拉近军队客户的关系发挥了积极作用。因此，我们一定要坚持从全行利益最大化出发。诚然针对业绩在各相关业务条线反映的缺失问题，我们也要掌握、解决，否则会一定程度上影响联动工作的积极性，但解决需要有个过程。

机构条线在联动方面，要重点做好以下几个方面：

一是搭建平台，就是搭建综合业务平台，维护客户关系。比如社保基金理事会，作为机构部的客户，我们为养老金部营销来账户，这就是做好了平台的搭建。

二是总设计，也就是要经营客户。一个好的客户经理应该懂得如何分析客户，有多少资源，有什么需求，需要行内哪些部门配合支持，都要有一个总体的构思设计。

三是总协调，只要是涉及这个客户的事，都要充当好总协调人的角色，把部门间的，部门和客户的，其他部门和客户之间的关系协调好。

四是自己做。职责范围内的业务自己要努力去做，相关部门在做好自己业务的同时，也要注意加强相互通气，信息就是资源。

五是团队出击。也就是要充分利用我行整体的力量为客户提供全方位的服务，否则单打独斗，条线间相互借不到力，有时候会很吃亏。一方面要转变传统观念，善于搭建网络。互联网对传统的流程银行是一个颠覆，我们很多业务就是因为流程特别烦琐，大大影响效果，而互联网可以密集式的，多个部门从过去的平面展开作业变成立体式的同时行动，这样可大大节省了时间，提高工作效率。另一方面是要先予后取。不能目光短浅算小账，历史上我们因此吃了很多亏，我们一定要汲取深刻的教训，抓住当前的一些重要机会扭转局面。

**（六）发掘经验、推广经验、借鉴经验**

经验是群众智慧的结晶，更是经过实践证明和检验过的真理，一定要珍惜并推广运用全行。要懂得抓两头，带中间，通过调研、经验交流等多种方式发掘，筛选具有普遍意义的案例进行推广，对推广经验要提要求、报进度、报成果，用切实行动将经验转化为生产力。

**（七）要以问题为导向**

不要怕问题、怕困难，要积极研究问题、解决问题，而做到这一点的前提就是发现问题。不知道自己的问题在哪里，就不能进步，因此找问题是关键。找到问题以后就要分析研究，而且要以小组的形式去分析，实施“小组工作法”，让小组内每个人的观点进行碰撞，从辩论中获得启发，形成解决措施，同时还对队伍中的新人起到培训的作用。

**（八）苦干实干加巧干**

所谓巧干就是要学会抓工作套路和工具制造。通过制造业务工具，解决工作效率低、人手少、经验不足的问题；通过抓工作的套路，总结工作经验；通过工具的开发，系统的建设，业务模型的构建提高生产效率，增强竞争力。

## 三、如何做好

**（一）要开展研究**

要加强研究，开展“研究式”工作。面对如此复杂的市场环境，国家层面经济在转型，产业在升级，企业在创新，我们面临的同业竞争如此激烈，可以说展现在我们眼前的是一个创新的社会。因此，总行和一级行这个层面，要将研究变成习惯，这是创新突破的基础，一个善于分析研究的队伍和不善于分析研究的队伍，二者之间的差距太大了。

**（二）要精心设计**

过去我们有些关没能攻下来，跟精心设计不到位有很大关系。分析研究不够，构思设计做得不好，调动资源不力，工作力度不够，影响是很大的，好多业务就拿不下来。所以大家今后在工作当中，要把研究当做一种工作习惯。

**（三）要落实任务**

落实任务是非常重要的一个环节，因为不落实任务就没有责任。任务的下达一定要做好，从分工上，让每一个人都最大程度地发挥作用。

**（四）要检查指导**

这是一个重要的工作职责，工作只布置不检查，随任所属自己去做，这会大大影响工作的实际效果。检查后的结果一定要运用，该通报的通报，该参与考核的，扣分的扣分，加分的加分，同时也不要忽视指导。作为上级部门，要提出改进的要求和方向，所以2015年我就请机构部的每一个总经理都挂一两个相对落后的地方，帮着一起出主意，想办法，把短板补长。

**（五）要对标管理**

我们要把工行当做追赶和赶超的目标。加强同业研究，做好市场竞争资源勘探，加强市场数据的搜集、同业交流和分析对比工作的力度。机构业务要将与工行存在差距的分行作为督促和帮扶的重点，分析差距形成原因，找准改善现状关键点，找差距、找突破口，做好下一步工作的筹划。

**（六）要带好队伍**

人的因素是最根本的因素，在人的因素上主要是以下三个方面：第一是数量。前不久党委会通过下达了相关的文件，要求在全行客户经理队伍的人员数量要增补1万多名。这也是为了贯彻全行五年发展规划，董事会会就此听取落实情况汇报的。前天的党委会上，王洪章董事长就此再一次提出了要求，希望大家一定要落实。我在这里也和分行的同志打声招呼，请大家一定要认真完成。第二是质量。质量实际上就是素质问题，要充分利用每一次培训的机会，真正提升员工的综合素质和能力。作为一个领导要懂得培养员工，要不断地对员工提出要求，指出不足，遇到什么问题，要尽力让员工自己动脑子、想方法，这样才能快速提高成长速度才能提高，还有就是要贯彻“三严三实”的要求，培养员工好的工作作风。第三是积极性。要把员工的积极性调动起来，使得广大员工想干事，肯干事，显示出敬业精神和责任心，富有竞争意识。要做到这一点，就需要我们要带好队伍，要把员工的积极性变成单位文化，使他们见到业务就想抓，看到商机就能创造出价值。

最后，我再强调一点。现在距离上半年结束还有短短几十天了，希望总分行一起布置，提前算账，做好预测和调度的工作，把前5个月的业绩保持好，确保上半年能有个优良的业绩表现。

# 在全行对公信贷业务人员大规模培训工作动员会上的讲话

**章更生**

（2015年11月27日）

刚才，康义总经理介绍了对公信贷业务岗位资格培训教材的基本情况。总体来看，我认为这套教材是建设银行到目前为止关于对公信贷人员培训方面最为规范、系统、全面、实用的一套教材。在这里，再做两点补充。

一是这套教材在编写过程中考虑了多方面的

因素，定位是“应知应会”，教材虽然包含了一些能力提升的内容，吸收了对公条线日常业务工作中一些好的经验和做法，但要更高层次地提升自己，仅凭本套教材是不够的，还需找些材料和书籍学习，尤其是经验类方面的。总体上讲，这套教材特色鲜明、内容丰富、体例规范，具有科学性、系统性、完整性、实用性、创新性、前瞻性。

二是教材开发组织有力、工作高效。本套教材内容丰富，包括培训教材、知识问答和教师用书3个系列，分为操作手册、基础篇、客户经理篇、风险经理篇、资产保全篇、授信审批篇、网点篇7类，共18本书、总计298万字。教材不仅经过集中设计、编制大纲、编写初稿、征求意见、形成评审稿、专家评审等环节，还经过全国顶级的出版社“三审三校”的正式出版流程，从启动到出版仅用8个月左右的时间，开发工作可谓高效。在这么短的时间内能够开发出内容如此丰富、质量如此高的教材，其背后是编写人员加班加点、夜以继日的工作，是很多人克服了个人和家庭的诸多困难全身心投入的结果，它凝结着全体编写人员的心血。同时，本套教材能够顺利开发完成，也与总行相关部门、有关分行和哈尔滨、常州两个培训中心的大力支持以及总行人力资源部、公司业务部作为牵头部门的精心组织是密不可分的。本套教材的问世，可以说是全行上下、齐心协力、不畏困难、勇挑重担的结果，是建设银行优秀文化的体现，它体现出建设银行集体的力量，只要是我们想干的事，就一定能干成，一定能干好！

教材是培训的基础，没有教材培训就无从谈起。今天，这套教材已经开发完成，培训马上就要开始。王洪章董事长让我就全行对公信贷人员培训工作做一个总动员，这也体现了董事长对这项工作的重视程度。今天我们召开这个视频会，就全行对公信贷人员大规模培训工作做个部署。下面讲几点意见。

## 一、培训安排

### （一）培训对象

对公信贷人员大规模培训的对象为全行对公信贷业务前台、中台、后台各岗位的全体人员，包括对公客户经理、风险经理、资产保全、授信审批、网点信贷业务等岗位。

### （二）培训形式

培训采取现场培训与网络培训相结合的方式组织开展，全行各岗位对公信贷人员都要参加现场培训和网络培训，到2016年底之前，力争完成全行对公信贷人员的大规模培训工作。

### （三）2015年现场培训安排

2015年底前，各一级分行结合实际情况，做好辖内对公信贷人员培训计划的制订、兼职师资的调配与管理等工作，组织开展相应的对公信贷人员现场培训。

### （四）2016年现场培训安排

根据工作计划安排，2016年总行将在哈尔滨培训中心、常州培训中心举办培训班400期，分行将举办培训班1 100余期，完成现场培训11万余人次，实现全行对公信贷人员培训全覆盖。

对公客户经理岗位培训举办现场培训班460期，完成培训2.7万人次，其中总行在直属培训中心（哈尔滨、常州）举办现场培训班360期，完成培训2.2万人次。

风险经理岗位培训举办现场培训班45期，完成培训2 000人次，其中总行在直属培训中心（哈尔滨、常州）举办现场培训班8期，完成培训480人次。

专职贷款审批人岗位培训举办现场培训班45期，完成培训1 700人次，其中总行在直属培训中心（哈尔滨、常州）举办现场培训班8期，完成培训480人次；授信审批相关岗位培训，总行在直属培训中心（哈尔滨、常州）举办现场培训班16期，完成培训1 400人次。

资产保全岗位培训，总行在直属培训中心（哈尔滨、常州）举办现场培训班8期，完成培训800人次。

网点信贷业务岗位培训，由分行统一组织实施现场培训，举办培训班900余期，完成培训8.3万人次。

### （五）网络培训安排

为充分发挥网络培训在解决工学矛盾、提高培训效率、扩大培训覆盖面、提升培训效果等方面的优势，总行在编写对公信贷业务岗位资格培训教材的同时，相应开发了66门网络培训课程，包括基础篇和专业篇两大类网络培训项目，供对公信贷人员培训使用。

基础篇网络培训项目包括10门基础篇课程，培训对象为全行对公信贷业务前台、中台、后台相关业务岗位人员。到2016年3月底前，预计全行共培训11.58万人，完成网络课程学习115.8万人课次。

专业篇网络培训项目，包括12门客户经理篇课程、7门风险经理篇课程、7门资产保全篇课程、18门授信审批篇课程、12门网点篇课程。2016年12月底前，全行对公信贷人员按照岗位类别完成专业篇网络课程的学习。

客户经理篇网络课程，全行共培训2.7万人，完成网络课程学习32.4万人课次；风险经理篇网络课程，全行共培训2 000人，完成网络课程学习1.4万人课次；资产保全篇网络课程，全行共培训800人，完成网络课程学习0.6万人课次；授信审批篇网络课程，全行共培训3 100人，完成网络课程学习5.6万人课次；网点篇网络课程，全行共培训8.3万人，完成网络课程学习99.5万人课次。

## 二、培训师资要求

哈尔滨培训中心、常州培训中心、各分行要切实加强对公信贷人员培训师资队伍的组织管理与调配工作，充分发挥师资在对公信贷人员岗位培训的重要作用。

### （一）专职师资

总行组织的现场培训主要依托于总行直属培训中心的专职师资开展，相关培训中心要统筹安排、统一配置各课程模块培训师资，以满足大规模培训工作需要。专职师资要加强对培训教材的研究和行内外业务知识的学习，改进教学方法，创新教学手段，丰富教学案例，全身心投入到大规模培训当中，努力提升授课水平，确保高质量地完成教学任务。培训中心要充分利用大规模培训的平台，锻炼培训师队伍、提升授课能力，要严格师资考评，在培训中心形成专职师资不断学习专业知识、及时更新知识结构、不断创新教学方式的良好氛围。

### （二）兼职师资

分行组织的现场培训主要依托于分行兼职师资开展。兼职培训师要结合培训教材内容，学习课程教案和教学PPT，学深、学透教师用书，有针对性地广泛收集、充实教学案例，准确把握课程教学的重点和难点，掌握培训教学技巧，提高培训教学质量和培训效果。各一级分行要充分发挥兼职师资业务经验、实践经验、管理经验丰富的特点，统筹调配、合理安排兼职师资的教学任务，协助兼职师资协调好本职岗位工作与培训授课工作。

## 三、几点要求

### （一）全行上下要高度重视

市场竞争的核心是人才与队伍素质的竞争。当前，国家宏观经济处于下行期，我们面临的经营压力特别是风险防控压力很大。此外，我行正在大力推进“综合性经营、多功能服务、集约化发展、创新型银行、智慧型银行”转型以及网点“三综合”建设，这些都对我行对公信贷人员的素质提出了前所未有的挑战和要求，而培训正是提高对公信贷人员素质的一个重要手段。员工虽然在短时间内既要抓业务，又要参加培训，肯定会辛苦一些，但是，磨刀不误砍柴工，从长远看，培训是必须要做的，也是值得的，我们必须切实抓好这项工作。同时，对员工进行培训，还可以增加员工个人的无形资产，提升员工自身的价值，拓宽员工的职业生涯发展道路。因此，从总行到支行，从前台到中台、后台，从领导到员工，都要从战略的角度高度重视此次对公信贷人员大规模培训工作。

### （二）各单位要加强组织领导

由于对公信贷人员大规模培训涉及人员众多、覆盖面广、工作任务重，各单位必须加强领导、精心组织。组织工作的成效如何，直接决定了培训质量的高低。哪个单位组织工作做得好，哪个单位培训质量就有保障。为此，各一级分行要成立对公信贷人员大规模培训推进工作领导小组，由相关行领导担任小组负责人。领导小组要根据全行的统一安排，组织制订培训实施计划，统筹安排确保本行对公信贷人员培训工作得到有效推进。总行各相关部门要根据总体计划安排，统筹推进培训工作，要指定专门处室和具体人员负责落实各项工作任务，督促指导分行落实培训工作。培训实施过程中，要将工作做深、做细，按照对公信贷人员任职年限、培训经历等对培训对象进行细分，突出培训重点，针对不同的培训需求，合理安排课程，落实培训要求，保证培训效果。

**（三）要处理好业务工作与培训工作的关系**

目前，正值岁末年初，是我们年底收官、来年开局的时期，是各项工作都十分繁忙的阶段。同时，2016 年国家宏观经济的不确定因素依然较多，我行面临的经营压力特别是风险防控压力依然较大。在这种情况下，要挤出时间来抓培训，各层级、各条线、各位员工都要统筹兼顾，进行合理安排，既不能耽误工作，又要把培训抓好。希望大家做好打攻坚战的准备，也希望广大对公信贷人员互帮互学、团结协作、共同完成好培训任务。

**（四）要努力打造优秀的信贷文化**

文化可在无形中激励每个人的行动。优秀的文化有一个逐步形成的过程，需要大家按照共同的价值观采取一致的行动。做事有据合规、敢于挑战、勇于攻坚、善于学习、团结奋进，这些都是我们所要提倡的信贷文化。此次对公信贷人员大规模培训工作要在以上方面有所体现，要借培训之机努力打造建设银行优秀的信贷文化。

队伍素质工程是一项长期工程。此次大规模培训完成后，全行抓队伍素质的工作并没有结束，我们要将这项工作一直抓下去。全行要以此为契机，打造一个良好的学习氛围，真正实现用脑子工作、以智慧竞争，努力将建设银行的对公信贷队伍打造成素质好、作风硬、团结奋进、一往无前的王牌队伍。

谢谢大家。

# 在珠三角地区协调委员会 2015 年例会上的讲话

章更生

（2015 年 12 月 27 日）

这次是珠三角地区第九次联动例会，会议的规模、开法，都是比照上次的做法。结合大家的发言，下面我重点讲四个方面的内容。

## 一、2015 年珠三角地区联动工作成果

**（一）主要业务指标取得较好成绩**

一是存款业务表现稳健。截至 2015 年 11 月底，珠三角地区分行各项存款余额达 26 823 亿元，列工商银行（28 289 亿元）之后排第二，其中对公存款余额达 13 236 亿元，列四大行第一。福建、厦门、深圳三家分行的对公存款余额均为四大行第一。

二是贷款业务符合预期。珠三角地区分行各项贷款余额为 1 7667 亿元，列工商银行（18 195 亿元）之后排第二。其中对公贷款余额达 9 800 亿元，福建、厦门、深圳三家分行的对公贷款余额均为四大行第一。

三是盈利能力保持增长。珠三角地区分行中间业务收入 210 亿元，比工商银行少 29 亿元。其中福建、厦门、深圳分行中间业务收入列四大行第一；珠三角地区分行中间业务收入占其营业收入的 27%，高于全行平均水平 7 个百分点；实现利润 521 亿元，占全行利润的 18%。建行亚洲、台北分行、澳门分行三家境外机构的营业收入也增长很快。

四是跨境人民币结算业务稳步发展。珠三角地区分行今年前 11 个月实现跨境人民币结算量5 399 亿元，占全行跨境量的 36. 49%；跨境人民币笔数 70 827 笔，占全行总笔数的 48. 77%。建行亚洲、台北、澳门四家境外机构的人民币结算量合计

10 190.61亿元，人民币对公账户达15 193个。

**（二）业务联动风生水起**

一是境内分行深化联动合作。珠三角地区各分行跨区域优质客户的联动营销及维护工作成效显著。如福建分行、深圳分行与厦门分行为南靖万利达科技有限公司组建内部银团；广东分行与海南分行营销和支持了海口保利房地产、海南东环铁路和西环铁路等项目；福建分行与厦门分行共同营销福建省汽车工业集团、九牧集团、中国（福建）对外贸易中心集团、福建鸿星尔克等客户；厦门分行赴深圳分行考察“全流程网上商事登记”项目等。

二是境内外机构发挥协同合力。珠三角地区的跨境联动亮点纷呈，如广东分行与建行亚洲对信利（惠州）智能显示有限公司开展集团授信，广西分行与胡志明分行为广西农垦明阳生化集团有限公司办理内保外贷，与台北分行积极开办海外代付等；广东分行与澳门分行为中电投珠海横琴岛多联供燃气能源站项目办理人民币跨境直贷业务，开创了广东自贸区该类业务的先河。再来看一组数据，建行亚洲与珠三角地区分行的联动资产占其全行联动资产总额的25%，澳门分行与珠三角地区分行的联动资产占其全行联动资产总额的79%，台北分行与珠三角地区分行的联动资产占其全行联动资产总额的86%，可见珠三角地区境内外联动相当密切。

三是母子公司开展优势互补。珠三角地区母子公司联动紧密，如广东分行、建信信托共同参与广东国有企业重组发展基金（母基金）的设立，支持了华隧建设、国义招标、广新信息等国企改革试点企业；厦门分行、建信租赁与厦门航空就未来在厦门自贸区开展金融租赁签署三方战略合作协议；广西分行与建信期货联动与北部湾航空公司签订航油套保业务合作协议、与河池南方公司签订境内外衍生品市场套期保值业务账户资金管理协议；深圳分行与建信基金合作推出股债混合偏债型的资管计划，协同建银国际及迈瑞、比亚迪等国家高新技术企业，设立前海鹏诚建鑫投资基金，创新“周转通”产品，解决客户短期搭桥融资需求。

**（三）区域联动组织得力**

1. 联动机制逐步完善。一是建章立制，珠三角地区协调委员会成立后，先后制定了《珠三角地区协调委员会工作规程（暂行）》等七项规章制度；二是年初制定联动工作要点，作为珠三角地区业务联动的工作指引；三是按季总结联动工作进展，根据实际需要组织召开区域专题会议；四是年末通过年度工作例会、项目对接会，全面总结联动工作成果，部署下一年度联动工作安排；五是不定期组织召开联动项目对接会，对接重要客户（项目）联动需求，沟通营销进展及存在的问题，为业务联动搭建有效平台；六是通过总行公司部和珠三角联络工作办公室（以下简称“珠三角联络办”）推进日常联动工作，组织境内外分行分享客户名单，共享优质客户资源，做好信息沟通和交流，定期编发《珠三角业务联动情况简报》。

2. 联动成果显著。2008年以来，通过珠三角联络办协调开展的联动事项达1 666项，其中，企业授信及银团贷款453项、国际业务542项、投行业务295项，产品创新联动93项，联动培训67项，其他类联动216项。2015年前三个季度，珠三角地区的联动事项有280项，其中，企业授信及银团贷款102项、国际业务103项、投行业务49项，产品创新联动13项，联动培训10项，其他类联动3项。随着珠三角地区联动工作的日益成熟，许多其他区域分行主动要求珠三角联络办协调跟进项目联动，如珠三角联络办安排浙江分行与深圳分行衔接沟通光汇石油项目，协助江西分行营销台湾乐荣集团开户，协助江苏分行拜访深圳富德投资、生命人寿，取得项目主办权等。

3. 积极拓展联动范畴。针对区域经济热点问题及联动实际需求，珠三角地区不断探索有效的联动形式，一是国家公布第二批自贸区名单后，珠三角联络办组织福建、广东、深圳、厦门等分行赴上海自贸区学习，为珠三角地区开展自贸区业务奠定良好基础；二是在福建组织福建、厦门分行，台北、澳门分行，建行亚洲，建银国际共同召开境内外联动产品培训，为客户经理提供涵盖对公、对私业务的培训机会，并现场对接重要项目联动需求，受到分行极大好评；三是组织广东、深圳分行，台北分行，建银国际召开产品创新交流会，交流创新成果，研究联合创新具体事宜。

这次会议是我担任珠三角地区协调委员会主

任后参加的第一次联动工作例会，从珠三角的联动成果中，我看到了做事氛围浓、发展步子大、工作节奏快、工作动力强的队伍，借此机会，对多年来辛苦从事联动工作的同事表示感谢。力量从思想来，荣誉从集体来，力量从团结来，我们要集众人之力，继续把珠三角卓有成效的区域联动成果保持下去，不断提升境内外分行服务客户的主动性和积极性，力争将珠三角区域联动提升到一个新的发展水平。

## 二、重点关注的发展机遇和挑战

### （一）国家战略和重大项目的发展机遇

一是珠三角地区具有较好的区位优势，在“一带一路”、“走出去”、创新驱动、自贸区等重要国家战略的实施中具有关键作用。以“一带一路”为例，目前，全国31个省区市与“一带一路”衔接的实施方案工作已基本完成并正陆续出台，各地都高度重视重大项目对“一带一路”建设的支撑带动作用，基础设施建设、产业投资、经贸合作、能源资源合作、金融合作、人文合作、生态环境、海上合作八方面的重大项目，将为珠三角地区的经济发展创造更多的发展空间。二是珠三角地区拥有福建和广东两大自贸区、深圳前海、广东横琴、南沙新区、福州新区、北部湾经济带、中国—东盟自由贸易区、珠江—西江经济带、海西经济区等重大平台，以及粤桂合作特别试验区、粤桂湛江—北海跨省经济区、闽粤经济合作区等，能够享受到多项特殊经济区政策，培育出新的产业增长点。三是国家发展改革委分批下发国家重大项目清单，其中，“7+1”工程包中粮食水利、信息电网油气、交通、油气矿产、生态环保、清洁能源、健康与养老、城市轨道交通等领域项目正快速建设，三批涵盖城市基础设施、民生、“三农”、重大基础设施、转型升级等领域专项建设基金项目正顺利推进，在传统产业相对饱和的情况下，通过支持重点工程及重大项目建设，促进经济金融健康可持续发展。积极参与区域规划建设，加强对重大项目的金融支持，促进产业合作更加深入，共同探索产业园区合作新模式，依托在港澳台及海外机构的力量推动珠三角地区的对外开放，这些都能够有效地拓展我们的业务发展空间。

### （二）实施制造强国战略带来的机遇

2015年，国务院印发了《中国制造2025》，这是我国实施制造强国战略第一个十年行动纲领，提出到新中国成立百年时，我国综合实力进入世界制造强国前列，为此，明确了提高国家制造业创新能力、推进信息化与工业化深度融合、强化工业基础能力、加强质量品牌建设，全面推行绿色制造、大力推动重点领域突破发展、深入推进制造业结构调整、积极发展服务型制造和生产性服务业、提高制造业国际化发展水平等九项战略任务和重点，列出了重点实施新一代信息技术、高档数控机床和机器人、航天航空装备、海洋工程装备及高技术船舶、先进轨道交通装备、节能与新能源汽车、电力装备、新材料、生物医药及高性能医疗器械、农业机械装备十大领域，以及国家制造业创新中心建设、智能制造、工业强基、绿色制造、高端装备创新五项重点工程。制造业是国民经济重要支柱，我行制造业贷款占对公贷款总量20%以上，是对公贷款占比最高的领域。珠三角是中国制造业最发达的地区之一，也是全球重要的制造业基地，具有创新能力强、产业基础好等天然优势。实施制造强国战略，不仅将给珠三角地区带来强大的产业发展契机，也将为我行提升对制造业领域的金融服务、支持实体经济发展和实现自身的业务转型提供良好机遇。

### （三）国有企业改革带来的机遇

国务院印发了《关于深化国有企业改革的指导意见》、《关于国有企业发展混合所有制经济的意见》，对国企改革和发展混合所有制进行顶层设计，提出到2020年将在国企改革重要领域和关键环节取得决定性成果，包括分类推进国有企业改革、完善现代企业制度、完善国有资产管理体制、强化监督防止国有资产流失、加强和改进党对国有企业的领导等。这些国有企业改革的总体框架性文件还是有很多亮点和突破的，比如，将国有企业分为公益类和商业类，实行分类改革和管理；在国有资产管理体制中提出以管资本为主；鼓励非国有资本投资主体通过出资入股、收购股权、认购可转债、股权置换等多种方式参与国有企业改革，在石油、天然气、电力、铁路、电信、资源开发、公用事业等领域将推出有利于转型升级的项目；鼓励国有资本以多种方式入股非国有企业，发挥国有资本投资、运营公司的资本运作平台作用，以公共服务、高新技术、生态环保、战略性产业为重点领域，对发展潜力大、成长性强的非国有企业进行股权投资等。国有资本的结构性调整、发展混合所有制经济、完善国有资产管理体制等会产生综合授信、现金管理、并购融资、投资理财、咨询顾问等多种金融服务需求，并且参与国企改革具有很强的排他性和品牌效应，一旦某地国资系统选定金融业合作伙伴，其他同业就很难介入该地业务，一旦某金融机构成功完成一个具有示范性意义的国企改革项目，各地国资系统会慕名前来寻求合作，品牌效应显著，因此，参与国企改革将给我行带来巨大的业务发展空间。

**（四）对外开放和人民币国际化带来的发展机遇**

随着中国经济实力的上升和人民币在全球金融贸易体重中的重要性提升，我国采取多项金融改革措施，放宽外汇管制，人民币国际化迎来战略机遇期。一是人民币正在从支付结算货币向投资货币和储备货币迈进。2015 年 11 月 30 日，国际货币基金组织（IMF）宣布将人民币纳入 SDR，成为美元、欧元、英镑、日元后的第五大储备货币，货币权重占 10.92%，位于日元 8.33%、英镑 8.09%之前。人民币得到 IMF 认可不啻为一重要的里程碑式事件，大大提升了人民币的国际地位、增加了人民币在国际上使用的灵活性、降低了对外经贸合作中的汇率风险和成本，加快了人民币国际化进程。二是跨境人民币新兴业务领域日趋多元化。随着人民币在岸市场与离岸市场格局不断深化，目前跨境人民币投融资业务整体呈现规模不断扩大、新兴领域不断出现、产品加速创新的新特征，跨境人民币业务的新兴领域从货物和服务贸易结算项下不断延伸。此外，熊猫债窗口重启，境内发债融资成本优势更加凸显，境内银行间债券市场发行主体范围进一步扩大，发行规模未来五年有望超 500 亿美元。三是福建和广东两大自贸区助力珠三角打造中国面向世界门户。福建自贸区重点承接台湾地区产业转移和两岸金融合作将发挥重要作用，广东自贸区突出粤港澳金融合作，肩负深化珠三角金融创新的使命。近日，人民银行发布了关于金融支持福建、广东自由贸易试验区建设的指导意见，提及扩大人民币跨境使用，深化外汇管理改革，实行限额内资本项目可兑换和限额内自由结售汇。发展开放型经济、全面提高对外开放水平，是适应经济全球化新形势和国民经济发展的内在需要，做好相应金融服务是推动我行国际化转型发展的重要抓手，同时将带来诸多新机遇。

刚才，我们分析了很多机遇，希望大家乘势而上、加快发展步伐，同时，也希望大家正视并存的诸多挑战。一是如何稳增长促投放。2016 年是“十三五”规划的开局之年，机遇会有很多，但是直接融资替代作用不断加强，价格竞争日益激励，对我们形成了前所未有的挑战，如何保持信贷业务稳步持续增长是当下迫切需要解决的重大事项。二是如何应对客户的综合化金融需求。随着利率市场化进程加快，金融体系逐步构建完善，客户的金融需求呈现多元化，需要我们倾集团之力，提供综合化金融服务，但是如何在客户营销和拓展中真正树立综合化经营的理念是一个长期的工程。三是如何通过创新带动业务发展。如何围绕新型融资模式的变化，创新契合客户和市场需求的产品，切实提高我们的金融服务水平和市场竞争能力，对我们来讲是一项重要课题。四是如何巩固资产质量。珠三角地区稳定资产质量的压力较大，如何控制和化解已有风险，防范新风险的发生是需要持续关注的问题。五是如何形成区域合作新常态。无论在国家层面，还是在地区层面，经济新常态都还是一个新生事物，需要在实践中不断认识和逐步适应，如何通过区域联动适应经济发展的新形势、新特点对我们是一项重要挑战。

## 三、当前业务发展的几项重点工作

**（一）保持信贷业务稳定持续增长**

当前，世界经济曲折复苏，中国作为全球第二大经济体、最大贸易国，陆续出台了促进经济发展的系列重大战略并持续推进实施，总体来看，中国依旧处于经济发展的战略机遇期。我行受外部实体经济增长乏力、企业直接融资替代、同业间竞争加剧、政府债置换等因素影响，经营压力异常严峻，面对企业“贷款难”和银行“投放难”新局势，大家要有信心，要看到中国经济换挡升级带来的重大历史机遇，套用习近平总书记的话，要“明大势，看大局”，“问渠哪得清如水？为有源头活水来”，无论何时，发展都是硬道理，不进则退，我们不能因一时之困而忘大势，更不能草木皆兵、自乱阵脚，要看清楚前进的目标，厘清楚存在的机遇，要牢记大势，迎难而上、因势利导、逢山开路、遇水架桥，打一场持久战、攻坚战、巩固战。各分行和子公司要高度重视、提高认识，抓住“一带一路”战略、国际产能和装备制造合作、进一步扩大开放以及新型工业化、信息化、城镇化、农业现代化建设等蕴含的市场机遇，根据国家区域发展战略、产业政策和“十三五”发展规划，加大“三大一高”及其上下游客户群体的营销力度，积极支持国家重点领域和重大项目建设，抓住市场机遇，做好营销和储备，破解信贷业务增长乏力的困局，保持公司业务稳定持续增长。

**（二）提升风险管控能力和水平**

珠三角地区政府机构多、国企多、外企多、跨境机构多，许多集团客户内部产业链、交易链和资金链关系紧密，客户内部资金转移、互相担保情况较为复杂，且区域经济的互补性与一体化的形成使得区域内存在很多风险共性，产业和行业关联度较高，集团客户关联风险防范是摆在我们面前的重要问题，任何一个环节断裂，都会带来巨大的风险隐患。区域内分行要主动加强区域风险及经济环境的动态分析，提高对区域风险整体防范和控制能力。在客户经营上，我们既要从集团关联交易的角度来监控风险环节，又要从整个产业链条、上下游关系的整体来把握风险；要建立信息报告制度，实现信息共享，客户的母公司、分公司或者子公司一旦出现风险，相关分行要及时报送珠三角联络办公室，共同做好风险防控及资产保全工作，将预期损失降至最低；要整合集团内部力量，以“联”的方式，真正“动”起来，实现联动工作的科学化发展。

**（三）做好产品创新和经验分享**

珠三角地区是引领全国金融改革创新和开放发展的重要引擎，客户跨区域经营、涉外业务多的趋势日益显现，我们要牢记创新无止境，要主动适应和服务新常态，全面配合地区经济更快更好地发展。一是快出产品。紧密跟随“互联网+”战略，加强互联网融资领域的创新，围绕生态文明、节能环保、碳排放权交易等，开展绿色信贷相关产品创新，快速开辟新的金融服务领域，争取取得较大突破。二是出好产品。及时跟进混合所有制经济体制改革、政府社会资本合作（PPP）等新型融资模式，抓住人民币加入SDR以及国际化发展的新趋势，积极开展前瞻性研究。三是用好产品。围绕“综合性、多功能、集约化”战略，深入分析客户的境内外投融资需求，加大境内分行与子公司、海外机构联动创新力度，推进大型综合银行集团模式下的全产品线经营，为客户提供覆盖境内外投融资需求的多层次、系列化产品。四是分享产品。珠三角联络办要多创造产品创新经验分享的机会，推广或移植区域内好的创新产品。

**（四）大力支持对外开放和人民币国际化发展**

珠三角是我国经济最具活力和发展潜力的地区之一，在对外开放以及“走出去”等方面具有独特的地缘优势，我们要抓住对外开放和人民币国际化的发展契机，一是主动跟随和支持企业“走出去”，加大人民币相关产品和服务的创新力度，积极满足企业的出口贸易和海外投资的新需求，逐步将其自身境外经营主体及上下游合作伙伴转化为海外机构落地客户；二是人民币加入SDR后，境外中央银行及机构投资者对人民币资产储备的需求将大幅提高，海外机构要积极争取为境外央行类机构提供人民币资产管理等服务；三是中央银行重启熊猫债券审批窗口，海外机构要研究发行熊猫债的可行性，抓住承销等投行业务机会；四是抓住人民银行于2015年9月底宣布开放境外中央银行类机构进入我国银行间外汇市场的机遇，从产品创新、客户营销等方面推进人民币汇率、利率交易类业务；五是密切关注福建和广东自由贸易试验区的金融改革措施，做好产品创新和客户服务。

## 四、保持联动工作有序开展

**（一）充分认识联动工作重要性**

随着“一带一路”、“走出去”等战略落地实施，客户的跨境金融需求更加多元化，只有加强境内外、母子公司的业务联动，才能为企业提供更多的便利和支持。同时，加强联动有利于资源整合和共享，有利于力量集聚与运用，能够打造团结、合作、共赢的内部文化，提升我行整体市场竞争力。珠三角地区的业务联动起步早，做得好，联动范围从最初的境内六家分行逐步拓展到子公司及海外分行，这次例会我们又增加了胡志明市分行、马来西亚分行筹备组以及建信人寿、建信期货等子公司，希望大家用好珠三角联动这个平台，也希望总行公司业务部和珠三角联络办公室继续发挥好桥梁的作用，巩固已有成绩，继续将珠三角区域联动做实、做强，为全行的综合化经营提供示范。

**（二）如何确保联动工作有序开展**

一是发挥地区协调委员会对联动的推动和督促作用，继续召开好珠三角地区协调委员会年度工作例会，通过会议让大家交流好经验、好信息、反映问题、解决问题，将联动工作推上一个新的层面；二是全行上下要树立联动工作意识，只有在思想上真正拥有联动意识，才能提高集团资源利用率，在座的各位要对所辖员工提要求，让员工从思想上认识到的联动工作的重要性；三是建立信息共享机制，信息是做业务的前提，只有形成机制，信息才能有效传递，因此，要继续做好珠三角地区的信息共享工作；四是加强联动产品的研发、复制和推广；五是用联动来防范客户和业务的风险；六是总行各部门、境内外分行及子公司要对日常联动中发生的问题进行分析研究，在职责范围内，解决大家联动中遇到的问题。

**（三）联动工作中需要注意的事项**

一是我行倡导发挥集团合力，各分行、子公司在联动中要有高姿态，兄弟行、子公司之间的合作要尽量为对方创造机会、做好服务；二是要提高工作效率，快速响应，机遇稍纵即逝，只有高效才能抢抓到先机；三是联动利益要共享，我们不一定对所有事情都能做到公平合理的分摊利益，但作出了贡献就应该有一定的回报，这关系到联动积极性和长久性问题；四是要给予政策保障，刚才相关部门讲得都很好，大家已形成共识，但还有一些问题，比如利益分成政策、经济资本分摊政策、审批快速通道设立等，需要进一步改进；五是注意联动中风险防范的问题，前面讲到用联动来防范风险，这里指的风险是指不要因为信息不对称、信息沟通不畅带来对项目、对企业看法的误差，从而带来风险；六是加强深入精细的分析研究，这是做好联动工作的前提，缺少了分析研究，那容易使我们的工作粗放、肤浅。

同志们，2015 年即将过去，在过去的一年里，大家打拼得很辛苦，但是劳有所获，汗水没有白流，取得了可喜的成绩，2016 年即将来临，在这里提前祝大家精神愉悦、身体健康、工作顺利、阖家幸福、事事如意！

# 提升专业能力 强化系统管理<br>服务全行转型发展 持续增强竞争优势

## ——在 2015 年风险管理工作转型会议上的讲话

**杨文升**

（2015 年 3 月 2 日）

大家上午好！今天，我们召开全行风险管理工作转型会议，是要进一步研究如何根据业务转型目标和方向，切实落实全行风险管理工作的转型。刚才曾首席回顾了 2014 年风险管理工作，分析了 2015 年风险管理面临的形势和挑战，安排部署了今年的工作任务，总行党委高度重视这次会议，一会儿张行长还要作重要讲话，请大家一并贯彻落实。下面，我主要就授信审批工作讲几条具体意见，供大家讨论。

## 一、2014年全行授信审批工作简要回顾

2014年，在外部环境异常复杂的情况下，各级授信审批部门紧密围绕全行工作部署，以提高质量效率、提升专业化水平为核心目标，主动调整思路、创新管理方法，努力做好综合授信、全球授信、集团授信“三授信”工作，认真执行宏观与微观、财务与非财务、传统与新兴业务“三结合”的审批要求，持续完善授信审批体制机制，优化作业流程，有效应对经济下行的复杂局面，保障全行授信业务健康发展，为推动全行战略转型奠定了良好基础。

**（一）坚持稳中求进，以管理创新带动提升授信审批质量与效率**

1. 全行审批工作平稳有序，有力支持业务发展。2014年，全行审批公司类客户授信业务36.5万笔，审批通过金额18.8万亿元，审批总量基本稳定。截至2014年底，公司类客户有效信用额度18.7万亿元，可用额度11.6万亿元，审批储备充足，有力地保障了全行授信业务稳步发展。

2. 坚持授权动态调整，差别化授权成效显著。2014年，总行两次调整审批授权，进一步加大差别化授权力度，将经营模式成熟、发展规律与风险特征清晰的授信业务审批权逐步下放一级分行，将交易结构复杂、对风险把关水平要求较高的新兴领域、新兴业务审批权上收总行，取得较好效果。2014年，各一级分行审批AB类集团等重点优质客户授信业务5.6万亿元，占一级分行审批金额的43%，同比提高15个百分点；总行本级审批10亿元以下金额较小、客户情况复杂的传统授信业务768笔，占总行本级审批笔数的62%，同比提高11个百分点。

3. 积极应对外部形势变化，推动投资理财等非信贷业务发展。2014年，总行本级审批投资理财业务1 902笔、金额达1.2万亿元，审批笔数约为总行本级审批总量的二分之一。特别是第四季度，针对国家关于政府性债务管理政策的重大变化，总行审批部快速响应市场，集中审批了一批政府优质项目投资理财业务，一方面确保2014年、未来几年在政府项目上可以获得一块较为稳定的收益，另一方面提升了建设银行在当地的市场形象，巩固了客户关系。

4. 建立风险快速化解机制，促进风险有序释放。为把握风险化解处置的最佳时机，促进风险有序释放，总行创新风险化解机制，以“一事一策”的差别化授权方式，建立了风险快速处置通道，实事求是，全力支持分行化解存量业务风险。自2014年9月启动这个机制到年底，总行共批复同意相关业务19笔，金额为205.5亿元，有效避免了分行资产质量的大幅波动。

**（二）大力推进“三授信”，新体制机制优势开始显现**

1. 大力推进集团客户综合授信，客户基础得到有效夯实。2014年初，总行组织开展了“服务基层走百行、主动授信到千户”的专题活动，37家一级分行和554家支行参加了活动，共走访客户1 917家，召开综合授信评审会176次，授信队伍得到了锻炼，新的授信理念得到了很好的传播。全行全年共完成综合授信评审2 107户、金额2.4万亿元，其中新增集团客户155户、金额1 328亿元，新的综合金融服务方式初具雏形，客户基础得到有效夯实。

2. 积极推动全球授信，参与国际竞争能力得到增强。2014年，积极适应中资企业“走出去”和外资企业“引进来”的加速发展趋势，总行研究出台《全球授信操作规程》，将境内较为成熟的综合授信模式延伸到海外，加快推进全球授信。全年完成全球授信客户24户，涉及纽约、悉尼等11个地区的海外分支机构，海外机构覆盖率达到61%。

3. 研究完善集团授信机制，打好集团综合化经营基础。总行党委高度重视集团授信推进工作，2014年，总行制定了《并表授信管理办法》及相关推进实施方案，为下一步推动集团并表授信，实现集团母子公司、总分公司的协同经营打下了较好基础。

**（三）不断完善制度机制建设，提升授信审批专业化水平**

1. 研究制定授信评价方法体系，提升授信专业化能力。2014年，总行牵头完成了零售、建筑等5个行业和台资企业授信方法研究，授信专业化建设初见成效。总行成立了专业化团队，整合全行资源开展这项工作。以零售行业为例，根据企业不同的商业模式和特点，将客户群体分为4

大类型和5种衍生类型，提出差异化的授信工作方法，比较好地解决了零售业务“做不做、做什么、怎么做、做多少”的问题。另外，对房地产行业，利用行里大数据，授信审批部门从客户、区域、项目3个视角入手研究，在3个视角下进一步细化和明确标准，回答了到底该不该做、额度做多少的问题。

2. 推进项目评估转型，重塑传统“金字招牌”。2014年，总行全面启动项目评估专业化转型工作，完成了12家分行的试点，并且在深化评估职能、组建专业团队、建立评估方法体系上取得了重要进展。举几个分行例子，四川分行强化项目评估风险预判和独立决策职能，对风险不可控的17个项目及时终止评估，对贷款条件不成熟的22个项目暂停评估；福建分行完成学校项目资产收益权、私募股权基金等理财产品的评估工作；广东分行深度参与粤东西北振兴发展股权基金的营销、方案设计和基金设立工作；湖北分行提出用2—3年时间，建设规模100人左右的评估专家库，已完成首批77人评估专家人才的选拔工作；河南分行组建城镇化、房地产等多个行业专家管理团队，取得初步研究成果；重庆分行对风力发电、港口等领域进行了专业研究。

总行也建立了评估团队，采取“评研结合”的方式，形成了专业研究与项目评估工作的良性互动。以高速公路项目评估为例，过去高速公路项目评估没有一个很好的办法，评估的收益与实际情况经常大相径庭。总行通过大量实地调研、收集信息和探索实践，综合考虑项目、客户和政府3个层面因素，以区域路网的历史收入数据为基础，结合路网结构和夜间灯光代表的经济密度分布情况，在预测新建项目收入的方法上取得了创新和突破，基本可以做到绘制一张路网图就能5分钟内说清项目收益的程度，很好地解决了以往对高速公路项目估不准、说不清的问题。

3. 加强审批指引研究，提升分行审批把关能力。2014年，总行先后完成涤纶制造、养老行业客户、融资租赁业务等14个专题研究，形成审批指引，指导分行提升审批把关能力。

4. 重检授信管理办法，夯实风险管理基础。针对表外业务垫款风险上升的趋势，2014年，总行重检了《大中型对公客户授信管理办法》，调整了部分垫款率偏高、业务风险较大的表外产品风险转换系数，切实强化了对客户整体信用风险敞口的管控。

**（四）着力系统管理，促进风险偏好统一**

1. 建立重大项目调研机制，做好客户实质性风险判断。2014年，总行建立了重大项目现场调研机制，共安排43个小组前往35家一级分行，对168个项目进行了实地调研，涉及承贷金额4 352亿元。总行审批人、授信评估人员和一线分支行联动，到项目现场诊断问题、研究策略，共同做好授信方案。在做好客户实质性风险判断的同时，把握住了市场先机。

2. 及时调整审批政策，强化重点领域风险管控。结合外部经营形势变化和行内资产质量变动趋势，2014年，总行先后发文明确小企业、保理、抵质押担保、政府类项目等领域的审批政策与管理要求，提示风险，指导审批，及时遏制了风险暴露高发态势，强化了审批环节对重点领域的风险管控作用。

3. 持续强化审批监测，促进风险偏好统一。2014年，总行继续依托授信业务监测系统（CRMS系统）对分行审批情况开展监控核查，同时加强对重点风险领域的现场检查，对煤贸、铜贸、商用物业类房地产项目以及近60户问题客户进行深入核查，指导分行加强审批管理，促进风险偏好统一。

2014年的这些成绩取得来之不易，得益于总行党委和管理层的正确领导，得益于全行各级授信审批部门、风险管理部门及信贷经营部门同志付出的辛勤努力，在这里我向大家表示衷心感谢！

## 二、2015年授信审批工作面临的形势和问题

2014年的中央经济工作会议系统阐述了我国经济“新常态”，认识新常态，适应新常态，引领新常态，成为当前和今后一个时期我国经济发展的大逻辑。同时，全行也正处于推进业务战略转型的关键时期，对我们的业务能力和队伍建设提出了新要求，我们只有不断寻找差距，改进不足，才能在转型发展中获得主动。下面我讲几点意见，供大家参考。

**（一）新常态下需重点关注和防范的几类风险**

经济新常态几个特征，第一是经济增长速度放缓，第二是结构调整进一步深化，包括新的经济增长点可能是一些新兴行业的崛起，还有传统行业自身的转型。对于传统行业，我们了解的是行业传统经营方式，但以后这些行业也会引进新的技术和经营方式，需要我们重新审视；对于新兴行业，是未来的增长点，是我们要重点服务的，要拿到收益的，我们还缺乏经验，需要加强研究。还有经济发展方式过去重在规模速度，现在要求质量效率，这对我们研究客户、研究项目都是新的课题。比如过去，政府融资平台、制造业、房地产、基础设施四大领域是对公信贷业务的重中之重，上述领域2014年单笔支用审批同意金额约4万亿元，占全部对公信贷单笔支用审批同意金额的62%。2015年，在经济“新常态”下，这些领域都可能会发生重大变化，给银行的经营与风险管理带来新的问题。

1. 政府融资平台贷款业务面临重大调整。2014年9月21日，国务院印发《关于加强地方政府性债务管理的意见》（国发43号文），标志着国家规范地方政府举债机制、加大财税体制改革进入实质性阶段。根据该意见，未来土地出让收入属于专项财政预算收入，将全部纳入预算管理，大部分平台公司原来以政府土地出让返还为主要收入和还款来源的经营模式已不可持续。加之受房地产市场景气度影响，近两年地方土地出让收入水平下降明显。据统计，2014年全国300个城市土地出让收入同比下降28%，银行原有依赖土地出让收入还款的存量业务，也将面临较大不确定性。因此，要重点关注3个方面风险：一是对于还款来源已经纳入政府性债务的存量业务，各行要密切关注政府债务确权工作的进展，关注还款进度是否与原来的还款安排一致，确保按计划还款。二是对于最终没有纳入政府债务的存量业务，要抓紧评估还款来源的可靠性，研究完善加固我行债权措施。三是下一步对政府类项目的新增授信，更多的要看项目本身，而不是政府背景和政府的偿债能力，这对我们来说也是挑战。包括现在遇到的PPP融资新模式，虽然是政府和私营企业来做项目，但最后政府不会兜底的，这对我们审批无疑提出了更高的要求。

2. 新一轮国企改革加速了国有企业客户的分化。过去我们对国企的风险关注不够，凡是国企，我们基本都认为是好的项目，认为是由国家兜底的，在贷前、贷中和贷后采取的措施不到位，风险管理投入的精力反而不够了，对规律性的东西把握反而不到位了。随着国家经济体制改革的深化，越来越强调市场是调节经济的主导力量，国有企业将出现明显分化。要注意风险苗头，不能再按照原来的思路来做。比如二重集团（德阳）公司是百分百的国有企业，还是上市公司，在传统思维来看肯定是重点优质客户，但因为经营不善，连续三年亏损，我行16.4亿元的贷款存量面临重大风险。因此，我们必须要扭转“国有企业都是优质客户、出了问题有人管”的传统观念，对国有企业，也要作为独立的市场主体进行分析和判断，综合考虑国家产业政策、集团主业、经营情况、行业地位、所处区域等因素，对其分类、分层实施精细化管理。

3. 制造业贷款风险伴随传统产业转移扩散。近年来，我国区域经济格局发生深刻调整，东部沿海地区产业结构升级带来部分产业向中西部地区转移的步伐不断加快，中西部地区分行既要研究如何抓住产业承接带来的新机遇，更要研究如何防范由此造成的风险转移。根据2014年度我行不良贷款状况的区域结构分析，西部和东北地区不良率分别较年初上升0.3个和0.58个百分点，高于全行平均水平，风险已经逐步显现。要着重关注以下几类问题：一是要防范产业转移中低端产业链、劳动密集企业以及“两高一剩”项目的重复建设；二是要避免产业转移对当地自然生态环境的破坏，防范可能出现的环保风险；三是要关注产业转移之后，企业的自身竞争实力和可持续发展能力，产业转移到中西部地区后，优势是否还存在。比如在东部靠劳动密集发展起来的企业，到西部这种优势将不可持续，西部的劳动成本也在上升。

4. 缺乏核心竞争优势、盲目扩张、多元化投资过度的个人控制企业风险依然突出。民营企业是近年我行重大风险事项暴露比较集中的部分，2014年分行上报的重大信用风险事项中91.7%是民营企业，代价惨痛。这里要再强调一下，对民营企业的审批把关一定要审慎。一是要重点关注民营企业发展突然提速，管理能力和规模不相称，跟不上发展速度的问题；二是要关注民营企业跨业经营、主业不突出的风险；三是要关注民营企业包装上市后，大股东通过股市大额套现的风险；四是要关注民营企业的转型，有的民营企业在自己所在领域经营不行了，比如房地产领域，就转行去搞文化产业，这个我们也要研究，可能企业在文化产业并不一定会有优势。因此，对于民营企业的审批，原则上要求追加实际控制人的连带责任担保。

5. 房地产行业风险进一步分化。房地产行业发展的黄金期已经结束，将逐步进入一个投资增速平稳、利润下降、风险分化加剧的发展阶段，这对我们的市场细分和客户筛选能力提出了更高要求。一是要高度关注那些经济欠发达、空置率高、库存去化压力大的地区房地产市场风险。大家要看一看分行所辖城市的房地产库存去化情况，不是简单的一二线城市好、三四线城市不好的问题，二线城市有的房地产库存去化周期也很长，一定要具体问题具体分析，要看具体项目。据统计，一线城市库存去化周期平均在12个月以内，二线城市在15个月左右，其中有的二线城市去化周期比三四线城市的更高。如果我们做的房地产项目所在城市去化周期比这个平均水平高，就要当心了。另外还要关注那些自身实力偏弱、资金杠杆率较高，或者政企关系过于密切的房地产企业的潜在风险。二是对于商业地产，受经济不景气以及电商冲击等多重因素影响，传统百货类商业竞争力明显下降，高档写字楼、高端酒店等物业也出现过剩趋势。这部分存量业务的风险明显加大，需要缩短授信重检周期，密切关注现金流变化，控制敞口，加强资金账户封闭管理。

6. “一带一路”、京津冀一体化、长江经济带等国家重大战略的实施，给基础设施融资领域带来新变化。区域发展战略的实质是各项要素资源在不同区域间的重新分配和流动，遵循这一规律，围绕三大战略必将产生大量的基础设施建设融资需求，本身是个商机，也是我们建设银行的传统优势。授信审批部门作为风险控制的关键环节，要看到大势，提前做好准备，密切联动，跟前台部门一起抓住商机；要建立绿色通道，努力提高审批效率。同时，授信审批部门要严格按照审批规则，注重个体差异，坚持对客户实质性风险判断的原则，切实把握好客户风险，避免泥沙俱下。

**（二）授信审批管理存在的一些问题**

2015年，全行处于推进业务战略转型的关键时期，对我们的业务能力和队伍建设提出了新的要求，但目前来看，我们在主动适应外部经营环境变化方面、在执行全行统一的风险偏好和信贷政策方面、在建设一支稳定而有战斗力的队伍方面，距离转型发展要求还有较大差距。我们只有不断寻找差距，改进不足，才能在转型发展中获得主动。

1. 授信审批的质量和效率还不能满足客户和经营部门的需要。前阵子审计部门的报告提到了审批效率问题，个别项目经历层层环节，效率非常低。我们要把这个效率方面的典型案例拿出来好好分析，梳理清楚，到底哪些环节出了问题，举一反三，拿出解决办法来。

2. 授信审批工作专业化水平还不高，还不能适应利率市场化环境下经营风险与收益的要求。2014年11月底，中央银行宣布不对称下调基准利率，利率市场化进程进一步加速推进，改革全面落地只是时间问题。包括这次周六降息，说是对称降息，实际上效果一定是不对称的，收益下降的幅度一定是远远高于负债成本下降的幅度，这对我们审批工作提出了更高要求。过去我们只关注低风险的、好的抵押物的项目，这是不行的，收益是上不去的。整个市场环境下，这部分资产收益会越来越小，利差会越来越小。对于我们审批而言，要尽快提升风险管理能力，对于新兴业态，包括传统产业中新出现的领域，早点识别规律，早点发现风险，早点拿出风险控制措施，就能在市场上拿到高于同业的风险收益。同样价格下，我们风险措施安排做得好、看得准，就能付出低于同业的风险成本，为适应利率市场化作出贡献。

3. 对非信贷类产品风险认识仍存在短板。企业融资渠道多元化、“金融脱贷”不可逆转，将来非信贷类业务一定会远远超过传统信贷业务。从分行上报业务情况看，私募投资基金类、股权投资及并购融资类产品等理财业务增长迅速，

2014 年同比分别增长 693.85 亿元、356.9 亿元，增幅分别达到 335%、63%，正在成为新的业务增长点。这类产品往往交易结构复杂、资金运用难以监控，对产品风险识别和控制的专业性要求较高，产品核心风险的定位、风险措施的制定，对于我们来说是个新课题。现在看，总分行对这类风险的把握都是比较弱的。举个例子，总行近期受理某分行上报的产业基金设立业务，理财资金作为优先级投资人参与投资，拟投向能源开发、煤炭等多个领域，但大多数项目仍处于规划阶段，缺乏可行性分析，在国际能源价格大幅波动的背景下，项目投资、运营及退出方案具有较大的不确定性；同时，劣后级投资人出资比例较低，出资能力不明。像这样核心要素安排不完备、杠杆融资比例过高、退出保障机制不强的业务，分行要增强风险识别和客户选择能力。特别是 2014 年 10 月，总行下放了部分理财业务审批权后，该类业务对于分行审批条线来说是新课题，各行要在总行的指导下加强学习，把这个审批权用好。

4. 授信审批条线的政策执行力需进一步加强。

一是关于授权执行合规性。个别分行仍存在自行偏向性解读，与授权规定打“擦边球”，甚至在授权变更前集中突击审批，绕授权审批。

二是关于集团统一授信。个别分行未真实反映客户的集团关联关系，对同一控制人控制企业分别单独授信、扩大集团整体风险敞口。

三是关于小企业审批。全行按照传统大中型客户经营思路去经营审批小企业业务的问题还较为普遍。以 2014 年某业务量较大的分行小企业业务审批情况为例，500 万元以下评分卡业务、“五贷一透”、速贷通等业务笔数占小企业业务审批笔数总量不到 50%。

四是关于建设银行集团母子公司风险偏好的统一。随着对建设银行集团协同管理力度加大，母子公司风险偏好不统一的问题也开始凸显。举个例子，近年来总行对房地产的信贷投放保持审慎态度，2014 年境内分行公司类房地产贷款余额为 5 426 亿元，较年初仅增长 3%，而同期境内子公司房地产业务余额为 697 亿元，较年初增长 170%，增幅惊人，其中部分还是分行退出的客户和业务。某房地产客户，2013 年因项目销售进度缓慢，境内分行已经被迫办理展期，并将其列为信贷退出客户，但某子公司 2014 年仍对其新增贷款 1.4 亿元，相关风险值得关注。

5. 人员队伍建设不能适应转型发展要求。

一是关于人员队伍数量。各行的授信评估人员、专职贷款审批人员数量不足问题普遍存在。全行授信评估人员总数不到 600 名，一年要完成 13 万户评级，2 000 多户综合授信和近 6 000 个项目评估，效率很难保证；专职贷款审批人年均审批量将近 600 笔，这支队伍的工作超负荷情况也不容忽视。

二是关于人员队伍素质。全行授信审批相关岗位缺乏统一的管理办法，各行对于分管审批的行领导、审批部门负责人、专职贷款审批人的任职要求不统一。2014 年我就跟审批部同事讲，各分行审批管理水平参差不齐，要强化系统管理。我参加了两场分行关于流程优化的交流会，听了分行同志的汇报，发现确实有一些分行主管审批的同志很难适应现在的管理要求。有的分行安排年龄大级别又上不去的人员担任审批部门负责人或审批人，有的审批部门负责人或者分管行领导甚至没有信贷经营和管理经验，还有的分行由于激励机制跟不上，优秀的授信审批人员流失严重。

## 三、下一步工作要求

2015 年是我行实施战略转型规划的“开局之年”，全行各项工作都要进入转型发展的新轨道，各级授信审批部门也要按照“五个转型”、“七大重点”和 7 个方面保障措施的要求，创新工作思路与方法，紧紧围绕“三个能力”建设，持续优化授信机制流程，着力加强专业化建设，全面强化系统管理，把握规律，有效作为、突出转型发展要求、突出巩固市场地位的竞争要求，突出新常态下防范风险的要求，充分发挥授信审批环节在全行信贷资源配置中的关键作用，引领业务健康发展，推动实现全行业务转型。具体而言，要做好以下工作。

**（一）持续优化完善授信审批体制机制，着力提高授信审批质量与效率**

1. 进一步健全完善授信体制机制，实现授信与信贷经营、贷后管理的有机融合。2013 年授信流程体制优化调整，出发点和核心变化是按照流程银行的思路，通过综合授信向前向后延伸，整合业务流程，促进前后台形成客户统一的经营策略和授信方案。因此，综合授信要与客户日常的信贷经营管理相融合，成为信贷经营、贷后管理的有机组成部分，不能搞成“两张皮”。一是授信人员要与客户经理分工协作，共同了解和掌握客户风险状况，制订授信方案。二是授信人员要与贷后管理人员紧密衔接，共享信息。贷后管理人员要依据授信方案开展客户的贷后检查和风险跟踪监测；授信人员重检客户授信方案时，贷后检查报告要作为重要制定依据。这次总行修订了新的贷后管理办法，明确贷后管理要与授信前的准备有机结合起来。

根据统计，截至2014年末，全行大中型存量有贷户3.47万户，较2013年新增2 135户，增幅为6.6%，也就是说，90%以上的客户都是存量客户。我们要思考的是，对于存量客户，如果还按照新客户的授信要求和流程来做，是否能够满足市场对效率的要求？下一步，综合授信要进一步细分客户群体，区分存量与增量，设计差别化的综合授信流程。对于存量客户，要体现客户贷后管理的内容，要重点体现客户在授信期内的变化：一是客户经营的变化，这些变化信息要从贷后管理中来；二是客户所在行业、环境的变化，在此基础上简化授信申报材料内容，才能有效提升流程运转效率。2015年这块工作对我们是一个比较大的挑战。当然，对于新增的客户，还是要按现有流程，授信人员要提前介入，与客户经理共同研究确定授信方案，做好客户评价和风险控制措施安排。

2. 进一步优化完善授信审批流程，实现授信、评估、评级、审批各环节的有机融合。近年来，总行已在优化完善授信审批流程方面做了很多努力，比如之前一直困扰我们的集团客户授信效率问题，目前可以通过综合授信、合并申报等办法解决。2015年，总行要着手研究授信与审批有机协同的问题，从技术方法、工作模式、成果运用等方面入手，研究如何有机融合评级、评估、授信、审批各个子流程。比如这几个环节重复的内容要实现信息共享，避免重复劳动，从而进一步改善客户体验、改善基层和经营部门的体验。

3. 完善审批批复管理，强化薄弱环节的风险管控。总行从2014年开始全行推进设立放款中心，着力解决未落实贷款条件就放款的流程薄弱环节。但执行中我们遇到了新问题，放款中心在放款审核时发现，有的授信方案条件与业务实际情况是脱节的、非标准化的，有的还很难落实，导致放款中心没办法操作。2015年，我们就要来解决这个问题，按照流程银行的要求重新进行授信条件分类，并进行标准化。另外，有些条件如果明知落实不了，就不要提了。提这样的条件，结果就是要么落实不了，要么就是违规操作。

持续提升授信审批流程效率，确实是今后服务业务发展转型的一项重要内容。过去我们的信贷工作营销占很大分量，以后营销同样重要，但审批的作用会更重要。

**（二）强化授信审批专业能力建设，把握机遇，严控风险**

1. 进一步推进授信专业化工作，拓展重点领域研究，提升授信专业化能力。2014年总行在5个领域出了专业化成果，2015年第一季度要在分行做培训和推广，尽快转化到实际运用中去，还有17个专业化课题有望在2015年上半年取得初步成果。同时，2015年，全行至少要在44个领域推进专业化研究工作，各分行要以区域内优势行业和潜在优势行业为研究重点，在客户调查和分析、客户选择与评价、授信总量和结构安排方法上取得突破，每家分行要在1—2个课题上取得成果。

2. 深化项目评估专业化转型，重塑评估领先优势。2015年，总行要在总结首批12家试点分行经验的基础上，启动其余25家分行评估转型工作。可能有的分行不具备条件，希望这些分行以培训的形式也参与到转型工作中来。要继续强化人才队伍建设，建立项目评估岗位人员持证上岗制度，加大100名总行级项目评估专家和600名分行级专职项目评估人才的选拔、培养和使用力度；分三年建立完善3 000名一线兼职项目评估后备人才库，2015年要力争储备1 000名兼职评估后备人才。项目评估专业化转型要把握好几点：一是把握好行业的走势，对行业历史要清楚，对未来的走势要有判断；二是要清楚这个行业内一般企业的商业模式，对运行规律要清楚；三是要清楚行业内好企业的标准是什么；四是按照好的标准，研究我们选择企业、选择项目的标准是什么，不是简单地看数据，要真正分析好数据背后的情况。

3. 增强客户和基础资产筛选能力，促进提升实质性风险把关能力。相对于传统信贷业务，投资理财类的新兴业务交易结构相对复杂，涉及主体很多，对经营和风险管控能力要求更高，但万变不离其宗，核心还是得做好客户和基础资产的选择。各级授信审批人员必须尽快熟悉新兴业务的运作模式，透过产品复杂的交易结构找到最终能够产生现金流和还款来源的基础资产，准确识别不同基础资产的风险特征，并相应落实风险控制措施，切实提高投资理财类业务的审批把关能力。

4. 提升对投资理财类非信贷业务产品本身的风险识别与把控能力，做好差别化授信方案，为全行大资产大负债经营模式的转变提供支持。从传统单一的资产负债管理模式向大资产大负债模式转型是商业银行的必然选择，也是我行业务发展转型的大方向。大家都知道，一方面是利率市场化，利差在缩窄，需要通过风险管理水平提升利差，但是再怎么提升，利差也是在缩窄的；另一方面资本对我们表内真正持有资产的约束是确定的，表外是我们将来发展的方向，是我们将来利润的来源和新的增长点，银行经营模式需要向持有资产与管理资产并重转型。我们讲大资产大负债，实际上大资产是牵动大负债的。大负债是两块，一块是真正的利用我们结算、技术拿到的低成本资金，低于市场平均价格的，是有收益的；另一块是市场价格的资金，用于弥补高收益资产的资金缺口。2015 年子公司要做一些真正的表外业务，真正的资产管理业务。能否做起来，审批非常关键。管理资产的大部分形式都是投资理财类的非信贷产品，基础资产得看明白，具体产品的特点我们也要搞清楚。各级授信审批人员要加强对新兴市场、热点融资模式和业务品种的敏锐度，主动研究、深入剖析，总结提炼不同产品的核心风险特征，做好客户授信方案中的风险控制安排。以融资租赁业务和传统信贷业务为例，两者最大的不同在于融资租赁要更多考虑标的物的问题，风险也围绕标的物来考虑，要注重于租赁物产生收益的分析，考量项目未来现金流是否能够覆盖租金，再考虑企业其他业务的经营管理或担保措施。而如果给客户传统的贷款，主要还是考虑企业自身的经营情况和偿还能力。两类产品在客户偿债能力评估、授信额度测算、期限安排、担保方式设计等方面都存在较大差异，最终形成的客户授信方案也必然不同。需要我们授信审批人员有对不同产品不同风险的识别、审查和方案设计能力，根据不同产品做好差别化的客户授信方案，取得最大收益的同时控制好风险。

5. 完善小企业审批模式，推进小企业业务转型。近年来我们都在探索一套符合小企业业务特征的审批机制，2015 年小企业还是要用零售审批的办法解决小企业的问题。总行要进一步优化完善小企业审批模式和授权制度安排，充分利用评分卡等风险管理工具，推动一部分风险较低的、条件成熟的业务采用人工和自动相结合的方式完成审批，并将来逐步过渡到全部采用自动审批方式，促进小企业业务向小额化、标准化、集约化方向转型。各一级分行要根据总行部署，积极转变小企业审批管理思路，推动小企业业务转型工作落地。

**（三）持续推进“三授信”工作，实现客户服务集约整合**

1. 以“百行千户”专题活动为抓手，全面推进综合授信工作。契合全行战略转型方向，2015 年总行将继续开展“百行千户”专题活动，聚焦“一带一路”、长江经济带、京津冀协同发展和自贸区等重大战略，推进综合授信全覆盖。各一级分行也要主动了解本区域发展规划，结合自身优势，选好目标客户，做深、做细各项工作，提升对客户综合金融服务能力，推进综合授信全覆盖。

2. 大力推进全球授信，打造全球一体化服务平台。根据转型发展要求，2015 年，全球授信工作要以大客户、大项目为突破口，紧紧围绕“走出去”和“一带一路”国家战略，新完成全球授信 100 户，海外分行覆盖面 100%，在提升客户体验、提高海外机构的全球授信能力上取得实质性成效。

3. 健全完善集团并表授信管理机制，推动单一服务模式向综合化服务模式转变。2015 年，总行将进一步修订完善《中国建设银行并表管理办法》，争取完成 50 户集团授信。各一级分行原则上要组织1户以上集团授信，利用子公司牌照优势，有机融合子公司与母行的业务，为客户提供高质量的“一站式”服务。

**（四）健全海外机构审批体系，增强参与国际竞争能力**

1. 优化完善全球授信管理机制，满足客户综合化金融服务需求。全球授信是提升我行参与国际竞争能力的重要抓手，2015年，总行要在深入研究各海外机构所处地区经济特点的基础上，“一行一式”制定差别化的全球授信模式，提出差别化的风险管控要求，做好相关制度机制保障。各海外机构要认真分析客户金融服务需求，细化全球授信操作模式和风险安排，积极推动全球授信业务发展，提升我行参与国际竞争的能力。

2. 加快海外区域审批中心建设，提升审批集约化管理水平。根据国际化战略转型发展要求，2015年，总行要进一步加快推进欧洲审批分中心、亚太审批分中心建设，力争年底前挂牌成立并试点运行，延伸总行海外授信审批管理功能，促进提升海外业务审批集约化管理水平和专业化能力。各海外分行和子行主要的精力是抓市场、抓客户，研究分析当地市场特点和客户结构，做好本土业务，审批的事交给审批中心做。

**（五）提能力，落责任，全面加强授信审批条线系统管理**

1. 严肃授信审批工作纪律，确保审批独立决策。授信审批是贯彻落实全行业务转型发展的重要关口，作用关键。2014年总行要求分行主管审批的行领导要进党委，这是对审批工作的高度重视，但独立审批决策的体制没有变，专家审批制度没有变。各一级分行党委要对分行整体的风险管理负总体责任，要对业务总体发展方向把关，要负责落实授信审批工作中的风险管控责任，要为全行授信审批工作的开展创造良好的外部环境，维护审批的严肃性和权威性，坚持审批的独立性和科学性，任何机构和个人不得以任何形式干扰授信审批的正常工作秩序，影响审批人独立决策。对于个别复杂的、对经营有重大影响的、责任重大的业务和项目，可以通过公开、透明的行政决策程序做出判断，指导审批。审批人员要对具体项目的风险收益平衡情况决策把关，要落实分行党委会或行长办公会集体决策中的相关要求。同时，审批人和前台的沟通非常重要，总行是鼓励的，但是要坚决杜绝内部营销，这是不能碰的红线。

2. 强化责任意识，积极应对市场考验。在经济“新常态”下，银行面临更加复杂的市场形势和风险考验，授信审批作为把控授信风险的关键环节，责任重大。各级授信审批人员要坚守底线，实事求是，强化对授信业务的实质性风险判断；要增强大局意识和责任意识，敢于担当，勇于负责。特别是对存量授信业务风险化解，要充分认识到当前风险化解任务的重要性和艰巨性，积极主动应对，努力争取最好结果，坚决杜绝对经过集体决策的风险事项化解方案不愿审批、不敢担责的情况发生。

这里要强调的是，首先，化解处置风险也是审批部门的职责，要勇于担当；其次，风险化解项目的审批，目的是为化解处置争取时机，关键是要研究好风险化解处置措施，明确目标责任并抓好具体落实，确保风险事项得到有效化解，不会发生损失；最后，采取转贷等措施化解风险项目时，对确因外部因素未达到化解处置目标最终形成损失的，审批人尽职免责。

3. 加强条线监控，动态调整授权，落实把关责任。信贷授权是传导全行风险偏好的重要工具，也是我们有效提升审批条线系统管理的重要手段。2015年，总行将在进一步加强对条线监控的基础上，结合分行整体风险管控水平、授信审批人员队伍建设情况和风险决策能力，强化动态调整授权，加大差别化授权力度。要把授信审批队伍建设情况要作为差别化授权的重要依据。对于授信审批人员配备到位、整体素质过硬、风险把控能力高的分行，给予充分授权，切实强化分行审批把关责任。反之，对于人员配备不到位、整体素质偏低、风险把控能力弱的分行要在现有基础上收权，通过授权优化审批资源配置，平衡业务发展和风险把控需要。

4. 加强专业化授信审批队伍建设，提升队伍整体能力。为适应转型发展新要求，提升授信审批队伍专业化水平至关重要。2015年，总行要牵头进一步细化授信审批相关岗位管理办法，明确各级机构分管授信审批的行领导、授信审批部门负责人、专职贷款审批人的任职资格条件，提高人员任用门槛，明确激励约束机制，严格任职资格审查。聘任专职贷款审批人，拟聘人员必须具有一定年限的信贷从业经验。各一级分行要严格落实总行关于授信评估人员队伍建设计划，加强专业化队伍建设；要把好审批人员的“进”、“出”口关，确保人员队伍整体始终保持较高的专业素质水平。

5. 加强分行授信审批能力考核评价，促进提升管理水平。2015 年，总行将研究制订对各一级分行的授信审批能力考核评价方案，建立一整套考核评价指标和评价方法，并在年终尝试开展对分行授信审批管理能力的考核评价，促进提升各一级分行的管理能力与水平，为总行进一步加强条线系统管理和合理实施授权提供重要依据。

同志们，当前建设银行正处于转型发展的关键时期，面临的内外部环境纷繁复杂，既是挑战，也是机会，希望大家坚定信心，攻坚克难，按照总行党委的部署，提升专业化能力，服务全行转型发展，为实现全行经营目标作出更大的贡献！

# 以客户为中心　用互联网思维和互联网技术推进零售业务全面转型

## ——在 2015 年全行零售及电子银行业务转型发展暨工作会上的讲话

**杨文升**

（2015 年 4 月 2 日）

这次会议是我行当前转型发展过程中的一次重要会议。总行党委对本次会议高度重视，张行长百忙之中亲自到会，一会儿还将作重要讲话。曾首席也将对零售业务风险防控工作提出要求。请大家认真贯彻落实张行长重要讲话精神和曾首席要求。下面，我先讲三方面内容，供大家讨论。

### 一、2014 年工作回顾

2014 年，面对复杂困难的市场环境和异常激烈的同业竞争，全行零售和电子银行业务条线在总行党委、高管层正确领导下，聚焦中心谋转型，积极进取拼市场，稳中求进抓经营，沉着应对推创新，保持定力控风险，取得了来之不易的好成绩。

**（一）核心指标市场表现突出，行内经营贡献明显提升**

2014 年末，个人人民币存款时点余额达 5.84 万亿元、新增 3 658 亿元，在全行一般性存款余额中占比 48.3%，时点余额四大行占比 24.5%，日均新增升至四大行第二。外币储蓄存款余额四大行占比提升幅度四大行第一。个人类贷款余额 2.88 万亿元、新增 4 192 亿元，四大行第一。其中，个人房贷余额、新增均居四大行第一；房改金融业务四大行占比在超过 56% 水平上持续提升；住房资金存款新增1 231 亿元，为全行存款稳定作出贡献；信用卡多项指标新增同业第一。零售和电子银行业务条线实现中间业务收入 520 亿元，全行占比 49.2%，信用卡、借记卡分别是全行第一、第二大中收产品。个人客户全行利润和经济增加值贡献首次突破 30%。新年伊始，在旺季营销的有力推动下，个人存款迈上新台阶，实现开门红！余额突破 6 万亿元，这是个人业务发展新的里程碑；第一季度时点和日均新增双双突破 5 000 亿元，时点新增四大行第一；37 家分行旺季营销日均存款新增计划全面完成。

**（二）客户新增规模创历史新高，重点客户群体增势良好**

个人有资产客户2.9亿人，新增2 193万人；客户金融资产余额达7.9万亿元，新增7 120亿元。县域客户新增、零资产客户激活数量和客户保有率等指标均创历史新高。私人银行业务近年来保持较快增长，已进入同业第一阵列。私人银行客户4.03万人、新增5 009人，金融资产4 690亿元、新增722亿元。个贷客户突破1 000万户，新增超过200万户，人均持有6个产品。信用卡客户新增1 035万户，商户新增19万户，均同业第一。个人网银、手机银行和微信银行客户数均同业第一，个人网银客户1.8亿户，手机银行客户1.5亿户，电话银行客户1.7亿户。善融商务同业领先，商户超5万户，会员800万户。客户对我行个人客户经理、手机银行和网银的满意度均四大行第一。

**（三）产品销售创新多点突破，综合服务能力明显增强**

支付结算方面，借记卡业务突破"三个大关"，发卡余额破6亿张，消费交易额过5万亿元，收入超百亿元。金融IC借记卡余额近2亿张，推出行业应用超300项。结算通卡新增869万张，实现翻番增长，电话POS超60万台。信用卡发卡新增1 392万张，连续三年同业第一，业务收入259亿元，跃居同业第一。金管家新增签约客户86万户，交易金额3 731亿元。我行在支付宝、12 036电子支付业务的市场份额分别为23%和17%，均稳居同业第一。投资理财方面，个人银行理财销售金额4.9万亿元、余额8 081亿元，全行占比均超过七成。基金销售金额5 799亿元，创2008年以来新高。人身保险收入增速创四年新高。实物贵金属收入四大行第一。创新亮点频现，推出聚财存款、特色储蓄、快贷、速盈、芯支付、异形卡、全球至尊信用卡、全球支付信用卡、私享联联、家族信托、新版手机银行和小微客服等新的产品和服务。

**（四）线上线下渠道有效协同，业务管理基础持续夯实**

离柜渠道完成账务性交易91亿笔，占所有渠道总量的88%。银行理财销量的近70%、基金销量的近60%通过电子渠道完成，占比逐年提升。11家试点智慧银行全部建成并集体亮相。现金自助设备运营数量突破8万台，新增1.2万台。低效网点整改、自助设备效能提升活动成效明显。电话银行方面，全行客服号码统一为95533，年末人工接通率达81%，微信、短信等新兴客服业务量高速增长。

业务管理基础持续夯实。一是大数据挖掘和应用取得突破。聚焦存款资金流向、零资产客户激活、电子银行客户拓展等问题开展深度挖掘，有效地支持了精细管理和精准营销。二是优化客户体验。实现网点业务办理预填单和免填单，推出简约化和人性化的手机银行菜单，启动个贷流程改造，信用卡办卡周期缩短1个工作日。三是"新一代"功能逐步释放，对业务发展的支持作用明显体现出来。

**（五）风险防控工作守牢底线，资产质量保持同业最优**

个人贷款不良率为0.32%，保持四大行最优。信用卡不良率0.84%，不良额、不良率和不良率升幅均为同业最优。我行存量个人房贷抵押率48%，当年新发放贷款平均首付比例43%，体现出较强的抵御房价波动能力。零售和电子银行条线没有发生重大风险安全事件。2015年"3·15"期间，我行个人账户开户合规操作经受住了考验，北京分行林森同志合规意识牢固，严格执行制度，为我行赢得了声誉。

**（六）战略协同积极有为，多个层面加快推进**

条线内部协同方面，推出"结算通"、"薪享通"、"福农通"和"出国惠"综合金融服务方案；大力激活仅持有电子银行账户、社保卡、公积金卡产品的零资产客户；着力提升我行借记卡作为我行信用卡约定还款账户的比例；房金客户、私人银行客户产品覆盖度保持较高水平；创新开展电子银行"协作共赢、抢占高点"评先创优活动。公私协同方面，代发工资、资产管理、商户收单和本外币等业务联动机制逐步建立，成效明显。零售和电子银行业务去年和今年旺季营销的良好成绩，对公条线功不可没。集团协同方面，建信基金余额743亿元，增长52%；建信人寿保费164亿元，增长60%；私人银行私享联联业务快速发展。

**（七）荣获多个重要奖项，良好形象深入人心**

我行首次荣获《亚洲银行家》“中国最佳大型零售银行奖”，是国内唯一获此殊荣的银行。先后还荣获《亚洲银行家》“最佳按揭及住房贷款业务奖”、万事达“最佳支付创新产品奖”、维萨“借记卡创新奖”、“中国最佳信用卡产品奖”、“最具满意度出国留学金融服务机构奖”、“银行业客服中心综合示范奖”和“中国最佳电子银行奖”。我行在全国金融理财师大赛中已连续两届获奖人数同业第一。

上述成绩的背后，有很多值得总结的好经验。

一是总行党委重视，集团协同有力。2014 年全行工作会议明确提出了零售和电子银行业务的发展方向和思路，在资源配置上给予了充分支持。对公条线、IT 开发、风险管控以及其他中后台部门积极有效协同。我们深切地感受到，零售和电子银行业务的良好成绩是全行整体联动、发挥合力的成果。

二是明确方向，积极进取。个人业务抓存款和理财资金两头，提出“三个并重”客户经营策略，推出四大综合金融服务方案，开展网点三代转型研究，有效应对了储蓄理财化、互联网金融等形势挑战。房金业务抓住政策调整、市场变化等关键时点，准确把握投放节奏，加快系统推广，牢牢守住了“要买房、到建行”的领先地位。信用卡业务依托消费增长机遇，围绕“提比、进位、上份额”目标，显著提升了核心指标的市场竞争力。

三是稳中求进，创新驱动。个人业务着力从代发工资、支付结算和零资产客户激活等基础性业务入手，狠抓旺季营销，推出聚财存款等拳头产品，成效显著。房金业务运用互联网理念加快创新，在全国金融系统首推全流程网上自助个人贷款“快贷”，互联网金融创新取得重大突破。电子银行业务坚持“智慧、泛在、跨界”方向，创新优化客户体验，支持线上线下协同。私人银行业务以“创新发展、提升能力”为主线，在集团层面规划和推进转型，打造差异化服务体系。

四是保持定力，守牢底线。2014 年可以说是零售业务形势变化最大的一年，年初互联网金融跨界竞争给我们带来了很大压力。从总行到分行，说实话当时想要淡定并不容易。在这关键时刻，张行长掌控大局，亲自出面协调同业、定好方向稳住阵势，帮助我们渡过了难关，现在回头看效果非常好。我们牢牢守住了风险防控底线。开发个贷风险监测预警模型，首次实现对假个贷识别预警“被动到主动、人控到机控”的转变；深化信用卡风险排查，加大不良处置，实施全流程管理，加强欺诈防控。

同志们！2014 年取得的成绩令人鼓舞，收获的经验十分宝贵。总行党委的正确领导为我们指明了方向，董事会、监事会和监管部门的科学指导为我们提供了支持，各分行、各部门的密切协同为我们增添了力量，特别是零售和电子银行业务条线一线员工们的拼搏付出奠定了关键的基础，作出了突出的贡献。在此，我向大家表示衷心的感谢！

## 二、当前形势变化

2015 年，零售和电子银行业务面临的外部环境、市场形势和客户需求较 2014 年又发生了很大变化。张行长、曾首席稍后将会全面分析宏观形势，我这里主要讲几个关键点。

**（一）消费成为经济发展主动力，居民财富快速增长，零售业务发展空间广阔**

在我国经济增长的“三驾马车”中，消费与零售业务的关系最为密切。2014 年，消费在 GDP 总量中占比已达 51%，较 2013 年提升 3 个百分点，而 2005 年时只有 39%，消费已成为我国经济增长的第一动力。加之新兴业态快速发展，助力消费增长。比如 2014 年国内网上零售额增长 50%，信息通信消费增长 33%，都高于社会消费品零售额 12% 的增速。另外，百姓财富在社会财富中占比越高，零售业务发展空间就越大。党的十八大提出的 2020 年百姓收入“倍增计划”已初步显现成效。2014 年，国内居民收入增长 10%，比 GDP 增速高 2.7 个百分点。

**（二）利率市场化使银行商业模式面临重构**

周小川行长“两会”期间表示，2015 年存款利率上限放开的概率非常高。管制利率条件下，我们强调存款立行、存款兴行，是因为存贷利差稳定，只要能抓住存款、用足贷款，就能带来效益。利率市场化之后，情况不同了。存贷利差缩窄，对银行特别是大银行的资本约束要求提升，如果没有资产业务配合，即使拿到了存款也可能不赚钱，银行的商业模式需要重新构建。这个重构过程体现在三方面：一是要提升吸收低成本存款资金的能力，二是要提升表内资产业务的收益水平，三是要做大做强资产管理等表外业务。

**（三）资本市场向好推动客户资产重新配置**

当前社会各界都对资本市场长期向好寄予厚望，资本市场将逐步成为企业融资非常重要的渠道。下阶段注册制改革等一系列政策的出台，将为资本市场发展增添新的活力。可以预见，资本市场向好趋势将是长期的，我们客户的资产结构也将因此而发生变化。2015 年第一季度，全行基金销售金额增速超过 200%，大家都明显地感受到了资本市场变化带来的机遇和挑战。

**（四）移动金融带来新一轮“基本户”竞争**

2014 年上半年，我们关注到互联网金融对银行竞争打法的影响。进入下半年后，形势发生了新变化，那就是移动金融高速发展。客户高度认同移动金融服务模式，各家银行都在全力投入，这是新一轮个人业务“基本户”的竞争。客户通过使用手机，可以实现“人到人”实时沟通，可以充分地使用碎片化时间，手机在银行交易流程、客户服务体验中作用越来越重要。谁占领了手机这个制高点，谁才能掌握未来金融服务的主动权。

**（五）人民币国际化、个人客户“走出去”和汇率形势变化，外币零售业务迎来发展机遇**

当前，人民币国际化和个人客户“走出去”趋势越来越明显。2014 年，我国居民出境旅游 1.1 亿人次、增长 19%，海外消费 1 648 亿美元、增长 28%，出国留学人数同比增长 20%。汇率形势也有利于外币业务发展，人民币不再单边升值，对美元汇率开始振荡甚至出现贬值。这些因素都为外币零售业务发展带来机遇。一是境内客户的海外资产配置需求旺盛，二是境内美元资产配置需求旺盛，三是旅游、移民等出境金融服务需求旺盛。

**（六）综合服务能力成为竞争焦点，需要整合行内、集团和第三方资源为客户提供全方位服务**

由于客户需求越来越综合化、银行产品服务同质化现象突出，通过战略协同来提供综合服务已成为新的竞争焦点。从同业看，各家银行都在加快行动，如工商银行推出金融互联网综合平台，全面整合支付结算、投资理财和电商购物等综合功能。平安银行基于其全金融牌照优势推出“平安一账通”，客户只需要 1 个账户、1 套密码和 1 次登录，就可以同时管理保险、银行和证券等所有平安账户，以及邮箱、社保、航空等其他网上账户，极大提升了客户体验。从行内看，近年来零售业务发展比较好的分行，战略协同都有亮点，如湖南分行举全行之力抓旺季营销、代发工资和 ETC 等行业应用，取得显著成效。

## 三、2015 年工作任务

**（一）总体思路**

2015 年，全行零售和电子银行业务条线要深入贯彻落实全行转型发展规划要求，抓住“真正以客户为中心”和“运用互联网思维加快创新”这两条主线，为个人客户建立良好金融生态系统、深化经营全量客户、紧跟资金流夯实大负债基础、突出移动优先战略、巩固提升零售信贷业务优势、加快营销模式转型、加快国际化转型、加强战略协同、抓好队伍建设、锻造基础能力，持续提升零售和电子银行业务市场竞争力。

**（二）经营目标**

1. 负债：个人人民币存款日均新增 4 000 亿元、时点新增 4 000 亿元，日均、时点余额四大行占比均稳中有升；保持房改金融业务同业领先地位，余额四大行占比不下降。

2. 资产：个人房贷新增四大行第一，信用卡贷款新增 700 亿元。

3. 中间业务：全条线实现收入 560 亿元。

4. 客户：个人有资产客户新增 2 000 万户，个人有效客户新增 980 万户，私人银行客户新增 5 214户，个贷客户新增 160 万户，信用卡客户新增 850 万户，达标收单商户新增 7.5 万户，手机银行活跃客户净增 670 万户，个人网银活跃客户净增 535 万户，微信银行客户新增 842 万户。

5. 渠道：移动金融全渠道占比 15%，提升 8.5 个百分点。

6. 风险防控：保持个人贷款、信用卡资产质量四大行最优。

**（三）重点工作**

2015年，要重点推进10个方面工作。

1. 建立金融生态系统，提升综合服务能力。打造个人客户金融生态系统，是落实真正以客户为中心和运用互联网思维加快创新主线的重要载体，既是2015年的核心任务，同时也是未来的发展方向。个人客户金融生态系统集成建行内、全集团、第三方的产品和服务，来满足客户所有金融需求和相关非金融需求。客户、建行、集团子公司和第三方是系统的主体，这些主体分两类，分别是供应商和消费者，连接主体的是资金流、信息流和物流。各类主体通过相互作用、共享资源、互惠互利和共存共荣，构成了命运共同体。它改变了过往“零和”竞争模式，推动各类主体一起做大市场，共享成果。金融生态系统有两个突出特征：一是互动性。一个主体的变化将带来其他主体和周边环境的变化。比如消费者需求有了变化，资金流、信息流也将变化，供应商要立刻跟上来。二是依赖性。如果能将系统建设到极致，客户将感受不到系统存在，同时又时刻离不开系统，就像阳光、水和空气对人的意义一样。依赖性是金融生态系统最重要的特征。要建设好金融生态系统，需把握好以下几个环节：

一是分析把握客户需求。最重要的是要分析各类客户的资金流向和资金需求，知道客户资金从哪来，如工资、奖金等收入；了解客户资金往哪去，如日常支付、投资、汇款等。沿着客户资金流向，还要分析和把握信息流甚至物流。每个客户节点周围都是一个小的金融环境，将上述流向分析清楚后，我们就能全面了解客户及相关主体金融需求。在此基础上，还可以将具有相似需求的客户划分为客户群，为精准营销打下基础。

二是整合集团内的产品资源，满足客户需求。要认真分析和梳理现有产品，明确营销推广重点和渠道布放策略，逐步补齐和提升短板，完善产品线。强大的产品和服务品牌在良好金融生态系统中起着重要的支撑作用。要充分发挥核心产品和重点品牌的优势，打造建行“特色菜”。

三是提升外部资源管理能力，扩大与优质第三方合作。客户需求综合多样，仅靠集团内部资源是无法完全满足的。一方面是我们有空白，在一些领域暂时没有服务；另一方面是我们有短板，短期内功能不理想，市场不认同。这都需要积极引进并基于一定标准动态调整第三方产品。通过与第三方合作，我们要逐步建立对外部资源的管理能力。

四是加强渠道协同，连接客户、建行集团和第三方。在金融生态系统大环境下，连接各类主体的渠道也构成了不同的小环境。要构建有序的协同网络，按照移动、网银、自助和网点的顺序，统筹发展各类渠道。要优化小环境内客户体验，增强客户黏性。线上抓定制化，比如要打造差异化的网银界面，向客户不断推送量身定制、实时更新的个性化信息，支持客户打造专属网银界面，“建设自己的建行”。标准化界面就像毛坯房，个性化界面如同精装房，客户对“精装房”投入越多、体验越舒适，就越离不开建行。线下抓“三个平台”建设，充分发挥网点产品销售、咨询服务、产品展示和体验作用。

五是用好大数据技术。向客户提供各类产品、服务、渠道和第三方服务都要基于大数据分析来动态调整，各种政策出台都要基于大数据分析，要运用大数据开展精准营销。

六是构建新的盈利模式。通过打造金融生态系统，零售业务新的盈利模式应运而生。一是吸收低成本资金；二是增加手续费收入，重点在表外资产管理能力和大数据应用盈利上有所突破；三是做大做足零售信贷规模，同时提升防范风险能力，降低风险成本。

七是在金融服务基础上丰富非金融服务。当前，要加快善融商务和悦生活发展，充分挖掘我行300多万对公客户在个人客户非金融服务领域的潜力，对接对公客户资源和个人客户需求。要积极引入第三方资源，在百姓日常生活的各类场景化环境中全面提供金融服务，有效嵌入非金融服务。

总而言之，打造个人客户金融生态系统，将充分发挥并继续固化我们大银行在综合服务、系统整合和规模效应等方面的优势。要赢得零售和电子银行业务新的竞争优势，仅靠单个产品或渠道已远远不够，必须发挥出全集团乃至第三方合力。综合服务能力竞争将是未来竞争的主旋律，相信其他大型银行也都在积极准备。我们必须尽快布局，早见成效。

2. 经营全量客户，提供差别化服务。一是打造差别化服务体系。要搭建企业级个人客户综合评价体系，以综合积分为基础，以价值贡献为依据，对所有客户建立涵盖全部产品和渠道的评价体系。要进行客户细分，将全量客户根据不同贡献划分为多层维度，推出差别化综合金融服务方案，重点在产品组合、渠道应用、专业化支持和综合定价等方面进行差别化。综合积分体系同时也是下阶段我们对客户进行市场化、差别化定价的基础。客户对我行价值贡献越大，综合积分就越高，能从我行获得的优质产品和服务就越多，比如更大的贷款利率折扣、收益率更高的理财产品等。

二是内联外拓批量发展新客户。要开展跨条线、跨界和跨境客户营销，深入挖掘对公客户、小微企业和善融商务等行内客户，实现母子公司客户共享，开展第三方合作营销。要依托代发工资、IC卡行业应用、专业批发市场等批量拓展客户，加强单一持有存款、信用卡、理财等产品客户的交叉销售。要抓住海外移民、全球资产配置契机，大力拓展高端客户，

三是深耕重点客户群体。做大做强中高端客户。保持客户数和金融资产较快增长，坚持客户需求驱动、综合方案解决、资源整合集成和专业能力引领，完善专营机构团队＋线上＋线下全渠道服务模式。将我行私人银行服务品牌打造成为像房贷、龙卡一样的拳头品牌，加强金管家、私享环球、私享联联营销，创新家族办公室服务。激活零资产客户。相当部分的零资产或低资产客户本身未必不是优质客户，只不过其金融资产主要保有在其他银行。要深入挖掘潜力，聚焦持有信用卡、社保卡、电子银行等产品的零资产客户，将专项营销活动机制化、常态化。拓展中青年客户。中青年客户是过往客户工作的一项短板。要围绕中青年客户特点，推出有针对性的综合服务方案，加强银行卡、个贷、手机银行和善融商务等营销。加强优质客户保有。要开展名单制管理，加大优质产品和服务资源倾斜，做好专职客户经理维护。批量化拓展维护县域客户。要依托公司、机构业务批发式营销，主要瞄准能使用手机银行、网银的县域客户，推广福农通方案和惠福龙卡。要准确把握第三方合作点定位，主要办理开户、小额现金等必须面见客户的环节，不要把合作点办成代办点。

3. 紧跟资金流向，夯实大负债基础。金融生态系统的一个核心作用，是通过丰富多样服务从源头抓到不同形态资金，依托系统的上下游环节形成资金闭环，进而沉淀低成本存款。我们一方面要着力吸收低成本资金，稳存增存，另一方面要满足客户资产配置需求，做大中间业务收入。

要跟踪流向，吸收低成本资金，稳存增存。低成本资金如同涓涓细流，虽每笔金额不大，但是成本较低，汇聚之后规模可观，是存款增长的重要来源。要拿到比市场平均成本低的资金，关键是用好大银行产品链条完整、网络覆盖广泛的优势，做大流量、沉淀增量，使得资金不管怎么流动、驻留和转换，都在建行体系内循环，都在建行账户内沉淀。抓收入分配资金。依托代发工资业务系统督导落实，大力提高对公基本户和有贷户代发覆盖度、代发资金留存率指标水平。抓行业应用资金。在金融生态系统中，客户资金每个可能的流向节点和分布角落，都是拓展行业应用的金矿。零售业务部门要积极推动方案制定、产品设计、系统开发和组织营销，加快金融IC卡发卡。抓商户资金。商户既是个人和对公客户资金结算的节点，同时其本身也是非常重要的客户。既要把商户节点经营好，也要把商户客户维护好。建立专业市场常态监测机制，成立专业拓展团队，大力发展结算通卡和电话POS业务。发挥收单商户“蓄水池”作用，为商户客户提供存款、融资、理财和账户管理等综合服务，实现银行卡消费资金和企业结算资金的行内循环。抓资本市场回流资金。抢抓CTS业务账户监管政策变化机遇，大力拓展CTS客户，实现客户资本市场账户和结算账户的自动关联。

要顺应市场，满足客户资产配置需求，做大中间业务收入。银行理财方面，要加大销售力度、扩大总量规模。零售业务部门一方面要做好全行银行理财的销售统筹，另一方面要加强与设计部门的沟通协调，完善运行机制，推动手续费收入向销售端倾斜，调动分行积极性。在做大表内理财的同时，2015年总行将大力发展表外理财业务，推出一批客户自担风险、银行不刚性兑付、预期收益率更高的理财产品，依靠强大的资产管

理能力和较高的风险识别水平来提升产品收益、赚取丰厚中收、促使理财出表。总行鼓励有条件的分行先行先试，将予以政策和资源支持。基金方面，支持建信基金销售，扩大优质公司合作，做好首发和持续营销，拓展一对多专户业务。贵金属方面，当前贵金属等大宗商品价格盘整，市场各方的判断存在分歧，这是对冲多空风险、加快销售的好时机。要推出组合套餐和批量化产品，实现微信等平台销售，做大做强“建行金”品牌，保持代理业务快速增长。金融市场部、子公司要做好新产品研发支持。保险方面，将离柜销售打造成为新增长点，丰富网银、手机银行、自助终端和善融商务销售种类。信托方面，用好子公司产品申报审核绿色通道，扩大资本市场类、信托交易平台类等销售规模。跨境投资方面，紧跟客户“走出去”步伐，加快打通境内外，推出本外币资产配置方案。

4. 突出移动优先战略，推动线上线下一体化。要为个人客户建立良好金融生态系统，必须聚焦客户体验，整合各类渠道优势。要以客户为中心，运用互联网思维，真正使渠道的流程、界面和体验能人性化、快捷化和互联网化。要通过提升渠道黏性来建立主办银行的关系，实现由“以银行为主”向“以客户为主”转变，推动线上线下一体化。

一是移动优先。要按照移动、网银、自助和网点的优先顺序统筹发展各类渠道。要巩固我行手机银行同业领先优势，既要把现有产品和服务全面布放到移动终端，也要在产品和服务创新中充分考虑移动终端特点和客户体验喜好，避免将线下流程照搬到线上，影响客户体验。不仅如此，未来网点的服务流程也要考虑客户使用手机需要。要推出扁平、简约和时尚的新版手机银行，上线手机 e 账户、惠生活 APP、手机快贷等功能，大力提升手机银行交易在所有渠道交易占比。将银行卡等基础产品拓展到移动终端，将其打造成银行服务重要介质载体。发挥金融 IC 卡优势，加大资源投入，拓展行业应用，推广芯支付、异形卡产品，打造消费支付生态圈。推出“龙卡闪付通”，依托“随芯用”客户端，打造同业领先的银行卡移动支付品牌。

二是顺应客户需求变化加快网点转型。网点是客户办理业务的重要渠道，必须顺应客户需求，改善客户体验，推动网点转型。下阶段，网点要充分发挥产品销售、咨询服务、产品展示和体验“三个平台”作用，逐步弱化交易功能，为客户在线上办理业务提供咨询服务。此外，网点还要承担那些按照监管要求必须线下办理的业务环节，如面见面签、现金业务等。

三是优化网银功能，丰富产品服务。建设智能、美观和便捷的新一代网银界面，为客户提供差异化、个性化的网银服务，将网银系统打造成为客户量身定做的“我的建设银行”。建设新版互联网网站，改版信用卡、理财、悦生活等重点板块。打通个人网银和手机银行体系，统一客户信息，建立统一视图。

四是打造电话银行“窗口 + 渠道”功能。加快电话银行创新，发挥电话银行潜力。在我行可视终端和手机银行上试点推出视频银行服务。持续加快短信、微信新兴客服推广，上线嵌入式营销、投资理财、网点预约预处理和智能机器人对话服务。保持较高的接通率、较高的问题解决率和较低的客户投诉率，提升客户规模、新兴渠道替代率和营销能力。加强客户问题处理，将客户问题转化为创新线索和管理资源，支持业务发展。

五是守牢善融商务行业领先优势。企业商城要挖掘线下资源，以涉农行业为突破口拓展其他行业。个人商城要围绕“衣食住行”，为公司和个人客户提供购销对接平台。推出善融商务手机客户端，同步微信端布放。推出“商 e 付”、“善融 e 贷”、预授信和分期等服务。加快房 e 通平台创新，创新推出存量二手房交易模式。

5. 巩固房金业务优势，加快消费信贷发展。零售贷款业务一方面要巩固住房金融业务的同业领先地位，一定要保持优势，一定要发扬光大；另一方面要加快信用卡、消费信贷发展，满足客户消费金融需求。

巩固房金业务领先地位。确保个人房贷余额和新增四大行第一。保证资源投入，盯住市场抓储备、配资源，每季新增力争不低于 1 000 亿元，做到早储备、早投放、早收益。央行降息前我行投放力度大、抢得市场先机。降息以及此次二手房政策调整后，竞争肯定会更加激烈，要抓早抓好、加大投入、确保领先，坚持量价平衡发展，提升定价能力。要坚决守住房改金融市场引领地位，进一步提升综合金融服务能力，加快组建服务团队，开展前瞻性研究和部署，加大营销投入和系统推广。海量楼盘大数据是我行的独有优势，要通过分析存量楼盘数据和市场发展态势，为我行信贷政策、资源配置、结构调整和风险预判提供参考。

加快信用卡和消费信贷发展。秉持“价值创造、创新转型”思路，巩固发卡等指标领先地位，提升消费总量等指标市场位次，一手抓业务发展，一手抓风险防控。一是依托集团优势提升客户规模和质量。加强信用卡约定账户、电子银行、理财和代扣代缴交叉销售，持续激活用卡，增加客户资产。围绕代发、养老金和年金业务开展项目营销，拓展行业应用。二是持续推动商户业务发展。加大重点集团商户营销，做好全国知名旅游城市外卡收单商户争办，提升“一月一户”的达标网点覆盖。三是提升信用卡业务的中间业务收入贡献，大力发展高收益循环消费信贷。四是加快消费信贷创新发展。快贷平台不仅要服务好个人客户、同时要为小企业客户提供线上服务。丰富线上贷款服务的产品、客户和渠道，探索消费信贷批量化、定制化营销。

加强资产和负债联动。零售信贷是非常重要的基础性业务。要从经营客户视角出发加强联动，真正把资产业务优势通过交叉销售和功能集合，扩展到负债、结算等方面。目前，只有30%的我行信用卡关联我行借记卡作为还款账户，这一水平亟待提升。要加快个人信用贷款业务创新，比如向优质代发客户、优质结算客户提供个贷信用额度，并将其纳入快贷业务体系中。

6. 加快营销模式转型，提升精准化、综合化能力。零售业务的客户规模海量、产品种类繁多，传统营销模式已无法适应需要，必须加快营销转型。要由粗放式向精准化转型、由单一型向综合化转型、由传统商业银行思维向互联网思维转型，大力提升精准营销能力和综合营销能力。

提升精准营销能力。2014 年，零售业务精准营销已有很多好的经验，开展了借记卡信用卡联动营销、持有电子银行、公积金卡和社保卡零资产客户激活等活动，取得显著成效。下阶段，一是依托新一代对私客户关系管理项目，实现从数据分析、成果落地应用和营销结果反馈的精准营销全流程管理。二是加强专项分析成果的精准营销应用，如资金回流营销、高中收产品营销、客户生活金融需求营销。三是继续加大目标客户清单下发和使用力度，充分运用短信推送、微信推广和互联网站广告宣传形式精准投放。四是实施全渠道协同精准营销。在网点、自助、网银和手机银行渠道建立客户信息的自动收集、分析和响应，实现客户在各渠道需求响应的个性化和互联网化。五是加强电子银行动态行为数据采集应用，开展“千人千面”个性营销。六是选择部分重点事件和重点客户群，组织开展全行精准营销实战活动。

提升综合营销能力。一是大力提升产品覆盖度。目前，我行个人客户人均持有产品数量偏少、不到4个，这其中包含存款、借记卡两个基础产品，还有很大挖掘潜力。总行将从目前覆盖度统计的28个产品中梳理、选择出10个重点产品，各分行要围绕重点产品大力提升产品覆盖度。二是充分用好综合金融服务方案。要明确目标客群、套餐组合和营销策略，充分发挥营销生产力。三是充分发挥全行合力。要加强与对公、投行等部门沟通协调，争取在他们的营销活动和服务方案中加入零售和电子银行业务内容，零售业务批发做，发挥出联动优势。

7. 基于全球视角，加快国际化转型。一是大力提升外币储蓄市场份额。抓住美元升值有利时机，加快外币聚财、个人结售汇电子渠道功能和国际速汇网银等创新推广，提升外币储蓄余额四大行占比。二是提升个人外汇服务能力。加快美元、港币、其他与美元挂钩币种储蓄产品创新，推出关联大宗商品价格等要素的外币理财产品，逐步提升外币资产在客户金融资产中占比。挖掘自贸区政策红利，满足优质客户的消费、经营融资等需求。以“出国惠”方案为载体，聚焦留学、旅游等重点客群，加快国际速汇、结售汇、留学鑫业务发展。加强见证开户、陆港通龙卡等业务的境内外联动。三是提升个人客户海外金融服务能力。将香港地区打造成下阶段个人客户海外金融服务“桥头堡”，充分发挥我行在香港地区零售业务发展已相对成型、港币挂钩强势美元等优势，充分借鉴已有粤港、深港联动经验，推出个人优质客户境内外、本外币资产配置服务方案。支持境外机构发行借记卡，加强全球支付信用卡营销，推广境外取现免费服务，加快推进海外网银的全地域覆盖，支持海外分支机构做大做实境外零售服务网络。四是推进个人客户管理的境内外一体化。实现客户 AUM 统计、分层和营销服务的境内境外统一管理，完善跨境客户推荐制度。

8. 加强战略协同，凝聚全行合力。条线内部协同方面，进一步优化大零售业务协作机制，定期研究重大事项，加强监督执行。建立考核评价机制，把协同成效作为评价各分行、各部门工作的重要指标。建立资源共享机制，统一分层客户服务品牌，共享个人客户信息。加强营销活动整合，统一制订个人客户营销活动实施计划，合理安排节奏，优化资源调配。个金、财富部门要明确客户部门定位，全面承担经营所辖客户职责，其中个金部门牵头抓总全量个人客户。公私协同方面，依托我行公司、机构和投行业务优势，充分发挥信贷资源、理财产品和对公客户基础作用，零售业务批发做，继续重点加强代发工资、IC 卡行业应用、银行理财等业务联动。集团协同方面，充分发挥集团优势，增加优质产品供应。与建信人寿、建信基金密切协同，加快产品销售，深化联名卡、存款组合产品等创新。与建信信托密切协同，扩大阳光私募、信托交易平台产品、融资类信托计划等销售规模。行外协同方面，提升对外部资源的统筹管理能力，丰富第三方伙伴数量和第三方产品种类。

9. 抓好重点队伍建设，加快专业人才培养。一是加快个人客户经理队伍建设。客户服务能力是银行的核心竞争力。要高度重视个人客户经理队伍建设，着力打造一支数量充足、结构合理、业务过硬的队伍，聚焦增加人数、提升能力和打通晋升通道核心环节。2015 年，总行将对个人客户经理的配备标准、服务能力、岗位职责和考核激励提出要求，各分行要做到“两个确保”，一是确保专职个人客户经理增速高于有资产客户增速，二是没有专职个人客户经理的网点年内要确保配备到位。要加强业务培训，不仅要提升负债、结算和理财业务能力，更要提升办理个贷、信用卡等资产业务能力和非金融服务水平。建立健全公平、科学激励约束机制，使个人客户经理真正成为零售和电子银行业务营销的“排头兵”。

二是加快产品经理队伍建设。目前全行零售和电子银行业务产品经理人数不足、力量偏弱，远远无法满足需要。要行内培养为主和行外引进为辅相结合，做实职责、增加人数、提升素质，加强产品经理与客户经理沟通配合，逐步建立一支专业能力突出、市场意识敏锐、营销支持有力的产品经理队伍。

三是关心关爱一线员工队伍。王董事长、张行长曾经多次就该问题做出重要指示。要加大一线员工资源政策倾斜，确保投入和执行到位，多为一线员工解决实际问题。要抓好网点负责人培训，做好基层网点负责人业务培训和能力培养。要加强电话银行队伍建设，建立和健全客服人员动态补充和激励机制，推进专家座席队伍建设。要继续组织客户经理风采展示大赛等活动，激发员工积极性和创造性，提升专业能力和服务水平。

10. 锻造基础能力，支持发展转型。一是提升大数据生产力。要加快新客户引入关键要素和成长模式、客户资金流动、客户流失、客户生活金融需求等课题研究和策略推广。要加快全量个人客户细分模型、产品购买预测模型和事件式营销模型建设。要搭建客户互联网访问信息平台，捕捉使用行外数据。要积极实施电话银行、社交媒体等非结构化数据挖掘分析项目。要加快楼盘大数据分析，将我行房金业务特有的数据优势充分地释放出来。要加强电子银行客户使用行为、私人银行客户经营企业信息和信用卡账单等数据挖掘分析。

二是提升 IT 支持能力。零售和电子银行业务涉及海量客户，强大的 IT 支持能力是业务发展运营非常重要的支撑。多年来，全行信息技术部门给予了我们十分有力的支持，零售和电子银行业务的 IT 基础持续夯实。下阶段，随着二期功能的上线和三期开发的集中攻坚，零售和电子银行业务新一代开发进入关键阶段。要全面推广二期成果，充分释放已上线功能，加快全行应用落地。要全力保障三期开发，树立战略眼光、加大人员投入、密切业务指导，加快个人客户综合积分、个人客户信息管理、个人客户关系管理和一体化签约等重点项目开发上线。

三是提升市场化定价能力。要形成差异化、综合化和动态化的定价机制。差异化方面，要针对不同客户群体给予不同的贷款、存款价格和手续费率。综合化方面，要统筹考虑客户资产、负债和中间业务对我行的当期贡献和战略作用，综合制定价格策略，避免“价出多门”。动态化方面，要依托灵活的响应机制和强大的科技平台，根据内外部形势变化，不断调整优化定价策略。

四是提升风险防控能力。要加强个人客户信贷风险统一管控，加快实施个人客户综合授信，建立跨条线、跨产品的综合授信和风险统一管理机制，涵盖个贷、信用卡和小企业贷款等产品。要重点关注个贷业务的区域、行业和楼盘集中度风险，确保不发生系统性、群发性风险。要继续丰富个贷风险监测预警模型，加大应用推广。要创新不良处置手段，联动子公司、探索新出口。要加强担保机构管理，严格准入条件，实行担保限额。要抓好信用卡业务“三亲见”，提高征信审批质量，加强客户准入管理，从源头把住信用卡资产质量的“生命线”。要加强用卡过程管理，监控排查资金流向。要加大不良账户回收力度，创新催收渠道和方式。合规风险方面，配合牵头部门梳理各风险高发环节，重点防控账户开立、客户信息保护和合规销售等风险。

同志们！2015年是全行零售和电子银行业务转型的关键时期。在年初全行工作会上，总行党委对我们提出了更高的要求，使命光荣、责任重大。让我们在总行党委正确领导下，以客户为中心，用互联网思维和互联网技术全面推进转型，为建设银行作出新的、更大贡献！

谢谢大家！

# 发挥专业化建设在“三授信”转型中的基础性战略性作用

## ——在全行授信专业化建设推进会上的讲话

杨文升

（2015年7月23日）

大家上午好！这次会议是在全行全面贯彻转型发展规划、全力防控不良贷款的背景下召开的。会议的主要任务是：总结全行授信工作，交流专业化建设成果，部署授信业务转型，推进授信专业化、特色化体系建设。总行党委对这次会议非常重视，王洪章董事长、王祖继行长都非常赞同召开这次会议，同时也希望我们授信工作能够为全行转型发展和风险防控发挥更重要的作用。下面我先讲三点意见，供大家讨论。

### 一、两年来授信流程优化取得显著效果

在2013年夏季工作会议上，总行对风险管理体制改革、信贷机制调整、授信流程优化做出了部署。这是总行党委审时度势，主动应对经济下行压力、外部市场波动和竞争格局变化而做出的科学决策。这次改革调整，明确了授信流程优化要以客户为中心进行“总体设计，分步实施，逐步完善”，做到“全面覆盖、专业专注、有效沟通、主动授信”。从两年来的实践看，初步达到了预期目标，取得了良好的成绩。

**（一）流程优化效果显著，授信评估质量效率明显提升**

一是建立了综合授信制度体系。综合授信以客户为中心，实现全方位、全产品、全集团的风险管控，从集团客户层面进行顶层设计，提高了授信层次，形成了以综合授信为主体，全球授信和集团授信同步推进的“三授信”格局。通过督

促授信方案的执行，探索将贷后管理与授信准备工作融合起来，目前我们授信的客户中存量客户占到90%以上，对这部分客户的授信流程应当与新增客户有所区别，如果我们在对存量客户的贷后管理过程中同时把授信前准备工作做好，对客户来说能避免多头应对，不会觉得复杂烦琐和莫名其妙；对于我们来讲能够提高授信效率。

二是主动授信理念得到贯彻。选择客户、授予信用、承担风险、获取价值，是授信的本质，也是经营风险的内在要求。为了落实好主动授信，总行连续两年开展了“百行千户”专题活动，特别是2015年的专题活动以“一带一路”、长江经济带、京津冀协同发展和自贸区等4个领域为重点，紧紧跟进国家大战略，紧紧贴近经营“主战场”，打开了主动授信、专业授信的工作局面。

三是项目评估转型全面推进。以满足客户综合化需求为中心，以深化项目评估职能、拓展评估范围、优化专业评估方法、统筹评估资源、提升评估独立性为核心内容的评估转型工作全面展开。有的分行工作推进也很有特色，如河南分行围绕项目评估业务特点创新项目投融资产品，对外提供一揽子全方位金融服务；山东分行建立项目储备信息库，实行动态分类管理，提前介入，及时制订评估计划和策略。

四是授信审批流程得到完善。通过客户差别化管理，精简了部分审查环节，整合了部分流程，按照风险程度高低有序精简下放部分权限。通过预授信、预审批、先批先占等新的制度安排，改变了过去对于集团客户“齐步走、打捆批”的做法，在确保授信质量的同时大大提升了流程效率。

根据转型发展规划要求以及年初工作会议的部署，今年以来全行加大了授信转型的推进力度、覆盖广度。从实际执行情况看，取得很多新进展、新成效。

第一，主动授信能力不断增强。到2015年6月底，全行累计完成综合授信评审3 150户，审定金额36，178.3亿元，涉及876个境内分支行、11个海外机构、3个境内子公司。授信平均覆盖率达到54%，福建省分行、北京市分行覆盖率超过95%。其中全行跨区域集团授信覆盖率达到83%。灵活的授信组织和额度分配机制，有效解决以往跨区域集团客户授信难点；同时又抓住重点，对传统优势行业如建筑业、房地产、交通运输、电力、水利等传统优势行业加大授信力度，对潜在风险大的行业如制造业、批发零售、商务服务、采矿业进行授信重检；授信效率持续提升，授信组织申报平均用时27.7个工作日（低于45天工作时限），较之过去平均90天的用时，质量效率都有了“质”的改变。今年上半年，综合授信所体现的制度优势进一步发挥：上半年评审客户1 130户，比2014年同期增加429户，增幅达61%；综合授信审定总量12 845亿元，比2014年同期增加2 543亿元，增幅为25%。

第二，全球授信和集团授信取得重大进展。分别梳理目标客户232户（全球授信）和29户（集团授信），分别完成评审53户、10户，授信金额分别为4 955亿元、226亿元。部分分行不断创新工作模式，做了大量有益尝试。苏州分行对在政府部门登记备案的667家“走出去”企业，分4种客户类型明确全球授信业务发展方向、路径和对策，连续4年邀请海外分行开展跨境客户和项目对接；建行亚洲积极主动拓展全球授信客户，是目前与境内互动最好、牵头全球授信客户数量最多的境外分支机构。

第三，保持评级推翻率稳中向好。2015年上半年，全行审定客户评级72 997户，客户评级推翻率由2013年的16.31%下降到4.58%，持续控制在监管目标之内。

第四，评估转型全面展开。2015年上半年共完成评估项目1 774个，申贷金额10 573亿元。与上年同期相比评估贷款金额增加45.6%。经过全行授信评估专业化实践，传统优势正在恢复。

**（二）探索授信专业方法，初步形成新的竞争优势**

“专业化”是授信工作的主基调，总行一直要求本部和各行结合本地区经济特点和经营需求，提出课题，多出成果，快出成果。去年以来，总行动员全行集思广益，发挥主观能动性，全行进行专业化研究，开始授信专业化方法的实践探索。2014年全行共取得58项专业化初步成果（其中分行55项，总行3项）。2015年“百行千户”专项活动，进一步清晰了授信专业方法在授信工作中的基础作用和核心地位。对于“如何看懂客户、如何选准客户、如何做好授信方案”分支行关心的三大问题，有了较好的解决方案。这个解决方案的基本内容是：核心是判断客户商业模式可持续性，关键是分析客户价值，重点是寻找行业运行趋势与规律，利用我行积累的内外部数据。经过1年来的应用，总体效果不错。应该说，我们授信专业化的思路已经明晰，授信专业方法的探索已基本成型。

客户和项目的选择是授信面临的核心问题：有的授信是以项目选择为主，如交通、电力、基础设施等主要是以项目自身未来现金流作为还款来源，这要通过专业的方法来看项目、选项目；有的授信是以客户选择为主的，如商贸物流、一般制造业、建筑业等以企业整体现金流作为还款来源的，这要通过专业的方法来看客户、选客户；有的既要考虑客户整体因素、又要考虑项目个体因素。现在我们看项目和看客户都不是绝对的，比如对央企，整体上可能风险较低，但还是要看其不同的项目，授信策略也要有差异，其他大客户也是一样，要看它的主业和优势。项目也是同样道理，对于大项目我们要从项目本身来考虑，但是我们也要看项目的管理过程，如果管理有问题，或是诚信不行，再好的项目也可能出问题。所以我们真正要看两个方面，侧重点不同而已，有些更侧重项目，有些更侧重客户，有些两者都要看。

经过全行共同努力，上半年全行形成了33项专业化初步成果（其中：总行9个，分行24个），客户选择和项目评估的专业化均取得明显进展。在客户方面，已经完成了房地产、建筑业、电力、零售、轻资产等行业领域的客户选择方法，我们统称为“授信工作方法”；在项目方面，已经完成了现代煤化工、高速公路、轨道交通等类型的项目评估方法，我们统称为“项目评估指引”。这些成果既涵盖了我行传统优势行业，又关注到战略性新兴产业和新兴商业模式。两大系列“方法”和“指引”标志着我行已初步搭建起了自己的授信专业方法体系，正在打造和形成新的市场竞争优势。5个行业领域的授信工作方法、3个项目评估指引是现在真正出了成果的可操作的办法，是准备在实际工作应用的。每一项成果均经过集中讨论、现场调查、样本分析、实地验证、专家评审等多个环节，不仅在思想方法上有创新，更重要的是给全行提供了可资遵循、简洁明晰的工作路径。这些成果的取得彰显了建设银行的集团优势、客户优势和人才优势，初步奠定了授信业务转型发展的方法论基础和专业技术基础。

比如对于高速公路项目评估，我们通过大数据积累分析，以高速公路历史收入为基础，以灯光密度（也称精细化经济密度）为佐证，寻找路网收入分布规律，按照相似推理原则，并结合收入增长形态分析，预测还款期项目年均收入，这种逆向估算法和可研报告的正向法交叉应用，简便易行，效率较高。基于此，结合补充还款来源分析，比较还款期收支平衡数，可快速判断项目偿债能力。实际操作上，基本可以做到“绘制1张路网图，5分钟内说清项目偿债能力”。2015年上半年我们用这个方法，已经审查了71条高速路项目。我们希望这种新的办法，能优化传统项目评估方法，真正取得成效。基础设施行业和项目评估都是我们的传统优势，但是回头看看我们过去做的一些项目，特别是现在开始显露了风险的项目，我们心里还真不踏实。有的高速公路实际运营情况很不理想，实际收入刚刚超过我们评估收入的10%、20%都不到，差别太大了。当然这里面有宏观经济变化，有区域经济出问题的因素，但是差别如此之大需要反思，我们希望新的办法能解决这些问题。

再如房地产行业，这也是我们的传统优势。中国房地产市场体量大，不管什么时候在这个行业的优势我们都要保持。但是过去我们也出了很多问题，现在我们的房地产授信工作方法，运用了历史数据和对未来趋势的判断，明确从客户、区域、项目3个维度进行评价。

还有建筑业。建筑业对于建设银行，绝对具有传统优势。但这些年，一方面我们的优势没保持，另一方面客户的变化也很大。授信部的同志总结，目前建筑业也呈现“建筑业+×”的模式，有“建筑业+BT”、“建筑业+PPP”，有的建筑业转型做房地产，有的建筑业转型做贸易，有的做建筑工业化。在变化过程中，如何保持传统优势，选准未来支持的方向。希望我们的新方法能解决我们工作中遇到的问题。

与此同时，各分行专业化建设也加快步伐，成果越做越实。有的紧跟国家政策导向，如上海分行在国家保障性住房大开发的背景下，研究辖内保障房客户及项目选择标准，积极支持民生工程。有的突出区域特色，如广西分行针对当地优势行业制糖业，在样本客户验证基础上，提出相对审慎的授信调整思路和方案；江西分行依托内陆承接产业升级，对触摸屏行业深入研究，明确对辖内存量客户一户一策，差别化授信策略。有的加大成果应用力度，如云南分行更新省内高速路网大数据，并以此为支持，运用高速公路评估新方法完成 3 条高速公路评估工作。

**（三）建立授信评估专家制度，队伍建设初具规模**

专业人才是授信专业化的核心。为加强授信评估专业人员队伍建设，先后出台了人才培养规划意见，建立授信评估专家岗位制度，分行业的专家团队开始建立并不断扩大。制定总行级评估委员指导意见，选拔评定第一批 33 名总行项目评估委员，最近又开展了第二批专家的选聘工作，建立项目评估人才库，储备 73 名总行项目评估人才库成员。部分分行也比照总行，建立了评估人才库，全行授信评估人才基础队伍初步形成，如湖北分行积极落实转型要求，组建项目评估人才库，高标准选拔人才，目前已落实评估入库人才 77 名；四川分行优选了 106 名兼职评估人员；重庆分行目前已到位 51 名。

虽然授信工作取得一些成绩，但是还存在一些问题。第一，有的分行对于评估人才队伍的建设重视还不够。王洪章董事长多次强调，希望把我们项目评估的传统优势在新时期努力打造成建设银行的“金字招牌”，但是人员安排不到位，工作就难以有效开展。第二，授信策略针对性不足，不够接地气。比如有些项目我们认为不能干，但也没告诉基层的同志哪些项目能干；另外有同志反映，有些项目同业都能做，为什么就我们不能做；还有同志反映授信审批提的条件过于严格，以至于落实起来很难，批的额度在客户那也不够用。这些发展过程中存在的问题实际上我们也一直在解决，但是解决效果还不够令人满意。第三，风险控制能力还要继续加强。现在我们仔细研究一些出了风险的项目，其中有些问题是我们授信审批环节的问题，所以我们一定要加强授信审批工作的系统管理，从源头上把控风险，对分行的授权也要与其风险管理水平相适应。另外，面对新常态的变化，我们自身的变化还跟不上市场变化。因此，我们希望以授信工作专业化为切入点，逐渐解决这些问题。同时也希望建立常态化授信专业管理机制，逐渐解决未来我们要面对的新问题。

## 二、高度重视授信工作的专业化

**（一）授信专业化是助推全行战略转型的关键**

2014 年 11 月，总行正式印发《转型发展规划》，受到了海内外的广泛关注，部分海外权威媒体认为建设银行的转型思路和行动是走在大银行前面的。我们之所以提出要全面战略转型，不是为了转型而转型，而是因为我们所处的外部环境发生了很大变化，经济发展进入新常态、外部监管环境发生变化、利率市场化深入推进、金融脱媒继续深化、互联网金融冲击，这些因素对我们都有很大影响。再加上“走出去”等发展战略的实施，我们考虑问题的视角也与过去不同了，过去仅仅着眼国内，现在要以全球视角来看问题，比如国内一些产能过剩行业，放在全球可能就不过剩了；又比如高铁，国内已日趋饱和，但我们的成本只有欧美的约三分之一，在国际上存在较大的比较优势。面对这么大的变化，我们必须加快推动转型，可以说，早转主动、晚转被动，早转型就能尽早抢占市场先机。当前，全行正处在转型的关键时期，需要多方面的共同努力，授信专业化也是助推全行战略转型的关键和必要条件，对提升客户服务能力和风险防控能力至关重要。

**（二）授信专业化是主动应对经济新常态的重要举措**

“新常态”的主要特征有 3 个：第一，经济增速下降，从两位数下降到一位数，大约 7%；第二，经济结构调整，传统产业不能满足发展需要，对经济贡献的占比在下降，新兴产业要加快发展，完成产业升级；第三，增长方式变化，过去单纯依靠生产要素投入的增长模式难以为继，现在要靠效率，要靠创新。

在新常态下，行业的走势会发生很大变化，客户的商业模式也在发生很大变化，我们看行业的方式、选客户的标准也要调整，要想选好客户、选好行业，就需要有专业化能力和专业化建设来支撑。仅用传统数据看行业是不够的，还需要对未来趋势的专业判断，另外，对行业的判断绝不能笼而统之、大而化之。比如，我们在对一些行业的重检中，发现行业间的差异非常大。制造业不良率超过4%，接近2万亿元的信贷余额，但是经过分析，发现制造业30多个行业大类每个情况都不一样，医药制造业不良率很低，有的行业则不良率很高；国企和民营又不一样，国企不良率为0.73%，远低于全行业水平。所以我们不能笼统地说制造业不行，需要深入分析。制造业既是基础产业，又是国民经济主导产业，体量大，金融服务需求大，而且未来我们还要走上制造业强国道路。2015年5月国务院发布了《中国制造2025》，这个规划非常实，有具体落实措施，是要真正做成中国经济比较优势的。这里会有很多新的变化，需要我们深入研究，对行业做精细化的判断，并提出相应的授信解决方法。特别是制造业中的高端制造业，无论是国企还是民企，资产质量都是不错的。所以，专业化和精细化对我们在新常态下选择项目、选择客户、风险管理的作用相当重要，我们的提升空间还很大。

在经济上升期，最容易忽视的就是风险管理，因为大家绝大多数的精力都放在拼抢项目、营销客户和维护客户关系上，部分分行，包括一些发达区域的分行，风险管理水平和专业化能力实际上是下降了。现在在经济下行期，我们需要把准备工作做足，把未来可能付出的成本降到最小。应该看到，现在企业投资的项目，有一些已经把潜在的风险做了较充分的安排，才决定要投资上马，所以我们选择项目的视角也应该进行调整，经过这一轮经济周期调整依然存留下来的企业，应该是抗风险能力比较强的，相当一部分未来是有发展潜力的。比如，我们对房地产客户的选择，需要分析客户是否经历过房地产运行周期，在行业不好的时候能够挺过来，这一点非常重要、再好的项目，再好的区域，如果客户没有开发经验，授信审批则要慎之又慎。

**（三）授信专业化是适应利率市场化变化的需要**

利率市场化给我们带来的影响是长期和深远的。现在，我们对利率市场化的感受更多的主要在负债端。参会的有些行领导是管过个人业务的，他们的体会可能更深刻。利率市场化对负债的影响确实很大，对负债工作的思路和理念影响也很大。上半年我们通过提升综合服务能力降低负债成本，努力使我们的服务与客户资金的流动、资产结构的转换匹配起来，努力在建行体系内提供客户所需的各类金融产品，这样就会有相当一部分的低成本资金沉淀在建设银行。在利率市场化下，虽然同业对存款上浮50%的上限都还尚未触及，但负债端的成本上升压力还是很大的，我们要发挥我们的优势，依靠综合服务能力，通过抓结算资金、流动性资金等低成本资金，努力让负债成本增加得少一点、慢一点。

但我们真正最担心的是下一步资产收益的利率市场化。目前，贷款利率基本还没突破基准下浮10%的底限，但长期来看是难以持续的。特别是现在我们的资产结构正在往政府类、基础设施项目和个人按揭贷款两个方向调整，这些优质资产未来价格上的压力会很大。比如政府类、基础设施项目是我们的传统优势，我们认为是低风险的，但同业也都这么看。前两年这些低风险资产之所以还能赚到收益，主要原因是从紧货币政策下信贷规模管控，有利于银行定价。所以资产端的高收益很大程度上是信贷规模溢价，而不是风险溢价。现在供求关系发生了变化，资金供给跟上了，但需求下来了，这使得低风险的项目很难拿到高定价。又比如按揭贷款，真正利率市场化的地区和国家，比如香港，按揭贷款收益大概只有几十个基点，而我们有些分行能做到基准上浮10%，全行新发放的按揭贷款平均利率也超过基准上浮2—3个点。如果资产端像负债端一样充分利率市场化，对收益下行的影响将是巨大的。

最近有些媒体，包括有些业内人士表示，商业银行不必过于担忧利率市场化，因为发达国家在利率市场化前，息差保持在200—300个基点，利率市场化进程中息差下降到几十个基点，但完成利率市场化后息差又恢复到200—300个基点。我们也有部分人认为，只要利率市场化成熟了，就不会影响银行收益，主要担心利率市场化不成熟。其实不是这个概念，我们应该看到，利率市场化前后息差相近，但完全是不同的内涵。利率市场化后息差的提升真正是风险管理能力提升，过去不会做的项目，现在敢做了，挣的是风险收益而不是利率管制收益。拿储蓄存款为例，2015年上半年储蓄存款新增3 680亿元，但这是资金大进大出后沉淀下来的结果，与过去主要依靠年初存款留存的新增金额是两个概念。在这个过程中，如果没有很好的综合服务能力，是很难保持存款净增加的。所以利率市场化对我们的风险管理能力提出了更高要求，对授信专业化工作也提出了更高的要求。利率市场化之后，发达国家大银行重新回到200—300个基点的收益，实际上是风险管理的专业化程度提高了，更多的银行开始专业、专注了。比如美国银行在医疗、教育、餐饮行业，富国银行在饮料、能源、环保行业，汇丰银行在贵金属、资源等行业都具备很强的专业化能力和优势。所以我们要有专业化能力，在资产端，别人看不懂的项目我们能做，就能拿到更高的价格；在负债端，大家都能干的事我们服务得更好，就可以付出更低的资金成本。如果授信专业化水平不能有效提升，负债的成本继续上升，资产的收益出现下降，加上不良拨备增加，原来商业银行的增长模式就难以为继。另外，专业化程度不高，资产业务也很难有大发展，这里的资产是大资产概念，理财业务也是一样。

**（四）授信专业化也是提升资产管理能力的需要**

目前，银行经营面临的资本约束越来越严，如果入选全球系统重要性银行，对我们的资本要求会更高，传统的依靠表内业务的盈利模式将面临很大困难，未来的发展潜力在管理资产。但如果没有专业化能力和品牌，资产管理就无从谈起。现在国家实施“一带一路”等重大战略需要大量的资金，而许多社会资本由于缺乏专业化的研究能力找不到投资的方向，这是很好的业务机会。建设银行如果把这些业务吃透，我们可以投资，也可以提供增值服务，业务的发展空间很大。可以把专业化能力拿出来，把我们的评级、评估和授信安排做好，过去我们许多分行以项目评估优势著称，要把优势发扬光大，建立能力和品牌。比如建设银行评估的项目，社会资本作为重要的依据来决策，有没有这个可能？现在我们针对房地产行业做了专业化研究，总行房贷部也在做楼盘大数据分析，我们有十几万个楼盘超过5年数据，没有哪家机构有我们的数据优势，我们可以多角度分析楼盘的竞争力、区域市场的情况，并与房地产专业化成果结合在一起。过去房地产行业处于上行期，商业模式简单，对客户、项目、区域选择的专业性要求不高，现在供求关系发生变化，人口结构发生变化，需要真正开始研究房地产建在哪？建给谁？建什么样的房子？而不是只要拿到地、建好房子就不愁销售。我们具备好的专业化优势和条件，就可以募集社会资金做这些项目，做真正的金融中介。比如，现在市场中P2P的商业模式是不错的，出问题主要在于没有专业的风险管理，如果我们有能力真正把好的项目选出来，利用建行的品牌优势，募集资金是没有问题的。

**（五）授信专业化是适应以客户为中心理念的需要**

以客户为中心不光是提高效率、降低沟通成本，还要用专业化的方法，为客户提供最有利的授信方案。比如现在实施“走出去”战略，就需要我们有专业化的研究能力，要紧跟客户需求，满足客户需要。

**（六）授信专业化是适应新常态下风险管控的需要**

大家都能感受到现在不良防控的压力很大，一个客户、一个项目出现不良，就会影响我们的ROE、ROA等多个关键指标。授信审批工作要从源头上把控风险并提升风险收益，要选好客户、选好项目，希望从推进授信专业化工作开始，按照这个方向长期坚持下去，一定会对全行的风险管控工作作出大的贡献。

## 三、当前和今后一段时期的主要任务

第一，尽快形成完整方法体系，落实并应用好授信专业方法。今后市场的竞争，关键是专业能力的比拼。总行层面首先要做好规划，要在两年内实现对25个主流行业、40个主要项目类型以及“互联网+”商业模式的深入分析，实现授信专业方法和评估指引的全覆盖。今年总行牵头的17个项目（其中授信13个，评估4个）以及分行自己安排的44个课题（授信20个，评估24个），年内力争取得实效，争取明年能用起来，这里质量是关键。需要提醒大家的是，不要做成政策研究报告的形式，一定要拿出可操作的办法，哪怕有些办法不完善也没有关系，方法出来之后，在实践中去使用，不断地优化迭代。包括总行的3个办法，也不可能是完美的，也需要不断地优化，先拿出成果，把关键的风险找到，把商业模式看明白，先用起来。评估要集中力量完成轨道交通、铁路、机场、风力发电、煤炭、“走出去”项目等行业评估专业课题，尽快形成研究成果。授信要集中力量研究新产业、新业态的发展规律，如“互联网+”、轻资产、养老以及其他现代服务业等领域。另外，下一步要重视网络基础设施的建设，我们传统基础设施是优势，国家基本把用电的事在全国范围解决了，现在信息网络的建设在全国范围也要解决，这个市场规模很大，过万亿元的投资，我们要把这件事情做好。刚才讲到，利率市场化下未来收益会下降的低风险行业，比如基础设施，比如按揭业务，我们现在一定是要做的，现在的收益还很好，要抓住机会。另外这绝对不是说民营企业就不做了，量不一定太大，但是要做质，要靠它提升风险管理能力，如果碰到民营和高风险的就不做了，碰到有问题的行业就不做了，这一轮下来我们的风险管理能力会大幅下降，那么周期底部过后，恐怕就没有能力应对市场了，我们这么大的银行，需要从长计议。

分行层面主要是参与专业化规划建设，更重要的是抓好规划落地和课题成果的推广，通过专题培训和区域行业研讨等形式，向各层级、各条线传导具体使用办法。专业化工作要以一级分行为主，不要往下派任务，基层主要是要用好方法。每年要对专业化方法进行重检，这既是贷后管理的要求，也是授信专业化的要求，要形成制度，使我们的方法不断地贴近市场。专业化具体工作方法的制定，要按照以下几个大的原则开展：第一，一定要研究行业发展趋势，要有趋势判断，这个判断要基于对历史情况的分析以及对未来方向的预测；第二，一定要了解行业内客户主流的商业模式；第三，一定要研究清楚好客户的特点和各项指标情况；第四，一定要研究问题客户的问题出在哪；第五，在上述基础上，我们要制定自己的客户选择标准。无论授信办法和评估指引，都要按照这几个大的原则来，不仅授信要专业化，评级也要专业化，不能笼而统之，评级要和授信、评估的专业化结合好，避免形成“两张皮”。

第二，进一步把综合授信做实。客户特别是集团客户的经营策略是分行经营中的一件大事，也是一级分行高级管理人员的重要职责，不能简单授权、放任不管。专业化的方法固然重要，但没有专业化的部门和岗位是无法真正实现专业化的。希望各个分行要把专业化的部门、岗位建好，要根据分行实际情况合理估计工作量，并合理配齐资源。分行领导要牵头组织授信评审专业化会议，特别是大额授信项目，要规范参会人员和会议流程，提高评审能力，提升授信决策的质量和权威性，发挥其对信贷经营的纲领性作用。具备条件的，可以在分行评审会上一次性解决准入问题。对于部分客户，可在深化授信方案的基础上，根据需要将综合授信与信用审批合并决策，进一步提升决策质量和效率，总行将陆续做出制度安排，可以先试点再推开。综合授信方案的制定和审查是授信部门的职责，一级分行授信部门要主动承担起来，由于授信方案的专业性和技术性较强，因此这个职责不能委托其他岗位代为履行，分行权限客户的授信方案应由分行授信人员完成。要切实把授信部做实，把综合授信做实，这两项工作是相辅相成的。大家工作中遇到问题，要及时与总行授信审批部沟通。

第三，积极应对严峻的资产质量管控形势。当前，资产质量管控是全行工作的重中之重。授信工作要提升核心能力，发挥专业作用，承担起资产质量管控的重要责任。首先，要通过“两定一提”，从源头上选择好新客户、控制好风险，对存量授信客户要认真做好贷后管理与授信准备工作的有机融合，在提高授信效率的同时，也要把好存量客户的再选择关。其次，要加强授后的跟踪监测，根据形势变化及时调整授信策略，对于潜在风险较大或已经出现风险的客户，要权衡利弊，要通过后评估等多种工具，积极稳妥地推动风险化解。对已经形成专业成果在加大应用力度的同时，选择资产存量大、风险事项爆发频繁、新业务新产品专项开展后评估工作，及时发现问题，完善风险控制措施。同时，授信审批人员要加强市场和客户调研，利用“经验+数据”的优势，及时感受市场变化，准确把握实质性风险。

第四，主动做好授信分类管理和重检工作。

对于关系到国家稳增长、促改革、调结构、惠民生、“一带一路”、京津冀一体化、长江经济带等的一系列重大政策落地相关的央企及重点地方国企客户，授信工作安排要提高计划性，增强主动性和及时性。对于关键区域、关键行业领域的关键客户，要主动根据形势变化重新确定总量及策略，有所为有所不为。授信分类重检请大家高度重视，例如，商业地产行业最近陆续传出门店停业等负面消息，而且由于互联网的冲击，其原有以购物为主的经营模式发生了巨大变化，这会深刻影响其现金流以及所属集团的资产负债表，需要对商业地产的估值、现金流等深入分析，连餐饮业这种依赖消费环境的行业都会受到很大影响，商业地产行业会发生深刻变化，要认真重检。央企和地方国企要分类管理，问题要理清楚，出现行业亏损的央企要认真研究，如跟集团关系不紧密的成员企业，股东背景可能被弱化，要慎重授信。要借重检机会，把客户认真梳理，找出风险点，提出下一步授信安排。

第五，加快推进全球授信工作进度。国际竞争能力是我行三大能力建设之一，是战略转型的重要体现。特别是“走出去”国家战略的背景下，要帮助客户实施全球业务发展，同时，对境外大的企业，希望在中国境内发展的企业，要做好全球授信服务。2015 年新增 100 家全球授信客户是最低目标，要注意发挥境内外分行两个积极性，要力争多发展一些客户，夯实海外机构的客户基础。对于重大项目，总行要发挥主导作用，选择几个有代表性的客户案例做好示范。

第六，尽快推动重大项目落地见效。要建立好重点项目库，提前掌握辖内优质客户及重大项目需求，加强跟踪管理。对重大项目，要及时跟进信息，跟前台做好沟通，提前做好授信安排。比如，京津冀协同规划已经出台，未来北京的职能定位已经清晰，政治、文化、创新和国际交流中心，除了这些职能，原则上都要迁走，相应在河北等地有承接，相关分行都要关注，项目很多、规模很大，授信审批部门要提前着手安排，配合前台部门把握好市场机会。

第七，加快人才队伍和管理机制建设。专业化道路，要依靠专业人才，应用科学工具，做出权威结论，这是建设银行信贷文化的重要组成部分，应该继续发扬光大。要立足于建设一支引领商业银行业务的授信专家队伍并进行全行统筹管理，形成独特价值品牌。要加快推进授信评估人才“163”工程，建立一支由 100 名总行级专家、600 名一级分行本级专职授信评估人员和 3 000 名二级分行兼职储备人才组成的梯次队伍。2015 年一级分行 600 名专职评估人员和二级分行 50% 的兼职评估储备人才要到位。要畅通专业人员的职业发展渠道，尽快制定持证上岗、继续教育和绩效管理等制度。鼓励分行在授信人员绩效评价上做出探索，通过有效机制提升人员积极性。总行将对各分行队伍建设和职责履行情况进行监测评价，并与风险管理能力评价、信贷授权考评等挂钩。领导的专业化建设也很重要，这次会议主要是分管授信审批的领导参加，下午讨论主要听分行主管领导讲。分管授信审批的行领导工作思路要清楚：第一，要了解总行的发展战略，统一风险偏好，各地有实际情况，但是要执行好总行统一风险偏好，要利用好全行的专业资源，比如基础设施、制造业，总行这方面已经投入大量资源研究，如果各行其是，后台支持的专业资源都要自己建设，往往实际效果是不好的，过去没有执行统一风险偏好的分行也是有代价的；第二，实际工作中要了解省情、市情，有针对性地开展工作；第三，要把握分行授信业务的发展过程，要及时发现授信工作中的问题，包括前台的意见、队伍建设的问题、问题资产的经验教训等，要为分行发展多提建设性的意见。

同志们，2015 年是建设银行实施战略转型的关键一年，也是授信专业化推进元年，授信审批条线责任重大、使命光荣，大家要凝聚共识，厘清工作思路，积极行动起来，以专业化能力建设推进主动授信工作，为全面提升建设银行市场竞争力作出应有贡献。

# 加快转型发展步伐　引领全行市场表现

## ——在重点城市行转型发展专题座谈会议上的讲话

黄　毅

（2015年7月10日）

大家上午好！我们这次召开重点城市行转型发展专题座谈，各重点城市行和总行有关部门的代表都作了充分准备，大家围绕重点城市行转型发展，结合《关于加快重点城市行转型发展的指导意见》，提出了很多很好的建议。座谈会既是征求意见的过程，也是达成共识的过程，大家在更宽的范围内、更高的程度上达成共识，这对推动工作是很重要的。座谈是个非常好的形式，你们已经谈了，我也说说我的想法。

### 一、重点城市行的基本情况

截至2014年末，23家重点城市行一般性存款余额、各项贷款余额、中间业务净收入、税前利润系统内占比分别为26.16%、27.82%、25.49%和23.3%。重点城市行不良贷款率低于集团平均水平。

和其他三大银行比较，23家重点城市行总体保持了当地市场领先地位，存款、贷款、中收、利润占比均为第二，贷款新增几乎与第一的工商银行持平。

从主要发展指标看，重点城市行是我行市场竞争的生力军，也是提升我行整体市场地位的重要支柱。然而近年来，随着经济金融形势变化和市场竞争加剧，重点城市行发展呈放缓趋势，部分指标甚至低于全行平均水平。长三角、珠三角地区的重点城市行和资源型城市行整体表现欠佳，受当地市场环境恶化、不良暴露的影响较大，个别行还陷入经营困难的窘境。

2014年，23家重点城市行存款、中收、利润增速分别比上年降低2个、8个和6个百分点，存款余额、中间业务收入虽仍是四大行第二，但四大行占比分别比上年降低0.32个和1.15个百分点，处于近3年最低水平。

### 二、重点城市行发展存在的问题

#### （一）优势逐渐弱化

重点城市行经过多年快速发展，市场地位得到较大提升，9家分行一般性存款四大行占比已达30%以上，部分行已成为当地同业赶超的目标。在看到重点城市行发展成果的同时，我们也要看到市场地位快速提升带来的上升动能减弱、下降势能增强的问题，也要认识到我国经济已进入发展新常态，原有支撑我们快速发展的要素条件正在发生深刻变化，重点城市行发展已到了爬坡过坎的紧要关口。

以前重点城市行增长方式符合中国经济发展实际情况，但未来未必会符合国情。再过几年，中国哪有这么多铁路、公路、机场要修，昆明长水机场建好了，也不能5年拆了重建。拆了重建似乎符合凯恩斯经济学，但是理论也是讲究投入产出效益的。我们对公业务有优势、市场占比高，但对公业务是不稳定的，譬如财政存款，想走就走了。所以，重点城市行要继续保持稳定增长态势，就必须加快转型步伐，逆水行舟，不转肯定不行。

#### （二）政策针对性不强

重点城市行管理与综合经营计划、信贷政策、授权授信等全行核心管理方法结合不够紧密，部分资源集中、管理能力较强的分行，没有得到应有授权和资源，全行资源和政策倾斜程度不够。

总行在向一级分行下达综合经营计划中，对

重点城市行主要资源配置情况提出了一些业务指引，引导信贷资源向重点城市行倾斜。但事实上，因为部分省分行等级较低，或者是全省资产质量波动较大，重点城市行获得的资源增量和授权空间被压缩。信贷资源方面，部分省会行的投入弱于同业，对省会地区的战略重要性认识不够深刻。财务资源方面，部分地区员工费用下降，薪资水平缺乏市场竞争力。对暂时陷入困难的重点城市行指导帮扶力度不够，难以稳定员工队伍，使其经营管理不能进入良性循环。

**（三）管理基础薄弱**

在信息系统建设和数据管理方面，重点城市行管理信息系统落后，总行、分行的系统对接与省会行的机构口径对接仍存问题，数据统计基础薄弱，也是制约管理水平提高的短板。全行很多信息系统内没有城市行特别是"一级半"省会城市的统计指标，也缺少同业对标数据，对重点城市行日常考核和管理，主要依靠手工汇总计算。由于缺乏必要的数据支持，考核指标体系整体设计不得不倚重传统业务和传统方法，转型导向不明确，不能全面反映转型发展的新要求。

在机构设置和人力资源政策方面，部分地区机构类别级别调整不够灵活、综合化网点比例过低，制约了业务发展。人力资源方面，我行培养的员工在同业受到普遍欢迎，在很多地区都是同业挖掘人才的目标，导致在部分地区人员流失严重，岗位常年人员缺编，现有的招聘频率和招聘方式难以满足业务稳定发展的需要。

## 三、加快转型步伐，引领全行的价值创造和市场表现

王洪章董事长对重点城市行发展十分关心，曾批示："'三大一高'战略中，大城市竞争能力的提升至关重要，近几年我行大城市的竞争力优势不突出，且有下滑趋势。建议在资源配置和考核上想一些办法。保持住目前市场地位，大城市将起重要作用"。

为尽快扭转重点城市行发展被动局面，总行今年确定对一批重点城市行进行试点，给予政策和资源倾斜，希望大家能够珍惜机会，鼓舞士气，善用资源，提升能力，改善市场地位，为我行的大城市行发展作出表率。

**（一）总分行倾斜政策要落到实处，加强差别化指导**

总行将在以市场地位提高为目标、差别化资源配置为导向、激励与约束匹配为原则、薪酬与绩效挂钩为手段、负面清单管理为创新突破口的转型思想指导下，进一步加大对重点城市行的资源配置和政策倾斜力度。一方面资源配置将按照重点城市行经营管理基础和提升空间分类，明确资源倾斜内容和幅度，鼓励重点城市行自我加压、提高转型目标，并确保资源安排能够真正落实到重点城市行。另一方面要加大简政放权力度，提高产品创新和审批效率，使重点城市行能够更快地响应市场需求。需要指出的是，有关省分行也要因地制宜，制定相应的配套支持措施，总行和省分行形成合力，共同加大对重点城市行的支持力度。

差别化政策是个很难搞的事情，制定差别化政策和相关的实施机制和评价标准，是我们在经济工作中遇到的很大挑战。差别化的东西写在指导意见中有困难，我们可以在转型发展行动方案里面解决。行动方案要把差别条款、你们的想法和总行几个部门的看法，写在里面，考核以这个为准。我们总行这些部门至少一季度要调研一次，至少一年要把这些行走一遍，发现可推动改善分行市场地位的关键问题，及时帮助解决，这也是对重点城市行实行的差别化指导。

**（二）明确发展要求，加大激励与约束力度**

与前面所赋予重点城市行资源配置和政策倾斜相对应，总行也将对重点城市行提出更高的发展要求，未来3年重点城市行要稳固并提高市场地位，消除同业排名第四的情况。

总行将奖惩并行，奖优罚劣，真正发挥激励与约束机制协调作用。一级分行KPI考核中，重点城市行挂钩分值要扩大变动区间，不能仅对表现好的重点城市行进行奖励加分，对考核表现不佳重点城市行，还要对负有管理责任的一级分行给予减分处罚。对于有重点城市行的18家一级分行实行KPI考核加、减分并行，也体现了对其余没有重点城市行的一级分行绩效考核的相对公平。3年行动方案完成后，总行要对市场地位下滑的重点城市行主要负责人问责，对经营管理成效显著的城市行予以"软性激励"和"硬性激励"，

对广大员工的辛勤工作予以回报。

**（三）加强管理体制机制建设，提升发展潜力**

要完善城市行机构管理体系机制建设，多支行体制的省会城市行要权责分明，明确经营管理责任主体。在人力资源方面，可探索拓宽招聘渠道，创新招聘模式，优先满足差别化试点行用人需求。总行搭建重点城市行交流平台，加强兄弟行之间的经验交流推广。加强对重点城市行管理层和广大员工的队伍建设，提升人力资本储备。总行高等级培训班要增加对重点城市行倾斜，不断提高管理能力。

关于五职等职数问题，对市场地位突出、业务规模较大的重点城市行主要负责人，可直接配备为五职等。如果现在不良率较高的重点城市行3年能把历史问题都解决了，市场地位提高了，也可以多加几个职数，总行给的指标不够，可以申请增加，优秀干部也提升到别的分行，再把其他行搞好。如果给重点城市行增加1个五职等干部职数，每年能增加几十亿元、几百亿元的资产规模或者收益，我认为我们的干部管理思路也可以创新。

**（四）以负面清单管理为突破口，激发创新活力**

总行将在重点城市行试行负面清单制管理模式，通过破除不合理的束缚，激发分行产品创新的动力和活力。重点城市行要成为负面清单管理的试验田与示范区，不断总结经验，不断地扩散推广，将来可以扩大到条线，扩大到有条件的地方，再扩大到全国，就可以达到通过激发活力加快向创新银行转型的规划目标要求。

我们转型的出发点、着力点、落脚点，就是希望大家勇于创新。但各行不能利用负面清单管理机会违法、违规，弄个理财产品坑蒙拐骗是不行的。让你们当创新的先遣部队、马前卒，希望你们是道德的模范，执行合规的模范。

**（五）重点城市行要自我加压，提升市场竞争力**

重点城市行对全行巩固市场地位十分重要，重点城市行兴，则建行兴。在复杂的市场环境下，重点城市行必须在防范风险的同时，依靠转型发展，巩固传统优势，打造新兴优势，结合自身发展实际，找准转型突破方向，尽快修订完善3年行动方案，制订可行目标，勇于担当，狠抓落实，推动市场地位显著改善提升。

同志们，总行党委这次下定决心，以前所未有的力度支持重点城市行转型发展，希望各行能抓住机遇，迎难而上，实现自我加压、自我突破，为全行转型发展打好开局。这次座谈，各分行谈了不少好想法好经验，希望大家取长补短，尽快完善3年转型发展行动方案，总行会全力支持，上下合力把工作做好，不断加快重点城市行转型发展。

# 加快推进渠道与运营转型 打造新优势 服务新发展

## ——在全行渠道与运营业务转型发展暨工作会议上的讲话

**余静波**

（2015年6月24日）

大家上午好！这次会议的主要任务是深入贯彻落实全行转型发展规划和总行党委统一部署，回顾和总结近三年来主要工作，分析当前面临的新形势，部署下阶段渠道与运营转型重点工作。

总行党委对这次会议高度重视，会前王洪章董事长做了重要批示；王祖继行长专门听取了渠道与运营部工作汇报，肯定了渠道与运营在“三综合”推进、前后台分离、物理渠道管理等方面工作卓有成效，并要求继续肩负起转型使命，围绕转型战略目标不断探索实践，为全行业务发展发挥更大作用；郭友监事长也指示“坚持创新驱动，转变思维，搭建更好的平台和渠道”。下面我讲几点意见，供大家讨论。

## 一、近三年来渠道与运营工作回顾

2012 年在深圳召开“深化营运体制改革暨网点综合化”会议以来，全行认真贯彻总行党委“综合性、多功能、集约化”发展战略，切实转变思想观念，积极推进网点综合化转型和集约化建设，各项工作组织推动有力，成效显著。

**（一）有序推进网点综合化转型，网点综合服务能力显著提升**

1. 推进单功能网点综合化转型，提升网点资源综合利用效率。2013 年 6 月，总行制发了《单功能网点综合化转型指导意见》（建总函〔2013〕336 号），明确转型目标及推进方式，指导分行有序推进单功能网点转型。区分不同网点类型，确定 8 家转型网点作为样板网点，下发试点经验共享材料，指导分行对照转型，确保转型效果。2015 年 5 月底，全行综合性网点累计新增 4 489 个，总数达 14 258 个，开办对公业务的网点占比由 71% 提升至 96%，综合性网点占比在四大行由第四位上升为第三位。原单一对私网点通过综合化转型新开对公账户 13 万户，新增对公存款 834 亿元，新增对公中间业务收入 55 亿元。中高端对公客户复用原个人理财室 10 946 个，复用比率达 92%，日均新增受理对公客户 6 万个。对公客户服务基础薄弱问题明显缓解，网点资源利用更为充分。

2. 推进综合柜员制，提升网点人力资源利用效率。总行明确综合柜员制实施条件、设置方式、业务处理范围等内容，指导全行推进综合柜员制，实现网点人力资源有效利用。2015 年 5 月底，全行累计新增综合柜员 7 万人，总数达 9.9 万人，综合柜员占比由 27% 提高至 81%，创历史新高。客户排队等待时间减少约 5 分钟，日均服务客户数量增加 15%，满足客户“一站式”业务办理需求，客户满意度提升 9%，客户体验明显改善，有效缓解了柜面对公对私忙闲不均问题。

3. 推进综合营销团队建设，提升客户综合营销服务能力。2013 年 5 月，总行制发了《营业网点综合营销团队建设指导意见》（建总发〔2013〕90 号），建立起网点内、网点间及与上级行、专营中心联动营销机制流程，指导分行开展网点综合营销。梳理适合在网点销售的产品，编发《营业网点产品联动销售手册》，引导网点开展联动综合营销，提升客户产品覆盖度。2015 年 5 月底，全行共组建综合营销团队 18 598 个，覆盖约 96% 的综合性网点，网点营销服务人员占比由 31% 提高到 49%。网点对私联动对公累计增加 52.1 万对公账户，存款增加 2 847 亿元；对公联动对私累计增加 1 071 万客户，存款增加 2 899 亿元。

4. 统一网点岗位设置，促进资源向基层一线倾斜。整合网点对公、对私十几个营业岗位，统一规范为网点负责人、营销主管、营运主管、网点客户经理、产品销售经理、高级柜员、柜员、大堂经理 8 个岗位，明晰 8 个岗位与原网点岗位间的职责对接，建立岗位设置标准。配合人力、财会部增发网点岗位补贴，引导分支行管理人员向一线流动，薪酬配置向网点人员倾斜。

5. 推动柜面业务流程优化，改善客户和员工体验。持续推进柜面凭证、登记簿及印章等精简整合工作，加强“标准件”管理。统一柜面凭证样式，将 233 种柜面业务凭证整合为 70 种，精简比率达 70%，建立了全行统一的凭证模板库。统一登记簿设置，已取消、整合及电子化 21 种登记簿，推进 60 种登记簿电子化逐步落地，有效减轻前台登记工作量。统一柜面集中授权模式，推进柜面授权优化与集中，集中范围已扩大至北京、安徽等 7 家分行，网点柜面授权业务量平均减少约 73%，总体效果良好。

6. 强化网点知识技能培训，提升员工综合业务素质。编写完成网点负责人、柜员、产品销售经理等网点八岗位综合化培训教材 50 多万字，明确了综合化转型对各岗位的知识技能要求。组织各行开展岗位轮训，补齐员工综合素质短板。联合总行培训中心开发高级柜员和柜员操作考试系统，进一步完善综合柜员上岗资格考试。补充完善网点负责人轮训课程，完成《“三综合”转型先进分行经验分享》和《样本网点经验分享》两门新课程开发。

**（二）深化前后台分离，网点集约化服务支撑能力不断增强**

1. 加大前后台分离力度，集约化服务能力进一步提高。为贯彻行领导“彻底分离，高度集中”的指示要求，进一步上收一级、二级分行集中业务环节，重点推进信用卡进件、财政支付等个人、机构复杂类业务集中，分离范围逐步延伸拓展。截至2015年6月，实现全行14 523个营业网点和425个信用卡、房贷等专柜35类业务集中处理，日业务量达100.35万笔，对公柜面账务类交易业务笔数分离及单笔业务工作量分离比例达80%，柜员交易处理工作量与操作复杂程度明显降低，信用卡办卡周期由原2—3周缩短为1周。前后台分离项目同业领先，获中国人民银行2013年度银行科技发展一等奖。

2. 持续完善集中生产机制，生产质量效率稳步提高。在人力、技术等部门的大力支持下，总行建成了国际领先的武汉、成都业务处理中心及4个离场作业中心，实时承接全行柜面集中处理业务，集约化生产体系基本建成。继武汉中心于2011年投产后，成都中心也于2012年8月正式投产运行，集中生产产能逐步扩大，作业质量效率不断提升，全流程业务处理效率较分离前提高60%。

3. 引领同业推进二维码等新技术应用，自动化水平不断提高。在同业率先推进二维码、OCR等新技术拓展应用，实现凭证要素等关键信息自动识别，降低操作风险，减少外包人工录入量，有效控制集中作业成本。完善生产自动化信息管理功能机制，促进系统间数据共享，减少人工落地流程，集中业务自动化、集约化处理水平不断提高。

**（三）营业网点布局不断优化，网点经营效能进一步提升**

1. 网点新增四大行第一，市场占有率进一步提高。大力推进网点建设，加大资源配置、KPI考核、新设网点“三年保护期”及“包干到人”等管理力度，网点数量与同业差距逐步缩小。从总量看，我行网点14 781个，仍居同业第三，但四大行占比较2010年末提升1个百分点，达22.5%。网点规模与工行缩小600个，较中国银行扩大819个。从增量看，近四年我行营业网点新增1 441个，增幅为10.7%，新增数和增幅均列四大行第一。

2. 优化网点布局，东部地区覆盖面持续扩大。紧跟经济发展，重点在东部地区、县域及经济新兴区域不断加强网点布设力度。2014年末，我行东部地区网点达6 667个，占我行网点总量的45.6%，较工行该区域网点占比高0.6个百分点，四年新增570个；县域网点达4 300个，四年新增269个，网点覆盖面继续扩大。

3. 网点产能同业领先，品牌形象优势凸显。储蓄所、分理处升格2 331家，整改低效网点1 000多家，网点综合经营能力不断提升。2014年末一般性存款余额这126 808亿元，四大行占比25%，高于营业网点规模四大行占比2.5个百分点。点均一般性存款余额8.5亿元，居同业第二位，较工行（8.9亿元）略低4 000万元。同业中率先实施统一的网点视觉形象标准，“蓝色银行”深入人心，客户体验良好，点均存款和市场份额领先，品牌优势明显。

**（四）自助渠道业务跨越式增长，渠道延伸和业务分流作用提升**

1. 自助设备规模保持高速增长，结构不断优化。2014年底，全行在运行现金类自助设备达到8.1万台，四大行占比24.6%，居四大行第三；现金设备规模近4年累计增长了103.3%，2014年新增现金类设备1.2万台，增幅为15%，设备年度净新增创历史新高。全行离行自助银行7 465个，占全行自助银行总数（21 274个）的35%；2011—2014年离行自助银行年均增长109%，客户服务范围不断拓展，与网点协同能力提升。虽然离行自助银行年均增长百分之一百多，但总量占比只有35%，这个比例还要加大。

2. 自助设备柜面分流能力进一步增强。2014年账务性交易累计41.76亿笔，较2010年增长了86.68%，近4年平均增幅达到21.67%；实现中间业务收入35亿元，比2010年的22.15亿元增长58%。交易规模持续攀升，柜面业务分流效果显著，业务发展支持作用明显。

3. 自助设备运维效率显著提升。进一步推进自助设备清机运维专业化管理，建立了同业领先的自助设备管控系统，创新手段，提质增效，全行设备运维效率提升明显，客户服务能力显著增强。2015 年第一季度，现金设备开机率达到 99.2%，较 2010 年提高了 1.39 个百分点。

**（五）推进本外币支付清算业务集约化运营，有力地支持海内外机构及金融市场业务发展**

1. 全面贯通海内外支付清算渠道。完成海外清算系统、资金业务后台处理系统 22 家海外分行推广，实现两个系统全部海外机构总行集中管理；支持伦敦子行成功申办人民币清算行资格，完成清算行系统推广及相关功能改造，全面支持离岸人民币 24 小时全球清算服务。截至 2015 年 6 月，伦敦清算行累计处理清算业务 2 万余笔，清算总金额为 2.4 万亿元人民币，系统直通处理比例达 95%。境内人民币清算业务率先实现总行“一点接入、一点清算”，节省日均 200 亿元沉淀资金，并为分行节省大量人力；通过支付平台代理接口接入深圳金融结算系统，实现跨境人民币支付 7×24 小时运作。在集中运营方面，渠道与运营管理部承担了大量工作，提供 24 小时运行服务，支持了全球建行的开业和运营。

2. 大力支持金融市场业务发展与创新。新一代金融市场组件后台模块上线，实现人民币全产品和基础外币衍生品的后台直通式处理，业务效率明显提升；加强海内外机构金融市场后台业务管理，严控业务超授权风险，提高违规交易系统拦截能力，加强金融市场业务数据质量控制及对账工作；积极参与金融市场新产品开发、制度流程制定，完成结构性存款、黄金期权等 20 余种创新业务的后台支持；新签 ISDA 协议 60 份，衍生品交易确认书近 2 700 份，为海外机构抢占市场份额、扩大资金交易业务规模提供支持保障。

**（六）做好系统业务运行转型与集中核算工作，为业务发展提供支持保障**

1. 构建国内首家服务全行的员工响应平台与企业级知识管理流程。率先在国内建立了总行集中受理、跨条线多部门协同的员工问题响应平台，以及全员共建共享的企业级知识管理流程，解决一线员工服务客户时遇到的疑难问题。2014 年 5 月总行成都业务处理中心正式为一线员工提供系统操作指导和问题咨询，日均问题受理量 675 笔/天（高峰时段 1 329 笔/天），当日问题解决率达 92.3%，重要紧急问题全部当日解决；将典型问题解决方案纳入知识库供员工查阅共享，得到了一线员工的肯定。知识管理平台在迁移存量知识文档 4.7 万个的基础上新增知识文档 7 900 个，知识文档的日均点击量达 100 余万次，知识交流平台新增交流主题 5 000 多个，解决问题 2 000 多个，大大缓解了前台的应急困难。

2. 构建业内领先的机构员工用户应用体系。机构员工用户作为新一代首批项目顺利上线，建立了业内领先的机构、员工用户统一视图和集中管控体系，规范了管理流程，为全行业务的开展提供了统一、标准的机构、用户和权限信息，简化了网点员工的权限配置操作，有效提高了处理效率，降低了操作风险。

3. 高效完成总分行本级账务核算及业务运行工作。加强运营集中业务规章制度建设，推进标准化、规范化管理，开展条线培训和检查监督，夯实基础管理，集中核算和业务运行质量稳步提升。全行准确完成日常营运业务结算、核算和系统运行操作，连续实现业务处理无重大差错，业务运行无重大责任事故，保障了全行业务健康发展。

**（七）推进现钞业务改革，精细化管理不断深入**

1. 成本项目深入试点和推广取得较好效果。推进“现钞实物流转”战略成本项目逐项落地实施。应用贵金属电子保管柜，试点行黄金库容节省 60%，出入库和盘库效率分别提升 30% 和 50%；通过电子化扫描登记尾箱，出入库交接效率提高 90%；试点脱机应用柜员用循环机，试点行柜面现钞作业效率提升 10%，误收付假币风险降低，推动完成国家标准立项，得到人民银行总行的高度认可；完成清机频率功能开发和测试，动态密码锁脱机试点扩大，风险点减少 85%，效率提升 22%；试点应用统计模型核定备付计划，加大备付考核和管理力度，2014 年全行日均现金备付率为 0.514%，四大行最低。

2. 金库分级分类管理成本节约效果显著，金库基础管理进一步夯实。一是创新实施金库建设分级分类管理。将三级、四级新建金库的验收、启用批复下放给一级分行，简化了金库建设管理流程；精细化审批金库立项，逐库优化建设方案，使金库建设更加合理，更好地满足业务需求。2013年分级分类实施以来，共批复分行新建及改造金库立项67个，压缩金库建设面积，节约建筑成本近1亿元。二是夯实金库基础管理，重构金库制度体系，推动金库标准化作业管理，细化明确管理要求。三是强化金库特别检查，2012年以来总行累计检查金库261座，发现并督促整改问题650个，各级金库制度执行力不断提高。

3. 超额完成人行反假货币工作要求。按照人民银行要求，全力推进全额清分和冠字号码查询工作，在全行范围内部署柜面清分模式试点、冠字号码查询系统和清分机具的升级改造工作。截至2015年6月，全行100%的自助设备和90%的网点已实现付出现金冠字号码可查询，网点、自助设备以及上缴人行三个渠道的现金全额清分分别实现68%、98%和100%，超额完成全年计划。

**（八）持续创新优化监督手段，案件风险防控能力不断增强**

1. 稽核监测成效突出。研究探索出了核对类稽核、风险性稽核、专题稽核和柜面业务实时监测4种分类作业模式，稽核监测深度、广度同业领先。研发了552个预警模型，预警平均准确率达到1.25%，与美国银行3%的先进水平差距逐步缩小；稽核发现、分析、揭示问题能力大幅提高，前台核查信息量大幅减少（平均每个网点两个工作日才1条）；紧盯风险热点问题，组织分行开展专题稽核，加强数据分析模型应用经验共享和指导，稽核作用显著。自2012年以来，稽核监测累计发现并督促整改各类问题68.43万个，揭示重大违法违规交易1.1万笔，及时堵截潜在资金损失事件1.51万起（笔），其中“小金库”、员工参与高息集资、收取贷款回扣及涉嫌冒名开户、网银诈骗、非法洗钱、信用卡套现等内外欺诈案例占30%。

2. 柜面检查资源整合稳步推进。针对网点多头检查、重复检查，检查标准不统一、检查效果不理想问题，调整柜面业务检查管理机制，推动条线单一检查向综合性检查转变，实现柜面业务操作执行层面检查统一组织。目前，全行已有山东、湖北、安徽、青岛等22家分行柜面检查实现整合统一，既减少了检查所需的人力资源，又提高了检查的针对性和风险防范效果。

我刚才总结了8个方面的工作，总的来看，这几年来，我行主动适应客户和市场变化，先后推进了营运体制改革、网点一代和二代转型、前后台分离、“三综合”建设等多项重要举措，基层网点正在发生一些可喜的变化，营业网点持续升级改进，资源利用效率、经营效能及内控水平得到很大提升，客户体验和柜员感受越来越好，为下一步渠道与运营转型发展打下了非常好的基础，积累了宝贵经验和做法，这是全行上下共同努力，各相关部门通力协作的结果。在此，我代表总行党委和管理层对大家付出的辛苦努力，为全行业务发展作出的重要贡献表示衷心的感谢！

## 二、形势分析与存在的问题

在取得上述成绩的同时，我们也看到，当前内外部环境和经济形势发生了深刻变化，对商业银行经营发展既带来难得的机遇，又形成巨大挑战。

一是利率市场化和金融脱媒使客户选择多样化，迫使银行更注重渠道经营效能。利率市场化近在咫尺，很多经济学家说就差临门一脚，这不仅丰富了客户对产品和价格的选择，而且存贷利率缩窄，进一步压缩了银行盈利空间。2015年第一季度，我行实现利润增长了1.86%，四大行中表现良好。但与2014年增长6.1%相比，仅仅第一季度就大幅收窄，预计第三季度仍将持续下滑。金融脱媒使客户间接融资更多向直接融资转变，存款理财化、投资多样化、资金逐利化趋势更为明显，极大地改变了对公、对私业务的客户群体、业务结构。在金融监管日趋严格的情况下，网点大规模扩张已不可能，必须优化结构和布局，提升网点综合效能，不断提高客户黏性。在这条线上工作的同志必须清醒地认识到，外界的变化迫使我们更加注重渠道经营的效能。董事长特别指示我，当前最主要是抓两大转型：第一是资产和投行业务的转型，第二是网点的优化和转型。网点转型优化成功，将继续发挥其作用，为新业务发展服务。转型如果失败就可能成为经营的包袱，所以网点的转型优化非常关键。二是技术创新和

"互联网+"使客户消费习性发生改变，迫使银行改进渠道服务。当前互联网正加速向金融业渗透，"互联网+"时代已经全面到来，互联网将连接一切，成为未来的新常态，这是大势所趋。"互联网+"一头连接着消费者，一头连接着金融，还连接着实体经济、制造商和企业，互联网+是把消费、制造商、经营、消费者服务等都连成圈的时代。无处不联网时代的到来，要求我们重新审视渠道的现状，与时俱进地改变服务。当前互联网金融去中介化明显，以方便、快捷、成本更低的优势，对银行业支付结算、贷款融资等业务和功能产生较大的替代，物理渠道传统功能定位迫切需要改变。三是在激烈的市场竞争中要赢得先机，渠道转型迫在眉睫。从我行渠道现状来看，网点资源利用不足、线上线下融合不够、渠道各自为政等现象还不同程度地存在，与董事长提出的"三综合""三个平台"要求还存在很大差距。当前，同业都已在渠道方面着力深化改革，工行、中国银行均设置了渠道综合管理部门。我们这些问题如不抓紧解决，将会在同业和市场竞争中落伍，所以渠道转型非常紧迫，压力很大，作为渠道管理部门，要重点研究线下渠道，使其发挥最佳效能。

为此，总行党委高度重视，高瞻远瞩，明确了全行"综合性、多功能、集约化、创新型、智慧型"转型发展战略，通过深化改革、优化经营、强化管理，实现科学发展和可持续发展。其中，实现"综合性"很好地解决和满足客户多元化的需求；实现"多功能"，丰富功能，有效扩充综合化服务的资质和能力；推进"集约化"，是实现资源有效利用，推进综合化的一种高效手段，集约化的程度如何，很大一部分体现在运营上；"创新型"是银行经营发展的生命力，是破解资源约束、应对激烈竞争的必然选择，创新的好坏体现提供的服务、柜面、窗口等能否真正满足客户的需求；"智慧型"是以智能化、数字化、信息化为主要特征，依托互联网形成的银行业务新模式。随着《中国建设银行转型发展规划》出台，2015 年全行战略转型全面启动。在接受《财经》记者采访时，董事长提出了我行三大转型核心：资源配置、渠道管理、考核机制，可见渠道转型的战略意义。这三个核心中，渠道转型与资源配置、考核机制都密切相关，很多资源要在渠道配置，渠道对这些资源要进行管理，渠道运营条线 19.9 万人的考核，也是渠道转型的重点，所以在座各位肩负的使命和责任很重。总行党委已明确渠道与运营部统一管理网点，承接渠道转型工作，但在转型推进过程中，还存在着以下 3 个方面最为突出的问题，希望大家高度重视。

一是全行物理渠道综合运营管理机制尚须进一步理顺。在分行层面，网点仍存在多头管理情况，总分行条线管理还不顺畅，已直接影响和制约渠道转型工作的整体推进，"三综合"的效果也难以持续发力。二是部门协同配合机制亟须建立。物理渠道作为我行基础资源与通用平台，既需要有好的产品或业务做支撑，也需要综合保障部门、IT 部门等各部门支持、配合，尽早建立综合的业务与产品运营规则、综合的研、产、销规则，在系统建设、产品开发、业务运营等方面协同共进，才能保障物理渠道转型措施真正落地，促进建行整体发展。三是专业化管理能力与集约化、综合化管理要求还存在差距，队伍建设亟待加强。渠道转型作为一项系统工程，创新任务千头万绪。渠道规划、综合营销支持、岗位统一、网点综合服务等很多管理工作是全新的，现有人员管理经验尚处于摸索和积累过程中，亟须建立专业的条线队伍适应转型要求，不断提高管理深度。

## 三、下阶段重点工作

会议前夕，王洪章董事长专门就渠道与运营转型工作做出重要批示：同意加快推进，并做出部署。"三综合"中有关问题要精细研究，包括流程调整、制度整合、设备统一并接口畅通、人员培训、统一岗位设置等，要认真解决。有关管理问题，可做调研，明确一个部门管理。加快推进"三综合"建设，为下一步'三个平台'建设打好基础。

董事长的重要批示，明确了渠道与运营转型方向，就是要在深化"三综合"建设的基础上，统一管理，做好"三个平台"建设工作。为贯彻落实董事长的批示精神和其他行领导的有关要求，渠道与营运转型的总体要求是：贯彻落实"综合性、多功能、集约化"转型发展战略，以客户为中心，以市场为导向，深入开展网点“三综合”建设，实施物理渠道分类管理，推进线上线下融合，将网点打造成我行产品展示、客户体验和客户交流平台，构建统一、规范、安全、高效的“国际一流，国内最佳”的物理渠道，以更高标准打造集约化运营体系，服务全行新发展。

我们现在着重做两件事情，一是建设国际一流的物理渠道，按照董事长的要求，打造“三综合”、“三个平台”，真正实现统一、规范、安全、高效。另一个是，高标准地打造集约化的运营体系，服务全行发展。“统一”就是要实现制度、流程等统一管理，基本上要做到12个统一：统一网点管理、统一功能分区、统一柜面操作流程、统一岗位设置、统一服务规范和标准、统一柜面凭证管理、统一柜面印章管理、统一柜面登记簿管理、统一柜面授权管理、统一柜面设备管理、统一委派营运主管、统一柜面检查。“规范”就是要规范运营机制，即规范网点岗位操作、规范营销支持、规范产品展示、规范网点视觉形象标准、规范网点考核机制、规范自助设备运维作业6个规范；“安全”就是要确保员工、客户的生命、财产安全和运营安全；“高效”就是要通过流程整合、资源协同打造高效的运营服务平台，支持业务部门产品创新，为客户提供优质服务。

围绕转型总体要求，重点做好以下10个方面工作。

**（一）加快职责调整，统一物理渠道管理**

1. 尽快改变网点分散管理现象。前段时间总行对37家分行网点管理情况进行了调查摸底，涉及渠道网点规划、自助等7项主要渠道管理职责，分行一般都分散在3~4个部门管理。如网点服务有28家分行归个人部管理，其余分散在结算、营运、公关、渠道、办公室等多个部门。网点分散管理是“三综合”难以形成合力的根本原因。“三综合”效果不理想的分行大多是分散管理的分行，有些分行只是解决了形式上的三个综合，综合性网点、综合柜员制、综合营销队伍建设深层次的机制问题还没有解决。董事长最近到安徽调研时指出，网点是一个平台，建设银行所有的业务、所有的产品都可以在这个平台上展示、销售，只有把网点作为一个平台，网点的功能才能发挥得更好。总行明确由渠道部来管理网点，这个平台让渠道部来搭建，考虑问题时可以综合考虑。所以，分行要有一个部门来统一管理网点。

2. 加强组织领导，确保职责尽快调整到位。渠道转型关乎建行长久发展，是全行转型发展赋予的使命。渠道不仅要做好自身转型，还要通过转型更好地服务支持电子银行、零售、公司、资管等业务转型，要在转型中充分发挥渠道和运营服务支撑保障作用。因此，各行要进一步统一认识，用发展的眼光考虑渠道转型工作，既要有责任心、使命感，也要有危机感，这样我们就能形成合力，确保转型稳步实施。这次会议首要解决的一项重点工作，就是渠道管理必须集中在一个部门，履行好总行渠道部的统一职责，这是董事长特别强调的，无论分行党委具体定在哪个部门管理，必须集中到一个部门管理，并按照总行渠道与运营管理部的要求开展工作。各分行党委对此要高度重视，加强组织领导，加快推进物理渠道统一管理。具体组织上，各分行可深入研究，按照董事长要求，将物理渠道管理职责集中到一个部门统一管理，具体哪个部门，由一级分行党委来决定。按照“人随事走”原则调整部门职责及人员岗位，各部门要协调配合，共同研究和解决职能和机构整合过程中出现的问题，确保平稳过渡。总体原则是调整后分行渠道管理部门的职责应与总行一致或多于总行，即总行渠道部的主要职责，一级分行要有承接的专门部门，二级分行要有专门的承接科室或团队，部分分行由于本行特色业务或其他分管事务等实际情况，渠道管理部门职责可以多于总行。渠道管理职责可以集中于营运部，也可以集中于其他部门，但必须是一个相对独立的团队来管理渠道业务。各行回去后要第一时间向党委汇报，最迟2015年8月底上报方案经总行同意后再着手实施，10月底前部门职责和人员要全部调整到位。从第四季度开始，总行相关工作将逐项部署下去。

**（二）深化网点综合化建设，促进网点向多领域、多功能、多产品服务转型**

1. 进一步发挥综合化效果。尽快完成单功能网点转型。目前全行单功能网点只剩下496个，各行要积极争取监管部门支持，尽快完成转型，使综合性网点占比与工商银行、农业银行基本持平，有综合经营牌照的网点，99%以上要真正开办对公对私全面综合业务。这里的“全面综合”，即除了特色网点外，对公对私所有业务在综合网点真正实现办理。不具备升格条件的，要转成微型网点，即以自助设备为主的，配两至三人指导服务的微型网点，将人员释放出来，充实到其他网点。要加强综合柜员培养。年底前实现85%以上柜面人员能够办理综合业务，100%综合性网点实施综合柜员制，满足客户“一站式”办理要求，进一步缓解客户排队现象。要重点抓好网点综合营销。“三综合”成效如何，关键在于综合营销的作用发挥得怎样，最终体现在全行业务发展上。总行将进一步完善综合营销机制，搭建综合营销支持平台，以网点为中心，深化跨机构专职联系人制度，为客户提供“1＋N”综合营销服务模式。各行年底前要实现全部综合性网点组建综合营销团队开展联动营销，进一步提升网点综合营销效果。今后网点基本上分为4种类型。第一种为大型综合网点，即旗舰店，包含建设银行所有的产品和服务，是建行品牌形象的全部体现。全国计划打造1 000家左右，初步计划每个二级分行配备一个。第二种为综合性网点，即根据当地网点状况、业务量等具体情况设立的大小不一的，能办理所有业务的网点。第三种是特色网点，即突出信用卡、个人住房、小微企业等单项特色的网点。第四种为微型网点，即社区型的、以自助设备为主的微型网点。除综合型旗舰店必须保持外，其他3种类型的网点不是一成不变的。比如综合性网点，随着自助渠道和线上渠道的发展，综合性网点在当地可能不再有存在的必要，就可以转为微型网点等类型。

2. 调整网点综合考核机制。网点的综合考核机制是营业网点经营的指挥棒，对“三综合”的深入推进至关重要。董事长提出的三大转型核心之一的考核机制在某种程度上也是一种资源配置的手段。2015年总行将进一步完善网点综合考核机制，考核的思路、导向将发生很大变化，考核的总体原则是以层级为主，不进行单项考核，按照团队考核。绩效分配向网点倾斜，按层级匹配，不再按条线匹配；建立按网点、队伍、员工分级的综合考核激励机制，改变单纯考核任务性指标、单纯考核条线指标、单纯考核当前业绩指标的考核模式；推行建立积分制考核体系，个人业绩与团队业绩挂钩、交易考核参与业绩分配、营销推荐参与业绩分成，利益分摊、责任共担，切实激发网点整体营销服务积极性。具体采用哪种考核形式，各行可以试验，不同分行可采用不同模式，同一分行的不同区域也可采用不同模式，总行将及时总结出好的模板，供各行学习借鉴。

**（三）优化物理渠道布局，提升渠道整体效能**

1. 合理优化网点布局。总行正在着手制订全行物理渠道三五年发展规划，各分行也要根据各行的规划和当地实际制定好本行发展规划，进一步做好营业网点布局优化。网点总量方面，不搞盲目规模扩张，但要盯紧市场和同业，确保营业网点规模四大行占比不下降；网点布局方面，重点是做好布局优化和物理渠道网络完善，按照“巩固城区、进入社区、拓展县域”的发展策略，构建以“物理网点为依托、自助银行及功能点为延伸”的物理渠道网络，重点强化东部，紧跟区域经济变化，特别要加强经济发达县和机构空白县，以及“一带一路”等新兴经济区域等地区的网点覆盖，提高我行网点整体服务能力。

2. 完善网点分类建设管理。加快推进网点分类建设和管理，将网点按不同规模和特点类型，通过优化人、财、物等资源，有重点、有针对性地打造经营网点。建立低效网点整改长效机制，各行每半年要进行一次网点规划研究，通过效益测算等手段判断布局是否合理，对低效网点进行撤并和清退，释放出的人力补充到其他网点。要加快旗舰网点建设步伐，上面提到打造1 000家左右旗舰网点，具体数量各行可讨论，总行也将研究具体标准，指导各行科学规划和布局。规范旗舰网点考核，从投入产出、产品、业务量等维度明确考核标准。推进物理网点功能形态创新，因地制宜地加大智慧银行元素及设备在普通网点和自助服务点的投放、应用，在网点建设时考虑今后发展趋势，做好设备替代人进行服务的准备。各行要组织好营业网点新视觉形象标准落地实施，整体提升我行营业网点的综合化、专业化能力，打造我行品牌优势。

3. 逐步健全网点岗位与劳动组合管理。按照网点功能定位与类型特点，结合网点客户服务与经营情况，细化网点岗位设置与劳动组合标准，规范岗位设置流程，强化网点岗位设置统一管理。加强统筹协调，综合利用网点人力资源，科学设置网点岗位，灵活优化劳动组合，积极推进综合岗位设置，兼顾专业服务岗位，满足网点服务综合化与专业化多样需求，提升网点岗位资源综合利用效率，支持全行物理网点建设与发展。要创新优化对公对私客户经理与柜面营销人员组合方式，充分发挥员工创造性。通过现代化设备的运用和劳动组合优化，解放人力，更多地从事销售、服务。

**（四）创新自助功能服务，推进自助银行转型**

1. 加快自助银行建设。加大离行自助银行建设力度，提高离行自助银行占比。未来两年到三年，总量上，力争新建 7 000 家离行自助银行，使离行自助银行与营业网点数量比达到 1:1，其中有我行网点的县域地区达到 2:1。净新增 2 万台现金设备，使现金设备总量达到 10 万台，全力支持我行业务快速发展。结构上，密切配合网点布局优化，尽快实现全功能网络服务，一方面做好线下重要空白区域抢占，另一方面做好网点调整后的空白点填补，离行自助设备重点向商圈、社区与县域倾斜。

2. 创新自助银行功能服务。在结算服务功能基础上，进一步拓展新服务功能，为客户提供生活缴费、预约挂号、存折打印、外币兑换、大额存款等复杂交易功能，并通过远程视频服务方式，提供开户、发卡、签约、理财咨询等综合服务功能，提供智能化、“一站式”、全天候的金融服务。

3. 保持自助银行营运同业领先地位，持续推进智能化管控。构建智能管控平台，支持多类型、多品牌设备大规模接入，实现统一平台管控。减少人工环节，推进设备运营与维护自动监控等线上管控，保障运维安全，提升作业效率。整合分行资源，组建自助银行后台远程支持业务团队，进一步推进网点业务向自助渠道分流。

**（五）融入智慧元素，运用互联网思维，打造“三个平台”**

1. 将网点打造成“产品展示平台”。创新运用互联网思维，利用新技术、新设备全方位、立体化、多样化展示我行信息、产品和服务，与客户实现场景互动，让客户随时、随处体验我行产品和服务，为客户提供展示、体验与销售无缝衔接。逐步统一规范营业网点产品展示区域设计，规范产品展示内容和流程。在全行建立网点智能管控平台，对网点内多种设备进行统一管控，为网点提供多维度综合信息展示，有效提升网点智能化管控能力。对行内，打造面对所有业务部门全产品的开放式服务平台；对行外，打造对合作伙伴选择性开放的服务平台。

2. 将网点打造成“客户体验平台”。推广智慧银行智慧元素，丰富网点体验功能，增强网点体验营销能力，加强网点体验环境建设，激发客户潜在体验需求，为客户提供专业、智能、舒适、一致的客户体验。提升客户权益体验，落实监管机构的消费者权益保护相关规定，通过多种方式向客户普及金融知识，拉近与客户的距离。建立常态化的体验机制，开展产品、功能和流程满意度调查，有效应用客户体验成果，助推我行产品、业务和服务流程创新，逐步建立客户体验反馈的良性循环机制。

3. 将网点打造成“客户交流平台”。全面加强营业厅服务规范，以“方便客户办理业务，利于岗位服务衔接，便于开展联动营销”为原则，优化营业厅区域布局，合理设计、有效引导客户在营业厅的活动路线。完善填单机、平板电脑等设备功能，依托大数据分析结果，准确获取客户信息，激发和挖掘客户潜在需求。这里特别强调要激发、引导客户需求，因为有些客户并不是不需要金融产品，而是对金融产品不熟悉，通过适当的引导和激发，可以有效挖掘客户潜在需求。要加快网点员工思想和理念上转轨，增强主动、规范的服务意识，提升员工交流能力，做实首次接触责任制，实现“一点营销、联动服务、综合解决”。要通过对大堂经理和营销人员的培训，提高其应变能力、分析处理能力、客户服务能力，不断赋予客户服务新的内涵。

**（六）打造集约化生产平台，逐步提升服务支撑能力**

1. 深度分离柜面和专营业务，支持业务转型。围绕网点转型，重点将工作量大、复杂程度高的业务向后台分离，保留与客户交互交付多、风险等级高、操作处理便捷的业务，推进前台劳动组织调整和功能转型。运用集中处理优势，将业务范围从柜员端向电子渠道、自助设备等客户端拓展，实现客户端复杂处理的分离。探索承接放款中心等相对标准化、流程化、风险可控的环节或工作事项，支持金融市场交易核算业务影像化处理，服务网点、业务条线和专营机构发展转型。今后我们的原则是，机器能做的不让人工做，后台能做的不让前台做，线上能做的线下网点少做，真正把便捷留给柜员和客户。

2. 加强集约化生产组织管理。随着集中处理业务量的不断增加，如何做好生产组织管理，既提高效率又保证安全，变得越发重要，也是对我们管理能力的重要考验。这不仅是总行和两个中心的事，各分行也要积极配合总行，服从统一要求，在确保新业务顺利上收的基础上，持续优化生产布局，进一步提高集约化生产水平。下一步总行将通过建立分行考核机制，改进外包费用分摊机制，督促分行加强业务基础管理、严格按规程规范操作、加强受理审核，提高集中生产质量和效率。

**（七）进一步做好系统业务运行转型工作，为一线员工提供优质服务**

1. 切实重视用户管理工作，把用户管好、用好。在行内用户管理的流程上，人力资源部门是源头，要实现用户管理与人力资源系统的对接；渠道与运营管理部门要确保具体的用户管理规则和要求，各部门根据这个规则和要求实现对所辖用户的精细化管理。在用户管理上，要特别注意用户的有效性，同人力资源系统的对接就是要从源头上杜绝无效用户；另外要及时发现、清除由于各种历史原因产生的冗余的、无效的用户。2015 年总行要在全行范围内开展用户的专项清理整治工作，各层级各部门要高度重视，认真组织落实。

2. 持续做好员工响应协同后援与信息共建共享推广工作。新一代企业级知识管理平台与员工响应平台的上线，为我行构建“知识导向型企业”奠定了基础。为深入推进知识的全员共建机制和员工响应协同机制，总行后续将通过推广评优、知识竞赛等方式引导全行员工贡献知识、交流知识，发动各单位的业务技术专家做好响应后援工作，进一步提升客户体验，共同做好所辖业务领域的知识管理和员工问题的协同后援工作。尽可能为一线员工提供便利、简洁的操作，从而使其为客户提供优质、高效的服务。

**（八）推进海外机构集约化运营，支持国际化转型**

1. 推进海外机构业务集中。完成法兰克福分行和建行亚洲清算业务上收总行集中处理，实现海外操作的总行集中，适时推动境内全行外汇汇款业务的后台集中补录，提高业务的标准化、集约化处理水平，有效降低海外机构运营成本。研究海外机构金融市场业务后台集约化管理方案，推进配套电子影像系统开发上线，适时开展海外机构试点。

2. 加强海外机构清算管理。加强海外机构本地货币清算方案统一设计，完善清算业务作业标准和评价考核机制。强化海外清算业务管理，建立清算服务水平跟踪评估机制，提高主要币种清算服务水平，支持海外机构清算客户拓展开展。严格要求海外机构执行总行不相容岗位的相关要求，规避操作风险，确保海外机构安全、合规运营。

3. 研究探索海外机构日常运营管理机制。要紧跟人民币国际化趋势和“一带一路”战略，结合海外分行当地监管要求，研究探索适应海外机构日常运营方面的管理机制，构建海外机构营业网点柜面操作流程标准，创新风险环节的控制手段，建立海外机构自助设备、金库等运营管理规范。针对我行海外机构不断申请开办人民币现钞业务需求的情况，统一业务审批和办理流程，做好支持保障工作。

**（九）严控金库和柜面现金业务风险，保障安全运营**

1. 加强金库风险控制。金库是风险防控的重要部位。最近个别分行暴露出管理松懈、有章不循、违规操作的现象，发生了风险事件，对我行的声誉造成了不良影响。为此，总行已经组织全行开展了“金库安全运营管理年”，各行要高度重视金库管理工作，认真排查管理漏洞和风险隐患，杜绝违规操作，确保金库安全。

2. 加强柜面现金业务风险防控。从近期内外部审计及检查情况看，一些分行上门收款和机构现金调拨业务存在管理混乱、违规操作等问题，极易引发案件风险。各级行要抓紧完善制度、规范业务流程处理，改进风险控制手段，督促问题整改，从源头上消除风险，柜面现金的风险必须高度重视。

3. 落实人行反假货币监管要求。当前反假币形势非常严峻，监管层面对此提出了很高的要求，各行要不折不扣地落实执行，按计划完成付出现金冠字号码查询和全额清分，确保各渠道投放的现钞无假币，妥善处理客户假币纠纷，持续做好反假货币宣传等工作，将反假币作为一项常态化基础性的重要工作持续抓好、抓实。

4. 配合人行做好现钞发行管理工作。对于人民银行下半年现钞发行管理方面的工作要求，各分行务必高度重视，按照总行及当地人行的部署，制订配套方案，认真组织机具升级及人员培训等工作，把工作做细、做实，确保不出现任何问题。

**（十）加强合规基础管理，全面防范渠道与运营风险**

2015年是全行的"合规管理年"，也是全行"平安建行"深化之年，各级机构要将"合规建行"与"平安建行"有机结合起来，将相关工作要求落实到位，抓出实效。在网点，19.9万人的一线员工是"合规建行""平安建行"创建的主力军，只有每个员工都做到了合规，履行了安全责任，全行的合规和平安才会有坚实的基础。2015年"3·15"晚会上，我行员工林森的事迹充分说明了这一点。各行要加强合规理念传导，培育良好的合规文化，落实安全责任，使合规成为一种习惯。"合规建行，人人践行""平安建行，人人有责"的口号不仅要叫响，更要深深扎根于全行员工的心中、落实到具体行动上、渗透到日常工作中去。具体要做好五个方面的合规和安全防范工作。

1. 要保障消费者资金和信息安全。尽管我们过去在案件防控方面做了大量工作，但必须认识到，不法分子犯罪手段不断翻新，腐蚀勾结员工现象突出，窃取客户资金等现象屡禁不止。近期，全国银行业发生多起因外部欺诈和内部舞弊引发的客户存款失踪和信息泄露事件。所以希望大家一定要按照有关要求，抓好这方面工作。加强柜面、开户、对账、印章等的管理，加强账户监管和专人专区销售理财产品的管理。前一段时间，银监会的领导专门找到我，要求各行试点专人专区销售理财产品。银行的高柜低柜中，要明确进行分区，在理财产品销售区内明确挂牌提示，在这一区域内购买的产品，风险自担。我向董事长汇报后，董事长同意先在几个行进行试点，看看客户反响如何。所以各行若有新装修改造的网点，可以考虑试点分区，但现有的网点，就不必大动工程了，可以考虑挂牌等方式适当分区。目前，总行已制订了试点方案，各行要深刻领会银监会的20条管理要求，本着对客户负责、对建行负责的精神，高度重视柜面业务操作风险防控和专人专区销售理财产品试点工作，确保试点工作顺利实施，切实维护消费者合法权益，杜绝相关风险事件在我行发生。

2. 加强营运主管委派管理。自2003年全行推行营业网点主管委派制以来，委派主管队伍在加强事前、事中控制、有效遏制违规违纪行为和案件事故方面发挥了重要作用。但近几年在执行中也出现了一些新的问题，针对这些问题，总行最近下发了新的《营运主管委派制管理办法》，各行要加强落实，确保年内所有符合委派范围的营业网点委派到位。尽快落实下辖委派营运主管职级待遇、隶属关系调整、后备人员队伍建设、人员培训、监督检查等各项工作，实现新旧制度转换期间主管队伍的平稳过渡。要将营运主管承担的营销职责尽快移交网点综合营销团队，充分发挥委派营运主管风险防范第一道关口和规范管理柜员的作用。委派营运主管的作用，第一是承担风险管控职责，作为第一道关口，对下面员工进行管理，抓好合规建行建设；第二是规范化管理，依靠委派营运主管，落实柜面统一管理。营运主管的素质水平直接影响网点的风险防控和合规管理，所以总行单独下文件落实，希望大家高度重视。

3. 进一步提升稽核监督能力。当前总行正在研究推进核对类稽核业务总行集中；加强稽核监测模型研发，提升模型预警准确率；做好新一代稽核监测系统平台上线工作，实现"三跨三化"（跨渠道、跨产品、跨账户，智能化、专业化、精准化），满足大数据金融和全行业务转型发展的风险防控新要求。各行要继续抓好专题稽核，加强稽核问题分析和督促整改工作，将稽核监测与现场检查手段有机结合起来，积极挖掘总结典型稽核案例，跟踪监督违规问题整改，促进相关问题解决，发挥稽核监测正向激励作用。

4. 强化检查监督。柜面业务检查尚未统一的分行，要尽快实现统一组织、统一整改。要建立统一的柜面业务检查督导队伍，提升检查人员综合性、专业化检查能力。要切实改进检查手段和检查方式，进一步提高检查效率和检查效果。各层级要强化条线问题整改工作，查找制度、系统、流程等深层原因，推动根源性整改，加强屡查屡犯问题整治，提高整改效果。尚未实施检查统一的分行，2015 年在渠道统一过程中，要向党委汇报，制订检查统一方案，报送总行渠道部，这样才能保证我们的检查质量。

5. 加强渠道与运营条线队伍建设。渠道与运营转型工作将是一项长期的任务，要求和起点非常高，面临的压力和挑战也非常大，迫切需要稳定的专业化管理队伍加以推进。各行要加强骨干力量的培养，运用互联网思维，强化对渠道融合、综合服务等理念方法的培训，提升人员的思想认识与综合素质。要进一步充实渠道管理力量，配备一批网点管理经验丰富、具备研究创新力量的人员，打造一支适应渠道转型发展、有竞争力的专业队伍。

按照会议日程，下午还要围绕转型工作进行分组讨论，请大家畅所欲言，广开思路，积极献计献策。

同志们，渠道与运营转型工作任重道远，让我们以高度的责任感和饱满的热情，开拓进取，勇于创新，适应新常态，创造新辉煌，为将我行打造成为“最具价值创造力银行”而继续努力！

# 人人践行　创建“合规建行”<br>奋发作为　推进转型发展

## ——在内控合规转型发展工作会议上的讲话

**余静波**

（2015 年 7 月 15 日）

这次会议是总行内控合规部成立以来召开的第一次全行系统性会议。会议的主要任务是，全面总结和回顾近三年内控合规工作，分析当前的形势与问题，安排部署下一阶段重点工作。总行党委对这次会议非常重视，会前，王祖继行长专门听取了内控合规部工作汇报。今天，按照原定计划，王行长本来将专程参加内控合规转型发展会议并作重要讲话，他曾经说，这将是他来到建设银行后参加的第一次专业会议，但接到紧急通知，要求王行长参加今天的国务院重要会议，不能前来参加本次会议了。王行长指示，他的讲话通过书面讲话形式印发与会代表。请大家一定要认真学习，深刻领会，抓好贯彻落实。按照总行党委的要求，这次会议的主线是深入贯彻落实年初工作会和董事长在内控合规部调研座谈时的重要讲话精神，全面推进“合规建行”创建工作，加快内控合规工作转型，为全行业务健康可持续发展作出更大贡献。下面，我讲几点意见，请同志们讨论。

### 一、近三年内控合规管理工作的总结与回顾

这几年，总行党委、董事会、监事会、高管层一直高度重视全行内控合规体系建设。2012 年 9 月，总行党委决定，成立内控合规部，2013 年又整合了操作风险和业务连续性管理职能。近三年来，全行内控合规体系建设不断完善，取得了较好的工作成效。

**（一）搭建了内控合规管理框架，实现了集团化管理**

组织机构逐步健全。在总行推动和各部门、各分行党委的高度重视下，内控合规管理的组织机构不断完善。目前，总行18个部门设置了内控管理处室或团队。37家一级分行均已完成职能整合，设置了内控合规部，部分二级分行明确了牵头部门。11家海外机构设置了内控合规部门，8家海外机构由风险管理部承担内控合规管理职能。1家子公司设置了内控合规部，其余5家均明确了承担内控合规管理职能的部门。组织机构的完善，为内控合规工作的开展奠定了基础。

确立了内控基本政策，实施内控体系建设三年规划。根据监管部门提出的建立内部控制基本政策的要求，总行制定下发了《内部控制基本规定》，从内控职责、风险评估、控制措施、内控评价、审计监督、外部评价、信息报告等方面明确了全员、全面、全过程的内部控制基本管理要求。

组织实施了内控体系建设三年规划，确定了2013—2015年全行内控体系建设的指导思想、目标和主要任务，明确了52个关键领域的406项目标任务，涵盖了公司治理及业务产品、流程与IT系统。经过2013年、2014两年的组织实施，总行各部门在348项制度中完善了内控措施，将内控要求嵌入137个业务系统中，优化完善了83项业务流程；各一级分行、海外机构和子公司也积极行动，共制定或修订涉及内控措施的制度3 196项，开发优化系统功能581项，规范了912项业务流程。通过三年规划的实施，启动并全面展开了全行内控体系建设工作，制度、流程和系统控制能力进一步提升。

初步实现了内控合规管理集团化。将海外机构、子公司合规管理纳入了集团管理范围。制定下发了海外机构、子公司内控指引和海外机构合规管理规程，明确了总体工作要求。建立了合规官述职和考评制度，完成了18家海外机构合规官或合规部门负责人述职。对新任职境外机构负责人进行了合规辅导，审核了合规官候选人资质，对新设海外机构进行了内控合规管理验收评价。2015年海外机构将达到30多家，这是内控合规管理的一项重点工作。近两年，拜访了7家海外机构所在地监管机构，加强了监管沟通。

**（二）文化引领，合规理念逐步得到认同与响应**

合规文化内涵不断丰富。在管理实践中，合规文化内涵从最初的“内控促发展、合规创价值”，“内部控制是内生的、自发的”，扩展到“全员、全面、全过程”参与，强调“合规无偏好、规则至上”，明确了“业务部门负责管控，内控部门负责监控”的责任意识。随着管理实践的深入，内控合规理念和文化内涵得以不断扩充与完善，在全行得到了积极的响应。

合规理念与文化得到广泛传导和认同。2014年组织开展了“内控合规文化宣传活动”，全行上下积极响应，采取理念培训、标兵评选、专栏宣讲、晨会教育等多种形式，宣传合规文化。有效发挥先进典型引领作用，连续两年在全行组织评选合规标兵个人59名，团体45个。其中，北京分行科南路储蓄所多年来合规经营，规范操作，被全国金融系统工会评选为“金融先锋号”。在2015年的“合规管理年”活动中，全面启动了“合规建行、人人践行”创建工作，将合规文化传导作为重要创建内容之一。经过深入宣导，全行对内控合规理念和文化的认知度、认同度不断提升，各级员工的责任意识、合规意识明显增强。

**（三）建立内控标准，梳理规范规章制度，推进了内控标准化、规范化建设**

建立了内控标准化框架。针对内控管理缺乏依据和标准的管理现状，按照控制目标、关键风险点、控制规则的内在逻辑，确定了通用级、领域级、流程及产品级三层框架，推进内控标准化建设。目前，已编制发布了通用级控制标准，提炼和梳理出181项标准、792条规则，从企业级角度明确了控制目标及规则。完成了人民银行金标委要求的行业级内部控制标准的制定，并进行了知识产权登记。在金融领域创立内部控制标准，为我行赢得了良好的管理声誉。

在各部门和相关分行的共同努力下，编制完成了信用卡、资产管理、科技管理、对公信贷等业务领域级的内控标准，统一了重点业务领域内控管理的视角、语言与工具。下发了投资银行、信用卡、电子银行、私人银行及柜面业务等内控指引，传导了监管要求和控制规范。同步研究完成了内控合规管理系统的总体设计和系统需求编制。

启动了规章制度梳理与规范工作。在深入整理分析全行规章制度管理现状、存在问题的基础上，着力从制度管理源头加强事前控制。制订下发了规章制度梳理与规范工作实施方案，2015 年 3 月，由张行长主持召开了动员会，从总行层面全面启动了规章制度梳理规范工作。4 月，一级分行制度梳理与规范工作也随之展开。规章制度梳理工作涉及面非常广，全行从上到下都高度重视，目前各项工作正稳步推进。

**（四）实施内控评价与合规检查，完善整改管理，加强内部监督**

内控评价体系不断完善。相继出台了内控评价办法和操作规程，制定了内部控制缺陷认定标准，对内控评价标准、评价方式、评价结果运用进行了多次完善。制定了 473 个覆盖企业级和流程级的内控评价指标，实施了偏离度评价、条线评价等评价方式，内控评价指标和方法的合理性、有效性不断提高。内控评价结果与 KPI、领导班子综合竞争力等挂钩，有效激发了各级机构强化内控管理的内生动力。连续 3 年实施了全行内控评价工作，覆盖了总行部门、境内分支机构、海外机构及子公司，完成了董事会委托的集团层面内部控制评价对外披露工作。

突出内控视角，探索合规检查模式。2014 年，针对不良资产暴露，重大风险事件多发的经营形势，对部分分行进行了合规检查。从内控视角，实施了“五查”：查体制、机制与制度建设，查内部管控流程，查规范合规操作，查业务检查与问题整改，查责任追究。检查涉及 63 个二级分行，530 笔债项，贷款余额达 285.7 亿元。形成了专题报告，总结分析了需要总行层面在政策制度、流程管控、检查整改等方面完善控制措施的意见、建议，对于强化信贷业务内控管理具有较强的现实意义。各分行也实施了多项合规检查，在检查方式、检查结果运用、监督整改等方面进行了有益探索，取得了良好成效。有的分行基本实现了对业务条线检查的统筹管理，减轻了基层行负担，提升了检查效率。有的分行将业务条线检查结果纳入内控评价，有的实施了“飞行检查”，有的开发了“检查工作管理平台”，提高检查工作的标准化水平。

强化了案例分析与风险提示。总行和各分行针对信贷业务风险事件、柜面违规代客操作、客户信息安全、理财 POS 等业务控制缺陷进行了深入内控分析，从制度设计、流程控制和规范操作等方面，进行了风险提示，提出了完善内控措施的意见。各分行结合内审外查发现问题、案件，向业务条线及时进行风险提示。特别是许多分行内控合规部门牵头“一加强两遏制”工作，结合自查、检查发现问题，组织督促业务部门即查即改，采取多项防控措施，消除风险隐患。

优化整改管理工作模式，努力提升整改效果。建立了整改进度管理机制，在全行范围内按照时间进度管理审计发现的整改状况。创新整改管理工具，试行整改牵头主办机制，实施整改措施及效果评估。不断优化整改管理系统，为全行整改管理提供技术支持。持续督促落实重点问题整改，加大对虚假整改问题的考核力度，督促纠正虚假整改行为。牵头组织的相关内外部审计、监管检查发现问题的整改工作得到总行党委和监管部门认可。从这几年银监会通报有关情况看，同业中我行的整改工作做得比较好。内控合规部牵头的审计整改工作也是比较好的。

**（五）加强操作风险和业务连续性管理，不断强化风险评估与工具建设**

操作风险自评估、关键风险指标监测、损失数据收集等工具应用不断加强。2012—2014 年，总分行累计开展操作风险自评估项目 1 159 个，主动识别业务风险点 7 517 个，提出内控优化改进建议 829 个，促进了 6 项业务 14 个制度的修订，完善并上线了 31 个系统控制功能点。强化关键风险指标应用，全行共监测企业级关键风险指标 31 个，覆盖内控和操作风险管理的多项重点内容。加强操作风险数据管理，为量化操作风险、实现资本计量高级方法打好数据基础。3 年来共收集到操作风险损失数据约 1.1 万条。

2014 年，银监会正式核准我行成为实施操作风险标准法的首批银行之一，标志着我行在操作风险资本计量方面迈上新台阶，操作风险管理得到了监管认可。

业务连续性管理体系建设持续推进。出台了多项业务连续性管理专业化政策制度、操作手册及模板，建立了分层次、系统化的制度体系。建立了多维度、多部门联动协作的应急预案体系，并通过建立预案评审机制，促进更新优化。组织开展自评估，督促各级机构持续改进业务连续性管理工作。

**（六）加强关联交易、内部交易管理，推进反洗钱作业集中**

加强关联交易和内部交易的精细化管理。不断优化关联交易系统，提高系统效率。梳理和修订关联交易制度，在原有制度的基础上转变管理方式，完善关联交易风险的防范措施。及时跟进内部交易监管规则的变化，严格落实银监会的最新管理指引，进一步强化内部交易管理。

实施反洗钱集中，切入业务流程，强化管理，守住底线。目前，15 家分行已全部实现集中作业，集中效果初步显现，全行大额交易需补录率降至 1.65%，日均可疑交易报告 819 份。近两年，向人民银行提交重点可疑交易报告 1 113 份，为公安机关提供重要案件侦破线索 104 条。积极组织防控恐怖融资和金融制裁风险，进一步健全洗钱风险评估和客户等级分类体系，将反洗钱监测发现风险及时提示全行。切入业务流程，在新产品、新服务推出之前进行洗钱风险评估，前移风险管控措施。2014 年 6 月完成了 FATCA（美国外国账户税收合规法案）集团合规注册，后续工作正在有序开展。

从近三年的内控合规管理实践中，我们也得出一些启示与体会，在今后的工作中必须继续坚持。一是内控合规管理既要有顶层设计，更要持续推进和完善。内控合规是全行基础管理工作的重要组成部分，涉及管理体制与机制、政策制度、评价检查、问题整改等多个方面，需要从总分行层面统筹考虑，进行整体设计。同时，内控合规又是一项系统、长期工程，很多工作是需要基层、一线员工来完成的，需要有“钉钉子”的精神，要做好相关工作，长抓不懈、持续推进。二是内控合规管理既要抓好重点工作，更要抓好基础工作。既要抓内控评价、合规检查、反洗钱集中等工作事项，实现重点突破，但又要着眼长远，抓好合规文化、组织机构、制度体系、标准化管理等基础工作，齐头并进，才能取得标本兼治的管理效果。三是内控合规管理既要靠条线努力，更要靠各部门各司其职。做好内控合规管理工作，仅靠内控合规一个部门的力量是远远不够的，需要各部门协同努力，才更具针对性、有效性。近年来，总行组织推进内控体系建设规划、内控标准化、完善重点业务内控措施等，都是各部门齐抓共管，才更见效果。四是内控合规水平的提升既要总分行积极作为，更要有基层行、一线员工的实际行动。内控合规工作涉及全员、全面、全过程，总行进行了统一部署，各分行结合实际，积极行动，狠抓落实，就能见成效。特别是基层行、一线员工是内控合规的直接践行者，是最后一公里，在具体业务处理当中强化合规意识，抓好了落实，业务操作的合规性、规范性就会不断提高。北京分行林森拒绝假证办卡，就为我行赢得了声誉，树立了良好的合规形象。在国家发改委涉企收费检查中，就是通过上下联动，有效沟通，规范收费行为，12 家分行最终罚款和清退金额才减少了近 10 亿元。

总体来看，全行内控合规管理工作的成效是显著的。特别是学习董事长调研讲话精神之后，管理思路更为清晰，转型方向更为明确，各项基础工作也夯得更为扎实。在此，我代表总行党委，向各部门、各分行、海外机构、子公司的全体内控合规工作人员表示衷心的感谢！

## 二、积极应对内外部经营形势变化，充分认识创建“合规建行”的重要意义

王行长书面讲话从战略高度分析了合规经营与可持续发展的内在关系，强调了加强内控合规管理的重要性、紧迫性。王行长还特别提到，合规是建设银行的立行之本，是内在要求。将董事长、王行长，以及原来张行长对内控合规工作的各项要求落实到具体行动上，就是要全面创建“合规建行”。总行确定 2015 年为“合规管理年”，在全行组织开展“合规建行、人人践行”创建工作，就是要通过创建“合规建行”，实现内控合规管理转型，全面提升管理能力，为全行转型发展提供更为有力的支持保障。

**（一）从目标导向看，创建“合规建行”是保障全行稳健经营与可持续发展的需要**

依法治国战略要求银行合规经营。以法治为引领，依法治行，合规经营是贯彻依法治国的必

然要求。立法、司法、执法、守法在银行内部就是完善制度、合规经营、规范操作。合规经营将成为对银行，特别是对大型国有商业银行的基本要求。2015 年初，董事长在内控合规部调研时讲了一个“游泳裤”的故事，值得大家深入思考。在依法治国的大背景下，作为负责任的大银行，无视规则，打擦边球，甚至破坏规则，取得了一些成绩，也是短期的无效业绩，总有一天会由此付出沉重的代价。2015 年部属金融机构开展“一加强两遏制”检查，就直接体现了对商业银行依法合规经营的要求。从长远看，创建“合规建行”是建设银行可持续健康发展的内在要求，是顺应依法治国、合规经营的大势所趋，具有深远的意义。

审慎严格的金融监管要求银行合规经营。这两年，银监会修订发布了《商业银行内部控制指引》、《案防管理办法》等一系列监管文件，业务监管政策更是不断推出，对商业银行合规经营提出了更为明确、具体的监管要求。银监会机构改革突出了现场检查，监管检查明确要求“见人、见钱、见整改”，这些特点在 2015 年的钢贸检查、“一加强两遏制”现场检查中都已显现。今后银监会将会和美联储的高额处罚一样，处罚到让人发抖，不敢违规。全行推进国际化战略，进入全球系统重要性银行，要遵循国际监管规则，资本市场对上市公司的约束将更加显性，银行的公司治理、信息披露、内控评价报告都需要严格遵循标准，一旦发生重大案件或内控缺陷丑闻，市场会更加敏感，负面影响将更大。对照这些监管变化，需要在体制机制上做哪些设计，如何有效传导监管要求，都是对内控合规管理主动性、前瞻性的考验。

互联网金融、大数据、云计算等新兴业态和新技术运用带来了新挑战。目前，“互联网 +”的思维方式已席卷各行各业，银行也不例外，大数据、云计算等新技术运用对商业银行传统的业务发展模式、客户结构、业务流程、风险管控都带来了巨大挑战。现在正处于“互联网 +”的时代，无处不互联网，互联网的一端连着消费群体，另一端连着金融和制造业等，在这种时代，内控合规管理必须要跟上。商业银行传统的业务优势、渠道优势、产品优势都在减弱，市场竞争更为激烈，由此必须实施创新驱动，加快转型。但新产品、新业务流程、新作业模式必然伴随新的风险，如何未雨绸缪，积极应对，都需要内控合规管理同步跟进。

**（二）从问题导向看，创建“合规建行”是解决基础管理与业务发展不相适应问题的需要**

经济新常态下全行资产质量面临巨大压力。经济新常态下，结构调整，产能过剩，行业风险积聚，各类风险交叉传染趋势加剧，银行面临巨大的资产质量压力。2014 年，全行报送了 540 多个信贷客户的重大风险事件，涉及信贷余额 1 300 多亿元；2015 年上半年，全行重大信用风险事项涉及的客户 392 户，信贷余额 544 亿元，分别比上年同期多 201 户和 266 亿元。每一个风险事件、案件的背后几乎都有先天控制缺陷或内控薄弱的痕迹，重大风险事件的不断暴露说明应对经济下行，进一步完善控制措施的任务还异常艰巨。

全行案件防控形势依然严峻。2014 年发生的案件反映出，员工伪造印鉴、出具虚假协议、私自销售虚假产品等流程外案件激增，处置化解难度大；信贷案件高发，业务真实性问题突出，关键环节业务流程控制不足；员工参与民间借贷和大额博彩成为案件重要诱因。案件防控形势不容乐观，需要内控合规管理更加有力、有效。

规章制度管理及执行尚不到位，违规违纪行为时有发生。制度是事前控制的关键。当前，全行规章制度管理还缺乏更为有效的过程控制、合规审查和全流程管理。有的制度要求了做什么，但怎么做并不清晰。有的制度存在交叉、矛盾。部分新业务、新产品创新，制度设计存在空白点。全行制度文件过于庞杂，“补丁”现象突出，缺乏分层分类管理。制度重检不及时、查询不便利，造成了基层机构难以掌握，不便执行。

由于制度刚性不足，“铁笼子”门没关上、没上锁，或是用“牛栏关猫”，空隙太大，造成了制度执行较为随意，或选择性执行，或执行能力不足。例如，2015 年“一加强两遏制”自查与现场检查中，发现信贷、存款、同业、表外、理财、财务管理等业务环节，违规操作多有发生。基层机构合规操作、按章操作的主动性不够，各级管理部门对制度执行管控失之于宽、失之于软、失之于虚的现象还比较严重。

**（三）从责任导向看，创建“合规建行”是明晰责任、落实责任，实现“制度建设抓条线、合规管理抓同级”的需要**

主体管控责任需要进一步强化。内控合规管理的主体责任承担者首先是各业务条线、各部门。主体责任包括制度制定、流程管控、业务检查、问题整改、违规问责等。各部门、各级机构都要承担主体责任，主体责任落实不能仅仅靠基层。要制定实施切实可行的责任追究制度，健全合规管理体制和工作机制。目前，“一岗双责”、“全员、全面、全过程”的管理要求还未真正落实。

监控责任需要进一步落地。合规管理的监督责任由内控合规、风险、纪检、审计等部门承担。内控合规部门的监督责任包括制度合规性审查、合规检查、内控评价、问题整改管理、风险提示等。当前，总行、一级分行内控组织架构初步搭建，但横向延展、纵向延伸不够。业务条线内控岗位设置不足；90%以上的二级分行未设置内控合规部门；60%以上的二级分行甚至未设置专门岗位；基层机构绝大多数没有明确合规专职岗位，日常工作主要靠临时分派。子公司、海外机构不同程度存在内控合规职能分散、人员缺乏的问题。全行现有内控合规人员的数量和综合素质距离有效落实监督责任的要求尚有不小的差距。

主体责任是第一责任，能否落实好主体责任直接关系合规管理的成效，不能只是开个会，转个文件，下个通知，提个要求，要具体抓，抓具体。监控责任也要关口前移，融入业务，嵌入流程，提供专业支持，加强检查与监督。要进一步明确和宣传主体责任与监控责任，需要“人人践行”，38万人每一个人都应该是合规主体。

从目标导向、问题导向和责任导向看，加强内控合规管理工作，创建“合规建行”是非常必要和紧迫的。前两天，总行专门召开党委会，在巡视组进驻建行前，针对财务、采购、基建、IT四个方面，我们自身先查查有哪些不合规的问题。要求审计检查后向党委汇报，查出的问题要马上进行整改，争取在巡视组进驻之前完成整改。按照“谁检查，谁发现问题，谁督促整改”，审计牵头，内控合规部门积极配合。采购工作也要结合整改做好转型，做到“阳光采购”。内控合规部门既要服务于全行转型发展和各项工作，也要进一步加强自身建设，提升管理能力。

## 三、深入开展“合规建行、人人践行”创建工作，推动内控合规管理转型发展

创建“合规建行”，就是要实现内控合规管理转型，就是要落实董事长强调的“内控合规管理要强化同级管理、事前控制、精细化，制度建设抓条线，合规管理抓同级”。董事长的讲话，明确了内控合规管理的转型方向、转型重点与转型方式。

我理解，一是从侧重纵向管理向同级管理转变。合规部门进行同级管理，要按照董事长要求，“管制度、管办法、管机制，一级管一级，抓好基层，打好基础，加强横向监督”。各部门都要有负责内控合规管理的处室或岗位，并切实发挥作用。二是从侧重事后监督向事前控制转变。内控合规管理要实实在在地解决问题，我们正在组织“三严三实”教育活动，谋事要实，就是要按照问题导向，从规章制度、业务流程、IT系统源头，控制前移，推动业务部门减少设计缺陷，解决流程不畅、管控不到位的问题。三是从粗放、单项管理向精细化、多手段整合管理转变。市场趋势变了，客户需求变了，基层实际变了，新技术发展了，业务流程、规章制度、控制方式都需要同步跟进，加强精细化管理，才能适应新的变化，标本兼治。

因此，今后一段时期，全行内控合规管理工作的总体要求是紧紧围绕全行转型发展，有效落实董事长重要讲话精神，以“合规建行、人人践行”创建工作为主线，以“制度建设抓条线、合规管理抓同级”为转型重点，以文化、组织、制度、工具、监控为抓手，强化同级管理、事前控制、精细化管理，为全行转型发展提供坚强有力的保障。

2015年，总行确定为“合规管理年”，在全行深入开展“合规建行、人人践行”创建工作，就是落实上述总体要求的具体部署。“合规管理年”作为全年的活动，大家责无旁贷，一定要做好。2015年3月，在总行规章制度梳理与规范工作动员会上，张行长宣布启动了“合规管理年”工作，总行下发了工作方案，确定了6大方面的工作任务。目前，各部门、各机构都已积极行动

起来，结合本单位实际，细化了工作措施。各机构围绕“合规管理年”共确定并分解任务指标1 478项，其中总行部门288项、一级分行831项、海外机构159项、子公司200项。总体看，各部门、各机构都非常重视“合规管理年”工作，进行了任务部署，并已积极行动。许多做法也很有特色，很有针对性。

王行长讲话强调了要全面抓好“合规管理年”各项工作任务落实，并提出了具体工作要求。围绕“合规建行”创建工作，重点要做好以下8个方面的工作。这八方面既是“合规建行、人人践行”创建工作的重点，也是做好内控合规管理工作的抓手。

**（一）持续加强合规文化建设**

合规文化是建行企业文化的重要组成部分，是软实力，是防控风险的基础性工作。只有人人增强合规意识，才能有效防控各类风险，要以人为本，“人人践行”。内控理念传导与合规文化建设是一项长期的基础性工作，要常抓不懈。

要通过合规文化建设促进转变观念。合规经营不是说起来重要，做起来不重要，是否合规将直接关系我们的“饭碗”，这不是危言耸听。市场经济越发达，对遵守规则的监督力度会越大。例如，美国司法部对美国银行、花旗银行在金融危机期间不当销售高风险住房抵押贷款债券的经营行为进行处罚，花旗银行、美国银行分别同意支付70亿美元、95亿美元了结诉讼。从这些高额罚款可以看出，不遵守规则，就要付出沉重代价。国内监管的“见人、见钱、见整改”，一定伴随着问责与处罚，那不就是“合规保饭碗，违规砸饭碗”嘛。

“合规建行、人人践行”是“饭碗理论”。在国际上，银行对合规工作是相当重视的，违规是员工不会做也不愿做的事，如果违规了，在本国、本地区人才市场是不可能流动的，是砸饭碗的。以后国内监管也是如此，违规的人将终身不能从事银行职业，今后也将逐渐推出黑名单。另外，“平安建行、人人有责”是“家庭理论”，如果每个人都把单位视做自己的家，把自己视做家庭成员，如果每个人能够把单位当成自己的家一样来做安保工作，那么每一个机构肯定是平安的。要把这两个理论有机结合，做好“合规建行”和“平安建行”创建工作。

要多策并举，密切合作，协同推进合规文化建设。牵头部门要搭好台子，各部门、各机构要积极配合，多层次、多渠道、多形式传导合规文化。系统工会组织发出了“合规建行、人人践行”倡议书，提出了“四个不让”（不让制度在我手中变样，不让纪律在我手中松弛，不让差错在我手中发生，不让工作在我手中延误），真正把38万员工都作为主体，增强员工的主人翁意识。要通过工会平台，将“四个不让”在全体员工中广为传播。各级管理人员要积极倡导，身体力行。尤其是当业务发展、短期行为与合规经营发生冲突时，各级管理人员要能够着眼大局，带动一个机构形成良好的合规文化。要明确哪些是合规底线和红线，绝不能踩，绝不能碰。通过典型案件、违规事件，加强警示教育。要按照“合规管理年”方案要求，在基层机构通过晨会、夕会、例会等方式，通过微信、大讲堂、情景剧、书法摄影比赛等生动活泼的形式和载体，传导与营造合规文化氛围。总行在建行报、信息网站都设置了“合规管理年”专栏，设立了工作简报专刊，各分行也要利用各个宣传平台，加大宣传力度，使“合规建行、人人践行”的理念，在全体员工中入脑、入心、入行。

最近总行召开了在全行组织开展“两全活动”的视频会，即“全员参与大资管、全力发展大资管”。商业银行转型的重点就是转到资产管理上去，先做好资产，把资产这一端的业务抓好，用优质的资产来挑动负债，实现经营方式的转变。这也是需要全员在思想上发生根本转变的。另外，渠道转型工作会也已经召开，渠道转型就是8个字，即“统一、规范、安全、高效”，建立真正的服务渠道，为第三方服务。内控合规部门要围绕这些转型，做好监控工作。

**（二）进一步健全全行内控合规组织架构和报告机制**

在做好海外机构、子公司合规官管理的基础上，稳步推进合规官制度建设。设立合规官制度，在四大行中属首创，这是总行党委、董事长在内控合规管理体制上的重大创新，各分行、各部门要充分认识其重要意义。2015年4月，总行关于职务序列调整的文件已经明确“合规官”设置要求，各行要深刻领会。总行计划从第三季度开始，选择不超过10家一级分行开始实施“合规官”制度试点。在试点基础上，向境内各一级分行、二级分行推开。这次转型会议以待议文件形式印发了一级分行合规工作组织体系建设试点方案，请大家认真讨论，集思广益，完善试点方案，抓紧组织实施。

确定为“合规官”制度试点的一级分行要根据总行试点方案要求和统一部署，尽快制订好分行的试点方案，报总行同意后方能组织实施。要严格标准，严格程序，按照总行明确的聘任方式、时间要求，配置一级分行、二级分行合规官，在基层机构抓紧配置合规经理。合规官的具体职责已在试点方案中明确，一级分行合规官对同级监督、下级管理负总责，二级分行合规官与合规经理对基层机构合规管理、规范操作负总责。合规官向本级机构主要负责人和上级机构合规总监、合规官进行双线工作汇报，既有监督职责，也有管理职责。要按照董事长讲话要求严格合规官、合规经理聘任标准，将合规官聘好、用好、管好。董事长特别强调，在选聘合规官时，一定要选择在其整个档案记录中没有违规记录的人来担当，甚至比一级分行副行长的要求还要高。今后合规队伍的建设一定要高标准、严要求。

要健全完善横向到边、纵向到底的合规管理组织体系。目前，经过全行上下的共同努力，一级分行的内控合规部门已基本设置，按照同级管理的要求，总分行主要业务部门要设置或指定内控合规管理的处室或团队，充分发挥条线部门的合规管控责任。在试点方案中，总行提出一级分行要单设内控合规部，试点行辖内二级分行差别化设置内控合规部门，按单设型、指定型、委派人员等方式分类设置。地级市二级分行要单设内控合规部门；直辖市、计划单列市、省会城区二级分行可选择单设部门、指定部门负责内控合规管理，或委派人员开展内控合规工作。二级分行以下基层机构要设置内控合规团队或合规岗位。其他非试点分行要参照试点分行模式，提前研究，积极推进二级分行及以下机构内控合规机构设置。内控合规组织体系建设基本上是分两步走，年内做好试点工作，明年争取在全行全面推开。

按照《商业银行内部控制指引》要求，要调整完善对内控合规部门的绩效考核方式，采取区别于业务部门、管理部门的考核方式，侧重于同级管理层和上级行垂直考核。

要完善内控合规信息报告机制。建立纵向、横向信息报告制度，统筹、规范各部门、各层级报告路径和内容，覆盖海外机构、子公司。各级内控合规部门要定期组织通报本机构内控有效性状况。总的要求是统得起、说得清、报得准。

**（三）深入推进规章制度梳理规范与内控标准化建设**

制度梳理与规范及内控标准化建设工作是“合规管理年”确定的重要任务，是落实“制度建设抓条线”、强化事前控制的重要抓手。

要深入推进制度梳理和制度“废、改、立”。2015年上半年，总行层面规章制度梳理与规范工作已经全面启动，各一级分行也在密切跟进。到6月底，总行各部门基本完成了规章制度前期清理工作。初步统计，总行层面梳理出规章和规范性文件4 760份，其中规章1 799个，占比37.8%，规范性文件2 961个，占比62.2%。初步确定修订暂行试行类制度247个，占应修订试行暂行类制度的61%，确定补丁文件整合计划310个。就目前确定的规章修订计划、规范性文件整合计划，距离达到既定的制度管理规范化、体系化的目标要求还远远不够。要按已经确定的步骤和安排，加强与各部门沟通，加大组织推动、检查督促、评审验收工作力度，进一步确定制度修订、补充、整合、移交、废除计划，应该进行“废、改、立”的规章制度，各部门必须提出明确的工作计划，并逐项分解落实。

各分行规章制度梳理工作要与总行密切衔接，对口部门要直接对接总行制度梳理情况，内控合规部门做好组织推动和统筹协调。总行部门修订、整合的规章制度，分行有实施细则的，要随之进行重检完善。各分行要利用本次规章制度梳理的机会，向总行充分反映规章制度运行中的缺陷或问题，力争通过重检完善，使全行规章制度科学性、规范性得到有效提升。

要规范规章制度全流程管理，建立规章制度库。一是要同步制定管制度的制度。明确规章制度设计、执行、修订、重检及分层分类的基本规范，实施规章制度全流程管理。各部门要深入研究本条线规章制度间的内在关系，形成逻辑清晰的制度树。全行要确定规章制度的总体框架，分层分类，逐步形成体系文件，加快推动规章制度的体系化建设。二是年内要建立和启动规章制度合规性审查机制。核心任务是加强制度制定的过程控制，重点解决落实监管要求、制度交叉矛盾、风险内控措施不完善等问题。有条件的分行要先行先试，积极推进。三是建立规章制度库。通过规章制度库的建设，为全行规章制度收集、查询、重检及维护提供基础平台。规章制度库建立后，制度库管理和维护也要同步跟上。

规章制度梳理规范工作非常重要，现在各项工作正在紧张有序地往前推进，各部门、各分行一定要抓好。董事长强调，要将制度手册化、活页化，如何实现也要提前研究。

要持续推进内控标准化建设。按照规章制度梳理动员会上确定的“三部曲”步骤，制度梳理后要对应完善业务流程，确定关键风险点，明确控制规则，加强监控预警。一是制定发布领域级内控标准。资产管理、信用卡、信息科技、对公信贷四个领域级标准要抓紧发布。年内要组织力量，抓紧完成剩余13个领域级标准的编制工作。领域级标准发布后，各部门、各一级分行要根据总行的统筹安排，积极研究产品类、业务流程类、岗位类内控手册，细化具体业务产品、业务流程的关键风险点与控制措施，与领域级标准相对接。二是对照标准，重检业务流程，完善控制手段。要加大通用级、领域级内控标准在制度制定、检查评价、流程优化中的应用。要对照标准，重检相关业务领域机控手段，利用新一代核心系统建设的后发优势和有利契机，将梳理出的关键风险点、控制规则在流程建模中研究落地。要支持、协助业务条线研究设计预警模型，建立完善非现场监控预警。要整合整改系统、操作风险信息系统、内控评价、制度库、信息报告等相关功能，尽快开发建设内控合规管理信息系统。

**（四）落实内控体系建设规划，实施同级评价与合规检查，完善业务连续性管理**

继续实施内控体系建设三年规划。2015年年度计划已确定工作任务137项，各部门、各机构要结合贯彻董事长讲话精神确定的工作措施，以及合规管理年的安排部署，进一步细化工作任务，抓好落实。同时，要组织业务条线、各分行研究编写新一轮的内控体系建设规划。规划编制要充分体现转型方向与重点，贴近业务管理实际，突出内控能力建设。

实施同级内控评价与层级评价。要尽快研究出台同级内控评价办法，制定评价指标，研究评价方式，对业务条线、业务部门内控有效性状况进行评价。年内总行、各一级分行都要开展同级内控评价，以此为抓手，开展横向监督工作。同级评价与层级评价要有机结合，互为补充。

内控评价结果要与绩效考核密切挂钩。各分行要将总行确定的合规绩效考核导向准确传导到二级分行以下基层机构和业务岗位。未设置合规考核或指标权重未达到标准的，年底前要调整到位，银监会及各地银监局可能会组织检查。

突出合规检查的针对性。合规检查要与业务检查区别开来，按照问题导向，进一步突出对内控合规体系建设情况的监督检查，重点查各级机构的合规理念传导、管理体制、工作机制、队伍建设、流程管控、问题整改、责任追究等。下半年，总行要选取部分行进行现场检查，各分行也要安排对二级分行及以下机构进行检查。合规检查可与内控评价现场测试结合进行，整合资源，信息共享。

完善业务连续性管理。要组织推动全行开展业务中断影响分析和风险评估工作，建立完善业务和信息系统恢复策略体系，研究建设业务中断风险场景库，提升业务中断风险评估工作专业化水平。各部门、各机构要深入开展预案建设及演练工作，推动预案标准化和有效性评审，继续积极开展预案演练，确保应急演练3年内覆盖全部应急预案。

**（五）查找关键风险点，严肃问题整改管理，提高整改效能**

运用操作风险管理工具，识别评估风险，反馈问题。“合规管理年”方案已确定“查找身边的风险点”专项工作，要以二级分行为主体，有效运用操作风险自评估工具，组织基层员工聚焦信贷、柜面、投资理财、信用卡、电子银行、财务管理等业务领域，查找存在风险隐患的关键点，提出防控建议。特别是要重点查找制度设计缺陷、流程控制缺陷。各分行要组织好问题收集、分析和评选。

要强化各一级、二级分行损失数据的采集、核查、分析和报告管理，有效控制操作风险损失，提高损失数据准确性，为操作风险高级计量法提供准确的数据支持，减少资本占用。积极推进企业级、分行级关键风险指标监测分析，充分发挥监测预警作用。

要继续完善整改管理，明确责任，强化分类整改。内控合规部门、业务部门、基层机构要分工负责，切实落实整改责任。内控合规部门要进一步组织优化整改流程，修订管理制度，完善考核机制；实施新一代系统整改模块开发，完善系统功能。各部门要对内审外查发现的各类问题实施分类整改。属于制度执行当中的问题，落实到具体的机构、岗位和责任人，立查立改。各级业务管理部门要真正举一反三，对一类问题针对性提出改进措施；对于制度、流程、IT系统方面的问题，总行业务条线部门要分类分析，修改制度、优化流程、完善系统。要高度重视重要问题的整改，优先处理审计要情、简报反映的问题，件件有落实、件件有回音。对于虚假整改、敷衍整改、推诿整改的现象，必须进行整治。

各分行要高度重视“一加强两遏制”发现问题整改，要改变原有的层层布置、层层听报告，主要靠基层机构整改的工作方式、工作作风。总分行条线管理部门一定要深入基层，深入分析，重点解决管理机制与制度建设、内部管控流程、业务检查、责任追究等方面的问题，标本兼治。对于党委会提出的内审查出的财务、采购、基建、IT四方面专项问题的整改工作，内控合规部门要配合好，确保在巡视组进驻之前，相关问题要整改到位。

**（六）提升关联交易、反洗钱作业集约化管理能力，完成反洗钱作业集中**

要不断提升关联交易和内部交易的管理能力。要加强本级管理，完善关联自然人名单。要做好关联交易系统2.2期的测试和上线工作，实现实时监控和重点业务领域的事前控制。业务发生机构要定期对本机构关联交易整体风险进行评估，保证关联交易的公允。制定下发内部交易管理办法，合理界定重大内部交易的范围及审议流程，严格集团并表管理，满足监管要求，有效防范风险在集团内跨业和跨境转移。

积极迎接人行反洗钱监管考核评级。各机构要高度重视反洗钱、反恐怖融资和跨国金融制裁合规管理工作。2015年，人民银行明确提出要开展“法人监管”，按年度对金融机构进行考核评级、分类监管。人民银行反洗钱局已进驻农业银行、中国银行总行进行检查，内控合规部门、业务部门都要积极做好迎接检查工作。反洗钱合规基础工作主要包括客户身份识别与洗钱风险评估，这也是检查考核评级的重点，各业务部门、各分行是这两项工作的第一责任人，要做好应对。要加强风险评估和可疑交易监测等反洗钱成果的运用，防控风险。

全面完成反洗钱作业集中。反洗钱作业集中是全行集约化管理的重要内容，截至2015年7月，共15家分行完成了集中，多数分行正在抓紧推进之中。总行内控合规部要督促落实，加大管理和考核力度，各分行要确保达到总行要求，在12月底之前必须实现反洗钱作业全部集中，这也是内控合规条线的军令状。人民银行对此已经严格要求，对反洗钱工作必须高度重视。如果在国内由于反洗钱被监管罚了款，披露给国外机构或国外监管当局，会对建设银行在海外开展工作非常不利。国外监管检查中最严格的也是反洗钱工作。所以反洗钱集中没到位的分行，年底前一定要完成，这是总行党委定下来的，不能含糊。

**（七）不断强化海外机构、子公司合规管理**

要继续完善海外机构合规管理。海外机构既要面对不同国家的监管要求，按照属地原则，遵守当地监管规定；作为建行集团的分支机构，同时又要遵守国内法律法规和监管规则。这一点，各海外机构要有清醒认识。尤其是海外机构必须做到先抓合规经营，再抓业务拓展，合规是前提，是基础，这也是董事长、王行长、监事长特别要求在这次会议上要重点强调的。即将在7月底召开的夏季行长座谈会上，董事长、王行长还要对合规管理，尤其是海外机构的合规管理进行进一步强调。内控合规部要从组织体系、人员力量上强化对海外机构合规工作的具体管理，要立即与人力资源部沟通，尽快成立海外机构管理处，这是董事长着重强调的，是重中之重。要强化落实海外机构合规官述职、考评制度，向本机构负责人和集团合规部门双线报告，引导合规官融入集团文化。

要继续加快海外机构内控合规体系建设步伐，建立完善海外机构内控合规评价指标体系，加强对新设海外机构合规工作的辅导和合规方案的审核。与内审联动，加强对海外机构内控状况的检查监督，防范由此引发的合规风险和对集团的声誉影响。最近，纽联储又对纽约分行提出新要求，要求今后每个月向纽联储汇报纽约分行的合规情况等。要确保防止纽约分行类似事件的发生。纽约分行事件体现出，海外分行是内控合规管理工作的重中之重，海外分行一定要适应新形势的变化，加强合规意识和合规管理。内控合规部既要“望远”，抓好基础工作，布局长远；又要“望近”，抓好近期海外分行合规管理的重点工作。

突出重点，区别对待，加强子公司内控合规管理。要按照银监会并表管理指引，充分落实子公司董事会、高管层对合规经营的主体责任。各业务条线要加强对子公司合规经营的管控与风险隔离。内控合规部门要加强对子公司内控状况的监督评价，高度关注和有效防控关联交易风险。各子公司要结合本机构情况和业务特点，明晰责任，重点完善管理架构、制度流程、检查评价、问题整改等内控合规工作机制。

**（八）加强内控合规队伍建设与人才培养**

目前，全行的内控合规队伍与转型发展的需要还是不相适应的，董事长对内控合规队伍的综合素质、业务能力提出了很高要求。各机构要加强内控合规队伍建设，尤其是要高度重视海外合规人员的培养，关心关爱员工，增强员工队伍的使命感、荣誉感，提升能力，树立权威。

高标准充实补充内控合规工作人员。内控合规部门内设团队要坚持问题导向，进行调整和优化，要加强制度管理、同级管理，相应配足配齐业务人员。要严格人员准入标准，优先选调经验丰富、业务熟悉、原则性比较强的员工充实到合规岗位。按照董事长要求，要尽快配备有海外合规工作经验的人员来开展海外合规管理工作。总行已经明确，内控合规管理抓同级，需要与同级各个部门沟通协调，为便于工作，干部配置可适当高配一些，增强内控合规管理的权威性。

加强业务培训与岗位激励，多策并举，提升员工队伍管理能力。一是要持续加强全员合规培训，将合规政策、合规意识和合规职责传导到全体员工，进一步提升全员合规意识和能力。二是要通过业务培训、上下交流、跟岗学习、组团检查评价等多种方式，增强学习的针对性、有效性，切实提高内控合规管理人员的专业素质和履岗能力。可以派员去主要业务部门学习业务知识，要探索海外业务跟岗培训模式，加快培养和储备精通外语、熟悉业务的复合型海外合规人才。三是要逐步推进内控合规人员持证上岗，完善上岗考核制度。四是要加快专业技术职务序列的设置与聘任，完善职业生涯规划，激发队伍活力。五是建立专家人才库，集中做好监管政策研究、工具开发、评价检查等工作，发挥专家带动作用。

各级从事内控合规工作的人员也要树立高标准，勤学习、严律己、敢担当，不断提升自身的业务能力和综合素质。要增强使命感、责任感、紧迫感，爱岗敬业，超前思维，紧接地气，实实在在地解决工作当中的问题。

同志们，总行党委对内控合规管理工作高度重视，提出了更新、更高的要求，也为我们创造了良好的工作环境和氛围，希望大家凝心聚力，知难而进，奋发作为，狠抓落实，积极创建“合规建行”，为支持保障全行转型发展作出更大的贡献。

# 在中国建设银行2015年资产管理（投资银行）业务座谈会上的讲话

余静波

（2015年10月29日）

上午好。为进一步适应内外部经营环境与形势的变化，提升全行对资产管理业务转型重要性的认识，我行从2015年第三季度开始启动了“全员参与大资管，全力发展大资管”业务竞赛活动。到今日，“两全”活动第一阶段已经开展一个季度多了，今天专门在上海召开由21家分行和部分子公司参加的资产管理（投资银行）业务座谈会，一是为了总结分析前一阶段取得的经验和不足，以便更深入持久地推进“两全”活动；二是研究和探索资产管理业务专业化经营之路，着力提升资产管理业务能力，加快资管业务转型发展。结合以上两个会议目的，我想讲三个方面的问题，供大家讨论。一是当前我们面临的形势，二是“两全”活动开展过程中的成绩和不足，三是下一步工作重点。

## 一、当前面临的形势

上周五，中央银行在“霜降”节气进行了一次真正的“双降”，这已经是2015年以来第5次降息、第5次降准。本次降息后，一年定期存款利率只有1.5%，低于9月CPI（1.6%），再次出现负利率，这意味着存款利息所得敌不过通货膨胀，资产将缩水，迫使居民财富向更高收益的投资品流动，资产管理业务面临更大的挑战和压力。总体来说，当前资产管理业务面临三个挑战。

一是利率市场化基本完成，资管业务盈利能力进入新常态。

上周五，中央银行“双降”的同时，对商业银行不再设置存款利率浮动上限，这意味着我国利率市场化已基本完成，传统银行业务和资产管理业务的盈利空间将进一步被压缩。根据《中国银行业理财市场年度报告》，2014年，中国银行业资产管理业务的盈利空间大概为72个BP；根据波士顿咨询公司2014年资产管理业务报告，2013年全球资管行业平均盈利水平大约为14个BP的水平。随着我国利率市场化的完成，资产管理行业的盈利空间将持续下滑。以四大行为例，工商银行理财银行端收益率由年初的1.06%降至0.93%，农业银行由0.87%降至0.56%，中国银行由0.74%降至0.62%，我行由1.11%降至0.75%。所以说，银行资管业务将进入到一个收益水平不断下降，并长期保持较低水平的新常态。

二是实体经济疲软与流动性泛滥并存，资产管理行业面临“资产荒”和“资金潮”两难。从宏观数据来看，在前期的稳增长政策作用下，效果开始显现，9月PMI有所回升，PPI数据同比降幅止跌，环比降幅收窄；但是宏观经济仍然面临下行压力，主要受传统产业产能过剩的拖累，工业增加值继续回落，固定资产投资等数据仍然表现不佳。2015年以来，人民银行已经分别进行了五次降息和降准，为市场流动性提供很大支持，也想通过降低融资成本支持实体经济发展，但从实际情况来看，没有收到明显的改观。

现阶段，资产管理业务一方面负债端资金大量进入，另一方面资产端缺少有效的投资渠道或者高收益资产配置渠道，我行资产管理业务亟须提升资产配置能力以应对当前的这种形势。

三是大资管时代来临，资产管理行业竞争加剧。目前，银行资产管理业务处于整个资产管理行业的龙头位置，但是基金公司、信托公司、保险公司的资产管理规模发展迅速，尤其在当前资本市场较为活跃的环境下，其管理规模逐步向银行资产管理规模靠近。截至2015年6月末，银行资产管理规模超过16万亿元，基金公司资产管理规模也超过16万亿元；到9月末，受股市波动影响，基金公司资产管理规模接近17万亿元，银行资产管理规模超过18万亿元。未来，随着全球金融市场流动性宽裕，基金公司的资产管理规模将紧跟甚至超过银行资产管理规模。

从四大行情况看，我行资产管理业务规模已从四大行第2名降至四大行第3（工商银行1.79万亿元、农业银行1.27万亿元、建设银行1.26万亿元、中国银行1.24万亿元），第二名与第四名之间的差距很小，我们稍不留神就有可能落到第四位，竞争非常激烈；如果按照上市银行口径比较，我行的资产管理业务规模将处于第7的位置，招商银行（1.76万亿元）、交通银行（1.46万亿元）、兴业银业（1.45万亿元）、浦东发展银行（1.44万亿元）的资产管理业务规模已经超过我行。

## 二、“两全”活动总体开展情况

### （一）总分行多措并举，“两全”活动亮点纷呈

“两全”活动开展以来，全行按照总行党委的统一要求和部署，积极组织，认真落实，理财业务规模、债券承销量、分行资产池规模等各项业务指标稳步增长，全行形成了良好的氛围，大资管理念迅速提升。

1. “两全”活动各项业务指标完成情况良好。截至2015年9月末，全行资管/投行条线实现战略性转型业务（理财和债券承销）收入104.03亿元，同比增加26.22亿元，增幅达40%，保持四大行第二；承销各类非金融企业债务融资工具3 825亿元，同比增加826亿元，增幅达28%，承销金额位列市场第一；在支持实体经济发展方面，通过资管和投行业务为客户提供直接融资6 608亿元，同比增加1 847亿元，增幅达39%；“大资管”成果丰硕，与子公司在理财资产投资、产品创新发行等领域合作规模达到6 691亿元。这些成绩都的取得是我们总行、分行全条线员工认真贯彻落实“两全”活动精神，上下团结一心，努力拼搏的结果，也是销售、风险、审批、营运等各条线全力支持的结果。

2. 加强活动组织领导，全力推进“两全”活动开展。“两全”活动启动会召开后，总行党委高度重视，董事长对我行资产管理业务市场表现提出殷切期望，王祖继行长亲自担任“两全”活动领导小组组长，并多次就“两全”活动作出重要指示；37家分行均成立了以分行主要负责人为组长的领导小组，其中北京、大连、吉林、上海、宁波、福建、厦门、江西、河南、湖北、深圳、广西、海南、四川、云南、西藏、陕西、青海、宁夏、新疆等20家分行由分行一把手担任“两全”活动领导小组组长，并结合各地实际详细制订了“两全”活动实施方案，为“两全”活动的开展提供了强有力的组织基础和制度保障。

3. 加大政策支持和资源投入，激励分行进位赶超。为充分调动全行开展“两全”活动的积极性，总行及时调整等级行和KPI考核办法，将保本理财纳入一般性存款考核，非保本理财按照3倍于其他全量资金进行考核，为分行做大理财规模、支持全量资金增长提供了有利的政策引导和支持。在财务资源方面，总行为“两全”活动专项配置激励费用2 300万元，重庆、四川、内蒙古、广东、河北、云南、陕西、浙江、上海、山西、江苏、江西、湖北、北京、广西、吉林、福建、宁波、湖南、河南等20家分行也在财务资源极其紧张的情况下，新增配置专项激励费用5 000余万元。在人力资源配置方面，陕西、广东、深圳、湖南等分行进一步充实资管条线员工数量，对业务发展形成了有力的人才支撑。

4. 多形式开展资管业务巡讲，大资管理念迅速提升。“两全”活动开展以来，资管业务知识巡讲在总分行层面迅速全面铺开。总行资产管理部相关同事奔赴20余家分行开展了资产管理业务知识巡讲；分行方面，各一级分行通过召开全行工作会议、条线业务推进会、产品专题研讨会、案例讨论会等方式，将总分行两全活动的工作要求和具体任务目标传导至基层行。此外，北京、浙江、云南、甘肃、江西等23家分行通过在分行门户网站设立“两全专栏”、建立“大资管微信平台”等方式宣传和报道全行“两全”活动开展情况、成功案例及先进事迹等，充分营造“两全”活动氛围，推动大资管理念传导。

5. 破解资产配置短缺矛盾，全力以赴抓项目落地。“两全”活动开展以来，总行牵头参与了

北京、河北、福建、山东、陕西、湖南、广西等近20多个分行各类型基金业务的直接营销和方案制订，以“钉钉子”的精神逐项推动各项目落地实施；辽宁等分行牢牢把握总行将地方政府债务置换基金纳入绿色审批通道的政策机遇，分行“一把手”逐一跟进二级行项目进展情况。当前全行已审批通过政府债务置换基金近500亿元，已实现投放约60亿元，仅辽宁行已获得批复的项目就达到216亿元，已实现投放近40亿元。此外，北京、江苏、湖南、云南等30余家分行也在总行下达的目标任务的基础上自我加压，制订了更富挑战性的活动目标，并通过建立横跨审批、公司、资管等多个部门的任务型工作小组等方式，加大资产拓展和配置力度。

6. 持续强化风险管理，确保业务安全平稳运营。“两全”活动提出了“向资产管理要发展，向风险管理要效益”的经营理念，完成了《资产管理营运操作手册》、《中国建设银行股份有限公司资产管理（投资银行）业务内部控制标准》等多项业务规章制度的梳理和制定工作，风险管控的制度基础进一步夯实。37家分行均按照总行“一加强、两遏制”工作要求，完成新增理财资产和债券业务“回头看”工作。截至2015年9月末，理财业务风险资产余额为70.07亿元，较6月末减少3亿元，在当前中国经济正面临较大的下行压力，银行不良贷款持续上升的背景下，取得这样的成绩实属不易。

**（二）“两全”活动开展过程中存在的问题**

1. 各行“两全”活动的落实力度不尽一致，有些分行大资管认识还需进一步强化。当前大部分分行高度重视“两全”活动，并加大资源投入，推动理财业务快速发展，但仍有部分分行的思想认识没有统一到全行战略发展的高度，既没有配置相应的资源，也没有提出有效的措施，工作没有取得实效。下一步，各分行要尽快统一思想，提高认识，克服困难，迎头赶上，确保完成“两全”活动第一阶段任务目标。

2. 理财规模竞争形势依然严峻，个别分行还未将理财业务提升到做大全量资金规模的战略高度。自2015年7月“两全”活动开展以来，我行理财余额实现了较快增长，截至9月末已增长至1.26万亿元，突破了1.1万亿元的瓶颈，但仍分别落后工商银行、农业银行5 319亿元和139亿元，仅多于中国银行251亿元。股份制商业银行更是已形成赶超四大行之势，招商银行1.76万亿，交通银行1.46万亿元，兴业银行1.45万亿元，浦东发展银行1.44万亿元，我行在理财规模和竞争地位上仍面临较大的竞争压力。从各分行理财余额新增计划完成情况来看，河南、苏州、甘肃、青岛等个别分行9月末理财余额较半年末为负增长，拖累了全行理财余额目标的完成进度。

3. 非标资产配置规模落后序时进度，分行对总行政策导向及市场发展趋势认识不够清晰。2015年前三个季度，理财产品新增配置债权、股权类非标资产2 783亿元，但是前三个季度提前还款914亿元，前三个季度实际新增与2014年同期相比，仅净增加107亿元，其中，配置非标债权类资产1 793亿元（年初综合经营计划提出新增配置目标3 500亿元），仅完成全年非标资产配置计划的51%，落后全年序时进度，我行理财业务高收益资产严重不足。从分行非标资产配置余额来看，大连、宁夏、山西、厦门、福建、重庆等个别分行9月末非标资产余额较半年末降幅超过10%，对“以资产撬动负债”经营策略的认识程度和执行力度尚有欠缺，个别分行对总行政策方针、业务导向反应不够及时，在等待观望中错失了业务发展的最佳时机。

4. 分行资产池业务发展参差不齐，离总行的期望目标仍有一定差距。在当前已开展资产池业务的6家分行中，深圳、广东、上海等3家分行资产池余额均超过400亿元，其中，深圳分行已超过1 000亿元，3家分行资产池在产品总规模中的占比达到80%，其他3家分行资产池规模仅占20%，个别分行资产池余额较6月末还出现了负增长。分行资产池开办之初，总行寄予了极高的期望，已开办和即将开办分行资产池业务的分行一定要用好这项稀缺资源，充分认识发展分行资产池业务的重要性和紧迫性，在做大、做强资产管理业务方面走在其他分行的前列。

## 三、深入持久地推进“两全”活动

**（一）用足用好相关政策**

为推动“两全”活动深入开展，总行在考核政策、财务资源、审批政策方面给予了诸多倾斜和支持。董事长、王行长以及其他高管也都十分重视资产管理业务的发展，在近期王祖继行长主持召开的行长办公会上，对资产管理部提出的优化理财业务审批机制，尤其是标准资产的投资决策机制的几个方向性的问题都给予了充分肯定。各行一定要用足用好总行相关政策，加大执行力度，尽快实现落地，为下一步政策调整打好基础。

1. 把握政府类基金政策机遇，加快项目落地实施。近期，总行已对地方政府债务置换类业务建立了绿色审批通道，通过批量申报、合并申报、预审批等方式提高授信审批效率，对符合一定条件的政府一类债务置换项目及新增债务投资项目一律采用“一上一下”直接预审批方式，加快审批流程；对于不符合集中申报条件的其他存量债务置换理财业务（含“二类债”）也可积极营销，按照常规审批流程申报。各分行要按照自身情况抓紧落实，积极推动，争取年底前实现 1 500 亿—2 000亿元优质项目的实际投放。

2. 加大理财产品销售力度，做大全量资金规模。为激励全行加大理财产品销售力度，做大全量资金规模，总行在“两全”活动之初就明确提出将保本纳入一般性存款，非保本按照其他全量资金的 3 倍计算，但从理财余额增长情况来看，当前 1. 26 万亿元的理财产品余额距年末 1. 4 万亿元余额目标还有不小的差距，尤其是保本理财产品，较年初下降 1 156 亿元，降幅达 48. 7%。下一步，总行资产管理部要加快推出保本资产池，通过在保本理财产品中适当增加配置债券等较高收益资产提升保本理财产品市场竞争力；各分行要站在做大全量资金规模的战略高度，加大理财产品发行和销售力度，确保完成 1. 4 万亿元理财余额目标，力争达到 1. 5 万亿元。

3. 有针对性地开展房地产客户营销，择优配置房地产资产。为拓宽高收益资产来源，总行允许适度加大理财资金对房地产行业的投资力度，将对房地产客户实行名单制管理。下一步，总行资产管理部要尽快与审批部研究确定房地产客户名单，各分行要根据名单尽快开展有针对性的客户营销，抢占优质客户资源，择优配置房地产资产。

4. 搭建集团资产交易平台，发挥母子公司联动优势。为积极落实董事长提出的综合性、多功能、集约化经营战略，为客户提供综合化服务，资产管理部要加大与子公司的联动协作。总行正积极研究在集团内部搭建母子公司的资产交易平台，拟在不扩大集团风险敞口的前提下，在集团范围内进行集团母公司与子公司授信互认。总行资管部要尽快与审批部研究制订集团内部资产交易平台方案，拓宽理财资产配置渠道。

5. 提升标准资产投资能力，提高理财资金投资收益。为适应市场变化及业务发展需要，总行正着手对标准资产的投资决策机制进行创新，拟由授信审批部门确定总体框架、交易策略，总行资产管理部及分行资产池在总体框架、交易策略下，根据市场变化、客户需求自主投资、自担风险。该项政策调整对全行资管/投行条线的风险管控能力提出了更高的要求，总行资产管理部及分行资产池要在人员储备、制度建设、系统建设等方面做好准备工作，做强、做大标准资产投资规模，提升理财资金投资效益。

**（二）研究探索专业化经营之路，着力提升五大能力**

面对资产管理业务发展的内忧外患，总行党委提出从顶层设计出发，进一步放开资管业务手脚，推动资产管理业务专营改革，将资产管理业务转型作为全行八个方面深化化转型中的一项重要内容，对资产管理业务进行系统化的体制、机制改革和创新，建立单独明细的条线管理制度体系，拥有一定的人、财、物资源支配权，相对独立的人员聘用权及考核激励机制等。

这次会议请大家重点针对如何提升盈利能力、资产配置能力、产品研发能力、风险管控能力、投研分析能力这五大能力来研讨。

1. 盈利能力。我行资产管理业务盈利能力较强，资管业务年收入已经连续两年超过 100 亿元，资管加投行业务收入连续两年超过 200 亿元，市场排名第二。

但是从利率市场化后市场发展趋势以及全球资管行业整体盈利对比来看，资产管理行业并不是一个利润率水平很高的行业。因此，过去那种靠规模、靠利差粗放式发展难以维持盈利，资管业务必须由追求规模效应向追求价值提升转变，要学会精打细算，有策略地提高整体业务的盈利能力，从产品、资产两端一齐发力，提升专业化资产管理能力，提升盈利水平。

从产品来说，要持续不断地进行产品创新与组合，提高收益水平。一是加强期限错配管理能力，加强用低成本短期资金为长期资产投资服务的能力；二是加强区域细分、客户细分，采取差别化的区域产品策略、定价策略提升盈利空间；三是加强客户细分管理，根据产品的风险和收益特征，加强对不同类型客户的定价管理能力，把合适的产品卖给合适的客户，拓展收益空间。

从资产来说，非标资产提高收益的重点策略是提供高附加值的产品和服务来提升我行议价能力。从前期调研情况看，客户有效需求不足与服务升级需求并存，一方面企业客户融资需求不足，另一方面众多企业客户已不仅仅满足于融资需求，而是对股权投资、资产负债表解决方案、项目资本金解决方案、合理减税避税等有较强的需求。要改变以往信贷业务垒大户、价格竞争的行为，通过专业化能力为客户提供高附加值的金融服务，以产品为依托，开发能切实解决企业各类经营管理中的财务解决方案的融智型金融产品，提供高附加值的服务，以“服务升级”为手段，提升非标资产的议价能力。标准资产提高收益的策略是提升投研能力和交易能力。标准资产的特点是价格具有波动性，须逐步改变以往的买入并持有到期的被动投资风格，加强自身交易能力建设，通过对交易品种的准确理解、对市场走势的精准判断及快速反应等寻找最佳买入机会，并把握波段性投资机会，从市场交易中获利。今后要提高标准资产的投资比例，制订各阶段标准资产投资比例目标。

从调动总、分行两个积极性来说，研究总分行利益分配问题。一是处理好总分行资产池之间的关系，二是总分行效益如何记账，三是总分行如何联动。

2. 资产配置能力。资产配置能力是资产管理业务转型发展过程中最为重要的能力，尤其在当前资金较为充沛的情况下，如何做好以资产撬动负债尤为重要。当前情况下，一方面要寻找当下经济发展与改革的机会，做好当下资产配置，另一方面要开阔思路，放眼全球、各类市场领域，前瞻性地把握未来资产配置趋势。

（1）寻找经济发展与改革的机会，做好当下资产配置。国家层面已采取多种有效措施和手段来振兴实体经济，资产管理业务要紧跟国家战略，寻找经济发展与改革中的机会，认清当下的四大方向，把握当下的三大资产配置方向。一是经济由高速增长转向深度结构调整期催生的并购业务、混合所有制改革等市场机遇；二是经济增长由出口拉动型向内需驱动型转变过程中的国家重大战略领域的投资机会，把握国家“一带一路”、“京津冀”协同发展、“长江经济带”建设，政府7万亿元重大工程建设等，丰富和完善产品服务功能，推动对客户的综合服务；三是把握政府融资方式由独立融资转为公共部门和私营部门合作过程中的政府债务置换机会。

（2）前瞻性地思考，把握未来国际化和市场化两大业务机遇。从资产配置更长远的趋势来看，未来主要有两大趋势：国际化和市场化。资产管理业务应致力于打造横向打通境内外市场，纵向打通国内各类市场领域，向“多工具＋全市场＋境内外”全覆盖的“融资＋投资”最优资产组合。投资方向的进一步拓展也是资管业务转型成功的关键。

①把握国际化业务机会。中国资本市场真正开始参与国际竞争的必要条件之一是人民币国际化和利率市场化。利率市场化已然完成，一旦人民币真正国际化也完成，市场风险与机遇并存，届时，衍生品及对冲交易工具类市场会成为必需，这点我们必须提前关注及研究，增加专业人员储备及提升交易能力，前瞻性地布局，争取战略上的主动。此外，要抢占人民币离岸市场的先机。从2014年的数据看，境外人民币总额约为1.8万亿元，从当前货币战略来看，中央银行正力推人民币成为国际货币基金组织SDR（特别提款权）篮子货币，此举成功将成为人民币国际化的重要突破，未来5年境外人民币总额可望达到15万亿—20万亿元。资产业务要紧抓机遇提升境外人民币市场份额，推出境外人民币投资产品，吸引境外资金，助力海外业务丰富与拓展，抢占市场先机。

②把握市场化业务机会。本届政府力主经济市场化改革，而金融领域市场化的重要体现就是资本市场、股票市场、大宗商品市场、货币市场等的进一步发达，以及各类融资工具的进一步丰

富和完善。资产管理业务要进一步拓展投资范围，扩大资产投资覆盖面，投资工具要全面涵盖商品市场、货币市场、债券市场、股票市场、衍生品市场、PE投资、另类市场等全市场领域，积极参与贵金属、汇率等各种指数在内的金融衍生品投资，形成多工具投资、多市场运作、多交易方式的资产管理体系。

（3）提高投资决策效率，抓住业务机会。要把握住资产管理业务国际化和市场化发展机遇，需要我行理顺内部各决策链条间的关系，提高市场响应速度。当前业务发展机会转瞬即逝，必须要提高决策效率。一是资产管理部要加快业务推进速度；二是审批部也要提高效率，需要我牵头审批的项目，只要报到我这里，我争取不过天。

3. 产品设计能力。以“创新升级”为手段，对产品（负债）进行全面改造、升级，巩固现有客户群体的同时向上拓展高端客户，向下拓展县域及农村客户，吸引各类市场资金。建立保本与非保本相结合，预期收益与净值型产品、本币与外币多样组合，高、中、低风险与收益全覆盖的、丰富完整的产品链条。形成产品目录清晰、客户定位精准、产品组合多样化、服务便捷高效、客户体验良好的产品，打造最具价值创造力、投资者最为依赖的资产管理品牌。

4. 风险管控能力。强大的风险管理能力以及风险管理机制是业务持续健康发展的前提条件，无论是资产管理业务，还是整个银行业务，说到底是靠经营风险来盈利的，利润主要来自风险溢价，因此，对待风险既不能谈虎色变，也不能像过去那样被动接受风险，而是应该主动管理风险。

资产管理业务作为新兴业务，不能完全按照传统商业银行风险思维来进行风险管理，应建立与资管业务相适应的风险管理体系，建立有资管特色的风险化解机制。

建立专业化的风险分担及风险化解机制。理财业务与传统信贷业务的重要区别是对一些标准化资产有市场化的处理方式，标准化资产的交易流转也是管理风险的重要手段，这就要求我们要提高对市场波动的敏感度，提高资产交易能力，通过及时交易处置来减少风险损失。与此同时，我们也要积极探索采用专业化、市场化的手段对“非标”资产进行风险处置。

坚持“底线思维”，加强风险的监测预警。要坚持“底线思维”，确保不发生系统性和区域性金融风险，树立两个“底线”：一是资产管理业务风险要大幅低于信贷业务风险；二是投后管理要比贷后管理更加全面了解企业，风险管理要做到早发现、早介入、早处理。

坚持问责机制，巩固内外部审计检查成果。当前，资产管理业务已成为监管机构、内外部审计重点关注的对象，在坚持“尽职免责”的同时，对于因未尽职导致的业务风险，要坚决严肃问责，真正实现资产管理业务健康发展，力争资产管理业务发展优于信贷业务。

5. 研究分析能力。研究分析能力是以上谈到的四种能力的基石，决定了资产管理业务发展的格局和层次。从国际经验看，大型商业银行的资管机构、投行等都十分重视研究服务的投入，拥有实力雄厚的投研团队。

投研力量的加强既是总行的职责也是分行的职责，从总行来说，不应该是单一处室的职责，应该是每一个业务处室的职责，只有真正做到对业务领域有深入、深刻的研究和认识才能有效地拓展业务，挖掘和应对业务发展过程中面临的各种机会和挑战。各分行和子公司也要重视并加大对研究分析的投入，其中，分行要承担起区域性的研究，子公司要加强各专业领域的研究。

**（三）全力完成“两全”活动第一阶段任务目标**

2015年7—12月为“两全”活动第一阶段，全行资管和投行条线要围绕“两全”业务竞赛的“六条工作主线”，扎实推进各项子方案落地实施，力争全面实现活动第一阶段六大目标：一是全员大资管意识有较大增强，各分行各项资管业务有明显起色；二是确保理财产品1.4万亿元，力争1.5万亿元；三是资管中收较2014年增长21%，达到121亿元；四是非金融企业债务融资工具与金融债承销双第一，实现“五连冠”；五是资管风险资产进一步降低；六是标准资产在理财资产中的占比要有所提升。

# 在山西省、云南省和安徽省分行参加总行巡视反馈和党风廉政建设工作调研时的讲话摘要

朱克鹏

（2015 年 10－11 月）

## 一、严格落实巡视反馈问题的整改，进一步加强和改进分行巡视工作

### （一）要高度重视巡视反馈问题的整改，狠抓落实

巡视整改是巡视工作的核心环节。整改能否落实、是否彻底，直接影响巡视工作的成效。分行党委要严格按照总行巡视组提出的意见和建议，逐条对照巡视反馈问题，认真研究处置措施，做到“件件有着落、事事有回音”。同时，按照《中国建设银行巡视工作规定》的要求，对整改落实情况，要做好“双报告”（整改情况报告和主要负责人组织落实情况报告）。总行巡视办还将适时安排巡视组进行回访，对整改工作和整改效果进行检查评估。总体来说，巡视中发现的重点问题，分行党委要特别予以重视。

一是分行党委在抓党建工作和业务发展方面，仍然存在“一手软、一手硬”现象。这种现象在国有企业、中管金融企业中普遍存在，分行党委特别是党委书记必须引起高度重视，要从从严治党、从严治行的高度，认真落实整改。建行作为国有商业银行，在改革和发展过程中要始终坚持党的领导，加强党的建设，把准政治方向，充分发挥党委的政治核心作用。抓好党建工作，党委书记是第一责任人，要切实增强管党意识，认真履行管党职责、主动担当管党重任，把党建工作摆在首位，既要记得自己是行长，更要记得自己是党委书记。要督促党委班子成员既要抓好分管工作，又要抓好分管领域内的党建工作，尤其是党风廉政建设工作。新颁布的《中国共产党纪律处分条例》明确了违反工作纪律的“负面清单”，包括党组织履行全面从严治党主体责任不力、工作失职等内容，将全面从严治党的要求落实到具体条文中，充分表明了中央坚持党要管党、从严治党的坚定决心。习总书记在党的群众路线教育实践活动总结大会上提出了“全面从严治党”的相关要求，并强调：“各级党委要牢固树立正确的政绩观，坚持从巩固党的执政地位的大局看问题，把抓好党建作为最大的政绩”。党委书记必须做政治上的明白人，增强主业意识，强化党的观念，加强党的领导；要将抓党建工作与业务发展工作一起谋划、一起部署、一起考核，做到亲自抓、亲自管，真正把从严治党的责任扛起来。

二是少数机构存在违反财务纪律和落实中央八项规定精神不到位的问题。2015 年初，总行审计部对 2013 年以来全行重点财务费用管理情况进行了专项审计，发现一些机构财务管理方面存在多种违规问题（套取资金用于营销甚至变相发放员工福利、虚列费用存放于员工控制账户或供应商账户、使用假发票报销、关键岗位员工与供应商存在利益关系或非正常资金往来等严重问题）。这些问题不仅违反了财务纪律，其背后还可能潜藏违纪甚至有可能存在违法行为。财务费用一旦被套取，就将脱离财务管理体系，游离在监管之外，形成“小金库”，滋生腐败。在现阶段中央三令五申的高压之下，我们的一些机构仍然存在顶风违纪、顶风作案的情况。不准违规发放福利，有的分行依旧套取费用给员工发放购物卡；不能公款旅游，有的分行还是集体旅游甚至有的还带家属，这些都是明知故犯。在落实中央八项规定

精神和执行财务纪律以及反“四风”方面，各分行与党中央要保持高度一致，进一步增强政治敏感性。抓好中央八项规定精神的落实，党委主体责任不可推卸，纪委监督责任也义不容辞。

三是认真推进总行转型发展战略。当前商业银行面临着转型的严峻挑战。经济向新常态的转向、利率市场化的冲击、互联网金融的挤压、资产质量下行等内外部环境的重大变化，给银行带来了巨大的压力。分行要学会在狭缝中生存，要适应从传统的关系型营销向服务型营销的新转变，要靠产品、服务、品牌形象维护好客户关系。全行转型发展战略是总行党委审时度势，深入分析商业银行的发展规律和中国经济转型的特点，做出的重大决策部署，是建设银行当前和未来相当长一段时间内的纲领性文件。要加强宣讲，让广大干部员工了解总行关于转型发展的战略布局，了解转型发展的方向、目标、路径和具体措施。分行党委一定抓好贯彻落实，不能仅仅停留在文件上和讲话里，要转化为具体的推进措施。尤其要全面分析本地本行的实际情况和国际国内的经济形势，形成适合分行特点的转型发展规划，找出转型发展的方向、着力点和突破口。能否坚定不移、不折不扣地贯彻落实总行转型发展要求，是检验分行党委是否遵守政治纪律的重要依据。

**（二）认真学习贯彻《中国共产党巡视工作条例》，结合总行《巡视工作规定》，进一步加强和改进分行的巡视工作**

2015 年 8 月初，中共中央颁布了《中国共产党巡视工作条例》（以下简称《条例》），明确提出学习贯彻《条例》，是当前和今后一段时间各级党组织的重要政治任务。《条例》吸收了十八大以来巡视工作的理论和实践成果，贯彻了习总书记提出的新的巡视工作方针，对巡视工作指导思想、领导体制、巡视的范围和对象、巡视的内容和方法等做了进一步的规范和明确。《条例》作为强化党内监督的重要的基础性法规，是开展巡视工作的基本依据，是巡视工作的指导方针。分行党委、纪委要深刻领会《条例》的精神实质，在贯彻落实上要做到以下几点。

一要选好配强巡视组。巡视能否发挥利剑作用，取决于是否有强有力能干事的巡视队伍。巡视组的组长、副组长要找政治过硬、敢于担当、熟悉业务、具有发现问题能力的干部，不要搞照顾性安排。巡视工作归根结底还是要靠巡视组去落实。队伍不强，巡视工作不可能取得好成效，很容易走过场。巡视组还可以抽调一些在审计、财务、风险、合规和信贷管理等方面有经验的同志参加。

二要聚焦巡视“主业”。巡视的焦点是全面从严治党，是党风廉政建设和反腐败工作。巡视是政治巡视，不是业务巡视。要尽快调整巡视工作定位，聚焦“一个中心”，紧扣“六大纪律”，深化“四个着力”，盯住“三个重点”，以及分行党委关心的其他问题。巡视组不能成为业务检查组，巡视过程不应过多地涉足具体业务、日常经营管理，巡视人员不能成为合规管理员、风险管理员。银行业务有三大防线，每项业务都有主管部门，还有审计监督。主管部门的检查结果和审计监督的成果都可以拿来运用，但是巡视不能把主要精力放到业务合规性和风险的检查上去。要集中精力检查监督“两个责任”落实情况、政治纪律和政治规矩执行情况、党的路线方针政策及党委重大决策部署的执行情况、廉洁纪律执行情况、中央八项规定精神和总行党委十项要求落实情况、组织纪律执行情况、群众纪律工作纪律生活纪律执行情况。重点查找违规后面的违纪问题，要把巡视的尖兵和利剑作用发挥出来，形成震慑。

三要落实全覆盖要求。“实现巡视全覆盖、全行一盘棋”是全行各级党委和巡视机构的总体任务。按照《巡视工作规定》要求，分行巡视不仅要覆盖所有二级分支机构，还要覆盖分行部门和县级支行，主要负责人任期内对辖区至少要巡视一遍。时间紧、任务重，当然方式上可以有所不同，对设党委的机构以常规巡视为主，辅之以专项巡视；不设党委的机构、部门，可以开展巡察，用短、平、快的方式，简化程序灵活进行。因此，分行要整合资源，盘活存量，充实巡视力量，更要创新巡视方式，打好组合拳。

近期总行印发的《巡视工作规定》，为全行在新形势下开展巡视工作提供了基本遵循和制度保障。分行党委要依据《巡视工作规定》，结合分行实际，抓紧制定实施细则，进一步加强和改进巡视工作。

## 二、坚持全面从严治党、从严治行，深入贯彻落实“两个责任”

### （一）要强化党委主体责任，落实责任担当

抓党风廉政建设，路径非常清晰，就是抓“两个责任”的落实。党的十八大以来，中央将党风廉政建设提到了前所未有的高度，连续出台了一系列重要举措，扭转了党风政风。《中国共产党廉洁自律准则》和《中国共产党纪律处分条例》为党员和党员领导干部划出了“高线”和“底线”。《廉洁自律准则》坚持正面倡导，重在立德，为党员和党员领导干部树立了看得见、摸得着的高标准。《纪律处分条例》开列负面清单，重在立规，划出了党组织和党员不可触碰的底线。过去搞党风廉政建设，大家都认为是纪委的责任，也一直由纪委来推动，但是效果并不理想。党的十八届三中全会决定第36条明确要求“落实党风廉政建设，党委负主体责任，纪委负监督责任”。王洪章董事长在全行纪检监察工作会、落实党委主体责任视频会和夏季工作座谈会上明确提出，抓好党风廉政建设和反腐败工作，是全行各级党组织的重大政治任务，能不能牢牢抓住主体责任这个“牛鼻子”，是检验各级领导班子，特别是“一把手”政治意识和大局观念强不强的试金石。

在我们银行内部，党风廉政建设工作总体上取得了阶段性成效，但仍然存在“一手硬一手软”、“上热下冷”和“层层衰减”的问题，基层压力传导不足。原因在于有些党员领导干部还存在模糊甚至错误的认识。比如，有人认为金融机构管理规范，内控严密，不会出大的问题。实际上，从中央巡视其他金融机构的结果和现实发生的案例来看，金融系统腐败现象不容忽视，违反中央八项规定精神的问题也比较突出，处理的违法违纪人员涉及各层级的领导干部，因此绝不能掉以轻心。有些人的观念中存在“国企特殊论”，认为银行和党政机关不同，要跟市场和客户打交道，党风廉政建设可以松一些、宽一些。这种错误观点必须纠正。王岐山同志多次在不同会议上批评国企特殊论。王洪章董事长也多次强调在党风廉政建设上没有特殊、没有例外。国有金融机构是党领导的企业，适用同一部党章、同一套纪律，从严管党治党没有特殊。还有一些同志对党风廉政建设和业务发展工作摆不清位置，认为抓党风廉政建设会耽误时间、分散精力；更有甚者将二者完全割裂开，觉得抓党风廉政建设会影响业务发展，实际上这种认识完全错误。抓党风廉政建设和反腐败工作，就是要抓那些以权谋私、吃里扒外；为蝇头小利，放松贷款条件造成银行损失；大额采购中高买低卖的利益输送等违规违法行为。客户营销、商务往来只要符合规定都可以正常进行。抓好党风廉政建设，就是要提高分行班子的凝聚力和战斗力，创造风清气正的环境，对业务发展起促进、支持和保障作用。

深入贯彻落实党风廉政建设，强化“两个责任”的考核。2015年10月，总行在落实“两个责任”实施意见的基础上，印发了落实“两个责任”的考核办法，并列出任务清单，将进行量化考核。对37家一级分行考核后，将进行排名并以适当方式通报。对排名前10位的分行予以表扬；对排名后3位且考核分数偏低的分行，根据考核办法将由王洪章董事长约谈党委书记，由我约谈纪委书记；对纪委监督责任考核连续几年排名靠后的，将考虑对纪委书记进行调整。目前总行还在研究“两个责任”落实不力的问责办法，目的就是以落实“两个责任”为抓手，持续推进党风廉政建设不断进步。

### （二）要强化分行纪委的监督责任，聚焦监督执纪问责

分行纪委要按照中央纪委精神和总行纪委要求，聚焦主业，深化转职能、转方式、转作风。总行对分行纪委规定了监督职责和六项问责，明确了七项工作措施，同时制定了纪委监督责任的任务清单和考核办法，分行纪委要抓好贯彻落实。

要严肃执纪问责。国有金融机构纪委是执行党内监督职责的专门机构，纪检监察干部是党的忠诚卫士，监督执纪问责是我们的主业。很多违规违纪问题之所以屡查屡犯，此查彼犯，一个重要的原因就是纪委、监察部门执纪偏松、偏宽、偏软，没有威慑力，导致违规违纪成本太低。从目前全行的情况来看，不少违规违纪行为，能用经济处罚的一般不用纪律处分，能用轻处分的一般不用重处分，能用政纪处分的一般不用党纪处分，能处理员工的一般不处理或追究领导责任，这样的问责力度与中央关于纪委要履行监督责任

的要求还有相当大的差距。银行业发展这么多年，在制度体系、技术控制，人员制约上都比较完备。有些机构发生柜面案件，原因多在于作案人员利用授权人员的“信任”和不负责任操作进而得手。对此，总行正在研究完善相关规定，今后对有道德风险的故意违规违纪行为，要开除或解除劳动合同；对玩忽职守不负责任，给建行造成重大损失的，也要从严从重处理，并通报全行，切实提高处罚的威慑力和警示效果。

要运用好监督执纪的“四种形态”。王岐山书记在福建调研时指出，要把握运用好监督执纪的“四种形态”：党内关系要正常化，批评和自我批评要经常开展，让“咬耳扯袖、红脸出汗”成为常态；党纪轻处分和组织处理要成为大多数；对严重违纪的重处分、重大职务调整应当是少数；而严重违纪涉嫌违法立案审查的只能是极少数。我们党有 8 700 多万名党员，建设银行在岗职工中也有 16 万多名党员，占全行在职员工之比达 42%。管好广大党员干部，就需要灵活运用好监督执纪的四种形态。要抓早抓小，动辄则咎，违规不严重的我们就要提醒，防止干部犯更加严重的错误，甚至走向违法犯罪的深渊。各级纪委要围绕“四种形态”转变执纪思路和执纪方式，把握好从高压严惩到常态严管的过程、从外在约束到内在自觉的过程，从根本上解决不敢腐、不能腐和不想腐的问题。

## 三、严格落实中央八项规定精神和总行党委十项要求，严防“四风”反弹

经过群众路线教育实践活动，全行作风明显改进，“四风”问题得到有效改善。但目前更多的是害怕和畏惧，仅仅是不敢，还没有形成思想自觉和行为自觉，“四风”问题病源犹在、积习很深、惯性很强，稍有放松，便会反弹。要刹住这种惯性，必须保持高压态势，形成长效机制，长抓不懈，持之以恒。按照习总书记的说法就是作风建设永远在路上。全行上下要高度重视，全力贯彻落实中央和总行要求。

一是要在思想教育上下工夫。分行纪委要加强教育。特别是要加强对基层营业机构、二级分支机构的客户经理和领导人员的教育。业务营销一定要适应政治和社会环境的新常态。要紧盯中央八项规定精神落实和总行党委十项要求的执行情况，转变思路，提高认识。思想教育尤其要结合“三严三实”专题教育，深入内心、触及灵魂，让严格自律和敦本务实的精神成为党员领导干部的一种信念和自觉。同时，要发挥查处案件的警示震慑作用。中纪委网站的“‘四风’监督哨”栏目点名道姓通报曝光“四风”案例，总行也会做这样的通报，用鲜活的案例发挥警示作用。

二是要扎紧制度笼子。总行已经陆续出台关于会议、差旅、公务接待等方面的管理制度，分行要根据总行要求，结合实际情况进一步细化完善相关配套制度，规范分行负责人履职待遇，合理确定并严格规范业务营销费用标准，严格执行。纪委监察部门可以会同办公室、财务、审计等相关部门，将具体的标准收集起来做成明确的表格，做到标准清晰，便于执行。

三是要加大惩处力度。教育千遍不如问责一次。制度的笼子不可能严丝合缝，对严重违纪行为要重拳出手。近期王洪章董事长在财会部呈送的财务检查报告上批示：“要严肃查处违反中央八项规定精神的事件，保持高压态势”。分行要对照中央、总行和分行内部规定，盯住有没有违规开展营销活动、违规发放员工福利和过节费、公款旅游、违规使用公车、办公用房超面积等情况，一旦发现问题，要及时纠正、果断处理。对党的十八大后、中央八项规定出台后和开展群众路线教育实践活动后的顶风违纪行为，要从严追究责任，越往后执纪越严。

## 四、扎实做好案件防控工作

案件防控是长期工作，必须警钟长鸣，长抓不懈。案件防控工作监管部门抓得很紧，总行考核也很严，发生重大恶性案件的要“一票否决”。

当前是银行业案件多发期。经济下行，外部形势复杂严峻，银行的骗贷、贷款诈骗案件和银行员工参与民间借贷、非法集资、“飞单”私售和以贷谋私、贪污贿赂的案件时有发生。2015 年以来，全行查处监管口径案件 3 件，贿赂案件 7 件。这些案件有如下特点：一是贿赂案件高发，7 件贿赂案件为近五年来最多，其中发生在信贷部位 6 件，主要是以贷谋私；造价咨询部位 1 件，是一起“窝案”。二是信贷业务部位案件集中。

10起案件中，发生在信贷部位案件7件，占比70%，主要集中在二级分行及以下基层机构负责人身上。二级分行以下的机构，是直接接触客户的界面，也有人权财权业务审批权，一直是案件多发部位，因此一级分行要加强对二级分支行的巡视力度。三是“飞单”问题突出。2015年全行查处了1起“飞单”案件，同时我们还接报5起由于“飞单”行为形成的违规事件，审计也发现了不少“飞单”问题。员工“飞单”行为在当前有一定普遍性，在很多分行都有不同程度的反映，需要采取有效措施进行有针对性的防范。

分行党委、纪委要从落实“两个责任”的高度，正确认识案件防控工作的重要性。要认真研究分析近年来总行通报的案件情况，汲取教训，努力解决屡查屡犯问题。从近年发生的案件情况看，很多员工发案前其实都有蛛丝马迹，比如突然进行高档消费、参与赌博赌球等。因此，每个分行都要结合自身实际，加强对案件专项排查工作的组织和督导，有针对性地了解员工八小时之外的状况，提升员工管理的精细化水平。

## 五、加强纪检监察组织建设，打造忠诚、干净、担当的纪检监察队伍

各级纪委和监察部门承担着维护党纪行规的重要职责，干的是“打铁”的活儿，自身必须过硬。“忠诚、干净、担当”，这六个字源于党章要求，是“打铁还需自身硬”的具体化，是每一位纪检监察干部的基本标准。“忠诚”是第一位的政治要求。要忠于党的事业和建设银行的事业，既要将忠诚建立在理想信念宗旨基础上，又要建立在党的利益、建行利益、党员个人利益相统一的现实考量上，这是纪检监察干部抵御诱惑、直面挫折的信念基础。“干净”是做人底线。纪检干部如果自己不干净，怎么去要求别人干净，又怎么敢去监督别人？正人先正己。必须自身站得直、行得正，做守纪律、讲规矩的表率。总行纪委将加强对纪检监察干部的监督。对那些自我要求不严格的，有群众来信反映查实的，都会严肃处理，调离纪检监察岗位。肩负执纪问责的权力，更要崇廉拒腐，慎独慎微慎友，强化自身免疫力，谨防腐蚀拉拢的风险。“担当”是对党忠诚的具体体现，是纪检监察工作的本职要求。不敢担当，不敢得罪人，不可能当好纪检监察干部。从全行情况看，不敢担当的现象具有普遍性。有的纪检监察干部，在其位不谋其政，遇到困难躲起来，遇到矛盾绕着走；有的畏首畏尾、不敢监督、不想监督，对不正之风和腐败现象无动于衷、无所作为；有的当“老好人”，下不去手，搞与人方便、与己方便，大事化小、小事化了，这都是不敢担当的表现。分行纪检监察干部必须要时刻牢记使命，尽职尽责；按照“三转”的要求，铁面执纪、动真碰硬、有胆有识，做好监督执纪问责。

要抓好纪检监察组织机构和干部队伍建设，具体要抓住以下几个方面。

在组织建设上，要实现机构全覆盖。不论哪个层级、哪个岗位都在全覆盖监督范围。设立党委的机构，要设立纪委，配纪委书记。人员多、经营规模大的城区综合性支行和县支行，可以单独设立监察部门，也可以将监察部门与相关职能部门合署办公。未设立纪委、监察部门的基层营业机构，可由上级机构派驻纪检监察特派员或设立特派员团队实行巡察。巡视要做到全覆盖，不留空白、不留盲点。总行不仅要对一级分行开展巡视，从现在开始，也要对总行部门、总行直属中心、境内子公司、海外机构开展专项巡视或巡察。

在管理机制上，要突出上级对下级的管理和考核。为进一步推动党的纪律检查工作双重领导体制，落实“两个为主”，总行制定了《一级分行纪委书记提名考察办法》，一级分行纪委书记由总行纪委会同总行党委组织部提名；分行纪委副书记由总行纪委会同一级分行党委提名。一级分行比照这个办法对二级分行纪委书记进行提名。在考核方面，现在已经出台《党风廉政建设纪委监督责任考核办法》，下一步要出台对分行监察部门的条线考核排名办法，进一步解决分行监察部门“不愿干、不敢干”的问题。

在队伍建设上，要打造高素质的纪检监察队伍。要严把入口关，明确准入条件。以政治过硬、敢于担当、清正廉洁、业务精通作为选用标准，坚决防止安置性、照顾性进入。要通过考试、资格认定等方式设置准入门槛。现在纪检监察队伍年龄偏大问题比较突出，要注重选调符合条件的中青年优秀人才充实纪检监察队伍，不断优化队

伍的年龄、专业和知识结构；要加强纪检监察干部政治和业务学习，通过“纪委书记上讲堂”、纪委会、视频会、培训班等方式深入学习中央制度精神和总行要求，利用好中央纪委监察部网站、总行纪委监察部网站、《中国纪检监察》、《纪检监察报》和总行纪委、监察部（巡视办）《学习快报》等载体加强学习，形成常态化的学习机制。要发挥纪检监察岗位在培养锻炼人才方面的平台作用，把一些后备干部放在纪检监察岗位上进行历练，畅通纪检干部出口，积极推动建立纪检监察干部与业务干部的双向流动机制。要加强对纪检监察干部自身的管理和监督，坚持“信任不能代替监督”，完善监督机制，加强自身监督。总行纪委和一级分行纪委设置纪检监察干部监督岗位。纪检监察队伍不单纯追求数量，关键要精。对政治不坚定、能力不足、不敢担当、作风不实的干部，要坚决调整出纪检监察队伍。要加强纪检监察特派员队伍建设，纪检监察特派员制度是有建设银行特色的纪检监察派驻制，制度设计完备，在业内影响很大，得到中央很多部门认可。但是在实践过程中，特派员承担的职责过多过泛，成为“超级业务检查员”，冲淡了主业。因此，必须回归和聚焦主业、突出主责。

分行党委要支持分行纪委工作，这是党委履行主体责任的具体表现；纪委也要主动寻求党委的支持，及时汇报工作。要配齐配强巡视组、特派员和纪检监察干部队伍，选任素质高的优秀员工做纪检监察工作；也要为过硬的纪检监察干部提供多岗位锻炼的机会。

希望分行党委和纪委严格按照总行党委、纪委要求，结合“三严三实”专题教育，进一步加强和改进巡视工作，努力将党风廉政建设“两个责任”落到实处，为全行稳健经营和健康发展提供政治保障和持续动力。

# 严格要求　严格管理　严格监督<br>打造一支忠诚干净担当的<br>高素质纪检监察队伍

## ——在传达王岐山同志关于纪检监察干部监督工作座谈会上讲话精神视频会议上的讲话

**朱克鹏**

（2015 年 10 月 27 日）

刚才，张华建同志传达了王岐山同志在中央纪委纪检监察干部监督工作座谈会上的讲话精神。下面我就贯彻落实讲几点意见。

### 一、要准确把握、深刻领会讲话的主要精神和实质内涵

王岐山同志的讲话，深刻阐述了加强纪检监察干部队伍建设的极端重要性，明确提出了做好纪检监察干部监督工作的要求，对新形势下落实全面从严治党、深入推进纪检监察组织队伍建设具有十分重要的指导意义。讲话内容丰富、内涵深刻，有很多新思想、新观点。我们在学习领会讲话精神时，要注意把握这样几个要点。

**（一）“打铁还需自身硬”，树立了纪检监察队伍自身建设的标杆**

纪律检查机关作为党内监督的专责机关，在全面从严治党中承担着监督执纪问责的重要职责，在关系人心向背的反腐倡廉中担当着重要使命。这项工作原则性强、纪律性高，对纪律执行的要求不亚于军队。正如王岐山同志所讲，我们这支队伍在作风和纪律上偏出一尺，党风廉政建设离

党中央的要求就会偏出一丈。

当前党风廉政建设和反腐败斗争的形势依然严峻复杂，纪检监察系统也绝非净土，纪检监察干部是党员干部中的一员，党内一些不正之风，在我们干部身上都会有所体现。这些问题解决不好，就无法承担起党章赋予我们的重任。党的十八大以来，中央纪委在这方面作出了表率，率先在系统内开展“清卡”活动，带头对纪检干部违反中央八项规定精神问题点名道姓、通报曝光；在系统机关内设立纪检干部监督机构、强化自我监督、坚决“清理门户”，使之与党内监督、社会监督和群众监督结合起来，回答了“谁来监督纪委”的问题，用行动阐释了“打铁还需自身硬”的内涵，对纪检监察干部严守纪律、改进作风、拒腐防变提出了更高的要求，为我们加强队伍建设树立了一个标杆。

**（二）“严管就是厚爱”，确立了纪检监察干部监督工作的重要原则**

王岐山同志常讲“子不教，父之过”，干部出问题，组织有责任。深入剖析发生在身边的典型案例，我们就会发现，但凡平时管理稍微严格一点，真正按照党规党纪去要求，很多干部就不至于一步步滑向犯罪的深渊。党组织对干部平时加强管理，小事上多说着点，干部就会少犯一些错误，这是最大的爱护；相反，党内关系庸俗化，搞一团和气，看起来是保护了干部，实际上是对干部不负责任，是害了干部。

因此，打造一支过硬的纪检监察干部队伍，是组织交给我们的一份沉甸甸的责任。各级纪检监察机构和领导干部要切实加强干部的教育管理，把“严管就是厚爱”贯穿于内部监督管理的全过程，把纪律挺起来、把规矩严起来，成为常态，让干部对严格要求内化于心。如果纪检监察队伍作风松松垮垮甚至出了问题，对纪委各级领导来讲就是严重失职，就会贻害我们的干部和事业。

**（三）“把纪律和规矩挺在前面”，指出了纪检监察干部监督工作的基本思路和方法**

近期，王岐山同志多次发表讲话，反复强调要把纪律和规矩挺在前面。这是王岐山同志着眼于党要管党、全面从严治党大局，依据党章提出的一个重要思想，是做好纪检监察工作的重要遵循。把纪律和规矩挺在前面，要坚持纪法分开、纪在法前、纪严于法。纪委不是公检法，要用纪律和规矩的尺子衡量党员干部的行为，抓早抓小、动辄则咎，强化对党员干部的日常管理和监督，发现苗头就及时提醒、触犯纪律就及时处理，使纪律真正成为管党、治党不可逾越的底线。

全面从严治党，把纪律挺在前面，各级纪委要做表率，要用好监督执纪的“四种形态”。以纪律为尺子管党治党就是要同违反纪律的行为作斗争，发现问题要及时提醒、告诫，违反纪律要动辄则咎，作出组织处理，直至给予纪律处分。咬耳朵、扯袖子、红红脸、出出汗应该是最大多数，是常态化的；对违纪行为的轻处分，或者适当的工作调整应该是大多数，这是坚持党的领导，从严治党的关键；对严重违纪行为的重处分，作出重大调整的应该是少数；对那些严重违反党的纪律，不仅破了“纪”和“规”，甚至涉嫌严重破“法”的就要立案审查，但这是极少数。

对于纪检监察干部监督工作，同样要坚持纪律和规矩挺在前面，积极主动作为，通过监督发现问题，不要等着问题送上门来。监督工作是全方位、全过程的，不仅要关注信访举报反映的问题和办案中发现的问题，而且要注意从日常监督中了解情况、查找问题，对发现的异常情况早发现、早处置，增强监督工作的针对性和实效性。

**（四）“信任不能代替监督”，提出了纪检监察干部监督和自身建设的基本要求**

纪检监察机关不是天然的“避风港”，也不是“保险箱”，我们纪检监察干部也不具备天生的“免疫力”。在腐蚀与反腐蚀面前，纪检监察干部同样面临着严峻的考验。对于这个问题，王岐山同志多次强调“信任不能代替监督”，要从组织创新和制度建设上加强和完善内部监督机制，用铁的纪律打造过硬队伍，绝不能透支党的信任和信用。在连续 3 年的中纪委全会工作报告都强调了这一要求，并有针对性地作出一系列部署。

“信任不能代替监督”深刻揭示了自律和他律、监督和爱护的关系。信任和监督是辩证统一的，信任不是不要监督，监督也不是不信任干部，我们不能把两者割裂开来。作为纪检监察干部，我们应当更加客观理性地对待监督，更加自觉地接受监督，真正养成在监督下开展工作、履行职责的习惯。

**（五）“忠诚、干净、担当”，指明了纪检监察干部组织队伍建设的方向**

2015年初召开的中央纪委五次全会上，习近平总书记和王岐山同志都强调，要努力建设一支忠诚、干净、担当的纪检监察干部队伍。忠诚，是纪检监察干部必须具有的政治品格，是必须坚守的重大原则问题，是对纪检监察干部第一位的要求。对党忠诚不忠诚是党性强不强的具体表现，我们纪检监察干部是党的忠诚卫士，更要讲忠诚。这就要求我们增强党性，忠于组织，自觉与党中央在思想上、政治上、行动上保持高度一致。干净，是纪检监察干部的底线，是我们履职尽责的底气之源，要求我们廉洁自律，严守纪律，清白做人。担当，是纪检监察干部的职业素养，是对党忠诚的具体体现，要求我们认真负责，顾全大局，坚持原则，积极作为，不懈怠，不推诿，恪尽职守。“忠诚、干净、担当”，涵盖了思想政治、党性纪律、道德作风、能力素质等多方面的要求，非常契合纪检监察干部队伍实际，指明了纪检监察干部队伍建设的方向。

以上5个方面，是王岐山同志讲话的主要精神。当前，全行纪检监察系统要把学习贯彻王岐山同志讲话精神作为重要任务，认真领会讲话的精神实质，准确把握讲话的实践要求，切实把思想和行动统一到中央决策部署上来，结合实际认真思考贯彻落实的措施。学习过程中，大家要经常上中纪委网站，特别是要多看看“学思践悟”这个栏目，上面有很多中央、中央纪委领导的重要讲话精神及重要的政策导向。要通过学习领会，指导我们更好地开展各项工作。

## 二、贯彻落实讲话精神，打造一支忠诚干净担当的高素质纪检监察队伍

近年来，全行纪检监察机构和广大干部，认真贯彻落实中央和总行党委要求，聚焦中心任务，切实履行监督执纪问责职能，深入推进“两个责任”落实和反腐倡廉建设，为全行改革提供了有力保障，纪检监察队伍取得的成绩应当给予充分肯定。但同时我们也应该看到，当前全行纪检监察组织队伍建设中还存在着一些不容忽视的问题：在能力素质方面，有的纪检监察干部知识结构老化，手段方法陈旧，在监督执纪问责上不能适应新形势、新要求，主动发现和防范问题及案件的能力还需要提高。在责任担当方面，有的还存在不愿担当、不敢担当、怕得罪人的思想，对发现问题不抵制、不报告，执纪问责中的偏轻偏软问题比较普遍也比较突出，工作执行力层层衰减，基层机构纪检监察工作有待加强。按照董事长的说法，这种不敢担当怕得罪人，根子上还是我们纪检监察干部有私心的表现。在人员力量方面，一些机构特别是基层机构纪检监察力量比较薄弱，个别省分行的纪检监察人数也很少，整个队伍的年龄、专业结构也不够合理，同时还存在照顾性安排的现象。在组织机构方面，有的分支机构纪检监察组织还有待进一步健全，在建设银行集团内纪检监察监督还没有实现全覆盖，仍有空白点，对海外机构、子公司等领域的监督还需要进一步加强。在工作方式方面，还过于依赖经验和常规手段，“技防”水平亟待提升；“三转”需要继续深化，尤其在基层需要落地。这些问题，我们要在今后的队伍建设中切实加以解决。

**（一）要严格自律**

全行纪检监察干部要按照“打铁还需自身硬”、“信任不能代替监督”、“正人先正己”的要求严格自律，以更高标准、更严要求自觉遵守党的纪律和规矩。政治上讲忠诚、组织上讲服从、行动上讲纪律，要求别人做到的自己首先做到，禁止别人做的自己坚决不做，防止“灯下黑”。一是要严明政治纪律，加强党性修养，始终保持坚定的政治信念和清醒的政治头脑，在思想上行动上同党中央保持高度一致。二是要严格遵守组织纪律。牢固树立组织纪律观念，强化少数服从多数、个人服从组织、下级服从上级的意识，自觉接受党组织的教育、管理，自觉将自己置于组织的监督之下。三是要严格遵守工作纪律。带头执行中央“八项规定”精神、党委“十项要求”，严守工作纪律、办案纪律、保密纪律、廉政纪律，要养成“严、细、深、实”的工作作风，切实打造一支秉公执纪，刚正不阿，令行禁止的“铁军”。

**（二）要加强监督管理**

“严管就是厚爱”，各级纪委要把管理意识、责任意识建立起来，把管理监督的弦绷紧，充分发挥纪检监察干部监督的作用，健全内控措施。一是要严格和完善纪检监察干部的监督机制。总行和一级分行纪委要逐步配备纪检监察干部监督

岗位，实行分层监督，各级机构纪委书记由上级纪委监察部门监督，监察部门负责人和其他人员由所在机构纪委书记进行监督。二是健全谈话制度和加强日常监督。健全完善纪委书记约谈制度，按照中央纪委的要求，加强上级纪委对下级纪委书记的约谈工作，一对一、面对面地传递压力，对存在的问题提出具体整改要求，实行挂账管理、跟踪落实。健全纪检干部谈话制度，将过去在党员干部监督方面的经验推广和延伸到我们的内部监督，对纪检监察干部实行“五必谈”：在岗位交流和提拔任用时必谈、有群众反映时必谈、发现苗头性问题或思想波动时必谈、工作有困难或挫折时必谈、受到批评和处理时必谈。谈话要有记录，作为日常监督管理的“规定动作”。三是对纪检监察干部违纪行为实行“零容忍”。发现一起查处一起，绝不姑息。对问题排查、来信来访涉及纪检监察人员的，必须全面认真核查清楚，不放过任何一个线索，问题查证属实的，要严肃处理，对不适合在纪检监察岗位工作的要坚决调整调离、“清理门户”。四是强化纪检监察干部监督工作的领导责任。在这次座谈会上，王岐山同志强调，领导要对纪检监察干部监督管理工作负主体责任。纪委对外履行监督责任，对内同样要履行好“两个责任”，大有大的主体、小有小的主体，这个问题容易被我们忽视。纪委书记作为第一责任人，既要自身正、过得硬，又要领好班子、带好队伍，加强内部监督管理。

**（三）要强化担当意识**

现阶段，在我们队伍建设中，面临很大困难和问题就是不敢坚持原则、严肃执纪。纪委作为党内纪律检查机关，监督执纪问责是职责所在，要求我们勇于担当、敢于担当、善于担当。如果我们有怕得罪人的思想，不敢触及矛盾，不敢严肃执纪，那就是不称职、就是失职。所以希望大家要忠实地履行监督职责，关键时刻要敢于亮剑，敢于下手。分支行的同志要做到这点难度可能大一些，因为问责对象我们都比较熟悉，有的还是老同事、老乡、同学、战友，甚至过去当过自己的领导，可能顾及面子，下不去手。但是我们纪检监察干部的职责就是唱黑脸，要是碍于情面，拉不下面子，不敢瞪眼，那就不适合做纪检监察工作。下一步，我们要加强考核，以考核促进监督责任的落实。一是要严格纪委监督责任的考核。最近，总行已经下发了纪委监督责任考核办法，从 2015 年开始，总行将对各分行纪委落实监督责任情况进行严格考核。考核结果，作为纪委，主要是纪委书记年度考评、奖励惩处、选拔任用的重要依据。考核结果要在全行排名、通报。二是强化上级纪委对下级纪委的工作考核。对下级纪委、监察机构的工作考核，要逐步建立以上级纪委考核为主的考核体系，解决现在纪检监察工作不愿干、不敢干的问题。三是强化责任追究。对纪委、监察部门履行监督责任不力，存在应当发现未发现、应当查处未查处、应当报告未报告，或者辖内“四风”问题突出、发生区域性或系统性案件的，要严肃追究责任，总行正在起草相关问责办法。这次财务审计发现问题中，暴露出个别纪委书记履行监督职责不到位，总行进行了严肃处理，并通报全行，希望大家引以为戒。

**（四）要提高履职能力**

提高履职能力，重要的方法和途径就是学思践悟，学习、思考、实践、领悟。王岐山书记强调，学思践悟是一个学而思、思而践、践而悟螺旋式上升、循环往复的过程，永无止境。这是一个非常好的学习方法。一是加强政治学习，坚定理想信念宗旨。纪检监察工作首先是一项政治工作，纪检监察干部首要素质是政治素质，必须把党的理想信念宗旨这个核心价值观作为高线，坚持政治业务学习，不断补充精神之“钙”，做政治上的明白人。前段时间，总行纪委制定下发了《关于加强纪检监察干部政治业务学习的通知》，从 2016 年开始，每年都要组织全行专职纪检监察干部开展测试，对成绩进行排名，并以适当方式进行通报，希望引起大家的重视。二是加强纪检监察和银行业务学习，提升专业素养。当前，反腐倡廉工作提出了很多新的思路、赋予了许多新的内涵，从工作理念到工作重点都有很多创新和发展。加强纪检监察业务学习对每一名同志都是非常迫切的。最近去一些分行调研，发现我们有些同志学习还不到位，对中央精神、对总行纪委要求还不够清楚。今后，总行纪委将利用直属培训中心、中国纪检监察学院、片区联合培训等资源和方式，坚持对全行纪检监察干部开展轮训。轮训要做好规划设计，培训哪些课程、请哪些老师授课、选择哪些教材都要精心考虑，提高培训的针对性和实效性；空而泛的培训，既浪费大家的时间，又浪费总行的培训资源。为了给大家提供学习素材，我们定期编发《学习快报》，对总行监察部网页进行改版，设置“业务学习”专栏。希望全行纪检监察干部利用好这些平台，今后大家每天都要必上两个网站，一个是中央纪委监察部网站，看有哪些新精神、新动态；另一个是总行纪检监察部网站，看有哪些新要求、新部署。还要经常看《中国纪检监察报》、《中国纪检监察》杂志、总行《学习快报》，只有持之以恒地学习，才能全面领会中央精神、总行要求，才能不断改进和提高我们的工作。除了纪检监察业务知识，我们还要加强银行业务知识的学习，两者是相互补充的。不熟悉银行业务知识，就很难知道银行的廉政风险点在哪儿，案件风险点在哪儿，就难以对症下药，难以有效开展工作。三是加强工作探索和创新，提高破解难题能力。当前，我们纪检监察工作面临的外部环境和内部情况都在发生重大变化，如果在工作上因循守旧、一成不变、故步自封，无异于刻舟求剑。比如巡视工作，目前总、分行都在开展，但我们发现问题的能力比较薄弱。问题有没有？肯定有，而且有的问题还不少，甚至个别问题还很突出，比较严重，但是因为我们的履职能力还有所欠缺，缺乏发现问题的能力，空有一番热情，解决不了问题。所以今后巡视工作重点就是发现问题，形成震慑，否则巡视工作的作用就大打折扣，甚至流于形式，没有实质意义。要具备这个能力，就要加强学习，创新工作方式方法。董事长2015年在总行监察部调研时提出，监督工作要出奇招、想新的办法，注重利用信息技术、IT系统等手段，运用大数据对存在的问题进行多维度梳理分析，抽丝剥茧，发现规律性，找准解决对策。希望大家在实践中认真思考，不断探索和创新，进一步提升全行纪检监察工作水平。

**（五）要健全纪委履行职责的保障机制**

一是落实人员保障。打造一支精兵强将，不能仅仅追求人员队伍的数量，素质和质量是关键。要严把纪检监察队伍入口关。总行正在研究有关政策，明确纪检监察队伍的准入条件和任职资格，坚决防止照顾性安排。同时要发挥纪检监察岗位在培养锻炼人才方面的平台作用，积极推动纪检监察干部与业务经营管理干部的双向流动机制，拓展职业发展空间；对于不适应纪检监察工作的，也要畅通出口，调整出去。二是落实组织保障。进一步健全组织机构，实现监督全覆盖。各级机构中设立党委的，要设立纪委和监察部门；未设立纪委、监察部门的基层机构要配备纪检监察特派员，境外机构也要配备兼职监察员。总体要求是，在监督上不留空白地带、不能有盲区。三是落实机制保障，深入推进纪律检查体制改革。推动纪律检查工作双重领导体制具体化、程序化、制度化，强化上级纪委对下级纪委的领导，确保纪委行使监督执纪问责职能的相对独立性和权威性。当前重点要落实“各级纪委书记、副书记的提名和考察以上级纪委会同组织部门为主”的要求，建立纪委书记、副书记备用人选库及相应的管理制度。

总之，要通过严格要求，严格管理，严格监督，多策并举，打造一支忠诚、干净、担当的高素质纪检监察队伍。

## 三、需要强调的几项重点工作

借此机会，强调一下当前几项重点工作。

**（一）全力以赴做好中央巡视的配合工作**

最近，我行接到中央巡视办的通知，中央巡视组本月底或下月初将进驻建设银行开展巡视。这是全行当前一个时期的头等大事，必须从政治高度予以重视和行动起来。特别是我们纪检监察干部要统一思想认识和行动，以高度责任感和良好精神状态配合好中央巡视工作。一是要在思想上行动上要与中央保持高度一致。当前，要特别注意纠正和防止“国企特殊论”的错误思想。王岐山同志对此问题曾鲜明指出：我们党是同一本党章、同一套纪律，企业、行业有差异，但是从严治党不能有特殊。前不久，总行纪委编写了《党风廉政建设工作学习资料》，选取了中央有关新精神、新要求，重要制度及文件，中央领导同志的重要讲话，各级领导干部要认真学习，提高认识，不能讲违背中央精神的话，不能讲外行话。尤其是纪委的同志，要提醒我们的班子成员做到这一点。中央巡视期间，除了与分行负责人谈话外，可能还要到基层机构调研，各级领导干部在思想、行动上与中央保持一致，不能在原则问题上犯错误。二是要认真遵守巡视工作纪律。

实事求是，客观汇报工作、反映问题。不得以任何方式隐瞒真实情况，不得以任何方式阻挠干部员工向巡视组反映问题，不得以任何方式干扰巡视工作。三是做好巡视配合工作。目前总行已经成立了巡视配合工作协调联络小组，由我任组长，成员包括党办、组织部、纪委监察部等16个部门，全面负责与中央巡视组的联系、配合、保障、服务等工作，协调联络小组办公室设在纪委、监察部。各分行也要做好相应的准备，全力以赴做好巡视配合工作。

**（二）抓好《中国共产党廉洁自律准则》和《中国共产党纪律处分条例》的学习贯彻**

近期，中共中央印发了新修订的《中国共产党廉洁自律准则》和《中国共产党纪律处分条例》，并发出通知要求认真遵照执行。当前，一是要做好学习宣传工作。组织督促全行各级党组织切实抓好《准则》和《条例》的学习宣传、贯彻落实。二是对照新规定完善我行相关制度。包括我行廉洁从业相关规定、员工职业操守、工作人员违规失职行为处理办法等。将“六大纪律”的要求融入其中，提高标准，确保行规高于“底线”。三是严肃执纪问责。全行各级纪委要把落实好两个法规，并贯穿到监督执纪问责的全过程，坚持纪严于法、纪在法前，加大违规违纪查处力度。要运用好监督执纪的“四种形态”，加强日常监督管理，注重抓早抓小，动辄则咎。

**（三）贯彻落实好“两个责任”考核办法**

近期，总行制定了党风廉政建设党委主体责任考核办法、纪委监督责任考核办法。这两个考核办法是同去年总行印发两个意见配套的，两个考核办法针对性很强，紧扣“两个责任”落实，明确了考核评价的基本原则、指标体系和主要方法。应该说，责任更加清晰，指标更加明确，问责也会更严。在落实两个责任方面，我们有四个配套办法：一是去年党委和纪委印发的两个意见；二是刚刚印发的两个考核办法；三是党委书记、党委成员、纪委书记履行责任的问题清单；最后还有一个问责办法，正在起草。这四个办法是配套成体系的，目的是以钉钉子的精神，以抓铁有痕、踏石留印的精神，把两个责任落实到位。

今后，考核和问责都会相当严格。对于考核，每年都要进行排名通报，对做得好的进行表扬，做得不好的进行批评。排名在后三位的分行党委书记，由总行党委书记约谈，纪委书记由我来公开约谈。个人的考核要与所在单位的考核结果适当挂钩，对于辖内“四风”问题突出、出现区域性、系统性严重违纪违法案件、或其他严重违规违纪问题的，实行“一票否决”，取消领导班子年度考核A档资格。对上述问题，如果纪委应当发现未发现或发现后不制止、不查处、不报告，监督严重失责失职的，也实行“一票否决”，纪委主要负责人年度考核不得评为A档。过去大家都认为抓党风廉政建设是软任务、软指标，从现在开始是硬任务、硬指标。责任都是具体的，实实在在的，而不是虚化的，不是可有可无的。希望在座的纪委书记，给分行党委书记提个醒。

另外，问责办法我们正在制定，这也是中纪委的要求。不仅要考核，下一步要问责，履行两个责任不到位、不落实，问责的方法有三种：第一种是常规的方法，有个别谈话提醒、公开约谈、责令作出书面检查、公开通报批评；第二种是组织处理，不适合岗位的调整岗位，降职降级，严重的要免职；第三种是党纪处理，动用警告、严重警告，记过、记大过等党纪手段。中央纪委对落实两个责任决心很大，要求很严，我们的配套办法会一个个地出台，希望大家引起高度重视，认识到抓党风廉政建设不是可有可无的，“一把手”不仅要记得自己是行长，更重要的是记得自己是党委书记。

各分行要深入学习考核办法，深刻领会中央及总行党委有关党风廉政建设的新精神、新要求，准确把握“两个责任”的内涵和要求，结合自身实际，进一步细化考核指标。同时，要将落实《考核办法》作为推动党风廉政建设党委主体责任落实的重要抓手，加强督促指导，严格检查考核，强化考核硬约束，层层传导压力，一级抓一级、层层抓落实，将“两个责任”做细做实做深。年底，总行就将根据《考核办法》在全行组织开展党风廉政建设党委主体责任考核和纪委监督责任考核。各分行要对照考核内容和考核指标提前做好准备工作，认真梳理本行落实党风廉政建设主体责任和纪委监督责任的情况，待总行印发年度考核方案后，及时完成考核自查上报工作。

我要讲的就这么多，希望大家抓好落实。谢谢大家

CHINA 中国建设银行年鉴 2016
CONSTRUCTION BANK ALMANAC

# 第三部分　改革发展与内部管理

# 一、改革创新与业务发展

## 资产负债管理

**（一）加强计划管理，有效推动业务发展和结构优化**

1. 构建大资产大负债综合经营计划体系，积极推进转型发展。推出大资产大负债计划管理体系，包括综合资产、综合负债、综合金融服务计划，范围涵盖表内外、本外币、境内外和母子公司；强化各经营要素联动，业务计划目标突出转型发展要求；引导全行发挥集团综合服务优势，满足客户多样化需求。2015 年集团综合资产增速 9.7%；海外机构和综合化经营子公司资产增速分别高于本行资产增速 5.3 个百分点和 29.5 个百分点；综合投融资业务增速 68.5%，比本行资产增速高 58.5 个百分点；综合负债增速 9.2%，高于一般性存款增速 3.3 个百分点。

2. 优化信贷资源分配模式，着力推动结构调整，支持实体经济发展。2015 年人民币贷款新增 9 169 亿元，满足人民银行贷款规模管控要求，连续 4 年贷款实际新增与控制目标仅差 1 亿元。人民币贷款资源分配更为强调与存款、资产质量挂钩，提高余额存贷比和资产质量在人民币贷款分配基数中的敏感度；加大对国家战略和经济薄弱环节的支持力度；推动零售优先战略。信贷结构调整成效良好。截至 2015 年底，国家重大战略实施涉及的项目贷款新增 796 亿元，同期非贴公司类贷款为负增长；零售类贷款新增占比 80%；小微企业贷款新增 1 350 亿元，同比增速 11.8%，符合监管要求；个人住房贷款新增 5 370 亿元；信用卡贷款新增 609 亿元。以上均为同业第一。

3. 积极推动中间业务发展，提升精细化管理水平，转型重点产品实现快速增长，中间业务同业竞争力稳步提升。总量继续保持在四大行中排名第二，较农业银行、中国银行的优势进一步扩大，四大行占比较上年提升 0.7 个百分点，达到 27.8%。一是通过计划引导、分析监测、考核推动、产品培训、标杆交流、大行巡讲、增收挖潜等多项措施，促进重点产品快速发展，业务转型成效明显。信用卡、理财、贵金属、代客资金业务、托管等重点转型产品收入同比增长 39%，超过境内中间业务净收入平均增速 31.6 个百分点；与贷款相关的收入同比负增长超过 30%。二是加强产品和市场研究，对全行 13 个经营部门 50 余项业务逐一分析，从同业发展、市场前景、我行业务规模及费率等多角度盘测，提出 2015 年重点产品发展目标及 12 项策略建议，引导全行挖掘新的收入增长点。三是综合考虑境内外、母子公司战略发展要求，首次搭建集团口径中间业务收入计划、分析、预测体系，建立集团中间业务管理机制。四是搭建手续费支出管控机制。与各部门共同研究分析手续费支出管理内容，首次将 40 余项手续费支出管理责任细化落实到部门，并体现在2016年综合经营计划方案中。

4. 积极落实监管要求，加大服务收费减免举措，相关工作得到国务院领导肯定。积极响应国务院号召，推出新的减费让利举措，减少20项服务收费项目，新增10项小微企业免费服务项目和7项小微企业结算类服务优惠项目。

5. 完善表外计划编制和监测分析机制，贯彻落实战略转型要求，推动表外业务结构持续优化。一是按照配合表内做实客户服务原则，制定"有保有压"的差别化表外业务发展策略，表外业务资源重点向支持全行战略转型且资本占用低、收益较高的信用证、票据保付等境内外联动的国际类表外产品和信用卡承诺业务倾斜。二是提高表外计划编制的科学性，建立表外产品与相关宏观指标的参考体系。三是完善"按月监测、按季分析"的常态化监测分析机制。四是组织对承兑汇票、工程类境内非融资性保函、信用卡承诺、保函清理等专项调研分析，深入分析业务发展现状和存在的问题，提出可操作性的改进措施和建议，促进重点产品健康发展。2015年底全行表外业务余额（剔除口径调整）25 314亿元，增速4.7%，加权风险资产10 215亿元，增速2.45%，表外加权风险资产增速低于业务增速2.25个百分点；支持战略转型的国际类表外业务增速较非国际类快3.9个百分点，国际类表外业务占比提高0.65个百分点。

**（二）发挥综合协调作用，推动业务平稳发展**

1. 推进存款8个问题落地，夯实存款基础。举办存款8个问题党校高级研修班，通过典型案例培训，推广分行在解决网络拓展、资金承接等8个存款发展系统性、基础性问题方面的经验；组织开展"建网通天下，转型创未来"活动，推进存款8个问题落地，提升存款可持续发展能力；2015年存款稳定性好于往年，人民币一般性存款日均新增1万亿元，连续两年日均新增在四大行中排名第一。

2. 采取多项措施，确保各月存款偏离度均符合监管要求。加强存款业务统筹管理和协调，对公司条线和个人条线下达存款时点新增上限目标，加大日间监控力度，季度末合理引导客户购买非保本理财产品，分流存款资金，确保资金体内循环。

3. 组织季度经营形式分析，为决策提供参考。先后在季度形势分析会上对"新常态"下银行业的机遇与挑战、美元走强、资本市场及大宗商品波动等市场形势变化、地方债置换、利率市场化应对、转型业务发展策略等进行专题分析，提出管理建议。

4. 认真完成各类综合性报告和监管材料报送工作。牵头完成国务院、人民银行、银监会、财政部等部门召开的经济金融形势座谈、存贷款业务情况调研等各类会议材料。

5. 牵头组织制定援疆、援藏政策和甘肃精准扶贫方案。其中，《甘肃地区精准扶贫方案》得到甘肃省委高度评价并作为甘肃地区金融机构扶贫样本推广。

**（三）积极应对利率市场化，细化管理措施，推动全行定价能力提升，全年NIM2.64%，在四大行中排名第二，缩小与农业银行差距**

1. 全面推行综合定价，积极培育基层行定价能力。面对存款利率市场化的新形势，价格策略制订和授权，比同业其他机构更为积极和宽松。加强与定价自律委员会、同业的沟通和协调，形成自律公约，并将自律机制协调范围内存款定价权充分授予分行。全面推进综合定价，客户范围扩展到总战集团客户的重要成员单位、总行级主办银行客户和分行主办客户，试点客户从132家扩展到1 575家；试点客户加权平均利率浮动幅度高于同类客户1.28个百分点。

2. 扩大贷款基础利率（LPR）应用范围，推动大额存单有序发行。一是扩大LPR应用范围，从对公贷款扩大至个人贷款和同业借款，新发生三年期（含）内公司类中小微企业、个人消费经营及助业类贷款全部基于LPR定价。全年采用LPR定价的贷款发生额约为18 815亿元，新发生贷款应用占比约为47%，以LPR为基准的贷款占比在四大行中排名第一。二是助推大额存单有序发行。牵头制定大额存单管理办法、发行策略，协助业务部门合理设计产品要素，我行成为首批成功发行大额存单的银行。分析大额存单发行情况、协调业务部门调整发行规模、节奏、渠道和流程，四大行占比最高时为35%，到年底下降至28.3%。

3. 加大对市场化产品业务发展的支持力度。

一是完善市场利率监测体系，动态公布市场化产品指导价格。跟踪公开市场操作、抵押贷款、常备借贷便利等价格走势，按日监测人民币拆借、回购、同业存单、票据、债券、货币基金等产品市场价格，保证及时、准确调整我行产品定价策略，内外部价格调整38次。二是放开非存款类金融结构结算性资金定价权限，鼓励吸收低成本活期存款，保障财务公司活期存款和CTS存款快速增长。三是以灵活的价格手段支持新业务拓展。尝试对政策性银行实施综合定价业务模式，带动利润增长并增加一般性存款沉淀；在苏州、厦门分行试点跨境人民币资金双边业务，用海外低成本资金对接境内高收益资产。

4. 夯实价格管理基础。一是加强利率定价监测与分析，做好大额存单、灵活计息产品等存款重点产品的分析工作。二是对ALM系统进行适应性改造，进一步优化系统功能，提高系统对管理信息的支持力度。三是积极解决业务部门在产品创新、业务模式创新、合同修订等遇到的价格政策问题。

5. 加强利率风险管理建设。一是对海外分行实行利率风险经济资本管理；二是配合银监会研究巴塞尔Ⅲ中关于利率风险监管资本计提的相关方法，提高与监管的沟通力度，降低利率风险计提对我行资本充足率的负面影响；三是加强净利息收益率的分析与预测；四是按时保质完成分行及金融市场部转移价格计结息、利率风险经济资本计量、利率风险报告和风险委报告、年报披露等。

**（四）强化监管资本激励约束和传导机制，多渠道推进资本工具发行创新，法人审计前资本充足率15.33%，比年初上升0.46个百分点，继续保持同业领先**

1. 强化监管资本激励约束机制。制订监管资本节约考核激励方案，在等级行和KPI办法专门设置“监管资本管控”指标，并通过定期通报、视频培训、调研、行内宣传等多种方式加强与分行交流。

2. 积极拓展境内外融资渠道，大力推进资本工具创新。在美国加息前抢抓时机，精心部署，圆满完成30.5亿美元境外优先股发行，创下市场同类品种最低股息率（4.65%）；在香港顺利完成20亿美元二级债发行，开创了我行首笔美元资本债发行；会同金融市场部在境内发行240亿元人民币二级资本债券，发行利率同业最低。此外，会同投行部在伦敦完成10亿元人民币普通债发行并成功在伦敦交易所上市，成为8月份人民币汇改后市场首笔海外人民币债券。

3. 加强对子公司和海外分行资本管理指导。研究分析对巴西子行、多家海外分行增资以及印尼并购项目整合的合理性及对集团资本影响，提出政策建议。

4. 完成资本集约化专题研究。专题内容涵盖了母子公司、境内外、本外币、表内外各项业务，提出了资本集约化的总体目标和各项具体措施建议，为未来几年我行向资本集约化转型提供了重要指引。

**（五）加强流动性管理，在保证支付安全的前提下，人民币备付水平稳中有降，日均备付率1.19%，分别低于农业银行、工商银行、中国银行59、85、121个BPS。**

1. 加强集团资金统一调度，保证集团流动性安全，降低整体融资成本。全年共支持子公司资金372亿元，同比增加66亿元。运用账户融资向海外机构提供人民币资金支持，最高余额763亿元，比年初新增693亿元。

2. 加强流动性风险管理，进一步完善管理体系。一是定期组织开展压力测试工作。二是完成新一代系统资金模块上线。三是根据监管要求完成流动性风险信息披露工作。四是适时调整流动性风险限额指标。

3. 综合运用多种手段调整外币资产负债结构，外币效益显著提高。通过价格工具引导存贷款结构调整，外币贷款新增在四大行中排名第一，在四大行中唯一实现正增长；外币存贷款利差0.91%，在四大行中排名第二，大幅领先工商银行和农业银行。调整外币资产负债结构，全部归还人民银行互存和货币互换116.75亿美元，大大降低了筹资成本；支持和平项目、东源项目、安邦项目等大项目贷款。在人民银行9月出台一级交易商外币头寸上限新规后，始终确保监管合规。

4. 完成海外资金平台机制设计和组建，目前运行稳定。全年实际成交40笔，累计成交金额等值35.75亿美元。

**（六）持续改进子公司业务管理，推动子公司做大做强**

优化子公司预算与考核管理，强化对子公司业务类重大事项管控，统一母子公司流动性管理。子公司总体保持较快发展，年底总资产合计2 643亿元，较年初新增 39%；受托管理资产规模17 954亿元，较年初新增 73%；净利润 39.9 亿元，同比增速 62%。

**（七）积极参加新一代核心系统建设，开发定价管理系统**

在新一代核心系统建设中构建了集中、统一、规范的价格参数模块，支持不同渠道、客户、产品、币种、期限、金额等差异化定价，全面满足未来创新产品灵活定价需求；建立以客户为中心的综合定价模型，为客户经理提供了方便快捷的科学定价测算工具，有效提升客户经理定价科学性和合理性。定价管理系统已于 9 月 26 日成功上线，上线后系统运行平稳，成功支持全行 18.43 万笔定价测算。

**（八）高质量完成定期报告编制，评级工作顺利开展**

严格遵循监管要求，按时完成定期报告编制；对定期报告架构进行系统优化，增强了信息披露的针对性，投资者反响良好。与评级公司维持良好合作关系，获得标普对个体信用评级的调升，为资本债发行评级创造了有利条件。

执笔：肖尧

# 财务会计管理

2015 年全行财务会计工作紧紧围绕全行发展战略，以引领和促进全行转型发展规划为重点，积极适应经营形势变化优化计划管理、资源配置与绩效考核体系，深化业务支持，努力促进价值创造能力提升，积极响应国家宏观政策和厉行节约要求，狠抓成本管理，大力压缩并严格管控三公经费等财务支出事项，优化费用结构和成本效率，积极抓好新一代核心系统建设契机，加强财会管理基础能力建设，完善财务内控，提升财务规范性管理水平，有效促进全行年度经营业绩目标实现和中长期发展能力提升。

## 一、加快推进自身转型，支持和促进全行转型发展

1. 围绕全行转型发展规划，完善集团综合经营计划管理。一是适应集团化经营的管理要求，统筹组织实施集团综合经营计划，将综合经营拓展至集团内所有成员单位，落实“大资产大负债”转型，发挥集团经营的联动整合效应。二是根据国家区域发展战略及重点项目安排，有针对性地安排不同区域的主要业务经营计划，相应配套资源，增强全行服务国家建设的能力。三是按照“一行一式”的转型发展策略组织实施海外机构经营计划，适度提高落地业务比重。强化对子公司的综合经营计划管理，提升子公司综合化金融服务能力。

2. 调整优化绩效考核体系，引导推进全行发展转型。调整优化等级行、KPI 和 EVA“三位一体”的绩效考核体系，引导全行推进转型发展。一是调整优化分行绩效考核，突出全行战略转型要求。二是调整完善总行经营部门业绩评价方案，横向落实经营部门转型要求。三是完善和改进对海外机构和子公司的综合考评，引导海外机构和子公司提升盈利能力、优化业务结构、夯实管理基础。四是加强纵向考核引导管理，减少考核政策层级传导递减效应。同时，加强考核结果诊断帮扶，剖析指标结果内在反映，并做好监管考核要求的衔接，确保我行绩效办法符合监管要求。

3. 优化资源分配机制，提高对基础性、战略性业务的资源投入。一是围绕战略转型需求，保障重点转型事项有序推进。加大对电子银行渠道

建设的财务资源投入，专项投入激励有效客户和渠道相关客户当年新增，对创新奖励、创新实验室研发和被移植的自主创新直接配置专项费用，推动重点转型事项的快速发展。二是加大战略区域和战略产品的支持力度，紧密跟踪国家和全行区域战略发展，制定差异化的配置政策。配合国家实施“一带一路”、京津冀协同发展、长江经济带等重大战略，加大对实体经济的支持力度。三是完善配置模式和分析决策工具，加大业务延伸类项目资源投入，为业务发展提供决策支持。

4. 建成领先业界的新一代管理会计系统，搭建综合业绩分成平台，推动协同发展。完善管理会计系统，多维度盈利分析功能更加完备，实现对全行六大维度、100 多个基础产品、6 万多个可售产品、350 万对公客户和重点个人客户的盈利、成本、效益、金融总量等指标的计量；并搭建全行统一的绩效考核指标评价模型，实现对机构、部门、经营团队等的效率、效益、风险等绩效考核指标的统一计量与展现。在新一代管理会计系统中搭建供全行应用的业绩分成平台，为全行收益分成机制落地提供信息系统工具。

## 二、强化成本管控，调整费用结构，提高资源使用效率

1. 实行“有保、有压、有控”的原则，费用结构进一步优化。成本管理制度执行到位，总行政策得以有效落地。梳理和分析费用支出动因，制定差异化的管理政策，经营费用首次同比下降，其中业务管理费大幅下降。一是坚决贯彻中央八项规定，对招待费、会议费、差旅费、公务用车费等相关费用进行专项压控，制定差异化管控目标并严格执行。二是对重点费用支出项目加强管控，考虑选择一些绝对金额较大、管理潜力较大的支出项目，如外包费用、房屋相关费用、研发咨询费用等，提出指导性的控制目标和管理措施与标准规范，加强预算执行监控。三是将结构调整腾挪的费用空间主要用于促进业务发展和支持战略性业务任务目标实现。同时，结合业务发展变化，调整部分支出的管理模式，将部分与交易或业务关系直接的交易驱动型费用调整为手续费支出。

2. 加强外包事项管理。2015 年下发外包管理目录，统一外包事项管理，统一计价标准，统一计费标准，目录之外的事项原则上不允许外包。同时，探索研究外包管理相关制度，将外包事项分为“保、控、压、退”四类，指导分行开展外包工作，提高全行外包管理规范性，合理控制外包费用增长。

3. 加强固定资产管理，控制压缩办公用房和公务用车。在营业用房装修间隔年限延长的基础上，考虑车辆、设备等固定资产实际使用年限长于固定资产相应折旧年限的实际情况，研究网点装修、部分机器设备及车辆等固定资产的经济寿命与折旧年限的匹配性，以提高资产使用效率。梳理一、二级分行领导干部办公用房情况，出台相关标准，并督促分行整改。加强业务公务用车管理，从严控制新增车辆。对分行车辆实行压缩型报废更新，研究主动压缩车辆配置的方案。

4. 压缩闲置资产，提高资产使用效率。继续对分行下达闲置资产压缩计划：一是对于闲置资产净值在 500 万元以上的项目，下达专项压缩计划；二是对一般闲置房地产下达净值压缩 10% 的通用压缩计划。同时，要求分行按季报送闲置资产整改及新增情况，总行定期通报分行整改完成情况，重点关注专项压缩项目的进展情况，督促分行推进落实。

## 三、完善规章制度，加强流程控制，提升财务管理规范化水平

1. 完善相关财务管理制度，健全重点事项财务支出标准。在对中央“八项规定”和国家相关办法进行深入研究基础上，研究出台一系列财务制度标准与规范，制定覆盖全集团的会议、差旅、公务接待、培训、负责人履职待遇等专项管理制度，将中央“八项规定”相关事项在财务支出标准上做实，从主体责任、定额标准、预算审批、报销支付等环节细化规则、明确要求。积极配合中央巡视检查，按要求做好配合工作。

2. 加强财务过程管控，强化全流程财务规范化管理。研究出台了《加强财务规范管理的若干指导意见》，从财务规范管理的主体责任、部分事项的定额标准、财务预算审批、经费报销全流程管控等方面提出了细化、明确的要求。同时，完善重要挂账事项的预警、监控功能，把重点经费科目的大额账务调整纳入总账监控范围，加强原因分析及专项清理，有效降低经费管理风险。

3. 改进方法，持续加强财务监督检查。动员全行财务检查力量，组建财会检查团队，开展异地监督检查，针对问题抓好落实整改。调整处室职能，将财务会计部内控管理处改为财务监督处，明确定位，整合资源，加大投入，在强化对分行监督检查的基础上，转变工作方法，做好解剖“麻雀”的工作。编制典型案例，以案例教育引导管理改进，提升解决问题的效率。

### 四、稳步推进财会管理基础建设，提升财会支持与服务能力

1. 按进度完成新一代核心系统建设任务，提升财务信息系统功能。新一代二期财会组件平稳上线，对公业务成功实现“交易与核算分离”，为进一步释放柜面资源，降低操作风险，创新更灵活、快速的相应产品创造了条件；通过支持参数化配置的“会计引擎”，实现了多法人、多准则、多时区的自动化会计处理；通过企业级、多维度的COA科目体系，完成境内外集团总账视图、准实时报表与账务追溯功能；通过辅助计量模块，实现对公中间业务收入的自动计量与核算；通过用合约账户替代内部账户，设计封装交易，减少内部账户数量和柜面手工账务处理。此外，正在进行综合经营计划管理系统研发，可实现在系统中规范计划管理流程、提供分析监控数据、快捷进行财务测算，提升计划管理水平。

2. 积极应对国家政策变化，做好政策的落地实施。密切关注国家金融业“营改增”政策进展，加强与财税政策制定部门的沟通，竭力争取有利于建设银行的实施方案和具体操作办法，全面分析“营改增”带来的影响，统筹安排并全面开展“营改增”的实施落地工作。同时，根据国家关于同业业务专营、投资理财等各项业务监管要求的变化，保持与同业沟通，确保相关财务处理符合国家要求。

3. 优化财务报告编制机制，确保财务报告高质量。按时保质完成各期定期财务报告编制。根据监管要求，采用全部重新创建的方法编制完成2014年度XBRL报告，组织财务报告集中会审，圆满完成各期对外财务报告编报工作。对建设银行集团经营成果、现金流量及财务状况进行分析并形成专题备忘录，扩大知识传承与共享。组织年度财务会计决算工作，并加强决算报表与对外披露财务报告编制的衔接，确保财务决算报表与经审计财务报告的一致性。在2014年度全国金融企业财务决算报表工作评比中位列第二名，连续多年获得财政部的通报表彰。

4. 研究财会条线考核，强化全行财会队伍建设。研究开展财会条线工作考核，强化对财会系统的内部管理。探索对一级分行财会工作的考核评价，研究财会工作的考核内容和考核方法，将具体工作要求转变为可量化的考核指标，提高管理的机制性。

执笔：许悦

# 股权与投资管理

### 一、推动子公司市场化改革，规范子公司管理

#### （一）积极推动子公司市场化改革，持续深化战略协同机制

1. 推进建信信托市场化改革。按照总行党委工作部署，推进落实建信信托市场化改革试点工作。结合党中央深化国企改革文件精神，修改完善改革方案，分解落实改革任务，牵头推进增资事项，加强总行部门、母子公司、建信信托其他股东方之间的沟通，协调解决制约公司发展的难点问题，为子公司建立市场化经营管理机制提供了范例。

2. 持续深化战略协同机制。开展“综合金融

服务上门”活动，系统梳理子公司产品种类，组织编制《中国建设银行综合化子公司产品手册（2015版）》，加强对母子公司战略协同典型案例的总结和推广，完善母子公司业务联动考核机制，强化协同计划执行情况的统计通报。

**（二）加快推进子公司转型发展，规范子公司管理**

1. 推动中德银行战略转型。根据国务院领导批复意见，督促指导中德银行细化转型方案，突出住房储蓄业务主业，积极配合银监会开展监管法规修订工作，目前法规修订基本完成，有待银监会主席办公会研究决策。

2. 优化子公司领导人员管理。联合人力资源部，就子公司领导人员管理提出调整和优化建议，明确规定高管层副职人员原则上通过市场化选聘程序产生，实行任期制和契约化管理，按照市场化原则决定薪酬，并严格绩效考核。同时，总行对子公司领导人员职数、任职标准、人选进行审核。相关意见已经党委会研究通过。

3. 修订子公司管理办法。根据总行党委要求，为落实中央国企改革有关精神，推进子公司市场化改革，会同人力部对《子公司管理暂行办法》进行修订。新办法吸收归纳建信信托市场化改革成果，以及总行党委关于调整优化子公司领导人员管理的意见，对相关条款进行调整和优化，为子公司市场化发展提供制度依据。同时，根据总行机构集约化调整方案，对部门职责表述予以调整，以督促条线管理职责落实。

## 二、深化战略协助合作，进一步拓展合作伙伴

**（一）全面完成与美国银行和淡马锡战略合作年度计划**

2015年与美国银行完成合作项目8个，经验分享35个，赴美培训8期，圆满完成年度计划。合作项目契合我行战略转型目标，借鉴国外同业先进经验促进业务能力提升。与淡马锡合作组织了财富管理的硕士课程及培训班，我行学员顺利结业；此外还完成了市场风险管理咨询项目。

**（二）进一步拓展合作伙伴，丰富合作内涵**

配合我行多牌照平台拓展，与美国信安金融集团讨论建立战略合作伙伴关系，以借助其业务经验与优势，探索双方合作机会。双方计划于近期签署为期3年的战略合作协议，信安将在我行资产管理业务管理经营架构设计、养老金业务等重点领域提供智力支持，并积极探索境内外资管业务合作。

## 三、稳步推进海外并购，巴西项目完成要约收购

2015年8月27日，我行启动了针对巴西BIC银行剩余流通股股东的要约收购。截至2015年12月28日，我行要约收购程序全部完成，对BIC银行持股比例上升至99.05%。目前，该行已完成退市，并更名为中国建设银行（巴西）股份有限公司（简称“建行巴西”）。

## 四、村镇银行管理

2015年，全行克服国内经济下行，整个银行业经营业绩急速下滑、不良贷款风险集中暴露等种种挑战，各属地分行加强对村镇银行的管理和支持，注重风险防控和经营业绩提升，村镇银行整体保持平稳发展。一是贯彻落实村镇银行最新监管要求，不断完善公司治理结构和激励约束机制；二是进一步明确总行各部门职责边界，全面落实分行属地化管理职责和村镇银行经营主体责任；三是强化不良信贷资产风险管控，指导村镇银行坚持“支农支小”市场定位，稳健合规经营；四是持续推进村镇银行IT系统功能完善，支持业务稳步发展。

执笔：牛爽　石静　陈静　吴倩颖　徐智勇　杨军

# 公司业务

## 一、主要业务稳健发展，市场位次持续巩固

### （一）客户基础日益夯实，账户新增蝉联第一

1. 客户拓展量质齐升。公司机构客户总量达到392.6万户，新增18万户，增速4.79%；有效客户呈正增长，新增8.39万户，总量达到161.23万户，增速5.49%。

2. 重点领域客户快速增长。公司类主办银行客户2 596家，其中，总行级主办银行客户666家；电子商务签约平台达108家，新增24家。

3. 结算账户增量、增速四大行首位。单位人民币结算账户总量570.52万户，四大行占比25.47%，较年初提升1.57个百分点，全年新增85万户，增速17%，连续四年保持同业第一。截至2015年底，基本结算账户占全部账户的64.69%，比年初提高1.93个百分点，连续6年持续提升。

### （二）发挥传统业务优势，有力支持实体经济

1. 重点支持实体经济建设。全年对公贷款累计发放30 022.76亿元。基础设施领域贷款新增1 531亿元，在公司类贷款新增占比54.13%。支持国家重大工程项目3 580个，签约投放金额和贷款储备金额合计12 451亿元。加大PPP项目营销服务，为27个项目提供贷款68.18亿元。战略性新兴产业贷款余额为3 890.07亿元，较年初新增599.69亿元。网络银行业务累计信贷投放482.99亿元，同比增长131.49%。其中，网络物流类及供应链类e贷款产品累放占比99.23%。涉农贷款余额18 927.79亿元，较年初增长1 009.81亿元，增速5.64%。

2. 票据贴现快速增长。加速票据周转，提高贴现收益率，选择8家分行试点开展票据贴现周转业务。全年累计贴现8 625.84亿元，同比增加3 974.13亿元，增幅85.43%；实现净利息收入115.54亿元，同比增加40.75亿元，增幅54.49%。以上均达到近五年同期最高水平。业务结构持续优化，电票贴现余额为3 272.40亿元，占比74.41%，比年初大幅上升31.97个百分点。

3. 做实储备，有效储备充足。全行贷款储备总额55 599亿元，其中审批通过未签约阶段储备23 608亿元，签约待投放阶段储备5 112亿元。客户结构上，信用评级较好（1—8级）以上客户占比74.71%。

### （三）监管要求执行坚决，信贷结构持续优化

1. 产能过剩行业管控成效显著，信贷、贷款余额实现“双降”。严格贯彻落实国务院和监管部门对产能过剩行业的调控政策，运用名单制管理、信贷退出等工具，严控总量，优化结构，产能过剩行业信贷总量逐年下降。产能过剩行业剔除低信用风险业务信贷余额1 695.2亿元，较年初下降77.6亿元；贷款余额1 302.6亿元，较年初下降35.6亿元。

2. 房地产开发类贷款适应市场形势，强化风险管控。房地产开发类贷款余额4 142.0亿元，比年初下降569.9亿元。贷款投向优化，区域分布上以一二线城市为重，余额3 235.0亿元，占比78.10%。不良余额38.5亿元，比年初增加12.06亿元，不良率0.93%。

3. 信贷退出超额完成年度计划。结合信贷结构调整导向和风险偏好，明确产能严重过剩行业、房地产、政府融资平台、钢贸、煤贸等11个重点退出领域，全行共退出信贷余额530亿元，计划完成率264.7%。

### （四）中间业务保持首位，重点产品亮点突出

1. 连续五年在四大行排名首位。实现公司中间业务收入370.49亿元，占全行手续费及佣金收入的31.66%；其中，公司部牵头产品实现中间

业务收入242.75亿元，占全行手续费及佣金收入的20.75%。按照四大行可比口径，公司中间业务收入401.66亿元，四大行占比32.95%，排名第一，超工商银行50.03亿元。

2. 重点产品市场竞争力增强。境内保证、转贷款、承诺、CTS四项产品收入居四大行首位；单位人民币结算、年金、托管、国际结算四项产品收入排名第二。密切与行业主管部门沟通，圆满解决造价咨询业务投标独立法人限制问题，实现军工涉密业务咨询服务保密资质零突破，为业务持续发展打牢基础。

3. 精简服务收费，确保合规经营。取消信贷证明等4项收费项目，合并建设项目投资估算等6项造价收费项目；对小微企业，在原有8项减免收费项目的基础上，新增承兑承诺，银团贷款参加费、安排费、代理费，代保管重要单证和保函查询等6项减免项目。严格收费管理，做到质价相符，确保按照“四有原则”合规收费。

4. 以资本节约为导向，优化表外业务结构。牵头三项表外产品余额合计15 106.08亿元，比年初新增1 557.98亿元，增幅11.5%。其中，电子承兑汇票余额1 379.81亿元，占比35.47%，比年初提升13.92个百分点；境内非融资性保证余额5 522.86亿元，占比87.05%，比年初提升2.35个百分点；一年以内贷款承诺1 431.82亿元，占贷款承诺余额的29.39%，比年初提升2.2个百分点。

**（五）对公存款增长平稳，同业领先**

1. 坚决落实监管要求，新增稳定性近五年最优。本外币对公存款新增4 207亿元，严格控制在偏离度要求之内。全年存款负增长天数31天，少于上年148天，为近五年最少年份。

2. 超额完成年度计划，市场位次同业领先。本外币对公存款日均新增5 061亿元，计划完成率124.8%。根据四大行可比口径，人民币日均新增4 527亿元，四大行占比34.14%，居第二位；日均余额四大行占比27.25%，较上年提高0.41个百分点，位居第二。

3. 资金体内封闭能力提升。对公存款累计资金循环率和体内承接率分别达到54.66%和55.03%，分别较年初提升2.38和2.61个百分点。

**（六）表外垫款压降成效显著**

银行承兑汇票、境内保证、国内信用证三项产品垫款余额合计43.65亿元，较年初减少3.8亿元。其中，承兑垫款余额36.33亿元，比年初减少7.02亿元。

## 二、转型发展深入推进，对公“三综合”取得阶段性成效

**（一）明确目标任务，布局全年工作**

一是组织召开2015年对公业务战略转型暨年度工作会议，部署工作任务，推进转型实施。二是下发《2015年公司业务转型实施方案》，明确年度重点，确保转型落地。三是积极推进造价咨询业务公司化改制，同业业务、票据贴现专业化经营，取得初步成效。

**（二）密切联动，做实综合营销**

一是强化部门间联动。协同推进ETC、代发工资、信用卡发卡、国际化业务转型等业务；全行累计发行ETC电子标签（OBU）912.7万个，新增751.5万个，覆盖全国23个省、市、自治区，有效带动对公对私业务全面发展；信用卡客户净新增60.97万户，计划完成率122%；代发工资个人有效账户数新增1 282.68万户，计划完成率199.87%。二是强化母子公司联动。母子公司对公条线业务联动量1 278.25亿元，同比增长68.8%。三是强化区域联动。组织召开珠三角地区协调委员会2015年例会暨珠三角地区重要客户产品推介会，推动珠三角联动需求284项。成立京津冀协同发展委员会，制定工作规程，召开年度例会，研究发展措施，对接200余个项目的联动需求。制定措施，全力支持首都副中心建设。此外，大力开展高层营销和直接营销，与交通部、陕西、沈阳、上海市浦东新区、福建、山西、大连、上海、湖北、广东等省市区签署了合作协议，与韩国LGD公司签署业务合作备忘录；总行本部直接营销客户近300户。

**（三）创新模式，全力推进综合服务**

一是以综合金融服务方案为抓手。为海航、中联重科等30家总行级主办银行客户制订综合金融服务方案；联合股权部召开“综合金融服务上门”活动，6家子公司向51家优质客户作综合金融服务推介。二是支持保险资金开展实业投资。已储备项目60个，涉及金额约1 100亿元；与建

信信托、绿地集团、上海建工共同发起中国城市轨道交通PPP产业基金，首期规模240亿元。三是深入推动线上线下融合，发力互联网金融。保持网络银行业务先发优势，网络银行业务已经为超过1.8万客户提供1 854亿元网络融资支持，合作平台达108家；结合“CCB2020”战略打造对公互联网金融生态系统，起草《对公客户互联网金融生态建设工作方案》，初步确定13个生态场景及应用方案进行推进。全年直接融资与间接融资配比达到4.01，较上年大幅提高1.76。

**（四）扩大范围，推广综合定价**

稳步推进综合定价，已将4 639家客户纳入试点客户名单。试点开办对公“存贷通”业务，面向优质客户开展存贷款综合定价，根据客户资金在我行沉淀情况给予一定的贷款利息优惠。

## 三、加大产品创新力度，提升市场竞争能力

**（一）响应市场需求，丰富优化产品**

一是全面推进大资产创新。在同业中率先推出PPP全流程金融服务，针对PPP运作模式及特点，量身定制“BOT、BOO”“O&M、MC”“TOT、ROT”3类贷款产品，用于满足项目建设、运营和存量资产融资需求，服务于PPP项目创新需求，PPP贷款余额19.71亿元。优化并购贷款，优化产品要素，简化业务流程，强化专业管理，推动并购贷款业务发展。创新农村承包土地经营权抵押贷款，将农村承包土地经营权作为我行可接受押品。创新融资租赁保理，满足企业中长期资金需求，实现多方共赢，融资租赁保理增长259%，余额近200亿元。二是积极开展大负债领域创新。作为首批大额存单发行银行，全年共发行79期产品，并通过定向大额存单提升面向重点客户的主动负债能力，维护客户关系。创新对公存款智能转换业务，在智能现金池产品基础上研发智能转换功能，适当满足优质客户较高的收益性需求。三是全面提升融智服务能力。推出对公客户对外担保咨询服务，帮助客户科学决策对外担保事项，已有4家分行累计向30家客户提供服务，实现收入近千万元；同业首推保险资金综合金融服务方案，湖北分行成功为华泰资产管理公司设立的95.5亿元保险资金债权计划提供综合服务，实现中间业务收入5 000万元，沉淀日均存款20亿元。上海分行与上海建工集团、绿地集团合作，共同发起设立1 000亿元中国轨道交通产业基金并成功引入保险资金。编写水务行业PPP项目咨询服务方案，为项目提供前期咨询服务，云南、江苏分行已实现首笔中收。四是积极优化产品业务流程。开发创新银行承兑汇票质押融资产品，盘活企业票据资产，降低融资成本；下发涉房贷款资金封闭管理办法，加强资金监管。

**（二）条线创新成果显著**

全年总行本部共完成19项产品创新，其中1项战略性项目——PPP全流程金融服务，多于全年计划7项；公司业务条线创新计划内项目完成100余项。公司业务部连续三年荣获“最具创新力奖”，并获得“创新人物奖”；单位人民币结构性存款和交通运输部ETC综合金融服务方案分别获得产品创新二等奖、三等奖；对公客户资金体内循环监控系统获得流程优化三等奖；创意通过资本市场处置不良贷款获得产品创意三等奖。

## 四、研判形势紧跟政策，抢抓机遇优化结构

**（一）抢抓国家重大战略及重大项目商机**

一是制定《中央经济工作会议带来机遇分析及营销指引》、《关于贯彻落实党中央国务院一系列重大战略的实施意见》、《关于进一步做好金融服务实体经济发展工作的通知》、《关于做好促进进出口稳定增长综合金融服务的通知》、《关于推进地方国企改革业务营销工作的通知》、《中国建设银行青岛西海岸新区等七大国家级新区营销指导意见》、《关于支持东北三省发展有关政策的通知》等系列文件，指导全行发挥集团综合金融服务优势，支持国家重大战略的落地实施。二是对于国家发展改革委员会陆续下发的“7+1”工程包和专项建设基金项目包等重大项目，迅速下发文件指导分行开展营销工作，成效良好。

**（二）深入开展各业务领域研究，指导全行工作开展**

下发中国制造2025、新能源汽车、生产性服务业、现代农业、雾霾经济、化工行业、汽车制造行业、煤炭行业、网络交易平台、房地产信贷业务、建筑业综合营销、工程造价咨询等10余篇

营销指引及指导意见，制定互联网+、应对商事制度改革、地方政府债务置换、农药制造行业、煤贸行业排查、水务行业PPP项目咨询等多篇研究报告，为新兴产业领域带来的巨大商机提供政策分析，并提出信贷政策建议，多篇报告得到行领导高度评价。其中，《雾霾经济营销指引》、《PPP营销指引》两篇文章在银行业协会举办的优秀论文评比中获奖。

## 五、丰富经营管理手段，有效促进业务发展

### （一）对公客户管理精耕细作

1. 主办银行客户管理取得巨大进展。一是管理制度从无到有。下发总行级主办银行客户服务管理规范、综合金融服务意见、综合金融服务方案设计指引等系列文件，提升主办银行客户营销服务层级，明确服务方案设计的“需求三层次”、“设计五原则”，力促对公业务整体金融服务水平和价值创造能力的提升。二是完善管理流程。明确《总行级主办银行客户综合金融服务方案受理批复流程》，提高综合金融服务方案设计质量和批复效率。三是完善数据基础，增加主办银行客户标识，加强系统数据支持。

2. 加强重点客户管理。完成32家总战客户移交及服务管理工作；完成总行级重点客户2015年年检工作，总行级重点客户4 398户。制定信贷客户选择标准（负面清单），为客户经理选择客户提供参考；尝试开展对公信贷客户经营情况监测分析。

### （二）狠抓对公客户经理队伍建设

1. 充实队伍数量。一是与人力资源部联合下发《关于加快公司及机构客户经理聘任工作的通知》，充实客户经理队伍数量，推进对公客户经理聘任工作。二是建立聘任工作月报机制，加大督导力度。全行客户经理聘任人数26 141人，新增10 833人，超目标聘任1 414人；加大人员清理，已聘对公客户经理在其他非对公部门岗位工作的人员983人，较年初减少304人。

2. 提高队伍素质。一是组织完成《信贷人员持证上岗培训教材客户经理篇》、参与《信贷人员持证上岗培训教材基础篇》教材编写等相关工作。二是强化业务培训，全年共完成26期境内外培训班，累计培训1 476人次。其中培训兼职师资120人；配合人力部举办了9期“信贷人员轮训客户经理兼职师资培训班”。

### （三）积极创新经营管理方式方法

1. 利用工具提升经营管理效能。开展公司业务条线经营管理工具创新专项活动，进一步释放基层创新活力。2015年，全行公司条线经营管理工具创新达140个。其中，营销服务类工具创新涵盖了综合服务方案、客户挖掘、资金监管、客户挽留等客户服务全流程，内部管理类工具创新面向客户风险排查、有效客户挖掘、资金体内循环及客户经理管理等内部管理关键节点。

2. 搭建转型发展交流平台。一是推广先进经验。选取市场营销、产品创新、经营管理、风险防控及工具应用等5大方面共18项重点推广的先进经验项目，并通过视频会、专题培训、《公司业务参考》等多种途径对先进经验进行宣讲推广。二是开展公司业务对标活动。选取29项公司业务主要指标对标同业，督促分行巩固和提升业务领先优势，查找和增强业务发展短板，全面提升公司业务市场竞争力，推动公司业务转型发展。

3. 提升科技支持能力。一是对对公业务大数据综合应用进行策略分析，初步制订可实施的大数据应用规划及实现路径。二是研发结算账户资金大额波动事件模型、客户忠诚度－价值细分模型等工具的数据及方法；推进客户流失预警项目（美国银行战略合作项目），向试点分行下发预警名单。在全行推广潜在客户挖掘、产品推荐模型应用。三是加大对公存款潜在客户挖掘模型应用，下发潜力客户清单，指导分支机构实施精准化、差异化营销策略。四是推动外部工商数据应用，向基层行及时推送新注册实体信息。五是按新一代统一部署，完成OCRM等多个对公系统的优化升级工作，并为新一代三期做好准备。

### （四）强化内控管理，有效防控风险

1. 稳定对公信贷资产质量。一是持续强化“压逾期、控不良”工作。持续做好信贷资产质量日常监测、重点领域风险排查、到期还本付息管理、存量不良贷款核销等系列工作，从防新增、压存量两方面着手，持续加大不良贷款、逾期贷款和垫款的清收和处置力度。二是积极推动总行“三十大”风险项目化解处置及分片包干压控不良工作，总行公司部负责的12个总行“三十大”

风险项目信贷余额比年初下降53.96亿元，实现化解处置54.96亿元。三是总行公司部积极参与全行不良资产处置审批及批量转让工作。

2. 有效防范信贷风险。一是加强条线贷后管理工作，总行召开座谈会，交流风险防控经验；下发通知要求，抓住高发问题，加强政府融资平台、房地产、民营企业等重点领域贷后管理。二是持续做好对公信贷内控名单管理工作，全年共审核退出77户。三是组织开展对公客户经理大讨论活动，刊登20余篇稿件，着力解决有令不行、有禁不止、屡查屡犯的问题，重塑信贷经营管理基础。四是研究制定全行存量对公信贷资产体检指标，制定《对公客户“体检”工作方案》初稿。五是针对资本市场波动、天津港爆炸事件等热点事项展开风险排查，防控业务风险。

3. 配合做好审计工作。一是配合做好2015年审计署专项审计、银监会“一加强、两遏制”回头看、钢贸业务专项检查，全行案件风险专项治理及合规管理年等工作。二是做好内部审计发现问题的整改工作。

4. 强化担保机构管理力度。一是优选合作担保机构，下发《关于加强政府担保机构业务合作的通知》，要求分行加大政府背景担保机构的营销力度，积极探索和参与“银政担”合作模式。二是加强业务风险防控，下发《关于印发〈加强银担合作 强化风险防控的指导意见〉的通知》、《关于进一步加强担保机构风险管理的通知》，要求分行提高准入门槛，压缩退出与民营担保机构业务合作，规范业务操作。

5. 做好总行本级项目审查。对总行本级基建项目开展造价审查，为我行固定资产投资严把造价关。2015年共承担总行本级44个基建项目的清单及预（结）算审查工作，送审金额5亿元，审定金额4.68万元，核减3 168万元。

**（五）持续完善规章制度，适时调整管理要求**

1. 强化制度规范，促进业务发展。一是根据全行规章制度梳理工作要求，梳理现行有效规章制度302项，其中，制定修订计划58项，废止规章40项，减轻基层负担，提高工作效率。二是根据业务开展实际，下发并购贷款、资金体内循环、大额存单、协定存款、承兑汇票贴现、银行承兑汇票抵质押融资、保理系统、客户关系管理系统、工程造价印章管理等十余项规章制度，及时指导分行推进业务发展。三是26个名单制管理行业、产品、区域名单重检工作并发布重检结果。

2. 简政放权，提高管理效率。一是及时根据内外部形势变化，大力推动简政放权，下放了餐饮业贷款新增、平台贷款信贷分类等两项核准权限，简化了内部银团贷款组建、房地产类客户，以及非不良问题贷款等领域核准事项。二是根据形势变化和分行需求，下放部分区域、部分分行住房贷款及保障房核准权限，支持分行业务发展。三是取消公司及机构业务产品创新试点行的资格核准，提高效率和分行创新积极性；持续推进直通车和银企联动创新，新增有效创意“辽宁忠旺分离式定向保理”，累计组建43个银企联动创新团队，推出胜利油田“账管融”、凌源远达TOT贷款创新产品。

**（六）加大业务宣传，市场形象不断提升**

1. 加大宣传力度。打造“善融链通”供应链金融统一品牌，在央视一套新闻频道播出；实现网络银行e贷款、银团贷款和工程造价咨询业务广告的网络媒体投放、机场数码刷屏投放和报刊媒体投放。2015年，公司业务部荣获“中国建设银行2015年度新闻宣传和声誉风险管理先进集体”；银团贷款荣获中国银行业协会银团委员会2014年最佳管理奖、3个项目荣获最佳交易奖；8个造价咨询项目荣获中价协第四届优秀成果奖，市场形象不断提升。

2. 加强与主管部门联系与合作。与中价协合作建设全国性“工程造价行业信息平台”，着力提升我行行业地位；做好《工程经济》刊发相关工作，扩大专业影响力。

执笔：郭芳辰

# 战略客户业务

## 一、主要经营成果

### （一）以央企、全球客户为抓手做好境内业务

一是传统业务发挥基石作用。截至2015年底，战略客户部所辖央企、全球客户（以下简称“所辖客户”）存款日均为8 173.70亿元，较年初增长14.23%。贷款余额为13 013.47亿元，较年初增长11.17%。资产质量持续保持优良，年底所辖客户不良额为25.36亿元，较年初下降6.99亿元；不良率为0.19%，较年初下降0.09个百分点。

2015年10月19日，建设银行与中国石油国际事业（伦敦）有限公司在伦敦举行了15亿美元双边贷款合同签约仪式。

二是战略性业务彰显平台优势。贯彻落实“大资产大负债”经营理念，不断满足大客户多元化金融需求。债券承销方面，承销所辖客户债券2 893.04亿元，占全行非金融企业债券承销总量的54.45%，占客户市场发行总量的14.41%。企业年金方面，所辖客户年金受托、托管、账管业务分别较年初增长35.39%、22.70%和10.91%，取得中标航天科工、中国电科等业务资格。现金管理方面，新签约账户110个；独家上线铁塔公司银企直连系统；为中国普天搭建网上银行系统实现资金归集。网络金融方面，完成神华煤炭电子交易平台，吸引277家下游企业开户并开通对公网银、E商贸通等服务；营销海尔集团B2B供应链融资项目，四大行中首家为其提供网络融资业务；为航天科工下属航天信息提供发票征信互联网融资服务，开启互联网金融合作新模式。龙卡业务方面，持续扩大与供销总社县域金融裕龙通业务合作规模，仅湖北一省就发行裕龙卡42万张，时点个人存款约25亿元；为中国电科发行联名卡12万张。

三是协同业务带动综合发展。充分发挥综合金融集团优势，主动探索融资、融智相结合的新型服务模式，积极帮助大客户创新融资模式、优化债务结构。股权投资方面，促成建信信托以唯一外部发起人身份与国机集团共同出资设立国机资本，首次与央企核心公司建立资本纽带关系，开创支持央企混合所有制改革新模式；以理财池资金通过建信资本平台，实现中石油管道板块混改真股权投资20亿元，具有里程碑意义。产业基金方面，以最大份额和最高收益中标全国规模最大的省级铁路基金——400亿元广东省铁路发展基金项目，继续巩固在铁路投融资改革领域的领先地位；促成建信信托与葛洲坝集团合作成立产业基金，目标投放规模200亿元；推动与中国中铁合作的产业基金完成重大投融资项目42亿元。

### （二）以全行海外重大项目为依托做好境外业务

一是牵头营销模式成效显著。总行直接参与全行海外重大项目的营销谈判、结构设计和融资安排，形成“一手托境内，一手托境外”的工作格局。全行全年共签约完成68个海外项目，签约

2015 年 10 月 21 日，建设银行与怡和集团在伦敦举行了战略合作协议签约仪式。

金额 211.28 亿美元。其中，由总行牵头完成的重大项目 49 个，覆盖了五大洲、20 余个国家和地区，18 家海外分支机构参与。

二是重大项目营销成绩斐然。先后成功揽获中国化工收购意大利倍耐力 68 亿欧元银团（牵头行、簿记行和最初贷款人）、信达公司收购南洋商业银行 390 亿港元银团（独家全球协调行、独家簿记行、牵头行）、“东源”项目 15 亿美元银团、国家电投 35 亿澳元并购太平洋水电项目（独家牵头行）、光明集团并购维多麦 9 亿英镑银团（联合牵头行、全球协调人）等多个重大项目银团核心角色，并先后签约中电工程越南海阳电厂、中粮来宝、南网越南永兴电厂、国机巴基斯坦煤电一体化等“一带一路”重点项目。这些高规格、高标准、高难度项目的成功运作，彰显了我行在国际融资领域的市场影响力和价值创造力，有力提升了品牌形象。

三是诸多业务领域百花齐放。积极实施本外币、境内外一体化经营，不断提升产品配套能力。客户拓展方面，与中化、宝钢、万科、安邦等多个客户建立海外业务合作关系。海外并购方面，为国家电投成立后首次以集团名义海外并购提供融资支持，中标 32 亿澳元联合贷款代理行资格；为 GE 收购阿尔斯通提供服务支持。境外发债方面，获上电集团 6 亿欧元债联席主承销资格，系我行首获该类角色；获核建 15 亿元境外人民币债全球协调人资格。双边贷款方面，成功中标联通 88 亿元境外人民币贷款业务，香港市场稳居同业第一；促成中建国际在我行首开境外账户并签署 16 亿港币融资合同。

## 二、主要工作措施

### （一）提升客户服务能力，有效服务实体经济

一是服务国家重大战略。“一带一路”方面，牵头与丝路基金建立战略合作机制并开展项目对接，并通过营销央企总部、组织分行搜集等途径，梳理“一带一路”战略相关项目。在境内共储备项目 178 个，涉及 24 家分行，融资规模超过4 500 亿元。在境外储备“一带一路”沿线国家项目 195 个，投资规模达 2 700 亿美元。京津冀协同方面，举办项目对接暨协同推进活动，对总分行牵头营销的 75 个项目进行了梳理对接，探索可复制的服务新模式；与首都机场集团公司开展战略合作，积极参与北京新机场项目建设；先后成为京唐铁路、首钢京冀协同发展基金等项目主要合作银行。长江经济带方面，重点支持央企基本建设项目，积极参与中外运长航吴淞口国际邮轮码头二期等长江经济带战略项目，中交贵州道瓮、江瓮高速公路项目顺利放款。

二是支持实体经济发展。支持重点项目，成功营销蒙华、京津冀城际等多个优质铁路项目；营销建筑业央企 EPC/BOT/PPP 公路、城建项目 31 个，成功争取 9 个基本户，拟提供融资 450 亿元；参与石化行业央企项目银团 4 个，担任联合主牵头行、代理行，拟提供融资 145 亿元；参与组建电力煤炭行业央企项目银团 19 个，金额 463 亿元，特别是中标中广核防城港二期项目 285 亿元银团贷款牵头行，包揽银团主要角色和最大贷款份额。支持央企改革，为南车和北车、中海运和中国远洋、招商局和中外运长航实施重组量身制订改革服务方案；率先为铁塔公司收购“三大电信”铁塔存量资产发放 15 亿元固定贷款；协助国新控股践行国资改革战略，研究通过信贷、投行等多种方式对客户资本运营给予支持。

三是完善综合服务体系。高层营销成果显著，全年行领导、高管层出席总行战略客户部牵头的境内外各类营销活动 51 人次，与中车、三峡、航天科工、首都机场、中信保、宝马等客户签署战略合作协议，出席高访签约活动 4 次，在国家领导人见证下先后与俄直投、南非工业发展公司签署合作协议，极大提升了我行市场影响力。综合

服务持续优化，针对核心突破性政策难以通过审批、审批时间长、缺乏高效跟踪评估渠道等问题，修订了《综合金融服务方案工作指引》，优化了方案模板和评审流程，并实现新一代系统上线，圆满完成制度化、模板化和系统化目标。依托新的流程和系统，完成了新版第一批 11 个央企和全球客户综合金融服务方案的编写和评审工作。此外，持续推进综合定价和综合利益调整，将大客户综合定价模块适用范围扩展至 132 家集团客户的 1 575 家成员企业，综合利益调整纳入新一代系统三期立项。强化主动服务理念，积极关注全球市场，开拓客户资源，成功与蚂蚁金服、苹果公司、施耐德电气、路易达孚等境内外客户开启业务合作，为进一步深化银企合作奠定坚实基础。

**（二）提升海外拓展能力，积极统筹重大项目**

一是创新营销管理机制。针对海外重大项目开展全流程、集约化、创新性管理，探索建立了一整套机制。优化牵头营销机制，总行全程主导海外重大项目营销和实施的关键环节，牵头“自上而下”破解了预提税、潜在制裁风险、境内外跨行资金汇划路径设计、行内簿记主体确立及利益分成机制等难题。创建总行会商机制，以跨部门集中沟通的方式，专题研讨解决具有共性和时效性强的重要事项，“一站式”高效解决诸多重大项目的难点问题。统筹资金调度机制，牵头协调海外重大项目资金需求，及时协调落实资金来源、构建资金账务渠道，完成“和平”、“东源”等大项目的资金协调、对外报价、汇路设计及同业放款协调等工作，顺利实现提款。探索利益分成机制，建立行际利益分成动态联合发布机制，以“一事一议”方式协调分行达成利益分成共识，科学计量和平衡境内外分行利益诉求。

二是抢抓“走出去”商机。拓展外部合作渠道，与外交部、发改委、商务部等政府部门和丝路基金、亚投行、中信保等“走出去”主要服务机构建立了常态化沟通与合作渠道，把握信息和商机源头，推动落实“走出去”战略下的业务合作。整合内部商机资源，筹建“海外项目信息管理平台”，与境内外机构进行无缝对接，累计储备 477 个海外项目和 463 个“走出去”重点客户，覆盖 100 多个国家和地区，投资总额逾 1 万亿美元。开展全行专项营销，总行牵头发起“百户千亿、凝心聚力”海外项目专项营销活动，提出“储备‘走出去’重点客户 100 个、海外项目签约金额 1 000 亿元人民币”的营销目标并于年底超额完成。

三是扩展业务合作领域。由单一项目融资向资产包收购扩展，支持悉尼分行成功收购苏格兰皇家银行澳洲资产包，新增澳大利亚前 50 名上市公司客户 21 家，涉及信贷承诺金额 15.5 亿美元，首创我行批量战略收购海外信贷资产先河。由“走出去”项目向海外本地项目扩展，先后中标戴姆勒 7 000 万欧元本地银团、2.18 亿欧元宝马本地银团、大众汽车 4.7 亿欧元银团、福特 1 亿美元全球备用银团贷款等项目，有效帮助海外机构拓展优质全球客户群体，加速实现信贷资产本地化。由境外融资向跨境直接融资扩展，首次创新利用理财资金通过 QDII 渠道，对能建集团在港 IPO 进行 2 亿美元锚定投资，实现了股权投资领域历史性突破。

**（三）提升风险防控能力，保障业务健康发展**

一是深化央企分类管理。以“摸清存量、抓住重点，明确标准、分类管理，揭示风险、做好增量”为目标，坚持“有所为有所不为”的策略，在全行统一的信贷政策和风险偏好下，总行确定了 121 家央企集团及 3 935 家成员企业的分类管理名单，进一步提升全行对央企客户的精细化经营管理能力。

二是加强风险监测排查。落实高管层分片包干压控不良工作，督导江苏、辽宁、青海分行开展资产质量管控，其中，实现央企江苏盐业 1.42 亿元不良打包转让。持续加强“三十大”存量不良贷款的化解力度，特别是成功实现二重 15.58 亿元不良贷款本息 100% 受偿，处置并核销南天邮电全部不良 4.7 亿元，压缩国家电网下属四川启明星铝业、宜昌供电不良 2.17 亿元。借助银企全面合作开辟风险化解新路径。与华润资产公司合作成立基金，通过资产包收购并与华润置地开展产融协同等结构设计，创新盘活不良资产。

执笔：胡冠军　马龙　胡宝昆

# 机构业务

## 一、主要指标

**（一）抓住市场契机顺应政策变化，各项存款稳步增长**

截至2015年底，机构类一般性存款时点余额突破3万亿元，达到30 122亿元，占对公存款余额的46%，占全行一般性存款余额的23%；较年初新增2 853亿元，占对公新增的85%，占全行一般性存款新增的36%。28家分行机构类存款时点新增在对公中的占比超过50%。

2015年1月21日，建设银行与华中科技大学在湖北省武汉市举行战略合作协议签约仪式。

**（二）严控信贷业务风险，质量保持优良水平**

截至2015年底，全行机构类事业单位贷款余额2 501亿元；贷款不良率0.11%，比对公贷款整体不良率低1.86个百分点。教育、卫生行业贷款持续保持在四大行中排名第一。各类产品信用状况良好，未发现任何不良。

**（三）搭建业务合作平台，联动指标贡献突出**

搭建“银政”、“银医”、“银校”平台开展公私联动，有效带动了我行储蓄存款、各类银行卡等个人业务同步增长。金融社保卡综合效益贡献

2015年8月7日，建设银行行与解放军总医院举行高层会谈并签署友好合作协议。

不断提升，储蓄存款沉淀达128亿元。2015年，全行机构条线拓展信用卡客户84.07万户，计划完成率120%，推进全行信用卡净增客户、净增发卡等关键指标实现市场第一个“四连冠”。

## 二、主要工作措施

**（一）加强营销指引，以业务系统为纽带深化政府机构客户综合服务**

2015年，一是印发公检法司系统客户营销指引和综合金融服务方案，采取案例引路、提出针对性营销建议等措施，积极推动分行把握深化司法体制改革机遇，实现四大系统有效突破；二是跨处室跨部门密切合作，打破工商银行与公安部独家合作的壁垒，成为跨省异地缴纳交通违法罚款业务首批代理银行，全渠道支持业务办理，系统运行平稳，业务增长迅速，获得公安部、财政部和人民银行三部委的高度认可；三是联动北京分行开展中央国家机关客户攻坚营销活动成效初显，截至2015年底，新增账户141个，新开账户年底时点新增108亿元；四是组织推动银关通、百易安、单位委托贷款等四大系统在新一代2.2期顺利投产；五是成为关库银横向联网系统首批上线银行，并配合海关总署完成海关税费总担保

方案编写；六是牵头组建亚投行前期咨询服务团队，完成《亚投行综合金融服务方案》，促成高层营销拜访，联动相关部门和分行完成评级授信等有关营销准备工作。

**（二）持续巩固事业单位传统优势领域，新常态下实现各项业务转型发展**

一是按照全行转型规划要求，积极有效推进银医通、银校通拓展工作，圆满完成全年计划。截至2015年底，银医通、银校通合作客户共计新增551家，增幅分别高达132%和59%；其中优质客户，如三甲医院和“211”、“985”等高校覆盖率分别达26.94%和36.53%。二是下发《银医、银校移动互联网金融合作方案》，形成银医银校“4+3”网络金融合作模式，科学有效实现银医、银校合作转型。三是关注教育、卫生领域新趋势，研究下发支持职业教育现代化、县级公立医院和“环保益民”排污权有偿使用与交易等三大综合金融服务方案，提升精细化管理。四是从源头突破与国家行业主管部门的系统合作。成功与国家旅游局签订战略合作协议，共同印发《2015年全国优选旅游项目名录》；与教育部就深化高校创新创业教育改革达成共识。五是客户营销取得突破。与华中科技大学签署《战略合作协议》；中标中山大学等数字化校园建设项目。六是与风险管理部配合，在同业中率先完成地方政府信用评级模型优化和风险限额测算工作。

**（三）不断夯实基础管理，充分发挥财政业务传统优势**

2015年，继续完善基础管理，优化服务手段，扩大合作平台，实现了财政业务发展的稳定增长和客户资源的辐射拓展。克服财政账户清理等不利影响，深挖客户潜力，着力提升客户综合价值贡献度，加权有效客户数较年初增长1.7万户，增幅1.4%。在11家代理银行的激烈竞争中荣获中央财政授权支付代理银行综合考评第一名，保持代理预算单位客户数同业第一。积极开展地方国库现金管理业务，全年累计中标1 268.24亿元，市场占比11.33%，年底余额715.65亿元，市场占比12.81%，已成为财政存款新增的主要支撑。全力支持财政部国库集中收付电子化建设，作为首家试点银行率先完成中央非税电子化配套改造系统成功上线。按照财政部要求完成了所有省级财政国库集中支付电子化系统搭建。成功上线新一代中央财政业务系统，极大提高了代理国库集中收付业务的自动化、安全性和时效性。积极配合财政部研发单位公务卡功能，建立完善制度配套运作体系。投产国税资金监控系统，指导分行做好对接与推广，全力满足预算单位个性化需求。在20家分行开展“以贷定存”专项工作，核拨150亿元专项信贷规模，做到了早投放、早收益。

**（四）保增长、抓机遇、强联动，全面提升社保客户及账户覆盖度**

截至2015年底，全行社保资金存款时点余额为8 859亿元，较年初新增1 200亿元（含大额存单），增速为15.66%，高于全行对公一般性存款增速10.28个百分点。有效把握机关事业单位养老保险机遇，中央层面成功营销人力资源和社会保障部并与客户签署合作意向书，代理中央国家机关事业单位基本养老保险业务。分行紧跟各地改革步伐，全国多点开花，河南、广东等地13个分行取得省级专户代理资格，河北、山西等地23家分行取得地市级专户代理资格，山西、浙江等地26家分行开立县级账户845个，其中北京地区消除了社保业务空白，四川分行取得所辖独家代理资格。全行机关事业单位养老保险账户综合覆盖度达到20.07%，圆满完成全年计划，机关事业单位养老保险账户新增存款260亿元。金融社保卡累计发卡量达到7 794万张，全年新增发卡2 100万张，计划完成率120%，增速37%，超额完成发卡计划。突出平台作用，强化部门配合，我行获全国社保基金托管银行资格，成立国内首家专业养老金管理机构。

**（五）有效推进“八一工程”，继续巩固市场地位**

全行军警存款稳定增长，2015年底时点余额1 991亿元，新增263亿元，有效巩固了同业第二的市场地位。一是抓部队改革契机，拓展军人住房公积金业务领域。完成了协议签署、系统优化改造、制度流程和会计核算办法制定等一系列工作。自协议签订以来，共受理军队4批业务，武警3批业务。开展军人住房公积金贷款业务，并开办了全军第一单，成为我行与军队合作的试金石，也是我行服务国防的意识和能力的一次有力展现。二是抓军队编制体制改革之机获得新账户。

在总行领导的指示下，总分行密切跟进军队编制体制改革动态，提前进行谋划布局，军改后新成立的“中央军委机关事务管理总局财务局”已在北京分行开立专用存款账户，打响了我行营销军改新客户的“第一枪”。三是抓服务质量和服务水平，广泛征求客户意见，提升客户满意度。在全行范围内开展“征求军队武警客户意见活动”，总行组成16个检查调研组对37家一级分行进行了现场检查。我行是服务部队的国有商业银行中首家开展此类活动的银行，得到客户高度认可。

执笔：郭华



# 同业业务

## 一、主要指标

**（一）抓住市场契机顺应政策变化，各项存款稳步增长**

非存款类金融机构存款：机构类人民币非存款类金融机构存款时点余额8 459亿元，较年初新增1 915亿元，新增继续保持四大行排名第一。其中，证券公司存款时点余额4 923亿元，较年初新增2 383亿元，有效地支撑了全行流动性。

存款类金融机构存款：截至12月底，机构类人民币存款类金融机构存款时点余额341亿元，较年初新增170亿元。

**（二）实施中间业务转型，超额完成中收任务**

以同业业务转型发展带动中间业务收入，存放同业、同业借款业务全年共实现资金授信承诺业务收入13.46亿元，创我行历史最高。

**（三）严控信贷业务风险，质量保持优良水平**

加强了国内银行、非银行金融机构客户风险防控，额度授信稳步增长。各类产品信用状况良好，未发现任何不良。

**（四）搭建业务合作平台，联动指标贡献突出**

强化部门联动，搭建金融合作平台。与托管部共同牵头相关部门及分行，成功中标平安人寿5 000亿分红保险组合资产托管业务。在授信额度内，支持金融市场部累计认购证券公司发行公司债及短期融资券198亿元，证券公司资金交易额度占用107亿元，金融租赁公司及资产管理公司债券及资金交易余额分别为287亿元和153亿元；港股通结算资金存款余额49亿元；全年累计结算470亿元。

2015年1月30日，建设银行与中国华融资产管理股份有限公司签署战略合作协议。

强化母子公司联动，推进实现战略协同。代销建信人寿团险业务规模24.6亿元，同比增长135%；通过建信信托、建信资本办理投资业务540亿元，协助子公司做大资产管理规模，增加资产管理收入1 331万元；完成建信租赁授信额度增信工作，授信额度增至500亿元；加强与建信期货在对私、对公客户的联动营销，13家分行与建信期货签订客户居间协议。

## 二、主要工作措施

**（一）提升系统管理，进一步深化银行机构同业合作**

2015年，对136家国内银行同业客户授信总额达6.45万亿元，用信余额超过2万亿元，累计调剂额度超过1万亿元。加强重点客户的营销、维护工作：与国家开发银行签署新版《银企直联项目业务合作协议》；配合上海清算所推出人民币外汇交易中央对手清算代理业务，并成功签约上线三家金融机构客户，同业客户合作紧密度得到提升。完成新一代核心系统代理子银行应用的开发上线工作，在全国14家分行全辖代理境内28家委托银行业务全面上线运营。与17家银行建立了代理行关系，同业客户覆盖范围不断扩大。

**（二）加强银保联动，渠道创新和业务发展效果显著**

截至12月底，全行实现代理保险业务收入43.97亿元，同比增加16.52亿元，增幅为60.16%。其中，代理对公保险业务收入3亿元，完成计划的121.22%。积极搭建银银合作平台，2015年托管覆盖度53.2%，与托管部共同牵头相关部门及深圳分行，多次与平安保险会谈协商，最终中标平安人寿5 000亿分红保险组合资产托管业务，成为最大中标份额银行；代理保险系统2.2期优化项目顺利上线，极大促进、支持了我行代销保险业务发展，尤其是电子渠道的替代率已达45%，成效明显；进一步强化了母子公司联动，继续完善对公板块联席会议机制，对公板块战略协同成效显著。

2015年3月23日，建设银行与上海市浦东新区人民政府举行银政战略合作协议签约仪式。

**（三）推动母子联动，非银行机构重点业务领域保持优势地位**

鑫存管业务继续保持行业领先地位，年内先后完成“鑫存管”一人多户签约、个股期权、手机银行在线签约等多项创新功能的上线。截至12月底，证券客户保证金第三方存管客户数及银期直通车客户总数为3 590.83万户，居行业首位，存管手续费收入继续保持同业第一；开通“银期直通车”业务的期货公司数量达到153家，实现全覆盖。沪港通跨境资金结算与换汇业务运行平稳，有力保障了国家资本市场跨境互联互通战略的有序布局。全年先后与中国信达、华融资产、银河证券等众多行业领先公司签署战略合作协议，积极促进双方在传统与创新业务领域的深度合作。积极支持子公司发展，为其规模扩张提供流动性便利支持，出台《建设银行支持建信期货综合金融服务实施方案》，为其在全国范围内广泛开展业务提供了有力支持。共计有三项创新产品获得行内奖励：“股贷通”获得“2015年度中国建设银行知识产权奖”；“沪港通跨境资金结算与换汇创新项目”和“非银行金融机构人民币结算账户透支流程优化项目”分别获得“2014年度建设银行产品创新与流程优化奖”三等奖。成为12家期货结算银行中唯一两次蝉联中国金融期货交易所评选的“期货保证金存管业务优秀奖”的银行。

**（四）同业业务专营取得突破，制度梳理与业务拓展双线作战齐头并进**

2015年作为同业专营元年，按照监管部门要求我行逐步建立了同业专营组织架构、业务制度与风险管理体系。同时，同业业务发展也取得较大突破，资金运用规模首次迈上了万亿元台阶，综合收益突破280亿元。首次实现了37家分行的业务全覆盖，内蒙古、宁夏、新疆、西藏的四家分行也取得了同业融资业务零的突破；此外，同业融资业务首次尝试“做市”，自12月初至今累计投放资金近1 500亿元，成交价格稳中有升，达到了资金运用的预期收益且未对市场造成较大冲击。首次启动特定目的载体同业投资业务，并取得初步成效，年底收官余额接近700亿元。在严控风险的前提下，积极拓展买返业务，全年累计办理业务比2014年增长1 475.10亿元，增幅31%；年底余额较年初新增42亿元，业务量和余额均创历史最高水平。

执笔：郭雯雯

# 小企业业务

## 一、经营成果

### （一）监管要求全面完成，同业位次保持领先

1. 完成“三个不低于”监管要求。截至2015年底，银监会四部委口径小微企业贷款余额12 778.79亿元，新增1 349.51亿元，同比增速为11.81%，高于各项贷款同比增速2.03个百分点；贷款客户数251 944户，同比增加9 869户；小微企业申贷获得率为84.93%，比2014年同期提高1.52个百分点，完成“三个不低于”监管要求。

2. 同业位次保持前列。截至2015年底，全行法人小微企业贷款余额11 578.56亿元，新增1 375.46亿元，贷款客户数83 192户，新增1 540户，小微企业贷款、客户数新增在四大行中排名第二。

3. 人民银行信贷政策导向效果评估结果显著提升。小微企业信贷政策导向效果评估成绩在国有银行中排名第一，17个分行评估结果为优秀，8个分行评估结果为良好，优良率达79%，同比提高4.8个百分点。评估等次消除勉励档。

### （二）业务转型稳步推进，重点业务显著增长

1. 转型发展渐见成效。

一是小额化转型成效显著。截至2015年底，单户贷款500万元（含）以下小企业授信客户数60 246户，比年初新增9 717户，占比69.56%，同比提升7.97个百分点。① 单户贷款500万元（含）以下小企业贷款余额1 077.89亿元，比年初新增7.76亿元，占比为23.28%，同比提升2.64个百分点。户均贷款余额578.56万元，同比降低104.92万元，降幅为15.35%。

二是授信基本户占比大幅提高。截至2015年底，小企业授信基本户49 125户，占全部授信客户数的56.72%，同比提高1.91个百分点，较年初新增4 165户，新增占比为91.06%。

三是抵质押贷款占比持续提升。截至2015年底，小企业抵质押贷款余额2 633.96亿元，占比59.84%，同比提高3.15个百分点；保证类贷款余额1 537.15亿元，占比34.92%，同比下降4.15个百分点。

四是评分卡模式贷款新增翻番。截至2015年底，采用评分卡模式发放的小企业贷款余额337.98亿元，新增198.73亿元，增幅为142.71%。

2. 重点业务显著增长。一是“助保贷”业务平稳快速发展。截至2015年底，全行与各级政府签订“助保贷”合作协议1 270个，比年初新增413个；风险补偿金到位的助保金平台1 152个，比年初新增424个；政府风险补偿金111.94亿元，比年初新增43.93亿元。贷款客户8 450户，比年初新增3 431户；贷款余额362.62亿元，比年初新增107.72亿元。二是大数据产品拓展亮点突出。截至2015年底，大数据信贷产品贷款客户17 628户，比年初增加7 613户；贷款余额115.98亿元，比年初新增44.04亿元，不良贷款率0.61%，户均贷款65.79万元。

### （三）效益贡献持续提升，联动营销成果丰硕

1. 贷款定价保持较高上浮水平。全面实行小微企业贷款LPR定价，全年新发放小企业非贴贷款加权执行利率6.14%，利率上浮22.84%，较全行对公贷款利率上浮水平高出18.01个百分点。

① 责任部门口径，如无特殊说明，下文均为责任部门口径。

2015 年 9 月 18 日，建设银行与国家税务总局举行“征信互认　银税互动”合作签约仪式。

2015 年 12 月 24 日，建设银行与中国人民银行征信中心就应收账款融资服务签署合作备忘录。

2. 代发信用卡超额完成全年计划。截至 2015 年底，全行小企业条线净新增发卡客户 25.8 万户，计划完成率达 103.2%。

3. 代理建信人寿团险保费收入再创新高。截至 2015 年底，全行小企业条线代理建信人寿团险保费收入 1.96 亿元，同比增长 47.16%，占全行代理建信人寿团险保费收入的 58.86%。

**（四）资产质量守牢底线，不良处置积极推进**

1. 信贷风险总体可控。截至 2015 年底，小企业不良贷款 277.01 亿元，逾期贷款 308.28 亿元，垫款 3.42 亿元，均控制在年初计划内。小企业不良贷款占全部对公不良贷款的比重同比下降 9.76 个百分点。剔除 12 月当月总行统一下调资产质量分类影响，小企业不良贷款率为 4.97%。①

2. 努力化解处置不良贷款。2015 年，通过批量转让和呆账核销全行共处置小企业不良贷款 297.22 亿元。其中，通过批量转让处置小企业不良贷款 210.01 亿元，核销小企业不良贷款 87.21 亿元。

## 二、主要工作举措

**（一）支持服务实体经济，确保完成监管要求**

一是制定下发《转发中国银监会关于 2015 年小微企业金融服务工作指导意见的通知》等制度文件，全面落实监管要求。二是加大考核力度，将小微企业贷款新增、助保贷和小额化转型指标纳入一级分行 KPI 考核体系。三是按月监测分行“三个不低于”完成情况，通过下发业务通报等形式对不达标分行督导提示。四是配置专项激励费用，鼓励分行拓展小微企业授信客户，扩大服务覆盖面。各分行认真落实监管及总行政策要求，围绕“三个不低于”目标要求强化业务考核督导。

**（二）明确业务转型方向，规划激励双管齐下**

制定下发《中国建设银行小企业业务落实转型发展规划方案》，按照全行转型工作部署，明确小企业业务“小额化、标准化、综合化、集约化、网络化、智能化”的转型发展目标，并以十三项业务指标为牵引，提出七大转型策略和十五项转型措施，为全行推进小企业业务转型提出细化指导。各分行积极贯彻总行要求，根据本行业务发展情况，制定完善相关制度细则。

**（三）全面深化结构调整，主动优化信贷结构**

坚持“以小为主、以微为重”的发展理念，全年纯新发放贷款客户中单户 500 万元（含）以下客户占比 79.69%。抵质押贷款占比提高 3.2 个百分点，达到 59.8%。主动压缩退出非抵质押贷款、民营担保公司担保贷款等潜在风险或不符合转型方向的小企业贷款 1 053.90 亿元，退出高风险行业贷款 76.9 亿元，钢贸、煤贸小企业贷款分

① 2015 年 12 月底，总行统一要求分行对部分客户进行资产质量分类下调（进不良），其中统一调进不良的小企业贷款 46.85 亿元。

别较年初下降41.66%和41.78%。各分行在总行信贷政策的指引下，抓住战略机遇期，主动优化贷款结构，确保小企业业务健康有效发展。

**（四）加强行业分析研究，细化区域发展路径**

一是制定下发《2015年小企业业务工作要点》等26项发展指引，在客户选择、市场营销、产品创新、风险防控等方面给予分行指导。二是对12家分行开展专项调研、召开部分分行业务发展座谈会、建立部门负责人联系行制度等，了解分行业务发展中的具体困难和问题，针对性帮扶督导。三是针对担保机构合作、抵质押贷款业务开展情况等，给予分行差别化政策指导。四是加强特色行业和重点领域分析研究，印发《茶行业小微企业业务营销指引》、《汽配行业小微企业业务营销指引》，由点及面发布宏观信息，推进纵深指导。各分行也根据区域宏观经济情况，谋划在先，紧抓市场机遇。

**（五）积极开展高层合作，借力推动市场营销**

一是与国税总局签署“征信互认 银税互动”合作框架协议，全面推进“税易贷”业务。截至2015年底，36家分行与各级税务系统搭建合作平台1 374个，贷款客户5 131户，比年初增加4 475户，贷款余额38.99亿元，比年初新增32.76亿元。二是与人民银行征信中心签署合作备忘录，依托企业应收账款融资平台，带动小微企业上下游、产业链融资。三是与科技部合作，在国家科技成果转化引导基金、科技金融服务方案等多个方面洽谈业务。四是组织推动“两创示范”专项营销工作，配置180万元营销费用，推动分行抓住“两创”基地城市示范工作契机，加大“两创”小微企业的营销力度。各分行积极开展银政、银企合作，推进批量化市场营销，取得丰硕成果。

**（六）持续发挥品牌优势，助力“助保贷”创新高**

一是与工信部开展高层会谈，深化双方战略合作，推动“助保贷”业务发展。二是下发《助保贷业务模式营销推广指导意见》，明确助保贷业务模式的基本类型和主要特征，将现有以政府为主的合作平台拓展至集群、核心企业、协会商会等第三方机构，并提出合作平台及客户选择重点、营销推广策略、营销方法及关键点，进一步拓宽合作平台和营销渠道，扩大小企业业务发展空间。各分行借助“助保贷”良好的品牌基础，深化与政府、园区等第三方平台合作，落实“上量、提质、增效”的业务发展要求。

**（七）深耕细挖客户需求，全面提升创新水平**

一是加强条线指导，印发《2015年小企业产品创新指导意见》，推进分行结合当地实际情况开展产品创新和产品移植。二是运用互联网和大数据技术，推广创新成果，助力业务创新。与总行数据管理部合作，建立小企业目标客户筛选模型，挖掘并下发目标客户名单116 356户，客户总体信贷需求率23.47%。推进“小微e家”金融综合服务平台、小微企业“快贷”等战略性创新项目研发。三是整合集团资源实现联动创新、合作创新。与建银国际联动开发小企业“上市贷”产品；与建信人寿联动开发“薪金贷”产品；与澳门、新加坡等海外分行和子行联动开发“外保内贷”产品。各分行持续推进产品创新、推广与优化工作，创新与运营并重，努力提升产品的应用及推广效果。2015年，全行小企业条线创新产品174项，同比增加34项。在全行“2014年度产品创新与流程优化奖”评比中，总行“税易贷”获产品创新一等奖，“小额贷”获产品创新三等奖，小微企业续贷业务流程获流程优化二等奖，小微企业早期预警流程优化获流程优化三等奖。上海分行的“小企业循环组合贷”、江西分行的“财园贷”获产品创新三等奖。

**（八）规范经营中心建设，拓展两网服务渠道**

一是规范小企业经营中心建设，梳理优化信贷工厂业务操作流程，下发《“信贷工厂”模式小企业中心规范化设置方案》，进一步推进专业化分工、流程化作业和集约化经营。二是积极推动网点营销办理小微企业信贷业务。总结通报各分行营业网点营销办理小微企业的做法、成效和问题。截至2015年底，全行1.4万个综合性网点中，已有6 661个实现小企业客户推荐，全年共推荐小企业客户31 808户，增幅为40.27%。三是推进小企业客户互联网金融生态系统建设。将网银循环贷业务由纯抵押类小企业贷款，拓展至适用于各类小企业的循环额度贷款。电子渠道业务办理量明显提升。网银循环贷授信客户当年新增5 497户，增幅达95.22%，电子渠道贷款客户占比同比提高5.62个百分点。四是组织定向营销“善融e贷”目标客户，促进善融商务平台小企业贷款在线申请业务开展。全年累计向认证客户在线发放贷款55.93亿元。各分行积极推进小企业经营中心规范化建设，强化渠道协同，不断提高网点和网络业务办理效率。

**（九）努力稳定资产质量，有效化解潜在风险**

一是加强制度建设。下发《小企业信贷客户选择指南》、《小企业信贷客户管理指南》、《小企业信贷业务风险案例集》，总结经验教训，为分行选择客户、管理客户提供业务指导。二是强化日常监测。加强关键时点及多维度监测分析，加大对大额信贷客户、商圈客户、平台客户等客户群体风险的关注力度，提早化解系统性风险。三是提升风险管理机控水平。建立客户统一视图、优化小企业早期预警工具、开发小企业催收管理工具，提高风险管控有效性。四是下发《中国建设银行小微企业授信业务尽职免责管理办法》，从适用对象、尽职标准、减免责要求、工作流程等方面，落实尽职免责机制，保障工作人员业务发展积极性。各分行多措并举，务求实效防范风险化解不良。北京分行开展重点小企业客户风险排查和贷后回访工作，与审批人联合对大额和信用方式信贷客户进行综合诊断。

**（十）加强系统工具创新，助力业务高效开展**

一是广泛征求基层行对小企业业务系统工具和改革发展的意见建议，在征集304条意见基础上，开展评级、评分卡、早期预警等系统和工具优化工作。二是进一步优化续贷业务流程，推动非零售行为评分卡系统功能上线。三是优化小企业早期预警工具，在定量指标预警中增加个人账户信息内容，并实现征信信息自动查询等功能，提高预警有效性。四是加强数据模型实验室学习及应用，开展大数据研究工作。各分行充分发挥主观能动性，结合各自实际加强工具创新，为经营管理提供有力抓手。

**（十一）加强人才队伍建设，提高专业经营能力**

一是开发对公信贷人员岗位培训教材，积极推动全行信贷人员岗位培训工作开展。二是组织7期小企业条线培训班，直接培训人员超过450人。三是开展小企业条线兼职师资队伍建设，认证首批兼职师资90人，为全行转培训工作开展提供人力资源保障。四是组织7 191人参加小企业业务岗位考试，通过率达81.43%。各分行积极开展个性化培训，打造专业化人才队伍。

**（十二）加强品牌宣传推介，整体提升市场形象**

一是围绕我行银监会2015年度小微企业金融服务先进评选获奖情况，在新华网等主流媒体刊发综合报道，在建行报刊登6篇先进典型经验报道。二是组织经济日报、金融时报等中央媒体赴湖北、湖南、北京开展“税易贷”和“两创”主题专访。三是就“助保贷”、“税易贷”等新经营模式解决小微企业融资难、融资贵问题进行重点宣传。全年小企业业务条线在各类媒体共刊发宣传稿件2 000余篇，其中全国性重要媒体刊发520余篇。四是获得各类媒体嘉奖，品牌影响力持续提升。荣获《上海证券报》“金理财”奖项评选的“最佳中小企业伙伴银行奖”、《首席财务官》“最佳中小企业服务品牌奖”、《每日经济新闻》“小微金融服务卓越贡献奖”、中国中小企业家年会“2015全国支持中小企业发展十佳商业银行”（连续第6年获奖）、《银行家》“中国金融创新奖”评选的“十佳金融产品创新奖”（“助保贷”产品）、《金融理财》“年度金牌中小企业银行”等六大奖项。

执笔：李凯

# 养老金业务

## 一、工作成果

2015 年，养老金业务连续五年实现快速增长，各项指标全面超额完成年度计划。养老金管理资产规模累计超过 2 500 亿元，平均计划完成率达 206%，平均增速达 31%。

截至 2015 年底，全行运营养老金受托资产 834.76 亿元，新增 281.52 亿元，增幅为 50.89%，计划完成率达 281.52%；运营养老金托管资产1 677.51亿元，新增 329.75 亿元，增幅为 24.47%，计划完成率达 193.97%；运营养老金个人账户 455.96 万户，新增 71.78 万户，增幅 18.68%，计划完成率达 143.55%。

## 二、工作亮点

一是公司化转型顺利推进。2015 年 11 月 20 日，建信养老金管理有限责任公司正式挂牌成立。这是全行综合化经营战略的重要成果之一，也是全行新的战略转型规划中子公司发展战略布局的重要举措。养老金公司牌照的取得，进一步补全了建设银行的业务版图，标志着我行在集团化进程中迈出了领先同业的重要一步，为全行养老金业务发展创造了重大机遇。

2015 年 11 月 20 日，建信养老金管理有限责任公司正式开业。

二是同业新增市场领先优势不断扩大，央企年金市场地位继续巩固，重点行业管理成效显著。我行受托资产新增规模同业占比达到 62%，超过工商银行 15 个百分点，受托新增规模连续 4 年位列同业第一；个人账户数新增规模市场占比达到 79%，领先工商银行 57 个百分点，账管新增规模连续 3 年保持同业第一。烟草行业管理资产规模提高近一倍，实现了市场份额翻倍，中标 32 个户 41 项资格，管理资产 62.4 亿元，账户管理 3.4 万人；金融行业中标 64 个户 80 项资格，管理资产 676 亿元，账户管理 54 万人；民航中标 8 户 11 项资格，管理资产 22.9 亿元，账户管理 1.1 万人。

三是创新产品助力快速发展，养老金资产收益屡创新高。2015 年创新研发机关事业单位职业年金服务方案、企业年金税收筹划咨询、保险保障型“养颐安康”补充养老保障计划产品，形成了以养颐四方、养颐无忧、养颐安康、养颐乐家、养颐普惠、乾元—养颐等“养颐”系列产品，打通了养老保障体系第二、第三支柱，基本实现养老类保障产品全覆盖。建设银行员工年金计划实现全年投资收益率 12%，超过业绩基准 8.63 个百分点，为运作以来年度最高收益率，实现了建设银行员工利益的稳健增值。

四是养老金品牌价值和市场影响力显著提升。凭借突出的发展业绩和对养老金行业作出的贡献，我行荣获中国银行业协会颁发的 2015 年度养老金业务最佳业绩奖、2015 年度养老金业务最佳发展奖；连续 4 年荣获中国 CFO 最信赖银行评选最佳养老金服务奖。“养颐无忧”补充医疗计划产品荣获 2014—2015 年度全行产品创新三等奖；建设银行员工企业年金待遇支付项目荣获全行产品创新与流程优化三等奖。总行养老金业务部被评为“2014—2015 年全行思想政治工作先进单位”，陈霞被评为十大最美建行人。

## 三、主要工作举措

**（一）紧抓国家政策机遇前瞻布局新兴战略市场，稳步推进中央级企业市场营销工作**

积极营销人社部、社保中心，参与职业年金顶层设计、操作流程、系统开发等相关工作，提前研判职业年金管理模式，为后续营销跟进提供动力支持。大力部署全行养老金业务条线的职业年金营销拓展工作，对机关事业单位养老金市场进行战略布局，北京等分行已经取得职业年金托管资质。认真分析央企年金市场动态，一户一策，制定出有针对性的营销方案和策略。开展高层营销，配合相关部门共同促成行领导与东方航空、中国电科、航天科工、中国铁路总公司四家客户的高层营销。积极组织投述标工作。组织编写央企目投标书及 PPT，述标项目共 13 户 20 项管理资格。全力支持指导分行营销地方央企客户及分行所辖银行类客户。深入挖掘客户需求，为客户提供专属的服务方案、服务建议、测算方案在内的各种形式的咨询材料 47 份，累计近百万字；接受中国铁建等客户现场尽职调查。

**（二）多措并举推动分行营销工作，创新产品拓展新兴业务领域**

积极组织参加全行“全员参与大资管，全力发展大资管”活动。与资产管理部（投资银行部）密切联动，进一步加强“乾元”系列养老金理财产品销售力度，抢占养老金理财市场夺得先机。积极支持分行开展养老金投述标工作，为抢占分行市场保驾护航，将分行营销支持落到实处。先后组织两次全行性营销活动，有力推动全行养老金业务发展，为圆满完成全年奋斗目标奠定基础。

通过产品创新、新产品推广、培训推动、分行营销支持、产品管理积极拓展新兴业务领域。联动子公司研发的保险保障型补充养老计划产品，填补了我行养老金业务产品类型空白，成为我行独有的养老金产品。针对“养颐”系列产品，根据各行实际需求加大营销支持力度，制定专项产品营销策略，取得了显著销售突破。提炼在养老金新产品创新、推广和营销的成功案例和有效做法，做实做好产品培训和营销支持。

**（三）全面督促受托年金组合业绩提升，新一代系统上线受托账管业务安全稳健运营**

按季度组织总行全部重点客户“三位一体”投资汇报会议，实现委托人、受托机构及投资管理人在计划资产配置、投资策略等方面的全面沟通。根据与投资管理人的策略沟通及市场预期，每半年形成战略资产配置指引，指导受托全部年金资产的配置。全面跟踪业绩波动较大组合，及时与委托人、投资管理人沟通，保障受托年金组合的稳健增值。持续研究养老金产品的评估模型，形成养老金直接投资的管理办法，有效提高受托年金计划业绩水平。

2015 年全行受托项目明显增多，新增年金计划数创历史新高，受托业务覆盖面进一步扩大至所有分行，牵头全行做好建设银行年金、航天科工、国家开发银行、“养颐乐”集合等全国性计划的运营管理工作，加强与外部机构沟通顺利完成受托户核算，组织分行做好分行项目的运营管理工作，实现了业务处理的零差错和客户零投诉。账户管理业务运营平稳，推进重点项目上线实施，做好运营项目衔接，提升营销工作支持力度。做好基础数据工作，支持监管部门和条线信息统计要求。按照人社部、银行业协会业务数据统计要求编制监管部门报表，满足业务管理要求和托管部等合作部门数据合作需求。

经过应用测试、用户测试和数据清理、检核工作，养老金系统 2015 年 9 月 26 日正式切换上线。上线后全行养老金受托、账户管理运营相对平稳，基本实现了预期的目标，扩展了养老金业务下的系统支撑能力。新养老金业务系统整合了原企业年金受托、账户管理等多个子系统，应用功能覆盖养老金运营操作、流程管理、资产管理、客户管理、账务核算等各环节，满足养老金业务从营销咨询、合约管理、运营处理、资产评价、信息披露等各个业务应用，较好地满足了养老金业务中存在的客户差异化、灵活化应用需求，优化、扩展了网上银行、手机银行、委托人系统等电子服务渠道，丰富了全行养老金业务的受理渠道。此次系统的改造升级，为全行养老金业务的全面深化转型发展奠定了良好基础。

**（四）加强品牌宣传，营造良好业务发展环境，持续加大培训，提高从业人员能力**

通过广泛深入的信息宣传工作，在全行形成了人人了解养老金、人人营销养老金的良好发展氛围，在行外塑造了“忠于所托，服务养老”的突出品牌形象。全年共在建行报、部门主页、总行信息门户主页和《养老金业务动态》（共62期）等渠道刊登各类宣传稿件625篇，组织策划在建行报头版设置“养老金业务发展巡礼专栏”。在外部媒体发布《建设银行：忠于所托，服务养老》、《上市十年建设银行养老金业务增长十倍》等综合宣传报道被多家媒体广泛刊载和转载。

依托行内培训资源，认真制订年度计划并组织实施完成培训项目，综合利用现场和网络等多种培训渠道，组织养老金业务条线员工开展大规模的培训和学习活动。养老金业务部全年共举办6期培训班，培训人员414多人次，并持续开展2015年度养老金业务网络培训课程学习，培训覆盖面进一步加大，为业务发展提供持续动力。

执笔：梅兴文

# 资产托管业务

## 一、2015年主要经营业绩

1. 托管规模和收入跨越新台阶，创历史新高。截至2015年底，托管资产规模达到7.17万亿元，较上年底增加2.88万亿元，增速为67.36%，年内连续越过5万亿元、6万亿元、7万亿元三个台阶。同时，全年托管费收入达到33.85亿元，增速为37.83%，计划完成率达129.82%。

2. 证券投资基金托管资产规模大幅增长，四大行占比提升，托管基金只数和新增只数均为市场第一。截至2015年底，我行托管证券投资基金资产规模1.74万亿元，新增为0.79万亿元，增速83.47%；四大行占比为33.03%，较上年提升1.51个百分点。我行托管证券投资基金535只，新增托管基金127只。

3. 保险营销取得丰硕成果，托管规模显著增长。独家全额中标太平人寿未托管资产1 500亿元，中标平安人寿招标资产5 000亿元，获得太平洋保险未托管资产1 600亿元，在各大保险公司投标资产中，我行基本都获得了最大份额。截至2015年底，保险托管规模达到1.53万亿元，新增5 770.81亿元，增速为60.85%。

4. 信托、理财、股权、保险实业、专户和专项等分行托管业务快速发展。托管规模达到3.5万亿元，新增1.31万亿元，增速为59.82%。

## 二、主要工作

1. 贯彻落实全行转型发展规划，推进托管业务转型发展。作为全行战略转型的重点业务，总行高度重视业务转型发展，制定了目标明确、措施可行、再加压力的托管业务转型发展方案。以“做强核心能力、做宽工作范围、做大业务规模、做实基础管理”为指导，兼顾近期和长远，制定了加强条线管理、完善五个机制、强化六方面工作的具体推进措施。完善五个机制，包括联动营销、业务运营、信息管理、风险管理与内控、激励约束等机制；做好六方面工作，包括全力推进市场开拓；加强业务研究与分析，培养条线专业能力；多方结合提高客户服务水平；大力推进业务创新；全力打造技术系统平台；逐步推进全球服务体系建设。

2. 大力推动市场营销，促进业务快速发展。一是基金托管业务方面，总行紧抓市场行情和热点主题，重点营销业绩突出、具有行业品牌优势的大型基金公司，以及具有发展潜力的优秀中小基金公司。2015年下半年证券市场急剧变化，监管政策不断调整，总行及时调整产品策略，增加保本及固定收益类基金储备，积极营销货币市场基金，其规模快速增长，非常有力地支持了整个基金托管规模，一定程度上抵消了下半年股市大跌对股票基金的影响。二是保险资产托管业务方面，紧紧抓住保险资产全托管的政策契机，全力营销大型保险公司未托管资产，打好保险托管翻身仗。在各大保险公司投标未托管资产中，我行基本都获得了最大份额。独家全额中标太平人寿未托管资产1 500亿元；中标平安人寿招标资产5 000亿元；获得太平洋保险未托管资产1 600亿元。凭借优质服务方案和及时反应能力，我行在保险公司委托基金公司、证券公司的委外投资托管领域成为领先者。人保集团旗下财险公司、寿险公司、健康险公司先后与我行签订委外资产托管合同，进一步巩固我行在该市场的垄断地位。三是申请社保基金托管资格事宜取得重大进展。社保理事会通过现场考察和客户访谈工作，对我行托管业务能力表示肯定，并通知我行可以签署托管合同。此举标志着托管资格得到确定，将可以承担运营工作。四是跨境托管业务方面，先后赴法国、卢森堡、德国、中国香港、美国、加拿大等国家和地区营销各类机构40余家，与法兰克福分行联合举办推介活动，提高我行在海外的影响力。同时，我行作为唯一的托管银行，首批获得香港互认基金的代理人资格并开展业务。此外，支持建设银行亚洲托管，从人员、制度流程、业务等各方面给予全力支持。五是分行托管业务方面，积极指导分行开展信托、理财、股权、基金子公司、基金专户、券商定向、券商专项等托管业务，多次召开分行托管业务座谈会，扩大北、上、广、深的四家分行托管业务运营范围，分行托管业务蓬勃发展。成功营销富滇银行理财产品托管和券商专项资产管理计划托管，实现他行证券类理财产品托管的突破；成功营销国开行理财产品托管业务，带动券商资管和基金子公司专项托管业务，实现“银行理财+多层通道”全托管模式；中标“国家科技成果转化投资引导基金”、“首钢京冀产业投资基金”、“厦门市产业引导基金”等多个政府背景大型股权投资项目和国开行多个信贷资产证券化项目，增加托管规模近300亿元。

3. 做好创新工作，促进业务转型。业内首批参与香港互认基金代理人业务（我行为参与机构中唯一的托管银行）；业内首批开展沪港通业务；业内首创为境外机构直接进入银行间债券市场，提供“债券交易+托管”服务；首创债务融资工具专项资产托管业务，托管首只保障住房专业基金；四大行中率先开展投资新三板券商集合计划项目托管业务；开办我行首单券商公募基金托管业务，新增“QDⅡ+A”、“RQDⅡ”托管服务；新风险绩效系统成功上线，为客户提供多种特色增值服务。

4. 加强运营管理，保障安全运营。一是加强运营管理，防范操作风险。明确岗位职责，编写业务流程，制定业务操作手册，强化各项操作检查，梳理业务风险点，从细节入手，严格防范操作风险。二是持续推进流程优化和业务电子化。实现银行间三费自动扣收，将直连支付扩展到绝大部分业务类型，极大提升了资金处理效率和客户满意度。三是打破既有模式，创新运营布局。建立北京、上海、深圳三地分行托管应急支付通道，有效应对资金清算中的“黑天鹅”事件；调整运营布局，形成总行集中管理、运营异地备份、重点分行独立运营的新模式，缓解总行运营压力，提高分行运营能力，平衡总体运营布局。2015年，托管基金结算额37万亿元，同比增长118%，实现了全年安全运营，无实质性业务风险。

5. 强化风险内控，规范业务发展。一是明确风控原则和目标。根据托管业务特点，明确全行坚持“尽责、规范、稳健、审慎”的内控原则。提出了“逐步建立起良好的风控文化，并使之成为建设银行托管品牌形象的重要组成部分”的风控目标。二是采取多方面的风控措施。组建专职的风险管理与内控团队；建立并逐步完善由基本业务制度、产品管理制度和操作手册组成的三层次的制度体系；实施应急演练、完善应急手册，形成具有托管特点的业务连续性管理体系，实现人员、系统、数据、设备和场所五位一体的备份；对重点岗位实施了不相容管理、轮岗管理，专门制定托管从业行为规范，严格管理员工从业行为；健全IT系统控制能力，“新一代”开发着眼于流程自动化处理，减少人工干预；持续开展操作风险、业务连续性管理、内部控制等自评估工作，动态识别和控制业务风险；强化监督、检查制约，每年度组织开展全行业务自查和检查，严格落实发现问题整改。三是完成托管审计整改。详细梳理、研究审计条线首次对托管业务进行全面审计检查发现的问题，在落实问题整改的基础上，分别制订总行和分行加强风险与内控管理的工作方案和工作措施。

6. 新一代托管系统上线稳步推进，服务能力明显提升。2015 年 1 月 24 日和 9 月 26 日先后实现托管应用 2.1 期和 2.2 期成功上线，搭建起了优良的清核联动的基础架构和总分行一体化数据平台。通过灵活的可定制参数、丰富的基础资讯数据共享及自动化的流程式推进处理，使新一代托管系统在规范流程、控制风险、分析数据、应对个性化需求、直通化信息传递、拓展未来功能等方面均有出色的表现，有效提升了我行托管运营的综合系统处理能力。

7. 加强机制建设，夯实基础管理。一是加强业务联动机制建设。在横向联动方面，与总行相关部门合作举办各种产品推介会，联合制定信贷资产证券化产品托管互换机制和消费信托产品综合金融服务方案。在纵向联动方面，与多个一级分行共同举办托推介会，以托管为平台，推进大型项目营销和新产品试点。在跨境联动方面，与我行境外分行共同举办 RQFⅡ推介会，在海外机构建立托管营销团队，形成境外营销、境内服务的联动服务机制。在集团内联动方面，借助我行理财资金和母子公司联动，新增理财委外资金专户托管 1 020 亿元；协助建信信托获得信托 QDⅡ业务资格。二是加强业务宣传机制建设。通过《建设银行报》、我行内外网、银行业协会、基金业协会、证券业协会等多个行业协会，人民网、中国网、腾讯网等社会知名媒体等渠道大力宣传我行托管业务，树立我行品牌形象。三是完善激励约束机制。设计和实施四类激励措施：对承接和保障总行集中运营的分行，持续实施总行收入分成政策；对销售渠道不断完善收入分成政策，鼓励分行销售我行托管的公募基金、保险产品等；对由境内外分行营销、业务运营和收入在总行或其他分行的业务，继续对营销行实施收入返还或补偿政策；对分行自营的新兴业务，制定专项激励政策。强化对全行托管条线的考核。将托管业务纳入一级分行 KPI 考核，设置分行托管业务转型发展指标，从规模、收入、产品销售和综合评定等方面对分行进行考核，指导分行转型发展。

执笔：杨增亮　王云鹏

# 结算与现金管理业务

## 一、主要经营成果

### （一）单位人民币结算账户保持快速增长，增量增速连续 4 年蝉联四大行第一

截至 2015 年底，人民银行口径下全行单位人民币结算账户达 570.53 万户，比年初新增 84.53 万户，增速 17.39%，账户增量和增速连续 4 年保持四大行第一，分别比工商银行、农业银行、中国银行多增 37.55 万户、38.94 万户和 55.71 万户，进一步巩固账户增长优势；账户四大行占比 25.47%，比年初上升 1.57 个百分点；账户新增四大行占比 41.05%，同比提升 6.03 个百分点；基本户占比 67.54%，较年初提升 2.64 个百分点，账户结构不断改善。

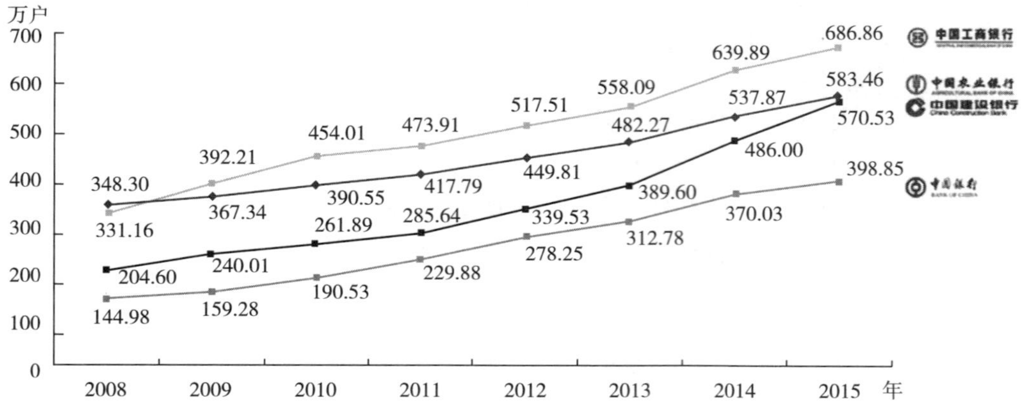


**2008—2015 年同业账户比较**

**（二）结算与现金管理业务收入稳步增长，市场份额不断提升**

2015 年，全行实现结算与现金管理业务收入 101.47 亿元，结算与现金管理业务收入连续两年突破 100 亿元，在克服政府定价新政影响，结算类收费减免比例达 18.41% 的情况下，我行收入总量列四大行第二，四大行占比为 30.36%，同比上升 0.55 个百分点，四大行占比连续 3 年提升。其中，单位人民币结算业务实现收入 73.12 亿元，同比增长 0.58 亿元，增幅为 0.80%。

**（三）客户拓展取得新突破，实现数量、质量双提升**

全行现金管理活跃客户 128.93 万户，同比净增 33.54 万户，增幅为 35.16%，计划完成率 207.82%。其中，高级客户 16.85 万户，同比净增 3.77 万户，计划完成率 207.04%；对公网络活跃客户新增 63.45 万户，计划完成率达 184.99%。其中，核心客户新增 3 158 户，计划完成率 305.42%；规模以下无贷客户达 246.44 万户，占比全量公司机构客户数的 62.78%；规模以下无贷有效客户 189.32 万户，较年初增加 16.97 万户，增速为 9.84%。

**（四）新型结算产品推广成效显著，产品价值贡献不断提升**

新型结算产品合计收入 18.67 亿元，同比增长 6.46 亿元，增幅为 52.95%，计划完成率 134.35%，占单位人民币结算业务收入的百分比提升 6.57 个百分点，对总收入增长的贡献度不断提升。对公一户通、实时现金池产品合计吸收客户存款 1.51 万亿元，固化客户存款 1.94 万亿元，分别较年初增加 1 990 亿元、2 104 亿元，产品对存款的吸收、聚集和稳定能力不断增强。票据池试点企业较年初新增 712 家，其中总行级客户占比达 14%，全年实现收入 5 961.05 万元，累计代保管票据资产 542 亿元，吸收活期保证金存款 8 062 万元，固化客户活期存款 94 亿元，成功拓展航天科工、鞍钢集团、一汽集团、江西铜业等大型集团客户。

2015 年 5 月 7 日，“建行禹道　伴您远航”现金管理业务推介会在广州召开。

**（五）产品创新取得新进展，全球现金管理布局加快**

2015 年总行结算与现金管理部组织开展了全球现金管理、跨行智能收款、“芯一代”单位结算卡等 3 项战略性产品创新及综合账簿池、存款池、回款池等 19 项重点产品创新，业务条线共完成自主创新项目 34 项，移植创新 5 项，总分行联动创新 21 项。大力拓展基于 SWIFT 的现金管理应用，研发推出“全球账户信息报告”、“跨境远程支付”等产品，客户体验良好，完成全球现金管理业务规划，初步明确我行的实施路径和策略。

2015 年 7 月 30 日，“建行禹道 伴您远航”现金管理业务客户推介会在兰州召开。

## 二、主要工作措施

### （一）持续抓好账户拓展，巩固同业领先优势

2015 年，结算与现金管理条线继续深化与工商行政管理部门的合作，大力推广线上预约开户、开户免填单等创新产品，将账户增长“两个不低于”作为底线来抓，账户增长的同业领先优势持续巩固。以与工商总局数据直联取得的全国企业注册信息为基础，与公司业务部联合研发“工商信息通”系统，实现营销信息分发、账号预留、开户信息调用、账户年检简化等功能，其中开户信息调用功能已于新一代 2.2 期上线，实现了凭企业名称及注册登记证号调用工商数据进行开户信息的自动填列，进一步巩固了我行开户流程的同业优势。结合商事制度改革进程，继续巩固并深化与工商行政管理部门的合作，大力推广线上预约开户、开户免填单等创新产品，持续探索客户身份识别和账户信息采集方式，从源头抓好账户增长。

### （二）加大营销力度，强化分类营销和联动营销

一是继续组织全行结算与现金管理业务营销竞赛活动，以及 2016 年“建网通天下，转型创未来”竞赛活动，以竞赛推动产品营销推广；二是总行牵头针对票据池、多模式现金池等重点产品先后在广州、兰州举办两场客户推介会，并推动分行组织各种形式的产品推介活动，通过线下良好的银企互动提高客户对我行品牌及产品的辨识度及忠诚度；三是加强大中型企业客户的需求分析，组建综合营销团队，提高服务方案制作及项目实施能力，进一步做好重点客户优秀营销案例总结，制作并下发优秀案例集，从行业、产品及客户需求等方面精确指导分行做好大客户营销；四是不断优化产品手册、折页、PPT 等营销工具，加强票据池等重点产品的动漫广告设计，不断丰富营销宣传工具和手段，为基层营销提供有力支持；五是进一步加强产品售后服务工作，指导分行充分利用好各级结算产品经理的专业能力，为客户提供高质量的产品售后咨询、答疑、上门等服务，不断提高客户使用我行产品的体验感和满意度，不断提升客户对我行产品和服务的忠诚度。

### （三）加强责任客户经营管理，创新小企业无贷户营销维护手段

一是设计完成“普惠系列”、“经典系列”和“尊享系列”产品综合签约包和与其配套的综合签约套餐营销指引，计划在分行试点经验的基础上向全行推广；二是推进对公客户结算积分功能上线、试点和应用推广，运用结算积分量化评价对公客户综合贡献，开展形式多样的积分竞赛活动；三是推进定活通存款产品在新一代的开发部署，强化对行业龙头客户、供应链核心客户等存款走向和变动规律的把握，积极引导客户资金在我行体内流动；四是加强规模以下无贷户中目标潜力客户的精准挖掘和分析，针对临界有效客户挖掘、波动有效客户巩固、资金链核心客户的上下游客户拓展和低效潜在销户预警等方面构建目标客户分析模型，提取目标客户，并针对性提出营销策略和要点。

### （四）持续开展新产品创新和产品优化，不断拓展产品应用场景

一是研究推进票据池直投等多元化融资服务模式，开展基于票据收益权转让的融资服务及利用我行专业票据服务对于票据收益类的互联网金融公司的支持服务；二是大力推广金融 IC 单位结算卡，并做好结算卡在跨行结算、IC 卡行业应用、行业解决方案等领域的产品创新；三是持续推进支付密码授权棒方案的落地，开展支付密码棒的全行应用推广，拓展无线支付密码应用场景，研究基于无线支付密码的二维码支付方式；四是继续巩固现有一户通、回款通、现金池、票据池

等产品应用，拓展产品使用场景，提升产品的客户黏性，以“支付工具＋增值服务”的方式拓展存款富余行业的现金管理应用，充分发挥现金管理产品的稳存增存优势。

**（五）简化对公综合签约业务流程，提升对公产品集成服务能力**

一是扩展对公综合签约产品范围，将代扣、全球现金管理等产品和手机渠道纳入，同时将海外客户也纳入综合签约服务对象，通过签约的综合化，为客户带来一站式、快速、简捷的服务体验。二是简化对公综合签约业务流程，推进将签约由传统的网点柜台签约模式向客户互联网自助签约转变，对渠道和产品实行分层管理，将客户签约我行渠道和产品时间由8小时扩展到24小时，由员工驱动转变为客户自助完成，提高客户签约效率和服务体验，降低柜面操作风险。三是提升对公现金管理个性化需求响应能力，推进中石油、军队武警等大客户个性化现金管理需求的开发和优化，同时针对可推广的功能进行通用化设计和参数化控制，形成覆盖面更广、有市场竞争力的创新产品。

**（六）持续推进结算交易数据挖掘应用，助力客户精准营销**

一是继续推动结算交易数据模型实验室的建设和应用，优化完善数据模型，扩大分析范围，细化挖掘维度，构建涵盖结算与现金管理业务产品、客户、收入、存款等全方位的分析框架；二是加大数据挖掘模型的输出应用，分批释放实验室挖掘成果，设计22个典型业务应用场景并下发重点结算产品潜在客户、结算账户潜在流失客户、跨一级分行资金流出客户及总行级客户重要交易对手等四类潜在目标客户共计182.12万条记录。名单下发3个月内，条线共接触目标客户32.13万户，成功营销客户13.11万户，营销成功率40.80%。持续跟踪分支机构对营销名单和管理数据的应用情况，及时总结数据应用中的先进经验，复制推广典型应用案例，同时尝试建立数据应用工作成效衡量指标，并纳入考核通报；三是进一步完善数据挖掘应用任务型团队工作模式，开展数据应用研讨，建立总分行数据分析应用长效机制。

执笔：全丽萍　盛家春

# 个人存款与投资业务

## 一、经营情况

个人人民币存款日均余额达61 762亿元，四大行占比较上年底提升0.5个百分点，达24.8%；日均新增5 473亿元，四大行排名第二，占比较上年末提升1.2个百分点，达31.5%。个人人民币存款在一般性存款日均余额中占比49%，同比提升0.5个百分点。

个人人民币存款时点新增4 638亿元，余额达63 273亿元，完成年底存款偏离度控制目标。个人人民币存款在一般性存款时点余额中占比突破49%，同比提升0.6个百分点。个人外币存款余额65.5亿美元，四大行占比9.7%，升幅四大行第一。

2015年，个人客户规模指标实现新突破，个人有效客户新增1 313万人，达1.08亿人，个人有资产客户新增2 633万人，达3.1亿人，个人客户金融资产日均余额增长8 955亿元，达8.5万亿元。零资产客户激活2139万户，县域有资产客户新增1 223万人。AUM0.2万元以上的个人客户人均持有4.32个我行产品，较年初多增0.32个产品。

2015年，个人条线实现中间业务收入341亿元，同比增长27%。同业可比重点产品收入四大行排名第二，占比同比提升2.3个百分点，达28.8%。其中，个人结算及借记卡、代销基金、代理人身保险等三项合计收入跃居四大行第一。2015年借记卡新增1 0678万张，总量达7.4亿张。其中金融IC卡新增12 469万张，总量达3.1亿张。实现借记卡消费交易额6.7万亿元，同比增长31%。个人结算及借记卡业务实现收入124.8亿元，位居四大行第二，占比同比提升1.3个百分点，达27.1%；收入增速四大行第一。2015年代销基金9 500亿元，创历史新高，同比增长64%；实现收入77.4亿元，四大行排名第二，占比同比提升1.0个百分点、达33.0%。2015年代理对私保险业务实现收入41亿元，同比增长64.7%，均创近年新高。代理人身保险业务收入跃居四大行第一，占比同比提升2.5个百分点，达31.6%；18家分行该业务收入位居四大行第一。2015年贵金属业务实现收入19亿元，位居四大行第二，占比同比提升5.3个百分点，达25.7%。

## 二、主要工作举措

**（一）多策并举抓全流量资金，储蓄存款行内贡献和市场份额双提升**

积极开展旺季营销与综合营销，围绕金融生态系统建设，加强市场研判与细分，深入推广“薪享通”、“结算通”、“出国惠”、“福农通”等综合金融服务，加大代发客户产品与功能创新，加强专业市场业务发展指导，跟进客户资产配置需求，把握汇率变动有利时机拓展外汇资金，加快县域拓展步伐，着力吸收低成本资金，储蓄存款日均余额和时点余额双双突破6万亿元，行内贡献和市场份额双双提升。

**（二）聚集全量客户，个人客户经营指标再上新台阶**

加大全量客户统筹，加快客户经营转型。紧盯新开户客户质量、客户保有、零资产客户激活，加大代发工资、行业应用、县域等重点领域联动获客、批量拓客，持续推动信用卡与借记卡绑定，运用大数据分析细分零资产客群，重点突破持有信用卡、个人贷款、理财账户、电子银行等产品的客户，大力拓展临界有效客户，提升精准营销。加快打造个人客户金融生态系统，聚焦银发、房贷、跨境和车主四大客群，探索研究客群综合服务方案，依托综合营销与服务，加快客户拓展，提升客户贡献。

**（三）抢抓市场机遇，中间业务收入贡献和市场份额显著提升**

积极把握市场机遇，努力克服服务收费减免、低费率渠道分流等重大影响。

1. 加快支付结算布局，全面启动支付结算生态圈建设。加大社保、公交、社区、校园、医疗、旅游、车友、菜市场、ETC、县域等十大领域应用场景建设，加快打造兼具客户基础和发卡量、囊括特色权益和受理场景的支付结算生态圈。

突出移动优先，HCE龙卡云闪付率先问世。加快产品创新与流程优化，面向务工人员推出惠福龙卡，优化无卡支付流程，实现小额免密免签、代发工资手续费套餐优惠等新功能。密切战略协同，协助俄罗斯分行成功发行借记卡，试点发行建设银行村镇银行特色卡，公私联动推动社保卡、公积金卡增长，推出消费专用卡支持信用卡分期业务发展。

2. 加强银行理财销售统筹，全力支持“两全”活动。持续加大理财销售统筹，优化布放策略，精细档期管理，全力推动“全员参与大资管全力发展大资管”活动，支持客户资金和日均存款增长，支持银行理财年底余额突破1.6万亿元。积极突破第三方产品代理，加强母子公司战略协同，创新推出项目类、消费类、分行定制化等信托产品，抢抓行外资金。

积极应对资本市场波动、持续降息影响，2015个人银行理财产品销量保持在3.8万亿元的较高水平，个人银行理财产品余额达9 019亿元。

3. 积极把握市场行情，代销基金收入高速增长，市场份额显著提升。紧跟市场走势，主动调整产品结构，加快多产品布局；开展绩优产品“二次首发”，持续销售与重点产品营销、阶段性营销、事件性营销并重；注重投资者教育与客户关怀，不断提升基金销售服务品牌和市场影响力。

4. 加大产品研发与销售创新，全力推动贵金属业务增收入、提份额。加大建设银行金新品及题材类产品投放，开展主题营销，做好客户拓展与维护；抢抓岁末年初消费旺季，推出“一钞一币一邮票”系列贺岁金产品。积极推广“易存金”，新增签约客户突破230万户。率先尝试打造“微黄金”社交平台，加快新品布放与年轻客户拓展，培育新的收入增长点。

5. 代理人身保险业务收入跃居四大行第一，市场竞争力显著增强。围绕市场热点，精选适销产品，重点营销较高现价、高保障产品；加快培育电子渠道销售增长点，电子渠道销售金额突破

600亿元；密切战略协同，建信产品实施考核、营销、创新和督导“四个优先”，全年代理建信人寿新保规模保费341亿元，销量同比翻番。

**（四）电话银行客户突破2亿户，服务渠道和服务窗口作用双提升**

2015年，电话银行客户增长3 165万户，达2.1亿户，账户类交易额1 028亿元，同比增长41%，客服业务量超过3 600万通，同比增长39%。推广人工服务身份验证功能，加大新兴客服渠道宣传推广，优化自助语音服务菜单，加强咨询热点分析，接通率提升效果进一步显现，95533全年人工接通率达81%，同比大幅提升13个百分点。

客户对95533服务质量的投诉率为0.18%，客户问题在线解决率保持在98%以上；荣获银行业协会“寻找好声音”活动决赛一等奖。深化联动，子公司、海外分行和行外机构服务承接业务量快速增长。

**（五）夯实基础管理，加快成果应用，支持精准营销与市场拓展**

1. 搭建两大平台，构建百大模型，大数据分析工作再上新台阶。搭建个人客户数据分析及精准营销应用平台，实现营销商机全渠道推送，支持精准营销全流程管理。个人客户信息应用平台构建企业级对私客户统一视图，全面支持精准营销、交叉营销和差异化服务。开展潜力有效客户、资金回流、新客户获取、差别化利率、资本市场对个人业务影响、代发工资客户、客户消费行为等数据分析，加强成果应用，上线“百大模型”，支持精准营销，推动营销服务由“以产品为中心”向“以客户为中心”转型。加快推进电话银行、社交网络客户信息挖掘，填补非结构化数据分析空白。

2. 加强队伍建设，开展常态营销，营销服务能力持续提升。以赛代训，搭建个人客户经理风采展示平台，个人客户经理风采展示大赛首次纳入全国总工会“全国行业职工技能竞赛”；配合人力部门全面加强个人客户经理队伍建设工作。不断巩固旺季营销传统优势，将营销活动经验和大数据先进工具有机结合，将综合营销、精准营销贯穿全年，逐步建立持续营销与综合营销机制。

3. 加快新一代开发，加大创新推动，支持市场拓展。加快对私客户信息管理、对私客户关系管理、个人客户综合积分等项目开发，支持全量个人客户经营与差别化服务体系建设；加快对私存款、借记卡、借贷合一卡等项目开发，支持业务创新；加快统一客服平台项目开发，支持客户服务系统建设与完善。从产品服务、数据应用和客户体验多方面加快创新，推出随芯用、惠福龙卡、投资组合、微黄金、基金智能投资、IC异形卡等新产品和新服务；业内首创搭建个人客户数据分析与精准营销平台，初步上线百大精准营销模型；推出智慧银行、STM等创新业态，推动客户综合签约。

执笔：赵鸿

# 财富管理与私人银行业务

## 一、业务快速发展，全面完成各项指标

2015年金融资产1 000万元以上私人银行客户金融资产（AUM）达到6 229.02亿元，比年初增长1 543.32亿元，增速为32.94%，比2014年同期高出14.73个百分点。金融资产1 000万元以上私人银行客户数量达到50 352人，比年初增长10 102人，增速23.08%，比2014年同期高出8.9个百分点。

责任科目中间业务收入年内实现2.76亿元，比2014年同期新增0.95亿元，完成全年计划（2.26亿元）的122.27%。其中代理专户理财计划业务收入21 232.31万元、高端客户服务收入

3 909.73万元、投资移民服务收入2 551.70万元。

## 二、产品体系逐步完善，创新成效愈发凸显

### （一）投资管理创新

一是稳步推进投资标的为标准化资产的产品发行。上半年与建信基金、建信资本合作创新多期新股申购产品、量化对冲类结构化产品，募集资金约65.6亿元，丰富了私人银行低风险代理产品种类。二是推出“私享建亚”、“私享狮城”等“私享”投资系列产品，与建设银行（亚洲）、新加坡分行等境外机构联动，满足拥有合法境外资产的私人银行客户境外资产配置、投资组合管理及财富传承等需求，全行累计办理“私享建亚”业务315人，涉及AUM值13.25亿元人民币，实现中间业务收入850万元港币。

### （二）金融业务创新

一是完成“金管家”个人客户（家庭）现金管理业务二期功能优化，实现交易额4 668亿元，新增签约客户数110万个，直接手续费收入1 390万元，整体业务价值贡献突破亿元。二是创新推出“私享品”私人银行客户景德镇陶瓷居间服务，成功推出首发产品“中国书院文化瓷邮珍品册”，累计出单30 123套，实现中间业务收入447.33万元；三是创新基于客户、银行、保险、信托四者关系项下的“私享久远”私人银行保险信托业务，通过构建保险+信托的业务模式，满足私人银行客户资产保障传承、子女成长财富保障等多元化的需求，北京分行成功试点营销国内首单；四是调整“两卡”发卡模式，不再限定私人银行专营机构发卡，开展持卡客户优惠活动，“两卡”较年初新增发卡71 760张，较年初新增26.10%，存款余额2 021.63亿元，新增24.87%。

### （三）非金融业务创新

一是推出新西兰投资移民，与建信基金、新西兰子行联动，创新“乐享新西兰”QDⅡ产品，由建信基金作为资产管理人，投资于新西兰子行在当地依法发行的债券，有效满足了私人银行客户移民或投资新西兰需求，全年募集资金1.5亿元。二是结合客户需求，丰富优化“留学鑫”服务内容，组织开展“留学鑫”服务营销推广季活动，实现“留学鑫”套餐内产品服务签约37 595人次，产品服务咨询23 936人。三是优化养老规划服务、财富传承和婚姻财产规划，全年养老规划服务签约客户数6 079人，出具方案数5 634份，实现理财产品、保险、基金销售195亿元；财产传承与婚姻财产规划服务签约客户数1 844人，出具方案数1 568份，销售信托、理财产品、保险、基金产品58亿元。

### （四）顾问咨询创新

一是基金筛选与评价工作，从基金、基金经理、获奖基金等维度，对市场上的近千只偏股型基金进行筛选，建立偏股型基金储备池和精选池，并依据风险指标对精选池基金进行分档。二是初步探索海外资产配置策略，对美国、欧洲、日本、新兴市场等的宏观经济、政策，以及股市、债市、汇市进行初步研究分析，形成海外资产配置研究报告。

## 三、发挥集团牌照优势，综合价值贡献明显增强

### （一）发挥集团内母子公司联动协同综合优势

与子公司密切协同提供多元投资产品，代理建信信托公司集合信托计划、建信基金公司特定客户资产管理计划，全年代销子公司产品53期，募集资金约271.7亿元，有效满足了客户财富保值增值需求，成为分行拓展维护私人银行客户的有力抓手。

### （二）加强与海外机构的业务联动

一是不断开拓私人银行海外金融业务市场，持续推进“私享联联A”的业务区域，丰富拓展“私享联联B（建亚—建信人寿）”业务关联保险产品范围，年内业务审批通过1 541笔，发生金额78.31亿元。二是建立与海外机构的投资移民业务沟通机制，协调境内分行与建设银行亚洲、悉尼分行开展业务联动，进一步推进香港、澳大利亚投资移民业务，2015年度签约客户新增406人，客户金融资产新增38.65亿元，中间业务收入新增6 677.56万元，处于同业领先地位。

## 四、全渠道建设布局谋划，客户经营水平持续提升

### （一）谋划推进私人银行全渠道建设

通过进一步落实私人银行客户经营责任，

推动各营业网点、私人银行专营机构的资源整合，完善私人银行客户服务模式，强化对私人银行客户的全渠道业务覆盖，全面提升客户体验。

**（二）客户精细化管理不断加强**

一是制定全年私人银行客户新增和AUM新增计划，定期监测计划完成情况，持续督导同业对比落后的分行。二是加强客户关系管理流程建设，完成客户关系管理二期项目关于名单制管理流程和客户挽留流程的开发上线和培训推广，创新客户群组管理、影响力客户管理、潜力客户管理、客户流失管理等功能，进一步优化销售机会和事件处理执行流程。三是加强客户信息管理，深入开展客户细分研究工作，运用美国银行项目管理方法，厘清客户细分维度，确定客户标签，形成客户细分工作流程框架。四是加强客户资讯信息服务平台建设，进一步优化基于苹果和安卓平台的《建设银行财富》APP（电子刊），完成微信公众号内容和运营方案的设计及服务供应商的采购工作，做好微信公众号正式运营的前期准备。

**（三）专业化经营不断深入**

一是持续推进实施“一户一策”经营流程，完成《私人银行专业团队客户经营手册》的编写，通过对私人银行专营机构的工作要求和事项、业务流程的梳理，将复杂的经营活动标准化、模块化，形成一套以客户为中心的业务经营流程和工作方法。二是推进私人银行专营机构员工绩效管理，构建私人银行专营机构综合评价体系。三是强化私人银行专业团队建设和专业能力提升，推进实施重点私人银行经营团队经营管理创新推进方案，专业化经营的标杆效应开始显现。四是加快私人银行专属网络金融渠道建设，完成私人银行电子渠道优化主体工作，研究移动网络平台与私人银行业务的结合方式，开展私人银行客户网络金融生态系统建设研究。

**（四）强化私人银行条线人员的专业能力培育和提升**

以贯彻落实王洪章董事长的重要批示精神为契机，着力打造一支数量充足、结构合理、人员稳定、专业突出的私人银行业务队伍。全年总行组织16期培训项目，培训642人次。通过创新培训模式，引入外部优质资源，举办了3期私人银行一线人员能力提升培训班。其培训内容涵盖先进私人银行业务营销实务、全球财富管理、投资市场研究、投资组合管理、家族传承等。充分利用战略协助资源开展境外培训，完成私人银行客户经理、主管能力提升培训项目，充分借鉴美国银行经验，形成以客户关系管理和财富架构为主要内容的私人银行主管、客户经理能力提升培训体系。组织三期私人银行一线人员能力提升培训班，探索私人银行专业人才培养体系架构。

## 五、风险内控体系持续完善，合规管理效果显著

一是研究建立私人银行业务内控合规评价评分机制，制定私人银行业务内控标准，强化标准化体系建设。发挥各级机构自主管理、合规经营作用，研究制定了《中国建设银行私人银行业务内控合规评价评分管理规定》，按年度对37家分行内控合规工作进行评分评价管理。二是深入开展私人银行客户反洗钱管理工作，强化客户尽职调查、信息补录等身份识别工作，积极应对客户反洗钱关键信息缺失问题。三是打造“私享·惠”投资者教育活动品牌，全面推进投资者教育工作，全年共举办591场投资者教育活动，覆盖37 226名私人银行客户。四是持续开展私人银行业务风险信息监测，跟进市场风险信息，下发48期《私人银行业务风险信息监测周报》和12期《私人银行业务风险管理案例月度解析》。

执笔：王娟

# 住房金融与个人信贷业务

## 一、业务经营情况

**（一）个人贷款余额突破3万亿元，首次超过主要竞争对手**

截至2015年底，全行个人贷款余额3 0857亿元，在全行各项贷款中占比32.46%，比年初提升2.69个百分点；比年初新增5 307亿元，同比多增1 717亿元，新增在全行各项贷款的占比首次超过50%，为57.31%，同比提升近15个百分点。

个人贷款同业对比创历史纪录，余额、新增均为同业第一，分别领先工商银行225亿元和1 128亿元；其中余额四大行占比29.05%，比年初提升0.78个百分点。

**（二）个人住房贷款余额、新增均居四大行首位，市场份额比年初进一步提升**

截至2015年底，全行个人住房贷款余额为29 604亿元，比年初新增5 461亿元，同比多增1 568亿元。余额、新增居四大行占比均超过30%。当年新增四大行排名前两位的分行有33个，数量创近三年历史新高，其中有22个分行新增四大行排名第一。贷款主要满足百姓自住购房需求，一、二手房贷款新增合计5 293亿元，占全部房贷新增的96.91%。

**（三）消费贷款新增四大行第一，"快贷"产品打开新局面**

截至2015年底，个人消费经营贷款当年累计发放1 016亿元，累计回收1 170亿元，贷款余额1 252亿元，比年初新增-154亿元，在四大行中贷款负增最少。快贷等创新产品成为主要业务增长点，全年累计新增快贷客户超过45万户，授信金额超过100亿元，贷款余额超过50亿元。

**（四）房改金融业务市场占比稳中有升，住房资金归集余额突破2万亿元**

截至2015年底，全行住房资金归集余额21 835亿元，比年初新增2 518亿元，计划完成率114%。住房资金四大行占比超过56%，比年初进一步提升。住房资金存款余额6 491亿元，其中，住房维修资金存款（含质保金）余额1 679亿元，比年初新增277亿元。住房公积金个贷余额突破1.5万亿元，比年初新增3 271亿元，增幅达91%。住房公积金项目贷款保持同业领先，累计在72个试点城市受托对217个试点项目发放公积金项目贷款560.7亿元，发放资金同业占比60.33%。

**（五）个人不良贷款、逾期贷款全部控制在目标要求内，个贷、房贷、消贷三个口径的年末不良率均为四大行最优**

截至2015年底，全行个人贷款不良余额139.44亿元，不良率为0.45%；不良率上升0.13个百分点；有9个分行个贷不良率比年初下降，3个分行不良"双降"；年底全行个人逾期贷款余额274.67亿元，逾期率为0.89%。

**（六）新发放房贷利率四大行第一，个贷利息收入增长超10%，综合贡献显著**

2015年新发放个贷加权利率5.61%，加权浮动幅度3.93%，利率值超过非贴公司类贷款28BPS；实现个贷利息收入1 650亿元，增幅10.98%，同比增长163亿元。当年新发放房贷加权利率超过基准，领先工商银行4BPS，各月新发放利率水平均领先同业；新发放消费经营类贷款加权利率为6.41%，加权浮动幅度24.7%，保持较高水平。当年实现牵头中间业务收入34.89亿元，其中房改金融业务收入32.02亿元，同比增长14.71%。

## 二、主要工作举措

**（一）精细管理，创新发展，在转型中增强房贷领先优势**

强化业务发展与定价的动态平衡管理，按照

定价、业务量、市场位次，协调推进信贷资源配置，落实差别化经营措施；研究价格形势，对人民银行利率调整预判到位、行动及时，提早安排贷款投放，为全年定价领先打牢基础。

找准市场潜力，提升重点区域市场份额。根据国家战略，开展了京津冀、长江经济带、珠江三角洲等多个重点区域市场专题研究，优化业务布局，增强市场竞争力。

创新服务，强化“要买房 到建设银行”品牌。首家获得人民银行批准发行个人住房抵押贷款支持证券500亿元，在同业中获批额度最多，年内已发行两期近100亿元；以存量楼盘为突破口，成功上线楼盘大数据分析平台，围绕客户需求，延伸住房贷款产品链条，境外个人借款保函、个人赎楼贷款创新取得一定突破。2015年，我行连续三年蝉联《亚洲银行家》“中国最佳按揭及住房贷款业务奖”，并荣获《金融时报》“年度最佳住房金融服务银行奖”。个人住房抵押贷款支持证券荣获金融理财第六届“金貔貅”奖——年度金牌创新力金融产品，我行被中债登记公司评为“2015年度中国债券市场优秀发行人”。

**（二）推广“快贷”，培育特色，推动消费信贷创新转型**

打造“快贷”零售贷款平台，7月上线新版网银快贷，9月上线手机版快贷，申请步骤简化为三步，进一步提升客户体验。组织开展“学快贷、推快贷”和“办快贷、用快贷”等营销活动，推动业务增长。“快贷”在“2015年中国金融创新奖”评选中，荣获“十佳金融产品创新奖（零售业）”，荣获2015年中国国际金融展“金鼎奖”之“年度优秀金融服务奖”。

探索供应链加互联网融资模式，强化“产融结合”，丰富贷款应用模式，有效衔接消费场景，打造基于互联网+的消费信贷发展平台，推进个人金融生态系统建设。与联通公司合作的“沃e贷”于7月在11个分行上线试点；“车e贷”于12月上线；与携程网、家装e站等业务合作正在推进中。

充分挖掘传统业务新的发展空间。推广结算通授信业务，扩大试点范围至宁波、广东、深圳等地14个分行；积极探索支农贷款业务新模式，指导分行开展“大北农支农贷款”、“双胞胎支农贷款”、“金叶贷”等；探索试点家装贷款与房贷联动模式。

**（三）创新服务，挖掘增长点，抓实房改金融客户全量资金**

顺应市场需求，创新公积金贷款服务模式，加大公转商、置换、贴息等工具和手段的运用，做好公积金贷款受托服务，抓好全量资金，实现存款与贷款的相互转化与体内循环，公积金个贷新增首次超过3 000亿元。优化调整业务结构和客户结构，加快拓展住房维修资金业务。

推广“G系统+贯标+采集系统+网络渠道”的一体化营销模式，增强客户黏性。住房公积金业务管理系统（G系统）累计上线客户11家，签约客户31家；住房维修资金业务管理系统（M系统）在苏州昆山住建局、江西吉安市房管局成功上线。加快落实房改金融双名单制管理，推进服务模式转变，明确了113家总行级战略客户和重点客户，实施一对一个性化综合金融服务。

**（四）完善机防机控，加强专项检查，主动防控风险**

优化完善预警模型，定期筛查核实疑点数据，强化风险排查应用。截至年底，已完成54个模型上线运行，对核查发现风险隐患的贷款，及时逐笔进行处理和化解，增强风险防控的主动性。

针对个人经营类贷款在市场持续低迷下的潜在风险，开展专项检查，加强风险防范。配合做好内外部审计和监管检查相关工作，积极推进“一个加强两个遏制”检查以及“回头看”自查；认真落实整改审计发现问题，细化整改措施，举一反三，从建立长效措施角度提出整改计划，限期整改到位。

**（五）严控新暴露不良，强化催收处置，统筹管控资产质量**

细分逾期客户群体，针对现金流与还款计划不匹配，或还款能力暂时下降的客户，创新逾期非不良协议变更措施，有效控制逾期贷款的同时，新暴露不良贷款的防控能力进一步提高。组织全行摸清可核销贷款底数，建立核销库和核销进展台账，建立督导团队，对重点分行、重点风险事项进行重点跟踪分析，持续跟进、推动集中拖欠楼盘项目和大额不良贷款的处置。

**（六）强化内控管理，加强队伍建设，进一步夯实业务基础**

全面梳理有效制度和规范性文件，对照内控要求，研究完善制度体系；制定下发个人信贷政策，指导年度工作；落实合规管理年要求和实施方案，组织开展内控评价，提升合规水平；组织开展反洗钱工作，参与修订全行零售业务评分卡管理办法。

加快推进个贷流程再造和房e通创新。2015年新业务流程在首批分行成功上线运行，个贷业务全流程电子化、影像化、自动化水平明显提升；建设跨个贷、信用卡、小企业的个人全面授信视图，实现企业级统一额度管理及信贷业务信息的集成共享，避免个人客户多头授信、重复授信和过度授信风险。

持续加强队伍建设。全面修订房金业务岗位培训教材，开发"个人贷款风险预警应用管理工作介绍"等8个电子课件；结合业务需要，细化培训课程，重点加强新业务培训和风险管理知识培训，组织各类现场培训班14期，累计完成对全条线3 612人/天的现场培训，有效提升了条线员工的业务技能和合规经营意识。

**（七）落实条线化管理要求，规范发展海外个贷业务**

截至2015年底，海外个人贷款余额超过55亿美元，比年初新增15亿美元，主要分布在建设银行亚洲、澳门分行等机构。2015年，制定下发海外个贷业务管理机制要求，与技术部一起推进海外机构个贷系统整合建设，对新西兰、巴西、新加坡等地的机构授权及业务开办事项进行了研复，促进海外机构依法合规开展个贷业务。

执笔：王毅　童学锋　蔡军花　林岚　郑露

# 信用卡业务

## 一、业务发展情况

**（一）业务发展再创新高**

全行信用卡累计发卡量达到8 074万张，当年净增1 480万张，累计客户数达到6 592万户，当年净增1 113万户；实现消费交易额2.2万亿元，同比增长34%，其中分期交易额突破2 000亿元；贷款余额3 897亿元，当年新增610亿元；全量商户数突破105万户，收单交易额超过2.3万亿元。实现业务收入312亿元，同比增长21%。其中中间业务收入229亿元，同比增长23%，全行占比为18.5%，同比提升1.9个百分点，是全行第一大中间业务收入产品。全行信用卡逾期90天以上不良率为1.07%，低于全行平均水平0.51个百分点，低于行业平均水平超过1个百分点，资产质量始终保持同业最优。

**（二）市场竞争力显著增强**

客户总量、净增客户、净增发卡、消费交易额、活动商户数、中间业务收入、资产质量七项指标司业第一，其中客户总量、消费交易额、活动商户数、中间业务收入首次超越工商银行，实现历史性突破；净增发卡、净增客户及资产质量在同业保持"四连冠"；业务总收入、消费交易笔数、境外消费、新增贷款、循环透支贷款占比指标居四大行第一。

**（三）品牌市场价值持续提升**

先后荣获全国工商联、中国银行业协会、专业卡组织及主流媒体颁发的2015年度"中国最佳信用卡产品奖"、"信用卡金融信贷服务最佳合作银行"、"年度创新信用卡"、"最佳汽车分期信用卡品牌"等60个奖项，龙卡信用卡市场影响力和品牌声望持续提升。

## 二、主要工作进展

### （一）转型工作扎实推进

按照全行战略转型规划部署，信用卡业务发展确立了以客户为中心，以效益为导向，实现"效益、质量、规模、效率统筹协调发展，勇争第一"的转型目标，制订了《中国建设银行信用卡业务转型推进方案》，构建了多层次的战略路线图和策略平台体系，明确了10个方面28项推进举措以及相应的机制与资源保障。同时，加快落实总行全球化、集约化转型发展战略，开拓海外信用卡业务，在澳门地区成功发行龙卡信用卡；制定《信用卡中心集约化建设工作方案》，在构建矩阵式业务管理架构、优化贯穿客户生命周期的经营管理模式、加快"互联网+"战略布局、推进流程优化、提升资本集约化管理水平和集约化风险经营管理能力、强化客户服务和运营管理的集约化水平等方面抓紧组织实施。重点围绕财务管理、数据分析、风险管理、客户经营、渠道建设和产品创新等策略职能建立矩阵式管理架构机制，进一步深化总分行之间、各处室之间的协同联动、并行推进，明确经营主体的损益管理责任，多维度、多角度、全方位实施全流程经营管理运行。

### （二）经营要素结构持续优化

一是优化产品与客群结构。围绕目标客群定位及客户消费场景，加快推进重点产品特色功能权益与行业生活应用的集成整合，以"一卡多功能、多应用"满足目标客户的多样化需求。2015年新增信用卡行业生活应用项目35个，行业应用类新增发卡逾800万张；通过整合优化汽车卡、交通龙卡、ETC龙卡等产品，新增私家车主客户超过600万户，产品整合及客群优化成效显现。二是优化信贷结构。迎合市场需求创新推出"鑫精英"教育分期、"留学慧"留学分期、二手车分期等信贷产品，推出"龙卡星期六"、"玩转世界"、"境外消费享6%返现"、"随心取"等大型主题消费取现促销活动，满足客户多样化的消费信贷需求。三是优化商户结构。围绕客户生活消费场景，加快拓展餐饮、娱乐等优质特惠收单商户，实现对客户"吃、住、行、游、娱、购"需求的全覆盖，打造消费金融生态圈。

### （三）线上线下全渠道协同发展

一是加快互联网渠道布局。实施"移动优先"战略，创新推出ApplePay、HCE云端支付、三星Pay、SD卡空中发卡、中移动直连等多种领先的移动支付模式，加快移动支付、信用卡APP等互联网应用的需求研发，打造线上线下高度融合的综合经营渠道体系，提升信用卡全渠道的交付能力。二是建立优化信用卡策略平台，完善数据库营销体系建设，加大数据分析及应用力度，为业务发展提供量化分析和科学决策支持。三是加快网点自助渠道功能建设和创新。优化网点预审批功能，利用远程视频柜员机、智慧柜员机部署完善信用卡营销和服务功能，进一步提升网点渠道场景化、智慧化、自助化营销服务水平。

### （四）数据分析应用能力全面提升

建立健全信用卡量化策略工作机制，制定下发《中国建设银行信用卡数据库营销工作指引》，创新建立信用卡数据库营销体系；优化账户策略平台，新增新客户激活、境外促销、邀请调额等3项策略，构建贯穿客户全生命周期、全经营要素、全业务流程的策略平台体系；探索模型策略应用，完成境外消费预测模型、催收模型、额度管理整体解决方案等的落地应用，提升数据价值创造力；开展总分行数据分析合作，完成年轻客群分析项目、提升活动率及消费额项目、不良客户分析项目、境外消费精准营销项目，为业务发展提供决策支持。

### （五）全流程风险管理牢守底线

建立矩阵式风险管理架构，全面落实完善全流程、全经营要素覆盖的风险经营管理体系机制，以平衡风险收益为目标优化授信政策，加强外部输入性风险和传染性风险的防范与应对，实施及时高效的交易监控和灵活动态的额度管理策略，综合运用多重催收工具和手段加大不良资产回收处置力度，最大限度降低风险损失成本，有效保障资产质量平稳运行，资产质量始终保持同业最优。2015年我行信用卡VISA渠道刷卡授权通过率跃居同业第一。

### （六）智慧客服建设卓有成效

一是有力提高自助渠道使用率，提高自动化、智能化客户服务水平。2015年自助渠道受理量占总业务量的80%以上，同比提升9个百分点，每百万张卡人工电话量较与上年同期下降36%；微信银行绑定量突破1 300万户，与上年同期相比翻了一番；智能机器人每月服务受理3 000万人次，较上年同期增长400%。二是保障安全用卡，提升客户体验，客户满意度保持领先。加强“伪基站”、信息泄露、盗刷等风险提示，增强客户风险防范意识，保障客户用卡安全，展现我行关爱客户的品牌形象和服务内涵；加大“龙卡信用卡”微信订阅号、龙卡信用卡“微官网”服务渠道建设，向客户传递用卡信息，日点击量超过10万次；持续优化投诉管理体系，在业内率先试点智能语音分析在客户投诉处理和稽核质检环节的应用。信用卡客户满意度稳居四大行第一，每百万卡投诉量保持同业最低。

**（七）运营作业集约高效**

一是审批效能持续增强。推动“总行、一级分行、二级分行”三级审批运营模式向一级分行集中审批模式转变，2015年在信用卡总进件量同比增长12%的同时，审批处理能力不降反升，提升11%，平均审批周期5.5个工作日。二是制卡作业同业领先。全年制卡妥寄总量2 244万张，卡片投递成功率达99%，客户体验和满意度创历年最好水平。三是电子账单基本全覆盖。年末电子账单替代率达到70%，较上年提升近20个百分点，当年净节约成本1.9亿元，较上年翻番。四是清算作业量质齐升。全年清算业务量17.9亿笔，金额逾5万亿元，同比增长33%，跨行清算规模连续两年同业第一、跨行清算笔数当年实现突破首次跃升第一，2015年电子渠道还款比例提升近7个百分点，直接节省成本2亿元。

执笔：蔡莉华

# 网络金融业务

## 一、总体发展情况

2015年，网络金融加快推进渠道建设和产品创新，各渠道用户规模和交易规模稳步增长，用户质量不断提高，渠道应用水平和价值创造能力进一步提升，离柜账务性交易量占比达95.58%。

**（一）网上银行**

启动个人网银改版项目，确定个性化、年轻化两大核心任务。新增“中央财政非税缴款”、基金智能定投与智能申购、黄金T+N产品合约、借贷通查询与解约、建行金定投走势图、大额存单、个人资产负债综合报告、鑫存管转账与变更签约、向指定捐款账户捐款、快贷三期、外部贷款网关、e账户缴费、黄金积存、账户原油、账户铜、账户大豆等功能。截至2015年底，个人网银用户数20 878万户，较年初增长16.8%；交易量132.8亿笔，同比增长112.6%；交易额45万亿元，同比增长13.6%。

企业网银方面，完成11次新增优化版本上线，新增军队专属版企业网银、国际贸易融资、民口专项、单位大额存单、黄金积存交易等多个重要功能。截至2015年底，企业网银用户数402万户，较年初增长21.6%；交易量27.8亿笔，同比增长20.9%；交易额178.6万亿元，同比增长38.7%。

海外版企业网银方面，在澳门、多伦多分行、建设银行新西兰、建设银行欧洲、卢森堡分行正式推出网银服务；服务功能新增银企直联模式、双周定频交易、批量汇款、后台定频交易查询等；创新推出全球集中的在线客服，并在新加坡、悉尼、澳门分行试点。截至2015年底，用户数达970户，较年初增长81%，网银用户覆盖率19%；交易量5 365笔，同比增长26%；交易额51.2亿元人民币，同比增长402%。

（二）手机银行

推出互联网全流程个人信贷产品“快贷”；拓展我行跨行服务能力研发“手机E账户”；与网点查询功能结合，向用户提供便捷的预约服务；优化资金、理财产品功能，进行超市化产品销售试点，摆脱后端交易系统、银行专业术语对于前段展现束缚，从用户视角展示产品信息。截至2015年底，手机银行用户数18 284万户，较年初增长24.6%；交易量111.5亿笔，同比增长266.7%；交易额15.4万亿元，同比增长108.9%。用户数及交易规模继续保持同业第一，在外部机构进行的客户体验调查中，名列四大行第一。

推出企业手机银行客户端，满足企业用户账务管理和实时办理金融业务的需要。功能主要涵盖账户查询、转账业务、代发业务、电子支付、缴费业务、服务管理等常用功能以及待办提醒、网点查询、公告推送等渠道特色功能，其中涉及账务交易类功能企业手机仅支持复核和审批。截至2015年底，企业手机银行用户数5.7万户。

（三）PAD银行

推出PAD银行iOS版客户端，个人网银、手机银行及我行持卡用户可以通过平板电脑终端体验移动金融服务。截至2015年底，PAD银行用户数13.5万户，交易量12.1万笔，交易额6.5亿元。

（四）微信银行服务

服务功能方面，推出基于位置的商户优惠信息、个性化理财产品推荐、微黄金及红包、“积分圆梦”微公益服务，实现网点业务预约、纪念币兑换预约、善融手机客户端引流等功能；业务规模方面，每天与用户互动1 100万次，每日解答“粉丝”问题60余万次，日菜单访问量突破260万次，日推送金融通知780万条；影响力方面，单条群发消息平均阅读量突破50万次。截至2015年底，微信银行关注用户数3 293万户，绑定用户2 200万户，服务功能、业务规模和影响力稳居同业第一。

（五）短信金融服务

推出短信自然语言指令智能识别、支持虚拟运营商短信发送、营销贴尾、养老金业务查询等服务，提升客户体验。截至2015年底，短信金融用户数29 116万户，较年初增长19.7%；全年业务收入36.9亿元，同比增长15.3%。

（六）智能客服

渠道拓展方面，新增手机银行内测版、易信及对公网站等渠道的智能客服服务，服务范围进一步延伸至移动端及企业用户；功能优化方面，推出短信交易自然语言智能识别服务，WEB智能客服会话自动联想功能，WEB智能客服提示语个性化展示功能；智能化水平提升方面，深入开展语义优化工作，全年累计分析客户问题日志477万余条，维护知识库2万余条，维护语义词类600余条，各渠道应答准确率均超过95%。2015年，智能客服服务用户1.65亿人次，与同期人工客服业务量总和相当，为全行集约化经营目标和人力资源控制目标的达成打下良好基础。

（七）国际互联网网站

2015年，国际互联网网站总访问次数10.7亿次，日均页面浏览量6 354万次，单日最高页面浏览量8 509万次，ALEXA全球排名第1 273位，稳居国内同业第一。全年网站信息维护量7.3万条。截至2015年底，共有注册会员2 601万户，较年初增长48.2%。

“悦生活”应用推广累计部署服务场景8大类67项，接入商户数同业领先。截至2015年底，平台交易量2.7亿笔；交易额516.4亿元，同比增长47.5%；新增内嵌商户550户，分行特色及企业级代收代付商户820户，悦易收商户948户。

开展向营销型网站转型的改版设计并推进建设实施，打造全新的一站式布局，满足全方位用户需求。持续开展产品和服务优化，按照人行普通纪念币发行方式改革工作的统一部署，部署了预约普通纪念币功能。根据当地监管要求，新建了建设银行新西兰网站；为更好地服务当地用户，新建并开通了东京分行日文版网站，满足海外用户的本地化信息服务需求。

（八）电子支付

截至2015年底，电子支付业务交易量81亿笔，交易额3.7万亿元（含快捷）。企业级电子商务支付服务“E商贸通”接入商户356户，较年初增长21%。

完成总对总快捷支付业务上收工作，成功上线支付宝、财付通总对总单笔代发及批量代发业务。基本完成支付机构代扣业务的梳理和整改工作，进一步规范了电子支付业务发展。

**（九）善融商务**

善融商务按照我行转型发展规划要求，在延续“商务跟随 + 金融创新”整体发展策略基础上，持续推进平台特色。

个人商城方面，加大重点商户运营力度，重点商户品牌覆盖30余个知名品牌，形成合作运营新模式；围绕中高端客户的衣食住行开展“善融年味”等五场大型活动，创新打造“你好中国”、“颜色”等系列主题活动，组织“宁波开渔节”、“礼蟹天下”、“橙子熟了”等地方特色活动。新增晚间场限时抢购、“善融优惠早知道”微信企业订阅号、“善融值得买”定期邮件推送等宣传活动，深化善融商务精准营销服务，利用大数据实现实时个性化商品推送。创新应用上，推出善融手机客户端，增设地方特色频道，大力拓展跨境购，开通员工订机票服务，持续丰富平台特色应用。

企业商城方面，深化涉农深耕运营，加大与用户、政府、行业协会的合作，开展名企采购活动，举办具有地方区域特色的线下活动，满足企业大批量采购需求，为供应商拓展分销渠道；创新线上营销活动形式，开展主题性宣传及询价专题活动，为供采双方提供全流程在线撮合交易服务；围绕社会热点通过电商精准扶贫，助力中小企业电商转型；推出行内集中采购服务，新版资讯频道，突出涉农资讯展示兼顾建设银行重点发展行业；全新改版地方汇，注重视觉和交互；推出善付通，丰富企业商城熟客交易场景，为供应链企业间的交易提供了标准化、低成本、高效率的交易结算渠道。

金融服务方面，推出互联网化保险销售、多层次支付结算工具、实现信用卡积分抵现消费，创新“e点通”、“善融e贷”、快贷等多种融资服务。加强善融商务经营分析及风险防控数据应用，利用评分模型、联机规则对善融商务交易进行实时和准实时风险识别，阻断黑名单高风险交易。

在全行共同努力下，截至2015年底，商城入驻商户6万户，注册会员1 482万，全年交易额671亿元；因善融营销他行1.31万用户开立我行结算账户，善融商务带动传统业务发展效果初显。2015年当年日均存款提升62.19亿元，日均贷款157.30亿元，中间业务年收入8 453.25万元。

## 二、电子银行管理与创新

**（一）风险控制能力不断增强**

1. 深化风险监控能力建设。一是持续分析风险交易数据特征，不断丰富和完善基于账户、位置、终端等智能防控维度，提升风控系统的精准度和效率。二是多维度开展欺诈分子画像研究，欺诈风险防控由被动防御转向主动预防，从源头斩断欺诈交易资金的流转。三是以第三方支付商户风险评级模型为抓手，充分与第三方支付机构进行欺诈风险的交流沟通，全面督促合作商户加强支付限额及二级商户风险管控。

2. 开展电子银行安全宣传。组织编写《电子银行安全使用小常识》和16期系列安全教育漫画，通过网站、微信、网点等多种渠道开展安全宣传，创新运用网络宣传的方式和语言，强化用户安全教育，进一步增强安全防范意识。

**（二）创新营销宣传方式，强化业务协同联动**

创新宣传方面，同业中率先尝试在微信朋友圈投放广告，突出我行手机银行既时尚便捷又安全可靠的特点。广告十一期间投放，两天内获得8 500万次市场曝光，点击、关注、转发等互动数据超200超过万次。

业务联动方面，2015年继续在全行范围开展“协作共赢 抢占高点”评先创优活动，并制作发布案例集。

通过“电子银行送惊喜 善融商务礼缤纷”整合营销活动，个人网银和手机银行活跃用户实现日均新增18.61万户和8.49万户，较上年同期前分别提升100%和38.73%。

通过“CCB2020 新的起点 新的未来”上市十周年大型宣传推介活动，宣传金融生态系统理念，进一步阐释网络金融业务近年来取得的成果及未来发展方向，受到社会各界好评。

加强媒体宣传，通过外部媒体采访等多种形式，介绍我行微信银行、智能客服、善融商务、反欺诈、可用性研究等工作开展情况以及取得成绩，并在相关媒体先后发表《建行部门微调 电商和反欺诈业务成亮点》、《建行的互联网思维》、《善融商务去年成交500亿 建行传统业务线上布局加速》、《建行三大网络渠道打造互联网金融竞争优势》、《倾力打造一个金融生态系统 建行“互联网+”攻略优势渐显》、《建行“另类”互联网金融发展路径：开放与第三方合作》等文章报道。

### 三、客户体验与大数据应用

**（一）扎实推进客户体验工作，科学开展客户研究**

一是坚持并强化客户之声问题快速响应机制。持续收集来自网站留言、网银邮件、95533客户服务等多渠道的客户之声信息，定期组织分类分析，找出客户关注的焦点问题并制订方案加以解决。全年共收集客户之声问题36万余条，提炼出焦点问题105条，解决新增和历史问题68条。

二是持续开展客户满意度监测工作。组织实施了个人网上银行和手机银行客户满意度专项研究和持续监测，数据显示上述渠道客户满意度均位居四大行第一。

三是加大可用性测试工作力度。针对新版个人网银首页及菜单、新版个人网银及互联网站界面设计标准验证、手机银行“快贷”功能等内容开展了共109组客户可用性研究与测试项目。

**（二）进一步做好电子银行服务区工作**

截至2015年底，共为服务区配置设备近60 000台。服务区后台管理系统正式上线，可统计设备应用情况，推送广告内容和软件，进行客户行为分析，全面提升服务区设备应用管理的精细化水平。

**（三）加强数据挖掘与应用工作**

一是继续推进电子银行数据实验室的建设。丰富数据源，与新一代对私客户关系管理组件合作，新增电子银行常用营销指标，参与构建企业级的个人客户信息统一视图和标签。二是为总分行提供数据服务265项，全年累计发送营销短信2 420万次，在网点等渠道发布商机37项。三是实现网银、网站、善融商务渠道的客户在线动态行为数据采集。

执笔：里薇拉

# 金融市场业务

### 一、金融市场业务经营情况

2015年底，金融市场条线资产规模达4万亿元，占全行总资产的22.5%；全口径收入1 566亿元，同比增长13.3%。总行人民币非重组类债券投资考虑免税和投资账户价差后的实际收益率达4.51%。全口径中收113亿元，同比增长44%，远高于全行平均水平。其中，代客资金交易业务收入63亿元，同比增长32%；贵金属和大宗商品业务收入38亿元，同比增长69%。银行间做市交易指标居于市场前列。非金融企业债务融资工具销售量连续五年市场第一。成为伦敦金银市场协会（LBMA）第12家黄金定价行。

**（一）债券投资收益率保持稳定**

本币债券投资考虑免税和投资账户价差后实际收益率4.51%，在市场利率大幅下行的环境下基本保持稳定，对稳定全行NIM发挥了积极作用。上半年考虑免税和资本占用后非重组类债券实际收益率4.37%，居四大行第一。

**（二）人民币资金备付率在四大行中排名最低**

综合运用多种货币市场工具，积极配合资产负债管理部做好人民币流动性管理，同时提高资金运用效率。全年累计融出量22.9万亿元，融入量7.8万亿元；人民币日均备付率1.19%，为四大行最低。货币市场净收益率2.84%。

**（三）中间业务收入快速增长**

全口径中收113亿元，同比增长44%。其中，代客资金交易业务收入63亿元，同比增长32%；贵金属和大宗商品业务收入38亿元，同比增长69%。2015年新开办的债券借贷、黄金积存和资讯服务累计实现中间业务收入1.26亿元。

**（四）市场影响力进一步扩大**

银行间外汇交易综合排名第一，远掉综合排名第一。代理境外机构债券交易量居市场第一。非金融企业债务融资工具销售量5 316亿元，连续5年居市场第一。成为伦敦金银市场协会（LBMA）第12家黄金定价行。

**（五）基础管理水平显著提高**

全年代客交易业务经营过程较为规范，未发生代客衍生品客户违约事件。投资组合中未出现债券违约。推出16项新产品，进一步拓宽了收入来源，提升了业务运营效率。成功上线新一代金融市场2.1期和2.2期项目，有效增强了我行金融市场产品的定价和报价能力，实现了代客汇率、代客贵金属和代客利率三大业务条线20多个产品的总分行全流程端到端交易直通式处理。

**（六）海外机构金融市场业务经营管理能力明显提升**

建立CNH集中报价交易机制，全行跨境人民币汇率交易由建行伦敦和建行亚洲集中平盘，提升了我行在离岸市场的做市能力和市场影响力。授权首尔分行、台北分行、建行亚洲和新疆维吾尔自治区分行霍尔果斯国际边境合作中心支行开办离岸人民币金融市场业务。新加坡分行等6家海外机构获得银行间市场投资业务资格，海外机构总投资额度超过1 700亿元。实施全球调配人民币债券资产方案，帮助海外机构满足流动性覆盖比率（LCR）的监管指标，提高集团资金使用效率。

2015年4月2日，建设银行与上海黄金交易所举行战略合作协议签约仪式。

**（七）部门获得多项荣誉**

获2015年度银行间外汇市场“综合最佳做市机构”、“优秀交易主管”、“优秀交易员”等20个奖项，创下历年市场最佳表现。获2015年度银行间本币市场“最具市场影响力奖”、“优秀交易主管”、“优秀交易员”等11个奖项。获上海黄金交易所2015年度“优秀金融类会员”、“优秀交易员”等4个奖项。获得2015年《环球金融》杂志“最佳人民币商品银行”。8人获得2015年度《建行报》“优秀撰稿人”称号。

## 二、主要工作措施

**（一）主动进行本外币流动性管理，拓宽资金融入与运用渠道，在保障全行流动性安全的同时增加货币市场收益**

1. 人民币流动性管理。受股市波动等因素影响，我行上半年流动性较为充裕，下半年有所收紧。一是在流动性较为充裕时点大幅增加融出规模，在大额集中走款时点及时融入资金弥补头寸缺口。二是加强对市场和全行流动性的独立研判，总结资金面变化规律和趋势，合理把握融入融出节奏。三是挖掘交易对手需求，适时通过双边交易维护市场份额，增加价差收入。四是加强交易对手信用风险研究，保证交易安全。

2. 外币流动性管理。外币流动性整体较为宽松。对客远期售汇缴纳风险准备金、境外运用头寸上限等新的监管要求给外币流动性管理带来挑战。一是在流动性宽松时加大融出力度，有缺口时通过境内同业拆入、债券回购等多种措施保障总行外币流动性安全。二是统筹考虑美元和人民币的流动性状况，利用货币掉期进行跨币种调剂。三是合理利用境内外价差套利，提高市场影响力。四是联合纽约分行管理总行夜间美元头寸，提高全行美元资金收益。五是推动取消海外机构非基本借款额度，并运用海外资金平台提供资金支持。

**（二）认真执行年度投资策略和风险政策，通过合理安排投资进度、优化组合结构提高投资收益率、降低风险**

1. 人民币组合管理。一是以经济资本和风险调整后的资本回报率为策略导向，重点配置实际收益率较高的国债、同业存单和地方债。国债认购量和自发自还地方政府债认购量均为市场第一。

二是积极开展波段操作和存量调整。三是进一步完善信用债券投资管理机制，优化审批流程。建立信用债券专项投资利率底限要求，通过考核调整等方式将资本约束传导至分行，引导分行重视客户对全行综合贡献度。对名单制管理的发行人名单进行重检和调整，并建立海外机构投资境内人民币信用债券发行体名单，在严控风险的前提下提高效率。

2. 外币组合管理。一是审慎开展投资。美元处于加息周期初期，外币债券投资面临较大利率风险。上半年未主动开展投资，下半年随着加息预期增强、美元债利率有所提高，适时开展主动投资，以政策性金融债、高评级中资企业信用债、美国国债为主。二是建立外币债券名单制审批机制，提高投资审批效率。

**（三）多措并举推动中间业务发展**

一是提升全行重视程度。陆续举办重点分行座谈会、业务转型高级研修班和全行转型发展推动（视频）会，对全年业务发展作了充分动员和科学部署。二是加强对分行的支持和推动力度。出台包括KPI考核、买单制、专项营销费用、加大条线收入分配力度、下放部分业务经营权限等一系列激励措施，调动分行发展积极性。向分行提供业务诊断书和提示书共302份；向11家业务发展滞后分行的一把手发函通报经营情况。通过微信讨论群等多渠道及时向分行传达总行政策、开展全行范围交流、通报业务经营情况。三是加强客户营销。举办产品推介会、市场形势研讨会、员工和客户交易大赛等营销活动，部门负责人赴分行调研或营销55人次，总行直接参加重点客户营销活动100余次。会同18家分行向284家客户提供了“一户一策”金融市场业务综合服务方案。四是建设骨干队伍。建立总分行代客资金、贵金属和债券销售三支营销队伍。举办不同层次培训班7期，累计培训453人次，安排分行人员来总行跟岗培训67人次。

**（四）加强境内外风险管控，提高风险应对能力**

1. 境内风险管理。一是加强信用债券投后管理，排查和处置存在潜在信用风险的债券。全年累计出售煤炭、钢铁、有色金属等产能过剩和逐步压缩行业债券38亿元。二是811汇改后及时督导分行做好交易的存续期管理，切实履行代位监管职责，严格执行人民银行宏观审慎管理政策。三是加强内控制度建设，开展内控检查，有效降低操作风险。完成境内外金融市场业务“一加强两遏制”及“回头看”自查，未发现“违法犯罪”问题，发现的部分分行违规操作问题已完成整改。

2. 海外风险管理。按月开展非现场检查，覆盖18家机构，排查30余万笔交易，对于发现的超授信、录入错误等问题及时督导整改。启动了海外顶岗机制，派出9个顶岗团组和2个调研团组，对13家海外机构进行了指导及检查。

**（五）改进市场研究工作，增强决策参考作用，提升条线服务水平，扩大市场影响力**

开展《贵金属业务现状分析与发展措施建议》等七项转型发展课题研究，对当前竞争形势、关键短板和工作措施等进行了专题研判，指导全行推进转型工作，取得了显著成果。全年共完成各类研究报告667篇。其中《金融市场评论》36期，多期获得行领导批示；向《建行报》供稿67篇；向《政府债务与金融》、《债券》、《中国货币市场》、《中国外汇》、《中国黄金报》、《理财周刊》等期刊投稿49篇。2015年3月，微信公众号“建行金融市场业务”正式运行，全年推送文章近900篇，点击量超过十万次，提升了金融市场业务的品牌效应。推出“建行谈市”微视频，向客户经理发布了34期贵金属市场动态。

**（六）加强党的建设，倡导以人为本，为员工创造良好的工作氛围和发展机会**

组织部门全体党员学习党的十八大及十八届三中、四中、五中全会精神和习近平总书记系列重要讲话精神，开展《守纪律、讲规矩、干实事》的专题党课学习活动。按照中央部署和总行党委要求，结合实际制定部门“三严三实”专题教育工作方案并认真组织实施。完成了金融市场部党总支及所辖第一、第二党支部换届改选。为员工解决生活困难，协助4名员工办理本人或配偶户口进京事宜。充分发挥党团组织作用，开展篮球、乒乓球、羽毛球等多种文体活动。

执笔：王金石

# 资产管理业务

## 一、业务经营情况

### （一）战略性业务收入大幅增长，对全行贡献度进一步提升

2015年，资管/投行条线实现战略性业务收入（理财和债券承销）165亿元，增幅为40%，计划完成率达117%，占全行中间业务收入的比重由上年度的10.9%提升至15.1%。其中，理财业务实现收入147亿元（含计提减值准备15.86亿元），同比增幅为46%，计划完成率达121%，理财收入位居四大行第二。

### （二）理财规模创新高，市场地位进一步巩固

截至2015年底，全行理财产品余额16 176亿元，较年初增加4 709亿元，增幅为41%，超额完成年初1.4万亿元余额目标，理财余额位居四大行第二，理财余额四大行占比由2014年底的24.1%提升至25.1%，增幅为4.15%。我行理财与存款的比例由2014年底的1:11提升至1:8，理财业务对全行全量资金的影响力和贡献度进一步提升。

### （三）债券承销勇夺五连冠，实现“双第一”。非金融企业债务融资工具承销金额连续五年位列市场第一

2015年，我行非金融企业债务融资工具累计承销金额5 315亿元，同比增长33%，承销金额四大行占比为28%，位列市场第一；累计承销非金融企业债务融资工具522期，同比增长25%，承销期次四大行占比为29%，位列市场第一；短期融资券承销金额市场第一（见表1）。

**表1　　2015年度前4位主承销商承销情况**

| 承销商 | 承销总金额（亿元） | 金额占比（%） | 承销总期数（期） | 期数占比（%） |
|---|---|---|---|---|
| 建设银行 | 5 314.89 | 27.99 | 522 | 28.54 |
| 工商银行 | 5 310.57 | 27.97 | 506 | 27.67 |
| 中国银行 | 4 266.21 | 22.47 | 429 | 23.46 |
| 农业银行 | 4 093.49 | 21.56 | 372 | 20.34 |
| 总计 | 18 985.16 | 100.00 | 1 829 | 100.00 |

1. 全口径债券承销金额市场第一。2015年，我行全口径债券承销金额12 164亿元，领先工商银行760亿元，位居市场第一。其中，我行非金融企业债务融资工具承销金额领先工商银行4.32亿元，金融债承销金额落后工商银行405亿元，地方政府债承销金额领先工商银行1 160亿元（见表2）。

**表2　　全口径债券承销情况　　单位：亿元**

| 债券类别 | 建设银行 | 工商银行 | 建设银行与工商银行之差（建设银行－工商银行） |
|---|---|---|---|
| 非金融企业债务融资工具 | 5 314.89 | 5 310.57 | 4.32 |
| 金融债 | 304.79 | 709.78 | －404.99 |
| 地方政府债 | 6 544.21 | 5 384.03 | 1 160.18 |
| 总承销金额 | 12 163.89 | 11 404.38 | 759.51 |

2. 债券承销业务不断开拓新的增长点。2015年，面对银行间债券市场主承销商增多、不同监管机构同质化债券产品共同角逐的激烈竞争局面，我行债券承销业务持续加大创新力度，在永续票据、资产支持票据、保险公司资本补充债、商业银行二级资本债等创新产品试水，同时成功以公募方式发行了首单保障房中期票据，首单城镇化建设私募债，积极参与自发自还式地方政府债、金融债等产品，在服务民生和实体经济的同时，不断开拓新的业务蓝海。

## 二、主要工作推进情况

**（一）母子公司联动力度进一步加大，协同发展成效显著**

截至2015年底，资管/投行条线与子公司在理财资产投资、产品创新发行等领域合作的存续业务规模达到9 473亿元，增幅11%。其中，与建信信托在债券投资、同业存款投资等领域的合作规模为6 617亿元，占其业务规模的60%；与建信基金在专户投资、公募基金投资等领域合作的规模为1 322亿元，占其业务规模约28%；与建信资本在资管计划等领域合作的规模为1 534亿元，占其业务量约73%。

**（二）服务实体经济，降低融资成本**

2015年，我行资产管理和投行业务紧密围绕国家“一带一路”、京津冀协同发展、长江经济带等重大战略，通过债权投资、股权投资、产业基金、债券承销等多种直接融资工具全力支持实体经济发展，全年为实体经济提供直接融资16 894亿元（其中，理财融资4 730亿元，债券融资12 164亿元），同比增加8 272亿元，增幅96%。

在不断提升实体经济直接融资规模的同时，我行积极采取多种举措降低客户融资成本，全年承销地方政府债6 544亿元，位列市场首位；在市场中率先以理财资金置换地方政府存量债务696.40亿元，降低地方政府融资成本近3个百分点，同时进一步稳定了地方财政存款，密切了我行与地方政府的合作。

**（三）积极配合做好存款偏离度管控，服务全行发展大局**

年底全行监管口径一般性存款呈现快速增长态势，对存款偏离度管控形成较大压力。为做好年底资金管理，在确保我行存款偏离度满足监管要求的同时，实现资金体内循环，根据全行统一部署，一方面，按照保本理财年末余额2 600亿元的上限要求，严格管控保本理财存款规模，截至2015年底，保本理财规模2 513亿元，圆满完成管控目标；另一方面，做好理财产品与一般性存款的对接工作，12月31日将总行开放式理财产品开放时间由15：30延长至19：30，做好募集资金的划转、投资等工作，实现产品安全运营。

**（四）加大创新组织推动**

产品创新方面，推出挂钩黄金期权理财产品、沪深300指数挂钩型理财产品、结构化股票质押式回购投资类理财产品、新股申购理财产品、结构化股票投资理财产品、结构化公募基金投资类理财产品、精选组合投资类理财产品、RQDⅡ境外人民币资产投资等八大类理财产品。

资产创新方面，推出首单PPP基金、“营改增”类税务筹划融资、供应链融资、上市公司定向增发、并购融资，搭建以资产管理业务为纽带的综合性投融资平台，推动分行与省级、地市级政府签署基金战略合作协议，基金规模达到5 000亿元。

**（五）风险管控扎实推进，有效防范业务风险**

2015年，资产管理和投行业务风险管理围绕“风险管控”、“问题整改”、“标准化建设”三条主线扎实推进。

在风险管控方面，一是做好日常风险管理工作，按月度、季度做好风险排查、存续期管理、风险分类等规定动作；二是结合全行风险管理要求，开展自营理财资产案件风险排查和信用债投资风险排查，完成新增理财资产和债券业务“回头看”工作。

在问题整改方面，一是做好内部审计37家分行理财及代理信托计划业务审计整改，需整改的16类问题已完成14项，整改率达到87.5%；二是持续做好银监会“一加强两遏制”专项检查及整改工作，整改率为92.9%，高于全行平均水平；三是配合审计部做好“新增贷款”审计，对全行地方政府债承销进行排查。

在标准化建设方面，对部门102个规章制度与规范性文件进行梳理，制定《中国建设银行股份有限公司资产管理（投资银行）业务内部控制标准》，涵盖产品管理、资产管理、债务融资、财务顾问等4个业务板块、105个控制目标、106项主要风险、252项控制规则。

通过采取以上风险管控措施，我行资产管理和投资银行业务风险得到有效管控，全年回收风险资产9.27亿元，风险资产余额66.11亿元，在理财余额中的占比为0.41%，低于同期贷款不良率水平。

**（六）搭建理财业务全流程系统架构，规范业务运营流程。建成“2+1”理财系统基础架构，实现系统安全运行**

成功上线理财会计核算系统，建成前台理财销售系统、理财资产管理系统与后台核算系统互联的“2+1”理财业务全流程系统基础架构，不断优化理财系统功能，加强系统作业支持，确保系统安全稳定运行。

稳步提升理财数据质量，持续推进电子化数据管理。从管理、流程、系统、人员等四个维度着手，提升理财数据质量；逐步改变过去因依赖手工台账和手工报表而产生的数据质量和应用效率较差的情况，进一步拓展理财数据电子化应用范围。

初步建立数据化运营支持框架，不断夯实管理基础。初步建立了以理财业务系统为载体，围绕理财数据质量目标，兼顾风险控制、运行效率、资源配置的资管业务数据化运营支持保障框架；制定并下发《理财业务会计核算指引（试行）》等文件，从制度上保障运营工作安全有序。

**（七）协调相关部门推进资产管理体制机制优化**

为适应市场发展变化趋势，加快资产管理业务转型发展，按照总行党委和高管层的统一部署，资产管理部协同授信审批部、风险管理部等相关部门，针对各类资产管理业务的审批机制、业务授权及配套风险管控机制等拟定了差别化的优化方案，对不涉及信用风险的理财产品创设、标准资产投资等事宜由业务部门审核，进一步扩大分行在债券承销、非标资产、产业基金等方面的审批权限，将极大提升业务效率和市场反应速度；推动第二批10家分行开办资产池业务，实现各区域精耕细作；实施理财资金投资房地产名单制管理，建立地方政府债绿色审批通道，拓宽理财产品配置渠道。通过采取以上举措，资产管理业务发展的体制机制逐步理顺，为资产管理业务专营发展奠定了坚实的基础。

**（八）加强调研，促进资产管理业务专业化经营工作的开展**

在充分借鉴国内外同业经验的基础上，对我行资产管理业务专业化经营进行了广泛调研和深入研究，拟定了《关于建议资产管理业务专业化经营的报告》，并根据行领导的要求对方案进行了多次修改完善，形成了《关于组建资产管理业务中心的方案》，积极推进资产管理业务专业化经营。

执笔：李宇庆

# 国际业务

## 一、主要经营业绩

**（一）中间业务稳步增长**

全年实现部门所辖中间业务收入57.3亿元，其中国际结算收入45.8亿元，四大行占比23.31%，较上年底提升2.37个百分点；国外保函收入7.9亿元，同比大幅增长30%。

**（二）特殊经济区业务同业领先**

上海分行积极开展FT业务，全年累计开立FT账户6 369户，存贷款位居同业首位。新疆霍尔果斯边境合作中心支行在同业中首家开办创新离岸人民币业务，各项主要指标高居同业第一。

（三）跨境人民币业务蓬勃发展

境内完成跨境人民币结算量 1.7 万亿元，同比增长 19%；跨境人民币客户数同比增幅为 41%；其他投资项下跨境人民币结算量保持同业第一。

境外人民币清算行建设再创佳绩。继伦敦之后，智利、苏黎世分行先后获任当地人民币清算行资格，瑞士人民币清算行成功试运行；伦敦人民币清算行累计清算总量突破 6 万亿元，清算参加行开立人民币清算账户数 60 户。

跨境及离岸人民币新领域业务快速增长。我行成功获任"港股通"结算银行，RQFⅡ、RQDⅡ、中港基金互认等业务蓬勃发展；总行在伦敦成功发行 10 亿元两年期离岸人民币债，成为伦敦交易所上市的首只人民币债券；双向资金池签约客户新增逾 500 户，备案客户新增 259 户。

（四）产品创新硕果累累

承担总行级战略性创新项目 2 项，占全行当年战略创新项目总数的 1/5；完成总行级重点创新项目 15 项，其中支持"走出去"业务发展的"三建客"产品推出仅 1 个月，投放额即超过 12 亿美元；指导分行完成产品创新超过 100 项。

（五）资产质量显著改善

截至 2015 年底，国际业务信贷类产品不良额合计 34.5 亿元，较上年底下降 15.1 亿元，降幅 30%；表内外合计不良率为 0.47%，较上年底下降 0.19 个百分点；垫款额总计 15.1 亿元，较上年底大幅下降 11.1 亿元，降幅为 42%，垫款下降额在全行垫款下降总额（15 亿元）中占比 74%。

（六）国际业务基础不断夯实

全行国际收支客户数突破 7.5 万户，同比增幅为 7%，较 2014 年增速提升 3.4 个百分点。全年实现国际结算量 1.3 万亿美元，同比增幅为 9%，高于同期外贸进出口增速 17 个百分点。

（七）境外代理行及清算服务网络日臻完善

总行级代理行达到 1 491 家，覆盖 139 个国家和地区；为各类境外金融机构开立在岸人民币清算账户 275 个，较上年新增 47 个。

（八）海外机构集团贡献度持续提升

商业银行类海外机构①实现净利润 8.16 亿美元，同比增幅 27%，在集团总利润中占比 2.45%，较上年底提升 0.33 个百分点；② 海外机构资产总额达 2 066 亿美元，增幅为 21%；海外机构不良贷款率为 0.07%，较上年底下降 0.04 个百分点。③

## 二、主要工作措施

（一）国际化转型牵头推进机制有效运转

1. 切实发挥部门牵头职能。印发《中国建设银行国际化转型发展暨支持企业"走出去"指导意见》，成为全行战略转型发展规划的首个落地专题；确立 30 个重要专题事项和 273 项明细事项、27 个牵头及配合部门；截至目前，除 27 项跨年工作及计划调整事项外，其余事项全部顺利完成；召开 3 次国际化转型发展领导小组专题会议，集中审议重要专题事项 15 项，解决转型初期的体制机制问题；加大对外宣传力度，先后在多家新闻媒体上发布建设银行国际化转型宣传稿件。

2. 扎实推进条线化管理。组织推动全行各部门共计下发国际化转型发展相关规章制度 73 项；成立"走出去"海外重大项目团队等专业团队 12 个；搭建海外资金平台、海外审批中心和欧洲区域总部，建立海外重大项目推进机制，完善海外机构"一行一策"信贷管理机制，加强海外合规、审计及财务管理，加快总行管理职能向海外延伸。优化海外资源配置和激励约束机制，在 7 个总行部门的 KPI 考核指标中加入国际化转型指标，落实条线化管理责任。

3. 全力支持集约化整合。2015 年我部累计输出 16 人。其中，为支持外币资产负债管理、海外机构合规管理、同业专营和国际融资业务等条线化建设，向总行兄弟部门输送专业人才 12 人；支持海外业务转型发展，向海外机构输送 4 人，其中 3 人为副处级以上业务骨干。

（二）海外业务转型全面提速

1. 加快推进"一行一式"战略转型。下发海

① 不含建银国际和巴西子行。

② 全部海外机构实现净利润 7.7 亿美元，同比增幅为 14.4%。

③ 如含巴西则不良率为 0.47%，较上年底下降 0.54 个百分点。

外机构等级行管理办法和“一行一式”转型方案，给予海外机构差别化授权和资源配置，设置不同的业务发展目标和考核要求并按季通报。海外机构业务发展重点初步确立，精细化管理能力不断提升。

2. 充分发挥海外牵头管理职能。围绕“情况分析与信息汇总”的职责定位，协调推进海外机构业务发展。召开3次海外机构视频会，传达总行转型发展战略和相关政策要求；会同总行有关部门，与重点机构多次衔接，查找问题；对约堡和巴西等机构开展重点帮扶；定期对海外机构进行纵横对比分析，查找差距与不足。

3. 全面支持海外大项目拓展。下发《关于调整海外机构部分授信业务核准政策的通知》，取消海外机构大额授信及银团贷款、房地产开发贷款核准审批，简化超风险底线业务核准流程；推动海外资金平台建设，累计完成交易40笔，总金额36亿美元；修订《海外资产簿记方案》，将海外资产簿记范围扩展至国内分行，并取消事前核准，境内外机构累计完成海外资产簿记27笔，金额合计11.5亿美元。

4. 不断加强海外机构内控合规管理。下发《关于进一步规范海外机构重大事项监测及报告流程的通知》、《关于进一步规范海外机构重大事项报告的通知》，确保海外合规管理和重大事项报告工作责任到人；牵头开展海外机构跨境业务合规性梳理；整理海外机构近年来接受当地监管检查及后续整改情况，并向董事会汇报；督促海外机构定期与监管机构沟通；持续推进纽约、法兰克福分行整改工作。

5. 积极推进海外机构向智慧型银行转型。会同相关部门研究直销银行海外试点的可行性；组织澳门、法兰克福、新西兰等机构进行市场调研，并与多家机构研究讨论，初步决定在新西兰子行先行开展试点。

6. 持续完善海外机构布局。建行欧洲所辖四国分行等8家机构陆续开业，截至目前已在全球25个国家和地区设立了27家一级机构，境外各级机构总数超过130家。

**（三）综合化经营显著加强**

1. 持续深化境内外联动。丰富中短期项目融资产品链，推出建单通、建票通、建信通“三建客”产品；创新贸易融资资产风险参与、跨境融资性风险参与等联动产品，增加海外机构资产规模和利润贡献。截至2015年底，国际业务联动产品在海外机构资产和收益中占比达1/3。联动类贸易融资、内保外贷、内保内贷等业务带动境内保证金存款和保本型理财余额合计3 269亿元，增幅12%。

2. 抢占“互联网+外贸”新业态先发优势。把握跨境电子商务综合试验区政策机遇，推出“跨境电商综合金融服务”，搭建“跨境e汇”平台，通过与各地国际贸易“单一窗口”直联，为跨境电商客户提供全流程线上自动化收付款、结售汇和收支申报服务；创新“跨境e支付”在线付款工具，通过虚拟银行卡解决跨境电商客户跨境支付需求。

3. 发挥综合化、多功能牌照优势，加快创新。与建信期货、建银国际等子公司合作，为能源、化工、金属、农产品等行业优质客户提供结构性库存管理融资、代理采购融资等“商行+投行”模式的高附加值金融服务，拓展大宗商品融资业务领域。目前已下发大宗商品买断业务产品管理办法并开展分行试点工作。

**（四）集约化要求得到进一步落实**

1. 加快业务流程优化。修订外汇业务机构准入管理办法，进一步扩大准入授权，根据分支机构业务量和产品复杂度，提出差别化的人员资质和数量要求；简化部分保函业务核准流程，提高业务办理效率。

2. 加快国际业务系统功能建设。优化FIMS系统，完善监管数据报送功能；积极参与新一代二期开发，顺利上线贸易融资一体化管理等新增功能；新建国际保理等重点产品系统组件；配合技术部维护OCBS及周边系统；全力推进海外新一代系统建设。

3. 加快单证集中。截至2015年底已完成33家境内一级分行和9家境外一级机构的国际结算跟单业务集中处理；完成信用证、代收、托收、保函、贸易融资等项下人工处理笔数合计155.2万笔，较上年底增长16.2%。

**（五）加强跨境中心建设，促进跨境人民币业务发展；加强跨境中心建设，推动业务发展**

海峡两岸跨境金融中心和泛亚跨境金融中心相继设立，总行级跨境业务中心总数达到6家，其中福建、厦门、苏州分行跨境量位居同业第一。

跨境业务市场影响力持续扩大。与香港《财资》杂志合作发行《加速人民币国际化——中国建设银行2015全球人民币调查报告》，并在苏黎世分行开业暨瑞士人民币清算中心启动仪式上首发。

**（六）风险管理和合规经营水平持续提高**

1. 圆满完成总行“三十大”重大风险项目处置工作。牵头五项总行重大信用风险“三十大”项目处置工作。截至2015年底，通过现金回收、转让、打包等方式累计处置回收16亿元，其中“约堡兰德亚洲”资产包于12月圆满处置完毕，共实现现金回收1.31亿美元，回收率88%。

2. 运用大数据手段建立贸易融资客户风险监测机制。定性分析与定量测算相结合，实现对贸易融资全量客户的风险动态监测。

3. 完善境外金融机构授信管理和国别风险管理。下发《中国建设银行境外金融机构授信管理操作规程》，推动境外金融机构评级授信工作融入全行统一对公评级授信管理体系；完善国别风险审批体系，进一步落实前后台分离原则。

4. 认真履行外汇业务内控合规牵头管理职能。积极配合外汇局做好外汇业务内控合规自查和整改工作，2015年我行外汇业务合规经营专项检查违规处罚金额为四大行最低；加强全行外汇业务内控合规制度梳理，下发违规案例，开展多层次、全方位的外汇管理政策培训。针对“8·11”汇改后外部监管政策的重大调整，多次组织召开全行视频会，制定管理措施并传导监管要求。

**（七）人才队伍建设持续加强**

全年共举办现场培训10次，培训人员664人次，授课内容涵盖创新产品和合规管理；举办两期国际化转型专题培训班，在相关业务和产品培训中宣讲国际化转型内容；首次举办海外机构外籍高管（主管）培训班，采用全英文授课，加深了外籍高管对建行集团的了解，加强了海外兄弟行之间的业务交流与经验分享。

**（八）外事管理工作迈上新台阶**

1. 加强外事归口管理。严控出访团组，2015年办理全行因公出访团组424个，总计4 542人次，团组数和总人次均较上年下降24%，涉及出访国家和地区34个，签证和签注获签率100%；邀请国外专家等外宾共计91人次。

2. 促进对外交流合作。积极协调安排行领导出访行程，全力促成重要境内外外事活动；全年安排全行境内外事会谈114场，其中行领导外事会谈56场。

3. 积极配合国家领导人高访活动。与有关部委及其他单位密切沟通，促成我行领导参与国家领导人出席的高级别活动共计9次。在习近平主席和李克强总理出访期间，以王洪章董事长、王祖继行长参与当地经济活动为契机，协调推动建设银行品牌、机构和业务宣传。

执笔：刘晶晶

# 渠道与运营管理

## 一、加强物理渠道统筹管理，提升渠道综合服务效能

**（一）加快推进物理渠道管理职责整合，实现物理渠道统一归口管理**

按照2015年渠道与运营转型总体要求，全力推进物理渠道管理职责整合，为物理渠道转型发展奠定坚实基础。截至2015年底，已有27家一级分行完成物理渠道管理职责整合，实现统一管理。

**（二）深化网点综合化建设，网点综合服务能力显著增强**

全行综合性网点总数达14 544个，开办对公业务的网点比例由71%提升至98%；综合柜员数量超10.4万人，占比由27%提高至89%；打造

"1+N"客户营销服务模式，累计组建综合营销团队21 532个，覆盖98%的综合性网点。总行年底组织了网点三综合验收，各分行均达标通过。深圳、广东、青岛、河南、山东、辽宁、福建、重庆、山西、安徽等分行排名靠前。

**（三）优化网点布局，网点经营能力不断提升**

全行新设网点129个，网点数量新增连续五年位居四大行第一，网点总数14 844个，在四大行中占比达22.5%，保持同业第三，与工商银行、农业银行差距进一步缩小；网点新增重点向东部地区倾斜，深圳等东部8家分行新增占比达53%。全年累计装修改造网点1 161个，其中县域网点占比32%。完成450个分理处、储蓄所升格为网点型支行，丰富了网点功能。启动深圳、广东等8家分行物理渠道转型创新试点，实施网点分类建设管理，试点打造旗舰网点、轻型网点，促进综合性网点智慧转型，加快推动"三个平台"建设落地。

**（四）自助设备规模不断扩大，结构持续优化**

全行现金类自助设备新增10 433台，总量达91 500台，四大行占比25.45%，比上年提升0.9个百分点。离行自助银行新增3 126家，增幅达42%，增幅居四大行第一。自助银行总量达24 694家，客户服务范围不断拓展，与网点协同能力明显提升。全行自助渠道总交易量110亿笔，同比增长18%，台均日交易达352笔，全年手续费收入31.8亿元。现金类自助设备账务性交易量达柜面4倍，自助设备分流效果显著，中间业务收入持续增长。

**（五）自助设备功能不断丰富，研发创新行业领先**

在同业中首推自助设备二维码取款等功能，整合网点现有非现金设备，研发出智慧柜员机，在8家分行试点布放了900多台，上线18大类133个功能点，涵盖绝大部分对私非现金业务和部分对公业务，设备功能、办理业务种类领先同业，复杂业务办理整体效率比柜面平均提升5倍。1.5万台预填单机、5 144台发卡机升级投入使用，有效分流了网点柜面业务。

**（六）统一网点岗位设置，推进网点岗位线上线下融合服务**

总行制发了营业网点岗位设置及劳动组合管理办法，统一明确营业网点八岗位资格条件、设置流程等要求，推进量化分析、动态配置、科学复用等机制建设，提升网点岗位规范化管理水平。落实我行移动优先战略，制发了营业网点线上线下渠道融合转型指引，梳理线上、线下业务服务特点与优先推荐策略，积极引导网点人员加强跨渠道融合协同服务。

**（七）增强网点智能化管控能力，不断提升网点服务质量**

在北京、山西分行试点网点电子宣传、黄金展示等多媒体智能管控，下发营业网点服务标识、服务设施规范，在原有网点视觉形象建设指引的基础上，会同企业文化部进一步统一了55项网点服务标识、服务设施标准。

**（八）积极推进文明规范服务，展示我行良好社会形象**

在银行协会组织的星级网点、大堂明星等多项竞争激烈的评选活动中，我行一举获得与营业网点文明规范服务、消费者权益保护相关的全部8个奖项。其中，吉林、山东、浙江、海南分行所辖4家网点荣获"百佳示范单位"；山东济宁高新支行营业室张烨、内蒙古自治区分行营业部赵妍丽分别获得明星大堂经理第一名、第四名；山东分行营业室庄娜荣获"基层网点十大服务明星"。他们为建设银行赢得了荣誉。

**（九）推动柜面业务流程优化**

精简柜面凭证，下发管理办法、使用手册，减少纸质凭证，减轻库房压力。精简柜面印章，由19种整合精简至12种，有效降低风险。精简优化网点日始日终41项内容。制发财政、住房资金归集业务建设银行系统内柜面操作规程。取消29个柜面手工登记簿，49个柜面登记簿实现电子化。完成11家分行柜面业务授权集中试点，已精简授权385项，上收2 501个网点授权事项192项，网点现场授权量减少75%，单笔处理时长平均减少约16秒。

**（十）加强网点八岗位培训，持续提升网点人员综合素质**

牵头信贷业务网点篇培训教材开发；协同人力资源部门组织各一级分行网点八岗位综合培训班849期，累计培训151 600人次，专项组织12期网点信贷业务兼职师资培训班，共培训661人，为全行网点轮训培养核心骨干，提高网点人员履岗能力与综合素质。

## 二、打造集约化生产平台，集约服务支撑能力不断提升

**（一）进一步上收网点和专营机构业务，集约化水平同业领先**

实现全行15 146个网点和专营机构36类业务产品总行集中处理，日业务量达102万笔，全年累计处理业务1.59亿笔，同比增长26%。实施中央财政、非税业务全行推广，处理效率提升60%。新增27家分行信用卡分期消费贷款业务集中，新增实施放款中心影像通道模式处理，效率明显提升。

**（二）加强集中业务管理，保障安全高效运行**

优化电子渠道落地业务集中流程，扩大集中产能，保障客户资金及时、安全到账。优化信用卡集中处理校验机制，提高处理质量、效率，支持信用卡业务旺季营销。持续优化集中业务调度模式，保障业务峰值处理。截至2015年底，立等业务集中处理时长保持在47秒以内，记账成功率稳定在95%以上。

## 三、推进金库及现钞业务精细化管理，夯实现钞业务管理基础

**（一）加强现钞业务管理，提升现钞运营效率**

制发柜面现钞管理办法，简化操作流程，打通柜员间现金调拨通道，取消监交，效率提升50%；清理撤销168家调拨机构，分行调拨机构存量减少21%。2015年全行人民币日均现金备付率0.506%，比上年同期下降0.008个百分点，连续两年为四大行最低，为我行人民币备付率整体下降发挥了重要作用。

**（二）加强金库管理，实现安全运营**

开展"金库安全管理年"专项治理活动，确保了金库安全。金库建设总行审批事项由四项精简为两项。加大二级分行、县支行、边远地区金库总行检查力度，发现问题317个，整改率达91%。编发金库业务应知应会手册，制作教学视频，强化培训，提升金库人员业务素质。

**（三）落实监管要求，获人民银行高度评价**

2015年，我行全面实现付出现钞冠字号查询，解决多起涉假纠纷。部署新版人民币发行配套工作，全面完成出纳人员培训和机具升级。落实人民银行普通纪念币发行方式改革，四大行中首家同时支持电子、柜面、自助渠道共8种预约方式，得到人民银行高度认可。

## 四、全力支持金融市场与海外机构清算业务发展

**（一）支持海外机构、新产品拓展**

支持7家新设海外机构系统上线。完成人民币债券借贷、账户商品等6类新产品系统支持，积极参与新产品会计核算制度建设。获上海清算所外汇中央对手清算优秀奖，被中央结算公司评为全国银行间债券市场优秀结算成员。

**（二）强化金融市场后台风险管控**

规范金融市场交易确认流程，建立数据核对垂直报告制度。完成13家海外机构违规交易自动拦截功能上线。针对欧美信息披露、海外账户税收合规、国家制裁等国际监管最新要求，修订国际衍生产品协会主协议条款，设定谈判底线，全年完成32家交易对手协议签署，在保障交易顺利开展的同时，降低了交易信用和法律风险。

**（三）推进金融市场结算业务集约化**

同业率先开展海外交易结算业务集约化，研发配套电子影像系统，试点上收澳门分行外汇买卖、拆借等5类业务总行集中。

**（四）发挥专业优势，提升海外机构清算能力**

支持瑞士、智利分行申设人民币清算行，完成巴黎等8家新设海外机构系统上线，支持悉尼等3家机构接入当地清算系统。启动建行亚洲、法兰克福、澳门分行业务上收。全年处理12个币种清算业务169万笔，同比增长12%，清算效率持续提升。

**（五）拓展业务范围，支持清算业务创新发展**

完成询价交易代理清算系统开发，为锦州银行、国泰君安等机构客户提供清算服务，获上海清算所2015年度优秀清算会员奖。完成与人民银行跨境支付系统对接，以发起行身份成为首批直

参行。截至2015年底，我行人民币跨境支付系统清算资金1 490亿元，排名同业前列。

## 五、加强柜面与运营业务监督检查，有效控制操作风险

### （一）加强柜面业务督导检查

总行对20家一级分行进行综合检查，协同安保部门开展自助设备专项检查。制发渠道运营业务检查管理办法，规范检查方式、检查内容。

### （二）加强委派主管管理

完善下发管理办法，进一步明确营运主管委派范围、委派层级，加强委派主管日常管理；组织全行委派营运主管11 382人上岗考试，提升营运主管专业能力，有利于解决柜面合规管理“最后一公里”落地问题。

### （三）稽核监测成效显著

全年组织开展专题稽核181项，基本覆盖全部柜面操作与核算领域，专题稽核深度和广度明显提高。完成新一代稽核监测系统平台上线，从根本上解决了数据获取瓶颈问题，实现线下作业到线上作业转变。2015年，稽核监测共发现并督改问题16万笔，成功堵截潜在资金损失事件3 857笔，涉及金额168亿元。加强稽核问题分析，对症下药，使屡查屡犯问题减少18.2%，一些重大违规问题、风险隐患被及时发现，得到有效整改。

## 六、提高交易核算及运营响应水平，保障全行业务健康发展

### （一）加强集中核算管理，实现安全平稳运营

在业务量快速增长的情况下，准确完成日常营运后台结算、核算操作，新承接全行同业业务集中核算，高质量完成监管报表、文件报送，全年业务处理无重大差错，业务运行无重大责任事故。

### （二）保障主要生产系统业务运行，实现安全平稳运营

会同相关部门优化反洗钱数据报送系统，使我行数据报送成功率由年初的50%提升到100%，达到同业先进水平。与相关部门协作，全年完成1 000多次券商拆分整合及信息变更，支持第三方资金存管业务发展。顺利完成银联卡差错调账处理。及时处理行内外查询需求，全行共查询并反馈账户数据3 500多万条。

### （三）强化机构员工用户应用管理

优化“用户—岗位—角色—权限”四级模型，集中管控新一代系统1 362个岗位、2 623个角色、5 919个权限，实现7 866对互斥岗位的自动控制。会同相关部门，清理冗余及无效用户2万个。拓展机构信息视图，支持全行集团化业务发展，全年新增、撤并、维护各级机构1.7万次。

### （四）完善员工快速响应和知识管理机制

依托员工响应、知识管理、知识交流三大功能，完善企业级员工响应与知识管理机制，全年处理员工问题21.5万个，新增知识文档11.6万个。新增“一键工单”、“智能聚类”等功能，大幅提升员工问题解决效率。举办知识竞赛、推广评优等活动，促进员工经验共享。

## 七、夯实业务基础管理，提升标准化、系统化水平

### （一）开展内控规范化建设

按照“合规管理年”活动安排，整合重构渠道运营制度体系，共梳理有效规章制度及规范性文件178项，制订修订、补充、合并计划，从根源上解决制度层面的问题。启动渠道与运营业务领域内控标准建设，指定9家分行及武汉、成都中心作为承办单位。

### （二）积极参与新一代核心系统建设

选派20余人参加新一代建设；牵头新一代机构员工、集中运营、员工响应、运营配送、员工渠道、深化前后台分离6个项目实施，参与新一代3个项目（支付结算、反洗钱反欺诈与稽核监测、金融市场）建设。

执笔：王立辉　范知文

# 数据管理

## 一、深度参与新一代核心系统建设，进一步完善企业级数据管理和数据应用能力体系

### （一）完成数据线项目2.2期开发工作，实现顺利上线

企业级数据仓库项目集中整合各类内外部数据，建立客户、产品、机构、员工等22个维度的统一数据视图，接入新老系统/组件113个，向下游66个组件和系统提供5362个批量数据接口，为各类信息应用提供一致的数据基础。监管统计项目配套改造SMIS、CMIS等统计信息系统，做好系统应急预案，确保总分行监管数据的平稳过渡，保证了新一代实施过程中监管数据的连续性。企业级数据应用平台完成了整体框架构建，滚动上线了各类数据应用708项，建立了数据服务结果快速推送通道，全年共支持各类数据应用查询10万余次，为后续实施分行管理分析类应用向新一代的整合迁移打下了基础。元数据管理项目完成开发和上线工作，初步完成我行企业级元数据资产库的搭建，开始向全行用户提供元数据应用服务。按计划实施企业级数据质量监测与管理平台、员工业绩指标项目等三期项目；制订并完善决策信息仪表盘建设方案，推动仪表盘项目的落地实施；稳步推进试点分行管理分析类应用整合上收工作。

### （二）完善数据规范体系，统一全行数据管理基础

发布企业级数据模型1.602版、企业级数据C模型业务数据实体3 948个、唯一业务数据属性22 288个、业务术语44 866项、数据标准1 710项、业务指标5 555项，发布8 069个数据项的衍生数据视图，确保数据的采集、创建、加工全过程遵循统一的规范和标准。完善企业级数据管控机制，从源头上控制数据质量；强化数据需求统筹管理，全年共处理各类数据需求849份。

## 二、完善大数据工作机制和制度，稳步推进大数据应用取得实效

### （一）建立大数据工作机制，统筹研究全行大数据工作

总行党委成立了大数据工作领导小组，由王祖继行长任组长，办公室设在数据管理部。上海数据分析中心于7月底完成组建，成为国内银行业的第一家大数据专业分析机构。建立数据管理部与上海数据分析中心的一体化工作机制，由数据管理部统一管理大数据应用需求，与分析中心协同开展可行性研究；上海数据分析中心负责项目的具体实施，数据管理部负责项目重要节点的审核管理；组建前中后台数据挖掘专业团队，支持相关业务部门开展大数据应用。

### （二）起草完成大数据规划，绘制大数据实施路线图

完成了《大数据战略实施规划》的制定工作，并在全行夏季行长会上进行了宣讲和多次意见征求，力争使其成为指引全行大数据工作方向的行动纲领，为我行如何利用大数据支持全行战略转型发展绘制了路线图。同时，设计了相关部门、分支机构分工合作方式，为规范推进全行大数据工作开展，形成全行覆盖、有序竞争的发展态势提供依据。健全大数据工作相关规章制度，牵头起草了大数据应用需求实施细则等，用于规范大数据应用需求的实施管理和分析中心业务管理工作。

### （三）启动大数据分析项目，逐步推进全行大数据应用

2015年，总分行大力推动大数据应用分析，特别是2014年夏季行长会大数据专题研讨以来，全行上下充分借鉴大数据应用案例，实施了一系列快速见效的大数据应用项目，启动开展了

95533语音等非结构化数据分析工作。据粗略统计，全年上海数据分析中心为主体共实施了19个大数据分析项目，分行共实施了127个大数据分析项目，部分项目已经取得显著效果。如9月份与子公司联合开展的大数据分析项目“建信保本基金精准营销项目”，帮助全行在不利的市场条件下，提前完成了50亿元的基金发售目标。

## 三、及时准确，高质量完成外部监管统计及信息披露工作

### （一）做好人民银行、银监会、国家外汇局、统计局等各类监管报表以及明细数据的编报工作，在人民银行2015年全国金融统计监管报送考评中排名第一

2015年全年，向人民银行报送金融统计日报、月报、季报、年报、临时性调查等各类统计报表总计283张（期/批次）及存款保险保费数据和人民银行理财产品明细信息；向国家外汇管理局报送报表114张；向北京市统计局报送报表31张。完成银监会日报、旬报、月报、季报、半年报等常规报表报送工作，完成新增《G0A主要监管指标统计表》等报表数据和监管标准化测试数据报送工作。完成资本充足率报表和持续监管报表的填报和报送工作；完成国际BⅡ、BⅢ定量测算，银监会新标准法等定量测算；完成2014年度及2015年前三季度资本充足率信息披露。按时保质完成客户风险统计数据报送工作，通过加大对数据报送的全流程监测和事前检核、事中监控、事后通报、重点行约谈等措施，加强重点指标的监控管理。

### （二）认真落实人民银行征信管理工作要求，确保征信报送安全、准确

做好征信数据报送、异议处理、异常查询核实等工作，组织了中征码等数据质量提升工作。2015年企业征信考评得分持续提升；个人征信考评得分100分，在国有大行中并列第一位。组织个人征信信息安全专项治理，优化系统，上线了查询水印、违规查询预警等功能，对全部系统用户进行了实名制清理，有效防范了个人征信信息泄露风险。

### （三）提前准备入选全球系统重要性银行（GSIB）数据相关工作

牵头完成2014年底全球系统性重要指标的定量测算并在资本充足率报告中进行披露；多次向行领导汇报定量测算情况，为管理层提供决策参考；向银监会报送2015年半年度全球系统重要性指标数据，沟通反馈我行诉求；与美国银行开展GSIB工作经验分享，完成2015年恢复与处置计划数据模板填报。

## 四、支持业务发展，充分发挥数据在经营管理中的支持作用

### （一）加快推进数据管理工作转型，提升数据能力对于全行业务发展的支持作用

组织数据管理工作座谈会，与数据管理条线共同研讨全行数据管理工作面临的挑战以及后续工作重点，要求全行加快数据管理工作转型，贯彻落实数据管理规章制度，加快专业团队和人才队伍建设，建立总分行业务、技术协同机制，以实现数据能力更好地服务全行经营转型。

### （二）为总分行经营管理提供日常数据服务

为总分行及时准确提供日常数据服务，并快速响应审计署、银监会等各类临时性数据需求，做好经营形势分析会、年度工作会议等会议材料的编制工作。全年共编制行领导报表432期，按季向行领导报送战略新兴业务同业情况工作简报，各类会议报表材料16期，年鉴报表14张，并为部门提供业务管理报表或满足部门数据需求共计435张/项。

### （三）为资本集约化管理提供数据支持

启动精细化资本管理数据支持能力提升工作，为监管资本节约考核激励提供数据支持；完成《巴塞尔监管资本计量新标准法对我行的影响及对策建议》，及时向行内管理层汇报国际监管资本计量规则变动对我行资本占用的影响，为行内资产和产品摆布、客户管理、数据质量管理提出了合理建议。

### （四）梳理全行数据资源，提升数据支持管理决策和预测能力

基于全行转型发展对数据支持提出了很多需求，牵头对全行现有数据资源分布情况进行了梳理，形成了《企业级数据资源列表（2015版）》并正式下发全行，列示了目前分行可获取的各类数据，包括数据来源、获取方式等信息，帮助分行全面了解我行数据资源，进而实现通过数据支持预测和决策、服务转型目标。

## 五、深入推进银监会良好标准达标工作，持续提升数据质量

### （一）持续推进良好标准达标工作

加快数据管控体系建设，针对全行数据质量现状和监管数据报送中反映的典型质量问题，由黄首席于2015年5月主持召开专题会议，对存在的数据质量问题进行了深入分析，并提出了相应的解决措施，在短期内解决了监管数据报送质量问题；对东京、法兰克福等海外分行落实良好标准情况进行了现场检查。

### （二）持续清理手工报表

在之前手工报表清理工作的基础上，对境内分行再次发文建立手工报表清理定期报告制度，强化分行清理手工报表意识，节约工时巨大；探索开展海外机构手工报表清理工作，根据行领导的要求对巴西子行手工报表进行了梳理，停报了非业务管理所需的报表。

## 六、创新数据服务，推动全行外部资源和移动门户建设

### （一）引入外部工商数据

与公司业务部等总行业务部门充分论证业务应用需求的基础上，将从国家工商总局采购的对公客户工商数据接入新一代数据管理组件，并提供给下游应用系统使用，减轻一线客户经理数据录入工作压力，提升我行对公客户系统数据的准确性，为对公客户营销提供数据支持。

### （二）创建“善融资讯”订阅号和“中国建设银行”企业号

在充分调研全行微信服务号建设工作的基础上，研究订阅号和企业号的定位和功能设置，申请建立了“善融资讯”订阅号和“中国建设银行”企业号，并组织部分分行和总行业务部门试用资讯类发布功能，整理相应的业务需求，推动立项开发工作。

## 七、建章建制，规范管理，强化全行数据管理基础建设

### （一）加强条线内控体系建设，增强合规管理意识

组织开展合规管理年活动、内部控制自评价以及业务连续性自评估工作，完成“一加强两遏制”自查和“回头看”工作，督促分行完成当地人民银行统计检查和整改，通过推动数据管理条线合规文化传导，加强内控体系建设，增强全条线合规管理意识。

### （二）完善制度体系建设，确保工作“有法可依”

根据全行规章制度梳理工作要求，对2003年以来有效的129个规章制度进行了分析和梳理。其中，继续保持有效88个，已按制度分类收集电子文档，未来将统一纳入制度库，方便全行查询；因不适用等原因废止41个。同时，根据外部监管和内部管理变化情况，完善管理制度。印发《元数据管理应用操作规程》、《企业级数据应用平台操作规程》等文件。

执笔：任岳辉

# 信息技术管理

## 一、全行信息系统安全稳定运行

2015年，全行核心业务系统日交易量最高突破了6.6亿笔，较上年增长14%。面对快速发展的业务，全行IT队伍以高度的责任感、精细化管理、最前沿技术，千方百计确保各系统较高的可用率，重要系统可用率均为100%。全年未发生一件四级以上生产事件。特别“双十一”期间我

行系统平稳运行，支付宝在我行的交易量、交易额均为同业第一，实现了在没有新增任何大型机资源的情况下，通过精细化调优，创造了容量不新增、节省了数亿元的资金，为同业翘楚。

## 二、新一代核心系统建设与投产

“新一代”建设与投产是2015年信息技术管理部工作的重中之重，在总行党委及各相关部门的团结协作下攻坚克难，顺利完成了2015年2.1期、2.2期建设与投产上线各项工作任务计划。

2015年完成新一代二期第一批投产工作，建设并优化35个应用、39个应用组件、应用主线配套系统114个。9月26日完成新一代二期第二批投产工作，2.2期共包含33个项目，涉及60个应用、69个应用组件、10个平台、8个技术组件、7个安全组件、163个应用主线配套系统。完成了三期第二批34个项目的任务书下达和个人客户综合签约项目立项，三期项目任务书增加了技术目标，明确了项目承接的海外系统功能和下线任务，以及分行系统下线任务，使得项目目标和范围更加清晰，更好地支持新一代IT转型目标、核心设计专题的实现。

## 三、“两地三中心”建设

### （一）南湖园区项目顺利投入使用

建立了南湖6号楼建设例会制度和督办机制，完成6号楼工程预算的审价，完成6号楼预算及采购事项签报的提交。顺利完成洋桥第二批次系统搬迁与投产，涉及NLS、EIP、CAS等24套系统，依靠存储的数据复制技术完成228.8TB数据传输，完成了78%的应用系统数据迁移。

灾备与开发测试环境搬迁方面，完成8套主机系统、9套开放平台系统（CCBS网关、综合前置、新龙网等）的灾备环境、64套开发测试系统共计72套系统的搬迁，在资源控制和商务限制两方面均实现了重大突破，在业界创立了系统大规模迁移工程的典范。

### （二）稻香湖生产园区建设有序开展

稻香湖生产园区机房环境及智能化系统、园区入驻及管理、IT基础设施、系统建设及搬迁等方面的建设工作有序开展，严格按计划、高质量推进，保障各项工作衔接畅通。加强与办公室、人力部、基建办、安保部、财会部、采购部等职能部门密切沟通，确保各项工作的顺利进行。

## 四、支持重点项目建设

信息技术管理部对符合“市场特别急需、安全生产、外部监管”三原则的重点项目积极推进，支持和服务业务发展。

### （一）移动支付创新保持同业领先

国内首家推出商户POS支持受理ApplePay产品刷手机消费；推出“随芯用”移动支付客户端作为建设银行移动支付创新平台；同业首家推出基于“随芯用”的ETC卡、城市交通卡等行业IC卡充值功能。

### （二）建设电子银行大数据分析平台

基于GreenPlum以及Hadoop技术，构建大数据分析平台，从而为电子银行数据的采集、补录、挖掘及统计分析等一系列作业提供调度管理，建设客户渠道广告分布系统，从而实现从数据采集到数据分析。

### （三）持续推进全行利率市场化系统研发工作

配合业务部门持续推进人民币及外币聚财存款、持色储蓄等产品的优化需求的分析；推进大额存单产品的上市发行前的协调测试准备。

### （四）推进并完成个人业务产品优化与创新

持续推进全行利率市场化系统研发；持续优化快贷业务，推出“车E贷”、“沃E贷”等个人贷款产品。

### （五）推动并完成网络银行产品标准化的推广实施

网络银行标准化产品在2015年全年实现了一汽丰田、海尔家居、郑州宇通等21家新客户的切换上线。

### （六）推进传统渠道向智慧渠道转型

2015年完成了在全国11个城市建设推广智慧银行的工作。

### （七）支持我行与政府机构的合作

推进我行作为首家中央财政非税收缴业务试点银行的各项开发工作。推进了我行与公安部、财政部、人民银行合作的跨省异地缴纳交通违法罚款业务的各项开发工作。

**（八）拓展海外相关业务**

完成建设银行欧洲四国、伦敦、苏黎世分行6家海外一级机构、迪拜子行转分行以及开普敦二级分行的申设，新疆分行霍尔果斯创新离岸业务成功完成资产迁移并按照海外机构正式运作；推进建设银行马来西亚、迪拜子行转分行、伦敦分行、约堡分行所辖开普敦分行申设、建设银行巴西的IT支持工作。

## 五、全面落实一体化进程

信息技术管理部深入推进一体化运维制度建设，界定与细化一体化运维职责界面、持续改进现有运维与服务流程工具平台功能、提高虚拟团队间的沟通协作效率。深化企业级的一体化运维管理体系，集中管理，资源统一调度，发布机房园区制度规范。三个数据中心之间遵循同一套规章制度与标准、同一套统一的工作流程，同一个运维团队实现资源共享、统一分配，设定环节和岗位，落实到人。优化应急一体化组织架构，已具备组织大规模实战演练的管理实力。

## 六、加强IT专业能力建设

**（一）战略合作事项开展**

我行先后与浪潮、华为、奇虎、中兴、阿里云、曙光等国内领先的IT公司签署战略合作协议，在云数据中心、基础设施、存储、网络和信息安全等领域开展了多个课题的合作。2015年，已有20多个合作课题完成了阶段性工作，在云计算、大数据、基础软件、信息安全等方面取得多项战略合作成果并已落地实施。

**（二）提升信息技术产品的安全可控性**

按照监管部门要求，深入分析银行业信息技术产品安全可控面临的问题，结合我行IT基本架构规划和信息系统运营实际需求，制定了《建设银行—安全可控信息技术推进工作总体规划》和《建设银行—2015年安全可控信息技术推进工作计划》。主要成果：服务器、存储、网络等主要IT类产品引入安全可控产品，优化了我行的IT产品结构，新增产品安全可控率大幅度提高。

**（三）推动自主研发能力提升**

在自主研发考核指标内新增能力建设评价指标，通过加强中心对员工能力的评价来获得中心在专业能力方面的强弱视图，为能力提升提供切入点。同时按月演算各中心研发资源使用情况、编码匹配度等指标，结合“新一代”项目建设资源使用特点，分析指标设计合理性，调整考核指标计算来源或计算方法。对演算结果较差的中心进行沟通，了解实际开发资源的投入使用情况。

**（四）深化科技风险内控管理**

建设发布国内外监管、行内制度、业界标准基础资源库。梳理国内监管要求，形成《国内信息科技监管库》；梳理海外不同国家和地区监管要求，形成《海外信息科技监管数据库》；梳理业界主要信息安全标准，形成《业界安全标准库》；梳理行内信息科技风险制度，形成《行内IT风险制度库》，并将其通过整改信息系统（ITS）发布给全行信息技术人员在线查询使用，不断强化信息科技监管及内控合规要求的传导落实。

**（五）全生命周期IT管理平台项目建设**

全生命周期IT管理平台项目建设工作稳步推进。集中事件管理平台完成事件智能处置相关功能开发与上线，预置了238个应急场景。同时，依托本平台进行的《生产事件智能化处理系统研究与实践》课题研究荣获银监会2015年度银行业信息科技风险管理课题研究二等奖。应用监控平台完成了日志集中采集及分析模块的建设，完成运维大数据平台建设，新增EDA监控，并对交易监控、大屏设计器、动态基线等模块进行了优化和扩展。

**（六）国产密码算法的电子认证体系通过国密局专家审查**

大力推进国产密码改造建设工程，涉及电子认证系统、密钥关系系统、网银系统、E路护航客户端等软件改造，签名验证服务器、应用安全网关、网银盾等硬件改造，电磁屏蔽机房等物理设施建设及国家监管机构审查等多个环节。2015年4月18日，我行新建设的电磁屏蔽机房正式投入使用；5月31日、6月27日，通过国家密码管理局专家组先后两次进行现场安全性审查，表明我行具备了完整的、基于国产密码算法的电子认证体系。

**（七）深入开展信息安全防控工作**

构建电子银行安全保障技术架构，加强安全防控、监控和应急措施，防范大额案件发生以及案件大规模爆发。2015年累计发现和处置钓鱼网站45 634个，绝大多数钓鱼网站的存活时间不超过24小时；监控和处理安全事件和案件44起，其中包括“上海伪卡案”、“广东伪卡案”等重大事件和案件。

### 七、积极开展党建工作

按照总行党委要求，全面贯彻党的十八大和十八届三中、四中全会精神，深入开展“三严三实”活动，认真学习贯彻习近平总书记系列重要讲话精神，以落实全面从严治党要求为主线，强化机关党建工作责任，严明政治纪律和政治规矩，持续改进作风，将中央和总行从严治党、从严治行的要求融入到各项工作实践中。

执笔：施光宇



# 战略规划工作

### 一、全力推进转型发展规划落地实施

重视转型规划落地实施工作，专门组成了转型规划推进指导小组，负责全行转型规划推进的统一组织和领导工作，并按照转型发展重点和发展保障划分为14个专题，明确了党委分管领导和牵头部门分工。在推进指导小组下设立了推进办公室，与战略规划部一个机构两块牌子。战略规划部按照职责要求明确了组织架构、人员分工和工作规程。各一级分行建立了规划推进组织体系和有关工作机制，转型规划推进的组织、制度保障已由上而下建立健全。

为加深全行对转型发展规划的认识和理解。战略规划部年初组织召开了全行转型发展规划（视频）宣讲会议，参会范围达到分行的基层网点机构，同时部门负责人还为总行部门、分行及党校和培训中心等宣讲转型发展规划近20次，通过举办专题视频讲座、宣讲转型重点内容等形式分层次、分重点地向全行传达党委对规划推进工作要求。战略规划部在要求各级机构按照党委统一部署组织规划宣传学习活动同时，还加强新闻宣传工作，在10多家外部媒体宣传我行转型发展，并形成8篇系列转型规划解读文章对规划进行深度阐释，还印制《中国建设银行转型发展规划》文本和100问宣传手册，并在企业网门户首页开设“转型发展专栏”，及时介绍转型动态，交流转型经验，以利全行上下对规划深入学习和推动落实。

为达到以规划引导年度计划、以年度计划促进规划落地的推进工作要求，我部先后召开多次会议，就转型推进工作布置、各条线所报的转型规划落实方案、规划推进实施进度表编制等进行审议和具体安排。特别是战略规划部集中人员花了大量精力组织各牵头部门编制转型规划推进实施进度表，并在此基础上进一步统一和规划反映转型方向能力的关键评价指标，为下一步有效开展规划落实、监测和评价等推动工作奠定了基础。

积极创新战略管理新方法，探索转型发展指标体系和战略分解模型，在全面梳理规划内容基础上，对标五个方向、三个能力、七个重点、七个保障等目标要求，从集团转型五个方向、要求和14个重点转型专题等多个维度，对到2020年的转型战略、目标进行了指标分解，经过加工、整理出具有概括性和综合性的评价指标110多个，在指标间建立起集团转型战略与条线、部门等方方面面的映射关系，形成较为完成的指标体系。经过多次推进办会议和部门沟通完善，指标体系与相关模型已作为全行转型推进工作的重要方案。同时，完成了全行转型发展的评价体系建设工作，并就《中国建设银行转型规划方案实施评价管理办法》提出了建议。

## 二、加大重点城市行改革力度

制订了《关于加快重点城市行转型发展的指导意见》，明确了以市场地位提高为目标、差别化资源配置为导向、激励与约束匹配为原则、薪酬与绩效挂钩为手段、适度放权改革为动力的总体工作思路。确定了23家重点城市行优先转型发展，根据各自市场地位、经营规模与境况、提升空间分成三个层级梯次，并要求各行制订“查找问题到位、转型目标明确、解决方法恰当、资源配置合理”的3年转型发展行动方案，进而形成了具有不同转型目标、转型措施与资源配置要求，体现差别化管理特色的重点城市行改革方案，使各家重点城市行首次清晰了发展目标和导向，同时与23家分行签订了重点城市行经营管理目标责任书。

组织完成了对80家中心城市行的考核工作。伴随着重点城市行转型发展指导意见制定，通过广泛调研、征求多方意见，制订了重点城市行考核办法。为使考核办法既能兼顾公平，又能突出目标导向、加大激励约束，在调研基础上进行了大量数据模拟测算，在突出三年行动目标完成的同时，加强对转型发展的考核，引导重点城市行率先发展。

## 三、做好战略对标分析和新动向跟踪研究

紧密跟踪国际国内先进同业发展动向，组织力量进行国际先进银行经营情况和战略动态跟踪及其国际化和战略转型专题研究、新兴业务发展情况对标研究、国际银行业排名变化研究、主要发达经济体和中国人民银行资产负债结构研究、香港地区银行机构对标分析，先后撰写了《2015年下半年国际银行业资产出售行为新动态》、《我行与美国全球系统重要性银行指标比较》、《五家大型银行新兴业务发展比较》、《上半年中间业务四大行比较》、《我行半年转型发展情况分析》等对标系列专题报告。

为准确把握“互联网＋”重大机遇，加快实施互联网金融战略，撰写《中国建设银行“互联网＋”推进工作方案》、《用“互联网＋”打造我行金融生态新系统》和《第三方支付新规的影响及对策建议》专题报告；针对存款保险制度推出对商业银行产生影响的问题，撰写《存款保险制度对商业银行的影响》等专题报告。

## 四、坚持做好国际国内经济形势分析和热点跟踪工作

坚持战略规划管理与研究工作并重，积极做好国际、国内经济金融形势分析与展望、国际国内同业发展趋势以及我行国际影响力等方面研究。先后完成《2015经济增长趋势与主要风险点》、《下半年宏观经济走势及机遇与挑战》、《当前经济形势分析与展望》等宏观经济形势分析报告，积极为全行经营发展提供智力支撑。

此外，还完成《建设银行参与“一带一路”战略的相关建议》、《加快京津冀区域协同发展，打造全行经营发展重要支柱》、《深化国有企业改革与我行转型发展》、《从银行视角解读〈构建开放型经济新体制若干意见〉》、《深入把握五中全会及“十三五”规划精神，促进我行转型发展再上新台阶》、《商业银行面临的机遇和挑战》、《经济结构分化趋势及对银行业的影响》等专题报告。我部共刊发《战略观察》24期。

## 五、精心为行领导撰写有关综合性材料、演讲稿和报告，发挥参谋作用

2015年，为行领导参加有关论坛、座谈会、学术研讨会、接受媒体采访等准备综合性材料、演讲稿、背景资料及报告二十余份。撰写了《深化国有大型银行公司治理改革初探》、《积极发挥银行作用，支持可持续城市交通发展》、《加快转型发展，适应服务经济计划能力》、《“十三五”我行面临的机遇和挑战》、《应对严峻挑战，加快转型发展》、《中国银行业的变革》、《我国财政政策与货币政策及其搭配效应》、《适应利率市场化新形势，加快推进商业银行金融产品创新》、《危机后美国经济金融政策变化》等材料。此外，还为总行领导提供多份有关国际经济金融形势发展变化背景材料、在APEC ABAC会议上的提案、接受有关媒体采访材料等。

## 六、积极加强对外交流合作，扩大我行及战略规划部的对外影响力

提升我行品牌形象和营造良好的外部经营环

境。填报了亚洲银行竞争力排名调查问卷；根据银行业协会要求向全行发文征集《中国银行家调查问卷》；为银监会提供了《对人民币加入SDR和美联储加息等有关热点问题的基本判断》；为银行业协会提供了《商业银行“十三五”期间改革发展”研讨会材料》；受银行业协会委托面向全行各部门征集并报送监管高层会议议题等。代表建设银行参加了中国银行业协会行业发展研究委员会2015年第一次全体会议；赴银监会参加互联网支持实体经济发展研讨会、十三五规划有关问题研讨会和银行业协会商业银行稳健发展能力会议；参加中国金融学会主办的互联网金融基础理论学术报告会；参加中国银行业协会2015年银行业发展研究优秀成果评审工作；参加金融街学术交流会——美国经济趋势研讨会；G20智库论坛（2015）、G20智库峰会中国启动会；中国金融学会2015学术年会暨2015中国金融论坛等。接待台湾金融代表团、泰国红十字会、伦敦商学院、挪威银行、新加坡星展银行等来访。

## 七、努力提升“两刊”办刊质量

认真做好《投资研究》交接和办刊工作。2015年一季度，《投资研究》正式移交我部办刊，我部积极与办公室、清华大学、编委会等方面沟通，多方听取意见建议，保证了刊物的顺利移交和正常出刊。在此基础上，努力提高两刊编审水平。不断提高《投资研究》审稿要求和水平，保证发稿质量和在学术界的地位，根据部分重点高校学术论坛和读者反馈，《投资研究》的学术水平和认可度正在稳步提升。

《投资研究》全年共收稿800余篇，发稿140余篇，《现代商业银行导刊》全年共收稿300余篇，全年刊发180多篇。编辑人员严格把关，认真审读稿件。积极配合我行战略转型建言献策。开设“转型发展论坛”，先后了刊登转型发展相关文章十余篇，在关注战略转型的同时，也不断寻找好的题材，为我行改革发展献言献策。《投资研究》作为北大核心刊物，在国内最权威期刊CNKI指数跃升至2.144，较上年提升了30%，社会影响力进一步扩大。

## 八、积极推动博士后研究工作与转型发展密切结合

精心安排推进博士后研究项目，第七届博士后人员在务实性、针对性、专题性的研究方针指导下，对课题研究不断深入，如期完成博士后报告。答辩评委一致认为，博士后研究成果对建设银行业务经营、管理和变革具有一定的参考意义，在业务知识及研究能力，特别是实际工作能力等方面都有显著的拓宽和提高。同时，在站博士后也取得了一批有实用价值的研究成果，如完成《商业银行资本管理工具及创新研究》、《供应链金融服务研究》、《应用量化模型预测R007》等研究项目，对我行改革和业务发展等方面具有一定的参考价值。

鼓励博士后参与战略规划和研究工作。博士后在站期间，参加行内相关研究课题，与部门同事合作完成了多项课题研究；为行领导、总行部门撰写有关国际国内经济金融形势、转型发展推进、经营管理等有关材料；参与建设银行转型发展规划推进落实工作；协助进行转型发展规划进度表的信息跟踪工作和汇总整理工作；翻译梳理各大国际先进银行年报资料；参与设计部门战略管理信息平台等。

此外，博士后还积极参加行内外调研和学术交流活动。先后参加“2015中国金融学会学术年会暨2015中国金融论坛”、“商业银行‘十三五’期间改革发展”研讨会、第七届黄祖耀新中金融与银行业论坛、“第三届中国银行业发展论坛”。博士后还在国内外公开刊物独立或合作发表了8篇论文，积极参与中国银行业协会同业交流，研究成果《中外银行资本管理与资本工具创新：比较研究》荣获“中国银行业研究优秀成果评选（2015）二等奖”。

执笔：孙永红

# 子公司改革发展与内部管理

## 一、建信基金管理有限责任公司

### （一）主要经营成果

1. 管理规模实现跨越式增长。截至2015年底，公司资产管理总规模达到6 863亿元，较上年底增加3 250亿元，增幅达90%。公募基金规模达到3 147亿元，是上年的2.59倍，首次挺进行业前八、银行系第二；公募新增规模排行业第四，银行系第一；全年日均管理规模1 841亿元，为公司成立以来最高，是2014年日均规模的2.6倍。专户业务规模达到1 617亿元，较上年底增加492亿元，增幅为44%。建信资本管理规模达到2 099亿元，较上年底增加827亿元，增幅为65%。

2. 利润和收入成倍增长。2015年公司实现净利润4.78亿元，较上年增长190%，超额完成了年度财务预算目标的1.4倍；管理费收入11.56亿元，较上年增加一倍多，其中，公募管理费收入9.33亿元，较上年增加92%；专户管理费收入1.33亿元，较上年增加77%；ROE为42.93%，较上年增加一倍多。

3. 投资业绩表现良好。2015年公司公募整体投资业绩排名行业42%分位，偏股型基金业绩排名行业50%分位，偏债型基金业绩排名行业26%分位。主动偏股型基金平均净值增长率22.55%，超越上证综指13个百分点。其中建信中小盘先锋、建信改革红利等2只基金在587只股票型基金中排名前十。固定收益类产品业绩在80家基金公司中排名第5，12只债券基金2015年平均净值增长率18%，超越上证国债12个百分点；半数债券基金业绩排名同类前20%，其中建信双息红利、建信安心保本、建信收益增强、建信转债增强等4只基金业绩进入同类前二十名。2015年，公司获得“金牛基金管理公司”奖，是唯一一家获得该奖项的银行系基金公司，公司旗下建信稳定增利债券基金获得“五年期开放式债券型持续优胜金牛基金”奖，建信双息红利债券基金和建信转债增强债券基金获得“2015年度开放式债券型金牛基金”奖。公司专户主动类产品投资业绩优异，总行的工会、养老金和投行三个产品净值取得了大幅增长，收益率达到了业绩报酬提取标准，分别为12.6%、14.4%、12.3%；投行部净值型产品（货币型）收益率达到6.45%。

### （二）主要经营管理措施

一是公募建设银行渠道规模稳步提升。截至2015年底，规模达到1 298亿元，较上年底增长555亿元，增幅达74.7%；2015年公司在建设银行系统基金存量规模（含直销）中占比为29%，处于历史最高水平；全行1 200亿元战略协同目标完成率为108%。

二是非建行渠道增长迅速，占公司公募规模的68.8%；存量规模1 849亿元，是上年的3.9倍，与中信银行、光大银行、交通银行、招商银行等渠道建成战略合作关系，合作方对公司品牌和产品一致认可。

三是母子公司业务联动势头不断向好，推动专户业务模式成功实现由被动型向主动管理型转变。截至2015年底，公司专户主动管理资产规模达到1 343亿元，较上年增加941%，占总规模的83%。

四是子公司建信资本在规模快速增长的同时，全面拓展新业务，提供全面投融资管理服务。在标准化业务方面，推出新三板投资产品、优先股投资产品等；非标类业务方面，投资于中石油管道公司、协助财政部和总行资产管理部参与设立中国政企合作投资基金股份有限公司等。

五是产品创新跃上新台阶，多个领域取得突破。首次推出行业股票型基金、触发式保本基金、行业指数分级基金、量化对冲基金等八类公募创新产品；及时推出投资标的创新、产品结构创新、衍生功能创新和跨境合作模式创新等九类专户产品，为公司业务规模跨越式发展提供了有力保证。

六是加强风险防控体系建设，以主动管理组合的投资风险管理为工作主线，重点关注信用风险和流动性风险，积极应对流动性危机和信用风险事件。

执笔：黄文韬

## 二、建信金融租赁有限公司

### （一）主要经营成果

一是经营成效显著。截至2015年底，公司资产总额1 018.05亿元，较年初增加246.77亿元，进入千亿级行列；租赁资产余额1 018.16亿元，较年初增加268.80亿元，完成全年计划新增指标的158.12%，租赁资产规模在银行系租赁公司中排名第6位；其中，融资租赁余额940.25亿元，较年初增加237.35亿元，经营租赁资产余额77.91亿元，较年初增加31.45亿元；全年租赁投放额605.88亿元，居行业40家金融租赁公司首位，在行业内首次实现年度投放额突破600亿元，资产不良率在同期成立的五家银行系租赁公司中最低；租赁资产增幅、营业收入增幅、净利润增幅均在同期成立的五家银行系租赁公司中排名第一。公司净利润9.55亿元，资产回报率（ROA）为1.07%，资本回报率（ROE）为9.93%。

二是飞机租赁业务影响力不断扩大。2015年公司中标和签约共51架飞机，年内交付了35架。拥有和管理的飞机租赁资产共70架，金额合计217亿元，机队规模在国内租赁公司中排名第四。飞机租赁资产中经营租赁占比已达47%，公司通过爱尔兰平台管理飞机共14架，资产余额26.11亿元。

### （二）主要经营管理措施

一是发展转型稳步推进，专业化发展步履坚实，打造公司品牌形象。公司深入贯彻落实总行转型发展战略，紧抓国家经济转型升级机遇，稳步推进发展转型，大力支持城市轨道交通、水利及公共设施等领域，打造并不断提升“绿色交通”和“绿色能源”品牌。探索专业化发展道路，逐步在新能源汽车、公立医院、公立教育等业务领域形成品牌优势和市场影响力。提升资产管理能力，开展租赁资产转让业务，研究推动资产证券化项目。落实集团海外业务发展战略，服务中国企业“走出去”发展步伐，加快国际化的资产布局。推进专业子公司设立，提升专业化水平。

二是飞机租赁业务发展再上新台阶。公司全面扩大飞机租赁业务规模，行业地位显著提升，实现了单年业务量翻番。不断增强专业化能力，租赁的特性日益显现，收益逐步提高，租赁特性更加显现。逐步提升国际化能力，全球化营销和资产配置已迈出坚实步伐。

三是不断深化母子公司战略协同，逐步拓宽联动模式。公司不断创新联动营销的协同模式和机制，提升业务联动效率。逐步拓宽协同联动的领域和范围。与母行联动开展租赁资产转让的业务模式已经成熟，并不断探索与母行联动开展客户风险管理的机制。随着公司发展转型的推进，与其他子公司之间的合作也在不断加深。

四是拓宽融资来源，降低融资成本。公司进一步加大与金融机构的合作力度，加强同业交流，保持在资金市场的活跃度；同时，积极拓宽融资渠道，在增资后增加了同业拆借额度，成功开展了同业外币拆借交易，打通与同业金融租赁公司的拆借业务通道。积极研究人民币资金市场走势，以低成本借款置换原借款等方式降低融资成本；创新融资产品，积极支持转型业务发展，完成公司国际信用主体评级以及实现首次5亿美元债券发行，适时启动境内人民币金融债发行相关工作。

五是强化风险管理。公司建立并不断完善风险管理组织架构和全面风险管理制度体系，传导母行风险偏好，健全风险管理长效机制。强化项目审批和租后风险监控，加强信用风险管理；合理安排融资期限，定期开展压力测试，控制流动性风险；完善制度，适应市场趋势，加强市场风险管理；夯实内控案防工作基础，加强操作风险管理；把握风险演化规律，增强对风险的“了解”和“化解”能力。

六是提升定价管理水平。公司为适应业务发展和转型需要，不断优化定价流程，分析历史数据和市场走势，在实践中不断研究和探索，逐步细化和完善交易指导价格，提升定价实效。对人民币资产和负债历史价格进行多维度统计分析，分析价格影响因素，指导资产配置和负债安排。在宏观经济下行背景下，积极探索差别化定价，通过定价模式与再定价条款的合理安排尽可能减少收益波动，平衡风险和收益。

七是加强基础性管理工作。公司对内控制度进行全面梳理，进一步规范和完善了现有制度体系，强化了内部控制基础，增强了风险防控能力。持续优化部门设置，适应专业化发展需要，兼顾区域和行业。推进新核心租赁系统建设，提升信息化控制水平，在提升业务全流程信息化控制、强化风险管控能力等方面的效果已经开始显现。进一步加强租赁物、交易合同、档案等基础管理，支持创新与转型提高财务管理水平，完善会计核算、租金管理工作，优化人力资源管理，提升员工队伍建设和人才保障。

执笔：张超

## 三、建信信托有限责任公司

### （一）主要经营成果

一是盈利水平创新高。全年实现净利润11.9亿元，同比增长36%，超额完成董事会核定计划，在建设银行集团综合化经营子公司中，净利润总额继续排名第一。人均净利润487万元，较上年增长55万元；资本回报率（ROE）为15.19%，较上年提高2.31个百分点。

二是信托资产规模超万亿元。年底，公司信托资产规模首次超过万亿元，达到10 968亿元，同比增长65%，其中集合信托规模3 600亿元，同比增长102%。信托资产规模行业排名首次跃居第一位。

三是运营稳健，总体风险可控。固有资产不良率保持为0，信托项目资产质量较好，总体风险可控，公司全年未发生重大责任事故和案件。

### （二）主要经营管理措施

1. 加快推进业务转型，实现多点突破。公司聚焦国家经济建设主战场，围绕八大领域精耕细作，在实业投行、资产管理、财富管理等转型业务方面均有突破。

（1）实业投行方面。打造产业基金、国企改革、股权投资三大业务平台。产业基金成效明显。2015年，公司新设立基金25只，规模超过233亿元。基金类型覆盖城镇化、PPP、资本运营等多个方面。产业基金从以调节财务报表为主要目的初始阶段，向解决客户更多元化需求的高层次升级。国改业务取得进展。广东国企重组发展基金已投企业运营情况良好，改革红利正在释放；深圳远致富海基金投资进度加快。国改业务在福建、湖南、厦门等地稳步推进；与国机集团合作设立资本运营平台，成功中标中冶集团员工持股计划管理人，央企国改业务破题。股权投资业绩良好。截至2015年底，建信投资、建信财富两个PE投资平台运行了5年的时间，经历了募、投、管、退的项目运作过程，收益明显好于市场上同类公司，并为进一步开展股权投资业务积累了经验。

（2）资产管理方面。主导国内首单信托受益权集合ABS成功发行，首创信托受益权打包运作证券化模式，产品推出后获数倍超额认购，开辟了信托资产非标转标新路径；完成总行两期RMBS的发行工作，规模总计100亿元；持续优化梧桐树信托转让平台，全年信托受益权流转总额132亿元。

（3）财富管理方面。建设银行私人家族、民生私人家族、安享、尊享四个产品系列新增设立规模50亿元、92单。其中，单笔20亿元申报规模、单户6.8亿元配置规模，均创出业内同类服务最大规模。推出业内首个《中国家族信托白皮书》，获得监管部门的肯定和市场的认可。

2. 稳步推进市场化改革，激发公司发展活力。2015年初，总行党委决定在建信信托进行市场化改革试点工作，市场化改革工作在公司全面展开。一年来，围绕完善治理、落实董事会决策权和公司日常经营权、完善市场化用人机制、强化绩效考核、风险管控等方面，形成了一系列具有可操作性的方案和制度，各项改革措施陆续落地施行，市场化运作机制得到系统化、制度化构建，进一步激发了公司发展活力。

此外，公司着力增强创新驱动能力，创新机制逐步完善，创新产品不断涌现；狠抓项目风险全流程管理，加强内控合规精细化建设，风险合规能力得到有效提升；加大科技建设力度，“互联网+”建设正式起步；员工队伍进一步壮大，整体素质明显提高；认真开展“三严三实”专题教育活动，党的建设和廉政建设工作取得较好成效。

执笔：赵曼

## 四、建信人寿保险有限公司

### （一）主要经营成果

保费规模快速增长：全年总保费收入410.4亿元（含账户式医疗），同比增长120.2%。市场地位稳步提升：公司规模保费全国市场排名第15位，位居银行系寿险公司第一位。各渠道、机构全面达成目标：银保、网销、团险、高端渠道均实现新业务规模保费同比大幅增长。财务效益持续提升：全年投资收益率为7.58%，实现税后利润4.13亿元，同比增长140.1%；净资产收益率（ROE）达到5.03%，同比提升2.65个百分点；年末总资产691.7亿元，较年初增长70.4%；公司偿付能力一代充足率为241.4%，高于监管充足Ⅱ类标准。经营区域进一步拓展：公司全年新设3家分公司，15家中心支公司，经营区域扩大到14个省市。品牌形象持续提升：公司荣获权威媒体颁发的“最具竞争力保险公司”、“卓越客户体验保险公司”、“中国价值成长性十佳保险公司”等诸多奖项。

### （二）经营管理措施

一是推进体制机制改革。公司根据总行要求，制定转型发展规划，确立了未来发展的目标；成立体制改革办公室，正式启动股份制改革和上市进程，建立审计、风险、内控垂直管理体制；申请保险子类牌照，保险资产管理公司获批筹建。

二是深入推进战略协同。与建设银行建立多层级联席会议制度，开展联合产品研发和营销活动。通过多样化手段，与建设银行实现深入母子联动，取得良好的协同效应。

三是推进业务全面发展。银保渠道在保持规模增长的基础上，持续推动业务价值的提升，全年非高现价新业务占比为54%，同比提高33个百分点，原保费收入170亿元，同比增长50%；团险渠道积极参与集团内母子公司联动项目，实现多渠道业务同步推进；高端渠道充分利用建设银行亚洲的境外平台，为高净值客户提供跨境优质综合金融服务；网销渠道与阿里合作实现第三方销售合作模式的突破；个险渠道推进产品的升级换代和新营销体制的推广。

四是积极开展各类创新。机制创新方面，积极探索销售队伍改革。模式创新方面，深入推动3C销售模式的落地；开通建行ATM自助投保渠道；个险“1+N”综合金融业务模式有序推进。产品创新方面，推进万能费改产品的创新及更替；研发个人税优健康等新产品；与建设银行共同开发满足城镇化农民养老保障产品和“安居无忧”多年期意外险产品。服务创新方面，在建设银行网点实现了主要售后服务功能的柜面操作，持续推进可视远程销售服务创新项目。

五是持续优化运营流程。电子投保APP上线，实现客户投保和公司核保作业的无纸化。客户信息与公安部身份证信息系统实现实时连接和验证。保全、理赔首期优化项目上线。推进“新一代”服务柜面延伸。

六是持续提升信息化建设水平。完成新一代代理保险协同建设等一批重点项目的开发与上线，启动公司异地信息化中心建设，完成集中监控管理平台及基础环境安全架构，搭建安全运维和安全监控平台。

七是持续提升人力资源管理水平。优化薪酬分配政策，提高绩效奖金在薪酬结构中的占比；加强培训体系建设，搭建公司金牌讲师队伍；建立培训积分制度，着力提升培训覆盖面和培训效果。

八是持续提升财务管理水平。完善财务管理制度，加强费用管控；加强财务信息系统建设，夯实财会基础管理工作；稳步推进“营改增”、资本补充、结汇、退税等重点工作。

九是提升风险控制能力。确立风险管理信息系统框架，建立评估计算模型，完成风险定量测试；积极推进反洗钱工作，细化关联交易管理，加强法律审核和授权管理；完善公司操作风险管理体系，切实做好满期给付与退保风险防范工作。

十是深入推进文化建设，声誉风险防范能力稳步提升。公司在更生行长的指导下编发了《企业文化手册》，对企业文化作了全面系统的解读；组织先进人物评选，启动声誉风险“固本工程”，全年公司未出现一起重大声誉风险事件。

执笔：吴丹捷

## 五、中德住房储蓄银行有限责任公司

### （一）主要经营成果

一是经营效益稳步上升。2015 年，中德银行实现净利润 19 069 万元，同比增长 1 415 万元，增幅为 8.01%。平均资本回报率（ROE）为 7.43%，较董事会年度计划提高 1.22 个百分点；资产回报率（ROA）为 0.72%，较董事会年度计划提高 0.03 个百分点；成本收入比为 40.1%，同比下降 2.77 个百分点。

二是住房储蓄业务继续保持良好发展势头。2015 年，中德银行住房储蓄产品销售业绩再创历史新高，缔结住房储蓄合同 121 亿元，同比增加 15 亿元，增幅为 14.67%。住房储蓄存款考核新增 19.58 亿元。

### （二）主要经营管理措施

一是完成转型发展顶层设计，启动中德银行发展新引擎。2014 年一年，集中力量，组织编制了《中德住房储蓄银行转型发展规划（2015—2020 年)》。这一纲领性文件的颁布奠定了中德银行战略转型发展的大方向和基础。

二是各项转型工作齐头并进，打开发展新局面。中德银行总行管理层成立了转型发展规划实施领导小组，下设七个实施小组，全面启动了战略转型细化实施工作。在监管法规修订上，新的住房储蓄监管法规充分参考吸纳了将中德银行纳入中国多层次住房政策体系、定位为全国性专业银行等方面意见，并已通过了主席办公会预备会审议。在区域发展上，“天津模式”固化工作推进情况良好，中德银行的《住房储蓄与住房保障相结合的创新金融支持方案》已纳入天津市住房保障“十三五”规划。同时区域拓展工作也进展顺利，先后与湖北省政府、河北省政府、青岛市崂山区政府明确了整体合作框架或达成了合作意向。

三是更新经营思路，积极探索线上发展新路径。一年来，中德银行积极谋划互联网转型工作，启动了“中德银行‘互联网＋’转型方案”的研究制定工作。探索住房储蓄业务未来线上化发展的路径，分析网络金融有效的业务发展模式，确定互联网金融的实施路径。通过一年的工作，线上发展在产品、平台、渠道等方面均实现了新突破。产品方面，以“标准、极简、易售”的原则，推出了适宜线上销售的标准化住房储蓄产品“一存定赢”和“月月丰登”，以及住房储蓄产品组合销售方案“房益购”。平台方面，搭建起了“蜜蜂银行”网上销售服务平台，并借助建总行新一代系统的上线、推广，实现了天津地区建设银行首批 62 个网点代理中德银行住储、银行卡等业务。渠道方面，与搜房网、365 淘房网、新浪乐居等电商开展了积极合作。一年来，住房储蓄业务线上发展实现了有序起步，直销银行版住房储蓄产品实现了正常销售，线上经营模式初显成效。

四是着力深化产品和功能创新，边行边试紧跟转型步伐。从制度机制入手，对产品创新流程进行了重新梳理和优化，修订下发了《中德住房储蓄银行产品创新管理办法》和《中德住房储蓄银行创新委员会工作规程》。从产品、功能创新入手，研发了“企业住房福利计划”、“首付省息惠民贷”、“AB 省心”等新产品。为完善住房储蓄产品功能，提升住房储蓄产品的吸引力，中德银行还推出了住房储蓄忠诚奖励政策。一系列新产品、新功能的研发，有效提升了中德银行住房储蓄产品的市场综合竞争力。

五是战略协同在多个层面取得实质进展，母子公司联动效应进一步加强。一方面，接入了建设银行总行新一代系统，实现了建设银行代理住房储蓄合同缔结、查询、委扣签约、存款，住储卡在线发卡柜面身份认证、住储卡通存通兑等功能。另一方面，启动了建设银行“商机系统”推荐住房储蓄潜在客户工作，进一步加大母子公司的客户资源共享、简化营销过程。同时结合天津、重庆地区建设银行协同的经营实际，形成了《住房储蓄业务融入建行渠道的需求和实施方案》，逐步实现了住房储蓄业务和建行渠道的深度融合。

6. 做实管控责任，全力以赴守牢风险底线。一年来“大风险、大内控”全面风险管理体系建设成效显著。全辖“一个加强、两个遏制”、“内控合规管理年”两个专项检查活动并行，对各个重点业务领域进行了全面检查，对检查发现问题的整改问责情况进行了重检，活动成效显著。

在强化信贷管理和风险内控基础方面，制定了年度资产质量计划并强化年度考核，将年内新增不良贷款和个人贷款逾期涉及本金列入考核指标，加大不良贷款的管控力度。完善了横向分级负责、纵向条线管控的一体化内控管理体系建设。落实了个金、公司、财会、风险四大条线内控责任，按照四大条线分别制定内控KPI考核指标体系，对分支机构进行内控考核。

执笔：周暄

## 六、建信期货有限责任公司

### （一）主要经营成果

截至2015年底，实现营业收入8 685万元，较2014年增长3 165万元，增幅为57%；实现手续费收入3 733万元，同比增长24.61%；净利润323万元，实现扭亏为盈，同比增加876万元。年底公司客户权益规模达到19.19亿元，较年初增长14.69亿元，增幅达326%；日均客户权益规模9.57亿元，较上年增长173%。经纪业务代理成交额2.41万亿元，代理成交量2 107.4万手，分别较2014年增长178%和135%，增速远高于行业平均水平。公司经受住了市场行情剧烈波动和监管政策变化的双重考验，风险管控全面有效，综合分类评级在2015年从B级跃升为BBB级。

### （二）主要经营管理措施

1. 坚持客户结构转型，提升规模。为改善客户结构，公司大力拓展产业客户和专业投资机构客户。2015年底，机构客户权益在总客户权益中占比达71%，较年初提升了22个百分点。客户结构改善既改善了客户盈亏状况，也改善了公司的收入结构，客户保证金利息收入成为收入的重要来源，规模效应在经营中的作用逐渐显现。

2. 坚持业务模式转型。在继续大力发展经纪业务的同时，创新的资产管理业务也取得突破。全年公司先后发行了7只资管产品，累计规模7.2亿元，资管产品贡献期货权益4亿元，实现资管计划管理费收入118万元。

3. 丰富联动形式，深化联动效果。2015年建信期货与建设银行多个条线及分行开展了更加全面的业务协同，取得了一定成效。联动形式包括以居间合作带动联合营销、以专项营销开发重点客户、以银期产品创新强化联动效果、以培训加强银期业务交流等。2015年，建设银行推荐客户的日均权益达到2.88亿元，占公司日均权益的30%。

4. 不断提升保障能力，改善客户服务与体验。2015年公司初步建成了规范化的基础服务体系，并在此基础上深化研发、套保与交割以及IT服务，提升专业服务质量，建立起个性化的产业客户服务与专业投资者服务模式。

5. 加强合规风险管控。2015年，公司法人治理结构进一步完善，还根据总行管理与监管要求，对各项业务制度与流程进行了梳理与修订，强化了经纪业务操作风险管理以及创新业务的风险防范与制度建设。

6. 深化人力资源调整。继续贯彻“控总量、调结构、提素质、保一线”的理念，深化人力资源结构调整。通过加大引进与内部调整，强化培训、培养等举措提升人员素质。2015年公司硕士学历以上人员占比提升了7.6个百分点，一线员工队伍得到了充实。公司还建立起绩效考核机制，试点专业技术岗位职务聘任管理办法，通过短期激励与长期激励并举，提升人才吸引力与凝聚力。

执笔：丁莉

## 七、建银国际（控股）有限公司

### （一）主要经营成果

2015年，建银国际认真贯彻落实总行“综合性、多功能、集约化、创新型、智慧型”经营战略，充分发挥与集团的联动优势，持续深入推进国际化战略转型。总资产达到382.31亿港元，实现利润8.4亿港元。

一是业务市场竞争力持续增强。据Dealogic统计，以账簿管理人角色完成的IPO项目数位列中外资所有投行排名第一，并购业务金额及项目数均排名中资银行系投行第一；债券承销金额明显提升，项目角色逐渐向主要角色转变；完善投行平台配合总行在欧洲的战略业务布局，在伦敦交易所和泛欧交易所分别发行了欧洲和欧元区第一只以人民币计价和交易的RQFⅡ货币市场ETF产品，在中欧国际交易所挂牌以人民币计价的ETF产品。

二是公司品牌形象进一步提升。2015年荣获奖项达32项，其中，连续第四年蝉联福布斯

(Forbes China)“中国最佳 PE 机构十强”，荣获《财资》杂志（The Asset）2015 年度“香港最佳企业 & 机构银行奖”及“香港最佳券商奖”，荣获《亚洲金融》杂志（Finance Asia）最佳 IPO 奖项，获得新城电台的“杰出投资银行——资产管理大奖”，在清科评选中取得“中国私募股权投资机构 50 强”排名第 6 的好成绩，此外还获得“中国私募股权投资机构 30 强（外资）”（第 2 名）、“（VC/PE 支持）中国企业海外上市主承销商 10 强”等重要奖项。

三是战略协同取得新成效。集团协同持续深化，协助总行发行 30.5 亿美元一级资本永续债（优先股），协助建设银行亚洲、建信金融租赁有限公司等机构发行人民币债、美元债及欧元债等多类债券；与总行部门、境内分行联动完成中国再保险、中国华融、中国能源建设、中国国际金融等项目。

**（二）主要经营管理措施**

一是各项业务延续健康发展。全年参与 IPO 项目共 18 个，项目数蝉联香港所有中外资投行第一，在中国再保险及中国华融的 IPO 项目中，以联席全球协调人等重要角色参与项目，市场影响力进一步提升；全年完成并购项目共 17 个，项目数量及金额在中资银行系投行中排名第一，超过第二名中银国际 11 个；全年共参与债券承销项目 29 个，项目融资总金额 355.80 亿美元，承销总金额 31.74 亿美元，承销金额同比明显提升，完成 G3 货币债券项目 22 个，承销金额 29.02 亿美元，承销金额跃居中资银行系投行第一，成功协助宝钢集团在香港发行 5 亿美元的可交换零息债券，成为 2015 年香港市场首单由独立中国国企发行人发行的可交换债券，获得投资者的踊跃认购，债券业务综合服务能力得到市场认可。

二是落实总行战略，拓展完善投行平台。配合总行在欧洲的战略业务布局，10 月，在中国国家主席习近平和英国首相卡梅伦共同见证下，总行与伦敦金属交易所及伦敦金属交易所清算公司签订谅解备忘录，建银国际与 Minmetco Limited 签署 LME 圈内一级会员公司控股权有关协议，成为全球最大金属交易所 9 个圈内一级会员中唯一中资银行系代表，使建设银行集团业务扩展到全球最大金属交易所的一级会员层面；习近平主席访英期间参观了开展大数据应用和转化研究的“建银国际—剑桥—帝国理工学院数据经济实验室”。

执笔：王剑

## 八、建信养老金管理有限责任公司

2015 年，建信养老金管理公司顺利实现挂牌开业，成为国务院批准试点的国内首家专业养老金管理公司，成功走出先手棋，走在了同业前列。

**（一）精心筹备，稳妥推进养老金管理公司筹建进程**

经国务院批准，并报经中国银行业监督管理委员会核准同意，建信养老金管理有限责任公司于 2015 年 11 月 20 日正式挂牌成立。在开业仪式上，王洪章董事长、北京市常务副市长李士祥、原人社部副部长胡晓义、社保基金理事会副理事长王忠民共同为公司揭牌。作为我国养老保障制度改革创新的先行者，建信养老金管理有限责任公司专注于养老事业，致力于民生改善，承载着探索国家养老保障体制改革的历史使命，肩负着推进养老金市场化运营的改革责任，担当着促进建设银行集团综合化经营与战略转型的重要职责。

**（二）确定了公司治理结构**

公司采取有限责任公司的形式，并按照现代公司治理结构要求，设置“三会一层”。股东会为公司最高权力机构，按照《中华人民共和国公司法》和其他适用的法律法规行使其职权。董事会对股东会负责，下设战略发展委员会，审计、风险与关联交易委员会，提名与薪酬委员会，分别根据相应的公司治理要求开展工作。监事会在股东会领导下，对董事会及高级管理层行使监督职权。

**（三）全面开展人员招聘工作**

公司工作人员主要通过建设银行内部选聘和市场化招聘相结合的方式予以确定，其中来自建设银行的人员，都曾多年从事养老金相关的营销、产品研发、受托和账管运营、风险管理、财务会计等工作，具有较高的专业素质和工作经验；来自市场化招聘的人员也都具备拟任岗位所需的知识和专业能力，符合公司业务发展需要。目前公司开展业务所需的核心岗位人员均已到位。

**（四）建立了公司治理、业务和风险控制制度体系**

在制定完成《公司章程》基础上，公司制定了股东会、董事会、监事会的议事规则等治理文件，并获得股东会审议通过。公司按照促进业务发展、加强风险防范要求，确定了公司整体制度框架，搭建了相应的风险内控体系；整理和编撰了54项管理制度，内容涵盖了办公、人力资源、财务会计、公司业务、风险内控、法律合规、信息技术等方面，形成较为完善的管理制度体系和操作规程，能够满足公司经营管理的要求。

**（五）制定了公司经营方针、业务发展计划**

作为建设银行集团开展养老金业务的统一平台，在承继建设银行现有养老金业务的基础上，充分发挥专业化和全牌照的优势，横跨养老保障体系三支柱，打通养老金业务链上下游，为客户提供专业的"一站购齐的捆绑式服务"，致力于成为最具市场影响力的养老金管理机构。

**（六）完成了公司信息系统规划与建设工作**

公司先后制定了各项业务和管理信息系统的建设规划和建设方案，完成了系统软、硬件采购，实施了公司信息系统的环境建设、设备集成和系统部署。公司目前已经完成核心系统和内部管理系统的测试和评估，系统功能能够满足公司日常业务安全运营和内部管理需要。

**（七）开展了公司企业文化建设**

在公司筹备期间，筹备组即着手开展了公司文化建设，确定了公司的使命、愿景和宣传用语等企业文化元素，完成了公司标识的形象设计，制定了员工职业操守准则，并对员工行为规范、商务礼仪等方面提出了要求，最终形成公司《企业文化手册》。

**（八）业务储备工作**

公司大力推进各项业务储备工作，提前布局职业年金和基本养老保险基金，成立职业年金专项营销团队，积极拓展新增市场，持续营销存量企业年金客户投资管理人资格和相关规模，大力发展第三支柱养老保障产品等业务，积极构建横跨养老保障三大支柱的业务体系。

执笔：陶星

# 海外机构改革与发展

## 一、香港机构（建行亚洲、香港分行）

**（一）业务发展情况**

截至2015年底，香港机构总资产余额为996.82亿美元，较年初增长3%；实现净利润4.68亿美元，同比增幅达77%；不良资产和不良贷款分别为0.06%和0.09%，分别较上年底上升0.01个百分点。不良率远优于同业平均水平。

**（二）主要经营管理举措**

1. 业务基础进一步夯实。基础客户数和有效客户数分别较上年增长14%和16%，计划完成率分别达160%和129%。

2. 优化结构取得初步成效。落地资产占比达38.75%，较上年底提升4.68个百分点。

3. 成本收入比进一步降低。通过不断加强成本管理、优化资源配置，成本收入比为31.98%，较上年下降3.33个百分点。

4. 承办"走出去"大项目创造佳绩。在总行牵头营销指导下，建设银行亚洲会同境内外兄弟机构办理了多个有市场影响力的大项目，包括中国化工集团收购意大利倍耐力并购融资等。持续加强对总战客户的服务和支持力度，大力推进银团业务发展。

5. 大力推动"反向"境内外联动。在做好"走出去"客户服务的同时，建设银行亚洲将香港本地大企业及国际客户推荐给境内分行。2015

年，建设银行亚洲分别向苏州分行、湖北分行、深圳分行等推荐了本港龙头企业会德丰集团、新世界集团、恒基集团等，协助境内分行为客户办理银团贷款、外保内贷等业务，助力境内分行拓展业务和客户。

6. 发行全球首只“21 世纪海上丝绸之路”离岸人民币债券。2015 年 11 月，建银亚洲在马来西亚成功发行全球首只“21 世纪海上丝绸之路”离岸人民币债券，这是马来西亚历史上第一只人民币债券，也是中资发行体首次登陆马来西亚债券市场。该债券穆迪信用评级 A2，期限 2 年期，规模为 10 亿元人民币。

7. 搭建海外资金平台。成功搭建海外资金平台，为多家海外机构提供资金支持。

8. 零售业务稳步提升。扩充产品类别，加强网点队伍建设，获得《华富财经》杰出企业大奖以及杰出跨境金融服务大奖等奖项，产品和服务能力得到市场认可。

9. 进一步加强品牌建设，提升市场影响力。

## 二、新加坡分行

### （一）业务发展情况

截至 2015 年底，新加坡分行总资产余额达 66.85 亿美元，年度增幅为 27.89%。；实现净利润4 041.85万美元，同比增长 31.58%。；不良资产为零。

### （二）主要经营管理举措

2015 年是分行根据总行要求，实施“一行一式”转型发展的第一年，取得良好成效：

1. 打造对公服务新品牌。成功营销及服务“三大油”、中粮集团、中林集团、中化工集团等“中资走出去”客户的新加坡公司，累计授信超过 50 亿美元；融资支持厦门大学马来西亚分校项目，助力我国“一带一路”战略下首个文化“走出去”标志性项目。

2. 突破私人银行新领域。2015 年正式在本地推出高端个人客户服务，实现了私人银行客户、金融资产和贷款的大幅增长；建立和优化了个人定期存款流程、个人贷款审批和发放流程，发放首笔个人客户贷款。

3. 培育人民币业务新优势。2015 年，分行成功开展第一笔流动性账户融资业务；成功参与承销北京首创境外发债 2.6 亿元人民币成功并投资；作为联席牵头经办人参与了建设银行亚洲在马来西亚发行的全球首只 21 世纪海上丝绸之路人民币债券。

4. 加强企业形象建设。2015 年，分行首次在新加坡樟宜机场投入建设银行广告，广告进行了精心的选址和设计，覆盖了中国高访团和商业团组高频到访的时段，获得良好的效果。

5. 合规风险控制有效。2015 年，分行信贷资产质量良好，不良率保持为零。保持审慎经营，无任何内控和合规事件，内部控制流程和系统逐步规范和完善。

6. 经营场所首次扩租。2015 年，分行进行了成立 17 年以来的首次办公室的扩租和重装工作，经营面积扩增到 1 600 多平方米，员工工位达到 100 个，预留了转型发展空间和需要，工区面貌焕然一新，提升了建设银行在当地的形象。

## 三、法兰克福分行

### （一）业务发展情况

截至 2015 年底，法兰克福分行总资产 32.1 亿美元，实现净利润 1 172 万美元，不良资产和不良贷款率为零。

### （二）主要经营管理举措

1. 贯彻落实总行“深化跟随，加快落地”的经营战略，资产结构持续优化。2015 年，分行双边及银团贷款 6.63 万美元，较年初增长 123.73%，加权平均期限从 2014 年的 3.98 年增加到 2015 年底的 4.9 年，盈利能力显著提高。

2. 充分利用建设银行现有欧元清算、国际结算业务资源，不断拓宽服务渠道与领域。2015 年法兰克福分行完成欧元代理清算业务 23.53 万笔，累计清算量约 1 680 亿欧元。

3. 深耕当地市场，积极拓展牵头银团业务。2015 年，法兰克福分行成功牵头卢森堡机构为大众金融服务股份有限公司提供了集团内银团贷款7 000万欧元，该笔银团贷款为第一笔由当地中资银行向大众集团成员单位提供的牵头银团业务。

4. 积极推进业务创新，建设综合性金融服务能力。2015 年，分行成功申请德意志交易所、中欧交易所会员资格，旨在为客户提供欧洲投融资服务以及离岸人民币交易服务，进一步提高分行的综合性金融服务能力。

## 四、约翰内斯堡分行

### （一）业务发展情况

截至2015年底，约堡分行总资产26.17亿美元，较年初增长25%；实现净利润919.46万美元，较上年增长42%。

### （二）主要经营管理举措

1. 巩固业务本地化优势。重点拓展南非排名前50～100名的大型上市公司客户及跨国公司客户，巩固贸易融资业务传统优势，积极参与集团战略性大项目，同时辐射撒哈拉以南非洲区域，全力满足战略性大客户在非洲地区的综合金融服务需求。

2. 积极落实总行“跟随”战略，加大对进入非洲市场的中资客户的支持力度，成功营销南非南车公司、北车公司、海信南非公司及华润电力等中资企业，密切了银企合作。

3. 利用中非贸易投资关系良好发展及人民币国际化的有效契机，充分发挥约堡分行作为全行在非洲市场的窗口作用，总资产和信贷资产均取得了长足的发展。

4. 签约南非工业发展公司，进一步支持推进非洲工业化发展进程。2015年12月，在习近平主席和祖玛总统的见证下，我行与南非工业发展公司成功签署战略合作协议。在5年内，建设银行集团考虑通过约堡分行提供100亿兰特资金择优介入支持，同时双方作为初始投资者考虑设立规模为20亿美元的共同基金，共同推动非洲的工业化发展进程。

5. 成功设立开普敦分行。经过总分行的共同努力，2015年9月23日，开普敦分行成功举办开业仪式并正式对外营业。开普敦分行的设立，进一步扩展了建设银行在南部非洲的网络覆盖，从而更好地为客户提供全方位、高品质的金融服务。

## 五、东京分行

### （一）业务发展情况

截至2015年底，东京分行总资产余额约118亿美元，较年初增长55%；实现净利润4 331万美元，较上年增长30.15%；不良贷款和不良资产均为零。

### （二）主要经营管理举措

1. 坚持市场导向和创新引领，以增进价值创造为核心，努力推进业务转型升级。

2. 推进全面风险管理，夯实业务发展基础。

3. 完善内控管理，持续强化合规经营。

4. 高度重视企业文化建设，团队凝聚力进一步提升。

## 六、首尔分行

### （一）业务发展情况

截至2015年底，首尔分行总资产余额86.27亿美元，资产规模跃居当地中资银行第二位，较年初增长1.3%，近三年平均增速超过40%；实现净利润0.54亿美元，较上年增长21%，近三年平均增速达到64%，跻身海外机构三强；不良贷款和不良贷款率保持为零。

### （二）主要经营管理举措

1. 获得监管认可。贯彻“内控促发展、合规创价值”的经营理念，在韩国金融监督院的定期检查中，各项评价全面提升，其中“资产健全性”评价达到“一级”。

2. 信用评级提升。2013—2015年连续三年被韩国权威信用评级机构——韩国评级公司（Korea Rating）授予AAA级信用评级，标志着分行经营管理能力已达到同业先进水平。

3. 同业排名前移。在当地42家外资银行中综合竞争力排名第10位，较2012年上升了12位，从曾经的一家小行发展成为在当地具有良好声誉、举足轻重的大行。

4. 完成办公楼搬迁。10月16日按计划完成办公楼搬迁，入驻明洞商业区，成为第一家在韩国置业的外资银行，也是唯一在韩拥有独立办公楼的中资企业。韩国和中国主流媒体争相报道，大大提升了我行在当地的知名度，并得到中国驻韩国使馆高度称赞。

5. 加快产品创新。

大力挖掘货币市场潜力。在韩国成功发行第一笔韩元CD，金额200亿韩元，实现了外资银行在韩国市场零的突破；在香港市场发行美元CD 10笔，筹资6.28亿美元。

开办人民币兑韩元直接交易。在海外机构中首家实现与当地银行间外汇交易系统直通，极大地提高了交易效率，日均交易量33亿元人民币，稳居市场前五名。

大力推进人民币国际化。携手海航集团（国际）有限公司，在韩国金融市场成功发行第一笔人民币公司债券，开创了韩国市场人民币债券发行的先河。

积极融入当地市场。与三星电子、现代汽车、LG集团、SK集团等17家韩国"世界500强"企业5大本土商业银行全部建立了战略合作关系。公司类落地客户超过40家，为10家韩资企业开立了人民币结算账户。落地资产占比为22.31%，较上年提升了2.56个百分点。

加强与境内分行联动。办理了系统内合同金额最大、综合收益最高的境外筹资转贷款业务，大力推广贸易融资资产风险参与和出口委托付款产品，创新性地推出服务贸易项下应收账款风险参与业务。

6. 履行社会责任。2015年再次向韩国红十字会捐赠2 000万韩元，用于向"危机家庭儿童"提供紧急支援，体现了参与社会事务、提高社会贡献的责任感。

7. 提升市场形象。配合我行上市十周年，积极组织市场宣传。在机场高速公路设立了广告牌；与人民网合作宣传我行海外发展战略；中韩自贸协定生效前，作为在韩中资银行代表接受中央电视台韩国站记者采访，并在央视《新闻直播间》播出，显示了我行对中韩两国友好合作前景的信心，以及服务双边贸易和投资的决心。

## 七、伦敦机构（建行伦敦、伦敦分行）

### （一）业务发展情况

截至2015年底，伦敦机构总资产余额62.2亿美元，税前利润2 882万美元，较上年增长7.92%；净利润2 582万美元，较上年增长20.53%；不良资产率和不良贷款率分别为0.26%和0.43%，分别较上年底上升0.01和下降0.04个百分点。

### （二）主要经营管理举措

1. 进一步提升伦敦清算行的市场影响力与知名度。截至2015年底，建设银行伦敦担任英国人民币清算行，正式对外提供人民币清算服务达17个月，人民币清算总量累计近6万亿元，其中

2015年10月19日（伦敦当地时间），中国建设银行伦敦分行隆重举行开业暨新办公楼启用典礼。

2015年全年清算总量为5.3万亿元，日均清算量为212亿元，业务直通率95.15%。

截至2015年底，伦敦清算行共开立人民币清算账户60户。除服务传统商业银行外，还开拓了中央银行、清算所和交易所等金融机构客户。2015年清算行全口径日均存款达21.46亿元，较2014年增加13.53亿元，增幅达170.62%。

2. 伦敦分行正式营业。2015年，于中国国家主席习近平对英国进行国事访问当日，伦敦分行隆重举行开业暨新办公楼启用典礼，同日在伦敦举办中国银行间市场投资研讨会、"人民币国际化"图片展等系列活动，并与英国贸易投资总署、芝加哥商品交易所、英国标准人寿公司等战略合作伙伴与客户举行签约仪式。

3. 积极拓展本地化业务发展。自获得分行牌照以来，伦敦机构深化落地转型，积极拓展本地业务。本地中资及英资客户并重，目前拥有大型公司类集团客户近70户，成功营销英国航空、伦敦证券交易所、捷豹路虎等知名本地企业，行业范围涵盖金融、制造、航空、能源、矿产、农业、批发及零售行业等。2015年落地资产占比超过30%，增速超过400%。

4. 积极助力人民币国际化。2015年3月，中国建设银行在伦敦市场成功发行了首只以人民币计价的RQFⅡ货币市场基金；2015年9月22日，建设银行伦敦分行成为伦敦证券交易所会员；2015年10月12日，建设银行于伦敦成功发行10亿元两年期离岸人民币债券，发行吸引来自72个

机构近6倍的认购量，人民币产品不断丰富。

## 八、纽约分行

### （一）业务发展情况

截至2015年底，纽约分行总资产余额约199.16亿美元，较年初增长138%；实现净利润4 786万美元；不良资产和不良贷款均为零。

### （二）主要经营管理举措

1. 丰富融资渠道，协助集团美元流动性管理和提升资金运营效益。

2. 拓展业务空间，培育优质客户，业务转型初见成效。组建了房地产业务团队，房地产业务实现零的突破。大力培育优质客户，积极参与总行或其他海外机构牵头的中资企业海外重大并购项目，初步建立分行并购工作机制。

3. 将合规整改作为重中之重，全面夯实内控合规基础，不断推动合规管理嵌入业务流程。2015年，分行共修订各类制度流程72项，外聘合规咨询专家常驻分行，协助分行对合规反洗钱系统中的可疑交易检测规则进行调优，以不断提升反洗钱筛查的质量和效率。同时，加强内部及外部培训力度，提高合规人员及业务条线间协作的紧密程度，在业务流程中全面嵌入有效的合规控制和管理。持续进行Prime反洗钱数据映射及迁移的优化工作，提高反洗钱数据质量，以满足分行日常反洗钱监测的需要以及监管提出的整改要求。

4. 细化风险管理政策，优化流动性监测指标，确保信息系统安全，加强对短期流动性状况的风险监控，包括监控信用风险事项14项，市场风险事项18项，流动性风险事项3项，操作风险监控5项。首次建立操作风险事件监控台账，对分行业务进行全方位的风险监控和管理，满足监管合规要求。

## 九、胡志明市分行

### （一）业务发展情况

截至2015年底，胡志明市分行总资产余额2.32亿美元，全年实现净利润190万美元，无不良资产和不良贷款。

### （二）主要经营管理举措

1. 建立本地业务团队，实现越资客户的突破。

2. 加大大客户大项目营销，与境内外分行和同业共同参与越南永新三期火力发电BOT项目、台塑河静项目和怡晋越南等项目。

3. 持续推动金融机构业务，率先完成越南金融机构的额度重检，完成西贡商信银行（Sacom-Bank）1 000万美元的银团贷款，并加入越南投资发展银行（BIDV）银团作为储备项目。

4. 建立多种渠道加强分行宣传，2015年开通微信公众号，编制产品宣传手册，让客户能及时清晰地了解分行产品和市场动态，提高市场形象。

## 十、悉尼分行

### （一）业务发展情况

截至2015年底，悉尼分行总资产余额127.08亿美元，较年初增长13.72%；实现净利润6 508万美元，较上年增长9.4%；无不良资产和不良贷款。

### （二）主要经营管理举措

1. 加快落地。成功收购苏格兰皇家银行澳大利亚信贷资产包，涉及信贷承诺金额15.5亿美元，提款额达7.17亿美元，加快构建本地优质信贷资产的进程；成功发出4亿元3年期澳元大额可转换存款证发行计划，市场反应热烈。

2. 深化跟随。为国家电力投资集团收购太平洋水电项目提供综合性金融服务，独家牵头25亿美元的银团贷款，独家办理近13亿美元的换汇业务；贸易融资资产余额达到73.6亿澳元，较上年增长167%，系统内排名第二。

3. 一行一式。截至2015年底，分行拥有重大投资移民客户110户，金融资产达到4.8亿澳币，向私人银行客户发放基金抵押贷款金额8 300万澳元；利用离岸银行业务中心资格，为系统内其他海外机构提供资产簿记业务。

4. 业务创新。率先与上海自贸区分行合作跨境融资性风险参与；率先与新疆霍尔果斯分行合作用人民币贷款置换美元贷款。

5. 风险管理与合规建设。悉尼分行风险管理水平和合规管理水平在系统内处于第一方阵，顺利通过了当地监管、内审及外审的检查。

6. IT建设。顺利完成悉尼、墨尔本、布里斯班分行本地IT基础设施建设，对总行业务系统及本地办公系统提供不间断支持及保障，分行开业五年来，无重大 IT 事故。

7. 品牌建设。在悉尼、墨尔本两大国际机场树立大型广告宣传牌；在悉尼、墨尔本、布里斯班及凯恩斯中心城区及机场设立了 9 台具有建设银行标识的 ATM 自动柜员机。

8. 文化建设。积极开展企业文化建设活动，《融合文化 凝聚团队》研究报告在全国金融系统政研会调研成果评选中荣获一等奖，在系统内悉尼分行荣获优秀组织奖和调研成果一等奖；加强业务研究及文化建设，已累计完成《澳大利亚经济研究年度合刊》8 本，全年共计完成《澳大利亚经济金融动态》12 期及多次专题研究。

## 十一、建行俄罗斯

### （一）业务发展情况

截至 2015 年底，建设银行俄罗斯总资产 2. 80 亿美元；实现净利润 635 万美元，无不良资产。

### （二）主要经营管理举措

1. 打基础，控风险。

（1）完善公司治理。顺利通过俄罗斯中央银行的全面审计，换发了永久全牌照。

（2）优化人员结构。在选人、用人方面，子行努力做到量体裁衣，创造空间，能进能出，使员工保持危机意识，发挥自身潜能。

（3）树立合规文化。面对不断趋紧的监管政策以及欧美对俄的严厉制裁，增设相关合规岗位与人员，实施平行作业。

2. 丰富产品、提高效益。子行着力打通了“五条通道”：

（1）以“一行一策”为契机打通信贷政策通道；

（2）以资产簿记和转让打通项目通道；

（3）借海外资金平台打通长期负债通道；

（4）丰富产品种类，打通业务通道；

（5）借助现行审批模式用好总行审批通道。

3. 狠抓客户基础，积极探索创新。子行在银行卡、ATM、债券回购、黄金交易、制卡中心等方面作出积极探索与业务创新。并通过公私联动、特色产品组合营销方式成功吸引一批优质企业在我行办理业务，2015 年有效客户新增 38 户，计划完成率 345%。

## 十二、迪拜机构（建行迪拜/迪拜分行）

### （一）业务发展情况

2015 年是迪拜机构开业以来第二个完整的经营年度建设银行，迪拜机构按总行规划完成了子行到分行牌照的转换工作，迪拜国际金融中心分行于 2015 年 11 月 26 日获得牌照，于 12 月正式运营。

截至 2015 年底，迪拜子行与分行合并的资产总额为 10. 7 亿美元，较年初增长 43. 05%，无不良资产；实现净利润 95. 3 万美元；人民币业务在当地市场占有较大份额，结算量达 135 亿元。

### （二）主要经营管理举措

1. 积极服务中资企业“走出去”客户。一方面为国内客户提供延伸性的金融服务，与境内分行合作联动业务；另一方面积极与国内在中东北非区域有“走出去”需求的客户保持沟通和信息分享，与本区域大型中资企业建立维护良好的业务合作关系，与本地大型中资企业建立良好关系并进行授信业务。

2. 贯彻国家“一带一路”战略构想，按照“立足本地、辐射周边”的战略，参与海外大型项目，为“一带一路”沿线国家和重点区域提供金融服务支持。

3. 加大金融机构业务拓展力度，机构业务取得突破。陆续对当地银行启动授信申报工作，以承销人及牵头安排行身份参与银团。

4. 利用迪拜作为中东的金融中心的优势，大力发展跨境贸易人民币业务，金融机构人民币清算账户营销取得进展。

5. 优化负债期限、来源及币种结构，满足流动性管理要求。

6. 提升风险、内控及合规管理。保持与监管机构的密切联系和良好互动关系，以及时掌握监管最新动态，反映经营中希望监管解决的问题。在 2015 年底迪拜监管机构进行的贸易融资业务专项现场检查中，监管官员对迪拜机构在贸易融资业务的合规、反洗钱方面的控制措施表示满意。

## 十三、台北分行

### （一）业务发展情况

截至 2015 年底，台北分行总资产（不含总行沉淀资金等）余额约171.70亿美元，较上年底增长110.35亿美元，增幅达179.85%；实现净利润3 444.26万美元，较上年底增长2 094.35万美元，增幅达155%；无不良资产和不良贷款。

**（二）主要经营管理举措**

1. 实现总行推动人民币国际化业务的战略目标。2015年，分行凭借着与当地同业良好的互动关系，并配合总行政策需要，成功争取到重要金融机构的人民币存款，不但对整体海外机构“资产规模”及“存款业务”的增长作出巨大贡献，更有助于加深台北分行与当地同业的往来关系，对总行人民币国际化业务的推动具有重大战略意义。

2. 支持实体经济发展，完善综合服务能力。截至2015年底，落地资产（对当地企业贷款）余额达新台币486亿元（新台币，以下同），较前一年末增加146亿元。全口径存款新台币4 540亿元，比年初增加3 708亿元，增幅达445%。同时持续扩大客户基础，客户数由131户增加到194户。另外，在积极支持大陆“走出去”企业中，2015年4月份，台北分行服务大陆“走出去”企业取得首单成功案例，与浙江分行紧密合作，帮助纳爱斯集团成功收购台湾妙管家公司。

3. 发展离岸人民币产品创新业务，支持当地市场建设2015年6月在“台湾人民银行”批准下，分行加入台湾离岸人民币银行同业拆款利率（CNT TAIBOR）报价，成为17家报价银行之一。2015年7月配合“台湾期货交易所”，积极投入台湾人民币汇率期货产品造市业务，成为台湾首批八家造市商之一。2015年8月配合“台湾集中保管交易所”，在台湾首次开放外币CD发行的政策下，分行首日发行了美金及人民币两种币别的存款证，协助此新种商品市场蓬勃发展。

4. 善尽企业关怀与社会责任。

（1）在企业关怀方面，2015年适逢中国建设银行在香港上市10周年，在总行支持下，台北分行和台湾《经济日报》于10月19日成功合办2015年诺贝尔大师论坛，邀请2014年诺贝尔经济学奖得主Jean Tirole（让·梯若尔）和我行黄毅副行长作为主讲人，这是台湾十分重要的产官学界交流盛会，为当地总体经济的发展方向提供了参考。

（2）在社会责任方面，2015年适逢台湾新北市发生尘爆意外，分行第一时间伸出援手给予急难救助机构慰问及补助，体现了本行对社会关怀的重视，并获得台湾新北市政府等各界的表扬及肯定。

## 十四、卢森堡分行/建行欧洲

**（一）卢森堡分行及建行欧洲整体情况**

1. 业务发展情况。卢森堡分行与中国建设银行（欧洲）有限公司成立于2013年10月，建行欧洲下辖巴黎、阿姆斯特丹、巴塞罗那和米兰分行。

截至2015年末，建行欧洲（含所辖分行）及卢森堡分行总资产余额约21.33亿美元，较年初增长27.79%。其中卢森堡机构（建行欧洲总部和卢森堡分行）总资产余额约22亿美元，巴黎分行总资产约1 942.20万美元，阿姆斯特丹分行总资产约2 021.44万美元，巴塞罗那分行总资产约2 033.28万美元，米兰分行总资产约2 047.88万美元；建行欧洲（含所辖分行）及卢森堡分行实现净利润－848.92万美元，其中卢森堡机构（建行欧洲总部和卢森堡分行）实现净利润11.98万美元，巴黎分行实现净利润－320.06万美元，阿姆斯特丹分行实现净利润－181.46万美元，巴塞罗那分行实现净利润－222.36万美元，米兰分行实现净利润－137.03万美元；建行欧洲（含所辖分行）和卢森堡分行均无不良资产和不良贷款。

2. 主要经营管理举措。

（1）加快网点布局，拓展欧洲市场。2015年6月底，建行欧洲所辖巴黎、阿姆斯特丹、巴塞罗那和米兰分行相继成立并开业，通过在卢森堡集中处理中后台业务，有效整合欧洲整体资源，形成建设银行在欧洲的业务拓展平台和资金管理平台，为迅速在欧洲市场做大做强提供有力支持。

（2）积极参与落地业务。2015年，通过建立起来的银行网络及积极参与，建行欧洲和卢森堡分行的银团贷款规模由2014年底的2 600万欧元迅速增加到了5.5亿欧元，国家地区包括了法国、德国、意大利、奥地利、西班牙和荷兰，其中包括法国第二大高速公路建设及管理集团EIFFAGE、德国戴姆勒集团、大众集团、西班牙第一大建筑集团ACS、法国电力集团EDF等当地大中型优质客户。

（3）全力支持“走出去”业务。通过积极响应国内分行的需求，支持了多个中资企业走出去投资项目，包括徐工集团在德国的并购项目及华意集团在西班牙的并购项目的内保外贷等。此外，建行欧洲代表建行集团还作为主牵头行签署了中化集团收购意大利倍耐力集团68亿欧元融资协议，该项目为2015年来中资机构在欧洲最大的一笔收购项目。

（4）强化联动贸易融资业务。随着市场的变化，2015年来，联动贸融类业务规模受到较大制约、业务收益率也随着同业竞价的加剧而逐步进入了最低水平。虽然规模和收益有所下降，但建行欧洲和卢森堡分行加大了产品覆盖和分行覆盖的力度，做到了贸易融资产品全覆盖。

**（二）建行欧洲巴黎分行**

1. 业务发展情况。建行欧洲巴黎分行于2015年6月30日举行开业仪式，于10月底投入正式运营，虽然正式运营时间仅两个多月，尚有诸多问题有待解决，但全行员工齐心协力，知难而上，坚决贯彻总行国际化转型要求，着力拓展基础客户，加强内外联动，提升综合金融服务能力。截至2015年底，巴黎分行资产总额约1 942.20万美元，实现净利润－320.06万美元。

2015年6月31日（法国当地时间），中国建设银行欧洲巴黎分行举行开业庆祝活动。

2. 主要经营管理举措。

（1）圆满完成各项筹备工作，尤其在李克强总理高访期间，结合高访活动，精心筹划组织安排了盛大的开业仪式，取得了良好的宣传效果。

（2）积极拓展境内外联动及落地业务，贯彻国际化转型目标，一方面做好联动业务，支持中资企业在法发展及服务大型法资客户在华投资，另一方面加快落地发展，致力于加强客户服务水平，通过综合服务方案全面争取客户业务，提高盈利水平，在多项业务拓展上取得了初步成效，为2016年业务发展奠定了良好的基础。2015年8月，分行尚处于正式运营准备阶段时，即积极营销率先通过簿记建行欧洲的模式为法国NFM公司办理了第一笔内保外贷业务；11月，在总行推出“跨境融资性风险参与”产品后，又立即与上海分行联动，在当月通过簿记卢森堡分行成功办理了6113万美元风险参与业务；12月，分行成功拓展第一笔落地业务，参与了法国大型上市医疗服务公司银团业务。

（3）梳理潜在客户和项目储备，明确下一步的经营思路，从客户策略和产品策略两方面细化营销方案。

**（三）建行欧洲阿姆斯特丹分行**

1. 业务发展情况。建行欧洲阿姆斯特丹分行2015年1月完成工商注册，6月30日举办开业仪式，10月19日正式营业。

2015年6月30日（荷兰当地时间），中国建设银行欧洲阿姆斯特丹分行举行开业庆祝活动。

分行依托建设银行集团强大实力和与境内外机构的紧密联动机制，致力于为中荷经贸往来的公司和机构客户提供全面、优质、现代化的金融服务。开业初期，分行已具备提供账户服务和存款、双边贷款、银团贷款、贸易融资、资金业务、跨境人民币业务等产品和服务的能力。截至2015

年底，分行资产总额约2 021.44万美元，实现净利润-181.46万美元，无不良资产。

2. 主要经营管理举措。

（1）建立完善内部控制体系和政策制度流程。2015年，分行建立了有效的内部控制和治理结构，内设合规、公司业务、风险管理、资金、营运、综合等部门和岗位，2015年底员工总数15人。管理层下设立风险管理与内控委员会及总经理办公会，对分行重要事务进行决策。

分行制订了内控风险、财务营运、人力资源等各项核心规章制度，根据建行欧洲整体合规框架和荷兰法律法规完善业务流程。

（2）完成业务系统建设和营业地搬迁。2015年，分行完成了生产系统的本地化改造；SWIFT系统如期上线，建立密押关系行达60余家，涵盖全球主要清算行；在多家海外分行和本地银行开立了多币种清算账户。

在完成相关机房建设、设备安装和办公室装修后，分行于11月正式迁入阿姆斯特丹南部金融区Vinoly大厦14层，营业面积约1 060平方米。

（3）拓展客户网络和交流合作平台。2015年，分行积极寻求联动机会并探索落地经营。在两个多月的正式营业期内，实现了包括客户开户和存款、内保外贷、国际银团贷款、跨境融资性风险参与和信用证通知业务等多项业务突破。

2015年，分行加入了荷兰银行业协会（NVB）、荷兰外资银行业协会（FBA）、荷兰支付与清算协会（DPA）和荷兰中资企业协会等组织，与荷兰多家银行建立了合作关系，与华为（荷兰）技术公司签订了业务合作备忘录，并在当地金融时报等主流媒体上投放了形象广告。

**（四）建行欧洲巴塞罗那分行**

1. 业务发展情况。建行欧洲巴塞罗那分行于7月1日成功举行开业仪式，于10月19日正式对外营业。截至年底，分行资产总额2 033.28万美元，净利润为-222.36万美元，无不良资产。

2. 主要经营管理举措。

（1）开业筹备工作。2015年3月，分行完成工商注册、当地社保及税务登记，分行正式成立。同时，分行秉承节约成本的原则，在办公场所装修、系统上线、员工招聘、开业仪式准备等方面开展了大量而细致的工作，顺利圆满完成了开业筹备工作。并于7月1日成功举行了分行的开业仪式，10月19日正式对外营业。

2015年7月1日（西班牙当地时间），中国建设银行（欧洲）有限公司巴塞罗那分行举行开业庆祝活动。

2. 积极拓展业务，开展市场营销。持续推进境内外客户营销，加快客户与项目储备，努力做大信贷资产，实现资产业务零突破。同时充分发挥卢森堡分行牌照功能作用，为建行欧洲总部推荐贷款项目，积极践行总行本地化战略，利用额度授信作为敲门砖，并利用第三方渠道加强宣传，加速品牌形象落地。

3. 加强内控合规体系建设。分行积极完善内控制度建设，梳理部门（岗位）职责、优化业务流程、建立监管报备渠道，已初步建立起符合总行规定及监管要求的内部控制体系。

4. 注重风险管理。分行制定了操作风险管理制度、操作风险事件类型办法，明确了各业务部门（岗位）的操作风险管理职责。制定分行的不相容岗位（职责）手册，以符合总行岗位不相容及本地监管的要求。

5. 制定内部政策和流程。2015年是巴塞罗那分行正式营运的年度。分行致力于各项内部政策及业务流程的设计，建立了信贷委员会、执行委员会、薪酬委员会，直接向管理层报告。每月如期召开执行委员会会议，决议分行重大事项、经营业绩情况、预算执行情况等。

**（五）建行欧洲米兰分行**

1. 业务发展情况。2015年7月3日，建行欧洲米兰分行成功举办开业仪式。截至2015年底，建行欧洲米兰分行总资产余额约 2 047.88 万美元，按照财务口径米兰分行尚未产生收入，全部为费用支出，实现净利润 –137.03 万美元，无不良资产和不良贷款。

2015 年 7 月 4 日（意大利时间），中国建设银行（欧洲）有限公司米兰分行举行开业庆祝活动。

2. 主要经营管理举措。

（1）圆满完成筹备申设和开业基础体系搭建工作。2015 年，建行欧洲米兰分行顺利获得开业批准，成功举办开业仪式，顺利完成分行正式运行基础条件准备。在营业场所方面，完成办公场所选址及装修；在人员配备方面，首批内派人员全部到岗，完成当地合规官、人力经理、财务、营运人员的招聘工作。

（2）迅速建立工作生态圈，奠定业务发展基础。分行确立了“抓大放小，对公先行，‘跟随’、‘落地’双轮驱动”的工作思路。通过与倍耐力等企业合作，建立了良好社会形象。充分利用筹备期间频繁往返内地的时间空挡，走访了十余家沿海内地分行、意大利驻华使馆、广州领馆、经商处等意大利驻华贸易促进部门，赢得了内地中方客户和意大利驻华机构的信任；积极拜访意大利工商业总会、意大利外商局、米兰市政府以及当地商会，通过多渠道的深入宣传与实际交流，为客户拓展奠定了基础；积极创新发展思路，充分发挥建行整体合作协同效应，争取建设银行利益最大化。目前此模式下，多方参与合作的中化集团收购倍耐力贷款项目已成功通过总行审批。

（3）注重制度建设与自身队伍建设，凝心聚力带领全行共同努力，促进分行健康发展。分行认真设计了分行的组织架构和职责分工，明确了不相容岗位。在建行欧洲总部制度基础上，对分行的规章制度进行了梳理完善。2016 年 2 月，分行向意大利中央银行递交通知，正式开始营业。

## 十五、澳门分行

### （一）业务发展情况

截至 2015 年底，澳门分行总资产余额约 48.84 亿美元，较年初增长 70%；实现净利润 1 114万美元，较上年提高 218%；不良资产率 0.05%，不良贷款率 0.09%。

### （二）主要经营管理举措

1. 加快业务转型，落地资产业务占比明显提升。2015 年底分行落地资产占比 44.65%，较年初提升 6.3 个百分点，超额完成业务计划。成功营销当地主流博彩运营商澳门威尼斯人和美高梅银团贷款（非博彩部分）15.6 亿港元和 10 亿港元。与总部设在澳门的唯一央企南光集团业务合作全面启动，对其发放并购贷款 3 750 万美元。

2. 加强存款营销，降低存款成本。2015 年底分行一般客户存款折合 18.32 亿美元，较年初增长 74%。主动压缩高成本港元、美元定期存款占比，降低付息率，同时抓住人民币国际化机遇，大力营销人民币存款，同比新增 37.5 亿元人民币存款，成功营销腾讯集团人民币双向跨境资金池业务，其存款最高时点达到 60 亿元人民币。

3. 紧盯市场，快速反应，资金业务收入贡献度大幅提升。分行积极落实大资产大负债业务发展，抓住人民币国际化机遇，上半年积极筹集人民币资金内存境内分行，最高时余额达到 110 亿元人民币；下半年在境内外息差倒挂后，迅速与总行及同业合作开展多笔人民币账户融资业务，累计金额近 500 亿元人民币。资金业务全年贡献利润约 8 500 万澳门元，助力分行业务转型。

## 十六、建行新西兰

### （一）业务发展情况

截至 2015 年底，中国建设银行（新西兰）有限公司（建行新西兰）总资产余额约 2.75 亿美元，实现净利润 –325 万美元，不良资产和不良贷款均为零。

**（二）主要经营管理举措**

1. 执行本地化的发展战略。2015 年建行新西兰重点发展落地业务，为新西兰多家知名企业提供了融资以及其他综合性金融服务，客户既包括本地大型蓝筹公司，也包括中国“走出去”企业在新设立的分支机构，涉及电力、化工、林业、房地产等多个本地支柱行业。本地化战略的执行提升了建行新西兰自身的竞争力，同时初步树立了建设银行在新西兰的品牌和形象。

2. 大力服务华人客户和华商企业。建行新西兰将本地二十万名华人及其开办的企业视为核心客户，陆续推出了住房贷款、移民金融、生意贷款、贸易融资、外汇交易等多项服务。其中累计为 60 余名华人客户提供了房贷服务，余额累计达 0.5 亿美元；与建信基金联合推出了两期“乐享新西兰”QDⅡ资产管理计划，协助 20 余名高净值个人客户完成了移民的转款投资操作，截至 2015 年底，建行新西兰管理的移民金融资产总额达 2 314 万美元。

3. 继续打造本地化团队。建行新西兰继续着力打造本地化团队，力促团队融合，支持本地化战略的贯彻实施。截至 2015 年底，建行新西兰本地招聘的员工占比约为 75%。

## 十七、多伦多分行

**（一）业务发展情况**

2015 年是多伦多分行开业后的首个完整营业年度，分行积极拓展市场，稳健开展经营，资产、负债、存款、贷款、利润等各项指标都超额完成计划任务。截至 2015 年底，分行总资产 3.56 亿美元，较年初增幅 321%，净利润 -582.3 万美元，不良资产和不良贷款率均为零。

**（二）主要经营管理举措**

1. 贯彻落实海外战略，大力营销目标客户。分行在总行的指导帮助和兄弟分行的协作下，落实支持“走出去”企业的战略，成功营销中石化和安邦项目，被评为 2015 年度中国建设银行境外重大项目营销先进集体。分行紧抓主营业务，主要 KPI 指标如管理资产总量、客户存款新增、有效客户数新增、落地资产平均占比等指标都按计划完成。

2. 加强完善风险管理，提高内控合规水平。分行坚持稳健扎实的风险管理文化，坚决贯彻执行总行的风险管理相关政策，积极审慎开展信贷业务，资产质量优良，分行办理的银团贷款、双边贷款、信用证贴现、海外代付等信贷业务均履约正常，没有发生不良。

分行根据需要适时调整内部机构设置，设立了合规部，增配合规岗员工，增强合规工作力量。总行内控合规部派员赴分行现场开展了内控合规测试，对分行给予较高的评价。监管机构 OSFI 对分行开展了三次季度例行经营情况审查，对分行各方面情况表示满意。

3. 履行企业社会责任，树立建行良好形象。分行积极践行企业社会责任，争取尽快融入当地。组织参加慈善健步行活动，员工自愿向爱心基金提供捐助，以及参与其他政府部门、社团、商会等举办的公益活动，提供力所能及的支持，逐步在社会上树立了我行良好的企业形象。

执笔：马佳

# 二、内部管理与风险控制

## 办公自动化与基础工作管理

### 一、围绕转型，积极推出创新举措

**（一）适应转型要求，调整组织架构**

按照总行党委关于集约化工作的要求，办公室由原先的行长办公室和总务部整合成为负责党务、行务和后勤保障工作的综合性管理部门。整合之后部门在组织架构、资源调度、人力配置等方面形成了较强的工作合力，协调环节减少，联动效应增强，各项工作运行顺畅，精细化、专业化、标准化和规范化水平明显提升，与转型发展战略目标有效契合。

**（二）积极开展工作，有力推进转型**

1. 突出工作重点，落实转型创新。

（1）围绕党委工作，推进集团党建。完善集团党建工作机制，起草《关于完善中国建设银行党建工作领导小组工作机制的通知》；建立完善党建工作领导小组成员单位联席会议机制，定期组织召开联席会议，协调督办党委相关部署事项的落实。起草《中国建设银行党委2015年工作要点》；修订《中共中国建设银行股份有限公司委员会工作规则》，完善党委议事决策规则和程序。到辽宁、大连、上海、江苏、山东等分行和子公司了解基层党建情况，听取分行意见。

（2）加强工作指导，开展系统管理。制发《2015年全行办公室系统工作要点》，并通过采取各类培训、会议和调研等方式，开展对全行办公室系统的工作指导和管理。

（3）转变工作作风，加强调查研究。围绕全行转型发展重点业务、新兴业务及薄弱领域展开调查研究，派员赴陕西、甘肃、青海、山西、河北、山东、江苏等分行调研，汇集第一手资料和分行鲜活案例；收集整理集约化建设重点专题进展情况。

（4）改进公务接待，细化会议管理。会同相关部门制发《中国建设银行国内公务接待管理办法》，印发《中国建设银行会议管理办法》，进一步完善行长办公会议管理。坚持集约化思路，明确细化会议和接待的标准及要求。

（5）推进智能应用，探索科技管章。赴河南、山西、甘肃等分行摸查印章管理情况，研究制定加强全行印章管理的针对性措施，探索印章管理新模式；选取河北、湖南、云南等8家分行作为科技管章试点行，分两种模式进行试点探索，编制操作手册；召开印章管理专题座谈会，对全行印章管理、科技管章试点等工作进行具体布置和总结研讨。

（6）加强流程改造，完善办公系统。持续推进和完善OA系统，完成了OA系统公文、印章和签报管理优化的开发上线工作；在OA系统中嵌入请示事项统计、审批事项及承诺期限等监测功能；开发完成OA系统中会议室预订、行长办公会议议题管理模块。为新西兰子行等6家海外机构开通OA系统；在文件交换系统中设计开发了"部门直送领导实物文件登记流转"功能，并安装扫描枪设备，实现了对呈送行领导的实物文件全程登记、监控、跟踪、查询和统计功能；完成海外机构商密传输系统接入工作，确保海外机构商秘文件传输的安全性。

（7）实施集约管理，实现档案集中。做好安徽合肥档案集中库房规划建设方案，实现跨区域电子档案的集中存储，以适应档案信息化发展的要求；改进全行各级机构档案库房保管条件，会同财会部审核全行档案库房建设项目。清理规范历史档案，持续推进全行到期档案鉴定销毁工作，全行销毁到期档案144.5万卷。

（8）建立审签制度，明确采购职责。研究制定《总行办公室集中采购操作规程》等相关制度，明确了本部装修、设备更新改造、办公家具及设备购置等采购审签流程，加强监督审核。

（9）注重服务质量，创新餐饮模式。全年保障113.21万人次员工日常工作用餐。实现250个工作日餐饮安全工作"零报告"，达到了北京市餐饮服务安全"A"级认证。增加自制外卖"特色食品"达82种。开设长安中心南楼食堂自助餐、零点餐和风味制作等特色餐饮服务，得到员工广泛好评。开展总行机关员工对食堂的问卷调查，满意度达90％以上。

（10）研究便民举措，设置定点服务。实现木樨地支行派员按月定时上门服务，为员工住房公积金的提取提供了方便。

（11）利用网络平台，创设购票系统。在善融商务商开通总行专属机票销售服务，拓宽了员工机票购买渠道。研究为各分行搭建统一机票销售管理系统。全年共销售国际、国内机票约31 200套/张，直接节约差旅费用880万元。

2. 梳理审批事项，增效服务转型。牵头组织总行审批目录重检工作，初步编制《中国建设银行总行审批事项目录（修订版）》，审批事项已进一步精简至101项，与2014年相比，压缩率为18％。

3. 配合转型要求，加强督导宣传。

（1）强化督查督办，助力推进转型。围绕总行党委的决策部署和推进转型发展规划落地实施等中心工作，加大督查督办力度，健全完善跟踪检查机制，有针对性地解决要求落实不到位的问题，保证全行政令畅通、执行高效。

（2）借助多种平台，宣传转型发展。主动了解和掌握总分行的创新举措和特色做法，通过《每日动态》、信息专报、建设银行报等平台加强宣传，推动内外部交流。一是发挥好《每日动态》的要情快报作用。全年共印发《每日动态》244期，编发各类信息1921条。二是加强对上级机关的信息专报。"银行业积极推进银行服务收费工作"的有关情况被国办《昨日要情》刊载。全年组织相关部门完成银监会政务信息约稿30次，得到银监会办公厅的充分肯定。三是将建行报作为宣传阵地，加大报道力度。特别策划推出多篇评论员文章和记者观察，对国家"一带一路"战略、京津冀协同发展、互联网金融等背景下我行如何抓住机遇、争取竞争主动进行了舆论引导。

## 二、统筹安排，持续提升服务效能

### （一）周密组织重要活动，提高工作质量

1. 组织各类行务会议和活动。2015年共协调组织党委会议26次、党委碰头会议1次，年度、季度工作座谈会2次，行长办公会议11次，其他重要会议40余次。共协调安排行领导境内外出差、调研200余次，出席上级单位召开的会议及行内会议50余次，会见国家部委或地方政府负责人30余次，出席业务营销类活动120余次、其他会议或活动1 000余次。

2. 全力服务配合中央巡视工作。与纪委、监察部协调安排中央巡视组专项巡视沟通会、动员会、汇报会。配合巡视工作提供各类文件资料百余份，完成中央巡视组及行内巡视联络组跟踪服务等后勤保障工作。

### （二）提高研究分析能力，完成重要材料

参与起草和修改多份重要文稿，完成《中国建设银行年鉴2015》编撰工作，借助"'善健者行'健步走、学行史、促转型、展风采"活动，引导全行员工了解建设银行发展历程。

### （三）扎实推进基础工作，保障行务运转

1. 加强值班及请假管理。一是完善值班及突发事件管理，编制总行值班手册。全年制发《值

班动态》249期，采编值班信息万余条，编发突发事件信息报告情况通报2期。二是规范请假管理。加强一级分行、总行部门主要负责人请假管理，健全管理台账，梳理优化报送流程，全年共受理、呈审或反馈请假备案申请600余次，向中办、国办报备总行主要领导出差出访事项38次。

2. 做好网站信息管理。全年共审核总行动向资讯302条、本部资讯794条。

3. 强化印章管理。在全系统展开印章管理梳理排查，清除风险隐患。配合各部门办理业务的用章需求，提高行务印章、领导名章和总行党委印章使用规范化管理水平。全年共审核行章使用审批1 256件，印章、机要岗位用印50 014枚；审核使用总行党委印章3 128次，审核使用董事长、行长名章2 100余次。

4. 保证办文质量。

（1）有效处理各类文件。全年共处理各类公文、信件、报刊约61.9万件，无错办、漏办、失泄密等事故发生。收文岗位共收转文件22 364件，其中电子收文20 997件，实物收文1 367件。发文岗位共处理文件8 257件，总行直发文852件。交换、发送信件19 067件，处理实物密级文件2 443件。外收发岗位接收、分发各类信件、报刊等56.7万余件。OA系统后台修复电子公文5 429件，组织机构及其他事项变更8 710次。全年组织5次文件销毁，销毁文件约37吨；回收2014年国务院文件1 670件。

（2）严格管理机要文件。全年及时接收并处理中办、国办、人民银行、银监会、财政部等上级单位和监管部门通过机要途径来文2 000余件，复印分送机要文件万余件次，各分行督办或查询机要文件千余次。

（3）加强日常公文的审核把关。严把签报审核关，加强签报规范性审核。严格核校公文格式。把好复核、制发关，确保总行制发文件的格式规范。加强对下级机构报送文件的审核，办文质量和效率稳步提高。

（4）完善公文管理制度。印发《关于进一步规范公文处理工作的通知》、《关于规范重要文件办文说明的通知》、《关于准确标注公文紧急程度的通知》及《关于各类文件中数字使用规范的通知》，印发《中国建设银行总行本部文件印制管理规定》，确保文印事务管理制度化、规范化。

5. 强化档案管理。

（1）健全档案制度。完成《中国建设银行股份有限公司总行管理类文件材料归档范围和档案保管期限表》编制，出台《关于加强和改进新形势下建设银行档案工作的意见》，制定《中国建设银行档案工作突发事件应急处置预案》。

（2）妥善管理各类档案。完成恒湿消毒净化一体机的采购安装，接收各部门实体文书档案15 200件，电子文书档案44 709件，照片档案1 710张，奖杯、奖状、荣誉证书、金银币和企业证件执照等实物档案991件（套）。

6. 落实保密责任。

制定《中国建设银行领导干部保密工作责任制实施办法》，并组织签署《领导干部保密工作责任书》；建立内派海外员工任前保密谈话制度，全年对行内外派人员谈话75人次；组织开展全行保密工作专项检查；完善商密公文传递渠道，启动了对中国香港、新加坡等24家海外机构的商密公文传输系统建设工作，提升了商密公文运转效率；建立保密工作基础数据库，提升保密工作科学化水平。

**（五）开展多种形式培训，提高履岗能力**

全年组织举办科技管章试点培训班、档案集约化培训班、保密和密码管理培训班、分行通信员培训班等，共培训人员300余人次。派员为多家一级、二级分行和培训中心组织的培训进行授课指导。

**（六）加强办公场所管理，确保安全运营**

1. 调整优化总行办公场所。按时完成长安中心南楼工程改造，合理制定总行大楼、长安中心办公用房分配方案，解决长期存在的跨楼、跨层、跨部门办公问题。完成总行大楼6层报告厅改造，并已投入使用。

2. 继续做好办公用房专项清理和整改。按照中央及财政部等相关部门要求，完成各行办公用房使用面积统计上报。开展总行办公用房整改，在完成8套行领导办公用房整改的同时组织开展对部门总经理级办公室的合规整改工作。

3. 加强办公大楼应急演练和设备维保。坚持做好安全和消防应急预案处置演练与管控等连续性工作，认真落实安全管理责任制。全年共组织基础设施应急演练和模拟演练349次，重要设备设施维保972次，配合安保部加大安全检查力度，抓好重点时段、重点部位、重点环节的安全管控，消除突出隐患。

4. 配套落实办公大楼日常管理和服务。完成了60余次签约仪式、业绩发布会、行领导业务营销宴请接待等配套服务；配合搬迁部门调整购置办公家具及设备；提供电话会议保障服务，全年安排电话会议4 000余次，办理装机、移机、撤机、话机功能修改等1 600余次；全面上线实施“四卡合一”项目售饭系统，并完成各办公地点通道门禁和办公室门禁的切换工作；完成汇融大厦和晓月楼“四卡合一”项目售饭系统的上线试运行。全年共制卡6 290张。

5. 保障洋桥数据中心基础设施安全运行。完善管理制度，采取自查和抽查相结合的方式，逐一排查基础设施，发现风险隐患进行维修和整改。监督、检查物业公司工作，提高物业管理标准，规范物业服务。指导物业公司建立洋桥ABC三座基础设施设备信息网络平台，建立设备台账，实现信息化管理。

6. 做好珍宝馆的维护和管理工作。协同公关部做好总行珍宝馆日常管理、布展设计及展柜采购等事项，参与珍宝馆对外展示50余次。完成重要展品养护专家论证，并启动更换馆内空调设施有关事宜。

7. 会同有关部门做好北京地税局党校资产收购工作。

**（七）全力做好保障工作，提供至诚服务**

1. 提供出行保障。保障行内大型会议及活动15次。定时检查，不定期抽查，签订安全责任书，将交通安全责任制落实到位，全年无交通安全责任事故。

2. 做好医疗服务。组织门诊和体检服务，为员工安排5家体检医院，19套体检套餐选择，满足员工个性化需求。完善医疗保险服务，与建信人寿保险公司达成服务协议，实现医疗费用集中上门受理服务制度化。完善“健康加油站”，为员工提供便捷的自助医疗服务，为总行本部员工采购防雾霾口罩和空气净化器。关爱员工健康，为总行50岁以上及相应级别的850余人发放保健药品；修订《防重大传染性病应急预案》，做好疫情的应对准备工作。

3. 加强住房保障。解决久拖未决难题，及时办理新增住房津贴、住房补贴、房改房上市交易，住房函调、租房报销及采暖费报销等日常工作。投入1 000余万元，完成太平桥3号楼和4号楼外墙反坠落维修，东花市住宅小区和翠微中里1号楼高层电梯维修，及其他工程项目7个，对丰汇园单身公寓配套设施和丰汇园小区1、2、6号楼地下室完成了消防安全改造。

**（八）积极履行社会责任，树立企业形象**

加强节能减排。向北京市发展改革委提交相关报告，完成碳排放权交易。实现办公大楼内全面禁烟。针对地下空间管理使用现状制订了综合整治实施方案，对存在问题进行现场整改和设施改造。完成“十三五”期间绿化规划的准备工作，与大兴区绿化办衔接新的五年绿化项目和费用标准。

2015年，办公室工作也获得了来自不同方面的肯定：国务院连续11年授予办公室公文管理处优秀交换集体和优秀交换员荣誉称号；撰写《转型背景下商业银行服务文化再造》研究报告，获得2015年全国金融系统思想政治工作和企业文化建设优秀调研成果一等奖；被评为全行新闻宣传和声誉风险管理先进集体；1人被评为总行级青年岗位能手、2人被评为总行本部青年岗位能手；在总行第十一届职工运动会中，取得了团体总分第五名、拔河比赛第一名的好成绩；全年共收到来自中央巡视组和总行各部门的感谢信13封，分别从会议服务、新闻宣传、档案查询、用车保障、技术支持等多个方面，对我室所做工作表示感谢并给予了高度评价。

执笔：张宏霞

# 风险管理

2015年，建设银行风险管理工作通过主动调整思路、创新管理方法，取得了较好成效，得到监管机构和外界的良好评价，并唯一荣获新加坡《亚洲银行家》风险管理奖项中的最高荣誉——“企业风险管理成就大奖”，以及荣获《第一财经日报》“年度风控银行”、《21世纪经济报道》资产管理年会“金贝奖”中的“2015最佳风险控制银行”、《21世纪经济报道》“亚洲最佳风险管理银行”和《中国经营报》“2015卓越竞争力风险管理银行”等多项奖项。

## 一、全力以赴加大不良贷款处置力度，创新不良处置手段，为实现集团资产质量控制目标提供坚实保障

一是全力以赴完成不良贷款处置任务。截至2015年底，全行共处置不良贷款1 487亿元，历史上首次突破千亿元大关，比2014年多处置701亿元，为全行资产质量的持续稳定提供了强有力支撑。

二是充分发挥批量转让规模效应。印发批量转让实施细则，建立标准化操作流程。全年共完成14单、807.26亿元批量转让，29家分行成交资产包120个，处置额和现金回收分别较2014年增加236.4%和188.2%，平均回收率30.0%。

三是强调现金回收及盘活上迁，加大已核销资产回收力度，着力减少不良资产处置损失。实现回收盘活353.57亿元，同比增加15.29亿元。积极运用呆账核销新政策，做到“应核尽核”，共核销呆账326.21亿元，同比增长56.97%。开展“奋战已核，颗粒归仓”专项活动，实现已核销资产现金回收21.46亿元，创历史新高。提前介入问题资产，处置关注三级公司类贷款659亿元，其中现金回收625亿元。

四是积极创新不良处置手段。不良资产批量转让创新模式顺利实施，建立受托不良资产处置工作机制，完成特选包3批次、148.64亿元转让和出表。主动争取商业银行自主核销政策，并根据财政部核销新政，修订行内相关核销管理办法。积极开展不良资产证券化准备工作，初步制定具体工作方案。优化不良个贷重组政策，新增5种重组方式。

五是加强经验总结和教训回收，改进薄弱环节管理。将审计结果充分运用到资产估值、入包审核、责任追究等各环节，确保不良资产日常管理尽职到位，处置过程依法合规。全年梳理处置案例53个，并按照“汲取教训、总结规律、提炼做法”的要求，在信贷管理流程和制度等方面提出了优化建议。

## 二、围绕转型发展战略，强化集团层面全面风险管控，促进风险偏好和政策要求的贯彻执行

一是牵头做好集团风险偏好的重检、传导落实、执行情况监测和报告工作，确保各项经营管理活动符合风险偏好要求。牵头重检集团风险偏好，形成《中国建设银行集团风险偏好陈述书(2015版)》，并经董事会审议通过。按季组织相关责任部门监测风险偏好传导和执行情况，强化执行力度，向高管层及董事会报告。

二是继续组织全行层层签订风险防控责任书，全面落实风险防控责任。修订《风险防控工作责任书》，从总行往下层层分解、细化落实，进一步强化各级领导班子特别是一把手的风险防控责任，推动覆盖全员、全流程、全机构和各类风险形态的全面风险管理责任制，使其得到有效落实。

三是完善集团风险管控政策体系，将海外机构、子公司纳入全行统一风险管理体系。修订《子公司风险管理办法》，明确划分母子公司风险

管理职责。推动建信信托、养老金等子公司建立风险政策、制度和监测指标体系，做好全面风险管理。组织开展年度子公司风险评估工作，促进子公司提升风控能力。审核子公司（子行）董事会风险议案，对风险偏好、风险政策、转型方案等提出审核意见。出台《风险隔离暂行办法》，构建集团内部防火墙体系，有效防范风险在集团内部传递。

四是强化理财业务、同业业务风险管理。将理财业务、同业业务纳入全面风险管理体系，牵头对理财业务、同业业务风险管理现状进行了梳理，对全集团信用债发行体风险、全集团债券交易价格管控情况进行了排查，拟定2016年理财业务、同业业务风险管理政策、限额方案，夯实多功能银行业务管理基础。

五是强化集团全面风险的分析和报告，充分发挥决策支持作用。充分运用风控委等会议平台、渠道，对整体风险状况和风险突出领域开展讨论、分析，提出管理措施建议。做好向董事会和监事会的全面风险报告工作。优化集团综合风险报表体系，全面展现集团风险状况。加强国际先进银行业务发展及风险实践的比对研究，组织撰写《全球市值前十大银行综合风险情况对比分析》，提出相应管理借鉴及启示。根据行领导要求，对全面风险管理范围和构成要素予以明确，为确定风险管控目标、完善全面风险管理、更好地服务于发展战略提供依据。

六是牵头组织银监会监管会谈，严守合规底线。针对大型银行监管工作要点、年度监管通报、季度监管会谈等重要监管要求，逐条对照分解落实，建立跟踪反馈机制，严守风险合规底线。银监会在多次监管会谈中给予充分肯定。

## 三、积极应对市场波动，支持交易业务转型发展，提升集团层面市场风险管理能力

一是前瞻性地开展风险预警，有效应对市场变化。迅速应对A股市场大幅下跌、人民币快速贬值、人民币加入SDR、美联储加息以及德意志银行巨亏等重大风险事件，调查掌握相关业务风险敞口和风险状况，提出针对性措施和要求，共完成各类分析报告58篇。建立跨部门沟通机制，定期召开专题会议，持续跟踪评估风险事件的影响。加强日常风险监测，共发布各类风险预警提示118次，开展了29次现场检查和穿行测试，及时发现重大风险隐患，提出管理建议，督促整改。

二是夯实交易业务风险管理基础。完善市场风险管理政策制度体系，共制定12项政策制度。创新市场风险限额管理方式，将原年度政策限额分解为限额管理办法与年度方案，规范限额管控流程，健全覆盖全集团、全部交易业务的风险政策限额体系。修订并发布交易业务及市场风险管理手册，推进交易业务风险管理转型。

三是加强交易对手风险管控。严格交易对手准入标准，按季重检交易对手内控名单，按月监控客户端风险敞口，垫款余额持续下降。针对信用债违约频发的情况，加强集团信用债管理，完善投后管理，优化十二级风险分类方法。

四是成功实现了衍生产品交易对手风险管理系统的开发上线。建立了全量代客衍生产品的IT系统管理平台，实现了对风险敞口、交易额度、金融质押品的自动化监控以及多维度风险报告的自动生成，解决困扰总分行多年的资金交易额度线下管理的问题，在国内处于领先水平。

五是优化交易业务流程管理。开展金融市场业务风险事件分析和管控项目，分析了25个风险事件，提出了73项风险管控措施，梳理了141条IT整改措施，其中有40项已经完成上线，在外汇、贵金属报价、海外分行管理等方面取得突出成效。

六是完善交易产品和交易员管理。支持产品创新，优化新产品风险管理机制和流程，提高风险审查的效率和客观合理性，累计完成61个新产品的风险评估。加强交易员准入审核和离岗审计，实现了交易员交易统计分析的自动化，按季开展债券交易价格管控分析，通过控制系统用户权限，减少操作风险，杜绝交易舞弊和利益输送。

## 四、发挥风险计量专业优势，开发优化适应新形势的计量工具，为业务发展提供科学支撑

一是风险计量体系不断完善。充分利用经济下行期的风险损失数据，新开发18个、优化12个风险计量模型，进一步提高风险计量模型的覆盖面、适用性和准确性。目前，已制定了约100

多项政策制度，开发投产了324个风险计量模型，覆盖全行约14万非零售客户、5 900万零售客户和全部金融市场交易业务；建立了风险数据集市，积累了超过700万笔对公客户和约6 000万笔零售客户的贷款及交易数据；新建和优化30个IT系统，部分计量模型已嵌入业务流程系统，在全行分支机构推广使用。

二是优化非零售计量工具，加强评级管理。研发优化集团控股公司的评级方法，支持集团战略客户业务，评级向上推翻率由41%下降到7.69%，适用性明显提高。优化省级地方政府评级和风险限额模型，支持地方政府债券投资、承销和相关信贷业务。客户评级覆盖率达95%，覆盖了绝大部分非零售敞口。依托IT系统刚性控制客户评级，完善激励约束机制，加强违约管理，提高评级的准确性，评级悬崖现象得到明显遏制，高信用等级违约占比显著降低。自主研发违约损失模型（LGD）、风险暴露模型（EAD），完成第三代模型开发，模型计量准确度和区分能力提升1倍以上。

三是构建小微企业风险计量体系，保障业务转型顺利推进。500万以下小微企业贷款申请评分卡、分池模型上线运行，小微企业业务基本实现了从信贷审批到贷后预警，再到自动续贷的“全生命周期”管理模式。全年应用申请评分卡的小微贷款27 253笔，贷款余额319亿元，不良率仅为0.6%，低于全行小企业业务整体不良率5.38个百分点（小企业部责任口径）。

四是实现零售贷款大类产品评分卡的全覆盖，支持个人金融业务服务创新。已开发零售计量模型达89个，覆盖全行98%的零售贷款（个人贷款及信用卡），管理自动化、智能化显著增强。部分评分卡工具结合线上大数据，应用于电商客户的准入和额度控制环节，助力网上融资产品创新。2015年，应用申请评分卡处理的零售贷款自动审批率达44%，相当于全年节约人力成本超过7.25亿元。应用行为评分卡，98%的电话调额申请3分钟内通过生效，相较原来1～2天的时间，客户体验大幅提升。

五是创新风险预警预控技术，实现主动风险管理。探索建立了一套基于大数据和风险计量模型，采用自上而下、非现场方式的组合风险预警方法，全年共开展4个批次的风险预警，及时下发预警客户名单，由分行作进一步分析和排查，引导分行聚焦于实质性风险客户的化解，提升风险排查的针对性和有效性。

六是依托组合风险管理工具，支持客户选择和业务发展。扩大经济资本计量的覆盖范围，研发优化集中度风险、战略风险、声誉风险的经济资本计量模型，改进信用风险的相关性模型，完善创新业务、战略业务和重点业务的经济资本计量方案。将境内分行经济资本计量工具方法推广至海外机构，提升全集团资本集约化运用水平。加强行业限额管理，突出对优先支持类行业和优质客户的支持力度，严格控制逐步压缩行业新增，加强对批发业、建筑业、制造业等风险突出行业的限额管控。首次将部分行业限额配置到一级分行层面，设定区域差别化限额。

七是应用压力测试工具，增强系统性风险防控能力。出台压力测试管理政策，规范集团压力测试架构、流程、方法和技术，落实监管要求。针对经济新形势，及时开展金融稳定压力测试、银监会整体风险压力测试、资本充足率压力测试、恢复与处置计划压力测试等多维度的综合性及专题性压力测试，评估经济下行对资产质量的不利影响，为管理决策提供支持，提升系统性风险管控的前瞻性。

## 五、严格落实监管要求，制定恢复与处置计划，推进资本计量高级方法向有效执行与深化应用转变

一是做好入选全球系统重要性银行准备工作。组织拟定恢复与处置计划，满足入选全球系统重要性银行的监管要求。建立恢复与处置计划管理机制，增强集团危机管理能力。系统梳理恢复与处置计划数据需求，纳入新一代项目进行系统开发，强化集团数据汇总和分析能力。11月3日，我行被正式列入金融稳定理事会（FSB）2015年全球系统重要性银行（G－SIBs）名单，标志着我行步入国际一流银行的行列。

二是持续满足监管合规要求，推进问题整改。2014年下半年，银监会分别对建行陕西分行和香港地区机构的高级方法实施情况进行了现场检查，针对检查意见书提出的121个问题，已整改完成

83个问题，总体进度符合整改方案要求。建立了高级方法实施检查问题库，为分支机构自查自纠提供具体的案例和操作指导。

三是持续推进资本计量高级方法实施，提升资本集约化水平。2015年是资本管理高级方法实施进入并行期的第一年。全面加强实施培训，充分贯彻资本集约经营理念。持续优化三大支柱建设，成效显著。采用高级方法计算监管资本后，大约提升资本充足率0.6个百分点，相当于节约至少600亿元资本，相当于每个员工多贡献约15万元利润。

四是强化模型验证工作，提升模型验证效率和持续监测水平。推动建立模型自我纠正机制，完成101个信用风险内部评级模型的投产后验证工作，全面提升模型的运行表现。组织修订《验证管理办法》，拟定信用风险内部评级法、市场风险内部模型法、操作风险高级法验证操作规程，增强验证工作的规范性和可操作性。拟定风险计量模型概览图，已纳入新一代项目开发部署，强化模型风险监测及验证力度。

五是开发统一风险视图系统，提升集团整体风险的监测和预警能力。统一风险视图系统已成功上线，全面覆盖母子公司、境内外、表内外、信贷与金融市场、自营与委托代理等各个层面，整合风险信息，全方位、多角度展示客户风险敞口及相关信息，并通过集团风险指标预警及组合预警分析，初步实现集团层面整体风险管控。

执笔：方斯琦

# 信贷管理

## 一、主动应对严峻形势，持续加强资产质量管控，圆满完成年度控制计划

### （一）总行党委审时度势，准确预判，高管层亲自督导化解风险

2015年，全行资产质量管控形势异常严峻。总行党委高度重视，科学部署。资产质量管控专题座谈会指出：转型发展与风险防控要两手抓两不误，明确了一把手对风险负总责，以及坚持风险有序释放、有效管控的要求，及时为全行指明了方向；总分行高管层率先垂范，“分片包干”压控不良，牵头化解“三十大”重大信用风险项目。

### （二）多策并举提升管控主动性

一是制定分片包干压控不良工作方案，并发布工作动态，有力指导全行资产质量管控工作；二是重检下发再融资、期限调整等多项制度要求，创新风险化解处置手段，帮扶可持续经营客户平稳渡过暂时困难；三是首次分解下达境内分行不良贷款新暴露控制计划，促进风险的有序释放；四是实施信贷资产观察名单制度，并纳入信用风险管理综合评价，促进潜在风险提前化解；五是把风险分类作为信用风险过程管理的有力工具，对普华永道提出的审计差异项目2 121户（涉及贷款本金2 523亿元），逐户分析风险状况，提出分类建议；六是加强授信业务责任认定（总行权限内），委托一级分行对135个授信客户开展初步责任认定，完成106户责任认定报告审核。

### （三）资产质量主动收官

截至12月底，集团口径不良贷款余额为1 659.80亿元，不良贷款率为1.58%，控制在年初董事会目标（1.6%）以内。境内分行逾期贷款大幅压缩至1 691.41亿元，逾期率1.75%，与不良贷款的剪刀差由年初的214.46亿元大幅缩减至68.01亿元。表外信贷业务垫款继续压缩，截至12月底，余额为58.60亿元，较年初下降15.14亿元。年末主动收官，风险分类质量逐步提高，为转型发展创造了良好环境。

## 二、加强信贷政策引导，信贷结构更趋优化

### （一）完善信贷政策体系，提升信贷政策的针对性和有效性

一是制定下发《关于2015年度信贷政策优化调整的通知》，明确了全行整体信贷投放、重点风险控制领域，以及小企业信贷投放重点。二是制定完成了现代物流业等6个新行业信贷政策。截至年底，行业信贷政策已覆盖境内分行对公信贷余额的82%。三是根据经济形势变化，及时调整优化行业信贷政策，重检部分制造业、电力生产等行业信贷政策，加强高速公路项目信贷风险管理。四是研究制定区域差别化政策。充分挖掘分行区域比较优势，推进实施“一行一策”。

### （二）落实国家重大战略，制定专项配套支持政策

一是紧扣“一带一路”、京津冀协同发展和长江经济带三大重大战略，制定《落实国家重大战略的信贷支持政策》；二是制定《落实自由贸易区战略信贷支持政策》，差别化地提出了上海、广东、天津和福建各自领域内的重点支持行业、客户和产品；三是制定《落实“走出去”战略信贷支持政策》，重点支持基础设施建设、产能过剩行业向外转移，以及装备制造、高新技术服务业和农业出口等领域。

### （三）贯彻绿色发展理念，大力推进绿色信贷

一是配合银监会开展绿色信贷自评价工作。认真梳理政策制度及能力建设、流程管理等内容，并将自评价工作报告上报银监会。二是研究制定《绿色信贷实施方案》。从机构职责、岗位设置、考核激励等多方面搭建我行绿色信贷管理架构，并建立绿色信贷统一沟通协调机制。

## 三、强化制度体系建设，信贷流程不断优化

### （一）完善信贷全流程制度体系，夯实信贷管理基础

统一了信贷业务操作手册、贷后管理要求、对公信贷业务保证担保管理和风险预警管理工作内容，建立统一了对公信贷制度维护平台，进一步提高了信贷制度规范化水平和便捷使用程度。

### （二）优化信贷管理流程，进一步理顺工作机制

1. 完善信贷管理机制。制定《进一步完善信贷管理机制流程的指导意见》，完善了层级间信贷管理工作报告机制，明确了分行信贷管理归口部门和基础岗位设置，对信贷管理人员队伍建设提出了细化要求。

2. 完成放款中心体系建设。截至12月末，37家一级分行放款中心人员计划编制771人，实际到位618人，到位率80%；共完成放款审核150 579笔，金额37 834.20亿元；完成会计放款62 690笔，金额17 710.40亿元。因放款条件无法落实等原因，未予放行的信贷业务1 162笔，占总放款审核笔数的0.77%；涉及金额364.19亿元，占总放款审核金额的0.96%，对有效管控贷中放款环节风险起到了积极作用。

## 四、夯实海外信贷基础管理，全力支持国际化转型

### （一）完善海外机构政策制度建设，健全运行机制

全面推进“一行一策”信贷政策制定，16家海外机构有了信贷政策，初步实现了信贷政策在海外机构全覆盖。

1. 不断完善海外机构管理制度建设。一是建立海外机构信贷制度库（含有效制度33个，其中，基本制度14个，管理规定16个，其他3个），定期更新发布，以利于海外机构及时掌握最新要求。二是指导海外机构贯彻执行信贷业务基本操作规程、客户信用评级和风险报告等制度，进一步规范海外客户贷前、贷中、贷后管理。三是及时优化调整制度规范，对办理相关业务实行差别化管理。

2. 规范海外信用风险监控和报告机制。一是按月编制《海外机构风险状况分析报告》，分类建立了不良、关注、预警、逾期等重点客户监控台账。二是加大海外机构风险排查和预警提示力度，及时化解风险隐患。三是组织指导海外机构审慎计提贷款减值准备，提升风险抵补能力。

3. 强化海外机构评价考核。一是对海外机构实施信贷资产质量计划管理和KPI考核管理。二是实施年度信用风险管理综合评价，根据管理过程和管

控成效全面评价各海外机构信用风险管理能力。

**（二）加强制度与工具建设，提升国别风险管理能力**

1. 制定完善国别风险管理制度。一是制定了《国别风险管理政策》，建立了包括国别风险识别、计量、监控、报告等环节的管理流程。二是重检《国别风险评级管理办法》，调整了总行相关部门职责，将国别风险评级的范围从境外机构经营区域内的国家（地区）扩大到我行业务涉及的所有国家（地区）。

2. 推进实施应用国别风险管理工具。一是组织对66个国家或地区开展了国别风险评级工作，基本覆盖了我行涉外业务的主要国家或地区。二是以国别模型为基础制定国别风险限额测算方案，积极协调开发国别风险限额管理模型。三是加强国别风险监测预警和应急处置，有序应对俄罗斯局势动荡、巴西主权评级下调等国别风险事件。四是组织总行相关部门和海外机构按季计提国别风险准备金。

## 五、加大风险排查力度，促进风险早发现、早化解

**（一）组织开展业务专项检查**

1. 组织开展理财业务专项检查。成立3个调查组赴深圳、黑龙江、吉林和内蒙古分行开展现场调查，对集团自营类理财业务、代理信托计划业务和其他承担潜在声誉或信用风险的理财业务基础资产风险状况进行了摸底，对业务管理和政策制度存在的缺陷和风险隐患提出了改进建议。

2. 组织开展押品管理专项调研检查。成立6个调研组，对辽宁、山东等12家分行进行了押品管理专项调研检查，抽查审阅210宗押品档案，现场走访49个押品项目，实地察验14家分支机构押品权证保管情况，呈报《关于押品管理调查情况的报告》，为进一步完善押品管理体系提供重要的决策依据。

3. 组织开展新发放不良贷款专项核查。赴浙江、江苏、黑龙江等9个分行进行现场核查，梳理了新发放贷款管理及统计口径存在的问题，提出制度、系统、操作等方面的建议。

4. 组织开展信贷管理调研检查。成立5个调研组，实地走访浙江等9家分行，摸底资产质量管控现实困难和存量风险客户处置化解进展情况，检查贷前尽职调查指引、真实性核查指引等信贷制度执行落实程度，督导各分行进一步加大“三十大”项目的化解处置。

**（二）加大高风险领域排查力度**

1. 组织开展2014年新发放贷款“回头看”。借助非现场审计集中系统，增强了检查针对性、提高检查效率。2014年新发放贷款“回头看”检查共涉及授信客户39 914户，信贷余额12 985.32亿元。

2. 加大对部分重点领域开展风险排查。一是针对煤炭、高速公路、房地产、石油化工等行业开展风险排查，对发现问题向分行及时下达《信贷风险事项预警提示书》。二是持续推进大额民营企业审计问题整改工作，有效化解风险性问题客户526户，金额1 502亿元。并整理形成12个典型案例，对经验做法进行整理归纳。

**六、推进基础建设，着力提升条线管理能力**

**（一）强化教育培训，提高信贷人员履职能力**

积极配合人力资源部探讨信贷人员持证上岗机制，全面参与编写信贷培训教材；根据重大风险事项中存在的突出问题，组织编写了信用风险典型案例集和信贷风险问题库，同时对部分分行信贷管理经验加以梳理，并印发全行学习；举办系统性培训班6期，累计培训人员450余人次，培训内容包括信贷政策、资产质量管控和海外信用风险管理等多个方面，并为总行各部门和各分行提供授课支持20余次；组织相关处室开展部门培训9期，加强部内业务相互交流。

**（二）完善考核评价机制，强化过程管控**

牵头开展信用风险管理考核评价，针对性地指导分行提升专项能力建设；配合开展分行和总行本部业务部门KPI考核与业绩评价。

**（三）推进信贷文化建设，夯实信贷管理基础**

组织有代表性的15家分行专家召开专题研讨会，梳理总结我行优秀的信贷文化经验做法；借助“文化建行”微信平台（5万余人关注）推出“信贷文化之经验分享”系列。

执笔：张树林　蒋帅

# 授信审批管理

## 一、全行审批工作平稳有序，有力支持全行转型发展及信贷结构优化

1. 全行审批总量稳步增加。2015 年全行审批对公客户各类授信业务 32.6 万笔，审批金额 22.3 万亿元，比 2014 年增加 3.53 万亿元、增幅 18.83%。

2. 资管业务审批快速增长，有力支持全行业务转型。2015 年全行共完成投资理财业务审批 2 783笔，审批金额 2.79 万亿元，同比增加 1.25 万亿元、增幅 80.9%，审批通过率 95.2%。

3. 全行信贷结构优化效果显著。围绕“一带一路”、“走出去”、“自贸区”等国家重大战略和支持实体经济的业务审批量快速增长。2015 年全行固定资产贷款审批金额 1.63 万亿元，同比增加 18.1%；通过“内保外贷”等授信产品支持“走出去”企业跨境人民币融资需求，全年共审批融资性保证 1 130 亿元，同比增加 50.6%。

4. 全力保障不良处置，推动存量授信风险化解。2015 年，全行审批条线进一步强调大局意识和责任担当，持续推进风险项目快速化解机制，积极参与配合全行“三十大”客户风险化解，大力支持风险处置化解，全年共审批大额保全业务 413 笔，325.31 亿元。

## 二、进一步提升“三授信”精细化和集约化水平，规范评级管理，推动评估专业化转型

1. 全面推进综合授信工作，继续开展“百行千户”活动，综合授信覆盖率提升幅度较大。截至 2015 年底，全行完成公司客户综合授信评审 2 632 户，审定总量 8.29 万亿元，同比分别增加 32.13%、256%，全部境内分行综合授信覆盖面达 68.81 %，较 2014 年底提高近 35 个百分点。

2. 积极推进全球授信工作，加强重点区域督导，促进全行国际化战略转型。2015 年，我部制定下发《关于进一步明确全球授信业务相关管理事项的通知》，进一步完善跨境集团客户综合授信联系机制，全行共完成全球授信评审 167 户，涉及金额 4.4 万亿元，全面覆盖 24 家海外一级机构。

3. 完善集团授信流程机制，提升综合金融服务能力。2015 年，我部制定下发《中国建设银行集团并表授信管理办法（暂行)》，建立集团层面的统一额度管控机制，充分发挥建设银行集团全牌照优势，提升对客户综合金融服务水平。

4. 评级效率稳步提升，推翻率管理效果良好。2015 年全行共审定客户评级 12.04 万户，全行客户评级推翻率 4.88%，满足不超过 10% 的监管目标要求。

5. 项目评估专业化特色化转型效果显著，对业务推动作用凸显。2015 年全行共受理评估项目 4 529个，共完成评估 3 730 个，申请我行贷款合计 2.18 万亿元。

## 三、持续优化资管业务审批机制流程，提升授信审批服务能力，促进全行大资产大负债业务转型

1. 不断优化大资管业务审批模式及风险管控机制，紧跟业务市场变化，提升理财资产配置效率。一是优化地方政府信用额度及债券业务的审批流程，全年共计完成 36 个省级政府信用额度审批，合计批复 9 253 亿元，有力地支持了我行承销和认购地方政府债工作。二是调整优化存量非标转标业务以及重点优质客户的私募债审批流程，大力推动我行理财资产“非标转标”。

2. 高度重视对大资管业务的研究预判，全力

支持“两全”活动，助力基层机构快速拓展资产管理业务。一是先后下发产业基金等新兴重点投资理财业务经营策略及申报审批要求，优化创新代理建信信托产品等业务审批决策模式，主动引导业务发展。二是对重点推进的各类“两全”业务建立“业务指导直通车”，“专人、专岗”为分行解决业务申报的难点事项。

3. 组建“资产管理业务授信审批团队”，加大投资理财业务联动创新、协同管理力度。该团队将各类“大资管”业务以及跨境投融资业务纳入专业研究范围，充分体现了综合化、组合化的转型方向，为大资管业务打造专业化人才队伍奠定了业务长期可持续发展的基础。

## 四、持续推动授信审批专业化建设，提升全行风险把控能力与水平

1. 有序推进项目评估转型各项工作，不断提升评估专业化、特色化水平。一是下发《关于加强重点项目库建设的通知》，建立总行级、分行级重点项目库，着力提升重大建设项目服务能力。二是积极探索评估的“两头延伸”，向前延伸到支持精准营销，向后拓展到支持风险识别和重大项目风险化解。三是主动把握新常态下投资增长点，发布了高速公路等 3 个行业项目评估指引，完成垃圾发电项目评估专题研究报告。四是大力推进项目评估队伍“163”工程建设，完成 2015 年评估委员推荐选拔工作，完成首批 12 家示范分行项目评估业务转型的总结验收。

2. 加快授信方法研究与应用，授信专业化建设初显成效。一是通过组织授信专业化建设会议，明确了授信专业化方向和专业化方法体系，应用转化 2014 年 58 项专业化成果；二是紧扣国家产业升级、国家重大投资工程、区域经济特点等方向，确定 2015 年 61 个专业化课题计划，紧抓客户经营模式和关键运营指标，已取得 33 项专题成果。

3. 明确支用审批环节各项要求，加强审批精细化管理。在总结 2014 年试点经验基础上，制定下发《关于进一步加强公司类客户单笔信用业务审批管理工作的通知》，全面推行支用审批精细化管理，有效提高支用审批环节实质性风险把关能力。

4. 紧跟国家政策热点，强化重点行业、新型业务跟踪研究与审批指引发布。2015 年，总行共组建 26 个研究团队，全年共发布 PPP 项目、非标准化理财产品、钢铁、石油化工等 16 个审批指引。

## 五、紧密围绕国家重大战略开展业务转型，服务实体经济大局，大力支持国内企业“走出去”战略

1. 集中力量支持地方政府性存量债务置换业务。为支持存量地方政府性债务置换工作和满足新增政府债券投资项目的临时融资需求，总行集中审批资源，优先受理和审批“银政”合作项目，全年共审批“银政合作”一类债置换预审批项目 416 笔，批复金额 4 205 亿元。

2. 围绕国家发展战略，积极支持重大项目建设。一是继续落实好主动授信，以“一带一路”、京津冀协同发展、长江经济带、自贸区建设等 4 个领域为重点，贴近经营主战场，打开主动授信、专业授信工作局面。二是统筹全行优质评估资源，组建高速公路、现代煤化工等总行级评估团队，支持国家重大工程项目评估。

3. 积极支持国内企业“走出去”，不断增强全球金融服务能力。一是以支持大客户、大项目为突破口，加强境内外机构联动，拓展全球授信市场。二是加强自贸区等特殊经济区域政策研究，支持分行在自贸区搭建跨境融资与并购平台。三是继续扩大“内保内贷”业务转授权范围，提升对“走出去”企业跨境人民币融资需求的授信服务质量与效率。四是为贴近市场、提升海外审批工作的专业化和集约化水平，稳步推进海外审批中心设立相关工作，基本完成亚太审批中心设立工作。

## 六、加强业务监控督导，强化审批条线系统管理

1. 持续完善重大项目现场调研机制，针对重点地区及重点业务开展现场调研与督导。一是 2015 年继续开展重大项目现场调研工作，共组织 32 个调研小组赴 37 家一级分行对 136 个项目进行调研，协助基层行对重大疑难项目进行科学研判与分析。二是部领导带队赴个别资产质量波动较大的分行开展现场检查，督导分行持续完善风险内控管理，提升信贷经营与授信管理水平。三是

采取“走下去”和“请上来”双向互动方式，对分行投资理财审批质量、风险状况、队伍建设等情况进行摸底和专题调研。

2. 加大审批授权动态管理力度，强化重点领域风险管控。一是进一步规范异地投资理财业务审批授权管理，强化异地授信业务风险管控。二是收放结合，进一步调整全行小企业贷款差别化授权安排，支持小微企业发展。三是坚持差别化授权客户动态调整，及时重检和调整差别化授权客户名单。四是进一步推进完善海外分支机构授权管理，制定、调整多家海外机构审批授权方案，多次针对海外机构收并购业务进行特别授权。

3. 强化授信风险监测预警与化解处置，保障信贷资产质量稳定。一是按月对全行大额良好逾期客户进行风险排查，及时督促提示分行对其中风险隐患采取风险化解措施；二是加大对重大信用风险事项等风险客户的授信审批核查力度；三是下发《关于加强授信审批条线“一加强、两遏制”自查工作的通知》，在全行授信审批条线内组织开展专项自查和整改。四是持续开展 CRMS 系统报警提示事项核查处置，2015 年完成核查事项 1 610 笔，金额合计 7 323 亿元，下发风险提示及整改意见书 58 份。

4. 持续推进全行审批条线人员队伍建设。一是协助人力资源部门完成一级分行新聘任信贷审批部门负责人和贷款审批人任职资格审查，严把准入关口。二是集中优势资源开展培训工作。2015 年共完成评估授信、合规性审查等各类培训班 17 期。三是根据人力部统一安排，选派骨干力量完成《信贷人员岗位培训教材》（授信审批篇）开发，为后续开展授信审批条线持证上岗培训打下基础。

执笔：唐俊

# 内部审计

## 一、坚持问题导向，深入贯彻从严治行要求

### （一）加强信贷领域风险揭示和预警

针对信贷风险管控严峻的形势，围绕高风险领域和重点信贷业务开展了专项审计和动态调查，并在综合类项目中重点关注重大信贷问题。一是强化了对高风险领域的全面排查。重点关注制造业、批发零售业、国内贸易融资等区域、客户、产品的风险特征及变化趋势。二是强化了对潜在风险的及时预警。提前揭示了民营企业关键人员大额资金入股市的情况，由点及面地提示危险化学品企业、违规排污企业涉及的潜在问题和风险，尝试建立信贷客户风险分析与预警体系。三是强化了对信贷管理薄弱环节的揭示和分析。聚焦 2012 年以来新发放贷款、对公授信押品管理、个人贷款业务等方面，全面查找信贷资产质量下迁的内外部原因。

### （二）落实打包处置和贷款核销独立审计机制

落实行领导要求，对批量转让和呆账核销业

2015 年 4 月 8 日，中国建设银行 2015 年审计转型发展工作会议在北京召开。

务的存量和增量开展审计检查工作。一是关注贷款经营管理中存在的重大违章违规问题，分析贷款形成不良和损失的原因，督促研究加强风险管控的长效措施，改善信贷基础管理。二是关注批量转让和呆账核销工作合规性，保障相关工作依法合规。三是关注不良资产追索充分性和资产估值合理性，有效地挽回或减少了贷款损失。

**（三）高度关注财务、采购、基建等基础管理类业务领域**

一是提出了部分机构在财务制度执行操作上存在的问题，促进全行加强成本管理，强化费用开支管控。二是提出了集中采购领域供应商管理、少数员工潜在操作风险和道德风险等突出问题，促进了全行采购流程的进一步规范和采购成本的有效控制。三是提出了大型生产基地建设和新一代信息系统建设中存在的问题，促进全行重大资本性支出管理水平提升。

**（四）关注海外和子公司业务风险，切实做好经济责任审计**

组织实施了11家海外机构和2家境内子公司主要业务经营管理情况审计，在港子公司、澳门分行专项审计，多伦多、布里斯班分行筹备费用和伦敦、约堡分行拟核销呆账贷款审计检查等，从集团角度审视海外、子公司业务风险。认真贯彻落实中央及外部监管机构的相关要求，修订并下发了《经济责任审计管理办法》和《经济责任审计的操作指南》，进一步提升了经济责任审计项目的质量和效率。

## 二、坚持主动作为，积极服务全行转型发展

在全行战略转型全面推进的第一年，内部审计进一步加强了对转型重点工作推进和配套政策落实情况的监督检查，切实为全行的转型发展保驾护航。

**（一）加大对全行战略转型落实情况的审计**

37家审计机构开展了全行战略转型情况审计调查，多维度透视和评价全行转型传导和推进情况。一是促进了一级分行转型的传导和部署。在项目实施期间，有23家分行正式印发了转型规划实施方案。二是及时推广共享可复制的转型经验。梳理集约化建设、综合金融服务、渠道转型等八类创新举措。三是深度分析转型发展过程中亟待解决的新情况、新问题，并督促相关分行和业务条线提高认识，积极部署转型发展工作。

**（二）开展重点区域分行的全局性、整体性审计**

采取异地交叉审计的组织方式，组织实施长三角、珠三角10家一级分行主要业务经营管理审计。一是全面覆盖分行主要业务领域。针对信贷、类信贷、存款、同业、渠道、财务管理等六大类业务，开展“全面体检式”审计。二是深度揭示“四重大、一隐患”问题①，涵盖了同业业务“隐性担保”、员工违反从业禁止规定、业务联动中存在部门壁垒等重要问题。三是加强根源性分析，针对信贷业务、同业业务、渠道业务等方面，提出了50余条审计建议。

**（三）关注营运柜面、IT运维等基础领域转型发展**

密切关注网点渠道转型，提示了全行网点三综合深化推进过程中长效机制建设、业务集约化运营、综合营销及风险防控等方面需要持续关注、改进的重点问题，夯实了银行安全运营基础。强化基层机构操作风险防范，揭示了我行金库管理、营业网点场所安全管理、重要物品和印章管理、自助业务运维、参数管理等营运及柜面业务关键控制中存在的薄弱环节。

**（四）围绕大资管等领域开展战略新兴业务审计**

对托管业务、养老金业务开展审计，提示相关业务转型发展中的体制机制问题。揭示投行及资产管理业务的潜在风险，除继续关注理财业务外，还对财务顾问、债券承销、代理信托计划和代理券商集合计划类等业务开展检查。关注信用类债券等金融市场业务管理和风险管控，推动总分行和各业务条线之间加强协同管理。

**（五）开展数据挖掘分析，为经营管理提供支持**

内部审计运用大数据思维，发挥审计技术工

① “四重大、一隐患”问题指重大违规、重大风险、重大浪费、重大失职，以及案件隐患。

具优势，为管理层和经营部门提供决策参考和管理建议。挖掘潜力客户，向经营部门提出有针对性的营销策略。探究社会资金运动的新特点，促进我行资金吸引能力的提升。分析行内外网络金融市场的发展业态，对我行打造网络金融生态进行了前瞻性研究。

## 三、改进整改督促，有力促进问题解决和问责

### （一）改进审计督促整改的路径和方式

制定了《改进审计督促整改工作流程 提升整改有效性的实施意见》，明确审计在督促整改工作中的责任，实现对审计揭示问题的闭环管理。按照调整后的整改路径对财务和海外业务审计中发现的问题进行整改跟踪，对有关问题的整改情况进行审计认定，形成跟踪报告，有效落实审计督促整改责任。

### （二）推动重要问题的根源性整改

一是坚持“抓重点”。将屡查屡犯问题、整改机制流程问题、重大风险和内部控制缺陷，纳入重要问题，集中资源重点跟踪。二是坚持“见实效”。落实监事长“要推动解决一批问题”的要求，会同有关部门，跟进督促费用支出不真实和“飞单”业务问题的根源性整改，遏制问题的屡查屡犯。

### （三）规范审计发现问题的责任认定工作程序

根据《关于审计条线落实〈中国建设银行检查发现违规问题责任处理暂行办法（试行）〉的通知》，逐步理顺了各审计机构与驻地分行之间的责任认定工作机制。此外，根据总行党委安排，直接组织实施重大问题的责任认定工作，强化了重责、问责、追责的工作力度，发挥了问责的惩戒震慑作用。

### （四）推动领导班子整改责任制的落实

指导各审计机构推动驻地分行落实审计整改领导班子责任制。各审计机构加强沟通和联动，及时向分行领导班子提示整改信息，共同研究完善整改机制与流程，细化整改工作考核与问责，积极推动领导班子整改责任制的建立与完善。加强与业务管理、合规、纪检监察等部门的合作监督。及时为防范案件、化解风险、督促整改提供审计信息支持，并督导整改落实。

## 四、加快自身转型，全面夯实审计履职保障

2015年9月，对37家分行部分员工开展的内部审计自身转型成效的调查显示，超过80%的受访者通过与审计部门接触或媒介宣传，对审计自身转型工作有了解；调查涉及五方面事项，好评率均超过70%，“已发生问题和潜在问题并重”、“关注控制缺陷和群发性风险”两方面好评率达到了80%。

### （一）增强责任意识，审计制度规范更加完善

完成内部审计章程和准则的修订，推行问题分层分类，强化内部审计基础规范。遵循“尽职免责、失职问责”的原则，制定下发了《内部审计责任管理办法》，明确了审计人员、审计对象的尽职要求、问责情形及程序。制定《审计效果后评估工作方案》，对审计发现问题和整改情况进行定量定性评估，推动审计成果的转化利用。

### （二）强化专业化建设，专业研究能力更加夯实

跟进经营战略转型、服务产品和渠道的调整，将原有的26个专业拓展到38个，更加贴近业务前沿。专业机构牵头或直接承担了一些紧急重要的工作任务，引领、推动审计条线整体工作，作用发挥更加显著。专业研究成果越来越多地应用于审计项目之中，审计项目中的经验和方法及时转化为专业研究成果，形成了“专业研究指导审计项目，项目实践促进专业研究”的良性循环。

### （三）加强队伍建设，人才梯队结构更加合理

有序推进各项培训工作，加强专业人才培育。组建海外业务专业审计团队，推进海外审计人才常态化培养。通过项目锻炼、跟岗学习、重点辅导等方式，有效促进了新员工的转型和融入。重视审计干部培养的“制度化”和“梯队化”，合理优化审计队伍结构，有效推进人员交流。

### （四）创新技术方法，大数据应用更加深入

非现场集中系统效能日益发挥，通过“集中

分析、分散核查”，初步实现了对重要风险事项的迅速反应、精准定位、及时反馈。通过非现场技术的培训和帮扶，全员非现场审计能力持续提升。截至2015年底，已有226人通过了非现场A级考试，审计条线通过ABCD级考试的比例分别是8%、39%、71%、93%。①

**（五）加强作风建设，垂直管理优势更加凸显**

加强对审计机构的考评和检查，强化管理力度和约束机制。加强对机构班子建设、工作作风、廉政勤政、审计纪律、审计价值提升、审计转型推进等方面的监督，体现审计“八性”要求。加强费用管控和使用监督，督促各机构严格履行中央八项规定及总行党委十项要求。以“三严三实”专题教育为重点，落实好关键动作，不断加强党建工作，强化从严治党主体责任。

**五、认真落实外部监管要求，大力配合审计署和中央巡视组工作**

牵头推进全行“一加强两遏制”专项自查和“回头看”工作；落实监管要求，开展资本管理、反洗钱、消费者权益保护等审计项目；作为牵头配合部门，积极配合审计署2015年专项审计调查工作；认真履行协调联络小组成员部门职责，高标准、高质量、高效率配合中央巡视组工作，相关工作获得了有关方面的一致肯定。

执笔：王婷婷　杨甜

# 内控合规管理

**一、统一思想，狠抓落实，推进内控合规管理转型**

一是专门制定下发《关于贯彻落实董事长讲话精神　推进内控合规转型发展的意见》，7月召开全行内控合规转型发展工作会议，确定了今后一段时间内控合规管理工作的总体思路。制定《中国建设银行合规工作转型发展方案》，从组织体系、工作运行、配套机制等方面提出了转型安排。

二是以“合规管理年”为主线，组织全行深入开展“合规建行、人人践行”创建工作。制定下发了《2015年“合规管理年”工作方案》，确定了六大项工作任务，组织全行细化分解了措施1 533项。在全行内控合规转型发展工作会议上进行了再动员和具体任务部署。“合规建行、人人践行”创建工作与业务经营管理密切结合，与基层管理、基础管理密切结合，使全行机构、岗位和员工进一步增强了合规意识，查找了控制缺陷，完善了控制措施，收到了良好效果。

三是率先启动试行了合规官制度，不断完善内控合规体系建设。推动全行内控合规组织体系不断完善：总行18个部门设置了风险内控管理处室或团队；37家一级分行均设立了内控合规部；境外各机构均聘任了合规官或者合规主管；6家子公司均已明确了承担内控合规管理职责的部门。

与人力资源部门研究确定了合规官工作制度，在同业中率先试行了合规官体制，同步制定了《一级分行及以下机构合规组织体系建设方案》。积极组织推进广东、浙江、江苏等8家分行启动试点工作，将统筹检查、制度管理、同级评价、信息报告、绩效考核、人才培养等配套工作机制在合规官试点分行组织先行先试。合规官制度的启动对于全行内控合规管理水平的提升具有深远

① 后者包含前者。

的意义。

四是以资源力、传播力、覆盖力为核心，加强合规文化建设。一是从价值创造、全面涵盖、规则约束、责任担当、警醒意识等五个方面，进一步丰富、提炼合规文化的理念内涵，加强资源力建设。二是组织合规文化学习传导系列活动，扩大合规文化的传播力与覆盖力。联合工会系统向全行员工发起了"合规建行、人人践行"倡议，覆盖全体员工。在全行范围内组织"合规践行"大赛系列活动160次，参与36.63万人次，具体形式包括文化汇演、演讲赛、摄影摄像、微视频拍摄、词曲创作、报告会等。组织开展晨夕会、合规理念大家谈、现场参观等合规文化学习系列活动354次，参与145.87万人次。经过深入宣导，全行对内控合规理念和文化的认知度、认同度明显提升。

五是推动内控体系建设三年规划收官工作。通过2013—2015年内控体系建设三年规划的组织实施，组织安排加强内控体系建设的工作任务916项，覆盖境内外各机构、各部门，从组织体系、责任落实、增强制度、流程和系统控制能力等方面实现了内控合规管理能力的进一步提升。

## 二、落实"制度建设抓条线"，提升全行内控合规管理水平

一是梳理规范规章制度，从制度源头强化事前控制。制定下发了实施方案，在总行分行组织开展了规章制度梳理规范工作，摸清了全行现有规章制度的家底，对规章制度进行了初步的分层分类管理，对补丁较多的制度，试行暂行类制度或与目前业务管理存在矛盾的制度集中进行了修订整合与重检，集中清理废止了失效制度。总行层面梳理出现行有效规章与规范性文件4 422个，已制订计划并正在实施修订的规章与规范性文件1 030个，集中废止895个。制定下发了《合规性审查管理办法》，建立了对规章制度和产品创新事项的合规性审查工作机制，着力从制度源头加强事前控制。通过规章制度梳理规范，初步实现了整合补丁、精简数量、为基层行减负的目标。

二是继续推进内控标准化建设，推动内控标准在经营管理实践中的应用。编制发布了《中国建设银行股份有限公司内部控制标准》（通用级）与资产管理、信用卡、科技管理等三个业务领域的内部控制标准，制定下发了《内部控制标准化工作管理办法》。宣讲内控标准化工具、理念和方法，推动标准在经营管理实践中的应用。落实内控机控与监控预警，构建全行通用"机控"规则库，选取信用卡业务领域，验证"机控"执行和设计有效性。

## 三、落实"合规管理抓同级"，融入业务，提升发现问题、解决问题的能力

一是坚持问题导向，加强风险识别与提示。组织发动员工从制度、系统、流程、岗位职责等方面开展"查找身边的风险点"活动，分两批收集风险点3 258个。对于提交至总行层面研究解决的风险点，按照所属业务领域筛选分类，拆分至总行相关部门协商解决。在内控合规检查中深入8家分行，发现会计营运、信贷、存款等业务领域问题2 224个，与总分行相关部门密切配合，共同剖析检查反映出的内控缺陷与不足，制定针对性的整改措施。

二是制定下发了《操作风险自评估工作管理办法》，不断优化并深入推进操作风险自评估。组织全行开展自评估项目重检，督促修订了信贷管理等业务的14个制度、28项控制措施，完善并上线了涉及CCBS、CLPM等系统的31个控制功能点。督促指导各分行建立起本行的关键风险指标监测体系，加强操作风险预警和风险提示，制定标准法下操作风险监管资本的总收入计量规则，加强全行损失数据管理。

三是持续提升业务连续性管理，加强应急预案的标准化建设。制定下了发2015年业务连续性管理自评估方案，取得新一代核心系统二期建设成果，组织对全行87个业务领域、796个业务活动、100套系统应用组件进行了全面的业务影响分析。梳理形成了四类突发事件432项风险场景，对47个部门和分行的应急预案进行了评审工作，有效促进了应急预案标准化建设。

四是首次组织开展对同级部门的内控评价，以此为抓手，推动业务条线部门强化合规管理。将同级部门内控评价与层级评价有机结合，开展横向监督工作，有效推动了条线部门抓发展与抓内控合规管理并重。组织完成2015年度境内一级

分行、集团公司、海外机构和子公司的内控评价工作，完成了董事会委托的集团层面内部控制评价对外披露工作。

五是优化整改管理工作模式，提高问题整改的质量与效果。明确了整改主体、督促和问责三类责任，实行了问题分类分级管理。调整整改结果考核导向，对虚假整改行为实行“一票否决”。进一步优化了整改管理系统，为全行整改管理提供更有效的技术支持。

六是定期对全行内控有效性状况进行分析，形成了《2014 年内控与合规情况分析报告》、《2015 年上半年内控与合规情况分析报告》，分别以 2015 年工作会议、夏季行长座谈会作为参阅材料，向全行提示了内控合规重点关注问题，提出了改进意见和建议。初步建立了内控合规信息分析报告工作机制。

### 四、加强境外机构与子公司合规制度建设与管理指导，突出针对性，支持国际化、综合化经营转型

一是配合海外机构布局，进一步加强对境外机构的合规管理和指导。专门设立境外机构合规处，制定下发合规管理手册与规程，建立了合规官的双向负责和报告机制，完善了境外机构监管检查沟通、内控评价、负责人合规辅导、合规官述职和考评制度等一系列制度，督导境外机构加强监管检查与审计发现问题整改力度。

二是对子公司资产证券化托管业务等进行了合规审查。制定下发《子公司内控合规指引》，举办子公司内控合规管理培训班，推动母子公司协同健康发展。

### 五、推进反洗钱作业集中，强化关联交易管理，提升集约化水平

一是推进一级分行和总行反洗钱作业集中，加强反洗钱和反恐怖融资风险评估与监测。研究制定了总行集中工作方案，全行大额交易需补录率降至 0.6%。强化了可疑交易监测分析，各级行向当地人民银行分支机构提交的重点可疑交易报告同比分别增长 40% 和 63%。组织开展了风险评估与客户风险分类，积极部署反恐怖融资工作，持续优化反洗钱监测分析系统。

二是继续完善关联交易和内部交易管理。制定并下发了《关联交易管理专岗工作规定》、《内部交易管理办法》，有效防范风险在集团内跨业和跨境转移。积极开展关联自然人的梳理，协助对重点业务、产品、方案、制度等出具关联交易审查意见，规避关联交易风险。

执笔：张扬

## 产品创新与管理

### 一、全面落实《产品创新规划》，加快建设创新银行

2015 年，全行完成产品创新数量（含移植）1 970 项，创新数量大幅度增加。

#### （一）全面落实《产品创新规划》，向创新银行转型的战略地位更加凸显

持续贯彻落实 2013 年制定下发的第一个产品创新三年规划，积极推进《转型发展规划》相关重大事项落实，针对四项牵头工作及五项参与工作，梳理形成全行加快创新型银行转型年度计划要点和半年进展情况报告。

#### （二）研究拟定《关于完善体制机制 加快产品创新的若干意见》，释放创新活力

着眼于落实全行转型发展规划和“创新银行”建设目标，在对全行产品创新体制机制现状进行深度思考的基础上，拟定了《关于完善体制机制 加快产品创新的若干意见》，提出 10 个方

面、30条指导性意见，将为激发创新活力、深化产品创新提供方向指引和重要政策依据。

**（三）发挥统筹协调作用，增强创新领导力**

一是协助召开2次总行产品统筹与创新委员会会议，审议全行创新计划、战略性项目等重大事项。二是开展产品创新“负面清单”管理研究，形成了“负面清单”，并列入《加快重点城市行转型发展的指导意见》。三是开展产品创新专题培训辅导，对创新形势、前瞻研究、产品移植要求等进行了研讨和传导。

**（四）加大考核激励力度，激发创新内生力**

一是在2015年KPI考核中，通过提高对总行本部业务部门的创新考核占比，加大全行项目质量考核权重。34家一级分行也对辖内机构实施了产品创新考核。二是加大财务支持力度，为移植创新和实验室创新研发配置专项费用。26家分行也配置了创新专项费用，用于重点产品的研发、推广和激励。三是首次将海外机构及子公司纳入创新计划管理范畴。

**（五）加强队伍建设，提升队伍素质**

截至年底，有36家一级分行成立了产品创新统筹委、17家分行设立了产品创新管理部门、11家分行配置了5人以上专职创新人员。持续推进产品经理队伍建设，加大培训力度，全年共组织产品经理培训7期，支持业务部门和分行培训10余期，累计培训产品经理近千人次。

**（六）营造全员创新氛围，培育创新文化力**

一是突出目标导向和质量优先，增设“创新进步奖”和“创新人物奖”，重点奖励创新工作成绩显著的单位和员工，共评出6大序列、122个奖项，涉及17个总行部门、25个一级分行。二是扩大“创e之道”微信公众平台的信息量和覆盖面，全年共发布文章200余篇。三是协同总行团委开展第三届“金点子”创意大赛。

## 二、提升项目管理水平，移植创新成效显著

**（一）探索创新模式，改进项目管理**

一是细化战略性项目“四新一效益”（新领域、新模式、新技术、新应用和新效益提升）的认定标准及程序，突出了战略重点，提升了项目质量要求。二是加强项目管理，引入分行互审与总行复审相结合的项目审核模式，对分行项目提高了审核效率和质量。

**（二）推动战略性项目研发，拓宽项目来源**

一是战略性创新项目总体进展顺利，一批领先同业的产品上市并产生良好的综合效应。截至年底，32个总行战略性创新项目（16个实验室类、16个非实验室类）中，14个已完成，其余项目按计划推进。其中，PPP全流程金融服务、战略性集团客户综合金融服务方案、大宗商品交易、智慧银行、个贷业务流程再造、龙卡e付卡等产品已上市推广。二是拓宽了战略性创新项目的来源渠道。增加了一级分行、海外分行、子公司上报战略性项目的渠道，成为战略性项目的来源之一。三是规范战略性项目管理流程。通过派员深入项目研究、统筹委定期听取报告、季度简报等手段，加强了战略性项目的日常协调沟通和问题解决力度。

**（三）建立集团范围的移植创新机制，移植工作成效显现**

一是建立产品创新移植工作规范。印发《关于完善产品创新移植推广工作流程的通知》，明确了移植创新流程，将境内外分行、子公司纳入移植推广范围，形成了移植项目实施过程全流程监控体系。二是搭建可移植创新产品库。通过总行推荐、原创行自荐、移植行举荐三种来源，收录可移植创新产品入库。三是发布移植项目推进状态表。对当年实施的移植项目进行动态跟踪管理，督促移植项目全面推进。四是加大重点产品的移植力度。确定自贸区金融服务、县域金融等10项重点可移植产品，通过产品推介会、培训等手段推进实施，10项产品已被分行申请移植百余项目次。五是实行一系列鼓励原创的政策。同时，通过建行报、网站、视频课件、创新专刊等多种方式，对移植推广工作等进行大力宣传。

## 三、推进母子公司一体化创新，联动创新取得突破

**（一）建立一体化创新机制，加大培训和宣传力度**

一是制定联动创新规范。印发《关于母子公司联动开展产品创新工作有关事项的通知》，明确联动各相关方工作职责、关键流程、重点事项，

形成整体合力。二是建立联络人制度和沟通平台。按季组织联动创新交流会，建立联动创新微信交流群，收集跨子公司或需要总行协调推动的重大创新需求方案，为联动创新创造了畅通的交流条件。三是加大培训和宣传力度。将培训资源共享到子公司，对公、零售、投资三个产品经理培训班均涵盖子公司学员，在全行“集团管理与战略协同”培训班专题介绍母子联动创新工作；收集整理联动创新宣传产品素材，共向全行推介了8个联动创新产品。

**（二）协同推进创新项目，开展项目推广移植**

持续了解并商定解决联动创新项目推进中的问题，全年共研发22个联动创新项目，其中14个已完成。积极挖掘新的适宜在分行推广的联动创新产品，推动联动创新产品的推广，实现融资租赁债权保理等4个新产品在5个分行的移植。

## 四、强化需求管理，提升需求分析水平和转化效率

**（一）差异化管理需求来源，规范信息收集整理工作**

一是加强“需求快递”通道管理，引导分行开展需求分析、研究和可行性论证，并协同开展市场调查、客户访谈。二是推动总行业务部门及各分行应用产品目录和业务模型知识资产，快速定位客户需求，重点加强战略性产品创新向IT设计开发转化的全流程支持能力，提升需求分析质量和效率。三是做好PIPM系统的日常维护，利用系统组织创意征集活动，扩大系统使用面和活跃度。四是规范同业信息收集整理、日常监测和定期报告流程，捕捉针对特定市场和产品的跟随式创新线索。全年共收集同业信息千余条，编辑刊发同业新产品信息专刊10期、信息224条，向企业网主页推送52条。

**（二）深化同业产品比对，尝试泛金融同业分析工作**

持续跟踪四大行及其他同业产品竞争状态的发展变化，建立动态产品竞争力更新机制，及时发现我行产品差距，为产品创新提供有价值的线索。四大行比对工作开展三年以来，已形成常态化的工作机制，为产品创新提供了有价值的参考。

## 五、夯实基础管理，提升IT支撑力

**（一）探索构建产品及产品管理评价体系**

基于产品创新立项、面市审批等应用需求，梳理、构建了不同产品、不同阶段、不同机构层级、不同应用场景下的产品及产品管理评价体系，包含绩效、市场与客户、创新性、风险、创新能力5大维度、88个评价指标、57个评价模型。逐步完善新产品上市前投入产出预测和上市后成效定期跟踪机制，加强新产品推广应用。持续开展对创新项目成效的跟踪和监测，推动产品改进和迭代优化。

**（二）初步建成产品创新管理应用平台**

一是完成新一代产品研发2.2期各项工作，实现了产品创意管理、需求管理、产品设计以及产品发布等功能。二是推进产品结构化设计落地，协同对公存贷款等二期产品服务组件，完成产品装配功能开发，完成境内615个、境外85个可售产品的实例化并分批上线。三是协助产品经营管理部门完成新产品发布工作，支持总行相关部门发布大额存单、结算卡等31个新产品，结合用户部门的反馈建议，推动新产品发布流程优化。四是编制新一代产品创新管理应用配套制度，印发《产品创新管理应用操作规程（试行）》。五是对37家分行的产品经理提供了产品研发操作流程培训。

**（三）提高产品目录覆盖度**

一是建立包括海外机构和子公司在内的全集团产品目录，更新并发布全行《产品目录2.0版》。截至年底，境内外分行产品共有12个产品线、46个产品组、128个基础产品、8 738个可售产品；包含建信基金、建信人寿、建信信托、建信租赁、中德储蓄银行等5家子公司的681个产品。二是修订产品模型。配合新一代2.2期上线产品，开展模型对接，建立同步维护机制，确保产品模型、装配模型与数据模型的一致性。截至年底，产品模型共包含产品组件306个、产品条件2 229、条件取值7 259个。三是强化产品手册应用维护，启动产品手册年度更新，梳理出的248个可售产品需要更新维护，涉及的191个产品需新增或聚类编写文档，27个产品更名。

**（四）强化业务架构管控执行**

一是持续加强业务模型资产管理，强化业务模型作为IT开发唯一业务需求输入通道的管控，提升IT实现的转化质量。二是更新流程模型与部门职责的映射矩阵，随业务模型1.6版本同步发布。三是编写《业务架构管控指引》、《业务架构变更评审制度》、《业务解决方案案例集》。截至年底，业务模型已覆盖境内外总分行，共有业务组件116个、三级活动924个、四级任务4 697个；行外模型业务组件1个、三级活动7个、四级任务33个。四是支持三期项目实施。协助三期项目组澄清新增目标细化需求1 234条；优化三期项目设计与流程模型验证方法并在信用卡项目试点，组织2.2期项目业务场景层面验证；组织2.2期项目测试环境界面设计验证；支持IT管理平台项目验证设计结果部分应用分析。五是不断丰富模型资产。完成业务建模成果培训材料；完成第一批次业务解决方案典型案例集编写。

## 六、强化实验室管理，战略性产品研发平台价值显现

**（一）支持战略性项目研发，研发平台建设成效显著**

一是下发了《关于进一步明确产品创新实验室相关事项的通知》，推动实验室聚焦原型设计和客户体验，发挥实验室支持战略性创新项目研发的独特价值，确定相应的实施路径和各方职责。二是加强实验室类战略性创新项目的日常管理。明确将项目进展情况纳入统筹委会议常规议题；建立项目管理规范；组织总行业务部门与实验室召开项目推进会10余场，协调解决项目推进中问题。三是加强战略性项目资源协调支撑力度。联合财务会计部下发《关于下达2015年产品创新实验室专项财务费用预算的通知》，为各实验室配置财务费用近1 400万元，专项用于实验室研发中的原型开发制作、外部咨询等事宜；推动各实验室所在地分行调配人员，不断充实研发力量，满足项目研发需要。截至年底，实验室共承接战略性项目16项，当年已完成6个项目，跨年实施的10个项目进展顺利，各项目年度任务均已完成。同时，设计完成各类原型19个，举办客户体验活动15场次，聘任员工体验官52名，与15家重点客户签订了《特约合作伙伴协议》，与18家内外部机构开展了形式多样的合作创新。

**（二）完善运行机制，加强自身建设**

一是明确由一级分行分管行领导担任实验室主任，并对实验室的责任主体、命名、资源投入及沟通协调机制、考核评价及项目管理等作了进一步明确。二是完善日常管理机制。定期发布《产品创新实验室工作动态速递》；印发并实施《2015年度产品创新实验室考核评价方案》，完善实验室考评体系。三是构建实验室问题协调及沟通机制。建立总行产品统筹委、产品创新与管理部统筹指导，总行业务部门、实验室所在分行共同推进的管理模式，推动相关问题的协调及沟通；组织召开实验室体制机制研讨会，深入讨论实验室工作任务、组织架构、能力建设及支持保障措施等。

**（三）组织开展前瞻性研究和培训，培育专业技能**

一是印发《产品创新实验室工作方法与技术指南》，涵盖产品创新全流程的36个创新活动、34个研发文档和32个技术工具，为战略性产品研发提供技术方法和智力支持。二是开展实验室工作方法培训，提升实验室人员在原型设计、客户体验等方面的技能。三是坚持自主创新、引领为主的产品创新。开展“个人理财产品定制”专题研究，初步设计出财私客户预约定制化发行、个人客户预约定制化销售、1+N定制理财产品、滚动型类基金理财产品等四种定制化产品方案，并提出“三步走”实施策略；基于大数据分析和挖掘技术，实施“商机挖掘和全球联动服务”项目研究。

## 七、消保监管考核获得好评，个人客户满意度同业领先

**（一）深入落实国办及监管要求，监管考核获得好评**

一是认真学习国务院办公厅《关于加强金融消费者权益保护工作的指导意见》，研究制定一系列有针对性的贯彻落实措施建议。二是完成人民银行“金融消费者权益保护信息管理系统”上线运行工作，全面落实银监会《关于2015年银行业消费者权益保护工作的指导意见》等文件要求。三是在银监会首次组织开展的商业银行消保工作全面考核中，综合得分77分，评价结果为二级。四是印发《消费者权益保护工作考核评价暂

行办法》，组织开展2014年全行消保工作自评，并对2014年度分行消保工作进行复评和通报。

**（二）健全运行机制，强化业务协调管控**

一是认真落实人民银行、银监会转办的投诉核查与处置，修订《投诉监督电话运行和来电处理内部管理办法》，持续开展投诉监督电话的运行管理。二是完成2014年消保年度报告和2015年上半年报告，并提交董事会社会责任与关联交易委员会及统筹委会议审议。定期向监管部门报送我行消保工作开展情况，并通过年报和社会责任报告对外披露。三是积极开展与人民银行、银监会、国家工商行政管理总局等监管部门以及中消协、中银协等组织的工作沟通。

**（三）开展宣传教育，加强工作指导**

一是圆满完成监管部署的“金融知识普及月”、“金融知识进万家”等宣传教育活动。专门设计了具有建设银行特色的宣传广告和折页，借助《中国消费者报》、新浪网、总行门户网站等行内外媒体开展宣传。活动期间，全行累计出动宣传人员约8万人次，户外集中宣传点布置数量约7 000个，各类媒体对我行活动开展情况的宣传报道在1 800次以上。二是“3·15”期间，立足营业网点、自助设备、互联网站等自有渠道，采取“走出去”、“请进来”等方式，积极开展内外部宣传。中央电视台“3·15”晚会报道了北京分行员工林森合法合规应对记者暗访的典型案例，获得社会各界好评。三是更新发布消保培训资料，举办全行消保工作培训班，并为11家分行开展消保培训。积极参与中银协组织的“银行业消费者权益保护知识学习 网络竞赛 创优系列活动”。

**（四）持续监测改进，个人客户总体满意度跃居四大行之首**

实施2015年客户满意度调查，及时印发研究报告，并部署、推动、指导分行整改。2015年全行个人客户总体满意度居同业前列。同时实施2015年神秘人调查，并修订营业网点等4个渠道的神秘人调查评价标准。

### 八、完成优化业务流程工作方案，积极参与课题研究

**（一）完成优化业务流程工作方案撰写**

按照总行党委关于推进集约化建设重点专题工作的总体要求，承担牵头职责，与“新一代”项目组及10多个部门配合，撰写了《优化业务流程工作方案》，明确“新一代”总体投产前后流程优化工作的指导思想、目标、策略、分步实施路径及长效工作措施。

**（二）开展相关课题研究**

一是参与撰写的《企业级建模及应用》课题研究，获得银监会颁发的一等奖。二是积极开展“建设银行创新文化的实践与思考”、《工业4.0和中国制造2025》等专题研究，并按要求上报研究成果。

执笔：何静

# 法律事务管理

### 一、主要工作业绩

**（一）努力防控法律风险**

法律条线全年共审查法律性文件20.76万件，其中总行法律事务部审查法律性文件5 800件，同比增长26%，参与新产品研发及重大业务项目128项，同比增长6.7%，实现了对转型发展重点工作的全覆盖。2015年，我行再次被中国银行业协会评选为“法律风险管理先进单位”。

**（二）努力维护合法权益**

法律条线年度办结案件22 287件，涉及金额981.52亿元，其中胜诉金额为973.69亿元，胜诉率（金额）为99.20%，在最高人民法院金融系统被诉案件胜诉率的排名继续保持名列前茅；采

取诉讼手段回收现金 254.90 亿元，法律诉讼减免赔偿支出 18.37 亿元，两项合计实现效益 273.27 亿元，比上一年度增长 68.2%，为提升全行资产质量贡献积极力量。

**（三）努力做好知识产权保护**

截至 2015 年底，全行共有商标 1 378 件、专利 608 件、计算机软件版权 506 件，同比分别增长 61.6%、15%、11.7%，在四大行中拥有商标居第一，专利和版权居第二，继续保持了同业领先优势。加大国际商标布局，截至 2015 年底，拥有海外商标 370 件，促进了我行全球品牌价值的进一步提升。首次向美国、日本、新加坡提交了海外专利申请，实现了建行海外专利申请零的突破。

**（四）努力强化授权管理**

继续开展授权执行情况检查，各级机构授权自查发现问题 627 笔（其中境内分行 613 笔，海外机构 14 笔），总行对 12 家一级分行开展现场检查发现问题 68 笔，进一步提升了各级机构遵守权限的意识。总行全年审核办理授权变更、调整事项 45 件，授权工作主动性进一步增强。

**（五）努力夯实工作基础**

全年编写对公合同文本填写范例 43 个，制定或审核认定《股权质押合同》、《国内保理合同》等合同文本 55 份。截至 2015 年底，总行法律部已累计下发合同文本 800 余份，法律风险事前防范更加牢固。

## 二、支持保障措施

**（一）全面参与转型发展，提供优质法律服务**

法律事务部紧紧围绕全行转型发展，充分发挥法律专业力量，全力支持战略转型与金融创新，深入参与创新产品研发及重大项目推进，全面推进我行向综合性、多功能、集约化和创新银行、智慧银行转型，积极确保全行转型发展各项工作在法治的轨道上有序推进。

派员全程参与了建信养老金公司筹备、苏黎世分行申设、智利人民币清算行申设以及俄罗斯天然气工业股份公司银团贷款项目，积极参与农村承包土地经营权抵押贷款业务研发、PPP 模式产品、并购重组产品、个人住房抵押贷款证券化、跨境项目融资、不良资产批量转让模式、“快贷”系列产品、“沃 e 贷”产品、私人银行“私享建亚”业务研发，大力参与了推进移动支付业务、中港基金互认销售代理、同业业务制度体系重构等全行性重点工作，发挥了法律部门应有的作用。

**（二）强化法律维权管理，切实维护经营成果**

加强法律纠纷处理，努力化解资产风险和商誉风险，最大限度维护建设银行的权益。加强对总行和分行重大案件指导和处理的力度，妥善处理总行法人直接作为当事人的民事案件，已办结 14 件，尚无一例败诉。积极处理全行在最高院管辖的各类诉讼案件，绝大部分取得胜诉结果或阶段性成果。

积极参加与总行重大信用风险项目化解处置方案论证工作，增强运用诉讼手段化解信用风险项目的主动性，指导分行大力处置、加快推进涉及金额巨大的债权诉讼，回收长期不良债权，避免了财务赔偿支出的经济损失和商业形象受损的声誉损失，保障了资产质量等核心指标的稳定。指导海外机构处理应对各类涉外诉讼，并就应对东道国法院长臂管辖案件工作机制进行了研究。

**（三）完善知识产权管理机制，继续保持知识产权数量同业领先优势**

完成了《知识产权管理办法》的修订，实现了知识产权管理“从注重权利数量积累向数量与质量并重的转变”，“从被动申请权利向全面融入业务流程的转变”，“从知识产权普遍性奖励向突出重点奖励的转变”，全行知识产权制度建设水平上了一个新的台阶。

以新一代核心项目建设和产品创新过程中产生的知识产权为重点，大力开展专利、商标申请，做好相关知识产权保护。配合国际化发展战略，加大知识产权国际化布局，以现有、筹建中、未来拟设机构的国家和地区为基础，积极提出海外商标注册申请。

努力做好建设银行知识产权的维权和反侵权工作，查处了多起侵犯我行知识产权的行为；积极化解我行的知识产权侵权风险，妥善处理了多起知识产权涉诉案件，维护了建设银行的商誉。组织了“保护知识产权，激发创新活力，助力战略转型”的主题征文活动，组织专利专家赴各开发中心、数据中心进行专题培训，努力营造尊重知识、鼓励创新的文化氛围。

**（四）深化授权检查，强化各级机构统一法人意识**

努力强化授权管理，推动授权管理精细化、科学化发展。为摸清全行授权管理工作的底数，查找授权管理和执行过程中的问题，2015 年，总行法律事务部继续组织境内一级分行开展授权管理和执行情况的自查，并联合总行相关部门对 12 家一级分行开展了现场检查。通过检查，进一步强化了集团各成员的统一法人意识、遵守授权意识。

加强授权管理体制机制建设，成立小组开展了对《行长授权管理办法》的修订工作。全力为国际化转型提供授权支持，先后为巴西子行、马来西亚子行、苏黎世分行等机构制作相关授权文件。做好经管层授权执行情况向董事会的报告工作，牵头完成了向董事会提交2014 年行长授权执行情况的报告。

**（五）深化文本及制度建设，夯实法律风险防范基础**

1. 持续开展合同文本体系建设，强化事前法律风险管理。一是做好文本填写指导，制订《第三批对公业务合同文本填写范例》，对涉及贸易融资及银行承兑类文本进行了解释说明，在《建设银行报》开辟两期“对公业务合同中的法律问题”专版文章，有效帮助基层行客户经理快速、正确填写合同，取得了较好反响。二是做好监管检查沟通，下发《关于配合工商机关“利用合同格式条款侵害消费者权益违法行为专项整治行动”有关事宜的通知》，并通过各种方式指导分行做好对外沟通解释工作，有效避免监管处罚。三是按照监管要求修订合同格式条款，配合业务部门对银行卡领用协议、申请表进行整合、修改，明示小额账户管理费的收取方式，落实发展改革委员会个人客户账户收费减免优惠政策，有效避免了我行因格式条款或服务收费问题可能遭到的监管处罚或产生的不良社会影响。四是做好文本库更新，补充了 100 多种文本进入“业务合同文本库”，保证了文本的时效性，满足了查询需求。

2. 加强规章审查与建设，夯实全行业务管理基础。为严肃行规行纪、规范员工行为，总行法律事务部、监察部、内控合规部三部门成立工作小组，结合近几年业务发展和外部规则变化，对2011 版《中国建设银行工作人员违规失职行为处理办法》进行了修订，形成了《中国建设银行员工违规处理办法》。加强规章制度审查的合法性审查，对总行各部门起草的办法、操作规程等各类规章、规范性性文件的合法性进行审查，夯实业务发展的制度基础。

3. 大力开展法制宣传，提升人员法律意识。推进法治银行建设，组织开展法律巡讲活动，全行法律部门面向业务条线开展“送法到条线”、“送法到基层”活动 1 137 次，受训达 6.2 万人次；编发法律刊物 410 期，发布法律风险提示/指导意见 2 990 次，开展 85 次征文，45 次演讲比赛，104 次知识竞赛，进一步增强了员工遵章守纪、合规操作意识。

**（六）强化工作管理与指导，增强支持保障能力**

1. 开展转型发展有关疑难法律问题研究，为业务决策提供参考。撰写了农地流转与抵押相关法律问题研究报告、互联网个人贷款业务研究报告、财富管理与私人银行创新业务常见法律风险及防范措施研究报告、私人银行客户婚姻财产规划和财富传承相关法律读本、防范破产逃债的指导意见、信息技术类产品与服务采购业务签约常见法律问题指导意见等，有效指导各项业务依法健康发展。

2. 强化工作基础管理，推动法律工作科学发展。一是精简审批事项，取消了民事案件代理方案的总行审批权限。二是启动了“法律工作管理信息系统”优化，着力提升法律工作信息化水平，目前已完成项目立项申报。三是完善与法院系统网络查控合作机制，实现了司法网络查询系统一期上线，并顺利通过了最高法院的验收测试，整体运行效果良好，既加大了打击恶意拖欠和逃废银行债务不法行为的力度，体现了国有大行的社会责任，又提高了协助执行的集约化程度，减轻了网点工作的劳动强度和复杂程度。

3. 加强法律条线建设，提高队伍战斗力。积极开展条线培训，先后面向分行举办了知识产权、创新业务疑难法律问题等培训班。开展了法律工作先进集体和先进个人评选，进一步激发了法律人员的工作积极性。

执笔：宁欣

# 采购工作

## 一、坚持服务中心，圆满完成全年供应保障任务

2015年度，全行共实施采购项目22 945个，集中采购金额257.9亿元，总行集中采购商品达186种。其中，总行本级组织实施完成采购项目621个，采购金额47.7亿元，采购项目完成率和预算完成率同口径考核均达到100%；40家机构（包括37个一级分行、信用卡中心以及两个培训中心）共组织实施采购项目22 324个，采购金额210.2亿元。管理基础得到进一步夯实，保持了采购专职队伍“零违纪”和采购条线“零案件”的记录。

### （一）落实“质量优良”原则，不断加强和改进采购服务

将“质量优良”的采购原则贯穿于“供应商管理—采购谈判与决策—合同执行与后评估”的采购管理全流程。在采购源头环节，不断加强供应市场调研、考察，完善供应商的动态管理，遴选优质的候选供应商；在采购谈判与决策环节，在保证产品与服务质量的前提下，坚持质量优良的原则，鼓励供应商在价格上进行良性竞争；在“采后”管理阶段，深入推进供应商履约考核工作，不断提升用户满意度，并将供应商的履约评价与推荐工作有机结合，实现全流程的闭环管理。

### （二）落实“价格合理”策略，采购竞价效果同业最优

通过紧密跟踪市场、及时引入新的候选商，以及严控单一来源、运用谈判技巧、把握采购策略，依靠竞争机制发现价格、压缩入选商数量等办法，在“物美”基础上争取“价廉”，实现好中选优。2015年采购部组织实施的单一来源采购仅占5%，远低于10%的控制目标。全行集中采购节约金额23.6亿元，平均节约率达到9.15%。其中，总行本级节约率达到13.84%。我行以邀请招标为主的采购方式成效显著，采购竞价效果同业最优。

### （三）落实“服务高效”理念，持续提高采购效率

通过统筹规划、多措并举，提前安排采购计划，科学有序实施采购，创新工作方式方法，有效保障了全行战略转型和业务经营健康发展。如IT类设备捆绑采购等项目中，采取一人牵头、多人配合的“1+N”采购小组模式，群策群力，集思广益，不仅提高了采购效率，也提升了议价能力，做到了优质采购。对特殊紧急项目，采取急事急办、特事特办的方式。如总行本级空气净化器采购，通过各部门投票的方式广泛征求各部门意见，选出优质的空气净化器，让广大员工满意。同时，通过改进工作方法，按日统计工作进度，将采购办理时间精准到小时，工作效率得到总行各部门领导和员工的好评。

## 二、强化内部管理，提升采购工作规范化、精细化水平

2015年，采购部大力推动集中采购工作转型，通过开展自查、检查等工作，积极提升采购管理规范化、精细化水平，提升需求部门、用户、客户对采购工作的满意度。

### （一）召开全行首次集中采购工作会议

2015年8月，总行召开了全行集中采购首次工作会议。会议分析了当前形势和存在的问题，明确了今后集中采购工作转型发展的思路和目标，安排部署今后一个时期集中采购工作目标，确定了“操作规范、质量优良、价格合理、服务高效”的总体工作要求。

### （二）全面加强海外分行集中采购管理，支持海外分行业务发展

为进一步落实行领导关于提高海外分行精细

化管理水平等指示精神，采购部要求各海外分行从充实采购部门专业人员队伍，加强自身采购制度建设，明确管理责任，强化重要环节管控，强化采购流程约束入手，建立长效机制，高质量完成审计问题整改工作，逐步提高海外分行集中采购管理水平，提高采购效率和质量，满足全行改革发展的需要。

**（三）认真组织开展内部控制工作，积极防范采购风险**

采购部在制度建设、授权管理、资源配置、风险防范等方面进一步加大内控管理力度，采取多项措施，努力实现内控目标。通过认真贯彻落实总行关于加强内控建设的各项要求，内控管理水平与风险防范能力不断提升，逐步建立起以横向分权制约、纵向授权管理、内外部监督防控为特点的采购管理内部控制框架。

**（四）积极配合做好中央巡视工作和审计检查、专项检查，确保整改成效**

2015 年，采购部积极配合中央巡视工作，开展了自 2009 年以来的大宗采购、全行性采购、关键产品和服务采购等重大项目的自查，IT 类采购项目自查，举报投诉处理情况自查，份额较高供应商采购情况重检等一系列自查活动。根据总行的总体工作安排，采购部组织实施了“一加强两遏制”专项自查工作，自查范围包括了检查期间的全部采购项目，涵盖了从供应商管理、采购谈判到合同执行的采购全流程。总行本级共检查采购项目 690 个，涉及预算金额共计 173.96 亿元，未发现违法违规问题。采购部年内还接受了新一代核心系统建设和总行本级非 IT 采购专项审计、IT 采购专项审计。针对中央巡视组指出的问题、检查发现和审计提出的问题，认真研究和部署整改工作，立行立改，举一反三，巩固整改成果。

**（五）加强供应商管理，广泛征集供应商的意见和建议**

为改善和加强供应商管理工作，采购部先后向近 400 家重点合作供应商发出了《致供应商的一封信》、《关于改进开放平台设备代理与集成服务采购的方案》等征求意见函，公开向供应商征集意见和建议。邀请其中具有代表性的代理集成服务、出纳机具、IC 卡空白片和国产化设备生产厂商等四类供应商共计 33 家进行了座谈，邀请比例达到反馈具体意见的供应商总数的 41%。

**（六）优化采购管理信息化系统，全面提高采购信息化水平**

2015 年 3 月，全行采购管理信息化系统第一期优化功能成功上线。供应商履约考核问卷调查模块优化后，大大提高了考核效率，时间从几个月缩减至 2～3 天；采购项目统计报表实现了“一键生成”，减少了手工操作；优化采购项目执行中的部分关键功能，有效防范了操作风险。

执笔：唐飞

# 安全保卫工作

2015 年，安全保卫部认真贯彻落实总行党委关于转型发展战略和各项工作部署，积极应对严峻复杂形势的挑战，持续深化平安建行创建工作，扎实推进安全保卫工作转型创新，不断强化全行安全生产、案件防控和安全维稳等工作，为全行安全稳定和安全运营提供了有力保证。

## 一、以推进安全管理“三化三型”为重点，安保工作转型创新取得重要进展

上半年组织召开全行安全保卫工作会议，对深化“平安建行”创建工作进行部署，明确要紧

紧围绕全行战略转型和中心工作，以深化平安创建工作为主线，扎实推动以“三化三型”（规范化、标准化、精细化，专业型、智能型、创新型）为核心的安保工作转型创新。

一是有效强化了安全管理主体责任。坚持“条块结合、以块为主”，按照“制度建设抓条线，安全管理抓同级”的思路，构建形成“纵向到底、横向到边”的责任体系，强化了各级机构安全管理主体责任，明确了各条线安全管理责任。首次组织签订安全管理责任书，王祖继行长与各一级分行行长分别签署责任书，明确主体责任，传导管理压力。协调工会发出平安建行倡议书，叫响“平安建行、人人有责”、“建行是我家、平安靠大家”等口号，营造平安文化氛围，增强了广大员工的安全意识、责任意识。

二是积极推动了安全管理海外覆盖。紧跟全行国际化转型发展步伐，按照“分类管理，一国一策”的原则，探索建立海外机构的安全管理体制，开展海外机构安全管理调研检查，搭建海外机构安全管理“建行卫士”微信群，加强银行同业安全管理沟通交流，走访工商银行、南非第一国民银行等国内外同业安保部门，申请加入国际银行安全协会，推动安全管理各项措施覆盖海外机构。

三是扎实推进了安全管理“三型”建设。根据全行业务发展需要和运营安全形势，充分利用现代信息技术和现有基础，整合各方面资源，推进安全管理向“专业型、智能型、创新型”转型。远程监控系统“五统一”项目建设稳步实施，起草完成项目建设规划、项目技术标准，软件开发正式立项，形成全行统一的硬件产品选型目录。加强与总行有关部门的沟通协调，积极推进安全保卫工作管理系统优化升级开发，完成了系统立项和搬迁工作。

四是奋力完成了守押社会化改革任务。通过强化考核和指导，督促西藏、江西、青海、甘肃等地的分行积极推进守押社会化改革，妥善安置守押人员，处置守押车辆，上缴守押枪支，顺利实现改革目标。目前，除广东汕头分行因外部条件不具备外，全行守押社会化已全部实现。

## 二、以强化安全检查和安全预警为抓手，全行安全生产基础得到巩固提升

认真贯彻落实预防为主的原则，坚持关口前移、重心下移，注重加大检查力度，积极强化问题整改，及时开展安全预警，进一步夯实基层和基础安全防线。

一是安全生产大检查声势大、成效高。天津港特大火灾爆炸事故发生后，认真贯彻中央领导重要批示和全国安全生产电视电话会议精神，按照总行党委统一部署，集中开展近年来规模最大、声势最大的安全生产大检查，检查范围覆盖全行所有机构、安全运营所有领域、所有办公营业场所，各级领导重视程度和检查力度空前，总行余静波副行长亲自带队深入一线检查，一级分行领导 358 人次带队检查。全行在深入查找的基础上，严格落实整改责任制，明确第一责任人，投入 1.4 亿元用于问题整改，较好解决了大批安全隐患和薄弱环节。

二是常规安全检查频次高、工作实。认真落实王洪章董事长关于安全检查“权威性、独立性、专业性以及零容忍、全覆盖、常态化”的指示要求，抽调基层安保专家和技术骨干，对 22 家一级分行进行专业检查，对 15 个直属中心、4 家子公司安全管理情况进行抽查，会同总行有关部门对 7 家分行金库、自助设备等重点部位进行联合检查，3 次组织总行本部安全检查，重点加强对洋桥、南湖和稻香湖“两地三中心”的安全检查，有力推动了安全预防各项制度的落实。

三是安全预警和应急处置工作反应快、反响好。加大安全预警工作力度，密切关注极端天气、地质灾害、重大活动等情况，第一时间发布预警信息 26 期，指导基层提前采取防范应对措施。畅通信息沟通渠道，对自然灾害快速反应、积极响应，第一时间了解掌握灾情，及时指导分行做好抗灾救灾工作，确保业务连续性。妥善应对安全生产事故和突发事件，积极组织善后处置工作，有效化解风险，消除负面影响。天津港特大爆炸事故发生后，连夜派员赶赴天津指导应急处置工作，受到基层好评。

### 三、以创新机制加强协调为突破，外部侵害案件防控处置积极稳妥

针对银行业外部侵害案件高发频发态势和监管部门更加严格的监管要求，注重创新制度机制，积极加强沟通协调，案件防控和调查处置工作取得突出成绩，守住了不发生重大恶性案件事故的底线。

一是明显加大了三类案件管控指导力度。面对复杂严峻的形势，注重把握工作主动权，加大三类案件防控力度，积极做好案件预防、处置化解、信息报告、立案管理等工作，指导山东分行成功化解了某金银仓案，指导湖南分行和福建分行严肃处置2起三类案件，快速查处2起外部侵害案件风险，积极开展伪基站诈骗案打击工作，协调浙江和深圳警方捣毁全国重大组织伪基站诈骗犯罪团伙，极大震慑了犯罪活动，维护了客户资金安全。

二是有效化解了外部侵害风险事件。会同有关分行和总行有关部门，积极协调地方政府、监管部门、公安司法机关以及新闻媒体，妥善化解外部侵害案件的影响和风险，特别是协调处置了近年来全国最大一起盗窃银行卡信息案、全国最大一起非法集资案“e 租宝”专案、全国最大一起电信诈骗案，有效管控了案件风险，有力维护了我行声誉。据统计，全年共成功堵截各类案件79起，避免直接经济损失2.12亿元。

三是协助打击了违法犯罪活动。针对台湾诈骗洗钱犯罪特点，协调有关部门探索建立快速查处电信诈骗“预警式布控”、“7×24 小时冻结”、“限额冻控”等机制，为公安机关快速拦截被骗资金开辟了绿色通道，遏制了电信诈骗泛滥趋势，受到公安部、北京市公安局充分肯定。坚持依法合规，积极做好司法协查工作，全年共受理司法查询272件，涉及账户12万余个。根据监管部门要求和行领导指示，在广泛调研的基础上，启动了“外部诈骗风险信息管理系统”的开发筹备工作。

### 四、以确保总行本部安全稳定为目标，安全维稳工作经受住严峻考验

针对上访数量规模化、诉求多元化、形式组织化、手段极端化、时段集中化的安全维稳严峻形势，主动协调公安民警和有关部门，妥善处置突发事件，积极化解矛盾纠纷，有力维护了总行安全秩序和社会声誉。

一是日常维稳工作扎实有效。注重加强警戒巡查，及时发现并第一时间应对上访滋事等异常情况，积极协调公安机关和有关部门进行处置，有效保证了总行大楼的安全稳定和正常秩序。

二是重要会议维稳工作周密稳妥。认真制定股东大会、年度工作会议、业绩发布会等重要会议的安全维稳预案，加强重点人员信息搜集和研判，指导有关分行做好重点人员稳控工作，协调充足警力加强会议举办地的安全警戒，圆满完成了全行股东大会、业绩发布会等300余次重大活动安全保卫工作。

三是专项活动维稳工作万无一失。针对中央巡视组巡视工作政治性强、安全维稳要求高的实际，专门成立巡视组驻地维稳工作小组，制定巡视期间安全维稳方案预案，建立与总行有关部门的联系通报机制，抽组精干力量成立应急分队对巡视组驻地实施24小时值守，定期组织预案演练，加强与公安机关的沟通协调，第一时间稳妥应对各类突发情况，确保了中央巡视组安全和良好工作秩序，巡视组专门来函予以肯定。

执笔：李海斌

# 新一代核心系统建设

2015年，新一代核心系统建设（以下简称“新一代”）全年项目建设按计划顺利推进，取得

了"2.1期、2.2期项目成功投产上线，实现对公业务从旧核心向新一代核心平台整体迁移"等重要的阶段性成果。

## 一、二期项目按计划投产上线，有效支撑全行转型发展

2015年1月24日、9月26日，新一代核心系统建设2.1期、2.2期按计划顺利投产上线，共实施34个项目，新建及优化49个应用，配套改造163个周边系统，共释放4 465项业务功能。这是我行信息化建设史上实施规模最大、功能投放最集中的一次信息系统上线。"新一代"建设始终紧紧围绕全行转型发展规划，以市场为导向开展产品服务创新，以客户为中心推动传统业务流程优化，以效率为目标推进内部管理精细化水平升级。八大方面的业务价值已充分显现，有效提升了全行服务水平和发展能力，显著改善了用户操作体验，员工和客户均给予了较高的积极评价。

1. 建立了全集团客户、产品、机构、员工等统一视图，奠定综合性经营管理基础。在集团企业级层面，统一对私对公客户信息视图，支持公私联动营销；统一产品监测及评价，支持子公司共享集团渠道交叉营销；统一机构和员工视图，实现全行4.7万余个机构和37万余名员工"一机构一号，一人一号，一号终身制"；统一集团总账视图，自动生成合并财务报表，实现国内总账的准实时功能；统一集团风险视图，全面揭示全集团（含子公司、海外）总体、单客户以及组合等各类风险敞口情况。同时，以代理银行、代理保险等项目为突破口，率先推进中德储蓄、村镇银行、建信人寿等融入集团一体化，助力综合化经营转型。

2. 建成参数化的金融产品装配工厂，支持快速产品创新。实现支持通过参数化配置方式，灵活定义452个产品条件，快速推出市场定位准确或客户定制化的可销售产品，例如快贷、智能理财现金池、平衡现金池、云存管等。

3. 构建了产品和服务多功能综合平台，满足客户多样化需求。2.2期重点提高个贷和房改金融等我行特色产品销售能力；全面支持养老金、支付结算、银保、代收付等业务转型；推出了全产品、规范化的不良资产经管及处置流程；持续丰富企业现金管理、托管、金融市场等产品的综合服务能力。

4. 建立了以客户为中心的营销支持服务体系。解决过去营销以产品为导向而非"以客户为中心"的问题，建立起企业级营销平台，形成跨部门、跨条线、跨渠道的联动营销机制，实现综合营销；建立并完善了客户营销全流程服务管理体系：通过客户细分、准确评价客户贡献，实现了客户差别化经营管理；借助客户行为模型分析，提升事件式精准营销能力；实现了全生命周期商机管理，支持多渠道、新型工具（PAD等）的营销商机推送，显著提升销售生产力。

5. 实现业务处理的流程化、直通化、自动化和集约化。整合重构对公信贷业务和个贷业务流程管理系统，实现全流程集约化管控；实现全行配送业务全流程信息化和交易驱动账务处理，统一实物配送平台和账户服务等集中运营；统一全行凭证、回单标准和管理流程，降低会计档案管理成本。

6. 实现多渠道互动、信息共享和产品、服务快速部署。实现了产品与渠道的分离，产品服务可快速在各渠道部署，支持各渠道互动协同以及线上线下相互融合（O2O）；实现网银、手机银行等客户多渠道预约和自助填单、支持多渠道数据共享；实现电子商业汇票、中央财政授权支付、外联平台、招投标等客户急迫电子渠道功能；新增网银渠道多项E商贸通功能，提升商户、会员清算效率。

7. 实现全业务、全流程的风险监测和管控。基于集团统一风险视图，推出了中央风险计量引擎，建立起多层次、多维度的风险计量模型，通过嵌入流程，推动应用，形成全业务风险分析判断的能力；建立起从业务申请、交易控制到风险评估，从事前、事中到事后的全流程风险防控机制，包括客户统一授信与审批、反欺诈、反洗钱、稽核监测联防联控等五大类，通过IT"机控"的刚性约束，最大限度杜绝过去"打擦边球"、"闯红灯"等有章不循的现象。

8. 基本建成规范化、标准化的企业级数据管理体系和信息应用服务能力。通过数据建模、数据架构及数据仓库建设，建立起企业级数据规范

体系，从源头上解决数据质量问题；建立起统一的数据视图，为全行信息应用提供一致的数据基础；建立起企业级数据应用体系，提供自助查询、数据实验室等6种信息应用模式，支持全行跨渠道、跨层级、跨业务领域的数据应用需求。

## 二、三期项目及2.3期海外功能进入全面实施阶段，总体进展顺利

三期项目及2.3期海外功能是“新一代”项目整体工程的收官之作，涉及业务需求数量众多、项目实施范围广泛，将重点完成零售领域业务功能，持续完善对公、管理分析、风险管控等应用。根据总体安排，三期将在2016年最终集中上线，2015年，各批次投产任务总体进展顺利。

## 三、企业级架构全面落地，充分体现“新一代”系统的合理性和先进性

通过二期项目落地，成功完成了对公业务从旧核心平台向新一代平台的整体迁移，初步建成面向服务的新一代IT架构，全面验证了架构及平台的扩展性与稳定性，对整个新一代工程具有决定性的意义。主要体现在以下六大方面：

1. 企业级架构全面落地。企业级强调“整体”的概念，通过流程建模确保了业务是企业级的，业务流程考虑了全行范围的共享要求，在全行价值链下将业务组件化，避免条块分割。IT架构与之相对应，最大程度考虑了复用的要求，消除竖井，避免了功能冗余。

2. 建成面向服务IT架构。通过二期项目落地验证了架构的扩展性与稳定性，整合业务流程、IT基础设施和企业级的应用组件，应用组件服务可重复使用与组合以满足不断变化的业务创新需求。

3. 云计算技术成功应用。IT基础设施环境支持通过添加更多低成本的X86服务器达到整体处理能力的平滑线性提升能力，能保证高可用、可维护，将面向服务架构（SOA）部署在云（Cloud）环境中，满足资源动态要求，降低运行风险，提高运营效率和质量。

4. 研制了全生命周期实施工艺。包括五个有机组成部分，即应用开发过程、应用开发方法、应用开发工具、应用开发文档和应用开发控制，通过全生命周期实施工艺，将不同项目组的项目行为转变为一个企业级的统一行为，确保新一代成果的落地实施，建立了支撑工艺的模型化分析与设计工具（ADM）。

5. 研发了可视化模块开发方法（Visualized Module Development，简称VMD）。VMD实现模块内部设计及代码生成的可视化，程序开发从传统的编码驱动转换为设计驱动，达到“书同文、车同轨”的目标。

6. 建立支撑用户为中心的用户体验设计工具，支持用户参与界面原型设计，加强与用户沟通，保证用户体验。

执笔：徐红熙

# 三、党建工作与队伍建设

## 人力资源管理

### 一、中央部署的重点工作

1. 全力以赴做好巡视配合与整改工作。认真落实中央巡视组安排部署，系统梳理总结，反复研究修改完成党建组织工作和选人用人工作两份专题汇报及配套材料。抽调业务骨干成立巡视配合工作团队，全面细致做好支持协调工作。配合中组部开展选人用人工作“一报告两评议”和专项检查，按质按量按时完成谈话组织、材料调阅、问题核查、分行调研等各项任务。对查找发现问题和巡视反馈问题，按照要求立行立改。

2. 扎实开展“三严三实”专题教育。在处级以上领导干部中深入开展“三严三实”专题教育，总行党委书记带头，总行党委成员、各分行各部门党委（党支部）书记都讲授专题党课。总行党委成员到基层联系点开展专题调研，广泛听取意见建议，认真开好专题民主生活会。把强化整改落实和立规执纪贯穿教育全过程。

### 二、基层党建工作

1. 积极推进基层党建工作述职评议考核。按照中央部署，作为第二批试点单位在全行范围内开展党组织书记抓基层党建工作述职评议考核。制订印发实施意见和试点工作方案，组织召开党建述职评议大会，安排部分单位党组织书记进行现场述职，开展点评和评议。

2. 切实加强基层党组织建设。完善基层党组织制度，制定印发《关于进一步加强基层党支部建设的意见》以及关于进一步加强和改进境内子公司、总行直属中心、境外机构党组织建设等一系列制度文件。下拨专项党费 1 169 万元，用于加强基层党支部阵地建设。编发《基层党组织工作手册》、《“党员之家”建设手册》，加强基层党建工作指导。总行共组织培训基层党组织负责人和党务工作骨干 1 600 人、党务工作人员 135 人。

3. 严格加强党员队伍管理。贯彻中央要求，严格标准发展党员，加大总量调控力度，提高新发展党员质量，组织检查组对分行和子公司进行专项抽查。截至 2015 年底，全行共有各级党组织 13 962 个，比 2014 年增加 863 个，增幅为 6.6%；全行新发展党员 3 512 人，在岗党员总数达163 905人。

### 三、规划与制度建设

1. 加强制度建设战略规划。制定印发《2015—2017 年组织人事制度建设规划纲要》，明确制度建设的整体框架体系，明确未来一段时期全行组织人事制度建设工作的目标、要求和任务。

2. 加快推进重要制度建设。2015 年陆续制定出台了《进一步优化岗位职务序列管理的意见》、《加强国际化人才队伍建设的意见》、《中国建设银行总行党委管理的领导人员选拔任用工作规定》、《进一步倾斜基层、关爱员工的意见》、《关于进一步加强干部监督工作的意见》等34个重要制度文件。"213人才工程"实施方案、全行组织人事工作转型发展实施意见、领导班子建设规划、国际化人才千人计划等按计划进度进行。

3. 认真做好制度梳理汇编工作。对全行现有组织人事制度文件进行全面梳理，逐一甄别，编制分类文件目录，公布废止或失效制度。系统梳理总行各部门涉及组织人事工作相关制度，协商相关部门做好修订或废止处理。编制《十八大以来中央及中央组织部印发的组织工作政策文件》，供一级分行党委书记、党委组织部部长学习。依托部门网页开设制度规章专栏，编制《组织人事工作制度汇编》（网页版），实现全行共享。

## 四、集约化改革重点工作

1. 加强用工总量管控。坚持集约化方向，编制落实年度机构用工总量计划，实现全行机构总量基本稳定、人员总量负增长。截至2015年底，全行营业机构总量14 917个，比上年底增加61个，员工37.47万人，比上年底减少约4 000人。

2. 统筹各级机构调整。推进总行本部集约化改革，调整有关部门职责分工，组建渠道与运营管理部。制定总行部门"三定"方案，梳理完善各部门职责，调整内设处室与岗位设置。落实上海数据分析中心、养老金公司等新增机构设置与人员配备方案。规范一级分行与二级分支机构内设机构设置。研究确定省会城市营业部模式的适用对象和适用方式。完善建行欧洲及各子分行管理模式。

3. 牵头四项集约化建设重点专题工作。推进业务直营与专营机构公司化运作，完成同业业务中心、资产管理业务中心、金融市场交易中心初设工作，协调相关部门制定完善经营管理机制和流程。整合内部监督资源，梳理审计、内控合规、风险管理等部门承担的监督职责，牵头制定职能调整归并方案。赴各地直属中心调研，征求相关业务部门意见，制定各类中心和平台的职能、业务、系统整合方案，形成了《关于总行25个直属中心整合的总体考虑》讨论稿及园区规划等相关材料。成立人力资源优化配置专题小组，优化补充系统数据，对全行人力资源总量、存量、增量、质量进行初步摸底，完成了《人力资源配置现状分析》初稿，着手进行综合量化分析。

4. 完善对子公司的人力资源管理机制。修订子公司管理办法，研究制定子公司领导人员管理意见、派出领导人员管理办法。加大市场化高管选聘力度，改进绩效考核与薪酬管理方式，引导子公司完善市场化选人用人机制。规范专职董事、监事的履职管理、人事关系与薪酬管理。研究制定子公司人力资源管理办法，对子公司领导人员配备、组织架构管理、员工管理、绩效薪酬、教育培训等提出管理要求。

## 五、领导班子和干部队伍建设

1. 完善干部选拔任用管理制度。结合中央干部管理最新文件精神与建设银行实际，制定印发《总行党委管理的领导人员选拔任用工作规定》，规范了选拔任用工作流程，考察对象涉及经营风险事项的处理流程，免职、调整现职、问责、降职等具体情形以及对违反选拔任用工作行为的责任追究机制。制定印发《一级分行纪委书记提名考察办法（试行）》，明确党委统一领导，纪委和组织部门协同合作，规范提名条件，细化提名考察程序。制定印发《关于在分行开展设立合规官试点工作的通知》，选取8家一级分行试点设立合规官，加强合规队伍建设。

2. 选优配强总行管理的领导班子。加强正职选拔培养，2015年共调整12个一级分行和10个总行部门"一把手"（含主持工作3人）。截至2015年底，总行部门总经理全部具有基层工作经历，一级分行与总行部门到位的70后"一把手"有6人。优化领导班子结构，加快推进干部梯次配备和年轻化步伐。2015年，增配12名一级分行党委副书记，平均年龄48.8岁。新提任的一级分行副行长和行长助理任职平均年龄46.6岁。加强干部储备培养，制定印发《一级分行行级领导后备干部和中长期培养对象推荐选拔工作方案》。有计划地安排优秀干部到基层锻炼，新提拔的6名没有基层工作经历的总行部门副总经理，全部安排到基层机构或地方挂职。2015年，总行党委管理领导人员共调整299人，其中，新提拔任用领导人员149人，交流任用领导人员87人。

3. 加强领导班子与领导人员综合考核评价。

改进一级分行领导综合经营竞争力监测工作，引入竞争力四大行排名、竞争优势或差距等分析维度，对部分分行主要负责人进行提醒谈话，督促改进提升。改进总行管理的领导班子与领导人员年度考核，完善考核指标设置，利用综合分析研判划分考核档次，完善C档评定机制，突出正向激励。完善一级分行行级领导人员绩效年薪分配政策，加大考核结果与绩效薪酬挂钩力度。落实境外机构及子公司派出人员绩效考核与薪酬管控方案。

## 六、从严管理干部工作

1. 强化干部选拔任用工作监督。认真核查个人有关事项报告情况，在总分行各个层面组织专题讲解，规范填报要求。坚持“凡提必查、凡备必查”，对全行拟提拔为七职等及以上管理岗位人员一律报送中组部核实。2015年，按照规定核查领导干部个人有关事项报告2 757人，其中重点核查1 480人，随机抽查1 277人。为了进一步加强重点岗位工作人员风险防范要求，对总行党委管理领导人员及总分行组织条线负责人进行专项核查，共核查1 184人。在选拔任用过程中，认真听取纪委、监察部意见，对有问题反映应当核查的、档案存疑的，暂缓提拔使用。对反映问题内容具体、线索清楚的信件组织核查。对问题性质严重并查实的进行组织处理。

2. 推进突出问题专项整治。严格把关，坚决制止超机构规格、超职数提拔干部或违规提高干部职级待遇。清理“裸官”，对2014年集中清理发现的领导人员后续处理情况进行跟踪，集中登记备案；根据2015年个人有关事项报告和信访反映情况，及时处理发现的问题。制定印发《关于重申领导人员兼职有关规定的通知》，清理领导人员违规在企业兼职事项。加强因私出国（境）证件管理，全行应登记备案人员已全部登记备案。对违规办理证件等7类重点问题进行逐一核查，对发现存在问题人员均进行了严肃批评教育。制定印发《中国建设银行员工因私出国（境）管理暂行办法》，加强规范管理，重申纪律要求。对全行领导人员干部档案进行全面审核，补充缺失材料，研究提出问题初步处理意见。

## 七、员工队伍建设

1. 平稳有序推进岗位职务序列管理优化工作。制定印发《关于进一步优化岗位职务序列管理的意见》（建总函〔2015〕340号，简称“340号文”）。通过举办专题培训班等多种渠道、方式，加强宣传引导。制定印发《进一步优化岗位职务序列管理有关问题解答（一）的通知》，对共性问题统一作出答复。认真指导分行结合实际制定具体实施方案，总行进行统一审核备案。

2. 进一步加强对全行员工的关心关爱。制定印发《关于进一步倾斜基层、关爱员工的意见》，提出7个方面24条措施。积极推动解决调京人员户口、总部定向工优化管理等各项工作。会同相关部门组织开展“我与建行共成长——员工职业生涯发展大家谈”主题活动，在全行营造关心员工职业发展的良好氛围。研究分析全行员工主动离职情况，提出管理建议。

## 八、人才队伍建设

1. 精心组织校园招聘。完成2015年校园招聘后续工作，全行实际签约10 040人。认真组织2016年全行校园招聘工作，注重抓好雇主形象建设，创新招聘宣传手段。在中华英才网第十三届大学生最佳雇主评选中获得银行业最佳雇主十强称号。

2. 启动高端紧缺人才社会招聘。征集高端和紧缺专业社会招聘需求274个，研究制定社会招聘工作方案，启动总分行、直属中心共51个岗位的社会招聘工作，首轮初选工作基本完成。部分子公司社会招聘有序进行。

3. 加强专业技术人才队伍建设。聘任各级专业技术人员27 133人，全行专业技术人员总量达83 924人，较年初净增长14 629人。制定印发《关于加快公司及机构客户经理聘任工作的通知》，明确客户经理聘任总体目标、聘任要求和补充渠道。截至2015年底，全行对公客户经理达到26 397人。制定印发《中国建设银行高级专业技术资格管理办法》，规范和优化专业技术资格评审流程。2015年评审确认各类专业技术资格1.51万人，全行具备资格人员26.7万人，占在岗员工72.3%，比2014年提升4.9%。

4. 加快实施国际化人才战略。制定《加强国际化人才队伍建设的意见》，加强境外机构干部储备，完善海外人才库动态调整机制。2015年，择优选拔317名人员进入海外人才库，储备总量超过1 000人，覆盖境外机构工作需要的12类岗位。加强境外机构员工培养与关爱，充分利用沿海分行、境外机构培训资源，有计划、分层次组织境外机构内派员工与当地雇员培训。

### 九、教育培训工作

1. 办好一把手培训班和新任职领导干部培训班。强化一把手“一岗双责”意识，提高抓党建、抓班子、带班子的能力。增强新任职领导人员履职能力，提升领导水平。

2. 组织信贷人员大规模培训和持证上岗工作。开发《对公信贷业务操作手册》等7套岗位资格培训教材（正式出版），66门信贷人员网络培训课程和6大类岗位资格考试题库。共举办兼职师资培训班29期，培训2 047人。组织信贷人员岗位资格考试，共开考7个科目，涉及4个业务条线，全行参考22 282人。

3. 分级分类加强各级干部员工教育培训。全年共办理省部级、厅局级及处级干部参加中组部干部调训35个班次，共37人次的学员报名、入学等相关工作。举办6期510人党校干部进修班、7期业务发展高级专题研修班、6期360人一级分行处级管理人员领导力培训班、5期300人二级分行行级管理人员模拟银行决策专题培训班、8期480人基层机构负责人示范性培训班、4期240人网点负责人示范培训班、51期2 543人井冈山党性教育培训班、6期149人境外高校和境外机构培训班、81期3 471人香港专题业务培训班、8期72人美国银行跟岗培训项目、7期51人境外机构顶岗培训班。

4. 进一步加强培训基础建设。完成网络学习系统新版本升级上线，组织开展新一代2.2期上线、存款转型发展等网络课程培训，组织各部门、培训中心开发网络课程754门。积极拓展青岛、上海等行属培训基地，开发新的培训资源。开展个人业务等4套岗位培训教材评审。组织2015年度岗位资格培训考试，开考19个科目，涉及12个岗位及条线，78 819人报考。

### 十、绩效与薪酬管理

1. 优化决策机制和制度体系。明确人才、薪酬与组织机构统筹委员会统一负责全行薪酬管理相关领域的研究、议事和协调。开展绩效考核工作专题攻关，建立专门团队，研究制定综合考核评价指导意见和8个跟进办法及配套薪酬分配管理办法，开发统一的考核评价IT系统。修订印发《中国建设银行工资支付管理办法》，完善支付流程和内控机制。

2. 优化薪酬资源结构。继续加大对基层机构、业务一线、直接创造价值的岗位的薪酬倾斜力度。按照有保有压有控原则，切实保障员工各项基本福利费用支出，压缩不合理费用。

3. 加强集团薪酬管控。研究制定派出领导人员薪酬管理办法，加大子公司、境外机构派出领导人员薪酬与考核的挂钩力度。规范福利待遇，完善驻外补贴动态调整机制，取消内派员工绩效工资保底花红政策，设立艰苦地区津贴。

执笔：方源

# 反腐倡廉与纪检监察工作

### 一、以高度的政治责任感，做好中央巡视配合工作

1. 做好中央巡视保障工作。根据中央统一部署，中央第十二巡视组于2015年11月3日至12月末对建设银行开展了专项巡视。总行成立了由纪委牵头的巡视配合工作协调联络小组，建立了

中央巡视配合工作机制。总行纪委多次召开联络会议，部署安排相关工作。协调办理巡视任务187件，呈报调阅材料700余份，配合组织谈话178人次，保障巡视调研组赴8个一级分行调研。对巡视期间移交的问题线索，先后组建20个核查小组开展核查，对查实的问题严肃处理，典型问题在中央纪委网站通报。

2. 对巡视发现问题立行立改。巡视期间，总行召开“从严治党、正风肃纪”警示教育大会，通报查处的违规违纪问题。印发《关于进一步贯彻中央八项规定精神　落实中央巡视立行立改要求的通知》，就交流干部周转住房、公款吃喝等方面的问题提出切实整改措施。总行各部门和全行各级机构，按照统一部署和要求深入抓好整改，全行管党治党各项工作得到进一步加强，反腐倡廉建设得到进一步深化。

## 二、全面从严治党，深入推进“两个责任”的落实

1. 健全责任落实机制。制定落实全面从严治党党委主体责任和纪委监督责任的实施意见，推行责任清单，细化责任内容。召开全行落实党委主体责任专题视频会议，层层组织签订党风廉政建设责任书。制定“两个责任”考核办法，开展2015年度“两个责任”落实情况考核，对考核结果排名通报。

2. 层层传导压力。开展落实主体责任专项检查，梳理出落实“两个责任”方面的突出问题，各级党委和纪委集中排查和整改。实行下级机构党委每季度向上级机构纪委报告“两个责任”落实情况的季报制度，加强对“两个责任”落实情况的逐级监测和督导。总行纪委公开约谈“两个责任”落实不力的一级分行党委、纪委主要负责人，通报分行存在的问题，督促全面整改。

3. 用问责倒逼责任落实。严格执行“一案双查”，对落实“两个责任”不力导致发生顶风违纪问题，或辖内案件和违规事件频发，造成重大风险的，既追究违规违纪人员的直接责任，又追究主体责任、监督责任以及相关领导责任。对典型问题，在严肃处理直接责任人的同时，给予所在分行党委书记、纪委书记党纪政纪处分，并通报全行。

## 三、保持对违规违纪和腐败问题的高压态势

1. 严明纪律强化问责。组织学习宣传廉洁自律准则和党纪处分条例，提高党员干部的廉洁自律意识。各级纪委、监察部门坚持把纪律挺在前面，查处各种违规违纪问题的力度空前。对批量转让不良信贷资产、重点财务费用管理审计和日常管理监督中发现的违规失职问题，严肃执纪问责。重点追究直接责任、管理责任和领导责任。对2013年以来新发生的问题，按照越往后处理越严的要求严肃查处。

2. 加强对“关键少数”的监督。认真受理针对领导干部的信访举报，对重要信访件总行直接组织核查，对查实问题严肃处理。对中央巡视组移交的问题线索，总行纪委和一级分行纪委集中组织力量，坚持快查快办、严查严办。严格执行领导干部报告个人有关事项、述职述廉、礼金礼品登记上交等制度，各级纪委提供任职审核意见3 228人次，开展领导干部任前廉政谈话25 413人次，领导干部述职述廉28 627人次。实施对海外机构内派高管和员工的廉政教育和谈话制度。

3. 惩防结合治理突出问题。严肃查处索贿受贿、职务侵占、挪用资金等各类腐败案件，对涉案人员移送司法机关处理。组织拍摄“廉洁合规从业微电影”，开展案例警示教育。针对信贷及表外业务、理财业务、印章管理、企业异地结算账户等业务领域或环节的突出问题，采取专项治理措施。开展对员工参与民间借贷以及“飞单”行为、大额博彩行为的排查，严肃处理违规违纪员工。基层机构纪检监察特派员认真履职，加强对驻在机构领导人员的监督，协助开展党风廉政建设和案件防控工作。

## 四、狠抓中央八项规定精神的贯彻落实，驰而不息改进作风

1. 推进作风建设常态化。紧盯元旦、春节、端午、中秋、国庆等重要节日，通过发通知、发送提示短信等多种形式对党员干部进行提醒教育。继续在全行组织开展落实中央八项规定精神专项检查，共抽查公务接待、国内差旅、会议举办、公务用车、因公出国（境）、办公用房等样本共

43 217个，对发现的问题及时督促整改。

2. 注重教育引导和制度规范。开展“讲规矩、正风纪、守廉洁”主题教育活动，组织全行党员干部加强学习，筑牢抵御“四风”的思想防线。及时完善会议、差旅、招待、因公出国（境）、办公用房等管理规定，规范领导干部办公室、会议室、餐厅等场所家具配备及物品陈设，细化标准和要求。

3. 严肃查纠“四风”问题。坚持违反中央八项规定精神问题情况月报制度，对典型事例加大查处通报力度。全行共查处公款吃喝、公款旅游、超标准接待、领导干部婚丧喜庆大操大办等违反中央八项规定精神和“四风”典型问题46起，给予党政纪处分75人。

## 五、剑指问题，改进巡视工作

1. 紧扣“四个着力”发现问题。总行完成对7个一级分行、1个子公司的巡视，对2个总行部门开展了巡察，发现突出问题246个，提出工作建议102条。各一级分行完成对226个下级机构的巡视，发现突出问题1 156个，提出整改建议1 153条。加大巡视成果的运用，改进巡视反馈、移交、整改、督办等程序，强化巡视情况“双反馈”，整改情况“双报告”，根据巡视反映的情况，总行党委和分行党委对66名领导干部进行了调整，对违规违纪领导干部进行了问责。

2. 改进和创新巡视工作方式。认真学习贯彻《中国共产党巡视工作条例》，修订印发建设银行巡视工作规定。将总行对一级分行巡视工作的指导关系调整为领导关系，形成统一的领导体制。根据巡视任务需要，扩充巡视组数量，加强巡视组人员配备。总行对本部两个部门创造性地开展巡察工作。对被巡视单位领导人员个人有关事项报告进行调查核实，拓展发现问题的手段。对重大问题和重要线索“下沉一级”延伸了解。优化巡视工作支持管理系统，规范巡视报告格式和模块内容。

## 六、深化“三转”，加强纪检监察组织队伍建设

1. 加强制度创新。着力构建以骨干制度、一般制度、操作规程为框架的完备制度体系，研究制定关于推进纪律检查体制改革、深化“三转”、加强监督执纪问责、组织队伍建设等方面的规章制度15项，推动纪律检查体制改革和纪检监察工作创新。

2. 深入推进转职能、转方式、转作风。推进纪委书记专职化；全面清理和退出集中采购、不良资产批量转让等具体业务流程中的监督和相关议事协调机构；在总结纪检监察特派员制度10年实践的基础上，推动特派员回归和聚焦主业。总行纪委带头改进工作作风，深入13个一级分行和子公司开展调查研究。充分发挥中国监察学会建设银行分会的理论研究平台作用，编写《国有控股商业银行道德风险防范与管理》。在中央纪委网站发表宣传报道28篇，在《建设银行报》、内部企业网主页等发表宣传报道105篇，为开展纪检监察工作营造良好的思想舆论氛围。

3. 加强纪检监察组织队伍建设。制定加强境内子公司纪检监察工作和境外机构监察工作的指导意见，推进监督全覆盖。建立“纪委书记上讲堂”、《学习快报》等学习制度和纪检监察干部考试制度，形成纪检监察干部常态化的学习机制。召开视频会议，学习贯彻落实王岐山同志在中央纪委纪检监察干部监督工作座谈会上的讲话精神，按照忠诚干净担当的标准，对纪检监察干部严格管理和监督。

执笔：赵向永

# 公共关系与企业文化建设

2015年，公共关系与企业文化条线紧紧围绕党委中心工作和转型发展大局，勇于担当，主动作为，以先进文化凝聚全行发展力量，以正确舆论塑造社会良好声誉，引导全行积极践行社会主义核心价值观和建设银行价值理念，提升建设银行品牌形象和文化软实力，为助推全行转型发展发挥了积极作用。

## 一、围绕党委决策和中心工作，积极唱响建设银行好故事

一是大力宣传转型发展和上市十周年成果。协调中宣部《金融者说》大型系列网络视频节目、香港《经济日报》等境内外媒体专访王洪章董事长，推出《金融者说》、《建行鼎新》、《破题资管立行》等重磅文章，介绍建设银行支持国家经济建设和转型发展成果，在海内外引起热烈反响。首次组织策划在香港举办"CCB 2020 新的起点 新的未来"大型宣传推介活动，将上市十周年宣传推向高潮。

二是大力宣传服务"一带一路"战略和实体经济。先后组织中央媒体参加陕西"丝绸之路新起点"签约及大型投资推介宣传活动、福建"海上丝绸之路"专题采访活动、"丝绸之路上的建行甘肃分行"大型采访活动。重点宣传服务实体经济，支持普惠金融、民生金融，服务小微、三农等成果，及时回应热点问题和社会关切，包括存款保险制度、服务价格收费等。在两会、"3·15"、人民银行重要金融政策发布等重要时点，对外大力宣扬我行以优质服务回馈社会的好故事、好声音。

三是积极向中央高层传递建设银行声音。通过新华社《国内动态清样》、《人民日报内参》、经济日报《经济内参》等，积极向中央高层领导反映我行加强"三个能力建设"的创新举措和经验成果，并为中央和国务院积极建言献策，履行大行责任。全年刊发内参稿件10余篇。

## 二、大力推进海外业务宣传营销，让建行蓝闪耀全球

一是积极策划开展海内外媒体宣传。借力中宣部主办的"中国品牌故事"宣传活动，协调新华社、中央电视台等媒体，专访王洪章董事长，《人民日报》、《经济日报》分别刊登《中国建设银行：品牌是怎样"炼成"的》、《中国建设银行：扎根实体经济 擦亮金字招牌》等报道。重点抓住总行领导随国家领导人出访巴西、智利、欧洲四国及出席国际论坛、清算银行成立等时机，提前联系当地主流媒体，精心策划，先后在20余家国际及区域主流媒体发表专题宣传文章30余篇，有效提升了我行海外影响力。

二是加强海外品牌标识和广告营销宣传。助推我行国际化战略，制定海外品牌视觉形象规范；主动服务海外业务发展，为20余家海外机构提供logo、广告宣传支持。加大集团形象和海外广告宣传占比，统一海外形象广告画面及内容，抓住高层出访、新机构开业等重要时机，先后在伦敦、新加坡、悉尼、首尔等大型国际机场及《金融时报》、《银行家》等国际主流媒体投放形象广告，覆盖全球目标人群超过1亿人，提升了国际大行形象。2015年，在Interbrand权威品牌排行榜上，我行品牌价值1 272亿元，连续三年位居国内金融机构首位。

三是组织协调和优化外部奖项参评工作。积极协调安排行领导参加国内外各种高端论坛、年会、研讨、颁奖等公关活动80余次；密切沟通协调重点权威媒体，我行全年获得国内外各类荣誉共119项，独家荣获美国《环球金融》"中国最佳银行"、香港《财资》"中国最佳银行"等重量

级大奖。我行在英国《银行家》杂志发布的2015年“世界银行品牌1 000强”中列第2位，在美国《福布斯》2015年度全球企业2 000强排行榜中居第2位。

### 三、实施推进“固本工程”，多措并举应对处置负面舆情

一是启动实施声誉风险管理“固本工程”。完善了声誉风险管理机制及声誉风险应急响应预案。加强声誉风险源头管理，从事后处置向事前防范转型。建立完善7类90细项的全面评估体系，并在同业中率先试行声誉风险经济资本计量，将声誉风险管理水平与分行等级行评定、KPI挂钩，有效传递风险偏好。加强网评员队伍建设，注重发挥网评员及第三方意见领袖的舆论引导作用。

二是积极有效应对和处置负面舆情。全年总分行有效应对处置了若干较大负面舆情，包括“两会”期间部分媒体对“银行是弱势群体”话题片面解读、“3·15”期间舆情防控、央视《焦点访谈》报道我行少数客户账户资金被盗扣、美联储网站对外公告我行纽约分行与纽约州监管当局签署书面协议，以及《南方周末》等媒体报道我行“员工或涉洗钱”、保定天威债兑付、存款变保单等227起；有效处置了《理财周报》拟报道建信基金盈利能力下降、代销吉林信托客户投诉等各类潜在舆情618起，全年负面及潜在舆情较上年度同期分别降低29%和24%。

### 四、深度融入经营管理，提升公关企化工作价值创造力

一是积极助推业务、产品营销宣传。助推网点“三综合”建设和“三个平台”建设，修订下发营业网点视觉形象建设指引。借助H5技术，制作了以业绩发布、社会责任报告为主题的手机宣传页面，发布仅一小时，网友阅读及点赞双超10万人次；在中秋节、国庆节等时点，制作手机画面，赢得了广大员工和客户点赞。完成养老金、出国惠、善融E贷等28支重点产品的平面设计，并制作手机银行、结算通卡、小企业等电视广告。制定私人银行视觉形象建设指引，制作智慧银行宣传视频及平面设计和建信养老金子公司系列logo等。

二是积极推进信贷文化和合规文化建设。将建设银行价值理念融入经营管理，推进专项文化建设。与内控合规部合作，开展“合规文化新媒体作品征集”、“合规文化大家谈”等系列活动，强化“知行合一”。与信贷管理部合作，积极推进信贷文化建设，开展信贷管理大家谈、业务技能大赛、总结典型案例等系列活动。同时，围绕转型发展的重点难点问题，在全集团开展课题研究，完成研究报告174份，并参加金融政研会课题评选，参评及获奖数量均居同业第一。

### 五、着力推进建设银行价值理念落地，充分发挥先进典型的示范引领作用

一是大力宣传“百家优秀网点”和服务品牌。适应转型发展需要，制定全行企业文化建设指导意见，推进建设银行价值理念落地生根。大力宣传“百家优秀网点”和服务品牌，先后推出南京四牌楼支行、北京西四环支行、上海自贸区支行等7家优秀网点，有20个分行开展学习交流和复制推广。总行宣传推荐北京分行“刘艳快线”、甘肃分行“五维推五型”、安徽分行“师徒制”等服务品牌，参加中国企业联合会“全国企业文化年会”评选表彰，均荣获优秀成果案例奖。

二是大力开展“最美建行人”评选、展示和宣传活动。组织全行开展“寻找身边‘李红英’，争做最美建行人”主题宣传教育活动，各分行积极挖掘典型，通过微视频、微故事、人物通信、专题展示等形式，大力宣传身边李红英的先进事迹。全行评选推荐“最美建行人”候选人81人，经全行网络投票最后评出十大“最美建行人”，并在总行集中展示他们的典型事迹，视频直播到县支行，感动并激励了全行员工，短短两天共收到员工感言3万余条。

三是大力宣传“文明单位”、“雷锋岗”和“雷锋标兵”。通过揭牌仪式、道德讲堂、成果展示等形式，组织开展第四届全国级、总行级“文明单位”学习宣传活动，在《建设银行报》刊发文明单位经验与事迹报道15篇。积极开展“十小文明”创建活动，重点指导推广北京分行的成功经验和创建方案，推动了中央文明办“五个一”

创建标准和总行“六个一”创建要求的落地，得到了中央文明办领导的充分肯定。积极参加银监会组织的“雷锋岗”、“学雷锋标兵”评选活动，我行40个基层网点、40位基层员工分别获得“全国金融系统雷锋岗”和“全国金融系统学雷锋标兵”称号。

## 六、加强理论学习和思想教育，为转型发展提供正能量

一是抓好各级党委中心组理论学习。认真做好总行党委中心组学习研讨的协调服务工作，重点结合“三严三实”专题教育，组织开展了“严以修身”、“严于律已”、“严以用权”等专题学习。王洪章董事长率先垂范，带头主讲辅导，其他行领导则根据不同专题作辅导讲座，进一步增强了各级领导干部的党性修养，坚定了理想信念。总行印发了《2015年一级分行党委中心组学习指导意见》，组织学习交流活动，指导各单位党委中心组学习的深入开展。

二是创新开展思想政治工作。深入开展员工思想调研、经验交流、案例征集、课题研究等创新实践活动。总行组织开展了离职员工思想状况专题调研活动，先后赴浙江、广东分行，召开各层次员工座谈会18场，个别访谈、座谈300多人次；协调上海、厦门、苏州等8个分行进行同步调研，并召开宣传部长座谈会，分析原因，研究对策，为总行党委决策提供了参考。

## 七、积极履行企业社会责任，体现大行的责任与担当

一是全心打造建设银行公益品牌。积极实施高中生“成长计划”、“母亲健康快车”、百年职校三亚分校捐助等公益项目。特别是精心策划了“母亲健康快车”捐赠发车仪式，利用微信、微电影，广泛宣传“母亲健康快车”创造的感人故事。组织开展“建行公益 有你参与——说出你的公益故事”主题征文活动，点燃了全行员工积极参与公益活动的热情，征集公益故事300多个。

二是精心编制社会责任报告。充分利用ESG咨询项目成果，精心编制2014年社会责任报告。与国际接轨，首次披露总行温室气体排放量，领先同业。我行2014年社会责任报告荣获2015 Galaxy国际评选的两项印刷大奖——企业社会责任报告印刷铜奖、亚太区银行类年度报告印刷荣誉奖。

## 八、加强基础建设与管理，提升专业化规范化工作水平

一是完善制度、流程与机制建设。落实总行“一加强两遏制”和完善内控制度的要求，对我部36项制度规定进行了认真梳理、修订和完善，查漏补缺，修订了新闻宣传管理办法、新闻发言人制度、网评员管理制度和珍宝馆管理规定，出台了总行本级宣传用品管理规定。梳理优化了声誉风险管理、广告管理、预算与财务管理、评选表彰、公益捐赠、奖项参评等工作流程，强化了规范化和精细化管理。

二是加强新媒体信息平台建设。改版《公关工作动态》，创新栏目，丰富内容，提高质量，全年编发《公关工作动态》26期，刊稿280篇；全年处理信息稿件5 857篇，其中部门主页发布5 794篇，总行首页发布63篇。积极打造“文化建行”微信平台，目前关注人数已达5.2万人，全年发布稿件316篇，点击量超过650万次。

执笔：娄芸

# 总行机关党建工作

## 一、强化主体责任，落实从严治党要求

### （一）加强总行机关党建工作的组织领导

2015年初，机关党委多次召开部务会，认真学习贯彻工委和总行党委的工作部署，统筹谋划全年工作，准确把握关键环节，以“服务中心、建设队伍”为核心，突出问题导向，突出检查考核，不断强化管党治党主体责任”的工作思路。总行党委委员、副行长、机关党委书记黄毅同志先后多次主持召开机关党委会议，对贯彻落实《条例》等工作进行研究部署；总行党委也专题听取机关党委汇报或对有关工作作出批示，积极推动党建工作落实。

### （二）建立健全机关党建工作责任制

2015年上半年，机关党委制定了《总行机关加强和改进新形势下党建工作的实施方案》（以下简称《方案》），从6个方面的19项内容，明确了总行机关贯彻落实全面从严治党要求的目标任务、重点工作，积极推动形成总行党委全面领导、机关党委协助推进、基层党支部具体落实的机关党建工作格局。《方案》明确了机关党委和党支部落实全面从严治党要求的责任清单，要求各级党组织书记要把抓好党建作为最大的政绩，把全面从严治党的新常态转化为推进转型发展的新动力。

### （三）全面检查考评机关党建工作

2015年4月份，结合工委对总行机关落实《条例》情况的专项检查，机关党委开展自查，并对五个方面的问题深入整改。下半年，机关党委根据《条例》、《方案》，研究制定了《机关党建工作量化评价办法》，组织对机关党的思想建设、组织建设、作风建设、反腐倡廉建设、制度建设和群团工作等6个方面的49项工作进行全面检查考核；印发了《关于总行机关2015年开展党建述职评议考核的通知》，认真组织机关党委书记、常务副书记和党支部书记、党员的党建工作述职评议考核。

## 二、坚持正面引导，做好宣传思想文化工作

### （一）把学习宣传贯彻习近平总书记系列重要讲话精神不断引向深入

机关党委通过多种形式、运用多种载体加强时事政策和思想理论教育，先后6次邀请行内外专家走进“机关大讲堂”，对“转型发展规划”、“‘一带一路’战略”等专题进行了深度辅导讲座。王洪章董事长的《聚焦对党忠诚、个人干净、敢于担当，以“三严三实”精神推进建设银行转型发展》等2篇署名文章，分别在中央国家机关学习贯彻习近平总书记系列重要讲话精神成果征集展示活动、学习宣传贯彻十八届五中全会精神动员部署会上进行了学习交流，引起积极反响。6月份，机关党委邀请人民日报、工委宣传部的有关领导，组织对党建信息员开展了专题培训，有效提升了党建宣传水平。截至2015年底，紫光阁网及企业网共发布机关党建信息259篇，机关党建微信平台发布信息304条。

### （二）加强和改进转型发展中的思想政治工作

2015年初，黄毅副行长主持召开了处级干部、青年员工和业务骨干三个不同层次的员工座谈会，积极回应员工利益诉求，化解员工思想困惑，并对思政工作作出具体安排。机关党委积极完善工作机制，组织开展了谈心谈话和家访慰问的“五要谈”“五要访”“五关爱”工作；认真组织年度员工思想调查；组织对4个子公司开展了党建工作调研，对公司党员群众的思想动态进行了深入研究分析，向总行党委上报了调研报告；

向总行党委宣传部推荐了年度思想政治工作先进单位和先进工作者，切实加强组织领导。

**（三）培育和弘扬社会主义核心价值观建设**

机关党委5月份组织举办了“邹碧华先进事迹（视频）报告会”，在行内外引起强烈反响。以此为契机，总行机关进一步深化“学习身边的李红英，争当最美建行人”教育实践活动，通过企业网、电子大屏等平台宣传了33个践行社会主义核心价值观和建设银行核心价值理念的“身边的榜样”，充分发挥先进典型的示范引领作用。其中，养老金业务部员工陈霞参加了全行有关宣传评选活动，并成功入选；北京电话银行中心荣获了“首都文明单位”称号。总行机关还积极开展“春节见闻”作品展示、“重温经典”读书交流、企业文化课题研究等活动，积极推动社会主义核心价值观落细落小落实。

## 三、坚持从严从实，加强机关党的基层组织建设

**（一）严格规范党内生活**

机关党委坚持和完善“三会一课”制度、领导干部民主生活会、民主评议党员、党员党性分析、领导干部双重组织生活会等制度，建立了机关党委联系基层党支部的工作机制，派员参加了部分党支部的民主生活会，查阅了《党支部组织工作手册》，着力解决党内组织活动不规范、组织生活质量不高等问题。在工委的大力支持下，机关党委分批组织各支部在工委法制教育中心开展“三严三实”主题党日活动，通过观看党性教育影视、开展户外集体拓展训练、参观优秀传统文化展览等活动，促进广大党员的党性修养、思想道德的提高。

**（二）加强基层党组织和党员队伍建设**

机关党委认真指导和严格审核了17个党支部（总支）的换届改选和委员补选工作，安排20名基层党组织负责人和党务干部参加了履职教育培训。紧紧围绕“建设好阵地、发挥好作用”这一目标，积极推进基层党支部活动阵地建设，共有22个党支部完成了建设任务。坚持“控制总量、优化结构、提高质量、发挥作用”，认真开展党员发展自查工作。坚持发展党员“记实制、公示制、票决制”，接收了41名中共预备党员，审议批准了54名预备党员转正；组织32名入党积极分子参加了井冈山党性教育培训班；走访慰问了54名老党员和生活困难党员，发放慰问金27万元。

**（三）深入开展“三严三实”专题教育**

2015年5月份以来，机关党委在总行机关处级以上党员领导干部中开展了“三严三实”专题教育，制订实施方案，及时讲评教育情况，举办辅导报告会，充分发挥组织领导作用。在王洪章和其他党委成员的示范下，机关各党支部不以搞活动的方式搞教育，而是将教育融入“三会一课”等日常党建工作，突出主题，聚焦问题；完成了“专题党课”、“专题学习研讨”等规定动作，并正在组织召开专题民主生活会和组织生活会，努力实现“三个着力解决”和“三个见成效”。期间，机关党委编发专题简报28期，对14位支部书记的党课讲稿和42位党员干部的研讨发言材料进行了学习交流，积极发挥宣传引导作用。建设银行报和全行专题教育简报3次报道了总行机关的经验做法，在全行引起积极反响。9月份，机关党委对10个单位的专题教育工作进行了现场调研或书面访谈，认真总结了工作亮点和经验启示，并上报了调研报告。

## 四、日常工作抓好严明党纪党规，党风廉政建设和反腐败

**（一）落实党风廉政建设主体责任和监督责任**

机关纪委在春节过后就召开了总行机关廉政工作暨纪检工作会议，黄毅同志出席会议并讲话。结合党支部结合换届改选，27个支部已将支部纪检委员调整为由部门副总经理级领导人员担任。机关纪委建立健全了工作规则，4次召开机关纪委会议，专题研究重点工作，积极探索落实“两个责任”的考核、问责、追责办法和机制，努力将责任层层落实、压力层层传导。

**（二）严格监督执纪问责**

机关纪委坚持信访工作“四结合”，对9件群众信访举报认真核实，深入调查，做到事事有着落、件件有回音。严肃处理了1名违纪党员干部；通报了5起近年来总行机关员工违规违纪违

法案件；开展了执行劳动纪律情况专项检查；坚持在节假日向党员干部发出廉洁自律邮件提示；坚持通过企业网和电子大屏发布各地区各部门查处的违反中央八项规定精神的典型案例，不断强化正风肃纪力度；认真做好巡视配合工作，及时向中央巡视组、总行巡视组提供有关材料，充分发挥纪检部门职能作用。

**（三）加强反腐倡廉教育和廉政文化建设**

机关纪委认真组织“讲规矩正风纪守廉洁”教育实践活动；广泛开展“清风正气传家远”主题家庭助廉活动；广泛征集家规家训及廉洁感言，通过多种形式传播廉政文化，投资托管业务部员工陈玥撰写的稿件荣获纪工委“最美家风故事奖”；组织45名支部纪检委员参观了廉政教育基地；邀请公安大学教授讲授了“银行职工自我管理方法”；组织190余名新提任的处级干部参加了职务犯罪庭审旁听和集体廉政谈话；深入学习贯彻《中国共产党廉洁自律准则》和《中国共产党纪律处分条例》，坚持把纪律和规矩挺在前面，筑牢底线，树立高线，大力推进廉政文化建设。

## 五、贯彻“三性”要求，催生机关党的群团工作新活力

**（一）深入贯彻落实中央党的群团工作会议精神**

8月份，总行机关先后召开了机关工会委员会议、工会女职工委员会议和机关团委委员会议，深入学习贯彻中央党的群团工作会议精神以及《中共中央关于加强和改进党的群团工作的意见》，分析研究了当前总行机关党的群团工作面临的新情况新问题，增强做好群团工作的紧迫感使命感责任感；印发了《关于加强和改进总行机关党的群团工作的通知》，明确了机关工青妇组织的发展方向和工作思路，全面贯彻保持和增强群团组织政治性、先进性、群众性的“三性”要求。

**（二）深入推进机关工会和妇女组织工作**

一年来，机关工会、女职工委员会紧紧围绕改革发展大局，发挥联系和服务群众的桥梁和纽带作用，开展了一系列积极有效的群众工作：召开了总行第三届职工代表大会暨会员代表大会；评选表彰了总行“女职工文明示范岗”、“女职工巾帼建功标兵”；组织参加了中央国家机关妇工委“百万家庭一线牵”毛衣编织活动；在春节元旦期间组织慰问离退休老干部文艺汇演，走访慰问70余名生活困难员工；修订了职工互助基金管理办法，向24名病重（危）员工发放了职工互助基金共计103万元；为员工办理了公园年票、电影卡和交通意外伤害保险；帮助46名员工子女顺利入学；组织了单身职工联谊会、环湖健步走、郊外采摘、第十一届职工运动会活动等一系列丰富多彩的文体活动；参加了全行第七届职工乒乓球比赛、中央国家机关第十二届“公仆杯”乒乓球联赛和第四届职工运动会，并荣获中央国家机关“体育道德风尚奖”和“突出贡献奖”。

3. 深入推进机关共青团和青年组织工作。开展了“守纪律、讲规矩、促成长”主题教育和征文评选活动、“根在基层”调研活动、“员工职业生涯发展大家谈”主题活动、“员工职业风采大赛”、“青年志愿者优秀奖”的评选活动；帮助各团支部建立了“青年读书角”；举办了“超鲜英语”培训；参加了“团建优品汇”评选活动，北京电话银行中心团支部的“成长”项目被团工委推荐参加了团中央的评选；与审计署机关团委联合冠名了2所希望工程音乐教室，并为2所希望小学捐资捐物；开展了青年岗位能手等评优评先活动；参加了中央国家机关青年篮球赛等活动并获得优异成绩。

执笔：易非

# 系统工会、团委工作

## 一、深化职工民主管理，维护和保障职工合法权益

### （一）拓展民主管理职能，将合规纳入民主管理的范畴

2015年总行工会、团委召开本条线推进合规管理年工作部署视频会议；向全体会员发出“合规建行，人人践行”、“投身平安建行创建，把责任牢牢扛在肩上”的倡议，提出“合规利行利己”、“四个不让”合规理念和“三个坚决”平安理念；通过全行1717个职代会和4.8万名职工代表层层传导和强化合规建行、平安建行文化理念；在《建行报》、企业网首页、工会、团委网站刊发倡议书进行宣传。同时，各分行也召开了相关会议55次，并积极制订实施方案促进落地；各级机构在职代会和晨会、夕会和例会等会议上宣讲倡议书万余次；很多分行将合规管理纳入一把手工程，带头签名践行合规决心。

### （二）落实职代会制度，筹备全行系统四届一次职代会

总行工会已于2015年7月提报召开全行系统四届一次职代会方案，在2016年1月召开了四届一次职代会暨群团工作会议。此次职代会审议通过温暖工程员工综合关爱十件实事，包括女员工特殊劳动保护、交流干部、20年工龄以上员工、兼职工会干部等关爱措施；审议《关于进一步加强和改进党的群团工作的意见》、《中国建设银行员工违规处理办法》等；选举了职工监事。

## 二、推进温暖工程，构建和谐劳动关系

针对不同的员工群体，提供不同的关爱措施。

### （一）开展“善健者行”健步走

推动全员健身计划落地，倡导科学健身。开发了健步走APP软件。2015年“五四”青年节，成功举办了融捐赠助学、绿色环保、健步健身为一体的“善健者行——积分圆梦微公益·环保健步雁栖湖”活动，黄毅副行长出席活动并颁奖；总行机关和北京市分行分别组队共200余人参加比赛，引领了全员健身的新风尚。

### （二）创编推广网点员工健身操

与国家体育总局有关部门合作，请权威专家专门为20万名一线网点员工量身定制了“中国建设银行网点员工健身操”。该健身操分为工前欢动集体操、工间情景健身操和工后养生放松操三套健身操，93个动作。健身操在中央国家机关第四届运动会上进行了表演。

### （三）开展送温暖、帮扶救助和人文关怀工作

一是广泛深入开展送温暖和对特困人员救助活动。2015年12月，黄毅副行长亲自率队，深入大别山腹地的鄂豫皖红色革命老区七个市县的12个基层分支机构，调研党建工作和职工之家建设情况，看望一线网点工作人员，慰问劳模代表和特困员工。一年来，共筹集送温暖资金2 724万元，慰问困难员工、劳动模范等10 277人。其中总行划拨专项慰问资金500万元，慰问困难员工500人；各级互助基金发放救助款2 589万元，救助特困员工8 091人。总行还对天津遭遇爆炸受灾员工及时进行救助，切实帮助特困员工排忧解难。各级行还做实做细冬送温暖、夏送清凉、金秋助学、单身员工联谊、单亲女员工结对子帮扶等员工关爱品牌，以及员工生日、结婚、生育和员工生病住院、直系亲属去世等必访必送活动。二是加强精神关怀。在物质帮扶的同时，加强精神关怀，在“三八”妇女节、“五四”青年节等重要传统节日前夕，在《建行报》和企业网主页刊发书信慰问员工，通过关爱凝聚企业转型力量。三是关注员工劳动保护。把握网点改造、职工之

家建设之机，指导推进完善了员工活动室、餐厅、阅览室等场所建设，协调解决营业网点通风、取暖、降噪、卫生、员工就餐、体检、休息休假等劳动保护问题。以深入开展《女职工特别保护规定》为契机，推进开展女员工保护专项集体合同的签订，落实关爱女员工四期劳动保护、专项体检等措施，维护女员工特殊权益。2015 年初在总行部门级女领导干部中开展了专项健康体质测试活动，聘请权威专家采用国际先进的生物医疗反馈技术，提出综合性解决方案，受到了大家的欢迎。四是研究员工福利保障补偿机制。加强员工出现重大疾病、突发意外情况的保障内容和范围，拟建立“总行员工特殊关爱基金”。

## 三、引导员工提升素质，投身全行转型发展

**（一）以职工之家、文体协会为载体，主动融入“合规管理年”、“平安建行创建”活动**

利用各级职工之家平台开展合规文化大讲堂、合规理念大家谈、合规警言征集、组织观看警示教育电影等形式多样的活动，在职工书屋、餐厅、活动室设立合规文化长廊，放置合规展板、张贴合规宣传画、合规宣传标语，多层面多渠道地推动合规文化传导；文体协会通过创作一幅合规书画、演一个合规小品、说一段合规相声、唱一首合规歌曲、办一期合规讲座，融合规元素于“书画讲演唱”活动之中，引导广大员工增强合规经营意识。

**（二）培育践行社会主义核心价值观品牌**

大力宣传李红英 26 年坚持坚守岗位、4 年对患重病的丈夫不离不弃和“五个没有”的先进事迹。总行推选李红英为第一届金融系统道德模范，全国巾帼建功标兵，第十四届全国职工职业道德建设候选标兵。大力宣传林森爱岗敬业、合规操作，在 3·15 晚会央视记者暗访时拒绝为非实名制、虚假身份证持有人办理业务，为我行赢得良好声誉的先进事迹。

**（三）围绕业务发展开展劳动竞赛活动，提升员工职业素养**

落实金融工会“强化合规文化，防范金融风险，提升金融服务能力”和“学技能，练本领，提素质”主题竞赛活动，与个人、养老金、资产管理等部门组织开展个人客户经理风采展示、促进养老金业务大发展以及“全员参与大资管，全力发展大资管”等业务竞赛，开展女员工巾帼创建活动，调动了广大员工积极性、主动型、创造性，助推了业务发展，其中个人客户经理风采展示大赛成功申报纳入了全国总工会组织的“全国行业职工技能竞赛”。各级工会也因地制宜开展了各具特色的劳动竞赛活动。据统计，全行员工参加劳动竞赛人数达 30 余万人次。

**（四）大力弘扬工人阶级伟大品格和劳模精神**

五一、五四前夕，积极向全国总工会、中国金融工会、金融团工委推荐各类先进集体和个人。2015 年，我行北京分行刘艳、新疆分行马哈木提两位同志被评为全国劳动模范，受到了中央领导同志的亲切接见，刘艳代表金融系统 2015 年全国劳模在金融系统表彰大会上宣读倡议书；积极宣传“刘艳快线”服务品牌，“刘艳快线”获评全国金融系统首个“劳模创新工作室”，扩大了品牌的社会影响力，全行学习先进、争当先进的氛围日益浓厚。各级行通过组织开展先进人物专题演讲、主题宣传季、身边员工的故事等形式多样的宣讲活动，发挥先进典型的示范引领作用，汇集了强大的正能量。同时，积极优化劳模集体疗休养活动内容和形式。邀请全国级劳模携直系家属同休养，将对劳模的关爱延伸到家庭，在云南腾冲举办“铭记历史 缅怀先烈”抗日教育主题休养，激发了劳模爱国情怀，坚定理想信念；并将休养与培训、观摩、交流、体验、文体活动有机结合，提升了关爱效果。

## 四、发挥青年生力军的作用，为战略转型贡献力量

第一，深入推进 EAP 项目，在更大范围内帮助基层员工实现自我认知和心理资本提升，推进与改善人本管理，激发员工职业潜能与职业活力。编写的参选资料申报 EAP 项目 2014 年《商业评论》第八届管理行动奖，最终获得该奖项的优秀奖。

第二，开展“上市十周年”员工职业风采大赛，通过手机客户端、内外网、微信公众平台、邮件等各种方式同步展现。在全行范围内营造积

极向上、追求卓越的良好氛围。

第三，开展第三届“青年创新建行强”创客金点子大赛，以“转型创新打造建行新优势”为主题，以全新的创新观念引领全行员工主动融入创新工作。此次大赛共征集金点子作品477条，内容覆盖发展创新金点子、战略转型微建议、岗位创新好办法等各个方面，活动过程中涌现出了一批又一批爱好创新、善于创新的青年员工。以此为基础，我行参加金融岗位大练兵活动荣获六大奖项，连续三年实现大满贯，黄毅副行长接见了获奖选手。

第四，持续推进“积分圆梦·微公益”志愿公益活动。“积分圆梦·微公益”推出两年来已经累计捐赠积分10亿多分。行领导带头捐献了积分。目前已捐建60多个快乐音乐教室，先后有十多家金融机构前来学习，得到了各级领导的一致赞扬。在“积分圆梦”公益行动全国启动仪式上，我行作为首家开通“积分圆梦·微公益”平台的银行，荣获中央金融团工委、全国金融青联、中国银行业协会及中国青少年发展基金会联合颁发的“积分圆梦”公益行动最具社会责任金融机构奖。

第五，开展青年文明号及岗位能手等评选活动，引导各级团组织通过深化青年文明号、青年服务明星、青年岗位能手等评选工作，帮助青年员工树立艰苦奋斗、爱岗敬业、建功成才的理想信念，引导员工立足岗位，提高技能，提高素质。

第六，配合承办“中国建设银行支援新疆青少年融情夏令营活动”，通过系列“融情”特色活动的开展，进一步增强了京疆两地青少年对党和祖国的热爱，搭建了两地青少年互动交流、友谊长存的桥梁。

## 五、举办职工乒乓球赛事，推动群众性体育运动的普及

2015年8月8日我行举办了全行系统第七届职工乒乓球比赛，监事长郭友，副行长章更生、黄毅，以及老领导胡哲一出席活动并颁奖。

## 六、加强自身建设，提高服务能力和水平

一是改进作风建设。深入老少边穷地区、深入支行网点、深入职工之家开展调查研究，坚持问题导向，采取切实可行的措施解决问题，创新出台了温暖工程系列关爱员工举措。

二是加大对职工之家建设支持力度。从总行工会经费中划拨专项资金100万元，重点用于支持老少边穷地区和承办总行活动较多的一级分行职工之家场所建设。中国金融工会与青海黄南州分行共建基层“职工之家”，拨付共建经费10万元用于“职工之家”建设；贵州黔南州分行在2015全国金融系统职工书屋经验交流暨现场观摩会上作了经验交流发言，取得较好反响。各级行大力开展“五小”阵地建设，加大经费投入完善“减压小作坊”、“学习小书角”、“业务小课堂”、“活动小场所”、“温馨小餐厅”等“五小”员工关爱阵地，为员工工作、学习和生活营造温馨环境，解决基层员工午间吃饭、休息等难题。

三是加强培训和制度规范化建设。举办一级分行团委书记、网点员工健身操培训班；开展规章制度梳理工作，制定《工会财务会计管理规范实施细则》等。

四是加大工会财务审查监督力度。开展工会财务合规管理大检查，重点检查近三年来工会经费管理的合法合规合理性，加大督促整改力度，纠正和杜绝制度不健全、执行不力、开支违规违纪等现象，提高了员工合规守纪和风险防范意识，促进全行系统工会财务管理水平的提升。

五是加强信息宣传。以《建行报》等报刊、信息门户网站、邮箱为载体，以《工会纵览》等专刊、专栏等方式进行宣传，还创新通过LED电子栏、微信平台等新媒体滚动播放方式报道宣传，为全行工会和团委系统了解工作动态、加强经验交流、弘扬典型事迹、展示员工风采搭建了颇受欢迎的平台。

执笔：易非

# 党校（高级研修院）培训工作

## 一、工作成效

2015年度总行党校（高级研修院）承办了2期干部进修班，6期业务专题研修班，1期一级分行党委组织部部长培训班，全年培训量达13 468人天。培训质量与效果赢得相关方充分认可，经总行党校第32期、第33期干部进修班学员测评评估，学员对课程设置与教学管理方面（具体包括课程设置、教学内容、学员管理、教学管理人员素质、支部作用发挥等）满意率达到98.06%；授课老师对总行党校学员课堂学习情况满意率达97%。总行党校、哈尔滨分校和常州分校“一校三地”共举办各类培训班100期，培训129 373人天。

### （一）完成干部进修班培训

2015年，总行党校成功举办了第32期、第33期干部进修班，120名学员以优良的学风，圆满完成了党委赋予的学习任务，取得了中共中央党校颁发的毕业证书。学员们运用所学的科学理论与方法，联系全行改革发展管理中的重点难点问题，开展课题研究，2期干部进修班共形成了12篇具有较高质量、具有参考与指导作用的对策与建议，① 以及12期具有较高质量的学员学习简报，并印发总行党委成员、高管层和各部门、各一级分行领导参阅。党校“一校三地”2期干部进修班共撰写论文（课题报告）398篇，其中78篇次被评为“优秀论文”。

### （二）承办高级研修项目和党委组织部长培训项目

坚持服从、服务于《中国建设银行转型发展规划》，充分挖掘潜力，成功承办了对公业务、零售业务及其金融市场业务、数据管理业务、资产管理业务、养老金业务、资产负债管理、风险管理与资产保全业务等高级研修项目，以及一级分行党委组织部部长培训班。

## 二、主要工作举措

### （一）落实党校建设主体责任

总行党委认真落实办党校、管党校、建党校的主体责任，尤其是把握方向的责任、统筹协调的责任、抓好领导班子建设和队伍建设的责任。2015年，总行党委成员以及高管人员先后11人次亲临党校，与学员座谈交流、亲自授课。总行党委书记、董事长王洪章为学员们作了《以五中全会精神为指导，落实好转型发展规划》的专题辅导报告；党委副书记、行长王祖继围绕贯彻落实五中全会精神、推进转型规划落地、坚持稳健发展、服务实体经济、化解风险资产和处置不良资产等重点问题，与学员座谈交流；党委副书记、监事长、党校校长郭友先后4次专程来到党校，出席干部进修班开学和毕业典礼，作动员讲话，为学员颁发中央党校毕业证书，与学员、员工座谈交流，现场调研指导工作。党委委员、副行长章更生、杨文升、余静波和党委委员、纪委书记朱克鹏等先后为学员们作了专题辅导，并与学员座谈交流。

党委高度重视解决党校基础设施薄弱问题，抓住北京市地税培训中心撤销转制契机，组织完

① 《加大转型力度 提升大客户服务水平》、《网点零售业务落实转型发展规划的若干思考》、《经营转型需要重点处理的几个关系》、《建设银行转型发展中合规管理工作探讨》、《互联网金融背景下对建行转型的探讨》、《构建基于善融商务的小微企业网络融资模式的对策与建议》，《落实转型发展规划 积极拓展财富管理与私人银行业务》、《战略新兴业务发展比较及对策建议》、《建行境外业务发展的制约因素与对策建议》、《互联网金融风险与控制》、《小微企业业务可持续发展对策与建议》、《我行大数据战略实施相关问题的思考与建议》。

成整体收购。2015年底正式签署《北京市地方税务局干部培训中心整体转让协议》，基本完成了该培训中心人员安置、资产移交等相关工作。通过这次收购，党校（高级研修院）建筑面积由原来仅7 128.6平方米，扩充为33 014.9平方米，增加了3.6倍，为从根本上改善办学条件、扩大培训规模、使其基础设施与其职能与任务相适应，满足全行培训长远需要奠定了重要基础。这次收购，是总行党委在全行财务资源比较紧张的背景下作出的一项重要决策，是重视加强党校建设和干部队伍建设的一项务实举措。

**（二）坚持把党校姓党贯穿于党校工作始终**

认真贯彻习近平总书记、刘云山校长在全国党校工作会议上的讲话精神和《中共中央关于加强和改进新形势下党校工作的意见》要求，遵照党委书记、董事长王洪章和党委副书记、监事长郭友的批示，结合建设银行实际，拟定了《加强和改进党校工作的实施意见》，研究、制定了总行党校《党校姓党、从严治校20条措施》，将党校姓党作为党校一切工作的宗旨和灵魂、立校办学之本，从思想认识、教学管理、课程设置、师资选聘、学员管理等方面提出了具体措施，确保党校姓党的根本原则贯穿始终、落到实处。

把“党校姓党”落实到培训主业。两期干部进修班紧紧围绕主线、突出重点，把握高扬党的理想信念和自觉同党中央保持高度一致的两个关键点，抓紧抓好党的理论教育和党性教育的主课主业，引导学员加强对马克思主义经典著作的学习研究，特别是强化对习近平总书记系列重要讲话精神的学习教育，用马克思主义中国化的最新成果武装头脑、指导实践，坚定道路自信、理论自信、制度自信；强化对党章党规党纪的学习教育，并与深入开展“三严三实”专题教育、推进全行转型发展规划实施有机结合起来，组织学员到中央党校聆听了李克强总理关于当前经济形势和重点工作专题报告会；参加了总行党委举办的落实五中全会精神专题培训班；到革命圣地延安开展了以增强党性修养为主题的教学实践活动；聘请中纪委、中央巡视组有关领导作关于坚持全面从严治党、切实履行“两个责任”、深入推进反腐倡廉和作风建设等专题报告，结合学习先进典型、开展警示教育，引导学员自觉加强党性修养，坚守共产党员精神追求，自觉用党章和党规党纪约束自己的言行。

**（三）遵循党校办学规律，积极探索与创新**

坚持把遵循党校办学规律与符合建设银行党员干部成长规律有机地结合起来，严格执行中央党校及中央国家机关分校的教学计划及要求，认真贯彻总行党委对干部培训培养与考察考核的具体要求，做到培训目标明确、重点突出，适应需求、富有特色。

在教学管理和生活管理上，认真贯彻“三严三实”要求，坚持严以治校、严以治教、严以治学，严格贯彻落实中央八项规定精神，严格执行《中共中国建设银行党校干部进修班学员管理规定》，强化学员的学习纪律和生活纪律，从严管理。

在教育教学方式方法上，积极探索教学相长、学学相长的有效途径，持续探索与创新，推进研究式教学，综合运用讲授式、研讨式、案例式、模拟式、体验式等培训方法，增强教育培训的实际效果。第32期干部进修班，特邀全行系统党的十六大、十七大、十八大全国党代表李向党、王红梅和刘艳，与学员进行了座谈交流，既上了一堂贯彻“三严三实”的特殊党课，又推进了以《转型发展规划》实施为主题的研究式教学活动；第33期班开展每日晨读活动，诵读经典篇目、学习传统文化，首次尝试由内部培训师带领学员开展拓展训练；党校“一校三地”首次运用“世界咖啡”学习工具，开展践行“三严三实”教学活动，均取得了较好的效果。党校系列教学方法的改进与创新得到了上级党校的认可，荣获2015年中央党校中央国家机关分校“教学创新奖”。《人民网》、《金融时报》及《建设银行报》等相关媒体作了宣传报道。

**（四）加强对哈尔滨、常州分校的支持与指导**

充分发挥总行党校“龙头”作用，建立多种工作机制，加强“一校三地”沟通交流，加大业务指导力度，共同提升培训管理水平。总行党校及时向哈尔滨、常州分校发送《工作动态》和《会议纪要》，两分校也定期将《分校简报》上报总行党校；“一校三地”专门召开会议，商议年度培训计划，增加了培训项目，对原有项目的培训对象、培训时间和人数作了进一步明确和优化，完善整体培训计划；定期举办教学研讨会，分享好的办学经验，研究解决工作中存在的问题；加强合作，联合运用新的研讨方式开展教学活动，在“一校三地”学员中引起较好的反响。

总行党校负责人多次为分校学员授课，并与分校培训师座谈；由总行党校统一规范相关规定，强化对分校招生、教学和学员管理情况的监督，总行党校根据中央党校中央国家机关分校教学指导计划统一进行整体教学安排，除党性锻炼单元和研讨交流活动由分校根据实际情况安排外，其余课程均通过“一校三地”教学视频系统同步收看，分校按时上报每周课表和教学情况，便于总行党校了解掌握，总行党校还对分校其余各类培训班的课程设置进行指导，督促其进一步优化。

**（五）持续改进与加强教学保障与服务工作**

紧紧围绕学员和主办部门需求，强管理、优服务、转作风、争一流，全面提升服务品质，圆满完成了各项保障任务。思想上尊重学员、感情上贴近学员、生活上关心学员，确保学员培训期间在住宿、饮食、起居、出行等各个方面都能得到细致周到的服务。通过采取无记名测评方式，由全体学员对其教学管理及其教务、文秘、会务、餐饮、公寓、用车、网络服务等各岗位员工的服务态度与业务技能等进行全方位评估，评估满意率达到99.62%。

执笔：刘丽丽

CHINA 中国建设银行年鉴 2016
CONSTRUCTION BANK ALMANAC

# 第四部分 境内分行改革与发展

# 北京市分行

北京市分行行长（兼） 余静波
（2015 年 5 月免）

北京市分行行长 廖林
（2015 年 5 月任行长）

## 一、业务发展情况

【主要指标】截至 2015 年底，本外币总资产 15 172.69 亿元，比上年增加 811.67 亿元，增长 5.65%。本外币全口径存款余额 14 863.6 亿元，比上年增长 1 060.43 亿元，增长 7.68%。其中人民币全口径存款余额 14 195.76 亿元，比上年增加 1 159.06 亿元，增长 8.89%。本外币贷款余额 6 189.7 亿元，比上年增加 721.82 亿元，增长 13.2%。其中人民币贷款余额 5 605.38 亿元，比上年增加 670.29 亿元，增长 13.58%。全年实现账面利润 193.49 亿元。

【公司金融业务】截至 2015 年底，人民币企业存款时点余额 6 117 亿元，比年初新增 497 亿元；日均余额 5 820 亿元，比年初新增 543 亿元；人民币对公贷款（含贴现）余额 3 688 亿元，比年初新增 251 亿元，小企业业务完成“三个不低于”监管要求。

【个人金融业务】截至 2015 年底，本外币个人存款时点余额 3 275.48 亿元，较年初新增 106.48 亿元；日均余额 3 210.02 亿元，新增 242.37 亿元。AUM1 000 万元客户数为 3 401 户，比年初净新增 958 户，增速 39.12%；完成总行新增计划的 311.04%。AUM1 000 万元客户的月均 AUM 较年初增长 121.28 亿元，达到 438.15 亿元，增速 38.28%，完成总行新增计划的 305.50%，AUM 新增较 2014 年同期多增 79 亿元。私行客户日均存款（纯存款）新增 63.36 亿元，占全量个人客户存款新增的 26.14%，财私客户通过在我分行购买各类投资理财产品创造中间业务收入 4.25 亿元，净利润 4.22 亿元。

【住房金融业务】截至 2015 年底，自营性个

2015 年 1 月 22 日，北京市分行与中国医学科学院肿瘤医院举行签署战略合作协议仪式。

2015年1月28日，北京市分行首家智慧银行在丰盛支行正式开业。

人贷款余额1 111.65亿元，较年初增加203.75亿元；其中个人住房贷款余额1 101.09亿元，较年初增加209.58亿元；自营性个人贷款客户数量15.94万户，较年初新增1.04万户。

【中间业务】全年实现税前利润211.8亿元，计划完成率130.19%；实现中间业务净收入80.76亿元，计划完成率达到110.25%。分行经济资本回报率47.72%，比上年提升4.28个百分点。成本收入比为22.01%，比上年下降2.13个百分点。

【国际业务】截至2015年底，外汇贷款余额89.98亿美元，比年初新增4.12亿美元；跨境人民币结算量1 500.62亿元，同比增幅17%。

【信用卡业务】全年信用卡客户净新增43万户，完成分行计划107%；信用卡消费交易额累计759亿元，完成总行计划111%，其中分期交易额75.8亿元，完成分行计划的117%。

【电子银行业务】全年净增个人电子银行客户313万户，累计客户规模达到2 143万户。其中：个人网上银行活跃客户净增85.38万户，存量客户230.04万户；手机银行活跃客户净增10.08万户，存量客户93.31万户。对公网络客户新增3.25万户，累计客户规模达到14.35万户。其中：对公网络活跃客户净增2.86万户。善融商务活跃商户新增56户，善融商务交易额2.84亿元；移动金融柜面替代率达60.36%；实现电子银行业务净收入3.81亿元。

【风险内控】逐级签订《党风廉政建设及案件防控责任书》，员工签署《廉洁合规从业承诺书》。制定了《落实党风廉政建设党委主体责任的措施》、《主体责任考核实施细则》、《主体责任清单》，《领导人员尽职履责“约法三章”规定》，《落实纪委监督责任的措施》、《纪委监督责任清单》、《纪委监督责任考核实施细则》、《授信业务责任认定及追究管理实施细则》、《检查发现违规问题责任处理实施细则》，修订了《分行员工从业禁止性规定》。坚持每季度召开案件防控工作联席会。

## 二、主要工作措施

**（一）围绕建设“一流分行”目标，履行大行担当**

全年税前和拨备前利润双双突破200亿户大关，综合筹资突破16 000亿户，综合融资突破9 000亿户；中长期贷款、造价咨询、“京城第一贷”等长板和品牌得到巩固；军警、社保等短板业务打破同业垄断，实现了不同程度的突破。

1. 主要指标同业位次：一般性、公司和个人日均存款余额四大行占比提升；个人存款日均新增、同业存款日均余额、保险公司存款新增等5项筹资类指标同业第一；各项贷款新增、信用卡透支和分期交易额等10项融资类指标同业第一；担保及承诺、境内保函、信用卡等8项产品收入同业第一。

2. 主要指标系统位次：综合筹资、综合融资、全口径、企业、同业存款时点和日均余额均处第一，一般性和企业存款时点新增第一；资产质量在系统“北上广深”中保持最优。

2015年8月25日，北京市分行与中国供销农产品批发市场控股有限公司举行战略合作签约仪式。

**（二）围绕“三大一高”和“五大红利”，加快培育增长点**

绘制精准的《“三大一高”营销指引》狩猎图，空白型客户开拓19户；松散型客户存款新增30亿元，增幅12%，贷款新增34亿元，增幅81%；紧密型客户存款新增279亿元，增幅12%，贷款新增86亿元，增幅3%。为中铁、机场快轨等66个重大项目提供信贷支持186亿元。

“五大红利”拓展方面，抢滩行政副中心建设，成为国开行通州棚改资金代理结算主办行，资金沉淀超百亿；签约“走出去”客户6家、项目8个，金额58亿美元；养老金受托、账管、托管余额和新增规模系统第一，建信养老金公司在分行开立基本户；社保业务中标北京市机关事业单位职业年金，中央国家机关社保中心进驻建设银行，打破同业垄断。同业业务代理非银行金融机构资金清算收入占四大行50%以上，打造了财务公司综合服务的品牌银行。

**（三）围绕“一轴两翼”方向，加快转型步伐**

传统银行业务（一轴）继续巩固，支持服务国企改革、农村集体经营建设用地试点，获市领导和监管部门充分肯定。投行扩容与移动优先（两翼）广结硕果，债券承销额占系统的50.5%，投行中收占中收总量的23%，整体移动金融客户（手机+微信）同业第一，移动金融柜面替代率60%，提升16%。

“三综合”及“四轮驱动”各显成效。81家对公综合营销试点的对公全量客户数增加8 197户，占全行新增的29%，“三综合”成效显著。突出资产驱动，信贷资产规模7 719亿元，较年初提升11%，优质资产比例进一步提高。突出资本驱动，经济资本刚性约束强化，信贷经济资本占用比例系统最低，节约经济资本约26亿元。突出成本驱动，成本收入比连续三年降低；人民币存款付息率四大行最低，存贷利差四大行最高，贷款收益率同业领先。突出内生动力驱动，员工健身操表演为建设银行增光添彩，各类文体活动丰富多样。

**（四）围绕“五项能力”提升，夯实发展基础**

研究分析能力提升，各类培训力度加大，举办一把手能力提升班。市场拓展能力提升，军警存款余额系统第一；成功发放全军和系统内首批军人住房公积金贷款；新开立政府客户账户154个。服务创新能力提升，3 599项“好创意”设计中，442项转化为生产力，带动客户新增47万户，创收20亿元，节约成本1.33亿元。风险管控能力加强“了解”和“化解”，私售治理开始建立“防控化惩”常态化机制；“合规、平安”两创建全面推进。精细化管理能力提升，应用大数据为精准营销提供支持近千次。

**（五）围绕“全面从严治党”要求，推进从严治行**

深入开展“三严三实”专题教育，抓住“关键少数”，深入查摆和纠正不严不实问题；各级党委书记带头讲党课，强调机构一把手落实好“党组织书记、行长、法定负责人”三项职责，党委成员带头“三挂三促”（挂点促基层转型创新、挂优促基层业务发展、挂险促基层风险管控）；“两个责任”落实与考核挂钩；全力建设基层党建和企业品牌形象，打造了“刘艳快线”、“合规标兵林森”等先进典型。从严治行成效明显，“531考评”和“101监测”体系推动经营导向调整和资源配置优化；坚持“零容忍、一票否决、上追两级、三个不放过、四严四查、说案说险”等一系列做法，形成了从严管理制度体系；“爱在建行—员工人文幸福计划”和“严在建行—员工行为管控”实施效果初见。

执笔：吕亚维　何冰

# 天津市分行

天津市分行行长　高德高
（2015 年 3 月免）

天津市分行行长　邱书民
（2015 年 3 月任行长）

## 一、业务发展概况

截至 2015 年底，天津市分行全口径存款日均余额 2 322.9 亿元，比 2014 年增长 235.6 亿元，增幅达 11.3%，全面超额完成各项计划。对公信贷投放继续坚持"稳中求进"，全年共实施贷款投放 956.55 亿元。个人类贷款全年新增 94.5 亿元，余额达到 548 亿元，在全部贷款中占比较 2014 年末提升 2.15 个百分点。天津市分行单位人民币结算账户总量达到 9.14 万户，历史性地摆脱了四大行末位的局面。全年共实现净利息收入 78.5 亿元，同比增长 1.6 亿元；实现中间业务净收入 25.68 亿元，同比增长 3.5 亿元，收入总量继续位列同业四大行首位，四大行占比达 32.17%。全年实现拨备前考核利润 68.6 亿元，同比增速为 8.2%，完成税前利润 61.9 亿元，同比增幅为 15.3%，均创历史最好水平。截至年底，天津市分行不良贷款余额 16.68 亿元，不良贷款率 0.71%，严格控制在总行计划范围内。

## 二、主要工作举措

### （一）转型发展成果初显，传统业务亮点频现

【公司业务】以"大负债"经营理念引导各

2015 年 5 月 19 日，天津市分行召开"三严三实"专题教育工作布置视频会议。

支行利用直接融资等方式吸引资金，提升了对全行的存款贡献度。在保持基础设施领域传统优势的基础上，各类新兴业务齐头并进，积极落实母子公司协同发展战略，信贷结构进一步优化。制定实施《天津市分行服务京津冀协同发展工作方案》，并围绕本市"十三五"规划重点项目、第一批 PPP 推介项目等，建立起包括信贷、理财、发债、引资在内的"大储备"项目库。

【投资银行业务】以理财融资和债券承销为两大抓手，全年共为本市实体经济融资 251 亿元，吸收存款 300 多亿元，实际收入水平超过 10 亿

元。理财融资业务方面，继续以较少的负债获得了总行较多的融资资金支持，资产端非信贷替代类标准资产配置占比超过80%，实现了资管业务与传统信贷业务错位发展的良好态势。债券承销工作取得突破性进展，全年承销额再创历史新高，区域排名升至第二，在系统内也取得第七名的历史最好名次。

【机构业务】保持全面推进、多点突破的良好发展态势。社保金融服务力度进一步加大，优质高效的服务得到了广大市民的充分认可。积极营销财政系统客户，市中小微企业贷款风险补偿金总账户成功落户我行，已实现资金沉淀5.6亿元。与教育、卫生系统大客户的合作黏性不断增强，军队武警、养老金等业务取得实质性营销突破，同业业务、托管业务以及CTS、银期直通车等金融平台业务推进情况良好。

【国际业务】着力加强本外币一体化联动营销，跨境人民币业务量同比增长69%，国际结算业务实现收入1.35亿元，同比增速高达72%，居四大行第一。设立二级分行建制的天津自由贸易试验区分行，积极推进自贸区业务发展，扩大服务辐射范围。在总行列入KPI考核的转型发展指标项下，即期远期结售汇业务总量、代客资金业务收入两项表现突出，双双实现既定目标。

【造价咨询业务】成功营销新八大里“叁里”、天津全运会场馆等十几项重点工程项目，承做造价咨询业务量继续保持上升趋势，全年实现业务收入1.7亿元，较上年增长19.21%。成功获得房地产土地评估资质，标志着我行拥有了承做造价咨询服务的全部资质，业务整体优势得到进一步巩固和加强。

**（二）结构调整深入推进，战略业务稳步前行**

【个人金融业务】建立综合配套机制，狠抓开源节流，资金的入口控制力稳步提升，源头资金储蓄存款留存率大幅提升至9.3%。推出天津市分行首家个人出入境金融中心，不断强化与建信信托、建行亚洲等母子公司联动，带动私人银行业务发展。以借记卡创新应用为依托，建立覆盖公共事业缴费和民生领域代收的银行支付代理网络，不断强化基金、理财产品、贵金属、保险等融智类产品销售力度，市场表现良好。

2015年7月3日，天津市分行和天津市国家税务局共同举行“银税互动——税易贷”战略合作协议签约仪式。

【住房金融业务】继续保持住房公积金独家归集、公积金龙卡独家发行、公积金项目贷款独家办理等优势地位，充分发挥客户资源优势，密切条线联动，对全行的综合贡献度不断提升。2014年全年实现房改金融收入2.6亿元，同比增长12.13%，列系统内第三位。

【信用卡业务】各项主要业务指标计划超额完成全年任务，境外客户占比列系统内首位，生息资产占比、贷款收益率、资产质量等指标全行领先，消费交易额、贷款余额、新增贷款同业第一，分期交易额、中间业务收入四大行第一，得到总行专门表扬。

【小企业业务】以本市启动中小微企业贷款风险补偿机制为契机，主动与各区县主管部门、街镇园区和功能区管委会合作对接，开展批量营销，荣获银监会“全国银行业金融机构小微企业金融服务优秀团队”光荣称号。

【电子银行业务】围绕总行“移动优先”发展战略，推动个人电子银行客户规模持续增长、存量活跃客户大幅攀升，电子银行账务交易量达到1.92亿笔，其中移动金融账务交易量900万笔，较上年增长81%。

**（三）渠道建设成效显著，服务客户能力不断提升**

天津市分行基层营业网点“三综合”建设工作取得阶段性成果。通过综合化建设的深入推进，有效缓解了营业网点人员和功能利用不充分、联动营销不足等问题，提高了资源利用效率，提升

2015年1月28日，天津市分行智慧银行正式成立。

了对客户综合服务能力，目前综合化营销效果已经在客户账户、产品覆盖度、存款等业务指标的增长中得到明显体现。

在开展网点综合化建设的同时，天津市分行还按照总行统一要求进行了物理渠道组织架构和管理职责的整合工作，实现网点人员、岗位设置、服务标准、业务流程、督导检查、业绩考核等方面的统一管理，同时按照存款和成本收入比等主要指标确定机构级别，客观体现贡献度和管理差异，不断激发网点经营活力，为更好推进转型发展奠定了良好基础。

**（四）信贷资产安全可控，基础管理不断夯实**

面对经济下行、不良暴露风险加大的严峻局面，全行认真执行总行信贷政策，落实内外部监管要求，严格把握信贷审批尺度，坚持有保有压，科学进行客户、项目选择。不断强化风险监测预警，建立行领导分片包干压控不良贷款工作机制，一户一策推进重大风险化解工作。充分利用各种法律手段，灵活多样加大处置不良贷款工作力度，全年共处置各类不良资产6.09亿元，超额完成总行年度计划，几笔多年难啃的“硬骨头”实现历史性清收。

高度重视内控体系建设在经营管理中的基础作用，定期督促各单位落实内外部审计检查发现问题整改工作。组织开展“一加强两遏制”专项检查及“回头看”工作，制定完成《天津市分行加强案件防控工作长效机制建设实施方案》，对提高操作风险及案件防控能力发挥了积极促进作用。持续优化IT基础环境运行支撑能力，圆满完成总行“新一代核心系统”2.2期推广工作，为业务发展和管理水平提升发挥了重要支撑作用。

**（五）党的建设扎实推进，企业文化构筑和谐**

在过去的一年中，分行党委注重从自身做起统筹推进全行党建工作，组织制定分行党委、纪委二作规则，完善基层党建工作制度，推动工作的制度化、规范化、程序化水平得到进一步提升。认真落实党风廉政建设党委主体责任和纪委监督责任，组织全辖开展“三严三实”专题教育活动和“讲规矩正风纪守廉洁”主题教育活动，完善纪检监察组织机构设置，配齐配强二级分行纪委书记。一年来，分行党委认真落实总行巡视反馈意见要求，确保按进度完成各阶段整改任务，完成对辖属九家二级分行的巡视工作。认真落实中央“八项规定”及总行相关要求，进一步完善国内公务接待、公务用车、领导干部办公用房等制度规定并严格组织实施。持续巩固党的群众路线教育实践活动成果，组织开展“严纪律、守规范、树形象”改进本部作风专项治理活动，促进机关作风建设常态化，为基层机构做好表率。

全行各级领导班子注重加强人才队伍建设，努力打造以“关爱员工”为核心的企业文化，构建“心相通、情相融、力相合”的和谐发展氛围。加大后备人才队伍和专业技术人才队伍建设，完成对253名对公客户经理的聘任工作。坚持培训资源向基层一线倾斜的原则，组织进行各类现场培训2万余人次，培训总时长超过3万人天，员工人均学习网络课程19门，全面完成总行网络培训任务。精简分、支行机关内设部门数量，进一步明晰部门职能，优化内部分工，提升服务基层、服务业务发展的水平。切实落实总行“倾斜基层、关爱员工”要求，开展走访慰问生活困难党员、老党员和老干部活动，面向全行员工征求人力资源管理合理化建议并逐条制定落实措施，针对一线网点员工特点有的放矢组织开展各种类型的团队活动，充分体现“发展依靠员工、发展成果与员工共享”的核心理念。面对突如其来的“8·12”特别重大火灾爆炸事故，所在地各机构和分行相关部门应对及时、处置有力，使得本行员工生命财产安全得到最大限度的保全。身处事故中心区的广大员工不顾自身安危，自觉坚守岗位，用真诚热情的服务最大限度地满足受灾客户需求。全行上下一心，展现了建行人在灾害面前敢于担当、勇于奉献的良好精神风貌，全行的向心力和凝聚力进一步加强。

执笔：吕树楠

# 河北省分行

河北省分行行长　程远国

## 一、业务发展概况

【负债业务】2015 年底，一般性存款日均余额5 501. 36亿元，比年初新增 392. 23 亿元，新增位居系统第十一、当地同业第二。一般性存款时点余额 5 520. 68 亿元，比年初新增 390. 5 亿元，新增位居系统第八、当地同业第一。

【资产业务】年底本外币各项贷款余额 3 973. 25亿元，比年初新增 488. 10 亿元，新增位居系统第六、当地同业第一。

【中间业务收入】全年实现中间业务净收入 43. 5 亿元，市场份额为 29. 3%，位居系统第十一、当地同业第二，有 10 项产品收入、网均中间业务净收入和人均中间业务净收入位居当地同业第一。

【经营效益】全年实现拨备前利润 123. 6 亿元，同比增长 1. 9%；实现账面利润 100. 52 亿元，位居系统第七、当地同业第二。

【公司业务】年底本外币对公存款日均余额 2 245. 31亿元，比年初新增 97. 06 亿元，新增位居系统第十八、当地同业第一。本外币非贴对公贷款比年初新增 87. 14 亿元，位居系统第五、当地同业第三。实现公司牵头口径中间业务收入 7. 43 亿元，位居系统第七。

【机构业务】年底机构客户人民币存款日均新增 135. 55 亿元。总行考核口径中间业务收入实现 1. 48 亿元，位居系统第十。累计发放机构客户贷款 30. 73 亿元。

【小企业业务】年底小企业非贴贷款累计发放 280 亿元，余额比年初新增 0. 7 亿元，新增位居系统第十。小企业授信客户比年初新增 963 户，位居系统第一；“助保贷”平台签约 69 家，累计投放 405 户、25. 7 亿元。荣获“全国银行业金融机构小微企业金融服务优秀团队”称号。

【个人金融业务】年底个人存款日均余额 3 256. 05亿元，位居系统第三，比年初新增 295. 17 亿

2015 年 5 月 7 日，河北省分行与河北省国家税务局、河北省地方税务局在石家庄联合举办纳税信用 A 级企业颁证暨纳税信用贷服务项目签约仪式。

元，位居系统第六。个人有效客户总量达到564.3万户，比年初新增72.2万户，新增位居系统第四。个人有资产客户达到1 476.2万户，比年初新增155.4万户，分别位居系统第五和第三。

【住房金融业务】年底个人贷款余额1 316.9亿元，比年初新增256.7亿元，新增位居系统第六、当地同业第二。房地产开发贷款余额126.84亿元，当年累计投放36.15亿元。

【国际业务】年底对公外汇存款日均余额9.37亿美元，比年初新增2.29亿美元。实现外汇中间业务收入3.67亿元，位居当地同业第一。完成跨境人民币结算量224亿元，位居当地同业第二；代客资金交易量106亿美元，同比增长4%。对公贵金属交易量5 374公斤，同比增长78倍；对公黄金积存1 227公斤，所有二级分行均实现突破；大宗商品套保交易量523万美元，其中大豆、燃料油、煤炭、棉花、豆粕和小麦等六个品种均为全国系统首笔。

【信用卡业务】2015年净新增客户84.9万户，存量客户达309万户；当年新增发卡、累计发卡、中间业务收入、消费交易额、账户活动率、资产不良率等六项关键业务指标均位居当地同业第一。活动商户新增3万户，位居系统第一。实现信用卡中间业务收入8.58亿元，同比增长33%。消费交易额1 062亿元，同比增长28.5%。

【电子银行业务】个人网上银行、手机银行、企业网上银行活跃客户净新增分别位居系统第七、第四、第四。电子银行直接业务收入2.29亿元，同比增长2.83%，其中短信收入达到1.69亿元，在全部收入中的占比达到73.64%。移动金融柜面替代率达到51.80%，比上年底提高19.97个百分点。创新应用推广成效显著，善融商务活跃商户数达到533户，位居系统第七；悦生活交易量1 273.57万笔，位居系统第三；微信银行客户新增54.02万户，位居系统第九；自主开发的代缴费平台活跃商户新增246户。

【资产质量与风险控制】不良资产处置21.98亿元，完成总行计划的488%；现金回收6.35亿元，其中，超值现金回收0.96亿元，完成总行计划的960%。五级分类口径不良贷款额为28.4亿元，不良贷款率为0.75%。全年未发生案件和严重违规违纪事件。

【内控合规建设】深入推动“合规管理年”活动，扎实开展“一加强两遏制”专项自查，引导合规经营。构建内控监测服务平台，做好日常关键风险指标数据监测，做好内外部审计检查发现问题的整改。

【其他业务】在投行业务方面，实现资管业务收入4.08亿元；理财产品销售规模达到562亿元，同比增长36%；投行融资总量实现396亿元，同比增长69%；资产池业务获总行批复。在私人银行业务方面，AUM1 000万元以上私人银行客户金融资产规模比年初新增60.28亿元，位居系统第八；新增签约“金管家”6.76万户，累计达到18.4万户，余额位居系统第二；成功完成了全国系统首单“私享联联（新西兰）”签约。财富卡、私人银行卡新增发卡4877张，位居系统第三。在资金结算业务方面，单位人民币结算账户和基本

2015年10月27日，河北省分行与保定市人民政府举行支持京津冀协同发展战略合作协议签约仪式。

2015年12月4日，河北省分行与张家口市人民政府在张家口举行奥运先导基金战略合作协议签约仪式。

结算账户的总量、新增均位居当地同业第一。养老金综合考核排名位居系统第二。

## 二、主要工作举措

【服务实体经济，主营业务提比进位】一是大资产业务快速发展。加大实体经济信贷投放力度，积极发展资产管理业务，推动资产结构向信贷、投资、资产管理并重。围绕国家重大战略和地方产业布局，重点满足铁路、港口、光伏发电、设备制造等行业领域和“三大一高”项目的融资需求，做好对京津冀协同发展产业平台的支持保障，全力支持企业走出去，重点拓展“医食住行信”等民生行业，扶持科技型中小企业，加大对居民消费需求和个人生产经营的信贷支持力度。二是大负债经营能力提升。树立“大负债”理念，从源头上抢抓客账户资源，抓好资金转换承接，加速全量资金增长。截至2015年底，客户全量资金日均余额6 735亿元，新增658亿元。三是中间业务加快转型。坚持规范发展，加快信用卡分期、理财产品、资金交易等新兴融智类、厚利型中间业务产品发展。中间业务净收入同比增长7.3%。

【推动转型发展，综合竞争能力提升】截至2015年底，30项转型规划推进指标合计得分位居系统第三。一是印发分行转型发展规划实施方案，完成30项转型课题，为转型发展提供了制度遵循。二是转型重点业务加快推进。深入推进国际化转型，有序推进基层机构本外币一体化建设，利用境内与境外两个市场拓宽融资渠道。截至2015年底，国际业务条线中收及对公外汇存款市场份额均位居当地同业第一。实行同业业务专营，全年累计办理同业资产业务238亿元，实现综合收益3.7亿元。强力推进金融市场业务，全年实现金融市场业务收入1.89亿元，同比增长49%。战略性业务取得突破性进展，ETC发卡103.5万张，位居当地同业第一，市场份额82.42%。三是协同联动得到强化。探索开展公私联动批发化、条线联动一体化、网点经营综合化以及社区营销广泛化等四个方面的营销方式转型，加强行际、层级、渠道、境内外、本外币、母子公司间的协同，全面打通各类资金供求通道。循序渐进推行综合授信“全覆盖”。动态调整定价授权政策，制定差别化综合定价要求，提升综合定价意识和定价能力。四是渠道转型持续深化。将物理渠道管理职责集中到一个部门统一管理。优化渠道布局，推进低效网点搬迁。以轻银行为依托打造社区根据地，进一步提升自助渠道智慧元素，在强县富镇等金融资源丰富地区试点与第三方机构开展跨界合作，开办助农取款点，构建多元化服务渠道。全年建成开业轻银行164家，运行自助设备增加614台，新增有效助农服务点1 426个。继续实施移动优先战略，完善线上线下渠道协同机制，提升电子渠道对柜面业务的分流作用。多措并举做好网点综合化建设，提升了集约化经营水平和客户综合服务能力。

【深化改革创新，转型动力不断增强】一是产品创新成效显著。强化创新激励，做好产品移植和被移植，促使创意及时有效转化落地，多渠道提供契合市场和客户需求的金融产品。二是体制机制优化完善。稳妥推进内设机构设置规范，优化省分行本部组织机构及部门职能，完善绩效考核、资源配置等政策，增强了发展的内生动力。三是大数据应用水平提升。建立大数据推进工作机制，加强数据平台建设，为经营管理提供了数据支撑。

【夯实管理基础，风控水平持续提升】一是资产质量管控进一步强化。在客户选择和准入上严格把关，将优质信贷资源投向总战、总重客户。按照“有效管理，有序退出”原则，严格落实风险防控责任制，推动对公核心客户分级经营管理。建立化解重大信用风险项目的长效工作机制，制订行领导分片包干压控不良贷款工作方案，打通不良处置“出口”，确保了资产质量控制在合理区间。坚决调整信贷结构，严格控制“两高一剩”行业信贷总量，提高了风险抵御能力。二是内控合规管理持续加强。加强内控合规文化建设，严控财务违规风险。三是平安建行创建扎实推进。构建“纵向到底，横向到边”的案防责任体系，组织开展员工行为排查。切实防范和化解声誉风险。全面落实安全管理责任制，做好重要时点安全维稳工作。平安建行创建率达到98%。

【坚持从严从实，队伍建设得到强化】一是突出问题导向，扎实开展“三严三实”专题教育，省分行领导亲自带队到联系点进行专题调研，营造了风清气正的良好氛围。二是严格落实党风廉政建设党委主体责任和纪委监督责任，坚持民主集中制和“三重一大”决策机制。调整充实二级分行领导班子及省分行本部部门领导人员，加大教育培训力度，干部队伍建设持续加强。三是关心关爱员工，稳步推进干部交流、岗位职务序列优化管理，组织开展了省分行本部员工职务级别初始化及晋升及专业技术岗位职务公开竞聘工作，激发了员工活力。积极发挥群团组织作用，加快职工之家“四小”建设，组织特困员工及老党员、老干部走访活动，落实退休人员“两个待遇’，凝聚了转型发展的强大能量。

执笔：赵亚旗

# 山西省分行

山西省分行行长　高强
（2015 年 5 月免）

山西省分行行长　尚朝辉
（2015 年 7 月任行长）

## 一、业务发展概况

【负债业务】截至 2015 年底，一般性存款日均余额 2 689 亿元，四大行占比 23.5%，提升 0.06 个百分点；日均新增 110 亿元，四大行占比 25%，排名第二。其中，企业存款日均余额1 147 亿元，四大行占比 25.4%，排名第二；日均新增 13 亿元，四大行占比 35.5%，排名第一。个人存款日均余额 1 542 亿元，日均新增 97 亿元。

【资产业务】截至 2015 年末，各项贷款余额 1 632 亿元，四大行占比 26%，提升 0.65 个百分点，排名第二；新增 196 亿元，创出历史新高，四大行占比 32.07%，提升 3.16 个百分点，排名第一。其中，对公类贷款新增 99.4 亿元，个人类贷款新增 96.4 亿元。同时，贷款结构不断优化，三类贷款占比 28%，提升 2.33 个百分点。

【中间业务】全年实现净收入 15.3 亿元，同比增加 1.15 亿元，同比增速 8.1%，四大行排名第二，占比 27.8%。保函、贷记卡、代销国债、银团贷款、国内保理、承诺费收入六项产品收入四大行第一。

【经营效益】全年主营业务实现收入 86.1 亿元；考核利润 34.3 亿元，四大行占比 27.7%，排名第二。

2015 年 9 月 21 日，山西省分行与太原市民营经济开发区管理委员会举行银政战略合作签约仪式。

【资产质量与风险控制】截至2015年底，不良贷款额19亿元，低于总行控制计划10亿元；审计后不良贷款率1.39%，保持同业最优。处置不良贷款28.6亿元，计划完成率337%。

【公司业务】定向发行单位大额存单25.3亿元，实现定向发行零突破；融资租赁款余额68.9亿元，系统排名第5位；新增61.5亿元，系统排名第1位；保理余额22.5亿元，系统排名第7位。

【个人业务】个人有效客户增速系统排名第2位，零资产客户激活量和激活率均居系统第1位。

2015年9月24日，山西省分行太原开发区支行举行“征信互认税银互动”合作签约仪式。

【住房金融业务】个人贷款余额、新增稳居四大行第一；发放公积金质押贷款、信托理财产品52.9亿元，同业第一。

【国际业务】对公外汇存款获得历史性突破，时点、日均新增三项指标均居同业第一。

【内控合规建设】开展合规倡议、主题宣讲，拓展普法平台，开展网络培训，举办专题讲座和辩论赛等一系列活动，树立合规理念，营造合规氛围。推进“合规管理年”、“制度执行年”、“一加强两遏制”等专项活动，塑造合规文化、筑牢合规防线。梳理规章制度，制定六大标准，梳理现行有效规章文件3 914件，建立规章制度查询平台，实现电子化科学管理。系统内率先出台同级评价办法，修订出台整改实施细则，有效提升整改效果。

【其他业务】机构业务省级财政国库定期存款新增同业第一；机关事业单位养老保险账户营销系统第一。私人银行业务“金管家”累计签约量19.7万户，位居全国榜首；累计签约投资移民客户23户，新增19户，系统排名第6位；至尊信用卡累计发卡30张，系统排名第2位。电子银行业务个人网银客户517万户，同业第二；手机银行客户449万户，同业第一。信用卡业务累计发卡量、净增发卡、净增客户、消费交易额、全量商户、达标商户净增、累计贷款余额、贷款余额新增等8项业务指标同业第一；ETC专项营销3个月超额完成30万张发卡任务。同业业务办理买入返售电子银行承兑汇票业务45亿元，实现建行系统新突破。造价咨询业务收入连续3年突破亿元。

## 二、主要工作举措

【加强形势分析，理清工作思路】省分行新一届党委认真分析所处的特殊区域环境和转型发展的大背景，理清思路，加快发展。提出全行工作指导思想，即“深入贯彻落实总行转型发展规划，践行‘三严三实’，以大资产为带动、以大负债为提升、以合规风控为保障、以优质服务为抓手，全力以赴促转型、不遗余力强发展、千方百计降不良、持之以恒夯基础、提升占比保二类，实现健康持续发展，打造最具价值创造力的当地最优银行”。树立“五个意识”，即坚定以“大资产、大零售、大同业”为方向的转型意识；增强客户、渠道、队伍建设以及创新方面的发展意识；提升规范经营的合规意识；深化对外“以客户为中心”、对内强化“三个服务”的服务意识；培育守土有责的担当意识。提出坚守两个“底线目标”，即主要业务指标系统内排名20位的基准值、同业增量市场份额不能低于存量市场份额。

【统一全行思想，推进转型创新】坚持“统一思想，抢抓机遇，全力以赴促转型”，按照总行转型“五个方向”，做好转型规划衔接落地。组织推动上，成立转型发展规划推进工作领导小组和办公室。宣传发动上，开展“直面危机、砥砺前行——转型发展大讨论”。考核激励上，通过分值加减、权重设置，调节年度考核指标，进一步倾斜和支持转型业务。资源配置上，安排专项费用支持开展转型业务专题活动。规划推进上，印发《山西省分行2016—2020年转型发展实施方案》；将太原地区行作为地区差别化转型的突破口，制定重点城市行三年行动方案。加强创新管理，完成31项产品创新项目的审核申报，贵金属租赁、单位大额存单定向发行、买入返售电子银行承兑汇票等多项业务实现破“零”。转型发展取得初步成效，综合排名系统第16位。

2015年3月7日，山西省分行举办女职工“三八”趣味比赛。

【密切银政关系，支持地方建设】以山西省推进金融振兴活动为契机，协调总行与省政府签订《推进金融振兴的合作协议》，成为银政合作的新起点。开展为期三个月的“走基层、访客户、送温暖”活动，走访客户2 265户，其中重点客户200余户。同业中率先推出“税易贷”业务，与省国税、省地税签署合作协议，搭建银税合作平台。在全省119个县级行政区搭建“助保贷”业务合作平台89个，基本实现区域内地市级全覆盖。积极参与山西品牌“中华行”、“网上行”活动，开设善融商务“山西品牌馆”，成功营销137家品牌企业入驻。省委书记对建设银行的工作高度肯定，半年内两次作出批示。

【推进信贷结构调整，加大信贷投放力度】加大信贷结构调整力度，“一手抓传统、一手抓转型”，非煤产业贷款新增74亿元，远超全部非贴贷款增长总量。抓好“三大一高”重大项目和重点客户，继续巩固和发挥基础设施、大型项目、重点企业等领域的传统优势。倾斜票据业务发展，累计办理票据贴现274亿元，同比新增63亿元，余额首次突破百亿元。加大投行业务发展。以主承销商身份认购地方政府债101亿元，为同业第一；发起设立20亿元的山西省战略新兴产业基金和18亿元的太原市城中村改造基金项目。推进小企业业务发展，坚持“小额化、零售化”思路，500万元以下小企业贷款新增系统排名第8位。加大个贷投放。个贷余额284亿元，四大行占比41%，同业第一；新增80亿元，四大行占比55%，同业第一。

【做实客户基础，提升存款市场占比】坚持客户增长不动摇，开展为期4个月的专项活动，新增对公加权有效客户7 900户、个人加权有效客户30万户。所有二级分行账户新增全部为四大行第一，占比全部达到35%以上。打牢存款稳增长基础，扎实推进社保卡渠道建设、专业市场营销、代工业务、县域业务、个人外币业务等五大基础工程。关注公积金资金转化，设计适合客户需求的产品组合；提升资金体内循环率和承接率，强化对客户结算资金的营销；紧抓重点产品，加强渠道建设。

【强化风险管理，加大不良处置力度】建立行领导牵头督导，省分行、二级行、基层行三级联防联控、群策群力的工作机制。召开全行重点项目诊断会，组织召开11次关于资产质量调度的风控委会议。以“早处置、快处置、多处置”为目标，加强不良贷款现金回收、具备条件企业分类上迁、核销、打包处置力度，用足、用好、用活总行政策，最大限度地做好处置工作。全年共推出四个资产包并成功转让，处置不良贷款项目80个、27亿元。

【加快机构优化调整，注重干部队伍建设】业务中心明确“中间集中、两头下沉”模式，组建同业业务中心。积极贯彻落实总行重点城市行战略，成立并州分行经营管理领导小组，积极稳妥推进太原地区行机构优化调整，努力提高市场竞争力和市场占比。以专业人才培养和新员工加速培养实施意见、青年人才培养锻炼“百人工程”和十三职等及以下人员确定初中级专业技术资格实施方案的“两意见两方案”为标志，启动近年来首次大规模、体系化培养人才的新征程。

【加强案件防控，建设平安建行】组织开展“讲规矩 正风纪 守廉洁”主题活动；召开全行警示教育大会，通报查处的违规违纪问题和典型案例。强化对失职违规行为查处力度，重点关注审计发现严重问题、员工行为排查、授信业务责任认定问题。大力营造“平安建行、人人有责”氛围，“平安建行”示范点从创建初期的37家推广至169家。加强信访维稳，及时有效处置多起群体性、进京访事件，实现信访总量、进京到省上访、群体访“三个下降”。

【加强党建工作，夯实基础管理】推进“三严三实”专题教育，提出“深、实、新、严、细”五字工作要求，党委委员带头讲党课，邀请高校教授进行专题讲座，多次召开专题研讨会，深刻剖析差距和不足，查找问题和原因。落实“两个责任”，修订完善党委工作规则、党风廉政建设“两个责任”实施办法及考核细则，建立行长接待日制度。发挥典型引领，深入挖掘先进典型，开展“寻找身边李红英、争做最美建行人”活动，评选出我行10位最美建行人，激发员工工作热情和内在活力。打造优质服务机制，提出“一个中心、三个服务”理念。深化对外“以客户为中心”，着力为客户提供全方位融资服务；对内强化“三个服务”，将资源配置、激励考核向网点倾斜，打造“五好”网点。

执笔：薛峰

# 内蒙古自治区分行

内蒙古自治区分行行长　邱书民

（2015年3月免）

内蒙古自治区分行行长　张勤

（2015年7月任行长）

## 一、业务发展概况

【负债业务】截至2015年底，一般性存款时点余额2 273亿元，新增247亿元，时点余额四大行排名第一，时点新增系统排名第13位，四大行排名第一；一般性存款日均余额2 143亿元，新增107亿元，日均余额四大行排名第一。

【资产业务】截至2015年底，各项贷款余额1 933亿元，新增115亿元，贷款余额四大行占比28.94%，继续保持第一，新增四大行排名第二，较上年提升一个位次。

【中间业务】全年实现中间业务净收入13.96亿元，四大行排名保持第一。

【经营效益】全年实现税前利润-16.84亿元，四大行排名第三。

【资产质量与风险控制】不良贷款余额68.12亿元，比年初增加27.72亿元；不良贷款率3.73%，比年初上升1.38个百分点。不良贷款额、不良贷款率均四大行排名第二。全年处置不良资产61.8亿元，完成总行计划的773%，计划完成率系统排名第三，不良资产处置额系统排名第六。

【公司业务】截至2015年底，对公存款时点余额1 027亿元，新增141亿元；时点余额、时点新增四大行排名第一，时点新增系统排名第九。对公存款日均余额四大行排名第一。对公贷款余额1 476亿元，四大行排名第一；较年初新增110亿元，系统内排名第12位，四大行排名第一。单位人民币结算账户86 381户，四大行排名第二。较年初新增14 254户，系统排名第十位，新增占比45.22%，四大行排名第一。累计激活存量零余额账户2 865户，计划完成率191%。

【个人金融业务】截至2015年底，个人存款时点余额1 246亿元，新增106亿元；个人存款日均余额1 185亿元，新增99亿元；个人存款日均余额、日均新增、时点余额、人民币存款时点新增均四大行排名第一。个人贷款余额为457亿元，四大行排名第二。个人客户总量突破千万大关，新增118万户，增幅系统排名第五位。个人有资产客户新增、个人客户金融资产总量新增、个人产品覆盖度、零资产客户激活全部超额完成计划目标。保险、基金、账户贵金属等产品收入同比均成倍增长。

【房地产业务】房地产客户24户，全口径房地产存量贷款34.66亿元。其中，经济适用房、廉租房及棚户区改造项目贷款余额14.72亿元，占全部房地产贷款余额的42.47%，较年初增加了14.31个百分点，且无不良贷款。

【国际业务】跨境人民币结算量、国际收支客户新增、代客外汇资金业务收入分别完成总行计划的107%、107%和161%，边贸结算量同比增长12.52%。

【信用卡业务】信用卡业务发展强劲，账户活动率、卡均收入、卡均消费、卡均贷款系统排名前三，卡均利润、成本收入比等指标系统领先，累计发卡量、消费交易额、贷款余额同业第一，中间业务收入、客户满意度四大行排名第一。

【其他业务】新型资金结算产品迅速推广，全面完成计划目标。手机银行、个人网银、对公网络活跃客户，微信银行客户净增均超额完成总行计划。善融商务交易额达7.11亿元，同比翻番。电子银行账务性交易量占比67.78%。债券承销金额与收入系统排名前十位，成为自治区地方政府债券主承销商。

【内控合规建设】深入开展“合规建行”创建工作，推动合规管理转型。组织开展“合规管理年”活动，积极推进合规文化建设。扎实推进2015年度内部控制评价工作。认真完成“一个加强、两个遏制”专项检查及“回头看”检查、整改工作。切实加强声誉风险和保密印章管理。强化授信审批管理，完善放款制度流程，提升风险管控效果。

## 二、主要工作举措

【找准发展定位，强力推进主要业务发展】一是全力发展负债业务。公司业务，大力维护前20户大存量客户，持续继续提高存贷比低于10%的信贷客户贡献，充分使用定价政策、协议存款、保本理财、大额存单、资金体内循环等产品和服

2015年10月14日，内蒙古准格尔分行举办“营销理财、优质服务、合规经营”情景模拟演练大赛。

务，努力提升市场份额。机构业务，紧抓财政厅出台“以存定贷”政策机遇，重点营销各级财政、社保以及其他政府机构及教育、医疗、文化领域和公、检、法以及军警类客户。房金业务，在巩固传统优势的基础上，着力转变营销模式，强化公积金体内循环、住房维修资金专项营销力度。个人业务，坚定推动零售业务批发做，紧跟市场，深耕客户，实现稳存增存。二是积极发展资产类业务。重新定位公司类贷款营销发展方向，坚定不移地将重点放在关注基础设施和中长期融资上。继续巩固教育、卫生行业优势，加强县级综合医院营销。重点围绕核心企业上下游供应链融资客户，以链、圈、片、线为方向，主推政银

2015年5月20日，内蒙古乌海分行参加全市打击非法集资宣传活动与“普及金融知识万里行”启动仪式。

2015年7月3日，内蒙古区分行和内蒙古自治区国家税务局举行小微企业“税易贷”业务合作协议签约仪式。

保合作、助保贷类业务，发展供应贷、合力贷。抢抓上市公司定向增发和重点建设项目的过桥性融资等业务机会，以发债、基金为主要方式满足地方政府的融资需求。深入推进“两全”活动。全力做好一手房、二手房及商业用房贷款的市场营销，积极推进助业贷款。大力发展消费信贷业务，积极推动“直客式”、“车改汇”等特色产品。大力发展票据贴现业务。三是多管齐下发展中收业务。重点抓战略业务、短板业务，通过提升服务能力创效增收，“融资”、“融智”并重，努力做到应收尽收。

【大力发展客户账户，发展基础进一步夯实】坚持客户拓展与存量客户保有，做大客户规模与做优客户结构并重。集中力量开展对公对私有效客户和POS商户提升攻坚战。以对公结算账户拓展劳动竞赛活动为契机，进一步推进全行账户快速发展。系统梳理信用卡重点商户名单，增强针对性，切实提升营销工作效果。大力拓展电话支付商户。通过产品创新拓宽和维系客户群体。满足不同客户的个性化需求，研究推出差异化产品，提高存量客户黏性。

【强化风险内控，可持续发展能力进一步提升】持续提升全流程风险管控能力。优化信贷结构，加强分析研判，着力化解潜在风险。多管齐下处置不良贷款，资产质量得到适度控制。进一步增强法律工作对经营风险的防范、化解作用。持续开展案件专项治理活动，全年未发生案件和重大责任事故。“平安建行”创建工作再上新台阶，在自治区金融机构安全评估中，我行综合评分排名第一。

【坚持改革创新，发展动力进一步增强】创新机构管理模式，调整区分行直属支行设置，实行重点支行计划单列，市场竞争力不断提升。持续加大科技开发力度，积极支持客户营销与特色业务发展。顺利完成了公交IC卡行业应用、银医一卡通、公积金银企直联等项目的开发和推广。加强产品创新，推出了“交警通”、“医链融”、“农机融”等产品。首次承销超短期融资券24亿元，实现超短融业务零的突破。成功发行首笔定向增发类理财产品。

【强化规划指引，转型发展进程进一步加快】制订转型实施方案，搭建推进框架和运行机制。强化转型理念传导，凝聚全行转型发展共识。确定区分行九大转型板块，推动重点领域实现突破。加大对转型发展重点领域的资源配置倾斜力度，将信贷资源配置与转型发展重点挂钩。充分应用大数据手段，推进转型业务发展。开展了“大数据应用”主题竞赛和“数据银行实验田”活动。加大转型推进指标考核力度，建立转型问责约谈机制。

【持续加强党的建设，推动发展的主体力量进一步增强】持续强化党风廉政建设，切实履行“两个责任”，营造了风清、气正、心齐的良好发展氛围。扎实推进“三严三实”专题教育活动开展，不断深化作风建设。严格落实中央八项规定和总行十项要求，制定完善了加强财务规范管理、会议及公务接待管理实施细则等制度办法。全行招待费、会议费、差旅费、业务用车费分别比上年下降16%、30%、41%、27%。深入开展基层党建工作，充分发挥基层党支部战斗堡垒作用。

【持续加强队伍建设，内生活力进一步释放】优化干部队伍结构，对部分二级分行及区分行部门领导班子进行了调整和充实。全面加强客户经理队伍建设，完善员工流动机制。持续加大业务骨干人才储备和特殊人才培养力度。建立国际业务人才储备库，向总行推荐入库14人，交流海外工作1人。加强培训工作，完成各类集中面授培训523期，累计培训3.4万人次。

【持续增强服务能力，客户体验进一步提升】全面推进网点"三综合"建设。截至年底，综合性网点占比98.78%，实行综合柜员制的柜台占比93%，综合性网点全部配备了综合营销团队。持续深化前后台业务分离，实现20项产品的前后台业务分离。渠道协同能力持续增强。电子银行账务性交易量占比67.78%，主渠道地位凸显。离行式自助银行总量保持四大行第一，自助设备全功能服务率系统排名第二，自助渠道运行效率大幅提升。网点服务继续保持同业领先、系统靠前。在总行个人客户满意度调查中，四大行排名第一。客户平均等候时间、柜员每笔业务平均处理时间系统内排名前三位。

【持续加强企业文化建设，社会影响力进一步提高】持续加强员工核心价值观教育。积极开展"温暖工程走基层、到部门"活动，认真落实关爱员工措施。全面开展媒体宣传，共发表宣传稿件3 312篇。积极履行社会责任，认真完成地方党政分配的扶贫攻坚任务，持续推进"积分圆梦·微公益"志愿行动，捐建3个"音乐教室"。2015年，我行被自治区政府授予"金融支持地方经济社会发展突出贡献奖"。

执笔：包春梅

# 辽宁省分行

辽宁省分行行长　袁桂军

## 一、业务发展概况

【主要业务指标完成情况】截至2015年底，一般性存款日均余额、时点余额和时点新增额四大行排名均为第一位；一般性存款日均余额4 027亿元，四大行占比33.8%，日均新增385亿元，四大行占比51.3%。各项贷款余额、新增额四大行排名均为第一位。各项贷款余额2 639亿元，四大行占比32.76%；新增336亿元，四大行占比46.75%。实现中间业务净收入28.85亿元，位列四大行第一，四大行占比37.78%。实现税前利润71.77亿元，增幅7.12%，四大行占比45.29%。不良贷款余额15.15亿元，比年初增加4.82亿元；不良率0.59%，系统排名第九位，比上年提高3位。

【公司业务】截至2015年底，对公存款日均余额1 583.15亿元，四大行排名第一位，四大行占比39.58%；对公贷款余额1 819.45亿元，新增249.84亿元，四大行排名第一位，其中对公非贴贷款余额1 527.67亿元，比年初新增75.75亿元，四大行排名第二位。

【个人金融业务】截至2015年底，个人存款日均余额2 195亿元，四大行排名第一位，市场占比29.27%，新增224.57亿元，四大行排名第一位，市场占比36.60%。个人贷款余额748.12亿元，四大行排名第一位，新增75.56亿元，四大行排名第一位。

【房地产业务】截至2015年底，房地产开发贷款余额为72.78亿元，综合收益率在基准利率基础上上浮43%；个人住房贷款余额725.5亿元，四大行占比为37.5%，新增80.7亿元，四大行占比为38.5%。

【中间业务】全年实现中间业务净收入28.85亿元，四大行排名第一，四大行占比37.78%，比上年提升7.82个百分点，增速13.63%，系统排名第三位。

【国际业务】截至2015年底，对公外汇存款时点余额、日均余额及新增、国际业务收入增量、外汇资金交易收入、国际收支客户新增六个方面居四大行第一。对公外汇时点存款9.2亿美元，新增1.2亿美元，四大行占比47.7%，提升2个百分点；对公外汇日均存款10.1亿美元，新增2.7亿美元，四大行占比43%，提升10个百分点；国际业务收入2.75亿元，增量0.5亿元，增速22.3%，四大行占比33%，提升6.6个百分点。

【资产质量与风险控制】不良贷款额15.15亿元，比年初增加4.82亿元；不良率0.59%，为四大行最低，系统排名第九位，比上年提高3位。

【内控合规建设】省分行各部门均设置了内控合规团队或岗位，二级分支行已发文明确本行承担内控合规职责的部门。推进规章制度梳理与规范工作，梳理规章制度902份，废止失效规章制度90份，计划修订74份。强化员工业务行为管理，印发《辽宁省分行员工业务禁止性规定》（共311条），全行共12 710人参与《禁止性规定》网上答题活动，参与率达97.54%。

## 二、主要工作举措

### （一）强推进，狠落实，转型发展能力不断提高

一是转型全面推进。以金融综合服务商的身份（商业银行＋资管＋同业＋网络银行＋信托＋租赁＋保险＋境外筹资渠道＋个人服务），从客户、产品、渠道、服务、队伍、风控、保障等7个方面推进转型。全行上下注重制度体系建设，进一步完善已经建立的五套体系，持续优化六项机制，积极落实七项业务发展策略，2015年制定、修订相关制度办法119项，夯实了转型发展的基础。总行考核的30项转型考核指标中，有12项排在系统内前10名，25项排在中位值以上。

2015年2月9日，辽宁省分行召开全省建行2015年工作会议。

二是负债优势得到提升。巩固机构客户三层营销体系，承接省社保下借资金171亿元，承接占比36%；完成218户省直预算单位开户；积极应对公积金新政变化，开发定制高收益理财产品，资金承接率达80%以上。将代发工资业务定位为“一把手工程”，纳入KPI考核，新增代发工资个人客户59万户，代发金额新增116亿元。开展个体工商户拓展百日会战营销竞赛活动，新增结算通卡44.3万张、电话POS 4 497台，当年新增存款67.25亿元。全年新增达标商户2 953户，收单交易额359亿元，增速达到46.53%，收单业务关联存款超过100亿元，资金承接率提升了4.4个百分点。

三是进一步做强了资产业务。积极对接东北振兴项目，新增开户91户，新增投放117亿元。PPP项目稳步推进，累计发放PPP贷款6笔，投放金额12.67亿元，系统排名第一，占比超过80%。线上线下多渠道满足客户需求，投放网络银行贷款1.1亿元，增加供应商10个。做大做强票据业务，贴现余额292亿元，新增174亿元，

累计投放583亿元，办理买入返售1 108亿元，实现主营收入23.82亿元，均创历史新高。大力拓展零售贷款，成功营销楼盘470个，个人住房贷款余额725.5亿元，新增80.7亿元，四大行占比38.5%，同比提升1.01个百分点。

四是客户拓展力度加大。加快“工商信息通”产品转化应用，成功营销客户15 024户。13家二级分支行实现了实体进驻政府办事大厅，累计引进客户3 958户。创新产品“农健一合”，辖内所有新农合财政专户、新农合结算账户和近200户医院客户在我行开立账户，“银医通”指标系统排名前三。全年国际收支客户增加237户，四大行占比101%，总行计划完成率106.2%，系统排名第一。新增联名卡以及金融IC卡行业应用项目11个，发行联名借记卡66种，其中沈阳总工会会员服务卡已发卡73万张。与省公安厅合作发行交通龙卡，当年实现发卡31万张；全年信用卡净增发卡54.6万张，净增客户36.6万户，市场占比44%，实现中间业务收入4.46亿元，同业第一。

五是综合服务进一步深化。成功用理财置换政府债务154亿元，系统排名第一。个人金融业务实现收入8.4亿元，同比多增1.54亿元，增速23%，其中，“两金一险”高弹性产品收入3.1亿元，同比翻了一番。541家网点开办国际业务，比年初新增243家，开办率达到98.01%。

六是大资管推进成效显著。开展“四通八达”资管业务竞赛活动，全年理财销售时点余额364亿元，债券承销529亿元，理财资产配置166亿元。全年实现资管业务收入6.5亿元，系统排名第十位，同比提升9位。

七是大同业名列前茅。在省分行成立了同业业务专营中心，重点开展同业存款、存放同业、同业借款、同业代付、买入返售、同业投资等六大项业务。

八是大数据利用较好。大数据平台“工商信息”、“资金承接”、“个人客户”三个子项目已上线运行，“信用卡”和“电子银行”两个子项目已完成开发。

九是渠道得到实质性优化。在“三综合”建设上，网点综合化率由87%提升至95%，综合柜员占比由2014年的42%提升至2015年的91%，综合营销团队由85%提升至100%。在电子渠道应用上，移动金融柜面替代率50.82%，系统排名第11位，较年初提升15位；提升值25.08%，系统排名第一位；善融商务交易额11亿元，系统排名16位，较年初提升10位。

十是创新驱动助推转型。产品创新逐步实现由跟随型向引领型转变，全年完成产品创新项目106项，比上年增加48项，其中总分联动创新10项，自主创新57项，系统排名第八，移植创新39项，系统排名第五。

**（二）控不良，促合规，风险经营能力持续增强**

一是风险得到严防。落实“三道防线”管控机制，开展20余项风险排查，发现问题及时整改。全年资产质量始终处于可控状态，不良贷款额和不良贷款率、逾期贷款额和逾期贷款率均保持系统内前列，全面完成控制计划。累计处置不良贷款15.24亿元，完成总行下达计划的330%，转让三个资产包，总额8.58亿元，本金回收率分别为44%、38%和33%，均排名系统前三。

2015年6月19日，辽宁省分行召开“三严三实”专题教育党课。

二是杜绝了案件。强化“一案全无”的观念，组织开展了“员工业务行为规范专项治理年”活动，梳理下发了311条员工业务禁止性规定，强化员工底线意识。开展“合规管理年”活动，推进了16项合规工作全面落实。在全行培训“红线手册”，对全行13 000名员工进行培训并测试，效果良好。全年无案件和严重违规违纪事件发生。

三是合规建设加强。在省行部门和二级分支

行设置合规团队或岗位，确保责任落实。完善反洗钱中心制度建设，规范工作流程，提高反洗钱作业质效。2015 年内外部审计、监管发现问题 1 103个，整改率98%。认真落实“一个加强，两个遏制”检查要求，整改工作得到监管部门充分肯定。

**（三）重教育，抓基础，党建作风进一步强化**

一是“三严三实”专题教育成效明显。全面有序推进“三严三实”专题教育。全行各级党委（党总支、支部）成员带头讲授党课；认真听取党员群众的意见建议，查摆不严不实的问题，主动认领，积极整改。全行系统共深入基层调研525 次，查摆问题368 个，已完成整改296 个。

二是“两个责任”得到积极落实。开展了“讲规矩 正风纪 守廉洁”主题教育活动，逐步配齐专兼职纪委书记或纪检委员。开展落实党风廉政建设主体责任和中央八项规定专项检查，共梳理相关制度规定314 项，制定专项措施145 项，发出检查意见书43 份，提出合理化建议36 条，发现问题77 个，已经全部整改。成立了两个巡视组，完成了对6 家二级分支行的巡视任务。

三是基层党组织建设进一步加强。制定了《关于加强基层党支部活动阵地建设实施方案》，推动基层党组织发挥领导核心和政治核心作用。完善党员活动场所和设施建设，全年发展党员145 人，举办5 期基层党组织书记培训班，培训基层党支部书记98 人。

四是工作作风持续改进。在省行机关开展了“四治”活动，重点治懒、治拖、治散、治假，“风清气正，敢于担当”的良好氛围得到强化。严格管控压缩类费用，全年招待费和宣传费同比均下降 31%，差旅费和会议费同比下降 34% 和 49%，公务用车费同比下降 34%。

**（四）严管理，激活力，班子队伍建设得到加强**

一是进一步严管干部队伍。对二级分支行领导班子综合竞争力呈下降趋势的17 名行级领导进行了谈话。全年调整领导干部50 人，其中提拔使用19 人，改任非领导职务11 人，交流使用18 人，解聘职务2 人，完成了“裸官”清理工作。完成27 个二级分（支）行现场推荐考察工作，确定了116 名后备干部。

二是激发了员工动力。加大人才选拔力度，组织聘任了省行各部室业务经理38 名，高级专业技术人员58 人，公司及机构业务客户经理993 人。打通网点员工职等晋升通道，已有25 家分支行的2 028 人实现了内部等级晋升。

三是培育了员工能力。全年举办培训项目623 期，培训近3.38 万人次，实现了网络培训学习全覆盖。引进了模拟银行（CCBS）培训系统，在仿真环境下快速提高操作能力。举办了20 余期大讲堂。

四是优化了内设机构设置。省分行本部撤并一级部3 个、二级部7 个，二级分行平均撤并职能部门4 个，沈阳地区直属支行平均撤并职能部门1 个。

五是加强了对员工的关爱。为全行员工购买了重大疾病商业保险和交通意外险，向43 名员工支付重大疾病保险受益金共计430 万元，减轻了患病员工的经济负担。帮扶困难职工770 人，发放扶贫帮困资金124 万元；救助特困员工105 人，发放互助基金64.72 万元。

执笔：李远策

# 吉林省分行

吉林省分行行长 杨铁军

## 一、业务发展概况

【负债业务】截至 2015 年底，全口径存款时点余额 2 338 亿元，新增 116 亿元，增速 5.2%。其中，对公存款余额 1 004 亿元，新增 74 亿元，增速 7.9%；个人存款余额 1 202 亿元，新增 109 亿元，增速 9.9%；同业存款余额 132 亿元，减少 66 亿元；一般性存款日均余额 2 115 亿元，日均新增 132 亿元，增速 6.7%。全行四项存款时点余额（全口径存款、一般性存款、企业存款和同业存款）、时点新增（全口径存款、一般性存款、企业存款和个人存款）均居四大行第一位，三项存款日均余额（全口径存款、企业存款和同业存款）、日均新增（全口径存款、一般性存款和个人存款）均居四大行第一位。

【资产业务】截至 2015 年底，各项贷款余额 1 559 亿元，新增 139 亿元，增速 9.8%。其中，对公贷款余额 1 082 亿元，新增 114 亿元，增速 11.7%；个人贷款余额 477 亿元，新增 25 亿元，增速 5.6%。各项理财融资 339 亿元，其中，理财融资 205 亿元，债券承销融资 134 亿元。全行各项贷款和对公贷款余额居四大行第一位。

【经营效益】全年实现拨备前利润 51.5 亿元，同比少增 3.1 亿元，居同业第 1 位，完成总行计划的 98.5%，实现 EVA6.4 亿元，同比少增 11.8 亿元，完成总行计划的 60.7%。

【资产质量】截至 2015 年底，全行不良贷款余额 34 亿元，控制在总行核定目标（36 亿元）内，增加 8.8 亿元，不良率 2.28%，上升 0.41 个百分点；逾期贷款 35 亿元，控制在总行核定目标（37 亿元）内，增加 6.2 亿元，逾期率 2.35%，上升 0.22 个百分点。

## 二、主要工作措施

### （一）依托转型引领，各项重点业务保持稳健发展势头

认真落实总行转型发展规划，把转型作为全行可持续发展的重要推手，制定了转型发展规划实施方案，突出了综合化金融服务方向，以对公板块为先导，全力打通跨板块、跨条线、跨层级、跨前后台的联动营销通道，注重顶层传导和调研传导，推行运用具有分行特色的综合服务流转单工具，分层编制了差别化综合金融服务方案，明确了经办机构在营销服务中的主导维护作用，尝试建立了多边收益分成转型考核机制，逐步实现了由产品差异化定价向客户差异化定价转变，全行转型意识明显增强，形成了公司拉动条线、对公互动对私、分行推动支行的多极联动转型格局，初步实现了一点接入、多方协同、多产品覆盖的综合服务目标。

1. 公司业务方面。重点加大了对汽车、医药、涉农、装备制造、电力等支柱产业和优势行业的支持力度，培育了一汽集团、东宝药业、皓月肉类、轨道交通、铁塔公司等一批骨干客户群体，重点推进了网络银行 e 销通、融资租赁、ETC 和 PPP 贷款项目，积极营销养老保险账户、社保专户和职业年金账户，实现了造价咨询与公司、机构业务联动营销。全年累计向汽车经销商发放网络融资 204.7 亿元，医药制造业贷款新增

5.6亿元，对公涉农贷款新增2亿元；系统内首批取得对铁塔公司的综合服务突破，成功营销本省公司、全部9个地市分公司账户和全省代发工资业务；发展ETC业务6万户；储备PPP项目17个；企业年金基金账管8.9万户，新增2万户，受托资产6.7亿元，新增1.1亿元。

2. 个人金融业务方面。强化线上线下协同、跨界服务有机结合，开展了抓全量客户精准营销，紧跟重要市场资金流向，抢抓全量资金，优化组合资产配置服务，满足了客户资产保值增值需求，拓展IC卡在出租车、城市公交、ETC、县域等公共行业应用，加强联名卡营销，丰富水、热、燃气、物业费等代缴费种类，拓宽了EPOS、闪付POS等支付结算渠道。私人银行以“金管家”现金管理为切入点，整合了“私享联联+跨境服务”体系。

2015年1月28日，吉林省分行首家智慧银行正式开业。

3. 房地产业务方面。继续保持了一手房贷款的同业领先地位，全力抢占市场份额，其中一手房贷款新增同业第一。加强二手房贷款业务拓展，拓宽营销渠道，积极组织二手房贷款竞赛活动，长春经营中心二手房贷款新增已经突破2亿元。做好同业调研，对同业个人住房贷款的价格以及同业新产品的情况进行分析，做好价格控制，针对大型优质开发商、上市公司，采取差别化合作等优惠政策。

4. 中间业务方面。加强了中间业务综合管理。进一步提高了中间业务分析水平，统一了重点产品同业及系统内比较口径，加大了中间业务相关信息、数据的收集与整理力度，分析更具时效性、明晰性和深透性。全面开展了表外业务分析。收集整理表外业务相关数据、信息，调整表外业务分析内容，提高了表外业务分析水平，同时组织部门及时清理到期表外业务，减少资本占用。规范服务价格管理。制发了吉林省分行《服务价格管理实施细则》，及时按总行要求调整服务价目表并积极开展自查，确保符合总行和监管要求。

2015年11月25日，吉林省分行与吉林大学口腔医学院签订全面战略合作协议。

5. 国际业务方面。有力地支持了客户“走出去”发展，充分发挥国际结算、代客资金、贸易融资传统优势和出口承诺额度融资、跨境融资性风险参与等创新服务，成功办理了首笔海外并购融资业务、跨国公司外汇资金集中运营业务和系统内单笔最大额套保交易。全年实现国际业务中间收入1.5亿元，完成总行计划的105%，四大行占比44%，列第1位。

**（二）加大不良资产处置力度，全面增强风险管控能力**

一是快速有序化解处置不良项目。围绕总、分行级重大风险处置项目，落实了分、支行行长牵头处理责任制，省分行实时召开专题会议，逐户制定了风险处置方案，列清了处置时间表，采取了批量转让、呆账核销、现金回收等方式，多策并举，及时化解处置了不良项目54户、处置不良贷款28.6亿元，完成总行计划的273%。

二是持续深化信贷结构调整。注重向总行确定的重点行业和领域倾斜，强化实施信贷退出政策，对不良信用客户、存货监管类客户、存在潜在风险隐患的客户、域外资源类和地产类理财项目等果断退出，对风险可控的项目，积极推动整合兼并，加固风险措施，避免分类下迁贷款10亿元。

三是强化信贷全流程管理。完善授信评估管理，提高审批质量和效率，进一步完善了信贷管理流程，强化了信贷管理问责和考核机制，重新界定了放款中心风险审查和管理职责，优化了信贷业务流程监控系统（PCPM系统）功能，强化了押品定期重估管理，提升了信贷管理精细化水平。

**（三）内控合规管理从侧重事后监督向事前控制转变**

按照总行“制度建设抓条线，合规管理抓同级”管理要求，建立了“横到边、纵到底”的内控合规管理组织架构，开展了“一加强、两遏制”专项排查，扎实开展了合规管理年活动，全面梳理了各项规章制度流程，动态维护了不相容岗位分离和制衡，强化关键风险指标系统监测，全年落实审计发现问题1 116个，整改率96.75%。全员签署了合规操作承诺书，开展了合规管理系列文化传导活动，促进了从“要我合规”向“我要合规”的转变。

**（四）不断增强创新支撑作用**

坚持问题导向和需求导向，确定创新项目和重点，坚持自主创新和移植推广并重，建立了省分行产品创新信息发布平台，注重发挥创新专家库和创新实验室作用，完善了创新考核激励机制，组织了第二届创新创效金点子大赛活动，积极开展大数据应用和互联网+的研发，全年自主创新产品41个，移植产品13个。

**（五）积极推进机构和渠道综合化建设**

强化网点“三综合”建设，全行318个对外营业机构全部具备了综合网点条件，优化长春城区机构管理模式，将原省行直管的95个支行调整为直管12个综合型和8个单点型支行，其他75个网点型支行划归为12个综合型支行，负责业务推动、调度和日常管理，并保持扁平化中后台保障支撑模式不变。加强物理网点对县域、经济强镇、产业园区、商圈和社区的全面覆盖，首家智慧银行正式营业，省分行成立了渠道管理部，集中整合了渠道建设管理功能，制定了网点发展规划，为进一步深化全渠道转型奠定了基础。

**（六）强化中后台集约化服务支撑**

完成了柜面业务集中处理系统升级和前后台业务分离项目优化，细化现金出纳、现金调拨管理，长春和二级分行城区支行实现全额清分，集中维护自助设备开机率超过系统平均水平。IT管理顺利完成了“新一代”2.1期和2.2期配合上线和推广工作，实施了28项大数据应用项目和22项分行特色项目，保障了系统安全稳定运行。积极运用“行务直通车”质量效率系统，畅通了分支机构请办事项绿色通道。安全保卫管理强化了网点配套安防建设，加强了重点部位检查巡查，全年无治安案件和责任事故发生。

**（七）不断提升风险管理精细化水平**

深入开展经济资本计量及资本管理高级法推进实施，把RAROC融入授信业务流程管理，实现了风险管理前移，开展了经济资本及RAROC管理工具基本原理和应用培训，夯实非信贷资产管理，健全了市场交易风险流程管理机制，严格落实消费者权益保护要求，开展了具有分行特色的宣传维权活动，积极参加长春市首届银保系统“以案说法”暨岗位服务技能大赛并获得第一名。

**（八）加强党风廉政建设和员工队伍建设**

扎实开展“三严三实”专题教育，书记带头讲党课，带头深入基层调研，坚持问题导向，切实解决了不严不实问题。全面加强基层组织建设，强化了党员先锋岗、示范岗、责任区等活动阵地建设。

坚持从严治党、从严治行，制定了党委工作要点和党委工作实施细则。认真落实党委主体责任、纪委监督责任和“一岗双责”要求。落实了纪委书记专职化要求，在城区综合型支行设立了纪检监察部。

完善了领导人员管理制度，推进了专业技术岗位职务聘任，建立了青年人才库，引导青年员工向经营一线流动，细化了员工绩效薪酬考核，提升了网络培训覆盖度，建立了兼职培训师队伍，通过跟岗动态轮训等方式，加强了客户经理培训。

关心员工身心健康，持续开展丰富多彩的员工业余文体活动，与权威媒体合作开展“衣旧情真 我爱公益”常态化闲置衣物捐赠公益项目，提升了我行社会形象。

执笔：任天威

# 黑龙江省分行

黑龙江省分行行长　张勤
（2015 年 7 月免）

黑龙江省分行行长　石永拴
（2015 年 9 月任行长）

## 一、业务发展概况

【经营效益】2015 年实现税前利润 9.23 亿元，拨备前利润 38.92 亿元，账面利润 13.81 亿元，系统第 30 位，与上年相比提升了 1 位，净利息收入 59.87 亿元。

【资产负债业务】截至 2015 年底，本外币全口径存款时点余额 2 429.51 亿元，新增 79.04 亿元。一般性存款时点余额 2 409.69 亿元，新增 77.6 亿元。一般性存款日均余额 2371.2 亿元，系统排名第 21 位。本外币各项贷款余额 1 122.64 亿元，新增 53.3 亿元。其中：对公贷款增长 33.15 亿元，个人贷款（含贷记卡透支）新增 20.15 亿元。

【中间业务】实现中间业务净收入 14.18 亿元，完成总行计划 102.38%；净收入全国排名第 28 位，同比提升 2 个位次；同比增量 1.33 亿元，系统内排名第 14 位，同比增速 10.36%，系统内排名第 12 位，高于全国平均水平 3.15 个百分点。同业四大行中，我行同比增量、同比增幅均列第三位；净收入市场份额 27.95%，较 2014 年底下降 1.47 个百分点。同时，中间业务结构调整初见成效，服务型产品收入大幅增长，资金结算、代销基金、代理财险、代销国债收入均居同业四大行首位。

【客户发展】公司机构全量客户规模达到 6.78 万户，当年新增 0.77 万户，增幅 12.8%；公司机构加权有效客户总量为 12.67 万户，较年初新增 0.13 万户。对公结算账户规模历史上首次超越工商银行跃居同业四大行第 1 位，当年新增 1.39 万户，亦居同业四大行首位；对公基本账户当年新增 7898 户，居同业四大行第一位。个人有效客户（折算前）总量为 220.66 万户，较年初新增 34.05 万户，列全国系统第 18 位，增幅 18.2%，列全国系统第 3 位；个人加权有效客户总量为 928.07 万户，较年初新增 101.35 万户，增幅 12.3%。健康龙卡发卡规模全国系统领先。信用卡客户和达标商户当年分别净增 14.64 万户和2 619户，发卡总量及其新增均列同业首位；手机银行和网上银行活跃客户同比净增 11.89 万户和 33.11 万户，均超额完成年度计划；微信银行和个人短信银行客户净新增 26.08 万户和 57.26 万户。

【电子渠道】个人网银客户达到 373 万户，

总行排名第22位。手机银行客户达到304万户，总行排名23位。手机银行活跃客户同比净新增11.9万户，完成总行计划的132.06%，系统内排名26位，较年初提升4位；个人网上银行活跃客户净新增33.11万户，完成总行计划的331.13%；系统内排名25位，较年初提升3位。微信银行客户新增26万户，完成总行计划的204.71%，系统内排名25位，较年初提升5位。个人短信银行客户新增57.3万户，完成省行计划的114.6%。系统内排名24位，较年初降低4位。

【战略性产品】代发工资个人客户新增14.65万人，完成年度计划的146.5%，代发资金528亿元。IC健康龙卡新增192.75万张，同比多增34.32万张；卡内存款余额达到169.57亿元，卡均存款余额0.45万元。电话POS累计客户达2.88万户，开通2.24万户，排名系统第10位；月均交易金额1.4亿元，捆绑结算账户资产余额4.77亿元。助农取款点累计拓展492个，排名系统第11位；月均助农取款金额2 000万元，排名系统第2位。信用卡业务同业比较优势显著，中间业务收入、发卡规模、发卡新增、消费交易额、贷款余额及资产质量等六项指标保持同业四大行首位。金融社保卡实现发卡100.72万张，完成年度计划的111.91%。同业业务中，办理存放同业业务33笔，实现收入3.91亿元，办理买入返售业务1笔，实现收入936.5万元，资金运用规模排名系统第14位，总收益系统综合排名第13位。

【资产质量】截至2015年底，不良贷款余额为34.7亿元，较年初增加11亿元；不良贷款率为3.23%，较年初提高0.92个百分点。

## 二、主要工作措施

### （一）找准短板，深入分析，明晰解决路径

正视矛盾，坚定信心。坚持发展思维和问题导向，对通过坚持从严治行、强化合规经营、加强规范管理，推动分行持续健康发展形成了共识，决定进一步坚定信心，鼓足干劲，齐心协力，坚决遏制不良贷款暴露，坚决遏制违规违纪问题频发势头，坚决整治案件风险，扎实推动转型发展，并在推动转型发展中持续提升价值创造能力，把注意力集中到解决重点、难点问题上来，且面对问题不埋怨、不责难、不推诿、不回避，尽快补足短板，夯实基础。

### （二）积极谋划，迎难而进，努力突破困境

一是两手齐抓、驱动发展。坚持“发展和风控两手抓，两手都要硬”的原则，在充分调研、分析和论证的基础上，分行制定了《中国建设银行黑龙江省分行转型发展实施方案》、《关于抢抓机遇 深化转型 加快创新 推进全行业务快速健康发展的指导意见》和《关于从严治行 合规经营 规范管理 保障全行业务健康发展的指导意见》，将全员思想和行动迅速统一到分行党委关于切实加快转型发展、加强风险管控的决策部署上来，抢抓战略机遇，深化转型创新，持续增强分行的竞争优势与价值创造力，并推动全员在转型发展实践中真正肩负起依法合规经营的责任和使命，从应对现在向面对未来转变、从被动应付向主动作为转变、从“要我合规”向“我要合规”转变，把从严治行、合规经营、规范管理贯穿于经营管理工作的全过程。

二是集中动员、宣战不良。分行站在谋求生存进步、推进健康持续发展的战略高度，于2015年10月底正式吹响了资产质量保卫战的嘹亮号角，号召全行上下以最坚决的态度和最迅速的行动，打一场持续改善资产质量的翻身仗，提出了资产质量管控战略目标，制定了“长远结合、标本兼治”的作战方针，明确了资产质量“一把手”负责制、省行行级领导包片制、条线牵头负责制、前任领导协助配合制、不良贷款化解约谈制和离岗收贷制等工作要求，并取得了阶段性成效。借助总行相关政策，综合运用多种措施和处置手段，分行共处置不良贷款292 544万元，其中，处置对公不良贷款270 006万元，处置对私不良贷款22 538万元。

三是开拓市场，夯实基础。重点围绕落实“建网通天下、转型创未来”竞赛活动部署，引导全行通过加快支付结算和现金管理产品创新，发挥网络服务优势，依托大数据分析并加强对潜力客户的挖掘，坚决打牢存款稳定增长基础；提出机构业务率先发展的经营思路，重视加强与地方各级政府及其职能部门的沟通对接，不仅使其成为我行直接的重要客户，还将使其成为我行发展企业客户的桥梁和纽带。从

支持地方经济发展、服务黑龙江百姓民生入手，向地方政府和企业提供我行优质高效的一揽子金融服务方案。抓住哈、齐、牡纳入国家新型城镇化综合试点地区城市建设及PPP重点项目建设新机遇，积极拓展新的服务领域，全年累计投放大中型非贴现贷款675笔，投放金额335.1亿元。突出农业大省的区域特色优势，加强对种植业、农产品加工业、养殖业、粮食收储、农机具生产销售等涉农业银行业的营销支持，开拓了合作社+农户的新型服务模式，搭建了我行首个涉农“供应贷”平台。全年对公涉农贷款余额为170.9亿元，比年初新增79.8亿元。积极支持小微企业发展，与省国税局和省地税局分别签署了《“银税互动”战略合作框架协议》，实践创新“大数据”和“互联网+”服务方式，共同为纳税信用良好的小微企业提供“税易贷”大数据信贷产品，将“纳税信用”转化为“银行信用”。积极拓展对外合作，成功举办“以心相交、成其久远”主题综合融资服务推介会，并同中国进出口银行黑龙江分行、太平洋人寿保险黑龙江分公司签署战略合作协议，将在多个领域开展务实合作；深化消费金融服务定制，龙江热购信用卡成功发布上市。

**（三）凝聚人心，鼓舞士气，汇集发展力量**

一是深入开展“三严三实”专题教育。全面查摆和推进整改不严不实问题140余项，通过组织专题党课和专题学习研讨，使各级领导干部深化了对“三严三实”的认识和理解，强化了以严的标准、实的要求干事创业的思想自觉和行动自觉；省分行党委成员深入基层开展“三严三实”专题教育调研，促进专题教育与经营管理工作相结合，确保两手抓、两不误、两促进；在广泛征求群众意见的基础上，召开了党委领导班子专题民主生活会，通过开展批评与自我批评，深入剖析了不严不实问题并提出了改进措施。

二是全面落实从严治党、依规治党要求。认真学习巡视工作条例和纪律处分条例，推进落实廉洁自律准则；强化党风廉政建设主体责任和监督责任，研究制发考核实施细则，认真组织“两个责任”落实情况自查自纠与问题整改；健全纪检监察体制，促进二级分行纪委书记回归本职、聚焦主业，进一步充实纪检监察力量；贯彻中央八项规定和总行党委十项要求，开展总行作风检查发现问题“回头看”。

三是领导人员带头践行群众路线。分行党委调整补充了基层党建联系点制度和省行行级领导基层联系行制度，认真开展基层党建工作和经营发展情况调研，走访慰问一线员工，帮助基层单位解决了一些员工最关心、最关切、最直接的问题。

四是鼓励员工建言献策。开展了“汇集众智、献策转型、助力发展”主题征文活动，征集员工对优化经营管理体制、加强资产风险管控等方面的意见或建议，为推动发展提供了有价值的参考。

执笔：武连成　王玉明

# 上海市分行

上海市分行行长　王江
（2015 年 3 月免）

上海市分行行长　段超良
（2015 年 3 月任行长）

## 一、业务发展概况

【负债业务】截至 2015 年底，全口径存款余额突破万亿元大关，达到 11 602 亿元，创历史新高；当年新增 2 303 亿元，名列四大行第一，新增占比 38.02%。一般性存款余额突破 8 000 亿元，达到 8 309 亿元；当年新增 625 亿元，名列四大行第二。

【资产业务】截至 2015 年底，本外币各项贷款余额突破 5 000 亿，达到 5 445 亿元，当年新增 890 亿元，名列四大行第一，新增占比 57.93%。人民币各项贷款 4 725 亿元，当年新增 466 亿元；外币贷款余额和新增居四大行第一。

【中间业务】实现中间业务收入 80.61 亿元，比上年增加 15.43 亿元，增幅 23.68%，增量在四大行和系统中排名均为第一，增速居四大行第一、系统第二，增量占比达到 39.88%。

【经营效益】实现拨备前利润 192.98 亿元，比上年增长 13.89%，总量排名居系统第三；新增 23.54 亿元，增量排名居系统第二。实现 EVA 95.19 亿元，比上年增长 12.0%。

【资产质量与风险控制】不良贷款额和逾期贷款额均控制在总行计划之内，不良贷款率和逾期贷款率均较年初下降 0.01 个百分点。不良贷款额和不良贷款率在四大行排名中最低。

## 二、主要工作举措

【加快客户拓展】组织多项专题营销活动，加快客户拓展，“一号工程”中新增代发工资个人客户 29.29 万人；“春雷计划”活动中新增个体工商户 17.24 万户，POS 商户 1.75 万户；“贵客盈门”活动中新增对公优质客户 2 883 户，新开账户 3 214 户；“星星向荣”活动中新增收单商户 10 953户。实施对公业务“蓝海计划”和个人业务补短板活动，狠抓全量客户、基本账户和其他各类账户。全年公司机构加权有效客户新增 3.21 万户，增幅 6.3%，增量系统排名提升 4 位，到第 1 位；个人加权有效客户 1 942 万户，系统第 12 位；私人银行业务中客户新增、AUM 新增、人均 AUM、客户保有率、产品覆盖度五项指标系统第一。金融同业客户新增 67 家，账户新增 992 户，在证券、期货、信托、其他非银行业实现本地客户合作全覆盖。

【支持区域经济】推动总行与上海市政府签署

2015 年 1 月 28 日，上海市分行首家智慧银行网点在南京西路支行开业。

2015 年 3 月 9 日，上海市分行与上海城投（集团）有限公司举行银企合作签约仪式。

合作备忘录，成立首家 1 000 亿规模中国城市轨道交通 PPP 产业基金。制订“一带一路”金融支持方案，储备客户 24 家。聚焦长江经济带重点领域，贷款余额达 468 亿元。支持上海新型城镇化建设，发放信贷资金 418 亿元，贷款储备 485 亿元。创新金融产品，协调组织境内外、区内外以及本外币多种资源，FT 贷款余额和新增同业第一。支持 11 家大型企业“走出去”项目资金累计 13 亿美元，相应金融服务方案获总行产品创新一等奖、上海银行业年度创新奖。制定“星罗科创”整体方案对接上海科创中心建设，小微企业贷款新增系统第一，完成“三个不低于”监管目标，获上海银行业小微企业金融服务突出贡献奖。个人住房贷款新增 280 亿元，房贷余额及房贷新增同业第一，并创历史新高。公积金贷款新增 199 亿元。

【推进创新转型】抓住创新的重点环节管理、重点活动推进、重点产品开发、重点项目推广、重点人才培育五个方面，加快创新对转型发展的引领，以及从创新到创效的实质性转化。获得总行“最具创新力奖”等七个奖项，2015 年为历年来获奖项目最多、质量最高的一年。产品创新数量继续位列系统第一梯队，多项创新产品被兄弟分行移植。

设立同业业务委员会和同业业务部，金融同业条线中收计划完成率在系统排名中居第一，与 13 家重点同业客户全面对接，为深入合作打下基础。积极应对自贸区扩容和金改政策出台，构建国际业务部、自贸区分行、浦东分行、各分支行为一体的自贸区业务推进新模式，集全行之力全面推进；自贸区各项 FT 业务均位列同业第一梯队，多项业务创新实现首单或首批，跨境人民币双向资金池客户数在系统排名中居第一，跨境融资规模居同业第一，自贸区分账核算单元利润大幅增长。选取领先竞争对手为金融市场业务和债务融资业务的赶超标杆；结售汇、代客和贵金属业务提前完成总行三年赶超工商银行目标，实现了从落后到领先的大逆转；全面完成“两全”活动第一阶段所有任务，债券承销额首次超越工商银行成为四大行第一，市场份额居同业首位，并首获上海市政府债主承销资格。实现理财销售 1 480亿元，位居系统第三，新增 677 亿元，增长 84%。分行资产组合理财产品规模大幅增长，年末余额 580. 89 亿元，新增 429 亿元。全年发行非保本固定期限产品 281 期，累计募集金额 857. 51 亿元。养老金业务综合资产规模新增 46. 62 亿元，受托、账管和托管业务新增均创历史新高。移动金融柜面替代率达到 52. 28%，提升值系统第四位，企业网银活跃客户总量位居系统第二。个人结售汇中收位居系统第一，个人类保险收入位居四大行第一，借记卡总量位居四大行第二。私享联联和投资移民业务名列系统第三。信用卡业务 10 项主要指标位居四大行第一，被总行评为先进分行，获银联最佳交易贡献奖和银行卡产业卓越成就奖。

【强化风险防控】将风险防控作为全年工作重中之重，明确目标责任和管控要求，完善信贷管理制度，强化信贷预审、风险预警预判和重点客

2015年5月8日，上海市分行举行中国建设银行上海（中心）入驻仪式。

户、重点领域研究监控工作，资产质量始终保持四大行中最佳。围绕重点客户和项目加快提升授信及评估覆盖，在严守底线的基础上强化创新业务研究，优化审批流程，不断加强精细化过程管理，放款中心顺利通过了总行验收。加快不良资产处置力度，创新风险资产营销推介方式，提升处置效率和效益，按照总行颗粒归仓的要求，已核销资产现金回收创历史新高。全力抓好“合规管理年”创建工作，主动完善合规管理机制，深入开展合规检查和内控评价，强化外部检查和问题整改过程管理，实现全辖反洗钱集中作业。法律条线为全行挽回损失、业务创新转型、依法合规经营提供了坚实有效的法律保障。积极开展“遵规守纪、学法守法”警示教育，打牢廉洁从业思想基础。加大排查力度，运用综合手段严控案件风险。严格安全管理，推进“平安银行”建设。全年未发生重大违规违纪事项、案件、群体性事件和重大安全责任事故。

【推进渠道建设】制定渠道建设三年规划。重点向郊县域人口导入区、高业务产出区、农村金融资源密集区增设营业网点，以微型网点、离行式自助银行承接客户流与资金流。年底综合性网点占比达94.79%，比转型前提升23.57%，综合柜员占比88.11%，比转型前提升65.29%，实现综合营销团队全覆盖，网点营销人员占比48.96%，比转型前提升15.96%，顺利通过总行阶段性验收工作。加大以自助发卡机为代表的新型设备投放，投放数量创历史新高。加强智慧银行运营分析，运用大数据优势，为服务模式优化和智慧银行推广提供数据支撑。同时，顺利完成新一代2.2期上线工作。

【加强党建与队伍建设】深入开展“三严三实”专题教育，不断加强党建工作。开展紧缺人才调研，加快青年干部培养，严格干部监督，优化薪酬管理制度，制定员工岗位职务管理办法。坚决落实“两个责任”，开展“讲规矩，正风纪、守廉洁”党员领导干部主题教育活动，分解细化党风廉政建设责任清单，严格执行中央八项规定和总行党委十项要求，认真开展巡视工作，对违规违纪人员严肃问责。

制定市分行服务基层、关爱员工两项制度共52条具体措施，大力推进“六小阵地”和“心得乐”驿站建设，通过召开职代会向全行发出“合规建行、人人践行”倡议，实现合规管理与民主管理有机结合。召开机关党代会，“书香建行”正式启动，“春雷精神”深入人心。5家网点获中国银行业文明规范服务“五星级”示范单位称号，2家网点获总行百家优秀基层网点称号，95533获上海银行业最佳客服中心奖，窗口服务在总行神秘人检查中排名跃居系统第二，信息技术工作获上海市银行业科技工作考核“A+”荣誉。浦东分行齐红同志被评为总行“最美建行人”，2位员工获上海银行业客户服务“最佳事迹”和“最佳个人”奖，1位员工获全国企业文化先进工作者称号。市分行个人客户经理团队在总行风采展示大赛中夺得一等奖。

执笔：顾静文

# 江苏省分行

江苏省分行行长　杨毓

（2015 年 7 月免）

## 一、业务发展概况

【主要指标】截至 2015 年底，一般性存款日均余额 7 287 亿元，居同业第三，新增 412 亿元，市场份额 24.25%，较年初提升 0.23 个百分点。各项贷款余额 5 451 亿元，居同业第二。实现中间业务收入 75.4 亿元，居同业第二。实现拨备前利润 168 亿元。不良贷款 109.32 亿元，控制在总行计划之内。

【公司业务】截至 2015 年底，企业存款日均余额 3 634 亿元，较年初新增 137 亿元，余额及新增均居同业第二，余额份额较年初提升 0.49 个百分点。对公贷款余额 3 636 亿元，居同业第二。四部委小微企业贷款 894.89 亿元，新增 56.98 亿元。对公账户总量 23.9 万户，对公基本户总量 15.3 万户，市场份额分别达 20.7% 和 19.2%，均首次超越中国银行，居同业第三。

【个人金融业务】截至 2015 年底，储蓄存款日均余额 3 653 亿元，新增 275 亿元，余额及新增均居同业第二。个人类贷款余额（不含信用卡）1 810 亿元，新增 290 亿元，余额及新增均居同业第二，其中个人住房贷款余额 1 767 亿元，余额同业第一，较上年提升一位。个人有效客户 2 616 万人，居系统第二，新增 288.6 万人；有资产客户 1 723 万人，居系统第三，新增 119.6 万人。

【房地产业务】大力支持南京地区项目，选择性支持无锡、扬州、徐州等二线城市普通住宅项目，控制其他三四线城市、县域地区和城市新区项目。2015 年底，房地产开发贷款余额 215.18 亿元，比年初下降 27.43 亿元。

【中间业务】实现中间业务收入 75.4 亿元，同比增长 1.6 亿元，居同业第二，市场份额 24.84%，较年初提升 0.57 个百分点。产品和服务收入同比增长 16.8%，其中对公产品服务增长 11%，个人产品服务增长 22%，贷款相关收入占比较年初下降 10 个百分点。

【国际业务】对公外汇存款日均余额 53.5 亿美元，较上年新增 2.2 亿美元，同业占比 30.6%，较上年提升 2.1 个百分点，系统同业均居第二。外汇贷款余额 12.9 亿美元，较年初下降 17 亿美元，居同业第二。跨境人民币业务量 755 亿元，同比增长 251 亿元，居同业第二。国际收支客户 4 972户，同比增长 138 户。

【资产质量与风险控制】不良贷款 109.32 亿

2015 年 1 月 28 日，江苏省分行首家智慧银行在南京新街口支行开业。

元，不良率2.01%，控制在总行计划之内。逾期贷款117.29亿元，比总行年底控制计划（118亿元）低0.71亿元。

【内控合规建设】倡导树立“合规是生命线，不合规再有成效都是投机取巧”的理念。深入推动“合规管理年”，规范机构设置，分行本级及12家二级分行均成立了内控合规部，在省分行、二级分行内设部门设置了内控合规团队或岗位。全面拓展评价范围，实现横纵双向覆盖。

【其他业务】金融市场业务全年实现中间业务收入7.64亿元，居同业第一，四大行占比达33.31%，其中，对公贵金属业务、代客资金业务收入均超越工商银行，存放同业业务收入居系统和同业双第一，在全国银行业首家成功试水人民币计价镍产品套保业务。代发工资业务签约对公客户达48 161户，其中新签约激活客户1 766户，同比增长10%，代发工资总额达1 319.3亿元，比年初净新增120.5亿元；ETC龙卡全年新增71.7万张，总量突破百万张，同业市场份额达70.4%。

## 二、主要工作举措

### （一）加快转型发展，提升市场竞争力

一是加快总行转型发展战略落地实施。制定了江苏分行转型发展专题方案，成立了一把手行领导任组长的推进领导小组统筹协调，目标任务分解落实到条线、部门。

二是充分发挥考核引领作用。明确了10类重点客户、12类重点业务、3大联动指标，在考核和资源配置上予以倾斜，引导全行业务发展方向。对转型发展中如代发工资、交通龙卡等一些基础性业务，通过建立“一把手工程”进行统一推动。

三是推进“大资产、大负债”业务转型。综合融资总量1 132亿元，其中非贷款融资1 038亿元，非贷融资替代率91.7%；信贷结构持续优化，个人类贷款增速19%，在贷款中余额占比达到36%。客户金融资产总量日均余额9 001亿元，其中非存款类金融资产总量1 403亿元。“两全”业务加快发展，债务融资工具承销额281.8亿元，居四大行第一；设立200亿元扬子环境基础设施建设基金，中标了江苏省政府PPP基金。

2015年12月15日，江苏省分行与惠龙e通创新产品推介会在江苏镇江召开。

四是推进服务转型。深入推进对公“三综合”，对分行964户重点客户制订了综合金融服务方案；对60户重点优质客户建立了综合服务团队。全年贷款相关收入占比较年初下降10个百分点，零售板块中收占比44.4%，提升了7个百分点。

五是推进渠道转型。组建渠道管理部推动物理渠道转型，全辖综合性网点达940个，占比由转型前的72.3%提升到98.5%。智慧理念及智能设备有效推广，南京智慧银行、全国首家“书香建行”开业，6家二级分行远程视频银行上线运行。推动客户经理和产品经理队伍建设，充实数量，提高素质，当年新增客户经理773人。

### （二）坚持标本兼治，保持资产质量总体稳定

一是强化组织推动，加强资产质量管控力度。实施一把手负责制，层层签署《风险防控工作责任书》，对信贷资产质量按月实行条线、二级分行‘双线”控制。健全风险管理与内控管理委员会工作机制，加强潜在风险客户事前防控，对潜在风险客户实行差别化管理，建立清单，落实责任人和时间表，全年共化解潜在风险贷款13.1亿元。加强重大风险项目化解力度，对总行30大风险项目中的2户和省分行20大风险项目，分行行领导一一挂钩、直接协调、靠前督导，组织、落实风险化解处置方案，定期走访，并对重大风险项目实行动态管理，有效化解了江苏盐业集团、江苏新时代控股集团等风险项目。截至年底，总行30大风险项目中我行2户项目授信余额11.61

亿元，比年初压缩2.08亿元；省分行20大风险项目授信余额17.28亿元，比年初压缩54.28亿元。

二是创新方式，加快不良资产化解处置。针对无锡宜兴、镇江丹阳地区集中暴露的担保圈、担保链信用风险，积极加强与政府沟通商谈，推动当地政府收购我行其辖内不良贷款，全年宜兴、丹阳地区分别成交不良资产包21亿元和5.1亿元。积极与资产管理公司开展委托合作。与江苏信达签署全面合作协议，探索信达公司委托我行对转让资产进行整体清收或单个资产的委托清收。全年共处置不良贷款127.7亿元，其中现金回收12.7亿元，上迁10亿元，核销11亿元，打包94亿元。

三是强化“三道防线”作用，不断提升信贷管理水平。加强放款中心建设，逐步实现大中小客户、本外币、表内外业务的放款集中。实施精细管理，增强贷后管理有效性，坚持实施风险会诊制，开展亿元以上民营企业授信业务重检，一户一策，制定风险预案。出台《建设银行江苏省分行大中型客户信贷业务贷后管理办法实施细则》，对贷后管理流程、风险分级监控管理等规定进行细化，确保贷后管理各项政策有效落地。

**（三）强化改革创新，充分调动“三个积极性”**

一是加强资源倾斜，提高各级机构的积极性。将经营业绩与二级行的资源配置挂钩，调动二级分行发展业务的积极性；研究制定重点城市行转型发展三年行动方案，促进重点城市行竞争力提升，与南京扬子集团签订了总规模500亿元的直接融资框架协议，助力江北新区业务拓展；对风险集中暴露的无锡宜兴支行开展专题调研，创新管理模式，采取风险隔离措施，成立省、市、县三级人员组成的不良贷款集中经营工作推进小组，安排专项财务资源进行支持，并与无锡分行签订责任状，明确目标定位，加快业务发展。

二是完善经营机制，提高条线部门的积极性。推进养老金业务专业化经营，积极开展重点产品专项营销活动，建立重点客户定期回访和快速响应机制。截至年底，养老金受托资产规模新增同业第一，个人账户数新增、中间业务收入均居同业第二。大力发展交易类市场业务，2014年上半年成立金融市场业务部，积极抢抓市场机遇，推进市场化考核和薪酬分配。

三是统一价值观，提高干部员工的积极性。实行“三挂钩”制度，各级机构本部员工薪酬与所辖机构经营业绩挂钩、省分行前台部门副职薪酬与条线关键经营业绩挂钩，二级分行副职薪酬与分管条线经营业绩挂钩，构建全方位、多维度的考核体系，扩大薪酬的浮动空间，考核结果每季度与当事人见面，实行“一行一表”、“一人一表”。推进机关转职能提效率，以“三严三实”专题教育为契机，切实转职能、提效率、改作风。转变部门职能，从“以管理为主”向“以经营、管理、服务并重”转变，省分行公司业务部和国际业务部设置专门负责客户营销的科室，强化主动营销服务意识；在南通分行设立工程类保函专业化经营中心，提高业务拓展能力和服务效率；优化授信业务流程，对常规信贷业务简化流程、适当放权，实行差别化精准管理；针对分支行反映信贷流程效率偏低问题，对信贷审批事项全流程进行网上公开，包括公司部核准、审批部审批、风险部放款等环节，提高信贷流程效率；制定《选派优秀年轻干部到基层行挂职的暂行办法》，选派16位年轻干部到基层行挂职锻炼。

**（四）坚持从严管理，实现安全稳定运营**

一是严格落实党风廉政建设主体责任。党委书记分别与各二级分行和省分行本部各部门主要负责人签订《党风廉政建设及案件防控责任书》，明确责任目标、责任内容、责任考核与责任追究。对党风廉政建设工作进行逐项梳理，建立任务清单，限期完成。建立联合检查组，分别对群众路线教育实践活动、作风建设、党风廉政建设主体责任及中央八项规定精神落实情况开展专项检查，覆盖全部12个二级分行，对检查发现的问题，要求立查立改，对违规违纪人员严肃问责，不纵容、不姑息。领导干部发挥表率作用，“三严三实”活动开展以来，党委成员带头学习，带头调研，带头讲党课；建立省分行党委成员联系行制度，对联系行进行调研，了解基层情况，协调解决问题。改进文风会风，厉行勤俭节约，严防“四风”反弹。积极配合中央巡视组做好巡视调研工作，主动接受监督检查，保障巡视工作顺利完成。强化纪委职能，加强对纪委工作的领导，充实、调整二级分行纪委书记，规范纪委书记分管工作，要求进一步聚焦主业，加强对二级分行巡视力度；制定落实党风廉政建设党委主体责任和纪委监督责任的实施意见及考核细则，提出任务、要求和措施，确保责任落实。

二是做好审计检查整改落实工作。全面配合做好审计署新增贷款及经营管理情况审计、银监会铜贸审计及“一加强两遏制”专项检查、广州审计分部主要业务经营管理审计等审计工作。加大审计整改力度，突出治标更要治本，加强实质性、根源性、系统性整改，着力解决屡查屡犯和涉及层面广的两类系统性问题，确保整改落到实处。

执笔：张桐



# 浙江省分行

浙江省分行行长　黄先俊
（2015 年 5 月免）

浙江省分行行长　高强
（2015 年 6 月任行长）

## 一、业务发展概况

【负债业务】截至 2015 年底，全口径存款余额 6 025 亿元，较年初新增 198 亿元。其中，一般性存款余额 5 857 亿元，时点新增 177 亿元，日均新增 318 亿元；对公存款时点新增 47 亿元，日均新增 124 亿元；个人存款时点新增 130 亿元，日均新增 194 亿元；同业存款余额 165 亿元，较年初新增 76 亿元。

【资产业务】截至 2015 年底，各项贷款余额 5 334 亿元，较年初下降 167 亿元，列系统第 5 位，同比下降 163 亿元。其中，对公贷款余额 3 236亿元，较年初下降 375 亿元，还原当年政府债务置换贷款和打包核销处置的不良贷款，对公贷款新增 64 亿元；个人贷款余额 2 098 亿元，较年初新增 212 亿元，其中个人房贷增长 253 亿元，居四大行第二，保持余额第一。

【资产质量】截至 2015 年底，不良贷款额 216. 49 亿元（审计前口径），较年初下降 6. 87 亿元；不良贷款率 4. 25%，较年初上升 0. 02 个百分点。逾期贷款额 209. 73 亿元，较年初下降 67. 56 亿元。垫款 12. 5 亿元，较年初下降 18. 59 亿元。

【经营效益】全年实现账面利润 -4. 9 亿元，同比负增长 69. 3 亿元；中间业务收入 53. 6 亿元，比 2014 年同期减少 5. 1 亿元。

## 二、主要工作举措

**（一）统一思想，持续推进转型发展工作**

一是制定“十三五”转型发展规划。到2017年，等级行提升至二类行；2020年重回一类行，将浙江分行打造成“管理规范、服务一流、同业领先、系统前列”的一级分行。

二是推动核心理念深入人心。引导全分行上下树立“以守志笃行的精神，以合规经营的行为，以又好又快的发展，转型谋新篇、共享新成果、重塑新辉煌”的核心理念，有效提振了队伍信心和士气，增强了员工工作的积极性和能动性。

三是以业务的转型为引领落实转型发展。将中间业务收入作为转型发展的支点和转型成果的体现，并契合转型发展重点方向，落实配套政策措施，切实提升了各行、各条线在具体转型目标路径上的系统性、整体性和战略性。

四是不良资产管控的意识进一步传导。坚持将不良压降作为“一把手”工程，创新不良资产处置手段，提升化解和处置不良的能力、艺术和智慧，确保不良资产有序释放。

**（二）抢抓机遇，持续提升业务发展能力**

一是进一步优化资产结构。明确了五大重点拓展客户，即优质政府类项目、央企国企等大型企业、机构客户、民营上市公司和优质小微企业等客户，大力发展个人资产业务。支持舟山江海联运中心、杭州跨境电子商务综合试验区等重点项目建设，与中信保浙江分公司、天堂硅谷、省供销合作社、省交投集团、省发改委等签订战略合作协议。单位人民币结算账户新增2.9万户，新增四大行占比35.31%，位列第一。

二是做大做强投行业务。加大与浙江省产业基金、特色小镇、政府债务置换等项目合作，全面提升资管—投行业务转型发展能力。2015年列入清单的产业基金项目10个，总规模近600亿元；批复同意设立产业基金2个，总规模200亿元；完成债券承销量（含地方政府债）437.4亿元，连续多年地方政府债承销份额同业领先。

三是大力拓展机构业务。与国开行浙江省分行、进出口银行浙江省分行、建信信托、建信期货等签署合作协议。以第一名成绩中标全省公立医疗卫生机构药械采购中心结算账户。成功获得省财政本级非税收入电子缴款代收机构资格和支付宝渠道的收款银行资格。与省新闻出版广电局搭建金融服务平台，与省东海电影集团等9户企业签订全面战略合作协议。以“掌上医院”项目为示范，探索“互联网+银医”合作平台，温州地区已上线医疗机构52家；进一步强化与省民政厅合作，全年新增社会组织账户1 259户，存款1.54亿元，居系统前列。

四是加快国际化和交易金融转型。杭州跨境电子商务综试区项目列入总行十大创新项目；成功中标浙江农村生活污水及饮水工程项目世行贷款财政专户；承接境内对台湾最大收购案，为纳爱斯集团收购台湾妙管家提供“走出去”金融服务方案。对公外汇资金业务收入4.34亿元，同比增长16.40%，超过工商银行，位列系统第2；金融市场条线完成4项总行创新产品系统内首单。

五是战略发展互联网+业务。参与总行“互联网+行业”、“金融+互联网”专题研究，对网络银行业务重新定位。在全省开展大规模“互联网+”需求调研，梳理对接“互联网+”平台客户42家，省分行直接牵头营销、制定综合金融服务方案17家，圆音e保等七个产品被总行认定为创新项目，客户综合效益全面提升。与阿里巴巴、蚂蚁金服开展战略合作，阿里集团在我行时点存款新增365亿元，支付宝用户总数、支付业务和代发业务交易量均稳居同业第一。

六是积极打造个人客户金融生态系统。深化全量客户经营，加快向“五全”客户经营模式转型（全量客户管理，全流量资金管控、全方位服务提供、全渠道协同办理、全球化服务支持）。个人有效客户（折算后）新增139.6万户，计划完成率214.9%；私人银行客户及AUM新增量计划完成率分别为257%、191%。

七是线上线下协同发展，整体效能明显提升。积极引导客户使用手机银行、网上银行和微信银行等电子产品，促进线下服务向线上服务转型。电子渠道已经成为最主要的交易渠道、客户服务渠道和标准化低风险产品销售渠道。电子银行账务性交易量、离柜账务性交易量占比分别达到91.45%和97.96%，均居系统第二。

八是新一代二期及分行特色配套改造顺利上

线。智慧管家、网易宝跨境支付、GWF跨境汇款、IC卡行业应用、芯支付、二手房资金监管、公积金公转商贷款贴息和对接财政非税电子化等一大批项目推广应用，为我分行业务发展与创新注入新的动力。

**（三）从严治行，持续推进不良压降和风险防控工作**

坚持将不良压降、严格管理作为“一把手”工程，着力防控风险。一方面，竭尽全力打好不良资产攻坚战、持久战。严控新暴露不良，并以实质性风险化解为目的，全力做好不良压降工作，在落实风险防控责任、完善不良资产压降领导小组工作机制、“二十大”重大信用风险项目化解处置、重点地区行领导分片包干帮扶、实行特殊化解机制等多措并举盘活化解风险客户、推动风险客户贷款银团化管理等方面均取得了积极进展。用足、用好总行批量转让和核销处置资源，全年共处置不良贷款317.2亿元，成效显著。另一方面，持之以恒强调从严治行、合规经营。大力宣传“平安建行、人人有责”、“合规建行、人人践行”，使得合规意识深入人心。推进“平安金融建设”、安全生产大检查，开展“合规管理年”、“清雷防险”等活动，落实“一加强两遏制”专项检查整改，进一步增强合规经营意识，强化从严治行。同时，出台《红线问责暂行规定》，对于违反红线问责暂行规定的员工一律给予开除处分或解除劳动合同处理，推动了“内控合规零容忍”理念有效落地。

**（四）进一步优化内部基础管理**

集约管理上，推进人力资源优化整合、网点资源优化整合、闲置资产处理、外包管理优化等四个专题研究，通过集约化经营提升投入产出水平。财务管理方面，在费用总量下降的形势下，将有限的财务资源重点用于业务发展激励，人力费用等进一步向经营一线和基层行倾斜。渠道管理方面，推进网点整合，对部分产出低、间距相对较小的网点，探索撤并或逐步改制成为3～4人轻型网点。

体制机制上，进一步理顺省分行本部职能部门、直营机构、业务中心等三类内设机构的工作性质和功能定位，明确职责边界。二级分行内设机构按“公司、个人、风险、运营、资源配置、支持保障”六大板块，设“职能部门、直营机构、业务中心”三类机构，努力做到板块内功能齐全、边界清晰，板块间协同有效、相互支撑，上下级行有效对应、集约高效。推行省分行部门关键工作任务（KTI）考核，针对经营部门突出业绩考核，中后台部门强调服务支撑。

营销服务上，牵头召开母子公司业务联动座谈会，通过建立联动营销机制和利益分享机制，最大化发挥建设银行资源的整体效益。同时，进一步完善省分行层面的协调联动模式，以省分行公司、个人两个委员会为轴心，推动对公、对私两大板块联动协作，形成发展合力。

产品创新上，优化组织架构，升格产品创新与管理部，牵头负责全分行产品创新、服务创新、管理创新等各项创新管理和转型研究工作，推进跨部门、跨条线、多领域协作创新。“招投标银保通”获得国家著作权专利。境内保函、特色单位存款、单位结算卡、“存益通”等创新型产品和服务取得积极成效，“收款快线”及“善融商务供应贷”分别获总行产品创意二等奖和三等奖。成功办理系统首笔同业项下内保融资通、对公网银贸易融资、封闭净值型理财产品。开展浙江金融资产交易中心苍南龙港项目资金监管业务，试点“工商注册通”服务，有效推动了业务转型发展。

**（五）进一步加强党的建设、队伍建设和企业文化建设**

一是努力提升党建工作实效。完善党建工作机制，加强党的组织建设，基层党组织较上年增加70个，消灭了党员“空白点”。进一步完善阵地建设，做到“三亮、六有、八上墙”，为基层党组织开展学习教育、“三会一课”等组织生活创造更有利条件。健全党建工作述职考评机制，强化各级书记管党治党责任，提升分行上下党建工作合力。深入开展“三严三实”专题教育，以处级管理人员、基层党组织负责人和党务工作骨干为重点，通过力抓党性修养锤炼，大大强化了干部员工的责任意识和服务意识，工作热情和战斗力也进一步提升。持续落实中央八项规定和总行十项要求，全年招待费与宣传费合计降幅32.64%；会议费降幅21.30%；车辆使用费降幅23.50%。

二是持续加强队伍建设。着力强化敢于担当、攻坚克难的用人导向，从严从实做好领导人员选拔任用工作。开展各类核心人才培养，组织实施支行行长能力提升培训、公司业务“领雁”计划、国际化专家人才库、私人银行业务“领头羊”计划等重点培训项目，储备各层级优秀人才。优化新员工培养，建立并培养一支全省营业网点新员工指导老师队伍，加强新员工的在岗训练。通过灵活拓宽员工晋升渠道，进一步打通专业技术职务序列的成长空间。重构公司和个人客户经理岗位管理体系，积极打造客户经理的主力军、专家库、后备队三支队伍。截至2015年底，客户经理人数占在岗员工数19.8%（其中公司客户经理占比11.5%，个人客户经理占比8.3%），完成总行计划要求。建立关键业务岗位人才储备机制（即启航计划），建成客户经理、国业、造价、评估、法律、信息技术等业务岗位人才储备库，覆盖全行员工11.2%。

三是加大员工关怀力度。出台“以人为本、关爱员工”工作指导意见，督促各级机构积极改善员工的工作、生活条件，并对青年员工、女员工、离退休老员工、生活困难员工以及交流干部等重点群体加大关爱。全年大病医疗救助8次，45人，补助金额197万元；困难员工补助203人次，金额103万元。文明创建也呈现新亮点，湖州南浔支行营业部被评为中国银行业文明规范服务百佳示范单位；依托于开展第六届职工运动会、“巾帼展新姿，建功在网点”劳动竞赛、参加总行个人客户经理风采展示大赛、“成长之星”职业风采大赛、“寻找身边李红英，争做最美建行人”等系列活动，各层面员工精神面貌、凝聚力、向心力和工作积极性都有了较为明显的改善。

执笔：陶懿

# 安徽省分行

安徽省分行行长　戴跃明

## 一、业务发展概况

【主要指标】截至2015年底，全行全口径存款余额3 628亿元，新增421.5亿元。其中一般性存款余额3 521亿元，新增388.5亿元。各项贷款余额2 636亿元，新增312.1亿元。中间业务净收入22.99亿元。实现账面利润49.27亿元。不良贷款率1.41%。

【对公业务】截至2015年底，对公存款时点余额居四大行第一，系统内排第13，较2014年初提升1位；时点新增居四大行第一，系统内居第八。日均新增172.72亿元，四大行第一。对公贷款新增131.5亿元，新增系统内位居第九，增速

2015年4月24日，安徽省分行与安徽省经信委举行中小企业金融服务战略合作协议签约仪式。

9.02%，高于系统内平均增速4.6个百分点。办理融资租赁20亿元，发行超短融40亿元，通过“大资产”业务带来的日均存款达到16亿元，比上年增幅50%；完成奇瑞汽车185亿元综合授信，增加119.5亿元。全年共成功营销并签约年金客户15户。其中省能源集团有限公司年金托管的中标获得了总行的表彰和奖励；养老金受托业务运营规模继续位居同业第一。小企业贷款增速16.8%，高于各项贷款增速3.42%，全面完成“三个不低于”监管指标；“五贷一透”大数据客户系统内排名上升3位；助保贷余额48.4亿元，系统内排名第二，新增13.1亿元，系统内排名第三。全年代发工资2 461万人次，金额714.7亿元。

【个人业务】截至2015年底，个人存款余额1 732亿元，时点新增189.2亿元，日均新增215.8亿元，时点、日均新增均为四大行第二；个人存款时点与日均的增幅系统内排名分别为第四和第三。个人全量客户余额1 624.47万户，较年初新增133万户，其中有资产客户余额978.44万户，较年初新增83.78万户，新增系统内排名第十；全量金融资产值余额2 263.29亿元，较年初新增258.42亿元，增速12.9%。个人有效客户（折算后）新增212.24万户，系统内排名第10，增速17.51%，系统内排名第六。个人中高端客户（金融资产20万元以上）为31.84万户，当年新增4.87万户，增速17.78%，新增户数排名系统内第16，增速系统内第九。实现借记卡及结算业务收入2.59亿元，ETC发卡70万张；基金销售总额159.44亿元，代理对私保险业务业务量较上年增长170%；累计销售个人理财产品1 260亿元，排名系统内第十。

【中间业务】全行实现中间业务净收入22.99亿元，连续两年居四大行第一。实现对公中收12.48亿元，对公中收首次实现四大行第一。其中造价咨询类业务收入29 407.59万元，系统内排名第八，连续三年保持在系统内排名前十；单位人民币结算业务实现收入2.22亿元，居四大行第一，市场份额35%，比年初提升5.33个百分点。个人金融条线代理基金业务实现中收8 790万元，四大行第二；对私保险业务收入9 365万元；实物贵金属业务实现收入1 396万元；实现

2015年5月12日，安徽省分行与安徽省交通运输厅举行ETC业务合作启动会。

个人代客理财收入5 193万元。

【四项转型业务】手机银行、个人网银、企业网银活跃客户以及善融商务有效达标商户净新增分别比上年末提升20、19、8和2位，手机银行及个人网银交易量均同业第一，电子银行业务收入同业第一。此外，个人网银、手机银行、短信覆盖度比上年末提升，分别排名系统内第六、第六和第一。全行信用卡业务净增客户、净增有效活动客户分别达29.13万户、16.1万户，净增发卡35.38万张，新增活动商户3 620户。投行条线实现中间业务收入突破4亿元，居四大行第一；理财融资新发放金额70亿元，股权融资业务实际投放5.67亿元，承销债券362亿元，其中企业债承销91.4亿元，居四大行第一。国际结算、结售汇、跨境人民币结算业务逆势增长，四大行中唯一三项指标全部正增长。其中：国际结算量、跨境人民币结算量位居四大行第二；对公外汇存款余额位居四大行第二。

【五项重点工作】全年个贷投放322亿元，新增174亿元，新增居四大行第一；二手房贷款新增33.2亿元，四大行新增占比52.8%；“快贷”客户新增系统内排名第八。个人产品覆盖度为3.98，较年初提升了0.39，当年新增系统内排名第四，增速系统内排名第二。全行对公有效客户突破20万户，达到22.33万户，对公账户排四大行第二。单位人民币结算账户新增3.65万户，账户增量居四大行首位，占比达47.29%，比上年提升10.83个百分点。承销并认购安徽省地方政府债券270.8亿元，承销额同业排名第一；理财业务管理费收入约2.2亿元，同比增幅189%，

系统内提升8位。完善制定了“最后一公里”考核落实推进方案，对网点客户分解情况全面核查；按季审核全行各营业网点“最后一公里”绩效分配结果；对辖内网点“最后一公里”相关考核要求落实情况进行通报。

【资产质量与风险控制】不良贷款率低于总行0.04个百分点，保持同业第二；逾期贷款实现“保四争三”目标；表外垫款保持较低水平。全年处置不良贷款26.18亿元，比上年增加126.65%。全年未发生案件和严重违规违纪事件。

## 二、主要工作举措

**（一）围绕“大资产大负债”，以“四综合”为抓手，努力构建综合经营新模式**

一是组建综合营销团队。对总行级主办银行客户实行综合营销，认定一批省分行级主办银行客户，制定了分行级主办银行客户实施细则。在全省组建192个跨部门、跨层级的综合营销团队，其中省分行组建15个团队。

二是制订综合服务方案。完成辖内淮南矿业、奇瑞汽车、海螺集团、马钢集团、铜陵有色等73家重点客户的综合金融服务方案。

三是推进综合营销。成功实现对古井集团的供应链营销、对淮南矿业集团的大资产营销、对现代牧业的产业链营销。主动牵头授信。建立对公条线集体磋商制度，线上线下多渠道运用，牵头搭建古井集团资金结算网络。强化母子联动。主动把租赁、信托、基金等子公司产品纳入综合金融服务方案，与建信租赁联动，累计推动项目获批12个。

**（二）以四项转型业务、五项重点工作为突破，开创转型发展新局面**

一是加强政策传导和考核激励。树立正确理念，促进四项转型业务以及五项重点工作举措落地；加大考核激励，强化业务推动，建立健全业务发展激励约束机制。

二是加强业务联动和业务培训。开展综合营销，实现各业务条线的协作共赢；强化业务培训，推动自身体验。

三是注重数据分析和全员创新。丰富经营手段，经营的针对性和有效性有了显著提高；持续推动“全行全员创新”战略，形成人人参与创新、人人支持创新的良好氛围。

**（三）树立“大融合大合规”理念，探索内控管理新思路**

一是深入开展“大合规管理年”活动。组织开展形式多样的专项活动，增强全行合规意识；加强内控合规同级管理，完善组织管理架构。在省分行、各二级行本级各部门建立内控合规管理岗，在全省所有经营网点设立内控合规管理岗。

二是加强内控评价考核。对各二级分行内控工作进行评价，评价结果与该行考核挂钩；强化问题整改，持续稳健做好内、外部审计监管检查发现问题的整改工作；加强前中后台联动，形成高效的工作格局，提供有力支持保障。

**（四）以党建工作为统领，焕发转型发展新活力**

一是强化党建工作。完善党建工作机制，制定《安徽省分行新形势下从严治党 加强党的建设实施意见》；对其中加强党建的29项工作任务进行分解，落实到党委各部门，明确职责和推进要求；制定党建工作考核办法；明确当前推进党建工作十件事，作为推进党建举措落地的阶段性工作抓手。

二是深入开展“三严三实”专题教育。制定专题教育实施方案，组织学习贯彻习近平总书记系列重要讲话精神，开展三次专题研讨，突出问题导向，查摆“不严不实”问题，并认真落实整改，主动接受全程整改监督。

三是落实“两个责任”。接受中央巡视组和总行巡视组的巡视；制定安徽省分行巡视工作实施办法，开展巡视监督；开展“讲规矩 正风纪 守廉洁”主题教育活动。

**（五）深入开展关爱员工、文明创建活动，聚集转型发展的正能量**

一是落实关爱员工十件事，全行员工对2015年关爱员工十件事总体落实情况满意率达97.1%。

二是持续强化文明创建。2015年文明单位新增55个，其中全国文明单位5个，新增4个，全国文明单位创建数量及新增系统内第一，安徽省金融系统同业第一。培树先进典型，深入开展“寻找身边‘李红英’，争做最美建行人”主题宣传教育活动，组织举办“因您而精彩”全省先进典型表彰活动，师徒制荣获中国企业联合会和中国企业家联合会授予的“2014—2015年度全国企业文化优秀案例”荣誉称号，成为建设银行系统唯一一家获此殊荣的单位；淮南洞山支行、马鞍山开发区支行成功入选总行“百家优秀基层网点”，个人金融部“轻骑兵”小分队和滁州行王丽分别获中国银监会颁发的全国银行业“雷锋岗”和“学雷锋标兵”荣誉称号。

三是社会公益活动的开展获得社会好评。2015年员工爱心基金募捐381.17万元，参与捐款人数9 798人，捐款率达99.57%；实施公益活动项目98个，项目金额311.156万元。其中，扶贫项目86个，助学项目36个。我行社会履责工作得到社会认可，荣获“安徽希望工程25周年贡献奖”。

执笔：凌云



# 福建省分行

福建省分行行长 刘丽华

## 一、业务发展概况

【主要指标】至2015年底，我行一般性存款日均余额3 649.1亿元，新增260.9亿元，两项指标四大行占比均保持首位，并分别提升0.5个和7.5个百分点；一般性存款、个人存款和企业存款日均新增四大行占比都超过40%。各项贷款余额3 668.5亿元，当年新增231.2亿元，居四大行首位。实现中间业务净收入47.4亿元，总量和增量保持同业首位，总量四大行占比39%，比上年提升3.1个百分点。

【公司及机构业务】大中型客户项目储备新增997亿元，其中新增固贷储备创近年最高。单位人民币结算账户总量及当年新增保持同业“双第一”。新增结算账户、基本结算账户四大行占比分别为58.2%和59.4%。承销地方政府债券254.7亿元，居同业第一，省政府专门发来表扬信。司业专营业务超500亿元，增幅翻番。财政国库现金管理份额居四大行第一，养老金托管规模居同业第一。高速公路ETC签约8.1万户，完成总行计划的1.3倍。黄金租借业务同比增长2.8倍。投行非信贷融资达387亿元，增长101%。理财资产配置和销售新增均超百亿元。

【个人金融业务】个人存款日均新增154.2亿元，是同期当地农业银行的1.6倍、工商银行的3.4倍、中国银行的1.9倍。个人加权有效客户新增完成总行计划的1.5倍；个人客户产品覆盖度居全国省级分行第一。信用卡收单商户总数超过工商银行，居四大行第一；信用卡新增发卡、消费交易额等6项核心指标连续4年保持同业第一；信用卡发卡总量在全国建设银行第四家突破400万张大关。私人银行业务新增千万级客户数和金融资产量系统进位明显；高净值客户境外资产配置、“私享联联”业务分居系统第一、第二。境外资产管理稳居系统第一，客户数、金融资产量同业第一。在线金融业务品种增加到32项，累计交易量增长2倍；外汇解付柜面替代率达70%，预约换卡替代率达80%。

【战略业务】在总行推进转型考核中综合评价排第八位，在35项考核指标中，有16项排名系统前十。其中，跨境人民币结算、善融商务、个人结算商户排第一；个人住房贷款、单位人民币结算账户排第二，电子银行业务排第三，境内外分行协同联动、代客资金业务排第五。在总行审计部转型发展专项审计中，分行被评为领先分行。

【电子银行业务】电子银行日均账务性交易300万笔，是网点的30倍；移动金融柜面替代率78.6%，居省级分行首位；手机金融客户突破1 800万户，"在福建每2人就有1人使用"；手机银行交易额占全国建设银行的20%和当地同业的70%。善融商务平台交易额86.4亿元，居系统第二，其中B2C交易额4.8亿元，居系统第一。

【住房金融业务】个人贷款余额1 538.5亿元，四大行占比38%；当年新增154.9亿元，四大行占比51.8%，居系统和同业第一。住房资金归集当年新增101.9亿元，余额726.6亿元，四大行占比提升至71.2%。住房公积金和住房维修金业务继续领先当地同业。

【国际业务】跨境人民币结算量同比增长82.6%，总量突破千亿元大关，达到1 094.9亿元，居四大行首位，超过中国银行166.5亿元，是系统内唯一超过中国银行的省级一级行。对公外汇存款余额68.3亿元，居四大行第一。跨境人民币双向资金池推广在同业排名第一。

【其他业务】完成大数据挖掘应用选题5个，大数据产品贷款户数增幅近92%。自主创新了"结算流挖掘机"产品，成功营销他行客户4 540户。成功拓展首个PPP项目"海峡文化艺术中心"全程造价业务；连续3年以省内同业第一的成绩，获评中国建设工程造价管理协会先进单位会员。分行是当地金融机构中唯一获得人民银行小微企业信贷政策导向效果评估"优秀"的单位，分行还获得福建省财政厅"助保贷"项目绩效评估第一名。

2015年9月2日，福建省分行召开"责任奋进 成长"先进事迹宣讲大会。

【精神文明创建】辖内4个单位保持"全国文明单位"称号，分行被授予"福建省第七届文明行业先进行业"称号。在总行组织的检查（调查）中，分行营业网点服务质量居系统第一，个人客户满意度从上年当地四大行第三提升到第一。消费者权益保护工作再次被总行评为一档。

## 二、主要工作举措

【推动转型发展】抓组织领导。成立了推进落实转型发展规划领导小组，下设推进转型办公室。同时，制定分行转型规划，明确分行转型发展目标、方向、总体原则、要求和重点工作。抓改革机遇。大力发展资管业务，与省政府签订1 000亿元的"21世纪海上丝路"产业基金协议，政府债务置换基金和并购理财业务实现突破。跟进福建自贸区政策，实现资本金意愿结汇、跨境人民币借款、跨境双向人民币资金池等业务突破。推进综合营销，通过出口应收账款风险参与、融资性保函等联动产品为客户提供境外融资。紧抓海峡两岸跨境金融中心落户福州之机，为台北分行开立人民币清算账户，完成首笔清算。主攻机关社保、八一工程、网上招投标、银医通、银校通等五大领域，突出抓好机关养老保险业务。抓互联网金融。力推"移动优先"战略落地，培塑"电子银行，首选建行"品牌。积极为政府财政系统等各行业客户提供互联网金融服务方案，打造"教育、交通"等八大类应用场景，大力吸收低成本的活期存款。抓轻资产转型。发展"智能银行+在线金融"、丝路空间、百姓空间、三农天地等服务；实施网点转型三综合、国际化、轻资产转型的"三步走"，打造出县级支行、单点型支行、网点型支行三种代表性的转型模式。同时，实施ABC分类等级管理，努力将网点打造成效益中心。抓机制优化。突出"大福州"、"大泉州"重点区域发展，紧跟福建自贸试验区、福州新区、平潭综合实验区、泉州金改区等建设步伐，升格自贸区福州片区和平潭片区支行，调整闽侯、长乐的直管模式。在省分行层面对同业、造价咨询、资产保全等业务进行集约经营，增强专业专注优势。对辖内分支机构实行内设机构改革、部门职能梳理调整，提升基层机构经营管理效率。

【巩固传统优势】注重培养抓日均存款的意识，抓好循环资金、重点建设项目源头资金等。落实"一系统一策略"，抓好政府机构类客户及存款。稳步推广单位大额存单、集团客户现金管理等产品，资金体内循环率保持在系统前4位。建立常态化管理机制，抓好支付结算市场资金、代工群体等收入分配市场资金以及非存款类金融机构存款。制定《项目储备考核办法》，加强项目储备，加快结构调整，储备了一大批重点建设项目和风险较低的央企、国企客户。加强对个贷楼盘的营销，通过优质服务和差别化定价，巩固市场领先地位。

【聚焦增收节支】在财务和信贷资源配置上，算好"效益账"、"综合账"，将资源向客户基础好、资本占用少、价值创造力强的产品和区域倾斜。加强负债成本管理，各项存款付息率保持四大行最低，一般性存款付息率比四大行最高的低0.94个百分点。在中间业务上，重点发展服务类产品，进一步降低对资产业务的依赖；积极拓展信用卡、理财产品、借记卡及结算类产品、贵金属、代销基金以及房改金融等各类产品，实现收入稳健增长。严格管控压缩类、控制类费用，业务管理费同比下降1.8亿元，完成总行控制计划。

【严格把控风险】逐级落实全面风险管理责任制和"一把手"负责制，对资产质量实行行领导挂点联系和分片包干制度。全面优化资产保全工作管理机制，推进批量转让工作，加快呆账核销进程，全流程提升保全专业水平。积极开展主动授信，推进项目评估与审批向前延伸，集团综合授信覆盖率100%；加强信贷全流程集约管理，客户评级覆盖率100%。坚持向风险管理要效益，强化信贷政策与经济资本管理。深入推进"合规管理年"活动，创新内控管理手段，强化内控合规措施。深化平安创建工作，逐级落实安全管理责任，实现连续16年安全稳定运营，再次获得省政府授予的"省直平安单位"荣誉称号。

【加强队伍建设】认真落实党建工作责任制，修订党委工作规则，实施基层党建述职评议制度；健全基层党组织，实现对基层机构100%覆盖。实施"两个责任清单"，实施纪委书记专职化，推动纪委聚焦主业。逐级围绕"四好"领导班子建设，综合运用巡视、KPI和等级行考核、综合竞争力监测等工具，提高对领导干部考评的科学性。大力培养选拔优秀干部，当年提拔六、七职等管理岗位人员15名，平均提任年龄较全行七职等及以上管理岗位人员年轻4.6岁。在2015年度省分行干部选拔任用工作民主评议中，群众的满意率及基本满意率为98.23%。重视人才梯队建设，严格资格条件、强化基层导向，充实后备队伍。实施有重点、全覆盖、分类分级的培训，组织各类培训2 560期，人均培训约7天。围绕"为基层减负，为竞争提力"，大力倡导"二线为一线，机关为基层，全行为客户"的理念。突出业绩导向和基层导向，坚持薪酬资源向基层、向业务一线和直接创造价值的岗位倾斜。深入开展"新常态·新奉献"劳动竞赛和"新关爱·心温暖"系列活动，推动基层"五小"阵地建设。

执笔：周卉

# 江西省分行

江西省分行行长　万国平

## 一、业务发展概况

【主要指标】截至2015年底，全行一般性存款日均余额2 227亿元，四大行占比25.2%；日均新增205亿元，四大行占比36.4%，居四大行第一。各项贷款余额1 783亿元，四大行占比26.2%，当年新增贷款201亿元，四大行占比28.9%，居四大行第一。不良贷款余额29.19亿元，不良贷款率1.78%，不良额、不良率均保持四大行最优。实现中间业务净收入21.79亿元，四大行占比29.67%，比上年提升1.79个百分点。实现拨备前利润54亿元，四大行占比26.7%，比上年增加3亿元，增长5.85%。

【公司业务】企业存款日均余额1 189.78亿元，日均新增89.98亿元，增幅8.18%，日均余额、新增及增幅均为四大行第一；公司类贷款866.44亿元，新增48.56亿元，增幅为5.94%。

【个人金融业务】个人日均存款余额1 035.55亿元，新增117.74亿元，增幅为12.83%；个人类贷款916.85亿元，新增152.53亿元，增幅19.96%，新增居四大行第一。

【房地产业务】房地产公司类贷款余额68.53亿元，其中：房地产开发贷款60.81亿元，保障性住房项目开发贷款7.72亿元，资产质量为四大行最优，不良额与不良率均为零。2015年底，个人住房贷款余额749.1亿元，新增119.3亿元，增幅18.9%，新增为四大行第一；住房资金归集新增120.24亿元，新增四大行占比95.81%，为四大行第一。

【中间业务】全年实现中间业务净收入21.79亿元，四大行占比29.67%，比上年提升1.79个百分点。中间业务收入总量为四大行第一，增量、增幅均为四大行第二。

【国际业务】实现跨境人民币业务量145.67亿元，四大行占比28.53%，累计实现结售汇业务量48.06亿美元，四大行占比26.78%，均为四大行第二。累计实现外汇中间业务收入2.1亿元，其中，代客资金业务收入、贵金属租借业务收入均为四大行第一。外汇全口径存款余额3.92亿美元，各项外汇贷款余额1.1亿美元。

【资产质量和风险控制】截至2015年底，不良贷款余额29.19亿元，比年初增加5.36亿元；不良贷款率1.78%，比年初上升0.16个百分点，不良额、不良率均保持四大行最优。

【其他业务】2015年，电子银行移动金融柜面替代率达46.06%，手机银行活跃客户81.38万

2015年4月17日，江西省分行工会（团委）组织开展“善健者行”健步走、学行史、展风采活动。

户，个人网银活跃客户154.12万户，企业网银活跃客户4.96万户。善融商务活跃商户626户，系统排名第五，成交金额15.2亿元。信用卡累计客户123.64万户，累计发卡145.35万张，实现分期交易额74.5亿元。全量商户7.44万户，实现商户收单交易额1 000亿元，系统排名第九位。资金结算业务，单位人民币结算业务收入1.93亿元，四大行占比35.68%，四大行排名第一。战略转型指标现金管理收入8 738.70万元，增幅32%。投行业务实现收入1.38亿元，其中：实现对公销售费收入1 523万元，理财产品管理费收入9 542万元，实现债券承销费收入774万元，财务顾问收入1 953万元。小企业业务，小微企业贷款增长23.32%，高出全行贷款增幅10.61个百分点；贷款户数达到1.13万户，新增1 987户；小微企业申贷获得率93.37%，比上年高出4.13个百分点，完成“三个不低于”监管目标。个人外汇业务，个人外币存款（折合人民币）日均新增3亿元，增幅98.9%，系统排名第二位；个人结售汇收入232万元，增幅48.1%，系统排名第三位。

## 二、主要工作举措

### （一）全力抓好转型发展规划落地实施

一是坚持省分行带头抓推进。成立转型发展规划推进领导小组，建立省分行分片包干县支行制度，制订分行转型发展实施方案，行领导亲自带头宣讲、传导转型发展内容，帮助解决发展困难。

二是加强“对标对人”考核管理。针对省分行部门及二级行负责人，制定了业务发展和内部管理“对标对人”考评办法，与每位负责人签订责任状，将履职表现作为行领导谈话、年度考核和干部聘任的重要依据。

三是推广综合金融服务方案。把实施服务方案作为转型发展的重要抓手，明确二级行本级必须完成5～10个、支行必须完成3～5个服务方案的推进任务，促进各层级加快转型发展。

四是加强网点支行考核管理。制定网点支行综合考核办法，实行网点发展底线要求，直接将转型发展理念和经营压力传导到网点。通过努力，全行对转型发展的认识有了提高，谋发展促转型的氛围基本形成。

### （二）纵深推进客户战略

为打牢客户基础，在全行纵深推进“4812”工程，并依托“三大一高”源头客户，强化联动和综合营销，做到一抓一个系统、一抓一个条线。对每项客户工程，都制定了营销工作方案，每个月召开推进调度会，把客户营销向纵深推进。比如，围绕学校、医院、建筑业等人员资金密集的单位，深入挖掘物资供应商、后勤服务中心、周边商户等上下游客户的商机，以点带面，批量拓展对公账户、商户和财私客户。目前，高校的基本户市场占比达到46%，二甲以上医院市场份额超过40%，建筑业的客户新增、代发工资、境内保函收入快速增长。通过持续反复在全行打战役、抓客户，客户营销取得了明显成效。对公账户新增、借记卡和贷记卡净增发卡量连续三年保持四大行第一，其他战役也取得了良好成效，客户和业务市场份额均保持四大行前列。

### （三）狠抓战略性业务发展

按照总行转型发展要求，提出大力发展“大公司、大零售、大结算、大交易、大同业、大托管、大资管、大渠道”八大业务，逐个研究发展措施，促进战略性业务快速发展。比如，在大公司方面，巩固和发展传统批发业务，加快综合金融服务方案的推广，加强与客户合作的广度与深度，确保做深、做透。在大零售方面，坚持“零售优先”战略，在巩固个人住房、信用卡、电子银行业务优势的同时，加快基金、保险、理财等个人基础性业务发展，打牢转型发展的基础。在大结算方面，围绕结算生态圈建设，加大新型结算产品推广，加快对公、个人本外币结算和跨境人民币结算业务发展，做大结算业务量，提升体内循环资金量。在总行“建网通天下，转型创未来”的竞赛活动中，我行的资金体内循环营销拓展案例获得资金承接组第一名，并得到总行领导的表扬。在大交易方面，大力发展代客结售汇、外汇买卖等交易性业务，深入挖掘客户需求，帮助客户创造价值。2014年，“八大业务”实现快速发展，借记卡、贷记卡、电子银行、CTS等基础性产品的网均销售总量、网均中间业务收入和一般性存款均排四大行第一；新增OBU客户30.8

万户，全省同业占比54%，排名第一；养老金托管资产规模、个人账户市场占比超过50%，稳居同业第一；金融市场、同业业务、资产管理等业务快速发展，为中收稳步增长打下了基础。

**（四）狠抓大渠道建设**

一是加大网点布局优化和调整力度，按照总行“大零售”思路和精品网点建设要求，加快网点转型升级，提升网点多功能、智能化服务能力。2014年，共升格机构15个、迁址机构19个、减少低产网点17个。

二是加快离行式自助银行建设。以效益优先、县域优先和高校优先为原则，以账务性交易量提升为核心，加快向人员密集、资金密集区域布局。2014年，共新设离行式自助银行227家。

三是大力发展手机银行业务。坚持“移动优先”战略，加快手机银行发展，对业务发展落后的支行负责人，直接进行约谈，传导经营压力，促进全行把服务往薄弱环节延伸，抢抓县域、农村和成熟市场。

四是加快新设备的运用。加大资本性投入，2014年为每个网点标配1台自助发卡机、1台预填单机，通过发挥设备功能，腾出柜台人员充实客户经理。推行流动柜台常态化营销机制，重点拓展县域、乡镇、专业市场和成熟商圈等物理网点难于覆盖的区域。

**（五）全面加强内部管控**

一是全力抓好信贷资产管控。在增量投放上，优先保障重大项目、小微企业、信用卡分期、个人类贷款的规模需求，持续提高零售类贷款占比。小微企业贷款完成“三个不低于”的监管要求；个人类贷款新增占全部贷款新增的75%，余额占全部贷款余额的51%。在存量管控上，落实一把手责任制，实行贷款“三真实”、“三分类”、“贴标签”管理；强化问题贷款转化，对一批问题客户进行救助和转化，帮助恢复正常生产；综合运用批量转让、呆账核销等措施，多措并举加快不良处置。

二是全力抓好财务规范性管控。认真执行财经纪律，坚持有保有压的费用政策，将费用总量控制和结构调整的要求落到实处。根据时间进度做好费用列支安排，坚决杜绝虚假列支和“寅吃卯粮”等现象。妥善处理好业务发展和财务规范的关系，确保费用列支真实规范，确保不违反从业禁令，不违反中央八项规定及总行党委要求。2014年，全行严控类费用同比下降36%，其中招待及宣传费下降39%，车辆费下降44%，差旅费下降9%。

三是全力抓好操作风险防控。落实基层行营业主管、纪检特派员和风险经理的风险防控职责，充分发挥“三道防线”的作用。加大对重要岗位、重点部位、重要环节，以及不相容岗位分离、轮岗等重要制度执行的排查力度。深入开展“违规设立控制账户、违规代客服务、办理业务‘一手清’、办理‘飞单’业务、违规使用印章”等专项整治活动。

四是全力抓好员工行为排查。按照“管业务一定要管人”的要求，明确一把手为员工行为排查的第一责任人。重点排查网点负责人、客户经理、现金柜员等重点岗位人员，重点排查是否涉及“民间借贷、非法集资、高风险投资、大额借贷和博彩、经商办企业、与客户发生不正当资金往来、违规使用印章、擅自对外签署法律性文件、频繁请假、黄赌毒”等行为。对排查发现的疑点，坚持一追到底，消除风险隐患。

**（六）全面加强党的建设**

认真落实“两个责任”、“一岗双责”，坚持党建和业务“两手抓、两手硬”，做到同谋划、同部署、同考核。注重加强基层党组织建设，建设活动阵地167个；健全基层党建工作考核机制，开展创先争优活动，激励各级党组织和广大党员在转型发展中建功立业。加强党员教育培训，制定下发党员教育培训工作规划，强化领导干部学习的示范引领作用，全年共举办4期党性教育培训班，累计培训261人次。积极培育并带头践行社会主义核心价值观，开展最美建行人评选表彰，推进企业文化建设，思想政治工作扎实有效。

执笔：卢松　吴建辉　丁璐

# 山东省分行

山东省分行行长　薛峰

## 一、业务发展概况

【主要指标】截至2015年底，山东省分行实现拨备前利润157亿元，较上年增加3.16亿元；一般性存款、对公存款、个人存款日均新增分别为501亿元、135亿元、366亿元，分别居四大行第一、第一、第二位；一般性存款日均余额6 395亿元，四大行占比25.8%；综合融资总量新增771亿元，余额7513亿元；各项贷款新增290.2亿元；实现中间业务毛收入64.2亿元，居四大行第二位；不良贷款额123亿元，不良率2.78%。

【公司业务】对公存款余额3 189.7亿元，日均、时点新增分别为134.9亿元、146.8亿元，均居四大行首位；对公贷款余额3 101.4亿元，新增101.3亿元；新型融资产品累积融资1 767亿元，实现中收11.75亿元。

【个人业务】个人存款余额3 194亿元，日均、时点新增分别为366.5亿元、298.8亿元；个人贷款余额1 323.93亿元，新增158.89亿元；个人有效客户新增82万户，有资产客户新增131万户，有资产客户保有率93.68%。

【中间业务】实现中间业务毛收入64.2亿元，四大行占比28.3%，增量和增速均居四大行首位；实现净收入64.2亿元，收入总量居系统内第5位。

【战略性业务】电子银行业务实现收入3.2亿元；个人网银、手机银行、企业网银客户新增四大行占比分别为35.5%、32.6%、34.5%，客户规模稳居四大行首位；善融商务交易额和活跃商户均居系统首位。小企业业务完成“三个不低于”目标；信用卡中收、发卡量、交易额、商户数、贷款额、资产质量等9项指标均居同业第一；住房资金归集余额达到1 144亿元；养老金业务受托、账管、托管三项核心业务新增均居同业首位。

【资产质量】年底初步审计调整后不良额123亿元，不良率2.78%，分别较年初增加93亿元、2.06个百分点。

## 二、主要工作举措

【坚持市场导向，不断扩大同业领先优势】一是持续拓展存款市场份额。践行总行存款拓展“八项措施”，深化条线联动，延伸业务网络，打造开放平台，扩大资金来源，各项存款实现持续稳定增长。一般性存款日均新增501亿元，四大行占比44.1%，市场份额提升0.88个百分点；时点余额6 384亿元，与工商银行差距由2011年的1121亿元缩小到79亿元，领先中国银行优势由626亿元扩大到1 907亿元。对公存款日均、时点新增均为四大行第一，余额均跃居四大行首位；个人存款日均新增四大行第二，点均余额和新增四大行第一。二是加快中间业务发展。强化渠道、产品、客户、资本集约经营，加快提升中间业务产品渗透、客户经营和资本节约能力，确定18项重点产品，对投行、国际、个人、信用卡、投资理财、新型融资等业务进行重点突破，全力推动转型发展。实现净收入64.2亿元，增量与增速均居四大行首位，且唯一正增长；四大行占比

28.3%，创历史新高。三是推进“移动优先、线上线下协同”的全渠道发展战略。移动柜面替代率49.7%，手机银行、短信金融同步率分别达67.14%、60.99%。借助善融商务平台，上线寿光“互联网+蔬菜”、青州“互联网+花卉”等项目。加强大数据挖掘和应用，升级“工商E路通系统”，运用客户资金流程路径监测系统摸清客户资金流向，实施了信用卡预授信客户、代工客户公积金数据挖掘等项目，并与浪潮集团达成大数据战略合作意向。

【突出重点带动，将转型战略落到实处】一是建立完善转型发展推动工作机制。成立转型发展推进领导小组，在系统内较早制定了整体转型发展实施方案，明确转型重点，逐层次、逐阶段、逐事项推进。发挥综合经营计划过程控制作用，指标设置体现转型导向，突出价值创造理念，注重资源合理配置。建立多维度转型发展综合评价机制、工作季度调度、评价与通报机制、动态调整机制，及时检视并修正转型推动中存在的不足。二是加快推进“大资产、大负债”经营模式。以“建网通天下、转型创未来”活动为抓手，将企业结算资金、个人消费资金以及各类资金承接作为核心存款增长的基础，实现由抓存款向抓资金链、抓业务网络转变。开展“两全”业务竞赛活动，把调整客户结构和调整融资结构相结合，加快单一信贷服务向综合融资服务转变。密切跟踪地方基础设施、重大项目立项等情况，各类贷款新增290亿元；积极参与地方PPP项目建设，累积规模514亿元；加大城镇化和新农村建设支持力度。全年实现理财融资197亿元，债务融资(含地方政府债)806亿元。三是加快综合服务能力提升。推进营业网点“三综合”建设，全行综合性网点790个，占比96.34%，组建综合营销团队956个，综合柜台及综合柜员比例95.9%。将2015年作为“综合金融服务提升年”，为226个8级（含）以上重点目标客户提供综合金融服务方案。完成“百佳客户、主动授信、综合授信”专题活动，集团客户综合授信实现全覆盖。强化协同联动，通过建信租赁和建信信托办理金融租赁35.4亿元、信托29.95亿元。制定集团客户资金结算补充和跨行联动营销利益调整管理办法，有效解决了大集团、大系统的资金调度和联动营销问题。四是强化创新驱动。组织开展“转型创新打造建行新优势”主题创意竞赛活动，建立创意限时处理机制和定期提醒机制，61项产品创新项目纳入总行计划，全年完成项目130项，移植兄弟行优秀创新成果57项。

【强化责任担当，守住风险底线】一是守牢质量底线。实行资产质量一把手负责制、重大项目处置行领导负责制，全年三十大不良客户和三十大非不良客户分别处置完毕22户和15户，累积处置不良88.3亿元，已核销贷款现金回收15.4亿元。二是守牢合规底线。组织开展“合规管理年”、最美建行人主题活动，扎实开展“一加强、两遏制”专项检查和回头看工作，构建架构清晰、管理高效、控制严密、保障有力的内控体系，整改率连续四年达到100%。三是守牢案防底线。层层签订党风廉政建设、案件防控、安全生产责任书，全面落实“一岗双责”和总行党委“三个不放过”要求。以信贷及表外业务、理财业务、印章管理、企业异地结算账户等领域和员工行为管控为重点开展全面行为排查，实现了“确保不发生案件、不发生重大违规行为、屡查屡犯问题得到有效控制、不发生领导人员严重不廉洁事项”的目标。

【加强精细管理，提升价值创造水平】一是加强效益精细化管理。建立效益管理事前预测、事中控制、事后分析的全过程管理体系，强化对经营形势、财务效益的预判。二是向结构调整要效益。制定对公信贷业务投放管理指导意见，将有限的资源优先投放高收益的客户、行业和产品。大力拓展低资本占用的个贷（含卡分期）和贴现产品，个贷和贴现新增分别占人民币贷款新增的69.5%、37.5%。三是向定价水平要效益。坚持“标准化定价、差别化定价和综合定价相结合”的原则，以RAROC、EVA指标为指导，加强定价浮动管理工作。强化高成本存款付息率管理，开展特色类存款产品会商，强化同业存款利率情况监测。本外币存贷利差、人民币存贷利差、非贴对公贷款加权平均浮动水平和个人住房贷款加权平均浮动水平均居四大行首位。四是向成本管理要效益。制定重点成本项目精细化管理实施意见，招待费、宣传费、差旅、车辆费、广告、办公用品等重控费用列支同比降幅38%，车辆压缩超额完成全年计划。加强营销费用、行长奖励基金项目、资本性支出业务发展延伸项目后评价，提高资源投入产出效率。

【坚持标本兼备，努力夯实发展基础】一是夯实客户基础。抓好工商注册源头营销、核心企业关系树网式营销、财政拨付和结算资金流上下游链式营销、重点项目园区客户批量营销、拟上市和已上市企业精准营销，落实小企业无贷户名单制管理。对公基本结算户、正常结算户新增和总量均居四大行首位，客户有效客户总量达到617万户，居系统内第二位。二是完善考核机制。进一步优化等级行、KPI考核体系，考核重点关注市场份额和定价四大行比较、业务发展和风险内控、客户拓展和增长质量等，有力支持转型发展、市场竞争、风险防控、价值创造等中心工作开展。三是提升重点县域支行发展能力。加大资源倾斜力度，一行一策明确业务推动重点，加强过程管理。截至12月底，重点县域支行一般性存款新增居四大行第二，中间业务收入居四大行第一。四是加强授信精细化管理。加大对风险事项高发区域、部分风险持续累积行业的授信管控，严控总量，缓释风险。

【落实两个责任，加强党建和队伍建设】一是加强党风廉政建设。坚决落实中央八项规定，持续抓好各类问题整改，明确制度红线。制定党风廉政建设“两个责任”考核细则，组织开展党组织书记抓基层党建述职评议考核工作，提升全行各级党组织书记履职尽责的政治意识和责任意识。扎实开展“三严三实”专题教育，广泛开展专题党课、专题研讨、专题民主生活会等活动。二是抓好队伍建设，坚持从严从实评价任用干部，健全干部日常监督管理机制，明确专业技术队伍建设目标，优化业务专员队伍管理政策。三是关心关爱员工，从增进员工身体健康、优化营业网点环境、落实带薪休假、缩短网点员工工作时间等方面为员工办理九件实事。

执笔：刘太丽



# 河南省分行

河南省分行行长 石亭峰

## 一、业务发展概况

【存款业务】2015年一般性存款余额4 643.68亿元，时点新增339.76亿元，新增位列系统第11位。日均新增570.66亿元，位列系统第五位、同业第一位；对公存款日均新增237.32亿元，居系统第六位、同业第一位；个人存款日均新增333.34亿元，居系统第三位、同业第一位。

【贷款业务】各项贷款余额3 320.78亿元，新增514.81亿元，居系统第五位、同业第一位。其中：对公贷款新增187.67亿元，居系统第五位、同业第一位；个人贷款新增277.19亿元，居系统第四位，同业第一位。

【经营效益和质量】实现账面利润100.87亿元，同比增加12.86亿元，居系统第六位、同业第二位。实现经济增加值51.67亿元，同比增加3.09亿元。中间业务净收入49.28亿元，居同业第一位、系统第八位。不良贷款余额11.76亿元，不良贷款率0.37%，继续保持四大行中最优，居系统第4位。

【公司业务】全行对公存款时点余额1 971.65亿元（不含保本理财），较年初新增40.64亿元；日均余额2 003.35亿元，较年初新增237.33亿元。日均新增均排名第一位。对公贷款余额1 954.36亿元，较年初新增206.52亿元，新增排名第五位，在四大行中，新增排名第一位。

【个人金融业务】截至12月底，个人存款日均余额2 567亿元，日均新增337亿元，系统排名第三位，同业排名第一位。全行个人贷款累计投放434.32亿元，同比多投放87.38亿元，创历史最高水平。

【机构业务】机构业务存款时点余额突破700亿元，达到714亿元，较年初新增51亿元，圆满完成总行计划。

【房金业务】全行住房资金归集余额834.3亿元，四大行占比58.16%，在保持较高份额的基础上比年初提升8.74个百分点，比年初新增超过100亿元。住房公积金个人贷款增长迅猛，新增156亿元，同比多增85亿元。

【中间业务】中间业务净收入49.28亿元，居同业第一位、系统第八位。全行实现公司部中间业务净收入11.4亿元。个人类中间业务收入14.69亿元，同比增幅达32%，计划完成率146%。

【国际业务】对公外汇存款日均余额15.6亿美元，较上年增长5.6亿美元，新增是上年的1.4倍；对公外汇中间业务收入1.85亿元，同比增长10%，计划完成率103%；跨境人民币结算量384.8亿元，同比增长193%，计划完成率214%。

【风险内控】全面超额完成了总行下达的信贷资产质量控制计划。截至2015年底，我行不良贷款率0.37%，系统内排名第四；逾期贷款率0.45%，系统排名第三。全年实现安全运营，未发生案件、重大风险和重大安全事故。

【其他业务】结算业务收入5.63亿元，系统内排名第二，中部六省和省内同业排名均位居第一。信用卡累计发卡量达到315.91万张，系统排名第11，当年净增发卡52.28万张，系统排名第13。实现投资银行业务收入85 855万元，完成省分行计划的108.68%，同比增加19 543万元，增幅29.47%。电子银行渠道交易量达到7亿笔，占全渠道交易的71.95%，达到自助渠道和柜面交易量之和的两倍以上。养老金业务全年运营个人账户数新增6.83万户，完成总行计划的263%，完成省行计划的142%，系统排名第四位。金融资产1 000万元以上私人银行客户数量1 541人，较年初新增277人，增幅21.91%，全年计划完成率181.05%。

2015年5月4日，河南省分行召开“五四”青年创先争优表彰大会。

## 二、主要工作举措

### （一）重创新，大力推进经营转型

明确一手抓转型发展、一手抓风险防控的总体布局。前瞻性地把握宏观经济新常态带来的机遇和挑战，围绕贯彻落实总行转型发展规划，制定出台了《关于以转型创新为引领，推动持续快速健康发展的指导意见》（建豫党发〔2015〕1号），将总行规划要求分解为10大项转型重点，具体指导转型工作。同时，认真审视新常态下的风险变化，制定出台了《加强全面风险管控，促进业务可持续健康发展的指导意见》（建豫党发〔2015〕7号），明确了从严治行、防范风险的新要求，坚持转型发展和风险防控两手抓、两手硬。

综合融资业务快速发展。发挥集团综合化牌照优势，推进战略协同机制化、常态化，理清战略协同业务的方向和重点，全行累计办理综合融资775.96亿元，较上年同期增加263.56亿元；母子公司联动业务累计办理321.83亿元，较上年同期增加35.94亿元。牵头承销河南省政府地方债券三期，金额合计1 425亿元，其中我行承销认购270亿元，占比19.01%，位居同业第一，我行作为唯一的牵头主承销商，受到了谢伏瞻省长的批示表扬。

金融生态圈建设初见成效。根据个人客户衣食住行、娱游学购等需求，加大产品创新的企业级整合和统筹力度。以有车客户群体为目标，以车主卡为核心，整合相关金融产品，引入第三方战略合作伙伴，创立了“金融服务 + 非金融服务”的综合营销服务模式，打造了有车客户金融生态圈。车主卡累计发卡282万张，存款余额148亿元；签约交通管理短信服务111万户，直接带动实现手续费收入3 900多万元；ETC业务成功上线，发卡6.88万张。顺应各行各业“互联网 +”需求，拓展“E贸易”、安阳网上市民之家、社保、公积金、大宗交易、网上招投标等新服务模式，丰富了我行网络金融生态圈。

**（二）抓重点，持续夯实客户基础**

以战略合作抢抓客户。以支持实体经济发展为己任，抓住发展机遇，加强战略合作，有效提升客户数量和质量。与省商务厅、濮阳市政府签订全面战略合作协议，加强与省广电局、国税局、地税局战略合作，为抢占优质项目和重点企业奠定良好基础；将商会、协会、工商联作为开展批量化营销的重要突破口，先后同浙江商会、台湾商会、省工商联、福建商会、省资本协会、郑州文化艺术品交易所、中石化河南分公司、河南国控集团等开展战略合作，加大助保贷、税易贷等小微企业批量化平台建设，持续抢抓工商企业源头客户。

机构客户营销硕果累累。坚持“河南行要崛起，机构业务必先崛起”，把握财政、社保、军警等改革机遇，实行一把手负责制，推进一点接入、多方协同，举全行之力营销突破关键客户，以综合评分第一名的成绩中标省级社保基金财政专户、省级公共资源交易中心合作银行；开展走进省直管县现场推进会活动，带动南水北调项目收费账户的营销开立；突破省民政厅、省农业厅基本账户，有效带动了下属机构的账户营销；成功营销机关事业单位养老保险省级财政专户，市级财政专户4户、收入专户5户、支出专户5户，县（区）级财政专户26户、收入专户38户、支出专户30户；已实现与省财政厅、17个市级、104个县（区）级财政非税收入系统的成功对接，其中市级覆盖率达94%，县（区）级达65%；累计实现居民健康卡信息采集266万张、发卡189万张，同业占比达50%，稳居同业第一位。

2015年7月10日，河南省分行与许昌市人民政府举行合作备忘录暨银企合作项目签约仪式。

“五大战役”带动个人客户快速增长。新增代工个人账户39万户，完成总行计划的190%，新增代工单位账户2 032户。结算通卡有效卡新增11.2万张，卡内日均存款202亿元，比年初新增88.9亿元；电话支付已开通终端存量7.69万台，系统第2位。县域惠民开通助农取款终端9 454台，系统第2位，县域个人资产客户新增75.3万人，系统排名第6位。乐家乐业卡新增发卡25万张，累计发卡达115万张，沉淀资金46亿元。社区营销完成多功能自助银行选址33个，完工26个，实现了18个地市全覆盖；社区通达卡和社区自助设备交易量持续攀升。治理低效网点达标78个，计划完成率100%。

**（三）防风险，确保质量稳定和运营安全**

全面加强风险管控。研究出台加强全面风险管控指导意见，23个业务条线部门下发具体实施方案，形成了全员参与、全风险覆盖、全过程管控的工作局面。强化逾期贷款主动管理，多次召开会议，逐一会商项目，研究化解措施，明确了“一个总体原则”，即总体把控、进退自如、一户一策、各负其责；确保“三个到位”，即思想认识到位，防控措施到位，具体行动到位，落实“六个一些”，即把风险防控形势估计得再复杂一些，把困难准备得再充分一些，把客户了解得再深入一些，把市场分析得再透彻一些，把信贷风险化解得再超前一些，把处置的损失降得再少一些；落实行领导分片包干制度，明确条线责任，总体把控风险，建立和完善跨部门、跨条线的信贷资产联防联控机制，全行行动，上下一心，打好“控不良、压逾期”保卫战，确保了资产质量的稳定。

**（四）促和谐，加强党建和队伍建设**

深入推进作风建设。严格落实“两个责任”，贯彻中央八项规定及总行党委十条要求，招待费和宣传费降幅23%，业务用车费降幅44%，会议费降幅29%，差旅费降幅24%。开展中央八项规定精神专项联合检查，对7个二级分行进行了抽查，共发现问题36个，发出检查意见书36份，提出合理化建议24条。在全行领导干部中开展了“讲规矩 正风纪 守廉洁”主题教育活动。在全行管理人员中开展“服务基层三贴近”活动，推动基层发展。

抓文化、促和谐。持续发挥信息发布会、建行好声音及各类评先创优平台的作用，交流好经验、传播好声音、营造好氛围、聚集正能量，在全行营造争先进、赶先进的蓬勃士气。以建行文化要素、核心价值观为核心，加强典型引路和经验推广，培育内控合规文化、营销服务文化、转型创新文化，提升企业文化的促进作用。

执笔：孙俊岭

# 湖北省分行

湖北省分行行长　廖林
（2015年5月免）

湖北省分行行长　林顺辉
（2015年7月任行长）

## 一、业务发展概况

【经营效益】全年实现税前利润86.26亿元，比上年增长14.26亿元，增幅19.81%。实现经济增加值37.59亿元，比上年增加7.39亿元。

【负债业务】本外币全口径存款时点余额5 130.87亿元，四大行占比28.58%，四大行排名第一；新增518.99亿元。一般性存款时点余额5 035.63亿元，四大行占比28.57%，居四大行第二；新增462.91亿元。本外币全口径存款日均余额5 076.62亿元，四大行占比29.11%；新增656.19亿元，居四大行第一。一般性存款日均余额4 941.08亿元，四大行占比29.07%；新增575亿元，居四大行第一。

【资产业务】新增社会融资总额945亿元，其中各项贷款新增404.90亿元（居四大行第二），信托、租赁、理财等直接融资532亿元。各项贷款余额3 208.96亿元。

【公司业务】企业存款日均余额（本外币）2 011.79亿元（含保本理财），位居四大行第一；

新增324.69亿元，位居四大行第一，增速19.24%。公司类贷款余额2 055.47亿元（含贴现），新增174.52亿元，增幅9.28%。

【个人金融业务】个人存款时点余额2 932.65亿元，位居四大行第二；个人存款时点新增217.51亿元，位居四大行第二。个人存款日均余额2 929.28亿元，位居四大行第二；个人存款日均新增249.93亿元，位居四大行第二。个人类贷款余额1 153.5亿元，新增230亿元，位居四大行第一。

【中间业务】全年实现中间业务收入38.3亿元，增幅5.5%，同业四大行份额超过30%，提升3.6个百分点。其中，公司条线实现中间业务收入21.6亿元，个金条线实现中间业务收入16.7亿元，均为四大行第二。

【资产质量】不良贷款余额46.13亿元，比年初减少8.59亿元，低于总行年底控制计划13.87亿元，不良贷款率1.49%，比年初下降0.52个百分点，实现“双降”，不良率系统排名提升九位，同业排名由四大行末位提升至第二位。

【战略性业务】新增个人有效客户240万户，完成总行计划137%；新增公司机构有效客户1.14万户，系统排名为第七；新增对公账户3.1万户，居四大行第一。上线“裕农通”服务点5 064个，累计发放“裕龙卡”55万张，沉淀个人存款34亿元。高速ETC客户签约量55.1万户，居四大行第一、系统前五。CTS客户新增53.47万户，居同业第一。烟草经营户比年初净增1万户。小企业助保贷及小额化转型位居系统第一。私人银行客户新增351户、金融资产新增55.35亿元，系统内排名中部六省第一。信用卡累计发卡、当年新增、消费交易额居四大行第一。省政府债券承销在24家承销团成员中排名第一。作为牵头主承销商和唯一簿记管理人，完成省政府589亿元定向债券发行，为系统内首家。

【内控合规建设】完成内控体系建设三年规划任务和2014年度内控缺陷问题的整改，整改率达到100%。扎实开展“平安建行”创建，无重大负面舆情，实现了“三无三安全”，即无重大恶性案件，无重大安全责任事故，无重大群体性事件，员工人身安全，银行资金安全，业务营运安全，荣获湖北省公安厅、银监局联合“安全评估”同业第一名。

## 二、主要工作措施

【加强党建与队伍建设，从严治党治行】举办“党委主体责任、纪委监督责任”专题研修班、“三严三实”专题教育培训党课、“强化基层党建，从严落实两个责任”专题学习班，各级机构党组织负责人参加了学习，实现了697个机构的全覆盖。制定下发全省26个二级行党委书记“五个不直接分管”制度（不直接分管财务、人事、工程建设、物资采购和信贷审批工作），约束一把手的权力。建立领导干部离辖请假报告制度，制定亲属回避管理办法。按总行要求，调整省分行纪委书记分工，为辖内所有26家二级行配备纪委书记，并实现纪委书记的专职化。制定省分行党风廉政建设党委主体和纪委监督责任考核办法。按照“开支待遇执行下限标准、发现问题顶格问责处理”的原则，对办公用房、公务接待、公务用车等进行了全面清理、检查、整改。制定湖北省分行“实施阳光工程 推行行务公开”工作方案，组织人事、财务费用、评先表彰等工作公开透明，接受全行监督。建立各级行领导“员工谈心日”制度，全省逐级开展万名员工大家访，实施全员健身、周末网点轮休、落实最低工资保障等为员工办实事举措，慰问和救助疾困员工1 170人。健全省市县三级工会组织，完善工会制度，开展青年员工“五进五创”系列主题活动。

【把握转型发展方向，加快统筹推进】成立分行转型规划推进委员会，制定“1+10”的全面转型方案，明确14个转型重点和37项主要任务。在总行KPI考核的30项重点转型推进指标中，12项重点转型推进指标进入系统前十。强化大资产大负债经营计划、通报、考核。新设数据管理和战略客户二级部，对公信贷放款、反洗钱、同业业务三个中心，强化大数据运用、集约化管理，新设中小企业金融服务创新中心，探索向中小企业及企业主个人提供全覆盖、综合化金融服务。突出移动金融和网点三综合，努力构建线上线下协同“大渠道”。突出重点城市行和县域延伸，推进区域协调发展，发挥武汉重点城市行龙头作用，制定武汉区域转型发展三年行动方案；挖掘县域发展红利，创新推出“裕农通”项目，创建“电子渠道+供销网点+龙卡”的村口银行模式，“裕农通”项目已实现全省地市、县域和武汉市新城区全覆盖。

【抢抓发展机遇，支持服务实体经济】积极跟进区域发展战略，加大总行与省政府“1+8”战略合作协议及框架内子协议项目落地对接。扎实推进“百千万”、“四走进”等系列营销活动，走市场、走基层、走客户、走不良，推动与各级地方政府、重要客户的高层互动和协商签约。制定差别化的经营策略和营销方案，省交投集团、武汉地铁集团、武汉地产集团、武汉城投集团等重点优质客户授信工作和营销服务取得重大突破，全年累计组织完成133个客户授信申报工作，金额3 573亿元；成功为保宜高速、麻竹高速、武嘉高速、武汉天河机场三期、沌口长江大桥等重大项目发放银团贷款85亿元，被湖北省评为“金融支持湖北经济发展突出贡献单位”，被武汉市评为“支持武汉经济社会发展突出贡献单位”。

【坚守资产质量生命线，标本兼治分类施策】落实“一把手”第一责任和班子主体责任，省分行行领导带头“分片包干”、“分户包干”，直接组织制定、督导落实风险化解方案，开展督导调研42次，全年处置不良资产58.5亿元，有效避免51亿元不良新暴露。突出加强源头控制，严把客户准入关口，强化信贷结构调整。建立了二级行和重点客户分类、分级管理制度，对不良额3亿元以上的二级分支行成立重点风险处置化解团队，加强专业化的处置。加强以贷前真实性核查、贷中集中审批放款、贷后资金流向监控为重点的信用风险全流程管控。

【内控案防先行，确保安全维稳】开展“合规管理年”和“坚守真实、拒绝违规、强化双基”专题活动，加强与武汉审计分部的防线联动，完善整改与问责机制，审计整改率99.37%，提高3.08个百分点。实施案件风险网格化管理，绘制了案防风险地图，开展了重点领域案件专项治理和员工行为全面排查。扎实开展“平安建行”创建，推进安保工作“制度、责任、应急、防卫、考核、保障”六大体系建设，强化二级行及以下专职安保队伍建设。按季开展声誉风险排查，强化信访工作管理。

【加强精神文明建设，传递正能量】开展“建行感谢您，满意在建行”活动，实施“网点服务质量百日监控”，湖北分行获得“全省十佳优质文明服务银行”第一名，客户满意度考核建设银行在系统内排名第六位，提升了27位。黄石分行、新洲支行、江岸百步亭支行荣获第四届“全国文明单位”称号。咸宁赤壁支行袁野荣获总行十大“最美建行人”称号和新华社“中国网事·感动2015”三季度网络人物，并作为全国金融系统唯一候选人入围年度人物评选。

执笔：张旭

# 湖南省分行

湖南省分行行长　刘力耕

## 一、业务发展概况

【主要业务指标完成情况】一般性存款余额5 078.25亿元，比年初增加437.79亿元，增长率9.43%，余额和新增均排同业第一。各项贷款余额3 478.97亿元，新增370.53亿元，增长率11.92%，余额和新增均排同业第一。实现账面利润93.68亿元，居同业第一。不良贷款额34.99亿元，不良贷款率1.07%。

【公司业务】企业存款余额 2 133.94 亿元，较年初新增 127.04 亿元，增幅 6.32%。公司贷款余额 2 342.52 亿元，较年初新增 209.71 亿元，增幅 9.83%。

【个人金融业务】个人存款余额 2 944.31 亿元，较年初新增 310.75 亿元，增幅 11.82%。个人贷款余额 1 136.45 亿元，较年初新增 160.83 亿元，增幅 16.48%。

【战略性业务】单位人民币结算账户新增 1.8 万户，收入 3.2 亿元。ETC 业务累计发卡 106.6 万张。国际收支客户新增 111 户。住房资金归集新增 105 亿元。小企业业务新增授信客户 734 户。信用卡消费交易额 1235 亿元，其中分期交易额 120 亿元，收入 15.6 亿元。资管业务实现资产入池 202 亿元，理财产品销售余额 323 亿元。造价咨询业务收入 3.3 亿元。手机银行活跃客户 248 万户，移动金融柜面替代率 68%，善融商务交易额 35.8 亿元，“悦生活”项目达到 113 个。养老金业务综合折算数 65.8 亿元，新增 27.8 亿元。金融资产 1 000 万元以上私人银行客户新增 347 人，金融资产新增 46.5 亿元。金融市场业务收入 1.2 亿元。

## 二、主要工作举措

### （一）狠抓市场营销拓展

【重点行业渗透成效明显】组建全省邮政系统资金结算网络，结算占比 90% 以上；抓住建筑业向上下游转型机遇，成功营销区域内大型建筑公司多个 BOT 项目；营销公共资源交易类客户 114 户，保证金存款余额居同业第一；公检法司及军警系统营销捷报频传，省监狱管理局下属 37 家成员单位全部在我行开户；机关事业养老保险实现省级账户全覆盖，市级账户覆盖度 86%；证券、期货客户签约新增分列系统第二和第四；存款营销能力持续提升，归集烟草资金近 30 亿元，省移动资金存款份额提升 5 个百分点，高速公路存款日均余额超过 30 亿元。

2015 年 4 月 15 日，湖南省分行举办龙卡湖南热购信用卡新闻通气会。

【重点客户营销成果突显】单位结算账户四大行占比 30.64%，提升 1.27 个百分点；成功营销永顺老司城、涔天河水库、中南邮票交易中心、长沙地铁 4 号线、军信环保等重点客户和项目；中车时代新材、五凌电力、长沙轻工院等国际融资储备项目意向融资超过 500 亿元；公积金 G 系统推广有效，与湘潭市公积金中心签订合作协议。

2015 年 5 月 19 日，湖南省分行与衡阳市人民政府举办政银合作洽谈会并签订战略合作备忘录。

【重点产品推广成绩初显】大额存单产品余额达到 62 亿元，传统行业优质客户票据承兑业务收入增幅 33%；金融 IC 卡新增 503 万张，社保卡新增 112 万张，热购信用卡新增 24 万张；通过柜面跨行资金归集吸收他行个人存款 295 亿元；“快贷”业务余额 3.7 亿元；大数据贷款新增 6 亿元；“金管家”个人现金管理账户新增 10 万户，交易额 238 亿元；对公、个人产品覆盖度分别达到 5.41 和 4.81。

### （二）促进经营转型发展

【转型发展规划在湖南分行落地】制定转型发展规划实施方案，明确转型发展目标，陆续推出条线转型方案和劳动竞赛方案；突出省会城市行龙头作用，成立重点城市行转型发展专门委员会，制定三年转型发展方案，启动长沙地区综合营销能力建设。

【转型业务亮点纷呈】开展“建网通天下，转型创未来”竞赛活动，推动存款业务转型发展，一般性存款新增系统第七；转型规划推进30项重点指标有8项排名系统前五，12项指标在六至十位；打造个人客户金融生态圈255个，金融IC卡发卡累计、新增皆居同业首位，系统领先；完成了新一代二期培训、演练、特色应用配套改造和切换上线工作。

【多领域创新形成合力】完成产品创新项目82个、流程优化项目43个，系统首创推出综合账簿现金池、建票通等业务；网点“三综合”建设率达到100%；优化网点建设项目49个；新增离行式自助银行108个，实现全省县域全覆盖；推动全面网络金融服务转型，手机银行客户突破千万；加强大数据应用，提高海量历史数据查询效率，为客户分层维护与精准营销提供技术手段。

2015年7月1日，湖南省分行与长沙经济技术开发区管理委员会举行全面战略合作备忘录签约仪式。

**（三）夯实风险内控管理**

【信贷风险管理有力】制订实施方案，推进信贷文化建设；组织签订风险防控责任书，落实信贷资产质量“一把手”负责制；加强主动授信，充分发挥信贷审批的把关守口作用；加强信贷基础管理，出台贷后管理细则，完善信贷管理机制和流程，依托放款中心平台推进信贷风险管理转型；信贷结构明显改善；20个重大信用风险项目省行、二级行、经办行联动化解取得效果；全年处置不良贷款31.7亿元，不良额、不良率、逾期等均控制在总行计划内；已核销资产现金回收2.3亿元，荣获总行回收年度奖。

【内控风险管理有为】深入推进“双基”管理和“合规管理年”活动，有序开展“一加强两遏制”专项检查，内控管理水平进一步提升；反洗钱实现集中作业，人民银行反洗钱考核评级为A级；审计检查发现严重问题个数明显减少，内审发现问题整改率98%，整改质量在系统内名列前茅；依法维权成效显著，审结诉讼案件926件，胜诉率99%，挽回损失5595万元，被总行评为“法律工作先进集体”，获得“知识产权管理奖”。

【案件风险防控有效】扎实开展平安建行“基础建设年”活动，基层机构平安单位覆盖率98%；建立健全案件防控全流程机制，积极处置各类舆情，依法合规有效维护稳定，基本实现了无重大违规、无重大安全责任事故、无案件的目标。

**（四）完善工作管理机制**

【财务资源配置突出实效】资源配置向县域金融、有效客户、移动金融、ETC、金融IC卡、渠道指标等重点战略业务倾斜，加大资产处置财务支持力度；重新核定费用标准，重点费用支出项目重点管控；大力推进已批准资本性支出项目实施，加强集中采购工作，提升集中采购效能。

【人力资源配置突出重点】按照总量控制、结构调整、适度增加的原则，做好投入产出分析，员工配备尽可能满足基层一线、前台营销岗位需求；完善员工岗位职务晋升管理和内设机构设置，严格控制本部人员编制；规范各类业务营销团队管理，强化客户经理聘任配备工作，提高整体营销能力。

【信贷资源配置突出价值创造】信贷规模优先配置业务发展、产品销售和效益好的行，优先配置谈价议价能力强的行，优先配置重点项目、基础设施项目，优先配置有利于长远发展的综合性优质客户，优先配置对建设银行忠诚度高的客户。

【考核激励机制突出业绩贡献】进一步深化

"同业看份额、系统看排名、自身看发展"的考核思路，KPI考核和等级行评定加大风险管控、战略转型和大资产大负债指标权重。

**（五）从严治党治行扎实有效**

【"三严三实"专题教育精心组织】结合湖南行实际制定"三严三实"专题教育实施方案，通过党委中心组学习、专题培训和党委书记讲党课等形式抓好各阶段专题学习；广泛征求意见建议，明确责任人和时间表，全部整改到位；按照一级抓一级的原则开好专题民主生活会，省行班子成员分赴各二级行和省行部门进行指导。

【基层党建工作扎实开展】牢固树立责任意识，落实党建工作责任制，完善省行行级领导基层联系点制度；持续开展"创先争优"活动，下拨专项费用建设基层党员活动室，推进支部阵地建设，丰富基层党员活动；举办二级行及部门一把手专题培训班，开展党组织书记抓基层党建工作述职，在井冈山、延安等地举办党员干部党性修养培训班四期。

【党风廉政建设持续深化】落实党风廉政建设"两个责任"，层层签订责任书，细化责任清单；认真贯彻《中国共产党廉洁自律准则》和《中国共产党纪律处分条例》，开展"讲规矩 正风纪 守廉洁"主题教育活动，严格执行中央八项规定和总行党委十项要求，持之以恒反对"四风"，招待费、会议费、广告费、车辆费均压缩在总行规定范围以内；深化"三转"聚焦主业，全面实现纪委书记和纪检监察职能专职化；发挥巡视监督利剑作用，抓好总行巡视反馈意见整改，对7个二级行开展常规巡视和专项巡视。

【领导班子建设和员工队伍管理不断强化】严格执行中央和总行干部选拔任用有关规定，落实总行"注重综合素质、突出业绩实效"人才理念，配强"一把手"，加强年轻干部培养，通过公开竞聘、考核聘任等方式提拔副总经理级及以上干部29人，三、四级专业技术岗位人员31人，平级交流68人；开展本部内设组长和五、六级专业技术岗位公开竞聘，继续推行干部上挂下派；加强和改进培训工作，举办员工现场培训790期共4.3万人次；认真落实中央和总行从严管理干部有关规定，加强干部监督和责任管理，完善了《副总经理级及以上领导人员责任管理办法》；加大责任管理力度，在重事实的前提下紧抓关键环节和关键人员的处理。

执笔：杨红

# 广东省分行

广东省分行行长　刘军

## 一、业务发展概况

### （一）主要业务指标

【存款】截至2015年底，一般性存款日均余额10 605亿元，日均新增800亿元，完成总行全年计划的120%，新增居四大行第一，余额四大行占比25.03%，较年初提升0.49个百分点。

【贷款】截至2015年底，各项贷款余额6 232亿元，比年初新增571亿元，余额市场占比22.5%，较年初提升0.3个百分点。其中个人贷款新增693亿元，实现四大行、系统双第一，余额四大行排名提升 1 位。

【经营效益】全年实现中间业务收入 100 亿元，四大行占比 23. 2%，较年初提升 0. 69 个百分点。实现拔备前利润 231. 2 亿元，完成总行计划 102%，同比增幅 5. 4%。

【资产质量】截至 2015 年底，不良贷款（不含信用卡）115. 89 亿元，逾期贷款 124. 23 亿元，表外业务垫款 5. 62 亿元。

**（二）其他业务指标**

【公司业务】截至 2015 年底，企业存款余额 5 190 亿元，日均新增 448 亿元，总行计划完成率 146. 99%，新增居四大行第一，余额四大行占比 29. 4%，较年初提升 0. 50 个百分点。公司类贷款余额 3 588 亿元，比年初减少 121 亿元。客户规模持续增长，公司机构有效客户净增 9 534 户，系统内排名第二；有效加权客户净增 2. 26 万户，全量客户新增 2. 474 万户。

【个人业务】2015 年个人存款日均新增 352 亿元，位居四大行第二，同比 2014 年多增 91 亿元；时点新增 265. 59 亿元，四大行排名第三。日均存款、时点存款余额市场占比实现双提升，达到 21. 91% 和 21. 61%；全省个人有效客户 899. 7 万户，比上年底增加 118. 7 万户，新增量全国排名第一；加权个人有效客户 3 823. 7 万户，比上年底增加 444. 8 万户，新增量全国排名第一；个人客户产品覆盖度为 426. 86%，比年初提升 36. 62%，总行计划完成率达 232. 79%.

【投资银行业务】投行业务全年承销债券 534

2015 年 6 月，广东省分行为广东省高新技术企业量身打造综合金融服务方案“Fit 粤”计划。

2015 年 11 月 12 日，广东省分行与佛山市政府、深圳市创新投资集团就“佛山市创新创业产业引导基金”签署战略合作协议。

亿元，其中地方政府债承销量 265 亿元，非金融企业债券承销量 269 亿元。投放基金 13 只，总规模 894 亿元，我行出资 343 亿元，已投资 117 亿元。

【电子银行和信用卡业务】移动金融柜面替代率 55. 14%，比年初提升 21. 08 个百分点；手机银行活跃客户总量同比翻番增长，达到 240 万户，电子银行业务综合考核排名系统第一。信用卡累计发卡突破 600 万张，达 676 万张，客户突破 500 万户，达 538 万户，持续保持系统第一；全年净增发卡 149 万张，跃升四大行第一；信用卡中间业务收入、消费交易额、贷款余额等关键指标分别提升一位，至四大行第二；分期付款交易额 201 亿元，对全分行利润贡献能力进一步增强，各项主要指标均超额完成总行计划。

【国际业务】全年实现跨境人民币结算量 2 216亿元，全年计划完成率 111%，同比增长 36%，累计业务量首次超越深圳分行，系统内排名第二；实现国际结算量 1 515 亿美元，全年计划完成率 101%，同比增长 37%；四大行占比 22. 2%，比 2014 年底提升了 5. 61 个百分点；共拓展 1 000 万美元以上重点外汇客户 506 户，全年计划完成率 107%，增速达到 27. 8%；“182”工程重点外汇客户成功突破 106 户，计划完成率 204%，增速达到 26. 3%；

【金融市场业务】金融市场代客结售汇业务量、客户数持续保持系统领先；CTS 客户总量 393

万户，2015 年新增 CTS 开户客户 110.55 万户，总量和新增系统排名第一；银期直通车客户总量 8.8 万户，2015 年新增客户 1.3 万户，新增系统排名第一位；托管业务规模突破 2 500 亿元，系统内首家分行上线“托管人清算”业务产品；养老金个人账户数持续保持同业第一。

【资产质量与风险控制】全年 A、B 类潜在风险客户压缩信贷余额 48.58 户，有 149 个客户实现了全额退出，退出金额 29.41 亿元。全年共处置不良贷款 110.8 亿元，实施四次市场化打包处置（本金合计 54.71 亿元）。连续 9 年保持内部零案件良好态势，共成功堵截各类外部案件 452 件涉案金额 1 868.55 万元。

【内控合规建设】内控评价“提档晋级”100 项工作措施全部落实到位，被总行内控评价为一类行；实施省分行部门内控评价考核，做实横向监督，强化条线管控；开发应用网点内控评价管理系统，通过对网点内控管理水平进行评价，强化省分行条线纵向管控；合规官试点及合规管理转型方案得到总行高度认可，试点工作顺利开展；开展网点经营管理授权工作，作为系统内首创，获总行支持；广州地区反洗钱作业处理集中经验得到总行高度认可并向全行推广；通过轰轰烈烈开展合规文化建设，“内控促发展，合规创价值”和“全员、全面、全过程”合规理念逐步得到理解和认同。

## 二、采取的主要工作措施

【全面深化改革】省分行党委成立后立即推出了一系列“准、高、实、快”的改革举措，引领全分行发生了一场无处不在、无时不有、贯穿始终、影响深远的变革。在工作理念上，“两开两合”，少管多理，准确提出了转型的指导思想、发展格局、工作抓手。在组织架构上，设立四个专业委员会和三个转型发展领导小组，精简本部部门，优化整合广州机构。在人事绩效上，以年轻化和基层经历为导向调整班子配干部，“两个越近、两个越高”深化绩效分配改革。在行风作风建设上，要求“用管理者的辛苦指数换取员工的幸福指数”，接地气出实招，帮扶基层排忧解难减负。在软实力建设上，创办《广东建行报》，开展“善建者学”赠书、周末观影、“抓六力、促发展”等一系列活动打造企业文化品牌。

【全面推进转型】省分行党委将“转型发展”放在了指导思想首位，对接总行、对接政府、对接市场、对接客户，因时而变、因势而变，推动转型发展实现了“五个转变”：一是由传统公、私业务的二元结构向公司机构、大零售、投行金融市场三足鼎立的结构转变。强力推进“大零售’战略，从简单产品服务向大零售管理和服务转型；深化“六个一”模式，从传统存贷汇服务向综合金融服务转型；强力推进跨境人民币业务、自贸区业务，加强境内外联动，从传统贸易服务向自贸区服务转型；强力发展大资产大负债业务，开辟业务发展新蓝海。二是由经营单个客户向经营客户群转变。三是由经营产品向经营品牌转变。四是由经营网点向经营渠道转变。五是由区域“长短不均”向区域“扬长补短”转变，确立了决战大广州、深耕珠三角、提升东西北的区域转型发展战略，以区域发展推动全分行整体转型。

【全面夯实基础】坚持以网点为中心做好“三综合”工作，持续夯实渠道基础。全分行秉承“网点兴则分行兴，网点强则分行强”、“对外以客户为中心、对内以网点为中心”的发展理念，明确了“为了谁、依靠谁、我是谁”，将网点提升到了前所未有的高度。坚持“学以致用”加强队伍建设，持续夯实队伍基础。坚持“创新驱动”完善创新体系，持续夯实创新基础。2014 年，省分行加大“造梦建行”工作推动力度，要求人人创新、域域创新、事事创新、时时创新，将创新作为引领转型发展的第一动力。全行 100% 的网点参与创新，48 项系统或同业首创的创新打开了市场，34 个中收 1 000 万元的成长奇迹熠熠生辉；创新范围逐步延伸到管理机制创新、流程优化创新、管理工具创新、小微创新等领域；实现创新效益 28.7 亿元，创新效益对利润的贡献度达 12.4%，创造了创新利润的贡献奇迹；创新型人才、创新型组织、创新型活动如雨后春笋，共同打造了一个创新型分行。分行已连续三年获得总行“最具创新力”分行奖。

【全面防控风险】坚持“价值创造”做好风险防范，持续夯实资产质量基础。细化信贷政策调整，细化风险排查预警工作，细化贷前、贷中、贷后管理，细化资本占用管理，提高风险化解处置能力，全年累计处置不良贷款110.8亿元，处置金额为近5年最高，比2014年多处置39.96亿元，完成总行下达全年处置计划的312%。坚持“依法合规”做好合规建设，持续夯实内控基础。构建了“纵向到底、横向到边”的大合规管理体系，深入推进“提档晋级”工作，系统化实施网点及部门内控评价。开展为期1个月的员工行为专项整治活动，深入开展了安全生产大检查，实现了“合规平安年”目标，合规管理成效显著，获总行奖励100万元。

【全面加强党建】省分行党委坚持全面从严治党，从我做起以上率下、严字当头动真碰硬、着眼基层完善制度、从小抓起持之以恒，强化了党委的领导核心作用。省分行党委按照总行党委统一部署，深入贯彻中央、总行政策要求，认真抓好“三严三实”教育，全年省分行党委中心组学习12次，党委委员业务条线授课34人次，精心做好基层党建，以“抓党建、促转型、谋发展”作为省分行党建工作着力点，派出120名党员赴40个县支行党支部开展“百日帮扶”活动，第一批帮扶工作累计创建“党员先锋岗”、“党员示范岗”、“党员责任区”154个；以“闪亮在岗位、标杆看支部”活动作为基层党建工作的着力点，进一步强化党员先锋模范作用和党组织战斗堡垒作用，王洪章董事长专门作出批示予以充分肯定。全力落实“两个责任”，严格执行八项规定，持续纠正“四风”，将广州地区支行党总支升格为二级支行党委，同时设立纪委。对二级分支行实行纪委书记专职化。加强了巡视监督工作。中央第十二巡视组对分行党建、党廉工作给予了积极评价。

【全面落实关爱】全面兑现、精准落地“温暖工程”十件实事；在全分行深入开展“六小”活动，“最美建行人”榜样力量深入人心；建好省分行行史馆，组织“双先”表彰大会和员工趣味运动会等大型活动，积聚发展正能量。省分行本部各部门加班加点，凝聚力、战斗力、执行力显著增强。各二级分支行你追我赶拼市场，不甘落后争份额，努力营造了一种积极进取、团结奋进的文化氛围。

执笔：闵文倩

# 广西壮族自治区分行

广西壮族自治区分行行长　胡昌苗

## 一、业务发展概况

截至2015年底，广西区分行一般性存款时点余额2 385亿元，居四大行第二；日均新增242亿元，增速11.5%，新增、增速连续三年居四大行第一。各项贷款余额1 950亿元，新增199亿元，增速11.4%，新增、增速连续两年居四大行第一。不良贷款额8.16亿元，不良贷款率0.44%，逾期贷款12.8亿元。实现净利润36.8亿元，增速4.8%；实现经济增加值22.2亿元，增速1%。

【公司业务】企业存款日均余额1 265亿元，新增143亿元，增速12.67%，新增、增速均居四大行第一。对公非贴贷款余额1 099.11亿元，新增48.16亿元，增速4.58%，新增、增速均居四大行第一。实现中间业务收入10.40亿元。新增对公结算账户1.4万户，新增占比34.3%，居四大行第一。

【个人金融业务】储蓄存款日均余额1 081.70亿元，新增99.50亿元，增速7.74%，新增、增速均居四大行第一，日均新增超越农业银行，实现历史性突破。个人贷款余额769.38亿元，新增107亿元，增速21.3%，新增、增速均居四大行第一。实现中间业务收入5.37亿元，同比多增1.46亿元。个人有效客户新增118.02万户，增速14.56%。

【房地产业务】个人贷款余额698亿元，新增86亿元。其中个人住房贷款新增88亿元，个人住房贷款余额、新增额稳居同业四大行第一。住房资金归集余额300亿元，新增45.6亿元。住房资金存款余额105亿元，新增3.6亿元。实现中间业务收入0.97亿元。

【中间业务】实现中间业务收入21.3亿元，增速11.8%，新增、增速居四大行第一；四大行占比28.7%，高于系统平均水平1.1个百分点；与贷款相关类产品收入占比10.3%，较年初下降9.3个百分点。

【国际业务】全口径外汇存款余额45 524万美元，比年初新增13 178万美元，增长40.74%。全年累计办理国际结算80.08亿美元，新增1.17亿美元，增长1.48%。其中办理跨境人民币业务302亿元，同比新增26亿元，增长9.45%。

【资产质量】不良贷款额9.05亿元，不良贷款率0.48%；实现表内不良资产本金压缩处置12.28亿元，回收已核销资产现金1 263万元，信贷资产质量保持区域最优。

【内控合规建设】完善内控合规管理体系，扎实推进“合规管理年”活动，做好“一加强两遏制”自查及回头看工作，加强监督检查和审计发现问题的跟踪整改和问责，确保按章合规操作。

【其他业务】养老金业务新开立各级机关事业单位养老保险账户64户，金融社保卡新增发卡超50万张。投行业务实现收入3.1亿元，同比增长30.06%，居系统第十；通过新型投行产品为客户直接融资353亿元，同比多增75亿元。信用卡业务实现收入3.7亿元，同比增长60.31%，居系统第二；实现信用卡分期交易额41亿元，同比增速64%，系统排名第七；信用卡专项分期新增10亿元，居系统第四；新增借记卡4.68万张、

2015年1月29日，广西区公安厅经侦总队赠予建设银行广西区分行“鼎力支撑共筑平安”锦旗。

信用卡2881张。电子银行业务实现收入1.23亿元，增幅系统内排名第六。签约电子银行渠道2.81万户；移动金融柜面替代率50.3%，比年初提升19个百分点；手机银行活跃客户达到63万户，增长61%；基金销售实现中收1.33亿元；贵金属业务实现中收2 873万元，其中代销实物贵金属系统排位第13，代理t+d业务排位系统排位第五；对公财险实现中收396万元，增幅系统排名第一。

## 二、主要工作举措

【坚持转型发展，打造竞争优势】一是加快推进“大资产、大负债”经营战略转型。客户全量资金余额4 771亿元，同比增长13%；综合运用信贷、理财、债券、基金等产品为区内客户融资553亿元，同比增长33%。二是开展“综合金融服务提升年”活动。打造防港核电、北部湾港务集团、自治区财政厅、扬翔饲料等一批成功的综合金融服务案例。推进“增五户”、“三提升”工作开展，包括80大对公客户日均存款较年初新增23亿元，实现中间业务收入2.9亿元；为54名重点私人银行客户、76个重点批量群体提供综合金融服务，新增金融资产3.8亿元。以“综合金融服务上门”活动为契机，深化母子公司联动。成立同业业务经营中心，办理50亿元票据买返业务、11亿元存放同业业务；与国开、农发签订《全面业务合作协议》，年底承接国开行代理棚改专项资金超30亿元。举办“21世纪海上丝

绸之路”投资论坛暨项目签约会，总签约额超过1 200亿元；作为牵头行与自治区金融办、建银国际、港务集团共同签署了人民币国际投贷基金合作框架协议；成为核电二期、南宁轨道二号线的银团牵头银行；成功中标南宁市竹排江上游那考河流域治理项目，投放广西首笔PPP项目贷款；与广西新发展交通集团开展ETC项目合作，成为广西首家办理ETC业务的银行。三是大力推进国际化转型。全年累计办理跨境人民币结算301.88亿元、人民币贷款30.66亿元，市场份额70%，稳居同业首位。为关丹钢铁基地项目提供10亿美元融资支持；为广西水电工程局、十一冶、中石油六建公司等企业到境外承建工程提供工程类保函累计1 900万美元。

【加强基础建设，保证经营可持续发展】一是持续推进“抓户工程”，夯实客户基础，客户、账户实现量增质提。大藤峡成员单位葛洲坝一公司账户落户我行，获得30亿元贷款份额；南百铁路二线项目、黎湛铁路电气化两个项目指挥部、全部中标施工企业开户；新增中央和地方财政预算单位零余额账户67户、县域和城区财政专户9户，在区域内首家开立跨境人民币产权转让专用账户。二是推进渠道转型，完善服务网络。恢复富川、昭平、融水、宁明、龙州5个县支行，县域覆盖面达到70.6%，在43个乡镇新设助农点94个，新购置网点8个，调整低产网点12个；新增现金类自助设备153台；创新特色网点和社区金融服务，建设轻型网点5个；加大网点“三综合”建设力度，网点综合化率达到96%；加强电子渠道服务功能，创新供应链金融新模式，移动金融O2O、电子渠道交通罚没款缴交、企业网银批量通、跨行付等一批创新应用上线。三是强化基础管理，提高精细化管理水平。利用大数据自主开发对公客户资金流监控分析、授信客户智能监控、智慧个金平台等系统，为业务管理和精准营销提供决策支持。提升定价能力，加强线上超授权审核监控。优化业务流程，成功完成新一代2.2期前台生产系统上线；深化前后台分离，分离日均业务量1.5万笔，单笔业务工作量分离达80%；实现自助设备日终对账自动化及钞箱统一化。加强成本管控，业务管理费同比压缩1.37亿元，其中招待费、宣传费、差旅费、公务用车及办公用品耗材等费用同比压缩8 826万元，降幅达33%。

【促进业务创新，为转型发展注入新动力】上报完成62项产品创新，排名全国前列，被总行列为移植创新专题宣传分行。成果丰富：开展人民币对越南盾银行间市场交易创新，获得首批人民币对越南盾交易报价行资格；利用银租宝等创新产品为沿边金改区重点客户办理跨境人民币贷款回流26亿元，市场占比70%；办理国内金融系统首笔打通境外LME市场和境内期货市场的大宗商品套期保值交易。完成410家自治区本级预算单位财政国库支付电子化上线，实现了国库支付业务无纸化办理。开发自主品牌“东盟金”，自主创新“惠企贷”、“工资贷”，并实现贷款投放。为广西投资集团注册50亿元的超短期融资券，为北部湾港务集团承销发行永续票据20亿元，实现业务零的突破。“跨国公司外汇资金集中运营”、

2015年6月1日，广西区分行与广西区发展改革委签署全面业务合作协议。

2015年11月20日，广西区分行与广西新发展集团举行ETC项目合作协议签约仪式。

“对公结算产品套餐”、“小企业百货商户贷”、“惠企贷”纳入总行重点推广创新项目。

【强化风险管控，确保业务稳健发展】一是加强信贷风险管理。严格落实“一把手”责任制，强化执行力，从区域、项目两个维度实行行级领导分片包干制度，各级领导层层负责，前中后台部门各司其职，强化“三道防线”联防联控。把好信贷投向，有效控制不良贷款新增。二是加强内控合规管理。扎实推进“合规管理年”活动，认真开展“一加强两遏制”自查及回头看工作，加强监督检查和审计发现问题的跟踪整改和问责；建立健全全行业务连续性管理架构，提高安全运营保障能力。三是强化从严治行。保持案件防控高压态势。

【加强党的建设、队伍建设和企业文化建设】一是认真落实全面从严治党主体责任，切实加强和改进基层党建工作，推动党建工作与业务发展深度融合。二是严格履行党风廉政建设“两个责任”，开展“讲规矩 正风纪 守廉洁”主题教育活动，层层签订党廉案防责任书，持续抓好中央八项规定和总行党委十项要求的贯彻落实，营造风清气正的干事创业氛围。三是以“三严三实”专题教育为契机，通过党委成员带头讲党课、集中学习、专题民主生活会等形式，聚焦不严不实问题，延续在群众路线教育实践活动中建立的“反四风”长效机制，扎实抓好整改落实和立规执纪，确保专题教育取得实在成效。四是做好总行巡视配合工作，以总行巡视为契机，以问题整改为导向，进一步加强从严治党、从严治行的力度；稳步推进对二级行的巡视工作，加强巡视反馈和督导帮扶。五是加强领导班子队伍建设，提聘总经理助理级以上人员55人，交流任职42人；深化人才培养“百人工程”，继续选拔第二批挂职人员6人到县支行挂任负责人职务。六是坚持文化引领，大力弘扬先进典型。韦镇雄同志荣获2015年度“最美建行人”荣誉称号；柳州分行荣获“全国文明单位”荣誉称号；广西区分行荣获广西银行业协会首届“年度社会责任贡献奖”和“年度最佳绿色金融奖”荣誉称号；员工关爱措施升级至60条。

执笔：苏铭

# 海南省分行

海南省分行行长　张中科

## 一、业务发展概况

截至2015年底，海南省分行实现主营业务收入28.90亿元，比上年增加3.27亿元，完成总行计划103.5%；税前利润14.78亿元，比上年增加2.31亿元，完成总行计划106.4%；净利润11.07亿元，比上年增加1.80亿元，完成总行计划106.6%；经济增加值6.76亿元，比上年增加0.70亿元，完成总行计划102.9%。全行全口径存款时点余额779.98亿元，比年初增长49.86亿元；一般性存款时点余额779.19亿元，比年初增长51.87亿元，排名四大行第二。全口径存款日均余额736.63亿元，一般性存款日均余额727.32亿元。全行各项贷款余额551.04亿元，比年初增长143.80亿元，增速35.31%，增速系统内排名第一。

【公司业务】企业存款日均余额433.04亿元。人民币对公非贴贷款余额359.90亿元，比年初新增87.40亿元。对公贷款新增居四大行第二，增速在四大行和系统内均排名第一。

【个人金融业务】个人存款日均余额313.96亿元，比年初增加16.78亿元，增速5.65%，增速位居四大行第一。个人类贷款余额（不含信用卡透支）172.02亿元，比年初新增47.81亿元，余额和新增额均排名四大行首位。

【中间业务】实现中间业务净收入6.03亿元，完成总行计划120.6%，同比增加1.44亿元，增速31.43%，增速系统内排名第一。收入总量超过中国银行，上升至四大行第二位。

【国际业务】企业外汇存款时点余额21 649.3万美元，比年初增长302.41%，完成总行新增计划的2 001.14%；日均余额18 070.4万美元，比年初增长169.01%，完成总行新增计划的1 745.54%。外汇企业存款余额和新增排四大行第一。外汇贷款余额27 609.3万美元，比年初增长85.23%，居四大行第二。全年办理国际结算222 032.4万美元，同比增长47.11%。跨境人民币业务量45 521万元，同比增长1.75%。

【资产质量与风险控制】按五级分类口径，全行不良贷款额1.38亿元，不良贷款率0.24%，不良贷款额、不良贷款率在系统内和同业继续保持最优，也是全国唯一一家无重大风险报告事项的一级分行。

2015年7月16日，海南省分行与海南省国家税务局在海口举行小微企业“税银互动－税易贷”业务合作签约仪式。

2015年9月9日，海南省分行与解放军总医院海南分院在三亚举行战略合作项目签约仪式。

## 二、主要工作举措

【深入推进转型发展，努力提升综合经营竞争力】

1. 存款业务保持稳健增长。抓好总行存款业务8个方案的有效落实，逐个制定措施予以推进。在重点建设项目征地拆迁补偿款争办工作方面，分行先后取得红岭水库征地款、美兰机场二期扩建工程土地征收款、国开行棚户区改造拆迁补偿金约15.8亿元，并积极做好下游农民补偿资金的承接和稳存工作，确保资金实现体内循环。推进重点目标客户管理，明确288家机构类目标客户责任行，梳理54个具有政府投资背景的重点项目跟踪营销责任行，全程督导分支行精准营销，重点做好客户大额资金流出的挽留工作。抓好单位大额存单发行工作，重点抓客户在他行的存款。加强重点客户的联动营销。成功取得海航集团内保外贷业务，新增保证金存款2.92亿元；成功办理海航集团10亿元结构性存款和质押承兑汇票业务，实现人民币结构性存款业务零的突破。

2. 贷款新增跨越百亿大关。积极抓好省内重点项目营销，当年分行荣获海南省委省政府颁发的“海南省西环高铁建设先进集体”荣誉称号。组建跨部门和分支行的专业化海航服务团队，重点围绕其航空板块、机场板块，以及与航空主业相关性较高的业务领域，提供综合金融服务方案，成功为海航集团提供综合授信300亿元。积极搭建小企业业务批量授信平台，截至2015年底，分行“助保贷”平台已入池企业195户，金额10.91亿元。分别与海南省国税局、地税局签订“税银”合作协议，“税易贷”业务已在省内优先于同业全面铺开，2015年度累计发放贷款达8 800万元。房贷余额在保持市场占比第一基础上不断扩大领先优势同时，着力提高个人消费经营类贷款市场占比。截至2015年底，全行个贷余额172.02亿元，四大行占比37.05%，排名四大行第一位。

3. 战略业务转型屡获新突破。机构业务的财政及政府机构存款市场份额及新增保持四大行第一。实现同业业务专营，全年累计办理同业业务27亿元，实现利息收入4 208万元；CTS业务账户新增及手续费收入跃居四大行第一。国际业务取得新突破，与建行亚洲联动营销6.16亿美元内保外贷业务，吸收保证金存款20.32亿元；与首尔分行联动给海航国际发债人民币2亿元，与海南航空成功签约2.8亿美元飞机转贷款业务；办理分行第一笔10亿元结构性存款业务、4 848万元“黄金租赁+远期套保”业务、4 900万元非融资性履约保函业务、1.8亿美元飞机转贷款业务等。借记卡业务全年发卡59万张，其中，借记卡卡均消费系统内排名第十位，卡均存款系统排名第七位，借记卡活跃卡占比系统内排名第二。信用卡业务当年净增信用卡5.89万张，同比增长34.81%。信用卡账户活动率、卡均消费额、分期交易额计划完成率均排名系统内前十位，在总行2015年“增效益 提质量 促发展”信用卡业务专项活动中获得先进分行奖和综合发展奖。电子银行业务客户数同比增长25.39%，企业网银和个人网银存量活跃客户占比提升值系统内排名分别为第一和第二；短信通覆盖度62.49%；善融商务商户新增91户，实现交易额1.21亿元。移动金融柜面替代率提升值系统内排名第六，比全行平均水平高出2.19个百分点。投行业务全年实现收入1.45亿元，完成总行计划116.5%。养老金业务中标9户企业年金业务双资格，占全省人社厅企业年金登记备案新增客户数的70%，创历年来最好成绩。

2015年11月10日，海南省分行在海口召开龙卡海南热购信用卡上市发布会。

4. 加快推进客户结构转型。截至2015年底，全行新增单位人民币银行结算账户9 012户，新增四大行占比39.89%，较上年提升9.88%，增量、增速均位列四大行第一；全年新增基本户6 806户，新增四大行占比36.02%，四大行排名第一；基本户总量超过农业银行，排名四大行第二，较年初提升一个位次。全行代发单位户、代发个人户分别比年初新增634户、5.01万户，在总行“抓代发、争客户、增存款、促发展”代发工资营销活动中荣获“综合贡献奖”一等奖和有贷户代发先锋奖。2015年共发放小企业贷款5.52亿元，发放个贷3.66亿元；办理信用卡6 255张、结算通借记卡1.31万张；开立个体工商户账户1 832户；签约电子银行产品7 482人，安装POS机1 628台、电话POS机692台，开展了个人客户拓展的“新蓝海”。联合海南省商务厅共同举办“聚采善融 携手共赢”为主题的善融商务生鲜线下订货会，共拓展52个省内优质涉农商户在我行开立单位账户并入驻善融商务。

5. 深入推进服务渠道转型。优化营业网点岗位设置及劳动组合，深化“上二休一”或“上三休一”弹性排班模式，加快单一对公、对私柜台转型。截至2015年底，全行综合性网点、综合柜员制覆盖率100%。加快提升移动金融柜面替代率，截至2015年底，我行移动金融柜面替代率48.75%，提高值20.37%，系统内排名第六，比全行平均水平高出2.19个百分点。优化对公柜面业务流程，推进账单自助服务系统全辖上线；优化营业网点柜员日始日终操作流程，成功上收全国支票影像业务至COS_ T系统后台集中处理，加快前后台分离步伐。加快自助渠道建设，2015年底，全行在运行自助设备722台，账务性交易量比81.81%，自助设备交易量相当于柜面业务量的4.5倍，系统内排名第七位。

【加强资产质量底线管理，资产质量保持系统及当地四大行最优】

2015年度，分行积极有效抵御全国重大信用风险频发压力，成为系统内唯一全年无重大信用风险事项发生的分行。一是加强信贷全流程管控，编制《信贷资产质量管控工作法》。二是围绕总行信贷资产质量季度控制目标，组织关键时点预测，加大对逾期和不良贷款、不良贷款新暴露等预警性指标监测力度，纳入经营条线KPI考核占比约20%，敦促各经营条线清欠压逾、降旧控新。三是针对有分类下迁可能的对公信贷客户，由行领导分条线包干压控不良贷款，行领导牵头实施客户风险化解。按季组织召开贷后管理分析诊断暨预警跟踪高层分析会，针对银监局和内外审关注、授信风险监测系统及对公预警系统提示重点客户，制订处置化解方案。四是推进放款中心建设。实现对公大中型客户放款审核基本模式、主要职责、基本流程及作业标准“四个统一”。五是把握总行新的呆账核销办法，下发已核销资产现金回收专项活动方案，2015年度，共计完成2 869万元呆账贷款核销审核报批。六是做好“一加强两遏制”自查，严防操作风险和案件风险。

【实施考核机制创新，夯实基础管理，提高精细管理水平】

1. 实施市县分支行竞争力容忍度管理。将县市区域作为加大“三农”金融服务创新，开辟农村金融“新蓝海”的重要切入口，以及支撑全行竞争力的重要组成部分。省分行梳理出企业存款、储蓄存款、中间业务收入的网均新增、新增当地四大行排名、市场占比等9项指标作为市县分支行竞争力容忍度管理要求；省分行根据业务发展实际情况动态调整激励约束标准，按月通报、按季兑现、按年清算，业务完成情况将作为各级负责人调整考核的重要依据。

2. 实施网点业务底线发展目标管理。一是建立网点竞争力底线管理目标体系，与全行干部员工岗位绩效工资等全面挂钩考核。二是强化网点底线营销目标基础考核。通过“人单合一”和“一户一表”考核，提升每个客户的金融业务总量。以提升产品覆盖度为准绳，重点突出“分期、保险、理财、基金、贵金属”等五大产品销售，着力增强客户的黏性。突出两项重点，即电子银行和信用卡。电子银行重点抓好九个字，即“提量比、增客户、促应用”；信用卡重点做好三方面工作：发卡、分期和商户。

3. 建立完善内控合规工作配套机制。一是完善内控合规工作组织架构。每个本级部门和分支机构均明确一名领导人员负责内控合规专项工作，至少一名经办人从事本单位内控合规具体工作，搭建起分行内控合规管理组织架构。二是建立内控合规考核机制。设置内控评价指标，纳入分支机构KPI及本级部门绩效目标考核，激发各级机构主动承担内控合规管理责任。三是紧抓制度建设和合规手册编制工作，启动规章及规范性文件梳理，共梳理出有效文件999个。编制下发《基层机构内控合规操作手册（2015年版）》，有效解决基层机构合规操作问题。四是积极落实内外部监管工作，及时督促落实整改。

4. 加强操作风险与业务连续性管理，提高应急管理能力。一是操作风险管理上，创新建立14个分行级关键风险指标体系，持续加强关键风险识别、监测和预警，及时改进落后指标；开展操作风险自评估重检，跟踪上年度自评估行动方案落实情况，有效避免混岗操作引发的风险。二是业务连续性管理上，制定分行主要生产系统、特色系统、重要业务清单，强化重点领域业务连续性管理。

5. 强化监督执纪问责，加强案件专项治理和排查。一是开展案件风险专项治理工作。二是强化对违规行为的问责力度，重点加强对“一加强两遏制”、财务审计发现违规违纪问题和各类检查发现问题的问责 。三是组织开展员工行为排查工作。四是认真开展巡视监督工作。整合巡视员与纪检监察特派员队伍，调整省分行巡视工作领导小组，配备专职巡视工作成员 。

【深入转变作风，加强队伍建设，提升竞争软实力】

1. 深入开展“三严三实”专题教育活动。截至2015年底，全行会议费、招待费、差旅费分别较上年减少1.68万元、36万元和242万元，减幅达37.4%、3.2%和18.5%。

2. 开展“十破十立”大讨论和“五去五求”整顿活动。结合“三严三守”要求，在全行范围内组织开展深入解放思想“十破十立”大讨论和省分行机关“五去五求”整顿活动，集中解决分行不同程度存在的“庸散慢浮虚”问题，尤其是“慢”的问题。

3. 全面加强党的建设，提升从严治行意识。一是完善党风廉政建设制度体系，落实党风廉政建设党委主体责任 。二是切实抓好党的建设工作。完善分行党建工作领导小组工作机制，成立分行党建工作领导小组。全年共接收预备党员30名，预备期满转正35名。

4. 加强各级领导班子建设。一是高度重视“双百人才”的培养和使用。2015年共派出17名后备人才到基层行挂职锻炼，并按季考核追踪管理。二是加大对领导人员激励约束，出台分支机构负责人兼任客户经理专业技术岗位职务管理实施细则 。

5. 做深做实做细员工关爱工作。按月组织开展最佳业务标兵员工评选活动，着力提升员工履职能力，营造员工成才氛围。完善定向招聘员工管理制度，健全员工激励约束机制，打通定向招聘员工晋升通道。

执笔：王天雷　黄智

# 重庆市分行

重庆市分行行长　余江
(2015年3月免)

重庆市分行行长　李云泽
(2015年5月任行长)

## 一、业务发展概况

2015年，重庆市分行新增存贷款分别为308亿元、206亿元，利润、存贷款新增、贷款余额等业务指标均居四大行第一，30项转型指标中有8项进入系统前十，主要业务市场表现得到提升，重点领域市场地位得到巩固；不良贷款率0.58%，逾期贷款率0.75%，资产质量继续保持四大行最优。

【公司业务】对公人民币存款日均新增80亿元，计划完成率114%；贷款新增113亿元，增幅27%；通过债券、理财、租赁、保险、信托等渠道新增投放426亿元，增幅182%，全量资金投放达1 750亿元；对公账户新增1.6万户，总量跃居四大行第一；基本户新增8 705户，总量、新增保持四大行第一；完成小企业“三个不低于”监管目标。

【个人业务】个人客户全量资金新增189亿元，增幅14%，系统第九；个人类贷款新增195亿元，突破1 000亿元大关，总量达到1 076亿元。其中：个人住房贷款新增194亿元，新增、余额均居四大行第一；信用卡分期投放45亿元，增速13%。个人有效客户新增30.29万户，计划完成率112.18%；个人有资产客户增速为系统第三。

【中间业务】中间业务净收入26.6亿元，居四大行第二，增幅0.87%，实现拨备前利润78.6亿元。其中，贷款相关类收入占比4.8%，同比下降2.4%；信用卡、理财产品等重点产品收入占比46.9%，同比上升5.3%。

【国际业务】外币日均余额74亿，居四大行第一；跨境人民币结算量480亿元，同比增加58亿元，系统内第12；集中运营跨国公司资金25亿美元，跨境双向人民币资金池运营资金4.6亿元，均居全市第一。

【其他业务】同业资金运用收益系统第二；信用卡净增发卡28万张，为四大行第一；ETC新增17万张，市场份额超过50%；移动金融柜面替代率53.27%，为系统第八；手机银行新增122万户，余额、新增均为四大行第一；善融商务活跃商户324户，交易额15.4亿元，分居系统第12、第13位；养老受托资产余额6.2亿元，新增1.35亿元，为同业第一。

## 二、主要工作举措

【把握机遇，巩固和提升传统优势地位】全行在传统业务上坚持理性发展，把握了“稳”。一是坚持传统信贷和创新金融两手抓，巩固基础设施领域优势。将加强与政府合作、把握基础设施领域的市场机遇作为工作的重中之重，强化对市级部门和区县负责人的营销，全年累计向铁路、机场、轨道等基础设施领域投放贷款150亿元，基本建设贷款新增占对公人民币贷款新增的33.82%；同时，创新融资服务模式，提升综合金融服务能力，承销政府债券148亿元，位居市场第一，首创地方政府一类债务置换理财产品，并作为核心成员参与推动重庆六大产业基金创设，与建信信托、建信租赁合作业务量分别为23亿元和36亿元，均列系统前十位。二是坚持核心企业和上下游产业链两手抓，提升“三大一高”领域服务能力。行领导亲自牵头重点客户营销工作，成功营销北京现代、京东方、中联重科等重点招商引资企业40余户；开立北部新区城镇职工、城乡居民、大额互助3个医保支出账户，打破了工商银行在主城区对主要社保险种的垄断格局；区域内首家开通网络银行业务，依托“N+1+N”供应链融资模式，实现对重庆港务、重庆烟草等上下游产业链的全覆盖，对公账户总量首次超过工商银行，居四大行第一。三是坚持巩固按揭优势和批量拓展业务两手抓，加快零售业务领域发展。持续做好楼盘储备，加强与大型二手房中介的合作，成为全市首家个贷余额超千亿的商业银行；坚持以小为主、以微为重，签约38个“助保贷”平台，实现了有机构区域的全覆盖，大数据客户达1 000户；围绕全量客户、全量资金和实施客户综合营销，加强公私联动抓好代发工资、代发资金、代发拆迁业务，开展“进市场、进社区、抓客户、夯基础”个人客户拓展专项活动，个人有资产客户新增49万户，增速位居系统第三位。

2015年6月10日，重庆市分行召开“2015年个人贷款‘压逾期、控不良’专题工作会”

2015年2月6日，重庆市分行召开2015年工作会议

2015年12月4日，重庆市分行开展“合规管理年”员工巡回演讲活动

【转型创新，打造新的竞争优势】按照总行“综合性、多功能、集约化、创新银行、智慧银行”的转型导向，注重提升市场竞争力，实现了“进”。一是细化制订分行转型发展实施方案，全力推进总行转型规划在分行的落地实施。以“本地最佳、系统前列”为目标，明确了未来5年转型发展的思路、目标、实现路径和保障措施，同时分片区成立转型发展推动工作委员会，由行领导牵头，建立健全分类指导、协调、考核机制，加强组织保障，全面推进转型发展工作。二是把握转型创新的重点，树立资产管理业务标杆。积极推进“两全”业务竞赛活动，提升资产负债综合管理能力。新增配置理财资产142亿元，位居系统第八；理财产品时点余额435亿元，比年初新增167亿元，增幅62%；京东方产业基金股权投资基金、两江新区战略性新兴产业股权投资基金、渝富PPP产业基金、乐视网投资项目、城镇化基金顺利推进。三是顺应市场变化，推动重点业务领域的转型发展。以同业存放、同业借款、买入返售为重点业务方向，推进同业业务专营工作，同业业务位居系统第一；新设投资托管业务部，获得托管业务牌照，系统内首家在一级分行办理保险资金不动产和非上市股权投资托管业务；研究制定金融市场业务发展策略，实现贵金属业务收入0.33亿元，累计承销债券66.9亿元，均列四大行第一；狠抓优质商户和客户拓展，做好专项分期，信用卡发卡和客户新增位居四大行第一，活动客户总数跃居同业第一。

【完善机制体制，激发转型发展的活力】机制体制顺应转型创新和综合经营，突出了“变”。一是持续优化资源配置。员工费用重点向基层、前台部门、价值创造岗位倾斜；突出价值导向，EVA挂钩考核工资费用占绩效挂钩工资的65%；突出转型导向，加大对大资管业务、建网通天下等重点转型业务的补充激励，转型业务费用占全行费用总量的20%左右；完善人力资源配置，重点向客户经理、基层以及重点业务领域倾斜，新聘客户经理专务401人，占新聘专务总量的90.11%；新入行大学生全部分配到基层分支行。二是不断提升创新能力。将产品创新与管理职能转至电子银行部，完善管理机制，制定加快产品创新的推进实施方案，2015年创新产品53项，其中自主创新36项，移植创新17项；创新产品被移植次数31次，均居总行前列。成立大数据应用推动工作领导小组，制定工作推动方案，积极营造“人人讲数据、人人用数据”的良好氛围。三是有序推进渠道全渠道服务能力。实施“移动优先”策略，建立分行部门、支行班子、专管员、网点负责人多层级目标责任体系，强化网点阵地营销作用，手机银行新增客户数、存量客户数均列四大行第一；设立渠道管理部，研究出台网点建设三年规划，加强对网点的分类管理，综合化网点占比98.95%，组建了551个综合营销团队，103个单功能对私转型网点均实现了对公账户开户和对公存款零的突破。

【强化风险内控，保障安全运营】一是强化资产质量管控。组织开展“压逾期、控不良”专项活动，处置不良7.76亿元，计划完成率317%；坚持客户准入、项目评估、信贷审批、贷款支用、抵质押物和担保机构管理、风险分类审查、贷后监控处置等关键环节的集中管理，成立放款中心加强贷中审查；完善担保机构准入机制，暂停与7家民营担保机构合作。二是强化内控合规管理。开展“一加强两遏制”自查整改工作，自查发现问题708个，整改率98.3%，监管检查发现问题同业最少；推进“合规管理年”活动，多形式开展文化传导活动，树立“合规建行，人人践行”理念；成立反洗钱中心，推进集中作业，提高反洗钱数据处理的效率和质量。三是保障安全运营。层层签订案件防控责任书，开展“员工行为管理强化年”活动和重点领域案件风险专项治理；加强重点部位和重点环节的风险隐患排查，完善应急预案，成功处置“5·17”、“5·19”突发事件，外部案件防控实现监管“零立案”；实施“固本工程”，完善产品引入、合规销售、投诉处理、暗访检查、问责追究等五项机制，细化客户投诉应急预案，密切监控舆情，防范声誉风险。

【加强队伍建设，持续改进作风】一是落实党风廉政主体责任。研究出台落实党风廉政建设主体责任、监督责任的实施意见和考核办法，层层签订责任书，强化“两个责任”硬约束；按照“五个着力”要求，班子成员带队对12家分支行落实主体责任和八项规定的情况进行现场检查和督导。二是认真开展“三严三实”专题教育活动。结合实际增加学习研讨的频率和内容，抓好专题教育；研究制定从严从实深化作风建设指导意见，从5个方面出台16条措施，强化管理。三是加强队伍建设和党建工作。突出“工作实绩”和“业绩导向”，优化各级领导班子搭配和考评体系，定期开展领导班子综合竞争力监测，注重年轻干部培养，着力提升80后干部比例，加大90后干部储备；研究完善分行党建工作领导小组工作机制，出台了基层党支部建设实施意见，增设26个基层党支部，建成了61个“党员之家”，细化制定了党员教育培训实施方案；研究出台进一步倾斜基层、关爱员工实施意见，从健康保障、餐饮膳食、文体活动、沟通交流等方面出台了9项具体关爱措施。

执笔：余婧

# 四川省分行

四川省分行行长　杨丰来

## 一、业务发展概况

截至2015年底，四川省分行 一般性存款余额7 039亿元，时点新增453亿元，居四大行第二，日均新增533亿元，居四大行第一 。各项贷款余额3 782亿元，新增238亿元。中间业务净收入43.2亿元，居四大行第二。账面拨备前利润132亿元 ，增速3%，税前利润居四大行第二。

【公司业务】一是多渠道拓展客户。新增单位结算账户2.7万户，其中基本结算账户新增2.4万户，四大行占比51%，居四大行第一。二是大力推广综合金融服务方案。抓住重点企业综合融资需求，制定分行级主办银行客户管理办法，进一步推广主办银行客户制度，共为16户总行级主办银行客户编制综合金融服务方案。三是提高存款增长稳定性。对公存款时点余额3 749亿元 ，新增136亿元 ；日均余额3576亿元 ，新增206亿元 。对公存款时点余额、日均余额、日均新增均居四大行第一。

【个人金融业务】一是稳步提升储蓄存款市场份额。储蓄存款时点余额3 290.4亿元，较年初新增317.3亿元，新增居系统第一；日均余额3 201.8亿元，四大行占比24.6%，较年初提高0.2个百分点。二是大力拓展个人客户。个人有效客户加权新增334万户。全省个人客户金融资产新增657.3亿元，其中，AUM1 000万元以上私人银行客户金融资产当年新增107.6亿元。三是加大产品推广力度。实现个人条线中间业务净收入26.8亿元，同比多增3.1亿元，增幅12.9%，净收入（可比口径）四大行占比提升1.2%。

【房地产业务】一是加快个人住房贷款业务发展。个人住房贷款当年新增249.1亿元，四大行占比31.9%，居四大行首位，较上年提升4.5个百分点；公积金个人住房贷款当年新增166.3亿元，为2014年新增的2.1倍，保持四大行第一。二是大力拓展个人房贷客户。2015年底房贷客户总量达58.4万户，当年新增房贷客户12.4万户。三是持续提升效益贡献。加强个人住房贷款定价管理，新发放贷款加权利率5.92%，居系统第一。四是优化房贷产品结构。在同业中和系统内首创“房易通”产品，加强与重点中介合作，积极抢占二手房市场先机，二手房贷款当年新增71亿元，居四大行第一，为2014年的2.4倍。五是稳健发展房地产开发贷款业务。当年发放房地产开发贷款31.4亿元。

【中间业务】实现中间业务净收入43.2亿元，同比增长1.7亿元，增速4.2%。实现中间业务收入29.5亿元，占总收入比重64%，高于系统平均水平12.4个百分点。基本结算类产品收入四大行占比30%，为四大行第一。贷款相关类产品收入占总收入比重2.7%。基金、保险和贵金属等重点产品收入四大行占比34%，排名四大行第一。

【国际业务】企业外汇存款余额15.2亿美元，较年初新增2.3亿美元，增幅18%。对公外汇中间业务收入人民币2.1亿元。拨备前外币利润1 241万美元，增幅14%，利润居四大行第一。实现跨境人民币结算量272亿元，同比增长31%。

【资产质量与风险控制】主动压退出现风险苗头的钢铁、煤炭、房地产行业贷款53亿元，处置不良贷款30亿元，成功推动资阳交通、启明星铝业、英惠燃气等历史遗留项目的处置化解工作，回收盘活处置额系统内排名第一。年末不良贷款额34.7亿元，不良率0.96%，为四大行最低。

【内控合规方面】一是强化内控管理。推进操作风险分类及差别化管理，并将操作风险重点管控内容手册化。二是夯实基础管理。清理规范省分行审批事项，逐步实现制度标准化、体系化。三是做好检查和整改。在总行内部控制评价中连续三年保持一类行水平，省分行（含18个城区支行）在人民银行成都分行反洗钱考核中被评为A级机构，关联交易管理年度考核列系统第三。

【电子银行业务】一是移动金融柜面替代率提升快速。移动金融柜面替代率达48%，移动金融交易量4 300万笔，增长73%。二是电子银行收入稳步增长。实现电子银行收入3.4亿元，增速7.3%。三是电子银行客户快速增长。个人电子银行活跃客户数增长54%。手机银行活跃客户净增47万户。企业高版网银活跃客户新增2.2万户。四是各项应用推广工作有序开展。网银代发金额1 069亿元，同比增长8%，占代发总量的69%。善融商务总交易额24.7亿元，同比增长83%，其中个人商城交易额1.1亿元，是2014年的8倍。五是数据分析、精准营销初显成效。对手机银行各类交易特性、重点客群进行分析，初步完成《移动金融替代率一行一策》报告，通过开展线上精准营销和客户互动，电子银行渠道理财产品成交额占比71.9%，提升7.7个百分点。

## 二、主要工作措施

【夯实客户基础】持续扩大个人客户总量。以21个转型课题为突破口，推进个人业务数据挖掘、精准营销和渠道协同，通过批量拓展新客户、对临界客户提档升级、丰富产品组合等方式大力发展个人有效客户。发挥收单产品优势，利用网点地理位置及商户资源，全力做好“网点每月一户”商户营销，新增收单商户8 115户。ETC客户新增四大行占比44%，为四大行第一。大力拓展CTS签约业务，新增CTS签约账户46万户，客户签约总量近200万户，四大行占比40%，为四大行第一。AUM20万元以上客户新增8万户，为系统第一，增速20%。强化重点客户营销。系统内独家中标“省级机关事业单位基本养老保险合作银行”，未来5年将覆盖近300万户优质个人客户。承接中央补助资金163亿元，首轮承接省级下拨补助资金125亿元，占比39%，提升10个百分点。中国电子8.5代液晶项目、南充吉利汽车等基本账户，英特尔骏马项目资本金账户落户我行，抓住资管行业发展契机，开立托管资金账户200余个。大力营销教育、卫生等领域龙头单位，新拓展四川旅游学院等5所高校及华西医院、绵阳市中心医院等26家医院开展银校通、银医通合作。

【提升市场竞争能力】加快零售贷款发展。在同业中和系统内首创“房易通”产品，积极抢占二手房市场先机，试点在网点开办个贷业务，加强与重点中介合作。个人住房贷款新增四大行占比32%，跃居四大行首位，较上年提升4.5个百分点。个人住房贷款在成都的竞争优势进一步提升，余额和新增均居四大行第一。大力拓展消费信贷市场，信用卡累计卡量370万张、消费交易额774亿元、贷款153亿元，三项指标均居同业第一。发挥渠道协同效能。坚定推行“移动优先”战略，移动金融柜面替代率提升20个百分点，达到48%。与华西医院共同创新推出“华医通”APP跨行支付，新拓展17个水、电、通信等民生领域手机银行缴费单位，实现金融、生活服务功能的融合。网银代发客户新增2.6万户，系统内排名第一。加快渠道转型，新设渠道管理部，加强渠道资源配置和生产组织的统筹协调，提升全渠道承载能力和经营效能。系统内率先全面完成自助设备电子动态密码锁布放。系统内首家上线简版STM，柜面非现金业务分流率38%，交易总量、台均交易量、设备使用率均列系统第一。自助设备交易量增长33%，系统内排名第一。自助设备账务性交易量柜面替代率81%，提升了4个百分点，对网均柜员人数全国排名倒数第一的四川分行来说意义很大。加大产品创新力度。省内率先发行天府畅行龙卡，成都地区首家试点发行居民健康卡。与中铁二局、拉法基等客户开展跨境双向人民币资金池业务合作。在系统内首次将高速公路路基资产作为租赁标的物，为巴广渝高速办理9 700万美元融资租赁跨境贷款。与鸿富锦公司签订7.5亿元养颐无忧合同，单笔金额系统最大，养老金受托、托管等业务总量保持同业首位。加强集团联动，系统内首家为建信租赁办理应收租赁款买断业务，金额6 300万元。调整优化资产结构。取得两河口水电站项目银团牵头行和独家代理行资格，银团份额201亿元，占比38%。新营销地铁7号线及成昆铁路、宜叙高速等重点交通项目。向部分市州棚户区改造项目投放贷款11亿元。基础设施贷款在对公贷款中占比提升了3个百分点。坚持“以小为主、以微为重”的客户定位，“有进有退”推进小企业业务零售化转型，签约29个“税易贷”、35个“助保贷”平台，与省财政厅、经信委开展“园保贷”业务合作。500万元以下贷款余额40亿元，在小企业贷款中占比47.6%；小企业贷款利率平均上浮35.2%；抵押贷款占比66%。通过投行类产品为客户提供直接融资251亿元，其中债券承销158亿元，四大行占比44%，保持同业第一。实现投行业务收入6.6亿元。抓住成都市基础设施建设和北部旧城改造契机，积极参与产业基金组建，推动银证合作基础设施融资模式创新。积极参与省政府地方债的发行和认购，承销19期，认购金额331亿元，居同业第一。大力推进政府债务置换，投放48亿元。

【增强精细化管理能力】强化效益观念。差异化设定活期、定期考核标准，严控高成本存款增长。一般性存款中活期存款占比达到54%，较上年提升1.6个百分点；聚财存款等高成本存款新增占储蓄存款新增的22%，下降74个百分点。加强个人住房贷款定价管理，新发放个人住房贷款加权利率5.9%，为系统内第一。优化激励机制，存款、贷款净利息收入增量工资激励比例分别提升6个和1个百分点。在存贷净利差急剧收窄情况下，账面主营业务收入增长1.2%，比系统平均水平高0.1个百分点。资源分配侧重业务转型和竞争力提升，制定《市场竞争力激励费用配置办法》，配置2.2亿元业务管理费推动转型发展，鼓励分支行拼市场、抢份额。持续推进集约化经营。在系统内率先实施养老金、资产保全核算类事项省分行横向集中。实现26项柜面业务分离集中，分离度87.2%，高出系统平均水平3.6个百分点，日均业务量2.8万笔，上升1位，人均产能系统内排名第三。成立反洗钱中心、放款中心，组建小企业授信审批团队。在西南地区首家打通外币现钞直供渠道，现金备付率0.55%，降幅7.5%。在全辖成功推广经费凭证影像传递系统，单日最高业务处理量提升41%。扎实做好新一代2.2期上线准备，系统顺利上线。作为多项工作的首批测试演练行，我分行率先通过特色分流降低支付结算错账率，错账率指标远低于全国平均水平。适应业务转型要求，推动新一代企业级数据应用于经营管理，建立数据挖掘分析机制和架构，进一步提升科技对经营管理的服务和支持力度。

【扎实做好风险防控】强化资产质量管控。加大产能过剩、房地产等高风险行业排查力度，重点关注民营企业、小企业、个人经营贷款潜在隐患，加强风险暴露相对集中市州区域监控。强化风险分类处置化解。强化押品真实性、有效性管理，押品风险敞口覆盖率、定期重估比例均高于系统平均水平。个贷资产质量管控成效良好，在个贷余额前六位的一级分行中保持资产质量最优，不良率、拖欠占比均最低。坚持案件“零容忍”。持续开展员工参与民间借贷、违规代客理财等专项排查，加强对系统控制、非现场检查的运用，紧跟风险热点持续开展专题稽核作业，新增案件防控监测模型6个，排查疑点数据9 500余条。全年组织开展71个内审项目、895个问题的整改。与省发展改革委员会签署《商业银行服务价格监管备忘录》，配合做好“一加强、两遏制”检查、审计署专项审计、收费检查回头看等工作。

【统筹部署党建、干部队伍和企业文化工作】加大党建工作力度。积极组织“讲规矩、正风纪、守廉洁”主题教育活动。组织开展落实主体责任专项检查，加大巡视工作力度。加强班子队伍、企业文化建设。优化调整部分省分行部门和二级分支行班子，省分行机关与二级分支行纵向交流处级干部24人，择优选拔45名正科级后备干部开展“跨层级、跨区域”交流培养。积极组织“寻找身边李红英，争做最美建行人”等主题活动。建成职工之家12个、职工小家15个。成都新华支行、绵阳分行科学城支行分别荣获“第四届全国文明单位”、“全国五一巾帼标兵岗”称号，成都经开区驿马桥支行、四支行储蓄专柜、达州大竹支行营业部荣获“总行级青年文明号”称号。

执笔：邓文

# 贵州省分行

贵州省分行行长　李果

## 一、业务发展概况

【主要业务指标完成情况】2015年，分行一般性存款时点余额突破并站稳2 000亿元，一般性存款日均新增及时点新增、企业存款日均余额及日均新增、企业存款时点余额及时点新增、个人存款日均新增及时点新增、个人贷款新增等九项指标居四大行第一位，个人存款日均余额、时点余额及个人贷款余额提升至四大行第二位，多项指标系统内高于全国及西部平均水平。实现税前利润47.57亿元，四大行排名第二位，同比增速12.85%，在系统内排名第五位。一般性存款时点余额2 131.12亿元，四大行占比31.66%，较年初提升0.53个百分点。新增295.95亿元，新增四大行占比35.35%，增速16.13%，分别高于全国和西部建设银行9.32和8.25个百分点。各项贷款时点余额1 595.14亿元，四大行占比

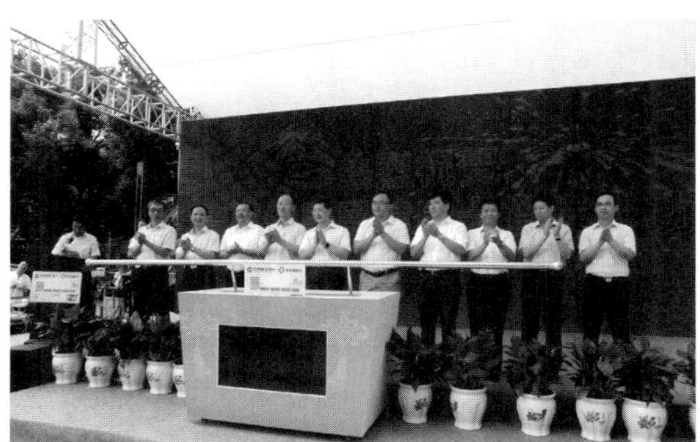

2015年6月30日，贵州省分行在贵州省人民医院举行居民健康卡首发仪式。

27.39%；新增 181.1 亿元，增速 12.81%，分别高于全国和西部建设银行平均水平 4.36 和 2.56 个百分点。

【公司业务】分行单位人民币结算账户 8.77 万户，较年初新增 1.32 万户，增量、增速及提升值位列四大行第一位，公司机构客户产品覆盖度 4.75。开立机关事业单位养老保险市（州）、县级账户 13 户，全年新增社保账户 40 户，零余额账户 160 户，超额完成全年计划。一是传统业务的优势持续巩固。基本建设贷款较年初新增 100.3 亿元，占人民币各项贷款新增的 55.39%，远超总行转型目标（20%）要求。全年累计向水利、交通、电力、燃气等基础设施建设项目发放贷款 163.98 亿元；累计向“环城网”领域发放贷款 22.93 亿元；成功筹组参与了江瓮、务正、惠罗、安望、三黎等 5 个银团贷款项目，承贷总金额达 87.94 亿元，全年累计实现银团收入逾 9 000万元，全国系统内排名第四位。二是小微企业业务发展迅速。明确“抓重点、突特色、求创新”的发展思路，单户 500 万元及以下的贷款和客户占比分别为 67%、88%，居系统第一位和第三位；成功搭建（类）助保贷平台 35 个，较年初增加 12 个，与 103 个税务机构签订银税合作协议；推出“黔园通”、“黔旅通”、“果蔬通”等融资服务新模式。三是转型发展和结构调整持续推进。成功承销政府债券 574.3 亿元，位列同业第一位。全年通过债务性融资工具、理财产品、融资租赁等金融创新产品提供融资 128 亿元，提升对社会经济的服务能力。中间业务产品结构调整和提质发展的效果初步显现，与贷款关联中收占比较年初下降 11.42 个百分点。对公非贷款融资发生额与对公本外币贷款新增配比 1.61，达到总行公司业务转型目标要求。

【个人金融业务】个人存款日均余额为 830.89 亿元，四大行占比达 28.56%，超越农业银行，排名第二位。日均存款新增 69.49 亿元，居四大行第一位。有资产客户较年初新增 48.4 万元，达到 485.6 万元，网均客户突破 2 万户，增速系统内排名第八位；计划完成率 120.98%。借记卡账户新增 159 万户，总量突破 1 000 万户。新增金融社保卡 54.1 万张，累计面向全省 9 个市州发行 149.47 万张，新增发卡完成率系统排名第二位。同业可比产品收入 4.8 亿元，四大行占比 35.29%，排名第一，同比提升 2.94 个百分点。代理保险、代理基金、实物贵金属、国债、个人短信等同业可比产品收入均为四大行第一。移动金融柜面替代率达到 48.15%，提升了 15.77%，超过全国平均提升值。手机银行活跃客户增速排名系统第四位，微信银行客户增速排名系统第二，短信银行账户增速排名系统第五。手机银行交易额、短信银行中收当地同业排名第一。推动善融商务与茅台集团的合作，全年实现 442 万元的交易额。

【房地产业务】2015 年底，房地产开发贷款余额 53.41 亿元，较年初新增 -6.72 亿元。房贷余额 404.10 亿元，较年初新增 84.21 亿元。年底余额和新增额分列四大行第二和第一。个人类贷款余额和新增额内部占比 25.34% 和 46.50%，分别较年初提升 2.7 和 10.78 个百分点。个人贷款 6 个以上产品月平均覆盖率为 95.5%。“快贷”业务全年新增 2 亿元。成功发放“公转商”贷款 5 亿元。全年公积金个人住房贷款余额较年初新增 77.01 亿元，同比多增 39.21 亿元。公积金个人住房贷款余额（318.14 亿元）和住房资金存款余额（62.58 亿元）稳居同业首位。

2015 年 12 月 28 日，贵州省分行与贵州省红十字会共同举行少数民族大学生“成才计划”奖（助）学金发放仪式。

【中间业务】实现中间业务净收入 15.09 亿元，总量及占比保持四大行第二。中间业务发展注重产品创新和服务，创新性以及基础性服务类收入占比提升 11.42 个百分点，增幅 22.17%，高于中间业务净收入平均增速 19.44 个百分点。国内保理、代销基金、个人短信、实物贵金属等 13

项产品收入排名四大行第一。

【国际业务】外汇一般性存款余额6 140万美元，比年初新增923万美元，其中对公外汇存款余额4 565万美元，比年初新增228万美元。对公外汇日均存款7 481万美元，较上年新增2 005万美元，计划完成率249%。完成国际收支量10.4亿美元，四大行占比较上年提升1.58个百分点。跨境人民币结算量34亿元，四大行占比较上年提升3.06个百分点。完成结售汇量45 089万美元。办理表内外贸易融资业务21.7亿美元。开立融资性保函6.6亿元，增幅120.33%。

【资产质量与风险控制】不良贷款余额17.61亿元（审计调整后，不含信用卡，下同），比年初新增10.71亿元；不良贷款率为1.14%，较年初上升0.64个百分点。全年累计处置各类不良资产7.79亿元（含信用卡，下同），实现不良资产现金回收3.33亿元，被总行授予“2015年度最佳现金回收行”荣誉称号。

【内控合规建设】制定《内控合规管理办法》，建立横向到每个部门、纵向到每个机构的内控工作负责制。强化反洗钱集中管理，实现九个地区的反洗钱集中。在当地人民银行对全省各级金融机构开展反洗钱评估中，贵州省分行获A类行第一名。10个被评分支机构中9家为A类行，1家为B类行（当地评价结果中最高等级）。

【其他业务】独家中标贵阳医院管理集团主办行资格。实现居民健康卡在全省七家大型医院同步独家首发，全年发卡17.3万张；“银医通”、“银校通”取得新的突破。跨省异地缴纳交通违法罚款首批试点上线成功。首创对公一户通下搭建贵州省监狱系统服刑人员资金管理系统，作为创新项目在全国建行推广。建成财政国库集中支付系统电子化、财政工资统发系统和国税资金管控平台。完成同业专营架构搭建，办理买入返售银行承兑汇票11.3亿元。新增代理国家开发银行信贷项目4个，代理资金33.5亿元。养老金受托、托管业务分别为12.17亿元、9.83亿元，分别比年初新增2.69亿元、1.41亿元，计划完成率分别为142%、110%。全年共完成产品创新项目41项，兄弟行移植我行产品3项。通过IC卡行业应用带动电子现金使用，电子现金充值和消费金额均排名系统第一位。

## 二、主要工作措施

【优化资产业务结构，夯实发展基础】一是加强转型创新，稳固市场领先地位。加快由经营管理部门向客户部门、市场部门、对公经营的牵头指导与支持部门的转变，实施整体营销和综合营销模式。紧抓“一带一路”、长江经济带等国家重大战略实施机遇，大力支持国计民生重点领域。加大对实体经济的支持力度，全面推进与子公司、总分行以及跨部门联动营销。二是推进结构调整，确保信贷资产质量。紧跟总分行要求，继续实施“进、保、控、压、退”政策，控制好“6+1”等产能过剩行业信贷总量。大中型公司客户贷款主要投向水利、交通等行业领域的优质项目。三是加强条线联动，提升客户经营能力。依托精准营销系统，加大公司条线对代发工资、拆迁补偿、信用卡和电子银行业务的营销力度。顺应大资管政策调整和发展趋势，搭建差异化服务体系，加大投资理财类产品销售。四是加强渠道建设，优化存量网点布局。以功能完善为重点，创新支付渠道，延伸服务触角，网点“三综合”取得新进展。

【科技驱动改革创新，促进转型发展】一是依托大数据分析，开拓链式领域服务新模式。依托核心企业平台大数据，创新网络银行供应链融资方式，开办网络银行“e销通”业务，解决核心企业下游客户融资需求。加快向智慧银行转型，积极搭建营销服务的支持体系。二是依靠科技支撑，驱动综合金融服务升级转型。充分发挥IT技术在信息统计、分析、挖掘方面的优势，组织研发了全省首张居民健康卡及多个资金管理系统，促进业务管理专业化和精细化，有效提升综合金融服务水平。三是大力实施“移动优先”战略。将手机银行、短信银行、微信银行等移动金融业务明确为个人电子银行发展重点，加快推进移动金融。大力推进善融商务，支持“黔货出山”。

【完善体制机制建设，助推业务发展】在一级分行范围内率先全面启动渠道管理改革，明确部门职责、岗位人员要求及组建方式，初步建立覆盖全行的渠道管理组织体系。一是提升渠道综合服务效能。统一渠道建设、管理、支撑，建立覆盖设备配置、安装、运行保障、报修维护和停用报废的全流程管理体系。规范柜面业务基础管理，强化检查监督，有效防范风险。二是全面推动项目评估转型。实现项目评估全集中、授信管理一体化的目标，提高评估效率。持续推进“三授信”，将授信审批向前延伸，主动授信，统一风险偏好，助力精准营销。三是完善放款中心工作机制。将小企业信贷业务纳入放款审核范围，实现全辖会计集中放款，切实控制信贷流程关键环节风险。

【加强风险合规管理，保障运营安全】一是加强信贷风险管理，强化资产质量控制。严把授信审批关口，守住信用风险底线。对有风险信号和潜在风险隐患的对公信贷客户组织开展风险排查，积极控制和化解处置风险。二是加强内控管理，确保案防目标。组织开展“合规管理年”活动，做好合规文化传导。将合规嵌入业务流程，逐步实现风险控制从侧重事后监督向事前控制转变、合规管理从抓下级向抓同级转变。连续三年获全省外汇指定银行执行外汇管理规定考核 A 类行。三是清理规章制度，切实防范制度缺失风险。将 2015 年定为分行的“建章立制年”，推动建章立制和规章制度清理取得新的成效。四是建立健全案件防控责任机制和联动机制。狠抓案件风险专项治理，紧扣创建“平安建行”工作主线，强化安全管理六个体系建设。

【做好基层党建工作，强化队伍建设】一是持续深入推进作风建设，加强基层党建工作。二是加强纪检监察组织建设。贵阳地区直属支行单设纪检监察部，实现机构全覆盖。清理纪委、监察部介入业务流程监督事项，在二级分行建立特派员区域管理团队。加强巡视监督“回头看”。三是规范选人用人管理，加强队伍建设。制定干部选拔任用、干部考察等制度规划。建立干部员工多岗位、跨条线、跨层级历练机制，加强干部培养。选强配优各级领导班子队伍，年龄上形成梯次，专业上适应发展，经历上优势互补。进一步加强客户经理队伍建设和人才培养。四是切实将关爱员工措施落到实处。广泛开展主题宣传教育活动，多渠道、多形式宣传优秀员工先进事迹。通过员工互助机制，救助特困员工，开展节假日期间一线员工慰问工作，为全行员工统一购买交通意外保险，开展员工体检。

执笔：曾永刚　邓欢　陈湘媛

# 云南省分行

云南省分行行长　高升亮

## 一、业务发展概况

【经营效益】2015 年实现税前利润 72.3 亿元，四大行占比 86.7%，稳居首位；净利息收益率 3.26%，高于全国建行平均水平。实现中间业务净收入 23.1 亿元，四大行占比 34.94%，增量、增速均居四大行第一。

【负债业务】一般性日均存款余额 2 819.62 亿元，较年初新增 208.66 亿元，增长 7.99%，新增四大行占比 45.7%，稳居首位。其中对公日均存款余额 1 671.47 亿元，新增 112.40 亿元，增长 7.21%，新增占比为 50.94%，为四大行第一；个人日均存款余额 1 148.15 亿元，新增 96.26 亿元，增长 9.15%，新增四大行占比 40.79%，为四大行第二。

【资产业务】各项贷款余额 2 096.31 亿元，

2015 年 7 月 21 日，云南省分行与云南省公路开发投资有限责任公司签署战略合作协议。

2015 年 8 月 10 日，云南省分行与云南省工商业联合会在昆明共同举办“2015 云南省非公企业 100 强发布会”。

较年初新增 206.64 亿元，增长 10.94%，新增四大行占比 39.88%，稳居首位。其中公司类贷款余额 1 277.99 亿元，新增 87.65 亿元，增长 7.36%；个人贷款余额 818.32 亿元，新增 118.99 亿元，增长 17.01%，新增占比 55.11%，居四大行第一。

【战略性业务】信用卡累计和净增发卡量为同业第一，理财业务收入、贵金属租借收入、债券承销收入和承销量、养老金受托规模和新增均为四大行第一。单位结算账户四大行占比提升 2.29 个百分点，达到 25.67%，增量、增速均为四大行第一，结算收入突破亿元大关，并首次上升至四大行第一位。移动金融柜面替代率 48.92%，比年初提升 17.27 个百分点，个人网银、手机银行客户存量居同业第一。

【资产质量】不良贷款余额 11.41 亿元，控制在总行下达目标内；不良率 0.56%，比次好的中国银行低一半，资产质量为四大行最优。

## 二、主要工作举措

【勇争第一拼抢市场，发展步履坚实】把推动全行业务快速发展作为第一要务，认真分析市场和客户，带领全行发扬“敢于超越，勇争第一”的精神拼抢市场。全年累计为云南地方经济建设与个人客户提供资金 1 426 亿元，新增资金投入 692 亿元。一是坚持回归主业，在重大项目和重点客户营销上不断突破。公司条线一手抓交通、电力、城市基础设施等传统优势领域，一手抓云南特色新兴领域，建立起 1 000 亿元“一带一路”兴滇基金，成功营销烟草、云白药两大云南最强企业，实现华能澜沧江、大瑞铁路、中交建等重点项目成功落地和上下游客户资金承接。机构条线“一厅一行一策”抓好落地，持续推进机关事业单位养老保险、社保 IC 卡发卡、银医一卡通等重点工作，“两院”营销取得重大进展，成为云南省新中国成立以来单体最大项目——滇中引水工程主要合作银行。对公存款时点余额、日均余额、日均新增连续 5 年为四大行第一。二是坚持创新驱动，在零售市场拓展和新产品开发上抢占先机。个人条线加快金融生态系统建设，推动经营产品向经营客户转型。充分发挥结算通、电话 POS、金管家等产品对存款的拉动作用，率先发行地铁联名卡，取得 ETC 业务独家合作银行先发优势，个人存款日均余额与工商银行优势距离进一步拉大到 80.1 亿元，网均单产为四大行第一。持续推进零售资产进网点工作，进一步巩固在住房金融、信用卡等业务领域的优势，借助快贷、沃 e 贷成功进军互联网模式，住房贷款余额连续 12 年稳居四大行第一，领先第二位工商银行 248.1 亿元，房改金融四大行占比超过 60%。小企业业务搭建助保贷、税银助力通、财园贷等银政合作平台 37 个，小企业户均贷款余额下降 196 万元。

【战略转型率先破局，抢占市场先机】结合总行战略转型要求，明确转变业务发展方式，转变经营管理模式，转变内部管理机制“三个转变”转型方向，按照批发业务打造任务型团队联动拓展业务，零售业务向线上线下融合，打造金融服务生态圈。一是加快综合团队建设，推进业务直营及专营机构建设。打造资产专员团队、同业专营和票据直营团队等跨部门、跨条线、跨层级的综合团队，通过团队合作模式推进前台部门业务直接经营，进一步理顺金融服务综合定价机制和各层级收益分配机制，实现“一点接入、全面服务”，对推动发展起到很好促进作用。其中资产专员团队自4月运行以来促成客户新增276户，同业专营团队以24亿元的同业返存撬动近332亿元的代理结算量。二是加快综合渠道搭建，推进网点功能转型与布局优化。按照“渠道建设进退有序、金融服务无处不在”原则统一规划，促进全渠道产品和服务深度融合。物理网点立足存量调整，提高综合化、智能化、流程化服务能力，着力构成以物理网点为中心，轻型银行或微银行加自助银行再加POS的网状结构。大力实施“移动优先”策略，充分利用互联网思维，构建以电子银行为核心的批量化、平台化经营模式，电子渠道产能持续释放，电子银行账务性交易量达柜面的11.78倍，悦生活、善融商务、E商贸通等产品推广良好。

【稳健经营综合施策，守牢风险底线】牢固树立“管控风险就是创造价值”的理念，守牢底线、稳健经营。一是强化信贷风险管理。将风险管理融入业务流程，狠抓产品机器人操作手册执行，扎实推进“重大信用风险客户”、“观察名单”等风险监控机制和信贷资产分类工作预警提示机制，适时开展对部分重点产品、行业的专项检查和排查，通过对公预警客户跟踪管理、民营企业访谈等工作从严摸清风险底数。实施不良贷款高管层分片包干工作机制，综合运用批量转让、呆账核销、利息减免、盘活化解等措施加快不良处置，通过两次批量组包，成功处置不良贷款46户7.15亿元，在第三批次批量转让过程中实现了“三个第一”，即云南分行第一次采用市场化商业模式批量处置不良资产，2015年全省第一家完成批量转让处置的金融机构，现金回收率第三批次批量转让工作的10个一级分行排名第一。二是加强内控建设与案件防控。建立完善内控合规管理组织体系，机控与人控紧密配合，通过柜面业务实时监控系统等机控手段加大业务监测和预警力度。针对重点业务、重要风险事项、问题多发领域、新业务及新产品风险防控，针对性制定管理办法和操作流程。组织“一加强、两遏制”专项自查工作，及时纠正差错、弥补漏洞，在全省五大国有银行中我行检查发现问题最少，处罚金额最低。同时，按照“一案双查”、“一事双查”原则从严问责，保持惩治高压态势。

【优化机制提高效能，激发内生动力】不断完善体制机制，进一步理顺相关职责和管理范围，经营顺畅效能提高。一是完善激励机制，做实经营管理责任。通过财务和人力两个资源充分激发全行经营活力和市场竞争力。一方面进一步细化领导人员年度考核办法，更加体现领导人员业绩指标既与所在单位整体业绩挂钩，又突出其分管工作；同时加强网点等级管理，持续推动“两个办法”，将业务竞赛排名情况与机构等级调整挂钩，对65家基层经营机构追加五、六级专业技术岗位职数76个，更贴近基层机构经营实际。二是突出重点区域，提升中心城市行竞争力。制定重点城市行三年行动方案，进一步完善昆明地区管理体制，不断加大市场统筹力度，提升发展能力，昆明地区一般性时点存款、各项贷款、中间业务四大行占比分别提升1.12、1.32、8.7个百分点。三是完善创新机制，优化内部流程。将总行转型发展要求和云南区域经济紧密结合起来，全年完成创新项目81个，创新数量和增长率创历年新高。积极搭建移动互联网社区金融平台，探索线上线下业务融合新模式。加快提升大数据管理、分析和应用能力，构建对公、对私业务综合管理以及基层经营机构管理三大功能板块。利用前后台分离、网点“三综合”、向多功能服务和集约化发展转型等契机优化流程，升格国际业务部为一级部，成立放款、制卡和反洗钱三个中心。

【激扬士气，凝聚合力，催人积极奋进】以人本文化为核心全面加强队伍建设和企业文化建设，积极履行社会责任，营造和谐稳定发展氛围。一是坚持转变作风，匡正风气，营造良好氛围。严格落实中央“八项规定”，认真按照“三严三实”要求抓整改、转作风，形成奋发、团结、高效、勤俭的行风行气。坚持党要管党、从严治党要求，以高度的政治责任感将“两个责任”扛稳抓牢。进一步完善接待、会议、车辆、住房等管理制度，全行招待费、会议费、公务用车费、宣传费同比分别下降45.95%、72.97%、15.32%、49.66%，进取之风、务实之风和勤俭之风深入人心。二是强化队伍建设，以人为本汇聚全行力量。加快打造适应转型发展需要的人才结构，营造愿干事、能干事、干成事的良好机制和氛围。建立健全领导人员梯队化培养体系，科学合理搭配班子，有计划有步骤地调整充实各级机构班子45人次；打通员工晋升“天花板”，拓宽专业技术职务人员的职业发展空间，“英才工程”、后备人才培养、员工跨部门交流工作有序实施，构建起云南分行特色人才圈；以业绩增长助推员工薪酬增长；针对不同类别、层级、岗位员工的能力素质需求提高培训针对性和实效性，不断提升各级员工的履岗能力。三是践行企业文化，薪火传承发扬建行传统。以“让大家快乐工作”为出发点和落脚点，继续打造“爱祖国、爱建行、爱同事、爱家庭”的特色文化氛围，“温暖工程”帮扶救助、“五送”系列活动把员工关爱落到实处，“最美建行人”把建行故事越讲越精彩，凝聚起强大发展正能量。助力公益事业发展，捐建6个“龙卡快乐音乐教室”，建立“挂包帮”长效机制挂钩2 700余户贫困户，利用善融商务平台针对昭通盐津开展业务扶贫试点，引起良好社会反响。荣获“云南省商业银行品牌大奖”、“昆滇2015年度领军银行”等25项大奖。

执笔：杨之霞

# 西藏自治区分行

西藏自治区分行行长　韩文贞

## 一、业务发展概况

截至2015年底，一般性存款时点余额795.6亿元，新增89.82亿元，增幅为12.73%，其中对公存款系统增速第七，储蓄存款增速第二。一般性存款日均余额达到720.52亿元，新增102.45亿元，增幅16.58%。

各项贷款余额471.36亿元，新增93.10亿元，同业排名第二，余额四大行占比较年初提升1.38个百分点，增速列系统第二，是全国平均增速的2.14倍。

实现中间业务毛收入1.19亿元，同比增长1 542万元，增速为14.77%；实现中间业务净收入1.04亿元。

实现税前利润25.60亿元，增速为28.22%，完成总行计划的111.61%。实现净利润19.18亿元，实现经济增加值15.30亿元，完成计划的

2015年1月23日，西藏区分行在拉萨召开2015年度工作会议。

2015 年 3 月 25 日，西藏区分行成立职工之家。

111.35%；成本收入比为 17.78%，比上年下降 2.64 个百分点。

## 二、主要工作举措

【强化经营能力，业务稳步提升】负债经营能力不断提高。分行资金承接率达到60%，系统内排名第三。县级财政存款时点余额实现翻番。机关事业单位养老账户覆盖度达50%，区内第一。抓住商圈资金、社区资金回流、拉萨市周边村镇征地补偿资金，开辟了新的存款来源。代发工资户增速较快，新增代发工资户 9 013 户，增速 180.26%。住房公积金存款余额市场占比四大行第一。

资产业务保持了传统优势。对公贷款余额居同业第一，住房贷款市场份额保持全区第一。“三大一高”、“水电立行”经营战略成绩显著，对实体经济的支持力度进一步加大，重点支持了拉林公路、拉林铁路、加查电站、觉巴电站、驱龙铜矿等一批重大项目，以及自治区“十二五”规划中基础设施建设项目和资质较高的区域龙头企业，基建贷款同比增长 24.37%，水电行业贷款同比增长 46.48%。

客户拓展取得新突破，数量质量双提升。对公结算账户新增 2 990 户，增长 24.56%，其中基本账户新增 27.84%；账户总量同业第二，增量同业第一。折算后对公有效客户新增 3 184 户，增速 12.15%。个人有资产客户新增 44 476 户，折算后个人有效客户增速 19.18%。个人客户金融资产增速系统第二、私人银行客户增速第一。

对公对私产品创新推广成效显著，市场影响力不断提升。对公产品覆盖度 3.98，个人产品覆盖度 3.82，分别比上年提升 0.66 和 0.19。

【重点转型业务取得新进展】成功营销城关区 17 个居委会、村委会的账户，打破农业银行在该领域的垄断。公务卡和住建厅网上招投标项目成绩喜人，与 39 家预算单位成功签约公务卡，累计发卡 1 300 余张，新开立投标项目账户 265 个。

自主发行“乾元”对公保本理财产品，募集资金 15 亿元，销售对公非保本理财产品约 10 亿元，实现对公理财业务中间业务收入共 372 万元，完成全年计划的 188%。养老金业务方面，与西藏开发投资集团有限公司签署年金集合计划管理合同，是 2015 年西藏区内唯一一家年金业务新增客户。

造价咨询业务快速发展，与云南行业务联动，中标林芝、昌都机场 11.26 亿元改造工程。信用卡发卡量、消费交易额稳居区内同业第一，发卡量首次破万，中间业务收入突破 1 000 万元，其中购车分期增速达 847.37%，增速和市场占比居同业第一。基金销售额计划完成率 209.7%。

【渠道有效推进，服务全面提升】渠道管理职责实现有效整合，网点转型持续深入推进，综合化建设通过总行验收，全行网点综合服务功能、综合营销能力、综合竞争力不断提高。

渠道不断完善，新建慈松塘支行，完成日喀则分行等 4 个网点装修建设，完成山南藏木分理处等 3 个网点升级，新建自助服务点 15 个，更新改造 9 个。“移动优先”战略有效推进，移动金

2015 年 10 月 10 日，西藏区分行与西藏自治区国家税务局举行银税互动共襄成长合作签约仪式。

融替代率提升迅速，电子银行账务性交易量占比85.93%，提升值位列系统内第一。

加快产品创新推广，推出六字真言特色卡、公交IC卡等新型产品。推出“税易贷”、“助保贷”、高校毕业生创业贷款等业务，积极支持中小企业和社会个人融资。与民生银行开办同业存放业务，实现零的突破。单位结算卡、对公通存通兑等产品增长迅速，“禹道”品牌的市场影响力不断提高。

班子队伍不断优化，全年共提拔使用16人次，平级调整6人次。新招聘77名应届毕业生，33名定向招聘员工实现转制。全年新聘专技人员61名，占比达到19.66%，客户经理人数达到96人。自主举办451期培训，选派参加区外培训学习457人次，其中境外培训29人次。

信息系统运行平稳，信息技术支撑保障作用日益凸显。“新一代2.2期”顺利推广上线，成为全国首家特色产品全部上收至总行新一代平台的一级分行。特色产品需求推动开发应用不断拓展，完成财政厅电子国库系统推广、自助缴费终端的版本研发，数据挖掘与分析运用能力进一步增强。

【风险管理完善，内控持续增强】定期召开季度预警跟踪高层分析会和诊断会，主动退出华夏矿业、城市百货等高风险客户，超额完成年度计划，信贷结构不断优化。放款中心建设基本完成，放款中心业务实现了双集中，贷中环节的风险控制能力得到加强。开展“百行千户、主动授信”专题活动，深入项目现场调研，提高了专业授信评估能力。加强不良贷款催收，现金回收2 848万元，超值现金回收2 428万元，润海8 000万元不良资产的清收处置取得阶段性成果。2015年不良贷款额为1.42亿元，不良贷款率为0.3%，资产质量居系统前列。

强化内控合规转型体系建设，加强条线内控指标考核和结果应用，持续推进内部控制体系建设三年规划的实施。深入开展“合规管理年”活动，全面梳理规章制度，强化全员风险意识，推进风险管理文化建设。扎实开展“一个加强、两个遏制”专项自查，突出排查业务流程、机制上存在的问题或风险，坚持“边查边改”，着力提高审计整改工作成效，整改完成率达到98.48%。声誉风险管控有力。全面开展“平安建行”创建活动，落实维稳要求，案件防控到位，全年没有发生安全生产责任事故。

执笔：雷勇

# 陕西省分行

陕西省分行行长　杨新丰

## 一、业务发展概况

2015年，陕西省分行一是存贷款新增同业领先。一般性存款新增184亿元，四大行第一；贷款新增245亿元，四大行第二。二是经营效益四大行第一。实现中间业务净收入23.68亿元，四大行第一；同比多增4.22亿元，四大行第一，占比57%。实现考核利润70.07亿元，四大行第一，占比42%。三是资产质量管控有效。不良贷款额21.17亿元、不良贷款率0.93%，均居四大行第二，不良贷款、逾期贷款和垫款均控制在总行计划内。四是考核排名系统靠前。等级行排名系统第11位，KPI考核系统第9位，同比分别前移3位、15位。存贷款、中收、利润计划完成率分别为106%、147%、113%、103%。

【公司业务】

紧扣“一带一路”战略，主动融入国家和地方重大建设项目，全面推行传统信贷、投行融资和第三方引资的“三轮驱动”，借助总行与省政府联合举办的首届丝绸之路经济带投资推介会，搭建综合融资对接平台，统一储备、综合授信、统筹投放管理。对公非贴贷款新增115亿元，全国第四。坚持以微为重，前移功能，全面打通全量产品在一个客户的应用、打通小额无贷户与小微企业的隔断、打通个人银行与对公客户的分离。小企业日均存款新增29亿元，占对公存款日均新增的68%；四部委口径小企业贷款新增59亿元，四大行第一，增幅高出贷款增速32.6个百分点，圆满完成“三个不低于”的监管要求。突出有效账户的核心地位，对公账户和基本结算户新增四大行第一，账户总量“脱三进二”。实施流向式营销、版图式营销以及政府指引营销，狠抓对公网络系统应用，力促更多资金在体内循环。对公存款日均新增43亿元，四大行第一。

2015年2月4日，陕西省分行与国家开发银行陕西省分行举行全面业务合作协议签约仪式。

【个人金融业务】实施个人存款监管口径和全量资金并重考核，个人业务“三年三个再造”首年目标顺利实现，个人存款时点新增181亿元，连续五年领跑同业，增幅系统第二，日均新增四大行第二。个人有资产客户新增系统第九、增速系统第五，个人产品覆盖度系统第七。网点和自助银行总数超过1 000家，四大行第一，个人网银和手机银行活跃客户数超330万户，个人网银活跃客户占比40.88%，系统第二；手机银行活跃客户占比27.20%，系统第三。移动金融柜面替代率54.73%，全国第七，同比提升16.51个百分点。个人客户满意度四大行第一，服务质量四大行第一。统筹推进“四卡工程”，三秦通卡客户新增37.2万户，四大行第一，总量翻番，通行费交易额5.18亿元，首居四大行第一；交通安全信息卡新增66.7万张，占信用卡新增的85%；金融社保卡新增18万张，发放居民健康卡3万余张。从战略高度布局“互联网+”，用“悦缴费”品牌开发市场，悦缴费商户、累计交易额同比分别增长70.1%和506.88%，平台商户总数达到677户，覆盖个人客户1 600万户，沉淀存款余额27.89亿元。

【房地产业务】

组建五个团队，加快住房公积金系统、住房维修资金系统、存量房交易资金监管系统、保障房综合管理系统等房金四大系统的扩面应用。恪守好地段、好开发商、好楼盘、好户型、小面积等“四好一小”标准，坚持一手房和二手房并重，积极开展楼盘营销和准入，优先支持居民自住和改善型住房购买需求，加大个贷投放，新增准入楼盘376个，累计投放个人贷款168亿元，四大行第一。连续三年蝉联西安市住房公积金综合考评第一名；个人贷款余额、新增、质量、利率、房改金融中间业务收入、住房公积金个人贷款余额及新增、住房资金四大行占比等八项住房金融核心业务指标同业第一，住房金融领域市场优势得到进一步巩固。

【中间业务】分行中间业务净收入总量、增量、增速保持四大行第一，增速高出净利息收入增速18.45个百分点。推进转型布局，明确投资银行、投资托管、信用卡、电子银行、金融市场、造价咨询等战略性业务跨越式发展要求，中间业务收入结构得到优化，战略新兴产品收入增速超过56%，占中间业务收入净增额的75%；传统功能性产品收入增速32%，信贷相关收入降幅32.94%。投行实现中收4.4亿元，同比翻番，托管业务收入四大行第一，全国第五。票据买入返售业务量同比翻番，同业投资业务量全国第三。对公贵金属业务收入增幅691%，代客结售汇业务量四大行第一。养老金个人账户新增跃居四大行第一，受托资产规模新增同比翻番。信用卡净增客户、净增发卡、净增活动客户三项指标计划完成率全国第一，新增发卡四大行第一，累计发卡量首居四大行第一。

2015 年 2 月 6 日，陕西省分行 2015 年度工作会议在西安召开。

【国际业务】2015 年，分行积极推进国际业务转型，努力构建境内外、本外币一体化发展新格局。外汇存款日均新增四大行第一，时点新增系统第 12 位。国际收支客户增长系统第 10，计划完成率系统第四。跨境人民币市场占比稳步提升，双向资金池业务同业领先。国际结算量 85 亿美元，四大行第一，市场占比 35%。贸易融资业务连续 12 年零不良，在平衡发展与风险的关系上实现新突破。通过突出出口风参等重点产品、强调一带一路等重要课题，主动深化与各海外分支机构合作范围。加强同业合作初见成效，以同业合作为纽带探索新的发展模式。

【资产质量与风险控制】全面加强风险内控管理，坚决守牢风险底线。一是提升管控层级。成立省分行信贷资产管控委员会，组建榆林分行问题贷款经营小组，聚焦重点行业和重点区域。明确二级行“一把手”不良资产管控的第一责任。二是对问题贷款区分红、橙、蓝三个等级，一户一策、分级分类管控。三是坚持以财务可承受为底线，盘活为主，处置化解为辅。全年累计盘活化解不良贷款 19.26 亿元，现金回收贷款本金 2.42 亿元，核销处置 6.02 亿元，盘活上迁和现金回收占比 78.27%。

【内控合规建设】明确二级行和省分行部门合规管理的第一责任，90% 的二级行设立合规与风险管理部、所有机关部门设立内控专员，初步建立了“横向到边、纵向到底”的内控合规体系。加快制度“废、改、立”，推行省分行部门内控评价考核，实现了评价对象的全覆盖。

## 二、主要工作举措

【统筹布局转型发展，培育先发优势】一是明晰转型方向。以“综合性、多功能、集约化、创新银行、智慧银行”为方向，制定转型发展实施方案，明确五大转型目标。二是推动战略业务跨越式发展。新设同业业务部、投资托管业务部，升级造价咨询业务部为一级部，明确投资银行、投资托管、同业业务、金融市场、养老金和信用卡等战略业务跨越式发展要求。三是加快市场拓展模式调整。纵深推进网点“三综合”，综合性网点占比 99.76%，97.09% 的综合性网点实施了综合柜员制，综合营销团队实现了全覆盖。全面推开“网点 + 团队”，初步完成了五个“上移”、四个“下沉”，初步完成了前台市场和保障支持两类团队组建及五大配套机制建设，分层分类经营客户成效初显，市场能量有效激发。四是坚持数量与质量并重、移植创新与自主创新并重，产品创新综合考核全国第八、西部第一。系统首创或首单、同业首创产品 20 多项。

2015 年 5 月 12 日，陕西省分行与长安国际信托股份有限公司举行战略合作签约仪式。

【深耕细作经营土壤，筑牢业务发展基础】一是全面破题商圈。将小企业业务部由产品部门调整为客户部门，发挥其一头连着对公、一头连着个人的天然优势，牵头破商圈；开展破商圈“成千上万”竞赛活动，一圈一策推进；成立多部门协同的商圈推进团队，创新推出“商圈盈”

品牌，效果良好。全面突破商圈40个，营销产品超过2万个。二是着力打造“悦缴费”品牌。主动拥抱“互联网+”，同业、系统首家推出“悦缴费”业务；重点布局民生、公共服务等领域，丰富场景应用；高起点、快节奏、大步伐推广“悦缴费”。三是丰满代发工资体系。将代发工资作为最基础金融元素和“血管”业务，树立代发工资永远是一把手工程、永远是对公条线天然职责的“两个永远”理念，抓存量与新增客户渗透并重，嵌入客户营销、授信审批和贷款投放环节，加快客户和产品全覆盖。全年代发量增长39.37%，资金沉淀率全国第二。

【加强党建和纪检监察工作，打造结构合理、勇于担当、干净做事的干部队伍】扎实开展“三严三实”专题教育，着力打造符合“三严三实”要求的干部队伍。全年员工人均收入同比增长5.21%，二级行增幅高出省行本部10.31个百分点。严格遵循解决历史遗留问题、干部年轻化和体现人文关怀等三条主线，有序推动干部任用交流和储备，25名任同一职务超过4年的干部得到交流，10名长期异地任职的干部基本安排到家庭所在地，15名40岁以下年轻有为的干部被提拔，20个空缺职位得到补充。后备人才“双百工程”全面启动，优秀员工成长空间得到拓宽。强化党风廉政和纪检监察队伍建设，层层落实党风廉政建设和案件防控责任制，纪检监察专职特派员占比由年初的28%提升至56%。

【优化服务、加强管理，全面提升管理效能】一是坚持全量授信、主动授信，综合授信周期由两个月缩短至14.8天。二是建立企业级数据仓库，圆满完成“新一代”2.2期系统上线。三是加强营运管理，主要生产系统参数维护准确率100%。柜面操作差错率0.26‰，优于全国平均水平。安全评估位列陕西五大行之首。四是群工和企化部门广泛搭建兴趣爱好、建功立业、自我成长三大平台，汇聚转型发展正能量。

执笔：谢海燕

# 甘肃省分行

甘肃省分行行长　艾尔肯·艾则孜
（2015年1月免）

甘肃省分行行长　李尚荣
（2015年2月任行长）

## 一、业务发展概况

【主要业务指标完成情况】全口径存款余额1 744亿元，实现税前利润25.71亿元，经济增加值10.48亿元。各项贷款余额1 123.57亿元，较年初新增155.89亿元，增幅16.11%。其中，对公类贷款余额855.59亿元，新增90.36亿元，增幅11.81%；个人类贷款余额267.98亿元，新增

65.53亿元，增幅32.37%。

【公司业务】对公存款日均余额846.6亿元，较年初新增3.73亿元；时点余额917.33亿元，较年初新增150.87亿元；大中型公司客户贷款余额663.83亿元，占全部贷款的59.08%，当年新增116.31亿元，增速21.24%，其中贴现余额59.98亿元，比年初新增49.62亿元。

【个人金融业务】全行个人存款时点余额达793亿元，同业排名第2位。个人有资产客户491万户，本年新增34万户，增速7.4%；个人加权有效客户560万户，本年新增54万户，增速10.7%。借记卡累计发卡1 125万张，金融IC卡当年发卡新增165万张，同比增长6.37%；借记卡消费交易额652亿元，同比增速24%。代销基金、证券投资基金托管、账户贵金属、代理国债、保管箱均排名同业第一；借记卡及结算、代理保险排名同业第二。

【房地产业务】住房资金归集余额324.98亿元，新增24.32亿元，余额四大行占比55.7%，继续保持第一。实现房金中间业务收入5 978万元，完成全年计划的101%。个人贷款余额228.18亿元，比年初新增55.24亿元，其中个人住房贷款余额206亿元，新增59亿元，增速达到40.3%，系统内排名第三，四大行占比48.95%，余额、新增四大行份额第一。“快贷”产品实现快速增长，累计新增8 552户，授信金额达1.98亿元，贷款余额1.1亿元，客户总量和授信金额总量系统内均排名第16位，西北五省排名第一。

【国际业务】外汇对公存款时点余额较年初新增5 608.61万美元，余额四大行占比56.6%，四大行排名第一；新增占比87.9%，四大行排名第一。外汇对公存款日均余额较年初新增5 751.77万美元。外汇贷款较年初新增16 460.9万美元，余额四大行占比59.06%，排名第一；新增四大行占比为58.76%，排名第二。外汇中间业务收入比去年同期增加7 827万元。国际结算量较去年同期增加2.34亿美元，同比增长率为5.98%。跨境人民币国际结算量比去年同期增加11.07亿元，四大行占比12.74%，居四大行第三。

【中间业务】实现净收入13.15亿元，全国系统内排名第31位，计划完成率96.57%；同比新增0.28亿元，全国系统内排名第29位，同比增速2.18%，系统内排名第27位；占主营业务收入的23.23%，全国系统内排名第18位，高于全国平均水平。

【资产质量与风险控制】2015年底，全行不良贷款额16.75亿元，不良率1.55%。逾期贷款额21.26亿元，逾期率1.96%。垫款460万元，低于总行控制计划2 554万元。处置不良资产4.62亿元，完成全年计划537.27%，现金回收不良资产占不良资产处置总量的61.9%。

【内控合规建设】全面深化内控合规工作转型。推进合规官试点工作，研究配套绩效考评机制，逐步建立健全合规管理工作机制。推进内控标准化建设，对总行通用级《中国建设银行股份有限公司内部控制标准》细化学习要求与范围，制作学习指引并印发全行；针对总行印发的信用卡、电子银行、投资银行、柜面业务等《内控合规指引》、《内控标准》等，制定我行的《内控合规管理细则》或《业务操作手册》。

【其他业务】结算账户总量89 625户，四大行占比33.50%，较年初提升1.38个百分点。其中基本账户57 504户，四大行占比33.66%，比年初提升1.72个百分点。账户总量及基本户总量均四大行排名第一。管理“养老金受托资产”6.18亿元，新增1.04亿元；管理“养老金托管资产”27.02亿元，新增2.9亿元；管理“养老金个人账户数”9.04万个。中心城市行竞争优势明显。兰州地区一般性存款日均余额749.02亿元，四大行占比30.25%，排名第一。其中储蓄存款日均余额311.25亿元，四大行占比33.99%，四大行排名第一，较去年提升1.47个百分点。

## 二、主要工作举措

【坚定不移地落实总行转型发展战略，全面打造甘肃分行新优势】一是坚持顶层设计，明晰转型思路。围绕总行转型规划，研究制定12个转型发展方案，明确区域发展策略、重点业务和重点产品。确立转型发展“五个一”的总体思路：一个总思想，即“开放融合、转型发展、严守底线”；一个总目标，即“一加强、两提高、三提升”；一个总基调，即“变中求进、快字当头、实干兴行”；一条总主线，即“两经营、两服务、两体验”；一个总要求，即“转观念、转语境、转行为”。二是坚持机制建设，深化转型落地。分阶段、分步骤、有计划地开展“七大”主题研究，实施“八大”管理工程，成立“四大委员会”，从机制上强化联动协同发展。重点推出了“大对公”、“大零售”、“大内控”、“大网点”四大整合；完善人力资源和绩效管理机制，大力推进作风建设和企业文化建设，优化流程和组织机构，进一步解决组织碎片化、工作效能不高等问题。服务基层机制、部门协作机制、综合营销及定价机制、风险共管机制、兰内集约机制价值和业绩导向机制等运行机制逐步形成。三是坚持“两经营、两服务、两体验”，转变工作作风。围绕宗旨意识和主体意识，以“效能风暴”为载体，引领分行员工的思想观念大转变，构建全新的思维体系、话语体系、行为体系。“经营客户、经营网点，服务基层、服务一线，客户体验、员工体验”的观念深入人心，分行员工的责任意识、效率意识和服务意识进一步提升。四是坚持以人为本，凝心聚力。通过关爱员工，积极推进“温暖工程”等基础工作，鼓舞斗志，提振士气，提升了员工的积极性。

【全面深化营业网点“三综合”建设，夯实业务发展基础】一是制定营业网点“三综合”建设推进计划和措施。从十二大类45项工作入手，着力开展业务量测量、弹性排班和劳动组合优化，通过强化大堂经理“轮转”作用，高效分流引导客户、积极捕捉需求信息，提升网点内部资源的管理效率。二是网点“三综合”建设工作重心向经营网点、经营客户转变。引导网点制作客户市场定位地图，看市场、找客户，了解客户需求，制定综合服务方案，对接适当的金融产品满足客户生产、生活、消费、投资等方面的需求。三是进一步推进网点营销团队建设，提升二级行、网点及团队的综合营销能力。按照客户类群进行批量化拓展、综合化服务，通过打造“1＋N”模式，打通“一点接入、联动营销、综合解决”的自上而下、横向协同的综合服务通道。四是按照“网点＋”的模式建设离行式自助银行、社区银行。延伸网点对客户的服务半径，为经营全量客户打好基础。

截至2015年底，全行综合性网点覆盖率91%，实现综合柜员制的网点占比87%，组建综合营销团队654个。网点营销人员占比达到54%。

【持续推进创新工作，突出创新对业务发展和转型的支撑作用】一是从思想上倡导创新。加强创新宣传力度，营造创新氛围，激发创新热情，增进创新意识。二是从机制上鼓励创新。完善产品创新考核制度，建立评价机制，充分发挥KPI考核对产品创新的引领作用，实现由“创新数量”向“创新质量”的转变。三是在管理中推崇创新。确立“一张图”、“一张表”的工作方法，按图施工，按表作业，基本构建起“机制管人、系统管事、流程管控、创新创效”的“三管两创”模式。四是建立“建行甘肃省分行－产品导航”、“CCB甘肃－文化建行”等微信群信息交流平台，通过图片、表格、文字等形式实时展示一线营销、服务案例，分享交流工作经验，推广营销工作中好的做法。

【开展内控“攻坚”行动，全面提升内控精细化管理水平】开展内控“攻坚”行动，确定了“八项教育、六项排查、十项治理”等54项具体任务，推动内控转型工作稳步前进。一是开展“合规践行”PK赛、合规征文、案例征集、多渠道合规提示等丰富多彩的合规文化教育活动，形成合规宣导、人人参与的浓厚氛围。二是各条线、各级机构结合自身实际，开展卓有成效的多项排查治理工作，袪除“顽疾”，扫除“积弊”，消除“隐患”，强化薄弱环节。三是稳步推进表单模块化建设，确立“大内控”转型思路，对“攻坚”行动建立动态的任务表单管理，形成“合规文化建设”、“合规性监测”、“问题整改”、“内控体系建设”、“内控制度建设”五大管理模块，多层面推动内控合规工作迈上新台阶。四是建立“内控抓同级”机制，明确各层级、各岗位在整改、问责、检查、考核、信息沟通、双向报告等工作中的职责与考核要求。

【狠抓党建和队伍建设，创造持续发展的内生动力】一是深入落实“两个责任”，强化党风廉政建设。严格执行中央“八项规定”和总行党委“十项要求”，严格执行“三重一大”决策制度，确保决策科学合理、务实高效。二是以“三严三实”促进从严治党治行。深入开展“三严三实”专题教育，领导干部发挥“关键少数”

作用。开展“讲规矩、正风纪、守廉洁”主题教育活动，强化监督执纪，严肃问责各类违规违纪事件，聚焦主业，加大巡视工作力度。三是推进选人用人新机制建设。构建领导人员和本部员工交流的长效机制，优化管理岗位、经办岗位、专业技术和非领导职务等职务序列。实施人才倍增计划、青年人才成长计划，建立后备人才队伍。

执笔：闫学诗　王敦生



# 青海省分行

青海省分行行长　李振宇

## 一、业务指标完成情况

截至2015年底，实现账面利润17.86亿元，同比增长9 175万元，增长率5.41%，完成计划的123.28%，四大行占比36.30%，稳居同业首位。一般性存款时点余额896.80亿元，比年初下降5.28亿元；日均余额871.86亿元，比年初新增1.09亿元。其中，对公存款时点余额510.13亿元，比年初下降24.97亿元；日均余额501.77亿元，比年初下降20.08亿元。个人存款时点余额386.67亿元，比年初增加19.69亿元；日均余额370.09亿元，比年初新增21.17亿元。一般性存款、对公存款、个人存款余额四大行占比分别为33.35%、33.89%、32.66%，继续保持四大行第一位。各项贷款余额662.42亿元，比年初新增71.25亿元，增长率为12.05%，余额和新增额四大行占比分别为32.41%和26.35%，分别居四大行第一和第三位。实现中间业务收入3.58亿元，四大行占比为28.71%，居同业首位。五级分类不良贷款余额为20.99亿元，不良贷款率3.17%。

## 二、业务发展概况

【公司业务】加强对公存款信息数据分析，强化对潜力客户的跟踪营销，以“受托支付留存率”、“结算业务量”、“贷款归行率”为重点，切实做好信贷客户贷款回笼和日常资金归行管理工作。规范单位大额存单购买流程，销售大额存单34.14亿元。大力推进绿色信贷、普惠金融项目营销，重点支持了香日德至花石峡、大武至久治公路建设、敦格铁路、黄河公司水光互补、华能西宁热电光伏发电等项目，全年累计发放对公贷款658.26亿元，新增57.32亿元。积极开展小企业业务百日营销活动，加快推动小额化、标准化转型，小微企业贷款余额49.35亿元，新增10.6亿元，增速27.37%，实现了“三个不低于”监管目标。

【机构业务】紧盯城镇化建设、美丽乡村建

2015年2月10至12日，青海省分行在西宁召开2015年工作会暨三届三次职工代表大会。

设、玉树抗震救灾、地方政府发债资金等领域，切实加强市场营销、吸存纳户工作。大力拓展财政业务，成功吸收省级财政资金 52 亿元，州（市）、县财政性存款新增近 30 亿元，中央财政资金承接率达 60%，系统内名列前茅。省级财政预算单位账户招投标中标率达 56%，居同业第一。获得国开行代理贷款资金结算资格，代理资金 2.5 亿元，实现该项业务零突破。继续加大对学校、教育、卫生等民生领域和文化领域的信贷支持力度，全年累计投放贷款 1.86 亿元，其中，新发放贷款 1.27 亿元。累计储备项目 8 个，共计储备金额 9.5 亿元。

【个金业务】积极推介大额存单、特色储蓄、聚财存款、结算通借记卡等新产品及“薪享通”、“结算通”等综合金融服务方案，依托综合服务、理财衔接、潜力产品，狠抓代工、结算、理财、县域等领域资金，个人存款稳存增存成效明显。深入开展个体工商户专项营销活动，活动期间新增个体商户 3.91 万户，存款 4.97 亿元。借记卡新增 176.99 万张，其中，金融 IC 借记卡（不含社保卡）新增 46.67 万张。ETC 青通龙卡新增 5.62 万张，累计发行社保卡 125 万张，市场占有率 100%，系统内排名第一。

【房金业务】充分发挥个贷中心专营优势，大力拓展县域市场，个人住房贷款余额和新增额市场占比分别为 37.49% 和 51.17%，均居同业第一。积极推广“快贷”产品，办理“快贷”业务 580 笔，金额 1 209 万元，占个人消费经营类贷款新增额的 38%。辖属门源、祁连支行住房维修资金管理系统顺利上线，互助等三个县支行开立维修资金专户，维修基金存款新增 1 167 万元。住房公积金存款余额 54.05 亿元，四大行占比 49.12%，居同业第一；实现贷款投放 12 亿元，新增 3.91 亿元，均创历史最高水平。

【中间业务】推动产品和服务创新，优化产品和收入结构，中间业务收入继续保持同业领先。对公条线对非重点客户以产品覆盖度进行考核，强化收入管理，大力推广单位结算卡、账单自助服务等新型结算产品，充分发挥传统造价咨询业务优势，实现中间业务收入 1.54 亿元。对私条线积极向综合金融服务转变，紧抓代理保险业务发展契机，强化理财产品营销，着力维护和拓展高交易类客户，大力推广 TD 等新业务，实现中间业务收入 2.04 亿元。

【国际业务】中标并开立“西宁城市交通项目”1.2 亿美元外债专户，成功办理大柴旦矿业 1.6 亿元跨境人民币利润汇出业务、水电四局 420 万美元境外承包工程项下汇款业务、平安高精铝业 1 500 万美元国际结算业务。全年实现国际结算量 1.86 亿美元，结售汇总量 1.38 亿美元。对公贸易融资贷款居同业首位，代客结售汇业务量、国际结算收入及外汇对公存款均居四大行第二，在全省 2015 年度执行外汇管理考核中荣获 A 类银行称号。

【战略性业务】全力挖掘战略性业务潜力，有效地满足了客户多样化金融服务需求。获得 2015—2017 年地方政府债券牵头主承销商资格，与青海凯峰农业科技达成新三板上市顾问业务合作意向，实现了此项业务零的突破。电子银行客户新增 34.71 万户，增长 15.47%，账务性交易量占比为 85.20%，理财、基金销售占比分别达到 93.98% 和 86.70%，系统内排名第一和第八位。信用卡客户净新增 4.12 万户，新增发卡 5.49 万张，商户活动率 80.9%，高于系统平均水平 14.4 个百分点。私人银行 AUM 500 万元以上客户新增 64 户，AUM 值达 27.62 亿元，较年初增长 4.13 亿元。新增运营省水电勘测设计研究院等 5 个企业年金集合计划和福利计划，受托资产规模达到 3.85 亿元，新增 6 390 万元；管理个人账户数达 3.96 万户，新增 6 162 户。

2015 年 5 月 8 日，青海省分行与青海省国家税务局、青海省地方税务局 AB 级企业纳税人及小微企业“银税互动－税易贷”业务合作签约仪式在西宁举行。

## 三、主要工作措施

【优化资源配置，经营效益稳居同业首位】KPI考核和等级行评定突出对二级分支行和领导人员的考核导向，合理安排用于支持业务增长的激励费用，实现了资源和业务增长的良性互动。坚持勤俭办行，全面推行部门预算管理，招待费、宣传费、会议费、公务用车费同比分别下降13%、42%、30%和35%，差旅费控制在预算范围内。强化定价管理，将定价权限全部转授给条线和二级分（支）行，定价议价能力明显提升。

【强化风险控制，积极应对资产质量管控新形势】加快退出不符合信贷政策或风险突出的客户，加强逾期贷款、非不良拖欠贷款、关注类贷款等资产质量预警性指标的监测分析，重点关注政府融资平台客户和钢贸、房地产、产能过剩等潜在风险行业。突出RAROC导向，加强动态跟踪分析，对公评级覆盖率100%。加大对到、逾期贷款的催收和担保单位代偿责任的追索力度，全年共处置不良贷款4.68亿元，实现不良贷款现金回收2.34亿元。

【合力攻坚克难，稳妥推进转型发展】出台了转型发展规划实施意见，制定了“县域支行三年发展规划”、“支持县域经济发展一行一策实施细则”及“县域机构业务发展营销指导意见”。力促授信评估功能由传统信贷业务向非信贷业务延伸，资产结构向信贷、投资、资产管理并重转变，完成客户综合授信评审7户，金额61.44亿元。发现预警信号，校正评估参数，促使项目评估向贷前和贷后管理延伸，完成了44个评估项目的评估任务。强化对有效客户、产品覆盖度、综合融资、重点客户、重点产品的综合营销管理考核，通过建立组织实施体系、按月通报制度和配置专项费用，形成了从上到下统一的综合考核方式，推动对公业务加快转型。

【夯实管理基础，内控合规建设成果显著】扎实开展“合规管理年”活动，全面梳理规范各项规章制度，持续推进内控三年规划体系建设，加大检查发现问题整改力度，完成了22个内外部审计检查项目、435个问题的督促整改工作，整改率为84.15%。开展档案、印章、保密工作大检查，对二级以下分支机构行务公章进行了紧急排查，有效防范了印章、保密管理风险。顺利实现反洗钱集中作业，全辖114个网点反洗钱业务全部上收省分行反洗钱中心处理，省分行和海东等3个分支行被授予反洗钱A类单位称号。

【优化服务渠道，不断提高服务水平】83个理财中心实现有效复用，完成3个单功能对私网点综合化转型工作，网点综合化转型比例达到71%。设置综合高柜379个、综合低柜270个，综合柜台占比达94%，组建综合营销团队152个。装修改造网点13个（已完工5个，在建8个），购置网点2个，购置自助银行4家。开工建设离行自助银行17家（运行8家）；新安装自助设备115台，投产71台，运营设备总量达469台。创新自助银行发展模式，3个自助银亭（城亭）投入运行。在全国金融系统内首创流动金融服务车，为偏远地区企业及居民群众享受“零距离”金融服务提供了便利。

【坚持从严治党，队伍素质有效提升】深入开展“三严三实”专题教育，有序推进基层党支部活动阵地建设，基层党组织和党员队伍建设不断加强。狠抓党风廉政制度建设，认真组织实施“两个责任”考核工作，督促各级党组织落实“两个责任”和“一岗双责”。完成了对湟中、湟源支行的巡视监督和对黄南、海西分行的巡视回访工作，尝试性开展了专项巡视工作，巡视监督作用有效发挥。不断优化岗位职务序列管理，坚持人力资源配置向一线倾斜，大力拓展员工职业发展空间。统筹开展各项教育培训，共举办培训班467期，约2.8万余人天，员工能力素质有效提升。

【加强文化建设，树立良好企业形象】积极履行社会责任，持续开展“成才计划”、“英模母亲”等长期公益项目，向定点扶贫村、“高原美丽乡村建设”结对村捐款捐物23万元，树立了良好的企业社会形象。辖属城东支行、城北马坊支行和玉树支行分别荣获第四届全国文明单位、“全国五一巾帼标兵岗”称号和2014年度中国银行业最佳社会责任特殊贡献网点奖，城北支行、虎台西川南路支行和西宁支行分别被授予“2012—2013年度A级纳税信用单位”、“总行级女职工文明示范岗”和“模范职工之家”。

执笔：衣宁

# 宁夏回族自治区分行

宁夏回族自治区分行行长　郑海峰

## 一、业务发展情况

【主要业务指标完成情况】全口径存款时点余额622.6亿元，本年新增66.7亿元，均为四大行首位，市场占比分别为30.6%和36.6%。各项贷款余额636亿元，市场占比30.9%，信贷规模保持四大行首位；较年初新增15.4亿元，四大行占比13.4%。实现拨备前利润17.66亿元，市场占比29.7%。实现税前利润11.59亿元，市场占比24.4%；实现净利润8.66亿元，市场占比24.7%；实现经济增加值3.44亿元。

【公司业务】对公存款余额326.0亿元，市场占比31.4%，四大行第一；本年新增41.1亿元，完成总行计划的139.9%，四大行占比31.6%，排名第二；增速14.4%，系统排名第4位。公司类人民币贷款余额491.8亿元，比年初增长8.7亿元。

【个人金融业务】个人存款余额293.5亿元，市场占比30.0%，四大行第二；本年新增25.2亿元，市场占比49.8%，四大行第一。个人贷款余额144.2亿元，比年初新增6.8亿元。其中个人住房贷款比年初新增7.96亿元，个人消费贷款（含助业贷款）8.81亿元。

【中间业务】实现中间业务收入4.33亿元，市场占比30.3%，四大行第一；同比增加1 827万元，增速4.41%。中间业务收入占主营业务收入占比为15.72%。

【国际业务】国际结算量大幅增长，累计完成国际结算量119 219万美元，完成全年计划的170.32%；较去年同期多增51 709万美元，增幅76.60%。跨境人民币结算量（实收实付口径）44.47亿元，较去年同期多增35.42亿元，增幅达3.9倍。

【资产质量】不良贷款额8.41亿元（审计前系统内数据），较年初增加17 153万元，控制在总行计划之内；不良贷款率1.32%，较年初上升0.24个百分点。

## 二、主要工作举措

【深入推进战略转型】出台区分行转型发展规划实施方案、条线业务转型与发展的指导意见等，成立了转型发展年活动领导小组，抓转型方案的落地实施，加强对转型发展规划的宣讲，将转型与年度工作计划相衔接，与经营管理实际情况相契合；优化调整区分行营业部组织架构，二级分支行结合当地实际特色，努力成为转型发展的前沿阵地；结合宁夏地域特色探索开展伊斯兰金融产品创新，依托中阿博览会、宁夏内陆开放型经济试验区和银川综合保税区建设的发展机遇，敏锐把握市场机会，积极推动产品和服务创新，探索中阿金融合作路径。

【做大做强负债业务】业务条线积极开展“大干100天，力争上台阶”等各项营销竞赛活动，制定营销工作指引、客户拓展方案，加快重点产品推进，积极营销新产品，积极挖掘存量客户潜力、拓展新客户，同时，不断完善绩效考核激励约束机制，推行干部业绩考核与“帽子”、“票子”、“面子”挂钩。截至年底，一般性存款余额619.5亿元，四大行占比30.7%，排名第一；本年新增66.3亿元，四大行占比36.7%，排名第一，完成总行计划的132.5%。

【做实做优信贷业务】以总行与宁夏回族自治区政府签署战略合作协议为契机，找准宁夏内陆开放型经济试验区、银川综合保税区建设与建设银行加快发展的契合点，重点加强交通、沿黄城市群城镇化建设、羊绒、枸杞、葡萄特色产业等重点领域项目的储备和信贷投放力度，2015年仅公司类贷款累计投放225亿元，并积极投资认购宁夏地方政府公开发行及定向置换债券71.4亿元，同业排名第一，高出第二位25亿元，有力支持了地方经济发展。小微企业重点开展批量化营销，搭建助保贷平台4个、正在搭建的市县级平台3个，新增客户48户、贷款新增1.90亿元，分别完成总行下达全年计划任务的208.69%、128.38%。参加银川市公积金业务进驻市民大厅投标与营销活动，获得进驻资格，守住了公积金代理业务的半壁江山，年底公积金贷款余额66.8亿元，当年新增8.8亿元，住房归集综合经营计划完成率为146.5%；成功发行银川市公积金龙卡，首期发卡988张，属区内金融机构首家。大力发展信用卡贷款分期业务，扩大发卡规模、分期种类，大力支持区内群众透支消费需求，把分期业务打造成新的增收亮点。2015年，分行发卡总量突破40万张，消费交易额突破190亿元，收单交易额突破160亿元，信用卡账户活动率为78.98%；当年信用卡贷款新增5.1亿元，同比增幅38.6%，累计余额达到23.23亿元。

【做宽做广中间业务】坚持以重点产品为抓手，加强对人民币结算、银行卡、电子银行、理财、贵金属、国际业务、债券承销、代理保险、分期业务、审价咨询、住房金融、投资托管、新型财务顾问等重点产品的营销，打造阶梯形的优势产品系列。同时，调整中间业务收入结构，提升服务型产品收入贡献。提升金融市场业务收入，印发分行金融市场业务推进实施方案、2015年金融市场业务发展指引，持续推动债券承销、代客资金业务、贵金属及大宗商品与期货交易等金融市场业务转型发展，实现业务量和收入较快增长。全年金融市场业务实现收入1 766万元，同比增幅57.9%，完成全年计划的135.8%。成功营销ETC项目，成功与自治区交通运输厅签订《高速公路电子不停车收费项目合作协议》。

【加强客户拓展，夯实业务基础】依托开展“深挖掘、提质量，勇拓新、促增长”公司机构有效客户营销活动，加大综合服务营销力度，促进客户数量、质量双提升。2015年底，对公账户总量3.77万户，比年初新增5 550户，其中人民币基本账户2.52万户，比年初新增4 359户，四大行占比分别为30.4%和36.9%，排名第一。个人客户拓展以“三大战役”为抓手，在持续落实过程管理、强化达标考核、落实“规定动作”的基础上，继续推广“网点竞争力提升项目”，激活网点，提升网点竞争力。年底，个人全量客户达293.10万户，较年初新增21万户；有资产客户达192.7万户，当年新增14.1万户；有效客户当年新增8.52万户，完成全年计划的142%。电子银行业务各渠道客户快速增长，交易规模显著扩大，电子银行渠道客户总量537.63万户，本年新增123.77万户，同比多增24.67万户，增幅24.89%。个人网银、手机银行客户总量居当地同业第一，个人网银、企业网银、手机银行客户新增蝉联四大行首位。电子银行账务性交易量占比64.77%，比年初提升35.72个百分点，完成总行计划的358.97%。

【提高客户服务能力】切实落实战略转型，将社区金融确立为2015年度转型重点工程，着力打造个人金融生态圈，开发上线了宁夏行“E+悦生活”综合缴费平台，应用范围包括代缴物业费、学校学费，下一步将加大社保、公交、医疗、校园、社区、菜市场、车主、ETC、县域和旅游等十大重点领域行业应用拓展，切切实实将金融服务融入百姓生活。深入推进“三综合”网点建设，促进网点向多产品、多功能服务转型，全行106个营业网点全部实现综合化；关注客户体验，通过网点细致、人性化和温馨服务改善客户感受，缩短客户等待时间；加大“神秘人”及行内对网点规范化服务的检查，加强网点负责人、客户经理等培训，切实提升客户服务水平。在宁夏回族自治区党委宣传部等15家单位联合举办的“携手共铸 诚信家园——2015年宁夏3·15活动”中，建设银行宁夏区分行荣获“2014年度消费者最信赖金融机构”称号。

【全面打好稳定资产质量攻坚战】积极应对经济下行，全年保持高压态势，分类施策，标本兼治，切实防范和化解风险。加强对信贷资产质量的管控，选取11个重大信用风险项目，推行行领导牵头全行重大风险化解机制和分片包干负责制；与各级机构签订了《风险防控工作责任书》，推行“一把手”责任制，将稳定资产质量情况与班子浮动年薪加大挂钩力度；严格授权授信管理，从严把控新发放贷款质量。积极探索，强化不良与潜在风险客户的处置化解，全力化解处置了宁夏天元锰业有限公司备用信用证索赔重大信用风险、宁夏万和利煤炭公司问题贷款等重大风险事项。积极盘活存量不良，配合不良资产批量转让和核销，较好完成了总行下达的信贷资产质量控制计划。

【强化案件防控，确保安全运营】强化党风廉政建设责任分解、履责述廉、约谈和廉洁谈话、检查考核及责任追究等制度，坚持“一签”、“两谈”；制定案件管理、预警、案件处置和考评制度，强化考核评估和责任追究。坚持依法合规从严治行，通过案例警示、底线约束、检查问责、内控合规培训等，持续加强内控合规文化建设；加强综合检查、交叉检查、突击检查、专项检查，加强对违规行为的执纪问责，提升整改工作的有效性。

【加强党建，促业务发展】深入开展“三严三实”专题教育，严守党的政治纪律和政治规矩，切实改进领导干部工作作风，开展加强理想信念和道德品行教育活动，增强全行各级党组织的创造力、凝聚力、战斗力。全面落实党委主体责任，坚持实施“一签”、“二谈”制度，开展“讲规矩正风纪 守廉洁”主题教育活动，认真贯彻《中国共产党廉洁自律准则》和《中国共产党纪律处分条例》，从严执行中央八项规定、总行党委十项要求。深化反腐倡廉建设，强化巡视工作，坚持从严管理干部，完善领导人员选任机制，建立基于业绩表现等核心要素的激励约束办法，激发员工工作积极性和创造力。

执笔：乔惠婷

# 新疆维吾尔自治区分行

新疆维吾尔自治区分行行长　魏承国

（2015年8月免）

新疆维吾尔自治区分行行长　杨险峰

（2015年9月任行长）

## 一、业务发展概况

【主要业务】全口径存款（含结构性存款和保本理财）时点余额1 994.34亿元，新增70.87亿元，增速3.68%。一般性存款时点余额1 930.57亿元，同业第二；新增125.8亿元，市场占比34.11%，同业第一。一般性存款日均余额1 829.95亿元，新增104.09亿元，同业第二。非存款类金融机构存款日均余额97.72亿元，同业第一。各项贷款（含霍尔果斯）余额1 504.74亿元，同业第一；新增245.36亿元，同业第一，新增创历史新高，增速19.48%，系统内排名第三。实现账面利润37.97亿元，增速5.99%，同业第一；考核利润40.69亿元，增速9.55%，完成总行计划的105%；经济增加值20.48亿元，增速11.31%，完成总行计划的109.16%。实现中间业务净收入14.8亿元，增速9.9%，保持同业第一，完成总行计划的103%。

【转型发展】深入传导“大资产大负债”经营理念，对公业务以资产管理业务为龙头，在融资租赁、租赁保理、债券承销、同业业务等领域取得多项突破，创新推出黄金租赁定向融资业务产品，吸收存款3 900万元，实现中间业务收入62.4万元，带动下游客户发展；成功发放首笔跨境直接投资贷款；为客户办理了首单配置非标准化债权的保本理财产品1.3亿元。小微企业“小额化”转型指标处于系统内前列，转型效果明显，单户500万元以下的小企业授信客户占比89.17%，较上年大幅提升15.6个百分点。个人业务以扩大客户群体为抓手，搭建金融和非金融生态圈建设初见成效，信用卡净增客户22.23万户，净增发卡28.15万户，均为同业第一，净增发卡市场占比达45%。个人网银、手机银行客户新增保持同业第一；新增电子渠道代缴费项目101个，是以往年度的3倍，电子渠道交易量是柜面的6.85倍，善融商务个人商城交易量同比增长11倍。

【公司业务】对公存款时点余额1 168.46亿元，新增103.08亿元，增速9.67%，市场占比42.46%，同业第一，余额首次超过工商银行。机构类存款新增103亿元，市场占比52.53%，同业第一，系统内第13。对公类贷款（含霍尔果斯）新增199.69亿元，增速19.48%，系统内第三，市场占比36.42%，同业第一。小微企业贷款余额164亿元（四部委口径），新增55亿元，增速50.5%，实现“三个不低于”监管指标。单位人民币结算账户、基本结算账户新增、增速居同业第一，基本户由同业第四升至第二。

【个人业务】个人存款时点余额762.11亿元，同业第三；新增22.73亿元，同业第四。个人有资产客户总量387万户，新增35万户，增速系统内第13。个人产品覆盖度4.99，比年初提高0.37，系统内第三。基金销量190亿元，同业第一。保险销量8.8亿元，同业第一。个人理财产品新增28亿元，同业第三。私人银行AUM500万元以上客户新增217户，增速15.65%，系统内第25；私人银行客户贷款新增2 363万元，增速57.08%，系统内第八，首次获得总行“2015年财富管理与私人银行业务最佳营销奖”、“最佳私人银行”两项荣誉称号。

【房地产业务】个人类贷款累计投放95.41亿元，余额278.28亿元，新增30.55亿元，占比31.12%，同业第一。积极发挥建设银行房改金融优势，个人住房贷款余额250.16亿元，累计投放61.39亿元，新增31.07亿元，占比33.96%，同业第一。个人贷款不良率0.31%，其中个人住房类贷款不良率0.11%，系统内第二。加大快贷产品营销力度，全年累计客户数3 760户、授信金额1.57亿元、贷款余额8 484万元，系统内分别列第29、第22、第19。

【兵团业务】兵团对公存款时点余额206.96亿元，新增27.02亿元，增速15.02%，高于全行对公存款增速5.35个百分点。兵团对公贷款余额189.03亿元，新增4.14亿元，增速2.24%。推出团场土地承包费应收账款质押、兵团农资通等新型资管产品，对兵团的融资支持已经超过国家开发银行，跃升至同业第二。

【国际业务】国际业务结算量46.98亿美元，增速72.84%，跨境人民币客户增速约是总行平均增速的2倍。跨境人民币双向资金池业务取得零的突破。国际业务中间业务收入1.28亿元，同业第一。抓住政策机遇发展霍尔果斯业务，2015年在同业首家获批开办创新离岸业务，至当年底即与境内10家分行、境外2家分行合作，实现6项资产类业务投放104.18亿元，年底信贷余额139亿元。

【中间业务】中间业务信贷依赖度降低，创新和开拓能力增强，信贷类相关中间业务收入0.62亿元，占比3.93%，比年初下降0.61个百分点。公司中间业务净收入6.68亿元，同业占比38.21%，位居第一；个人中间业务净收入8.88亿元，市场份额25.14%，提升1.58个百分点，市场排名由第三升至第二。贷记卡及商户收单、CTS、债券承销、对公代客理财、代理寿险、承诺费、实物金、房改金融、国内保理等9项产品中间业务收入同业第一。

【资产质量与风险控制】不断完善风险控制体系，强化风险排查，发挥放贷中心作用，建立大额不良项目行领导分片包干机制，全年累计处置不良贷款10.18亿元，实现超值现金回收2.33亿元，不良贷款额13.26亿元，审计后不良贷款率1.12%，系统内第16，较上年提升5个位次，资产质量管控水平进一步提高。

【内控合规建设】深入开展“一加强两遏制”、“合规管理年”、“平安建行”等活动。持续开展“送培训到基层”活动，全年累计培训40多场次，共3 200多人次。反洗钱业务实现系统内第一家向分行集中管理的模式。保持案件防控高压态势，加强对重点时间节点和重点区域部分的安全检查，截至2015年已连续16年没有发生大案要案、13年没有发生一般性案件。

## 二、主要工作举措

【树立大资产理念，支持实体经济发展】积极应对经济下行压力，将投行、新型资产管理与传统信贷并重，用“大资产”理念引领业务发展，加速建立“大资产”经营格局。积极支持铁路、民航、公路、电力、风力、有色等行业，基础设施贷款新增占公司类贷款新增的60%，基建类贷款指标在系统内排第五。开展银团贷款牵头项目3个，金额80亿元。全力支持自治区南疆发展战略，南疆4个二级分行贷款余额合计170.82亿元，再创历史新高。拓展了14个“银医通”、17个“银校通”项目，数量远超同业。大力开展小企业“五贷一透”大数据信贷产品，“税易贷”项目已覆盖所有二级分行。2015年承销政府债券88.8亿元，匹配财政存款51亿元。

【增强大负债意识，做大做强存款规模】以全量客户、全量资金为目标，用“大负债”理念推动产品组合营销，实现由单一吸存向多产品、多工具综合运用的转变，实现由拉存款向抓结算、抓现金管理、抓资金链的转变，通过构建流畅对接的资金网络，提高资金体内循环和上下游承接能力，促使存款资金稳定，扩大客户全量资金规模。拓展个体工商户23 583户，带动POS机新增4 109个，电子银行同步率88.73%，沉淀个人存款10.82亿元；同业中首家获得主题卡发卡权，3个月时间发行“丝绸之路文化主题卡”18.56万张，带动行外客户占比56%，高于借记卡平均水平10个百分点，沉淀个人存款12亿元；龙卡云闪付借记卡新增4 230户，计划完成率系统内第四。

【加快推进转型落地，构建新的竞争优势】制定并实施了《新疆维吾尔自治区分行落实总行转型发展规划实施方案》，明确了到2020年的转型目标、转型重点和实现措施。对公以资管业务为发展重头戏，重点利用对公客户行为分析系统、综合金融服务方案、PPP产业基金、小企业门市化四大转型抓手，积极搭建跨区域、跨层级、跨条线、跨分行甚至跨界的客户服务“泛在网”，有效推动融资租赁、股权投资理财产品、租赁保理、黄金租借定向融资等资管业务的发展，满足对公客户融资需求。全力打造金融生态圈，将建设银行的金融服务嵌入个人客户的衣、食、住、行中，增强了客户黏性，促进了个人客户群体的快速增长。

【把握霍尔果斯发展机遇，打造新的业务增长极】深度融入自治区“丝绸之路经济带”核心区建设战略之中，依托获批开办的霍尔果斯合作中心创新离岸业务，与境内外多家银行开展联动共进、互利共赢的务实合作，为境内分行业务拓展提供支持，为海外分行盘活表内资产、改善资产结构、提升效益水平起到补充促进作用，切实帮助企业“走进来”、“走出去”，赢得了监管机构和客户的一致好评。

【运用大数据发展思路，推动经营方式变革】以大数据发展思路，开发运用对公客户经理综合评价系统、对公客户行为分析系统、个人客户精准营销系统等，准确地把握了客户资金流向，实现了对客户的精准营销，满足了客户的潜在需求。对公客户行为分析系统推广上线3个多月，各级行分析存量客户2 800多户，发现潜在客户1万余户，成功营销开户1 195户，吸收存款近18亿元。

【不断夯实经营基础，提升持续发展后劲】通过做实批量营销，稳固客户发展基础，夯实了结算账户经营基础，连续三年单位人民币结算账户和基本结算账户新增均四大行第一。加快电子渠道建设基础，加大物理渠道建设力度，新增自助银行47个，新设营业机构两家。不断提升“向党工作站”品牌影响。深化网点“三综合”建设，整合网点内部功能，开展岗位劳动组合优化工作，挖掘综合营销队伍资源。受总行委托开发的“863项目”荣获国家科学技术进步一等奖，建设银行成为有史以来唯一一家获此殊荣的金融单位。狠抓案件防控工作，明确各级行领导班子主体责任，强化对重点领域、关键环节的风险控制及员工行为的风险管控，坚守住了风险防控底线。

【不断加强党的建设，持续改进工作作风】深入开展“三严三实”专题教育，加强从严治党、从严治行，将规矩和纪律挺在前面。2015 年招待费、宣传费、会议费分别下降 38.74%、32.05% 和 72.12%。严格落实党风廉政建设党委主体责任和纪委监督责任、巡视工作等制度要求，持续整治“四风”，对违规违纪行为严肃追责，实现了工作作风的持续改进。

【加强员工队伍建设，营造健康的企业文化】建立长期关爱员工机制，从绩效工资发放、柜面员工休假、宿舍改善、交流干部关怀、特困员工救助、文体健身计划等方面为员工提供全方位的人性化关爱，全面提高了员工的获得感。制定区分行干部挂职交流方案和考核办法，将跟岗学习、岗位交流、挂职锻炼常态化，最大限度地实现好、维护好、发展好大家的根本利益，全面提升员工凝聚力和向心力。

执笔：汪俊生

# 深圳市分行

深圳市分行行长　王业

## 一、业务发展概况

【主要业务】截至 2015 年底，深圳市分行全口径存款余额 6 242 亿元，其中，企业存款余额 3 071亿元，新增 123 亿元，增长 4.2%；储蓄存款余额 1 342 亿元，新增 97 亿元，增长 7.8%；同业存款余额1 830亿元。各项贷款余额 4 016 亿元，新增 581 亿元。

2015 年，全口径存款、一般性存款、同业存款日均余额及新增等主要存款指标均保持四大行第一，全面巩固了市场领先地位。

【公司业务】

截至 2015 年底，分行企业存款日均 3 124.99 亿元，比 2014 年新增 407.45 亿元，增幅 14.99%，本外币和人民币企业存款余额、日均继续保持同业第一。对公非贴贷款余额 2 088.62 亿元，对公中间业务收入实现 40.62 亿元，均继续保持同业第一。公司机构有效客户增长 2.05 万户，增量系统内排名第三。

【个人金融业务】

截至 2015 年底，分行储蓄存款日均 1 320 亿元，比 2013 年新增 137 亿元；个人贷款余额1 835 亿元，比年初新增 529 亿元，余额和新增额均居同业第一；个人加权有效客户新增 184 万户，增速 17.6%；信用卡业务收入总计 17.4 亿元，同比增长 11%，累计发卡、消费交易额、贷款余额、贷款净增、中间业务收入 5 项主要指标四大行排名第一，税后净利润、卡均收入系统内第一。总行授予“增效益、提质量、促发展”2015 年信用卡业务专项活动先进分行、效益贡献奖和综合发展奖，银联授予“2015 年度银联信用卡突出贡献奖”。

【房地产业务】

截至 2015 年底，分行房地产公司类贷款余额 256.31 亿元，比年初减少 102.8 亿元，占比自 2009 年的 23.35% 下降到了 2014 年底的 11.75%，AA－级（含）以上客户贷款余额 206.25 亿元，占比 80.47%；住房开发项目贷款余额 224.71 亿元，占比 87.67%。

2015年2月27日，深圳市分行召开2015年工作会议暨纪检监察工作会议。

【中间业务】

2015年中间业务实现了平稳发展，全年实现中间业务净收入62.7亿元，同比增长7亿元，增幅12%，主营业务收入占比31.08%，同比上升0.51个百分点，完成总行60.7亿元计划的103%，系统内排名第五，四大行占比达35.4%，同业第一。

【国际业务】

国际业务收入实现8.17亿元，增长13.22%；国际收支量完成827.34亿美元，增长1.03%；跨境人民币结算量完成2 113.25亿元，增长12.87%；外币存贷款保持了同业和系统前列位次，贸易融资余额超千亿元规模（系统第一）且资产质量保持优良；跨境人民币资本项下业务拓展效果显现。在2015年深圳外汇局对商业银行执行外汇管理规定考核中获评“A类银行”。

【资产质量与风险控制】

面对持续下行的宏观经济形势带来的不良反弹压力，分行坚持从实质性风险判断出发对风险进行把控，实行风险资产组合管理，加大信贷风险化解及不良资产处置力度，建立“行领导牵头、经营单位负责、相关部门配合”资产管理工作机制，强化风险排查及化解。2015年底不良贷款额64.63亿元，不良贷款率1.62%，分别比年初增加20.22亿元和0.33个百分点，完成总行任务计划；全年处置不良资产47.49亿元，总行计划完成率为431.37%。

【内控合规建设】

开展“平安年”创建活动，内部管理和内控合规基础不断夯实。根据总行部署，从队伍建设、绩效考核、工作机制建设三大方面采取48项措施，推动合规官试点工作。制订分行“平安年创建活动”实施方案，采取18项措施防控案件风险，实现连续十年“零案件”。圆满高效完成“新一代”核心系统在分行的上线，不断提升系统处理效率和柜面服务能力。

【其他业务】

2015年分行实现资管（投行）业务收入16.85亿元，高收益资产余额1 217.46亿元，分行资产池余额1 286.49亿元，均为系统第一；信用卡总透支额195亿元、新增13亿元。新发放人民币对公非贴贷款加权平均利率为5.79%，系统、同业第一。新发放个人住房贷款加权平均利率为5.82%，系统第四、同业第一。人民币存贷利差3.79%，稳居四大行第一。

## 二、主要工作措施

**【推进“大资产、大负债管理”，打造经营发展新模式】**将经营理念从过去的“以存款立行”，以负债规模定资产，转向“资产优先”，以资产业务来引领，负债业务进行匹配。全力推动资产业务发展，同时根据价格，期限、结构匹配和利率走势等因素选择性地主动负债，经营思路从单一产品向客户综合维度转型。全力推进大资产业务的产品创新。2015年，分行投行业务创新产品与服务共15项，多为系统、同业首创，并通过创新迅速做大了分行资产业务规模。在2015年利差持续收窄、资本市场巨幅波动的情况下，年底理财池资产收益率为6.9%，且未发生一单实质性风险事项，资产未出现损失。

想方设法提高资产定价。上收产品定价审批权限，提升全行对定价管理的重视程度。对于低于目标要求的单一产品以及需要实行客户综合定价的，则由分行进行专业测算、审批。2015年新发放人民币对公非贴贷款加权平均利率为5.79%，系统第一，比2014年提升12位，新发放个人住房贷款加权平均利率为5.82%，系统第四，比2014年提升4位，上述指标和人民币存贷利差均为同业第一。

创新交易型资产和证券化流程，改善资产结构，有效应对利率风险。创新产品交易结构，设立和发行类资产证券化产品。对公贷款尽量用资管产品解决，资管业务余额新增973亿元，一方面腾出规模，另一方面价格更高。个贷业务方面，利用对公腾出的规模，全力发展当前收益较高的个贷业务，个贷余额新增529亿元。

分行还创新资产标准化流程和交易通道，完善上市公司股票质押的风险控制措施，一旦出现风险因素可及时通过交易、平仓等方式有效降低风险敞口。

2015年11月28日，深圳市分行召开2016年大零售条线旺季营销启动会暨个贷粤通龙卡专项推动大会。

【抓全渠道转型创新，打造产品及服务供给的新模式】尽可能减少客户因操作而到营业网点的次数，并将之作为分行全渠道转型的出发点，快速推进全渠道转型。

智慧柜员机（STM）在分行全面上线，推动网点运营模式的根本转变。在总行统一部署下，在分行所有网点上线近1 000台智慧柜员机。客户可在智慧柜员机上自助操作现有对私柜面80%业务、对公柜面50%业务，推动柜员逐步转为营销人员，使网点向客户体验、产品展示、咨询服务“三个平台”转型。

微银行建设持续加速，成为延伸到社区的有效触角。每个微银行仅需要一到两名员工，配以大量自助设备深入服务社区，服务居民，运营成本低、经营方式灵活，可以在短时间内形成大范围的建设，也可视经营情况进行灵活调整。2015年，分行共申请35个微银行营业牌照，其中14家已正式营业，成为分行延伸到社区的触角。

加大自助银行建设力度。建设了150家离行式自助银行，年底对外营业的离行式自助银行达500家，自助现金设备达1 555台。

【抓风险管理精细化、授信审批专业化，严守资产质量生命线】推进风险管理精细化。分行领导分片包干，牵头负责数额较大的风险事项。各经营单位也全面梳理不良贷款项目，逐户研究论证项目的处置方案。全行积极运用以物抵债、依托投行和机构业务平台等方式，深入细致挖掘项目处置潜力。2015年，分行没有放弃任何一个客户，没有发生一笔真正的大额损失。

推进授信审批专业化。分行组建了交易金融、建筑业与科技金融、产业基金、资产证券化4个授信业务专业经营团队，并设立了大企业、小企业、个贷审批团队及专业化的资产管理业务受理审批团队，加快业务办理。此外，分行还从授信核准、电子化审批等方面入手，制定了“十大”服务转型措施，减少、并行流程节点近十个，减省主要申报材料5项，有效提高授信审批效率。

【抓创新机制建设，持续提升产品创新能力】全年共实现产品创新100项，连续3年蝉联总行“最具创新力分行”奖。其中大量的资管业务、投行业务产品创新、智慧柜员机（STM）、微银行、小企业“云快贷”业务新模式等，对业务发展起到了明显推动作用。

分行还积极落实总行工作会议部署，持续探索大数据管理工作，成立跨部门任务型项目组，共完成22个项目，取得了初步成效。

【以落实“两个责任”为重点，从严治行，加强党建工作】一是推进“三严三实”专题教育，创新党建工作、扎实党务工作。制定实施方案，组织党委中心组开展集中学习；创新党建工作，举办基层党支部书记“走进社区”活动，开展支部示范点建设及“阵地建设”；组织开展民主生活会、党组织书记抓基层党建述职评议工作，发展党员向一线倾斜。二是全面落实纪委监督责任，狠抓监督执纪问责。以“零容忍”要求，持续强化执纪问责。落实总行纪委关于二级分支行纪委书记专职化要求，让二级分支行纪委书记专职负责纪检监察工作。在二级分支行设立了独立纪检监察部，配置专职人员，并全面退出10项非主业主责事项。此外，分行继续稳步推进巡视工作，成立了巡视办公室并配置专职人员，组建了2个巡视组，完成了对龙岗、宝安两个支行的巡视，建立了巡视人员名单库，修订完善分行《巡视工作手册》。

【持续强化“勤奋工作、愉悦生活”良好氛围，坚持代表广大员工的根本利益】2015年，面对复杂的内外部形势和极大的经营压力，分行想方设法保证了利润的增速，实现了员工收入不下降的目标，通过提高员工住房福利、伙食补贴、补充医疗保障等多种方式，实现员工整体薪酬福利稳中有增，让员工充分享受分行发展和建设银行事业的成果，保证了员工的切身利益。工作上，分行党委激励员工为转型发展勤奋踏实工作，强化做事业的责任心和使命感。持续强化“勤奋工作、愉悦生活”良好氛围，让员工找到工作、生活的平衡点，实现可持续的发展状态。

执笔：朱睿杰

# 大连市分行

大连市分行行长　郭元析

## 一、业务发展情况

【主要经营指标】资产负债平稳增长。一般性存款（本外币）日均余额1 319亿元，新增29亿元，增速2.26%，余额、新增、增速四大行第二。其中，对公存款日均余额711亿元，四大行第一；个人存款日均余额608亿元，余额、新增、增速四大行第二。一般性存款（本外币）时点余额1 324亿元，新增21亿元，余额、新增四大行第二。本外币贷款余额1 026亿元，四大行第二，其中，对公贷款余额685亿元；个人贷款余额341亿元，余额、新增、增速四大行第二。

主要效益指标保持稳定。实现主营业务收入47.71亿元，拨备前利润31.25亿元，税前利润16.71亿元，中间业务净收入10.85亿元。

资产质量状况得到控制。不良贷款余额24.98亿元；不良率为2.43%，四大行最低。

【战略性业务】养老金业务快速增长。运营个人账户数新增、企业年金基金托管规模新增和受托资产规模新增三项指标分别完成总行计划的135%、232%和995%；地区新增客户市场份额65%，同业第一。

机构业务优势突出。地区34家高校中有28家与分行有合作，军队武警存款市场份额占地区60%以上，同业第一。

住房金融业务同业领先。住房资金归集余额430亿元，四大行占比66%。

银行卡业务保持优势。借记卡累计发卡620万张，四大行第一；信用卡累计发卡66万张，同比增长16%；信用卡贷款余额、专项分期交易额、信用卡资产质量（贷款不良率）、当年净增

2015年5月20日，大连市分行与大连市地方税务局举行“税易贷”银税服务平台合作协议签约仪式。

跨行活动商户数、银联口径活卡率等五项指标同业第一。

私人银行业务拓展力度加大。客户新增增速系统排名提升8个位次。

## 二、主要工作措施

【增强五种能力，有效推进转型发展】一是增强大资产经营能力，提高综合服务能力。支持实体经济，深化与政府合作，与大连市政府签署《创新发展全面金融合作协议》，合作设立规模300亿元的产业投资基金；与瓦房店市政府合作设立规模13亿元的棚户区搬迁改造基金；与核心企业共同搭建供应链管理平台，走访目标客户47家，实现信贷投放19家。提升国际业务市场竞争力，跨境双向人民币资金池业务实现零突破；国际结算收入、跨境人民币业务结算量四大行第二；结售汇业务量四大行第二。加强投行专业化能力，承销地方政府债51亿元，四大行第一；销售理财产品累计筹资总量达42亿元。加快小企业批量营销，搭建“税易贷”、“助保贷”批量营销平台，推出“创业扶持基金贷款”、“保贷通”等业务；开展精准营销，年底小企业大数据贷款客户新增253户，增速97%。优化个贷业务结构，二手房贷款发放首次超过一手房贷款，成为新的增长点；“快贷”快速发展，客户新增、授信金额、贷款余额均排名城市行第一。

二是增强大负债经营能力，抓好全量资金。抓住代发业务、代理业务、银证业务、县域业务、理财产品、支付结算服务、银行卡应用、个人资产业务、总行存款新产品等九大来源，做大资金总量，全年累计代发金额201亿元；实现客户证券资金净回流，个人CTS客户金融资产达58亿元，新增36亿元。推动重点负债业务产品发展，公积金龙卡发卡101万张，大连地区发卡量占比75%；社保卡发卡70万张；居民健康卡发卡16万张，同业第一；ETC辽通龙卡发卡7.4万张，热购卡发卡2.3万张；推出结构化期货基金专户产品，创新“汇得盈”外币理财产品。

2015年7月22日，大连市分行与大连市人力资源和社会保障局举行合作协议签约仪式。

三是增强创新能力，提升发展动力。落实“创新年”要求，落地创新考核与激励，健全创新组织管理，优化分行创新委成员工作机制；加强重点领域创新，全年立项实施创新项目29个，较上年增长27%；全行创新氛围进一步活跃，员工创新参与度30%，为历年最高。在产品创新方面，积极拓展网络银行，推出覆盖仓单融资、订单融资及应收账款融资业务的e单通、e采通、e集通产品，在业内首创定制化网络银行业务，实现全流程线上操作；推出“结汇盈”和“融资租赁保”等四项创新产品，移植应用总行“贸易融资资产风险参与”和“建票通”两项创新产品。在服务创新方面，上线“客户之声服务管理系统”，在系统内率先搭建客户之声数据收集的统一平台，成功实现全渠道标准化流程管理，提升了客户体验与满意度。在管理创新方面，加强大数据能力建设，为客户营销提供专业化支持，运用大数据方法，研发公积金专享贷、POS贷、租金贷三项个贷创新产品。

四是增强营利能力，提高价值创造力。有效改善收入结构，中间业务收入占比达到23.81%，提升2.12个百分点；加大中间业务产品营销，单位人民币结算及代理结算、贷款及票据承诺、代客资金收入增速分别为21%、43%、51%；全年承销债务融资工具总额62亿元，较上年增长16倍；基金收入增速172%。强化资本管理引导，将经济资本成本率纳入KPI考核，加强经济资本占用绩效考核引导；加强经济资本在产品定价客户选择、授信决策和绩效考核等方面的作用发挥，提高全行风险收益平衡能力；分行授信客户风险调整后收益率（RAROC）为16.62%，高于系统平均水平。加强综合定价管理，完善定价管理办法，实施差异化定价，提高客户综合贡献度。2015年，分行个人住房贷款加权利率5.2%，居四大行第一；个人消费贷款加权利率6%，居四大行第二；非贴公司贷款加权浮动8.3%，居四大行第二。

五是增强联动能力，加强联动效果。加强层级联动，建立了区域核心支行与扁平化网点业务联系机制；加强条线间联动，大力拓展代发业务，年内实现新增活跃代发工资个人有效客户新增4.9万户。

【加强风险管理，提升风险管控能力】加强信贷管理基础，实行信贷资产观察客户名单管理，加强风险检查排查，强化对公预警客户跟踪管理。加强全流程风险管控，强化信贷政策传导，促进信贷结构调整优化，分行优先支持、选择支持、逐步压缩等三类行业信贷增速分别为8.73%、-1.73%、-50%；五大产能过剩行业信贷增速为-58%；信贷退出计划完成率为264%。加快不良资产处置，成立分行不良资产处置领导小组，确定了分行“十五大”风险项目，充分运用多种处置手段，推进重大不良处置。全年处置不良贷款22亿元，实现超值现金回收1.44亿元，已核销呆账资产现金回收637万元。

【从严要求，进一步加强党建工作】不断加强队伍建设。完善领导干部管理制度体系，同步强化干部监督管理。建立中层干部常态化选拔聘任机制，加强后备人员培养选拔使用。加强专业技术人才队伍建设，实现了高效平稳、倾斜一线，目前已完成各级专业技术岗位825人选拔聘任工作，其中基层网点567人，占比近70%，客户经理480人，占比近60%。

深入开展“三严三实”专题教育活动。分行领导和部门领导带头讲党课62次，全行共查摆12大类、152个问题，制定188项措施，完成172项措施整改。开展行领导基层专项调研活动和机关干部员工“五个一”走基层活动，帮助基层解决实际问题。

全面推动“两个责任”落实。党风廉政建设和业务发展同部署，在全行逐级签订责任书，对四个支行开展了巡视工作。

持续深化“四风”整治。认真贯彻落实中央八项规定精神和总行党委十项要求，问题抓细抓实，全年分行车辆费下降24%，招待费下降44%，会议费下降56%。

【夯实基础工作，营造良好发展保障】建立转型推动机制。健全支持转型的考核机制，完善等级行和KPI考核政策，强化推进转型的过程管理机制，对辖内分支机构21项指标每月进行汇总、监测，并召开行长专题会进行专题分析，推进转型发展。

优化组织结构。进一步完善私人银行管理体系，推进放款中心建设。

落实移动优先策略。移动金融柜面替代率39%，较去年提升14个百分点。微信银行客户、个人网银活跃客户、对公网络活跃客户、善融商务活跃商户四项指标净增分别完成总行计划的164%、178%、185%、309%。自助设备全功能服务率99%，系统排名第一。电话POS终端活动率62%，系统排名第四。

推动县域金融服务。获得200万张新农合卡独家发行资格，目前已完成制卡177万张。

加强内控合规管理。推进“合规文化建设年”活动，认真组织开展反洗钱工作；落实“一加强，两遏制”专项工作，机构与业务自查面均达100%；加大违规问责力度，内控评价覆盖面达100%。

加强信息技术支撑保障。完成公积金第五代配套系统、大商所出入金应急系统等20余项应用项目开发；统计工作荣获人民银行年度考评一等奖，在银监局监管考核中同业第一。

强化案防及安全工作。推进案件风险专项治理工作，加强员工行为排查管控，深化“平安建行”创建工作，完善突发事件应急预案。

注重文化建设。强化核心价值理念宣传教育，不断汇聚发展正能量。开展了“寻找身边李红英，争做最美建行人”、“先进人物走基层”等主题教育和交流宣讲系列活动；引导鼓励青年员工爱岗敬业，有四名青年员工分别被评为全国和大连市金融青年岗位能手、服务明星，为荣获奖项最多金融单位。丰富员工业余文化生活，组织全员健身活动实施，在大连市金融系统首届职工运动会上，获得团体冠军。

执笔：赵立新

2015年1月3日，厦门市分行连续第14年赞助厦门国际马拉松大赛。

2015年2月11日，山西省分行举办2015年春节团拜会。

2015年2月16日，大连市分行举办“坚守是情　奉献是爱”一线窗口员工评选表彰大会。

2015年2月24日，安徽省分行举办“因您而精彩”2015年度先进典型颁奖典礼。

2015年3月6日，西藏自治区分行举行“母亲健康快车”捐赠仪式。

2015年3月13日，江苏省分行在南京市草场门支行创建首家“书香建行”。

2015年3月15日，上海市分行开展消费者权益保护宣传活动。

2015年3月20日，四川省分行联合四川省银监局、四川省银协共同开展“留住蓝天碧水”蓝丝带志愿植树活动。

2015年3月22日，深圳市分行举行2015建行磨房深圳百公里公益徒步活动。

2015年3月31日，内蒙古呼伦贝尔分行为陈巴尔虎旗民族小学捐赠20台爱心电脑。

2015年04月20日，山东省分行举行善融商务寿光馆开馆仪式。

2015年4月23日，大连市分行举行建设银行首批期货资管产品发布暨银期战略合作签约仪式。

2015年4月24日，贵州省分行在贵州移动终端订货会上进行分期等业务宣传。

2015年4月29日，陕西省分行与陕西省开发银行共同举行“共建丝路新起点 共创陕西新未来”开行建行城墙健步走活动。

2015年5月4日，常州培训中心举办“传承五四薪火 寻找身边红英 展金点子创意”主题活动。

2015年5月5日，西藏自治区分行举行向“4·25“地震灾区捐款活动。

2015年5月7日，党校常州分校组织第32期干部进修班学员前往上海“一大”会址进行现场教学。

2015年5月至9月，广东省分行员工开展粤通卡户外营销活动。

2015年5月10日，广西壮族自治区分行联合广西区妇幼保健院共同举办“爱的传递”护士节及母亲节银医联谊晚会。

2015年5月10日，宁波市分行在宁波世纪东方广场举办“智慧银行·善建者行”金融产品宣传日活动。

2015年5月12日，云南省分行举办与越南农业与农村发展银行老街省分行边贸合作十周年交流座谈会。

2015年5月15日，北京市分行独家冠名的“建设银行杯”第八届百家社区健身才艺大赛在国家奥体中心开幕，拉开了“金融管家在建行”社区营销活动序幕。

2015年5月20日，海南省分行联合海南省商务厅举办了以“聚采善融 携手共赢”为主题的中国建设银行善融商务海南生鲜线下订货会。

2015年5月22日，贵州省分行开展读书关爱活动，精心遴选出8本好书，送至每一个网点、每一位员工的手中。

2015年05月25日，湖北省分行举行湖北省江岸百步亭支行全国文明单位授牌仪式。

2015年5月27日，宁夏回族自治区分行在吴忠市红寺堡开发区中圈塘小学开展助学活动。

2015年5月27日，上海市分行与复旦大学在复旦大学光华楼举行“复旦龙卡白金卡首发上市暨复旦龙卡上市十周年庆”仪式。

2015年5月28日，重庆市分行召开“5·19”成功处置持刀伤人事件总结表彰大会。

2015年5月31日，宁夏回族自治区分行参加“宁夏银行业2015年送金融知识下乡和普及金融知识万里行活动”启动仪式。

2015年6月2日，重庆市分行开展“爱心圆梦”捐资助学活动。

2015年7月15日，四川省分行员工参加成都电视台“首届超级理财师大比拼”活动，获得“五佳金牌理财师”佳绩。

2015年7月25日，云南省分行作为“昆明轨道交通联名卡”唯一合作银行，参加昆明轨道交通集团有限公司成立7周年暨地铁1、2号线开通1周年文艺汇演。

2015年7月29日，厦门市分行携手台湾兆丰银行为厦门市一家制造业企业办理了对台跨境人民币贷款业务，成为厦门市首批办理该项业务的银行。

2015年8月5日，福建省分行举办福州城区2015年高考员工子女活动。

2015年8月6日，宁波市分行与中国兵器科学研究院宁波分院举行战略合作签约仪式。

2015年8月11日，陕西省分行举行投资托管业务生产中心（西安）揭牌仪式。

2015年8月18日，深圳市分行在梅州市大埔县虎山中学举办第九届大埔大学新生助学金发放仪式。

2015年8月28日，河南省分行举办“建行兴衰 我的责任”演讲比赛。

2015年9月1日，辽宁省分行与中石油辽宁销售公司、中国人民财险辽宁分公司三方大型国企联合推出交通龙卡“惠加油”活动，图为分行员工向客户宣传“惠加油”业务。

2015年9月8日，安徽省分行举办“合规建行 青年成长”职业风采大赛决赛。

2015年9月14日，天津市分行举行首家“个人出入境金融服务中心”挂牌仪式。

2015年9月18日，山西省分行开展金融知识进校园活动，走进太原理工大学为大学生现场办卡。

2015年09月18日，新疆维吾尔自治区分行举行丝绸之路文化主题卡启动发行仪式。

2015年9月19日，广西壮族自治区分行在第七届中国—东盟金融合作与发展领袖论坛上与广西区金融办、建银国际（中国）有限公司、广西北部湾国际港务集团等签署《关于设立广西北部湾人民币国际投贷基金的合作框架协议》。

2015年9月24日，内蒙古准格尔分行志愿服务队深入准格尔旗敬老院开展电话支付微公益活动。

2015年09月28日，哈尔滨培训中心举办"迎国庆"全民徒步活动。

2015年10月12日，吉林省分行与吉林大学签署大学生创新创业大赛合作协议。

2015年10月28日，广东省分行举办"粤龙信"移动应用平台发布会。

2015年11月2日，苏州分行组织“积分圆梦 微公益”现场动员宣传活动。

2015年11月3日，江西省分行举办2015年个人客户经理风采展示大赛（江西赛区）复赛。

2015年11月17日，吉林省分行与长春市国税局、地税局签署小微企业“税易贷”融资服务合作协议。

2015年11月18日，青岛市分行与山东省交通运输厅联合举行ETC鲁通龙卡启动仪式。

2015年11月26日，苏州分行开展“米爸爸的苹果”爱心义购公益活动。

2015年11月26日，甘肃省分行与张掖市人民政府共同签订银政战略合作协议。

2015年12月2日，湖南省分行与湖南省国资委举行湖南省国企改革发展基金合作框架协议签约仪式。

2015年12月13日，河北省分行联合中钞长城贵金属有限公司在石家庄举办“建设银行猴年压岁金”六小龄童先生签售会。

2015年12月15日，江苏省分行与途牛旅游网签署战略合作协议，并发行“途牛龙卡”联名借记卡。

2015年12月17日，天津市分行荣获2015“榜样天津”最高奖项——“最具社会责任企业奖”以及“中小企业金融服务奖”专项奖。

2015年12月22日，浙江省分行与浙江省交通投资集团有限公司举行战略合作签约协议。

2015年12月22日，黑龙江省分行举行龙卡黑龙江热购信用卡上市发布会。

2015年12月23日，四川省巴中分行开展反洗钱宣传活动。

2015年12月25日，北京市分行代表队在全国总工会及总行组织的“全国行业职工技能竞赛暨中国建设银行2015年个人客户经理风采展示大赛”中夺得“卓越综合营销服务团队特等奖”。

2015年12月28日，北京市分行“刘艳快线”品牌被中国金融工会命名为“全国金融系统劳模（优秀技能人才）创新工作室”。

2015年12月29日，青海省分行举行社会保障卡首发仪式。

# 宁波市分行

宁波市分行行长 葛王杰

## 一、业务发展概况

【主要业务指标】截至2015年12月31日（数据未经审计），分行全量资金余额1 484.3亿元，增幅超过10%。全口径存款、一般性存款、企业存款及个人存款日均分别新增98.9、98.7、55.2和43.6亿元，均居四大行第二。企业存款日均新增系统和四大行排位实现“双进位”，个人存款时点和日均新增市场份额实现“双提升”。年底综合融资规模2 210亿元，其中贷款净新增57.1亿元，新型融资新增154.6亿元，呈现传统信贷占比下降、新型融资规模占比上升的良好态势。实现中间业务净收入14.88亿元，分别超农业银行、中国银行2亿元和3.73亿元，市场份额首破25%。存贷利差、贷款收益率分别位居四大行第二、第一。

【战略性业务】总行30类考核转型指标中，6类指标系统排名前十，50%以上指标排名系统前25位。金融市场业务进一步缩小与工商银行差距，贵金属业务首超工商银行；债券承销突破47亿元，承销总量和发行只数首次双居全市金融机构首位。国际业务完成国际结算量、跨境人民币结算328亿美元和430亿元，“双反超”农业银行。小企业完成“三个不低于”监管要求，贷款新增、客户新增位居系统第四、第六位。信用卡达标商户新增超千户，直联商户净增同业第一。个人住房贷款余额、增量双双位居四大行首位，公积金存款和物业维修资金存款余额、新增市场均居四大行第一。网络银行个人电子银行客户总量和新增均列四大行首位，跨境购交易金额和订单笔数均列银行系电商及系统首位。

【资产质量与内控合规建设】全年共实现不良处置48.87亿元，年底全行不良贷款余额88.8亿元，进一步摸清了潜在不良底数。深入推进“合规与案防强基年”，2015年风险内控考核在分行KPI考核中权重继续保持在41%。连续十年保持无案件、无事故的安全稳健运行局面，在全市银行业金融机构中唯一荣获“浙江省银行业金融机构安全评估工作先进单位”称号。

【社会形象】连续五年获市政府金融服务业考评一等奖，全市唯一一家银行荣获“浙江省银行业金融机构安全评估工作先进单位”称号；荣获人民银行综合评价A档第三名、四大行第一，实现等级与排名双提升；外汇管理规定执行情况考核重获A类行称号，得分四大行第一。

## 二、主要工作举措

【制定战略规划，明确分行发展路径】2015年是总行加快“三个能力”建设、全面推动转型发展的关键一年。分行牢牢把握总行战略转型方向，认真贯彻落实总行领导在听取汇报、赴甬调研时对宁波行提出的工作要求，坚定信心决心，转变方式方法，将2015年定为“改革强基年”，坚持向改革转型要活力，向夯实基础挖潜力。牢牢把握“在加快发展中化解历史难题”的导向，强化“加快转型发展、加快不良处置”二个能力建设，通过完善转型创新组织架构、制定《进一

2015 年 4 月 28 日，宁波市分行与宁波市工商业联合会举行战略合作签约仪式。

步加快转型发展工作意见》、编制 2015—2018 年行动计划、实施“短板清单”管理模式、建设“五支队伍”、调整绩效考核政策等一系列举措，全力破解业务发展瓶颈制约和资产质量困局，为全行发展清晰定位、赢得主动。

【狠抓重点业务，进一步提升综合竞争力】一是加快“大负债”落地，全量资金拓展多点突破。对公方面重点推进“抓点、拓面、建网”，年底公司机构客户结算账户新增 7 738 户，新开数、净增数、基本户净增数连续四个季度居四大行第一；对公全量资金总量 913. 78 亿元，比年初新增 78. 78 亿元。个人方面坚持“上拓、下延、固本、抓外”，拓宽资金渠道，增加客户资金沉淀，大力拓展外汇重点业务。全年外汇个人存款新增 4 255万美元，同比增幅158%，居系统第一。

二是深化“大资产”导向，综合融资服务水平有效提升。深入贯彻总行“三大一高”战略，紧抓城市转型升级机遇，全年成功营销省市重点项目 43 个，发放贷款 87 亿元；储备重点项目 305 个，累计走访 PPP 项目 85 个。信贷投放结构不断优化，资产管理能力有效提升，年底理财产品销售时点新增计划完成率达 540%，位列系统第一。

三是聚焦中间业务重点板块，总体盈利水平持续提高。将国际、投行、造价、信用卡等作为中间业务发展的重点全力推进。国际业务重点推进贸易融资、国际结算由进口为主转向进出口均衡发展，年底国际结算量、跨境人民币结算双双反超农业银行；跨境人民币结算同比翻番增长，增速四大行第一。金融市场业务主动对接“汇率、大宗商品、贵金属、债券承销”四大重点，年底结售汇业务量四大行占比较上年底增长 1%；累计承销地方政府债券超 80 亿元，居全市同业首位。信用卡业务强化“质量、效益”发展导向，年底分期交易额和收单交易额分别达到 17. 1 亿元和 182 亿元，均同比增长 25%。造价咨询业务逐步向项目前期咨询、全过程投资控制、项目管理等高端业务发展，全年实现造价咨询收入 1. 07 亿元，居标杆行首位。

【聚焦转型发展，持续提升价值创造】一是强化理念传导。贯彻落实总行转型规划，将转型发展放在战略高度强势推进，以改革促转型、以转型促发展。成立“转型发展规划推进指导小组”，明确 70 项转型发展重点事项、87 项考核目标；编制 2015—2018 年业务发展计划，出台《深入推进对公业务改革转型的实施意见》、《关于进一步加快个人业务转型发展的推进意见》等文件，提升全行转型发展的主动性。二是强化经营管理。加强公私联动，打造链式营销模式和多条线、跨部门综合金融服务模式，形成整体营销合力。推动小企业和私人银行业务直营，单户 500 万元（含）以下小微企业客户数占比达到 77. 4%，比年初提升 20. 3 个百分点；私人银行客户和金融资产总量新增均超额完成总行年度计划，增速分列系统第四和第五位。三是加快渠道转型。将“三综合”建设作为支行“一把手”工程，与支行 KPI 考核挂钩。全年组建综合营销团队 145 个，三综合建设扎实落地；网点布局逐步优化，全年新增离行自助银行 33 个，乡镇渠道覆盖率达

2015 年 6 月 24 日，宁波市分行与宁波滕头集团有限公司举行银企战略合作签约仪式。

74%；累计设置 18 个助农服务点，办理助农服务业务 1 586 笔；突出“移动优先”战略，积极抢占高校、机关事业单位等重点领域。全市首家与宁波市跨境购平台实现系统对接，年底个人电子银行客户市场占比超 30%，企业网银客户规模新增四大行第一。

2015 年 7 月 10 日，宁波市分行与宁波圣龙（集团）有限公司举行银企战略合作签约仪式。

【坚持改革创新，不断激发内生动力】一是重构公私条线经营架构。构建“大管理、大营销、大产品”的对公经营管理架构和“大零售、大综合、大舞台”的对私经营管理架构，进一步强化条线、支行的经营主体地位，优化客户经营管理模式，提升服务效率。二是深化考核评价体系改革。强化“业绩购买绩效”导向，以“存款、中收、效益、有效账户”为考核重点，实施“以支行为主、条线为辅”的分配模式和公私条线业务交叉考核，最大限度调动网点、客户经理积极性。三是推动组织机构及人事改革。实施中后台部门人员核减，引导人力资源向一线流动；加快人才队伍建设，实施领导干部交流、调整 51 人次，动态调整领导人员后备人才储备库 71 名，开展公开竞聘 3 次，选任领导干部 30 人。四是强化创新驱动。大力弘扬“创新兴行、创新强行”的创新文化，搭建创新委、公司委、个人委“三位一体”的创新工作联动体系，全年收集创意 641 条，完成创新项目 45 项，收集创意 641 条，分别是上年的 2.3 倍、9.7 倍。

【强化风险内控，持续提高精细化管理水平】深入贯彻总行“一手抓业务发展、一手抓不良管控”的工作导向，始终坚持“思路清、情况明、动作快、考核严”的工作要求，编制 2015—2018 年资产质量管控计划，力争通过四年努力压缩不良贷款，尽快走上业务发展的良性循环。加快不良处置进程，成立分行行长为组长、经营和风险分管行长为副组长的不良资产处置领导小组，制定不良贷款处置攻坚战工作意见，通过集中人力资源、加强责任考核，提高风险化解和不良处置的质量和效率。扎实推进信贷管理，加强风险全流程管理，严把审批关口，强化对房地产等重点领域、重点客户的风险排查和跟踪监测；实现对全辖支行放款审核和放款会计的“双集中”，获得总行验收组好评。从严管理内控合规。高度重视合规经营文化的打造，建立与宁波总审计室联动整改和操作风险“矩阵管理”机制，实施先横后纵的部门整改责任制，内部审计项目、检查项目问题整改率分别达到 99.46%、98.48%。开展案件风险专项治理、“一个加强，两个遏制”专项自查、专项检查和“回头看”工作，全力营造案防高压态势。

【强化党建工作，深入践行“三严三实”】高度重视党建工作，七次召开党委会议研究党建工作，专题布置年度党建和党的群团工作，强化党建工作的组织领导；明确党建与业务发展“两手抓、两不误”的工作导向，与各支行、分行部门签订党风廉政建设及案件防控责任书，做到党风廉政建设与经营管理有机融合。以问题为导向，全力推进“三严三实”专题教育，全年开展各类集中学习 24 次，各级领导讲党课 71 次，参加党课学习达 3 367 人次。大力推进工会、团委工作，召开职工代表会、组织五四青年周活动等，群团工作呈现勃勃生机。切实转变作风，制定了调研快线、每周动态、重要事项挂牌督办等系列制度，全年行领导下基层专题调研超 50 次，帮助基层解决实际问题超 150 个；重点事项挂牌督办 85 件。年底各项费用支出较 2014 年继续下降，均完成总行压缩任务。

执笔：朱勤

# 厦门市分行

厦门市分行行长　生柳荣

## 一、业务发展概况

2015 年，全年实现税前利润 38.56 亿元，同比增长 14.1%；全年累计实现中间业务收入 13.4 亿元，同比增长 6.25%；与此同时，不良贷款率仅 0.48%，资产质量名列系统内及当地同业前茅。

存款、贷款余额分别超过 1 200 亿元和 1 100亿元。理财产品余额 188 亿元，表外直接融资时点余额 367 亿元，分行管理的总资产规模超过1 600亿元。按人民银行可比口径，一般性存款余额 1 252 亿元，余额四大行占比 39%，在上年高位上继续提高 1 个百分点，其中人民币日均余额新增 81 亿元，四大行占比 50%。各项贷款余额 1 103 亿元，四大行占比 34%；贷款当年新增 53.5 亿元，其中人民币贷款新增 101 亿元，保持同业首位；全口径个贷余额超过 700 亿元，余额、年新增额、年投放额均位居同业首位。

全年完成工程咨询业务总量 593 亿元；当年新增结算通卡 26.8 万张，沉淀存款新增 35 亿元；信用卡新增发卡 12.3 万张、累计发卡 79.9 万张，继续保持同业“双第一”；跨境人民币结算量累计达 705 亿元，同比增长 93%。

## 二、主要工作举措

【转型初见成效，精准服务客户】以推动厦门市分行银行及投行业务自身转型来推动服务客户转型方面取得显著成效，主要从四大方面实现转型：一是从单纯的信贷市场向“信贷市场＋资本市场”转型；二是从单纯的债权类融资向“股＋债”综合融资转型；三是从单纯的资金融通向“融资＋融智”转型；四是从“单兵作战”向“集团作战”转型。在融资租赁、产业基金、境内外联动等方面取得突破。前三季度，分行 30 项转型考核指标总体得分排名系统第 18 位，7 项指标进入前 10 位，其中代客资金业务排在第 3 位，母子公司联动、单位人民币结算账户、跨境人民币结算业务三项指标排在第 4 位，国际业务转型的总体排名在系统内居于第 1 位。

2015 年 2 月 1 日，厦门市分行与金圆集团、厦门市创业投资公司共同签署厦门市产业引导基金托管协议。

【支持地方经济建设，建设美丽厦门】2015 年，厦门市分行对公贷款余额超 500 亿元。厦门市分行结合地方经济特点不断创新公司金融产品，不遗余力地为厦门市基础设施建设、公用事业项目建设提供强有力的资金支持与融资服务。

在支持重点企业发展方面，针对集团客户多元化融资需求，加大公司业务、投行业务及国际业务的联动，将现金管理、供应链融资、资金交易、理财、短期融资券、中期票据发行等产品的优势进行整合，为客户提供一揽子金融服务方案。分行发挥集团全球网络优势和综合服务优势，为厦门企业提供高效专业的国际结算、贸易融资、海外并购等业务，利用总分行联动、海外分行互动等优势，配套全球授信业务，打通境内外金融平台。

分行在服务“楼宇经济”的同时，不忘服务社区，通过“社区经济”服务民生，金融惠民，通过“公私联动”走进社区提供综合金融服务，宣传电子渠道，让社区居民足不出户即可办理各项业务。

【借力自贸东风，有效降低企业融资成本，服务实体经济】一是六大创新平台有效降低企业融资成本。第一，两岸金融合作平台：推进两岸金融合作。总行在厦门成立总行级两岸人民币清算中心，至2015年底累计办理两岸人民币转汇额22亿元。第二，大数据运用平台：简化优化业务流程和交易成本。分行积极投入政府国际贸易单一窗口项目开发运用，成为首家对接厦门市“国际贸易单一窗口”的金融机构。第三，跨境投融资与并购平台：有效降低融资成本。分行充分利用境内外两种资源、两个市场，帮助企业降低融资成本，协助企业完成海外并购项目。第四，大宗商品交易结算与融资平台：一体化配套综合金融服务。分行已为自贸试验区内新成立的厦门两岸商品交易中心等多家商品交易中心提供了E商贸通服务。第五，融资租赁与国际保理平台：为融资业务提供了新途径。分行与建设银行集团全资子公司建信租赁及海外分行联手在厦门自贸试验区内全力拓展飞机、船舶、大型设备、基础设施等融资租赁业务。第六，集合建设银行集团业务联动平台：全力服务自贸区内企业发展。建信租赁已经在厦门片区设立SPV，建信信托与港务集团设立合资融资租赁公司。

二是率先实现自贸业务多项首笔突破，有效降低企业融资成本。第一，分行与象屿海关、电子口岸合作开发了保税展示交易内销货物电子化分段担保项目系统，成为首家对接厦门市“国际贸易单一窗口”的金融机构。保税展示交易担保金支出由“月供”变“日供”，相较之前，能节约50%的担保金利息支出。第二，分行通过与区内某跨国集团合作开展区内企业首笔跨境双向人民币资金池业务，为企业提供最优惠最便利的资金管理和归集服务，满足企业集团全球资金运营和管理需要。第三，分行携手海外分行办理了福建自贸试验区厦门片区内企业第一笔境外借款业务，融资成本比当时境内融资价格便宜30%。第四，分行成功为区内企业办理了建设银行系统内首笔国际白银租借业务、白银远期和玉米套期保值业务，满足了自贸试验区客户大宗商品套期保值的需求。第五，分行与建信租赁、海外分行联手创新为厦航购机办理了近1.4亿美元的自贸试验区首笔融资租赁项下海外代付，总体融资成本较境内便宜了50%，为飞机融资业务提供了新途径。

三是积极设立产业投资基金，吸引境外低成本资金服务于厦门经济发展。利用建信信托/建信资本等建设银行子公司平台，与厦门企业/政府合资设立并购基金、城市发展基金、引导基金等产业投资基金，主要投资于企业及政府自身项目、招商引资项目等。

四是支持优质企业“走出去”金融需求，有效解决了客户在异地融资难、融资贵的难题。针对厦门优质企业集团“走出去”战略，我行金融服务随之“走出去”，积极对接企业异地项目，通过基金、内部银团理财等方式为大型国有及民营企业集团提供理财资金37.96亿元，有效解决了客户在异地融资难、融资贵的难题。

【创新破冰，“扶小助微”】为解决小微企业的融资难题，在同业中率先推出了多款针对小微企业经营特点的创新产品，不断满足小微企业的各类融资需要。“信易助保贷”、“小微信保资金贷款”、“科技成长贷”、“知识产权质押贷”、“政府采购贷”解决了优质小微企业缺乏有效抵质押物的融资困境。2015年厦门市分行小微企业客户和贷款总量持续扩大，再次荣获“厦门市银行业金融机构小微企业金融服务优秀机构”称号，“信易助保贷”荣获“2015年度海西最佳小微金融产品”。

【推进普惠金融，服务百姓大众】2015年，厦门市分行发挥专家团队的作用，积极为居民打理家庭财富，实现稳健收益。建设银行销售各类基金超100亿元，建设银行基金客户当年盈利超过6亿元，全年累计销售理财产品近500期，为客户创造收益超过4亿元。

2015年，厦门市分行的借记卡发卡和消费额保持同业首位。截至2015年12月中旬，已有约7万名龙卡信用卡持卡人办理了建设银行信用卡分期，累计分期交易额达21亿元；厦门市分行信用卡实现全年消费交易额突破200亿元，当年消费额、贷款余额、资产质量继续保持四大行第一。

截至2015年底，离行自助银行、附行自助银行合计近百家，装机总量与自助银行数量均居全市同业第一。厦门市分行个人网银、企业网银、手机银行总用户数及年新增户数再次蝉联全市同业第一。建设银行的微信银行拥有“微金融”、“悦生活”和“信用卡”三大版块75项基础金融功能，建设银行个人手机银行、企业手机银行、微信银行、Pad平板银行，成为移动互联网时代新的“金融生态圈”。

2015年，分行推出了“智能预填单”等智慧服务，柜面常见业务基本实现了电子化、自助式填单。使用智能填单机较手写填单平均可节省三分之二的时间，业务办理效率显著提升。“建行个人贷款，贷来幸福生活”。2015年，分行新发放个人贷款超170亿元，比去年同期增长了三成多，贷款发放、余额持续保持全市第—，厦门市分行全口径个人贷款余额超700亿元，累计已为40余万厦门市民提供融资服务。其中，保障性住房贷款等业务累计发放贷款18亿元，帮助超7 000户家庭喜迁新居。

年初，在全市首家推出“网上拍卖房贷款”，让普通百姓也能轻松购买网上拍卖房。为互联网新新人类设计了专属手机贷款产品——“快e贷”。年底又创新推出线上审批线下签约的信用贷款产品——“融e贷”，贷款金额最高可达100万元。2015年还配合公积金中心，推出公积金联名卡、公积金跨行自动汇缴、委托按季提取公积金支付房租等新产品。截至2015年底，厦门市分行公积金贷款当年受托发放超31亿元，公积金贷款余额超140亿元，贷款投放、余额新增居全市首位。

分行积极打造“全市接种户预约支付平台”，不断丰富“互联网+”应用，让广大市民就诊省心、放心。2015年推出旅游年卡在线充值、校园卡在线充值等业务。厦门市民通过建设银行电子渠道缴费充值的笔数超过400万笔。

【内控管理有道，健康发展为要】一是形成全员参与的风险管理文化。厦门市分行以合规文化建设为基础，构建形成了较为全面的风险管理体系，全员参与风险管理，各级各类岗位人员的风险责任得到了明确。分行高度重视人员素质培养和职业技能培养，要求员工完成培训积分，并建立了员工年考制度，要求每位员工，包括中层干部每年均应通过一次岗位考试。打造成学习型银行，促使合规经营的理念深入人心。分行不断补充和细化内控建设的各项任务和措施，调整完善后的工作计划共包含51个方面、131项主要目标与任务、305项具体措施，为各单位构建内控体系提供了有效指引。分行开展了“内控合规警示短句100条”学习宣传活动，专刊印发《鹭岛建行——内控合规警示短句宣传专刊》，进行了内控合规征文、警句及活动标识表彰活动，共对全辖81人次进行表彰，并且开展了“分行十大内控合规个人标兵”及“分行十大内控合规团队标兵”的评选活动。

二是构建全面的风险管理体系。分行对网点的内控评价涵盖了各业务经营和管理条线，并根据全功能网点及多功能网点的业务差异设定了不同的评价指标体系。在部门内控评价方面，设定统一的综合管理指标，业务指标评价运用上一年度总行各业务条线对分行的评价结果，将整个条线的内控管理水平与部门内控评价结果挂钩，每年底分行成立考评小组对部门进行评价，将评价结果纳入对部门的KPI考核，促动各业务条线加强条线内控管理。

分行严格管理各项合同签署。法律事务部对分行和各网点的规章制度和非格式合同进行合法性审查，除了在法律理解和适用上统一标准外，在文字表述上也进行了规范。多年来，分行未发现因合同条款不当带来的损失。

分行开发了不良信用客户内控名单查询系统，有效解决分行公司业务、个贷、信用卡等不同信贷业务条线不良客户信息不能共享的问题，有效防范因对公与个人客户交叉违约导致新增不良贷款的授信风险。

严格执行重大风险报告制度，对网点上报的

重大授信风险事项，组织相关部门统一诊断，制订后续授信方案，取得了很好的效果。

在扁平化管理中，分行推进风险企业精准退出，依托放款中心，实行统一放款审核，对网点的授信业务同步监控，实时掌握了各网点的授信制度遵守状况。分行率先将稽核业务集中到分行。第一时间掌握到网点柜面业务的操作和管理现状，及时发现问题、解决问题，有效地防范风险。

分行根据柜面问题性质、风险程度和损失金额等，将发现的问题划分为规范类、重点关注类、可疑类、事故案件等六大类问题，实施分类考核，引导网点关注关键风险点；同时，分行根据操作风险档案确定网点操作风险等级，建立能上能下的会计基础工作等级评定制度，将柜面操作风险管理情况作为重要指标纳入网点内控等级评定。

【企业文化先行，促进业务发展有力】全年完成产品创新91项，比上年同期增长47%。根据总行通报，分行自主创新产品数量位居系统第13名，城市行第二名；与移植创新相关的3项指标进入系统前七，在城市行中排名第一。创新产品带动中收、存款、贷款、结算等直接效益合计2.5亿元，同比增幅127%。

学习型组织的创建贯穿于厦门建设银行企业文化发展全过程。人均网络学习数量位居全国建设银行系统第一。在同年11月举办的“2015年厦门市金融行业服务技能大赛总决赛”中荣获团体第一名，并包揽柜面服务组及大堂经理组冠亚军。

作为建设银行系统唯一的城市行团委获评“全国金融五四红旗团委”，作为省内唯一的分支机构团委获评“福建省五四红旗团委”。多个青年集体及个人荣获多项国家级荣誉称号。

2015年，厦门市分行加大了消费者权益保护力度，开展不同主题消保宣传活动，对客户进行安全用卡知识、防范诈骗等的宣传，各网点员工与各类骗术斗智斗勇，2015年前三季度共成功堵截虚假信息诈骗案件共146起，堵截和避免客户的资金损失达486.4万元。

执笔：梁小强

# 青岛市分行

青岛分行行长　段红涛

## 一、业务发展概况

【主要指标完成情况】

2015年底，青岛市分行本外币全口径存款时点余额1 158.57亿元，同比新增130.29亿元，增幅12.67%，同业四大行排名第一；本外币一般性存款时点新增121.11亿元，同业四大行排名第一，新增占比66.49%；本外币一般性存款日均新增109.21亿元，同业四大行排名第一，新增占比52.27%。各项贷款余额1 036.10亿元，同比新增80.38亿元，增幅8.41%，同业四大行排名第一。实现拨备前利润27.63亿元，同比新增-0.46亿元；实现税前利润8.96亿元，同比新增-3.22亿元，实现经济增加值-1.73亿元，同比新增-3.41亿元，增幅-202.98%，实现中间业务收入9.93亿元，同比新增0.64亿元，增幅5.41%；不良贷款余额24.47亿元，同比下降1.20亿元，不良贷款率2.42%，同比下降0.33

个百分点，不良资产质量同业排名第一。

【公司业务】

对公存款时点余额569.70亿元，同比新增71.92亿元，增幅14.45%；对公存款时点、日均新增和对公存款时点余额、日均余额均同业四大行第一。对公贷款余额601.01亿元，同比新增25.82亿元，增幅4.49%；存款类金融机构存款时点余额72.10亿元，同比新增5.52亿元，增幅8.29%；非存款类金融机构存款时点余额19.89亿元，同比新增3.66亿元，增幅22.58%。

【个人业务】

储蓄存款本外币时点余额496.89亿元，同比新增49.19亿元，增幅10.99%；个人类贷款余额411.78亿元（不含信用卡专项分期），同比新增53.53亿元，增幅14.94%。个人业务条线实现中间业务净收入3.88亿元，同比新增0.85亿元，增幅28.14%，增速同业四大行第二。

【住房金融与个人信贷业务】

个人住房贷款余额400.64亿元，本年投放108.37亿元，同比新增29.56亿元，比年初新增57.47亿元，同比多增17.28亿元，个人贷款投放创历史新高。个人消费贷款余额11.14亿元，比年初下降3.94亿元。个人贷款余额、个人贷款发放额均位居同业第二。

【国际业务】

实现国际结算业务量149.30亿美元，同比下降23.09亿美元，降幅13.39%，其中，国际结算单证业务量44.95亿美元。实现外汇中间业务收入1.87亿元，同比下降0.47亿元，降幅20.08%；完成跨境人民币结算业务量173.72亿元，同比下降19.10亿元，降幅9.90%。

【信用卡业务】

信用卡净增发卡7.9万张，发卡总量71.6万张；当年净增客户6.2万户，客户总量58.5万户；消费交易额151.6亿元，增速25.2%，其中分期交易额10.4亿元；实现信用卡中间业务收入1.58亿元，增速16%；净增达标商户819户；信用卡贷款余额23.31亿元，新增1.04亿元；贷款不良率1.72%。商户收单额、信用卡资产质量保持同业四大行第一。

【网络金融业务】

电子渠道交易量占比提升32.93个百分点，

2015年5月30日，青岛市分行举行第二十届职工运动会。

离柜账务性交易量占比83.56%，较年初提升10.49个百分点，个人电子银行产品综合覆盖度118.64%，较年初提升14.89%。移动柜面替代率39.38%，提升16.75%。个人网银覆盖度49.79%，提升4.30%。

## 二、主要工作措施

紧紧围绕增户、增存、增收和防风险、防案件的“三增两防”主题，持续强化“同业新增保二争一、系统内消灭后30位指标、位列直属分行中等水平”的三维定位目标，经过全行员工共同努力，扭转了业务发展相对落后的局面，各项工作呈现出“发展提速、结构优化、质量改善、效益提升、后劲增强”的良好态势。

【实施“项目强行、客户倍增、转型升级”战略】

“项目强行”促进后发赶超。围绕“三大一高”战略，编纂完成涵盖十条工业千亿级产业链、七大战略性新兴产业、六大维度企业客户、七大系统机构客户、371个重点项目的《重点行业及项目营销指引》，引导全行精准营销。同时，对事关全行重点业务发展，涵盖风险管理、市场营销、网点建设的60个重大项目，签订承诺践诺责任书，强化履职问责办法，突出重点项目的带动作用，成为引领分行发展的风向标。机构业务实现历史突破，成功中标胶州、平度社保基金代理项目；纵深推进“八一工程”，与部队签订《表彰奖励基金捐赠协议》，成功营销13个部队三千多人住房公积金业务，发放首批军人公积金贷款；成功为青岛市住房公积金管理中心授信12亿元。小企业四大平台硕果累累，率先与国地税开展“银税互动”，搭建14个“税易贷”平台，实现税银企三方共赢；搭建3个“助保贷”平台和8个“供应贷”平台，发放贷款4.65亿元；小微企业贷款全面完成“三个不低于”目标。

“客户倍增”夯实业务基础。深入推进单位人民币结算账户、POS商户、国际收支客户三个“一点一周一户”竞赛活动，进一步巩固客户基础，提升存款贡献度。广泛开展“一包三抓”活动，包户到人，落实经营主体责任；抓分配率，客户户户分配到人，不留死角；抓维护率，将客户维护与系统应用充分结合起来，实现户户有走访、户户有记录，并专人考核通报；抓提升率，依托系统找准客户、分析客户，提升客户产品覆盖度。持续推进公私联动，进一步加强重点客群批量化营销拓展，开展“三率一制”代发工资客户联动营销，实现对公有贷户代发率的高速增长，获得总行“抓代发、增客户、增存款、促发展”代发工资营销活动的综合贡献一等奖。抢抓ETC业务发展机遇，历经百日攻坚，使ETC业务从无到有，实现青岛同业首发，创造“ETC效率”，自11月18日上线至年底，OBU安装量突破3.3万台，对个人客户增长及业务发展形成了极强的带动作用。住房贷款“两个必须”取得实效，由“放贷款”向“做客户”转变，开展“个贷余额突破400亿元”等活动，新营销个贷客户32 672户、楼盘208个；深化与优质房企的合作，一盘一策；逐月梳理楼盘名单和重点中介名单，加大营销和储备力度。

2015年7月17日，青岛市分行与青岛市地税局举行“税易贷”业务合作签约仪式。

“转型升级”实现提速进档。加快“大资产大负债”的业务转型。通过融资租赁、产业基金、股权投资等渠道，办理新型综合融资业务111亿元，是2014年的1.91倍。通过融资租赁解决青钢搬迁项目8亿元融资需求；积极参与西海岸发展基金、李沧金水建设基金、地铁PPP基金等项目，总规模200余亿元。加快国际业务的创新驱动。抓住中韩自贸区新机遇，开辟跨境人民币借款新渠道，发放跨境人民币贷款18.3亿元，占比78.71%，稳居同业第一；实现海尔集团授信全球化使用，为海尔境外子公司境外放款40亿元，成为海尔集团海外银团贷款唯一入选的中资银行；同业率先办理NRA账户出口应收账款买断业务；同业首家实现跨境人民币双向资金池的资金流入业务。加快金融市场业务的整合发展。组建金融市场部，紧跟客户和市场，打造“岛城最优的贵金属交易中心”。至年底，贵金属租赁业务收入四大行第一，账户贵金属收入、外汇资金业务收入四大行第二。加快自助渠道的布放。进一步升级自助渠道“便利化、智能化和智慧化”，改善客户的用卡环境和服务体验，新增自助设备175台，同业首位，总量达813台，超越中国银行。离行式自助银行新增80个，总量达102个，跃居同业首位。网络延伸项目实现新突破。依托“智慧校园”、“银医金融”支付结算生态圈建设，成功中标青岛中心医院、八医等4家医院“银医通”项目，营销青岛科技大学、农大“银校通”项目、海大银校直联系统等项目。推出“万象城卡”、“岛城热购卡”、“文惠龙卡”等，进一步延展“龙卡”的生活场景应用，积极推进个人客户金融生态系统建设。

【分类施策，激发“四大版块”动力】

确定了县域、西海岸新区和综合型支行、单点型支行“四大版块”发展战略。“赢在县域”率先破题。对四市支行“高看一眼、厚爱一层”，出台行领导挂点、业务部门对口帮扶等政策，加大资源配置倾斜力度，拓宽干部晋升通道。至年底，存款余额新增27.7亿元，占比45%，新增由同业第四跃居第一。西海岸新区活力增强。成立西海岸新区发展管理委员会，积极筹建西海岸新区分行。至年底，存款余额占比26.4%，四大行

2015 年 11 月 19 日，青岛市分行与中国人民解放军 92330 部队举行奖励基金捐赠签约仪式。

第二，提升 4.2 个百分点；新增 29.2 亿元，跃居同业第一。综合型支行竞争力稳步提升。强化“守土有责”意识，制定综合经营竞争力监测办法。至年底，存款新增 31.6 亿元，新增占比 60.2%，四大行排名第一。单点型支行潜力激发。从对标管理、班子调整和目标约束三方面入手，助推单点型支行发展。至年底，存款新增 45.5 亿元，遏制三年占比下滑的局面。

【积极作为，努力实现风险管控目标】

坚持“打通出口”和“扎紧入口”并重，建立行级领导重点不良挂点制度，落实总经理、支行行长“双责任制”，实施总额 30 亿元的十大风险项目处置活动，累计处置不良贷款 36.81 亿元并核销不良贷款 12.81 亿元。注重从源头上规避风险，强化信贷结构调整，加大对基础设施和民生领域贷款投放力度，此类贷款增长占比达总量的 84%；强化贷后管理，加强风险监测、排查和预警；对于重大风险隐患项目及时报请总行，并在总行、地方党委政府等部门的支持帮助下，妥善解决了湖南颐通项目声誉风险隐患。

截至 2015 年底，不良贷款余额 24.47 亿元，下降 1.20 亿元，不良贷款率 2.42%，下降 0.33 个百分点，不良额、不良率实现“双降”，资产质量在同业中保持领先。

【党建引领，全面激发人力资源活力】

坚持把“三严三实”教育活动与从严治党、从严治行紧密结合，强化两个“主体责任”，坚持案件“零容忍”，保持案防工作高压态势。健全完善组织架构，在 13 家直管支行成立党委和纪委，把“支部建在网点上”，确保 122 个网点党员全覆盖。基层党支部增加 51 个，营业网点独立党支部覆盖率由 19.7% 提升至 55.7%。加强班子建设，坚持管理者先受教育，完成对 110 名支行党组织书记的集中轮训。加强党建制度和基层党组织活动阵地建设，各支行党组织按照“三亮”、“六有”、“八上墙”等标准完成建设。开展作风效能集中整治行动，浏览四类网站（股票、购物、视频、游戏）人均下降 92.9%；严格考勤及请休假管理制度，落实请休假期间薪酬待遇管理；严格责任追究制度，加大问责力度，对 114 人次违规失职人员进行责任处理，其中党员和七职等以上领导人员合计 100 人次，占比为 87.72%。

把“选好人、用对人、激励人”作为人力工作核心，挖掘、调动不同年龄层次、不同职级员工的积极性，强化干部带动业绩，业绩带动干部，完善领导班子和领导人员考核评价体系，共交流调整干部 107 人。拓宽员工职业发展空间和岗位晋升通道，加速优秀员工成长，打破定向招聘员工职等晋升的天花板，激发工作激情，增强归属感。着眼未来，实施七职等后备人才和专业人才“三百人工程”建设，148 人加入七职等后备人才库，多梯次、多领域选拔培养专业人才。

执笔：谭庆勋

# 苏州分行

苏州分行行长 刘兴华

## 一、业务发展概况

【主要业务指标】截至2015年底，分行全量资产达3 446亿元；总资产达2 578亿元，当年新增150亿元；总负债为2 580亿元，当年新增159亿元。全口径存款时点余额为2 527亿元，新增182亿元，新增四大行占比为33.90%，列四大行第二。企业存款、储蓄存款时点余额均列四大行第二，企业存款新增列四大行第一。各项贷款余额2 399亿元，新增156亿元，均列四大行第二；其中，人民币贷款余额为2 263亿元，列四大行第二，新增221亿元，列四大行第一。中间业务净收入27.95亿元，列系统内第14位，总量四大行占比27.10%，列四大行第二；账面税前利润54.80亿元，列四大行第二。公司机构有效客户4.16万户，新增1217户，计划完成率达152%；单位人民币结算账户总量列四大行第二，新增列四大行第一；个人加权有效客户835万户，当年新增72万户，完成总行新增计划的147%。不良贷款额为23.16亿元，不良贷款率为0.99%，均控制在总行计划之内，持续保持四大行最优。

【转型指标】跨境人民币结算量856.44亿元，增幅达106.53%，四大行第一，KPI转型规划推进指标系统内排名第一。个人外币存款占比提升2.8个百分点，提升幅度四大行第一；增速为69%，四大行第一。债券承销额91.7亿元，四大行第一，系统第四。个人贷款余额1 058亿元，新增238亿元，四大行第一。信用卡客户新增13.43万户，四大行第一。小微企业贷款“三个不低于”，余额345.9亿元，较年初新增44.7亿元。对公人民币结算账户新增四大行第一，基本户新增四大行第一。个人电子银行移动金融柜面替代率为48%，居四大行第一。军警存款四大行第一，是系统第三个四大行第一的分行。投行收入6.19亿元，理财业务收入5亿元，均为四大行第一。结算与现金管理收入1.79亿元，四大行第一，新增系统第八。对私保险收入四大行占比47.4%，四大行第一；贵金属收入四大行第一。高收益资产余额266亿元、投放额130亿元，系统第七。对公非贷款融资业务综合排名系统第八。系统首家推出“小龙人”智能机器人。独家推出“公积金贴息贷款”、“公转商贷款”，公积金贴息贷款发放26.94亿元，公转商发放63.1亿元。

2015年2月10日，苏州分行召开2015年度工作会议。

## 二、主要工作举措

### （一）加快业务发展，提升竞争能力

【调整组织架构，注入转型发展动力】设立跨境金融业务中心，将其打造为整合境内外、行内外资源的平台，极大促进跨境人民币业务发展。设立综合金融服务方案中心，打造苏州分行最高层次的综合金融服务终极解决方案平台，致力于建成“全面综合金融服务解决方案银行”。重建分行营业部，强化营业部的经营职能，为分行直营工作提供支撑，成为分行落实直接营销的抓手。建立分行直营体系，对公、对私十个业务部门均设立直营团队，重点客户营销维护直接落地，提升经营层级，提高工作效率。调整对公存款总责部门，推动对公存贷款经营分离，优化调整责任机制，由资金结算业务部牵头负责全行对公存款经营工作。建设综合营销团队，整合营销资源，将营销人员占比提升至全行员工的40%，新组建246个综合营销团队，深化网点综合经营，提升市场竞争力。设立苏州跨境金融培训基地，承担全国建设银行国际化人才培训任务，举办专题培训班8期，培训人员超350名。新建小企业金融支持中心，小微企业贷款客户数3 981户，新增314户，贷款余额345.9亿元，新增44.7亿元，增速为6.66%。重组金融市场部，加快金融市场业务发展，代客资金交易业务收入增速27.8%，贵金属和大宗商品业务收入为4 193万元，四大行第一。新设同业业务部，办理同业投资业务20亿元；完成分行首单、系统第二笔财务公司买返业务。累计运用规模222亿元，创收逾4亿元，其中买入返售规模提升68%。设立“投贷联金融业务中心”，与建银国际联动，快速抢占投贷联客户业务，完成苏州同业首单投贷一体化业务，发放“投贷通”股权投资产品。设立“自主创新金融支持中心”，对接苏州综合金融服务平台，完成贷款投放3.38亿元，位居同业第一。严控分行本部人员增长，本部人员占全行总人数的比例为14%，在同类城市一级分行中占比最低。

【建设综合化、国际化、现代化分行】推进“八综合”，一是综合网点营业；二是综合柜员培养；三是综合营销团队；四是综合产品销售；五是综合考核分配；六是综合风险判断；七是综合收益分析；八是综合服务方案。向“国际化、现代化”方向转型，出台“现代化分行”和“国际化分行”建设方案；将衡量“现代化程度”和“国际化水平”相关指标纳入二级分支行等级行和KPI考核。

【协同推进大资产、大负债】全量资产稳健增长，2015年余额为3 446亿元，增长212亿元，增速为6.54%。投行资产系统排名居前，核心收益型资产424亿元，增幅为28%；高收益资产266亿元，同比增幅为19%，余额系统内第九；理财产品余额405亿元，列系统内第七。非存款类金融机构存款日均余额87亿元，新增66亿元，余额及新增均列四大行第一。

2015年5月27日，苏州分行与中国信达资产管理股份有限公司江苏省分公司举行战略合作签约仪式。

【全行全员创新，寻找发展新增点】完成78项产品创新。分行在政府客户、小企业、个人贷款领域加强创新推动：“政合通”有效拓展政府类优质客户，增加项目储备，产品需求超260亿元，审批通过206亿元，已放款68亿元；“科创金融”为1 224家自主创新企业提供信贷支持，信贷余额585亿元，贷款余额317亿元；“公转商贷款”不仅解决公积金中心资金紧张问题，更为我行吸收了大批优质贷款客户，已累计发放63.1亿元；“个人贷款”2014年新增238亿元，2015年两个月新增56亿元，余额为1 056亿元，保持四大行第一。

【帮强扶弱，提升区域竞争力】制定二级行差别化政策支持方案，2015年帮助昆山、吴中两个分行提升竞争力，按照“稳二追一”的要求全

面发展；扶助盛泽、港城两个专业支行克服困难，加快发展。

**（二）加强风险控制，保持资产质量稳定**

明确“两个最低”目标，即当地工农中建交五行不良额不良率最低，建设银行系统长三角五行不良额最低。落实资产质量“一把手”负责制，制定了重点信用风险客户行领导挂钩制度、重大信用风险化解处置制度、行领导分片包干压控不良贷款工作方案，各级党委切实担负起风险管控的主体责任。层层分解压控目标，逐户制订处置方案，责任到户、责任到人，成立信用风险事件处置小组，对重点项目逐一会诊。全年共召开信用风险事件处置会议 69 次，对 480 户信贷客户进行了会诊，涉及信贷余额 119 亿元，风险事项得到有效控制。配合苏州市政府维护金融稳定，与工商银行、农业银行、中国银行、交通银行、苏州银行、中信银行六大银行共建风险协调联席会议制度，携手合力化解风险。积极推动破圈解链工作，配合政府和监管部门完成《广东商会互助担保基金操作规程》，设立破圈解链风险化解基金，为入围企业提供融资增信，缓解企业经营困境。全年滚动风险排查 20 次，涉及信贷客户 3 540户，累计金额 1 867.02 亿元。对风险客户压缩敞口合计 12.4 亿元；及时追加有效担保 54 户、涉及信贷余额 16.39 亿元，缓解了不良贷款反弹压力。坚持按照处置一批、准备一批、储备一批的节奏，滚动推进不良项目处置进程。累计处置不良贷款 29.35 亿元，其中回收盘活 4.17 亿元、核销 3.03 亿元、批量转让 22.15 亿元，完成全年计划的 202.42%，为信贷质量稳定起到积极作用。召开“小钢贸”信贷业务反思会。深刻反思“小钢贸”带来的损失和危害，防止重演。

**（三）强化内部管理，实现安全营运**

【推进理念转型，追求理性发展】树立六大发展理念：中速发展、健康发展、安全发展、真实发展、综合发展、全面发展，保持 8% 左右的资产负债增长速度，实现人、业务和管理全面发展。

【加强文化建设，引领思想统一】倡导“团结、拼搏、胜利”的分行精神和“建行为根，员工为本，业绩为上”的价值准则，弘扬“忠信、坚毅、精微、豁达”的员工信条，践行“至诚、至专、至微、至善”的服务口号、“敢于竞争、善于竞争、赢得竞争”的工作格言和“精细、严实、规范、平衡”的管理格言。

【强化案件防控，加强底线管理】提出“不出一案、不失一人、不损一金”管理要求，成为分行管理者和经营者的职业素养和风险理念。制定案件防控十大措施。制定“员工从业行为十大戒律”。制定“员工廉洁合规从业禁止性规定”。作为员工从业行为“底线”，包含七个类别、40 个关键风险点，触犯者给予记大过至开除处分，坚决做到有令必行、有禁必止、违规必究、触线严惩，有效遏制严重违规行为的发生。

【开展教育监督，提升合规意识】开展“正风肃纪、勤业守廉”主题教育活动，促进各级领导人员在改进作风、严守纪律、勤勉尽责、廉洁从业等方面发挥表率作用。创新“三问三答”思维排查方法，即询问被排查者“有没有、做没做、知不知”，从思想上进行警示，提高排查有效性。开展“治违规、控风险、防案件”专项活动，重塑信贷文化、重整信贷纪律，推进“一个加强、两个遏制”专项自查，确保在全行实现“三低两高一无”目标，即“低风险、低违规、低不良、高效益、高质量、无案件”。

【加强精益管理，提升行务运转】建立分行管理评价体系。从规范性、遵循性、理念性、风险性、安全性五个维度，对分行、部门、二级行进行管理评价，推动管理水平提升。加强行务运转工作。明确“管人、管财、管物、管事”的工作核心，以及“规范、精微、专业、顺畅”的行务工作要求。提升服务能力。将服务能力建设作为全行的持久战略，成为转型发展的重要推动力。

【推进合规检查，强化责任追究】配合开展内外部审计检查项目；加强审计成果运用，提升经营管理合规性。对案件和严重违纪违规问题“零容忍”，对触犯从业“底线”和“红线”的员工，坚决予以处分。

**（四）落实党建工作，加强队伍建设**

【落实党委主体责任】加强党对业务和管理工作的绝对领导，积极履行主体责任，严格执行“三重一大”决策制度。做好“抓基层、打基础”工作，重点在青年骨干、基层一线员工中发展党员。现共有党支部 147 个、党员 1 914 人，占全行员工总数的41%；新发展党员中35 岁以下人员占

62%，基层一线员工占比64.3%。

【落实党委书记第一责任】党委书记主管七大建设，分别是党的建设、组织建设、班子建设、队伍建设、作风建设、廉政建设和文化建设。坚持党委中心组学习制度，坚持召开民主生活会制度，坚持“三会一课”制度，严格党员管理，加强党员教育。

【坚持民主集中原则】党委会决策坚持执行民主集中制，确保重大决策的科学化与民主化。加强“一把手”的自律、监督、制约。履行第一责任。避免“一把手”独断专权，又防止班子成员越权。

【严格干部管理】强化各级管理人员责任意识和履职约束，规定二级行负责人必须是中共党员；制定“员工离职管理规定”，加强九职等及以上人员离职管理；规定二级行主要负责人不得在岗离职，分行中层干部及核心人才离职离岗须经分行党委批准，未经批准不得擅离职守，对擅离职守的，给予撤职处分；拒不回岗的，给予开除处分。

【创新行为管理】开展“关心身边人，传递正能量”主题活动，形成推动业务发展的强大动力。开展“管理身边人”活动，变员工被动管理为主动接受管理。倡导“走正道、行正派、求正规、做正确、出正果”的“五正”理念，着力推进“办好银行、成好行长、创好部门、当好干部、做好员工”的“五好”争创活动，使党员和干部成为分行转型发展的引领者。

【严格遵守八项规定】深入开展“党的群众路线教育实践活动”，自觉纠正“四风”，对照检查与八项规定不一致的方面并一一整改。2015年招待费和宣传费支出大幅下降25%；会议费支出同比下降36%；人均差旅费支出不足700元，低于全行平均水平；业务用车费支出同比下降12%；广告费支出同比下降10%。

【严格落实纪委监督责任】党委书记作为第一责任人，在全行层层签订责任书，把主体责任延伸至各级机构。对于领导干部有政治思想、履行职责、工作作风、道德品质、廉政勤政等方面的苗头性问题进行约谈，切实落实“两个责任”。

【扎实推进“三严三实”专题教育】分行党委四次召开专题学习研讨会、党委中心组学习，交流观点、分享体会、互相启发、形成共识。党委书记带头讲党课，党委班子带队开展“二级行发展与管理观摩活动”，到达所有12个二级分支行、一个村镇银行进行现场观摩交流，全方位了解工作进展，发现并指出差距、不足及要求改进的方面，帮助基层解决问题，提升全行管理经营水平。

执笔：梁鼎

# 哈尔滨培训中心

哈尔滨培训中心主任　孙平生

## 一、紧密围绕全行转型发展抓好培训工作，充分发挥全行员工教育培训主阵地作用

### （一）努力扩大现场培训规模

以总行培训项目为重点，切实抓好总行培训计划落实。同时，注重利用中心培训资源服务分行，积极拓展现场培训，落实分行培训计划。全年有31个总行业务部门和28家一级分行现场办班。

**（二）积极开展非现场培训**

在认真抓好现场培训的基础上，选派培训师深入18家分行上门开展培训。

**（三）坚持开展自主培训模式**

在2014年积极探索开展自主办班并取得良好成效基础上，进一步优化培训项目和课程，提高培训效果。全年共举办33个培训班，培训学员2 605人次，培训工作量20 073.5人天。

**（四）有序推进远程培训工作**

将远程培训工作确定为战略发展目标，增强远程培训核心能力建设。成立了软件开发团队，承担应用软件开发工作。积极参与总行新一代项目课件开发建设工作，开展与分行电子课件开发合作，认真组织做好课件开发工作，全年远程课件制作折合培训工作量5 836人天。

## 二、持续推进培训创新，强化培训核心能力建设

**（一）不断优化项目和课程开发维护及管理方式**

一是不断完善培训项目和课程开发全流程管理模式，实现了培训项目和课程统一管理。二是优化项目和课程审核工作。完善项目和课程评审会职责，优化审核流程，保障了项目和课程质量。三是做好项目研发和课程开发工作，项目和课程立项前做好充分的需求调研，完成了4个新项目和21门新课程开发。积极参加总行项目，全年参加《信贷业务培训教材集中开发》等10个总行项目的研发。四是做好对原有项目和课程改造维护，根据全行转型发展和业务需求，对38个原有项目和184门原有课程进行了维护改造。五是进一步扩大培训项目和课程应用率，确保开发的项目和课程得到有效利用。2012年以来开发的18个新项目和44门新课程应用率分别达到62.07%和83.02%。六是开展理想信念项目课程开发，注重学员思想品能教育，增设建设银行员工理想信念教育课程，取得了很好的反响。

**（二）进一步深化培训教学改革，积极推进品牌战略**

一是不断完善公开竞课制度和授课AB角制度，提高授课质量，进一步优化评审程序，使优秀的培训师资与培训课程相统一，全年共有14门公共管理类和15门专业类课程的B角授课通过验收，使目前配备B角培训师的公共管理类课程达到61门，专业类课程达到72门。二是积极推进品牌战略。评选出4门精品课程和5门优秀课程。三是不断创新培训手段和方式，充分发挥顾问式培训、体验式教学、体会交流、主题沙龙培训方式的作用，将新的教学活动世界咖啡、沙盘模拟等应用到教学课堂。四是切实强化培训效果评估考核，定期开展培训教学检查，进一步严格教学评估，确保了培训授课质量，全年完成教学工作量2 228.36讲，较上年增加了63.27讲，培训教学综合满意度达到99.84%，其中非常满意度为85.46%。五是围绕全行业务发展积极组织开展领导力课题研究，进一步优化现有人才测评工具，提高人才素质测评的针对性和有效性，强化考务中心建设，完善了物理环境，增加分业务条线试题库，培训功能不断完善

**（三）坚持强化学员管理，确保培训项目有序实施**

一是围绕在培训管理中薄弱环节和重点部位，修订完善了5项培训管理相关规章制度，促进了培训项目组织管理的规范化、制度化、流程化，加强项目经理和班主任队伍建设，强化了对培训管理队伍考核力度。二是创新培训管理服务方式方法，通过推行中心领导及培训管理部门管理人员深入课堂坐班听课制度，培训班带队人制度、班主任坐班制度等一系列新的管理方式，大大提高了培训管理和课堂管理水平。坚持和完善培训班结业考试、颁发结业证和学员考核制度，不断提高学员考核质量。全年考核学员17 855人次，向分行反馈6 634人次。三是切实抓好学员日常服务和安全管理，进一步严肃培训纪律，严格学员管理，在学员接送站、参观考察、外出晚归等环节投入精力，确保培训项目正常有序实施，通过学员动态管控、走访学员等形式，及时解决学员遇到的问题，通过组织学员进行党性教育等主题参观、主题沙龙、放电影等活动，不断丰富学员学习生活寓管理于服务中，受到学员欢迎。

## 三、充分发挥党校工作优势，积极开展党性教育培训

### （一）积极探索教学创新

充分利用总行党校的优质资源，积极开展总分校联动机制，在综合运用案例教学、管理故事交流等多种教学方法的基础上，探索新的教学模式。深入贯彻党校姓党的培训理念，对党校进修班等重点班次开展警示教育和爱国主义教育。创新培训渠道，形成了以党校进修班为主干，党务工作者、基层党建、共青团等培训项目为补充的完善的党校培训项目格局。

### （二）加强学员日常组织管理

实行班主任听课制度，对党校进修班等重点班次实行组织员坐班制度，提高课堂管理。实行学员动态管控制度，掌握学员的学习和生活动态，对外出晚归等违纪行为进行谈话教育，强化纪律管理。通过定期走访、开展学员座谈会等形式，了解并解决学员在培训和生活中遇到的各种问题，收到了较好效果。

### （三）积极开展学员服务工作

通过向每位学员发送短信、温馨提示等方式为学员提供培训和生活信息，通过联合走访、带队人会议和问卷调查等方式，了解学员在学习生活中的困难并解决，通过开展“三快乐、两满意”和“微服务”等活动，组织丰富多彩的文体活动。

## 四、强化基础管理和员工队伍建设，培训保障能力日益增强

### （一）进一步夯实管理基础

深入推进整章建制工作，不断优化现有制度流程，全年新建和修订制度流程48项。有效发挥督办催办作用，狠抓各项制度流程落实，全年共对192个事项进行了督办落实，促进了工作效率的提高。加强财务管理，年初制定了财务预算，并定期召开专题会议推进财务预算执行，进一步规范采购管理，严格执行总行和培训中心采购管理规定，对供应商进行了清理与考核，全年共实施集中采购金额2 162.04万元，节约成本187.87万元，节约率8%。狠抓安全管理不放松，通过开展安全管理专题讲座等形式加强安全管理工作的宣传和教育，不断完善安全工作例会和“一岗双责”制度，进一步加大对安全设备投入，共创平安培训中心。

### （二）加强员工队伍建设

通过经办岗位人员调整、招聘新员工等形式，进一步优化员工队伍结构。加强师资队伍建设，通过组织培训师开展实习调研及培训活动，不断提高培训师的综合素质和岗位胜任能力。以岗位技能培训与综合知识培训相结合的培训方式，进一步提高了员工的履岗能力和综合素质。开展了大范围的人员竞聘和考核聘任工作，对全体员工进行了岗位职务续聘工作，提高了员工工作的主动性和积极性。

### （三）强化基础设施建设和后勤服务功能

通过对3号学员公寓、集中控制室录播系统、各楼宇消防系统的维修改造，进一步提高基础设施设备条件，为学员提供良好的学习环境。强化“以学员为中心”的培训理念，通过完善服务制度流程、规范服务标准、开展技能培训、完善联合巡检、问卷调查等服务评价反馈途径等措施，进一步提高各岗位尤其是培训管理、后勤保障等窗口岗位员工综合素质和服务技能，加强对劳务派遣人员的技能培训，培训服务质量不断提高。

## 五、加强党建和企业文化建设，为培训中心稳定健康发展创造良好氛围

### （一）开展了“三严三实”专题教育活动

通过“三严三实”强化了班子成员间的沟通与协调，进一步贯彻落实中央八项规定和总行党委十项规定，深入查摆不严不实问题，认真研究制定整改措施，明确责任，落实时限，推进整改，切实加强了领导班子自身思想建设、能力建设和作风建设。

### （二）切实抓好党建工作

加强理论学习，通过中心组理论学习，班子成员自学的形式，提升领导班子科学管理水平，全年共组织中心组理论学习16次。通过深入基层，加强了解员工思想状况，及时发现并解决了影响培训中心发展的突出问题，组织开展了基层党支部活动阵地建设活动，进一步增强了基层党

组织凝聚力和战斗力。

**（三）有效发挥企业文化在培训工作中的引领和凝聚作用**

将企业文化建设作为战略任务来抓，形成了"一个中心"、"六个维度"的企业文化建设格局。积极组织开展"示范岗"、"岗位明星"创建评选和"班主任风采大赛"等企业文化主题实践活动，有效发挥工会、团委作用，营造"讲正气、讲团结、讲和谐、讲责任、讲联动、讲贡献"的良好校风。开展了社会主义核心价值观学习和"十小文明"创建活动，做好荣誉事项奖励和好人好事表彰工作。积极开展关心关爱员工和慰问离退休员工活动，进一步调动了员工的积极性。

### 六、加强党风廉政建设，落实两个责任。

**（一）落实党风廉政建设责任制**

签订《党风廉政建设及案件防控责任书》及《廉洁从业责任书》，强化风险与案件防控工作。组织开展了"讲规矩 正风纪 守廉洁"主题教育活动，强化了党员领导干部的党性修养。

**（二）认真落实党委主体责任和纪委监督责任**

明确党风廉政建设的责任分工工作，落实党委主要负责人履行"第一责任人"及党委班子其他成员"一岗双责"制，定期召开党委会听取纪委工作专题汇报，确保纪委监督责任落到实处。

**（三）坚持决策公开和管理透明**

有效发挥党委会、主任办公会、党校校务会等重要会议作用，认真按照总行"三重一大"要求，做到重大事项集体决策。对各类会议纪要以及培训教学、培训管理、财务预算、集中采购等重要工作实行全员通报制度，使员工能够及时了解重要决策和工作情况。

执笔：和素军

# 常州培训中心

常州培训中心主任　屈建伟

## 一、培训工作概况

【现场培训保持满负荷运转】坚持需求管理理念，合理引导分行培训需求，实现科学高效排班，全年共举办各类培训班512期，完成现场培训量21.27万人天，同比增长4%。全年培训组织实施呈现均衡性发展，保持日均在校培训学员850人左右，中心各项培训资源基本处于满负荷运转状态。在学员管理与服务上，始终坚持"以学员为中心"的服务理念，坚持"严格管理与热情服务"相结合原则，全年培训组织平均满意度达99.8%。

【项目研发成果突出】全年共开发38门新课程，更新维护30门老课程。一是积极参与总行信贷业务岗位资格培训项目和私人银行能力提升培训项目开发，住房金融与个人信贷客户经理能力提升培训教材、个人客户经理岗位培训教材的编写和修订等工作。二是积极开展自主项目研发。优化升级精品项目课程，对领导力项目、基层机构负责人项目、模拟银行项目、员工心理援助项目、行动学习项目等进行深化开发，从教学内容、研讨方式、项目管理、细节服务等方面进行全面优化。三是探索研发新项目。积极探索应用体验式训练项目，先后在四期培训班中进行了运用和创新；积极进行培训与咨询结合的探索，重点推进行动学习培训咨询项目、网点诊断项目、压力管理与心理辅导培训咨询等项目，受到学员和主办分行的一致好评，取得较好的应用效果。

【网络培训发展态势良好】一是高效完成总分行各类课件定制任务。全年完成课件定制开发563个，其中为总行12个部门以及新一代、信贷岗位培训2个项目组开发课件492个，为建智堂开发微课47个，为分行开发课件24个。二是规范实施各类网络培训活动。全年组织DCCTS培训70 523人次，配合总行实施好员工响应与知识管理平台应用知识竞赛、信贷人员网络课程学习、新一代网络培训等全行性学习活动。三是积极创新网络学习项目。承接总行微信学院建智堂项目开发、总行党校培训管理信息系统开发任务；全面启动移动学习探索项目和新一代模拟训练系统研发工作。四是全力做好网络学习技术支持和保障工作。认真配合总行做好网络学习系统7.2版切换上线及试运行期各项工作，积极承担处理系统运行保障工作。全年全行网络课程注册804.93万人次，完成学习675.11万人次，现场班注册166.95万人次，创建现场培训课程3.7万个，提供技术咨询服务近6万次。

【考试测评专业化能力进一步提升】全年共完成考试项目99个，测评项目33个，笔试命题组卷套数287套，答辩题命题459题，累计测评人数4 032人次。一是依托考试和题库信息管理系统，不断扩大考试规模。全年优质高效完成全行岗位资格考试，累计考试人数13.61万人次。二是素质测评专业化能力进一步提升。根据不同测评需求精心设计，完成了校园招聘、培训发展、岗位匹配、员工盘点等各类测评工作，在行内赢得良好口碑。三是自主研发和外部引进相结合，促进业务转型升级。重点推进大五人格测验工具开发、情景判断测评定制化开发、MAP胜任力词典电子化文本建设、试题库和案例素材库建设、常培测评系统和远程考试系统优化等工作，努力形成线上、线下业务“两翼齐飞”的良好态势。

【党校办学充分发挥党校“阵地”和“熔炉”作用】全年共完成51期班教学组织和学员管理任务，参训学员4 286人。在党校办学过程中，一方面始终坚持党校姓“党”，不折不扣地严格执行中央党校的教学计划，做到从严治校、教学管理规范化，推进一流校风建设；另一方面，在教学上坚持紧跟形势实施创新，不断提升教学质量。通过增加十八大精神及习近平总书记系列讲话精神解读、“三严三实”、“反腐倡廉”专题辅导等内容实施教学内容动态化维护，增加培训的时代性、针对性，充分发挥党校学习宣传党的方针政策的主阵地作用和锤炼党性、提高素养的大熔炉作用。

2015年4月1日，常州培训中心召开第三届职工代表大会第四次会议。

## 二、主要工作措施

【坚持创新驱动，推动培训转型发展】一是研发模式积极创新。探索集群式研发新模式，培养“两型式”培训师。经过研究酝酿，初步确定了集群研发的方向、专题、领域和研发模式，并开展了管理学、领导力模型、人力资源管理等专题研发平台的初探工作，明确了专题研发平台的内容架构和课程体系。二是培训手段愈加丰富。中心立足提升培训成效，致力于培训方式的创新和完善。通过加入“书写式头脑风暴”、“2×2矩阵”、“流言蜚语”等手段优化创新了“世界咖啡”的实施运用；在网点负责人培训项目上运用开放空间技术（OST）和“结构化研讨”模式，提高问题分析与解决的精准性和培训效果；在模拟银行培训项目上引入“新闻发布会”及“记者招待会”等形式，收效良好；员工心理援助项目上的个体面询手段更是赢得学员如潮好评。2015年中心培训师授课平均满意度达到98.45%。三是培训服务全面提升。一方面，不断细化服务流

2015年4月18日，常州培训中心工会、团委联合举办“善建者行”健步走、学行史、促转型、展风采活动。

程，通过完善学员考核办法、接送站工作管理办法、学员安全管理制度、班级管理办法等规章制度，进一步严格学员管理制度执行，既做到学员满意而归，更做到学员平安而归。另一方面，不断创新学员管理方式，注重发挥学员自主管理作用。在各类培训班成立班级管理团队，充分发挥班委、支委作用，调动学员自身参与纪律管理、安全管控、文体活动开展等班级事务及管理方面的积极性。通过企信通、班级微信群等随时发布教学计划、活动通知、友情提醒、班级动态等，借助大数据技术及时掌握学员动态，实现学员同步化管理。通过进一步密切与分行的沟通，将从严治学延伸到学员入学之前，将学员在培训期间的考评情况及时反馈分行，逐步形成行校联合管理的良好局面。

【发挥机制引领作用，提升精细化管理水平】一是筑牢安全底线加强风险管控。中心高度重视安全管理，不断完善制度，制定下发了《常州培训中心安全管理暂行办法》，搭建起“学员安全、园区安全、信息安全、交通安全、员工安全”的五大安全管理体系，进一步明确了安全管理职责和安全防范措施落实责任。通过层层签订安全管理责任书，将安全管理责任落实到人。2015年持续大力投入技防方面的建设，完成集中监控系统改造，引入车管专家平台，实现中心安全运营。二是积极推进绩效管理工作。中心在2015年绩效考核目标和实施方案中对绩效考核体系进行了适度调整，通过不断完善绩效工资分配制度和分配方式，充分发挥绩效管理在整个激励机制中的作用，激发员工工作积极性，创造实实在在的培训业绩。三是优化调整内设机构设置。2015年中心组织开展内设机构优化调整工作，重点针对在培训项目研发、培训教学管理、培训质量控制、培训学员管理等涉及的相关部门进行优化调整，有效整合培训研发力量，加强培训质量管控，提升培训服务保障能力，促使培训运行机制运转更加顺畅。

【全面加强党建，凝心聚力谋发展】一是严格落实中央全面从严治党要求，坚持党建工作和业务工作同谋划同部署同考核，全面提升党建工作水平。扎实开展“三严三实”专题教育活动。二是注重队伍建设。通过持续学习，提升班子综合素质和把控全局的能力。严格贯彻执行领导人员选拔任用工作四项监督制度，认真执行干部选拔标准；强化培养发展过程管理和持续跟踪管理。不断加强对青年人才的培养力度，制订了青年人才培养计划。制定中心科级管理岗位职务聘任实施办法，组织开展科级管理人员转聘和聘任工作，进一步完善管理岗位、专业技术岗位和经办岗位职务序列设置。三是积极开展“合规常培、人人践行”创建工作，培育员工合规理念。重点开展了规章制度梳理规范工作、警言警句征集活动、身边风险点排查以及合规标兵评比等活动，极力打造中心合规管理文化，营造合规氛围。四是推行中心事务全公开制度，充分发挥员工民主参与和民主监督作用。深化关爱员工机制。继续实施高考亲情假、获中心外荣誉奖励制度等，还进一步完善了派遣制员工体检制度。切实做好帮扶工作，营造常培和谐氛围。五是充分发挥群团组织作用。开展了“寻找身边的李红英”、“青春系列”主题沙龙、“健步行”、“积分圆梦 为爱行动”、行史知识竞赛、“青年创新建行强”创客金点子活动、成长之星职业风采展等形式多样的活动，丰富员工文化生活，引导员工践行核心价值观，有效激发了员工爱岗敬业热情。

执笔：田艳

CHINA 中国建设银行年鉴 2016
CONSTRUCTION BANK ALMANAC

# 第五部分 综合统计

# 中国建设银行股份有限公司资产负债表

（2015 年 12 月 31 日）　　　　单位：人民币百万元

| | 本集团 | | 本行 | |
|---|---|---|---|---|
| | 2015 年 | 2014 年 | 2015 年 | 2014 年 |
| **资产** | | | | |
| 现金及存放中央银行款项 | 2 401 544 | 2 610 781 | 2 383 573 | 2 600 028 |
| 存放同业款项 | 352 966 | 266 461 | 361 141 | 280 848 |
| 贵金属 | 86 549 | 47 931 | 86 549 | 47 931 |
| 拆出资金 | 310 779 | 248 525 | 333 398 | 247 606 |
| 以公允价值计量且其变动计入当期损益的金融资产 | 271 173 | 332 235 | 260 207 | 320 452 |
| 衍生金融资产 | 31 499 | 13 769 | 24 396 | 9 880 |
| 买入返售金融资产 | 310 727 | 273 751 | 309 539 | 273 444 |
| 应收利息 | 96 612 | 91 495 | 93 988 | 88 930 |
| 客户贷款和垫款 | 10 234 523 | 9 222 897 | 9 899 993 | 8 876 246 |
| 可供出售金融资产 | 1 066 752 | 926 139 | 945 797 | 844 914 |
| 持有至到期投资 | 2 563 980 | 2 298 663 | 2 554 049 | 2 294 723 |
| 应收款项类投资 | 369 501 | 170 801 | 350 966 | 154 576 |
| 对子公司的投资 | — | — | 32 885 | 26 794 |
| 对联营和合营企业的投资 | 4 986 | 3 084 | — | — |
| 固定资产 | 159 531 | 151 607 | 144 363 | 141 880 |
| 土地使用权 | 15 231 | 15 758 | 14 795 | 15 341 |
| 无形资产 | 2 103 | 2 435 | 1 359 | 1 506 |
| 商誉 | 2 140 | 2 253 | — | — |
| 递延所得税资产 | 25 379 | 39 494 | 24 298 | 38 115 |
| 其他资产 | 43 514 | 26 014 | 69 437 | 56 569 |
| **资产总计** | 18 349 489 | 16 744 093 | 17 890 733 | 16 319 783 |
| **负债** | | | | |
| 向中央银行借款 | 42 048 | 91 216 | 41 154 | 90 409 |
| 同业及其他金融机构存放款项 | 1 439 395 | 1 004 118 | 1 442 259 | 1 008 746 |
| 拆入资金 | 321 712 | 202 402 | 304 195 | 152 152 |
| 以公允价值计量且其变动计入当期损益的金融负债 | 302 649 | 296 009 | 301 778 | 292 642 |
| 衍生金融负债 | 27 942 | 12 373 | 23 320 | 10 612 |
| 卖出回购金融资产 | 268 012 | 181 528 | 264 569 | 177 256 |
| 客户存款 | 13 668 533 | 12 899 153 | 13 393 246 | 12 654 493 |
| 应付职工薪酬 | 33 190 | 34 535 | 31 593 | 33 234 |
| 应交税费 | 49 411 | 62 644 | 48 515 | 61 881 |
| 应付利息 | 205 684 | 185 874 | 204 336 | 184 627 |
| 预计负债 | 7 108 | 7 068 | 5 813 | 5 399 |

续表

| | 本集团 | | 本行 | |
|---|---|---|---|---|
| | 2015 年 | 2014 年 | 2015 年 | 2014 年 |
| 已发行债务证券 | 415 544 | 431 652 | 356 711 | 367 504 |
| 递延所得税负债 | 624 | 401 | 81 | 43 |
| 其他负债 | 122 554 | 83 272 | 53 067 | 48 549 |
| **负债合计** | 16 904 406 | 15 492 245 | 16 470 637 | 15 087 547 |
| **股东权益** | | | | |
| 股本 | 250 011 | 250 011 | 250 011 | 250 011 |
| 其他权益工具 | | | | |
| 优先股 | 19 659 | — | 19 659 | — |
| 资本公积 | 134 911 | 135 118 | 135 109 | 135 109 |
| 其他综合收益 | 17 831 | (2 335) | 21 421 | 3 143 |
| 盈余公积 | 153 032 | 130 515 | 153 032 | 130 515 |
| 一般风险准备 | 186 422 | 169 496 | 182 319 | 165 916 |
| 未分配利润 | 672 154 | 558 705 | 658 545 | 547 542 |
| 归属于本行股东权益合计 | 1 434 020 | 1 241 510 | 1 420 096 | 1 232 236 |
| 少数股东权益 | 11 063 | 10 338 | — | — |
| **股东权益合计** | 1 445 083 | 1 251 848 | 1 420 096 | 1 232 236 |
| **负债和股东权益总计** | 18 349 489 | 16 744 093 | 17 890 733 | 16 319 783 |

# 中国建设银行股份有限公司利润表

（2015 年度） 单位：人民币百万元

| | 本集团 | | 本行 | |
|---|---|---|---|---|
| | 2015 年 | 2014 年 | 2015 年 | 2014 年 |
| 一、营业收入 | 605 197 | 570 470 | 566 265 | 542 271 |
| 利息净收入 | 457 752 | 437 398 | 447 252 | 428 440 |
| 利息收入 | 770 559 | 739 126 | 745 758 | 721 179 |
| 利息支出 | (312 807) | (301 728) | (298 506) | (292 739) |
| 手续费及佣金净收入 | 113 530 | 108 517 | 109 928 | 106 171 |
| 手续费及佣金收入 | 121 404 | 112 238 | 117 671 | 109 580 |
| 手续费及佣金支出 | (7 874) | (3 721) | (7 743) | (3 409) |
| 投资收益 | 6 652 | 6 020 | 1 808 | 4 084 |
| 其中：对联营和合营企业的投资收益 | 275 | 245 | — | — |
| 公允价值变动收益/（损失） | 3 344 | (263) | 3 480 | (75) |

续表

| | 本集团 | | 本行 | |
|---|---|---|---|---|
| | 2015 年 | 2014 年 | 2015 年 | 2014 年 |
| 汇兑收益 | 2 716 | 1 768 | 3 208 | 2 692 |
| 其他业务收入 | 21 203 | 17 030 | 589 | 959 |
| 二、营业支出 | (309 107) | (273 223) | (275 375) | (249 031) |
| 营业税金及附加 | (36 303) | (34 983) | (35 711) | (34 655) |
| 业务及管理费 | (157 380) | (159 825) | (149 455) | (153 471) |
| 资产减值损失 | (93 639) | (61 911) | (89 576) | (59 905) |
| 其他业务成本 | (21 785) | (16 504) | (633) | (1 000) |
| 三、营业利润 | 296 090 | 297 247 | 290 890 | 293 240 |
| 加：营业外收入 | 3 925 | 3 160 | 3 705 | 2 943 |
| 减：营业外支出 | (1 518) | (1 321) | (1 335) | (1 172) |
| 四、利润总额 | 298 497 | 299 086 | 293 260 | 295 011 |
| 减：所得税费用 | (69 611) | (70 839) | (68 084) | (69 557) |
| 五、净利润 | 228 886 | 228 247 | 225 176 | 225 454 |
| 归属于本行股东的净利润 | 228 145 | 227 830 | 225 176 | 225 454 |
| 少数股东损益 | 741 | 417 | — | — |
| 六、其他综合收益 | 20 837 | 23 032 | 18 278 | 23 184 |
| 归属于本行股东的其他综合收益的税后净额 | 20 166 | 22 732 | 18 278 | 23 184 |
| 最终不计入损益 | 55 | (270) | 55 | (270) |
| 补充退休福利重新计量的金额 | 51 | (294) | 51 | (294) |
| 其他 | 4 | 24 | 4 | 24 |
| 最终计入损益 | 20 111 | 23 002 | 18 223 | 23 454 |
| 可供出售金融资产产生的利得金额 | 27 262 | 33 954 | 26 398 | 33 505 |
| 减：可供出售金融资产产生的所得税影响 | (6 841) | (8 463) | (6 633) | (8 414) |
| 前期计入其他综合收益当期转入损益的净额 | (1 429) | (2 135) | (1 504) | (1 528) |
| 现金流量套期净收益/（损失） | 10 | 138 | (1) | 149 |
| 外币报表折算差额 | 1 109 | (492) | (37) | (258) |
| 归属于少数股东的其他综合收益的税后净额 | 671 | 300 | — | — |
| 七、综合收益总额 | 249 723 | 251 279 | 243 454 | 248 638 |
| 归属于本行股东的综合收益 | 248 311 | 250 562 | | |
| 归属于少数股东的综合收益 | 1 412 | 717 | | |
| 八、基本和稀释每股收益（人民币元） | 0.91 | 0.91 | | |

# 中国建设银行股份有限公司现金流量表

（2015 年度）　　　　单位：人民币百万元

| | 本集团 | | 本行 | |
|---|---|---|---|---|
| | 2015 年 | 2014 年 | 2015 年 | 2014 年 |
| 一、经营活动现金流量： | | | | |
| 客户存款和同业及其他金融机构存放款项净增加额 | 1 163 129 | 947 653 | 1 141 828 | 880 761 |
| 向中央银行借款净增加额 | — | 11 605 | — | 11 222 |
| 存放中央银行和同业款项净减少额 | 130 948 | — | 138 911 | — |
| 拆入资金净增加额 | 110 038 | 36 256 | 141 718 | 25 656 |
| 卖出回购金融资产净增加额 | 86 340 | 119 467 | 87 313 | 121 799 |
| 已发行存款证净增加额 | — | 42 992 | — | 36 327 |
| 拆出资金净减少额 | — | — | — | 36 766 |
| 买入返售金融资产净减少额 | — | 12 707 | — | 7 515 |
| 收取的利息、手续费及佣金的现金 | 884 171 | 838 405 | 854 147 | 818 618 |
| 以公允价值计量且其变动计入当期损益的金融资产净减少额 | 62 142 | 33 362 | 60 029 | 37 510 |
| 以公允价值计量且其变动计入当期损益的金融负债净增加额 | 6 639 | — | 9 135 | — |
| 收到的其他与经营活动有关的现金 | 27 087 | 29 517 | 5 604 | 4 079 |
| 经营活动现金流入小计 | 2 470 494 | 2 071 964 | 2 438 685 | 1 980 253 |
| 客户贷款和垫款净增加额 | （1 059 960） | （883 158） | （1 078 708） | （897 316） |
| 存放中央银行和同业款项净增加额 | — | （184 773） | — | （193 662） |
| 向中央银行借款净减少额 | （50 300） | — | （50 387） | — |
| 拆出资金净增加额 | （27 495） | （74 969） | （46 796） | — |
| 支付的利息、手续费及佣金的现金 | （290 308） | （265 542） | （278 053） | （256 916） |
| 支付给职工以及为职工支付的现金 | （92 932） | （91 537） | （88 822） | （88 063） |
| 支付的各项税费 | （112 987） | （112 422） | （111 026） | （110 499） |
| 已发行存款证净减少额 | （69 604） | — | （50 158） | — |
| 买入返售金融资产净增加额 | （36 975） | — | （36 095） | — |

续表

| | 本集团 | | 本行 | |
|---|---|---|---|---|
| | 2015 年 | 2014 年 | 2015 年 | 2014 年 |
| 以公允价值计量且其变动计入当期损益的金融负债净减少额 | — | (84 371) | — | (85 089) |
| 支付的其他与经营活动有关的现金 | (97 339) | (58 241) | (96 119) | (38 534) |
| 经营活动现金流出小计 | (1 837 000) | (1 755 013) | (1 836 164) | (1 670 079) |
| 经营活动产生的现金流量净额 | 633 494 | 316 951 | 602 521 | 310 174 |
| 二、投资活动现金流量： | | | | |
| 收回投资收到的现金 | 525 257 | 503 662 | 456 181 | 471 403 |
| 收取的现金股利 | 747 | 504 | 71 | 123 |
| 处置固定资产和其他长期资产收回的现金净额 | 2 064 | 2 030 | 1 552 | 1 617 |
| 因收购收到的现金 | — | — | — | 2 496 |
| 投资活动现金流入小计 | 528 068 | 506 196 | 457 804 | 475 639 |
| 投资支付的现金 | (1 091 451) | (810 304) | (982 039) | (736 947) |
| 购建固定资产和其他长期资产支付的现金 | (28 589) | (35 490) | (21 856) | (32 566) |
| 取得子公司、联营和合营企业支付的现金 | (1 657) | (4 289) | (1 955) | (4 790) |
| 对子公司增资支付的现金 | — | — | (4 519) | — |
| 投资活动现金流出小计 | (1 121 697) | (850 083) | (1 010 369) | (774 303) |
| 投资活动所用的现金流量净额 | (593 629) | (343 887) | (552 565) | (298 664) |
| 三、筹资活动现金流量： | | | | |
| 发行债券收到的现金 | 55 053 | 42 238 | 39 788 | 25 471 |
| 子公司吸收少数股东投资收到的现金 | 142 | 130 | — | — |
| 发行优先股收到的现金 | 19 659 | — | 19 659 | — |
| 筹资活动现金流入小计 | 74 854 | 42 368 | 59 447 | 25 471 |
| 分配股利支付的现金 | (75 262) | (75 025) | (75 253) | (75 003) |
| 偿还债务支付的现金 | (2 815) | (22 500) | (500) | (22 500) |
| 子公司购买少数股东股权支出的现金 | (1 027) | — | — | — |
| 偿付已发行债券利息支付的现金 | (9 573) | (7 693) | (8 631) | (7 565) |
| 筹资活动现金流出小计 | (88 677) | (105 218) | (84 384) | (105 068) |
| 筹资活动所用的现金流量净额 | (13 823) | (62 850) | (24 937) | (79 597) |

续表

| | 本集团 | | 本行 | |
|---|---|---|---|---|
| | 2015 年 | 2014 年 | 2015 年 | 2014 年 |
| 四、汇率变动对现金及现金等价物的影响 | 8 161 | 2 731 | 8 473 | 3 554 |
| 五、现金及现金等价物净增加/（减少）额 | 34 203 | (87 055) | 33 492 | (64 533) |
| 加：年初现金及现金等价物余额 | 353 718 | 440 773 | 380 173 | 444 706 |
| 六、年末现金及现金等价物余额 | 387 921 | 353 718 | 413 665 | 380 173 |

# 中国建设银行存、贷款主要指标统计表（人民币）

（2015 年 12 月）　　单位：亿元

| 项　　目 | 本期余额 | 比年初新增 | | 新增比 2014 年同期（±） |
|---|---|---|---|---|
| | | 2015 年 | 2014 年 | |
| 一、一般性存款 | 129 113. 09 | 8 000. 08 | 5 330. 79 | 2 669. 30 |
| 1. 对公存款 | 65 840. 08 | 3 362. 34 | 1 672. 51 | 1 689. 84 |
| 其中：活期存款 | 40 925. 15 | 2 627. 76 | －1 105. 37 | 3 733. 14 |
| 定期存款 | 24 914. 94 | 734. 58 | 2 777. 88 | －2 043. 30 |
| 2. 个人存款 | 63 273. 01 | 4 637. 74 | 3 658. 28 | 979. 46 |
| 其中：活期存款 | 25 693. 53 | －1 126. 62 | 1 670. 73 | －2 797. 35 |
| 定期存款 | 37 579. 48 | 5 764. 36 | 1 987. 56 | 3 776. 81 |
| 二、归入存款口径的金融机构存款 | 10 318. 78 | 1 274. 92 | 5 401. 67 | －4 126. 75 |
| 三、保本理财资金 | 2 587. 14 | 238. 24 | －1 834. 53 | 2 072. 77 |
| 1. 对公保本理财资金 | 2 109. 28 | 669. 60 | －1 142. 20 | 1 811. 80 |
| 2. 个人保本理财资金 | 477. 85 | －431. 36 | －692. 32 | 260. 97 |
| 四、同业存款 | 1 953. 66 | 1 697. 26 | －1 156. 69 | 2 853. 95 |
| 五、各项贷款 | 94 982. 70 | 9 168. 75 | 8 373. 22 | 795. 54 |
| 1. 对公贷款 | 58 694. 72 | 2 568. 18 | 4 286. 62 | －1 618. 45 |
| 其中：贴现贷款 | 4 398. 05 | 2 679. 52 | 528. 47 | 2 151. 05 |
| 2. 个人类贷款 | 34 653. 67 | 5 824. 56 | 4 192. 34 | 1 632. 21 |
| 其中：个人住房贷款 | 29 512. 75 | 5 369. 77 | 3 893. 54 | 1 476. 22 |

注：1. 个人类贷款包括个人住房贷款、个人消费类贷款和信用卡透支，不含“个人买方信贷”。

2. 个人住房贷款中含个人商业用房贷款。

# 中国建设银行存、贷款主要指标统计表（外币）

（2015年12月） 单位：亿美元

| 项　　目 | 本期余额 | 比年初新增 | | 新增比2014年同期（±） |
|---|---|---|---|---|
| | | 2015年 | 2014年 | |
| **一般性存款** | **491.28** | **38.82** | **63.78** | **-24.96** |
| 一、对公存款 | 425.82 | 19.12 | 55.30 | -36.18 |
| 其中：活期存款 | 117.30 | 12.67 | -11.64 | 24.31 |
| 定期存款 | 308.52 | 6.46 | 66.95 | -60.49 |
| 二、个人存款 | 65.46 | 19.70 | 8.48 | 11.22 |
| 其中：活期存款 | 28.59 | 5.67 | 5.93 | -0.25 |
| 定期存款 | 36.87 | 14.03 | 2.55 | 11.47 |
| **归入存款口径的金融机构存款** | **26.41** | **4.21** | **-61.75** | **65.96** |
| **同业存款** | **75.80** | **-22.47** | **-3.69** | **-18.78** |
| **各项贷款** | **562.19** | **-42.55** | **-3.06** | **-39.49** |
| 一、短期贷款 | 130.85 | -27.72 | 64.56 | -92.28 |
| 二、中长期贷款 | 202.34 | 69.97 | 56.50 | 13.47 |
| 三、进出口贸易融资 | 198.28 | -39.10 | -145.10 | 106.00 |
| 四、各项垫款 | 2.00 | -1.44 | -0.55 | -0.89 |
| 五、境外贷款 | 28.72 | -44.26 | 21.54 | -65.79 |

# 中国建设银行个人贷款主要指标统计表（本外币）

（2015年12月） 单位：亿元

| 项　　目 | 本期余额 | 比年初新增 | | 新增比2014年同期（±） |
|---|---|---|---|---|
| | | 2015年 | 2014年 | |
| **个人贷款合计** | **34 662.30** | **5 824.61** | **4 192.66** | **1 631.95** |
| 1. 个人消费贷款 | 554.68 | -25.72 | -134.50 | 108.78 |
| 2. 个人助学贷款 | 1.62 | -0.63 | -0.97 | 0.34 |
| 3. 个人住房贷款 | 27 738.95 | 5 200.80 | 3 735.95 | 1 464.85 |
| 4. 个人商业用房贷款 | 1 684.59 | 175.89 | 180.84 | -4.95 |
| 5. 个人其他消费贷款 | 0.04 | -0.01 | 0.00 | 0.00 |
| 6. 下岗失业人员小额担保贷款 | 1.11 | 0.04 | -0.27 | 0.31 |
| 7. 个人助业贷款 | 631.53 | -118.49 | -166.53 | 48.05 |
| 8. 个人住房最高额抵押贷款 | 89.34 | -6.97 | -23.29 | 16.32 |
| 9. 个人支农贷款 | 63.47 | -9.38 | -1.30 | -8.08 |
| 10. 个人信用卡透支 | 3 896.95 | 609.07 | 602.72 | 6.35 |

# 中国建设银行各分行存款主要指标统计表（本外币）

（2015 年 12 月）　　单位：亿元

| 地区 | 一般性存款 | | 其中：对公存款 | | 其中：个人存款 | |
|---|---|---|---|---|---|---|
| | 本期余额 | 比年初新增 | 本期余额 | 比年初新增 | 本期余额 | 比年初新增 |
| **境内合计** | **132 303.39** | **8 382.86** | **68 605.30** | **3 603.97** | **63 698.09** | **4 778.89** |
| 总行本级 | 54.01 | -11.55 | 21.74 | -0.21 | 32.27 | -11.34 |
| 信用卡条线 | 80.26 | 5.43 | 0.14 | 0.03 | 80.11 | 5.39 |
| 长三角 | 24 920.15 | 1 082.51 | 14 294.67 | 484.48 | 10 625.48 | 598.03 |
| 上海 | 8 186.36 | 512.94 | 5 133.97 | 365.46 | 3 052.39 | 147.48 |
| 江苏 | 7 165.73 | 132.07 | 3 518.63 | -65.25 | 3 647.09 | 197.32 |
| 浙江 | 5 857.40 | 176.47 | 3 310.66 | 46.48 | 2 546.75 | 129.99 |
| 宁波 | 1 291.64 | 87.15 | 844.63 | 50.70 | 447.01 | 36.45 |
| 苏州 | 2 419.01 | 173.87 | 1 486.78 | 87.08 | 932.24 | 86.79 |
| 珠三角 | 19 575.51 | 882.45 | 9 968.09 | 316.39 | 9 607.42 | 566.06 |
| 广东 | 10 335.70 | 485.75 | 4 874.23 | 220.16 | 5 461.48 | 265.59 |
| 深圳 | 4 412.72 | 222.94 | 3 070.66 | 125.64 | 1 342.06 | 97.30 |
| 福建 | 3 664.81 | 94.86 | 1 442.06 | -71.19 | 2 222.75 | 166.05 |
| 厦门 | 1 162.27 | 78.90 | 581.14 | 41.78 | 581.13 | 37.12 |
| 环渤海 | 24 713.01 | 1 640.48 | 13 463.26 | 815.40 | 11 249.75 | 825.08 |
| 北京 | 9 548.32 | 593.42 | 6 272.84 | 486.94 | 3 275.48 | 106.48 |
| 山东 | 6 383.64 | 445.64 | 3 189.68 | 146.82 | 3 193.96 | 298.82 |
| 天津 | 2 198.67 | 89.74 | 1 244.25 | 8.86 | 954.42 | 80.88 |
| 河北 | 5 520.68 | 390.54 | 2 190.89 | 103.42 | 3 329.79 | 287.12 |
| 青岛 | 1 061.70 | 121.13 | 565.60 | 69.37 | 496.10 | 51.77 |
| 中部 | 26 537.93 | 2 121.37 | 12 160.57 | 783.97 | 14 377.37 | 1 337.40 |
| 山西 | 2 801.55 | 189.39 | 1 200.06 | 50.45 | 1 601.48 | 138.94 |
| 广西 | 2 384.93 | 176.07 | 1 269.59 | 95.95 | 1 115.34 | 80.11 |
| 湖北 | 5 012.39 | 443.56 | 2 082.01 | 226.59 | 2 930.38 | 216.97 |
| 河南 | 4 643.68 | 339.76 | 1 971.65 | 40.64 | 2 672.03 | 299.12 |
| 湖南 | 5 078.25 | 437.79 | 2 133.94 | 127.04 | 2 944.31 | 310.75 |
| 江西 | 2 317.43 | 128.25 | 1 255.86 | 37.37 | 1 061.57 | 90.88 |
| 海南 | 779.19 | 51.87 | 458.90 | 40.44 | 320.29 | 11.42 |
| 安徽 | 3 520.51 | 354.69 | 1 788.55 | 165.50 | 1 731.97 | 189.19 |
| 西部 | 26 467.01 | 2 015.11 | 14 290.08 | 948.84 | 12 176.93 | 1 066.27 |
| 四川 | 7 039.46 | 453.25 | 3 749.08 | 135.91 | 3 290.38 | 317.34 |
| 重庆 | 2 452.30 | 92.72 | 1 285.19 | 20.55 | 1 167.11 | 72.17 |
| 贵州 | 2 131.12 | 295.95 | 1 275.47 | 218.29 | 855.65 | 77.66 |
| 云南 | 2 956.93 | 236.18 | 1 750.10 | 136.91 | 1 206.83 | 99.26 |
| 西藏 | 795.60 | 89.82 | 635.82 | 67.66 | 159.78 | 22.15 |
| 内蒙古 | 2 273.37 | 247.16 | 1 027.01 | 140.76 | 1 246.35 | 106.40 |
| 陕西 | 3 705.98 | 227.72 | 1 686.38 | -12.85 | 2 019.60 | 240.58 |
| 甘肃 | 1 679.79 | 189.11 | 886.30 | 123.74 | 793.49 | 65.37 |
| 青海 | 896.80 | -5.28 | 510.13 | -24.97 | 386.67 | 19.69 |
| 宁夏 | 619.50 | 66.26 | 326.04 | 41.10 | 293.46 | 25.17 |
| 新疆 | 1 916.16 | 122.22 | 1 158.56 | 101.74 | 757.60 | 20.48 |
| 东北 | 9 955.52 | 657.64 | 4 406.75 | 265.63 | 5 548.78 | 392.01 |
| 辽宁 | 4 027.40 | 379.03 | 1 719.28 | 173.80 | 2 308.12 | 205.23 |
| 吉林 | 2 206.04 | 182.13 | 1 003.61 | 73.53 | 1 202.43 | 108.59 |
| 黑龙江 | 2 409.69 | 77.60 | 981.11 | 21.15 | 1 428.58 | 56.45 |
| 大连 | 1 312.39 | 18.89 | 702.75 | -2.85 | 609.64 | 21.74 |

注：存款不含保本理财资金。

# 中国建设银行各分行贷款主要指标统计表（本外币）

（2015 年 12 月）　　单位：亿元

| 地区 | 各项贷款 | | 其中：对公贷款 | | 其中：个人贷款 | |
|---|---|---|---|---|---|---|
| | 本期余额 | 比年初新增 | 本期余额 | 比年初新增 | 本期余额 | 比年初新增 |
| **境内合计** | **98 633. 45** | **9 067. 12** | **62 144. 44** | **2 827. 96** | **34 662. 30** | **5 824. 61** |
| 总行本级 | 1 202. 59 | 442. 85 | 124. 58 | -8. 54 | 0. 00 | 0. 00 |
| 长三角 | 20 342. 64 | 973. 81 | 13 276. 55 | -34. 97 | 7 040. 50 | 1 136. 70 |
| 上海 | 5 413. 98 | 834. 59 | 3 914. 82 | 658. 30 | 1 478. 65 | 305. 29 |
| 江苏 | 5 656. 94 | 93. 65 | 3 635. 80 | -239. 85 | 2 016. 05 | 328. 40 |
| 浙江 | 5 333. 64 | -167. 06 | 3 235. 94 | -375. 16 | 2 097. 70 | 212. 10 |
| 宁波 | 1 539. 54 | 57. 11 | 1 092. 97 | -14. 88 | 446. 58 | 71. 99 |
| 苏州 | 2 398. 55 | 155. 53 | 1 397. 03 | -63. 39 | 1 001. 52 | 218. 92 |
| 珠三角 | 15 248. 40 | 1 414. 69 | 8 082. 82 | -46. 12 | 7 123. 58 | 1 493. 81 |
| 广东 | 6 231. 87 | 571. 29 | 3 579. 97 | -125. 78 | 2 642. 90 | 693. 07 |
| 深圳 | 4 244. 63 | 558. 62 | 2 180. 97 | 52. 39 | 2 030. 66 | 543. 23 |
| 福建 | 3 668. 51 | 231. 24 | 1 818. 03 | 63. 15 | 1 850. 48 | 168. 09 |
| 厦门 | 1 103. 39 | 53. 54 | 503. 85 | -35. 88 | 599. 54 | 89. 42 |
| 环渤海 | 18 233. 37 | 1 785. 62 | 12 307. 78 | 753. 95 | 5 253. 01 | 838. 84 |
| 北京 | 6 189. 70 | 721. 82 | 4 271. 59 | 304. 00 | 1 248. 56 | 218. 31 |
| 山东 | 4 638. 36 | 290. 31 | 3 101. 37 | 101. 31 | 1 536. 84 | 188. 84 |
| 天津 | 2 395. 97 | 205. 01 | 1 846. 01 | 113. 22 | 547. 96 | 94. 49 |
| 河北 | 3 973. 25 | 488. 10 | 2 487. 81 | 209. 59 | 1 484. 57 | 282. 63 |
| 青岛 | 1 036. 09 | 80. 38 | 601. 01 | 25. 82 | 435. 08 | 54. 56 |
| 中部 | 18 562. 02 | 2 341. 09 | 11 476. 01 | 1 048. 14 | 7 084. 48 | 1 292. 42 |
| 山西 | 1 632. 47 | 195. 78 | 1 263. 57 | 98. 38 | 367. 90 | 96. 40 |
| 广西 | 1 950. 45 | 199. 12 | 1 180. 55 | 91. 94 | 769. 38 | 106. 66 |
| 湖北 | 3 208. 96 | 404. 90 | 2 055. 47 | 174. 52 | 1 153. 50 | 230. 39 |
| 河南 | 3 320. 78 | 514. 81 | 1 954. 36 | 206. 52 | 1 366. 41 | 308. 27 |
| 湖南 | 3 478. 97 | 370. 53 | 2 342. 52 | 209. 71 | 1 136. 45 | 160. 83 |
| 江西 | 1 783. 29 | 201. 08 | 866. 44 | 48. 56 | 916. 85 | 152. 53 |
| 海南 | 551. 04 | 143. 80 | 359. 90 | 87. 04 | 191. 14 | 56. 75 |
| 安徽 | 2 636. 06 | 311. 06 | 1 453. 20 | 131. 47 | 1 182. 86 | 180. 59 |
| 西部 | 18 697. 74 | 1 674. 24 | 12 542. 10 | 813. 47 | 6 148. 64 | 916. 06 |
| 四川 | 3 782. 47 | 237. 63 | 2 244. 42 | -9. 36 | 1 538. 06 | 246. 99 |
| 重庆 | 2 650. 23 | 245. 37 | 1 479. 29 | 95. 11 | 1 163. 94 | 205. 55 |
| 贵州 | 1 595. 14 | 181. 10 | 1 142. 04 | 79. 55 | 453. 10 | 101. 55 |
| 云南 | 2 107. 62 | 202. 26 | 1 289. 22 | 83. 26 | 818. 40 | 119. 00 |
| 西藏 | 471. 36 | 93. 10 | 436. 87 | 85. 14 | 34. 48 | 7. 96 |
| 内蒙古 | 1 933. 30 | 115. 28 | 1 476. 41 | 109. 67 | 456. 89 | 5. 61 |
| 陕西 | 2 346. 65 | 245. 46 | 1 498. 43 | 152. 43 | 848. 22 | 93. 02 |
| 甘肃 | 1 123. 57 | 155. 89 | 855. 59 | 90. 36 | 267. 98 | 65. 53 |
| 青海 | 662. 42 | 71. 25 | 594. 92 | 57. 96 | 67. 50 | 13. 29 |
| 宁夏 | 659. 24 | 20. 55 | 491. 84 | 8. 65 | 167. 40 | 11. 89 |
| 新疆 | 1 365. 74 | 106. 36 | 1 033. 07 | 60. 69 | 332. 67 | 45. 67 |
| 东北 | 6 346. 69 | 525. 01 | 4 334. 59 | 392. 23 | 2 012. 10 | 146. 78 |
| 辽宁 | 2 638. 55 | 335. 79 | 1 819. 45 | 249. 84 | 819. 10 | 85. 95 |
| 吉林 | 1 559. 21 | 138. 91 | 1 081. 83 | 127. 58 | 477. 38 | 25. 34 |
| 黑龙江 | 1 122. 64 | 53. 30 | 748. 09 | 33. 15 | 374. 55 | 20. 15 |
| 大连 | 1 026. 29 | -2. 99 | 685. 22 | -18. 34 | 341. 07 | 15. 35 |

注：信用卡透支数据已拆分至各分行。

# 中国建设银行各分行国际结算业务量情况统计表

（2015 年 12 月）　　　　单位：笔、万美元

| 地区 | 进口业务 | | 出口业务 | | 边贸业务 | | 收入（人民币万元） |
|---|---|---|---|---|---|---|---|
| | 笔数 | 金额 | 笔数 | 金额 | 笔数 | 金额 | |
| **境内合计** | **1 321 772** | **64 831 324** | **2 775 261** | **63 525 139** | **28 037** | **878 038** | **457 807** |
| 总行本级 | 1 308 | 795 112 | 5 544 | 5 100 | 0 | 0 | 2 466 |
| 长三角 | 576 003 | 19 774 391 | 1 199 544 | 20 581 966 | 0 | 0 | 115 622 |
| 上海 | 205 099 | 11 151 390 | 197 052 | 8 167 641 | 0 | 0 | 49 239 |
| 江苏 | 70 916 | 2 302 771 | 166 324 | 2 991 920 | 0 | 0 | 18 653 |
| 浙江 | 126 148 | 1 818 035 | 591 637 | 3 867 980 | 0 | 0 | 17 483 |
| 宁波 | 24 415 | 1 478 303 | 82 737 | 1 800 508 | 0 | 0 | 13 886 |
| 苏州 | 149 425 | 3 023 842 | 161 794 | 3 753 917 | 0 | 0 | 16 361 |
| 珠三角 | 285 054 | 19 177 174 | 803 693 | 18 509 273 | 0 | 0 | 101 766 |
| 广东 | 111 184 | 7 158 678 | 324 651 | 7 994 773 | 0 | 0 | 28 999 |
| 深圳 | 110 320 | 9 604 142 | 169297 | 7 040 159 | 0 | 0 | 41 900 |
| 福建 | 32 772 | 1 370 805 | 181 460 | 1 804 896 | 0 | 0 | 19 477 |
| 厦门 | 30 778 | 1 043 549 | 128 285 | 1 669 445 | 0 | 0 | 11 390 |
| 环渤海 | 221 693 | 15 669 003 | 393 718 | 16 158 736 | 5 | 3 | 131 849 |
| 北京 | 111 179 | 9 624 765 | 83 880 | 10 596 172 | 0 | 0 | 38 091 |
| 山东 | 59 580 | 2 962 230 | 178 247 | 2 775 209 | 5 | 3 | 51 862 |
| 天津 | 15 855 | 1 335 491 | 22 983 | 1 246 733 | 0 | 0 | 15 859 |
| 河北 | 18 377 | 1 013 328 | 61 468 | 780 788 | 0 | 0 | 17 227 |
| 青岛 | 16 702 | 733 189 | 47 140 | 759 834 | 0 | 0 | 8 811 |
| 中部 | 91 594 | 3 558 329 | 188 626 | 3 754 697 | 12 798 | 393 467 | 45 412 |
| 山西 | 1 887 | 137 155 | 3 744 | 216 263 | 0 | 0 | 2 526 |
| 广西 | 5 446 | 225 419 | 7 782 | 181 942 | 12 798 | 393 467 | 5 192 |
| 湖北 | 23 360 | 842 740 | 33 237 | 564 946 | 0 | 0 | 5 694 |
| 河南 | 20 990 | 671 139 | 63 777 | 1 326 131 | 0 | 0 | 8 744 |
| 湖南 | 15 494 | 379 300 | 20 779 | 332 141 | 0 | 0 | 8 559 |
| 江西 | 6 392 | 420 485 | 22 733 | 428 263 | 0 | 0 | 2 873 |
| 海南 | 4 674 | 175 028 | 4 155 | 47 004 | 0 | 0 | 4 550 |
| 安徽 | 13 351 | 707 063 | 32 418 | 658 007 | 0 | 0 | 7 274 |
| 西部 | 83 802 | 3 201 555 | 76 985 | 2 931 634 | 12 603 | 453 423 | 29 136 |
| 四川 | 18 152 | 984 991 | 20 266 | 1 380 174 | 0 | 0 | 5 815 |
| 重庆 | 32 337 | 814 535 | 23 848 | 648 405 | 0 | 0 | 7 635 |
| 贵州 | 3 597 | 81 360 | 2 098 | 64 421 | 0 | 0 | 1 194 |
| 云南 | 4 613 | 104 797 | 5 662 | 128 505 | 2 567 | 40 522 | 1 157 |
| 西藏 | 25 | 595 | 176 | 160 | 0 | 0 | 0 |
| 内蒙古 | 7 402 | 246 239 | 4 026 | 88 420 | 5 637 | 131 055 | 940 |
| 陕西 | 10 208 | 516 166 | 9 906 | 334 049 | 0 | 0 | 3 766 |
| 甘肃 | 1 102 | 274 914 | 2 609 | 139 686 | 0 | 0 | 5 085 |
| 青海 | 540 | 13 861 | 357 | 4 715 | 0 | 0 | 147 |
| 宁夏 | 1 085 | 79 337 | 1 464 | 39 882 | 0 | 0 | 359 |
| 新疆 | 4 741 | 84 760 | 6 573 | 103 217 | 4 399 | 281 846 | 3 038 |
| 东北 | 62 318 | 2 655 761 | 107 151 | 1 583 733 | 2 631 | 31 145 | 31 555 |
| 辽宁 | 18 889 | 1 304 058 | 43 856 | 735 930 | 455 | 8 866 | 18 061 |
| 吉林 | 12 403 | 606 068 | 21 491 | 134 287 | 0 | 0 | 4 438 |
| 黑龙江 | 6 299 | 140 883 | 10 084 | 93 726 | 2 176 | 22 279 | 1 366 |
| 大连 | 24 727 | 604 752 | 31 720 | 619 790 | 0 | 0 | 7 690 |

# 中国建设银行各分行中间业务收入情况统计表（本外币、境内）

（2015 年 12 月）　　单位：万元、%

| 地区 | 中间业务毛收入 | 中间业务支出 | 中间业务净收入 | 同比增速（毛收入） |
|---|---|---|---|---|
| **境内合计** | **12 423 381.87** | **747 403.29** | **11 675 978.58** | **10.47** |
| 总行本级 | 164 296.24 | 21 514.80 | 142 781.44 | 128.84 |
| 长三角 | 2 607 416.81 | 144 008.86 | 2 463 407.94 | 6.54 |
| 上海 | 834 949.84 | 34 686.38 | 800 263.47 | 18.50 |
| 江苏 | 753 943.99 | 42 293.46 | 711 650.53 | 2.17 |
| 浙江 | 566 829.70 | 41 816.34 | 525 013.36 | -2.02 |
| 宁波 | 157 807.78 | 9 019.59 | 148 788.19 | 8.03 |
| 苏州 | 293 885.49 | 16 193.09 | 277 692.40 | 4.91 |
| 珠三角 | 2 350 074.47 | 132 662.40 | 2 217 412.07 | 11.58 |
| 广东 | 1 048 383.06 | 66 307.85 | 982 075.21 | 14.33 |
| 深圳 | 650 972.86 | 23 988.70 | 626 984.16 | 13.90 |
| 福建 | 507 665.84 | 33 547.27 | 474 118.58 | 4.31 |
| 厦门 | 143 052.71 | 8 818.59 | 134 234.12 | 9.31 |
| 环渤海 | 2 341 073.45 | 129 225.72 | 2 211 847.73 | 11.72 |
| 北京 | 854 993.40 | 45 088.86 | 809 904.54 | 18.80 |
| 山东 | 666 414.27 | 43 630.38 | 622 783.89 | 5.01 |
| 天津 | 263 049.61 | 9 161.37 | 253 888.24 | 16.72 |
| 河北 | 452 162.28 | 25 479.32 | 426 682.95 | 7.82 |
| 青岛 | 104 453.90 | 5 865.78 | 98 588.11 | 8.21 |
| 中部 | 2 248 309.45 | 158 851.00 | 2 089 458.44 | 11.29 |
| 山西 | 160 672.38 | 11 000.03 | 149 672.35 | 9.96 |
| 广西 | 213 018.07 | 8 955.24 | 204 062.83 | 11.76 |
| 湖北 | 401 506.21 | 27 782.83 | 373 723.38 | 6.07 |
| 河南 | 508 177.48 | 31 217.37 | 476 960.11 | 21.26 |
| 湖南 | 425 456.74 | 44 103.18 | 381 353.56 | 7.61 |
| 江西 | 227 107.43 | 13 688.43 | 213 419.00 | 8.17 |
| 海南 | 64 774.43 | 4 443.52 | 60 330.91 | 33.72 |
| 安徽 | 247 596.70 | 17 660.40 | 229 936.30 | 6.69 |
| 西部 | 1 934 038.13 | 122 592.45 | 1 811 445.68 | 7.38 |
| 四川 | 462 806.54 | 31 000.90 | 431 805.64 | 8.29 |
| 重庆 | 283 019.12 | 16 780.81 | 266 238.31 | 0.54 |
| 贵州 | 160 338.55 | 9 421.10 | 150 917.45 | 5.39 |
| 云南 | 241 946.50 | 13 617.52 | 228 328.97 | 21.02 |
| 西藏 | 11 976.56 | 1 565.19 | 10 411.37 | 14.77 |
| 内蒙古 | 148 796.69 | 9 198.83 | 139 597.86 | -18.21 |
| 陕西 | 247 140.55 | 16 550.44 | 230 590.11 | 22.94 |
| 甘肃 | 139 629.28 | 8 086.42 | 131 542.86 | 5.06 |
| 青海 | 35 801.27 | 3 085.17 | 32 716.10 | 16.43 |
| 宁夏 | 46 114.40 | 2 860.81 | 43 253.58 | 7.21 |
| 新疆 | 156 468.68 | 10 425.24 | 146 043.44 | 11.70 |
| 东北 | 778 173.33 | 38 548.06 | 739 625.27 | 10.47 |
| 辽宁 | 300 409.86 | 15 636.23 | 284 773.63 | 14.85 |
| 吉林 | 213 151.30 | 8 619.17 | 204 532.14 | 6.88 |
| 黑龙江 | 150 458.51 | 8 622.56 | 141 835.95 | 12.55 |
| 大连 | 114 153.65 | 5 670.10 | 108 483.56 | 4.03 |

# 中国建设银行各分行借记卡主要指标统计表（本外币）

（2015 年 12 月）

| 地区 | 发卡总量（万张） | 存款余额 | | 交易总额 | | 购物消费额（万元） |
|---|---|---|---|---|---|---|
| | | 余额（万元） | 卡均（元） | 余额（万元） | 卡均（元） | |
| **境内合计** | **73 898** | **326 013 751** | **4 412** | **7 088 760 460** | **95 927** | **666 855 681** |
| 长三角 | 11 257 | 51 570 714 | 4 581 | 1 493 477 703 | 132 675 | 130 475 375 |
| 上海 | 1 912 | 15 494 714 | 8 105 | 397 001 433 | 207 657 | 32 166 908 |
| 江苏 | 4 015 | 13 582 370 | 3 383 | 357 768 733 | 89 099 | 37 417 720 |
| 浙江 | 3 189 | 15 284 281 | 4 793 | 513 888 059 | 161 135 | 43 178 009 |
| 宁波 | 782 | 2 306 183 | 2 949 | 92 732 035 | 118 598 | 5 198 919 |
| 苏州 | 1 358 | 4 903 166 | 3 610 | 132 087 444 | 97 239 | 12 513 819 |
| 珠三角 | 12 581 | 56 063 811 | 4 456 | 1 401 101 554 | 111 368 | 131 800 807 |
| 广东 | 7 548 | 26 444 066 | 3 504 | 488 968 566 | 64 783 | 56 907 996 |
| 深圳 | 1 928 | 9 898 502 | 5 133 | 271 076 702 | 140 566 | 18 260 907 |
| 福建 | 2 458 | 15 402 428 | 6 267 | 513 324 774 | 208 866 | 46 392 126 |
| 厦门 | 647 | 4 318 814 | 6 676 | 127 731 512 | 197 442 | 10 239 778 |
| 环渤海 | 12 126 | 51 171 999 | 4 220 | 1 053 340 524 | 86 869 | 105 634 202 |
| 北京 | 2 121 | 16 807 985 | 7 924 | 342 938 124 | 161 678 | 37 419 939 |
| 山东 | 4 748 | 13 324 766 | 2 807 | 297 952 578 | 62 758 | 29 217 693 |
| 天津 | 1 364 | 3 387 356 | 2 483 | 78 299 823 | 57 385 | 8 013 538 |
| 河北 | 3 243 | 15 567 033 | 4 800 | 293 741 007 | 90 579 | 26 515 017 |
| 青岛 | 649 | 2 084 860 | 3 210 | 40 408 992 | 62 217 | 4 468 015 |
| 中部 | 18 682 | 75 274 178 | 4 029 | 1536 356 929 | 82 236 | 155 991 688 |
| 山西 | 2 263 | 6 428 495 | 2 841 | 113 774 428 | 50 276 | 9 742 843 |
| 广西 | 1 481 | 5 967 352 | 4 028 | 109 255 951 | 73 755 | 10 214 790 |
| 湖北 | 3 045 | 15 082 929 | 4 953 | 291 777 382 | 95 817 | 34 259 282 |
| 河南 | 4 467 | 16 503 735 | 3 695 | 326 996 638 | 73 210 | 36 704 827 |
| 湖南 | 3 263 | 15 752 201 | 4 827 | 324 486 903 | 99 442 | 32 178 312 |
| 江西 | 1 734 | 6 133 775 | 3 537 | 163 924 985 | 94 527 | 12 681 000 |
| 海南 | 321 | 1 763 014 | 5 499 | 30 978 675 | 96 618 | 3 063 652 |
| 安徽 | 2 108 | 7 642 677 | 3 625 | 175 161 966 | 83 083 | 17 146 981 |
| 西部 | 13 613 | 68 749 169 | 5 050 | 1 144 820 954 | 84 096 | 104 577 239 |
| 四川 | 3 112 | 18 881 916 | 6 068 | 316 275 643 | 101 635 | 30 410 659 |
| 重庆 | 1 665 | 6 784 568 | 4 076 | 132 330 378 | 79 495 | 12 313 656 |
| 贵州 | 1 043 | 5 639 670 | 5 406 | 88 907 902 | 85 231 | 8 348 871 |
| 云南 | 1 410 | 7 062 265 | 5 009 | 125 885 597 | 89 279 | 11 573 020 |
| 西藏 | 94 | 1 177 844 | 12 488 | 15 220 434 | 161 378 | 1 230 388 |
| 内蒙古 | 1 497 | 6 713 392 | 4 485 | 96 912 298 | 64 740 | 8 909 389 |
| 陕西 | 1 830 | 9 808 204 | 5 360 | 147 835 176 | 80 784 | 13 885 535 |
| 甘肃 | 1 125 | 4 627 398 | 4 113 | 69 392 842 | 61 672 | 6 515 467 |
| 青海 | 450 | 2 113 580 | 4 697 | 28 008 824 | 62 246 | 2 280 183 |
| 宁夏 | 390 | 1 892 125 | 4 849 | 44 129 854 | 113 092 | 2 896 520 |
| 新疆 | 997 | 4 048 207 | 4 061 | 79 922 006 | 80 172 | 6 213 552 |
| 东北 | 5 639 | 23 183 880 | 4 111 | 459 662 795 | 81 512 | 38 376 371 |
| 辽宁 | 2 106 | 9 558 441 | 4 539 | 167 962 664 | 79 757 | 13 983 093 |
| 吉林 | 1 233 | 5 813 182 | 4 714 | 130 237 453 | 105 607 | 10 345 483 |
| 黑龙江 | 1 679 | 5 589 306 | 3 328 | 110 182 799 | 65 609 | 9 891 043 |
| 大连 | 621 | 2 222 952 | 3 582 | 51 279 880 | 82 621 | 4 156 751 |

# 中国建设银行各分行信用卡主要指标统计表（本外币、境内）

（2015 年 12 月）　　　　单位：户、张、万元、%

| 地区 | 发卡量 | | 客户数 | | 账户活动率 | 消费交易额 | 分期交易额 | 收单交易额 | | 贷款余额[1] | | | | 业务收入 | | 不良率 | 卡均消费 | 卡均贷款 | 卡均收入 |
|---|---|---|---|---|---|---|---|---|---|---|---|---|---|---|---|---|---|---|---|
| | 累计 | 当年净增 | 累计 | 当年净增 | | | | 期末值 | 跨行收单额四行占比 | 期末值 | 其中：分期贷款余额 | 当年新增贷款 | 生息类贷款占比[2] | 期末值 | 其中：中收 | | | | |
| **境内合计** | **80 738 199** | **14 804 357** | **65 915 715** | **11 129 627** | **59** | **221 826 348** | **20 037 559** | **230 381 192** | **24** | **38 972 187** | **17 021 584** | **6 099 446** | **59** | **3 121 475** | **2 292 901** | **1.07** | **30 248** | **5 314** | **426** |
| 长三角 | 16 247 734 | 2 586 006 | 13 091 129 | 1 908 132 | 53 | 40 964 404 | 3 989 268 | 49 203 823 | 22 | 7 019 654 | 3 124 274 | 940 269 | 60 | 610 387 | 452 822 | 0.94 | 27 392 | 4 694 | 408 |
| 上海 | 5 374 996 | 710 946 | 4 163 342 | 502 311 | 50 | 10 998 457 | 1 000 559 | 18 659 414 | 24 | 1 841 560 | 703 887 | 300 242 | 56 | 173 492 | 123 447 | 0.68 | 21 911 | 3 669 | 346 |
| 江苏 | 4 664 641 | 949 858 | 3 780 051 | 687 897 | 52 | 11 679 618 | 1 284 010 | 12 093 227 | 15 | 2 059 936 | 1 012 608 | 380 217 | 62 | 164 072 | 126 069 | 1.06 | 27 877 | 4 917 | 392 |
| 浙江 | 4 158 670 | 622 579 | 3 506 847 | 516 405 | 60 | 13 571 116 | 1 329 760 | 13 612 034 | 19 | 2 355 158 | 1 132 340 | 194 536 | 62 | 200 682 | 154 023 | 0.86 | 35 274 | 6 121 | 522 |
| 宁波 | 822 037 | 86 932 | 691 088 | 67 243 | 50 | 2 127 300 | 170 274 | 1 836 819 | 20 | 330 770 | 123 634 | 28 160 | 56 | 28 243 | 19 129 | 1.98 | 27 323 | 4 248 | 363 |
| 苏州 | 1 227 390 | 215 691 | 949 801 | 134 276 | 55 | 2 587 913 | 204 665 | 3 002 328 | 45 | 432 230 | 151 806 | 37 115 | 58 | 43 898 | 30 153 | 1.14 | 23 116 | 3 861 | 392 |
| 珠三角 | 14 111 518 | 2 391 555 | 11 098 949 | 1 677 433 | 62 | 41 257 844 | 4 777 699 | 33 228 982 | 20 | 8 781 059 | 4 513 991 | 1 218 892 | 65 | 692 531 | 522 950 | 1.14 | 31 944 | 6 799 | 536 |
| 广东 | 6 761 504 | 1 492 094 | 5 376 299 | 1 005 577 | 59 | 14 951 239 | 2 011 755 | 18 089 068 | 19 | 3 279 218 | 1 718 596 | 890 621 | 68 | 260 736 | 193 053 | 1.03 | 24 855 | 5 451 | 433 |
| 深圳 | 2 312 981 | 253 122 | 1 920 859 | 226 787 | 65 | 8 542 517 | 1 038 147 | 7 122 626 | 18 | 1 958 128 | 1 013 681 | 144 821 | 68 | 173 816 | 124 035 | 1.25 | 39 071 | 8 956 | 795 |
| 福建 | 4 237 694 | 523 377 | 3 155 264 | 339 921 | 67 | 15 607 633 | 1 501 081 | 7 520 887 | 27 | 3 119 037 | 1 570 982 | 132 458 | 61 | 228 279 | 182 186 | 1.25 | 39 255 | 7 845 | 574 |
| 厦门 | 799 339 | 122 962 | 646 527 | 105 148 | 60 | 2 156 454 | 226 716 | 496 400 | 21 | 424 677 | 210 732 | 50 992 | 60 | 29 700 | 23 676 | 0.67 | 29 226 | 5 756 | 403 |
| 环渤海 | 14 188 080 | 2 695 955 | 11 385 562 | 1 945 823 | 59 | 36 779 103 | 2 880 327 | 42 220 807 | 23 | 5 815 620 | 2 250 034 | 796 155 | 52 | 453 443 | 343 029 | 1.06 | 28 644 | 4 529 | 353 |
| 北京 | 3 725 466 | 532 795 | 3 095 928 | 380 986 | 50 | 7 590 263 | 758 407 | 14 112 224 | 22 | 1 369 944 | 624 169 | 144 938 | 61 | 131 736 | 99 815 | 1.14 | 21 943 | 3 960 | 381 |
| 山东 | 4 268 706 | 779 486 | 3 600 222 | 600 069 | 65 | 15 188 262 | 900 138 | 11 297 605 | 23 | 2 129 256 | 702 135 | 299 390 | 45 | 152 775 | 115 729 | 1.03 | 39 155 | 5 489 | 394 |
| 天津 | 1 199 872 | 54 175 | 1 013 671 | 54 121 | 44 | 1 863 828 | 265 352 | 2 260 964 | 20 | 406 102 | 228 261 | 82 382 | 67 | 34 534 | 26 899 | 0.77 | 15 892 | 3 463 | 294 |
| 河北 | 4 278 116 | 1 250 933 | 3 090 516 | 849 019 | 65 | 10 620 379 | 852 254 | 9 281 493 | 21 | 1 677 179 | 617 274 | 259 082 | 49 | 112 963 | 84 814 | 1.02 | 29 076 | 4 592 | 309 |
| 青岛 | 715 920 | 78 566 | 585 225 | 61 628 | 51 | 1 516 372 | 104 176 | 5 268 521 | 41 | 233 140 | 78 196 | 10 364 | 52 | 21 434 | 15 772 | 1.72 | 22 410 | 3 446 | 317 |
| 中部 | 16 039 584 | 2 954 321 | 13 742 918 | 2 443 959 | 60 | 55 193 586 | 4 064 294 | 48 326 569 | 27 | 8 734 213 | 3 492 285 | 1 775 687 | 53 | 620 648 | 456 303 | 1.15 | 37 901 | 5 998 | 426 |
| 山西 | 2 127 797 | 395 726 | 1 856 651 | 349 841 | 63 | 6 027 511 | 231 434 | 1 809 413 | 22 | 841 482 | 207 951 | 164 123 | 43 | 56 829 | 35 901 | 1.48 | 31 232 | 4 360 | 294 |
| 广西 | 1 284 619 | 232 870 | 1 111 014 | 193 385 | 62 | 3 501 385 | 408 805 | 4 105 868 | 22 | 716 735 | 342 348 | 209 088 | 62 | 52 207 | 36 988 | 1.03 | 29 973 | 6 135 | 447 |
| 湖北 | 2 720 153 | 397 868 | 2 366 485 | 345 082 | 54 | 8 692 285 | 438 016 | 7 009 993 | 22 | 1 092 806 | 372 210 | 50 920 | 50 | 85 672 | 62 201 | 1.72 | 34 477 | 4 334 | 340 |

续表

| 地区 | 发卡量 | | 客户数 | | 账户活动率 | 消费交易额 | 分期交易额 | 收单交易额 | | 贷款余额[1] | | | | 业务收入 | | 不良率 | 卡均消费 | 卡均贷款 | 卡均收入 |
|---|---|---|---|---|---|---|---|---|---|---|---|---|---|---|---|---|---|---|---|
| | 累计 | 当年净增 | 累计 | 当年净增 | | | | 期末值 | 跨行收单额四行占比 | 期末值 | 其中：分期贷款余额 | 当年新增贷款 | 生息类贷款占比[2] | 期末值 | 其中：中收 | | | | |
| 河南 | 3 159 091 | 522 812 | 2 674 218 | 418 771 | 67 | 12 250 091 | 687 892 | 7 755 250 | 38 | 1 717 338 | 546 222 | 311 027 | 44 | 109 431 | 83 749 | 1.25 | 42 275 | 5 927 | 378 |
| 湖南 | 3 297 333 | 580 111 | 2 778 995 | 460 761 | 57 | 12 353 854 | 1 201 835 | 11 281 501 | 35 | 2 109 842 | 1 013 436 | 544 629 | 58 | 156 445 | 116 628 | 0.89 | 41 080 | 7 016 | 520 |
| 江西 | 1 453 454 | 412 253 | 1 236 344 | 332 911 | 64 | 7 173 867 | 745 031 | 10 004 206 | 30 | 1 465 949 | 758 238 | 343 555 | 64 | 93 778 | 76 209 | 0.89 | 57 514 | 11 753 | 752 |
| 海南 | 264 394 | 58 876 | 223 484 | 51 909 | 69 | 1 060 782 | 93 255 | 1 777 042 | 18 | 191 209 | 71 556 | 89 457 | 54 | 15 187 | 9 627 | 0.58 | 45 148 | 8 138 | 646 |
| 安徽 | 1 732 743 | 353 805 | 1 495 727 | 291 299 | 54 | 4 133 812 | 258 025 | 4 583 295 | 16 | 598 853 | 180 323 | 62 889 | 49 | 51 098 | 35 000 | 1.18 | 26 570 | 3 849 | 328 |
| 西部 | 13 887 637 | 3 071 336 | 11 459 327 | 2 355 277 | 64 | 36 492 557 | 3 182 845 | 44 847 389 | 23 | 6 499 649 | 2 662 391 | 1 050 927 | 59 | 556 701 | 385 121 | 1.01 | 29 544 | 5 262 | 451 |
| 四川 | 3 699 388 | 669 690 | 2 945 163 | 494 621 | 61 | 7 735 859 | 810 138 | 12 211 232 | 20 | 1 527 208 | 696 513 | 121 200 | 66 | 149 318 | 106 659 | 0.97 | 22 992 | 4 539 | 444 |
| 重庆 | 1 491 363 | 280 191 | 1 242 723 | 208 143 | 60 | 4 582 405 | 452 489 | 4 763 383 | 23 | 879 381 | 401 029 | 104 299 | 63 | 77 806 | 55 011 | 1.63 | 33 912 | 6 508 | 576 |
| 贵州 | 879 003 | 212 401 | 768 798 | 186 214 | 74 | 2 154 978 | 286 152 | 3 452 879 | 24 | 489 957 | 254 968 | 173 401 | 69 | 37 163 | 24 799 | 0.49 | 27 885 | 6 340 | 481 |
| 云南 | 1 312 833 | 194 222 | 1 079 859 | 157 966 | 63 | 3 807 002 | 236 079 | 5 804 865 | 27 | 592 507 | 177 428 | 82 261 | 50 | 50 563 | 32 903 | 1.13 | 31 315 | 4 874 | 416 |
| 西藏 | 53 538 | 10 657 | 44 301 | 8 901 | 72 | 162 071 | 7 461 | 635 913 | 38 | 22 384 | 4 623 | 6 822 | 49 | 2 349 | 1 255 | 0.70 | 33 618 | 4 643 | 487 |
| 内蒙 | 1 390 575 | 218 525 | 1 219 701 | 195 453 | 74 | 6 624 301 | 433 597 | 2 043 752 | 19 | 1 072 865 | 384 074 | 106 283 | 51 | 79 911 | 53 482 | 1.40 | 51 699 | 8 373 | 624 |
| 陕西 | 2 264 197 | 783 676 | 1 794 750 | 563 204 | 58 | 3 628 420 | 344 529 | 5 207 349 | 28 | 660 796 | 291 151 | 129 979 | 60 | 57 552 | 41 403 | 0.82 | 19 379 | 3 529 | 307 |
| 甘肃 | 1 087 239 | 287 240 | 919 967 | 210 666 | 65 | 2 519 439 | 196 403 | 3 844 112 | 28 | 398 944 | 130 036 | 102 101 | 51 | 31 116 | 20 933 | 0.60 | 26 700 | 4 228 | 330 |
| 青海 | 271 909 | 54 866 | 228 787 | 41 228 | 66 | 545 230 | 30 473 | 1 164 091 | 21 | 79 440 | 20 352 | 22 002 | 51 | 7 878 | 4 620 | 0.38 | 22 302 | 3 249 | 322 |
| 宁夏 | 406 665 | 78 334 | 344 675 | 66 564 | 79 | 1 925 599 | 59 726 | 1 618 568 | 23 | 232 326 | 33 909 | 51 402 | 34 | 17 423 | 10 038 | 0.69 | 52 398 | 6 322 | 474 |
| 新疆 | 1 030 927 | 281 534 | 870 603 | 222 317 | 65 | 2 807 252 | 325 797 | 4 101 246 | 24 | 543 841 | 268 307 | 151 176 | 64 | 45 621 | 34 016 | 0.47 | 31 536 | 6 109 | 513 |
| 东北 | 6 263 646 | 1 105 659 | 5 124 871 | 804 493 | 56 | 11 138 582 | 1 143 125 | 12 553 623 | 34 | 2 121 992 | 978 608 | 317 516 | 64 | 187 506 | 132 623 | 1.02 | 19 504 | 3 716 | 328 |
| 辽宁 | 2 348 787 | 546 244 | 1 834 135 | 365 495 | 54 | 3 582 259 | 380 142 | 3 589 273 | 29 | 709 627 | 328 214 | 103 841 | 65 | 64 308 | 44 577 | 1.23 | 17 258 | 3 419 | 310 |
| 吉林 | 1 681 324 | 287 411 | 1 364 684 | 224 156 | 62 | 3 501 087 | 388 329 | 4 406 486 | 55 | 672 427 | 327 121 | 125 614 | 64 | 56 230 | 40 898 | 0.81 | 22 770 | 4 373 | 366 |
| 黑龙江 | 1 572 630 | 183 179 | 1 363 564 | 146 402 | 55 | 2 861 186 | 239 450 | 3 537 564 | 29 | 493 450 | 202 364 | 62 789 | 61 | 44 643 | 31 079 | 0.85 | 19 319 | 3 332 | 301 |
| 大连 | 660 905 | 88 825 | 562 488 | 68 440 | 52 | 1 194 050 | 135 203 | 1 020 300 | 16 | 246 488 | 120 909 | 25 272 | 66 | 22 325 | 16 069 | 1.34 | 19 368 | 3 998 | 362 |

注：1. 贷款口径为本金口径。

2. 生息类贷款包括消费取现贷款中产生利息的部分以及分期贷款；也即剔除了消费贷款中全额还款的部分（因该部分贷款不生息）。生息类贷款占比 =（分期贷款 + 消费取现贷款中产生利息的部分）/日均贷款

# 中国建设银行各分行电子银行业务主要指标表（境内）

（2015 年 12 月）

| 地区 | 移动金融柜面替代率（%） | | 企业网银活跃客户数（户） | | 个人网银活跃客户数（户） | | 手机银行活跃客户数（户） | | 善融商务活跃商户数（户） |
|---|---|---|---|---|---|---|---|---|---|
| | 期末数 | 比年初 | 期末数 | 同比增长 | 期末数 | 同比增长 | 期末数 | 比上季 | 期末数 |
| **境内合计** | **53.36** | **18.18** | **1 599 424** | **242 701** | **66 371 232** | **22 521 075** | **35 238 487** | **9 787 149** | **9 013** |
| 长三角 | 46.61 | 16.21 | 299 065 | 38 547 | 10 014 729 | 3 404 375 | 4 762 743 | 962 282 | 1542 |
| 上海 | 52.28 | 20.97 | 99 661 | 15 210 | 2 130 210 | 618 280 | 1 164 571 | 194 551 | 335 |
| 江苏 | 50.52 | 16.39 | 85 869 | 13 414 | 3 581 113 | 1 061 215 | 1 535 144 | 278 034 | 516 |
| 浙江 | 47.08 | 15.62 | 60 545 | 3 952 | 2 691 918 | 1 174 819 | 1 373 520 | 313 944 | 379 |
| 宁波 | 38.93 | 14.26 | 16 610 | 2 453 | 535 859 | 146 605 | 250 539 | 40 514 | 73 |
| 苏州 | 44.21 | 13.84 | 36 380 | 3 518 | 1 075 629 | 403 456 | 438 969 | 135 239 | 239 |
| 珠三角 | 72.06 | 13.96 | 314 263 | 38 652 | 10 332 940 | 4 222 065 | 6 149 347 | 2 175 326 | 1672 |
| 广东 | 55.14 | 21.08 | 115 058 | 15 935 | 4 567 676 | 2 170 525 | 2 399 731 | 1 209 560 | 103 |
| 深圳 | 74.17 | 15.81 | 83 586 | 8 575 | 1 362 907 | 398 721 | 1 023 901 | 211 381 | 100 |
| 福建 | 78.57 | 9.57 | 78 179 | 7 483 | 3 441 622 | 1 314 653 | 2 135 545 | 612 961 | 1331 |
| 厦门 | 80.38 | 9.40 | 37 440 | 6 659 | 960 735 | 338 166 | 590 170 | 141 424 | 138 |
| 环渤海 | 47.67 | 17.58 | 263 650 | 39 020 | 11 620 805 | 3 571 821 | 5 265 468 | 1 146 295 | 2092 |
| 北京 | 60.36 | 15.96 | 71 233 | 17 544 | 2 300 384 | 853 750 | 933 092 | 100 756 | 52 |
| 山东 | 49.70 | 18.32 | 86 713 | 12 024 | 4 261 514 | 1 127 730 | 1 834 169 | 287 708 | 1488 |
| 天津 | 37.09 | 16.90 | 15 487 | −7 203 | 951 100 | 377 082 | 502 294 | 164 577 | 49 |
| 河北 | 51.80 | 19.97 | 78 297 | 14 455 | 3 626 081 | 1 079 181 | 1 798 960 | 559 625 | 467 |
| 青岛 | 39.38 | 16.75 | 11 920 | 2 200 | 481 726 | 134 078 | 196 953 | 33 629 | 36 |
| 中部 | 51.50 | 18.76 | 352 852 | 69 348 | 17 058 383 | 5 832 062 | 9 117 047 | 2 479 754 | 2719 |
| 山西 | 52.59 | 19.05 | 20 102 | 6 170 | 1 477 628 | 593 822 | 659 851 | 215 647 | 472 |
| 广西 | 50.29 | 18.96 | 27 017 | 5 397 | 1 157 822 | 460 813 | 628 806 | 237 975 | 77 |
| 湖北 | 52.75 | 16.05 | 68 856 | 11 807 | 3 163 439 | 1 156 952 | 1 950 122 | 400 253 | 433 |
| 河南 | 47.11 | 19.46 | 60 956 | 11 469 | 3 052 637 | 1 025 025 | 1 370 361 | 444 329 | 460 |
| 湖南 | 67.62 | 22.11 | 67 267 | 9 858 | 4 118 807 | 1 524 890 | 2 480 021 | 801 362 | 590 |
| 江西 | 48.97 | 13.95 | 49 620 | 7 900 | 1 541 228 | 224 527 | 813 775 | 8 934 | 501 |
| 海南 | 48.75 | 20.37 | 10 796 | 5 898 | 241 324 | 122 969 | 129 169 | 24 702 | 15 |
| 安徽 | 43.95 | 20.10 | 48 238 | 10 849 | 2 305 498 | 723 064 | 1 084 942 | 346 552 | 171 |
| 西部 | 45.22 | 17.53 | 282 296 | 45 939 | 12 734 142 | 4 223 921 | 7 556 658 | 2 524 140 | 755 |
| 四川 | 47.53 | 19.57 | 76 983 | 7 312 | 2 894 231 | 1 024 508 | 1 643 660 | 470 900 | 97 |
| 重庆 | 53.27 | 20.03 | 38 245 | 2 847 | 1 600 229 | 603 507 | 1 146 911 | 488 287 | 248 |
| 贵州 | 50.48 | 18.10 | 18 638 | 2 805 | 806 852 | 233 127 | 488 184 | 198 885 | 25 |
| 云南 | 48.92 | 17.27 | 33 823 | 5 765 | 1 537 563 | 567 294 | 730 970 | 251 566 | 41 |
| 西藏 | 34.11 | 14.24 | 2 401 | 936 | 50 375 | 19 264 | 31 470 | 11 985 | 0 |
| 内蒙古 | 44.74 | 20.56 | 24 683 | 5 284 | 1 126 915 | 330 727 | 555 281 | 213 236 | 132 |
| 陕西 | 54.73 | 16.51 | 37 072 | 11 740 | 2 319 503 | 805 195 | 1 478 237 | 410 516 | 135 |
| 甘肃 | 51.43 | 18.09 | 17 100 | 2 490 | 975 940 | 192 858 | 757 160 | 273 074 | 49 |
| 青海 | 30.27 | 12.06 | 6 716 | 1 226 | 225 224 | 65 223 | 95 220 | 28 761 | 5 |
| 宁夏 | 37.11 | 16.43 | 8 981 | 1 926 | 302 251 | 153 406 | 166 210 | 70 704 | 0 |
| 新疆 | 44.89 | 19.97 | 17 654 | 3 608 | 895 059 | 228 812 | 463 355 | 106 226 | 23 |
| 东北 | 42.37 | 17.72 | 87 298 | 11 195 | 4 610 233 | 1 266 831 | 2 387 224 | 499 352 | 233 |
| 辽宁 | 52.41 | 26.66 | 27 867 | 9 239 | 1 766 176 | 495 110 | 962 123 | 261 645 | 101 |
| 吉林 | 46.71 | 17.30 | 30 573 | 3 706 | 1 217 417 | 342 440 | 648 348 | 70 826 | 58 |
| 黑龙江 | 30.96 | 12.87 | 17 014 | −1 170 | 1 132 190 | 331 127 | 484 855 | 118 852 | 27 |
| 大连 | 39.42 | 14.04 | 11 844 | −580 | 494 450 | 98 154 | 291 898 | 48 029 | 47 |

注：善融商务活跃商户数据截至 2015 年 11 月份 且由于口径调整，同比增长无法计算。

# 中国建设银行 100 个中心城市行各项存款综合排名表（本外币）

（2015 年 12 月） 单位：亿元

| 名次 | 地区 | 一般性存款 | | 其中：对公存款 | | 其中：储蓄存款 | |
|---|---|---|---|---|---|---|---|
| | | 本期余额 | 比年初新增 | 本期余额 | 比年初新增 | 本期余额 | 比年初新增 |
| 1 | 北京 | 9，548.32 | 593.42 | 6，272.84 | 486.93 | 3，275.48 | 106.49 |
| 2 | 上海 | 8，186.36 | 512.94 | 5，133.97 | 365.46 | 3，052.39 | 147.48 |
| 3 | 深圳 | 4，412.72 | 222.94 | 3，070.66 | 125.64 | 1，342.06 | 97.30 |
| 4 | 成都 | 4，166.45 | 240.26 | 2，425.81 | 57.35 | 1，740.64 | 182.91 |
| 5 | 广州 | 3，759.69 | 175.20 | 1，893.65 | 88.49 | 1，866.04 | 86.71 |
| 6 | 重庆 | 2，452.30 | 92.71 | 1，285.19 | 20.54 | 1，167.11 | 72.17 |
| 7 | 苏州 | 2，419.01 | 173.87 | 1，486.77 | 87.08 | 932.24 | 86.79 |
| 8 | 天津 | 2，198.67 | 89.74 | 1，244.25 | 8.86 | 954.42 | 80.88 |
| 9 | 西安 | 2，057.02 | 128.62 | 993.32 | 15.21 | 1，063.70 | 113.41 |
| 10 | 武汉 | 2，107.37 | 190.23 | 1，008.94 | 122.12 | 1，098.43 | 68.11 |
| 11 | 沈阳 | 1，963.63 | 172.27 | 955.12 | 88.22 | 1，008.51 | 84.05 |
| 12 | 杭州 | 1，948.69 | 352.89 | 1，350.88 | 312.33 | 597.81 | 40.56 |
| 13 | 长沙 | 1，682.54 | 101.21 | 905.97 | 22.50 | 776.57 | 78.71 |
| 14 | 南京 | 1，580.48 | 56.63 | 975.58 | 34.25 | 604.90 | 22.38 |
| 15 | 福州 | 1，538.74 | 172.08 | 616.60 | 18.28 | 922.14 | 153.80 |
| 16 | 郑州 | 1，434.01 | 81.54 | 772.27 | 19.74 | 661.74 | 61.80 |
| 17 | 大连 | 1，312.39 | 18.88 | 702.75 | -2.86 | 609.64 | 21.74 |
| 18 | 昆明 | 1，317.73 | 84.27 | 774.54 | 44.67 | 543.09 | 39.60 |
| 19 | 宁波 | 1，291.64 | 87.15 | 844.53 | 50.70 | 447.01 | 36.45 |
| 20 | 济南 | 1，305.87 | 103.04 | 738.29 | 58.74 | 567.58 | 44.30 |
| 21 | 厦门 | 1，162.27 | 78.90 | 581.14 | 41.78 | 581.13 | 37.12 |
| 22 | 石家庄 | 1，332.81 | 263.20 | 791.33 | 214.83 | 541.48 | 48.37 |
| 23 | 无锡 | 1，002.81 | -31.91 | 514.43 | -40.22 | 488.38 | 8.31 |
| 24 | 贵阳 | 1，120.70 | 121.02 | 733.60 | 91.17 | 387.10 | 29.85 |
| 25 | 长春 | 1，164.21 | 196.44 | 589.49 | 43.23 | 574.72 | 153.21 |
| 26 | 南通 | 984.15 | 27.16 | 398.40 | -9.19 | 585.75 | 36.35 |
| 27 | 常州 | 920.39 | -29.78 | 392.41 | -41.66 | 527.98 | 11.88 |
| 28 | 泉州 | 930.30 | -11.10 | 339.51 | -41.09 | 590.79 | 29.99 |
| 29 | 青岛 | 1，061.70 | 121.14 | 565.60 | 69.37 | 496.10 | 51.77 |
| 30 | 合肥 | 1，062.22 | 129.34 | 659.07 | 85.54 | 403.15 | 43.80 |
| 31 | 南宁 | 1，049.58 | 119.02 | 653.13 | 87.86 | 396.45 | 31.16 |
| 32 | 佛山 | 945.99 | 37.51 | 436.50 | 3.97 | 509.49 | 33.54 |
| 33 | 东莞 | 895.66 | 18.34 | 370.09 | 12.88 | 525.57 | 5.46 |
| 34 | 唐山 | 930.25 | 58.31 | 352.51 | 27.69 | 577.74 | 30.62 |
| 35 | 乌鲁木齐 | 881.36 | 36.54 | 514.42 | 34.75 | 366.94 | 1.79 |
| 36 | 南昌 | 846.36 | 32.95 | 532.06 | 19.93 | 314.30 | 13.02 |
| 37 | 太原 | 904.83 | 129.22 | 525.16 | 112.30 | 379.67 | 16.92 |
| 38 | 温州 | 726.82 | -43.21 | 240.59 | -55.46 | 486.23 | 12.25 |
| 39 | 金华 | 722.30 | -30.78 | 362.88 | -53.83 | 359.42 | 23.05 |
| 40 | 哈尔滨 | 1，051.25 | -3.84 | 435.37 | -28.84 | 615.88 | 25.00 |
| 41 | 兰州 | 766.03 | 92.52 | 443.58 | 68.00 | 322.45 | 24.52 |
| 42 | 嘉兴 | 610.96 | -38.47 | 317.35 | -50.96 | 293.61 | 12.49 |
| 43 | 西宁 | 597.68 | -42.86 | 318.88 | -54.15 | 278.80 | 11.29 |
| 44 | 烟台 | 688.60 | 55.66 | 398.95 | 31.99 | 289.65 | 23.67 |
| 45 | 中山 | 626.52 | 7.37 | 318.28 | 5.94 | 308.24 | 1.43 |
| 46 | 保定 | 634.47 | 46.09 | 197.50 | 9.93 | 436.97 | 36.16 |
| 47 | 惠州 | 620.41 | 33.79 | 310.44 | 15.06 | 309.97 | 18.73 |
| 48 | 扬州 | 582.88 | 42.38 | 275.82 | 12.96 | 307.06 | 29.42 |

续表

| 名次 | 地区 | 一般性存款 | | 其中：对公存款 | | 其中：储蓄存款 | |
|---|---|---|---|---|---|---|---|
| | | 本期余额 | 比年初新增 | 本期余额 | 比年初新增 | 本期余额 | 比年初新增 |
| 49 | 潍坊 | 571.02 | 53.43 | 248.71 | 11.69 | 322.31 | 41.74 |
| 50 | 拉萨 | 543.77 | 30.63 | 428.01 | 15.71 | 115.76 | 14.92 |
| 51 | 绍兴 | 474.80 | -33.44 | 268.57 | -41.05 | 206.23 | 7.61 |
| 52 | 呼和浩特 | 551.11 | 57.50 | 314.46 | 38.06 | 236.65 | 19.44 |
| 53 | 廊坊 | 557.91 | 81.02 | 268.54 | 47.25 | 289.37 | 33.77 |
| 54 | 珠海 | 488.20 | 24.95 | 249.37 | 15.04 | 238.83 | 9.91 |
| 55 | 邯郸 | 489.18 | 30.18 | 161.73 | -0.71 | 327.45 | 30.89 |
| 56 | 泰州 | 466.17 | 33.87 | 196.85 | 15.15 | 269.32 | 18.72 |
| 57 | 襄樊 | 463.39 | 33.08 | 147.18 | 10.38 | 316.21 | 22.70 |
| 58 | 沧州 | 448.52 | 20.64 | 135.94 | -2.63 | 312.58 | 23.27 |
| 59 | 江门 | 407.99 | -14.54 | 144.76 | -27.09 | 263.23 | 12.55 |
| 60 | 台州 | 405.77 | -10.93 | 219.29 | -23.37 | 186.48 | 12.44 |
| 61 | 洛阳 | 449.64 | 34.31 | 178.71 | 12.14 | 270.93 | 22.17 |
| 62 | 东营 | 427.55 | 13.54 | 263.09 | 11.58 | 164.46 | 1.96 |
| 63 | 徐州 | 436.88 | 27.28 | 166.80 | -5.81 | 270.08 | 33.09 |
| 64 | 三峡 | 428.61 | 28.62 | 155.02 | 4.77 | 273.59 | 23.85 |
| 65 | 海口 | 425.10 | 29.11 | 232.74 | 19.19 | 192.36 | 9.92 |
| 66 | 济宁 | 396.25 | 11.56 | 160.10 | -9.20 | 236.15 | 20.76 |
| 67 | 镇江 | 366.59 | -10.58 | 175.29 | -16.23 | 191.30 | 5.65 |
| 68 | 鄂尔多斯 | 400.28 | 27.09 | 143.86 | 10.74 | 256.42 | 16.35 |
| 69 | 淄博 | 395.71 | 33.60 | 145.40 | 12.25 | 250.31 | 21.35 |
| 70 | 汕头 | 374.90 | 18.73 | 136.57 | 2.06 | 238.33 | 16.67 |
| 71 | 衡阳 | 395.93 | 43.83 | 141.34 | 15.95 | 254.59 | 27.88 |
| 72 | 临沂 | 402.05 | 52.78 | 208.61 | 26.74 | 193.44 | 26.04 |
| 73 | 鞍山 | 377.99 | 37.25 | 102.90 | 19.83 | 275.09 | 17.42 |
| 74 | 包头 | 369.18 | 32.74 | 136.95 | 16.33 | 232.23 | 16.41 |
| 75 | 大庆 | 356.52 | 23.36 | 157.66 | 18.49 | 198.86 | 4.87 |
| 76 | 咸阳 | 353.55 | 29.30 | 131.75 | 5.92 | 221.80 | 23.38 |
| 77 | 盐城 | 338.82 | 20.83 | 167.09 | 4.65 | 171.73 | 16.18 |
| 78 | 榆林 | 323.14 | 14.34 | 129.05 | -25.97 | 194.09 | 40.31 |
| 79 | 湖州 | 307.65 | 6.59 | 161.94 | -1.79 | 145.71 | 8.38 |
| 80 | 盘锦 | 329.79 | 29.60 | 148.71 | 3.33 | 181.08 | 26.27 |
| 81 | 银川 | 330.11 | 34.55 | 165.47 | 22.29 | 164.64 | 12.26 |
| 82 | 漳州 | 316.88 | 23.80 | 143.59 | 8.91 | 173.29 | 14.89 |
| 83 | 滨州 | 337.62 | 44.90 | 195.00 | 21.19 | 142.62 | 23.71 |
| 84 | 柳州 | 317.35 | 25.76 | 155.65 | 14.69 | 161.70 | 11.07 |
| 85 | 莆田 | 300.14 | 10.87 | 80.73 | -7.38 | 219.41 | 18.25 |
| 86 | 泰安 | 269.63 | 6.56 | 127.59 | -3.64 | 142.04 | 10.20 |
| 87 | 南阳 | 294.13 | 31.70 | 129.52 | 10.03 | 164.61 | 21.67 |
| 88 | 菏泽 | 265.32 | 14.95 | 112.53 | -1.71 | 152.79 | 16.66 |
| 89 | 聊城 | 257.34 | 16.54 | 121.57 | 0.03 | 135.77 | 16.51 |
| 90 | 桂林 | 211.88 | -10.14 | 69.38 | -13.03 | 142.50 | 2.89 |
| 91 | 新乡 | 242.83 | 27.48 | 93.41 | 2.69 | 149.42 | 24.79 |
| 92 | 芜湖 | 234.92 | 23.37 | 107.59 | 8.53 | 127.33 | 14.84 |
| 93 | 平顶山 | 219.55 | 10.19 | 87.80 | 1.39 | 131.75 | 8.80 |
| 94 | 吉林市 | 223.59 | 23.16 | 74.59 | 8.55 | 149.00 | 14.61 |
| 95 | 日照 | 169.71 | -20.98 | 93.82 | -26.62 | 75.89 | 5.64 |
| 96 | 吕梁 | 197.78 | 16.01 | 79.10 | 2.84 | 118.68 | 13.17 |
| 97 | 三明 | 179.67 | 0.68 | 80.00 | -5.47 | 99.67 | 6.15 |
| 98 | 九江 | 180.40 | 10.20 | 87.37 | 0.83 | 93.03 | 9.37 |
| 99 | 滁州 | 173.27 | 20.01 | 98.95 | 9.99 | 74.32 | 10.02 |
| 100 | 龙岩 | 157.32 | 6.06 | 74.05 | 1.92 | 83.27 | 4.14 |

# 中国建设银行100个中心城市行各项贷款综合排名表（本外币）

（2015年12月）　　　　　　　　单位：亿元

| 名次 | 地区 | 各项贷款 | | 其中：对公贷款 | | 其中：个人贷款 | |
|---|---|---|---|---|---|---|---|
| | | 本期余额 | 比年初新增 | 本期余额 | 比年初新增 | 本期余额 | 比年初新增 |
| 1 | 北京 | 6 189.70 | 721.82 | 5 078.06 | 518.07 | 1 111.64 | 203.75 |
| 2 | 上海 | 5 413.98 | 834.59 | 4 119.40 | 559.33 | 1 294.58 | 275.26 |
| 3 | 深圳 | 4 244.63 | 558.61 | 2 409.98 | 28.95 | 1 834.65 | 529.66 |
| 4 | 成都 | 2 565.56 | 104.14 | 1 677.92 | -24.54 | 887.64 | 128.68 |
| 5 | 重庆 | 2 650.23 | 245.37 | 1 574.23 | 50.25 | 1 076.00 | 195.12 |
| 6 | 苏州 | 2 398.55 | 155.53 | 1 440.22 | -59.68 | 958.33 | 215.21 |
| 7 | 天津 | 2 395.97 | 205.01 | 1 888.61 | 118.76 | 507.36 | 86.25 |
| 8 | 广州 | 2 398.22 | 315.78 | 1 825.82 | 135.10 | 572.40 | 180.68 |
| 9 | 宁波 | 1 539.54 | 57.11 | 1 126.03 | -12.06 | 413.51 | 69.17 |
| 10 | 福州 | 1 760.63 | 294.75 | 1 014.84 | 147.73 | 745.79 | 147.02 |
| 11 | 杭州 | 1 571.19 | 143.96 | 1 049.15 | 50.37 | 522.04 | 93.59 |
| 12 | 西安 | 1 535.00 | 181.89 | 978.56 | 120.70 | 556.44 | 61.19 |
| 13 | 长沙 | 1 406.00 | 59.64 | 1 009.34 | 25.80 | 396.66 | 33.84 |
| 14 | 武汉 | 1 557.43 | 306.76 | 1 022.72 | 159.35 | 534.71 | 147.41 |
| 15 | 南京 | 1 414.32 | 193.67 | 1 011.66 | 46.06 | 402.66 | 147.61 |
| 16 | 沈阳 | 1 461.79 | 263.81 | 969.62 | 207.91 | 492.17 | 55.90 |
| 17 | 厦门 | 1 103.39 | 53.54 | 546.30 | -30.77 | 557.09 | 84.31 |
| 18 | 大连 | 1 026.29 | -3.00 | 709.84 | -15.84 | 316.45 | 12.84 |
| 19 | 昆明 | 1 103.76 | 131.88 | 696.08 | 70.98 | 407.68 | 60.90 |
| 20 | 青岛 | 1 036.09 | 80.38 | 624.31 | 26.85 | 411.78 | 53.53 |
| 21 | 无锡 | 877.10 | -65.13 | 664.91 | -72.80 | 212.19 | 7.67 |
| 22 | 郑州 | 1 134.80 | 261.77 | 672.49 | 115.97 | 462.31 | 145.80 |
| 23 | 南宁 | 919.32 | 90.25 | 625.14 | 54.81 | 294.18 | 35.44 |
| 24 | 贵阳 | 939.49 | 115.54 | 726.90 | 77.67 | 212.59 | 37.87 |
| 25 | 泉州 | 832.72 | 70.42 | 580.60 | 39.47 | 252.12 | 30.95 |
| 26 | 合肥 | 930.28 | 183.52 | 421.48 | 78.63 | 508.80 | 104.89 |
| 27 | 金华 | 660.55 | -72.91 | 419.59 | -85.42 | 240.96 | 12.51 |
| 28 | 常州 | 679.18 | -32.50 | 453.75 | -54.34 | 225.43 | 21.84 |
| 29 | 长春 | 860.21 | 136.66 | 664.81 | 129.20 | 195.40 | 7.46 |
| 30 | 温州 | 581.24 | -95.57 | 307.18 | -100.54 | 274.06 | 4.97 |
| 31 | 佛山 | 623.61 | -51.98 | 400.41 | -116.68 | 223.20 | 64.70 |
| 32 | 南通 | 589.57 | -50.17 | 416.62 | -74.39 | 172.95 | 24.22 |
| 33 | 石家庄 | 801.03 | 158.82 | 583.15 | 115.00 | 217.88 | 43.82 |
| 34 | 唐山 | 660.46 | 36.11 | 551.91 | 27.73 | 108.55 | 8.38 |
| 35 | 哈尔滨 | 638.81 | 55.33 | 450.96 | 48.57 | 187.85 | 6.76 |
| 36 | 乌鲁木齐 | 682.16 | 84.75 | 557.60 | 70.74 | 124.56 | 14.01 |
| 37 | 嘉兴 | 533.20 | -59.64 | 359.02 | -90.30 | 174.18 | 30.66 |
| 38 | 南昌 | 608.84 | 46.35 | 349.57 | 1.34 | 259.27 | 45.01 |
| 39 | 太原 | 561.51 | 41.47 | 461.22 | 7.13 | 100.29 | 34.34 |
| 40 | 烟台 | 500.78 | -16.72 | 365.98 | -33.16 | 134.80 | 16.44 |
| 41 | 济南 | 541.38 | 46.08 | 374.71 | 1.71 | 166.67 | 44.37 |
| 42 | 绍兴 | 471.78 | -21.53 | 327.62 | -27.19 | 144.16 | 5.66 |
| 43 | 鄂尔多斯 | 510.99 | 44.78 | 465.73 | 55.89 | 45.26 | -11.11 |
| 44 | 潍坊 | 454.23 | -11.96 | 275.43 | -22.21 | 178.80 | 10.25 |
| 45 | 西宁 | 540.06 | 76.61 | 494.29 | 68.87 | 45.77 | 7.74 |
| 46 | 台州 | 415.16 | -4.33 | 248.55 | -17.12 | 166.61 | 12.79 |
| 47 | 兰州 | 429.75 | 14.08 | 331.83 | -15.62 | 97.92 | 29.70 |
| 48 | 东莞 | 442.52 | 28.08 | 213.23 | -25.29 | 229.29 | 53.37 |

续表

| 名次 | 地区 | 各项贷款 | | 其中：对公贷款 | | 其中：个人贷款 | |
|---|---|---|---|---|---|---|---|
| | | 本期余额 | 比年初新增 | 本期余额 | 比年初新增 | 本期余额 | 比年初新增 |
| 49 | 三峡 | 389.47 | -19.06 | 284.89 | -24.89 | 104.58 | 5.83 |
| 50 | 惠州 | 407.34 | 22.88 | 204.30 | -13.78 | 203.04 | 36.66 |
| 51 | 廊坊 | 487.29 | 107.76 | 139.51 | 7.76 | 347.78 | 100.00 |
| 52 | 中山 | 402.17 | 29.83 | 179.58 | -31.72 | 222.59 | 61.55 |
| 53 | 泰州 | 388.36 | 22.59 | 272.86 | 9.81 | 115.50 | 12.78 |
| 54 | 镇江 | 308.44 | -34.44 | 219.68 | -45.53 | 88.76 | 11.09 |
| 55 | 扬州 | 366.41 | 24.07 | 240.60 | 4.64 | 125.81 | 19.43 |
| 56 | 银川 | 371.75 | 32.50 | 303.68 | 28.75 | 68.07 | 3.75 |
| 57 | 呼和浩特 | 369.52 | 30.83 | 287.60 | 29.01 | 81.92 | 1.82 |
| 58 | 湖州 | 282.01 | -26.42 | 166.53 | -32.50 | 115.48 | 6.08 |
| 59 | 东营 | 341.06 | 44.71 | 299.31 | 39.21 | 41.75 | 5.50 |
| 60 | 邯郸 | 320.03 | 25.43 | 261.06 | 19.76 | 58.97 | 5.67 |
| 61 | 海口 | 396.26 | 108.25 | 296.40 | 82.49 | 99.86 | 25.76 |
| 62 | 淄博 | 267.47 | -5.86 | 172.72 | -14.25 | 94.75 | 8.39 |
| 63 | 徐州 | 271.84 | -1.18 | 152.60 | -18.94 | 119.24 | 17.76 |
| 64 | 临沂 | 335.07 | 65.32 | 212.98 | 46.01 | 122.09 | 19.31 |
| 65 | 济宁 | 263.03 | -1.94 | 185.98 | -10.78 | 77.05 | 8.84 |
| 66 | 珠海 | 315.48 | 54.02 | 143.40 | 9.02 | 172.08 | 45.00 |
| 67 | 保定 | 317.22 | 66.27 | 172.09 | 30.37 | 145.13 | 35.90 |
| 68 | 盐城 | 277.93 | 27.12 | 178.42 | 16.36 | 99.51 | 10.76 |
| 69 | 洛阳 | 266.63 | 17.86 | 175.17 | 4.75 | 91.46 | 13.11 |
| 70 | 漳州 | 268.34 | 33.60 | 132.48 | 12.51 | 135.86 | 21.09 |
| 71 | 江门 | 243.68 | 25.03 | 147.31 | 4.24 | 96.37 | 20.79 |
| 72 | 榆林 | 228.01 | 11.37 | 172.86 | 15.49 | 55.15 | -4.12 |
| 73 | 滨州 | 242.33 | 25.93 | 187.69 | 19.92 | 54.64 | 6.01 |
| 74 | 柳州 | 266.38 | 50.08 | 166.02 | 38.83 | 100.36 | 11.25 |
| 75 | 包头 | 241.62 | 25.45 | 162.60 | 29.54 | 79.02 | -4.09 |
| 76 | 沧州 | 251.43 | 37.17 | 160.87 | 21.29 | 90.56 | 15.88 |
| 77 | 日照 | 230.06 | 17.65 | 169.11 | 11.82 | 60.95 | 5.83 |
| 78 | 莆田 | 214.93 | 10.70 | 103.61 | -0.02 | 111.32 | 10.72 |
| 79 | 菏泽 | 213.04 | 9.03 | 138.52 | 2.88 | 74.52 | 6.15 |
| 80 | 泰安 | 204.63 | 8.08 | 147.78 | 4.72 | 56.85 | 3.36 |
| 81 | 三明 | 176.65 | -19.59 | 91.40 | -23.01 | 85.25 | 3.42 |
| 82 | 芜湖 | 203.32 | 24.46 | 153.17 | 20.99 | 50.15 | 3.47 |
| 83 | 龙岩 | 172.50 | -4.33 | 89.62 | -5.00 | 82.88 | 0.67 |
| 84 | 拉萨 | 203.45 | 30.84 | 180.11 | 25.77 | 23.34 | 5.07 |
| 85 | 鞍山 | 203.50 | 32.00 | 168.44 | 29.42 | 35.06 | 2.58 |
| 86 | 襄樊 | 168.33 | 4.91 | 105.86 | -0.62 | 62.47 | 5.53 |
| 87 | 聊城 | 167.72 | 4.39 | 109.18 | -2.03 | 58.54 | 6.42 |
| 88 | 平顶山 | 176.64 | 16.18 | 149.72 | 10.15 | 26.92 | 6.03 |
| 89 | 吉林市 | 169.17 | 12.49 | 125.90 | 8.31 | 43.27 | 4.18 |
| 90 | 南阳 | 172.47 | 16.80 | 97.35 | 1.24 | 75.12 | 15.56 |
| 91 | 盘锦 | 134.91 | -19.58 | 109.55 | -22.15 | 25.36 | 2.57 |
| 92 | 新乡 | 174.08 | 21.70 | 110.21 | 12.58 | 63.87 | 9.12 |
| 93 | 汕头 | 151.38 | 1.21 | 107.47 | -10.40 | 43.91 | 11.61 |
| 94 | 衡阳 | 174.84 | 25.29 | 120.26 | 15.25 | 54.58 | 10.04 |
| 95 | 九江 | 144.33 | -0.65 | 71.86 | -9.37 | 72.47 | 8.72 |
| 96 | 滁州 | 146.23 | 16.57 | 90.83 | 8.54 | 55.40 | 8.03 |
| 97 | 咸阳 | 141.57 | 13.45 | 87.03 | 4.67 | 54.54 | 8.78 |
| 98 | 桂林 | 149.76 | 21.84 | 101.18 | 10.48 | 48.58 | 11.36 |
| 99 | 吕梁 | 106.14 | 6.71 | 76.71 | 0.96 | 29.43 | 5.75 |
| 100 | 大庆 | 76.43 | -10.84 | 60.97 | -12.54 | 15.46 | 1.70 |

# 中国建设银行各项存款市场占比表（本外币、分地区）

（2015年12月）

| 地区 | 一般性存款 | | | | 其中：对公存款 | | | | 其中：个人存款 | | | |
|---|---|---|---|---|---|---|---|---|---|---|---|---|
| | 余额（亿元） | 占比（%） | 比年初新增(亿元) | 占比（%） | 余额（亿元） | 占比（%） | 比年初新增(亿元) | 占比（%） | 余额（亿元） | 占比（%） | 比年初新增(亿元) | 占比（%） |
| **全国总计** | **145 726.77** | **25.79** | **9 748.65** | **23.00** | **71 010.52** | **27.32** | **3 399.82** | **24.25** | **63 508.33** | **24.07** | **4 474.49** | **27.76** |
| 长三角 | 28 979.35 | 24.57 | 1 983.04 | 22.36 | 14 919.99 | 26.31 | 495.32 | 21.93 | 10 588.97 | 22.00 | 498.59 | 22.54 |
| 上海 | 11 508.62 | 28.74 | 1 174.97 | 26.44 | 5 642.98 | 31.56 | 417.58 | 43.42 | 2 999.41 | 23.04 | 100.84 | 115.55 |
| 江苏 | 7 650.89 | 24.14 | 357.22 | 30.47 | 3 552.26 | 24.44 | -98.45 | -244.27 | 3 684.23 | 23.58 | 190.31 | 25.16 |
| 浙江 | 5 991.58 | 20.24 | 179.99 | 7.38 | 3 316.96 | 22.65 | 31.43 | 4.66 | 2 543.09 | 19.31 | 103.93 | 9.76 |
| 宁波 | 1 312.38 | 23.18 | 85.15 | 26.19 | 860.89 | 25.24 | 53.45 | 17.51 | 447.14 | 20.76 | 28.21 | 25.62 |
| 苏州 | 2 515.88 | 23.01 | 185.71 | 37.89 | 1 546.90 | 24.77 | 91.31 | 25.53 | 915.10 | 21.95 | 75.30 | 39.01 |
| 珠三角 | 21 994.25 | 30.74 | 501.85 | -22.06 | 10 720.63 | 31.01 | -270.16 | -229.66 | 9 194.21 | 28.99 | 602.51 | 77.42 |
| 广东 | 10 866.99 | 23.59 | 545.81 | 21.46 | 5 213.43 | 26.93 | 185.69 | 19.09 | 5 302.89 | 21.82 | 272.72 | 44.90 |
| 深圳 | 6 081.70 | 29.46 | -292.89 | -36.58 | 3 299.40 | 30.14 | -438.38 | -133.81 | 1 186.17 | 25.13 | 121.37 | 84.94 |
| 福建 | 3 793.89 | 32.58 | 174.29 | 30.46 | 1 512.30 | 30.79 | -52.83 | -40.32 | 2 168.96 | 34.22 | 169.99 | 39.15 |
| 厦门 | 1 251.67 | 38.96 | 74.64 | 39.62 | 695.50 | 35.95 | 35.36 | 23.24 | 536.19 | 43.92 | 38.43 | 60.50 |
| 环渤海 | 29 563.51 | 23.42 | 1 985.17 | 15.50 | 13 933.41 | 21.82 | 895.02 | 19.76 | 11 417.50 | 22.42 | 831.83 | 26.00 |
| 北京 | 13 794.12 | 22.38 | 703.83 | 9.74 | 6 512.01 | 18.80 | 448.92 | 14.12 | 3 389.04 | 21.87 | 143.07 | 29.43 |
| 山东 | 6 575.20 | 25.61 | 537.35 | 46.13 | 3 187.76 | 27.31 | 156.76 | 301.11 | 3 231.06 | 24.11 | 292.35 | 28.59 |
| 天津 | 2 402.46 | 24.03 | 122.74 | 25.00 | 1 387.47 | 28.95 | 26.01 | 11.57 | 971.49 | 19.84 | 64.94 | 24.51 |
| 河北 | 5 705.18 | 26.08 | 495.86 | 35.20 | 2 273.61 | 29.28 | 190.32 | 68.37 | 3 332.51 | 24.32 | 282.93 | 24.24 |
| 青岛 | 1 086.55 | 23.37 | 125.39 | 57.39 | 572.56 | 27.86 | 73.01 | 138.33 | 493.40 | 20.36 | 48.54 | 31.00 |
| 中部 | 27 397.95 | 27.54 | 2 434.38 | 31.46 | 12 383.23 | 30.78 | 966.25 | 34.61 | 14 405.90 | 25.38 | 1 191.41 | 27.98 |
| 山西 | 2 899.95 | 24.11 | 246.06 | 32.56 | 1 251.67 | 27.05 | 98.38 | 60.96 | 1 612.27 | 22.34 | 134.02 | 25.41 |
| 广西 | 2 434.53 | 25.21 | 194.63 | 35.44 | 1 284.55 | 29.45 | 106.20 | 36.17 | 1 117.32 | 21.88 | 76.95 | 30.16 |
| 湖北 | 5 091.33 | 28.63 | 494.71 | 25.66 | 2 042.06 | 28.00 | 198.53 | 19.50 | 2 929.88 | 29.00 | 218.10 | 28.11 |
| 河南 | 4 767.10 | 27.04 | 377.14 | 27.82 | 2 008.90 | 29.94 | 74.33 | 26.61 | 2 675.22 | 25.34 | 281.62 | 26.18 |
| 湖南 | 5 350.79 | 36.31 | 558.55 | 38.70 | 2 213.83 | 40.73 | 196.00 | 42.46 | 2 946.79 | 33.68 | 282.30 | 35.65 |
| 江西 | 2 432.70 | 24.49 | 181.98 | 23.19 | 1 295.03 | 29.90 | 68.84 | 31.35 | 1 063.36 | 20.76 | 77.57 | 17.98 |
| 海南 | 782.31 | 21.54 | 45.75 | 19.36 | 462.88 | 22.97 | 34.41 | 17.39 | 318.33 | 19.90 | 10.58 | 20.84 |
| 安徽 | 3 639.24 | 26.60 | 335.56 | 32.27 | 1 824.31 | 31.07 | 189.56 | 53.70 | 1 742.73 | 23.43 | 110.27 | 18.16 |
| 西部 | 27 254.69 | 28.52 | 2 244.17 | 34.59 | 14 540.28 | 31.26 | 1 048.76 | 35.21 | 12 241.86 | 25.80 | 974.76 | 30.64 |
| 四川 | 7 244.38 | 28.60 | 557.32 | 28.93 | 3 765.90 | 32.83 | 162.31 | 23.94 | 3 292.12 | 24.70 | 305.67 | 27.91 |
| 重庆 | 2 575.27 | 26.27 | 159.88 | 33.23 | 1 311.26 | 28.77 | 46.80 | 38.38 | 1 175.08 | 23.80 | 79.11 | 25.41 |
| 贵州 | 2 184.11 | 31.38 | 327.12 | 34.70 | 1 309.30 | 33.80 | 256.59 | 35.17 | 858.12 | 28.81 | 68.17 | 37.19 |
| 云南 | 3 025.58 | 29.17 | 278.52 | 42.47 | 1 781.98 | 33.05 | 163.71 | 50.92 | 1 205.83 | 25.23 | 98.88 | 30.93 |
| 西藏 | 795.76 | 27.72 | 89.65 | 26.76 | 635.76 | 27.80 | 67.19 | 21.64 | 159.75 | 27.56 | 22.25 | 27.04 |
| 内蒙古 | 2 338.68 | 29.11 | 242.05 | 58.98 | 1 040.95 | 31.07 | 124.93 | 216.52 | 1 260.18 | 27.60 | 96.94 | 30.71 |
| 陕西 | 3 844.31 | 29.55 | 233.37 | 28.29 | 1 733.80 | 31.42 | 31.44 | 18.03 | 2 052.78 | 28.10 | 180.73 | 29.51 |
| 甘肃 | 1 732.58 | 27.42 | 222.90 | 71.58 | 912.59 | 28.60 | 144.97 | 62.41 | 794.63 | 26.05 | 54.98 | 189.72 |
| 青海 | 902.86 | 33.35 | -3.96 | -3.78 | 514.00 | 34.10 | -23.06 | -36.92 | 387.52 | 32.66 | 19.98 | 46.89 |
| 宁夏 | 620.41 | 30.72 | 66.53 | 36.72 | 326.10 | 31.47 | 41.21 | 31.83 | 294.02 | 30.08 | 25.26 | 49.62 |
| 新疆 | 1 990.75 | 24.44 | 70.79 | 22.48 | 1 208.64 | 27.92 | 32.67 | 20.34 | 761.83 | 20.21 | 22.79 | 16.44 |
| 东北 | 10 143.34 | 28.10 | 658.80 | 23.98 | 4 464.86 | 33.99 | 242.33 | 7.93 | 5 547.50 | 25.29 | 381.30 | 24.04 |
| 辽宁 | 4 109.64 | 34.04 | 448.77 | 62.79 | 1 767.38 | 43.25 | 222.32 | 201.31 | 2 308.81 | 29.58 | 209.27 | 34.67 |
| 吉林 | 2 260.64 | 30.03 | 114.97 | 33.84 | 1 005.33 | 34.76 | -4.93 | -19.76 | 1 202.55 | 26.99 | 98.48 | 30.68 |
| 黑龙江 | 2 427.59 | 27.43 | 87.33 | 16.41 | 979.35 | 33.40 | 19.81 | 9.00 | 1 428.90 | 24.74 | 57.96 | 18.64 |
| 大连 | 1 345.47 | 26.40 | 7.73 | 212.89 | 712.80 | 33.76 | 5.13 | 8.98 | 607.24 | 23.56 | 15.59 | 18.62 |

注：1. 本表数据来源于人民银行信贷收支月报，2015年12月31日人行美元汇率6.4936。

2. 与建行口径比，人行各项存款均包含保本理财资金，“对公存款”多包含邮储银行协议存款。

3. 占比为建行占国有四大银行的比重。

# 中国建设银行各项贷款市场占比表（本外币、分地区）

（2015 年 12 月）

| 地区 | 各项贷款 | | | |
|---|---|---|---|---|
| | 余额（亿元） | 占比（%） | 比年初（亿元） | 占比（%） |
| **全国总计** | **98633.34** | **26.43** | **9118.81** | **29.00** |
| 长三角 | 20342.61 | 24.87 | 896.09 | 24.81 |
| 上海 | 5413.95 | 28.31 | 748.50 | 52.75 |
| 江苏 | 5656.94 | 25.53 | 96.13 | 8.66 |
| 浙江 | 5333.64 | 21.88 | -164.98 | -33.72 |
| 宁波 | 1539.54 | 23.82 | 58.13 | 19.61 |
| 苏州 | 2398.54 | 24.83 | 158.31 | 53.27 |
| 珠三角 | 15248.37 | 32.55 | 1424.33 | 36.34 |
| 广东 | 6231.85 | 22.47 | 578.49 | 27.92 |
| 深圳 | 4244.63 | 32.31 | 558.62 | 37.79 |
| 福建 | 3668.50 | 31.69 | 232.50 | 32.34 |
| 厦门 | 1103.39 | 33.50 | 54.72 | 26.10 |
| 环渤海 | 18233.34 | 29.22 | 1798.36 | 51.09 |
| 北京 | 6189.68 | 32.79 | 729.19 | 196.82 |
| 山东 | 4638.35 | 23.10 | 293.27 | 27.05 |
| 天津 | 2395.97 | 26.01 | 205.81 | 26.96 |
| 河北 | 3973.25 | 27.51 | 488.93 | 30.24 |
| 青岛 | 1036.09 | 25.93 | 81.16 | 41.69 |
| 中部 | 18562.01 | 29.53 | 2344.00 | 36.44 |
| 山西 | 1632.47 | 26.03 | 195.85 | 32.07 |
| 广西 | 1950.45 | 26.89 | 199.45 | 42.12 |
| 湖北 | 3208.96 | 29.35 | 405.58 | 30.22 |
| 河南 | 3320.78 | 30.54 | 515.14 | 40.26 |
| 湖南 | 3478.97 | 36.94 | 371.00 | 41.59 |
| 江西 | 1783.28 | 26.17 | 201.38 | 28.85 |
| 海南 | 551.04 | 25.43 | 143.93 | 37.97 |
| 安徽 | 2636.06 | 27.87 | 311.67 | 35.78 |
| 西部 | 18697.73 | 27.95 | 1679.12 | 27.60 |
| 四川 | 3782.47 | 24.65 | 238.48 | 19.57 |
| 重庆 | 2650.22 | 29.77 | 247.21 | 41.41 |
| 贵州 | 1595.14 | 27.39 | 181.11 | 25.74 |
| 云南 | 2107.62 | 26.96 | 202.48 | 40.35 |
| 西藏 | 471.36 | 29.97 | 93.10 | 37.31 |
| 内蒙古 | 1933.30 | 29.22 | 115.51 | 34.97 |
| 陕西 | 2346.65 | 30.49 | 245.86 | 22.84 |
| 甘肃 | 1123.57 | 25.95 | 156.62 | 24.54 |
| 青海 | 662.42 | 32.41 | 71.27 | 26.36 |
| 宁夏 | 659.24 | 31.69 | 20.61 | 17.71 |
| 新疆 | 1365.74 | 29.22 | 106.87 | 28.01 |
| 东北 | 6346.69 | 27.52 | 527.79 | 19.09 |
| 辽宁 | 2638.55 | 32.76 | 338.19 | 48.19 |
| 吉林 | 1559.21 | 30.26 | 139.04 | 29.44 |
| 黑龙江 | 1122.64 | 24.95 | 53.55 | 11.48 |
| 大连 | 1026.29 | 26.86 | -2.99 | -5.51 |

注：1. 本表数据来源于人民银行信贷收支月报，2015 年 12 月 31 日人行美元汇率 6.4936。

2. 占比为建行占国有四大银行的比重。

CHINA 中国建设银行年鉴 2016
CONSTRUCTION BANK ALMANAC

# 第六部分　专题与调查研究

# 一、高层论坛

## “一把手”应当做什么

中国建设银行董事长　王洪章

作为一级党组织的主要负责人，“一把手”位置重要、责任重大。作为“班长”，党委书记要带好党委一班人履行好党委的各项职责。党委书记的工作任务千头万绪，首先要明确党委书记是一个单位的党建工作领导者、组织者，是党委日常工作主持者，是经营管理的政治主管，是群众心中的党代表。这种特殊的位置，负有特殊的责任，这个特殊责任就是全部责任，最重要的体现在以下四个方面。

### 把方向

习近平总书记指出，各级党政“一把手”要站在战略的高度，善于从政治上认识和判断形势，观察和处理问题，善于透过纷繁复杂的表面现象，把握事物的本质和发展的内在规律。可以说，以沉稳的定力把握住政治方向，以前瞻的视野把握好发展方向，是“一把手”的根本职责所在，也是检验“一把手”政治上强不强的重要标准。

首先是政治方向。“把坚持正确的政治方向放在第一位”，这是延安时期毛泽东对全体共产党员的要求，也应该看作是对各级党委书记的第一要求。如何把握正确的政治方向，重要的是认真贯彻好党的战略方针政策，要真贯彻、落实处。关键的是，要时刻在思想上政治上行动上与以习近平同志为总书记的党中央保持高度一致。头脑要清醒，立场要坚定，态度要鲜明。特别是在大是大非问题上面，对错误的东西，敢于伸张、敢于抵制、敢于批评。在新时期，各种理论思潮层出不穷，各类网络媒体异常活跃，意识形态领域的斗争，践行核心价值观过程中面临的挑战，从来没有温良恭俭让，要坚持正确的世界观、方法论，既要有自信包容的心态，又要有明辨是非的政治敏感。

具体到日常思想政治工作中，要发挥好政治核心作用。重视做好几个方面。一是强化思想教育，做好意识形态工作，坚定理想信念。二是宣传和贯彻好党和国家各项方针政策，增强全体党员和全行广大员工执行中央和国家各项方针政策的主动性、自觉性、坚定性。三是加强日常监督，对于党员干部违反党的政治纪律、方针政策的言行，要及时予以纠正和查处。

其次是发展方向。建设银行是国有控股大型商业银行，是社会主义经济体制中的一个重要组成部分，那就只能像电影《青松岭》唱的“沿着社会主义大路奔前方”。在信贷投向上，要坚持服务经济实体，在经营选择上要坚持有效益、控风险，但又不能唯利是图，承担必要的社会责任和法人义务。执行好国家的各项政策，做好服务“三农”、小微企业、民生等弱势群体的金融服务工作，解决融资难、融资贵和减少中间业务收费，等等。

善于将党的政治优势转化为所在单位的政策和发展优势。作为一家国有控股大型金融企业、全球市值领先的大银行，各级党委在把握发展方向、推进发展方面承担的责任重大。应当清醒地认识到，方向把握不清、经营出现偏差，就可能带来风险，甚至可能是系统性、全局性的风险。

### 抓战略

领导干部尤其是“一把手”必须有全局观、具备战略意识，善于谋划。古人讲“上兵伐谋”，战略是落实发展方向的重要基础和条件，战略体现的是抓住机遇的能力，战略正确与否决定着一个单位一个部门能否保持健康发展的势头。一个好的战略可以使企业稳健或超常规发展，甚至起死回生，否则就被淘汰。

正确的战略来源于认真学习领会中央的方针政策，准确判断内外经济环境、经济形势对银行业带来的机遇和挑战，更重要的是深入了解客户，深知客户需求；要真正深入基层，真心听取意见。习近平同志讲领导干部要做“明白人”，“明白人”就是知上识下，明左识右，那种“只知秦汉不知魏晋”，用一叶障目的方法来判断大局、号令三军的做法，就是缺少大局观，工作就没有效果，事倍功半，甚至耽误事。能否制定和实施正确战略，体现的是领导班子“一把手”思维能力、战略水平、宏观意识以及执行能力。

在谋全局的同时，“一把手”要善于抓重点、抓大事。抓大事的重点和内容也不尽相同，但是抓住矛盾最集中、群众最关切的问题，始终是抓好大事要事的基本工作方法。抓重点抓大事要坚持问题导向，有的放矢，集中力量一个问题一个问题地加以解决。要善于抓重点，避免“撒胡椒面”，如果大事小事分不清、轻重缓急分不清，陷入日常琐碎事务不能自拔，就可能“捡了芝麻，丢了西瓜”。

建立抓大事的机制，处理好大事与小事的关系。作为企业，经营管理是重大问题，当经营出现政策策略问题时，党委书记应该履行政治保障职责，适时纠偏，要处理好“管”与“抓”的关系，“管”是有界限的，有尺度有范围的，“抓”则是具体日常的分管责任。

当然，“一把手”在抓大事的过程中，要善于“大事化小”，将相关工作科学分解到班子成员中，让人人肩上有担子、事事落实有责任。要和班子成员和睦相处，学习、发挥班子成员长处。在处理问题上，大事讲原则，小事讲风格，有些事情要拿得起、放得下，豁达一些；但对重大问题不能无原则谦让，如果大事上放弃了原则，这个班子就缺乏正气，这个单位也非乱不可。“一把手”要敢抓敢管。班子成员要在合作共事中加深了解，在相互支持中增进团结，齐心协力，众擎易举，一起把大事、难事办好。

### 带队伍

党管干部、党管人才是我们党长期坚持的工作法宝。带好队伍、培养干部、荟萃英才，是“一把手”的重要工作。怎样用好干部，也就是怎样把握好干部的标准。习近平总书记在全国组织工作会议上，就培养选拔党和人民需要的好干部、推进干部制度改革作出了深刻阐述，强调好干部的标准是“信念坚定、为民服务、勤政务实、敢于担当、清正廉洁”。首要的就是理想信念坚定，要炼就金刚不坏之身，关键时刻靠得住、信得过、能放心。具体地说，选任干部要注意以下几点：

一是坚持德才兼备，以德为先。曾国藩选人有三大原则：选人切勿眼光过高；首选忠义血性之人；德才兼备，以德为本。有德有才要坚决用，有德无才要慎用，无德无才不要用，有才无德坚决不用。干部德行不好，出的事更大。我们党有些干部出问题，更多的是出在德上，理想信念淡薄，政治立场不坚定，贪污腐化甚至堕落，最后追悔莫及。

二是坚持全面、历史、辩证地看干部，注重一贯表现和全部工作。不要把干部看死，一时犯错误改了就是好同志，照样可以提拔使用。

三是用当其时、用其所长，使人才各尽其能。“金无足赤，人无完人。”不能用超标准的岗位任职要求干部，也不能以自己的条件和标准去衡量干部，要人岗相宜。对总体上可用但略有不足的干部要及时谈话提醒告诫，使之尽快适应岗位、适应工作。

在具体工作中要做到：一是学会选人，尤其

是选准所辖机构、部门的主要负责人，也就是大“一把手”要选好所辖基层的小“一把手”。当前经济金融形势异常复杂，选准一个带头人，就是树立一面旗帜，预示着一种导向，就能率领团队很快闯出一片新天地，同时对党员干部形成好的示范效应；选错一个带头人，就会打击一大片，士气没了，市场丢了，贻害无穷。在干部的选拔任用上，“一把手”首先要擦亮自己的一双“眼睛”，加强对干部的考察和了解，辨人识才；同时要坚持民主集中制，用好集体的多双“眼睛”，多视角了解干部，防止偏听偏信，把大家的“眼光”汇集起来，真正把干部选准选对。

二是配强各级领导班子。要综合考虑履历、学历、年龄、性格、特长等多方面的因素，优化班子结构。配强领导班子主要是结构合理，包括年龄结构、专业结构，另外要考虑优势互补，前中后台各有擅长，思想工作、业务工作、管理控制工作等特点要鲜明。

三是选拔任用年轻干部。从建设银行发展大局出发，着眼建设“国内最佳、国际一流”银行和最具价值创造力银行的长远目标，选拔培养好年轻干部是关键。这既是一种事业上的要求，也是“一把手”的重要责任。破除论资排辈、平衡照顾的框框束缚，深入推进干部交流、公开竞聘工作，开阔选人用人视野。注重从基层选拔干部或将优秀年轻干部放到基层重要岗位锻炼培养，给他们压担子。

**管风气**

管风气实际上是包括管作风，当然作风与风气也有所不同。作风是指在思想、工作、生活等方面表现出来的态度和行为，包括思想作风、工作作风、生活作风。风气则包括社会层面和人文方面的一些表象。作风问题有党的“三大作风”，有党风廉政建设问题，也有最近两年我们党开展的以纠正“四风”为主的教育实践活动。风气包括前面讲的作风，也包括胡锦涛同志提倡的“八荣八耻”等。这些作风问题乃至风气问题，都涉及党风、政风和民风，而且息息相关，党风不正则政风不纯，党风政风存在问题则民风不朴实、不健康。所以中央要求以良好的党风促进廉洁政风，以健康的政风带动民风改善。银行是党和政府领导的重要机构，也是社会群体中的重要组成部分，不可避免地在作风建设、风气廉洁方面存在这样那样的不足和问题。作为“一把手”，在作风建设上承担重要职责，特别是在党风廉政建设上党委负主体责任，这是对党章规定的重申，也是“一把手”职责所在、使命所系。

主体责任是政治责任，党委书记是第一责任人。党风廉政建设就是党委书记的事，出了问题首先要追究党委书记的责任。有的“一把手”认为，党风廉政建设是党委领导、纪委负责，这是不准确的。有的“一把手”习惯说“我是搞业务的”，把自己当成一名职业经理人，也是不对的。作为党员领导干部尤其是各级党委主要负责人，一定要牢记，党内职务不是政治荣誉，而是政治责任。

（该文发表于《学习时报》第773期）

# 坚守责任担当　用好党内监督利器

中国建设银行董事长　王洪章

中央修订颁布的《中国共产党巡视工作条例》（以下简称《条例》），是党内监督之利器，是落实全面从严治党、依规依纪管党建党的有力制度保障，是巡视工作强有力的指导和规范，

《条例》为建设银行扎实开展巡视工作、深入推进党风廉政建设和反腐败斗争、促进转型发展、更好服务实体经济提供了根本遵循。建设银行各级党组织一定要认真学习领会《条例》的精神实质，进一步增强做好巡视工作的责任感和接受巡视监督的自觉性，切实担当主体责任，贯彻好、落实好《条例》的各项要求，不断加强和改进我们的巡视工作。

## 科学的指南　有力的保障

《条例》贯穿了以习近平同志为总书记的党中央关于加强巡视工作、推进党风廉政建设和反腐败斗争的新思想，贯彻了全面从严治党的新部署，落实了制度建党的新要求，体现了把纪律挺在前面的新理念，充分表明了以习近平同志为总书记的党中央坚定不移推进党风廉政建设和反腐败斗争的鲜明态度和有腐必反、有贪必肃的坚定决心，必将进一步唤醒和强化党员干部的党章党规党纪意识，规范党员干部行为，有力推动党的先进性和纯洁性建设。

《条例》适应形势发展需要，以“严”为重要原则和根本保障，以“规”为监督尺度和衡量标准，归纳总结党的十八大以来中央巡视工作的实践经验和创新成果，改进了巡视工作领导体制，扩大了巡视覆盖范围，深化了巡视监督内容，突出了巡视监督重点，拓宽了发现问题的途径，加强了纪律约束，既有实体性要求，又有程序性规定，是全党智慧结晶和创新成果的集成和全面升级，既是开展巡视的基本依据，也是对被巡视单位的有效约束。“宝剑锋从磨砺出”，《条例》的颁布，必将使巡视这把“利剑”更准、更快、更灵活。

## 从严治党的利器　从严治行的法宝

全面从严治党，靠全党，管全党，治全党。建设银行作为党领导下的国有金融企业，是全面建成小康社会的重要力量，是公有制为主体经济的重要组成部分，肩负着配置信贷资源、为国民经济造“血”输“血”的职责，建设银行各级党委更要深入学习贯彻《条例》精神，坚守责任担当，认真履行主体责任，深入开展巡视工作，把我们的各级党组织和党员领导干部管好治好。

抓好《条例》的学习和贯彻是党委落实全面从严治党、从严治行的具体体现。党的十八大以来，建设银行党委认真落实党的十八大和十八届三中、四中全会精神，深入贯彻习近平总书记系列重要讲话精神和中央巡视工作方针，将巡视工作作为落实主体责任的具体体现和重要抓手，进一步完善体制机制，聚焦中心任务，突出巡视重点，不放过党风廉政建设和经营管理中的重大问题，不放过干部员工反映强烈的突出问题，不放过复杂棘手的敏感问题，运用巡视成果，对少数不能切实履行主体责任和“一岗双责”的领导班子、领导人员进行了调整，对一批违规违纪领导干部进行了问责，在全行引起关注。实践证明，扎实开展巡视，可以有效提高各级党组织的凝聚力、执行力和战斗力。尤其在当前，国内经济进入新常态，转型升级处于关键时期，国有控股商业银行面临支持实体经济、推动转型升级、守住风险底线的紧要任务；中央对中管国有骨干企业和金融机构专项巡视发现的问题，印证全面从严治党对国有企业尤为紧迫。在这种形势下，更需要我们用好党内监督“利器”，更好地发挥巡视利剑作用，把党规党纪挺起来、立起来、严起来，使各级党组织和党员领导干部紧起来、勤起来、实起来，成为改革发展和应对各种挑战的中流砥柱。

加强巡视工作是推动战略转型、实现持续健康发展的战略举措。2014 年，围绕习近平总书记关于建设银行要进一步增强服务国家建设能力、防范金融风险能力、参与国际竞争能力的批示精神，建设银行党委凝聚全行智慧，制订转型发展规划，启动了“综合性、多功能、集约化”的战略转型。需要我们加强巡视，把党中央的要求和建设银行的实际结合起来，督促各级分支机构党组织领导班子及其成员，严格遵守政治纪律和政治规矩，认真贯彻落实党的路线方针政策和总行党委的决策部署，正确把握转型方向和要求，在思想上、言行上自觉保持一致，做到令行禁止、步调一致；需要我们加强巡视，督促各级分支机构党组织领导班子及其成员，严格遵守组织纪律、工作纪律，以高的标准、严的要求，抓好班子、管好干部、带好队伍，把党的领导真正体现出来，坚决克服裹足畏难、不思进取，坚决戒除形式主义、官僚主义，不搞花拳绣腿、严禁选择性执行，自觉按照规划要求，创造性地开展工作，尽快打开转型发展新局面；需要我们加强巡视，找出共性问题，分析深层原因，提出治标和治本的对策建议，为健全制度、促进转型提供参考。

落实巡视责任是加强领导干部管理、强化风险管控的内在需要。当前，经济下行压力不断向商业银行传导，风险事项不断暴露。王岐山同志强调，落实党委的主体责任，是加强党风廉政建设和反腐败斗争的关键，要守住不发生系统性和区域性风险的底线。有的机构领导干部不敢直面问题，不愿担当，不负责任，无所作为，导致小问题演化为大风险；有的甚至存在以贷谋私、利益输送等严重违规违纪问题。从根本上讲，这些问题还是我们有的领导干部，党章党规党纪意识不强，“两个责任”不落实，只会当行长、不会当党委书记，只讲效益、不讲党性，只抓业务、不抓党建。从严治行，强化风险管理必须从领导干部抓起。在风险、审计、合规等定期跟踪、提示风险的同时，需要我们通过落实主体责任，加强巡视监督，以党规党纪严格约束、要求各级党组织切实履行“两个责任”，敢抓敢管，守牢道德底线，筑牢风险防线，确保国有资产安全。

### 出真招　求实效

巡视是管党治党主体责任的具体化，能不能抓好，是对党性的重要考验。党中央提出了明确要求，我们一定要认真地、不折不扣地落实和执行党中央的要求，进一步增强做好巡视工作的责任感和接受巡视监督的自觉性。要把学习好、宣传好、贯彻好《条例》精神作为当前和今后一段时期的重要政治任务，组织全行各级党委认真学习，准确把握条例精神实质，切实履行好主体责任，严格遵守党规党纪。要以学习贯彻《条例》精神为契机，建立健全领导体制和工作机制，加强制度建设和干部队伍管理，深化巡视监督和成果运用，充分发挥利剑作用。

（该文发表于10月27日《中国纪检监察报》）

# 在新起点上建设国际一流现代银行

中国建设银行行长　王祖继

十年前的10月27日，中国建设银行作为首家改制后的大型国有商业银行在香港成功上市，拉开了中国金融体制改革里程碑式的帷幕，不仅标志着中国对大型国有独资商业银行实施股份制改造的战略决策取得了重大成功，而且标志着原来负荷沉重的国有银行以崭新的形象，登上了国际资本市场的大舞台。上市十年来，包括建设银行在内的大型银行展现出强大的市场竞争力和价值创造力，国际形象大幅提升，一跃跨入世界先进银行的行列。十年后，站在一个新的历史起点上，为激发新形势下的发展活力和动力，建设银行正加快推进整体转型，全面建设“国内最佳、国际一流”最具价值创造力的现代商业银行集团。

### 因时应变，加快转型培育发展新动能

从当前国内外面临的复杂多变的经济金融形势上看，银行业的挑战和机遇并存，包括建设银行在内的大型银行正处于战略调整和转型发展的关键阶段。随着中国经济发展进入新常态，经济结构调整、新旧产业和发展动能的转换，对银行传统发展模式和资产质量提出严峻考验；利率市场化改革深入、金融监管日趋严格，对银行传统盈利模式、风险管理能力带来新的挑战；金融市场对外开放、互联网金融的兴起、同业和跨界竞争的加剧，对银行全球化服务、全渠道经营能力提出更高的要求。

与此同时，中国经济结构转型升级，将为银行业发展提供巨大增量空间；“一带一路”等国家重大战略实施，新兴产业和高技术产业加快发展，节能环保、绿色经济方兴未艾，企业“走出去”和国际产能合作全面提速，这些新的经济增长点，无不为银行业稳健经营提供巨大的发展契机；同时，居民消费尤其是信息、文化、健康、旅游、网购等新型消费异军突起，也在更大的范围、更高的层次上对银行服务提出新的需求，为银行发展带来新的历史机遇。面对现实而紧迫的挑战和稍纵即逝的机遇，包括建设银行在内的各大型银行都在变中求进、变中突破，在应对挑战中紧紧抓住和用好难得的发展机遇。站在上市十周年这一新的起点上，基于自身的既有基础、经营特色和比较优势，建设银行坚持改革创新的发展思路，科学谋划未来发展，前瞻性提出了“综合性经营、多功能服务、集约化发展、创新型银行和智慧型银行”的转型目标，制订了转型发展规划，转型各项工作协同有序推进。

建立大资产大负债经营管理模式，夯筑转型发展基础。转型发展，就是要对既有的经营管理模式进行创新，建立新形势下适应业务发展、重塑发展动力的经营管理模式，这是实现业务转型发展的前提条件与重要基础。在推进综合性、多功能、集约化、创新银行和智慧银行的转型目标下，我行打破传统条线分割、板块分割的管理模式，建立集团大资产大负债管理平台，展示集团完整金融服务视图，实施涵盖表内外、本外币、境内外和母子公司各项资产与负债业务的大统筹。着力加强全量资金管理，实现资金境内外互通、资产全球化配置。探索以大资产驱动大负债经营的新模式，逐步实现从信贷为主向资产管理为主转变。完善大资产大负债综合化考核办法，科学设置全面资产管理、全量资金来源等考核指标体系，发挥引领转型的“指挥棒”作用。

推进传统业务转型升级，巩固既有特色和优势。未来几年，中国经济结构、增长方式和速度的改变是一个渐进的过程，银行经营外部环境没有根本变化。金融业的基本格局在未来会有变化，但不可能有根本变化，直接融资和间接融资的比例和方式、大银行的同质化也不会有根本变化。所以传统业务不能丢，既要发展新兴业务，更要巩固传统业务，通过逐步转型，不断巩固优势。批发业务由存贷汇服务向为客户综合化服务转型，构建多层次、差别化的集团客户经营管理体系，完善综合营销、综合定价和综合考核机制，实现传统单一客户营销向“链条式”、“上下游”、全系统营销转变。推动零售业务从简单产品服务向大零售管理与服务转型，全力打造个人客户金融生态系统。建立企业级个人客户统一视图，完善客户关系管理，深化全量客户经营，构建个人综合金融服务平台。

加快新兴业务发展创新，打造新的增长引擎。随着互联网金融快速发展，大量非金融机构依托网络平台“跨界”进入传统银行业务领域，由此催生出诸多新产业、新业态，银行传统经营模式和营运体系受到冲击，必须打造新的业务增长引擎，培育新的竞争优势，开辟业务发展的新蓝海。通过大力发展资产管理、养老金融、投资托管、金融市场、同业业务等新兴业务，集中资源投入，着力打造一批拳头产品，开辟业务发展新蓝海。依托“互联网+”、大数据，全面推进产品创新、服务创新、商业模式创新。实施移动优先战略，打造涵盖个人网银、企业网银、手机银行、短信金融服务、家居银行、国际互联网网站、电子商务服务平台等在内的功能先进、产品齐全的网络金融服务体系。

拓展综合化、全球化经营，发挥互补协同效应。做好银行主业的同时，努力拓展非银行金融业务与海外业务，提升子公司和海外“两翼”对集团盈利的贡献，加快向综合性银行集团转型，增强参与国际竞争能力。在新形势下，无论是传统业务的转型，还是新兴业务的拓展，都要依托于以银行业为主业、其他金融业务为辅的现代银行集团平台，立足于境内外两个市场。大力推动信托、保险、租赁、基金、期货、投资银行等综合化业务，集团整体联动提升市场竞争力。加快在全球主要区域的机构布局，延伸扩展全球服务网络覆盖，实现跨地域、多币种、24小时不间断服务。通过强化内外联动，开展全球营销、全球授信、全球现金管理，创新跨境人民币等新业务，不断提升服务“走出去”客户和参与全球市场竞争的能力。

**服务大局，坚守国有大型银行的责任担当**

包括建行在内的大型银行，始终是服务国民经济与社会发展最为坚挺的主要力量，发挥着举足轻重的作用。在“十二五”规划即将收官、“十三五”规划即将展开之际，随着全面深化改革和经济转型升级重大战略的深入推进，大型银行要率先垂范，在服务国家战略大局中担当应有的社会责任和义务，成为模范执行国家宏观调控政策、服务实体经济的主力军。

发挥好金融主动脉作用，更加高效地为实体经济“输氧”“供血”。牢固树立国有控股大型银行的担当意识和责任意识，全力支持国计民生重点领域，加大对基础设施、重点建设、重大民生项目的信贷投放。积极拓展新型城镇化和小微企业、“三农”金融服务，想方设法出实招求实效，创新推广小微企业“助保贷”、供应链融资、新农村建设贷款、农业订单贷款等一系列量身定制产品，提高贷款可获得性，降低融资成本。依托集团综合化平台，创新融资、融智产品和综合金融服务，助力实体经济发展。

发挥好金融杠杆作用，更加有力地促进经济转型升级。积极贯彻国家产业政策，实施差别化、定向化的信贷政策，加大对新兴产业、新型业态的支持力度，精准选择客户，提高“滴灌”能力。设立科技支行、科技金融服务中心等专业机构，加强与政府创业引导基金、创业投资公司等合作，针对“双创”客户的特点和需求，创新推出科技发展贷款等专属产品。积极探索为客户提供项目孵化、项目推广、产权交易、项目融资以及上市辅导等综合金融服务，支持万众创新和大众创业，实现与客户共发展。

发挥好金融助推器作用，更加主动地参与国际竞争。紧密配合国家扩大开放和企业“走出去”战略，大力拓展国际业务和跨境金融业务，丰富境内外、本外币“一站式”综合金融服务。加快自贸区、“一带一路”建设等领域金融创新，配套差别化政策，努力闯出一条新路。推动人民币离岸市场建设，争取国际金融市场的话语权，为国家利益保驾护航。

发挥好金融稳定器作用，稳固地守牢风险底线。秉持稳健自律的经营风格，不跟风逐利，不参与恶性竞争和金融炒作。着力完善全员、全流程的风险管控体系，做实前中后台风险“立体防线”；创新技术工具，运用大数据、系统机控等先进手段，提升风险防控的精准性和有效性。通过夯实风控基础，确保发展速度、质量和效益的有机统一，坚决守住不发生系统性、区域性金融风险的底线，起到大型银行市场稳定器和风险减压阀的作用。

我们正处于波澜壮阔的改革转型大时代。百舸争流，奋楫者先。今天的建设银行集团正坚定不移地走在整体转型的新的发展道路上，朝着建成国际一流现代银行的目标奋勇前行，我们有信心走出具有中国特色的大国金融发展之路，包括建设银行在内的中国银行业将伴随新一轮改革开放，走向更加美好的未来。

（该文发表于《中国金融家》2015 年第 12 期）

# 打造最具价值创造力银行

中国建设银行行长　王祖继

十年前的 10 月 27 日，中国建设银行作为首家改制后的大型国有商业银行在香港成功上市，拉开了中国金融体制改革的帷幕，不仅标志着中国对大型国有独资商业银行实施股份制改造的战略决策取得了重大成功，而且标志着原来负荷沉重的国有银行以崭新的形象登上了国际资本市场的大舞台。上市十年来，包括建设银行在内的大型银行展现出强大的市场竞争力和价值创造力，国际形象大幅提升，一跃跨入世界先进银行行列。站在这一新的历史起点上，为激发新形势下的发展活力和动力，建设银行正加快推进整体转型，全面建设“国内最佳、国际一流”的最具价值创造力的现代商业银行集团。

### 因时应变，加快转型培育发展新动能

从当前国内外复杂多变的经济金融形势上看，银行业面临的挑战和机遇并存，包括建设银行在内的大型银行正处于战略调整和转型发展的关键阶段。随着中国经济发展进入新常态，经济结构调整、新旧产业和发展动能的转换，对银行传统发展模式和资产质量提出严峻考验；利率市场化改革深入推进、金融监管日趋严格，对银行传统盈利模式、风险管理能力带来新的挑战；金融市场对外开放、互联网金融的兴起、同业和跨界竞争的加剧，对银行全球化服务、全渠道经营能力提出更高的要求。

与此同时，中国经济结构转型升级，将为银行业发展提供巨大的增量空间；“一带一路”等国家重大战略实施，新兴产业和高技术产业加快发展，节能环保、绿色经济方兴未艾，企业“走出去”和国际产能合作全面提速，这些新的经济增长点无不为银行业稳健经营提供巨大的发展契机；同时，居民消费，尤其是信息、文化、健康、旅游、网购等新型消费异军突起，也在更大范围、更高层次上对银行服务提出新的需求，为银行发展带来新的历史机遇。面对现实而紧迫的挑战和稍纵即逝的机遇，包括建设银行在内的各大型银行都在变中求进、变中突破，在应对挑战中紧紧抓住和用好难得的发展机遇。站在上市十周年这一新的起点上，基于自身的既有基础、经营特色和比较优势，建设银行坚持改革创新的发展思路，科学谋划未来发展，前瞻性地提出了“综合性经营、多功能服务、集约化发展、创新型银行和智慧型银行”的转型目标，制订了转型发展规划，各项工作协同有序推进。

建立大资产大负债经营管理模式，夯筑转型发展基础。转型发展，就是要对既有的经营管理模式进行创新，建立新形势下适应业务发展、重塑发展动力的经营管理模式，这是实现业务转型发展的前提条件与重要基础。在推进综合性、多功能、集约化、创新银行和智慧银行的转型目标下，建设银行打破传统条线分割、板块分割的管理模式，建立集团大资产大负债管理平台，展示集团完整金融服务视图，实施涵盖表内外、本外币、境内外和母子公司各项资产与负债业务的大统筹。着力加强全量资金管理，实现资金境内外互通、资产全球化配置；探索以大资产驱动大负债经营的新模式，逐步实现从信贷为主向资产管理为主转变。完善大资产大负债综合化考核办法，科学设置全面资产管理、全量资金来源等考核指标体系，发挥引领转型的“指挥棒”作用。

推进传统业务转型升级，巩固既有特色和优势。未来几年，中国经济结构转型、增长方式和速度的改变是一个渐进的过程，银行经营外部环境没有根本变化。金融业的基本格局在未来会有变化，但不可能有根本变化，直接融资和间接融资的比例和方式、大银行的同质化也不会有根本变化，所以传统业务不能丢，既要发展新兴业务，更要巩固传统业务，通过逐步转型，不断巩固优势。批发业务由存贷汇服务向综合化服务转型，构建多层次、差别化的集团客户经营管理体系，完善综合营销、综合定价和综合考核机制，实现传统单一客户营销向链条式、上下游、全系统营销转变。推动零售业务从简单产品服务向大零售管理与服务转型，全力打造个人客户金融生态系统。建立企业级个人客户统一视图，完善客户关系管理，深化全量客户经营，构建个人综合金融服务平台。

加快新兴业务发展创新，打造新的增长引擎。随着互联网金融快速发展，大量非金融机构依托网络平台“跨界”进入传统银行业务领域，由此催生出诸多新产业、新业态，银行传统经营模式和营运体系受到冲击，必须打造新的业务增长引擎，培育新的竞争优势，开辟业务发展的新蓝海。通过大力发展资产管理、养老金融、投资托管、金融市场、同业业务等新兴业务，集中资源投入，着力打造一批拳头产品，开辟业务发展新蓝海。依托“互联网+”、大数据，全面推进产品创新、

服务创新、商业模式创新。实施移动优先战略，打造涵盖个人网银、企业网银、手机银行、短信金融服务、家居银行、国际互联网网站、电子商务服务平台等在内的功能先进、产品齐全的网络金融服务体系。

拓展综合化、全球化经营，发挥互补协同效应。做好银行主业的同时，努力拓展非银行金融业务与海外业务，提升子公司和海外“两翼”对集团盈利的贡献，加快向综合性银行集团转型，增强参与国际竞争的能力。在新形势下，无论是传统业务的转型，还是新兴业务的拓展，都要依托于以银行业为主、其他金融业务为辅的现代银行集团平台，立足于境内境外两个市场。大力推动信托、保险、租赁、基金、期货、投资银行等综合化业务发展，集团整体联动提升市场竞争力。加快在全球主要区域的机构布局，延伸扩展全球服务网络覆盖，实现跨地域、多币种、24 小时不间断服务。通过强化内外联动，开展全球营销、全球授信、全球现金管理，创新跨境人民币等新业务，不断提升服务“走出去”客户和参与全球市场竞争的能力。

### 服务大局，坚守国有大型银行的责任担当

包括建设银行在内的大型银行，始终是服务国民经济与社会发展最为坚挺的主要力量，发挥着举足轻重的作用。在“十二五”规划即将收官、“十三五”规划即将展开之际，随着全面深化改革和经济转型升级重大战略的深入推进，大型银行要率先垂范，在服务国家战略大局中担当应有的社会责任和义务，成为模范执行国家宏观调控政策、服务实体经济的主力军。

发挥好金融主动脉作用，更加高效地为实体经济输氧供血。牢固树立国有控股大型银行的担当意识和责任意识，全力支持国计民生重点领域，加大对基础设施、重点建设、重大民生项目的信贷投放。积极拓展新型城镇化和小微企业、“三农”金融服务，想方设法出实招求实效，创新推广小微企业“助保贷”、供应链融资、新农村建设贷款、农业订单贷款等一系列量身定制产品，提高贷款可获得性，降低融资成本。依托集团综合化平台，创新融资、融智产品和综合金融服务，助力实体经济发展。

发挥好金融杠杆作用，更加有力地促进经济转型升级。积极贯彻国家产业政策，实施差别化、定向化的信贷政策，加大对新兴产业、新型业态的支持力度，精准选择客户，提高“滴灌”能力。设立科技支行、科技金融服务中心等专业机构，加强与政府创业引导基金、创业投资公司等合作，针对“双创”客户的特点和需求，创新推出科技发展贷款等专属产品。积极探索为客户提供项目孵化、项目推广、产权交易、项目融资以及上市辅导等综合金融服务，支持万众创新和大众创业，实现与客户共发展。

发挥好金融助推器作用，更加主动地参与国际竞争。紧密配合国家扩大开放和企业“走出去”战略，大力拓展国际业务和跨境金融业务，丰富境内外本外币“一站式”综合金融服务。加快自贸区、“一带一路”建设等领域金融创新，配套差别化政策，努力闯出一条新路。推动人民币离岸市场建设，争取国际金融市场的话语权，为国家利益保驾护航。

发挥好金融稳定器作用，更加稳固地守牢风险底线。秉持稳健自律的经营风格，不跟风逐利，不参与恶性竞争和金融炒作。着力完善全员、全流程的风险管控体系，做实前中后台风险“立体防线”；创新技术工具，运用大数据、系统机控等先进手段，提升风险防控的精准性和有效性。通过夯实风控基础，确保发展速度、质量和效益的有机统一，坚决守住不发生系统性、区域性金融风险的底线，发挥大型银行市场稳定器和风险减压阀的作用。

我们正处于波澜壮阔的改革转型大时代。百舸争流，奋楫者先。今天的建设银行集团正坚定不移地走在整体转型的新的发展道路上，朝着建成国际一流现代银行的目标奋勇前行，我们有信心走出具有中国特色的大国金融发展之路，包括建设银行在内的中国银行业将伴随新一轮改革开放走向更加美好的未来！

（该文发表于《中国金融》2015 年第 22 期）

# 征信体系创新发展

中国建设银行首席经济学家 黄志凌

2015年7月，人民银行、工业和信息化部等十部委联合发布《关于促进互联网金融健康发展的指导意见》，为互联网金融、互联网征信的快速发展带来新的契机。对此，中国征信体系建设必须尽快适应新形势、新技术变化，切实把握大好发展机遇。

## 健全信用管理法律法规

法律制度和诚信理念是维护市场有序运行的两个基本机制。完善的法律体系和高度的社会诚信水准可以大大降低市场运行的交易成本，提高市场运作效率。美国信用体系高度发达，离不开完善的信用法律体系和政府监管体系。其信用管理法律制度可分为三个层次：直接的信用管理法律规定、保护个人隐私的法律和规范政府信息公开的法律。在大约16项生效的信用管理基本法律中，直接规范的目标集中在规范授信、平等授信、保护个人隐私权等方面。欧洲各国先后出台了《数据保护法》，对信息的采集、使用等作出明确规定。

我国征信管理的立法建设可参照美欧等发达国家的经验，并结合本国实际，从以下几方面着手：

一是细化《征信业管理条例》有关要求，完善有关制度规定。《征信业管理条例》对征信业发展的基本原则作了规定，但尚缺乏实施细则，如有关互联网环境下的隐私保护策略和客户授权认证有效性的法律确认，以及数据信息的跨境使用和信息安全等问题。

二是完善相关法律法规中有关债权保护、债务违约等失信行为处罚等方面的法律规定，为失信惩戒提供法理依据。

三是推动国家层面加快政府信息公开，推进政府信息公开方面的立法以及数据开发策略研究，为各部门、各领域信息共享创造有利的外部环境。

## 完善信用数据标准体系

统一的信息采集和发布标准是实现信用信息整合共享的前提和基础。美国征信市场能够在20世纪70年代获得迅速发展，先进网络技术的普及以及数据标准化工作功不可没。美国原联合信用局组织制定了统一的标准数据报告格式和标准数据采集格式，规定任何行业和单位都使用一个标准统一、开放的计算机数据输入标准格式。这种标准数据格式保证了美国个人征信机构拥有原始数据的一致性，为征信机构低成本获取数据、整合数据奠定了基础。

2006年以来，人民银行组织制定了征信数据元等六项征信数据标准，这些标准对于整合来自不同金融机构的信息发挥了重要作用。但金融数据之外的跨部门、跨领域数据的数据标准仍不统一，难以实现信息整合。为跨越信息孤岛，实现不同领域、不同系统的信用信息共享，建议人民银行结合金融机构业务发展的新情况，修订完善现行征信数据标准体系，针对互联网征信的发展要求，制定有关电商、社交网络等新的互联网信用数据采集标准，补充征信数据交换标准、数据查询使用规范等新标准；组织制定全国统一的客户基本信息采集规范和分类标准，为全国统一的信用信息共享平台建设奠定基础。

## 建立多元化的征信服务体系

目前，国际上的征信业务模式主要有三种。第一种是市场主导模式，又称私营模式，以美国为代表。这种模式的征信服务机构，都是独立于政府之外的民营机构，政府的作用主要是立法和监管。第二种是政府主导模式，又称公共模式或中央信贷登记模式，以德国等欧盟国家为代表。这种模式是以中央银行建立的中央信贷登记系统为主体，兼有私营征信机构的社会信用体系。第三种是会员制模式，以日本为代表。这种模式是指由行业协会为主建立信用信息中心，会员向协会信用信息中心义务提供信用信息，同时协会也仅限于向会员提供信息查询服务。

从发达经济体的经验看，征信市场采用何种模式并无一定之规，市场主导模式有利于促进市场竞争，政府主导模式在推进跨部门跨领域信息共享上具有优势。考虑到历史演进和当前实际，我国征信市场发展的方向可以概括为：引入市场机制，形成公共征信机构与民营征信机构互相补充、竞争有序的格局。具体构想是，将人民银行征信中心发展成为国家征信中心，形成以国家征信中心和几家有实力的社会征信机构为主体、以专业性和区域性民营征信机构为补充的社会征信体系。

从社会整体效用最优讲，人民银行征信中心作为公共机构，应以服务国家宏观管理、协助金融监管、便利金融机构风险管理和社会公众信用查询为主要责任。为发挥人民银行征信系统在社会信用体系建设中的主渠道作用，调动各参与方共享数据、研发征信产品的积极性，建议结合新形势发展变化，借鉴日、韩等国家的会员制模式，对征信中心的体制进行适当调整，以国家有关部门、主要金融机构为成员，建立数据提供方、采集方、使用方等协商采集和共享机制。在大数据时代，数据已成为企业的重要战略资产，理应同其他物质财富一样，可量化、可定价、可交易。要创造条件，允许数据资产以安全合理的方式流通和交换，实现各参与方互惠共赢，从而促进全社会的信用信息共享和应用。

## 丰富征信产品

目前我国的征信产品主要是征信中心提供的企业和个人信用报告，相比发达国家征信市场，我国在征信产品、服务内容、应用范围上还有巨大拓展空间。进入“互联网＋”时代，个人网上活动日益频繁，越来越多的个人数据被记录。与此同时，大数据技术又让海量数据的处理分析成为可能，从而促进和支持征信产品的丰富。

一是拓宽人民银行征信系统的信息来源，实现金融借贷数据的全面覆盖，以便更好地发挥其在征信市场中的核心作用。目前，人民银行征信系统尚不能涵盖全部金融借贷类交易数据，如P2P网贷平台、消费金融公司等机构的借贷信息，下一步应加强此类数据的整合力度，并将更多的非银行信用信息纳入采集范围。同时，加强对大数据技术的研究和运用，借助互联网技术主动抓取网页信息，对征信系统信息实施深层次整合。

二是推动征信产品创新，除传统征信报告外，鼓励社会征信机构提供更丰富的征信产品和服务。未来，征信系统将不仅提供信息主体的信用报告和评级，其服务还将延伸到反欺诈、催收管理、营销活动支持、就业市场服务等领域，征信系统也将成为个人积累信用信息、提升信用记录、监控信用记录的平台。

三是积极推动征信评级机构升级。目前，国内尚缺少在国际上具有权威影响力和公信力的信用评级机构，建议人民银行支持一定数量资质良好、有实力的国内评级机构做大做强。同时，鼓励金融机构与国内评级机构合作，做好企业内部评级和风险防控工作。

四是推动人民银行征信信息在国家行政部门的公共服务、市场监管、政府采购等领域的普及应用，在市场监管和公共服务过程中，建立跨部门、跨地区信用联动奖惩机制，对诚实守信者给予支持鼓励，对违法失信者依法进行限制或禁入，从而形成“守信激励、失信惩戒”的社会氛围。

## 强化征信业监管

征信市场化多元化改革实践对行业监管提出了更高要求，监管范围和监管事项大量增长。很多新问题、新情况尚缺乏相应的法律规范，比如，互联网、大数据征信下如何保护个人隐私，电商、社交等各类互联网数据哪些应纳入征信监管范畴，评级评分结果如何应用，如何避免消费歧视，等等。对此，笔者建议：

一是加强对各类征信机构、金融机构的监管和指导。随着人民银行征信系统接入机构不断增加，各类机构管理水平参差不齐，对征信数据库的数据质量、信息安全与信息主体权益保护都带来了挑战，客观上要求对各类机构实行分类管理，对内控薄弱的机构加强监管，以维护人民银行征信系统的权威性。当前，各类新兴征信机构各展其能，争相抢占市场，在丰富征信服务的同时，极有可能出现诸侯混战局面，对其进行规范管理和业务指导非常必要。

二是建立征信机构准入和退出机制，明确市场准入退出标准，明晰征信从业人员的行为准则，并对相关资质进行检查。

三是进一步规范信用评级、信用评分活动，明确征信机构和信用评级机构内部控制制度要求，明确信用评分、信用评级的政策、程序、方法以及评价标准。

四是设立国家层面的征信管理专职行政机构。现代征信体系建设涉及广义银行市场、证券市场、保险市场、非金融市场主体、工商行政、司法、税务以及大量公用事业领域等各相关社会经济领域，其范畴远超出了传统银行信贷甚至是资金融通领域，其监督管理要求也已超出法律赋予中央银行的职责范围。为协调管理相关方，笔者建议成立国家征信管理局这样更高层级的征信管理专门机构，全面负责中国征信体系建设的推进和管理。这个机构可以先挂靠在人民银行，待条件成熟后再独立运作。

（该文发表于《中国金融》2015 年第 21 期）

# 强国金融的内涵及路径选择

中国建设银行首席经济学家　黄志凌

2008 年金融危机之后，由于西方国家经济普遍遭受重创，而中国及时启动内需战略，经济增长虽然也出现剧烈波动，但总体上依然保持较高速度，以至于在危机期间实现了“弯道超车”，成为全球最大贸易经济体、GDP 总量世界第二大经济体。然而，所谓的经济大国不一定是经济强国，甚至与真正的经济强国不在同一行列。经济大国崛起为经济强国，表象特征很多，影响因素很多，实现路径也很多，其中发达的本土金融支撑和指向性的全球金融布局以及本币国际化则是必不可少的。在深入研究经济大国迈向经济强国的发展战略中，我们必须构建一个与之相匹配的金融体系，制定一个全球视野的大国金融战略。

## 一、经济发展史表明，经济强国都离不开金融助推

审视全球经济金融发展历史，不同时期世界经济强国在崛起的过程中，都离不开金融的加速和推动作用。早在 17 世纪，荷兰就利用飞速发展的国际贸易和高效健全的金融体系，迅速称霸世界。160 年，荷兰成立了世界上第一家证券交易所，1609 年成立阿姆斯特丹银行，证券交易所和银行的设立使得荷兰的金融业得到空前发展，再加上荷兰当时在国际贸易中的主导地位，荷兰盾就顺理成章成为国际贸易结算货币，阿姆斯特丹也发展为欧洲乃至世界的金融中心。

如果说 17 世纪是“荷兰的世纪”，那么，18、19 世纪就是“英国的世纪”。英国的崛起得益于三次革命，分别是 1688 年爆发的“光荣革命”、1689 年的“金融革命”以及 18 世纪 60 年代发生的工业革命。其中，“金融革命”对英国崛起的影响更为深远，英国经济学家、诺贝尔奖得主约翰·希克斯（John Hicks）指出“工业革命不是技术创新的结果，或至少不是其直接作用的结果，而是金融革命的结果。工业革命早期使用的技术创新，大多数在工业革命之前早已有之。然而，技术革命既没有引发经济持续增长，也未导致工业革命。因为业已存在的技术发明缺乏大规模资金以及长期资金的资本土壤，便不能使其从作坊阶段走向诸如钢铁、纺织、铁路等大规模工业产

业阶段，‘工业革命不得不等候金融革命’”。正是在金融革命的强力助推下，英国经济才迅猛发展，18世纪后半叶英国取代荷兰成为头号世界经济强国。到了1816年，英国制定了“金融本位制度法案”，率先实行金本位制，并于1821年正式启用金本位制度，再加上英国在世界经济和贸易中的地位，很快就确立了英镑的国际货币地位，伦敦也发展成为国际金融中心，并从此奠定了英国近一个世纪的世界强国地位。

与荷兰、英国的崛起不同，美国的崛起在于抓住了二战后的历史契机，但金融的强大在美国崛起过程中所起到的作用不容小觑。二战后期，世界政治经济格局发生巨大变化，英国经济遭受二战重创，实力大为削弱，黄金流失严重，导致缺乏足够的黄金储备来支撑英镑的国际货币地位，而美元的国际地位因其国际黄金储备的实力而得到稳固，并建立起了以美元为中心的国际货币体系，奠定了美元的国际货币地位，成就了美国政治、经济、金融的世界霸主地位。

日本的情况也是如此，二战后，日本采取了超前的金融发展战略，不仅使经济迅速从战后废墟中恢复，而且在20世纪80年代一举问鼎全球第二大经济强国。随着日本经济的全球扩张，日本企业和金融机构也走向全球进行海外投资和开拓市场，到80年代末，日资银行基本垄断了全球前四大银行地位，在全球信贷市场的占有率一度高达30%。此举表明日本政府早在多年前就充分认识到金融强国对经济崛起的重要性。

他山之石，可以攻玉。荷兰、英国、美国、日本等经济强国的崛起无不得益于金融的强大，金融起到了引领、助推和加速作用，一国只有拥有强大的金融体系，才能凭借其在国际金融体系中的核心地位享受巨大的经济收益和特权，才能成就经济强国。

反过来看，近代中国及他国历史经验与教训，也深刻阐述了建设金融强国的重要性。近代中国是一段屈辱的历史，是中国经济由盛及衰、金融由强变弱的过程。鸦片战争以后，西方列强加快了对中国经济和金融的掠夺，1845年外商银行进入中国，逐渐掌控中国的进出口贸易，垄断外汇，控制中国的金融与财政。19世纪70年代，中国经济金融掌握在外商和外商银行手中，出于军事、政治和兴办洋务的需要，清政府对外商银行采取退让和依附的政策，向外商银行乞求贷款。北洋政府时期，外商银行收买、扶持不同的军阀势力，并将其作为自己利益的代言人，加强控制中国的金融与财政，造成中国经济金融凋敝，社会动荡，民不聊生。民国时期，中国民族资本主义经济和金融有所发展，对外商银行的依赖有所下降，但退让和依附的政策并未得到根本改变。外商银行对近代中国经济和金融的影响可谓是灾难性的，外商银行垄断了国际汇兑业务，并通过对钱庄的渗入控制中国的经济金融命脉，导致国内金融业成为外商银行的附庸与傀儡；对中国新生的民族银行业进行抵制和打压，并通过不断地制造金融恐慌，最终控制中国金融的领导权。近代中国惨痛的历史告诉我们，没有金融的强大就难以实现经济强国梦想，就难以实现大国崛起，建设金融强国既是我们对过去历史经验教训的深刻反思，也是历史赋予我们的重任。

## 二、中国金融现状与中国经济地位不匹配

一般而言，衡量一个国家金融强大与否主要采用以下几个标准：一是具有国际竞争力的金融服务体系，国内金融机构要有国际竞争优势，具有跨境服务与跨境经营能力；二是具有发达且规模足够大的金融市场，能够左右全球资金流向，影响国际市场资产价格，在国际金融规则制定和修改上有足够的话语权；三是货币的国际化，本国货币能够成为国际金融市场和国际贸易的主要交易货币、国际储备货币和全球强势货币。

中国的改革开放取得了举世瞩目的成就。与1978年相比，今日中国从经济总量、人均GDP、制造业产值、贸易进出口总额、外汇储备等综合指标看，俨然已成为名副其实的经济大国。然而，经济大国不等于经济强国，作为经济强国，不仅需要排名靠前的经济规模和较高的人均收入水平，还必须具备开放并能在全球有效配置资源且分散风险的金融体系。目前，中国金融市场的发达程度还远远不够。一是中国目前的融资方式主要集中在银行直接融资，股市、债市等直接融资方式只占到14%，而美国2013年的直接融资比例已经达到88%，目前还在不断上升。中国金融衍生品

市场还处于发展初期，无论是产品还是交易体量都很小，而美国拥有发达的衍生品市场，产品极其丰富，体量极其庞大。二是中国的金融行业在应对市场化的挑战中还处于探索时期，盈利方式、管理模式，风险应对能力等竞争力还不足以面对国际化的挑战。金融体系全球化程度不高，国内金融机构缺乏国际竞争力，跨境服务与经营能力不足。国有四大行虽已跻身全球前十大银行，但国际竞争能力与国际先进银行相比仍有较大差距。2014 年，工、农、中、建四行境外资产占比分别为 7.10%、3.72%、27.41%、5.66%，境外利润占比分别为 5.20%、1.79%、22.98%、2.01%，四大行境外资产占全部资产的比重高于境外利润占全部利润比重，这说明四大行境外获取利润的能力不足。三是人民币国际化程度不够。目前，人民币仅仅实现了经常项0 下的可自由兑换，资本项下的可自由兑换还有待时日，当前人民币作为国际结算货币占比仅为 2% 左右，作为国际储备货币占比仅有 1% 多，而其他储备货币占比分别为：美元 61)%、欧元 24%、日元 4%、英镑 3.9%、加元 2.0%、澳元 1.9%。

## 三、金融强国战略的核心是做强国内金融市场

金融是现代经济的核心，资本市场与金融创新是决定大国兴起的关键。以美国为例，在过去的一个多世纪中，除了 1929—1933 年大危机、20 世纪 70 年代石油危机时期以及此次全球金融危机之外，在绝大多数时期，美国经济都保持了持续、稳定的增长。究其原因，最基本的动力就来自于科技创新。美国经济的每一次飞跃都与科技进步和创新有着密切的关系。同时不能忽视的是，科技创新对经济增长的推动作用随着金融市场的发展和金融结构的变革而日益明显。实际上，每一次科技进步和创新都与金融的发展密不可分。如果说科技进步和创新是推动整个经济体系前进的内生因素，那么，发达的资本市场、无可替代的国际金融中心、具有国际竞争力的金融体系则是推动美国经济增长的重要外生力量。

当前，中国金融市场的广度和深度还不够，远无法与美、英、日等发达国家金融市场相比，这就意味着中国目前的金融市场规模还无法满足国外投资者的需求，无法为全球投资者提供丰富的金融产品、足够的流动性和可信度；现有金融市场容量也无法抵抗全球资本冲击，一旦资本项目完全放开，大量资金进出中国金融市场，在市场广度和深度都不够的情况下，这将会引起中国金融资产价格大幅波动，最终会对实体经济产生危害。因此，中国亟须加快金融改革创新提升金融市场的广度和深度，推进产品创新和多样化，尤其是构建多层次资本市场和形成有影响力的国际金融中心。

一方面，增强国内金融市场容量。对中国而言，资本项目完全开放，意味着国内金融市场完全暴露于全球资本的自由冲击场景之中，如若金融市场的容量不够，难以抵抗来自全球的资本冲击。尤其是在债券市场的容量还不够大的情况下，大量资金进入或者流出中国市场，将引起利率和债券价格大幅上涨或者下跌，对实体经济运行造成直接危害。比较目前人民币和美元的本土金融市场容量，美国供全球投资者选择的风险较小的固定收益市场总额在 2012 年就达到 38 万亿美元，占美国 GDP 比例高达 240%；而截至 2013 年 10 月底，中国债券市场总额只有 4.86 万亿美元（约 30 万亿人民币）。由于市场容量的巨大差异，在相同的开放环境下，等量国际资本流动对市场的冲击力是完全不同的。

另一方面，增强国际金融中心的资产交易与财富管理功能。今天的国际金融中心已不主要是货币交易中心，更重要的是资产交易中心和财富管理中心。随着社会生产方式的进步和经济总量的增长，人们拥有的财富和资源也在不断增加，当财富总量和收入水平达到一定程度后，人们对金融服务的要求就会超越静态意义上的资产安全性要求，希望提供增值、避险、组合和一体化金融服务，其中对存量财富的管理和资产配置需求最为迫切。相对实物资产而言，金融资产的流动性、安全性具有显著的优势；而且金融资产与经济增长通过资本市场建立了市场化函数关系，这种函数关系具有一种杠杆化效应。所以，资本市场的发展的确可以大幅增加社会金融资产的市场价值，使人们可以自主而公平地享受经济增长的财富效应，这在一定程度上提高了经济增长的福利水平。对于今天的国际金融中心，如果希望得

到外国投资者的认可，必须具备资产配置和财富管理的功能。

虽然目前中国的资本市场发展迅速，但是要成为国际金融中心，还需要在规模、结构、资源配置、财富管理、全球地位等方面进一步发展。首先，就总量规模来讲，中国股票市场总市值到2020年应达到与国际金融中心的规模相匹配的要求；其次，资本市场结构需要进一步优化，建立与股票市场规模相近的企业债券市场，弥补企业融资结构不平衡的问题，同时为投资者创造风险相对较低的投资品种，优化资本市场的风险结构；再次，不断优化中国资本市场中的产业结构、实现投资工具的多样化，进一步加强资本市场的风险配置功能和财富管理功能；最后，允许国际投资者自由投资中国资本市场、允许外国优质企业在中国上市，真正实现中国资本市场的国际化。

展望未来一个历史时期，中国高增长的动力并没有发生根本的改变，高储蓄率又为未来的增长提供了坚实的资金基础。这一切，既给中国的金融进一步发展与创新提供了巨大的空间，又要求中国金融业必须加快推进全球化和市场化进程，以进一步降低社会交易成本，提高金融在全社会资源配置的效率。随着人口老龄化和养老保障体系的不断完善，将形成全球最大的养老金融市场，迫切要求加快金融全球化进程，以提高金融在全球范围内的配置效率。

## 四、实施全球化金融战略应高度关注路径选择

### （一）金融走出去的基础条件

金融发展具有互通性，世界各国、各地区在金融业务、金融政策等方面相互交往和协调、相互渗透和扩张、相互竞争和制约。回顾西方发达国家的金融全球扩张之路，总结中资银行的海外发展经验，笔者认为一个国家的金融走出去必须具备四个因素：

第一，经济实力是基础。唯有国家的经济实力达到一定水平，金融才能够走出去。回顾西方经济发展史，英国的金融能够垄断全球与其经济实力密切相关，美国在全球的金融扩张也是基于日渐强大的国家经济实力。当一国的经济实力尚未达到一定水平，“金融走出去”只会沦为一厢情愿的口号。当今，中国已跻身全球经济强大国家之列，已具备支撑金融走出去的强大经济实力基础。

第二，唇齿相依——走出去与贸易。贸易是金融走出去的必备条件。即使一国的经济实力强大，但若该国市场封闭，进出口贸易量低，则该国并不具备金融走出去的条件。

第三，金融机构自身必须具备匹配实力。金融机构是金融走出去的“具体执行人”。唯有当一国的金融机构具备全球服务能力和跨境经营管理能力，金融才能够成功地走出去。

第四，比较优势助力金融机构走出去。美国金融称霸全球主要靠其更具全球竞争比较优势的投行，而非商业银行。20世纪六七十年代以来，美国投行以辅助企业在欧洲市场融资为起点，开始拓展海外业务。经过近半个世纪的发展，美国大型投行海外业务收入占比持续上升。与此相对，美国的商业银行始终不热衷于国际化扩张。

因此，金融机构是否需要走出去，应基于自身的比较优势做出选择。一方面，并非所有的金融机构都需要走出去；另一方面，走出去的金融机构必须具备自身在全球竞争中的比较优势。结合中国当前的金融体系，资本市场的发展还处于起步阶段，融资方式仍旧是以商业银行为主的间接融资，这就意味着中国金融机构走出去必须以银行业为先锋。近年来，中国国有银行相继上市，使中国银行业发生了很大的变化，治理结构、发展潜力、资本充足率等都得到了很大提升。国际化的银行必须具备国际化的网络，而资本充足率的提高、人才的积累、管理水平的提升为中国银行业走出去提供了基础。

### （二）中国的金融业走出去必须权衡的几大问题

第一，现阶段，中国金融走出去的关键词是“跟随”，中资银行应跟随中国的企业走出去。目前，中资银行尚不具备海外落地经营能力，对海外市场缺乏深度认识，无法准确提供当地市场所需产品和服务。因此，跟随中国企业走出去仍应是现阶段中国金融走出去的主要着力点。其实，外资银行在中国市场的经营策略定位清晰——以适应中国市场的本土化产品为主，主要服务其本国的客户。如在进入中国市场后，日资企业的金

融服务需求基本依赖进驻中国的日资银行，这些日资银行的服务对象也基本锁定本国的跨国企业。

第二，金融机构的海外布局方式需要权衡。金融机构走出去，不仅可以到国外成立分支行，也可以考虑兼并、控股方法。布局方式各有特点，金融机构需权衡各方面因素做出选择。结合日资银行海外并购的教训，并购重组并非易事，必然面临文化隔阂。目前，工行收购南非标准银行是中国金融走出去中的一笔“大交易”，而其他金融机构的海外并购重组都只是“小打小闹”。“小打小闹”也是一种走出去的学习和实践方式，但这并不意味着金融机构不需要进行大型的海外并购。从“小打小闹”中学习和积累经验谨慎面对大型收购重组。金融机构在筹备大型收购时，必须做好准备工作，进行充分的研究论证，把各种并购方案综合考虑在内。

第三，地理区域布局必须权衡。金融走出去必须为国家的战略服务。举例而言，18～20世纪，西方发达国家的金融走出去与其帝国战略紧密相连。在美国对其周边国家的控制中，金融控制的威力不可小觑，为美国的国家战略推进提供了重要支撑。目前，中资银行海外机构主要布局在成熟的经济金融中心和发达国家市场，这主要是考虑到这些地区经济发展水平较高，市场容量较大，法律制度、市场规范较为完善。但是，在中国的国家战略版图上，亚、非、拉发展中国家和新兴经济体也占据重要位置，中国与其贸易及投资额不断增长，不过，中国金融在这些地区的影响力非常小，需要把海外布局工作做适当调整，大幅提高在这些区域的覆盖面。

**（三）大型银行在金融走出去中的定位**

中国大型银行是实施强国金融战略的核心力量，当前应该以“支持货币全球化、金融网络全球化、金融业务全球化、金融交易全球化”为抓手，增强服务能力、风险防御能力和盈利能力，促进对外开放和两个市场的深度融合，推动贸易投资便利化，提升国际竞争能力。

一是支持本国货币全球化战略。战略性扶持离岸人民币业务，完善离岸人民币产品序列，打造人民币清算行优势，逐步掌握对境外人民币业务的定价主导权。建立和完善包括人民币清算机制、自由开立的人民币账户制度、以银行为主体的境外人民币供应渠道和以资金回流为主体的境外人民币运用渠道等境外人民币金融服务基础设施。大力支持央行推进人民币汇率形成机制、人民币利率市场化、资本市场双向开放等市场化机制改革，及时防范和化解金融风险，维护金融稳定，有序提高跨境资本和金融交易可兑换程度，加快实现人民币资本项目可兑换。

二是推动金融网络全球化建设。积极进入海外市场，通过自设、并购、代理行合作等多种途径和方式加快全球化网络布局，基本覆盖包括世界贸易组织成员方在内的全球主要经济体和金融中心，构建多层次的全球网络。建立海外资金运营中心，规范海外机构资金来源与运用，利用海外市场低成本融资功能，广泛吸收低成本跨境资金支持国内经济建设。建立海外区域经营管理中心，实现海外业务发展的统筹协调、授信风险和集中管控、中后台的集约化运营、人员的统一管理调度。加大海外机构本土员工的引进、培养和选拔力度，建立本土化的业务运作和市场营销体系。

三是加快金融业务全球化转型。积极开展全球授信、现金管理、账户管理、供应链融资、信用卡、网银和跨境风险管理等金融服务，打造无国界、无时间限制的金融服务平台，满足跨国企业集团开展全球化采购、生产、配送、销售和资金调配的需求。加强境内外机构信息共享和业务协同，开展全球客户关系管理，提升对“走出去”、“请进来”客户多元化需求的服务能力和服务水平，为企业打造本外币、境内外“一站式”的综合服务。尽快改进当前业务发展高度依赖国内市场的局面，加快推进海外机构落地经营，提升境外资产占比和盈利能力。保证海外机构资产增速不低于银行集团的整体增速，力争进人当地主流银行行列。

四是推进金融交易全球化布局。在国际主要金融市场建立金融业务交易中心，打造全球化、全天候的金融市场交易能力。构建全品种、全市场、全球化的产品线，加强境外人民币产品创新能力。积极参与国内外金融市场登记、托管、交易、清算系统等金融基础设施的建设，保障金融市场安全高效运行和整体稳定。大力拓展上海自贸区、沿边重要口岸等特殊功能区的金融业务，增强对国家改革开放试验区的金融支持和服务能力。总之，在全球金融版图和国际金融体系正在发生剧变之时，中国更有必要思考自身的金融战略，以什么样的目标和策略去参与国际金融体系改革。

## 五、人民币国际化应着眼于长远考虑

放眼世界范围的国家兴替、民族盛衰，同样不难发现：一国货币在国际经济中的沉浮，往往伴随着大国的兴衰更替；而本国货币国际地位的提升，亦成为大国实现长期强盛的重要基石。19世纪，英国长期保持世界霸主地位，英镑在全世界得到广泛使用，直到一战前，英镑一直是世界上最重要的国际支付手段和储备货币。19世纪末开始，美国迅速崛起，取代英国成为世界第一经济大国，两次世界大战更使其成为世界最大的债权同，并最终在1944年的布雷顿森林会议上重建国际金融与货币体系，美元取代英镑成为国际货币，华尔街成为新的世界金融中心。布雷顿森林体系瓦解之后，各国货币纷纷脱离金本位制向信用本位制转变，作为货币背书的信用基础越来越取决于本国综合国力的强大与否。正如20世纪60年代，日本成为世界经济第二大国、世界最大的对外投资国和债权国，日元国际化迅猛发展，在全球外汇储备中的占比不断上升，而20世纪90年代日本经济陷入长达十年的停滞，日元在国际储备货币中的地位则迅速下滑。1995年欧元诞生，依托欧盟世界第二大经济体的强大实力，迅速成为仅次于美元的世界第二大储备货币。那么到底什么货币才是真正意义上的国际货币？为什么大型经济体都对本币国际化梦寐以求？

所谓国际化货币，主要是指一国或一个经济体发行的货币在境外作为计价单位、交易媒介、价值贮存以及投资手段等并得到广泛使用，其具体执行的货币功能包括：计价货币、结算货币、投资货币和储备货币等。中国媒体间流传着几种关于人民币国际化主要动机的说法。

一种观点是人民币国际化能够加强中国央行货币政策独立性，降低美国等主要经济体货币政策对中国货币政策的影响。这种说法将当前中国货币政策操作难度提高的原因归咎于人民币尚未实现国际化，这显然是不对的。2005年之前，人民币尚未国际化，但中国的货币政策基本上不受美国等主要经济体的影响。事实上，大型经济体的货币国际化程度越高，政策变动的冲击力越大，其货币政策越要顾忌其他国家的利益。

另有一种说法是人民币国际化能增强中国金融机构的竞争力和帮助中国金融机构在境外获取定价权。中国金融机构的竞争力主要由其经济实力、经营管理机制、人才和客户等自身因素决定，人民币国际化对增加其竞争力有一定的辅助作用，但作用不大。中国金融机构在境外的定价权也不可能因人民币实现了国际化而取得，人民币国际化只能提高境外金融交易的人民币计价比例，至于最终的定价权力则由参与交易的双方市场力量决定。

还有一种说法是中国可以通过人民币国际化在全球范围内获取铸币税，也可以加速形成具有重要影响力的国际金融中心。人民币国际化的确可获取一定的铸币税，由于中国当前外汇储备充足，财政收入增长速度较快，取得铸币税对中国实际意义不大，笔者认为获取铸币税也不能作为人民币国际化的根本目的。同时，构建国际金融中心与人民币国际化互为条件，互为因果，前者也不是后者的根本目的。

以上对人民币国际化动机的说法缺乏理论支持和事实依据，对中国的人民币国际化战略起不到支撑作用，反而平添了美国等主要国际货币国家的担忧，给人民币国际化的战略制造一系列不必要的麻烦。笔者认为中国经济与世界经济的融合是必然趋势，人民币国际化的动机是为了促进这个趋势的发展，并且保证在这个过程中中国的利益不受侵害，具体表现为：降低中国企业交易成本、为中国企业走出去创造便利条件、降低中国在经济发展进程中承担的汇率风险、减少外汇储备压力等。人民币国际化不仅是中国经济实力与地位变化的必然趋势，更是经济发展的战略选择。一种货币能否实现真正意义上的国际化，需要具备一系列客观条件：一是发行国或发行经济体政治稳定且在国际上的影响强大；二是发行国或发行经济体具有雄厚的经济实力，经济开放程度高且对外贸易额巨大；三是发行国或发行经济体拥有发达的金融体系和完善健全的金融市场；四是政府支持本国货币国际化，并推行有利于本国货币国际化的政策；五是发行国货币币值稳定，具有较好的信誉。应该说，人民币已经具备了这些客观条件，但在实践中还存在一些亟待解决的问题：

一是境外投资者持有人民币的动机问题。一般来说，境外投资者持有人民币的动机有三个，即购买中国产品和服务、对中国进行直接投资以及购买以人民币标价的金融资产。其中，中国现行的政策环境虽然能完全满足第一和第二个动机的实现，但激励的力度明显不足；而满足第三个动机所需的条件则较为复杂。如果持币者选择在中国境内购买人民币标价的金融产品，则中国需向境外投资者开放金融市场，即放开资本项目管制；如果持币者选择在境外购买人民币标价的金融产品，则需培育离岸人民币金融市场，为持币者提供充足的人民币金融工具。目前中国资本项目开放程度较低，离岸人民币市场发展深度不足，成为制约人民币国际化的重要因素。从实际情况来看，目前境外投资者持有人民币的主要动机集中在套利方面，这是人民币国际化健康发展所面临的突出问题。

二是尽快实现人民币可自由兑换问题。人民币自由兑换包括三个层面：其一，境外市场与境内市场之间的人民币自由兑换；其二，境外市场的人民币自由兑换；其三，境内市场的人民币自由兑换。目前，在不涉及人民币回流的情况下，境外人民币完全自由，境外市场人民币可自由兑换。但由于人民币最终的购买权和收益权对应的是境内市场，如果切断了境内外市场间的自由兑换通道，境外市场的人民币也失去了真正自由的含义，这也是为什么2009年和2010年香港人民币同业拆借利率超低，人民银行为进一步培育离岸人民币市场，设立RQFⅡ，允许境外三类机构参与境内银行间债券市场的原因。因此，如何实现境内市场与境外市场之间的自由兑换，已经成为提升人民币国际化的关键。

三是提升对外输出人民币的能力。金本位制崩溃的一个重要原因是黄金产量增长幅度远低于商品生产与交易增长幅度，黄金作为国际货币不能满足全球范围内媒介商品交易的需求。布雷顿森林体系崩溃后，美元作为国际货币的地位稳固，与美国常年“双逆差”（1971年布雷顿森林体系崩溃之后，除少数年份之外，美国基本处于“双逆差”的状态）。向全球输送美元的局面有一定关系。日本过去几十年一直都在持续推进所谓的日元国际化，但成效不显著，在目前全球储备货币中占比非常低，一个很重要的因素就是日本是贸易顺差国，无法通过贸易赤字的形式对外输出货币，而只能通过金融资本渠道进行货币输出。为促进日元的输出，日本建立了海外协力基金（OECF）和输出入银行（JEXIM），并在20世纪80年代开展“黑字环流”计划，向外输出日元。人民币要想成为真正意义上的国际货币，不仅要解决境外持有动机、消除持有障碍，还必须提升对外输出供应能力。

再次，经济实力强，不意味着该国货币就能自动成为国际货币，人民币国际化必须主动推进。有人认为，中国经济实力在可预期的时间内能超越美国，可支持人民币在相应时间内成为国际货币。实际上，美国早在1894年GDP就已经跃居世界第一位，到1913年其工业产值已经相当于英国、法国和德国三个国家工业产值之和。但直到1944年《布雷顿森林协定》的签署，美国才确立了美元的国际核心货币地位。从GDP跃居世界第一到美元取代英镑成为国际货币，美国整整用了50年。显然，人民币国际化还必须从战略的角度加以主动推进。

如果国际收支的“双顺差”长期存在，则无法向世界提供充足的人民币。金融危机之前，中国经常项目长期顺差。同时，中国作为最主要的新兴市场国家，国际直接投资和金融资本长期、大量进入中国，资本项目下也出现了资本净流入的顺差状态。自1994年开始，中国的国际收支一直为“双顺差”，近年来情况有所变化，而且货币当局通过“货币互换”，或者扩大资本项下人民币流出，降低资本项目顺差规模的方式向国际市场输送人民币。

人民币在相当长一段时间内无法成为主要国际储备货币。一方面，目前中国的综合经济实力尚不足以支持重要经济体选择人民币作为国际储备货币；另一方面，中国的金融市场还不够健全，容量与深度也还不够。这两个方面或许能解释为什么各国中央银行不得不大量持有美元资产。因此，通过中央银行货币互换提升人民币的国际储备地位，尤其是人民银行与主要经济体中央银行的货币互换规模十分重要。

人民币国际计价货币功能是人民币国际化的短板。人民币的国际计价功能是指人民币在国际范围内的私人用途和官方用途中，承担价值衡量和记账工具职能。相对于人民币的国际结算职能，目前人民币的国际计价职能严重滞后。例如，虽然中国已逐渐成为大宗商品消费大国、贸易大国，多个品种进口数量高居全球榜首，但全球大宗商品的标价以美元为主。通常而言，某一货币是否能作为国际计价货币主要与如下因素相关：一是通货膨胀，通胀率低、币值稳定的货币更有可能被选作贸易计价货币；二是汇率变动，进出口双方选择计价货币时会更多地倾向于选择具有稳定货币政策和汇率政策国家的货币；三是金融市场发展程度，进出口双方更愿意选择兑换成本最低且能被其他国家贸易商普遍接受的货币，这就要求该货币的发行国必须有发达的货币市场、资本市场和外汇市场以及完善的货币市场工具；四是货币的可兑换程度，如果一种货币还没有成为可自由兑换的货币，那么境外持币的风险与成本就比较高，这种货币在与其他可自由兑换的货币的计价竞争当中，就会处于劣势地位。从这些方面来看，人民币充当国际计价货币的路途还十分漫长。

人民币国际化是人民币走出国门，让全球的投资者接受和使用的过程。人民币国际化能否成功，是市场自由选择的结果。中国政府应尽可能呵护市场、只能以市场引导者身份参与人民币国际化过程，既不能放任市场波动与投机，但也不能操之过急。

（该文发表于《金融论坛》2015 年第 21 期）

# 打造金融服务新模式　加快向智慧银行转型

总行信息技术管理部总经理　金磐石

2015 年 3 月，国务院明确提出了“互联网＋”行动计划，在此之前，2014 年，建设银行率先发布了《中国建设银行转型发展规划》，明确将“智慧银行”作为未来转型主要方向，即强调发挥移动互联、大数据应用、机器学习等前沿 IT 技术在经营管理中的作用，提升全行的信息化、流程化、智能化水平，全面打造适应未来发展需要的金融服务新模式。

当前，建行正在推进实施的“智慧银行”项目，2015 年，建行智慧银行已在深圳、北京、上海等 12 个国内城市投入运营。“智在理念、慧在建行”，建行正在主动适应互联网时代的金融消费新潮流，通过科技创新和流程再造，实现运营服务模式的不断革新。

## 一、颠覆传统的开发策略和架构设计，让“以客户为中心”的经营理念真正落地

银行之间的竞争已经很大程度上转化为信息系统先进性的比拼。业务转型、技术先行。2011 年启动的新一代核心系统建设工程，为建设银行智慧银行的构建奠定了坚实的基础。

从业务角度来看，“新一代”采用先进的“企业级建模方法论”构建业务架构，推动全行业务转型。企业级建模包括流程、数据、产品与客户体验建模，用基于标准化、结构化的方法描述银行业务流程、数据与产品全貌，进而实现流程再造与革新，形成可直接交付 IT 开发的业务需求。企业级建模不受限于当前组织架构、岗位职责、部门边界，而关注于如何实现业务效率与效果的最大化，如何不断提升客户体验。目前，建

行通过“一个模型”已实现了对海内外、总分行和母子公司的企业级模型描述，从根本上改变了由过去“部门级、竖井式”设计所导致的业务运营效率不高、界面风格迥异客户体验差等问题。

从技术角度来看，“新一代”构建了组件化、平台化、面向服务的企业级IT架构体系。架构体系分为七层，分别是渠道整合层、客户服务整合层、应用集成层、外联集成层、产品服务层、数据集成层和管理分析层。架构设计具有稳定、灵活、可扩展的特征，其核心是共享，通过把“业务功能”组件化，就如同搭积木，某块积木内部的调整不会影响其他积木块，若干积木块组合在一起就是一个新功能。在智慧银行的开发实施过程中，各项目组开发的是一个个组件，而不再是一个个相对独立的系统。各个项目组遵循统一的实施工艺、执行统一的架构原则和技术标准，按照七层架构中的专业化分工，各司其职，高效、协同、快速地完成每一项“智慧银行”开发实施任务。

智慧银行呈现给客户的是依托“新一代”建立起的企业级的客户信息、产品服务、客户合约等基础功能组件，每一个组件都通过应用集成层发布产品和服务，面向全企业，为各渠道、各组件提供共享信息及服务处理结果。在新一代架构的支撑下，智慧银行通过视频交互柜员机银行（VTM）、智慧柜员机（STM）等智能设备，形成了实现与客户中心、柜面等渠道协同、信息共享、业务流程整合的，体现“以客户为中心”的银行新型客户服务体系。

## 二、应用前沿技术推进金融服务创新，让银行服务“聪明”起来

建行智慧银行汇聚了智能设备、数字媒体、人机交互和大数据分析等领域的前沿技术应用，让银行服务变得“聪明”起来，为客户带来“自助、智能、智慧”的全新感受和体验。

**——实现服务功能上的突破**

建行智慧银行共包含了VTM、STM、智能机器人、智能互动桌面等创新应用。

智能机器人能代替传统的大堂经理回答客户的各种业务问题。智能预处理终端则集业务分流、客户识别、排队叫号功能为一体，客户只需刷一下身份证，就能把个人信息传输到柜员的系统中，大大节省了手工填单的时间。智能互动桌面带来了全新的互动方式，客户经理现场设计理财方案，轻轻一挥，方案就能传输到客户的手机上供其带回家。在自助区设置了VTM，客户可以在远程柜员的视频协助下，自助办理开户、电子银行签约、充值缴费等各项业务。另外，STM已经陆续投入使用。作为一种自助办理为主、人工服务为辅的网点渠道新模式，STM可以为客户办理几乎全部的传统柜面业务，包括敏感且又耗费大量时间的开户、开卡、电子渠道签约、书面挂失、大额转账等，从而能够将大量有专业技能的柜员释放出来，为客户量身定做咨询服务和营销，将网点真正变成智慧的网点。

**——实现渠道协同上的突破**

建行智慧银行设计按照O2O（线上到线下）的交互理念，开创性地实现电子银行、手机银行、自助渠道、人工渠道的全渠道协同与集成，为客户提供“泛在”的银行服务，以及一致、无缝的交互体验。

建行提供了多渠道协同的业务预约和预处理，提前自动引导业务分流。客户可以通过网站、网银、手机银行、微信、预填单机等多种渠道进行预约或预填单，预约时可查看附近网点办理业务的人数，选择合适的网点、安排合理的时间办理业务；预约完成后，客户可以提前进行预填单，到达柜面后，预填单信息会直接进入业务办理流程。预约、预处理业务实现了线上线下联动，减少网点排队和柜面业务办理时间。与此同时，建行将内部业务系统与外部主流社交媒体、第三方平台等融合成一个有机的整体，将智慧银行打造成“互联互通”的社交空间，实现与客户随时相伴、按需服务。以社交金融场景为例，智慧网点开放免费WIFI接入，客户不仅可以通过功能丰富的建行APP应用，了解投资理财资讯及各类特惠信息，还可以通过微博、微信等社交媒体或第三方平台随时反馈需求，进行服务评价或提出意见，后端系统将实时分析相关数据，予以及时解答，并据此改进营销方式、推动产品创新。

**——实现大数据应用上的突破**

建行智慧银行充分应用大数据技术，精准挖掘客户需求，实现对合适的客户、在合适的时间、

通过合适的渠道、推荐合适的产品。

在智慧银行，依托大数据分析构建了智慧客服。通过对客户信息、交易信息进行深度的挖掘，智慧客服每日自动产生大量的营销商机，在客户与银行的每一个接触点，都会准确出击，推送最适合的产品，为客户提供更加贴心的服务。自1月28日上线以来，已设计并执行营销任务960个，共产生各类营销商机2.2亿个。另外，智慧银行实现全程电子化业务管理，并深入运用大数据等新技术构造柜面业务风险控制流程，将风险控制由人控变为机控、由分散控制变为后台集中控制，大幅提升了网点风险控制能力。

## 三、探索面向未来的网点运营模式，让建设银行赢得未来

建设银行依托深厚的管理水平和强大的信息科技创新能力，借助新一代核心系统建设的契机，大力推进智慧银行网点建设，一方面集中展示金融服务创新能力，另一方面也是基于对于未来的思考，开展对银行业发展趋势的深度探索。

**——未来的银行网点是客户体验中心**

在未来的银行网点，将通过集成传统渠道与电子渠道，优化服务与流程，对内实现产品统一部署、渠道服务共享、客户需求协同响应；对外与主流社交应用融合互通，与在线客户随时相伴，一切围绕客户需要展开。客户将享受到一点接入、全程响应，人工服务和自助服务互为补充，远程服务和柜面服务相互配合，随时、随地、随需，多场景体验一致的金融服务体验。

客户不在网点，通过手机、PC等终端可以看到网点的排队情况、服务范围、热销产品，远程发起预约和预处理。客户进入网点，按照以体验为导向的服务模式，实现不同层级客户与相应服务的无缝对接：简单的业务可以通过自助服务+人工复核确认的方式快速完成，投资理财类产品购买有大堂经理、销售经理进行推荐，有更复杂需求的客户，将由客户经理用直观展示的互动桌面进行有针对性的养老规划、教育规划、投资组合配置等，直到从产品优选仓中选定产品、设定购买计划。未来网点不只是交易中心，也是客户信任和互动体验中心。

**——未来的银行网点是客户营销中心**

在广泛搜集客户金融与非金融信息的基础上，通过家庭收入、消费习惯、社区环境、职业属性、年龄特征、客户群特点、金融交易等信息，精确描绘客户“画像”，深度挖掘金融需求，从而产生精准的营销商机，借助客户到网点或使用自助设备的时机，进行有针对性的营销。以互动桌面为例，不同的客户在使用互动桌面时，将会看到为其筛选的营销产品；当客户有兴趣时，会有大堂经理为其进一步详细介绍，并提供定制产品或服务。未来网点不只是交易中心，更是客户营销中心。

**——未来的银行网点是产品展示中心**

在未来的银行网点，产品展示将不再是一段文字、几个折页，而是组合应用多媒体制作、RFID（无线射频识别）集成、交互控制程序等技术，形式更加直观和丰富，客户了解银行产品变得轻松和简单。

例如，临街的玻璃幕墙看起来像一面镜子，实际上是应用了AR增强显示技术，通过动态捕捉系统，客户可以和建行“小微”虚拟客服进行互动。在金融超市，客户只要在展示架上拿起感兴趣的产品卡片，旁边的屏幕就会自动播放该产品的动漫介绍；而贵金属的展示也和传统方式大不相同，通过虚实结合和全息影像技术，形成立体的视觉交互效果。在客户浏览及产品展示的过程中，这些体验设备能够对客户的反应进行智能监控和分析，深度了解客户需求，为产品创新部门提供目标客户、产品偏好度、营销角度等分析报告，为产品创新和营销决策提供支持。产品展示不再是银行单方面的营销轰炸，客户可以自主选择想看的内容，等候的时间将不再枯燥乏味。未来网点不只是交易中心，更是产品展示中心。

## 结语

自上世纪90年代起，建设银行持续推进网点转型升级，从单一功能网点到综合网点，再到“三综合”网点建设和智慧银行试点，建设银行一直是业务创新和科技创新的倡导者和践行者。“新一代”核心系统及智慧银行网点建设，是建设银行对于“互联网+”模式的思考和答案，也是建设智慧银行这一“千里之行”的新起点。竞

争环境瞬息万变，建设银行以转型智慧银行为契机，不断完善创新机制，保持创新基因和创新体系的“日日新、又日新”，持续打造具有自身特色的、能有效应对内外部环境不断变化的“不变”之道。

# 经济增长新常态下的银行客户战略选择

总行风险管理部副总经理 刘桂峰

“新常态”从经济增长的角度看，意味着从高速增长转向中高速增长。笔者理解，这是在历经30多年高速增长的背景下给出的增速换挡的缓冲地带，是在资源、环境、劳动力、资本等紧绷情况下给出的弹性空间，是推动持续发展的科学理念的集中体现。这种增长状态既为银行的客户选择提供了新的方向、空间和由此而来的战略机遇，同时选择的难度、复杂程度及精细度也与日俱增，挑战的严峻性不言而喻。银行必须顺势调整自身的客户战略及客户选择策略，以维护良好的信贷组合支撑资产质量的稳定或持续向好。

## 一、银行应顺应新常态做出客户战略调整

银行必须根据经济发展新常态及国家产业调整战略做出自己的调整和安排，这是由其自身的特性决定的。

**（一）银行作为“货币经营者”必须讲“政治”**

这里讲的“政治”是一个宏观责任的承担者概念，不是狭义的“政治”的范畴，这是不论何种社会制度、何种意识形态都有雷同的。因为银行经营的是一般等价物，提供的是现代社会无所不能的金融服务，因此其经营准则和经营行为必须与经济发展趋势及国家战略导向相适应。正如前美联储主席格林斯潘所言，“只有把银行当成最大政治，政治才能成为财富之源”。当今中国的银行，只有顺应新常态的经济速度及发展节奏、顺应产业调整的战略及安排，调整自身的客户战略及经营策略，才能走出合乎潮流的节拍及前景来。

**（二）银行作为金融企业必须讲“效益”**

企业的趋利本性，使之必须在经营活动中争取利益最大化，前些时媒介一些指责银行“暴利”之说是毫无来由的。中国的银行尤其国有控股大型银行，要在当下和未来相当长时间获取有效收益，就必须在国家新一轮产业布局中占据先机，争取战略上的主动，把自己的客户选择融于整体经济布局中，努力在增量中争取到好的客户及项目，使新的组合达到最好，同时努力调适存量以达整体组合最优。

**（三）银行作为金融服务提供者必须讲“品牌”**

如上所述，现代银行提供的金融产品和服务，像毛细血管一样渗透到经济和社会生活的方方面面，其容量之大、涉及面之广无有任何企业可以比肩。随着经济增速的适度放缓和消费者需求及行为的升级变化，以及生产所需产品的产业部门技术进步推动新的产业链的升级变化，银行必须通过自身的体制和产品的不断创新，来适应这种变化，并打造自己的特色产品，引领不同类别客户需求，唯此才能在激烈竞争中立于不败之地。

**（四）银行作为“百年老店”必须讲“长远”**

银行不仅要在发展过程中不断壮大，更要在经历不同经济周期的考验中绵延持续其生命，因此厚重的历史就成为其在业内立足并引领潮流的一个重要佐证。所以银行在当下客户选择和未来战略布局上必须做好相接，而且要在培育和发掘潜力客户上下大工夫，以持续不断的市场竞争能力和绵延不绝的盈利能力奠定坚实的基础。

## 二、银行客户战略及客户群体的选择

新常态下的银行客户战略及客户选择应与高速增长下有所不同。后者因是满负荷增长，市场需求充裕，企业家信心十足，几乎所有领域、包括一些产能过剩领域都因需求的旺盛而销量十足，几乎所有企业投入均能带着利润回归，资金供给也充裕，即使有短期周转不开的也可通过“地下钱庄”或“热钱游击队”等高价融进周转几天即可归还进入下一个常态运转。因此银行在这种情况下只要在国家大的产业政策范围内，选择财务状况及成长性能好的企业即可。但当经济回落一定常态，而且这种常态要持续相当长一个时期，甚至从更长周期看经济增速还可能继续回归到一个更低一点区间的情况下，银行客户战略及客户选择的难度、复杂程度则要比前种情况下要多得多。

**（一）银行客户战略层面的考虑**

1. 整体产业升级的动因与机遇。产业升级已持续很多年了，一些领域也在悄然发生着变化，但实质性的变革还没有到来。大家都在讲，经济增速放缓为经济结构的调整和产业升级提供了外在条件，那些靠增速堆起来的需求没有了，一些过剩的产能就不得不接受硬性的调整，尽管这个过程是痛苦的，但却是不得不承受的。笔者赞同这个观点。但同时认为，产业升级不是一个抽象概念，也不是所有产业部门一起齐步走。这种靠技术进步推动的产业革命也是一个循序渐进的过程，是由某一产业链的顶端或其间的核心企业的技术革新率先启动并带动和引领其上下游或产供销逐步展开的。银行需要识别准这些核心企业或顶端制造企业，向其提供技改需要的必需资金，促其通过内生技术变革推动产业升级的实现及完成。

2. 行业内整合及跨业兼并。过去一提及行业内兼并重组，大家脑海中必然展现出产能过剩的景况。实际上，产能过剩是一个动态的概念，如传统意义上的钢铁、水泥、电解铝、平板玻璃等持续很多年的产能过剩的行业，之所以产能降不下来，是因为高速增长背景下的巨大需求在很大程度上吸纳了同样在增长的过剩产能，还有一些区域内因地理区位的独特（如新疆、青海等）催生了东部到中西部过剩产能的迁徙，还有出口到了一些国家地区。应该说，随着经济增速的滑落，每个行业及产业部门都需要进行调整以与之适应，因此，兼并重组应该都在推进，只是剧烈程度不同而已。同时，随着科学技术的不断进步，一些跨业的兼并也在兴起。银行需要在每年新投放的盘子里，预留足够的份额，用于支持通过兼并重组能够在行业排序上往前站，或者能够形成更有品质产业链等有潜在竞争力的企业。

3. 区域产业集群的兴起及整个区域升级崛起。前面谈到的一些先前发展迅速但现在已陷于停滞的状况，亟须进行区域性产业改造及技术升级，打造新的增长极及产业集群。但现在升级已不是“腾笼换鸟”，那个时机已一去不返。当下政府立即要做的是如何利用多年积攒的产业积淀及区位优势，努力把散、乱的企业集合起来，并激发其技术革新创造力，打造核心技术和核心企业引领下的新产业链、新产业集团。银行在其信贷政策中，尤其要体现支持该类区域尽快整合其产业结构，形成适应新常态下的具有区位产业集群特点、区位优势、能够与国家大产业结构相融合，甚至与国际产业结构形成互补的具有较强竞争力的产业模式。

4. 跨国资源性及制造性产业输出。这在前些时间已被证明是非常行之有效的做法。上世纪八九十年代我国产业结构同样面临有“长线”、有“瓶颈”制约等问题，但国家利用“集中资源干大事”的体制优势，从政策、资源调度等全力支持能源、交通、基础原材料等“瓶颈”产业建设，同时积极参与经济全球化进程，成功将一些“长线”的产业如钢铁等“甩”到了国外去，有效实现了高速增长下的产业结构的动态平衡。近些年尤其加快了向境外布局的步伐，不仅加大了基础原材料如铁矿石、石油天然气在外设厂建基地的力度，而且新型产业如光伏也把厂子开到了欧美等光伏强国与之展开面对面竞争，尽管这些国家以“双反”为由“围而剿之”，但其生命之火一旦燃起就很难扑灭。从当下及其后趋势看，经济增速换挡之后进一步加大对战略性基础原材料的境外布局，同时有意识选择一些欠发达国家及地区，输出我们视为“长线”而对方又恰好相对短缺的产业，以达新常态下产业结构新的平衡。银行应把握好这一趋势及新的增长点，把其作为客户战略的一个重要选择做重点安排。

（二）银行客户群体的选择

1. 银行要选国家主干行业的主体客户。这是构成银行整体客户框架的支撑。尤其是大银行，其庞大的客户群体不是数量级客户的无序堆积，而是由若干核心式、“灵魂级”的客户串起来形成的客户集群、企业链或者分层的客户群体。这些核心级客户在不同时期是有不同的标准的，而且不只包括国有大型集团客户，更多还有不断成长壮大的有核心技术、现代企业体制、完整产业链的大型民营企业，还有跨国性排名靠前国际性大型企业。这类企业由于有品牌，有实力和发展潜力，其融资能力也强，不乏众多银行争相递“橄榄枝”，但其对银行的服务也极为挑剔，不仅需要银行能够提供其发展战略所需的综合服务方案，更须有为其提供风险管理的能力。因此，银行要争夺并持续留住该类客户，必须要不断提升自己的综合服务能力，包括要有自己的行业专家能够捕捉、洞悉该行业的趋势性、前沿性东西，能为其发展战略提供专家性意见，并提供专业金融配套服务方案，而且通过自身专业风险管理能力提供最专业的风险管理方案，如此才能真正把客户吸引过来并深深留住，成为银行客户大厦中最根基的基石。

2. 银行要选行业内有兼并能力的客户。这些客户要有自己的核心技术和专业能力，要有资本实力，要有能够通过兼并使自己的产业链更加完整、或者能够使自己的主业形成更具规模化经营的能力。这类企业追逐的目标可以是行业排头兵，也可以是业内某一板块或某一链条做到排名靠前，但绝不可以是通过兼并简单扩大规模，或者是盲目的“多元化”。如煤炭企业可以通过兼并搞煤电一体化，以及有能力的后续煤化工的深加工，并通过技术革新不断推进其效能提升和价值最大化。钢铁行业则需要通过兼并不断提升其单位GDP耗能下降和生产率提高，提升其现代工业所需高精尖钢材产出能力。光伏行业则须通过兼并提升其组合发电能力，以及其分散式发电在新建筑物及城乡现有住户的推广应用能力，如此等等。凡属此类客户，银行在综合衡量其财务和风险承担能力基础上，均可给予鼎力支持，这也是培育第一层次客户梯队的投入和后续储备。

3. 银行要选区域性产业升级潜力客户。如前所述，一些东部沿海发达省份、这些省份里的中心城市，尤其是民营经济发展早、但产业结构陈旧老化的地市级城市，或者多年已具规模的一些传统产业集聚的城区，由于站在区域产业梯度的顶层但失去了率先升级的先机，故在新一轮经济调整大潮中有着产业升级的巨大压力和强烈的内在冲动。但当下及未来一个阶段的产业升级已不是过去建一个工业园区，大规模招商引资，其中有几个代表当代科技水平的企业就行了的概念，而必须是有核心的技术引领，运用当今互联网、物流、信息流、现代交通干道等众多要素，搭建起具有规模经营能力的以产业链为连接纽带的产业集群。如温州提出了“机器换人”模式，笔者理解这不只是因为劳动力要素成本提升带来的压力，更重要的是转换产业发展模式，通过技术革新推动单位生产成本的降低、核心技术的形成、规模经营的确立、产业集群效应的形成。还有一些老纺织化纤基地，被动等待欧美市场回暖增大对其出口量，尤其批量出口那些10美元就可买件纯真丝衬衫的价廉物美的就不要再搞了，最需要做的是深度挖掘需求市场，开发、生产出有自己品牌、有良好品质、有较高附加值的服装服饰来。银行应该对这些区域的政府决心和能力进行评估，对区域内企业的素质及整合能力进行分析论证，选择一批城市和这些城市有潜能和技术的企业，为其提供综合服务方案，为其提供必要的资金支持，促其发挥引领、带动作用，促其在形成有持续竞争力的产业集群的同时，培育起自己稳固的客户群体。

4. 银行要选在产业链专业专注的客户。银行应重点关注在产业链的某一环节专业专注地做某类产品，并时刻呼应链条上下客户需求变化尤其关注该链条中核心企业发展趋势，以不断把自身产品做深、做细、做精的企业。与其他企业相比，这类企业可能成长的不够快，也不大善于去抓与之相关的机遇向多元化发展以攫取更多利润。正因为如此，这类企业不会因经济周期变化大起大落，始终把握自身航向，保持足够定力，所获取的利润可能只是平均利润，但持续且稳定。这类企业也应成为银行客户选择的重要部分。他们因为稳定、守信，希望从银行得到的信贷支持是有限的、稳定的，而且有现金流作为还贷的支撑。

这类企业不起眼，但构成银行客户最为稳定的根基和基础。

5. 银行要选择“走出去”的跨国客户。近些年“走出去”的客户，除大型国有企业之外，越来越多的民营企业在境外投资办厂，并越来越多通过并购迅速打开当地市场。其实，境外投资是最不容易的一件事情，既要承担项目本身成败的风险，又要承担所在国或所在地区的政治、法律风险，近几年有不少因当地政局变化致使投资失败的案例，或因法律纠纷而官司缠身。银行应审慎评估这些跨国投资客户的资金实力及投资能力，审慎评估所在国的国别风险，审慎评估投资者所投产业与其母体的互补性或协同效应，真正选择那些有战略眼光、有实力能力、有协同效应、有长期收益的企业作为支持对象，在为其提供资金支持的同时提供长期金融服务和风险管理的能力，使该类企业逐步成为自身客户群体的重要组成部分。

## 三、银行应加快专业人才储备

银行作为产业升级的“助推器”，必须把抓紧培养专业人才作为做好新常态下客户战略选择与储备工作的重要内容，关键是做好专家型人才的培养储备。

### （一）培育顶级行业专家

银行要想把一个行业内客户细分做深，把一些有潜力的客户提前抓到手，就必须下力气培育自己的行业专家。可在不同时期选择一些重点行业，从应届高校毕业生中选聘一批学金属材料、学化工制造、学生命科学等方面的人才，在银行信贷领域的不同岗位加速培养，使其成为某一领域的专才。这样不仅可以在为客户量身定做服务方案时拿出该行业趋势性前沿性的专业意见，而且可用专家性的战略眼光，深挖其潜在客户，更重要的是敢做别的银行不敢做、而自己有底气的客户。唯有此，才能在愈益激烈的竞争中勇立潮头，为新的不断加入的潜力客户奠定坚实基础。

### （二）培育顶级境外投资专家

随着国内企业国际化步伐逐步加快，银行要加紧培育境外投资专家型人才，这是把境外客户做成银行最好客户的必要前提。除加紧所在国分行优秀人才的深挖引进外，应抓紧建立自身境外人才梯队，并加强不同国家分行人才的交叉使用，以在不同环境、不同岗位上历练成才，必要时可送入国际顶级大学进一步培养深造以堪大用。由于该类人才市场化程度高，银行应有专门薪酬及激励机制，以便更好地使用并留住人才。

### （三）培育顶级风险管理专家

企业越是做到顶级或行业排头兵性质，越感到自身风险管理的迫切和必要程度。因此，企业所需的综合服务方案，必然是风险管理主线贯穿始终，在这里，银行所提供的服务，首先是为客户先管好风险，然后才是风险加权后的收益。因此，为客户管好自身风险是银行风险管理的精髓所在。为此，银行必须不惜血本培育自己的风险管理专家，尤其要有一批能够把握风险技术最前沿的计量专家，源源不断地开发针对不同类别并逐步细分的客户评级模型，坚持不懈地开发强化贷后管理的行为评分模型，持续深化地研发针对不同欺诈行为的反欺诈模型，并通过日渐精确的经济资本配置，加大风险定价对客户综合定价的支撑，通过组合分析加大对客户选择支撑，使风险管理真正成为银行的核心竞争力。

# 信用卡信贷发展的战略思考

总行信用卡中心总经理　魏春旗

伴随着社会文明进步、经济金融科技发展的革故鼎新，信用卡成为现代广大民众生活中不可或缺的消费金融工具。今年是我国信用卡发卡30周年，信用卡发卡超过4亿张，贷款余额突破3万亿元，消费交易额占社会消费品零售总额比重达56%，其重要作用不言而喻。在这样的背景下，对信用卡信贷发展进行再认识、再思考，对于各大商业银行应对当前复杂形势、推动转型发展、提升盈利增长具有重要的现实意义和长远的战略意义。

## 一、信用卡经营管理的核心是信贷

信用卡是以信用为基础的消费支付工具，通过透支消费形成贷款，成为信用卡盈利的核心本源。从表现形式看，信用卡信贷是给予持卡人一定的信用额度，在额度内先消费、后还款，并能长期、连续、频繁地循环使用这一额度，形成享受一定免息期的循环信贷余额。如图1所示，如果持卡人非全额偿还循环信贷余额，将产生可观的利息收入。在美国，循环信贷产生的利息收入在信用卡总收入中占比高达70%，是国际信用卡主流的盈利模式和创收支柱。

随着信用卡信贷功能在国内的创新发展，基于信用卡的另一种信贷形式"分期信贷"脱颖而出并得到快速发展，究其原因主要有两个：一是相对居民消费增长和消费升级的速度，市场上个人消费信贷产品供给不足，信用卡成为消费信贷的最佳平台；二是由于信用卡循环信贷利率固定且偏高，分期信贷对特定商品采用手续费定价或者商户补贴的方式，大大降低了信贷融资成本，受到社会公众欢迎。截至2015年底，工、农、中、建、交、招六大银行分期贷款余额达7 785亿元，占信用卡贷款余额比重超过40%。此外，分期信贷收入以手续费体现，无疑成为当前商业银行提升中收的重要来源。

综上，无论循环信贷的利息收入还是分期信贷的手续费收入，本质都是源于信用卡信贷资产而派生的经营收入，因此，做强、做大信用卡信贷是实现盈利增长的根本途径。

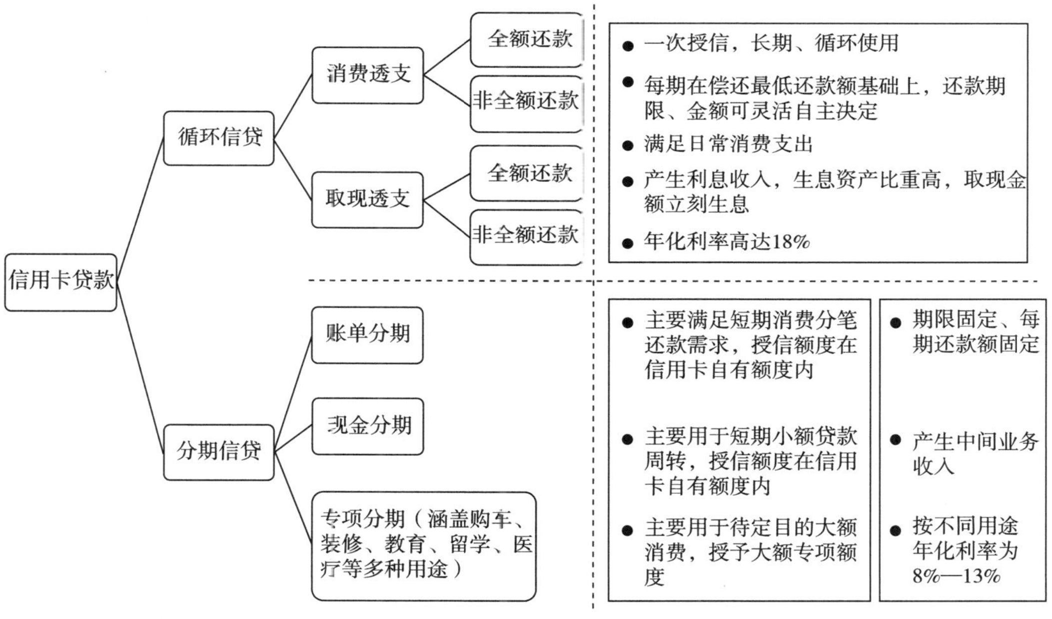


**图1　信用卡信贷分类及主要特点**

## 二、发展信用卡信贷恰逢其时

信用卡信贷的快速发展离不开经济金融生态环境的良好表现，在我国经济增长、居民收入和生活水平提高、消费需求日益旺盛等多重因素作用和驱动下，信用卡信贷发展增势强劲。

1. 信用卡信贷市场空间没有"天花板"。改革开放以来，经济发展的红利带来国民收入和财富的快速积累，居民物质文化精神和生活水平得到极大丰富和提高，消费能力和消费意愿不断增强。预计2015年全年社会消费品零售总额将达30万亿元，同比增长11%，消费对经济增长的贡献率超过60%，当之无愧地成为“三驾马车”中经济增长主引擎。消费者对支付便利和信贷的需求急剧膨胀。在这样的现实环境下，信用卡的发展恰逢其时，并且推动个人支付工具由现金支付跨越支票支付阶段，直接迈入刷卡支付时代，成为当前主流的消费支付和信贷工具。但与国外成熟市场相比，我国信用卡起步较晚，人均持卡量还不足0.4张，与发达国家人均3张到5张的卡量相比市场空间不可限量。可以肯定地说，未来很长一段时期，信用卡信贷发展没有“天花板”，必定是海阔任我游的市场“蓝海”。

2. 多元化的消费需求是驱动信用卡信贷的强大引擎。每个人每一天的生活都离不开消费，在生命周期的不同年龄阶段，不同属性特征的客户有着不同的消费需求、习惯和偏好（见图2）。年轻客群由于收入有限、财富自由度低，相对于刚性的消费需求会产生购买力缺口，以循环信贷为主的短期信贷消费需求旺盛；随着年龄增长、收入和财富积累提高，白领客群开始面临购车、结婚、安家、生育子女等大额消费支出，这种脉冲式的消费支出对财富正在加速积累的客户造成了财务流动性缺口，信用卡大额专项分期便应运而生，适配所需；伴随儿女成长，客户在个人消费基础上又产生了子女教育、家庭旅游、健康医疗等家庭消费需求，需要配套办理附属卡、家园卡等具有家庭消费权益的信用卡，并创新推出多样化的信贷产品来有效覆盖家庭消费信贷需求。由此可见，不同客群收入高低、财务状况、财富积累度和消费内容及其标准的不同等要素，决定了客户满足消费目的的财务保障度的差异，进而决定了客户多元化、差异化的信贷需求偏好。在所有客户群体中，以80后、90后为主的新生代消费群体具有超前消费、高频用信、价格敏感性低等特点，是信用卡信贷的主力客群，从这个结论上看，信用卡循环信贷较分期信贷将更加有所作为。以我行为例，高频的循环信贷客户平均年龄均在35岁以下，较全行客户平均年龄低3岁左右。

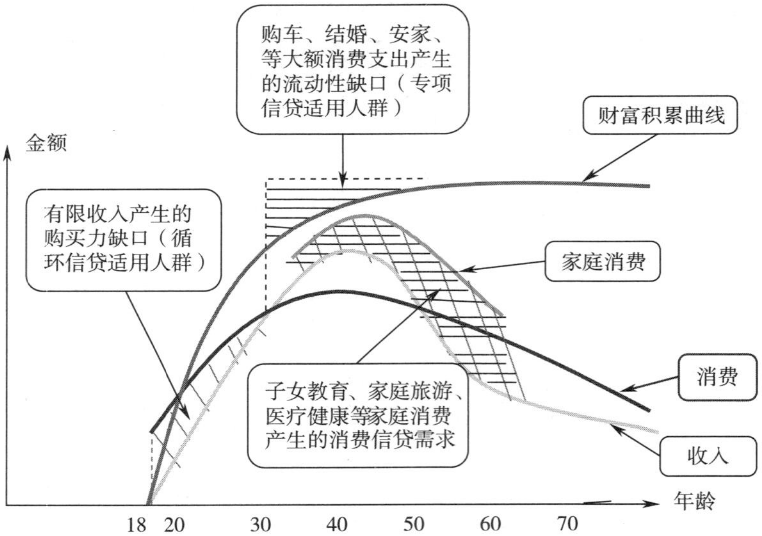


**图2 客户收入消费与年龄曲线示意图**

## 三、信用卡信贷的效益贡献与日俱增

信用卡以信贷为利基，产生利息收入、消费回佣收入、分期手续费、取现手续费、滞纳金收入等多种收入（见图3）。近年来，受居民消费需求日益高涨以及刷卡手续费率屡次下调的影响，信用卡业务的经营收入出现结构性变化，信用卡信贷利息收入和分期手续费收入占比逐年提高。以我行为例，信用卡循环信贷和分期信贷产生的利息收入和分期手续费收入占比已由最初的不到30%上升至目前的70%，成为信用卡业务经营收入的主力，呈现出与信贷规模和品种结构相匹配的快速增长态势。

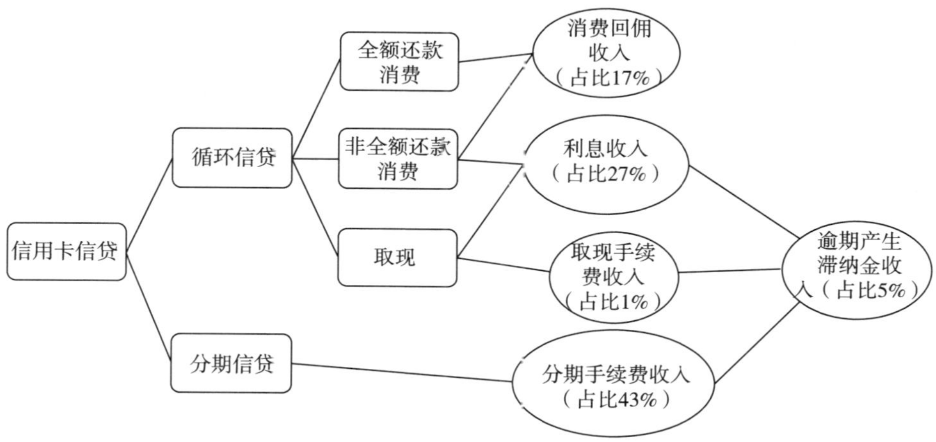


**图3　我行信用卡信贷产品及产生收入示意**

1. 分期信贷的中收贡献备受关注。信用卡分期信贷以手续费代替利息收入，凭借客户需求突出、消费场景明确、交易便利、价格合理、中收计量等五大特征，成为各大发卡银行中收增长的一大亮点，同时也是最具细分消费市场针对性和发力点的个人信贷产品。一是以手续费率代替利率，根据不同的客群、用途、期限灵活定价，实现定价的完全市场化运作；二是可以为购车、装修、旅游、学习、留学等大额消费提供信贷支持，弥补客户及其家庭的财务流动性缺口，满足大众富裕客户的资金理财管理需求；三是多样化的分期信贷产品覆盖最短3个月、最长3年的信贷周期，通过不同产品的叠加可实现整体期限结构的调整，进而有效经营风险，创造更大价值；四是高效整合了商户资源，通过商户让利创新推出“0利息、0手续费”的分期信贷模式，实现多方共赢。多年来，分期信贷业务连续保持高速发展，成为商业银行中间业务收入最重要的增长点。从我行看，2015年分期信贷创造中间业务收入135亿元，占信用卡经营收入比重达43%，带动信用卡在全行的中收占比达到18.5%，成为全行最大的中间业务收入产品，也是全行中间业务收入及有效客户增长的主动力之一。

2. 循环信贷的利息收入贡献日益凸显。信用卡客户规模庞大，单一客户授信具有小额化、分散化特征，符合大数定律，同时，循环信贷产生于真实而具象化的消费场景，具有消费普适性，能够有效满足客户多元化、差异化的“刚性”消费需求。因此无论内外部经济金融形势如何变化，循环信贷都将能够带来相对稳定的收入增长（见图4），是信用卡业务经营获利的基石。

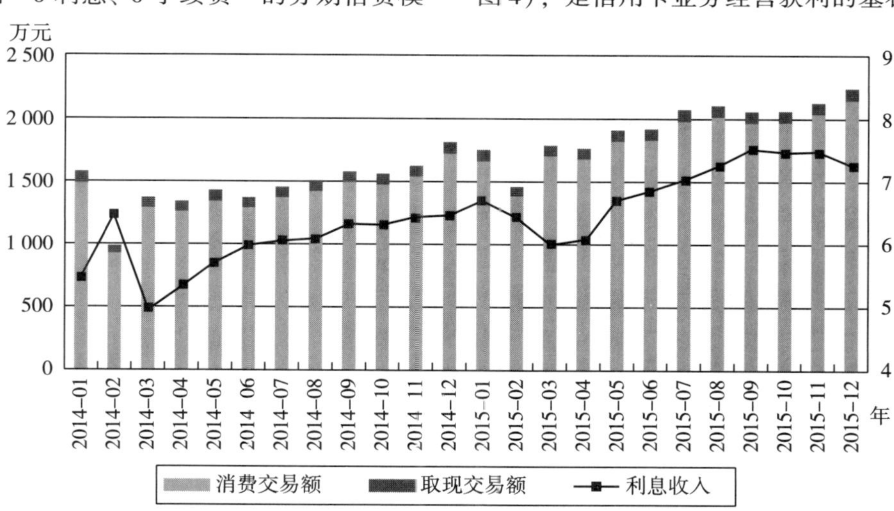


**图4　消费取现交易额与利息收入增长趋势**

与此同时，循环信贷的利息收入成为信用卡未来收入增长的重要支柱。目前，四大银行的信用卡发卡、消费、信贷等规模都明显高于招商银行、交通银行等股份制银行，但是经营效益却未占领先，主要差距在于循环信贷的发展水平。如图5所示，招商银行、交通银行信用卡信贷利息收入占比高达40%，带动信用卡业务总收入对银行整体收益贡献度超过15%，显著高于四大行3%—5%的水平，已接近美国摩根银行、花旗银行等成熟银行水平。由此可见，以信贷为利基的利息收入将是信用卡创收的重要增长点和主要来源，随着循环信贷成为信用卡业务发展的增长极，信用卡对全行的收益贡献将更加凸显。

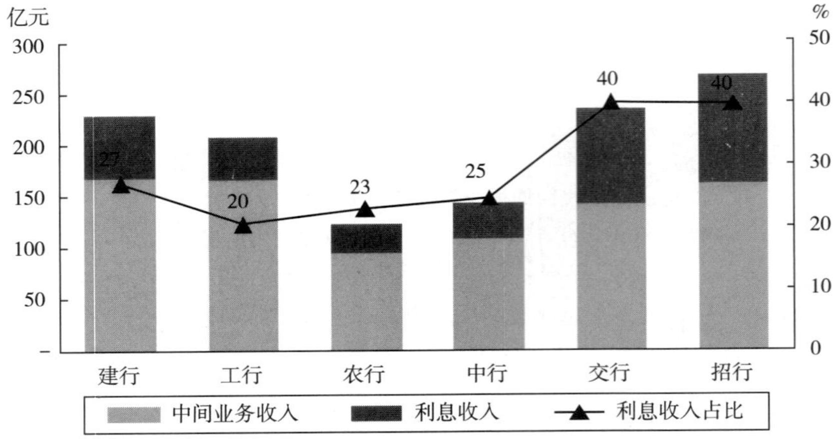


**图5　各行信用卡收入规模及利息收入占比**

3. 多元化的盈利创收空间巨大。大力发展循环信贷和分期信贷业务带来的不仅是利息收入和中间业务收入增长，同时也打开了盈利模式创新带来的广阔收益空间。主要体现在以下几个方面：

1. 消费信贷商户扩增收益外延。任何消费行为离不开商户，作为客户购买商品和享受服务的消费应用场景，商户是支付结算与消费信贷的重要平台和入口，丰富的商户资源能够有效地实现消费信贷转化，实现信贷消费的“最后一公里”，完成客户价值创造的“临门一脚”。更重要的是，商户不仅是信贷支付的受理者，更是消费资金的承接者，一是我行卡的消费资金，完成我行客户资金的体内循环；二是他行卡的资金，拓展资金来源；三是生产领域的资金，实现生产领域和流通领域资金的互转融合。因此商户是拓展对公存款、打通上下游支付链条、获取稳定收益和客户来源的重要渠道。在对公企业营销拓展竞争异常激烈的形势下，得商户者得天下，商户所能创造的全价值链综合收益不可限量。

2. 信贷资产证券化创造信贷溢价。信贷资产证券化能够增加收益、腾挪贷款空间、减少风险拨备和资本占用。从成熟市场经验看，美国信用卡行业约四分之三的汽车贷款依靠资产证券化融资。花旗银行信托资产池中，信用卡应收贷款及未到期证券超过700亿美元，2008年金融危机过后获取的超额利差已由6%左右上升至12%①。可见，运用资产证券化扩大信用卡信贷规模，用足信贷资源配置做大收益，对于破解当下银行利润增长放缓难题具有重要意义，未来将有更大的发展空间。

3. 精准定价进一步提效增收。经过多年发展，我国信用卡已实现基于不同信贷产品的差异化定价，面对即将全面放开的利率市场化改革，实施基于客户等级的差异化定价将成为大势所趋。以美国发卡机构为例，自20世纪90年代初开始根据客户资质和用卡情况实行差异化定价以来（见图6），信用卡贷款规模由不足3 000亿美元大幅上升至2008年的1万亿美元，极大激发了持卡人的信贷消费意愿。通过实施灵活的差异化定价管理，银行不仅能够在平衡风险的基础上实现收

① 数据来源于巴曙松《信用卡资产证券化与电商金融》，数据统计截至2013年9月底。

益最大化，同时还将打破以往信用卡 18% 利率对不同消费行为、不同信用风险客户的“一刀切”，增强信用卡信贷产品对不同等级客户的吸引力，进一步挖掘客户收益贡献。

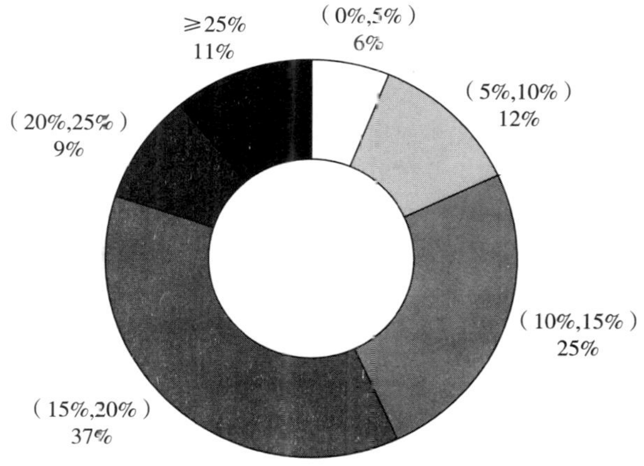


**图 6　美国信用卡不同利率定价区间的客户规模占比**

## 四、创新转型是信用卡信贷发展的必由之路

作为商业银行未来最重要的利润增长来源之一，如何发展好信用卡信贷，使之具有长久的市场竞争活力，关键在于以客户为中心，提高信贷、产品、定价、商户、支付、促销活动、流程、风险控制等经营要素与客户全生命周期中的各类细分消费需求之间的融合度、适配度。如图 7 所示，在合适的时间，向合适的客户，配以合适的授信，基于合适的消费场景、合适的信贷产品和合适的服务，通过一系列差异化的分割、结构化的安排，在整个支付链条上使信贷供给和需求相配套，最大限度挖掘客户价值，实现最大化的价值创造。要达到这个目标，关键是要全面推进结构优化，推进信用卡的客户结构、产品结构、商户结构、营销活动结构、消费交易结构、渠道配置结构、信贷结构、收入结构、质量结构等一体化的优化调整、协同发展。具体须从以下几个方面着力推进：

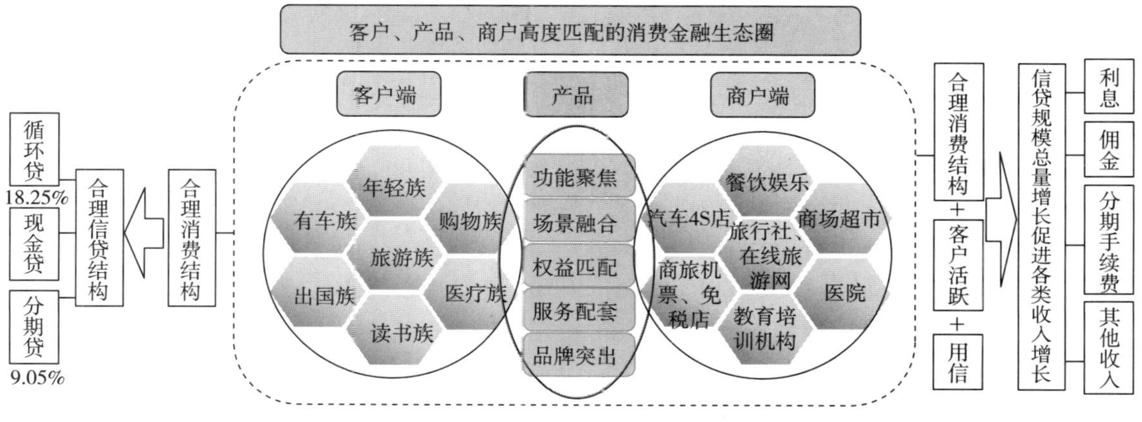


**图 7　各经营要素结构匹配示意**

1. 全力以赴扩大生息资产，夯实盈利增长根基。2015 年我行信用卡实现业务收入 312 亿元，其中生息资产（即循环透支贷款、取现透支贷款和分期贷款）创造利息性收入（包括利息收入和分期手续费收入）218 亿元，占比高达 70%，是信用卡最重要的收益来源。但在我行 3 897 亿元信用卡贷款中，全额还款的非生息资产占比高达四成，占用资金成本超过 45 亿元，削弱了我们的

盈利能力。因此，必须做大生息资产规模和占比，提升信贷资源使用效率，增强盈利能力。一是准确识别定位优质信贷客群。长期以来，我们认为高收入、高 AUM 值的客户就是好客户，对存款和理财等业务来说的确如此，但对信用卡业务却不完全适用，因为这部分客户不缺钱，不产生或只产生很小的购买力或流动性缺口，平时主要使用自有资金消费，信贷消费的需求和欲望并不强烈，对利息性收入贡献不高。信用卡好客户的特点是有一定稳定收入、有较强消费需求和信贷意愿、经常用信和支付结算、讲诚信能还款的客户，这部分客户通常额度使用率较高，是产生利息性收入贡献的主力客群。二是创新完善全市场全覆盖的消费信贷产品体系。信用卡信贷必须紧密贴合客户的消费场景、消费需求和消费习惯，我们要分析客户生命周期各阶段各环节消费资金缺口，尤其要重点掌握年轻消费群体、专项消费群体和家庭消费群体这三类客群的信贷需求，对接提供适配的信贷产品解决方案，提高客户收入贡献度。目前我行已经创新推出了“鑫精英”教育分期、“留学慧”留学分期、“二手车”购车分期等产品，并且还将推出“分期通”、旅游分期、“医疗惠”医疗分期、车位分期等产品，但仅有这些还不够，还需要进一步加大对各类细分消费市场的深度研究，了解市场规模、客群特征、对应的信贷产品以及商户发展结构等，针对市场潜力较大的需求创新开发相应信贷产品，拓宽信贷产品用途范围和场景适配度，不仅要横向拓展至各消费领域，还要纵向覆盖到购房、购车等相关行业的上下游产业链，实现对客户各类日常消费支付场景的全方位覆盖，全面提高信贷产品的消费渗透率和市场覆盖率，最大限度挖掘客户附加值和综合贡献度，提高收入增长能力。三是着力提升全额还款消费生息资产转化率。我们要主动培育客户的循环消费取现习惯，研究分析哪些客群、哪类消费的生息资产转化率高，针对细分客群特征和信贷余额变化规律研究相应的产品和工具，实施差异化、精准化信贷营销策略，加大对客户最低还款额还款的引导力度，全力推动全额还款客群向循环和分期信贷客群转化，提高生息资产转化率和信贷资产收益。四是大力发展取现业务。我们要充分认识到每一笔透支取现都是循环信贷，都是生息资产，都能带来日息万分之五的利息收入和取现手续费收入。要研究采取相应的对策、产品和工具，在现金和转账频繁使用场所、取现通道等场景中设计取现营销介入环节和手段，结合“随心取”“随心贷”等活动，进一步刺激提升客户取现意愿，扩大取现利息收入。

2. 大力拓展分期和特惠收单商户，扩大全价值链的综合收益。得商户者得天下。商户不仅是信用卡消费、支付、信贷、特惠促销等一系列交易活动的需要，更是我行争办商户企业、提高对公结算量的重要抓手。要充分利用我行的大行优势，统筹联动相关业务条线资源，积极发展总总合作分期商户，实现商户结构与客户消费结构、信贷结构之间的高度融合匹配，快速壮大各类信贷产品规模，推动商户向高价值创造、高循环用信、高分期信贷产品使用、高资金沉淀量转型升级。要将商户特惠、收单、分期、积分、增值服务等各项业务需求有机结合起来，围绕车生活、购房、商旅、热购、留学等平台上下游产业链拓展商户全价值链的综合金融服务，打造线上线下协同、多元场景覆盖、客户体验优化的消费金融生态圈，实现手续费收入、回佣收入、收单收入、关联存款收入等综合收益的全面增长。

3. 实施“决胜渠道”战略，提升信贷产品的渠道交付能力。要全方位加强线上线下信贷业务的综合经营渠道部署，充分利用我行网点渠道的营销服务优势，在网点与客户的接触点上，加强客户用信习惯的培育和引导，提升营销响应率和生息资产转化率；要抓住客户社交、生活、消费场景的网络化、移动化发展趋势，进一步织牢客户经营网络体系，持续加快信用卡信贷产品在网银、手机银行、微信银行、掌上龙卡 APP 客户端、电商平台等网络渠道的营销部署，扩大各类信贷业务在移动互联网和电子自助渠道的交易投放占比，提升移动化、场景化渠道信贷营销能力；要充分发挥信用卡运行中心价值创造力，按照集中化、专业化、规范化要求，加大账单分期、现金分期等信贷产品外呼营销力度，扩大生息资产规模和占比，夯实收益增长利基。

4. 加强业务运作集约化程度，提升业务办理效率。在“互联网 +”时代，信用卡能否快速、及时响应客户需求，提供灵活、便捷的信贷服务，已成为吸引客户用信的核心竞争要素之一。这不仅需要便捷业务办理渠道，更需要按照集约化运作的思维，在申请、审批、授信、放款等各个流程环节实现全覆盖的标准化、自动化、电子化、智慧化流程操作。要实现这个目标，首先要充分发挥我行新一代优势，依托大数据，加快集约化的信贷决策平台建设，实现营销推进、数据分析、策略制定功能系统化，提升业务运行效率和机能；要加快消费信贷管理系统、专项分期“速赢”项目、分期评分卡等集约化项目的推广应用，为形成全行统一的操作流程体系提供强有力的系统保障。其次要在前端有精益化的制度设计，围绕客户体验，以提升效率、创造价值为目标完善业务操作管理制度，持续推进业务流程和营销话术的精益化管理，实现信贷的快速交付。

5. 创新信贷资产组合管理工具，提升多元化盈利增长空间。实现利润最大化是信用卡信贷业务发展的根本目标。在经济下行、利率市场化发展、市场竞争日趋激烈的大背景下，要探索针对消费信贷客户的差异化风险定价，通过基于交易种类、时间期限、资金成本、风险成本水平的结构化定价匹配各类细分客群，提升贷款收益率和资产利用率，打造高质高效的贷款规模优势。要加强信贷资产组合管理，通过免息期差异化设定、个性化期限结构调整、优化账单日设置、缩短宽限期等多样化手段，在做大贷款规模的同时减少无效资金占用，提升盈利空间。要创新信贷盈利模式，加强对信用卡信贷资产证券化模式研究及相关法律法规梳理，创新设计我行不同风险等级资产的信贷资产证券化方案，创造条件适时实施，拓宽收益来源，提升资金周转效率。

6. 完善全流程风险经营管理，提升资本效率和信贷价值创造力。良好的信贷质量是业务盈利和可持续健康发展的核心，要想实现风险平衡下利润最大化的经营目标，必须牢固树立“以效益为中心”的风险经营理念，建立健全覆盖客户全生命周期、全流程的风险经营管理机制、手段和工具，强化各业务环节主动经营管理风险的意识、能力和责任，清晰掌握每一个流程环节的盈利点和风险点，确保收益可获、风险可控，实现收入收益与风险成本的最优平衡。一是要基于价值创造，综合考虑细分客群的风险、收益、资本、当前额度和我行资产等维度，采取差异化的额度管理策略，通过额度动态管理的精细化、实测化、模型化、自动化、便利化和普及化，合理降低无效资本占用，提高资本回报率。二是要加强内外部数据应用、模型开发和客户细分，加强对客户信贷交易用途、资金流向、还款行为及行内资产变动情况的跟踪监控，建立完善的风险管理动态回归检验策略，提高风险识别精准性，及时有效降低风险敞口。三是要综合运用多种催收工具提升回收比率，针对不同逾期阶段客户采取差异化催收策略，研究测算每一个不良期限贷款的回收率和损失率，探索风险收益平衡点，驱动实现收益最大化。

# “互联网+”与商业银行零售业务转型发展思考

内蒙古自治区分行行长　张勤

## 一、互联网金融国内发展现状

### （一）金融产品和服务更趋综合化

互联网金融形成了第三方支付、P2P贷款等较为成熟的服务模式，可以为客户提供一站式金融服务。同时还利用其无可替代的便捷优势，创新了多种网络金融中介服务。例如，“91金融超市”已和包括银行、小贷公司、保险公司在内的300多家金融机构达成了合作关系，由专业团队直接帮助用户决策选择匹配的产品。这些企业利用现代信息技术手段实现了更高效的金融机构与客户之间的融合。

**（二）投融资理财方式更趋多样化**

余额宝、微信理财通等各种网上理财工具迅猛发展，理财工具多样化。以P2网贷公司为代表的网络金融公司，以交易成本低，风险分散，不受地域、规模限制等特点，极大地提升了资金融通的效率，盘活了巨额民间资本进入实体经济，投融资渠道更加多样化。

**（三）信用信息管理更趋完善**

互联网金融创新了信用查询分析系统。例如，阿里小贷依靠庞大的云计算能力和多种模式，通过对大数据的挖掘和分析，获得个人和企业的信用信息，将之用于信用识别和风险定价，发放无抵押信用贷款和应收账款抵押贷款，实现了客户、资金和信息的封闭运行。

## 二、商业银行零售业务面临的机遇和挑战分析

**（一）互联网金融给商业银行零售业务发展带来的挑战**

1. 弱化商业银行金融中介地位。互联网技术通过数据挖掘分析，为资金的供求双方提供充分的参考信息，无须借助中介机构，就可以直接完成资金的融通过程。同时，互联网技术打破了时间与空间的限制，在相当程度上弱化了商业银行的支付中介地位。

2. 挑战商业银行的经营服务模式。互联网金融尊重客户体验，强调交互式营销，主张平台开放，加上大数据、云计算等新技术应用，能为客户提供个性化的灵活服务方案；而商业银行各种业务应用边界固定，功能整合不灵活，从而“以客户为中心”的服务远远逊色于互联网金融。

3. 抢占商业银行零售业务部分市场份额。互联网金融正在进入传统金融行业的各个领域。以第三方支付为代表的非银行机构凭借其掌握的大规模客户入口、高效的资金处理方式、强大的信息整合能力，大量分流银行支付消费类业务、存贷款业务。一直以来，商业银行负债业务都维持在较高增长水平，没有低于两位数增长，2014年出现了个位数增长情况。第三方支付机构则已成长为规模万亿元级别的庞大企业。

4. 影响商业银行零售业务传统利差盈利模式。商业银行传统盈利模式，即为客户提供服务并直接向客户收取费用。互联网金融企业开创了新的商业模式，即向个人客户提供免费甚至有补贴的服务，通过个人客户资源向机构客户收取费用，从而获得盈利。例如，支付宝为用户提供免费的转账等服务，而通过余额宝等产品收取基金公司管理费用。第三方支付极大地威胁着基于银行支付功能而衍生的中间业务收入的增长。

5. 削弱了商业银行客户基础和渠道优势。互联网金融借助智能搜索引擎和海量数据挖掘技术，深度接触到银行的个人客户群，直接获取银行掌握的客户身份、账号、交易流水等，导致客户信息脱媒。同时，凭借支付便捷、信息透明、交易成本低的先天优势，不仅要撬动银行业，还联合基金、保险等非银行金融企业提供综合金融服务。互联网金融企业在用户界面的简洁度、便捷性、易用性等方面都优于传统金融机构的网络金融。因此，客户特别是年轻客户会很快形成使用习惯，逐渐抛弃商业银行烦琐的网上银行系统。更多金融交易通过第三方平台进行，银行客户流失风险将不断加大。同时，基金、保险等传统金融产品的销售在我国向来是商业银行一家独大，目前互联网金融通过网络模式帮助基金、保险公司扩大销售渠道，做大直销和代销服务，将冲击商业银行传统销售渠道。

6. 网络风险防范压力不断加大。在互联网金融快速发展过程中，由于系统存在漏洞、风险防范技术相对滞后等原因，不法分子通过钓鱼网站、使用恶意软件等手段获取客户信息，进而窃取客户资金等现象时有发生，给银行零售业务的健康、安全发展带来严峻挑战。

**（二）互联网金融发展给商业银行零售业务发展带来的机遇**

1. 为商业银行零售业务转型发展提供了思路。如何转型发展、如何进行技术创新和流程优化，是现在我国商业银行共同面临的问题，而现在跨界互联网金融企业的创新为商业银行提供了一个很好的思路。

2. 有利于商业银行零售业务加快创新。面对互联网金融的迅速崛起，商业银行开始更加注重客户体验，加快电子银行产品创新，积极打造直

销银行、手机银行、网上银行等服务平台，并通过非银行机构建立联盟和伙伴关系，为客户提供超越传统银行产品范畴的金融和非金融服务，进一步提高客户体验。同时，银行加快将传统的金融产品和服务向线上迁移和拓展，方便客户快速办理业务，提升客户服务水平。

3. 为商业银行零售业务风险防控积累了经验。互联网金融企业以及商业银行自身都在网络风险防控方面取得了很多实战经验，这些经验都将为下一步商业银行在金融服务领域推进互联网技术的应用发挥重要作用。

## 三、互联网时代商业银行零售业务转型发展的路径选择

### （一）转变经营发展理念，积极推动零售业务战略转型

商业银行应从战略高度认识互联网金融发展对零售业务的影响，将互联网金融战略作为零售业务转型升级的重要内容。在国家“互联网+”行动计划指导下，将互联网金融战略融入银行零售业务发展规划，前瞻性地制定战略行动路线图，充分发挥银行零售业务的品牌信誉、客户基础、网点网络等优势，加大财务、人员等资源配置，统筹推进网络金融、电商金融、移动金融全面发展。从支付、投资、融资、交易、商务、信息全方位，从产品创新、运营管理、风险管理、客户体验等多角度，推进银行的互联网金融战略。

### （二）加快推进产品和服务创新

1. 加强服务模式创新。一是深度融合信息技术与金融核心业务，打造智能化的金融服务平台，不断提升客户体验，积极为客户发展营造良好的金融环境。二是全面提升客户营销服务水平，建设智能化客户管理系统。三是全面实施客户分级、分层管理，从满足客户单一需求向对客户的全面服务，从服务单一客户向服务产业链金融客户，不断创新，满足客户需求。四是提升在线服务水平。大力推动K码、近场支付等新兴支付方式创新，为客户提供便捷、安全、小额的在线消费、在线理财等服务体验。加强线上客服经理、线上理财师的社交圈建设，探索远程服务模式，利用微信等平台推送产品信息，为客户提供全面的线上金融服务。五是借助物理网点资源优势，将网点打造成客户身边的互联网产品营销体验店、与客户沟通的服务中心，实现线上线下有机结合，提高客户联系能力，促进产品营销推广。六是基于大数据分析，发现目标客户和客户的现在需求，精准推送营销信息，研发配置适销产品，定制专属金融服务方案。

2. 加快金融产品创新。一是注重机制的创新和业务工具服务创新。通过机制、业务、工具、服务的创新，支撑品牌、市场影响力，实现综合竞争力的提升。二是加快互联网金融产品创新。契合客户需求特点，加强个人消费贷款、自助循环贷款等网络融资业务创新，在电子渠道全面上线保险、基金、外汇、贵金属和私人银行等产品线，打造线上综合理财平台。三是组建“互联网金融产品创新实验室”或“互联网金融产品创新专业团队”，进行前瞻性地研究，持续关注互联网金融创新动态，建立完善创新机制，通过及时搜集创新创意、开展创新试验、加强创新成果评估与推广等措施，抢占互联网金融创新制高点。

### （三）加快向智慧银行转型

在互联网信息技术高速发展的今天，运用最新科技成果创新营业网点服务模式，加快营业网点向智慧银行转型，是商业银行探索的重要方向。银行营业网点向智慧银行转型，须实现服务和管理智能化。逐步推进客户综合服务电子化平台建设，扩充线上营销功能，促进线下服务向线上迁移。加快智慧银行网点建设和推广，增加自助智能设备，扩展远程智能服务，加强智能技术在经营管理中的应用。要实现产品和渠道智能化。积极构建互联网综合服务平台和线上金融超市。增强营业网点客户识别、产品营销、远程顾问咨询等综合功能。以建设银行为例，探索从全渠道协同、大数据应用、流程再造等维度对网点进行重新定位和规划，同时依托智能设备、数字媒体和人机交换技术，推进“综合性、多功能、集约化”转型战略，实现智能、便捷的客户体验。

### （四）建立高效、协同、互补的渠道体系，着力推进渠道转型

一是加快商业银行营业网点布局优化，提高市场契合度。综合考虑客户资源、人口规模、收入水平和发展潜力等因素，持续推动网点布局优化。科学设置离行式自助网点，丰富自助设备智

能化功能，充分扩展自助设备协同补充作用。构建以综合网点为主干，大量离行自助网点为支干，电子银行为交易和服务渠道的格局。二是加快营业网点综合化建设。以建设银行为例，坚持新增与结构调整并重，加大网点布局优化与低效网点整合调整力度，加快网点转型升级，按照“大零售”思路，提高网点多功能、智能化服务能力。三是积极打造智能化渠道体系。以移动金融为引领，持续推进银行零售业务的移动化、网络化转型，逐步建立物理网点、网络金融、移动金融、自助金融等为一体的多元化智能化渠道体系，为客户提供全方位、7×24小时无缝隙金融服务。四是推进营业网点互联网化。加大电子银行体验机、移动设备等的布放力度，并借助4G、移动互联网等，搭建高速畅通的网络环境，方便客户在网点通过互联网方式办理业务。五是着眼于小微企业、个人客户融资需求，推进传统柜面业务向网上迁移，加快推出低成本、标准化的线上金融服务。六是加强专业化队伍建设，提高营销服务能力。

**（五）大力发展电子银行业务**

一是实施“移动优先”策略，把手机银行、微信银行等移动银行作为重点和优先发展方向，扩大移动金融业务领先优势。二是继续推进具备条件的产品向线上迁移，新产品优先在电子渠道部署。三是围绕居民衣食住行，加快推进商品购销对接平台的发展。例如，建设银行持续推进“善融商务”平台建设。四是提升互联网自主开发能力，优化业务流程，简化用户操作。

**（六）强化信息技术支撑和大数据运用能力**

1. 强化信息技术支撑。商业银行应善于将信息技术融入到客户服务、业务管理、流程设计等诸多领域，逐步实现业务自动化和管理信息化。构建商业银行境内外统一、支持资源全球配置、推动业务开展和产品创新的信息系统，实现信息系统全业务、全流程覆盖。加快互联网金融、移动金融技术应用研究与开发，增强全渠道的客户服务能力。积极借助云技术促进创新与降低成本，提高应用部署与扩容速度，提高信息资源配置效率。

2. 大力推动大数据应用。互联网金融之所以迅速崛起，给传统金融带来较大震动，一个重要原因就是互联网金融在大数据的挖掘利用方面下了先手。商业银行应加强学习借鉴，注重大数据的应用、挖掘和分析。要建立健全大数据工作管理机制，制订实施应用推广方案，加快培养专业团队。要夯实数据基础，拓展大数据采集渠道，将数据深度运用到经营管理中。严格数据管控流程，保证数据质量，确保数据安全。整合分析各业务条线割裂的大数据，研究客户，挖掘潜在需求进行产品创新，实现线上线下精准营销。通过资金流数据分析捕捉市场资金的供求变化，优化市场资源配置。通过分析客户信用数据，实施风险预防与控制，提高信用风险管理水平。

**（七）加强风险管控建设**

一是配合零售业务转型重点和方向，明确风险管理底线和目标。进一步完善全面风险管理顶层设计，优化组织架构和运行流程，畅通信息传导机制，健全覆盖全员、全流程和各类风险的全面风险管理体系建设。二是坚持问题导向，优化风险监测的模型和风险防控重点，提高重点领域风险把控能力。充分运用网络技术、移动互联网等，构建零售业务在线风险监控体系，对线上支付交易进行实时监控，及时预警，防范金融交易风险。进一步强化信用卡支付结算、网络信贷、互联网理财等新兴业务风险防控，做好客户风险测评工作，加强风险揭示和信息披露。三是持续推进内控合规体系建设。加快内控标准化和信息技术手段建设，建立符合监管要求和业务发展需要的操作风险管理体系和连续性管理机制，有效管控操作风险，切实促进银行零售业务健康发展。

**（八）向先进的互联网企业学习，加强合作共赢**

商业银行应以开放的胸怀向先进的互联网企业学习，重视客户体验和客户黏性，降低客户流失率。学习互联网敏捷思维，以敏锐的洞察力，快速预测、响应客户需求，提高客户满意度。加强与互联网企业合作，在互联网金融、营销等领域开展合作，获得更多客户行为数据，推动金融行业、互联网、其他行业深度融合。

# 二、专题研究

## 关于理财业务风险管控情况的调研报告

总行监事会调研组

根据监事会调研工作计划，从2014年6月开始，部分监事对我行理财业务风险管控情况进行了专题调研。调研组调阅分析了理财业务相关资料，分别听取了投资银行部、金融市场部、授信审批部、机构业务部、风险管理部介绍相关情况，在此基础上，赴深圳和广东分行进行了现场调研。现将主要情况报告如下：

### 一、我行理财业务开展的基本情况

#### （一）业务规模快速发展，经营管理持续优化

我行自2006年开办理财业务以来，将其作为一项战略业务大力推动，实现了业务规模快速发展。2006年至2014年9月末，我行累计发行理财产品2.7万期，发行规模超过26万亿元；累计实现收益2 500亿元左右，其中我行获得的收益约400亿元，其余为客户端收益；所有到期产品均不低于预期收益率按时兑付了本息，有效满足了客户投融资需求。

在业务开展过程中，根据监管要求、经营环境和业务发展变化，不断调整、优化业务管理。去年底，针对市场变化和同业竞争，批准了七家业务规模较大、管理能力较强的分行试点自主开展资产组合型理财业务，增强了分行的经营决策权，提高了我行理财业务的市场响应能力。今年10月，根据监管新规要求，成立了资产管理部，实现了理财业务集中统一运营与管理。业务发展的同时，注重从制度流程方面促进和加强理财业务的风险管理。2012年在业内率先将理财产品及资产配置纳入统一授信审批，由总行统一负责总、分行理财业务的审批工作；逐步建立了“尽职调查+存续期管理+按期兑付管理+风险补偿管理+违规问责”的理财业务风险管控流程，并制定了一套相对完善的涵盖理财业务从产品发行到产品兑付的全流程的制度体系。

#### （二）同业竞争日趋激烈，业务发展面临压力

今年以来，我行理财业务发展出现较大转变，面临着市场占比下降、收入同比下滑、风险暴露增多等压力。截至第三季度末，理财产品总余额10 195亿元，四大行排名中，我行从一直保持的第二位下降至第四位，其中非保本产品余额7 335亿元，保本产品余额2 860亿元，均位居四大行第三位，排名也都有所下滑。实现理财业务收入63.16亿元，同比下降18.9%，完成全年计划的51.7%，仅是工商银行已实现收入的53.5%，虽然收入排名仍是四大行第二，但与工商银行的差

距进一步拉大。从风险情况看①，非保本组合理财产品配置的高收益资产中，逾期、展期资产余额33.95亿元，占比约为1.03%，分别较年初增加15.3亿元、0.54%；非保本单发理财产品配置的高收益资产中，垫款余额14.7亿元，较年初增加8.1亿元，增幅高达121.5%。近期全社会信用风险持续加剧，未来波及理财项目或不可避免，理财业务的风险状况可能比数据显示的还要严重。

**（三）被调研分行理财业务情况②**

广东、深圳分行均是自主开展资产组合型理财业务的试点分行。今年以来，在政策的激励下，两家分行理财产品发行量均有大幅增加。截至9月末，广东分行理财产品发行量共计4 699亿元，同比增长37%，其中资产组合型理财产品发行量为2 029亿元，占分行理财产品总发行量的43%；深圳分行理财产品发行量共计2 347亿元，同比增长62%，其中资产组合型理财产品发行量为1 606亿元，占总发行量的68%。

从资产情况看，两家分行理财产品基础资产均以债券及货币市场、存款、信贷类投资为主，截至9月末，广东分行配置的三类资产余额为678亿元，占比达92%，深圳分行三类资产余额和占比分别为442亿元、97%。广东分行有两笔理财基础资产存在风险：一是福建省尤溪县三林木业有限公司项目投资类产品，余额1.4亿元，受福建林地政策影响，经营出现困难，目前我行已启动诉讼程序，通过法律途径进行追收；二是中国投资担保有限公司2.9亿元股权投资类产品，目前尚未到期，但因融资客户在江浙地区的钢贸担保业务出现大额损失，预计无法按期兑付。深圳分行有一笔资产展期，即深圳市木易投资有限公司房地产投资项目，余额为3.6亿元，目前来看项目问题已得到妥善解决并已开工建设，且担保措施比较充足，资金回收有一定保障。

## 二、我行理财业务需关注的几个方面

理财业务是我行战略转型的重要领域，随着利率市场化和金融改革的深入推进，理财业务将加快向资产管理业务进行转型升级，未来业务发展空间巨大，将是我行增加收入、稳定客户的坚强支柱。当前，理财业务经过多年快速发展后遇到了一定的困难和压力，反映出我行业务经营管理中存在一些问题亟待改进和解决。因此，如何进一步夯实管理基础、提升管理能力，在新的业务发展机遇到来之前，做好充分准备，更好地支持理财业务实现平稳快速发展，是当前应当研究和解决的问题。在理财业务风险管控方面，建议重点关注以下几方面：

**（一）理财业务风险管控尚未全部纳入全行统一风险管理体系**

按照前、中、后“三道防线”相分离，各司其职的原则搭建各类业务的风险管控机制是我行一贯坚持的风险管理理念。2012年建立理财业务经营与审批相分离的横向制约机制，2014年引入市场风险部独立监控总行资产组合型理财产品的流动性风险限额，都是实行经营与风控相分离、加强理财业务风险管理的重要举措。但调研中了解到，目前尚有多项理财业务风险管控工作仍由业务部门牵头负责，尚未纳入到全行统一风险管理体系中，不仅占用了业务部门大量精力，削弱了其在业务拓展上的力量投入，也不利于加强风险控制。

如，理财资金支用未纳入放款中心，而是由业务部门负责审核审批条件的落实并批复放款，实际经营中未落实审批条件而放款的情况时有发生。2013年，内部审计对11家分行理财业务审计时发现7家分行存在未完全落实审批条件的情况，涉及33笔业务。又如，理财业务的风险资产处置也是由业务部门牵头负责，由于缺少成熟配套的机制和措施，潜在风险项目的不良处置进度缓慢，亟须利用专业部门的专业经验，拓宽理财业务的风险化解渠道。2013年，总行曾召开专题会议，提出将信贷类理财业务基础资产管理纳入全行信贷管理机制，比照信贷业务管理机制和方式，对信贷类理财业务基础资产进行有效的风险管控。尽管目前总行尚未明确落实相关工作，但分行已经根据管理需要进行了先行实践，如广东分行将理财资产纳入全分行信贷风险排查范围，深圳分行比照信贷管理工作要求，对信贷类理财

① 本文涉及的业务数据来源除特别说明外，均来自投资银行部。此处逾期、展期、垫款数据由普华永道外部审计师提供。

② 此处分行数据由被调研分行提供。

资产进行动态信用风险评估监测等。分行的做法反映出一线经营管理也存在将理财业务风险管控纳入全行统一风险管理体系的切实需要。

**（二）理财业务需要以创新促发展，风险管理应主动应变**

多年来，银行理财业务高度同质化，主要集中在熟悉的信用风险领域，产品以类存款型固定收益类理财产品为主，资产主要投向于债券、货币市场工具、信贷资产等，由于缺乏特色优势，银行间竞争主要围绕理财产品价格展开。随着利率市场化加速推进，存贷款利差缩小，在产品刚性兑付的情况下，银行理财业务收入相应减少，这也是今年我行理财业务收入下降的原因之一。调研了解到，各家银行已积极开展产品创新，拓宽投资领域，以稳定客户、提高理财业务收益。我行在产品创新方面也做了新的尝试，发行了首只开放式净值型理财管理计划，引入了主动资产管理理念，一定程度上颠覆了传统的理财产品运作模式，但在资产投向方面的探索仍有待加强，截至9月末，我行理财资产投资于存放同业、债券、信贷资产的占比仍高达95.32%①。

需要强调的是，产品创新、运作模式转变、投资范围扩大，都将使理财业务的复杂性进一步增加，蕴含的风险更加多样化。因此，现有的风险管理方法将难以适应业务发展的需要，银行风险管理必须主动适应理财业务发展，结合发展需要提升管理能力、创新管理手段，而不是墨守陈规，对不熟悉的领域说“No”。如，调研中分行反映，广东、深圳地区资本市场投资活跃、上市公司客户多，由于我行对相关领域风险了解不多，因此准入较为审慎，导致分行在维护客户、维系市场竞争力方面难度加大。这就要求风险管理要根据业务发展需要，扩大管理领域，增强对多市场、多风险的识别、评估和管理能力，为投资多元化提供支持。又如，分行介绍同业在理财风险资产处置方式上进行了创新，针对理财业务声誉风险高的特点，同业与第三方机构合作设立并购基金，通过并购或代持风险资产的方式，为理财产品建立风险垫，为资产处置赢得时间，有效缓解了理财资产的风险处置压力。同业的实践证实，理财业务发展需要新的管理手段和方法。

**（三）理财业务管理存在薄弱环节，基础资产风险有所上升**

从近年理财业务内外部检查结果来看，我行理财业务经营管理存在一些薄弱环节。2012年《38家分行理财业务审计情况报告》指出，部分经营机构对理财业务基础资产管理的重视程度不够，基础资产选择、尽职调查、存续期管理、资金用途监管等多个管理环节存在缺陷，管理规范性和管理力度上与传统信贷业务相比还存在较大差距。2013年理财业务审计检查发现上述问题仍较为突出。目前，2014年理财业务审计还未完成，但从审计部初步了解的情况看，存续期管理、资金用途监管等问题依然存在。今年5月，银监会对我行理财产品销售及代销业务开展现场检查，发现部分地区的分行存在制度执行不力、落实不到位的情况。

经营管理薄弱、不严格执行制度规定在很大程度上会成为引发业务风险的关键诱因。近两年，表内信贷资产风险暴露持续上升，重大信用风险事件频发。从对表内重大信用风险事件的原因分析来看，其中很大一部分事件是由我行内部人员合规意识欠缺、经营不慎重、管理不到位、不认真执行制度流程等人为原因造成的。我行理财业务近八成融资客户为表内信贷客户，85%的高收益资产为信贷类投资，今年以来，理财业务也呈现出与表内信贷资产相似的风险上升趋势，垫款及逾期、展期高收益资产大幅增加。控制理财业务风险，也应注重从原因分析入手，有针对性地加以应对。参考信贷风险暴露的原因，理财业务风险上升与经营管理薄弱也必然高度相关。因此，防范和化解理财资产风险，必须采取有效措施解决经营管理中存在的问题，夯实管理基础。

## 三、几点建议

一是立足于实现风险统一管控，尽快将理财业务风险管控纳入全行统一风险管理体系，实现业务部门与风险管理部门按照专业分工各自发挥所长，做到“术业有专攻”。同时，加强部门之

① 数据来源于风险管理部提供的《理财产品基础资产情况表》（第三季度末）。

间的协作与配合，共同探索建立适合理财业务特点的风险管控机制，既有利于提高管理效率，又有利于加强风险控制，对促进业务持续健康发展具有积极意义。

二是理财业务处于转型发展时期，风险管控是业务转型发展的有力保障。我行转型发展规划已经明确了理财业务的转型方向，指出了产品端、资产端的转型路线，未来理财业务将处于不断的创新变化中，风险管理应积极主动应对业务变化，不仅要关口前移，实现与业务条线同步，在产品研发、资产评估阶段就参与其中，有效识别风险，还要针对理财业务风险特点，不断创新和丰富风险管理工具和手段，提高风险管理能力。

三是合规经营是业务健康发展的第一道防线，应常抓不懈。尤其在当前国内经济进入“新常态”，理财业务发展面临较大压力，风险暴露加快的形势下，更应强化和坚持合规经营，为业务长期发展打下坚实基础。一方面要认真彻底解决经营管理中已经发现的问题；另一方面要做实投后管理，加强业务和风险排查，发现新的隐患和风险苗头，要及时处置和化解。在当前经济环境下，针对我行非标资产中信用类资产占比较高的情况①，还要注重增加第二还款来源对我行资产的保护。

# 关于合规组织体系建设的调研报告

**总行内控合规部合规转型团队**

2014 年 4 月起，内控合规部成立了合规组织体系建设方案起草工作组②（以下简称工作组），正式开展内外部调研工作。工作组先后召开了两次座谈会，征询各级机构对于合规体系建设的意见，明确工作思路及计划；收集整理国内外监管要求及行业规范，梳理合规工作的硬性要求；开展行内调研，厘清我行各级机构合规管理的核心工作、部门设置及人员配备情况；进行同业调研，通过实地调研及电话访谈等形式了解中国银行、中国农业银行、工商银行等组织架构、职能分工、机构设置及队伍建设情况。基于上述调研工作，工作组形成了合规组织体系调研报告，具体情况如下：

## 一、监管要求

针对商业银行内控管理、合规管理、操作风险管理和业务连续性管理，外部监管和行业规范均对管理部门设置、管理职责有比较明确的要求。

### （一）内控管理

《商业银行内部控制指引》《关于加强银行基层营业机构管理的通知》《企业内部控制基本规范》等分别对商业银行内部控制管理提出了如下要求：一是建立覆盖董事会、监事会、高级管理层、内控管理职能部门、内部审计部门、业务部门的内控组织体系并明确相应职责；成立内控管理的专职部门。二是建立内控制度体系，有效识别风险点，并通过建立信息系统控制、不相容岗位、岗位职责及重要岗位控制、员工行为控制、授权控制、财务会计控制、现金、有价证券及重要凭证控制、新设机构、业务及产品控制等内部控制措施有效控制风险点。三是建立健全信息系

① 根据投资银行部《一季度全行自营类理财业务非标资产风险分析报告》显示，该比率高达 96.5%。

② 工作组成员：王军（组长，内控合规部总经理）、万盛举（副组长，内控合规部副总经理）、安瑛晖（内控合规部）、屈华（内控合规部）、郑云昀（内控合规部）、李克华（江西省分行）、苗国伟（山东省分行）、马俊（广东省分行）、张渝（四川省分行）、张坦（湖北省分行）、单强（天津市分行）、张晓翠（内蒙古自治区分行）。

统、信息安全、信息沟通机制、人力资源政策、绩效考评体系、内控文化等内控保障机制。四是建立内控评价机制并纳入考核评价体系。五是建立内部控制监督机制及整改机制。六是加强基层营业机构内部控制机制建设，包括设立内部控制合规管理岗位，加强对疑点和薄弱环节的持续跟踪检查。

**（二）合规管理**

《商业银行合规风险管理指引》《商业银行与内部人和股东关联交易管理办法》《合规与银行内部合规部门》（巴塞尔委员会）和《中华人民共和国反洗钱法》《金融机构反洗钱规定》《金融机构大额交易和可疑交易报告管理办法》等对商业银行的合规管理提出如下要求：一是建立合规风险管理体系，设立专门的合规职能部门，跟进法律、规则和标准，审核评价政策制度体系的合规性、开展合规培训、制定合规指南、识别评估合规风险、对口监管机构并跟踪评估监管意见及监管要求的落实情况。二是商业银行应当制定关联交易管理制度，明确董事会、关联交易控制委员会、内部审计监督等职责，建立关联方信息收集与管理、报告与承诺、识别与确认机制，建立关联交易的种类及定价政策、审批程序及标准、回避制度，建立信息披露及处罚机制等。三是建立反洗钱管理制度，设立专门机构及岗位负责反洗钱工作，执行大额交易和可疑交易报告制度、开展反洗钱培训宣传。

**（三）操作风险管理**

《商业银行操作风险管理指引》《操作风险管理和监管的良好作法》（巴塞尔委员会）等对商业银行的操作风险管理提出如下要求：一是建立操作风险管理组织体系，明确董事会、高管层、业务部门、职能部门及审计部门的职责；设立独立的职能部门。二是建立操作风险管理制度体系。三是通过评估操作风险与内部控制、损失事件报告及数据收集、关键风险指标监测、新产品及新业务风险评估、内部控制测试及审查等方法对操作风险进行管理。四是监测报告操作风险状况和重大损失情况。五是业务复杂及规模较大的商业银行应使用量化方法对操作风险进行评估，并按照银监会资本充足率管理的要求为操作风险计提资本。六是建立并逐步完善操作风险管理信息系统。

**（四）业务连续性管理**

《商业银行业务连续性监管指引》《商业银行内部控制指引（修订征求意见稿）》《商业银行操作风险管理指引》《操作风险管理和监管的良好作法》（巴塞尔委员会）和《业务持续性管理高级原则》（巴塞尔委员会）等对商业银行的业务连续性管理提出如下要求：一是建立包括董事会、高管层、业务部门、职能部门、保障部门、审计部门的业务连续性管理组织体系，并明确各方职责；指定业务连续性管理专职部门。二是建立运营中断事件应急处置的组织架构。三是至少每三年开展一次全面业务影响分析工作并形成报告，开展业务连续性风险评估工作，制订业务恢复策略。四是制订覆盖所有重要业务的业务连续性计划、制定总体应急预案、重要业务专项应急预案。五是开展备用信息系统、备用场地等业务连续性资源建设。六是至少每三年对全部重要业务开展一次业务连续性计划演练，并在特定情况下开展专项演练。七是每年开展业务连续性管理自评估工作。八是建立运营中断事件的风险预警体系、应急处置及灾难恢复机制。

## 二、同业实践

经过多年实践，国有大型商业银行内控合规管理已经取得了较大进步，值得我们借鉴。组织体系方面，在总行层面设立了独立的内控合规部门，在一级分行、二级分行设立或指定相应部门承担合规工作，在基层机构派驻或设专职、兼职岗位负责合规工作，统筹推动合规工作的开展。条线管理方面，个别银行在条线设嵌入式内部控制职能团队，强化条线内控合规及操作风险管理的执行落地。监督检查方面，个别银行设内控合规检查中心，根据分行管理半径大小、层级多少、网点的集中程度等差别化设置模式，集中力量开展检查工作。具体情况如下：

**（一）中国工商银行**

中国工商银行总行、一级分行和二级分行分别设立或指定相应部门承担内控合规职能，负责内部控制的组织、推动和协调工作，承担操作风险管理、合规管理、常规检查和运营风险核查职能。

总行内控合规部的主要职责包括：研究制订内控合规管理工作计划，建立健全内部控制与合规管理的制度体系；负责审核各项业务经营活动是否遵循有关法律、法规，组织开展银行内部各项规章制度的合规性检查；指导与检查境内分支机构内部控制体系建设；识别、分析与报告全行各类操作风险；负责业务部门、各基层相关工作人员的业务指导和培训；对境内分支机构关键岗位的离任、离职及责任进行审计；完成行领导、外监管机构布置或要求的其他工作任务。总行风险管理部操作风险计量处专职负责操作风险计量工作。

在总行层面，总行内控合规部设置了 11 个处室，包括综合管理处、制度管理处、检查管理处、合规管理一处、合规管理二处、合规管理三处、合规管理四处、操作风险管理处、反洗钱处、运营风险核查处、系统监测处，编制 82 人，目前到位 67 人；总行风险管理部操作风险计量处编制 6 人。总行相关部门设合规经理，总行营销及产品部门、风险管理部门、综合管理部门均配置专（兼）职合规经理，支持与保障部门根据工作需要选配相应职级的专（兼）职合规经理。在分行层面，设有内控合规职能部门，一级分行、二级分行分别设置内控合规部，支行层面设有专（兼）职内控人员或合规经理。设有内控合规检查中心，既可与分行现有的内控合规部联合办公，也可独立设置；根据分行管理半径大小、层级多少、网点的集中程度，以及目前内控合规部门设置等情况，将内控合规检查中心设立模式划分城市分行、一般省分行、扁平化省分行三种模式。一级分行配备 1 524 名专业人员，分行营业部配备 650 名专业人员，二级分行配备 3 809 名专业人员，全行内控合规条线专职工作人员 6 000 余人。

**（二）中国农业银行**

中国农业银行在总行、一级分行及二级分行建立了内控合规管理的职能部门。农业银行的内控管理、合规管理、操作风险管理、业务连续性管理分属于不同职能部门管理，内控管理及合规管理属于各级内控与法律合规部的管理范畴，操作风险管理及业务连续性管理属于各级风险管理部的管理范畴。农业银行的内部控制主要包括制度管理、新业务及产品的合规性审核、合规风险监测检查、内控评价、整改、离任审计、关联交易、反洗钱、授权管理等职能；操作风险管理、业务连续性管理、案防管理由风险管理部承担。

总行设立内控合规部，一级分行及二级分行设立或指定相应部门承担内控合规职能，具体负责组织协调内部控制的建立实施及日常工作。其中，在总行层面，设立了内控与法律合规部，主要履行内部控制、合规管理和法律事务三大职能，对高管层及风险管理委员会负责，向高管层履行报告职责。其他业务部门设兼职内控合规信息联系人，定期向总行内控与法律合规部报送条线内合规风险情况；一级分行层面，设立了内控合规部（31 家行与法律部分离、6 家分行与法律部合署办公），对一级分行及总行内控与法律合规部负责，向总行内控与法律合规部履行报告职责。其他业务部门设兼职内控合规信息联系人，定期向本级内控合规部报送辖属合规风险情况；二级分行层面，设立了内控与法律合规部，对二级分行及一级分行内控合规部负责，向一级分行内控合规部履行报告职责。其他业务部门设兼职内控合规信息联系人，定期向本级内控合规部报送辖属合规风险情况。二级分行以下机构不设内控与法律合规部门及专（兼）职人员。在操作风险管理方面，总行风险管理部下设操作风险管理处（包含业务连续性管理），对总行风险管理部负责，并履行报告职责；一级分行风险管理部下设操作风险管理团队（包含业务连续性管理），对本级风险管理部负责，并履行报告职责；二级分行风险管理部下设操作风险岗位，对本级风险管理部负责，并履行报告职责；基层行风险管理部内由相应兼职人员承担操作风险管理职责，对本级风险管理部负责，并履行报告职责。

在部门职责和人员配备方面，总行内控与法律合规部的职责主要包括内部控制、合规管理、法律事务三部分；总编制 118 人，其中总经理 1 人，副总经理 4 人，处长 14 人，副处长 13 人，员工 86 人；其下设 14 个处，分别是综合管理处、内控管理处、内控评价处、内控信息管理处、非诉讼事务一处、非诉讼事务二处、授权与知识产权管理处、诉讼事务管理处、合规管理一处、合规管理二处、合规管理三处、合规管理四处、制度管理处、反洗钱管理处。一级分行内控合规部的职责主要包括内控管理及合规管理两部分，下设6个科室，分别是内控管理、合规检查、审计、合规督导、反洗钱5个二级部及1个检查团队，编制20人左右。二级分行内控与法律合规部的职责主要包括内部控制、合规管理、法律事务三部分，根据业务及机构规模配备2~10人不等。在操作风险管理方面，总行风险管理部下设操作风险处，配置10人。一级分行的风险管理部下设操作风险管理专门团队，为2~3人；二级分行的风险管理部下设操作风险管理专职岗位，大约1人；基层行由兼职人员承担操作风险管理的职能。一级分行及以下机构主要承担除计量模型开发以外的总行操作风险管理工作的执行落地。全国一级分行层面专职人员700人左右，二级分行层面专职人员3 500人左右，全行内控合规条线专职人员4 300人左右。

**（三）中国银行**

中国银行将内控管理、合规管理、操作风险管理、业务连续性管理、法律事务等职能整合在一个部门，在总行层面成立了内控与法律合规部，承担以上工作。

总行内控与法律合规部的主要职责包括：负责牵头二道防线体系建设、监控与内控检查、业务外包管理、整改、内控考核和培训、案件防控、外包管理等职能；负责牵头操作风险管理工具研发、高级法计量研发、监测报告、业务连续性管理、现场与非现场监测报告、整改等；负责牵头全行案件防控工作等；负责制度管理、合规检查、关联交易、反洗钱、授权管理等；负责合同管理、诉讼管理、外聘律师管理、知识产权管理、消费者权益保护、集团授权管理等。

在总行层面，总行内控与法律合规部下设9个处，分别是政策规划处、操作风险管理处、内控监测处，合规管理处、反洗钱处、法律事务一处（对公）、法律事务二处（对私）、人力运营处、案件处，人员配置为56人（含总经理及副总经理）。同时，中国银行采用条线嵌入式内部控制职能团队的方式开展内部控制管理工作。在24个主要业务部门设内部控制职能团队，每个职能团队分别配置1名副总经理、约5名工作人员，专职负责本条线内部控制及操作风险管理相关工作，并按月度或季度向内部控制部门报送所辖内控及操作风险情况。

在分行层面，一级分行及以下机构相关部门职能合并整合。其中，一级分行设法律合规部（对应总行内控与法律合规部），共配置575人；二级分行设监察内控保卫部（对应上级行监察部门、内控部门、保卫部门等职能部门，也有一些分行设立独立部门），共配置3 000人；二级分行向网点等基层机构派驻业务经理，共配置1.8万人。上述部门或岗位主要承担总行内控管理、操作风险管理、法律合规管理等工作的执行落地。

## 三、建设银行管理现状

建设银行已初步搭建起内控合规管理框架，其中，董事会负责保证建立并实施内控合规体系，高级管理层负责执行董事会决策并完善内控合规体系，监事会负责监督董事会。总行内控合规部负责全行内部控制与合规体系建设、管理、监督、评价以及操作风险牵头管理。总行业务部门按照全行内控合规的统一部署和整体要求负责执行本部门内控合规管理工作，并对本部门内控合规管理工作负直接责任；总行审计部负责对全行内控合规管理工作开展监督和审计工作。一级分行及以下机构合规组织机构按照层级的差异进行不同的设置。

**（一）一级分行层面**

部门设置方面，37家一级分行中，有28家一级分行单设了内控合规部，有9家一级分行未单设内控合规部。① 单设内控合规部的分行中，就部门性质而言，有的属于独立一级部（10家），有的属于在风险管理部下设的二级部（2家），有的属于和法律事务部合署办公（16家）。未单设内控合规部的分行中，合规工作有的由风险管理部牵头管理（3家），有的由法律合规部牵头管理（6家）。

职责整合方面，有32家一级分行的内控合规职责统一由一个部门行使，有5家一级分行的内

① 数据统计截至2014年6月底。

控合规职责分散在两个部门行使。[1] 内控合规职责集中国银行使的分行中，分为内控合规部、风险管理部、法律合规部不同情况。内控合规职责分散的分行中，有的由风险管理部和法律合规部两个部门行使；有的由风险管理部和内控合规部两个部门行使，也即其虽成立了内控合规部，但内控评价或操作风险职责还没有从风险管理部划转到内控合规部。

**（二）二级分支行[2]及以下机构层面**

全行37家一级分行共下辖673[3]个二级分支行，其中，26个二级分支行单设了内控合规部，647个二级分支行未单设内控合规部。从内控合规职责整合情况来看，有363个二级分支行的内控合规职责统一由一个部门行使，有310个二级分支行的内控合规职责分散在两个部门。县级支行层面，全行37家一级分行下辖的县级支行（含城区支行和县域支行）中，没有县级支行单设内控合规部。除浙江分行辖内9个县级支行设置了专职的内控合规岗位外，全行其他县级支行都没有设置专职的内控合规岗位，相应合规工作由纪检监察特派员、营业主管或风险经理兼职完成。

**（三）核心工作及人员配备方面**

全行合规工作在总行统一领导下，各层级依次承接上级行的合规工作职责。我行合规工作可分为内控管理、合规管理、操作风险管理三大模块，包含内控基础管理、内控评价、整改管理、反洗钱管理、关联交易管理、操作风险管理和业务连续性管理七大类别。

全行内控合规专职人员共有1 035人，其中，一级分行本级374人，二级分行及县级支行共661人。

## 四、差距分析

通过对比上述情况，发现我行内控合规部门设置、职能整合和人员配备方面存在如下问题：

**（一）内控合规部门设置不完整，内控合规职责缺少载体**

从一级分行层面看，9家一级分行未单设内控合规部，占比达24%。从二级分行层面看，全行673个二级分支行中，只有26个二级分支行单设了内控合规部。从县级支行层面看，只有9个县级支行设置了专职的内控合规岗位，其余县级支行的合规工作由其他岗位的人员兼职完成。

**（二）内控合规职能整合不到位，内控合规管理职责较为分散**

从一级分行层面看，7家一级分行的内控合规职责分散在两个部门行使，突出表现为内控评价或操作风险职责没有从风险管理部划转到内控合规部。从二级分行层面看，有310个二级分支行的内控合规职责分散在两个部门行使。

**（三）内控合规人员配置不足，合规工作难以有效执行**

通过对广东分行、天津分行、湖北分行、内蒙古分行、四川分行等五个分行各层级合规工作占用时间的测算，我们估算了各层级内控合规经办人员的数量。从测算情况来看，一级分行本级合规工作平均需配置经办人员8.23个，再加上适量的部门综合人员，按配置10名经办人员测算，则一级分行需配置的专职内控合规人员数量为481人[4]；二级分支行合规工作平均需配置经办人员2.77个，按配置3名经办人员测算，则二级分支行需配置的专职内控合规人员数量为2 019人[5]；县级支行合规工作平均需配置经办人员0.6个。目前，全行一级分行本级为374人，二级行及县级支行内控合规人员共661人，县级支行基本未配置内控合规人员，难以满足工作要求。

**（四）对海外机构、子公司及各业务条线集中化的内控合规管理不足，合规工作难以有效落地**

建设银行内控合规部门对海外机构、子公司、各业务条线的内控合规管理还不够集中。其中，海外机构已纳入统一的内控合规管理体系，但管理尚处于起步阶段，各机构所在地的监管要求有较大差异，难以采用统一的管理模式一以贯之；已将子公司纳入内控评价的范畴，并将评价结果

---

① 数据统计截至2014年6月底。
② 包括二级分行及一级分行直属支行。
③ 其中二级分行318个，一级分行直属支行355个。
④ 10×37+37×3（部门负责人）=481人。
⑤ 3×673=2 019人。

纳入综合经营绩效考核体系，但占比相对较少，直接控制较为薄弱；各条线未设置专职团队或专职岗位、未能形成统一的管理要求、未能建立较为直接的报告路线及有针对性的考核约束机制，内控合规管理要求在执行上难以有效落地。

**（五）未建立科学有效的激励约束机制，合规工作缺少必要保障**

建设银行缺少特别针对内控合规条线的考核机制，以及内控合规人才培养、晋升机制，难以促使员工把内部控制活动当做日常工作和一种自觉的行为，甚至可能出现“不作为”以规避风险责任承担，合规工作缺少有效“保驾护航”机制。

## 五、合规组织体系建设建议

**（一）明确各级合规部门的核心工作**

围绕合规工作现有职责，结合监管要求、主流银行的领先实践、建设银行未来工作方向，进一步明确内控合规条线职责。在内部控制方面，负责全行内部控制体系规划设计、业务检查统筹安排及监督管理、内控评价组织开展、发现问题整改管理、内控合规条线人员管理；在合规管理方面，负责全行关联交易和内部交易管理、反洗钱和反恐怖融资管理、FATCA 合规管理等；在操作风险管理方面，负责操作风险管理工具的开发应用、操作风险计量模型的开发应用并实施资本管理办法的相关工作；在业务连续性管理方面，负责搭建业务连续性管理体系，组织推动全行预案建设和演练，开展业务连续性管理自评估等各项工作；在基础管理方面，负责开展全行内控合规的报告工作；负责开展内控合规条线人才队伍建设；负责开发并维护内控合规管理平台。

明确不同层级内控合规部门核心工作，一级分行主要负责组织落实辖内业务检查、内控评价、整改等内控管理工作，负责组织落实关联交易、反洗钱等合规工作，负责组织操作风险管理工具的应用，负责落实辖内业务连续性管理的各项工作；二级分行主要负责执行业务检查、内控评价、整改等内控管理工作，并落实关联交易及反洗钱等合规工作，报送操作风险相关数据、开展应急预案建设及演练工作；县级支行及网点主要负责配合落实各项操作风险管理要求、应急预案演练等工作。做到以事为中心，设机构、定岗位、配人员，做到人与事的优化组合。

**（二）规范各级合规部门设置及人员配备标准**

一级分行必须设立相对独立、职能全部整合①的内控合规部门，即该部门应是独立的一级部或者是与其他部门合署办公的一级部，一级分行内控合规部门内部应设置内部控制、合规管理、操作风险管理和业务连续性管理等专业科室或团队，承担辖内内控合规管理工作。

二级分行按照地级市所属二级分行、直辖市②、省会城市、计划单列市③（包括苏州）等，建立单设型、指定型、区域性、委派型等差别化内控合规部门设置模式，各二级分行结合自身特点合理选择。

县级支行/网点配置专职或兼职的内控合规专员，落实相关合规工作。

同时，明确各级机构的人员配备数量要求及资质要求，各级机构可依据业务规模、下辖机构数量、人员数量、管理需要等适当灵活调整人员配置。

**（三）优化合规条线考核机制**

优化内控合规条线特有的考核机制，上一级内控合规部门对下一级内控合规部门负责人及机构设立相应考核权重；各级内控合规部门对条线内控合规人员设立相应的考核权重；总行内控合规部门对海外机构设立相应的考核权重；建立一级分行、海外分行、子公司的内控合规部门负责人向总行内控合规部的述职机制；通过上述机制，保证合规工作的有效落地。

**（四）建立合规条线人员管理机制**

一是在遵循现行干部分级管理程序的基础上，增加上级内控合规部对下级内控合规部相应人员聘任资格及人员调动的审查机制；建立总行内控

---

① 即该部门职责范围包括内部控制、合规管理、操作风险管理和业务连续性管理等四个方面的工作。

② 直辖市包括北京、上海、天津、重庆等四个城市。

③ 计划单列市包括大连、青岛、宁波、厦门、深圳等五个城市，另外，苏州以计划单列市看待。

合规部对海外机构合规官选聘资格及人员变更的审查机制；建立子公司内控合规部门负责人选聘的报备机制。二是建立内控合规技术序列，为员工职业发展提供晋升通道，加强人才队伍建设。三是在行内推行内控合规人员持证上岗，不断提高内控合规条线人员素质和内控合规管理工作质量。

执笔：安瑛晖　屈华　郑云昀

# 关于离职员工思想状况的调研报告

总行党委宣传部

【内容摘要】本次调研以员工离职现象为切入点，以掌握员工思想状况为重点，通过对相关数据的统计，对长三角、珠三角区域浙江、广东分行300余名员工的座谈和访谈，尤其是对浙江温州分行“解剖麻雀”式的深入调查，以及协调全行离职率较高的8个分行的同步调研，比较系统地分析和阐述了部分区域员工离职的基本特点、主要成因，提出了解决员工离职问题的思路和举措建议。

## 一、基本情况

### （一）调研目的

为落实王洪章董事长关于做细做好员工思想政治工作指示要求，特别是今年在总行本部各部门负责人会议上的讲话精神，我部专门组成调研组，从4月份开始，利用两个月时间，围绕离职员工（主动与建行解除劳动合同）思想状况进行了专题调研。先后赴浙江、广东分行进行了实地调研，重点对温州分行进行了深入剖析。

### （二）过程概括

调研期间，共召开各层次管理人员及网点员工座谈会18场，与300多人（包括离职人员）进行了座谈及个别访谈。同时，对近年来离职率较高的上海、厦门、宁波、苏州、广西、甘肃、新疆、贵州等8个分行组织了同步调研。

整个调研结束后，我部还专题召开部分分行宣传部长座谈会，进一步研究离职员工思想特点，分析深层原因，探索相关的办法对策。

### （三）调研的主要结论

1. 全行员工的离职率总体处于合理区间，个别区域、单位及基层机构离职率较高，由此引发的羊群效应、骨干流失、恶性循环等不良影响，其潜在风险隐患和不安定因素不可低估，需引起各级高度重视。

2. 员工离职原因，既有“三期叠加”经济下行的影响，也有区域经济危机的因素；既有内部经营管理存在的问题，也有员工就业观念上的新变化。其中，内部经营管理的问题和年轻人先就业再择业等观念上的新变化，是员工离职的两大主要影响因素。

3. 解决员工离职问题，需要从经营发展、内部管理、激励机制、职业空间、渠道优化、企业文化等各个方面进行综合分析考虑，但首先需要引起各级管理层的高度重视，及时对相关的政策制度做出调整，使建行真正成为一个干事创业的好平台，具有凝聚力、向心力和战斗力的大家庭，为全行的转型发展汇聚正能量，提供支撑力。

## 二、近年来员工离职的基本情况及特点

### （一）全行离职率总体处于合理区间，个别区域及机构离职率较高且呈上升趋势

1. 全行37个一级分行平均离职率处于合理区间。据统计，2012年至2014年，全行37个一级分行员工离职总数为19 746人，离职率分别为1.88%、1.78%、1.89%，平均离职率（离职员工数/存量员工数）为1.85%。

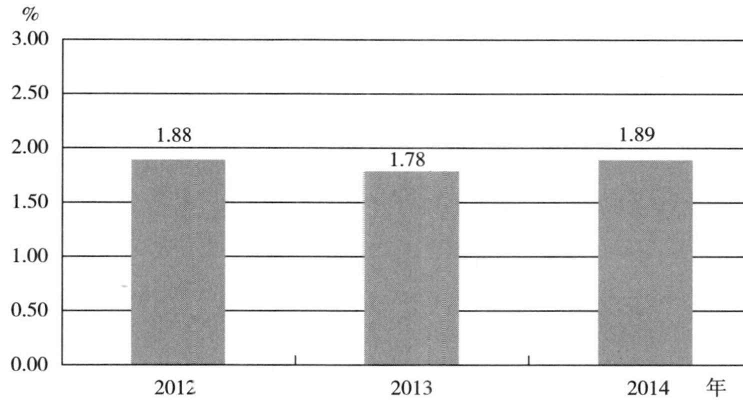


**图 1 建设银行 2012—2014 年离职率比较**

2. 长三角、珠三角及西部个别地区，离职率高于全行平均水平。长三角地区平均离职率为 2.32%，珠三角地区为 2.35%。

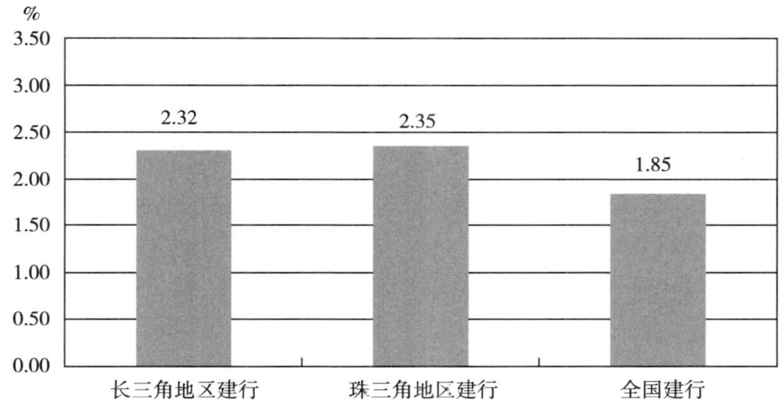


**图 2 长三角、珠三角地区 2012—2014 年平均离职率**

3. 个别基层机构及网点离职率较高，呈上升趋势。2012 年至 2014 年，浙江省分行员工离职率分别是 3.41%、3.44%、3.45%。温州分行员工离职率分别是 4.35%、5.17%、5.27%。其中，浙江富阳分行分别达到 9.66%、9.86%、15.76%，龙湾支行、洞头支行平均离职率分别达到 10.1%、13%。

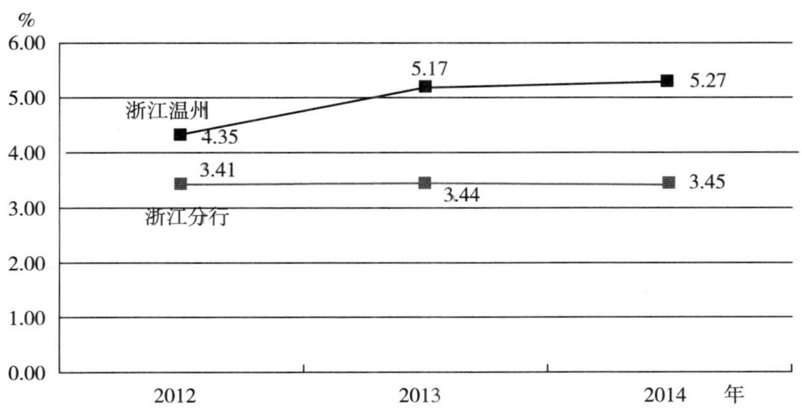


**图 3 浙江省分行、温州分行 2012—2014 年平均离职率**

**（二）离职人员以基层机构为主体，网点柜面人员成为离职的主要构成成分**

1. 基层网点大大高于后台部门。10 个分行中，2012 年至 2014 年，离职总数为 7 439 人。其中，基层网点人员为 5 394 人，占 69%。

2. 柜面人员占基层网点人数八成以上。2012 年至 2014 年，浙江、广东分行基层网点离职人员为2 221人。其中，柜面人员离职人员为 1 780 人，占 80%。

3. 客户经理队伍始终处在最活跃的状态。2012 年至 2014 年，浙江分行营业部、温州分行、珠海分行、番禺支行员工离职人数为 1 133 人。其中，客户经理占 18.27%。

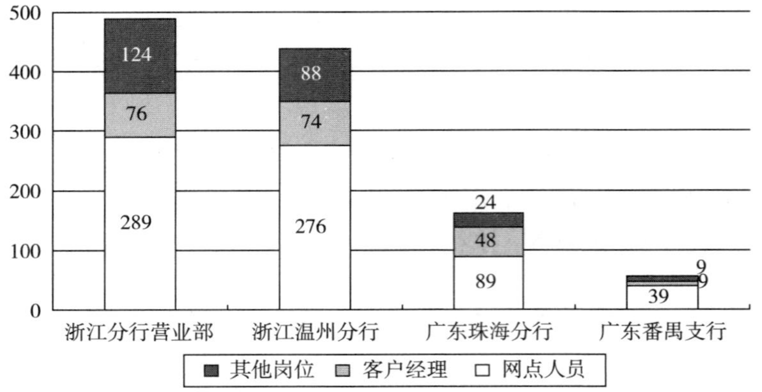


**图 4　四家二级分行 2012—2014 年离职员工岗位分布**

**（三）新入行大学生思想波动较大，对传统就业观念提出新挑战**

1. 大学生离职占比较高。2012 年至 2014 年，10 个分行中，共招收大学生 15 623 人，有 1 817 人离职，占 11.63%。

2. 离职时间及频率较快。2012 年至 2014 年，10 个分行离职人员中，有 428 人试用期内提出离职，占 23.56%；有 781 人一年以内提出离职，占 42.98%；有 1 504 人三年以内提出离职，占 82.77%。

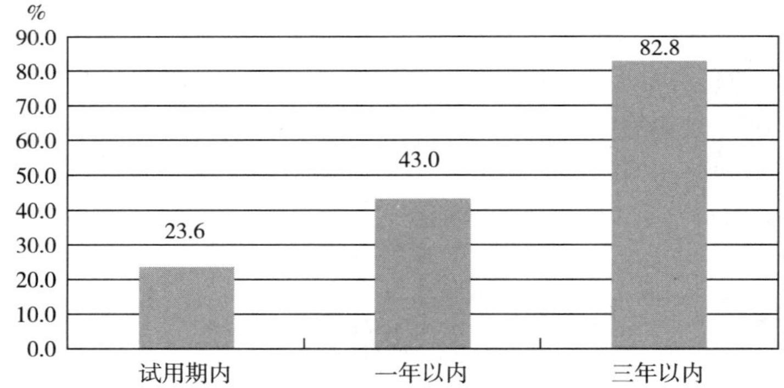


**图 5　10 家分行 2012—2014 年新入行大学生离职时限占比**

3. 硕士及以上高学历人员值得关注。2012 年至 2014 年，10 个分行中，硕士及以上学历人员离职 412 人，占离职总数的 5.5%。

**（四）离职去向不再局限于金融同业，个性化多元化色彩十分明显**

1. 金融同业人员比例有所下降。2012 年至 2014 年，10 个分行中，有 3 321 人去往金融同业，占离职总数的 44.6%。其中，2012 年为 46.2%，2013 年为 44.5%，2014 年为 43.1%，呈逐年下降趋势。

2. 大型企事业单位具有一定吸引力。2012 年至 2014 年，浙江分行营业部、温州分行、广东珠海、番禺支行共有 365 人进入大型企事业单位，占离职人员总数的 32%。

3. 报考公务员成为新热点。2012 年至 2014 年，10 个分行中，有 1 500 人报考公务员。其中，有 638 人考取公务员，占离职总数的 8.6%。

4. 出现了自主择业、裸离等新情况。2012 年至 2014 年，浙江分行营业部、温州分行，自主择业、裸离人员分别为 195 人、204 人，合计占离职人员总数的 43%。

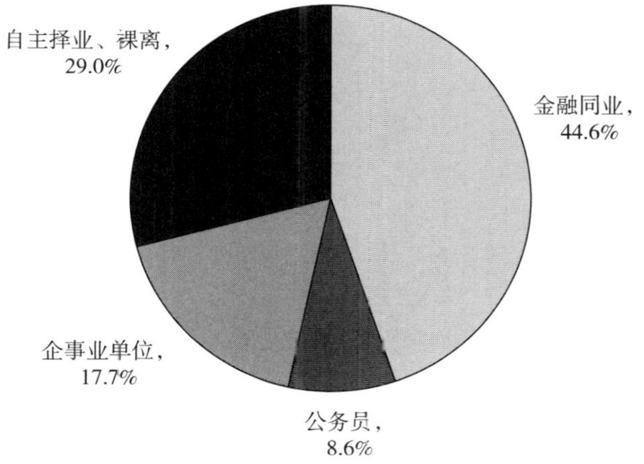


**图 6　10 家分行 2012—2014 年员工离职去向占比**

**（五）个别离职率较高区域及机构，潜在风险隐患和不安定因素不可低估**

1. 出现羊群效应。离职问题有很大的传染性，一小部分人离职，带动和影响一大片，造成员工思想波动，影响内部管理和基层稳定。

2. 造成人员断层。员工离职后，新员工一时难以补入，网点人员减少，形成人员断层和结构失衡，影响正常营业和客户体验，增加出现各种风险的概率。

3. 形成恶性循环。人员走的多，新手就多，风险就大。而风险增大，影响业务发展，又促使人员的流失，出现了恶性循环。不仅容易形成操作风险，而且诱发道德风险以及各种不安定因素。

4. 影响建行形象。离职人员大多是网点的基本力量（柜面员工）、骨干力量（客户经理）和新生力量（新入行大学生）。他们的离职比例高，不仅在内部引起震动，而且在社会上也会引起较大反响，直接影响建行在当地的口碑和市场竞争力。

## 三、员工离职的主要原因及分析

**（一）个别行不良资产持续暴露，等级行考评下降，上级行配置资源减少，员工看不到希望，满意度和忠诚度下降**

浙江、宁波等分行不良资产增多，离职员工也随之增多，离职率处于全行最高水平。据统计，2012 年至 2014 年，浙江省分行三年时间先后有 1 828 名员工离职；宁波分行也有 339 名员工离职。

浙江温州分行受当地“借贷危机”和前些年粗放经营等因素引发的综合并发症影响，2011 年下半年以来，经营状况明显恶化。从 2011 年底至 2014 年 6 月底，不良贷款率从 3.81% 攀升至 15.13%。2013 年，温州分行新班子成立后，尽管两年多来举全行之力共处置 138.88 亿元不良资产，但由于区域外部环境的持续恶化和自身积累的问题过于严重，截至今年 6 月份，还有 99 亿元不良贷款余额，经营发展仍面临巨大压力。2012 年至 2014 年，先后有 438 名员工离职。

巨大经营发展压力，给员工思想带来较大影响。当不良资产大量出现时，员工士气受到一定影响；当不良资产处置有一定进展时，员工则表现出了一定的信心，希望早日走出困境；当不良资产持续时间较长、经营形势始终得不到好转时，员工信心则受到很大影响，恐慌、焦虑和负面心态有所蔓延，不少员工产生了强烈的职业危机感。温州分行员工反映：“各级都在讲明年会好的，但几年过去了，不良压力仍然很大，经营状况还没有得到根本改善，感到个人职业发展无望。”

在与员工座谈会中，不少员工要求调研组人员留下联系方式，希望及时解决和回复问题。有的员工座谈会结束后，还迟迟不愿离去，忧虑之情，可见一斑。

**（二）员工收入不能满足家庭基本消费需求，生存压力成为员工离职的最大引爆点**

从浙江省分行情况看，2011 年至2015 年，员工费用下降 13.6%，工资总量下降 14.5%，人均工资下降 19.1%。从温州分行情况看，员工费用总量和人均工资连续 4 年大幅度下降，人均工资从2011 年的13.96 万元下降到2015 年预计的8 万元左右，部分网点员工实发工资不到 3 500 元。尽管薪酬激励已经向一线倾斜，但员工收入连续四年大幅下降的实际情况，仍给员工造成了很大心理压力。一是付出与收益不成比例。由于不良贷款把利润、效益吃掉了，员工工资 90% 是固化岗位工资，绩效工资没有了，员工付出得不到回报。温州鹿城支行公司部经理谈到，自己结婚 2 年，孩子刚 9 个月，现每月这么低的工资，就连给孩子买奶粉、尿布的费用都不够。二是无法得到有效激励。由于激励费用不足，对买单价格打了折，导致无法实施有效激励。温州乐清支行一位离职柜员，同济大学本科毕业，2013 年 7 月入行，“开门红”营销期间超额完成了营销任务，但由于买单价格和前几年相比大幅下降，再加上激励费用不足，最终到手的买单奖励也打了折扣。三是触碰了员工生活底线。温州当地的生活成本较高，仅房价就接近国内一线城市水平。收入持续降低，与同业差距逐步拉大，再加上一些有房贷按揭的员工每月要还款，生活压力较大，更易触发员工离职。温州瓯海支行，今年以来已有 17 人离职，有 5 人没有联系好单位就走了。温州鹿城支行，今年已有 14 名员工离职，有 3 人已提出申请。其中，入行不足一年的就有 6 人。四是失去了家庭支持。过去是“一人在建行，全家来帮忙”。现在由于工资收入剧降还要加班加点，家人认为工作付出不值得，逐渐失去了对建行工作的认可。特别是一些女员工生了小孩后，由于保姆的工资与自己收入差不多，家人就让其离职在家带小孩了。

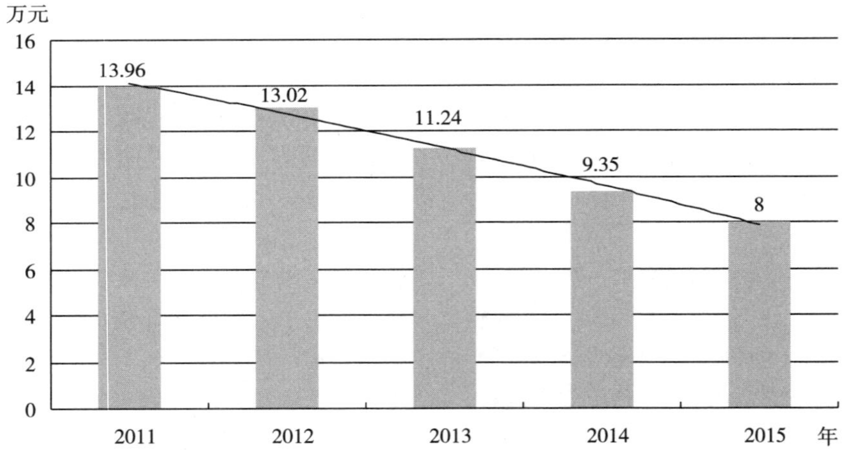


注：2015 年数字为预计

**图 7　2011—2015 年浙江温州分行人均工资变化**

**（三）责任认定与处罚给员工带来较大思想负担，成为员工离职的一个重要推手**

据统计，浙江省分行营业部近三年来有 279 名客户经理受到处理，有 67 名客户经理受到两次及以上处理。其中，有 95 人已离职，占离职人员总数的 19.7%，占客户经理总数的 15.9%。温州分行 2013 年到今年 3 月份，有 892 人受到处理。其中，不良授信问责处理 625 人次，占 70%；受到重复处理的客户经理有 100 多人次，约占 20%。目前，已有 58 名客户经理离职，占离职人员总数的 15.8%，占客户经理总数的 13.8%。

大批客户经理受到处理甚至重复处理，给员工本人及整个客户经理队伍带来很大影响。首先，经济上的影响。受到处理的客户经理，在一段时间内要被扣罚绩效工资。对于工资收入本来就很低的员工来讲，无疑是雪上加霜。部分受处理员工扣罚绩效工资后，在受处理月份内实发工资不足2 000元。温州分行一位客户经理调侃道："目前客户经理只有两种人：一种是离职的，一种是准备离职的。"听起来很让人震惊。其次，发展上的制约。客户经理受到处理后，职业发展和晋升通道都受到影响，不少客户经理提前另谋出路。温州分行公司业务部经理说："温州分行有100多名客户经理因不良处置受到处理，有的甚至连续三年被问责，心理压力巨大，积极性受到严重影响。"再次，自尊心上的打击。特别是连续受到处理的客户经理，存有较大的逆反和抵触情绪。不少客户经理反映：受到问责处理，经济和精神都受到打击，感到在同事、家人面前抬不起头来。最后，条线队伍士气上的低落。特别是对整个对公条线、客户经理队伍影响很大，积极性和主动性大打折扣。浙江文晖支行负责人谈到，"不良问责处理了一大片，大部分对公客户经理不愿意做业务，感到多做多错，上下不信任，层层有报怨"。

**（四）"先就业后择业"成为新入职员工一种普遍的职场心态，对基层现有的职业发展空间提出了新的挑战**

从近年来新入行大学生情况看：一是不少大学生与建行签约不久或正在试用期间就提出离职。他们感到银行工作不适合自己，与想象中的工作状态完全不一样，自己选错了职业。这部分人员离职后基本上改行从事其他行业。珠海海滨支行负责人说："今年招聘，已签三方就业协议的个别大学生，还未正式入行，仅在网点实习2周就不干了，嫌工作太累，想换一种生活方式。"二是有些大学生刚刚分配到基层网点工作，就产生了严重的心理落差。认为银行工作不再是让人羡慕的"白领"职业。每天工作在重复单调的柜员岗位，感到前途迷茫，想到外面"看一看"。一位离职员工谈到："当一个人上进的热情逐渐被柜台的高压和烦琐磨掉后，剩下的就只有一副空壳，内心强烈地感觉到这份工作并不是自己愿意花一生去奋斗的职业。"三是有些大学生，由于缺乏实践经验和艰苦生活的磨炼，心理承受能力过低，受到一点挫折和困难，便想打"退堂鼓"。四是有些学历和能力较高的大学生，对自身的职业定位过高，当职业发展速度低于个人预期，梦想成为管理人员的希望一旦破灭，便很快提出离职。

从中青年员工情况看，也存在着"先就业后择业"的心态。只不过是就业的时间较长，择业的机会和范围更多。这部分员工基本上在建行工作三五年以上，大多为各条线业务骨干，对薪资待遇及未来职业发展期望较高，自由选择工作的余地也较大，也是各同业及其他社会单位重点猎取的对象。如果基层职务资源较为紧缺，甚至出现局部发展瓶颈，他们很容易受到外界环境影响。特别当外部单位薪酬待遇和职务级别都有较大优势时，离职的意愿就会更加强烈。正如一些员工所讲的那样：内部流动不了，就会流动到外面去了。

从入行时间较长的老员工情况看，主要指年龄在45岁以上的"老建行"。尽管他们离职的人数不多，机会相对较少，愿望也不是很强烈，但面对职业发展的"天花板"，也有离职的冲动，尤其对新员工会产生很大负面影响。客观上也充当了"先就业后择业"心态的助推器。

**（五）员工自身压力长期得不到有效缓解与释放，每一种压力都会逐步演变为员工离职的外在动力**

基层网点的工作性质，决定柜面员工必然面临着各种压力。这些压力如果能够及时有效缓解和释放，就会转化为工作的动力。否则，每一种压力都会成为员工离职的外在动力。当前，基层员工除担负繁重的营销服务、检查考核等指标任务外，主要面临以下三个方面的压力。一是工作时间长。员工每天要提前半小时做工前准备，营业结束后要轧账等也需1小时，每天实际工作时间都在10小时以上。若遇开会、培训等，时间会更长。不少员工反映：一天下来，累得就想睡觉，这哪还像"白领"，简直是不计时的"钟点工"。广东珠海分行一位客户经理说："每天到家基本上洗完澡就睡觉，没时间管家，经常因此与爱人吵架，甚至被怀疑有外遇。"二是劳动强度大。高柜柜员平均每天业务量150笔左右，遇有节假日或代发工资高峰期达到350笔左右；个人业务顾问、客户经理每天要维护几百个客户，还要营销理财、信用卡等二三十种产品。每天超负荷的工作量和高强度的营销压力，员工始终处在高度紧张的精神状态。员工反映：柜员一旦进入工作状态，就基本上再也站不起来了，不敢喝水、不敢上洗手间，中午吃饭也只是十几分钟。广东拱北支行负责人反映："业务流程烦琐、授权环节多、产品收益率低，办理一笔理财业务，客户需要阅知大量相关材料，无形中增加了很大工作量。"去年，温州龙湾支行有3名柜员，只因浙商银行柜面无营销任务，便离职而去。两行网点仅隔一条路，一眼望去，场景让人心酸。三是正常休息、休假难。按规定，网点员工每3天轮休1天，每年有休假时间。但迫于人员、指标等原因，很多网点难以落实。不少基层行反映："现在各部门、各条线抢员工培训现象很普遍，有时一晚上就有三四场，员工大量业余时间被挤占。"浙江分行营业部一位客户经理说："网点一个萝卜一个坑，员工不敢生病。生了病像犯错一样，愈后连续顶班，休息时间更得不到保证。"据了解，很多员工几年休不了假，连续工作十几天得不到休息，甚至哺乳时间也得不到保证。二胎政策出台后，许多女员工为了保胎而离职成为全职妈妈。

**（六）基层管理人员忽视员工思想诉求，不能及时把握或错过了挽留工作的最佳时机**

各单位对申请离职员工，一般会通过谈心谈话、脱密期管理、帮助解决实际困难等办法进行挽留，但效果不够理想。调研发现，员工一旦提出离职申请，95%以上的不可挽回。出现这种"九头牛都拉不回"的现象，各级管理者负有很大的责任。一是一些基层管理人员对员工思想情况不了解，等到员工离职申请交到面前时，才如梦方醒，再做挽留工作，已经没有了"共同语言"。二是一些管理人员忽视员工日常的合理诉求和实际困难的反映，既不能给予有效答复和及时解决，也看不到员工由此而产生的思想变化，缺乏及时有效的思想沟通，错过了挽留工作的最佳时机。三是一些管理人员不会或不善于做员工思想政治工作。虽然感到人才流失非常可惜，但没有对员工进行有效的说服和挽留，还往往被员工的观点所左右，拿不出让人信服的理由和观点。四是一些管理人员对员工离职问题态度冷漠，认为每年建行招聘，都是打破头往里挤，走几个人无所谓，缺乏对建行事业高度负责的精神，也失去了挽留工作的感情基础。

对于大多数员工来讲，离职是个人职业生涯的一件大事。员工一旦提出离职申请，大都经过方方面面慎重考虑而做出的。等到离职申请递到各级领导面前时，也只是走走组织程序而已，绝不是征求领导意见或看看领导的口风。做好员工离职挽留工作，工夫在平时。只有提前介入、提早入手，才能把握最佳时机。浙江宝石支行尽管近年来受不良贷款影响，经营遇到较大困境，但支行重视员工思想工作，培育形成了有难同当、共渡难关的企业文化。2013年以来，先后有29名新员工入行，无一人离职。温州分行下辖开发区支行、永嘉支行等分支机构，2013年以来员工离职率也较低。

## 四、调研建议

**（一）建议继续高度关注员工离职等员工管理问题，尤其是骨干员工、优秀员工的管理问题**

本次调研是从员工思想教育角度，对部分区域、部分层级员工离职现象开展的一次初步调查研究，尚未覆盖全行范围、总分支行各层级情况。当前，经济下行压力持续加大、社会矛盾交织凸显、移动互联快速发展等诸多复杂因素，对员工思想和行为方式产生很大影响，对员工思想教育和队伍管理不断提出新的要求、新的挑战。这就要求我行从上到下都要更加重视员工的思想教育和队伍管理，全面客观掌握员工思想动态，不断探索和创新方式方法，切实增强员工管理工作的针对性和有效性。

建议党委宣传部将员工思想教育作为全行一项基础工作进一步夯实，通过科学有效的方法定期了解员工思想动态，采取简单易行、集约高效、员工喜闻乐见的方式，开展多种形式的宣传教育活动，旨在传递总行党委发出的明确信号，解读总行相关战略和政策，使大家增进共识，在思想和行动上与总行党委保持高度一致。

**（二）建议总行党委、董事会、高管层，对于个别区域性风险暴露带来的经营持续低迷、人心不稳、员工离职等问题，从考评政策、经营对策等方面进行专题研究，切断"不良暴露—等级行下降—资源减少—人员流失—业务停滞—新的不良暴露"恶性循环**

从浙江、温州等区域性风险暴露的例子看，

已经在一定程度上形成了一个恶性循环，不仅增长乏力、扭转局面艰难，而且会逐步导致人心不稳、士气低沉，甚至队伍涣散；从全国范围看，受“三期叠加”影响，银行业不良暴露带来的严峻形势，时间上还将持续一个时期，需要在各项政策上有所准备。

各银行间的竞争，不仅是拓展市场的竞争，还是处置不良资产的竞争；不仅是处置不良速度的竞争，还包括处置不良质量的竞争。处置不良资产，不仅包括回收率和打包出售价格，还包括处置不良时对相关人员和机构的影响。就像现在，有人犯了错，不处理难以服众，也不符合规定；如果严格甚至严厉处理，就有可能一棒子打死；当然，也可以采取“戴罪立功”的方法，既有惩戒，也有提供政策或一定资源的支持。

从发展的角度讲，建设银行不能失去浙江等重要地区的市场份额。重塑市场形象，稳固市场地位，需要安抚人心、聚拢人气、提振士气。为此，总行需要研究为个别产生不良的机构提供一个阶梯式的缓冲机制，“盘活”现有的人员和机制，使其通过主动作为、积极作为、能够作为、敢于作为，切断“不良暴露—等级行下降—资源减少—人员流失—业务停滞—新的不良暴露”恶性循环。

**（三）建议关注员工就业观念的变化，探索建立股权激励、岗位福利、行龄补贴、奖励积分等长效激励机制，充分调动全体员工的积极性、创造性，阻断“人才流失”从基层管理者向中高层管理者的“蔓延”**

从浙江分行的例子看，基层机构普通员工的大面积流失，对留下来的员工产生了很大的心理影响，并使一批基层骨干和管理者流失。从全国来看，由于传统银行业利润增速下降、薪酬下降，加上互联网金融、民营银行的快速发展产生的金融人才需求旺盛，也导致了传统银行业的人才流失。

目前，一些一二级分行行级领导，甚至是个别总行部门负责人的辞职倾向，将会进一步影响其他员工的离职，建议给予更多关注和重视，创新现有管理机制和业务发展模式，满足人才的正当合理需求，及时阻断“人才流失”现象的“蔓延”和“传染”，使“人才流失”带来的负面影响可控。

**（四）建议进一步加强企业文化建设，真正使建行企业文化成为软实力，切实发挥“文化留人”，凝聚人心、提振士气，助推全行转型发展的实际效果**

此次调研中发现，部分员工离开建行，是因为新的单位可以提供更好的职位、更多的薪酬；也有部分员工离开建行，是因为没有感受到好的文化氛围。针对这些问题，都可以通过科学有效的企业文化建设，使问题得到一定程度的解决。

建议进一步发挥顶层设计、高层推动在企业文化建设中不可替代的作用，让“核心价值观”在制度规章、服务流程、员工规范的设计中真正成为指导原则，让员工在日常工作中切实感受到良好的文化氛围，从而使企业文化成为真正的软实力。在员工管理方面，突出抓好人本文化建设，重视员工心理诉求，研究实施人文关怀措施，从总行做起、从中高层管理者做起，在全行宣讲、倡导和营造“尊重人才、爱护人才”的文化氛围。

**（五）建议进一步加强各级领导班子思想政治建设，提升各级领导人员的管理素质**

此次调研中发现，基层管理者对基层员工离职负有不同程度的责任。一些基层管理者习惯去“管事”，抓业务、冲业绩，但不习惯去“管人”，带队伍、夯实基础。一些基层管理者因为业务能力强，晋升到管理岗位，但其管理素质和能力，没有因为一纸任命而自然提升。正因为管理意识和能力的欠缺，产生沟通不畅、人际关系紧张，甚至团队涣散等问题，致使一些优秀员工流失。

建议进一步加强党建，强化各级领导班子思想政治建设，发挥党组织在培养党员领导干部中的作用；进一步加强对各级管理者，尤其是对当前各基层“一把手”现代管理素质的培养和历练，使其管理能力与“国内最佳、国际一流”的要求相匹配。

# 金融危机以来国际同业重大监管处罚案例梳理及简析

总行风险管理部

金融危机以来，国际银行业收到的巨额罚单层出不穷，最大的不确定因素已从信用风险转移至法律合规风险。本文在梳理国际同业重大监管处罚案例的基础上，借鉴其教训提出了我行积极应对国际监管形势变化，稳步推进国际化战略的相关建议。

## 一、危机以来国际监管处罚主要特点

### （一）涉及金额巨大

根据伦敦政治经济学院教授罗杰·麦考密克（Roger McCormick）的研究，美国银行等十大银行机构，2009—2013 年，因监管处罚付出的成本为 995.3 亿英镑，2013 年末为法律诉讼事项提取的准备金余额为 579.0 亿英镑，合计达 1 574.3 亿英镑。

表 1　十大银行 2009—2013 年罚款总成本　单位：十亿英镑

| 序号 | 银行 | 2009—2013 年总支出 | 2013 年法律诉讼相关准备金余额 | 2009—2013 年总成本 |
|---|---|---|---|---|
| 1 | 美国银行 | 39.09 | 27.31 | 66.4 |
| 2 | 摩根大通 | 26.61 | 9.17 | 35.78 |
| 3 | 劳埃德 | 8.91 | 3.82 | 12.72 |
| 4 | 苏格兰皇家 | 3.54 | 4.92 | 8.47 |
| 5 | 巴克莱银行 | 4.88 | 3.01 | 7.89 |
| 6 | 花旗集团 | 4.55 | 3.02 | 7.57 |
| 7 | 汇丰银行 | 4.97 | 2.24 | 7.21 |
| 8 | 瑞士联合银行 | 3.08 | 1.1 | 4.18 |
| 9 | 高盛 | 1.48 | 2.17 | 3.65 |
| 10 | 桑坦德银行 | 2.42 | 1.14 | 3.57 |
| 合计 | | 99.53 | 57.9 | 157.43 |

### （二）英美监管当局作出的处罚较多，占比达七成以上

以 2009—2013 年的数据统计，美国监管机构作出的处罚为 919.29 亿英镑，占比 58.39%；英国监管机构作出的处罚为 279.63 亿英镑，占比 17.76%。二者合计为 1 198.92 亿英镑，占比 76.15%。

表 2　2009—2013 年做监管处罚的区域分布

单位：十亿英镑、%

| 序号 | 区域 | 金额 | 占比 |
|---|---|---|---|
| 1 | 美国 | 91.93 | 58.39 |
| 2 | 英国 | 27.96 | 17.76 |
| 3 | 德国 | 0.40 | 0.25 |
| 4 | 爱尔兰 | 0.06 | 0.04 |

续表

| 序号 | 区域 | 金额 | 占比 |
|---|---|---|---|
| 5 | 瑞士 | 0.04 | 0.02 |
| 6 | 巴西 | 0.03 | 0.02 |
| 7 | 荷兰 | 0.03 | 0.02 |
| 8 | 墨西哥 | 0.02 | 0.01 |
| 9 | 意大利 | 0.02 | 0.01 |
| 10 | 西班牙 | 0.01 | 0.01 |
| 11 | 法国 | 0.01 | 0.01 |
| 12 | 香港 | 0 | 0 |
| 13 | 阿根廷 | 0 | 0 |
| 14 | 日本 | 0 | 0 |
| 15 | 澳大利亚 | 0 | 0 |
| 16 | 其他 | 36.92 | 23.45 |
| 合计 | | 157.43 | 100.00 |

### （三）被处罚的原因众多

根据统计，以上十多家银行被处罚的原因众多，其中未按法律或监管规定披露相关信息、误导销售、PPI① 准备金变动居前 3 位，内部控制存在缺陷、干扰市场交易秩序、异常巨大交易损失、洗钱等也是引发监管处罚的重要原因。

**表 3　2009 年以来监管处罚原因列表**

单位：十亿英镑、%

| 序号 | 事项 | 2009—2013 年 | 占比 |
|---|---|---|---|
| 1 | 未遵守法律或监管规定 | 44.04 | 27.97 |
| 2 | 误导销售 | 27.77 | 17.64 |
| 3 | PPI 准备金变动 | 20.68 | 13.14 |
| 4 | 内部控制缺陷 | 9.04 | 5.74 |
| 5 | 干扰市场 | 4.58 | 2.91 |
| 6 | 异常巨大交易损失 | 4.38 | 2.78 |
| 7 | 洗钱 | 3.3 | 2.10 |
| 8 | 其他 | 43.64 | 27.72 |
| 合计 | | 157.43 | 100 |

### （四）执法机构复杂

从下面收集的典型案例来看，执法机构最具代表性的是各地金融监管机构和司法机构，也有反垄断主管机构、证券交易管理机构等，以及美国联邦住房金融管理局、期货交易委员会、美国联邦能源监管委员会等。在一些大型的执法行动中，不同国家执法机构的相互沟通、合作也成为重要的现象，如英国、美国和瑞士金融监管机构就汇率操纵一案作出裁决，对花旗银行、汇丰银行、摩根大通银行、苏格兰皇家银行和瑞士银行处罚，就是一个跨国合作案例。

## 二、典型监管处罚案例

### （一）未遵守法律或监管规定

案例 1：瑞银保密法面临挑战，向美国赔款 7.8 亿美元

2009 年 2 月 18 日，瑞士银行在得到瑞士金融监管机构允许的情况下，不但向美方提交了约 250 名客户的信息，而且还向美国赔款 7.8 亿美元。

2008 年 7 月，美国迈阿密一家法院授权美国税收当局向瑞银下达传票，要求其提供被怀疑逃税客户的信息。当月，瑞银在美国国会听证会上表示，它将停止为美国客户提供离岸银行服务。2008 年 11 月，瑞银财富管理部门一名高级主管又遭到来自美国方面的此类指控。英国财政大臣达林在接受英国《观察家报》采访时，也呼吁瑞士增加银行业透明度。

### （二）误导销售

案例 2：FHFA② 起诉 17 家金融机构

2011 年 9 月 2 日，FHFA 以房利美（Fannie Mae）和房地美（Freddie Mac）管理人的身份，就美国次贷危机之前“两房”购买的部分抵押贷款支持证券，向摩根大通、美国银行等 17 家大型金融机构和企业提起诉讼，指控这些机构涉嫌欺诈和失职。此次诉讼针对 17 家企业，包括摩根大通、美国银行、花旗集团、摩根士丹利、联合汽

① PPI（payment protection insurance，“支付保障险”，简称 PPI），该保险对贷款人意外失业或生病无力偿还贷款的情形进行保险，能够有效转移银行信贷风险。在金融危机期间，由于失业率上升，PPI 的赔付率显著上升，如 2008 年 10 月上升了 113%。但近年来关于 PPI 的销售问题比较突出，贷款人并不完全理解信贷保险的赔付范围和保险费率，而且事后由于其条件苛刻很难获得赔付。英国金融监管局勒令停止部分信贷保险业务，并要求公司处理投诉并赔偿被错误销售的客户。英国竞争监管委员会对 PPI 进行了多年的调查，银行界被控大规模不当销售 PPI 获得大量利润，很多客户根本不知道自己支付了这一保险费用。英国金融监管局在 2011 年初曾估计，索赔总计可达 45 亿英镑。

② 美国联邦住房金融局（Federal Housing Finance Agency，简称“FHFA”）。

车金融公司（原通用汽车金融公司）、国家金融服务公司、美林等本土金融机构，苏格兰皇家银行集团、法国兴业银行、巴克莱银行等欧洲金融机构，野村证券、瑞士信贷和汇丰控股的北美分支机构。

FHFA在起诉书中称，“两房”在抵押贷款支持证券上的部分损失是由于被告的误导或不当行为导致。这些企业提供了关于抵押贷款质量的虚假信息，夸大了贷款者的偿还能力，将不符合标准的抵押贷款打包成金融产品出售给投资者。为了避免进一步的麻烦，各家银行最终选择了和解并赔偿，但始终没承认在卖给“两房”MBS时有什么过错。

2013年5—6月，FHFA分别和花旗银行、通用电气达成和解，赔偿额度并没有对外公布。

2013年7月末，瑞银和FHFA达成的和解协议是向房利美赔偿4.15亿美元，向房地美赔偿4.7亿美元，共计8.85亿美元。这个额度与此前FHFA要求的9亿美元相当接近，基本上是瑞银销售45亿美元MBS的20%。

2013年8月5日，汇丰银行发布2013年半年报，称其与FHFA有关住房抵押贷款债券化的诉讼将给汇丰带来16亿美元的损失。

2013年10月，FHFA与摩根大通达成40亿美元的和解协议后，之后又传出该机构拟对美国银行罚款60亿美元。

2013年11月，富国银行悄然处理FHFA的索赔请求，希图达到和解，富国银行受保密协议控制，估计价值不到10亿美元。

2014年8月，高盛同意支付31.5亿美元与FHFA和解，其中，将分别支付约10亿美元和21.5亿美元，对房利美和房地美进行证券回购。

*案例3：高盛同意支付5.5亿美元了结“欺诈门”指控*

2010年7月，高盛同意，向美国财政部和几家潜在受害方支付5.5亿美元的罚款和赔偿，以了结美国证券交易委员会（SEC）对其提出的“欺诈门”指控，这也创下了华尔街单个公司领受罚单的新纪录。2010年7月15日，SEC在华盛顿的一个记者会上正式宣布了与高盛的和解方案。根据方案，高盛同意支付5.5亿美元罚款了结“欺诈门”指控。这是迄今为止美国证交会对一家金融机构开出的最高罚单。

SEC表示，高盛承认在一项次级抵押贷款产品的推销材料中没有向投资者披露关键信息。在高盛支付的5.5亿美元罚款中，2.5亿美元将返还给受损失的投资者，3亿美元将交给美国财政部。据称，德国产业投资银行（IKB）将获得1.5亿美元的赔偿，而苏格兰皇家银行将获得1亿美元，两家银行都是在与高盛“欺诈门”有关的交易中遭受损失的投资者。

**（三）PPI准备金变动**

*案例4：苏格兰皇家银行等为应对PPI索赔增加拨备*

2012年11月，苏格兰皇家银行（RBS）宣布，将增加4亿英镑拨备用于应对支付保障保险（PPI）的索赔费用。至此，苏格兰皇家银行用于PPI索赔费用的拨备总额增至17亿英镑。同时，劳埃德银行称为该项保险索赔增加了10亿英镑拨备，拨备总额增至53亿英镑。在2012年10月，巴克莱银行公布第三季度业绩时也增加了7亿英镑拨备，其拨备总额增至20亿英镑。

*案例5：劳埃德银行因延迟支付PPI赔付而被FSA① 罚款*

2013年2月，FSA宣布对劳埃德银行集团旗下的三家金融机构进行罚款，因其对总计14万客户的支付保障保险（PPI）赔付进行拖延。受到处罚的三家金融机构分别为Lloyds TSB Bank Plc，Lloyds TSB Scotland Plc以及Bank of Scotland plc（以下均简称为“LBG”）。

根据FSA的规定，PPI赔付必须立即进行（在同意赔付后的28日内完成）。FSA称，在2011年5月至2012年3月，LBG向PPI控诉方发送了582 206封信函，并同意对相关客户进行赔付。不过，并非所有的客户都获得了LBG的及时赔付。FSA称，有140 209名客户获得的PPI赔付超出了28天时限——占总数近四分之一。其中87 000名客户等候时间超过45天，56 000名客户等候时间超过60天，29 000名客户等候时间超过

① 英国金融服务监管局（Financial Services Authority，简称“FSA”）.

90天，更有8 800名客户等候时间超过6个月。

（四）内部控制缺陷

案例6：巴克莱银行因滥用客户资金面临3 800万英镑罚款

2014年9月29日，巴克莱银行由于没有将客户资金与自有资金严格分开，投资经营中令客户资金蒙受风险，将遭到监管机构约合3 800万英镑的罚款，这是自2010年摩根大通银行因同样原因被罚3 300万英镑后，历史上因此类违规操作而遭受的最大额度罚款。2011年，巴克莱银行因为同样的原因被罚款100万英镑。

英国监管机构指控巴克莱银行将数十亿英镑的客户资金与自有资金混合，自2007年至2012年用于投资经营，这引发监管机构担忧，一旦巴克莱银行倒闭将无法偿还这些客户资金。据消息人士透露，巴克莱银行的涉案金额低于摩根大通银行，但罚款金额却远高于摩根大通，主要原因是英国监管机构决心加大对再次违规银行的处罚力度。目前，巴克莱银行和英国监管机构还在谈判，英国监管机构尚未宣布这一处罚决定。

案例7：苏格兰皇家因信息系统崩溃被罚5 600万英镑

2014年11月，美国彭博社报道，英国金融监管机构对苏格兰皇家银行（RBS）处以5 600万英镑（约合人民币5.4亿元）罚款，原因是2012年该银行因电脑系统崩溃而造成数以百万计用户在数周内无法正常使用账户。据悉，RBS将向FCA（英国金融行为监管局）支付高达4 200万英镑的罚款，并向PRA（英格兰银行审慎监管局）支付罚款1 400万英镑。2012年的崩溃事件影响了650万的用户，占英国总人口的10%。

FCA在一份声明中称：“这次事件暴露出RBS在处理相关风险上的不足，以至于其用户直接受到了影响。现代银行应该拥有有效、可靠，并且恢复能力强的信息系统。”RBS首席执行官Ross McEwan称，该行将在未来三年投资7.5亿英镑来改良电脑系统。该行在爱尔兰子行也因同样的问题受到了350万欧元的处罚。

案例8：美联储给瑞士信贷银行开出亿元罚单

2014年5月19日，美国联邦储备委员会宣布对瑞士信贷银行罚款1亿美元，原因是该银行风险管理不善和未能如实向美联储报告其在美国的运营情况。

美联储在一份声明中说，瑞士信贷纽约代表处于2009年关门，但是仍然私下在纽约运营着一个分行，且未能充分如实地向美联储报告这一行为，违反了适用于外资银行的国际银行业法则和相关的美国联邦银行业法律。美联储要求瑞士信贷立即停止不当行为，并以美国法律为准进行监管整改。瑞士信贷已经同意解雇涉及违法运营的9名雇员。

（五）干扰市场

案例9：全球五大银行因汇率操纵被罚款34亿美元

2014年11月12日，英国、美国和瑞士金融监管机构就汇率操纵一案作出裁决，对全球五大银行共处以34亿美元的罚款，被罚银行包括花旗银行、汇丰银行、摩根大通银行、苏格兰皇家银行和瑞士银行。其中，英国金融行为监管局对五家银行共处以17.7亿美元的罚款，美国商品期货交易委员会对这五家银行处以14.8亿美元的罚金，而瑞士金融市场监管局仅对瑞士银行处以1.34亿瑞士法郎的罚金。

在经历了长达一年时间的调查之后，监管机构认定上述五大银行存在操纵全球外汇交易市场的行为。据了解，上述银行中已有多名参与操纵案的交易员被停职或解雇。

案例10：FERC① 对巴克莱银行操纵电力市场罚款4.9亿美元

2013年7月17日，美国能源监管机构对巴克莱银行操纵电力市场开出了创纪录的4.9亿美元罚单，这是美国针对英国银行业的最新一项严厉监管制裁。FERC指控巴克莱银行涉嫌操纵美国加州和其他西部州现货电力市场，以便从衍生品市场的相关仓位中谋利。FERC指令巴克莱银行及其下属交易员在30天内支付4.53亿美元民事

① 美国联邦能源监管委员会（Federal Energy Regulatory Commission，简称“FERC”）。

赔偿，并且提交 3 490 万美元利润来补偿受到违规交易遭受损失的美国家庭。

**（六）异常巨大交易损失**

案例 11：摩根大通因“伦敦鲸鱼”事件罚款 7 亿美元

2013 年 9 月 13 日，摩根大通为“伦敦鲸鱼”事件支付 7 亿美元罚款。所谓的“伦敦鲸鱼”，是指摩根大通驻伦敦的交易员布鲁诺伊科西尔，他曾经任职于摩根大通核心投资部门。布鲁诺于 2012 年初为摩根大通建立了巨额的信用违约掉期头寸，并且在当年 3 月底之前空翻多卖出了这些保护，而多家对冲基金和其他市场参与方随后投入了巨额对赌资金，买入针对这些公司债券的违约保护，他们希望债券违约或贬值。摩根大通在 2012 年 5 月 10 日宣布，由于布鲁诺采取了失误的对冲策略，导致该行在近 6 周时间内巨亏 20 亿美元。除了给摩根大通带来的巨额损失之外，布鲁诺的行为也严重扰乱了金融市场，造成了非常严重的后果。

据称，经过与多方政府机构磋商，摩根大通终于同意以支付巨额罚款的方式来为“伦敦鲸鱼”事件作和解。

**（七）涉及洗钱**

案例 12：汇丰美国因洗钱案被处罚 19.2 亿美元

2013 年 7 月 1 日，美国纽约布鲁克林地区法院法官约翰·格雷森（John Gleeson）作出判决，驳回了美国政府和汇丰关于“联邦法官在批准或执行所谓的‘延缓起诉协议’的问题上缺乏‘内在权威性’”的质疑，汇丰银行遭到 19.2 亿美元的罚款。

美国参议院发布的调查报告称，汇丰已经成为墨西哥和哥伦比亚毒贩、洗钱者和其他违法犯罪者的“首选金融机构”，同时该银行无视美国对伊朗、缅甸、古巴、利比亚和苏丹的制裁，为这些国家的客户非法转移资金。

**（八）其他，如涉及帮助逃税等**

案例 13：瑞信在美国帮助逃税，交付 25 亿美元罚款

2014 年 5 月 19 日，美国司法部长霍尔德表示，瑞士信贷承认该行帮助美国人避税，将支付逾 25 亿美元罚金。由此，瑞信成为 20 年来在美国就刑事指控认罪的最大银行业者。

美国检察官表示，瑞信通过将资产隐藏在非法且未申报的银行账户中，帮助客户欺骗美国税务当局已有数十年之久，其中一例甚至开始于一个世纪多以前。瑞士信贷旗下美国客户账户约 2.2 万个，账户价值约 100 亿美元，其中包括已报税及未报税的账户。

美国司法部称，瑞士信贷协助美国富人客户从未报税的账户提取资金，方法有两种，一是提供现钞运送至美国，二是利用瑞士信贷在美国的对口银行账户。霍尔德说，瑞信是 20 年来就刑事指控认罪的最大一家银行。

案例 14：瑞银助客户逃税可能被法国罚款 63 亿美元

2014 年 10 月，瑞士银行最高可能被法国当局罚款 63 亿美元，目前法国正在对瑞银进行调查，以确定瑞银是否帮助富有的客户逃税，从而违反法国的财政监管。一家法国法庭此前已勒令瑞银缴纳合 14 亿美元的保证金，以满足潜在罚款的部分需要。

案例 15：摩根大通因麦道夫案支付 20.5 亿美元罚金

2014 年 1 月 7 日，摩根大通旗下多个子公司与多个美国政府机构就有关麦道夫案的指控达成和解协议，累计支付 20.5 亿美元。

其中，摩根大通银行与纽约州南区检察官办公室达成延缓起诉协议，同意支付罚金 17 亿美元，此外，就违反银行秘密法及反洗钱法要求的相关行为，接受了货币监理局 3.5 亿美元的民事处罚。

起诉书中指出，从 1986 年 10 月至 2008 年 12 月 11 日麦道夫被捕期间，其在摩根大通银行开设的活期存款账户和其他相关现金及证券账户几乎是麦道夫旁氏骗局实现的唯一通道。当摩根大通发现麦道夫骗局存在可疑之处时，仅仅考虑了自身的投资风险，避免了近 2.5 亿美元的损失。如果摩根大通当时能够认识到自己应当承担的反洗钱责任，不但能为自己省下 20 亿美元，还会令其他受害者避免更多损失。

在摩根大通内部也曾对麦道夫有过质疑，但这些不同部门的怀疑并未被转达到反洗钱部门，摩根大通的反洗钱程序两次发出“警报”也未能引起注意。2007 年 1 月，麦道夫证券的相关账户

由于转账金额异常而触发“警报”，这笔转账金额高达7.572亿美元，是过去90天内平均转账金额的27倍。2008年7月，系统再次就一项国债赎回相关事项发出警报。反洗钱调查人员在两次关闭警报前，都曾试图调出麦道夫证券的客户资料，但系统均报错，因为根本就没有这些资料。然而，除了浏览公司网页外，负责人员并未进行深入调查。最终，反洗钱调查人员都决定直接停止警告，认为这些交易对于麦道夫账户来说不算异常。

## 三、国际巨额监管处罚对我行的管理启示

### （一）对跨国制裁带来的影响做好充分准备

我行国际化战略稳步推进，海外业务得到了进一步的扩大，经营地域延伸至境外，直面以美国为代表的制裁法规和执法行动。美国的制裁法规广泛延伸到金融服务的许多业务，其制裁名单复杂多样。我行应严密防控向制裁名单客户提供有关金融服务的风险，并尽可能及早充分提示相关合作可能引发的风险。

### （二）夯实反洗钱法规的执行

反洗钱问题日益受到各国执法机构的关注，以美国为代表的将反洗钱与经济制裁结合起来的执法行动尤为突出。在国际反洗钱执法日益严厉的形势下，我行一方面要提升内部人员把握国际反洗钱执法动态的意识和理念，另一方面要加强反洗钱的科技系统建设，依靠强制性的科技系统来确保反洗钱法规的有效实施。对于国际洗钱中专业化、专门化、智能化、“形式与程序合法化”等趋势，应有充分的应对准备。

### （三）从公司治理层面上做好消费者保护制度安排

群体性的消费者诉讼或投诉，日渐成为国外监管当局近年来的重大执法行动。我行应对消费者权益保护高度重视，境外有零售业务的机构更要强化属地监管法规的切实执行，确保依法合规经营。要重视销售流程的适度透明和有效管控，规范治理销售误导或不当销售问题。密切跟踪境内外监管法规设立消费者权益保护最低标准的变化及执法态势，切实防范重大监管执法带来的经济风险和声誉风险。

### （四）前瞻性地关注是否存在干扰市场行为

在人民币走向国际市场的趋势中，我行作为参与境外交易中心的大银行须审慎检视有关合作或协调是否构成操纵行为并对市场竞争、有关客户利益造成较大不利影响；要关注客户、媒体舆论对银行业价格方面持有异议的问题，及时纠正有关不当行为，避免持久的违规或违法操纵价格而最终引发巨额罚款或损失赔付。

### （五）管理系统和合规制度性漏洞已成为监管重点关注

一些管理系统的技术或合规性漏洞引发了重大的损害第三方或公众利益的问题，国际监管执法对此高度关注。我行在海外经营中，内部控制必须兼顾境外机构所属国的监管法规要求，在银行日益依赖互联网和信息系统背景下，要加强有关交易平台操作和管理的合法性、合规性建设。

# 部分区域小企业信贷业务数据审计分析报告

审计条线小企业信贷审计专业化团队

2015年8至9月，小企业信贷审计专业化团队依托行内大数据资源①，建立“跨界、跨区域、

①本次分析主要数据为2011年以来各区域小企业信贷业务数据及外部市场经济数据，数据时点截至2015年6月末；行内数据主要通过非现场审计系统提取，数据的完整性、准确性还未完全达到生产系统数据的标准，相关数据可能与业务部门数据不完全一致，但上述局限在可接受范围内，不影响报告的基本结论和趋势判断。

跨行、风险特征数据”四大类关键风险指标，设计“客户、规模、行业”三个维度，以浙江、广东、深圳、苏州、甘肃五家驻地分行为调查对象，积极创新以“非现场为主”的项目组织方式，探索“精、准、快”的审计新模式。审计组运用大数据揭示当前小企业信贷重要风险的控制状况，分析全行关注的“效率”问题，形成了基于非现场审计的分析报告。

## 一、五家分行小企业信贷业务情况分析

截至2015年6月末，五家分行小企业客户数、信贷余额和不良贷款余额，分别占全行总量的27%、28%和40%。相关数据分析表明，小企业转型面临业务发展和风险控制的双重压力，转型力度亟须加强。

**（一）小企业信贷业务量已达到峰值并回落，发展趋于滞缓**

浙江、苏州分行在2011年最先到达峰值，深圳、广东分行时隔2年到达，甘肃分行于2014年到达，呈现出从东、南向西部区域梯度发展的态势。浙江、苏州分行余额在达到峰值后连续几年大幅下降，处于持续调整期；深圳、广州分行峰值次年（2014年）末余额分别较上年减少63%和17%。

**（二）小企业信贷风险形势严峻，行业集中风险突出**

截至2015年6月末，浙江、广东、苏州和深圳四家分行不良率均已超3%（浙江分行不良率达14.65%）；且信贷投放量和行业风险均集中在制造业、批发零售业，两行业信贷余额合计占总额的82%，不良率分别为11%和10%，高于小企业平均不良率3个百分点以上。

**（三）“以小为主、以微为重”的客户格局正逐步形成，大数据产品覆盖度有待进一步提高**

截至2015年6月末，五家分行小型客户约占客户总数的63%，微小型客户数量稳定增长，比2011年末提高39%，产品仍以“成长之路”“速贷通”传统小企业产品为主，“助保贷”“五贷一透”等大数据产品规模较小，客户数和信贷余额分别占总量的18%和3%。

## 二、小企业客户交易数据分析

**（一）小企业关联交易及资金流向复杂，需加强识别与管控**

1. 基本户客户占比过半，但代发工资、缴纳税款量占比较小。五家分行小企业信贷客户基本户占比均超50%，但基本户代发工资、缴纳税款交易比例不高。如，2014年基本户代发工资、缴纳税款超万元的仅占37%和44%，不利于我行小企业资金管理，小企业代发代缴业务营销力度有待进一步加大。

2. 开户金融机构数量多，且账户关系复杂。五家分行近六成的小企业信贷客户在其他金融机构开设账户，特别是19.72%的客户有4个及以上他行账户，不利于银行掌握客户实际经营情况，也容易诱发融资风险。分析370户不良客户，开立账户10个及以上的小企业不良客户占比11%，比开立账户3个及以下的不良客户占比高5.42个百分点。个别小企业在24家银行开立31个账户，成为家族企业集团内隐蔽的资金过渡和借壳融资的平台。

3. 受托支付比例高，且多流向行外。2014年1月至2015年6月，五家分行有63%的信贷资金受托支付流向行外，其中有32%的收款人在我行开户。小企业信贷资金系统内循环比例、承接率较低，不利于贷款管理，也间接影响了我行客户账户资金的留存量和结算量。

4. 跨机构资金流量为净流出，多流向城商行及城市合作银行。2014年全年和2015年上半年，五家分行存量小企业资金汇出入比分别为1.37:1和1.34:1。城商行及城市合作银行因资金结算零手续费、起点低、网点多等特点，已成为小企业的集中开户行。2014年和2015年上半年，超三成资金流入城商行及城市合作银行，与工、农、中三行资金流入合计占比持平，其中流向工商银行的客户，多为我行小企业供应链上游采购方，并以中型为主。

5. 部分新营销的小企业客户首次贷款即出现资金周转困难。2014年1月至2015年6月，五家分行107户小企业借款人以“归还转贷资金”“还款”“往来款”为由，直接或间接将资金转入当地小额贷款公司、担保公司、投资公司和金融服务机构等，涉及信贷余额9.89亿元，其中16

户为2014年以后新营销客户。

**（二）实际控制人通过多家小企业交叉重复融资风险防控不足问题较为突出，需加强统筹管理**

1. 同一控制人或高管控制的多家小企业在一级分行内或跨区域融资，但未纳入关联关系管理。共涉及五家分行861位高管控制的1 266家企业，信贷余额108.24亿元，其中，854位高管控制的1 252家小企业在同一分行融资，7位高管控制的14家小企业跨一级分行融资。值得关注的是，总行小企业业务部2010年、授信审批部2014年先后下达过小企业信贷业务关联企业集团授信规定，但各规定存在差异，且目前文件均未废止，一定程度影响各机构的实际执行效力。

2. 部分小企业客户与个贷客户交叉融资，个人关联人跨一级分行获取多头个贷需予以关注。五家分行公司和个人贷款并存，共涉及433户小企业信贷客户和560户个人助业贷款客户，95%的交叉关联为实际控制人及配偶等家族类型；交叉融资除制造业、批发零售行业这类高占比客户外，建筑业交叉融资的现象也较突出，客户占比11%，且以项目经理名义申请个人助业贷款居多。

3. 个人关联账户资金流向需加强风险跟踪。五家分行小企业高管未在我行开户，或存款余额为零的户数占比仅为4%，表明公私联动效应已显现。但数据显示，2014年至2015年上半年，1 222个高管账户有大额资金（累计100万元以上）流入证券市场，涉及信贷金额62.35亿元。

**（三）岗位、系统控制不足，存在篡改系统中客户重要信息的现象，群发性操作风险不容忽视**

1. 部分客户经理利用系统漏洞，在评价授信岗复核失控的情况下，违背事实、频繁篡改客户关键信息，以拉高评级结果并达到准入条件。2014年5月至2015年6月，五家分行共有125个小企业客户①实际控制人信息，在30日内发生2次以上频繁变更。个别二级分行客户经理擅自篡改CLPM系统中客户实际控制人信息，人为拉高客户信用评级，已引发群发性风险，涉及该行18家支行、20位客户经理及72个客户。部分客户因错误信息长期存在，导致CRMS系统个人关系树、人行征信系统信息被严重扰乱。

2. 部分小企业变更实际控制人，存在逃废债风险。截至2015年6月末，五家分行有459个存量信贷客户的实际控制人或法定代表人发生过变更，从变更的高管年龄看，有104个客户高管年龄在20岁（含）以下，28个客户的高管年龄在60（含）岁以上，其中最小的18岁，最大的73岁。出险企业实际控制人通过将股权转让给高龄父母以此逃避我行债务的行为，需引起高度警惕。

**（四）小额化、批量作业能力不足，流程效率有待大力提升**

1. 小企业业务办理流程耗时较长，评分卡业务无快捷优势。数据分析表明，小企业业务申报流程时间偏长，效率值不高，其中评分卡类业务平均用时23.57天，办理效率甚至低于速贷通业务（19.33天），无法满足小企业客户“急、快”的融资需求；值得关注的是，近年来各类业务办理效率均呈现下降态势，如，2015年6月末“速贷通”、评分卡类业务的办理效率，分别比2013年下降28个百分点和16个百分点。

**表1　　具体效率时间统计情况表**　　单位：元

| 产品类型 | 从申请到批复时间的平均值项 | 从批复到放款时间的平均值项 | 整体时间的平均值项 |
|---|---|---|---|
| 成长之路 | 5.6 | 9.76 | 15.37 |
| 评分卡类业务 | 11.49 | 12.08 | 23.57 |
| 速贷通 | 7.52 | 11.82 | 19.33 |

2. 产品办理效率行际间差距较大，与各行小企业信贷的认同度、流程架构和客户结构等因素有关。五家分行办理1笔小企业业务平均用时15.93天，其中：苏州、浙江分行业务平均用时分别比五家机构平均用时短3.71天和2.87天；甘肃分行业务办理效率最低，业务平均用时比五家机构平均用时多12.46天。

3. 小企业业务实行一票否决，一级分行审批

① 包括截至2015年6月末，有信贷余额的小企业客户，或其提供保证的信贷业务仍有余额的小企业保证客户。

用时较长。2011 年以来，总行要求所有单签或双签的小企业业务，必须报风险总监或其授权的审批部门负责人行使一票否决程序，一定程度影响了业务批复效率。以评分卡类业务为例，审批批复至放款日的平均天数长短与审批认定机构关联度不高，但由省分行批复认定的业务申请至审批批复的平均天数（15.48 天）明显高于由二级分行认定的平均天数（10.93 天）。

4. 业务流程未达产品设计初衷，办理效率与产品宣传差距较大。我行大数据产品设计理念虽领先同业，但业务效率无优势。特别是评分卡类业务审查环节冗长烦琐，重要关键点不突出，涉及环节、系统、机构“三多”成为“流程挡驾”的主要原因。值得关注的是，目前“无贷户”“有贷户”的客户调整环节均需线下纸质批复，且审批手续至少涉及三个机构的多个部门。以“税易贷”为例，新营销客户从准入到支用至少需要一个月才能放款，与对外宣传仅需 3 天的说法有较大差距。

**表 2　　“税易贷”流程效率时间统计情况表**

| 阶段 | 具体业务环节 | 涉及机构 | 平均用时 | 调查依据 |
|---|---|---|---|---|
| 贷前调查 | 确认目标客户 | 二级分行、省分行 | 约 2 周 | 现场访谈 |
| | 有效营销客户 | 支行网点 | | |
| | 前期材料准备 | 支行网点 | | |
| 业务申报 | CLPM 系统录入 | 支行 | 至少 1 周 | 现场访谈及模型数据 |
| | “无贷户”调整 | 支行、二级分行、省分行 | | |
| | “有贷户”调整 | 总行（每月调整 1 次） | | |
| | 规模认定、调整管理模式 | 二级行、省分行 | | |
| | 合规性审查 | 二级行、省分行 | 4 天 | |
| 审批生效 | 补充审批材料 | 支行、二级分行或省分行 | | |
| | 一票否决程序 | 二级分行或省分行 | 至少 1 天 | |
| 贷款支用 | 落实放款条件 | 支行、二级分行 | 10 天 | 模型数据 |
| | 贷款发放 | 支行 | | |

**（五）各信贷系统流程烦琐、信息共享等问题未得到改善，关键风险控制功能有待提高**

1. 业务流程中涉及系统多，操作较为烦琐。小企业业务办理过程中涉及多个系统，且各系统分属不同部门管理，自成一体，不仅影响业务效率，也无法实现数据整合，形成“信息孤岛”。据了解，工商银行和农业银行办理小企业业务只需要 1 个系统，中国银行需要 3 个系统，而我行至少需要 5 个系统①。

2. 个别关键风险控制功能未实现机控，预警监测手段不足。我行系统未对行业风险限额、超权限审批授信业务、放款前落实授信前提条件等管控事项实现机控；客户重要信息在 CLPM 系统中可反复修改不受控制，无修改痕迹；系统对黑名单客户未进行提示和预警，企业与其实际控制人相关的黑名单管理薄弱，信用风险在公、私业务间传导。

3. 数据质量不高，缺乏监督制约。我行信贷信息基本依靠客户经理手工输入，未建立复核与考核制度。部分数据严重缺失或错误，如，个别小企业客户的 23 个股东共用同一身份证号，客户有效地址比例不足六成。

## 三、分析建议

### （一）加强行业分析和客户群分析

结合区域经济特点、规划及政策导向，坚持“以小为主、以微为重”的客户定位，积极推广评分卡类业务，因地制宜地制定差别化行业营销和管控政策，合理确定行业限额。建议重点加大对服务、

① 我行办理 1 笔小企业信贷业务须涉及新一代系统、CLPM 对公信贷业务流程系统、CCBS 核算系统、OCRM 对公客户关系管理系统、CRMS 授信业务风险监测系统。

民生、科技、文化等行业的研究力度，提升服务、科技、民生等领域的业务比重，适当调整制造业、批发零售业等传统行业的小企业信贷结构。

**（二）严把小企业“三品”（押品、产品和人品）管理**

继续坚持提高基本户占比，落实主办行制度，针对融资关系超过一定数量金融机构的小企业客户，制定差异化的客户准入标准；发挥多渠道的信息联动作用，及时甄别各类关联关系，严防客户过度融资行为；严格规范信用评级工作，加强实际控制人变更管理，将实际控制人年龄列入客户准入审核范围。

**（三）增设风险监测指标**

实行定价差别化管理，积极引导小企业结算资金和信贷资金在行内流转，参考同业结算产品设计及定价策略，提高小企业客户账户资金结算量，并将“客户融资总额超关联交易50%”“注册地址、办公地址相同的客户”“账户关系超过一定数量的金融机构”等指标列入系统预警指标。

**（四）提升业务办理效率与风控能力**

一是加快小企业信贷工厂及放款中心建设，规范岗位设置、岗位职责，强化评价授信岗的关键作用；二是提高业务办理效率，全面梳理小企业信贷业务流程，简化不必要的、风险防控作用弱的冗余环节；三是根据业务规模、客户数量、网点综合化经营支持程度等，合理配置人员。

**（五）整合小企业信贷政策**

重新审视政出多门、“打补丁”式的制度管理模式，加大对客户关联关系管理的政策指导；对于注明“小企业除外”的公司信贷类文件，应根据小企业信贷特点，制订有针对性的信贷政策。

**（六）加强小企业业务系统建设**

强调“机控”与“人控”的有效结合，通过“新一代”系统建设实现全渠道信息共享和互补，健全数据信息质量控制机制，强化考核和监督措施，对关键环节风险防范实现机控覆盖，真正做到“制度放在流程上，流程融入系统中”。

团队牵头人：陈华剑

执笔：王晔

# 商业银行基层员工道德风险研究

中国监察学会建设银行分会

【内容摘要】银行基层员工在操作执行过程中容易产生侥幸、从众、失衡与补偿等渐变心理，在信息不对称情况下，可能引致道德风险的发生。基层员工道德风险能否管理到位，不仅直接影响银行决策的执行效果，而且对银行持续稳健发展产生重要影响。本文采用实证分析方法，运用经济学理论，深入剖析了基层员工道德风险的内涵、分布情况、主要表现形式，以及深层次原因，最后提出针对性的防控措施。

【关键词】商业银行　基层员工　道德风险

当前，商业银行基层员工人数占比达65%以上，是银行从业人员中发生道德风险人次较多、涉及金额较大的群体。因此，加强对其道德风险研究有着现实意义。

## 一、道德风险概述

### （一）含义

道德风险是指银行从业人员在不完全承担风险后果时，为最大限度增进自身效用而做出不利于他人行为的可能性。具有五个特征：一是它发生在委托代理契约关系建立之后；二是签约一方不完全承担风险后果，可能躲避惩罚；三是动机是为了增进自身效用，包括物质、精神、政治利益需求的满足，如获取金钱、晋升机会，满足虚荣炫耀心理，实现自我价值等；四是结果导致他人利益的损害；五是它具有风险的一般属性，是或然性事件。在表现形式上，分为乱作为、不作为、多作为，具体表现为利益输送、虚假销售、放任懈怠、舞弊、越权行为等。商业银行基层员工道德风险一旦变成现实性，将对银行造成经营风险、效率低下、形象受损，引致为信用风险、操作风险和法律风险，乃至腐败和犯罪。

**（二）产生机理**

1. 信息不对称。银行冗长的委托代理链条加深了基层员工与委托人的信息不对称。基层员工从事银行具体的经营活动，获取的微观信息量较为丰富，比委托人更具有信息优势。由此，基层员工容易发生隐藏行为与隐蔽信息的道德风险，前者指管理者不能准确观察和预测到基层员工的行动；后者指基层员工对事态的性质有不够全面的信息，但这些信息又足够其采取恰当的行动，而很难被管理者所察觉和提防。

2. 舞弊三角论。舞弊的产生由压力、机会和借口三要素构成。压力要素主要包括经济、工作、恶癖①和其他压力。机会要素指可进行舞弊而又能掩盖起来不被发现或能逃避惩罚的时机，如内控缺乏或失效。借口要素指必须找到某个理由，使舞弊行为与本人的道德观念、行为准则相吻合，无论这一解释本身是否真正合理。如"为了完成上级布置的任务""大家都这么干"……在"压力"驱使以及"机会"引诱下，此时若又能找到自我合理化的"借口"，就很可能引致道德风险。

3. 心理契约论。美国著名管理心理学家施恩教授提出心理契约是"个人将有所奉献与组织欲望有所获取之间，以及组织将针对个人期望收获而有所提供的一种配合"。心理契约的双方都预料和期望对方将会满足自己的某些需求，做出对方所期盼的某些行为。它虽然是一种隐形契约关系，但激励效果明显。心理契约不仅是联系员工与组织的纽带，还是影响员工工作态度和行为的重要因素，对组织的绩效水平也带来重大影响。如果契约失衡，可能引起基层员工道德风险。

4. 侥幸心理。当主观想要做的事情与客观情况不相符合，一旦做了就可能归于失败，而行为人不顾这种与主观矛盾的客观实际情况，抱着试一试可能成功而行动的心理状态就是侥幸心理。基层员工侥幸心理运作规律为：一是提前意识到了行为的不适当性，并有一定的担心、畏惧心理。二是在信息不对称、行动隐蔽、发生概率低等理由支撑下，行为人最终选择实施。三是行为未被发现后，随着次数的增加，进一步强化了行为人的侥幸心理，导致其随后的道德风险越来越高。

**（三）管理现状**

银行主要经营信用货币，具有高风险、业务多样、货币稀缺等特殊属性，加之外部信用环境的脆弱、复杂、缺失，导致银行成为了道德风险的高发行业。银行逐渐意识到道德风险管控的重要性，制定了操守准则，强化责任追究，不断丰富管理手段，道德风险防范体系初步建成。由于道德风险具有主观人为性、隐蔽性、牵涉面广、控制艰巨等特性，以及对其的控制受到诸多银行之外因素的影响，因此，银行对基层员工道德风险的管理还有需改进的地方：一是管理者对基层员工道德风险管理重要性的认识还需进一步提高；二是具体的防范措施、管理技术工具与体制机制有待进一步强化；三是应将道德风险管理纳入全面风险管理体系。

## 二、道德风险的分布情况

基层员工主要包括客户经理、信贷人员、销售人员、审批人员、交易人员、柜面人员以及其他岗位人员②。笔者选取某商业银行2012—2014年发生的道德风险样本进行分析（见表1）。

① 指因赌博、吸毒、酗酒、包养情妇等恶弊或不良嗜好而产生的压力。

② 其他岗位人员包括产品经理、印章管理人员、金库人员、自助设备管理人员、安全保卫管理人员、人力资源管理岗位人员、财会人员、工会岗位人员、信息技术人员、信息宣传岗、网点建设人员、法律顾问、资产保全人员以及其他的部门中后台等。主要负责为一线前台提供保障、支持、服务等部门中后台相关岗位。

**表 1　　2012—2014 年道德风险事件样本基层员工占比分析表**

| 年份 | 追究总人数 | 基层员工人数 | 占比（%） | 涉及总金额（万元） | 基层员工涉及金额（万元） | 占比（%） |
|---|---|---|---|---|---|---|
| 2012 | 3 062 | 1 933 | 63 | 542 | 284 | 52 |
| 2013 | 5 326 | 4 388 | 82 | 1 004 | 643 | 64 |
| 2014 | 7 194 | 4 874 | 68 | 1 626 | 955 | 59 |
| 合计 | 15 582 | 11 195 | 72 | 3 172 | 1 882 | 59 |

从道德风险样本涉及的人数来看，基层员工三年平均占比达 72%；从涉及金额来看，三年平均占比达 59%。由此可见，基层员工已成为该银行内部发生道德风险人数最多、涉及金额最大的群体。这主要与基层员工数量最多、处于代理链条末端、情绪易受波动等因素有关。

从基层员工道德风险涉及岗位分布情况来看（见图 1）。

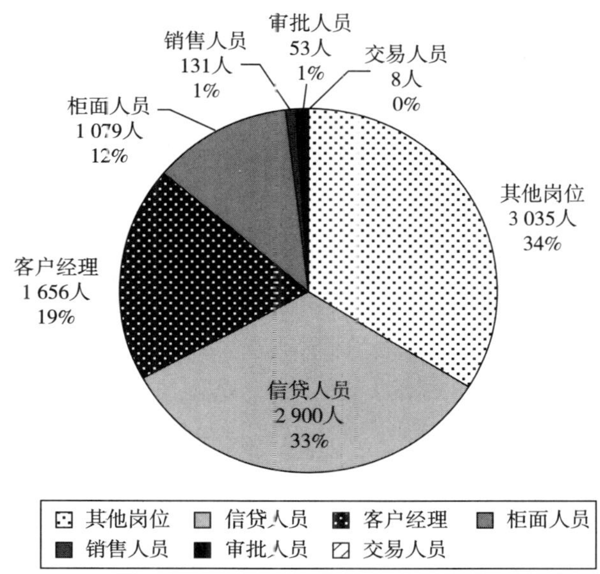


**图 1　基层员工具体岗位分布占比分析**

其他岗位人数占比达 34%，但因其包含了多达十几个岗位类别，因此，从单一岗种来看，首先信贷人员发生道德风险最多，人数占比达 33%。这与近年来银行不良贷款持续增多，加大对信贷领域的责任追究力度有关。其次，客户经理占比 19%，柜面人员占比 12%。交易人员发生道德风险的人数占比最低，不到 1%，这主要与交易人员在基层员工中占比较少、行为的隐蔽性较强等因素有关。

## 三、道德风险行为的表现形式

### （一）利益输送

基层员工利用获取信息、资源优势以及便利条件，将资源输送给亲友或者利益相关者，自己收受好处，给银行带来损失。主要源于“经济人”天然逐利的本性。当基层员工可以使用银行资源①换取个人私利而又可能无需承担责任时，就很可能产生利益输送的动机。如员工向有关人员泄露银行的内幕信息以获取利益。

### （二）虚假销售

基层员工通过虚构事实或者隐瞒真相等方法向实质上无真实购买意愿的人群销售产品，或者实际根本未销售产品而欺骗银行已经销售。往往源于员工一种“弄虚作假”“欺上瞒下”的心理。笔者对某分行 200 多名从事销售工作的人

① 这种资源可以通过充分利用本职岗位的便利不太费力地获取到。

员开展"是否存在虚假销售行为"的访谈问卷调查，选择存在虚假销售的对象达到69%以上。主要存在选择性地介绍产品、隐瞒部分风险等行为表现。

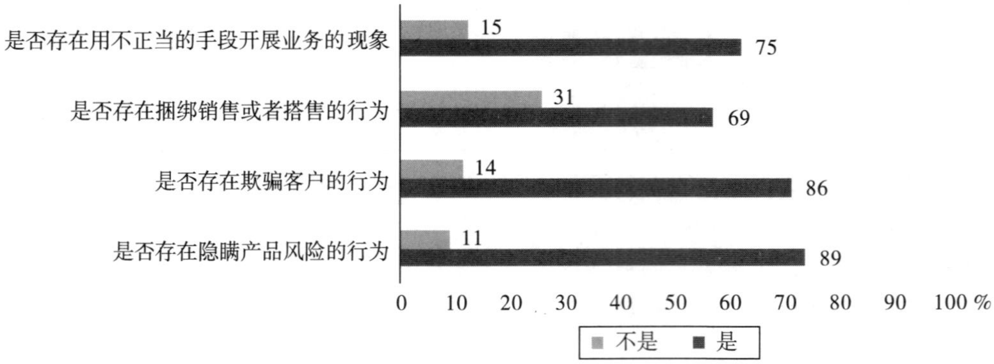


**图2 是否存在虚假销售行为调查访谈情况**

**（三）舞弊行为**

基层员工利用所掌握的职权、业务知识、操作技术及银行内部的管理漏洞和制度的不健全，通过不履行或不正确履行职务以获取私利，给他人造成损失的行为。它是权力在运作中发生扭曲的一种现象，主要源于员工一种投机取巧的"作弊"心态，手段的掩饰性、目的的徇私性是舞弊行为的两个明显特征。以是否涉及资产侵占，可划分为侵占资产型和非侵占资产型舞弊行为。前者主要包括职务侵占、盗窃、挪用、诈骗银行或客户资金行为等；后者不涉及资金，主要达到增进员工其他效用的目的。如为获得晋升和提薪机会，不惜运用虚假举报、散布谣言、诋毁对手等不正当手段损害他人利益。根据实施主体数量，可划分为单独和同谋舞弊。前者为员工个人独自实施；后者为银行内部不同岗位的员工或同一岗位的多名员工，或者银行内部员工勾结外部人员共同实施。同谋舞弊往往使银行的岗位制衡机制完全失效，且在团队相互配合之下，更易获得成功，造成危害也更大。

**（四）放任懈怠**

为了达到完成任务、贪图方便、减少付出成本、增加额外收益等目的，在工作中久而久之呈现出"熟视无睹"的麻痹心理状态。基层员工往往抱有"得过且过""也许没事"听之任之的放任心态。放任懈怠不仅造成工作低效，还可能放大银行的信用风险、市场风险和操作风险。

笔者选取某商业银行某市分行76笔不良贷款开展调查，对信贷人员初期授信准入的偏好进行统计分析（见图3）。

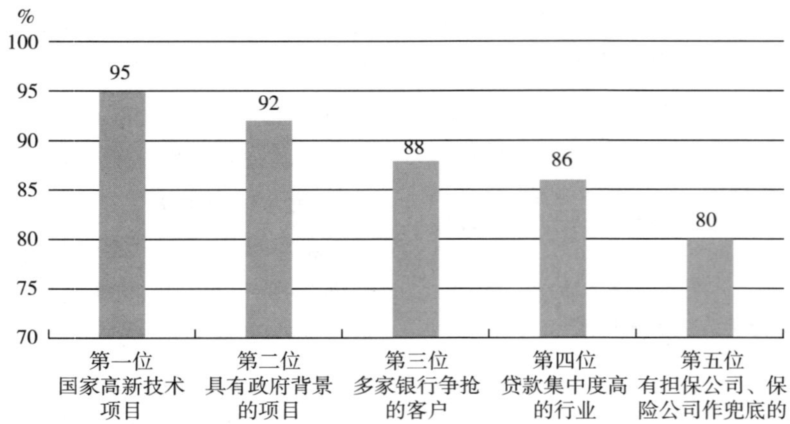


**图3 某市分行76笔不良贷款授信准入的偏好排名分析**

从信贷人员初期选择项目的偏好来看，排在前五位的分别为国家高新技术项目、具有政府背景项目、多家银行争抢的客户、贷款集中度高的行业以及有担保公司、保险公司“兜底”的项目，选择的项目表现出较高的雷同和集中度。经办人体现出较强的从众心理，相互影响和模仿，盲目参与无序竞争，用同业或者他人的选择标准和风险偏好代替自己的独立判断，存在着放任懈怠和不谨慎的道德风险。

（五）越权行为

擅自超出或者变相超出银行授权的范围，从事根本无权代理的行为。它的产生很大程度源于基层员工炫耀、自我满足的虚荣心理，或者用以交换利益。如为了显示理财能力强，为客户带来“惊喜”，员工违背客户委托目的进行越权操作。甚至有的员工利用客户对银行工作人员的信赖，通过伪造银行印鉴，出具虚假协议等越权手段诈骗客户钱财而涉案，给银行带来了法律和声誉风险。

## 四、触发条件的规律性分析

### （一）业绩借口

个别银行将业绩作为基层员工职务晋升、工资上涨、评先评优的唯一衡量标准，只注重员工的业绩完成情况，却忽视了员工使用的违规操作手段。这种价值观念的混乱与失衡往往为员工道德风险行为提供了自我解脱的借口。有的员工以“完成任务指标”为名，置规章制度于不顾，滥用职权、违规操作。有时业绩越好的员工，一旦发生道德风险，产生的破坏力也可能更大。

### （二）私欲膨胀

一些辨别是非能力差的基层员工，在人际交往中，盲目与客户、朋友攀比，逐渐产生贪婪虚荣与失衡补偿心理。一旦现实收入与欲望膨胀相矛盾，无法通过合法途径实现个人目标时，基层员工就可能从事道德风险行为。欲望越强烈，就越易诱发道德风险行为。一旦员工发觉对银行和客户造成极大损失无法弥补时，在“反射效应”①下，心理就会产生急剧变化，可能发生对银行危害更大的道德风险行为。

### （三）工作满意度

作为“经济人”，基层员工希望追求自身效用的最大化。因此，员工的具体行为目标与委托人很可能不一致：追逐物质和非物质报酬的最大化；为了自己私利而偏离委托人所确定的方向，不十分努力地去实现银行的经营目标。一旦基层员工自认为付出的劳动没有得到合理补偿时，如良好的发展机会、高收入的报酬、充分的休息等，就容易对工作产生抵触消极情绪，并可能通过偷懒、隐瞒信息等道德风险行为获得效用满足。笔者对某商业银行东部珠三角地区的400名员工就工作本身的满意度进行了问卷调查（见图4）。

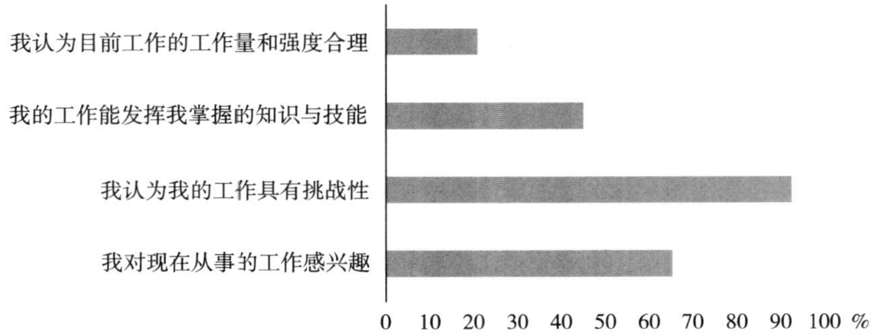


**图4　员工对工作本身满意度问卷调查结果**

调查结果表明：基层员工在工作具有挑战性和能够带来成就感方面满意度比较高；对目前工作量和强度合理的满意度最低。主要因为银行竞争激烈，客户服务要求日益提升以及基层人手紧缺等因素，导致基层员工面临越来越重的工作负荷。工作时间长、强度大，使员工产生倦怠、消

① 一旦亏损突破人们某一心理承受的底线，就有可能进入“破罐破摔”、冒险“赌一把”以求挽回败局的行为怪圈。

极、不满等负面情绪，进而诱发其产生不作为、乱作为等道德风险。最典型的表现是工作流于形式，如复核人员对资料几乎不加以审核，看到经办人已签名，就跟着签名。

**（四）压力传导**

压力通常被定义为工作特征和个体特征交互作用的影响而使个体产生心理和生理上的反应。当个人与环境不匹配时，压力源存在且最终会导致压力的产生。基层员工的压力源主要来自业绩考核、风险防控、职业发展、人际关系、家庭生活、外部环境、上级命令等。高节奏的生活、烦琐的工作、压抑的工作环境等负面因素不断影响着基层员工情绪的不断恶化，压力日益形成。道德风险与工作压力的关系如图 5 所示。

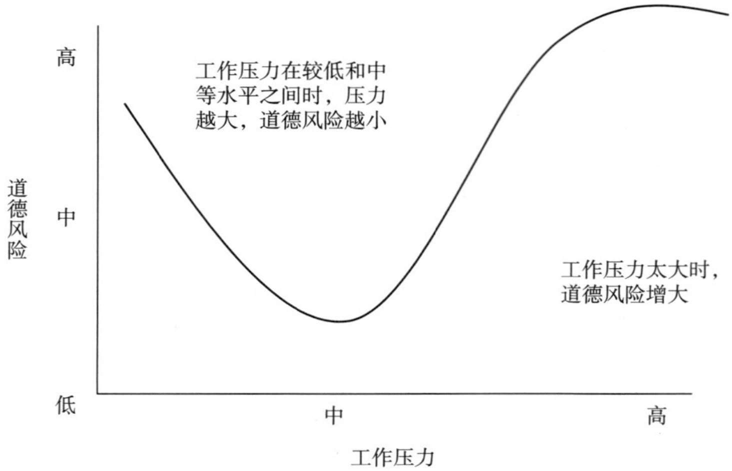


**图 5 道德风险与工作压力的关系**

当压力维持在中低水平之间，压力越大，基层员工的道德风险越小。压力因素促使员工努力尽职工作，发挥着减少道德风险的正向作用。当压力超过临界点时，压力越大，道德风险越大。此时，压力因素增加道德风险几率的负向作用。压力过大，基层员工不堪重负，就会出现抵触、悲观、愤怒等情绪变化，可能产生故意违规操作的道德风险。

**（五）熟人文化**

熟人文化易造成“以信任代替管理”“以习惯代替制度”“以情面代替纪律”。员工之间好人主义、保护主义盛行，碍于情面不讲原则、不讲制度、不讲纪律，缺少必要的警觉性和责任感。员工过分信赖老客户，尤其对曾向自己提供过帮助的大客户更加深信不疑；或者为显示能耐，不惜使用违规手段盲目地帮助客户和朋友，让别有用心之人利用。如某客户经理本应亲自到土地部门领取抵押权证，却轻信熟悉的客户，由其代领转交，结果客户以伪造的抵押权证骗取银行贷款6 000多万元。

**（六）不良嗜好**

基层员工沾染上赌博、吸毒、高消费娱乐等不良嗜好后，道德风险发生的几率明显上升。不良嗜好不但透支了基层员工有限的精力，导致其工作不在状态，而且一旦收入无法满足不良嗜好的开支，基层员工就容易滋生挪用盗取银行与客户资金、利益输送、以权谋私等念头。根据墨菲定律①，一些员工参与赌博，想扭亏为赢，其结果往往是“适得其反”。近年来，员工因参与赌博形成巨额亏空后，骗取客户资金或直接盗取银行资金的案件时有发生，行为人作案手段简单、直接，短期内频繁作案，给客户和银行造成巨大的资金损失和声誉风险。

## 五、道德风险的防范措施

**（一）加强职业道德教育**

一是丰富教育内容。通过理想信念、职业操守、道德规范等培训教育，让员工树立正确的

① 墨菲定律认为“凡事都有可能出错，而且一定会出错”“怕什么就来什么”，它强调了出错的必然性和客观存在以及造成后果的严重性，其背后是概率学的支撑。

"三观"，感受自我与社会价值的统一。二是创新教育手段。采取情景案例、微电影、现身说法、流动课堂等方式，从视觉、听觉、心灵、情感等多维角度提升教育的感染力和生动力，加大"线上"教育平台建设。三是因人分类开展职业道德培训，将教育成效作为影响员工职业生涯发展的重要因素；通过重要岗位准入或晋升前的廉洁合规考试，到纪检部门进行跟岗和学习等方式，增加员工对职业道德教育的体验。四是将道德标准进行量化，以测试、观察的形式进行衡量，通过员工自我评价，银行评价以及监管，客户、中介机构等外部评价共同构建职业道德评级体系。

**（二）完善激励机制**

一是将资本收益率作为绩效考核体系的核心，增设对内控、员工发展、职业道德等非财务指标的考核。探索建立延后薪金制，股票和期权激励机制，设立道德专项工资。二是建立纵向可晋升、横向可交流的多通道职业发展体系；尽可能地细分纵、横向的岗位层级，多设一些"格子"① 或者"星星"②，加快员工的晋升激励进度。三是以人为本，综合运用精神、声誉、感情等多种激励手段，同时，加强员工关爱，营造合规和谐的浓厚氛围。

**（三）强化约束机制**

一是设立"三会一层"③ 相互平衡制约、协调发展的现代公司治理架构，强化信息公开披露，推动充分发挥各级党委主体责任和纪委监督责任的落实。二是增强岗位的科学设置，建立关键数据权限机制，增强员工轮岗和强制休假的突击性，增加岗位的透明性和制约力。三是健全规章制度，将制度"手册化""电子化"，不断提升制度的标准性和系统性。四是建立道德风险预测监控指标体系，创新大数据道德风险监管方式。收集文本痕迹、交易信息、业务活动记录、客户关系互动等海量数据，通过情绪和行为感知，建立模型进行道德风险预测与监控。五是建立健全违规惩戒体系，坚决从严治行。建立健全"倒查"与"责任终身制"，即使员工辞职，银行按照合同具有向员工要求经济赔偿的追索权，必要时可要求员工承担民事赔偿责任④。适当减少管理者因员工道德风险行为的牵连性，以提升暴露问题的主动性。六是提升内控合规、纪检等部门的独立性，改革监管体制，形成监管合力，综合运用巡视、党务公开、行务公开、业务检查和行为排查作为有效监督手段，构建全面的内部监督管理体系。

**（四）发挥外部监管部门的作用**

一是强化银行监管部门对银行的人本审慎监管，把好银行人员准入的任职资格关，并对其经营管理、绩效等行为进行动态跟踪监控，对不适合从事银行工作的人员信息予以充分披露，对银行实施动态、全方位的监管。二是银行业协会建立健全银行业的诚信制度、银行机构和从业人员信用信息体系，以及自律公约执行情况检查和披露机制，加大实施自律性处罚，加强对诚信的监督。三是发挥社会监督的力量。如中介机构在防范道德风险中"经济警察"的作用；充分利用各种新兴媒体强大的传播、辐射和宣传作用，强化社会舆论监督。

① "格子"即指同一岗位序列中划分不同的层级，并尽可能多地进行层级细分。

② "星星"，设立星级制，如同一岗位，有"一星"到"五星"的不同区别。

③ 即股东大会、董事会、监事会和高级管理层。

④ 根据有关法律，银行应对员工在履行工作职责中造成第三人损害的侵权行为承担无过错责任。在对外进行民事赔偿后，目前，银行很少选择向具有过错的员工提起民事追偿之诉。

# 我行对公业务大数据应用思考

山东省分行课题组

近年来，大数据（bigdata）一词越来越多地被提及，人们用它来描述和定义信息爆炸时代产生的海量数据，并命名与之相关的技术发展与创新。牛津大学互联网研究所维克托·迈尔—舍恩伯格教授指出，“大数据”所代表的是当今社会所独有的一种新型的能力——以一种前所未有的方式，通过对海量数据进行分析，获得有巨大价值的产品、服务乃至深刻的洞见。

最早提出大数据时代到来的是全球知名咨询公司麦肯锡，大数据在物理学、生物学、环境生态学等领域以及军事、金融、通信等行业存在已有时日，却因为近年来互联网和信息行业的发展而引起人们关注。作为与信息技术深度结合的行业，互联网思维和决策数据化已开始嵌入银行业经营管理的全流程，数据应用在其客户维护、营销推广、风险管理中的核心价值和战略意义日益凸显，着手布局建立自身的数据管理体系已然成为各家银行的一项重要工作。

## 一、“大数据”的定义

### （一）“大数据”的广义定义

“大数据”通常用来形容一个公司创造的大量非结构化和半结构化数据，这些数据在下载到关系型数据库用于分析时会花费过多时间和金钱。目前，对于“大数据”的解释也可谓众说纷纭，尚未对其形成统一的定义，较为普遍的一个说法是：“大数据”是一个体量特别大、数据类别特别大的数据集，并且这样的数据集无法用传统数据库工具对其内容进行抓取、管理和处理；它是需要经过全新计算模式处理才能具有更强的决策力、洞察发现力和流程优化能力的海量、高增长率和多样化的信息资产。

从数据的类别上看，“大数据”是指无法使用传统流程或工具处理或分析的信息，它定义了那些超出正常处理范围和大小、迫使用户采用非传统处理方法的数据集。

### （二）“大数据”的特点

目前所说的“大数据”不仅指数据本身的规模，也包括采集数据的工具、平台和数据分析系统。同过去的海量数据有所区别，“大数据”的基本特征可以用4个“V”（Vol－ume、Variety、Value和Veloc－ity）来总结，即体量大、种类多、价值密度低和速度快。

1. 体量大。“大数据”的第一个特征是数据量大。大数据的起始计量单位至少是PB、EB或ZB，随着社会的不断发展，数据的数量级也在高速增长。

2. 种类多。“大数据”的第二个特征是数据类型繁多。它可以包括网络日志、表格、音频、视频、各类文档、图片、地理位置信息等，多类型的数据在对数据的处理能力提出更高要求的同时，也为大量衍生数据的出现提供了基础。

3. 价值密度低。“大数据”的第三个特征是数据价值密度相对较低。信息感知无处不在，信息海量但价值密度较低，如何通过强大的机器算法更迅速地完成数据的价值“提纯”，是大数据时代亟待解决的难题。

4. 速度快。“大数据”的第四个特征是处理速度快、时效性要求高，这也是大数据区分于传统数据挖掘最显著的特征。既有的技术架构和路线，已经无法高效处理如此海量的数据。而对于银行业等对数据时效性要求极高的行业来讲，如果投入巨大资金采集的信息无法通过及时处理反馈有效信息，那将是得不偿失的。可以说，大数据时代对数据驾驭能力提出了新的挑战，也为获得更为深刻、全面的洞察能力提供了前所未有的空间与潜力。

**（三）银行业的“大数据”**

对于银行业，“大数据”的应用更多的是指对不同维度、层次市场的物流、资金流、信息流进行广泛取样，从各个路径、节点中广泛收集其中所包含的数据、信息以及市场参与者的行为特点，并对所收集的各项内容进行统计、分析，进而挖掘其深层次价值的过程。

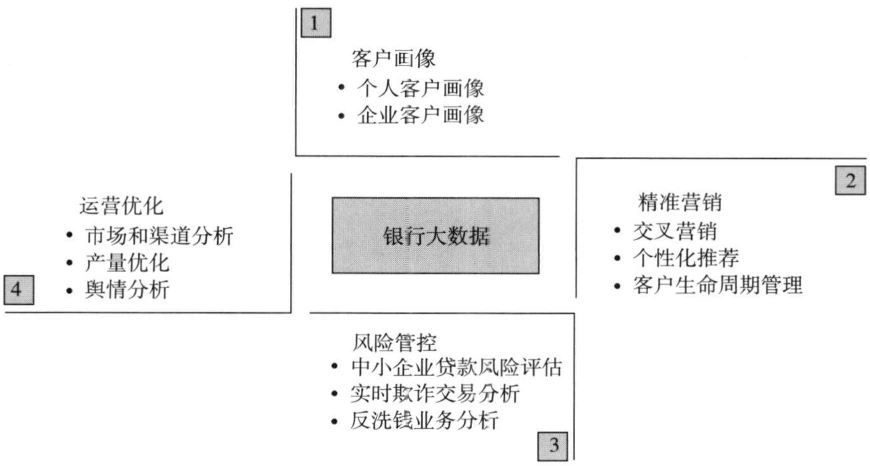


**图1 银行大数据示意图**

近年来，银行业大力发展面向客户的核心业务系统，信息系统建设日趋完备，电子银行等在线金融服务大幅增长，在提升客户体验和风险管控能力、满足监管各项要求的同时，形成并储存了庞大的可用数据资源。尽管我国银行业大规模运用大数据技术尚不成熟，但多家银行已从关键点、具体业务入手，初步尝试应用大数据挖掘技术，解决服务和效率提升中的难题，努力开展产品创新和提高客户满意度，初步取得了较为可观的成果，银行业大数据工作面临巨大的发展空间。

## 二、“大数据”的意义

随着“大数据”概念的全面普及和大数据应用工作的逐步推广，越来越多的政府、企业等机构开始意识到“数据正在成为自身最重要的资产，数据分析能力正在成为自身核心竞争力”，对于处在金融业核心位置的银行更是如此。

**（一）合理运用“大数据”技术是快速适应“新常态”下复杂外部环境的必然要求**

经历了长期的高速增长期，我国经济发展进入“新常态”，这无疑为银行业务发展带来难得的历史机遇和创新空间。但也必须清醒地认识到，产业结构升级的快速推进、区域经济改革的不断深化和国内外市场环境的瞬息万变，使银行经营环境变得更为复杂，业务发展过程中面临的困难和不确定性亦是显著增加。与此同时，严防系统性及区域性金融风险已然成为监管部门的首要任务，银行业面临更为严苛的外部监管环境。因此，“如何把大数据技术合理应用于新常态下的业务发展、新环境下的业务创新以及新要求下的风险防控”必然会成为各家银行急待探究的重要课题。

**（二）合理运用“大数据”技术是积极应对激烈市场竞争的必然选择**

当前，国内利率市场化改革的不断推进、互联网金融的迅速兴起和金融脱媒现象的日趋严重让银行业面临着巨大的挑战。银行在传统存、贷业务领域和营销渠道等方面的优势正逐步丧失，原先的外延粗放发展模式将难以为继，市场竞争不断加剧。因此，“合理运用大数据分析并建立起综合服务和信贷差异化定价体系，全面推动大数据技术向生产力转化并促进转型工作的顺利开展，不断推进大数据体系建设并把技术创新优势转化为竞争优势”必然会成为银行业下一步业务拓展的主要方向。

**（三）合理运用“大数据”技术是有效提高资产质量的必然途径**

在中国经济向“新常态”的逐步转型、金融

市场改革的持续深化，以及现代化信息技术的快速渗透的过程中，银行传统的信贷风险管控体系正面临严峻挑战，资产质量管理工作也正面临巨大压力。大数据技术的发展在改变银行信息获取、分析和运用的渠道和机制，为信息化风险监控创造技术条件的同时，能较好地解决传统信贷风险管理中的信息不对称难题，提升贷前风险判断和贷后风险预警能力，实现风险管理的精确化和前瞻性。通过大数据技术实现跨平台、跨业务条线、跨区域的数据整合和风险信息挖掘，对银行业建立新型风险监控体系具有重要的战略意义。

## 三、对我行对公业务“大数据”应用思考

面对新时代下异常复杂的新环境，必须转变传统的思维习惯。作为大型银行推动战略转型、解决面临问题的重要着力点，“大数据”已成为影响大型银行商业价值的关键要素；国内外各大商业银行已初步将“大数据”广泛应用于“交叉销售”“诈骗识别”“跨界金融”等方方面面。结合我行的现状和实际需求，对公业务大数据分析应用可分为三步走：第一阶段，做实数据积累，建立数据报表体系；第二阶段，细化数据分析，提出整合利用建议；第三阶段，完善分析模型，提供可靠决策参考。

### （一）建立对公报表体系

有效整合各方面有效数据，建立统一、全面、细致的数据库及数据分析体系。

1. 对公报表框架体系已基本建立。对公条线根据自身业务需求，对本部门日常工作中涉及的数据来源、报表及数据分析体系，特别是本部门独有的数据报表、相关产品及业务运行分析进行初步梳理，并以此为基础初步编制《对公业务主要经营指标报表》（以下简称《报表》）。

《报表》从不同产品、分行等多个角度出发，对我行各项业务指标的存量及增长变动情况、同业和系统位次变化情况、结构调整优化情况等数据信息进行更为直观、全面的展现，较好地实现对公条线报表体系的整合。

2. 进一步对报表体系优化整合。为有效提高报表的可视化程度，为行领导提供更为直观的数据来源，在现有《报表》的基础上，对公条线将对现有报表体系进行进一步整合、优化。

一是按照各项指标的重要程度和概括性强弱等特点对报表结构进行层级化细分。第一层级（1－2张报表）是整个报表体系中最为直观、概括的部分，它包含了日常经营中使用频率最高、代表性最强的数据指标（存贷款变动、客户增长、中间业务收入等），数据力求简洁、醒目；第二层级是对第一层级中各项指标的概括性说明与必要的补充；第三层级是整个报表体系中最为专业细化的部分，它包括了对公条线所有的基础性指标、数据，是前两个层级中各个报表的直接数据来源。

二是在层级化细分的基础上，按照不同产品、指标的特点对报表进行归类，从不同维度出发，对各项指标、数据进行全方位、多元化的解读，以进一步提高报表使用效率，为业务发展提供更为有效的数据支撑。

在建立并不断完善对公报表体系的同时，初步设想从对存量公司客户实行“星级管理”、对风险客户进行“临界分析”两个课题入手，进一步研究开展大数据的分析应用工作。

### （二）对存量公司客户实行“星级管理”

通过对客户数据的分析、归纳，将对我行业务贡献大的客户评定为不同的“星级客户”，具体可分为“单项星级”客户和“综合星级”客户，“综合星级”客户达到一定星级即可自动享受我行的差别化优惠政策。

1. 在对我行存量公司类客户的各项数据进行统一分析、归纳的基础上，从EVA、RAROC、日均存款、时点存款、结算量及结算占比、信用评级等不同维度出发，从不同行业、不同规模、不同类型中评出各类“单项星级”客户，如存款星级客户、贷款星级客户、产品覆盖度星级客户、结算量星级客户（结算额度星级——大中型企业、结算占比星级——小企业）等。

2. 客户的“单项星级”达到一定程度时，可晋升为相应的“综合星级”客户。在选出各类“单项星级”客户的基础上，评出“综合星级”客户，比如，各项指标中有四项达到五星级即可评定为五星级客户，有三项达到五星级即可评定为四星级，等等；对高星级客户实行自动的政策倾斜，如综合评定五星级客户可优先享受各项产品的最大优惠政策。以有效改善决策机制，在提

高客户关系管理水平的同时，进一步优化资源配置效率，实现资源效率最大化。

3. 在对客户进行“星级管理”时，应注意以下几个方面：

（1）客户星级的评定，应通过大数据分析对客户自动打星。

（2）在制定星级评定的标准（即标准值）时，要注意对“数据均值”的利用（包括行业均值或我行相关业务均值）。

（3）潜在的星级客户（如在我行负债业务份额较大客户），可发展为星级客户。

**（三）对风险客户进行“临界”分析**

2014 年以来，我国经济向“新常态”转型，经济发展依然存在较大的下行压力，稳定对公信贷资产质量面临严峻考验。“合理运用‘大数据’分析手段，找寻风险客户的‘临界点’，做到对风险客户的早识别，对风险事项的早处理”将会成为我行有效遏制不良和逾期贷款增长势头的一项重要手段。

首先，需广泛收集我行现有已出现风险状况客户（如分类为次级及以下的客户）的各项数据、指标，结合行业分析情况，对不同行业、规模以及信贷资产分类客户的数据进行分类总结归纳，找寻其运行特点和规律；从数据分析的角度入手，在对风险客户各个发展阶段的指标进行深入纵向比较的同时，将其同行业内其他客户（特别是优质客户）进行全面横向、纵向比较，探究风险客户的关键异常点，提炼出常见违约事项发生前的临界指标，特别是明显弱于或异常于行业均值的或行业共性的指标，如资产负债率持续高于行业均值、存货周转率持续攀升、净利润率持续下滑、经营性净现金流逐年下降、净现金流连续多年为负、交易结算量持续下降等。供经营管理参考，争取实现风险客户的早识别，有效保全我行资产。

其次，可在以上数据分析的基础上，探究某些类别客户（尤其是中型、小型企业）的临界管理机制，对临近于“临界”的客户制定有效的风险控制策略，逐步压缩其信贷规模，在有效提高客户综合贡献度的基础上，合理优化我行信贷资产结构、降低违约事项发生概率。

## 四、下一步措施

金融业已经正式进入了大数据时代，大数据正成为银行获得新的认知、创造新的价值的源泉，也是改变市场、组织机构以及银行与客户关系的方法。大数据方法为银行实现战略转型、提高经营效益、有效经营风险提供了新的机遇，也成为解决面临的困难和问题、重塑核心竞争能力的关键。

就目前来看，我行对公条线的大数据推进工作正处在初期阶段，在大数据的收集、统计、分析及具体实践应用等方面仍存在较大的改进、提升空间。要不断培养自己的数据思维习惯，充分发挥条线联合动力，进一步挖掘数据潜在价值，全面提升自身的数据分析、应用能力，在大数据时代建立起同业竞争的先发优势，在未来的市场竞争中占据有利位置，并使这个竞争能力成为不可复制和替代的核心能力。

**（一）深入挖掘既有数据资源并进行合理整合是开展各项工作的必要前提**

作为金融业的核心，银行本身即是一个巨大的数据源，就目前情况来看，主要问题不在于缺乏数据来源，而在于如何对既有数据深入挖掘并对其进行有效整合。

对公条线数据的收集应在对前期各部门的各项数据、指标报表进行初步梳理的基础上，从宏观经济环境、行业运行态势、供应链整体情况、重点企业经营周转等多个维度对既有数据进行深层次挖掘，将信息中心的既有的数据用好、用全，进而实现跨行业、跨产品乃至跨条线的数据有机整合；从基础工作入手，从根本上避免数据采集片面化、数据分析单一化等现象的发生，为各项工作的进一步开展打下良好的基础。

**（二）准确分析各类数据规律并建立合理模型是提高工作质量的必要条件**

数据的核心是发现价值，而驾驭数据的核心是分析，收集数据的目的在于找寻数据并分析其规律，分析是大数据最关键的环节。在对数据进行多维度、多跨度整合后，找寻其运行规律并初步建立分析模型便成为了各项工作的重点。从前期工作经验来看，建立模型无疑是一项系统性极强的工作，从单一客户的账户营销，到评级、风控模型的建立，再到信贷政策、转型规划的制定，任何一个数据分析模型的建立无不伴随着大量的信息采集、经验总结和数据运算。

对于我行对公条线来说，模型建立的关键往往不在于高阶计算公式的应用和复杂算法的选择，而是在于利用简单的分析方法从既有数据中获取较为合理的结论。然而，分析方法虽然简单，但依然需要做好各种基础性工作，这里提两点建议供参考。

1. 将现有的行业、产品、客户分析工作做实，杜绝机械性分析客户指标、仅凭主观意识对指标进行解释、分析结论缺乏独到性等现象，真正做到用数据说话、从实践中找寻规律。

2. 对现有数据结论的需求进行针对性的分类梳理，建立科学、直观的数据分析模型，在保证分析质量的基础上构建系统性较强的数据分析模型体系；确保分析广度与深度并存，质量与数量并举。

**（三）高效利用前期分析结果并做出合理判断是做好业务指导的必要途径**

如果说准确分析各类数据规律并建立合理模型需要付出大量的努力去做好基础工作的话，那么利用前期分析结果并作出合理判断更是难上加难。前者是对既有数据的归纳、总结，后者则需要对归纳结果进行进一步的论证并作出足够的演绎；二者均具有极强的逻辑性，后者更是需要我们在精确定量数据分析的基础上将大量的定性化经验总结应用到现实生产经营的决策当中，我们的信用评级体系和投资决策指导体系就很好地体现了这一点。不论怎样，合理地将大数据分析应用于决策指导才是我们使用“大数据”的真正目的。

**（四）及时发现数据缺陷不足并提出合理需求是提升工作水平的必然要求**

在做好具体业务的同时，需做好“数据需求提出者”，数据需求的维度包括但不限于扩大数据的深度和广度、增加筛选字段、提高数据发布频率等；在充分获取既有数据的同时，需进一步加强同信息技术部门的沟通、交流、联动、反馈，为数据的获取提供充足的人力和机制保障。

1. 建立业务部门内部数据需求定期收集制度。对公条线在做好各部门既有日常数据收集、分析、处理和应用工作的同时，也要根据自身业务发展的特点，在广泛听取各方意见的基础上，形成新的数据需求，以对我行现有的报表及数据分析体系进行有效改良，从而为下一步的业务发展提供更为可靠的数据支持。

2. 形成业务部门与数据管理部门、审计部门间的有效沟通机制。各业务部门在不断对自身数据和报表体系进行优化、改良的同时，也要做好同数据管理部门、审计部门间的沟通工作，建立部门间联系人机制并进行定期的沟通、交流，以便于更大地获取外部数据（如信息中心的数据库和审计部门的监控数据等）支持、更好地对现有数据来源进行优化、不断扩充数据分析维度、有效增加数据挖掘深度，从而推动对公条线自身数据分析体系由量的改良快速转向质的飞越。

**（五）积极学习先进经验做法并进行合理借鉴是提高工作效率的必要手段**

目前，我行在个人客户资金流数据挖掘、集团客户现金归集数据挖掘、境外网络消费客户数据挖掘、贸易融资业务数据挖掘、小企业代发工资精准营销、信用卡业务数据挖掘、验资账户挖掘等大数据技术应用方面均取得了一定的成果，获取了一定的经验。总行、各兄弟分行在大数据方面进行的产品创新和业务探究也为我行提供了丰富的参考、借鉴资源。我行在做大数据工作探究时，可不断总结前期工作经验、学习同业先进做法，以不断提高工作效率。例如，在进行行业分析、编制信贷投放指引、制定客户准入标准时，我们要不断学习、借鉴大数据技术在小企业客户选择、评价、审批和风控方面应用的成功经验做法，探索建立不同行业的大中型客户选择标准、引入负面清单管理模式；在确定行业、产品发展战略的同时，制定客户拓展策略，进而取得风险管控质量与客户贡献度的双提升，真正打造专业化、个性化的服务品牌，建立我行稳固的同业竞争优势，使得我行在市场竞争中立于不败。

课题组成员：集团客户部　李庆　丁谦　王弘睿
公司业务部　杨浩志

# 三、市场研究

## 城际高铁运营效益案例分析

总行授信审批部副总经理级贷款审批人 张山林

### 一、城际高铁运营案例分析

本次案例分析选取沪宁城际高铁和昌九城际高铁两个已经通车运行超过 3 年的高铁项目，一个运营区域处于社会经济发达的长三角地区，但又存在京沪高铁的平行线竞争；一个运营区域处于经济相对落后的内陆江西省境内的城市之间，但存在与日益完善的国家高铁网相连的机会，两个项目有一定的代表性。

**（一）基本情况：设计时速决定单位造价差异巨大**

沪宁城际高铁是连接上海和南京的城际高铁，与既有的沪宁铁路和京沪高铁走向基本平行，主要承担上海至南京之间的城市快速客运和沪汉客运专线的功能，自上海虹桥站经苏州、无锡、常州、镇江至南京接合（肥）武（汉）客运专线，正线全长 300.21 公里（其中与既有沪宁铁路并行段长 170 公里，与京沪高铁并行 53 公里）。全线共设南京、上海等 21 个车站，其中江苏省境内 17 个，上海市境内 4 个，平均站间距 14.29 公里。设计时速 350 公里/小时，于 2010 年 6 月 30 日正式通车运行。项止总投资＊亿，单位造价＊亿元/公里；其中项目资本金＊亿元、占比＊%，负债总额＊亿元、占比＊%，单位公里负债＊万元。

昌九城际高铁是连接江西省省会南昌和九江市的城际高铁，与既有的京九铁路线平行，主要承担南昌至九江的城市快速客运和武汉至南昌客运专线以及部分货运列车通行的功能，自南昌北站经永修、共青城、德安、庐山至九江站接武（汉）九（江）铁路，两端与京九铁路线相连，正线全长 131.27 公里（其中新建正线 91.5 公里）。全线共设 7 个车站，平均站间距 18.75 公里。设计时速 250 公里/小时，于 2010 年 9 月 20 日正式通车运行。项目总投资＊亿，单位造价＊万元/公里（按新建正线长度计＊万元/公里）；其中项目资本金＊亿元、占比＊%，负债总额＊亿元、占比＊%，单位公里负债＊万元（按新建正线长计＊万元）。

从沪宁城际高铁和昌九城际高铁的设计时速、设计运力和站间距等差异，导致其单位公里投资、单位公里负债和单位运力人次负债量等差距较大。除项目通过区域的地址施工成本和拆迁成本外，城际高铁项目的设计时速和站间距也是决定每公里投资和负债的核心因素。

**表1** **投资情况分析** 单位：公里、亿元

| 项目 | 正线长度 | 开通时间 | 设计时速 | 投资 | | 投资来源构成 | | |
|---|---|---|---|---|---|---|---|---|
| | | | | 总额（亿元） | 单位造价 | 自筹/比例 | 负债总额 | 单位公里负债（万元） |
| 沪宁 | 301 | 2010.7 | 350 | * | * | * | * | * |
| 昌九 | 135 | 2010.9 | 250 | * | * | * | * | * |
| 差异 | 166 | | 100 | * | * | * | * | * |

注：项目总投资数取自财务报表的项目总资产数。

**（二）客流运量情况：客流增长超预期，客流运量远超设计运力**

沪宁城际高铁原设计每日开行8节高铁列车98对，旅客运送量为近期3 700万人/年、远期6 700万人/年。开通运行3年多来，未发生任何技术或管理事故导致列车停运或大量取消车次的现象，运行正常、安全，旅客运量快速增长。虽然2011年平行的京沪高铁开通后，调减了沪宁城际高铁上的列车开行对数，现实际每日开行城际G字头列车74对，D字头动车22对为往来上海与武汉间的客运列车，2013年运送旅客量达7 374万人次，超过设计的远期运力，达到设计远期运力的110%。

昌九城际高铁原设计每日开行8节高铁列车92对，旅客运送量为近期2 418万人/年、远期3 312万人/年。开通运行3年多来，运行正常、安全，旅客运量快速增长。2011年开通后，开行列车不断增多，现实际每日开行城际G字头列车80对、D字头动车28对和部分普通列车，2013年运送旅客量达3 840万人次，很快即超过设计的远期运力，达到设计远期运力的116%。

**表2** **产能情况分析**

| 项目 | 运力（开行车对/日） | | 运量（万人次/年） | | 单位负债（按设计运量） | 备注 |
|---|---|---|---|---|---|---|
| | 设计 | 实际（2012.10） | 设计 | 实际 | | |
| 沪宁 | 8/G98 | G74/D22 | 近3700/远6700 | 7374 | *元/人次 | 2011.7京沪高铁开行 |
| 昌九 | 8/D92/130 | G80/D28 | 近2418/远3312 | 3840 | *元/人次 | 2014.7开行99/D29 |

注：近期指项目建成前5年，远期指项目建成后20年。

**（三）成本和效益分析：设计时速差异决定着运营成本差异大**

从表3看，2011—2013年的三个完整运营年度的财务数据显示，由于沪宁城际高铁受平行的京沪高铁开通影响，营业收入有所回落，但投入运营的次年就实现盈利，目前盈利相对稳定。昌九城际高铁的营业收入持续稳定增长，盈利水平持续提高，运营第四年实现盈利。

从2011—2013年的经营净现金流看，沪宁城际高铁和昌九城际高铁的经营净现金流稳定增长，金额较大，都超过评估预测的当年还本付息额度，显示这两条城际高铁具有还款能力。

**表3** **2011—2013年主要财务指标分析** 单位：亿元

| 项目 | 营业收入 | | | 净利润 | | | 经营净现金流 | | |
|---|---|---|---|---|---|---|---|---|---|
| | 2011年 | 2012年 | 2013年 | 2011年 | 2012年 | 2013年 | 2011年 | 2012年 | 2013年 |
| 沪宁 | * | * | * | * | * | * | * | * | * |
| 昌九 | * | * | * | * | * | * | * | * | * |

据了解和表4的数据看，目前沪宁城际高铁和昌九城际高铁都是委托中国铁路总公司系统进行统一调度和运营，铁路系统按实际区间内（上海—南京和南昌—九江）列车的实际售票收入和过境列车的轨道通行费等分别拨付沪宁城际高铁和昌九城际高铁的项目主体的营业收入，同时中国铁路总公司系统按内部价格收取运营托管费用。在实际财务核算中，沪宁城际高铁和昌九城际高

铁均按规定提取了折旧，运营期间的贷款利息也进入了当期成本（不再按建设期利息进行资本化），基本上（不排除有部分价格为内部价格，达不到市场化成本水平）实行了完全成本。



**表 4　　2011—2013 年主要成本费用分析　　单位：亿元**

<table>
<tr><td rowspan="2">项目</td><td colspan="3">总成本</td><td colspan="3">管理费用</td><td colspan="3">财务费用</td></tr>
<tr><td>2011 年</td><td>2012 年</td><td>2013 年</td><td>2011 年</td><td>2012 年</td><td>2013 年</td><td>2011 年</td><td>2012 年</td><td>2013 年</td></tr>
<tr><td>沪宁</td><td>*</td><td>*</td><td>*</td><td>*</td><td>*</td><td>*</td><td>*</td><td>*</td><td>*</td></tr>
<tr><td>昌九</td><td>*</td><td>*</td><td>*</td><td>*</td><td>*</td><td>*</td><td>*</td><td>*</td><td>*</td></tr>
<tr><td colspan="2" rowspan="2">三年平均总成本收入比</td><td>沪宁</td><td>*</td><td colspan="2" rowspan="2">三年平均</td><td>*</td><td colspan="2" rowspan="2">三年平均</td><td>*</td></tr>
<tr><td>昌九</td><td>*</td><td>*</td><td>*</td></tr>
</table>

## 二、城际高铁运营好于预期的原因

### （一）高铁发展速度和高铁网络的完善超预期

2008 年国务院在 2004 年颁布的《中长期铁路规划网》基础上修订出台了《中长期铁路规划网（2008 年调整）》，规划到 2020 年全国铁路营运里程 12 万公里以上，其中客车时速 200 公里以上的客运专线（高速铁路）1.6 万公里以上，建立省会城市及大中城市间的快速客运通道，即“四纵四横”铁路快速客运通道以及六大城际（环渤海地区、环鄱阳湖、长株潭、长三角、珠三角、闽三角）快速客运系统。随着 2014 年末沪昆高铁杭长段、兰新高铁、贵广高铁和南广高铁的相继开通营运，铁路运营里程达 11.2 万公里，其中 200 公里以上的客运专线达 1.6 万公里，“四纵四横”的高铁网骨架基本完成，形成网络化运营，“太原—西安—重庆—贵阳—广西”以东的广大中东部全部省会实现高铁联通，高铁运行里程提前 6 年实现规划目标。据媒体预测，到 2015 年底，由“四纵四横”骨干网联络的新建区际高铁和城际高铁以及改造提速的既有线路形成的快速铁路网总运营里程超过 4 万公里，基本覆盖 50 万人口以上城市。

高速铁路网的完善，扩充了高铁（G 字头）和动车（D 字头）列车开行的空间，高铁列车开行区域广和对数多，提高了旅客出行便利，客流的增长由推动列车的开行区域扩大和开行对数的增加，互相促进特别是有利城际高铁入网运行，提高城际高铁运营效益。

### （二）高铁的安全舒适和快捷好于预期

由于中国高铁发展迅猛：起步晚、起步高。国人对高铁的乘坐舒适度和运营安全度认识不足，特别是温州动车事故更加重人们的疑虑。通过津京城际高铁、京沪高铁、京广高铁和哈大高铁的长距离、长期的安全运营，有世界最长的高铁、世界最快的高铁、世界最高寒的高铁、世界地形最复杂的高铁等都安全运行无重大安全技术事故。国人普遍感受到高铁的快速与平稳、先进设施的舒适与便利、高技术和高效管理的安全与可靠。

同时，高铁的环境优美、设施先进、功能完备、密封恒温、运行平稳、正点率高等带给人们的舒适和便利更不言而喻，深受国人的欢迎，很多站点、很多时段出现车票紧张。据不完全统计，津京高铁、京沪高铁和武广高铁等常发生“一票难求”的现象，2014 年选择高铁出行的旅客超过 8 亿人次。据媒体报道，京沪高铁 2014 年运送旅客过亿人次，运营收入过 100 亿元，盈利过 10 亿元。

### （三）巨大的客流高于参照项目

在中国建设高铁之初，人们对高铁运营状况的参照对象主要是日本新干线和欧洲之星。这两条高铁能维持正常运营，铁路投资靠政府投入，私营运营机构不承担铁路投资的债务，仅承担建成后的日常运行的盈亏，所以对中国高铁的铁路投资融资率超过 50% 的运行效益不看好。其实，这忽视了中国的巨大潜在客流。日本全部人口不足 1.3 亿人，英、法（欧洲之星两端的国家）全部人口合计也不足 1.3 亿人，而中国仅大陆人口就达 13 亿多，是日本的 10 倍多，也 10 倍于英、法。巨大客流能够保证高铁客流量的快速增长，保证高铁运行盈利。同时，过去人们质疑高铁票价高，低收入群体坐不起高铁。从实际情况看，由于绿皮车的减少和消费观念的改变，高铁并不是商务人士的“专列”，一般居民出行都选择高铁。

2013 年，中国旅客运输总量达 401.9 亿人次，按 13 亿人口计，人均被运送 30.9 次。其中民航国内航线旅客运输量达 3.27 亿人次、增长 10.6%，公路 374.7 亿人次、增长 5.3%，铁路 21.1 亿人次、增长 10.8%，铁路客运增长最快。如果未来 50% 的旅客通过高铁运输，高铁旅客运送量将超过 10 亿人次。2014 年 1－11 月，铁路运送旅客 21.4 亿人次，同比增长 10.5%。近两年的铁路旅客运送量增速均高于其他运输方式和经济的增速。

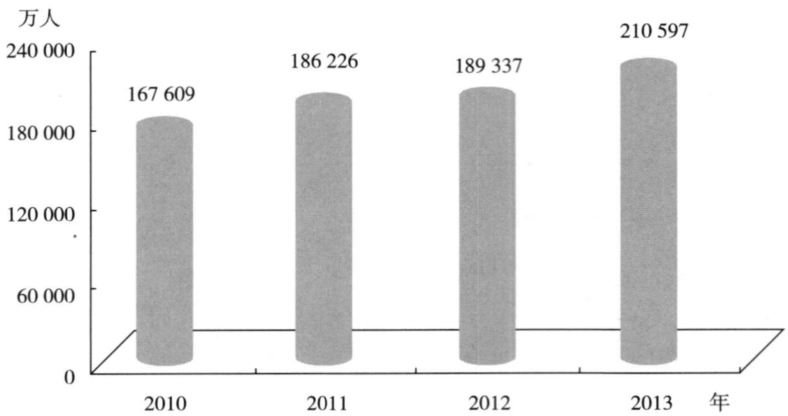


**图 1　2010—2013 年全国铁路旅客发送量**

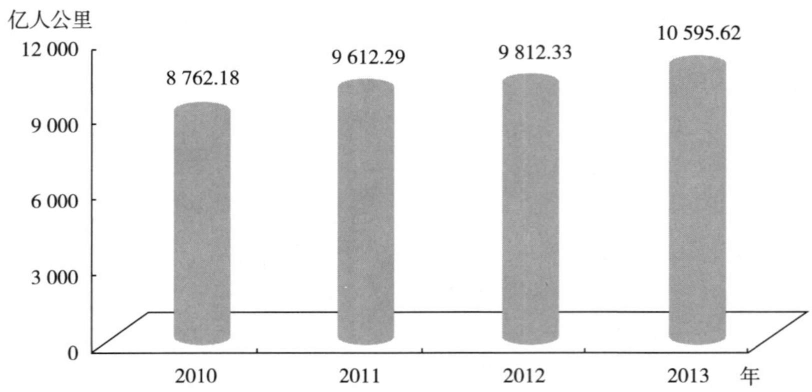


**图 2　2010—2013 年全国铁路旅客周转量**

**（四）高铁准时便利好于预期**

由于过去火车正点率不高（晚点多）、高铁车站远离市中心等原因，导致人们对高铁的便利度希望值不高，普遍认为高铁超过 500 公里与民航比没有优势。首先，从近几年的发展看，高铁和动车的正点率高于 95% 以上，而民航的正点率不到 80%。其次，由于城市轻轨和地铁的飞速发展，大城市的高铁车站与城市地铁或轻轨联通，大大提高高铁旅客进城的便利度。最后，由于我国中东部的长距离干线高铁的设计时速高于 350 公里，高铁 500 公里的竞争优势被颠覆。现在人们普遍认为高铁与民航比较，1 000 公里的距离高铁旅行优于民航，甚至 1 500 公里的距离高铁仍然优势明显。

## 三、城际高铁运营具备还款能力的基本要素

**（一）设计时速与潜在市场相适应，降低单位造价是控制项目投资规模、降低经营风险的关键因素**

从上述案例分析看出，高铁设计时速直接决定铁路的单位造价和运营成本。同时，高速铁路的开行停车的车站间距不能太小和停车频率不宜

过高，一般高铁（G字头）列车在车站密集地区不是见站必停，而是大站停、小站间隔停靠，保证运行效率和速度。而停靠的车站密度小和车次间隔长等又直接限制便利度，影响客流。目前，中国客运专线设计时速多分为250公里以上和250公里以下两大档次。东部地区人口密度大、城市群密集，要求城际高铁车站提高密度，不宜设计时速过高。西部地区人口密度小、城市间隔远，承受不起高速铁路专线的造价，不宜设计时速过高。所以，国家铁路局已正式批准发布《城际铁路设计规范》，明确城际铁路是连接相邻城市或城市群的客运专线铁路，旅客列车设计速度200公里/小时及以下的快速、便捷、高密度客运专线铁路，长度一般介于50—200公里，车站间距一般为5—20公里。短距离的一般属于市域或市郊铁路，长距离的则一般属于干线铁路。采用“高密度、小编组、公交化”的运输组织模式，最大编组8辆，也可6辆、4辆等编组方式，并据此优化了线路有效长度、站台长度等技术标准。

**（二）项目资本金比例不宜低于50%，控制项目负债规模是减轻项目负债包袱、降低项目授信风险的重要方面**

众所周知，项目资本金是项目建设的投资人筹集的资金，一般为投资人的自有货币资金或其他资产，投资人不得以债务性（特别是以项目未来收益作还款来源的债务）资金作为资本金。1996年，国家首次提出规定固定资产投资项目资本金作为宏观经济调控手段，也是风险约束机制。国家规定项目资本金的比例主要是抑制项目投资的增速，防止经济过热和产业结构调整。对于商业银行而言，项目投资的自有资金比例越高、负债比例越低，项目未来的还款压力越小，信贷风险相对越低。2009年调整的铁路行业项目资本金比例由原35%及以上下调了10个百分点至25%，显然这一比例过低。因为，目前我国铁路运输作为公共基础运输行业，实行低价服务的管制价格，直接导致项目还款能力弱。所以，提高项目资本金比例，是提高项目抗经营风险能力的关键因素。原铁道部和中国铁路总公司一直对新建铁路项目的项目资本金比例按50%执行。在项目资本金的来源方面，以银行理财、信托、中短期融资工具等债务性资金不得作为资本金。

同时，还要关注项目资本金到位的可靠性和项目超概算的投资来源。由于城际高铁多为地方铁路项目，中国铁路总公司出资比例低甚至不出资，项目资本金出资主要依托地方财力。一是要政府财力雄厚，依据新的预算法和政府融资管理的规定，保证合理比例的项目资本金足额、及时到位；二是项目超概算普遍，超概算部分能够由政府自筹解决，不增加项目债务负担。

**（三）重点关注中东部区域的城际高铁，大中城市群密集和城市人口吸纳率高、项目能够并入骨干网运行，列车排图和旅客的上升潜力大**

从上述两个案例看，城际高铁项目具有一定还款能力。但需要说明的是，这两条城际高铁所处区域为东部经济较发达区域，连接的城市都是大中城市，城市人口吸纳力强（城市流动人口比例高），项目与国家骨干高铁或铁路网相连。所以，重新认识城际高铁的授信风险，重点是重新认识中东部区域的城际高铁项目潜力。一是城际高铁连接的城市必须是城区人口过100万（含流动人口），至少有一端起于省会城市（含直辖市），存在客流增长的空间；二是新项目与国家骨干高铁网相连，能够纳入国家铁路网排图，开行过境列车，提高铁路使用效率。根据以上分析，六大城际（环渤海地区、环鄱阳湖、长株潭、长三角、珠三角、闽三角）和成渝经济圈等快速客运系统应予关注，适度支持。

# 我行智能客服业务发展思考

总行网络金融部　陈岩

2013 年 5 月起，我行陆续在短信、互联网网站、网上银行、微信银行渠道推出智能客服——“小微”。短短两年，智能客服业务发展迅速。据统计，2015 年，我行智能客服累计服务客户近 1.6 亿人次，与电话银行人工客服的占比由业务推出初期的 13% 提升至 2015 年底的 140%，应答准确率（智能客服自动判断问题与答案的匹配度，匹配度在 0.866 以上的答案即是正确应答）由 80% 提升至 95%。随着我行向智慧型银行转变，智能客服“小微”也将发挥越来越重要的作用。

## 一、智能客服业务发展特点

纵观我行智能客服业务发展，主要有以下特点：

### （一）智能客服是客服业务主要增长领域之一

以 2014 年 10 月至 2015 年 12 月的数据为例（详见图 1），智能客服业务量呈现快速增长趋势。2015 年 8 月，智能客服仅推出不到两年，业务量已超过“95533”和“400”人工客服总量，随后继续快速增长，成为我行客服业务主要增长领域之一。

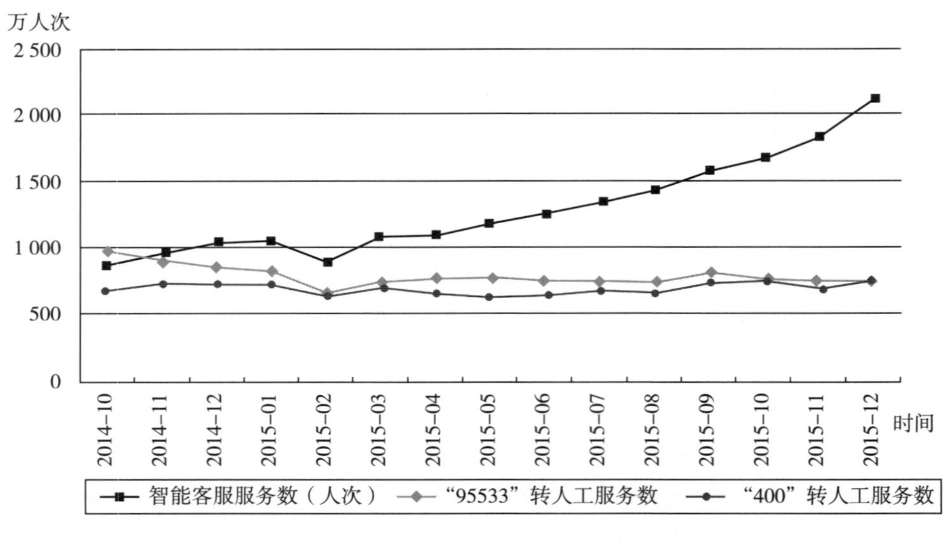


**图 1　智能客服业务量增长示意图**

### （二）智能客服促进传统客服渠道服务转变

随着智能客服业务量快速增长，2015 年下半年，“400”人工客服月均业务量较上半年下降 7%，而同期，我行信用卡日均新增发卡量保持 10% 以上增速，电话接通率却在稳步提升。此现象说明智能客服的渠道分流效果日益明显，智能客服将简单、标准化的问题批量解决，有效分流了传统渠道，缓解人工客服压力，促进传统客服渠道侧重于解决复杂化、专业性问题，向客户提供更加个性化、专属化的服务。

### （三）智能客服将成为我行服务客户的主要渠道

2015 年 12 月，近 1 100 万名客户至少使用过 1 次微信银行，环比增长 9.3%，占微信银行关注客户数的33%，客户活跃度显著提升。客户通过语音、文字输入即可轻松咨询或办理业务，且智能客服具有风趣幽默，随叫随到，以及闲聊的特点，使得客户在碎片化的时间里更愿意使用智能客服。相比传统客服渠道，智能客服具有使用方便、客户黏性高、成本低廉等优势，将成为未来我行服务客户的主要渠道。

## 二、智能客服业务发展思考

由于智能客服具有以上特点，我行已决定将智能客服打造成客服工作的主渠道，并明确了智能客服下一步发展方向：拓展智能客服应用渠道，提升智能化水平和客户体验。

**（一）拓展智能客服应用渠道**

尽管智能客服业务量增长迅速，但在服务范围、服务内容上，与人工客服相比还有一定差距。智能客服要想发展成为客服主渠道，笔者认为，还需在拓展智能客服应用渠道、丰富智能客服服务方式上下工夫。

目前，智能客服主要应用于微信、短信、互联网渠道，这些渠道的客户数量有限。下一步，应尽快将智能客服拓展到手机银行、电话银行等客户量大的渠道。一是将智能客服部署到手机银行客户端中，不仅为客户提供文本方式的在线客户服务，同时利用智能语音识别技术，尽快实现智能语音导航服务。二是将智能客服引入电话银行，通过语音、文字转换工具，实现智能语音客户服务。

在服务方式上，目前，智能客服主要通过文本方式交互，展示效果单一。未来，智能客服可使用图片、语音、视频等多媒体手段丰富展示效果，更直观地解决客户问题，营造灵活多样的服务氛围。

**（二）优化知识库，提高解决问题的能力**

2015 年 12 月，智能客服业务量已突破2 100万人次，日均 70 万人次，经统计，应答准确率已达95%。如何进一步提高智能客服准确率？笔者认为，可以从提高知识库调优工作效率和提升客服智能化水平两方面入手。

1. 提高知识库调优工作效率。目前，对智能客服知识库调优完全采用全人工的方式，具体方法是：考虑到人员的限制，去除掉部分无效客户问题，采取每日从前日客户所有问答记录中按照 2.5% 的抽样率随机抽取 1.75 万条记录，通过人工进行逐条分析调优。此方式的优点是能够对全量数据进行抽样，样本覆盖面广；缺点是经过抽样后实际可调优的有效问答样本仅 500 条左右，调优效率较低。

考虑到目前智能客服应答准确率较高，即95% 的客户问题与答案匹配度都在 0.866—0.99 区间。如果重点对匹配度在更易出错的区间（如 0.866—0.90 区间）的客户问答进行抽样，保持抽取 1.75 万条记录不变，由于抽样总量小、抽样率提高，获得的实际可调优的问答样本将显著提高，从而提高了知识库调优工作效率。

上述方法是局限于人员限制的次优方法，未来依托机器人系统升级可实现机器辅助的半自动化调优。通过我行合作公司研发的机器人自学习平台，运用大数据方法可由系统自动完成对客户交互日志的全量分析，实现未识别问题的自动发现、归类，并按照问题频率自动分类排序。调优人员无需对全量数据进行逐条分析，只需对未识别问题按照优先级调优即可，大大减轻了调优人员工作量，从而提升知识库调优工作效率。

2. 提升智能化水平。提升智能客服智能化水平可从以下几方面入手：

一是推出问题智能联想功能。即客户在输入咨询问题的时候，机器人通过智能联想，将该问题的关键字与我行知识库的相关问题进行匹配，并将相似问题显示在客户输入框旁供客户选择。目前，百度、谷歌等搜索网站均已实现此类功能，此功能有助于帮助客户更准确地提出问题，不仅提升客户体验，使客户觉得我行智能客服更聪明，更重要的是由于经过联想的问题都有对应的标准答案，因此准确率高。此功能由于受制于展示渠道的限制，仅限于互联网、客户端等我行自有渠道部署，而微信、短信等涉及第三方（腾讯、运营商）的渠道尚不具备此功能实施的条件。

二是推出问答自动关联功能。目前，智能客服遇到客户问题涉及多个答案的时候，会回复客户引导问（即与客户问题相关的多个问题），客户可回复相应的问题序号得到相关答案，智能客服通过此种方式引导客户找到正确答案。未来，可将客户的问题与经过二次引导的答案进行关联，并将所有关联的问答进行分类统计，对于高频关联的问题，经人工审核后加入到标准问答库，客户再次问到此类问题时无须引导直接给出最终答案。此功能尤其适用于微信、短信等不具备部署智能联想功能的渠道。

三是推出问答上下文关联功能。目前，智能客服仅能对客户提出的问题一问一答。未来，通过建设主题模型，将同一主题下的所有问答进行上下文关联，避免客户反复输入相关信息的麻烦。

**（三）丰富智能客服服务内容，提升客户体验**

目前，智能客服仅用于咨询等简单业务。借助“人工智能”技术，可使“小微”更好地判断用户的意图与目的且更具人性化，为客户提供“管家式”服务，提升客户体验；同时，还可使“小微”在与客户的交流互动中发现商机，进而实现精准营销，从而使智能客服在我行转型发展中发挥更大的作用。

1. 增加“情感分析”能力，使“小微”更具人性化。2015 年 8 月 20 日，微软正式发布了第三代人工智能机器人“小冰”。与上一代“小冰”不同，第三代“小冰”解锁了视觉与声音，“小冰”可以开口说话了。除此之外，“小冰”跨越语音的层次，高度拟人，特别在自然语言交互方面显示出与众不同的能力和个性，甚至很有脾气。比如，有一位妹子发给“小冰”一幅画，结果她立马识别出是梵高的，连画的名字都了如指掌，不仅如此，还发回来一张跟你“炫耀”。“小冰”最大的优势在于情感计算，也就是更加感性。微软将其看做人类，而非一个语音助手。

这也为我行智能客服“小微”的下一步发展提供了借鉴。未来，“小微”首先要实现视觉和语音等感官，能够智能识别客户上传的图片，与客户直接对话，辅助客户办理业务，提升客户体验。其次，“小微”还要具备“情感分析”能力，能够及时在互动中捕捉客户的情感状态，并根据客户状态做出适当的回答，增加客户黏性。

2. 借助“人工智能”技术，打造管家式服务。还以“小冰”为例，“小冰”已嵌入包括 Windows10、微信、微博、京东等十余个具有领导地位的 PC 和移动互联网平台，由此可以畅想以下场景：当用户正在寻找热映但互联网上还没有资源的电影《哆啦 A 梦：伴我同行》时，搜索引擎尚不能提供片源。这时候 Windows10 或者微信中的“小冰”就会记录下这个未满足的请求，在资源出现时，“小冰”将在 Win10 与微信中向用户主动推送，就好像用户的私人秘书一样，为用户提供无微不至的服务。

未来，我行“小微”也可嵌入到手机银行、“善融商务”甚至营业网点等平台，借助人工智能技术，“小微”能够更好地判断用户的意图与目的，并基于人工智能做出相应的引导与判断，对接背后海量的商品、服务、信息与资源，为客户提供售前、售中、售后全流程服务，就像客户的专署客户经理一样，让每一位客户享受到 VIP 的服务。

# 关于小微企业融资成本调查报告

总行小企业业务部　刘烨

为了解小微企业盈利能力和融资成本状况，我行从系统中抽取了 4.7 万户小微企业客户① 2012—2014 年的财务数据进行分析，并向 1 000 户小微企业发放了融资成本调查问卷，赴浙江、山东等地深入小微企业进行了访谈。综合上述调查分析结果，形成该报告。

① 由于对非信贷客户无法获取较为详细的财务数据，故报告仅对小微企业信贷客户的盈利能力进行分析。

## 一、小微企业融资成本构成

调查显示，银行贷款、向亲友借款、民间借贷是小微企业最常用的三种融资方式。因亲友借款金额较大时，需要比照民间借贷支付利息，因此本报告统一将其归类为“民间借贷”。

### （一）银行贷款融资成本

总体来看，小微企业从银行贷款可能产生三部分成本：贷款利息、中间业务费用、第三方服务费用。其中，贷款利息和中间业务费用由银行收取，第三方服务费用由担保公司、资产评估公司、相关行政部门等收取。

1. 贷款利息。小微企业抗风险能力较弱，商业银行对小微企业贷款定价，一般会在人民银行确定的贷款基准利率基础上上浮一定比例。随着近期人民银行下调贷款基准利率，小微企业在我行的贷款利率持续下降。2015 年 9 月，建设银行新发放小微企业贷款利率为 5.75%（年利率，下同）。

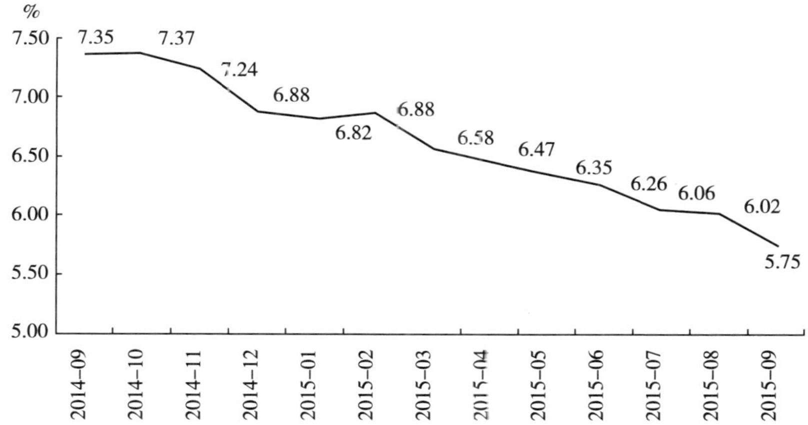


**图 1　建设银行各月新发放小微企业贷款利率**

调查显示，不同类型的银行小微企业贷款定价有所差异。首先，工、农、中、建等国有大型商业银行的贷款利率相对较低，均值为 6.37%（包括存量和新发放贷款，建设银行为 6.32%）；其次是全国性股份制银行，均值为 7.31%；再次是地方性商业银行，利率均值为 7.67%；最后是信用社/村镇银行，利率相对较高，均值为 8%。

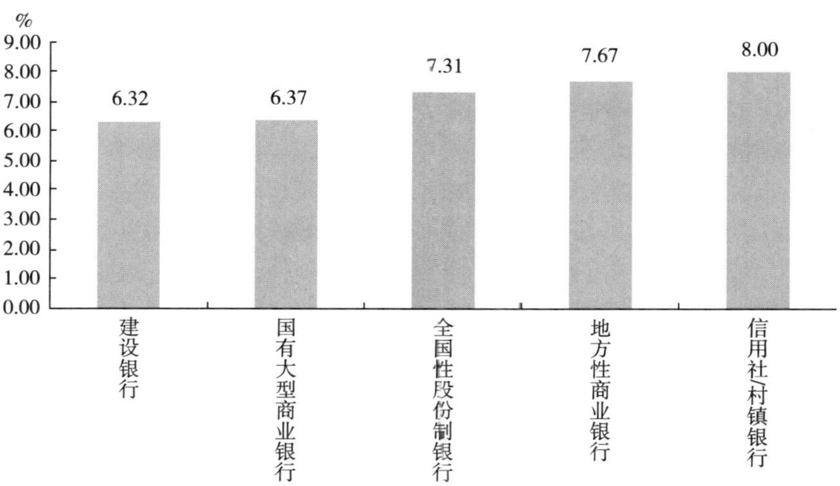


**图 2　各类型商业银行小微企业贷款平均利率比较**

2. 中间业务费用。近年来，银监会出台小微企业服务收费“两禁两限”规定，多次开展银行服务收费检查，持续规范小微企业服务收费。小微企业普遍反映与贷款相关的乱收费现象目前很少发生。当前，银行向小微企业收取的中间业务费用，主要是基于对企业提供的具体金融服务，如账户服务、结算、企业网银等；与是否有银行贷款没有关系。因办理信贷业务产生的费用，在小微企业全部融资成本中占比不超过5%。

调查显示，不同类型银行的中间业务收费有所差异。工、农、中、建等国有大型银行的中间业务收费与贷款金额之比均值为1.15%（其中建设银行为1.03%）；全国性股份制银行均值为1.93%；地方性商业银行均值为2.19%；信用社/村镇银行均值为2.22%。

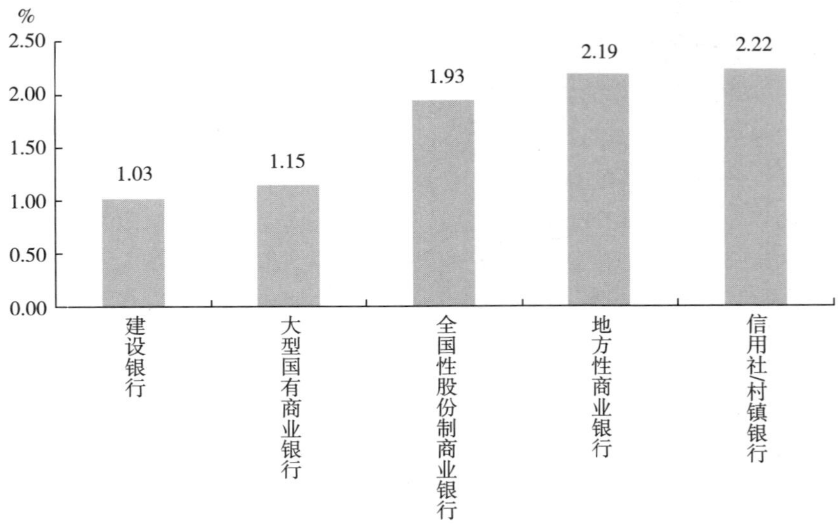


**图3　各类型商业银行小微企业中间业务收费与贷款比率**

3. 第三方服务费用。小微企业在融资过程中，还需向一些第三方机构支付担保费、抵质押物评估费、验资审计费、抵质押物保险费等。调查显示，第三方服务费用没有统一标准，差异也比较大。一般而言，常见的几项第三方服务的收费标准如表1所示。

**表1　　常见第三方服务收费标准**

| 序号 | 性质 | 项目 | 收费标准 |
|---|---|---|---|
| 1 | 第三方服务机构收费 | 担保费 | 贷款金额的1.0%—5.0% |
| 2 | | 抵质押物评估费 | 抵质押物评估额的0.01%—0.5% |
| 3 | | 审计、验资费 | 审计资产总额的0.01%—0.05% |
| 4 | | 保险费 | 标的资产的0.01%—2.0% |
| 5 | 行政收费 | 抵质押物登记费 | 100—1 000元/宗 |
| 6 | | 公证费 | 1 000—2 000元/宗 |

其中，担保公司担保费用是第三方服务费用中的主要部分。调查显示，担保费用平均为贷款金额的3.3%，最高达到5.0%；有企业反映，目前担保费用还有进一步提高的趋势。

**（二）民间借贷融资成本**

根据借贷时间的长短，可以将民间借贷利率分为一般借贷利率及过桥贷款利率。民间借贷的融资成本主要是借贷利率，一般不再有其他费用。

1. 一般借贷利率。民间借贷渠道一般包括小贷公司、典当行两类。调查显示，小贷公司的平均年化借贷利率为21.33%，典当行的平均年化借贷利率为23.54%。

2. 过桥贷款利率。过桥贷款是指小微企业为了“先还后贷”的续贷要求，通过民间借贷临时拆借的资金。调查显示，超过25%的小微企业使用过过桥贷款，12%的小微企业每年需要使用过桥贷款2次（含）以上。据调查，目前市场上过桥贷款的利率为日息1‰—3‰，年化高达37%—110%。小微企业使用过桥贷款的平均时间为36天，最短的需要2—3天，最长的甚至需要5个月。

## 二、不同情景下小微企业的融资成本比较

为比较不同融资方式下小微企业的融资成本，以1年期贷款为例，列示4种情景下小微企业融资成本的变化情况。

情景一：小微企业以信用方式从银行贷款，无需抵质押或担保。

这种情景下小微企业的融资成本为6.49%—8.44%。

情景二：小微企业以抵质押方式从银行贷款，未借助担保公司。

与情景一相比，这种情景下小微企业贷款增加了抵质押物评估费等第三方服务费，融资成本为6.55%—12.18%，成本构成如表2所示。

**表2　　小微企业以抵质押方式从银行贷款成本构成**

| 项目 | 成本名称 | 收费机构 | 费率/利率 | 该项成本在全部成本中的占比 |
| --- | --- | --- | --- | --- |
| 1 | 贷款利率及中间业务费用 | 银行 | 6.49%—8.44% | 69.3%—99.1% |
| 2 | 第三方服务费 | 第三方服务机构 | 0.06%—3.74% | 0.9%—30.7% |

情景三：小微企业通过担保公司担保的方式获得银行贷款。

与情景二相比，这种情景下小微企业贷款增加了担保费用，同时，担保公司通常会要求小微企业提供抵质押物作为反担保措施（该抵质押物往往是银行难以认可的非标准抵质押品），也会产生抵质押物评估费等第三方服务费用，融资成本合计为7.55%—17.18%，成本构成如表3所示。

**表3　　小微企业通过担保公司担保的方式从银行贷款成本构成**

| 项目 | 成本名称 | 收费机构 | 费率/利率 | 该项成本在全部成本中的占比 |
| --- | --- | --- | --- | --- |
| 1 | 贷款利率及中间业务费用 | 银行 | 6.49%—8.44% | 49.1%—85.9% |
| 2 | 担保费用 | 担保公司 | 1.00%—5.00% | 13.3%—29.1% |
| 3 | 第三方服务费 | 第三方服务机构 | 0.06%—3.74% | 0.8%—21.8% |

以上三种情景均假定小微企业未使用过桥贷款，按照平均水平，如企业以2‰的日利率使用1个月的过桥贷款，则以上每一种融资方式的成本将增加6%。以情景三为例，通过担保公司担保的融资成本将达到13.55%—23.18%。

情景四：小微企业通过民间借贷的方式融资。

这种情景下小微企业的融资成本全部体现为借贷利率，通过小贷公司借贷的平均融资成本为21.33%，通过典当行借贷的平均融资成本为23.54%。

## 三、小微企业盈利能力分析

为分析近几年小微企业盈利变化情况，我行对4.7万户样本小微企业信贷客户的盈利能力进行了分析。总体上看，2014年小微企业的毛利润率、净利润率、资产回报率、净资产回报率等四项财务指标较以往年份有所下降。

4.7万户小微企业中，毛利润率连续两年下降的占比10.7%，净利润率连续下降的占比11.8%，资产回报率连续下降的占比15.3%，净资产回报率连续下降的占比32.7%。考虑到样本小微企业已经过银行信贷标准筛选，属于小微企业中经营情况较好的群体，估计全社会小微企业的平均盈利能力应差于以上分析展示出的情况。

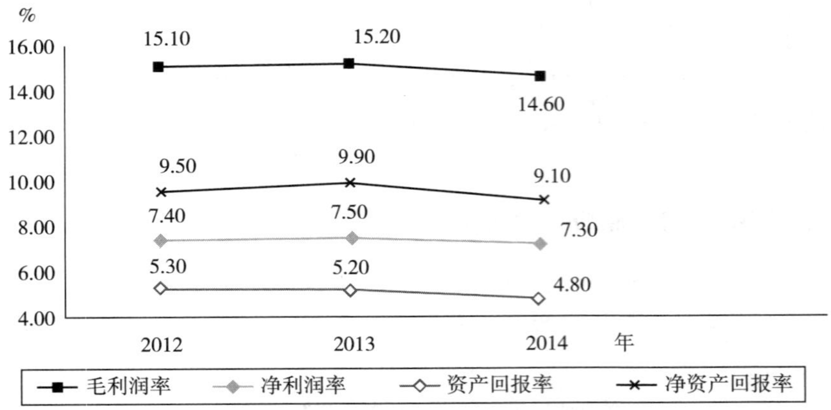


**图 4　小微企业盈利指标变化情况**

此外，通过对小微企业分布较为集中的 8 个行业进行分析，发现大部分行业 2014 年净利润率均有所下滑，其中批发和零售业，交通运输、仓储和邮政业，采矿业等行业净利润率两年来持续下降。

**表 4　不同行业小微企业净利润率变化情况**

| 行业 | 2012 年 | 2013 年 | 2014 年 |
|---|---|---|---|
| 制造业 | 7.5% | 7.6% | 7.4% |
| 批发和零售业 | 5.0% | 4.8% | 4.6% |
| 交通运输、仓储和邮政业 | 3.7% | 3.2% | 2.4% |
| 租赁和商务服务业 | 27.6% | 29.8% | 28.9% |
| 电力、热力、燃气及水生产和供应业 | 6.8% | 9.7% | 10.7% |
| 水利、环境和公共设施管理业 | 24.3% | 21.5% | 22.0% |
| 建筑业 | 5.5% | 6.2% | 5.9% |
| 采矿业 | 11.9% | 10.1% | 8.7% |

## 四、影响小微企业融资成本的主要因素

**（一）风险因素：小微企业经营风险高，融资成本相应偏高**

小微企业经营风险较高，相应的贷款成本高于一般企业，银行出于收益覆盖风险的考虑，对小微企业的贷款定价也高于大中型企业的定价水平。

**（二）信息不对称因素：小微企业信息不完整、不准确，抵押、担保成为小微企业融资的主要增信方式**

小微企业信用信息不完整、经营信息不透明，为增强信贷资产安全性，采用抵质押、担保等措施成为银行为小微企业贷款的主要做法，担保费、抵质押费等也增加了小微企业融资成本。

**（三）担保机构因素：融资担保体系有待完善和规范**

一是政府支持的担保公司覆盖面有限，而且对被担保企业的要求较高，许多小微企业达不到被担保要求。二是担保公司往往要求被担保企业按贷款金额一定比例缴存担保保证金，导致小微企业不能获得全部贷款资金，却要按照贷款全额支付利息。三是民营担保公司近年来风险频发，使得小微企业想贷款却无人担保，同时导致通过担保公司获得贷款的小微企业，因为担保公司出问题难以顺利办理续贷，不得不借助成本较高的民间借贷。

**（四）融资结构因素：小微企业融资渠道过于单一**

目前，小微企业多元化融资渠道尚未形成，过于依赖银行信贷等间接融资。调查显示，90%以上的小微企业的融资第一选择为银行。股权性融资等直接融资渠道不畅，导致小微企业杠杆率高企，也增加了潜在风险和融资成本。

## 五、相关建议

**（一）充分发挥政府支持小微企业的牵头引领作用**

1. 开放共享政府涉企信息。整合共享小微企业分散在人民银行、工商、司法、税务、环保、海关等多部门的信用信息，方便银行对小微企业的合同信用、质量信用、环保信用、纳税信用、司法信用及企业法定代表人个人信用等进行全面了解，综合评价小微企业的经营状况、还款能力，改变以抵质押、担保为主的融资增信方式，降低小微企业融资成本。

2. 创新财政资金对小微企业的支持方式。发挥财政资金的杠杆引导作用，运用财政资金建立小微企业贷款风险补偿资金池，以此为小微企业融资增信。银行按照风险补偿资金的一定倍数给予小微企业融资支持，缓解因抵质押、担保造成的融资难、融资贵。同时，由政府牵头建立小微企业转贷基金，吸引社会资本参与，以较低的成本为小微企业提供过桥贷款。

**（二）大力推进融资担保体系规范发展**

一是大力发展政府支持的担保公司和再担保公司。扩大政府支持的融资担保体系覆盖面，建立以服务小微企业为导向的考核体系，降低担保费率。通过政府出资的再担保公司代偿手段，降低担保机构经营风险，减少小微企业担保费用。二是规范融资担保行业发展。加强对担保公司的监管，建立担保公司监管评价体系，规范担保公司的担保经营。

**（三）提升银行小微企业金融服务能力**

1. 通过产品创新缓解融资难、融资贵。通过与政府部门合作创新，改变银行主要围绕小微企业财务信息对企业评级授信的做法，充分运用小微企业的交易信息、行为信息等非财务信息，通过多渠道、多角度了解企业，减少对担保、抵质押的要求，从而节约或避免担保费、评估费等第三方服务费用。

2. 通过模式创新降低小微企业过桥融资成本。监管部门在政策上支持商业银行简化小微企业续贷程序，提高续贷业务处理效率，实现小微企业续贷无缝衔接，节约小微企业过桥融资成本。

**（四）大力拓展小微企业直接融资渠道**

加快设立国家中小企业发展基金，引导地方政府、私募股权基金、创业投资基金等投资小微企业。进一步优化中小企业板、创业板、“新三板”市场的制度安排，拓宽小微企业直接融资渠道。推广“股权＋债权”的投贷联动模式。

# 关于建设银行参与实施“一带一路”战略的思考

总行战略规划部　李丹红　杨金荣

当前，世界政治格局“东升西降”，经济全球化深入发展，区域经济一体化加快推进，全球增长和贸易、投资格局正在酝酿深刻调整，亚欧国家都处于经济转型升级的关键阶段，需要进一步激发区域内发展活力与合作潜力。“一带一路”发端于中国，贯通中亚、东南亚、南亚、西亚乃至欧洲部分区域，东牵亚太经济圈，西系欧洲经济圈，是世界上跨度最大的经济大走廊，是推进新一轮对外开放、实现中华民族伟大复兴的重要战略载体。建设银行应积极参与“一带一路”建设，服务国家战略，把握发展机遇，加强统筹协调，实现“全面建设最具价值创造力的现代商业银行集团”的转型发展目标。

## 一、“一带一路”沿线国家概况和金融需求

“一带一路”沿线65个国家大都是发展中国家和新兴经济体，总人口44亿，经济总量21万亿美元，分别占全球的63%和29%，目前已有50多个国家响应参加。在国内涉及约20个省市和地区，目前比较明确的有陕西、甘肃、青海、宁夏、新疆等西北五省区，重庆、四川、云南、广西等西南四省区市，河南等中部省份，天津、山东、江苏、浙江、广东、福建、海南等东部七省市。

**表1　“一带一路”沿线国家基本情况**

| 项目 | 国家数量 | 总人口 | 经济总量 | 中国与其贸易额 |
| --- | --- | --- | --- | --- |
| 合计 | 65个 | 44亿 | 21亿美元 | >1万亿美元 |
| 世界各国占比 | 30% | 63% | 29% | 25% |

注：根据公开资料整理，截至2013年末。

“一带一路”建设，将加强与沿线国家8个方面重点领域合作：一是促进基础设施互联互通；二是提升经贸合作水平；三是拓宽产业投资合作；四是深化能源资源合作；五是拓展金融合作领域；六是密切人文交流合作；七是加强生态环境合作；八是积极推进海上合作。其中，基础设施项目能否在短期内带动经济繁荣，直接关系到“一带一路”战略成功与否。

### （一）基础设施建设

“一带一路”沿线国家尤其是中低收入国家基础设施建设严重滞后，成为发展瓶颈。如，一些国家供电能力严重不足，一些国家铁路年久失修、高速公路缺乏，农村公路、电网和通信设施乃至饮水条件差，严重影响发展和民生。因此，“一带一路”建设过程中在运输系统建设、港口建设、管道铺设、发电设施建设、环保项目实施、能源及资源贸易、消费、旅游开发等方面的融资需求会很大。据亚洲开发银行预测，2020年以前，亚洲地区每年基础设施投资需求高达8 000亿美元以上。而2013年，亚洲除中、日、韩三大经济体的GDP总额约为8万亿美元，用于投资的仅为1/4，其中用于基础设施的资金仅为20%，约4 000亿美元；亚洲开发银行、世界银行集团等机构每年在亚洲的投资仅为几百亿美元，总体存在约4 000亿美元的融资缺口，如果再算上中东欧、北非等国家和地区，投资缺口将更大。而据测算，未来十年，我国在“一带一路”国家总投资额有望达到1.6万亿美元，未来25年内有望达到3.5万亿美元，占我国对外投资的比重将由目前的13%上升到70%。这将带来大量的中长期融资需求以及围绕其展开的一系列金融服务，包括中长期贷款（如公司融资、项目融资、出口信贷、并购融资等）、短期贷款、股权融资、租赁、存款服务以及资产管理、金融市场业务等需求（见表2）。

**表2　“一带一路”沿线国家基础设施建设及金融服务需求**

<table>
<tr><th colspan="3">基础设施项目类别</th><th>金融服务需求</th></tr>
<tr><td>跨区域基础设施项目</td><td>跨国交通基础设施领域</td><td>泛亚公路，泛亚铁路项目，“德里—钦奈”高速铁路，“莫斯科—北京”高速铁路</td><td rowspan="5">中长期贷款、短期流动资金贷款、中长期债券、银团贷款、项目融资、股权融资、出口信贷、租赁、造价咨询、财务顾问、存款服务、清算结算</td></tr>
<tr><td rowspan="4">国家内部基础设施项目</td><td>城市基础设施领域</td><td>城市公共交通、城市道路、地下管网、城市供水、燃气、供热、城市电站、电网、污水处理、生活垃圾处理等项目</td></tr>
<tr><td>综合交通基础设施领域</td><td>铁路、公路、航空、水运、道桥、隧道、港口、水库、管道等项目</td></tr>
<tr><td>能源资源领域</td><td>石油、煤炭、天然气、电力等能源动力项目</td></tr>
<tr><td>信息基础设施</td><td>电信、通信、信息网络等邮电通信项目</td></tr>
</table>

资料来源：根据公开资料整理。

**（二）经贸交流合作**

随着我国与沿线国家加强海关、检验检疫、认证认可、标准计量等方面的合作和政策交流，改善口岸通关设施条件，深化区域通关一体化合作，增强技术性贸易措施透明度，降低关税和非关税壁垒，提高贸易便利化水平等，沿线国家通关、运输、物流"通而不畅"、壁垒较多的问题将逐步得到解决。由此带来国家间经贸合作规模将迅速扩大，贸易结构不断优化，货物贸易档次逐步提升，服务贸易也将得到大发展。按照商务部统计，过去十年，我国与"一带一路"沿线国家贸易额增速为19%，据此估算，到2020年，中国与"一带一路"沿线国家贸易额将超过2万亿美元。与此同时，随着区域全面经济伙伴关系协定、一系列自贸区谈判的推进以及国际经济走廊的建立（见表4），将逐步形成立足周边、辐射"一带一路"、面向全球的高标准自贸区网络和区域合作格局。外贸企业将迎来巨大发展机遇，银行业也将迎来大量的融资、结算等金融服务需求，包括贸易融资、跨境人民币结算、清算、保函、信用证等业务需求将出现爆发式增长（见表3）。

**表3　"一带一路"沿线国家经贸合作与金融服务需求**

| 项目 | 主要内容 | 金融服务需求 |
|---|---|---|
| 贸易规模 | 到2020年超过2万亿美元 | 国际结算、贸易融资、项目贷款、跨境人民币业务 |
| 升级货物贸易 | 在促进传统优势产品出口的同时，积极扩大机械设备、高新技术、能源资源、农产品等出口 | |
| 扩大服务贸易 | 合作办学，科技交流与合作，旅游合作，文化交流与合作 | |
| 加快自贸区建设 | 中国—东盟自由贸易区升级版 | |
| | 中日韩自由贸易区升级版 | |
| | 中巴自由贸易区 | |
| | 中国—海合会自由贸易区 | |
| | 亚太贸易协定 | |
| | 上海合作组织 | |
| | 大湄公河区域合作 | |
| | 泛北部湾区域合作 | |
| | 中亚区域合作 | |
| | 中印孟缅经济走廊 | |
| | 中巴经济走廊 | |
| | 中蒙俄经济走廊 | |

资料来源：根据公开资料整理。

**表4　"一带一路"涉及的主要国际经济走廊**

| 名称 | 涉及国家 | 主要路线 | 作用 |
|---|---|---|---|
| 中巴经济走廊 | 中国、巴基斯坦 | 中国新疆乌鲁木齐—喀什—红其拉甫—巴基斯坦苏斯特—洪扎—吉尔吉特—白沙瓦—伊斯兰堡—卡拉奇—瓜达尔港，全长4 625公里 | 保障边疆区域安全，有效增加中国能源进口路径，发展经济，改善民生 |
| 中印孟缅经济走廊 | 中国、孟加拉国、印度、缅甸 | 中国西南、印度东部、缅甸、孟加拉国 | 发展中国西南区域，促进中国"西进南下"战略实施 |
| 新亚欧大陆桥 | 中国、俄罗斯、哈萨克斯坦、吉尔吉斯斯坦、乌兹别克斯坦、土库曼斯坦、伊朗、土耳其、乌克兰、波兰、德国、荷兰 | 亚欧大陆桥陇海—兰新城市带主要城市有连云港、商丘、开封、郑州、洛阳、西安、兰州、乌鲁木齐等，从阿尔山口进入俄罗斯，途经阿克斗亚、切利诺格勒、古比雪夫、斯摩棱斯克、布列斯特、华沙、柏林达荷兰的鹿特丹港，全长10 900公里 | 拉近中国与世界市场距离，更好地吸收国际资本、技术和管理经验，加快经济复兴 |
| 中蒙俄经济走廊 | 中国、俄罗斯、蒙古 | 把"丝绸之路经济带"同俄罗斯跨欧亚大铁路、蒙古草原之路倡议进行对接 | 促进东北区域发展，维护地区安全 |

资料来源：根据公开资料整理。

### （三）产业投资合作

过去十年，我国对“一带一路”沿线国家直接投资年均增长46%。当前，我国已经进入“走出去”快速发展阶段，与“一带一路”沿线很多国家欢迎外来投资、加快工业化进程、推动产业转型升级的需求高度契合。某些中国过剩的产能和设备，对“一带一路”沿线国家都是先进的技术和设备。沿线一些国家劳动力资源丰富、市场潜力较大，适合我国轻工、纺织、服装、建材等企业到这些国家投资设厂。我国装备制造业综合实力快速提升，未来可通过承包工程参与沿线国家基础设施建设，投资建立物流基地、售后服务和维修中心。我国还将加强与沿线国家能源资源和农业合作开发，扩大深加工合作，延伸产业链。与此同时，中国将支持在“一带一路”沿线国家设立一批境外经贸合作园区，推动企业集群式“走出去”。目前，正在建设沿线23个国家的77个经贸合作区，其中，35个在“丝绸之路经济带”沿线，42个在21世纪“海上丝绸之路”沿线（见表6）。此外，我国将加快与沿线国家商签投资保护协定，健全投资合作保障机制，切实保障企业境外合法权益。在此过程中，我国优势产业和过剩产能将加快梯次转移和输出，并带来包括存贷款、融资租赁、企业债券、财务顾问、资产管理、资金交易、金融产品创新等一系列金融服务需求（见表5）。

**表5　“一带一路”战略下可能“走出去”的产业及金融服务需求**

<table>
<tr><th colspan="2">“一带一路”带动的相关产业</th><th>金融服务需求</th></tr>
<tr><td>基础设施相关产业</td><td>电力、交通、能源、电信、航空航天等优势产业，以及基建、建筑施工、机械工程、建材、水泥、平板玻璃等过剩产业</td><td rowspan="6">商业贷款、出口信贷、项目融资、资源与贷款互换、并购融资、银团贷款、融资租赁、内保外贷、跨境担保、供应链融资、合同能源管理、企业债券、理财产品等金融产品；投资咨询、债券承销、跨境结算、代客衍生品交易、全球现金管理；全球统一授信、全球资金清算、资金托管、激励方案咨询等金融服务；融资产品和一揽子金融服务创新等</td></tr>
<tr><td>能源和资源相关产业</td><td>油气资源开采、冶炼、加工产业，煤炭、钢铁、有色产业，燃煤、燃气产业</td></tr>
<tr><td>设备制造产业</td><td>轨道交通装备、电力装备、通信设备、高铁装备、工程机械、船舶、航空航天制造业、电网设备类产业</td></tr>
<tr><td>战略性新兴产业</td><td>节能环保、新一代信息技术、生物、高端装备制造、新能源、新材料、新能源汽车</td></tr>
<tr><td>过剩产业</td><td>轻工、纺织、服装、电子信息等</td></tr>
<tr><td>服务产业</td><td>商业贸易、旅游酒店等产业</td></tr>
</table>

资料来源：根据公开资料整理。

**表6　我国在“一带一路”沿线77个经贸合作园区分布**

<table>
<tr><th>所在区域</th><th>所在国家</th></tr>
<tr><td>“丝绸之路经济带”（35个）</td><td>哈萨克斯坦、吉尔吉斯斯坦、乌兹别克斯坦、俄罗斯、白俄罗斯、匈牙利、罗马尼亚、塞尔维亚</td></tr>
<tr><td rowspan="6">21世纪“海上丝绸之路”（42个）</td><td>东南亚</td></tr>
<tr><td>老挝、缅甸、柬埔寨、越南、泰国、马来西亚、印度尼西亚</td></tr>
<tr><td>南亚</td></tr>
<tr><td>巴基斯坦、印度、斯里兰卡</td></tr>
<tr><td>非洲</td></tr>
<tr><td>埃及、埃塞俄比亚、赞比亚、尼日利亚、坦桑尼亚、莫桑比克</td></tr>
</table>

资料来源：根据公开资料整理。

**（四）能源资源合作**

能源资源合作是“一带一路”建设的重要组成部分。在目前中国的十大原油进口国中，西亚、俄罗斯、中亚国家已经占去了8席。在地理版图上，作为世界上最大的能源基地，中亚地区连接着世界上两大制造业中心。中亚地区以东，是经济仍在飞速增长的亚太经济圈，以西则是发达的欧洲经济圈。中亚经济发展水平与其连接的两大经济圈相比存在差距，而其自然资源、土地资源之丰富可谓世界独一无二，矿产品几乎可以覆盖所有制造业国家的需求，且开发潜力巨大，因此，中亚已成为中国重要的对外经贸合作地区。印尼等东南亚国家则拥有丰富的棕榈、橡胶等战略资源，印尼还是中国最大的动力煤供应国、最大的镍土出口国。因此，能源资源合作不仅有助于“一带一路”国家获得产业发展所需要的资金、技术和市场，走上富国之路，也有利于中国与沿线国家发展经贸关系，保障能源资源的战略供应。

此外，我国与沿线国家在金融合作、人文交流合作、生态环境合作、海上合作等方面还有巨大发展潜力，也将产生相应的金融服务需求。

## 二、建设银行参与实施“一带一路”战略面临的挑战

**（一）部分“一带一路”国家地缘政治紧张，地区风险突出；国内政局不稳，党派斗争激烈；政府财力不足，经济形势较差；政策多变，法律体制不健全；中国企业、银行在“一带一路”国家开展业务面临一定甚至是较高的风险。**

“一带一路”国家多处于现代化建设阶段，面临突出的政治转制、经济转轨、社会转型的艰巨任务，国内政治经济的稳定性和成熟度较差，容易引发国家风险。一是部分国家政治形势复杂，西方及美、俄等大国角力加剧，外部干预不断，部分国家政局不稳甚至出现动荡，宗教冲突激烈，恐怖活动频繁。二是由于边界划分、历史、战争等问题，印度、越南、菲律宾等部分国家与我国互信不足，甚至时刻提防，暗中遏制，风险防控难度较大。三是部分国家经济相对落后，政府负债及担保能力弱，政府效率低下，贪污腐败严重，重大项目运作能力较差，对我国期望值提高，在资金、技术等多方面提出过高诉求，很多项目以市场化方式运作的条件不成熟。四是部分国家民族、宗教、文化差异较大，法律环境不完善，对外资保障程度较弱。如印度将中国多家高技术企业列入“禁入名单”，印尼2014年宣布中止与60多个国家（包括中国）的双边投资保护协定，越南禁止将土地抵押给外国银行，等等。

**（二）互联互通、产业园区等基础设施项目缺乏经济效益，政府配套支持措施不明确，企业投资积极性差，银行贷款审慎，项目推进缓慢**

“一带一路”相关国家铁路、公路、港口、水运等重点互联互通项目尽管能够拉动经济增长，创造大量就业，社会效益明显，但普遍存在投资额巨大、建设周期长、项目自身财务效益较差、股东回报低、还款来源不足等问题，难以吸引企业和银行参与，也较难通过市场化手段运作，需要相关国家政府出台税收、补贴等支持政策，银行参与融资面临还款来源短缺、风险控制措施难以落实等具体困难。

**（三）国内同业将“一带一路”国家作为海外重要市场，同业竞争激烈**

中国企业积极赴“一带一路”沿线国家开展经贸合作，投融资需求巨大，派生服务需求稳定，为当地金融机构高度关注。国内同业将“一带一路”相关国家作为重要海外市场，纷纷加大支持与争夺力度，除了高层推动外，还在贷款价格、贷款货币、信用结构要求、海外分支机构支持等方面承诺优惠条件，逐渐形成激烈竞争的局面。

**（四）中方内部继续加强统筹协调，政府支持政策、企业投资决策、银行资金供应及配套服务尚未形成合力**

中国“一带一路”战略构想仍处在起步阶段。对外，我政府有关部门还在与沿线国家探讨完善多双边合作机制，商谈优先合作领域和优先实施项目。对内，各项工作内容还在逐步明确、深化论证。由于“一带一路”建设涉及多个政府主管部门、多家企业和金融机构，亟须政府加强政策指导、统筹协调，并出台明确鼓励、支持企业、银行参与“一带一路”建设的指导意见。就目前情况看，中资企业在参与有关项目合作过程中注重短期效益和自身利益，投资意愿不强，造成重大项目缺乏投资主体和资本金，难以推动。对于重大战略性但经济效益较差的项目，如跨国

铁路、公路等项目，由于缺乏政策补贴和利益补偿机制，造成项目较难持续经营。此外，部分政策措施不利于发挥企业、金融机构积极性。如对银行“一刀切”的利润考核机制，不利于银行为经济效益相对不明显的重大战略项目提供融资支持。

## 三、建设银行参与实施“一带一路”战略的对策

### （一）与部委建立合作机制，加强战略研究，做好顶层设计

一是积极与外交部、发改委等部委建立“一带一路”专项沟通机制，积极参与其牵头的“一带一路”相关战略研究，加强区域、国别、行业研究以及重点战略项目的研究，为业务发展和信贷决策提供参考。二是相关业务部门做好“一带一路”国家业务发展规划，在国家战略、政策框架下，实现我行业务发展规划与国家战略规划的无缝衔接。

### （二）行内成立“一带一路”工作领导小组

为将我行发展战略全面融入国家“一带一路”战略，总行应成立“一带一路”重大战略工作领导小组。设立“一带一路”领导小组办公室，小组成员由各相关业务部门负责人担任。各分行要比照总行模式，成立相应领导机构。

### （三）加速“一带一路”沿线机构布局

“一带一路”覆盖我国中西部和东南沿海，并延伸向中亚、西亚、欧洲以及南亚和东盟，一些国家和地区经济欠发达、金融投入相对不足，机构布局亟待加强。

截至 2014 年 11 月末，5 家大型银行已在“一带一路”沿线国家或地区设立 32 家分支机构，此外还有 4 家已经银监会审批通过，正等待当地监管机构审批。同时，国开行、进出口银行、工商银行、中国银行、中信银行等也在包括巴基斯坦、印度、越南、新加坡、俄罗斯等国家设立了分支机构或派出工作团队，积极在当地开展工作。

截至目前，我行在“一带一路”沿线有 4 家分支机构，为加速拓展业务，我行需大力争取股东和监管部门支持，在“一带一路”沿线国家设立分支机构或并购、参股境外金融机构，加快机构网络布局。

### （四）完善相关工作机制，加大对“一带一路”重大项目的支持与推动力度

一是研究建立国际业务跨部门协调机制，针对“一带一路”重大、重点项目，协商提出推动方案。二是完善重大项目工作机制，研究提出对我政府高度关注的重大、重点项目在信贷政策、审批决策机制、价格授权、财务资源配置、考核等方面的政策支持。

### （五）加强与政府相关部门和金融机构的沟通与合作，积极争取外部政策支持

加强与外交部、发改委、人民银行、财政部等国家部委的沟通，及时了解“一带一路”建设过程中的项目进展情况和业务机会，提早谋划、抓紧布局，发挥自身优势，扎实做好重大项目营销工作，并通过综合金融服务满足客户需求。

加强与地方政府以及丝路基金、亚洲基础设施投资银行、“海上丝绸之路”银行等“一带一路”相关外部金融机构的联系，与其开展创新性合作，积极参与“一带一路”建设。如，福州市政府日前与国开行福建分行、中非发展基金携手合作，推动设立预计总规模 100 亿元的基金，通过市场化运作，积极参与 21 世纪“海上丝绸之路”建设。

# 关于《非银行支付机构网络支付业务管理办法》的影响分析报告

总行网络金融部 缪尔宁 王晖 易洁

2015 年 12 月 28 日，人民银行正式下发了《非银行支付机构网络支付业务管理办法》（下称《办法》）。现结合当前网络支付发展形势及我行实际，分析报告如下：

## 一、《办法》内容概览

《办法》从客户管理、业务管理、风险控制等方面对支付机构网络支付业务作了规范，对支付机构和支付账户提出分类管理原则，规范了银行在与支付机构的业务合作中需承担的责任及义务，同时为未来支付创新留出了一定空间。

### （一）明确支付机构定位

《办法》从制度上明确了，支付机构的主要服务对象应为电子商务和社会小额、快捷、便民小微支付服务，并特别强调不得为客户办理或者变相办理现金存取、信贷、融资、理财、担保、货币兑换等金融业务。

### （二）规范支付机构账户管理

《办法》强调了支付账户需严格落实实名制要求，且将支付账户分为了三类，以身份认证方式为根基，限定交易场景，设置交易限额。这一分类管理方式，是鼓励支付机构在保障安全的前提下满足用户各方面的支付需求。此外，权限最高的Ⅲ类账户较银行权限最高等级的Ⅰ类账户仅少了存取现金等少量功能，已初步具备全功能账户的特点。

表 1　　各类支付账户特点

| 类型 | 余额付款功能 | 限额限制 | 身份核验方式 |
| --- | --- | --- | --- |
| Ⅰ类 | 消费、转账 | 自账户开立起累计 1 000 元（包括同名银行卡提现） | 非面对面方式 |
| Ⅱ类 | 消费、转账 | 年累计 10 万元（不包括同名银行卡提现） | 面对面或 3 个渠道的非面对面方式 |
| Ⅲ类 | 消费、转账、投资理财 | 年累计 20 万元（不包括同名银行卡提现） | 面对面或 5 个渠道的非面对面方式 |

### （三）实施支付机构分类监管

《办法》中规定，将对支付机构进行分类管理，将支付机构按照各项指标分为 A \ B \ C 三类，且会根据实际情况动态确定支付机构适用的监管规定并持续监管。对于等级较高且实名制落实较好的支付机构，在客户身份验证、账户功能、限额等方面均提升了监管的弹性和灵活性。特别是在快捷支付交易验证环节，A 类支付机构满足一定的实名制要求，可代替银行进行交易验证。

### （四）突出客户权益保障

《办法》强化了客户权益，强调了支付机构在用户开立支付账户前应着重向其强调“支付账户所记录的资金余额不同于客户本人的银行存款，不受《存款保险条例》保护，其实质为客户委托支付机构保管的、所有权归属于客户的预付价值”。此外，还特别强调了用户信息保护以及支付机构留存信息“最小化”原则，对用户信息进行了保护。

### （五）强化银行快捷支付赔付责任

《办法》强调了在快捷支付业务中银行的责任，明确规定，除了满足条件的支付机构外，银行应当事先或在首笔交易时自主识别客户身份并与客户直接签订授权协议，并明确了银行需承诺无条件全额承担此类交易的风险损失先行赔付责任。

## 二、对《办法》影响的综合判断

**（一）对用户支付体验几乎无影响**

《办法》的出台，主要从账户实名、分类管理等方面对支付机构的责任作了规范，其中的大部分工作均由支付机构或银行等相关主体完成，几乎不会对用户现有支付体验产生实际影响。

首先，《办法》中规定的单日 1 000 元、5 000元的限额控制，仅针对安全级别不够或评级非 A 类支付机构，且仅针对支付账户余额付款。该限额对目前市面常用的网银支付、快捷支付完全无影响。

其次，《办法》在事实上承认了目前市场流行的快捷支付方式及流程，并未要求银行在首次自主识别客户身份时必须跳转银行页面，而是特别说明可依托各类技术手段，在满足安全的前提下进行创新。这意味着，目前用户使用快捷支付的流程不会改变。

最后，若支付机构为 A 类且实名制账户数量满足一定比例，也支持用户向非同名账户转账。此前，支付机构提供的免费跨行转账业务，在一定程度上取代了人民银行的跨行清算功能。此次《办法》落地，在事实上承认了支付机构的这一清算行为，支持了目前市面大型支付机构向用户提供的账户间转账服务。《办法》对用户目前转账体验无影响。

**（二）使支付机构专注于基于电子商务的小额支付业务**

目前，由于第三方支付机构基于各大电商平台网罗了大批用户，又由于其受到的监管较少、创新能力较强等原因，除推出了快捷支付等一系列较银行更为便捷的支付产品外，还在此基础上推出一系列金融产品。此类第三方支付机构发展的路径和模式，不仅在事实上使得银行在支付领域逐渐沦为第三方支付机构的后台清算工具，也直接将人民银行剥离出了资金流转体系。

而此次《办法》的推出，则从监管层面自上而下地对整体支付业务作了规范，将非银行支付机构的业务定位为小额的、简便的、服务于电子商务的支付工具，且对支付机构本身从事信贷、融资、理财、担保等业务作了禁止性规定，将互联网支付的属性重新归类至“通道型”支付，定位为“帮助资金更好地流转”。从而防范风险累积和信息上的不透明带来的各类金融灰色地带。

**（三）加速支付机构优胜劣汰，强者更强**

此次新规中，相对 2015 年 8 月的征求意见稿较大的变动，即是将支付机构按照各项指标分为 A \ B \ C 三类，且会根据实际情况动态确定支付机构适用的监管规定并持续监管。对于等级较高且实名制落实较好的支付机构，在客户身份验证、账户功能、限额等方面均提升了监管的弹性和灵活性。这种监管模式的推出，会使得资质较高、评级较高的支付机构能够提供更加便捷的服务，从而吸引更多用户使用，又进一步促使支付机构以更大用户流量继续创新、服务愈发优质、便捷的良性循环。反之，资质较差的支付机构将在这一管理办法下恶性循环，最终被淘汰。这一举措将在更大程度上加速支付机构洗牌，使得规模大、资质好的支付机构在各项业务中有更大的创新空间。

此外，《办法》也会通过对支付机构在支付行业外的禁止性规定加速行业洗牌：一部分机构将通过加强自身实力申请新的牌照（如银行牌照、基金牌照、券商牌照等），成为全牌照超级公司；而另一部分机构将由于激烈的市场竞争而被淘汰。这一通过优胜劣汰从而筛选出优质竞争者的方法，将有利于重新调配社会资源至最有效的状态。

**（四）从实质上鼓励了产品创新，为支付机构新兴支付工具灵活发展提供空间**

相比上一版本的征求意见稿，此次最终版本支持同名本人卡无限额划转，且 A 类、实名制落实较好的支付机构支持非同名卡转账，实际上是放宽了对支付机构支付账户的管理要求。此外，本次最终稿还将支付账户分为了三类，在保障安全的前提下，鼓励支付机构不同程度地满足用户各方面的支付需求。最后，该《办法》还专门写明尚未涵盖二维码支付及 NFC 支付等新兴支付手段，为未来支付创新留出了一定空间。

整体上，这些管理规定都在一定程度上承认了目前市场的发展现状，并为支付机构及银行在未来的业务创新和发展中提供了可能性，也为支付机构电子支付业务健康、蓬勃发展提供了条件。

## 三、《办法》对我行的影响

**（一）明确了对支付机构创新的包容态度，分类管理方式对大型支付机构利好，互联网金融对我行造成冲击的格局未变**

该《办法》对支付机构的发展和创新持鼓励与支持态度。未来几年，仍将是支付机构，甚至互联网金融加速发展的政策红利期。尤其是各支付机构争相收购各类金融牌照，将会对现有金融市场产生持续影响。例如，《办法》规定了A类支付机构且实名制账户超过一定比例，可在快捷支付校验方式方面与银行进行协商。我行互联网金融仍将面临着来自互联网企业及同业的巨大挑战。

**（二）对支付账户的规范，一定程度上为我行互联网金融业务赢得了发展空间**

《办法》对支付机构本身从事信贷、融资、理财、担保等业务作出禁止性规定，并对支付账户开立、用途、交易限额等作了要求，一定程度上提高了支付账户成为全能账户的门槛，为我行业务发展赢得了一定空间。但其分类监管、针对领先支付机构差别化管理，使得其支付账户成为全能账户门槛提高有限。

**（三）事实上承认市场现状，快捷支付业务中银行需承担的风险责任加大**

此次《办法》的出台，在事实上对目前市场现存且蓬勃发展的快捷支付业务进行了承认，规定在支付机构与银行进行用户身份确认后，可以开展快捷支付业务。此外，曾在《关于加强商业银行与第三方支付机构合作业务管理的通知》（银监发〔2014〕10号）中，明确规定“商业银行应采用双（多）因素验证方式对客户身份进行鉴别”，这一条款在此《办法》中未体现，一定程度上减弱了银行的校验工作量。

同时，该办法明确规定“无论银行自主进行交易验证还是支付机构代替验证，银行都应在实现或首笔交易时自主识别客户身份并与客户直接签订授权协议，并无条件承担客户资金安全的管理责任”。这一条款的落实，将银行作为快捷支付盗刷的第一责任人，加大了银行需承担的风险责任，未来若用户由于快捷支付发生风险事件，可依据此条款向银行索赔。这一条款或将改变银行目前风险事件处理等流程。

## 四、对策建议

**（一）加快建设我行互联网金融生态系统**

要赢得互联网金融新的竞争优势，仅靠单个产品或渠道已远远不够，必须发挥出银行集团整体乃至第三方合力，发挥并继续固化我行在综合服务、系统整合和规模效应等方面的优势。在分析把握客户需求的基础上，整合银行集团整体的产品资源，提升外部资源管理能力，扩大与优质第三方合作，通过加强渠道协同，连接客户、银行和第三方，用好大数据技术，构建新的盈利模式。金融服务基础上，丰富非金融服务，加快建设我行互联网金融生态系统，来满足客户所有金融需求和相关非金融需求。

**（二）对支付机构进行分类管理**

《办法》对支付机构进行了分类，并针对A类且实名制落实较好的支付机构出台了较为宽松的监管政策。我行将在分类细则出台后进行仔细研究，同步出台针对支付机构的分类管理方案，统一管理支付机构的各类网络支付业务，同时对评级较低、风险事件较多的支付机构建立退出机制。

**（三）加强对支付机构快捷支付业务先行赔付协议签订管理，优化快捷支付风险事件处理流程及赔付机制**

《办法》对银行在快捷支付业务中的责任作了明确，加大了银行在该业务中需承担的风险义务。我行应再次对快捷支付业务先行赔付签订进行梳理，严格落实支付机构先行赔付协议签订工作，并对赔付不及时的支付机构进行整改并建立退出机制。此外，建议通过与保险公司合作等方式，加速风险事件纠纷和解处理流程，提高我行风险处理能力。

**（四）尽快研究对小额转账业务的优化及费用减免**

此次《办法》推出，在事实上承认了支付机构的这一清算行为，支持了目前市面大型支付机构向用户提供的账户间转账服务，将加大支付机构对我行各渠道小额转账业务造成的巨大冲击。数据显示，目前用户转账时，小额转账为主要需求，占所有转账交易的65%。而200元以下小额转账时，最常用的渠道为财付通，占该类别转账的77%，我行手机银行及网上银行仅占12%。由于目前支付机构小额转账以免费为主，建议尽快对手机银行等电子渠道小额转账业务免费。此外，我行应尽快研究对小额转账业务的优化方案，例如小额同名转账免验证、小额转账免短信验证码等。

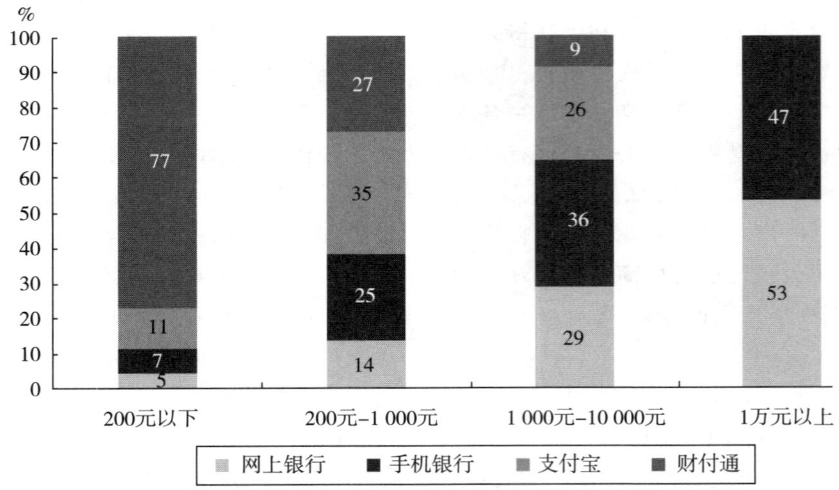


**图1　小额转账业务构成分析图**

**（五）加快产品研发与优化**

加快电子支付产品研发。目前，支付机构的支付产品较我行显著方便、快捷。我行应尽快创新支付模式，在跨行、跨渠道、跨境支付能力上取得突破，保持产品同业领先。稳步发展以“E商贸通”为代表的B2B支付产品，打造基础功能强大、金融服务多样、客户体验领先的我行特色支付产品。

继续大力发展网络贷款类业务。本次《办法》中，对支付机构从事信贷类的业务进行了禁止性规定，为我行继续发展网络借贷赢得了空间。我行应高度重视网络银行业务发展，持续推进已上线平台信贷投放，优先发展供应链类平台；继续推进小企业网银循环贷、“善融商务”平台小企业客户在线融资业务发展；持续加大“快贷”营销力度，积极拓展外部合作机构；加大互联网分期产品的开发和推广，将分期与支付融合，抢占线上消费信贷服务市场。

# 北京西四环支行服务301医院经验介绍

总行公共关系与企业文化部

## 一、西四环支行301医院服务模式的突出成效

中国人民解放军总医院（301医院）是集医疗、保健、教学、科研于一体的全军规模最大的综合性医院。

自2001年起，北京市分行营业部所属西四环支行服务301医院，他们以勤勉服务为突破、强

化管理增信任、依托产品赢得客户，成为全行成功营销“三大一高”客户的典范。14年来，银医合作硕果累累。在总行领导的支持下，借助总行2005年与该院签订《全面合作协议》的契机，支行不断加大与该院的合作力度，2011年双方合作创新推出银医“一卡通”，成为银医服务的新模式，得到中央领导同志的高度肯定，全国100多家医院前来学习借鉴。2012年，西四环支行被银行业协会评为“北京市银行业特色服务示范单位”称号。以西四环支行负责人刘艳的精神和方法创建的“刘艳快线”服务品牌，于2015年被评为“全国优秀企业文化成果奖”。

目前，301医院及其下属单位健康医学中心、基层财务中心、金沟河干休所、院务部招待所等均在西四环支行开立账户。

## 二、西四环支行301医院服务模式的主要做法

### （一）以勤勉服务作为突破口

西四环支行成立时，301医院的主要合作银行是某大型银行。为打破业务零合作的状况，支行提出要以“挤门缝”的精神抓服务促营销，寻求业务突破，即发现客户需求、挖掘客户需求，寻找竞争对手服务薄弱环节，见缝插针式地开展服务营销工作。

1. 免费收款服务——“挤”开业务合作之门。曾经，被众家银行视为“成本大、收益小、不赚钱、纯服务”的上门收款服务，却被西四环支行当作了打入301医院的“敲门砖”。为从他行手中分得一杯羹，2004年，西四环支行提出：即使医院没在建行开户，也可以为其提供上门收款服务，而且是免费的。由此，支行终于挤开了一条合作的小小门缝。通过做精做细这项服务，支行的业务发展起来了。上门收款范围从最初的门诊部扩展到住院部，逐步承揽了301医院全部上门收款业务。

2. 网络POS服务——银、医、患三方共赢。很长一段时间，患者携带大量现金交款，存在安全问题；院方工作量日增，不断增加收款人员；建行上门收款的人力占用被动增加。如何在患者、医院、建行三者之间达成共赢，一度困扰着西四环支行。2005年，支行从减少客户使用现金、减轻院方收费压力角度，向院方提出加装POS服务，获得客户首肯；2010年，又提出加装网络POS。其间，支行加班加点，特别是加装网络POS时，要说服协调医院财务处、收费科、计算机室等多个部门，双方人员利用中秋之夜安装调试，院方深受感动。目前，该院门诊及住院收费基本通过网络POS划转，年划转金额已达到60余亿元，位居全国各家医院前列。

3. 快服务、快响应——急客户所急打动客户。成功实现三天放款4.8亿元。为在多家银行竞争中赢得一席之地，做好业务储备，西四环支行主动为301医院申请了3亿元授信额度。2010年，该院启动一批新的项目，流动资金紧张，希望两周内能够取得贷款，他行表示难以完成。西四环支行立即请示总、分行调增授信额度、协调放款，实现三天时间完成6个月期限、总金额4.8亿元的流动资金贷款工作，成功超越竞争银行。

三周办卡万余张。301医院的工资代发是在他行，支行从院方担心现金安全角度切入奖金二次代发，逐步说服院方最终将奖金代发全部交给支行。此时，支行面临二十几名员工三周之内要为全院一万人办理好储蓄卡的巨大压力。西四环支行统一部署、全员参与、分头行动，集中到各科室上门收取客户身份资料，批量制卡，集中上门签约电子银行、信用卡等，一点切入，全面跟进，以奖金代发带动其他业务。目前，301医院员工的奖金代发与聘用人员工资代发全部由西四环支行办理，月均发放额5 000余万元，约为竞争对手的一倍。

4. 同步服务时间——满足客户需求。西四环支行下辖的五棵松储蓄所位于医院门诊大厅，为与医院统一步调，每天早上7点准时开门营业，全年除春节停业2天外均无休息，每日营业时间达9个小时。西四环支行常年坚持比其他银行提前半个小时开门，让客户在大厅中休息等待，在冬天或遇到恶劣天气，还会更早一些开门。此举在方便客户的同时，带给客户的还有家一般的温馨。支行各服务团队承诺并做到午餐时间办业务、夜间取吞卡、周末换外币零钞。

### （二）以管理提升客户信任

1. 文化带动营销。作为党的十八大代表、全国劳动模范、全国五一劳动奖章获得者，北京市

分行营业部总经理刘艳曾在西四环支行任职10年。期间，院方不断赞叹刘艳团队服务的细致与深入。“刘艳快线”服务品牌已成为一面旗帜，她所提倡的“快响应、快服务、快改进”的“快”精神、“敢于敲客户门”的“闯”精神、“把好客户脉搏”的“巧”精神、“甘于挤门缝”的“韧”精神，已经成为支行干事创业的团队文化，成为大家的精神动力。

2. 合规提升美誉。西四环支行从管理上要效益，以合规促发展，尝到了全员素质提升带来的甜头。他们通过组织业务技能练兵、营销案例培训、“照镜子”等来提高员工的业务素质和服务意识。比如“照镜子”，是随机调取柜面监控视频回放给员工观看，查找营销服务问题、强调业务合规流程、提升日常服务质量。在今年央视“3·15”晚会上，西四环支行员工林森准确拦截央视暗访记者冒名开户，为建行赢得广泛赞誉。“林森守规”成为西四环支行的又一张服务名片。在上门服务中，西四环支行采取提前预约、双人上门的方式，严格按照总分行的上门服务流程办理，做到每年百余次的上门服务无差错。

3. 精细打造优势。“客户至上，注重细节”的服务理念贯穿在西四环支行日常服务中。支行将管理制度化、流程化，每名西四环支行员工在入职前，都要学习该医院员工服务患者的专业和敬业精神，接受服务301医院的认同教育。上岗后，支行要求员工记住来办理业务的医护人员姓氏+职务，比如问候时说“周主任，您来啦!”久之，客户也会相应地记住员工的姓名，双方逐渐熟悉，亲切感、信任感与日俱增。

**（三）以产品提高合作黏性**

1. 为301医院上游客户提供银行承兑汇票，为院方赢得良好声誉。一直以来，医院给上游供货商结款周期较长，长此以往势必影响到上游的生存状况以及与院方的合作感受。针对这一问题，西四环支行于2006年为院方提出银行承兑汇票服务方案，开创了全国医疗机构使用银行承兑直贴付款的先河。此举优势在于，帮助供货商解决资金周转，协助院方赢得良好的声誉，同时，票据直接贴现业务又为我行带来供货单位的新增开户、手续费、承诺费和保证金存款，实现了资金在建行体内循环，一举多赢。

2. 开发银医“一卡通”，有效缓解医患矛盾。西四环支行从医患需求中寻找业务机会。在得知301医院启动医疗信息系统改革、拟开发诊疗新流程的消息后，支行从减少零钱供应、减少收费人员的角度提出银医“一卡通”的设想。经过总、分、支行三级联动、反复调研、论证和系统开发，2011年8月实现“一卡通”全部功能上线，以银行卡替代医院就诊卡，持签约银行卡在医院可实现分时段就医诊疗、多渠道计价缴费、多功能自助查询、自助打印化验单和自助打印发票等多项服务。各地患者可以通过自助设备、网上银行、手机银行进行挂号，使“挂号在家中、缴费零排队、就诊少等候”成为现实，为公立医院应对“挂号难、看病难”的民生问题提供了可借鉴的全新医疗服务模式。目前，在301医院日门诊量峰值达到17 000人次，使用“一卡通”挂号就诊的患者比例超过日门诊总量的60%。

随着信息技术的发展，“一卡通”在功能上也逐步完善。西四环支行与301医院先后开展了“他卡通”“住院一卡通”“智慧301在线医院”等银医服务合作，创新全流程自助就医模式。目前，我行与301医院正在合作推动扫码支付业务，客户使用建行卡与微信绑定，在诊疗单的二维码上扫一扫，就可以实现费用支付。预计此项服务将领先于业界。

3. 银医军民共建，提供专属服务。301医院作为军队医院，医护人员大部分为军人，特殊的身份使得他们的理财需求也具有特殊性。西四环支行以此作为军民共建的良好契机，积极寻求解决方案，在分行统一筹划安排下，推出针对该院专属理财定制产品。结合医院职工住房装修需求，支行多次组织举办安居分期说明会，邀请与建行有合作关系的家装建材公司上门讲解，为医院员工定制加装分期服务方案。医护人员加班加点是常事，往往不能在正常上班时间办理业务，支行就开辟了“军人绿色通道”服务窗口，方便医院员工灵活根据自己的时间前来网点。利用午休时间为院内员工举办理财沙龙，为院方2 000余名副主任医师以上人员提供个性化的VIP客户服务。同时，总行领导每年都会和院方高层进行会晤，商谈合作事项，极大促进了军民共建工作。在西四环支行的努力下，建行服务文化一步步得到客户的认可，随着军民共建的合作日益密切，银医文化的不断融合，“咱院儿的银行”早已成为建行西四环支行在院方医务人员口中的代名词。

西四环支行在做好自身业务的同时，利用自身资源为兄弟行服务。如，在301医院建立海南三亚分院过程中，西四环支行协助海南省分行争取到了与301医院海南分院的合作，这样的事例多次发生。用支行带头人刘艳的话说，这是在为整个建设银行“挤门缝”。从切入301医院到不断提升市场份额，处处体现着刘艳所倡导的服务精神和服务文化，而正是这些看似朴实无华的“快”精神、“闯”精神、“巧”精神、“韧”精神，使支行逐步成为了我行服务大型医院客户的优秀代表，更成为令同行尊敬的强大竞争对手。

# 上海市分行营业部“个人客户”服务经验介绍

总行公共关系与企业文化部

## 一、营业部“个人客户”服务经验的突出成效

上海市分行营业部地处“东方香榭丽舍大街”——淮海中路商业街，是建设银行服务客户的一个重要窗口。自1994年成立以来，营业部秉承“管理严格、操作规范、开拓创新”的理念，在规范经营的基础上，以“差别化服务、精准化营销、智能化体验、公众化教育”为策略，积极打造服务品牌，优化客户体验，开展精细化管理，履行社会责任，取得了较好的经营业绩，树立了良好的社会形象，摸索出一套差别化服务个人客户的经验。

### （一）业绩突出

截至2015年9月底，上海分行营业部个人存款规模达到28.28亿元，VIP客户6 6:0名，2014年完成高端客户净新增12 418名，个人条线年人均创造对私综合经营利润为100万元，年利润增长率达15%以上。

### （二）团队优秀

营业部拥有一支经验丰富、专业过硬的客户经理团队，目前15名客户经理中获得中银协理财师资格4人、CFP证书10人、CFA三级证书1人、在职研究生与MBA在读成员超过30%。服务高端客户的“花木兰理财”团队，成为上海金融行业中的优秀服务品牌。

### （三）口碑良好

多年来，凭借优质的网点服务，良好的社会口碑，出色的经营业绩，营业部获得了诸多殊荣。包括2010年度上海银行业文明规范服务百佳示范单位、2011年中银协文明规范服务“明星大堂经理”、2011年建行总行五星级网点、2012年上海银行业文明规范服务百佳示范单位、2012年建行上海市分行年度十佳网点等。涌现了全国巾帼建功标兵、金融标准委员会全国百佳客户经理、上海市金融系统五星级优质服务明星、全国五一劳动奖章、总行VIP客户发展能手、总行百佳个人客户经理、总行青年岗位能手等一批优秀员工。

## 二、营业部“个人客户”服务的主要做法

### （一）提供差别化服务，打造专业品牌

面对不断提高的客户要求，营业部提出要以个性化、专业化的金融服务争取更多的客户，针对高中端客户、大众客户制订不同的营销方案。在营业部一千平方米的营业大厅里，对私现金服务区、个人非现金区、对公出纳区、个人贷款业务区、大堂经理咨询处、自助设备区和客户体验区等各区域设计得错落有致，井井有条。

营业部2012年推出了服务品牌“花木兰理财”，团队分为“智诚团队”“智信团队”“智汇

团队”和“智胜团队”，配备了涵盖理财、信贷、商户等各专业条线的客户经理，定位于以客户关系维护和销售为主，为客户提供综合化、一站式的投资理财金融服务。除了根据客户的需求，提供理财产品、高端保险、阳光私募等专属金融产品外，还为客户提供国际紧急救援、健康关爱、子女教育、法律咨询、品质生活等非金融增值服务。为了推广“花木兰理财”品牌，营业部制作了形象专题片，设计了沉稳、大气的Logo，在新浪网上开通了理财微博，申请了“花木兰理财”微信公众账号，利用微博和微信实时发布各类金融理财资讯，解答投资理财的问题，搭建了与客户实时交流的平台，提升了金融服务的内涵。定期组织举办“木兰有约”客户理财讲座、主题沙龙、客户联谊等活动，通过开展走进企业、走进高校、走进社区等一系列活动做好客户投资理财普及工作。“花木兰理财”团队和德国拜耳集团、上投摩根基金公司、赛诺菲安万特公司等中外知名企业建立良好合作关系，为企业员工定期提供便捷的上门签约服务和投资理财服务，在企业员工中形成了良好的口碑。“花木兰理财”团队作为唯一指定团队连续8年服务上海市政协会议，细致亲切的服务受到了与会委员的一致好评。

**（二）运用大数据，开展精准营销**

营业部客户人数众多，但群体分散、物理网点少、营销触角有限，若要在个人业务发展中保持领先地位，必须以精细化管理为抓手，充分利用大数据分析，加强客户细分、把握客户需求，有效提升营销效率。为此，营业部建立了VIP客户、代发工资客户数据库，运用大数据明确目标客户及潜在需求，做好客户维护和管理。通过深度挖掘分析数据，对每类客户细分、识别其不同的服务需求，以便及时做好业务衔接，开展精准化营销管理。

营业部十分重视运用数据分析提升产品覆盖度。产品覆盖水平越高，客户黏性越好。他们对每类客户进行持续跟踪管理，通过分析客户的网上银行、手机银行签约情况、理财产品持有情况，结合我行产品发行策略，定期向目标客户发送理财产品信息。营业部代发工资客户有48 000名，其中一家重点代发工资企业的员工较多，收入稳定，福利较好，但其在我行的产品覆盖较低。营业部根据该企业特点制订了专属营销方案，通过厂区营销、现场沙龙等模式，签约500多个电子银行客户，发展金级以上VIP客户100多个。明确了目标客户以后，理财客户经理利用交易数据分析每位客户的产品持有和覆盖情况，有针对性开展客户的理财产品、基金、账户贵金属等产品营销。通过对数据的精细化管理，营业部客户的产品覆盖度持续提升，从2011年6月的4.94提升到2014年底的6.56，位列上海市分行第一位，其中50%以上的基础产品签约来自于重点目标客户。目前，营业部90%的理财产品通过线上交易完成，截至2015年9月，移动金融替代率达到78.21%，远高于上海分行41.84%的平均水平，大大降低了客户维护成本，为人员紧张条件下开拓市场提供了方法。

营业部组织专人及时整合各类业务经营数据，从中挖掘出有用信息。以存款业务为例，主要包括代发工资、保本、非保本理财产品、开放式理财产品、基金、保险、信用卡消费、三方存管等。营业部将各个相关产品的销售情况存款资金流向进行汇总和分析，找出存款波动的敏感因素，以便及时捕捉市场契机，做好目标客户的精准营销。截至2015年9月30日，营业部个人存款较年初新增2.44亿元，个人网均存款3年平均增长率全行第一。

**（三）推广自助服务，优化客户体验**

营业室网点是客户享受银行服务最直接的触角。在银行产品同质化日趋凸显的今天，营业部充分利用现代办公手段和自助化服务设备，加快推进个人业务向智慧银行的转型，统筹安排产品服务资源和线上、线下渠道资源，合理配备服务设施，及时区分客户群体，既满足客户快节奏的金融服务需求，也实现了银行产品的精准营销。

1. 大堂移动PAD精准营销。大堂经理作为网点转型战略执行的前哨，需要经常主动巡视大堂，进行客户分流、厅堂管理、产品营销。营业部为大堂经理配备了手持移动PAD。在客户取号后，大堂经理利用PAD及时了解每位客户的个人信息（如姓名、职业等）、在我行的AUM值（如总资产、定活期存款额等）、产品持有情况（如黄金、基金、理财产品等），有效地挖掘客户潜力和营销高端客户。大堂经理利用PAD完成了从网点管理、客户识别、业务分流、需求挖掘、营销推荐到产品组合推荐工作，在节省客户时间的同时，提高了工作效率，也缓解了网点的客流压力。

2. 自助发卡机辅助营销电子产品。为了提升用户体验，营业部在大厅安装了自助发卡机。客户不需排队到柜面办理，也不需填写烦琐的单据，只要站在发卡机前完成身份证读取、个人信息核实、实时拍照等简单步骤即可自助完成开卡。这种一步到位、快捷便利的服务模式，既缓解柜面开卡压力，也节省了客户时间，广受客户的认可和好评。大堂经理也可在指导客户开卡的同时配套营销电子产品，目前营业部20%的电子产品就是通过自助发卡机营销完成。

3. WIFI覆盖分流柜台压力。为缓解客户等候办理业务时的焦躁心情，营业部室开通WIFI方便客户体验电子产品。客户可以即时浏览各类信息，下载手机银行APP办理网上银行业务，大堂经理现场指导客户体验手机银行中包括“手机秒杀”、“善融商务”、转账汇款、理财产品购买等业务，分流了约30%的柜台压力。推出“建行财管家”APP手机终端，客户通过手机即可实时查询网点客流量信息，自主选择空闲网点办理业务，并提供远程预约网点排队叫号和远程预约网点大额取现，受到客户赞赏。

**（四）进驻大型社区，打造生态金融圈**

1. 社区综合化金融运用。营业部与大型社区建立良好合作关系，通过参与社区的整体合作建设，将社区的门禁、停车、物业费、公用事业费等功能，提供一揽子的解决方案。小区门禁卡与银行IC卡的有机结合，同时解决了社区管理与居民实名制登记的有机结合，提升了社区电子化管理水平；同时配套建行公用事业费代扣、ETC信用卡等拳头产品，为社区居民足不出户，提供高效、便捷的现代金融支付环境。

2. 社区服务活动丰富多彩。对年龄较大、行动不便的客户，营业部在风险有效控制的基础上，上门为这些客户服务；举办“金融服务进社区”“情系社区”等服务活动，在社区、学校、厂区等设立服务台、宣传园地，张贴宣传海报、发放宣传材料，普及金融知识。营业部还定期举办“相约建行·情系社区”周末歌会，建行员工演唱经典歌曲，让社区群众在娱乐的同时收获了金融理财知识，得到了社区居民的称赞。

**（五）开展公众教育，提升社会形象**

营业部在实际工作中体会到，公益事业是企业与公众进行交流、沟通的重要媒介，认真履行社会责任、积极开展公众教育，不仅能更好地寻求与社会公众的情感共鸣，促进社会各界对企业的认知，而且也是树立企业良好社会形象，为其产品进入目标市场所展开的最好的公关方式。因此，营业部不仅重视做好柜面服务工作，而且扩大服务半径，把建行专业、优质、人性化的服务延伸出网点，延伸到五百强企业、高校、社区、券商营业部等，开展解读金融政策、普及金融知识、宣介服务收费政策、揭示金融产品风险、引导依法理性维权等公众教育活动，把金融关爱渗透到更多的客户群体中。

1. 公众教育效果良好。营业部一方面借助各类新兴电子渠道开展宣传，如在门户网站开辟公众教育专栏或园地，通过手机银行、微信、微博等渠道宣传金融知识小贴士等，扩大受众范围。另一方面区分对象，对中老年客户，在预防电信诈骗、提高假钞识别能力、防范理财产品误导销售等方面侧重进行宣传教育；对年轻客户通过门户网站、手机银行等电子渠道加强对投资理财风险须知、银行卡安全使用方法、电子支付风险防范等方面的宣传。同时，对大众客户，以“财富与您相伴，建行与您同行”为主题，持续开展公众教育活动。通过现场介绍短信诈骗常见手段，让公众有效识别短信诈骗，避免财产损失；介绍人民币反假技巧，指导鉴别人民币真伪；宣传非法集资的特征、危害及如何辨别非法集资，提高民众对非法集资危害性的认识。

2. 专业团队答疑解惑。“花木兰理财团队”经常深入社区或在公众教育日现场为投资者提供咨询，为大众答疑解惑普及金融知识。上海理财博览会是国内展出规模最大、参展机构最全、参观人数最多、活动最丰富的金融业年度盛会，在“3·15”保护金融消费者权益宣传周和公众教育日等活动中，“花木兰理财团队”积极向公众宣传用卡安全、防金融诈骗、人民币反假知识等。通过这些活动，营业部在公众中树立了良好的品牌形象。

**（六）强化内部管理，提高员工素质**

1. 特色活动凝聚团队。营业部设立“员工之家”，提供精彩的电影和舒适的环境，使员工在工作之余得到身心的放松。特色活动“我爱我家”通过组织员工郊游、拓展、聚餐，缓解工作压力，增强了团队的凝聚力。定期“家访制度”，了解员工业余生活，帮助员工解决困难，减少后顾之忧。

2. 星级管理积累客户。营业部综合上一年度中间业务收入完成情况、客户发展情况等因素，对个人理财客户经理进行星级分类，明确星级客户经理各项目标，结合排名作为星级晋升与降级的依据。客户经理分为一星至五星，五星为最高。每个等级的客户经理所认领的业务指标数及侧重点均有不同。新客户经理侧重客户拓展，目的是快速积累客户资源。资深客户经理侧重深挖客户需求，在做大客户资金总量、提高中间业务收入的同时，发掘其背后更深更广的资源。

3. 产品联系人深度维护。根据员工业绩、个人资质、兴趣专长等综合考量，选定各类产品的产品联系人。产品联系人除做好自身客户的日常营销维护外，需要承担产品培训及转培训、提炼产品亮点、制定营销话术、提出推进措施等职责。对该项产品配置比例较高的客户，产品联系人需与客户经理共同接待并面谈，给出专业建议和方案，供客户经理参考。考核期末，由团队成员及负责人对产品联系人的工作打分，进行绩效分配。

4. 情景演练提高外语服务技能。为了提高服务水平和客户满意度，营业部不但提供齐全的外汇业务，还致力于提高员工金融专业英语和日常交际口语。在晨会上或下班后，进行情景演练为外籍客户提供无障碍沟通。高效便捷的涉外金融服务，得到了国内外客户的一致称赞。经常有外籍客户慕名而来，在得到满意的服务后又引荐新的客户给营业部。

# 上海市自贸区分行“自贸区”服务模式经验介绍

总行公共关系与企业文化部

## 一、自贸区分行“自贸区”服务模式的突出成效

上海自贸区是我国第一个自由贸易试验区，是探索利率汇率市场化、构建人民币离岸中心、推动人民币国际化的重要举措，具有重大的战略意义。我行上海自贸试验区分行（简称自贸区分行）与自贸区同时诞生挂牌。开业两年来，分行初战告捷、不辱使命，以“支持人民币国际化、金融服务网络全球化、金融业务全面化”为抓手，面向全球，辐射国内，加强联动，探索创新，以国有大银行的责任担当，充分发挥我行在全球金融服务、综合金融服务方面的优势，不仅在金融创新服务上屡拔头筹，而且在各项经营指标上也取得了骄人的业绩，探索出了一套服务自贸区建设、服务跨国经营企业的服务模式，成为同业中的一面旗帜。

**（一）全球一体化服务能力领先同业**

在自贸区金融开放试点政策框架范围内，紧跟人民币国际化步伐，致力改变“走出去”的中国企业高度依赖国外金融机构的局面，提升大型银行“跟随”服务能力，积极开展产品创新，先后推出了外汇资本金意愿结汇、FT境外融资、跨境人民币借款、跨境双向人民币资金池、第三方支付机构跨境支付、外汇资金集中运营管理、融资租赁双保理等创新业务，形成了分账核算业务、创新融资方案、全球现金管理、跨境对外投资等四大主要特色的金融服务板块，推动中国企业与

全球低成本资金“牵手”。以境内外一体化、母子一体化的服务新格局，加强跨部门、跨条线、境内外联动，为企业提供全方位的综合服务，成为跨境贸易、投资融资的桥梁和纽带。

**（二）多项经营指标位居第一**

截至2015年9月底，上海市自贸区分行存款市场份额为69.83%，贷款市场份额为68.43%，中间业务收入市场份额为78.61%，利润市场份额为71.64%，各项业务指标均列区域内45家银行之首。

## 二、自贸区分行“自贸区”服务模式的主要做法

**（一）推出“一站式”服务品牌，解决客户难题**

进入自贸区的企业对注册流程和相关手续不够清楚，既想抓住自贸区的政策优势尽快落地开展业务，又苦于不知道如何找到有力的抓手。针对企业这种困难和需求，自贸区分行加强与招商、工商、咨询服务机构等的合作，成为区内第一家创新推出“一站式管家”特色服务的银行。从为企业代寻区内注册办公地开始，到上门收取相关证照办理材料，再到为新设外商投资企业办理外汇登记、境外直接投资（FDI）入账登记手续、为企业开立基本账户等提供一站式、全方位的贴心服务，在为企业免除后顾之忧的同时，亦赢得了客户的信任。中兵（上海）有限责任公司便是通过“一站式管家”特色服务成功在自贸区完成注册的一家企业。作为央企中国兵器工业集团公司在自贸区内设立的业务平台，中兵（上海）有限责任公司自筹备阶段就受到了各家银行的关注。在了解到筹备组正在进行入区选址、企业名称预先核准等工作后，自贸区分行全程陪同客户寻找区内注册办公地点、上门收取相关证照办理材料。公司在营业执照办理过程中，因相关信息不对称，无法拿到营业执照。分行客户经理多次陪同客户与相关管理部门沟通协调，最终帮助客户拿到了营业执照。自贸区成立以来，自贸区分行已为超过1 800家新入驻自贸区注册企业开立银行基本户。2015年上半年，自贸区分行营业室以单网点当年新开基本账户505户的骄人成绩，名列上海市分行网点新开基本户首位。

**（二）致力创新国际业务，深化综合金融服务**

上海自贸区是与全球市场接轨的舞台，金融创新是其核心灵魂，也是上海自贸区分行发展的原动力。在自贸区所有创新业务中，建行均是首批试点行，也是多项业务的首单办理行，创新产品业务量名列前茅，多项产品成为上海金融办、自贸区管委会和市分行推荐的优秀创新案例，为自贸区金融创新转型提供了示范。

上海外高桥物流中心有限公司为我行总战客户，是上海自贸区保税物流园区开发建设、项目经营和营运管理的主体。自贸区出台跨境人民币借款政策后，自贸区分行抓住机遇，第一时间对政策进行了解读，经与首尔分行密切沟通，制订了针对外高桥物流中心的境内外联动服务方案，多次上门拜访客户高层，详细解读政策、介绍内保内贷等国际业务产品，最终打动该公司把所有跨境人民币借款额度全部在我行办理。通过办理该笔业务，客户综合成本仅为5.17%，较人民银行基准利率下浮达14%，有效降低了融资成本；自贸区分行在扩大授信使用份额的同时，获得了不菲的中间业务收入，首尔分行新增了4亿元人民币贷款。针对跨国集团企业难以对境内外资金进行集中调配和安排，境内外人民币资金不互通，资金使用效率低的情况，自贸区分行及时推出跨境双向人民币资金池业务，通过政策辅导、方案设计、签订协议、开立账户、归集资金、国际收支申报、跨境人民币信息报送等流程，促使跨国企业集团根据自身经营和管理需要，在境内外成员企业之间开展跨境人民币资金余缺调剂和归集业务，解决了上述难题。

**（三）多方联动协同作战，提高全球金融服务能力**

自贸区跨境融资需求巨大，国家鼓励企业充分利用境内外金融资源和金融市场，开展境外借款业务，从而降低融资成本、实现融资便利。自贸区分行打破资金供给的地域限制，发挥上海国际金融中心辐射全国的作用和信息桥梁作用，改变以往单条线产品为主的服务模式，加强建行境内外一体化、母子公司一体化联动，瞄准国际市场，辐射国内分行，以综合捆绑、综合授信、综合定价的方式，为企业提供金融全球服务能力。

1. 总分行联动合作提高客户黏性。自贸区成

立以来，自贸区分行运用联动机制，加强与总行及兄弟分行联动，千方百计争取总行战略客户资源，成功营销一大批大型央企在自贸区内设立的子公司。

2. 境内外联动升级携手共赢。目前，建行已在24个国家和地区设有26家一级机构，搭建完成了跨时区、跨地域、多币种的全球金融服务网络，业务覆盖全球主要地区和金融中心。自贸区分行充分依托建行海外分支机构众多的优势，依托先进的全球金融服务网络，发挥国有大银行的国际金融服务能力，致力拓展人民币国际业务，大力支持中国企业“走出去”，与海外分行合作，灵活调度资金，通过境内外联动方式为境内外企业提供了内保内贷、内保外贷、出口应收账款风险参与贷款等多样化跨境融资服务，同时为“走出去”企业提供落地金融服务。

2015年2月初，人民银行上海总部发布了自贸区分账核算业务境外融资与资金跨境流动宏观审慎管理细则，新政扩大了境外融资的规模和渠道，企业外债及境外借款管理模式发生较大变化。自贸区分行在政策落地后首日就做了首单尝试，利用上海分行FTU从建行首尔分行融入的境外资金，为瑞典某知名品牌国内总代理上海山兰风国际贸易有限公司发放美元贸易融资贷款，满足了自贸区内客户贸易项下进口支付需求。通过有效利用境外较低成本资金，为企业降低了财务成本，同时也拓宽了我行FT业务的资金来源渠道，推动了境内外联动升级、携手并进。目前，已有中国台北、法兰克福、首尔、东京等4家海外机构在自贸区分行开立了FTU账户，开展包括资金交易、拆借、存放等在内的各项业务。

3. 母子公司战略协同利益共享。自贸区分行充分依托建行母子公司协同作战的优势，加强与建信信托、建信租赁、建信期货、建银国际等子公司的联合，在设计综合金融服务方案时主动联系子公司，把租赁、信托等产品一并纳入，为企业提供融资租赁业务，支持了实体经济发展，实现了共同发展。

茅台建银（上海）融资租赁有限公司为建信信托参与投资的租赁公司，针对自贸区内融资租赁公司可兼营商业保理业务及营改增的政策红利，自贸区分行推出了FT项下无追索权融资租赁双保理业务，选派业务骨干前往贵州、河南、广西等分行，对融资租赁的业务种类、国内双保理模式、客户要求、收益分析和操作流程进行详细的介绍，很快找到了目标客户。截至2015年9月末，自贸区分行已办理了7笔双保理业务，金额逾13亿元，在获得相关利息收入的同时，实现中间业务超过3 000万元。通过该业务，承租人丰富了融资渠道，控制了融资成本，盘活了存量资产；茅台建银融资租赁公司共享了银行的优质客户资源，扩大了业务规模，获得了较好的业务收益。兄弟分行与自贸区分行共享了中间业务收入，实现了多方共赢、利益共享。

4. 公私条线联动服务形成合力。自贸区分行结合网点“三综合”建设，公私联动团队走出网点，深入厂区，以批量开立代发工资卡和厂区营销为抓手，带动个人核心存款新增、个人中间业务创收和个人电子银行签约。全员参加上海市分行发起的“春雷行动”和“星星向荣”战役，由对公业务部门整理出与自贸区分行有信贷支持、合作关系相对紧密的专业市场，与管理方签订合作协议，使结算通卡和电话POS能快速、全面进入到这些专业市场。公私双线营销，为商户提供从开户、收银清算、资金汇集到管家管理的全流程服务，通过收单POS的汇聚作用，提高客户的黏度，增加客户的满意度。

**（四）充分活用政策红利，全力支持实体经济**

自贸区促进投资便利化等政策实施以来，一方面吸引了大批外商投资企业，另一方面逐步成为央企、大型国企对外投资的重要基地。企业要求直接投资项下业务办理时间进一步缩短，并对外汇资金使用效率、汇率风险控制进一步提高要求。自贸区分行紧密关注自贸区各项政策，契合企业需求，以全球授信、海外发债、并购融资、境外银团为主要产品，为“一带一路”重点企业、上海国资国企改革国际化发展设计多种融资方案，使企业最大程度享受自贸区政策红利，提高投资效率，在更高平台上参与国际竞争。

以外汇资本金意愿结汇为例，自外汇管理实施细则落地后，自贸区分行迅速制订创新方案，成为首家完成接口程序调整和内控制度报备的银行，并成功为一家区内外资融资租赁企业开立结汇待支付人民币专用存款账户，办理了全国首笔外汇资本金意愿结汇业务，形成了良好的示范效应。此前，外商投资企业资本金一直实行“按需结汇”制度，只有当“实际需求”发生时，才能向外汇管理局申请办理结汇，在人民币汇率加剧双向波动的背景下，无法适时结汇无疑会造成汇兑损失，而如今“意愿结汇”制度将外汇资本金结汇的自主权和选择权赋予企业，企业可根据汇率波动情况，自由选择结汇时点，有效规避汇率风险。

**（五）贴心周到智能服务，提升客户体验**

1. 构建网银服务系统。FT 账户是自贸区连接境外市场的重要通道，因此也吸引了众多境外机构在自贸区开立 FT 账户。但许多境外机构在上海并没有办事人员，当实际业务需求发生时，只能通过邮寄方式把单据寄交自贸区分行，再由营业网点审核后进行手工操作，费时费力。自贸区分行迅速整合客户需求，将加快建立 FT 账户网银服务体系的建议及时上报总行，短短一个月时间即完成了系统开发、联调测试等各项工作，并同步部署企业网银外联平台功能。FT 账户电子银行服务的成功配套大大提高了企业业务办理效率，降低业务办理成本，让客户真切体会到了建行服务的便捷与高效。

2. 优化业务流程。为保证客户开户流程顺利，自贸区分行开创了“自贸区式”的预约开户服务，由客户经理事先向开户柜台预约，再通知客户开户具体时间。客户抵达银行后，由客户经理指导客户办理相关手续，大大节约了客户时间。客户开立 FTI 账户需要提供个人税单，要自行前往税务局提取，过程烦琐，客户体验不佳。分行在保证业务合规的前提下进行了优化流程的探索，与区内企业合作，由企业财务牵头为员工批量提供税单，并组织员工集中、自愿填报开户申请，给予了客户完美的服务体验。

3. 提供个性智慧服务。自贸区内主要以贸易类客户为主，大宗商品交易类客户集中。自贸区分行与海外分行联动，根据客户实际情况，量身定制了多个结构性产品方案，如存单质押项下 FT 贷款业务等，既增加了中间业务收入，也增加了存款。自贸区分行积极融入高科技智慧元素，以“互联网 +”的金融服务形式，在网点中引入 VTM 远程视频柜员机、个人信息电子预填单机等智慧银行元素，为客户带来更多自助、智能、感性的全新体验。顾客还可在营业大厅九连屏上浏览建行定制的 WIND 金融咨询，为客户及时提供全面的境内外金融市场最新行情。

# 大数据背景下建设银行小微金融产品创新研究

天津市分行小企业业务部　李宛林　蔡吉军　田毅　王丽博

## 一、天津市小微企业运行情况及融资需求分析

### （一）天津市小微企业运行情况以及主要推动措施

天津市于 2013 年提出了到 2020 年，将天津市逐步建设成“为经济繁荣、社会文明、科教发达、设施完善、环境优美的国际港口城市、北方经济中心和生态城市”“激发中小企业和民营企业创新活力，大力发展科技型中小企业，打造一大批科技小巨人”的奋斗目标。

目前，天津市小微企业数量达到 27.88 万家，占全市企业总数的 96.42%；从业人数达到 421.43 万人，占全市的 54.61%。小微企业从活跃市场程度与解决就业压力方面为社会作出了巨大贡献。2014 年，天津市大力实施万企转型升级，推动 5 841 家企业完成 6 902 个转型升级项目，明确了每个升级企业的具体转型升级路径（包括技

术改造、专精特新、专利引领、管理提升、战略新兴转型、现代服务转型、培育电商、关停淘汰、兼并重组、楼宇全面提升、园区转型升级），分别排出转型升级企业的典型示范。2015年，天津市政府为发挥财政资金的导向和放大作用，鼓励和引导金融机构向有融资需求的中小微企业发放贷款，设立中小微企业贷款风险补偿金机制，重点支持信用贷款及首笔贷款。并计划采取以下措施改善融投资环境：一是天津市税务局、商务委等部门向金融机构提供企业注册信息、纳税信息、用工信息、用水用电信息等日常经营信息，便于银行进行企业评价授信。二是将合作金融机构提出风险补偿申请时点自法院终审判决生效日前移至一审判决生效日，建设小微贷款损失补偿快速处理通道，减轻金融机构的不良压力。三是对关联企业挪用信贷资金、财务数据造假等不良企业，加大打击力度，加快司法受理和审理时效，营造良好金融生态。四是将金融机构向出口型外贸企业发放的信用贷款风险补偿比例提高至70%。五是对在中小微企业金融服务中作出突出贡献的银行给予奖励。

**（二）天津市小微企业融资规模结构分析**

据有关部门随机抽取115家中小企业调查结果显示，宏观经济不景气、融资困难成为影响企业生存发展的主要因素（见图1）。市场贷款总量不充足，中小企业融资渠道单一，融资成本高企，未来融资成本走势不明朗，融资难仍是瓶颈问题。

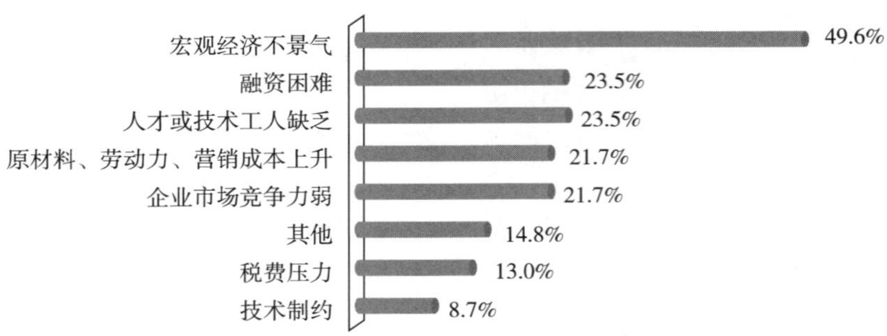


**图1　制约企业生存发展的因素**

从小微企业融资结构看，银行贷款仍是中小企业主要融资渠道。有融资需求的企业占比54%，其中58.1%的企业选择银行贷款，32.3%的企业选择民间融资，选择网络融资和小额贷款的公司均占12.9%。此次被调查的115家企业中，46%的企业表示不需要融资。详见图2。

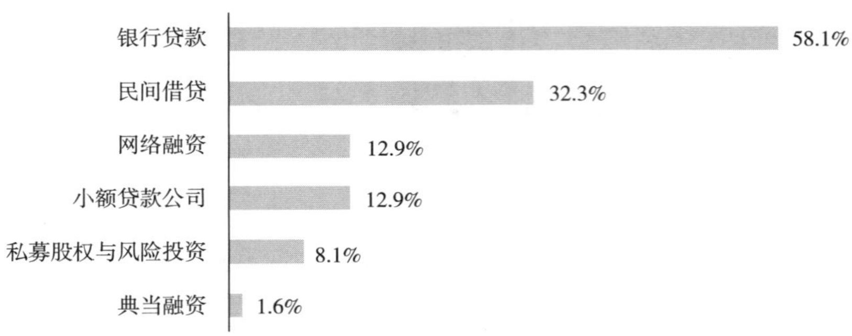


**图2　中小企业主要融资渠道**

从企业直接融资比重来看，截至2015年底，天津市挂牌上市企业总数为142家，其中上市公司42家，通过新三板挂牌审核企业100家，直接融资比例偏低。2015年，新增上市及新三板挂牌企业60家（新增上市公司1家、新三板挂牌企业59家），比2015年初增长72.29%；新三板挂牌企业数量大幅增长，比2015年初增长144%。从上市企业的数量来看，与天津市作为直辖市的经济定位不相匹配，企业从资本市场融资数量也与企业总规模和融资需求不相匹配。

## 二、小微企业金融产品创新制约因素分析

### （一）形势及政策层面

1. 从外部经济形势看。2012 年以来，小型企业 PMI 基本徘徊在荣枯线以下，特别是从 2014 年底开始，呈现持续走低态势。截至 2015 年 10 月，小型企业 PMI 为 46.6%，低于整体水平 PMI3.2 个百分点。尤其是在生产环节，小企业低于整体水平 5.2 个百分点。显示小企业与大中型企业相比，面临较严峻的经营环境，基本处于去库存状态，缺乏扩大生产的动力。因此小微企业有效信贷需求较前期有所下降，小微企业贷款不良率节节攀升，银行对小微企业避而远之。

2. 从社会机制方面看。传统的征信体系无法覆盖为数众多的小微企业，造成金融机构对财报信息不充分、信用积累和抵押资源不充足的小微企业的信用风险难以进行有效评价，复杂的财务分析、冗繁的流程、苛刻的担保条件，客观上将一些发展潜力好的客户排挤在银行门外。

3. 从风险补偿机制运行效果看。目前实施的中小微企业贷款风险补偿金机制，市政府发挥政策主导的作用，各职能部门承担措施推动者的地位，各类金融机构充当具体任务执行人的角色，其设计思路是补偿金融机构坏账风险损失，推动金融机构加大放贷力度，拓宽服务范围，支持天津市实体经济的发展。

### （二）企业经营角度

小微企业一般缺乏积累银行信誉的意识与展示自身真实经营情况的能力，不能将企业经营状况的客观信息有效传递给金融机构获得资金支持，即使获得贷款资金后，也不擅长整体的财务规划与资金运用策略，无法发挥资金的最大支持效力。针对风险补偿机制，由于媒体过度宣传补偿力度，部分企业错误理解政策内容，误认为补偿机制是政府变相向企业“发福利”的行为；首次获得融资的企业由于缺乏融资经验与专业财务知识，获得银行贷款资金后未投入企业的正常生产经营中，或是盲目申请远大于本企业实际经营需求的贷款额。

### （三）银行经营角度

1. 产品创新有一定难度。建设银行 2013 年末推出小企业税易贷产品，以小微企业自身的纳税信用记录和实际纳税额为依据，对按时足额纳税的小微企业提供信用贷款。该产品无需抵质押、速度快、成本低的特质受到资产不足但纳税信用记录良好的小企业普遍好评。由于银行系统改造实效等问题制约，截至目前尚未实现线下业务线上化。

2. 小微企业创新产品定价难。小微企业普遍缺乏真实有效的财务数据，贷款风险缓释方式有担保、抵押、信用等多种形式，商业银行难以像大中型企业一样对小微企业计算单户违约损失概率，贷款风险分类通常采用违约损失概率零售化分池的方法，无法形成精确、客观、合理的定价标准。

3. 小微企业融资产品体系不完善。大多数小微企业缺乏有效的抵押措施，由于我国尚未建立各种层次征信数据系统，不能支持商业银行根据第三方提供的非财务性信息创新更多的小微企业信用类融资产品。目前，我国大多数银行核心系统的设计理念是基于行政管理与结算统计，而非客户服务与市场营销，设计理念的落后导致系统支持金融产品创新的时效性大打折扣，线下优质的小微创新产品无法在线上同步实现。

4. 小微企业风险补偿机制运作不顺畅。风险补偿机制的补偿标准为中小微企业贷款本金按法定程序核销额的 50%；根据银行不良贷款考核办法，如果 200 万元贷款损失即使获得 100 万元补偿，相关人员仍要承担相应的责任处罚，并执行同样的不良资产处理流程，从这方面而言，银行并未减轻人员处罚力度和工作量，并未形成正向激励。

### （四）政府管理角度

从政府推出的风险补偿金工作措施对于小微企业的支持效果来看，存在着以下制约因素：一是目前考核各级政府机构及职能部门补偿工作推动效果主要依据向银行推荐的客户数量、举办的宣传活动场次等信息，无法真正衡量具体工作措施对于小微企业获得银行贷款的帮助成效；二是过度关注银行的贷款投放总量，未建立综合贷款投放行业、类型、获贷企业情况等因素的贷款投放评估模型，无法全面准确评估银行对于实体经济的支持力度；三是由于行政管理职能的分割，

小微企业基础信息分散在多个政府机构，缺乏统一有效整合。

## 三、大数据技术在金融支持小微企业融资中的应用

### （一）运用大数据分析小微企业经营能力及信用状况

在大数据信用理论中，企业的信用是一种客观存在，银行需要从方方面面的信息来逻辑判断企业对于融资银行的合作意向、实际经营、获得的社会口碑、风险缓释措施等情况。这里说的“方方面面的信息”就是大数据分析，大数据分析存在于每一份订单、货单、仓单、税单、账单、工资表、社保表、水电缴费记录等各项明细数据中。

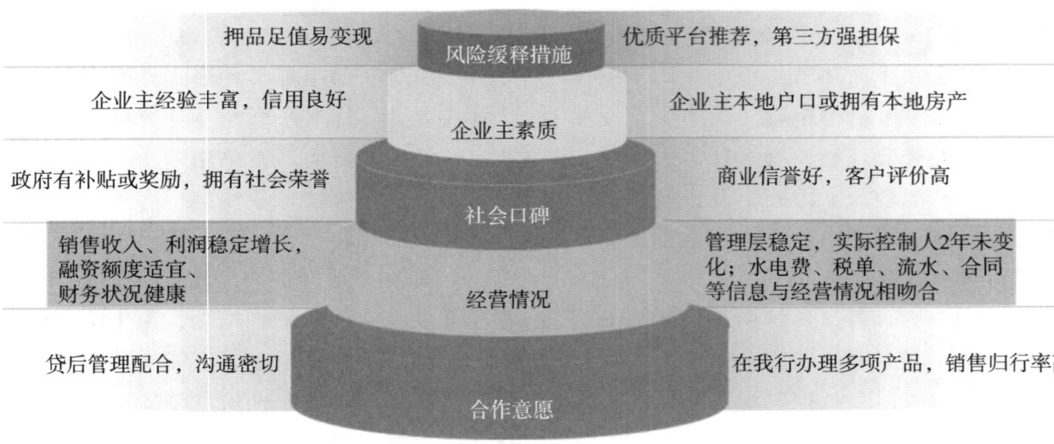


**图3　小微企业包含的大数据信息列示**

运用大数据分析的精髓是通过整理海量数据，找到最简单、最有效、最关键的方法来作出理性判断。下面以建行的评分卡工具为例，来说明大数据技术在实际工作中的应用。

### （二）建行评分卡工具设计原理以及分类

“大数定律”原则是指在控制单户贷款金额的前提下，保持足够数量的有效存量客户，客观上通过“数量”实现分散和降低整体信贷风险的目的，“以量补质”，允许并容忍合理范围不良资产（率）的存在。“大数定律”要求银行必须采用评分卡工具——大数据思维的标准化评价工具。

评分卡工具的开发是基于大数定律的统计技术，通过对小企业客户特征、申请债项属性、信用历史、业务交易行为等信息进行分析、挖掘和提炼，利用统计分析方法在复杂的数据中找出能够反映相关风险特征和业务发展规律的重要指标，开发相关模型，预测相关客户未来一段时期内违约的可能性，并以评分的高低来表现其违约风险的大小。

| 申请评分卡：根据小企业客户申请贷款时的信息进行评分，以决定是否授予客户贷款以及确定初始额度。 | 行为评分卡：针对已发放贷款的客户，根据其账户的历史交易和使用行为进行评分，以此对客户的账户和资金等进行相应的贷后管理。 | 催收评分卡：针对拖欠客户和坏账客户，评估对其进行不同催收手段的有效性和经济性，用于对客户的欠款进行催收的管理工作。 |
|---|---|---|

**图4　评分卡分类**

## 三、建行大数据理论及评分卡工具的应用成果

产品创新方面：建行创新出小微企业大数据信贷产品，包括信用贷、善融贷、创业贷、结算透、POS贷和税易贷等产品，突破了传统贷款方式，无需企业提供任何抵押、质押和保证，根据企业征信情况、连续两个年度纳税情况、POS收单交易情况等，结合企业的经营情况及资金需求，切实为小微企业提供有力的信用类贷款服务支持。其中税易贷产品累计为300余家企业发放纯信用贷款超过4亿元，帮助诚信纳税企业获得银行融资。评分卡工具实际运用效果：

1. 客户挖掘方面。通过预授信、评分卡评价等方式深入挖掘客户资源，加强“大数据”小额信用类贷款产品的应用与推广，批量、精准服务客户，梳理潜在小微企业目标客户名单，指导客户经理营销，精准锁定目标客户群体，节约销售成本提升服务效率。

2. 流程优化方面。建行推广小微行为评分卡的续贷业务流程，运用行为评分卡对存量小微企业客户进行履约能力评价，当达到一定分数审批通过后客户可继续使用贷款额度，实现小微企业贷款到期续贷的“无缝对接”，缓解还款压力。

3. 渠道利用方面。建行积极利用电子渠道发展小微业务，依托企业网银、善融商务、门户网站等电子渠道和平台，为客户提供小微企业贷款申请、支用、还款全流程在线操作。

4. 申请评分卡工具案例分析。如天津市××精密机械有限公司是一家生产通用零部件的小微企业，在业内小有名气，由于今年经济下行严重，资金周转压力较大。正当企业老板为资金发愁之时，建行客户经理登门拜访主动介绍“税易贷”产品，利用申请评分卡工具现场对企业进行整体授信工作，并在最短的时间内发放了200万元贷款，化解了企业的燃眉之急。

## 四、“互联网+”与大数据应用小微金融产品比较分析

目前，各家商业银行面对“互联网+”战略实施，正在寻求互联网与金融的跨界融合，发挥技术、信誉、数据、渠道等优势加快改造自身的产品和服务，运用大数据技术重构小微信贷产品。面向小微企业推出的创新产品，详见表1：

**表1　　小微企业贷款创新产品表**

| 产品名称 | 招商银行“闪电贷” | 光大银行“小微e贷通” | 工商银行“易融通” | 华夏银行“网络自助贷” | 建设银行“网银循环贷” |
|---|---|---|---|---|---|
| 适用对象 | 小微企业和个人（在“面签”规定正式退出之前还只针对招商银行的存量客户） | 属于衣、食、住、行、医和战略性新兴产业的小微企业 | 在“融e购”平台及与工商银行合作的第三方电子商务平台上经营的小微企业 | 适用于网络平台的交易客户或具有一定行业地位的核心企业的分销商、供应商、代理商等小企业客户 | 生产周期短、销售回款快，并对资金效率和信贷成本控制要求高的小企业客户 |
| 贷款限额 | 从1 000元到50万元的额度，每月动态调整一次 | 覆盖2 000万元以下小微融资需求 | 系统根据不同客户的情况确定额度，最高可达500万元 | 最高2 000万元 | 最高贷款额度不超过1 000万元人民币，且不超过企业上年度销售收入的30% |
| 贷款期限 | 1个月、6个月、12个月 | 最长一年 | 网商抵（质）押贷款期限最长不超过1年（含） | 起贷金额不小于1万元，最高2 000万元 | 额度有效期间内发生的单笔贷款期限为一年，但单笔贷款到期日不得超过额度有效期到期之日后180天（含） |
| 还款方式 | 分期还款 | 随借随还 | 按月结息，到期还本 | 随借随还 | 随借随还 |
| 担保方式 | 信用 | 信用 | 信用、第三方保证、联保和抵（质）押等 | 可采取质押、抵押、保证、信用等多种方式 | 可采取质押、抵押、保证、信用等多种方式 |

1. 产品优势分析。相较于传统的银行信贷，网络信贷融资大大降低了中小企业的融资成本，提高了中小企业获得贷款的效率，摆脱了客户经理与企业主面对面的交流手段束缚，提供了更加便捷的审批流程与融资渠道，而且赋予了企业循环授信、随借随还的权利，且企业还可根据生产经营周期的不同，选择不同的融资期限、提款和还款方式。

2. 产品劣势盘点。目前的小微企业融资产品虽然在办理速度、申请渠道、还款方式等方面进行了创新优化，但是在数据综合运用等方面仍存在不足，未实现将大数据技术与第三方数据嵌入客户评价、额度授信等工作步骤中。

3. 产品创新趋势展望。小微企业融资产品创新在大数据技术与“互联网+”应用的引导下，将呈现线下线上功能同步实现，第三方数据由系统自动嵌入业务受理、客户评价与额度授信等信贷的各个环节，应用申请评分卡、行为评分卡等工具在小微企业信贷流程中预先进行业务处理等发展趋势。

## 四、商业银行小微企业金融产品创新路径选择

### （一）结合“互联网+”与大数据应用，创新小微融资产品

目前，银行研发的所谓大数据产品往往局限于某一方面大数据的应用，依托某一个数据库来进行信贷决策判断。例如，以企业纳税记录作为信贷决策判断的产品依托税务系统数据库。以账户收支情况作为信贷决策判断的产品依托账户流水数据库，以POS交易作为信贷决策判断的产品依托银联数据库。其弊端是名目繁杂，使企业与银行客户经理无所适从，而强调单一数据库也容易使信贷决策有失偏颇。建议开发针对企业各种数据的“万能小微融资受理工具”，企业利用工具将本企业相关信息直接提供给银行，由银行后台根据企业信息对企业适用何种融资产品进行自动化判断归类，由系统自动采取不同的信贷流程进行审批放款处理，线上线下并行受理企业的贷款申请，系统自动化实现企业小额贷款需求的业务受理与流程处理。

### （二）建立科学的小微定价模型，发展直接融资途径

小微企业贷款定价模型的科学性体现着商业银行小微业务管理的精细化水平，定价模型的优劣与银行的信贷数据积累程度和违约概率分析能力息息相关。商业银行要借助外部咨询机构的力量，整合行内小微企业贷款的信息记录，采用国际先进的数据分析工具与建模理论，另外加入外部经济形势影响的变量，建立可以反映小微企业真实经营情况、还款能力与综合贡献度的科学的定价模型，提高精细化管理水平，切实为优质小微企业降低融资成本。要综合运用新型投资银行、基金、理财、租赁、信托等各种产品和工具，借助资本市场资源配置与价值发现功能，进行直接融资引进长期股权投资资金，短期债权资金与长期股权资金合理匹配使用，建立服务企业经营发展周期的融资模式。如，2014年天津滨海柜台交易市场（天津OTC）科技板迎来科技型中小企业——极猎信息技术（天津）股份有限公司挂牌，这标志着天津OTC股份转让平台成长板和科技板两个层级的架构正式形成，为科技型企业搭建了一个新的改制挂牌、融资发展的通道。

### （三）构建小微金融产品体系，满足企业个性化需求

整合外部的第三方数据，根据以往企业违约记录与申请评分卡工具，大力发展各种类型的纯信用融资产品，为缺少抵押物的优质小微企业提供解决措施。根据不同行业，不同园区的小微企业进行数据模型分析，发开不同的产品系列，满足特定行业与特定园区的小微产业集群的个性化融资需求。在丰富小微产品体系的同时，要线上系统功能同步实现，充分利用“互联网+”的影响范围，扩大产品受众面与办理效率。

### （四）进一步优化中小微企业贷款风险补偿机制

综合考虑政府、银行、企业三方面遇到的障碍问题，建议政府搭建评估银行贷款投放对于实体经济拉动效果的数据模型，科学分析具体政策措施的推动效果，客观评判各家银行的工作实效，按照银行自身的不良贷款考核办法，优化补偿措施和方法，协调简化贷款追偿工作流程，完善对

小微企业银行信贷违约的追责机制，简化贷款损失补偿手续，建立贷款损失补偿快速通道。除针对高科技、出口型企业提高补偿力度外，对于过剩行业要出台限制性规定，对于产业升级淘汰落后产能给予更明确的政策导向，从而引导金融机构资金进入优质企业。



# 大数据创新构想

## ——客户“金融圈”研究

河北省分行 陈庆来 卢保健 任亮 乔燕 郝雅兰 孙凡武

### 一、为什么要构建客户“金融圈”

“互联网+”时代，各项应用创新层出不穷，其中“脉脉”APP红极一时。它利用整合后的用户手机通讯录（线下关系链），通过后台的算法，挖掘出每个人完整的人脉关系，且自动计算出是一度人脉还是二度人脉，描绘出用户真实的社交图谱。利用建立的庞大社交图谱，该APP帮助职场用户轻松管理和拓展自己的人脉，帮助创业者和企业高管轻松找靠谱人才，帮助求职者精确找靠谱工作。“脉脉”的成功归因于两个关键因素：一是利用大数据构建了用户自己无法掌握的社交图谱；二是紧抓客户信任度高的口口相传口碑营销模式和链条效应。

银行数据中蕴藏着海量的客户信息，包括其个人信息和各种金融关系，通过分析可以绘制出客户的金融关系图谱，它不仅可以准确呈现客户本人的基本信息，还可以展示客户在银行的金融关系网。营销人员完全可以利用它制订对客户本人或者其金融关系人的营销方案，达到提高营销成功率的目的。这种从海量数据中提取各种关系，围绕现有客户探索他的“人脉”，再激励客户拓展自身现实生活中的关系圈，组合起来的以金融营销为目的的关系脉络，就是我们着力打造、维护和完善的客户“金融圈”。

### 二、客户“金融圈”的设想及应用场景分析

本文进行数据分析的主要数据来源是建行总行于2008年推广建设的ODSB数据仓库，其囊括了河北省分行的主要生产系统数据，包括CCBS、ECTIP、ICS、PMIS、CMIS等91个系统1 503张数据表，数据量共计4T。本文研究的客户“金融圈”选取个人客户，对ODSB中5个系统的36张表进行了初步分析，可以获得的关系有交易关系、保险投保人/受益人关系、信用卡/借记卡主副卡关系、个贷关系人（如共同贷款人、贷款关联人等）、代工单位同事关系、个贷项目邻居关系（如表1所示），当然还有更多可以抽象出客户关系的数据和方法等待深挖。有了各种关系后，可以给不同的关系类型定义不同权重，用以对客户关系进行量化，通过该量化指标可以判断两个客户的关系亲密度。营销人员可以从这些量化的客户关系中发现营销切入点，如可以根据客户关系有针对性地选取所辖忠实客户的亲戚和朋友作为营销对象，辅以宣传该客户对我行的产品和服务的认可，利用口碑进行简单高效营销。

**表1　　个人客户金融关系表**

| 关系类型 | 数据来源 | 描述 |
|---|---|---|
| 交易关系 | 核心系统CCBS | 该关系覆盖范围最广，可统计出多种金融交易关系，如转账、代付等，并根据时间段内的交易量判断关系亲密度。 |

续表

| 关系类型 | 数据来源 | 描述 |
| --- | --- | --- |
| 保险投保人与受益人关系 | 银保系统 IAS | 通过受益人和被保人信息，可分析出父母、配偶、子女、兄弟姐妹等关系 |
| 主副卡关系 | 借记卡系统 ICS | 信用卡主副卡关系和借记卡主副卡关系可体现父母、配偶、子女等关系 |
| 个贷关系人 | 个贷系统 PLPM | 个贷信息中贷款人和关系人包含担保、配偶、共同借款人关系、关联人及个人贷款关联合作方等 |
| 代工单位同事 | 代收付系统 EABS | 通过代发工资历史判断出同一个单位的同事关系 |
| 邻居 | 个贷系统 PLPM | 从个人房贷信息中找出具有相同贷款标的（楼盘）的客户，即可定义为邻居 |
| …… | | |

以上结论仅为可行性分析的初步结果，若转化为实际应用还需进一步梳理提炼客户关系，并对海量数据进行加工运算，工程庞大。为便于阐述观点，笔者模拟了客户“金融圈”营销支持系统，设计了3个业务营销应用场景，并制作了简单的系统模拟图，用以演示使用客户“金融圈”概念进行业务营销的过程，以期拓展营销思路。

**（一）场景一：“N度”客户精准营销**

张兰是建行的一名客户，她对建行产品的认可度较高，与个人客户经理王平较为熟悉。近期，建行推出纪念币产品，王平首先想到了张兰。但他同时考虑了几个问题：一是张兰是否对此类产品有兴趣，营销切入点在哪；二是如果营销成功，张兰能不能作为突破口带来更多潜力客户；三是如果把张兰作为突破口，需从哪些方面进行突破。

接下来，王平登录了客户“金融圈”营销支持系统。在系统里，他输入张兰的姓名和身份证号，通过页面展示（见图1）看到，客户张兰有一定资产且持有建行贵金属，因此很可能会对纪念币类产品发生兴趣，营销成功率较大。此时，王平为了赢取营销先机，立刻给张兰打电话推荐了纪念币产品，张兰表示很有兴趣且当即预定一套。但是王平仍不满足，他查看系统网状图展示的张兰的主要关系人，看到张明是张兰关系网中关系权值最高的关系人。他点开了张明的基本信息，发现张兰与张明是姐弟关系，不仅存在保险投保人和被保险人关系，且交易关系密切，同时张明也在建行有一定资产且持有贵金属，在柜面和电子交易渠道和张兰一样有较多的交易笔数和金额。王平觉得这会是一个成功的营销对象，他立即打电话给张明介绍产品，并告诉对方“您的姐姐张兰刚买了一套，您要不要考虑一下?”，张明表示在与张兰确认后会考虑购买。2小时后，张明经过张兰的推荐，回电预定一套纪念币产品，并表达了以后会持续关注建行理财产品的意愿。王平非常激动，利用“金融圈”的强大功能，短时间内就促成了两次成功营销。

“二度”客户精准营销还可以扩展到“多度”，即通过“二度”客户关系线延伸找到“三度”“四度”……“N度”客户，直到发现关系网中对营销活动可以起到关键影响的人物，从而获取营销机会。以张兰关系网为例，经过观察蔓延的关系线，发现她与张小红存在中度关系，而张小红与李峰又关系密切，李峰是大发公司的一名负责人，那么王平可以利用与“张兰—张小红—李峰”这条关系线，以张兰为突破口，以张小红为信息传递中介联系到李峰，进而营销大发公司的代工业务。这样，既避免了盲目搜寻目标，也节约时间成本和营销成本。

这就是“金融圈”的“连点成线”：在关系圈中，找准切入点，实现突破；寻找中间点，谋求拓展；指向落脚点，完成终极营销。在完成特定产品营销的同时，实现了交叉营销；同时，打通了营销路线，增加了客户之间的关联性和凝聚度，客户黏度进一步提高。

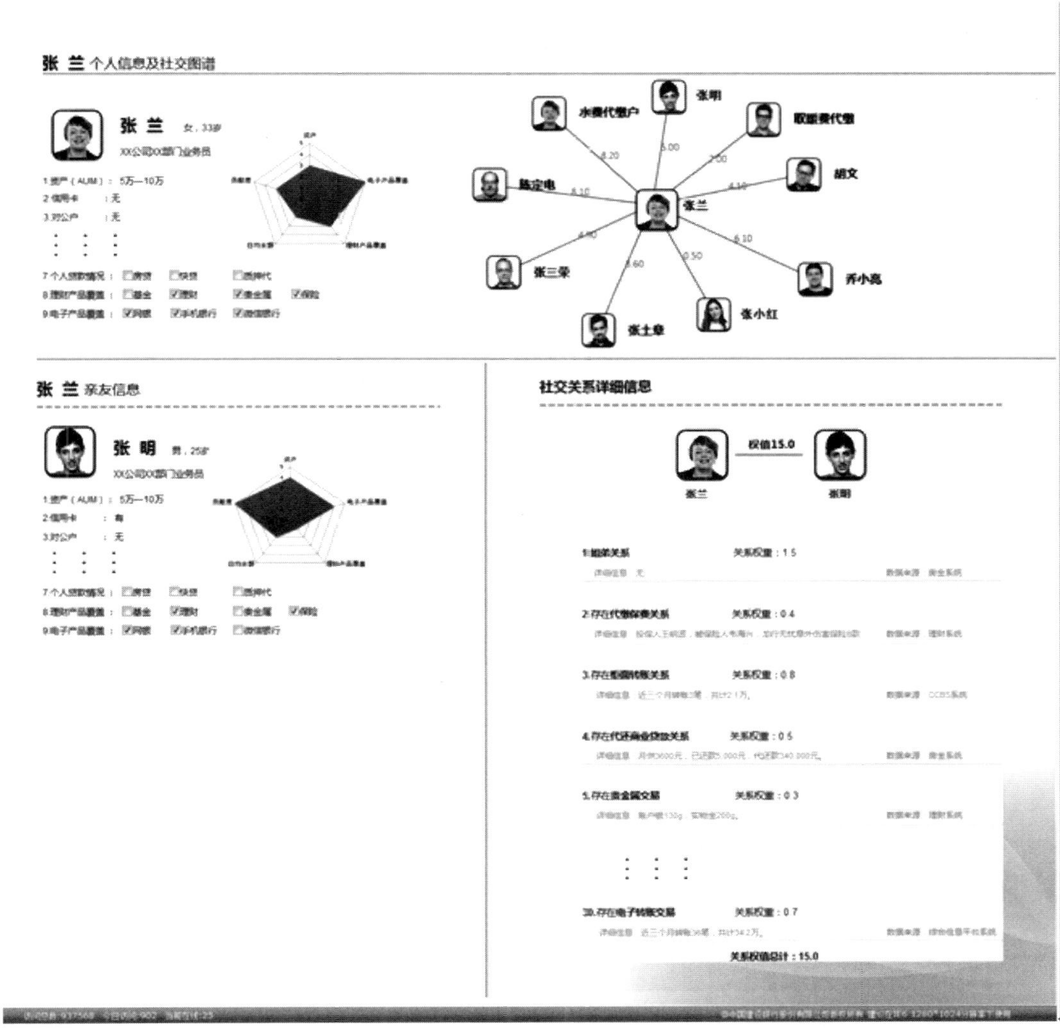


**图1 张兰个人“金融圈”模拟图**

**（二）场景二：群体营销**

建行目前正在推广ETC业务，须尽快抢占市场份额。王平再次使用客户“金融圈”营销支持系统。这次的目标是建行代发单位“开源公司”，该公司在建行开立了基本户和代工户，且在业内薪资待遇较好。为了取得较好的营销效果，他打开系统，查找开源公司的关系网及关系人之间的关系权值（见图2），在开源公司员工中寻找群体关键人（在群体里与多人存在金融社交关系或处于核心职位、有重要影响的人），通过拖拽关系网找出了该公司内关系网络较密集的关系中心人李开，发现他与公司内多人存在交易关系，关系线触角较多。点开李开的信息，正巧发现他曾经购买过建行多款产品，业务种类较多。于是，王平主动上门拜访，通过接触，发现李开是一个热心健谈的人，人际关系好，因此王平寻找机会向他介绍了ETC业务。李开觉得拥有ETC能方便出行，而且有收费折扣，当时便联系了几个同事一起办理了ETC业务。在李开影响下，仅半个月时间，开源公司近一半员工都办理了ETC，让人惊喜的是，李开又向王平介绍了多个业务往来公司。此次高效营销，不仅成功提高了ETC市场占有率，也进一步密切了银企关系。

这就是“金融圈”的“以点带面”：找准切入点，并以其为中心，向周边辐射，最终实现整体覆盖。在较短时间内完成批量营销，实现价值和利润最大化。

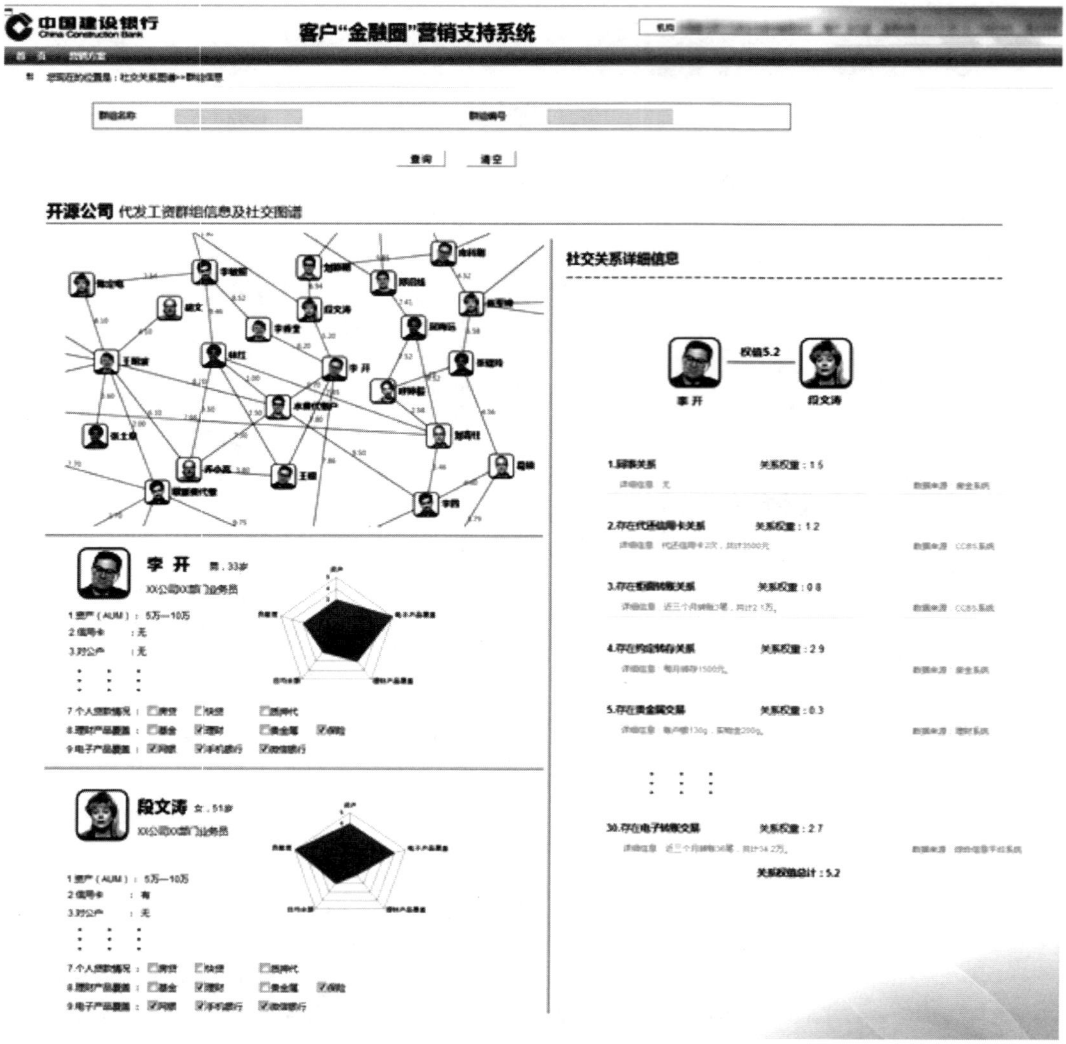


**图 2　群体社交模拟图**

**（三）场景三：激励客户主动营销**

借助互联网思维和产品直销理念，“金融圈”营销概念还构建了客户主动营销模式。这种模式依托建行互联网平台，在客户签约此项功能后对客户开放。具体来说，就是为客户量身定做一套营销任务，利用客户 Achievement motivation（成就动机）心理，扩展社交行为，并以积分形式（可转换为一定价值的产品）回馈客户。

依然以张兰为例，通过王平的介绍，她有主动营销的意愿且认为自己具备一定的营销能力，因此签约建行主动营销功能，设定周期为两个月。随后，系统根据当前业务侧重点，结合张兰业务办理情况，每两个月为她初始化营销任务。

张兰打开自己的“金融圈”积分系统，看到她的营销任务和相应奖励积分（见图 3）。这里展示了以她为中心的金融圈，均为曾直接与她有金融交易的人。比如，她与胡文特别熟络，打算营销胡文，那么点开张兰和胡文的关系线信息，随即列出了张兰营销胡文各项业务可以取得的分值，其中开通手机银行为 10 分，积分可以换取礼品或者业务手续费优惠。图 3 中还列出了张兰自己完成 10 笔手机银行转账业务将可获得 20 积分。同时，被营销的胡文也可以去营销他的金融圈朋友以赚取积分，如此层层传递，近乎无限延伸，将单纯的朋友变成利益共同体。

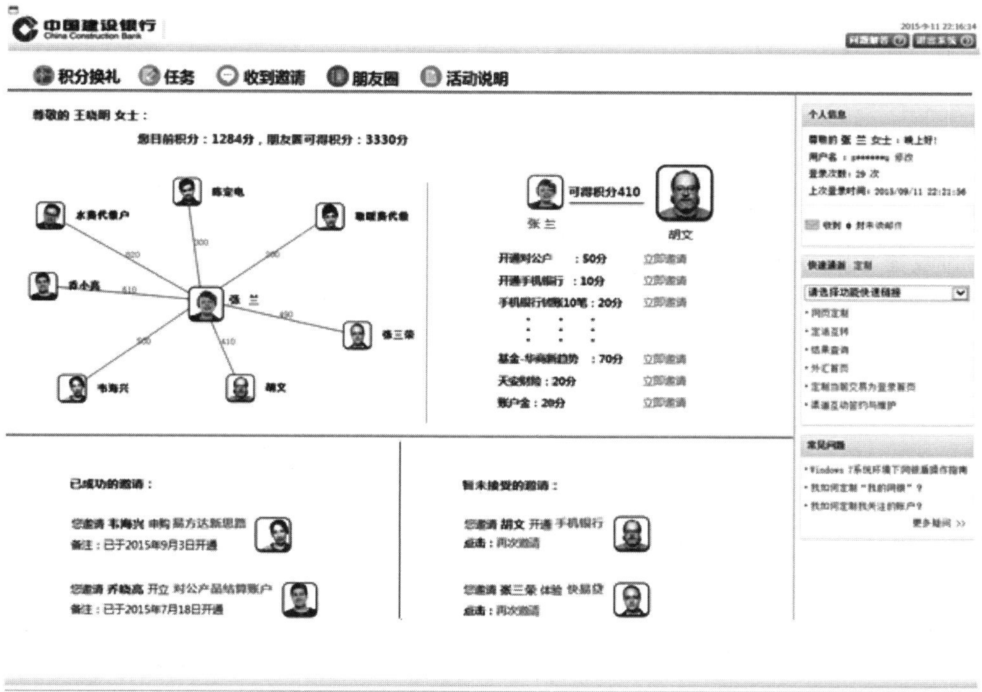


图3　自发营销关系网模拟图

实际操作中，系统可以提供短信发送功能，只要输入自己和对方的手机号，点击发送，对方胡文将收到建行客服号码发送的带有张兰本人手机号码的短信“胡文先生：您的亲友张兰（电话：180××××5327）向您推荐中国建设银行手机银行业务并参加赚积分活动。详情请登录 http：//www. ×××××××. com。”（见图4），便捷还兼具公信力和说服力。

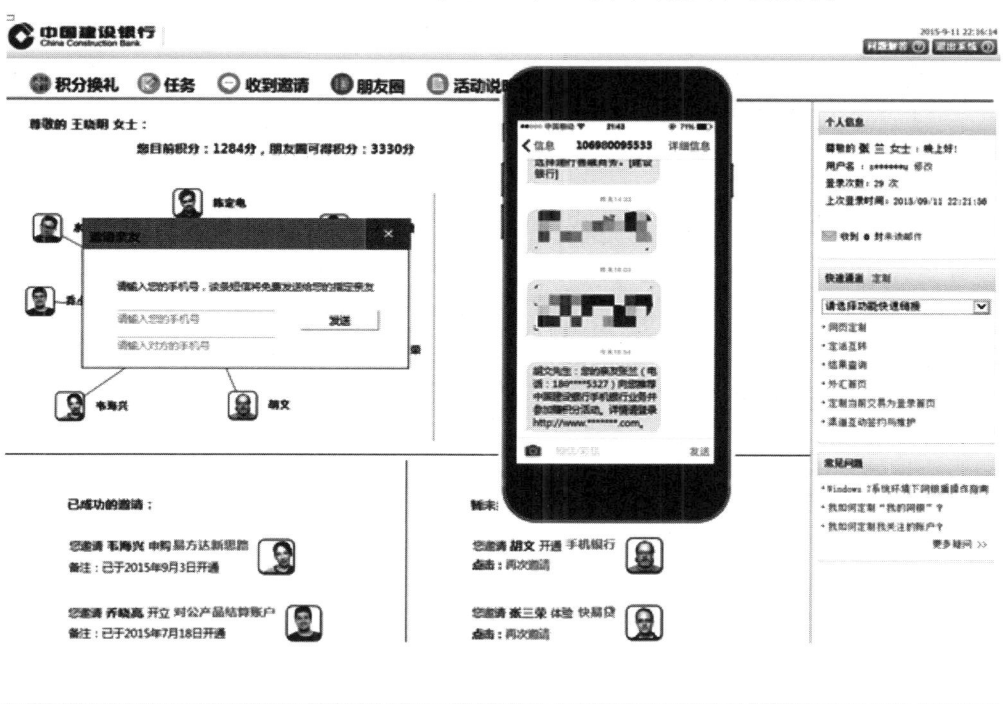


图4　客户自发营销邀请模拟图

这里的“可获得积分项”是由建行业务人员在后台设定的，可以根据当下业务发展需要动态定制。为了使客户更为审慎地发出邀请，同时避免给银行带来过大的成本压力和风险，系统对发短信次数进行了限制，每人一天只能免费发三次，剩下的需要用积分兑换。

系统通过收集客户发出邀请和接受邀请的产品数据，分析出客户及对方可能感兴趣的产品、关系密切度等；同时，收集了客户和其朋友的手机号，进一步丰富了银行的数据源，为更好地营销客户、服务客户提供信息。

这就是“金融圈”的“自我繁衍”：通过激励客户主动营销，使客户实际上成为建行客户经理的有效延伸，成就感和主人翁意识将大幅提升客户的忠诚度；而经过其营销的客户，也会在口碑效应下与我行黏度有所提高。此外，从上文的关系表中可以看到，还有一些客户的关系人（如交易关系）并不是建行客户，可以制定激励措施让客户主动发展，客户通过其社会关系网，层层传递，以点带面，最终达到以较小成本进行最大限度营销宣传的目的。

## 三、对建设客户“金融圈”及大数据挖掘的建议

本文简要展现了客户“金融圈”的价值，但目前仅停留在理论分析阶段，为使其能够真正为业务发展作出贡献，建议从以下几方面予以推动和完善。

1. 丰富关系种类。目前分析中的“金融圈”所包含的客户关系是比较浅显直接的日常关系，带有很大局限性。需进一步分析挖掘，补充其他具备业务价值的金融关系，建立相对准确丰富的客户金融关系数据库，凸显“金融圈”的价值，避免盲目尝试。

2. 业务导向确定关系权重。“金融圈”中客户关系的权重，是对客户关系价值的评定，需要多方讨论制定统一标准，才能更具实际意义和可用性。金融关系既包括固有个人关系（如亲属、同事等），又包括由于产品发生的关系（如交易、保险等）；同时随着业务导向改变，产品关系权重可能会随之调整；随着产品种类的变化，关系种类也可能会发生变化。因此，需要完善关系权重讨论变更机制，使得关系权重的设立和更改更规范、及时。

3. 构建、延伸对公客户关系视图。实际中，本文所提的个人“金融圈”概念可以延伸至对公客户或者是个人客户与对公客户关系网的交叉融合，通过紧抓核心客户和其上下游关系进行战略性营销，实现资金封闭循环，提高资金体内循环率和承接率；也可通过制定适当激励政策，刺激对公客户居中牵线，借力营销。

如今大数据已成为一种资产，但在建行尚未全面展现它的真正价值。需要加深“数据+”思维，利用“数据+业务营销”的结合方式寻找营销点，深挖数据价值实现智慧营销，使营销由被动变主动，将“大数据”应用作为业务创新的突破口。在日常工作中，应有意识的多方收集数据，扩充数据资产，增强数据的广度和厚度。一方面，不应只局限于建行内部数据，而应放眼业务长远发展，与第三方合作时留存交互数据，客户使用我行网点无线上网服务留下的访问记录、业务营销外呼结果信息、所有电话营销客户反馈信息都是我们的数据收集目标。另一方面，引入相关部门联席机制，在业务流程制定、业务创新等过程中邀请数据分析团队适当参与，群策群力，从不同视角思考数据累积使用的方式方法。只有这样，才能收集到更多、更全面的客户数据，为延长“金融圈”中的客户“关系网”提供数据基础，推动大数据思维在建行落地生根，助力转型发展。

# 特高压电网建设及其影响的分析研究

内蒙古自治区分行 李涛 孙志学 王云雷

## 一、内蒙古能源行业运行概况及存在问题

### （一）能源行业概况

内蒙古的能源综合实力位居全国第一，规划的五大国家级综合能源基地中有两大基地位于内蒙古。截至2014年末，内蒙古查明：煤炭资源存储量为7 500亿吨，居全国首位；风力可开发资源3.8亿千瓦，技术可开发量1.5亿千瓦，居全国首位；太阳能总辐射为1 331千瓦时/（平方米·年）—1 722千瓦时/（平方米·年），居全国第二位。在能源分布上：

1. 内蒙古鄂尔多斯的东胜煤田是我国已探明储量最大的整装煤田，探明储量2 236亿吨，占全国已探明储量的1/4，是世界八大煤田之一。在蒙东地区（“呼伦贝尔、兴安盟、通辽、赤峰、锡林郭勒盟”统称），探明煤炭储量为909.6亿吨，全国五大露天煤矿中有三座位居其中，特别是仅呼伦贝尔地区的煤炭探明储量就是东三省总和的1.8倍。

2. 内蒙古是我国连成一片的最大风能资源区。全区80%的区域面积风能资源优越，风能密度每平方米为200～300W，有效风力出现时间百分率为70%左右，风速大于、等于3 m/s的时间全年有5 000h以上，风速大于、等于6m/s的时间达在2 000h以上，从北向南逐渐减少。

3. 全区太阳能12个盟市年利用小时数均超过1 700h。4个盟市（赤峰市、通辽市、呼伦贝尔市、兴安盟）日照小时数超过3 450h，8个盟市年辐射量超过6 640MJ/m$^2$；11个盟市（剔除阿拉善盟）太阳能的资源稳定程度为稳定，资源分布呈现自东向西南递增的特点。

### （二）能源行业运行现状

2014年末，内蒙古6 000千瓦及以上发电厂装机容量为9 235.16万千瓦，其中火电6 703.30万千瓦，风电2 100.16万千瓦，水电147.30万千瓦，太阳能284.00万千瓦。煤矿生产能力约为14亿吨，原煤产量为90 808万吨（调度数）。

电网管理由内蒙古电网（蒙西电网）和蒙东电网两部分构成，其中：内蒙古电网管理内蒙古西部地区六市二盟，调度辖内发电装机容量51 067.95MW；蒙东电网管理内蒙古东部四盟市，运营110（66）千伏及以上线路24 300公里、变电容量2 989万千伏安。2014年，蒙西电网和蒙东电网全年发电量分别完成2 123.48亿千瓦时和865.07亿千瓦时。

电力运输方面仅有四条外送通道，分别为蒙西电网两条丰泉—万泉和汗海—沽源—平安城4回500千伏超高压电网和蒙东电网两条500千伏“网对网”东送华北电力通道。2014年，通过电力外送通道，蒙西电网送往华北地区电量260.66亿千瓦时，蒙东电网送往东北地区电量510.21亿千瓦时。

在煤炭运输上，主要依赖于铁路和公路。铁路方面，内蒙古仅初步形成了以货运通道为主的京包线、临策线、集通线、京通线、滨洲线、东乌线等主要横线，以集二线、包兰线、包西线、嘉策线、通霍线等为主要纵线的铁路网络主骨架。公路方面，虽然30条（含省道、一级公路及高速公路）出区高等级公路已全部打通，但公路通车总里程仅位居全国第12位，每百平方公里路网密度为14.2公里。

### （三）能源行业运行存在的问题

1. 地区煤炭产能过剩，煤炭转化率较低。2014年，全国煤炭产量为38.7亿吨，我区煤炭调度产量为9.08亿吨，占全国总产量的23.46%。同比2013年，我区煤炭行业总产量呈下降趋势；

2014 年末煤炭企业存煤约 8 700 万吨，较 2013 年有所增加。火电、建材、钢铁、化工作为煤炭需求的四大行业，总需求可占到总产量的 80%，但均不同程度放缓增长速度。总体看，由于下游需求不足、上游产能建设超前等原因，我区 2014 年煤炭行业供过于求，预计未来 3—5 年内，煤炭企业仍将继续面临较大经营压力。另外，虽然我区煤炭产量不断下跌，但煤炭转化率仍一直低于 30%，与自治区政府规划的“十二五”达到转化率 70% 目标相去甚远。

2. 煤炭运输通道建设滞后、运输不畅。2014 年，内蒙古煤炭产量为 9.08 亿吨，外销和内需比为 6∶4。内蒙古煤炭调度主要依靠京包线（扩能）、张集（新建）、京通线（扩能）、滨洲线（扩能）、神朔（扩能）、赤大白（新建）六条铁路干线和区内公路实施。其中，铁路运输约占 70%，公路运输约占 30%。2014 年，调度产量占煤炭总产量的 85%，仍有约 15% 滞留煤炭产区。目前，我区每百平方公里路网密度为 14.2 公里，远低于全国每百平方公里路网密度 45.38 公里的平均水平。

3. 电源使用效率低，窝电弃风现象依然严重。2014 年，全区发电设备平均利用小时数为 4 354小时，较 2013 年减少 67 小时。其中，除火电和光伏发电利用小时较 2013 年略有增加外，风电和水电分别较 2013 年减少 112 小时和 322 小时。在蒙西和蒙东地区，风电弃风比分别在 15% 和 20% 左右。弃风比的高企，促使政府于 2015 年 4 月下发《内蒙古自治区关于建立可再生能源保障性收购长效机制的指导意见》（内政办发〔2015〕25 号），通过行政配额来解决此问题。

4. 电网外送通道建设滞后。从我区近几年电网建设情况来看，随着我区电力装机容量的不断增长，内蒙古电网和蒙东电网在电网建设投资力度不小，但基本是以保障全区各盟市电力需求为主，电力外送通道基本没有增加，仍然以蒙东和蒙西电网四条外送通道对外送电。

## 二、特高压建设背景、条件优势

### （一）特高压电网建设背景

1. 我区是国家能源基地。根据《“十二五”规划纲要》，我区鄂尔多斯和内蒙古东部地区在五大国家综合能源基地中占据两个位置。根据《能源发展战略行动计划（2014—2020）》，我区准格尔、鄂尔多斯、锡林郭勒、呼伦贝尔、霍林河在国家建设的 16 个大型煤电基地中；神东和蒙东是国家重点建设大型煤炭基地；鄂尔多斯和锡林郭勒盟是以电力外送为主的千万千瓦级现代化大型煤电基地；内蒙古东部和西部是大型现代风电基地；在太阳能电站建设方面，重点在内蒙古等地，建设若干座大型光伏发电站，结合资源和电网条件，探索水光互补、风光互补的利用新模式。另外，我区大型能源基地距离华北、华中、华东“三华”等负荷中心地区 600—1 500 公里，符合特高压输电经济合理距离。

2. 自治区“8337”发展战略规划的定位。在内蒙古“8337”发展战略规划层面，自治区的定位是把内蒙古建成保障首都、服务华北、面向全国的清洁能源输出基地和我国北方重要的生态安全屏障。

3. 是大气污染防治行动的要求。根据《大气污染防治行动计划》《京津冀及周边地区落实大气污染防治行动计划实施细则》和《能源行业加强大气污染防治工作方案》等大气污染防治方面的政策要求，对京津冀、长三角、珠三角等区域提出更高的节能环保要求，同时在东部、中部和西部地区实施差别化的产业政策。另外，在资源环境可承载的前提下，推进鄂尔多斯、锡盟、晋北、晋中、晋东、陕北、宁东、哈密、准东等 9 个以电力外送为主的千万千瓦级现代化大型煤电基地建设及内蒙古、甘肃、新疆、冀北、吉林、黑龙江、山东、江苏等风电基地建设。

### （二）具备优势

1. 现有政策优势

（1）第一，自治区的输配电价改革方案已通过国家层面的审批，按“准许成本加合理收益”原则单独核定输配电价。第二，内蒙古仍执行电力多边交易政策和大用户直接购电政策，推动输配电价改革。第三，自治区对 2020 年 12 月 31 日新办的发电企业，按 15% 税率征收企业所得税。

（2）内蒙古的“8337”发展战略规划中的能源规划其主要核心是围绕“清洁”搞好资源转化、围绕“输出”加强通道建设和围绕“基地”做大产业规模，这与国家能源发展战略及国家大气污染防治相辅相成。

2. 市场价格优势。根据内蒙古拟建设的四条特高压线路，从电力侧两端的成本来看，自治区与售电地区相比，优势较为明显。

（1）内蒙古地区与售电区电力上网标杆电价差价基本维续在0.10元/kWh以上，如表1所示。

**表1　　内蒙古地区与目标市场2014年上网电价对比**

| 地区 | 标杆电价（元/kWh） | 价差（元/kWh） | 地区 |
|---|---|---|---|
| 北京 | 0.3987 | 0.0863 | 蒙西 |
| | 0.3987 | 0.0823 | 蒙东 |
| 天津 | 0.4103 | 0.0979 | 蒙西 |
| | 0.4103 | 0.0939 | 蒙东 |
| 河北（北网） | 0.4228 | 0.1104 | 蒙西 |
| | 0.4228 | 0.1064 | 蒙东 |
| 河南 | 0.4384 | 0.1260 | 蒙西 |
| | 0.4384 | 0.1220 | 蒙东 |
| 河北（南网） | 0.4316 | 0.1192 | 蒙西 |
| | 0.4316 | 0.1152 | 蒙东 |
| 安徽 | 0.4331 | 0.1207 | 蒙西 |
| | 0.4331 | 0.1167 | 蒙东 |
| 江苏 | 0.4420 | 0.1296 | 蒙西 |
| | 0.4420 | 0.1256 | 蒙东 |
| 山东 | 0.4472 | 0.1348 | 蒙西 |
| | 0.4472 | 0.1308 | 蒙东 |
| 浙江 | 0.4690 | 0.1566 | 蒙西 |
| | 0.4690 | 0.1526 | 蒙东 |

注：电价含脱硫、脱硝、除尘。

（2）通过最新测算，内蒙古地区通过特高压电网送电到售电地区，到网落地电价低于售电地区标杆电价0.10元/kWh—0.17元/kWh（详见表2）。

**表2　　内蒙古地区发电成本加输电价格与目标市场2014年上网电价对比**

| 地区 | 标杆电价（元/kWh） | 内蒙古地区度电成本（元/kWh） | 0.005%/km输电损耗率下输电电价（交流/直流）（元/kWh） | | 价差（交流/直流）（元/kWh） | |
|---|---|---|---|---|---|---|
| 北京 | 0.3987 | 0.2000 | 0.0538 | 0.0551 | 0.1449 | 0.1436 |
| | 0.3987 | 0.2400 | 0.0538 | 0.0551 | 0.1049 | 0.1036 |
| 天津 | 0.4103 | 0.2000 | 0.0712 | 0.0676 | 0.1391 | 0.1427 |
| | 0.4103 | 0.2400 | 0.0712 | 0.0676 | 0.0991 | 0.1027 |
| 河北（北网） | 0.4228 | 0.2000 | 0.0632 | 0.0613 | 0.1596 | 0.1615 |
| | 0.4228 | 0.2400 | 0.0632 | 0.0613 | 0.1196 | 0.1215 |
| 河南 | 0.4384 | 0.2000 | 0.1084 | 0.0934 | 0.1300 | 0.1450 |
| | 0.4384 | 0.2400 | 0.1084 | 0.0934 | 0.0900 | 0.1050 |
| 河北（南网） | 0.4316 | 0.2000 | 0.0904 | 0.0804 | 0.1412 | 0.1512 |
| | 0.4316 | 0.2400 | 0.0904 | 0.0804 | 0.1012 | 0.1112 |
| 安徽 | 0.4331 | 0.2000 | 0.0712 | 0.0676 | 0.1619 | 0.1655 |
| | 0.4331 | 0.2400 | 0.0712 | 0.0676 | 0.1219 | 0.1255 |

续表

| 地区 | 标杆电价（元/kWh） | 内蒙古地区度电成本（元/kWh） | 0.005%/km 输电损耗率下输电电价（交流/直流）（元/kWh） | | 价差（交流/直流）（元/kWh） | |
|---|---|---|---|---|---|---|
| 江苏 | 0.442 | 0.2000 | 0.1182 | 0.1001 | 0.1238 | 0.1419 |
| | 0.442 | 0.2400 | 0.1182 | 0.1001 | 0.0838 | 0.1019 |
| 山东 | 0.4472 | 0.2000 | 0.0834 | 0.0772 | 0.1638 | 0.1700 |
| | 0.4472 | 0.2400 | 0.0834 | 0.0772 | 0.1238 | 0.1300 |
| 浙江 | 0.469 | 0.2000 | 0.1182 | 0.1001 | 0.1508 | 0.1689 |
| | 0.469 | 0.2400 | 0.1182 | 0.1001 | 0.1108 | 0.1289 |

注：1. 电价含脱硫、脱硝、除尘。

2. 根据历史数据，内蒙古地区火电度电成本最高为0.24元/kwh，最低为0.20元/kwh。

3. 市场需求。根据大气污染防治行动部署，对京津冀、长三角和珠三角等地区提出了具体的量化指标及远期的发展方向，如降低煤炭在一次能源消费比重、净消减煤炭消费量、新建项目禁止配套建设自备燃煤电站和除热电联产外，禁止审批新建燃煤发电项目等；在考虑到关停小火电及电能替代等PM2.5减排，上述地区在现有“十二五”及中长期国家电网规划的基础上，电力装机容量还将新增1.1亿千瓦。

4. 建设运营主体优势。特高压电网建设的主体是国家电网。国家电网在特高压电网的建设和运营中，具备较为雄厚的实力、技术和经验。我国已投运的六条特高压输电工程包括晋东南—南阳—荆门1 000千伏交流特高压试验示范工程、向家坝—上海±800千伏特高压直流输电示范工程、锦屏—苏南±800千伏特高压直流输电工程、皖电东送1 000千伏特高压交流示范工程、哈密南—郑州±800千伏特高压直流输电工程，以及溪洛渡左岸—浙江金华±800千伏特高压直流输电工程的成功运行，为其积累了相当的技术和经验。

## 三、规划进度及远景

1. 国家相关规划及进度

（1）国家电网整体规划。根据国家电网公司总体规划，2015—2020年主要建设“八直五交”特高压输变电工程，其中五条交流特高压输变电线路分别是雅安—武汉、蒙西—天津南、张北—南昌、陇彬—豫北、榆衡—潍坊；八条直流特高压输变电工程为酒泉—湖南、呼盟—山东、蒙西—湖北、陕北—江西、准东—四川、上海庙—山东、山西—江苏和锡盟—江苏。到2020年，将建成“五纵五横”合计27条特高压线路（详见图1）。

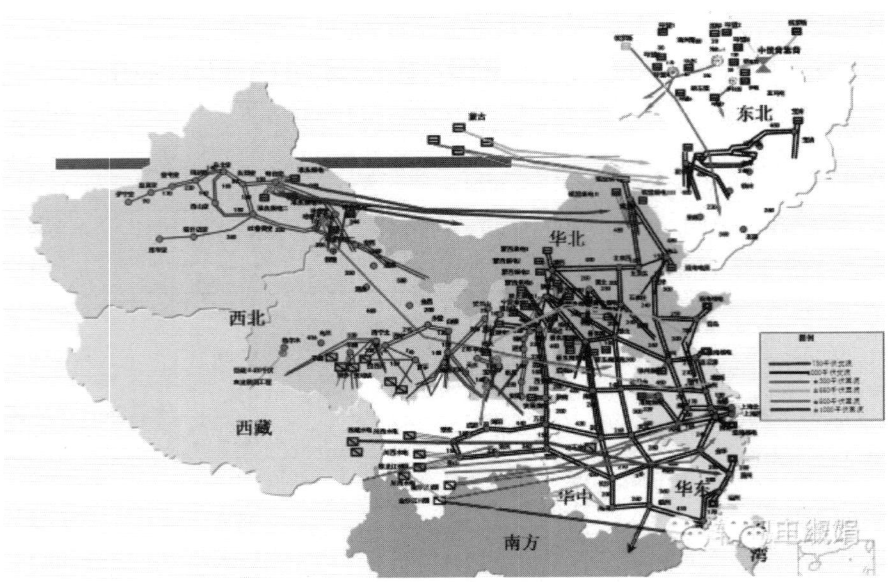


图1　2020年特高压规划方案

（2）大气污染防治行动规划。根据大气污染防治计划，为解决京津冀等区域日益严重的雾霾和电力短缺问题，国家计划到 2017 年建成 12 条输电通道，主要包括四交①、五直②、三改接③，其中“四交五直”线路与国家电网整体规划重合。到 2015 年末，“三华”特高压电网初步形成“三纵三横一环网”。届时，锡盟、蒙西、张北、陕北能源基地通过 3 个纵向特高压交流通道向“三华”送电，北部煤电、西南水电通过 3 个横向特高压交流通道向华北、华中和长三角特高压环网送电（详见图 2）。

**图 2　2015 年特高压电网规划图**

2. 内蒙古地区规划及进度

（1）电力外送通道规划。按照国家电网公司总体规划，到 2020 年我区将建成 11 条特高压外送通道，通过特高压交直流电网，新增输送能力 1 亿千瓦。11 条特高压输电线路中，有 10 条已经开工或已进入实质论证并进行可研编制阶段（详见表 3）。

① 四交为内蒙锡盟—山东、陕西榆衡—山东潍坊、蒙西至天津南、淮南—南京—上海。

② 五直为内蒙上海庙—山东、锡盟—江苏、宁夏—浙江、山西—浙江、丽江—深圳。

③ 三改接为辽宁绥中电厂改接华北电网、山西盂县电厂接入河北工程和陕西神木到河北 500kV 输电通道扩建。

表 3　　内蒙古特高压输电通道规划

| 类别 | 工程名称 | 电压等级（千伏） | 线路长度（公里） | 送电容量（万千瓦） | 项目性质 | 进度 | 投运时间 |
|---|---|---|---|---|---|---|---|
| 交流 | 锡盟—山东 | 1 000 | 2×730 | 900 | 大气污染防治计划 | 已开工 | 2016 |
| | 蒙西—天津南 | 1 000 | 2×608 | 600 | 大气污染防治计划 | 已开工 | 2016 |
| | 蒙西—长沙 | 1 000 | 2×759 | 900 | 五交八直后续 | 实质论证 | 2020 |
| | 蒙西—晋东南 | 1 000 | 暂未确定 | 900 | 试验示范工程延伸项目 | 项目选址 | 2017 |
| | 锡盟—南昌 | 1 000 | 暂未确定 | 900 | 五交八直后续 | 实质论证 | 2020 |
| 直流 | 上海庙—山东 | ±800 | 1 300 | 800 | 大气污染防治计划 | 拟开工 | 2017 |
| | 锡盟—江苏 | ±800 | 1 620 | 800 | 大气污染防治计划 | 拟开工 | 2017 |
| | 呼盟—青州 | ±800 | 暂未确定 | 800 | 五交八直后续 | 实质论证 | 2020 |
| | 蒙西—武汉 | ±800 | 1 400 | 800 | 五交八直后续 | 可研编制完成 | 2017 |
| | 扎鲁特—河南 | ±800 | 2 000 | 1 000 | 五交八直 | 可研编制完成 | 2018 |

（2）电力装机规划。未来五年内，内蒙古新增电力装机主要以特高压配套电源为主。首先，根据特高压电网规划，国家同意内蒙古建设特高压配套火电 5 000 万千瓦。其中，列入大气污染防治计划的 4 条特高压输电线路配套 26 个新增电源点，总装机预计在 3 600 万千瓦。其次，在 2017 年以前，自治区自用热电联产总新增装机容量 820 万千瓦。太阳能发电新增装机容量 340 万千瓦，风力发电装机新增约为 1 700 万千瓦（新配额出台后预估有变化）。

3. 未来政策走向

（1）能源布局将以基地化、输出为发展方向。根据国家《“十二五”规划纲要》、《能源发展战略行动计划（2014—2020）》、国家主体功能区规划、国家煤炭工业发展“十二五”规划以及十四个大型煤炭基地布局，同时考虑全国各地区的煤资源、水资源、环境容量、市场需求以及交通运输等条件，我国中西部地区产业布局将以基地化、能源输出发展为方向。

（2）环境保护政策日趋严格，环境承载能力或将确定产业布局方向。首先，根据《大气污染防治行动计划》和《京津冀及周边地区落实大气污染防治行动计划实施细则》，到 2017 年，京津冀、长三角、珠三角等区域细颗粒物浓度分别下降 25%、20%、15% 左右，其中北京市细颗粒物年均浓度控制在 60 微克/立方米左右；京津冀、长三角、珠三角等区域新建项目禁止配套建设自备燃煤电站；京津冀、长三角、珠三角等区域力争实现煤炭消费总量负增长，其中京津冀及山东压减消费煤炭总量 8 300 万吨，通过逐步提高接受外输电比例等措施替代燃煤。

其次，根据国家发展改革委、国家能源局和国家环境保护部印发的《能源行业加强大气污染防治工作方案》，其中期目标是“逐步提高京津冀、长三角、珠三角区域和山东省接受外输电比例，力争实现煤炭消费总量负增长”。到 2017 年底，向京津冀鲁、长三角、珠三角等三区域新增送电规模 6 800 万千瓦。

## 四、特高压电网效益分析

### （一）特高压电网建设可带动我区相关产业发展

1. 缓解我区煤炭过剩问题。从 2014 年煤炭产量来看，我区煤炭产量为 9.08 亿吨，占全国总产量的 23.46%，煤炭企业存煤约 8 700 万吨。如果按照国家能源局已规划拟建设的 4 条特高压输电通道的新增火电机组装机容量①测算，折合成我区煤种，预计新增至少可达 8 000 万吨/年以上；若按照 11 条特高压外送通道及新增输送能力 1 亿千瓦测算，消耗煤炭每年新增将至少为25 000 万吨，可有效缓解我区煤炭产能过剩。此外，通过建设特高压通道建设，可延长煤炭相关产业链，为我区建设大型煤电基地的发展提供必要支撑。

2. 实现风电、光电大规模外送，带动我区清

① 4 条特高压输电线路可新增火电机组至少 2 900 万千瓦，按供电煤耗 0.302 克/kWh、年发电小时 5 500 小时计算，至少需要 4 500 万吨/年标煤。

洁能源发展。在我区已确定的4条特高压输送通道中，国家能源局已明确锡盟—山东、锡盟—江苏两条线路外送电量中新能源电量占比不低于30%；且按照能源结构调整目标的需要，在我区其他特高压外送通道外送电量中也会逐步提高新能源电量占比。若仅按锡盟—山东、锡盟—江苏两条特高压输电通道测算，年可新增新能源电量20.89亿千瓦时。因此，特高压输电通道建设可有力带动我区清洁能源发展，实现风电、光电大规模外送。

3. 可提高就业率及带来其他相关社会效益。仅能源局已规划确定的4条特高压电网及其配套电源基地建设，直接总投资至少在1 000亿元以上，可创造相当可观的就业岗位，也会对当地建筑业、建材业、餐饮业等相关行业起到积极的作用，利于当地经济的发展，促进当地社会服务、地方交通等基础服务设施的发展。同时，特高压输电通道的建设，可加快实现我区2013年提出的"8337"发展战略中"提高经济增长的质量和效益""把内蒙古建成保障首都、服务华北、面向全国的清洁能源输出基地"的目标。

**（二）特高压电网环保效益分析**

1. 可整体改善我国大气环境。第一，通过建设特高压输电通道来改善我国当前大气环境，是国家的必然选择。从特高压输电受、送两端来看：在受端，东中部12省份近1亿千瓦小火电关闭，其缺口均由西北部的晋、陕、蒙、宁、新五省区电源基地通过特高压电网供电，以减少东中部地区PM2.5排放量。在送端，新建煤电基地配套煤电项目所采用机组均严格执行火电排放新标准，均使用大容量、高参数技术，实际中多为60万千瓦超临界机组。可见，特高压输电会整体改善我国大气环境。

第二，从环境承载能力、大气污染损失角度来看，以硫沉降为例，在95%的保护率下，京津冀、长三角最大允许硫沉降分别为39.7万吨/年和24.3万吨/年，而这两个地区仅2014年上半年二氧化硫实际排放量就已达到82.25万吨、87.88万吨，远超当地环境承载极限。而我区锡盟地区二氧化硫排放量为每平方公里0.38吨，远远低于全国每平方公里2.31吨的平均水平。按照世界银行《中国可再生能源发展项目》报告估算，我区污染损失仅为京津冀、长三角地区的1/2~1/3。因此，在其可承受排放量范围内增加排放及降低污染损失部分，也属于改善我国大气环境的一部分。

第三，部分特高压输电通道打捆输送一定比例的清洁能源，可为大气污染改善作出直接贡献。

2. 较传统输电方式更节约资源。通过特高压电网建设，可节约线路走廊用地及降低输电成本。如1条交流1 000kV以上特高压线路，从土地资源的利用效率来看，特高压线路单位走廊输电能力约为500kV线路的3倍；同时在西北部地区建设大规模煤电基地，可以利用西北部较为丰富的土地资源替代东部紧张的土地资源；在导线总截面、输送功率相同的情况下，特高压线路的线路损耗仅是±500千伏直流线路的五分之二左右。

**（三）特高压的煤炭资源使用效率较高**

通过两种方案（如图3所示）比较，一种方案为运煤方案，指将煤炭通过铁路等交通工具运输到负荷中心地区再发电的方式；另一种为特高压输电方案，则是指建设坑口电厂，电能经过特高压输电线路输送到负荷中心的方式，得出特高压输电方案与运煤方案能源使用效率测算表。在临界距离以内，特高压输电方案具有相对较高的资源使用效率。

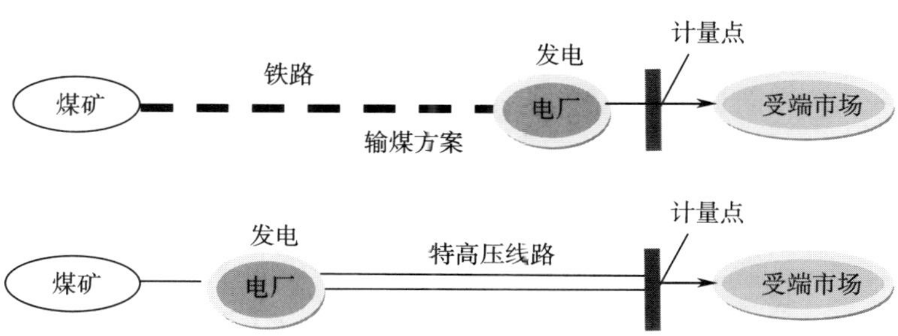


**图3 特高压输电方案**

表 4　　特高压输电、运煤方案资源使用效率①临界距离

| 电煤发热量 | 不同单位输电损耗率下临界距离（km） | | | | |
|---|---|---|---|---|---|
| （kJ/kg） | 0.002% | 0.003% | 0.004% | 0.005% | 0.006% |
| 10 800 | 2 371.8 | 1 223.5 | 822.5 | 619.2 | 496.4 |
| 11 700 | 2 224.0 | 1 181.6 | 803.1 | 608.1 | 489.2 |
| 12 600 | 2 110.2 | 1 147.8 | 787.2 | 598.9 | 483.2 |
| 13 500 | 2 020.0 | 1 119.9 | 774.0 | 591.2 | 478.2 |
| 14 400 | 1 946.7 | 1 096.6 | 762.7 | 584.5 | 473.8 |
| 15 300 | 1 886.1 | 1 076.8 | 753.0 | 578.8 | 470.0 |
| 16 200 | 1 835.2 | 1 059.8 | 744.6 | 573.8 | 466.7 |
| 17 100 | 1 791.8 | 1 044.9 | 737.2 | 569.4 | 463.8 |
| 18 000 | 1 754.3 | 1 031.9 | 730.7 | 565.5 | 461.2 |
| 18 900 | 1 721.7 | 1 020.4 | 724.8 | 562.0 | 458.9 |
| 19 800 | 1 693.0 | 1 010.2 | 719.6 | 558.9 | 456.8 |
| 20 700 | 1 667.6 | 1 001.0 | 715.0 | 556.0 | 454.9 |
| 21 600 | 1 644.9 | 992.7 | 710.7 | 553.4 | 453.1 |
| 22 500 | 1 624.6 | 985.3 | 706.9 | 551.1 | 451.6 |
| 23 400 | 1 606.3 | 978.4 | 703.3 | 548.9 | 450.1 |
| 24 300 | 1 589.6 | 972.2 | 700.1 | 547.0 | 448.8 |
| 25 200 | 1 574.5 | 966.5 | 697.1 | 545.1 | 447.6 |

从表 4 可以看出，对于发热量低的煤炭资源应尽量在坑口地区实现电能的转化，以提高其资源使用效率。从我区褐煤储量来看，褐煤储量全国第一，仅蒙东地区储量就占全国褐煤储量的 77.55%。由于褐煤当地产能过大，经济运输半径短，外部需求有限，多呈现过剩局面。通过建设特高压输电，将褐煤等其他低热值煤种就地发电转化，可为我区低热值煤过剩提供良好的化解渠道。

**（四）煤电基地建设特高压经济性较好**

在设定同等装机参数条件下，然后利用临界距离，通过对运煤、特高压输电燃料成本进行对比（详见表 5）：

表 5　　不同标煤价差下燃料成本临界距离②

| 标煤价差 | 不同供电煤耗下（kg/kWh）临界距离（km） | | | | | |
|---|---|---|---|---|---|---|
| （元/吨） | 0.280 | 0.290 | 0.300 | 0.310 | 0.320 | 0.330 |
| 100 | <500 | <500 | <500 | <500 | <500 | <500 |
| 150 | 584.5 | 618.7 | 648.5 | 678.2 | 711.1 | 752.8 |
| 200 | 936.6 | 998.4 | 1 070.6 | 1 142.8 | 1 214.9 | 1 286.7 |
| 250 | 1 429.7 | 1 518.7 | 1 607.3 | 1 695.6 | 1 783.6 | 1 871.3 |
| 300 | 1 923.7 | 2 028.2 | 2 132.3 | >2 200 | >2 200 | >2 200 |
| 350 | >2 200 | >2 200 | >2 200 | >2 200 | >2 200 | >2 200 |

① 通过将两种方案单位电量消耗的热值（kJ/kWh）进行比较，当某一方案的单位电量消耗热值较低时，认为该方案具有相对较高的资源使用效率。

② 比较同等装机参数条件下特高压、运煤方案度电燃料成本（元/kWh）来计算两种方式经济性；特高压输电损耗设定为 0.004%/km；计算临界距离中，选取交、直流输电电价较低方式所对应的输电距离。

由表5分析，随着标煤价差增加，临界距离在逐渐变大，特高压输电方案的经济优势越明显；如果发电厂在负荷中心和煤电基地的供电单位煤耗相同，则供电单位煤耗越大，特高压输电方案的经济优势越明显。即分析结果为在临界距离以内，特高压输电方案燃料成本方面较运煤更具有优势。

## 五、特高压电网隐患分析

### （一）对公路、铁路行业的影响

1. 对公路行业的影响。根据近几年自治区煤炭外销和内需比（6:4）及煤炭运输中公路运输占比情况（煤炭外销中，公路占比30%；煤炭内需中，70%为公路运输）来看，由于蒙西地区公路煤炭运输的主要用户如钢铁、电力、化工等下游行业不景气，中小型煤场普遍停产的情况下，当地公路运输出现市场运力供大于求的状况，特别在长途运输方面，由于出区外运煤炭车辆缺少回程货源，市场运力供大于求的状况比较明显。

在特高压输电通道建成后，区内消耗煤炭每年新增将至少为25 000万吨，新增的煤炭消耗来源主要是配套煤矿或转化项目和开矿脱节整合项目新增产能。因此，自治区特高压输电通道的建设，会刺激煤炭产能的增加；同时，我区煤炭市场外运和内销结构将发生较大变化。

从运输方式来看，新增煤炭产能主要以皮带运输或公路短途运输为主。因此，特高压电网的建设可能会刺激煤炭产能地的短途运输市场，对外运市场的影响并不明显。

在蒙东地区，由于褐煤运输半径较小，本来外运量相对较少，即使是最可能受影响的当地公路短途运输，其影响也较小。

2. 对铁路行业的影响。从2013年开始，自治区铁路煤炭运输虽已出现下降趋势，但由于区内铁路干线的运力主要分配给大中型生产企业和贸易商，而这些生产企业一般有稳定的下游直销客户市场，生产成本和物流费用低，且多数企业实力雄厚，资金运作能力强，渠道和人脉资源广泛，应对经济危机的能力较强，使得区内铁路运输干线的运输需求仍保留一定的增长空间。如，与区内运煤干线相连的大秦铁路2015年上半年运输煤炭2.2亿吨，同比增长2.2%；侯乐线2015年上半年运输煤炭9 044万吨，同比增长3.0%。因此认为，建设特高压输电线路后对自治区铁路运输行业影响较小。

另外，随着公路、铁路里程的不断增加，考虑到国内经济形势短期内难以好转，预计公路、铁路运输业，尤其是公路运输业市场运力供大于求的状况短期内仍难以改善。

### （二）对我区环境影响分析

在对我区的环境影响方面，特高压输电通道的建设，其新增电源点会加大我区的环保减排压力，而且由于特高压送电端电源点装机密度较大，火力发电过程中所产生的污染物易超出当地环境的自净能力，易形成酸雨区①。另外，在人口密集区，特高压交流输电所产生的电磁环境对人体有较明显的刺激作用，对肌体存在不良影响等。因此，从环境影响看，特高压电网不宜建在人口密集区域。

### （三）特高压输电自身所存在的问题

从特高压输电通道自身特点来看，存在雷击可能性，雷击强度均比一般高压输电通道强；输电线路安全稳定性较常规电压等级输电通道更难控制；现有维护器具难以满足特高压输电运行检修要求等。

## 六、对我行信贷建议

特高压电网外送通道在我区的布局，对我区电力、煤炭和交通等行业造成了一定程度的影响；同时，自治区经济运行特点也将会发生一定的变化。自治区分行虽然目前综合竞争力位于当地四大行第一，但仍要居安思危、未雨绸缪，积极顺应自治区经济特点的变化，在符合我行信贷政策的基础上，按照扬长避短或取长补短原则，因地制宜地开展与特高压电网相关行业的信贷客户营销和项目选择。

1. 积极支持特高压电网及电网骨架建设。到2020年，我区境内将建成11条特高压外送通道。

① 山西省部分地区，由于火力发电过程中产生的污染物远超出了当地环境的承载能力，使火力发电企业较为集中的地区已成为了国家的重点酸雨控制区。

根据特高压电网基建少、设备购置多的建设特点及电网公司现金流充裕的特点，我行要积极跟进做好短期融资、企业债、定向增发等业务，并采取一揽子金融服务方案的营销模式，统筹考虑产品、价格、期限。同时，积极支持有关特高压的220kV及以上骨架电网建设项目。

2. 重点支持特高压电网配套电源点项目建设。未来五年内，我区新增电力装机主要以特高压配套电源为主，这将为我行保持和巩固资产业务市场竞争优势进一步奠定基础。重点支持特高压电网配套电源点是我行未来几年内发展资产业务的优先选择。

从我区已列入大气污染防治行动计划的4条特高压工程来看，国家为其至少配置26个电源点项目，总投资在1 400亿元左右。另外，根据有关资料统计，国家同意我区建设特高压配套火电5 000万千瓦，总投资约为2 100亿元。为进一步巩固我行在固定资产业务方面的市场地位，我行应重点营销以大唐国际、神华国能、华能、京能等有电力生产投资经验的大型发电企业集团全资或控股的客户。同时，为防止单一客户贷款集中度过高，优先选择A、B集团客户牵头组建银团贷款，积极参加C类集团客户的银团贷款。考虑到我行在四大行中的地位及在自治区同业中的影响，在贷款份额上比例应维持在四分之一左右。

在重点支持特高压电网配套火电电源点的项目选择上，应优先支持：（1）煤电一体化项目；项目所属集团内部有煤矿或电力生产企业与合法煤矿互相参股，煤炭供应稳定可靠，不受市场煤炭价格波动或影响很小。（2）上下游产业链配套，水源资源有保障的项目。（3）项目远离人口密集区。

在风电、光伏项目选择上，除满足总行信贷政策要求外，还应遵循：（1）光伏发电项目装机容量需纳入自治区发改委的光伏发电项目建设实施方案；（2）风电项目年弃风率不得高于12%。

3. 选择性关注煤矿建设项目。支持对特高压电网配套电源点进行煤炭配置的煤矿建设项目、煤电重组并购项目和电源点参股合法煤矿项目；有选择地支持与特高压电网配套电源点签订长期销售合同的煤矿建设项目。

4. 审慎对待煤运公路、铁路。除业主为铁路总公司或自治区控股建设的铁路、交通厅承贷的高速公路及神华等企业控股建设的运输干线外，审慎对待以煤运为主的公路、铁路建设项目。选择股东实力强、有明确市场需求、电厂运行稳定的铁路、公路短途运输专用线项目；严禁介入运力无保障、不是连接运输大动脉，仅靠市场需求的铁路、公路支线项目。

# 新疆“风、光电”行业发展分析及建行对策研究报告

新疆维吾尔自治区分行授信审批部　孔建新

## 一、“风、光电”行业当前形势及发展趋势

### （一）“风、光电”行业当前形势

风、光发电是一种干净的可再生能源。它没有常规能源所造成的环境污染，而且技术成熟、单机容量大、建设周期短，完全是一种安全可靠的能源。目前，风、光发电已在全球得到迅猛发展，并成为能源战略和能源产业发展的重要环节。据统计，近30年全球风力发电的年均增长速度都在30%以上；在过去15年里，国际光伏发电产业以平均年增长率15%的速度高速增长。

就我国而言，随着《可再生能源法》的颁布及其相关配套措施的出台，以及在政府扶持、节

能减排压力、强制配额和良好预期等多重因素推动下，我国风、光电行业得到了迅速发展。据统计，全国风电累计装机容量从2008年底的1 221万千瓦，增长至2014年的9 581万千瓦，6年年均增长40.97%，约占全球风电装机的1/4；全国光伏发电累计装机容量从2005年底的7万千瓦增长至2014年的2 805万千瓦，9年年均增长94.6%。

新疆是我国风、光电产业最早起步的省区之一。截至2014年12月底，新疆风电累计并网装机容量788.55万千瓦，约占全国风电累计并网容量9 637万千瓦的8.18%，新疆风电装机容量增速居全国第3位，风电装机规模从2011年的全国第5位跃居到2014年的全国第4位；新疆光伏发电累计并网装机容量326万千瓦，约占全国光伏发电累计并网容量2 652万千瓦的12.3%，光伏发电装机也由2011年的全国第7位跃居2014年的全国第3位。

**（二）我国风、光资源的分布及风、光电发展现状**

1. 中国风能资源丰富的地区主要分布在东北、西北地区和东南沿海。我们认为，“十二五”期间，中国风电行业仍将拥有广阔的发展空间。“十二五”期间，国内风电并网装机容量将达到1亿千瓦。就新疆而言，新疆风力资源丰富，可供开发的风能资源总储量达到8.85亿千瓦，约占全国陆地风能资源总量的20.4%，在全国排名第2位，仅次于内蒙古；技术开发量为1.20亿千瓦，占全国的40.4%，在各省区中仅次于内蒙古，位居全国第二位。目前，新疆拥有达坂城、小草湖、塔城老风口、额尔齐斯河谷、罗布泊等九大风区，可开发利用的风区面积约15万平方公里，可装机容量总计在8 000万千瓦以上。若按等效满负荷2 000～2 500小时计算，则每年可提供1 600亿～2 000亿千瓦时；而截至2014年底，新疆风电并网装机总量为803万千瓦，当年累计发电量135.47亿千瓦时，占可开发储量的6.7%。因此，新疆风能资源还有很大发展空间。

**表1　　2014年风电统计信息表**

| 省（区、市） | 累计并网装机容量（万kW） | 新增并网装机容量（万kW） |
|---|---|---|
| 总计 | 9 637.09 | 1 981.3 |
| 北京 | 15 | 0 |
| 天津 | 28.55 | 5.7 |
| 河北 | 913.06 | 137.7 |
| 山西 | 455.15 | 139.2 |
| 内蒙古 | 2 018.52 | 166.65 |
| 辽宁 | 608.39 | 45.02 |
| 吉林 | 407.89 | 30.55 |
| 黑龙江 | 453.7 | 61.55 |
| 上海 | 36.53 | 4.79 |
| 江苏 | 302.26 | 46.04 |
| 浙江 | 72.99 | 28.35 |
| 安徽 | 82.28 | 33.08 |
| 福建 | 159.35 | 13.2 |
| 江西 | 36.75 | 6.9 |
| 山东 | 622.42 | 122.2 |
| 河南 | 43.83 | 16.9 |
| 湖北 | 76.69 | 41.56 |
| 湖南 | 69.88 | 36.18 |

续表

| 省（区、市） | 累计并网装机容量（万 kW） | 新增并网装机容量（万 kW） |
|---|---|---|
| 广东 | 204.74 | 50.35 |
| 广西 | 12.45 | 0 |
| 海南 | 30.87 | 0.6 |
| 重庆 | 9.8 | 0.17 |
| 四川 | 28.8 | 17.85 |
| 贵州 | 232.6 | 97.79 |
| 云南 | 322.3 | 102.7 |
| 西藏 | 0.75 | 0.75 |
| 陕西 | 130.3 | 29.7 |
| 甘肃 | 1 007.56 | 304.75 |
| 青海 | 31.85 | 21.75 |
| 宁夏 | 417.81 | 116.02 |
| 新疆 | 803.93 | 303.3 |

数据来源：国家能源局发布2014年风电产业监测数据。

2. 中国太阳能资源也十分丰富，适宜太阳能发电的国土面积和建筑物受光面积也很大，青藏高原、黄土高原、冀北高原、内蒙古高原等太阳能资源丰富的地区占到陆地国土面积的2/3，具有大规模开发利用太阳能的资源潜力。东北地区、河南、湖北和江西等中部地区，以及河北、山东、江苏等东部沿海地区太阳能资源比较丰富，可供太阳能利用的建筑物面积很大。在四川、重庆、贵州、安徽、湖南等太阳能资源总体一般的区域，也有许多局部地区适宜开发利用太阳能。“十二五”期间，国内太阳能装机容量将达到2 100万千瓦，该目标已提前一年实现。预计到2020年，我国太阳能发电装机容量将达到1.8GW（百万千瓦）；到2050年将达到600GW（百万千瓦），届时，我国可再生能源的电力装机将占全国电力装机的25%，其中光伏发电装机将占到5%。太阳能光伏发电在不远的将来会占据世界能源消费的重要席位，不但要替代部分常规能源，而且将成为世界能源供应的主体。新疆太阳能资源主要分布在东疆、天山以南、天山北麓、北疆中部，东疆为资源丰富带，天山以南为资源次丰富带，天山北麓为资源较丰富带，北疆中部、北部为资源亚丰富带。根据新疆光伏发电“十二五”规划要求，哈密、阿克苏、和田、吐鲁番、鄯善是光伏发电重点发展区域。规划到2015年，新疆全区光伏发电总装机容量超过200万千瓦，而截至2014年底，新疆光伏并网装机规模已经达到326万千瓦，当年累计发电达到40.24亿千瓦时，并提前完成新疆“十二五”风电规划发展目标。

**表2　　2014年光伏发电统计信息表**

| 省（区、市） | 累计装机容量（万 kW） | | 新增装机容量（万 kW） | |
|---|---|---|---|---|
| | | 其中：分布式光伏 | | 其中：分布式光伏 |
| 总计 | 2 805 | 467 | 1 080 | 205 |
| 北京 | 14 | 14 | 5 | 5 |
| 天津 | 10 | 7 | 8 | 5 |
| 河北 | 150 | 27 | 97 | 8 |
| 山西 | 44 | 1 | 20 | 1 |
| 内蒙古 | 302 | 18 | 164 | 4 |

续表

| 省（区、市） | 累计装机容量（万 kW） | | 新增装机容量（万 kW） | |
|---|---|---|---|---|
| | | 其中：分布式光伏 | | 其中：分布式光伏 |
| 辽宁 | 10 | 9 | 5 | 4 |
| 吉林 | 6 | 0 | 5 | 0 |
| 黑龙江 | 1 | 0 | 0 | 0 |
| 上海 | 18 | 16 | 0 | 0 |
| 江苏 | 257 | 85 | 152 | 57 |
| 浙江 | 73 | 70 | 30 | 27 |
| 安徽 | 51 | 25 | 43 | 18 |
| 福建 | 12 | 12 | 4 | 4 |
| 江西 | 30 | 26 | 26 | 15 |
| 山东 | 60 | 38 | 32 | 18 |
| 河南 | 23 | 16 | 16 | 9 |
| 湖北 | 14 | 6 | 9 | 1 |
| 湖南 | 29 | 29 | 5 | 5 |
| 广东 | 52 | 50 | 22 | 20 |
| 广西 | 9 | 7 | 4 | 2 |
| 海南 | 19 | 5 | 7 | 0 |
| 重庆 | 0 | 0 | 0 | 0 |
| 四川 | 6 | 1 | 3 | 1 |
| 贵州 | 0 | 0 | 0 | 0 |
| 云南 | 25 | 2 | 15 | 0 |
| 西藏 | 15 | 0 | 4 | 0 |
| 陕西 | 55 | 3 | 42 | 1 |
| 甘肃 | 517 | 0 | 97 | 0 |
| 青海 | 413 | 0 | 102 | 0 |
| 宁夏 | 217 | 0 | 82 | 0 |
| 新疆 | 275 | 4 | 42 | 0 |
| 新疆兵团 | 81 | 0 | 17 | 0 |

数据来源：中国电力新闻网。

**（三）风力及太阳能发电产业政策**

为合理引导风、光电投资，促进风、光电产业健康有序发展，提高国家可再生性能源电价附加资金补贴效率，国家对陆上风电和光电的上网电价施行标杆电价，并就“低风速”风电行业也给予了重大支持。如国家税务总局《关于资源综合利用及其他产品增值税政策的通知》（财税〔2008〕156 号），明确对风力和太阳能发电实现的增值税实行即征即退 50% 的政策；风电和太阳能发电企业享受所得税三免三减半的优惠（自项目取得生产经营收入的第一个纳税年度起，前三年免征企业所得税，第四年至第六年减半征收企业所得税）。

就新疆风电行业发展而言，由于新疆区域内“中高速”以上的风区约占 70%，目前仅占可开发储量的 4.85%，还有很大的发展空间。因而，在“低风速”的风机研发及其应方面，我区风力发电企业尚未介入“低风速”风电项目建设。但是，这些企业也在关注“低风速”风电事业的发展。我们认为，随着我国“中高速”风力资源的开发，Ⅰ、Ⅱ、Ⅲ类资源区将会全部被开发完毕，未来“低风速”资源的开发利用将有很大的市场空间。与“中高速”风电项目相比，“低风速”风电项目在开发利用方面还存在一定的不利因素，主要集中表现在风速低、单位千瓦投资高、度电发电成本高等方面。根据2015年1月13日出台的《国家发改委关于适当调整陆上风电标杆上网电价的通知》，按风能资源状况和工程建设条件，将全国分为四类风能资源区，相应制定风电标杆上网电价，具体见表3。

**表3　全国风力发电标杆上网电价表**

| 资源区 | 标杆上网电价（元/kW·h） | 各资源区所包括的地区 |
|---|---|---|
| Ⅰ类资源区 | 0.49 | 内蒙古自治区除赤峰市、通辽市、兴安盟、呼伦贝尔市以外其他地区；新疆维吾尔自治区乌鲁木齐市、伊犁哈萨克族自治州、昌吉回族自治州、克拉玛依市、石河子市 |
| Ⅱ类资源区 | 0.52 | 河北省张家口市、承德市；内蒙古自治区赤峰市、通辽市、兴安盟、呼伦贝尔市；甘肃省张掖市、嘉峪关市、酒泉市 |
| Ⅲ类资源区 | 0.56 | 吉林省白城市、松原市；黑龙江省鸡西市、双鸭山市、七台河市、绥化市、伊春市、大兴安岭地区；甘肃省除张掖市、嘉峪关市、酒泉市以外其他地区；新疆维吾尔自治区除乌鲁木齐市、伊犁哈萨克族自治州、昌吉回族自治州、克拉玛依市、石河子市以外其他地区；宁夏回族自治区 |
| Ⅳ类资源区 | 0.61 | 除Ⅰ类、Ⅱ类、Ⅲ类资源区以外的其他地区 |

就光伏发电而言，2013年，国家发改委发布了《关于发挥价格杠杆作用促进光伏产业健康发展的通知》（发改价〔2013〕1638号），按各地太阳能资源条件和建设成本，将全国分为三类资源区，分别执行每千瓦时0.9元、0.95元、1元的电价标准，具体见表4。另外，《可再生能源法》规定，“国家鼓励和支持可再生能源并网发电”电网企业应当与依法取得行政许可或者报送备案的可再生能源发电企业签订并网协议，全额收购其电网覆盖范围内可再生能源并网发电项目的上网电量，并为可再生能源发电提供上网服务”，这些规定明确了电网企业作为特殊经营行业应承担的社会责任，项目电力市场具有法律保障。

**表4　国内光伏发电补贴三类地区**

| 资源区 | 标杆上网电价（元/kW·h） | 各资源区所包括的地区 | 年光照小时（估计数） |
|---|---|---|---|
| Ⅰ类 | 0.9 | 宁夏，青海西宁，甘肃嘉峪关、武威、张掖、酒泉、敦煌、金昌，新疆哈密、塔城、阿勒泰、克拉玛依，内蒙古赤峰、通辽、兴安盟、呼伦贝尔以外地区 | 1 400～1 700 |
| Ⅱ类 | 0.95 | 北京、天津、黑龙江、吉林、辽宁、四川、云南，内蒙古赤峰、通辽、兴安盟、呼伦贝尔，河北承德、张家口、唐山、秦皇岛，山西大同、朔州、忻州，陕西榆林、延安，青海、甘肃、新疆除Ⅰ类外其他地区 | 1 300～1 600 |
| Ⅲ | 1 | 除Ⅰ类、Ⅱ类资源区以外的其他地区 | 1 200～1 500 |

**（四）风、光电行业发展的主要技术指标**

1. 全国风、光电行业主要技术指标。目前，就全国风电行业并网运行情况看：2014年1—12月，全国累计并网容量9 637.09万千瓦，同比增长25.9%；全国风电上网电量1 533.86亿千瓦时，同比增长9.5%。受国家一系列宏观调控措施影响，1—12月，全国风电弃风限电形势继续好转，平均弃风率8%，同比下降4个百分点。受今年来风情况较小影响，1—12月，全国风电平均利用小时数1 893小时，同比下降181小时。

表 5　　2014 年全国风电并网运行情况

| 省（区、市） | 累计核准容量（万 kW） | 累计在建容量（万 kW） | 新增并网容量（万 kW） | 累计并网容量（万 kW） | 累计上网电量（亿千瓦时） | 弃风率（%） | 年利用小时数 |
|---|---|---|---|---|---|---|---|
| 合计 | 17 341.31 | 7 704.22 | 1 981.3 | 9 637.09 | 1 533.86 | 8 | 1 893 |
| 北京 | 19.95 | 4.95 | 0 | 15 | 2.55 | 0 | 1 929 |
| 天津 | 47.15 | 18.6 | 5.7 | 28.55 | 5.53 | 1 | 2 250 |
| 河北 | 1 375.57 | 462.51 | 137.7 | 913.06 | 149.28 | 12 | 1 896 |
| 山西 | 929.56 | 474.41 | 139.2 | 455.15 | 73.62 | 0 | 1 853 |
| 山东 | 1 070.14 | 447.72 | 122.2 | 622.42 | 98.21 | 1 | 1 782 |
| 内蒙古 | 2 959.83 | 941.31 | 166.65 | 2 018.52 | 360.75 | 9 | 2 002 |
| 辽宁 | 802.65 | 194.26 | 45.02 | 608.39 | 100.18 | 6 | 1 734 |
| 吉林 | 668.98 | 261 | 30.55 | 407.98 | 56.76 | 15 | 1 501 |
| 黑龙江 | 681.55 | 227.85 | 61.55 | 453.7 | 69.92 | 12 | 1 753 |
| 上海 | 71.31 | 34.78 | 4.79 | 36.53 | 7.07 | 0 | 2 082 |
| 江苏 | 647 | 344.74 | 46.04 | 302.26 | 54.61 | 0 | 2 064 |
| 浙江 | 149.5 | 76.51 | 28.35 | 72.99 | 11.39 | 0 | 2 202 |
| 安徽 | 211.38 | 129.1 | 33.08 | 82.28 | 12.63 | 0 | 1 665 |
| 福建 | 242.75 | 83.4 | 13.2 | 159.35 | 37.53 | 0 | 2 478 |
| 江西 | 147.26 | 110.51 | 6.9 | 36.75 | 5.55 | 0 | 1 873 |
| 河南 | 234.42 | 190.59 | 16.9 | 43.83 | 6.76 | 0 | 2 056 |
| 湖北 | 258.42 | 181.73 | 41.56 | 76.69 | 12.61 | 0 | 2 032 |
| 湖南 | 120 | 50.12 | 36.18 | 69.88 | 7.57 | 0 | 1 717 |
| 重庆 | 61.33 | 51.53 | 0.17 | 9.8 | 1.72 | 0 | 1 880 |
| 四川 | 167.7 | 138.9 | 17.35 | 28.8 | 3.53 | 0 | 2 433 |
| 陕西 | 343 | 212.7 | 29.7 | 130.3 | 21.14 | 2 | 1 961 |
| 甘肃 | 1 296 | 288.44 | 304.75 | 1 007.56 | 112 | 11 | 1 596 |
| 青海 | 85.95 | 54.1 | 21.75 | 31.85 | 4.29 | 0 | 1 723 |
| 宁夏 | 1 023.27 | 605.46 | 116.02 | 417.81 | 68.27 | 0 | 1 973 |
| 新疆 | 1 825 | 1 021.07 | 303.3 | 803.93 | 132.25 | 15 | 2 094 |
| 西藏 | 4.5 | 3.75 | 0.75 | 0.75 | 0.09 | 0 | 1 333 |
| 广东 | 428.83 | 224.09 | 50.35 | 204.74 | 30.83 | 0 | 1 615 |
| 广西 | 214.41 | 201.96 | 0 | 12.45 | 2.2 | 0 | 1 819 |
| 海南 | 38.55 | 7.68 | 0.6 | 30.87 | 4.85 | 0 | 1 645 |
| 贵州 | 419.5 | 186.9 | 97.79 | 232.6 | 18.06 | 0 | 1 575 |
| 云南 | 795.85 | 473.55 | 102.7 | 322.3 | 62.11 | 4 | 2 511 |

1—12 月，新增并网容量较多的省份是甘肃（304.75 万千瓦）、新疆（303.3 万千瓦）、山西（139.2 万千瓦）、河北（137.7 万千瓦）、山东（122.2 万千瓦）、宁夏（116.02 万千瓦）和云南（102.7 万千瓦）。风电平均利用小时数较高的省份是云南（2 511 小时）、福建（2 478 小时）、四川（2 433 小时）、天津（2 250 小时）、浙江（2 202小时）、新疆（2 094 小时）；平均利用小时较低的省份是西藏（1 333 小时）、吉林（1501 小时）、贵州（1 575 小时）、甘肃（1 596 小时）、广东（1 615 小时）和海南（1 645 小时）。

表 6 2014 年全国光电并网运行情况 单位：万千瓦

| 省（区、市） | 能源主管部门统计与电网企业出入 | 能源主管部门统计截至2014年底累计并网容量 | 电网企业报送数据 | | | |
|---|---|---|---|---|---|---|
| | | | 全口径 | 其中：分布式 | 截至2013年底并网容量 | 2014年新增并网容量 |
| 合计 | 316.3 | 2 858.3 | 2 542.1 | 317.8 | 1 595.2 | 946.9 |
| 北京 | 10.7 | 14 | 3.3 | 3.3 | 0 | 3.3 |
| 天津 | 1.8 | 9.1 | 7.3 | 5.2 | 1.6 | 5.7 |
| 河北 | 31.4 | 154 | 122.6 | 6.1 | 25.1 | 97.5 |
| 山西 | -0.4 | 44 | 44.4 | 0.9 | 3.5 | 40.9 |
| 山东 | 16.9 | 56.6 | 39.8 | 17.7 | 11.8 | 28 |
| 上海 | 0.2 | 9 | 8.8 | 7.1 | 1.5 | 7.2 |
| 江苏 | -0.2 | 256 | 256.2 | 84.7 | 104.6 | 151.6 |
| 浙江 | 21.1 | 80.7 | 59.6 | 59.4 | 18 | 41.5 |
| 安徽 | 4.8 | 50.2 | 45.4 | 19.9 | 5 | 40.4 |
| 福建 | 3.4 | 11.7 | 8.3 | 8.3 | 2.6 | 5.7 |
| 湖北 | 15.1 | 24 | 8.9 | 0.7 | 4.8 | 4.1 |
| 湖南 | 26.1 | 35 | 8.9 | 8.9 | 0.1 | 8.8 |
| 河南 | 17.1 | 45.5 | 28.4 | 15.9 | 2 | 26.4 |
| 江西 | 30.6 | 56.3 | 25.8 | 19.7 | 8.5 | 17.3 |
| 四川 | 13.2 | 18.9 | 5.7 | 0.7 | 3.3 | 2.4 |
| 重庆 | 0 | 0 | 0 | 0 | 0 | 0 |
| 辽宁 | 3.3 | 10.3 | 7 | 4 | 2.3 | 4.7 |
| 吉林 | -0.1 | 6 | 6.1 | 0.1 | 1 | 5.1 |
| 黑龙江 | -0.1 | 1.1 | 1.2 | 0.1 | 1.1 | 0.1 |
| 陕西 | 48.9 | 81 | 32.2 | 1.2 | 6.3 | 25.8 |
| 甘肃 | -0.6 | 516.7 | 517.3 | 0.6 | 429.8 | 87.4 |
| 青海 | 2.1 | 413.6 | 411.5 | 0.2 | 348.1 | 63.4 |
| 宁夏 | 41.4 | 215.1 | 173.7 | 0.4 | 155.1 | 18.7 |
| 新疆 | 50 | 376 | 326 | 0 | 277 | 49 |
| 西藏 | -1.9 | 11.1 | 13 | 0 | 11 | 2 |
| 内蒙古 | 18.9 | 303 | 284.1 | 0 | 122.1 | 162 |
| 广东 | 4.7 | 50.8 | 46.1 | 44.3 | 25.8 | 20.3 |
| 广西 | 1 | 5.5 | 4.5 | 4.5 | 4.1 | 0.4 |
| 云南 | 2.9 | 31.2 | 28.3 | 0.1 | 11.1 | 17.2 |
| 贵州 | 3 | 3 | 0 | 0 | 0 | 0 |
| 海南 | 1.1 | 18.9 | 17.8 | 3.8 | 7.9 | 9.9 |

截至2014年底，全国光伏发电累计装机容量2 858.3万千瓦，同比增长60%，其中，光伏电站2 542.1万千瓦，分布式317.8万千瓦，年发电量约250亿千瓦时，同比增长超过200%。2014年新增装机容量946.9万千瓦，约占全球新增装机的五分之一，占我国光伏电池组件产量的三分之一，实现了《国务院关于促进光伏产业健康发展的若干意见》中提出的平均年增1 000万千瓦

目标。其中，光伏电站855万千瓦，分布式205万千瓦。另外，截至2014年末，新疆累计建成光伏发电装机326万千瓦，从2011年的全国第7位跃居到第3位；累计建成风电装机803万千瓦，风电装机规模从2011年的全国第8位跃居到第3位。

目前，导致发电设备利用小时数创历史新低的主要原因是“受电力需求增长放缓、新能源装机比重不断提高等因素影响”。对于电力行业，对于发电设备利用小时数，一般情况下，若全年设备利用小时数在5 500小时以上，则表明该地区用电趋紧，5 000小时为用电平稳，低于4 500小时则用电情况相对饱和，一般无需新增装机。从国家能源局通报的2014年全社会用电量情况看，一方面，全社会用电量同比增长3.8%，相比2014年初预计的全社会用电量同比增长7%左右“折速”近一半；另一方面，2014年全国6 000千瓦级及以上电厂发电设备平均利用小时数为4 286小时，同比减少235小时，创1978年以来最低水平。因此，可以看出，我国用电增速已经进入了“换挡期”。

2. 新疆风、光电行业主要技术指标

**表7　　2014年新疆电网风区风电运行情况表**

| 主要风区 | 装机容量（万kW） | 累计发电量（万kWh） | 年利用小时数（小时） | 盈亏平衡小时（小时） | 标杆电价（元/kW. h） | 单位千瓦投资（元） | 实际厂用电率（%） | 配套输变电损失率（%） |
|---|---|---|---|---|---|---|---|---|
| 1. 达坂城风区 | 138.2 | 30.5 | 2364 | 1 803.8 | 0.51 | 7 819 | 1.4 | 4 |
| 2. 小草湖风区 | 98.7 | 14 | 1 977 | 1 782 | 0.58 | 7 271 | 2 | 1 |
| 3. 老风口风区 | 54.5 | 12.7 | 2 377 | 1 125 | 0.58 | 8 039.5 | | |
| 4. 阿拉山口风区 | 34.7 | 5.5 | 1 960 | 1 429 | 0.58 | 9 966.7 | | |
| 5. 额尔齐斯河区 | 92.7 | 17.9 | 2 344 | 1 582.4 | 0.58 | 6 787.3 | 2.1 | 3.8 |
| 6. 哈密地区 | 369.75 | 55.2 | 2 396 | 1 437.3 | 0.58 | 7 717.9 | 3.17 | 4.33 |

**表8　　2014年新疆电网各地州光伏发电运行情况表**

| 各地州市 | 装机容量（万kW） | 累计发电量（亿kWh） | 年利用小时数（小时） | 盈亏平衡小时（小时） | 标杆电价（元/kWh） | 单位千瓦投资（元） | 实际厂用电率（%） | 配套输变电损失率（%） | 度电成本（元/kWh） |
|---|---|---|---|---|---|---|---|---|---|
| 1. 乌鲁木齐 | 9 | 1.1126 | 1 816 | 1 452.8 | 0.95 | | | 3～6 | |
| 2. 昌吉 | 12 | 1.3175 | 1 733 | 951 | 0.95 | 9 741.35 | 1 | 1 | |
| 3. 吐鲁番 | 42 | 5.1140 | 1 607 | 1 300 | 0.95 | 11 300 | 1.8 | | 0.49 |
| 4. 奎屯 | 2 | 0.2372 | 1 628 | 830.3 | 0.95 | | 1 | 1 | |
| 5. 博州 | 16 | 1.9098 | 1 402 | 804.53 | 0.95 | | | | |
| 6. 哈密 | 88 | 11.4790 | 1 680 | 796.4 | 0.9 | 11 522.2 | 1.25 | 2.13 | 0.364 |
| 7. 阿勒泰 | 6 | 0.7639 | 1 823 | 718 | 0.9 | 11 248 | 1.06 | 6.34 | 0.43 |
| 8. 塔城 | 3 | 0.4111 | 1 402 | | 0.9 | | | | |
| 9. 伊犁 | 3 | 0.3579 | 1 700 | 867 | 0.95 | 11 302 | 1 | 1 | |
| 10. 巴州 | 47 | 5.9894 | 1 598 | 750.64 | 0.95 | 11 372.7 | 0.3 | 1 | 0.52 |
| 11. 阿克苏 | 40 | 4.7455 | 1 505 | 816.21 | 0.95 | 9 604.78 | | 2 | 0.52 |
| 12. 喀什、克州 | 32 | 3.4086 | 1 497 | | 0.95 | | | | |
| 13. 和田 | 26 | 3.3933 | 1 467 | 713 | 1 | 8 428 | 0.66 | 2.14 | 0.69 |

表 9　　**2014 年新疆电网风区度电成本情况表**

| 主要风区 | 资产负债率 <40 | | 40% <资产负债率 <80 | | 80% <资产负债率 <90% | |
|---|---|---|---|---|---|---|
| | 度电成本（元/千瓦时） | 构成和占比 | 度电成本（元/千瓦时） | 构成和占比 | 度电成本（元/千瓦时） | 构成和占比 |
| 1. 达坂城风区 | 0.36 | 折旧 0.1 188 元/度，人工 0.0396 元/度，物耗 0.035 元/度，财务费 0.05 元/度，管理费 0.09 元/度，所得税 0.0167 元/度。主要成本构成比：折旧占度电成本 33%、人工占 11%、物耗占 9.72%、运营费用占 2.78%、财务费用占 13.88%、管理费用占 25%、所得税占 4.62%。利润构成主要是来自于标杆电费及补贴电费收入，其中标杆电价每度 0.25 元，补贴电价每度 0.259 元。 | 0.21~0.4 | 折旧占度电成本 35%~50%、人工及其他占 3%~10%、财务费用占 38%~41%、税费占 5%~23%。利润构成主要是来自于标杆电费及补贴电费收入，其中标杆电价每度 0.25 元，补贴电价每度 0.259 元。 | | |
| 2. 小草湖风区 | | | 0.23~0.47 | 折旧占度电成本 34%~50%、人工及其他占 17%~20%、财务费用占 30%~34%、税费占 0~18%。利润构成主要是来自于标杆电费及补贴电费收入，其中标杆电价每度 0.25 元，补贴电价每度 0.259 元。 | | |
| 3. 老风口风区 | | | | | 0.36 | 折旧占度电成本 33%、人工及其他占 48.5%、财务费用占 13.88%、税费占 4.62%。利润构成主要是来自于标杆电费及补贴电费收入，其中标杆电价每度 0.25 元，补贴电价每度 0.259 元。 |
| 4. 阿拉山口风区 | | | | | | |
| 5. 额尔齐斯河区 | | | 0.37~0.39 | 折旧占度电成本 41%~43.2%、人工及其他占 2.56%~8.1%、财务费用占 27%~36%、税费占 0~21.6%。利润构成主要是来自于标杆电费及补贴电费收入，其中标杆电价每度 0.25 元，补贴电价每度 0.259 元。 | | |
| 6. 哈密地区 | 0.36~0.39 | 折旧占度电成本 33%~41%、人工占 10%~11%、物耗占 9.72%、运营费用占 2.78%、财务费用占 13.88%~28.2%、管理费用占 25%、所得税占 4.62%。利润构成主要是来自于标杆电费及补贴电费收入，其中标杆电价每度 0.25 元，补贴电价每度 0.259 元。 | 0.20~0.36 | 折旧占度电成本 33%~43%、人工及其他占 3%~15%、财务费用占 13.9%~48%、税费占 5%~42%。利润构成主要是来自于标杆电费及补贴电费收入，其中标杆电价每度 0.25 元，补贴电价每度 0.259 元。 | 0.22~0.42 | 折旧占度电成本 47.62%、人工及其他占 36.19%、财务费用占 26.18%。利润构成主要是来自于标杆电费及补贴电费收入，其中标杆电价每度 0.25 元，补贴电价每度 0.259 元。 |

（1）从风电布局看，新疆风力发电主要布局在达坂城风区、小草湖风区、老风口风区、阿拉山口风区、额尔齐斯河风区、哈密风区。其中，哈密地区不仅风力发电并网装机容量占全疆前6大风区风电并网装机总量比重最大，达到46.9%，且累计发电量也排名第1位。同时，年利用小时数也最高，达到2 396小时。从风力发电生产能力利用率指标看，老风口风区、哈密地区生产能力利用率分别为47.33%和59.99%；小草湖风区生产能力利用率较差，达到90.14%。从单位千瓦投资情况看，额尔齐斯河河谷风区和小草湖风区的单位千瓦投资最低，其次为达坂城风区和哈密风区，单位千瓦投资最高的风区为老风口风区和阿拉山口风区。从实际厂用电率及配套输变电损失率指标分析看，小草湖风区、达坂城风区最低，其次为额尔齐斯河风区和哈密风区。

（2）从光电布局看，新疆电网光伏发电装机容量排名靠前的地州主要为哈密、巴州、吐鲁番、阿克苏、喀什、克州和和田地区，其中，哈密地区光伏发电装机容量占到全疆的27%，累计发电量占到全疆光伏发电总量的28.5%。光伏发电装机容量较少的地区主要集中在奎屯、塔城、伊犁、阿勒泰、乌鲁木齐和昌吉地区。从年利用小时数指标看，年利用小时数较高的地区主要集中在阿勒泰（1 823小时）、乌鲁木齐（1 816小时）、昌吉（1 723小时）、伊犁（1 700小时），最低的是喀什和克州（1 497小时）、和田（1 467小时）、博州（1 402小时）、塔城（1 402小时）。从盈亏平衡小时数指标分析看，阿勒泰、巴州、哈密、和田等地区最低，分别为713小时、718小时、750.64小时、796.4小时；盈亏平衡小时数较高的地区是乌鲁木齐、吐鲁番、昌吉，分别为1 452.8小时、1 300小时和951小时。从盈亏平衡点（利用率）来看，盈亏平衡点较低的地区主要有阿勒泰、巴州、哈密、和田等地区，分别为39.39%、46.97%、47.4%、48.6%；盈亏平衡点较高的地区主要为吐鲁番、乌鲁木齐，均为80%。在单位千瓦投资指标方面，单位千瓦投资较高的地区主要为哈密（11 522.2元）、巴州（11 372.7元）、伊犁（11 302元）和阿勒泰（11 300元），单位千瓦投资较低的地区主要为和田（8 428元）、阿克苏（9 604.78元）和昌吉（9 741.35元）。

（3）从新疆电网各地州风、光电度电成本来看，光伏发电的度电成本远高于风力发电度电成本，究其主要原因在于光伏发电的单位千瓦投资高于风力发电。就光伏发电而言，目前全疆光伏发电度电成本较低的区域主要集中在哈密（0.364元）、阿勒泰（0.43元）、吐鲁番（0.49元），度电成本较高的区域主要集中在和田地区（0.69元）、哈密（0.52元）、阿克苏（0.52元）。在风力发电方面，影响风电场度电成本高低的原因较为复杂，不仅受企业资产负债率的影响大，而且受折旧成本、管理费用高低的影响也很大。另外，还受到弃风率的影响。据调查统计，资产负债率小于40%的风力发电企业，其风力发电度电成本相对稳定，如达坂城风区的度电成本在0.36元，哈密地区度电成本在0.36元～0.39元；40%＜资产负债率＜80%的风力发电企业，哈密地区风电场风度电成本在0.20元～0.36元，达坂城风电场风度电成本在0.21元～0.40元，小草湖风区度电成本在0.23元～0.47元，额尔齐斯河风区度电成本在0.37元～0.39元；80%＜资产负债率＜90%的风力发电企业，老风口风区平均度电成本为0.36元，哈密地区风区度电成本为0.22元～0.42元。从弃风率来看，2014年，新疆的平均弃风率为15%。其中：弃风率较低的风区主要集中在哈密巴里坤风区（5%～7%）、小草湖风区（6.5%）、老风口风区（5.7%）；弃风率较高的风区主要集中在达坂城风区（20%）、哈密十三间房风区（15%）、哈密三塘湖风区（15.3%）、额尔齐斯河风区（15%）。另据国家能源局数据显示，2015年第一季度，全国风力发电平均弃风率为18.6%，同比上升6.6个百分点，其中新疆为26%。究其主要原因在于：新能源建设与电网的消纳能力不匹配，与电网建设不同步，最终导致出疆通道不畅，影响了在更广泛的范围内消纳新能源的能力。据统计，2014年1—12月底，疆电外送电量达175.2亿千瓦时，由哈密—郑州±800千伏直流输电工程和750千伏与西北主网联网第一通道、第二通道送出，其中风光电外送26.92亿千瓦时，占全部疆电外送的15.36%，外送电源的主力为哈密能源基地。

**（五）风、光电行业发展趋势**

2015 年是“十二五”的最后一年，也是检验国家规划目标能否顺利实现的关键一年，宏观政策仍将保持积极的财政政策和稳健的货币政策，但以调整经济结构和促进体制改革为主，GDP 增长为 7.2% 左右。预计 2015 年全国新增发电装机约 9 140 万千瓦，其中水电 1 370 万千瓦，火电 4 260万千瓦，核电 660 万千瓦，风电 1 800 万千瓦，光伏 990 万千瓦。2015 年底，全国装机容量将达到 14.4 亿千瓦，比 2014 年底增长 6.8%。其中，水电 3.14 亿千瓦，火电 9.57 亿千瓦，核电 2 561万千瓦，风电 1.11 亿千瓦，太阳能发电 3 200万千瓦，非化石能源装机比重达到 33.6%，将比 2014 年提高 1.3%。2015 年，由于电力需求中速增长，加之装机投产规模保持稳定、电煤供应状况较好，预计全国电力供需总体平衡。华北电网电力供需紧张，最大电力缺口超过 800 万千瓦；华东、华中、南方电网电力供需平衡；东北、西北富余电力继续保持较大规模。

1. 从国民经济及其发展阶段看，当前我国处于由工业化中期向工业化后期、后工业化阶段过渡的重要时期，2020 年前我国将持续处于工业化和城镇化发展较快的阶段，处于全面建设小康社会的关键时期，经济仍具有保持较快增长的潜力。从产业结构和布局调整看，我国产业结构日趋优化和升级，第一产业比重将不断下降，第二产业比重总体趋于下降，第三产业比重将稳步上升；2020 年前将是我国整体工业化完成和产业部门升级提高的重要时期，其特点是由重化工业化向高加工度化过渡，以基础原材料为主的重工业仍将保持一定增长，但是增速将有所回落；工业产业逐步由一般或资源密集型加工工业向技术密集型加工工业转变，工业结构升级进程将加快。从我国的能源资源禀赋看，我国煤炭、水能、风能资源较丰富，油气资源不足，一次能源与生产力布局呈逆向分布，2/3 以上的煤炭和水能、风能资源分布在西部和北部，而东部地区经济较发达，能源供应紧张和节能减排都要求大力发展清洁能源，这就需要切实转变电力发展方式，更大范围地配置电力资源。因此，从需求侧和节能方面看，当前因雾霾引起的环境问题日益受到社会重视，传统粗放型发展模式难以为继，未来我国将继续完善价格引导、政策调控、市场调节等措施，进一步加强需求侧管理，抑制不合理用电需求；同时国家持续加大节能减排力度，推进经济发展方式转变，实施节能工程，推广节能产品和节能新技术，推动政府节能采购，这些措施将在一定程度上减缓电力需求的增长。另外，“十三五”期间，到 2020 年我国将基本形成“五基两带”能源开发布局，重点建设山西、鄂尔多斯盆地、蒙东、西南、新疆五个重点能源基地和东部核电带、近海油气开发带。期间，国家将提高国内能源产量，推进节能提效，优化能源结构，大力发展水电、核电、风电、太阳能、地热能，鼓励能源国际合作，推进能源技术和体制创新，加强能源监管。其中风电集中开发主要布局在“三北”地区和东部沿海，重点依托酒泉、哈密、蒙西、蒙东、吉林、黑龙江、山东、江苏等 9 个基地开发建设；太阳能发电集中开发主要布局在新疆、青海等西北地区；其他地区风电和太阳能发电主要以分散开发为主。预计到 2020 年，我国发电装机总需求约 20 亿千瓦左右，非化石能源和化石能源发电装机比约为 4:6，其中风电和光伏发电装机分别达 2 亿千瓦和 1 亿千瓦以上。前者是“十二五”目标的一倍，后者是“十二五”目标的五倍。

2. 从电力流向看，为满足北方煤电、西南水电的电力送出和京津冀、江浙沪、广东以及华中东四省等地区用电需要，到 2020 年，我国将新增大气污染防治行动计划十二条输电通道：酒泉—湖南、准东—皖东、东北外送、四川—华中东四省通道。“西电东送”北、中、南三个通道的输电规模仍将保持快速增长势头，由目前的 1.3 亿千瓦提高到 2 亿千瓦左右。其中，北通道将延续山西、内蒙古送电京津冀鲁为主的格局，中通道形成三峡、西南水电与山西、蒙西、新疆火电并举送华东、华中的格局，南通道延续西南水电、火电送广东、广西的格局。

综上分析，我们认为，未来我国风力发电行业仍有较大的发展空间。

## 二、新疆“风、光电”行业信贷经营特点及风险特征

**（一）新疆“风力发电”行业信贷经营特点**

截至 2014 年底，建行新疆维吾尔自治区分行

风、光发电行业贷款余额144.85亿元，约占电力行业贷款余额的69.3%。其中：风电占41.82%，光电占27.47%；贷款利息实收率达到100%，不良贷款为零。从其发展趋势来看，风电行业的信贷余额呈逐年快速增长态势。

从信贷投放的主要客户来看：风、光电主要为国电、华电、大唐、华能、中电投、中核集团、中广核、国投公司、粤水电风能公司、天山电力等重点客户，其中五大电力企业为投放重点，风电项目主要集中在哈密、乌鲁木齐、昌吉、阿勒泰、塔城等主要风区；光电项目主要分布在哈密、巴州、阿克苏、吐鲁番、喀什和克州等地。

从风、光电产品的特点来看，风、光发电具有反调峰的特性，不能储存，或接入主网外送，或就地消纳，存在“弃风”问题；项目一次性投入大，投资回收期较长，贷款偿还期一般在12～13年；风、光电企业的资产负债率普遍偏高，多在75%～80%之间。

从风电成本构成来看，主要包括折旧（一般占33%）、人工工资（占11%）、物耗（占9.7%）、运营费用（2.78%）、财务费用（13.88%）、管理费用（占25%）、所得税（占4.62%）。

从风电利润构成来看，主要是来自标杆电费及补贴电费收入。标杆电价每度0.25元，补贴电价为每度0.26元～0.28元。风电补贴电费较正常标杆电费滞后，周期较长，国家能源局管理平台每年至少给企业结算一次补贴电费。从光电利润构成来看，主要是来自标杆电费及补贴电费收入。标杆电价每度0.25元，由电网公司按供电量支付，光伏补贴约0.75～0.85元（约为总价款减基本电价），CDM收益目前均未收到。利润主要来自补贴。光伏成本约在0.65元左右。

从风、光电行业贷款的信用结构来看，除五大电力风电项目贷款均采取电费收费权质押外，其他风电项目贷款多采取“母公司担保+电费收费权质押”，或“建成后追加固定资产抵押+电费收费权质押”。

**（二）新疆“风、光发电”行业信贷风险特征**

1. 政策性风险。风、光电项目的上网政策以及电价的确定均由政府决定，未来电价和税收优惠政策若出现负面调整，将会在一定程度上影响该项目的收益和偿债能力。

2. 市场风险。项目上网电量能否达到预期水平存在一定不确定性。据悉，新疆电网近年来投产的电源尤其是风、光电机组装机较多，受风电调峰能力的限制，且供暖季节需保证一定热电联产机组运行，风、光电出力存在一定受阻现象。

3. 资源风险。由于风、光发电项目主要依靠风力、太阳能资源产生收入，而项目所处区域的破坏性风力、极端气候对项目风机正常运转则有一定的影响。因此，自然气候的变化会导致项目未来发电量存在较大的不确定性。

4. 扩容风险。由于风、光电本身特点，使得风、光发电上网量不能占据主要位置，根据相关数据，2014年，我国风力发电量为1 500多亿千瓦时，占全部发电的比重为2.75%。就新疆而言，目前风力发电占全疆发电总量的6.89%、光伏发电占全疆发电总量的2.05%。另据统计，2014年1—12月，全国风电并网新增容量为1 981.3万千瓦，累计并网容量为9 637.09万千瓦，其中，新疆新增风电装机容量303.3万千瓦，居全国第2位；2014年1—12月，全国光伏发电并网新增容量为946.9万千瓦，累计并网容量为1 595.2万千瓦，其中，新疆新增风电装机容量49万千瓦，居全国第4位。由于风、光电间歇性、不稳定的特性，当风、光电在总电量中的比例超过5%～10%时，将对电网的安全稳定造成一定的影响，如风电机组上网规模过大，电网公司或为电网安全而弃风（光）运行。而新疆电网相对薄弱，虽然“十二五”期间的前四年新疆电网对外大规模送电已启动，外送电方案和规模为：2010年，新疆建成与西北电网双回750kV联络线，向西北电网最大送电规模约1 000MW；2013年，建成哈密至“三华”电网的首条±800kV特高压直流工程，送电规模7 600MW；建成与西北第二交流输电通道，向青海电网送电，送电能力达到5 000MW。但是，目前疆电外送输电线路已基本饱和。

按照新疆电网未来的发展规划，“十三五”期间，国家电网公司将进一步加大对新疆的支持力度，计划投资2 019亿元，用于新疆电网建设。在“疆电外送”方面，预计到2020年，新疆将规划建成投运准东至川渝±1 100kV特高压直流（送电规模10 000MW）、准东至华东±1 100kV特高压直流、哈密至川渝±800kV特高压直流（送电规模 7 600MW）输电工程，伊犁至巴基斯坦 ±660kV 直流输电工程，若羌至青海花土沟 ±750kV 输变电工程；在疆内 ±750 千伏电网建设方面，将建成投运乌昌都市圈环网、天山东环网、天山西环网、喀什克州核心区环网和塔里木环网五大 750 千伏环网。这些工程建成后，与之前建成的新疆与西北主网第一、第二通道形成“五直流、三交流”外送电源通道，成为连接西部边疆与中原地区的“电力丝绸之路”。目前，新疆“疆电外送”能力为 1 300 万千瓦，随着“五直流、三交流”外送电源通道的全部建成，2020 年“疆电外送”能力将提高到 5 000 万千瓦，年外送电量超过3 000亿千瓦时。我们认为，随着外送通道的建成、疆内电网的建设和完善，风、光电的上网和消纳将会有较大的提升。

5. 资本金风险。风、光发电项目所需资本金能否足额按时到位，将依赖于借款人的控股股东。在目前风、光电项目建设融资需求旺盛，风、光电设备制造企业融资渠道较多，主要倾向于直接融资方式的形势下，因此，我行客户经理、项目评估人员及专职贷款审批人需要对股东的出资能力进行认真评估。

## 三、行业信贷政策可选用的主要标准及管控措施

### （一）区域策略方面

1. 建议我行积极支持哈密三塘湖—淖毛湖风区、哈密东南部风区、哈密十三间房风区、吐鲁番小草湖风区、乌鲁木齐达坂城风区等已列入规划、并有预留电力接入能力的风力发电项目建设。目前，上述区域“疆电外送”通道已经建成，且区域内平均利用小时数均在 2 200 小时以上。

2. 建议对塔城老风口、额尔齐斯河河谷风区、阿拉山口风区的部分能够接入国家电网的风力发电项目适度支持；对于就地消纳的风力发电项目，则要审慎介入。

3. 对光伏发电项目，由于我区光伏发电年均利用小时数均高于全国平均标准（1 100 小时），加之我区疆域辽阔，在支持光伏发电建设项目上应重点把控两点：一是看光伏发电项目可否就地消纳，满足当地经济发展用电需求；二是看其是否能够接入国家超高压电网外送。对于不满足上述条件之一的，应审慎介入。

### （二）客户策略方面

应把握五大电力集团（华能、大唐、华电、国电、中电投）、国家电网、国投、国华、中广核、中核、中节能等大型国有企业及其控股企业为实现其国家规定的清洁能源配额而大力发展风电、增加风电投资的机会，加强风电项目营销联动，重点支持自治区列入国家“十二五”规划中的风电基地项目。同时，还应注重对具有较强实力的地方和民营背景的风电项目营销，通过改进产品与创新服务模式，拓展风电信贷市场。

### （三）项目策略方面

1. 严格落实总行关于风力和太阳能发电客户准入标准。重点支持总行级战略性客户、总行级重点客户及其控股企业投资项目，择优扶持大型地方国企项目，项目需列入自治区及兵团产业规划布局。

2. 项目应取得包括核准（备案）批复、环评批复、土地预审批复、电网接入批复等必要的行政许可文件。项目主要股东或所属集团应具备一个及以上已完工并网且盈利的风电项目；公司盈利能力看好，相关补贴及时到位；具有较强资金实力，可保证项目顺利建设，并取得电网公司上网承诺；具有配套风电输出线路，可保证项目建成后具备上网条件；项目资本金比例不低于 20%（民营企业项目资本金比例不低于 30%，且母公司提供连带责任担保）的客户及项目可准入。

3. 重点支持自治区列入国家“十二五”“十三五”规划中的风、光电基地项目及国内风电设备制造业的龙头企业——新疆金风科技。同时，注重对具有较强实力的地方和民营背景的风、光电项目营销，通过改进产品与创新服务模式，拓展风电信贷市场。

### （四）差别化信贷政策

1. 建议制定实施差别化的行业营销与风险管理策略，大力拓展风、光电行业市场。风、光电场属于稀缺资源，多数处于经济较不发达地区。这些地区的分行面临着来自同业的激烈竞争，由于受限于统一的区域与机构风险控制标准与流程，不同程度存在有风、光电客户流失的情况。为在同业竞争中迅速提升风、光电信贷市场份额，建议总行应尽快研究实施差别化的经营策略，以提

升对风、光电行业的经营服务效率。

2. 探讨多种融资渠道相结合，对风力发电项目给予融资支持。相对风、光电设备制造企业，风、光发电行业由于前期投资额大、投资回收期长，融资需求旺盛。在以固定资产贷款等传统信贷产品满足客户融资需求的同时，应积极探索以资产证券化、融资租赁、信托产品等方式，满足客户需求。

3. 鉴于哈密、达坂城千万千瓦级风、光电基地项目和小草湖、十三间房、额尔齐斯河谷百万千瓦风电基地项目将被列入国家“十三五”发展规划，建议总行在风、光发电行业的信贷支持力度方面能向新疆维吾尔自治区分行倾斜。

**（五）风险控制方面**

1. 客户经理要严格按照实贷实付原则对贷款进行受托支付，保证项目贷款确实用到项目建设当中。同时，项目资本金要与我行贷款同比例到位。对资金雄厚、抗风险能力强的五大电力集团及其他大型国有控股的风、光发电建设项目，项目资本金比例应不低于20%；而对于非国有风、光发电建设项目，则要求其项目资本金比例不低于30%，并要求接入国家电网。

2. 加强风、光发电行业的研究，逐步建立和完善风、光发电贷款风险管理体系，根据项目具体情况涉及第三方担保、额外保险和机构担保，建立灵活有效的信用结构，防范贷款风险。

3. 重点关注风光发电项目的实际电费收入、盈利持续性及政府补贴到账情况；就地消纳的风力发电项目，要时时关注借款人的信用和经营情况以及就地消纳地区的用电负荷情况；要强化贷前分析，严格落实风场条件，并通过提升发电利用小时数（如风力发电 2 200 小时、光伏发电 1 200小时）等措施筛选优质风电项目，控制相关风险。

4. 加强对风、光电行业政策变化的监控，及时调整行业经营策略。一方面，要强化对风电行业政策变化的监测与演变趋势分析，提前把握政策变化趋向，及时调整经营策略；另一方面，针对可能的政策变动进行压力测试，积极控制政策风险。

5. 关注项目资源评估、设备选型以及电网接入等环节风险，提升风电项目信贷经营安全边际。不仅要强化贷前分析，严格落实风场条件，控制相关风险，而且还应加强对设备及风场适应性方面的调查评估，严控设备选型，规避设备与技术风险。同时，关注风电项目开发与电网配套建设的协调性，对于未能取得电网公司上网承诺的风电项目一概不予支持，规避风电接入风险。

# 大连市船舶行业发展的金融支持策略

**大连市分行风险管理部　徐淑梅**

## 一、行业现状分析

船舶制造业是高度国际化的行业，一方面必须完全遵循国际船级协会和国际海事组织制定的行业标准和规范，另一方面船舶制造企业的生产经营与世界经济运行周期密切相关。2015 年上半年，受世界经济复苏疲软、全球航运市场低迷、油价持续下跌等影响，我国新承接船舶订单大幅下降，海洋工程装备市场明显萎缩，船舶制造企业交船难、融资难、盈利难、转型难等问题依然突出，行业风险仍未得到有效释放。

**（一）行业三大指标继续恶化，企业持续经营受到威胁**

根据英国克拉克松研究公司的数据，2015 年上半年，世界造船完工量 4 994 万载重吨，新接订单 3 694 万载重吨，6 月末手持订单量 29 887 万载重吨，造船完工量增速放缓，新接订单继续大幅下降，手持订单量同比下降。与此相似，我国船舶制造业三项指标分别为 1 998 万载重吨、756 万载重吨和 13 129 万载重吨，占比分别为 33%、19.3% 和 37.6%，下降明显。正如之前的普遍预测，随着需求结构的改变，我国三项指标曾经连续两年均位列世界第一的局面已然被改变，尤其是新接订单占比不及韩国一半，形势相当严峻。近几年，由于“接单荒”，国内大部分船企开工严重不足，部分企业甚至陷入无船开工的窘境，部分中小船厂已经出现船台空置、资不抵债、停产、破产、实际控制人“跑路”等现象，一些实力雄厚的大型在连外资船企如 STX 大连造船、大洋船舶等同样未能幸免。

**表 1　2015 年 1—6 月世界造船三大指标情况**

| 指标/国家 | | 世界 | 中国 | 韩国 | 日本 |
|---|---|---|---|---|---|
| 2015 年 1～6 月造船完工量 | 万载重吨 | 4 994 | 1 998 | 1 424 | 1 240 |
| | 占比重% | 100 | 40.0 | 28.5 | 24.8 |
| | 万修正总吨 | 1 903 | 628 | 656 | 367 |
| | 占比重% | 100 | 33.0 | 34.5 | 19.3 |
| 2015 年 1～6 月新接订单量 | 万载重吨 | 3 694 | 756 | 1 959 | 752 |
| | 占比重% | 100 | 20.5 | 53.0 | 20.4 |
| | 万修正总吨 | 1 329 | 256 | 592 | 268 |
| | 占比重% | 100 | 19.3 | 44.6 | 20.2 |
| 2015 年 6 月底手持订单量 | 万载重吨 | 29 887 | 13 129 | 8 650 | 5 799 |
| | 占比重% | 100 | 43.9 | 28.9 | 19.4 |
| | 万修正总吨 | 10 899 | 4 096 | 3 280 | 1 969 |
| | 占比重% | 100 | 37.6 | 30.1 | 18.1 |

注：此表数据来源于英国克拉克松研究公司。

**（二）航运市场持续低迷，船东弃船风险加大**

全球经济复苏缓慢，国际航运市场和新船市场仍然处于深度调整阶段。进入 2015 年，全球航运业持续低迷，代表国际干散货运价水平的 BDI 指数仍在低位徘徊，航运市场不景气导致运费大幅下降，高成本低收益运营对船东盈利水平造成巨大负面影响，多数航运企业亏损经营，船东已订船舶支付进度款困难；同时，受国际原油价格暴跌的影响，海洋工程装备制造和营运市场延续低迷态势，船东对前几年订造的船舶接船积极性不高，散货船改油船订单的现象频繁发生，更改设计、变更合同期、严格检验、调整船价、撤单等现象日趋增多，如果船价下跌部分超过前期预付款，甚至出现了船东技术性弃船情况。

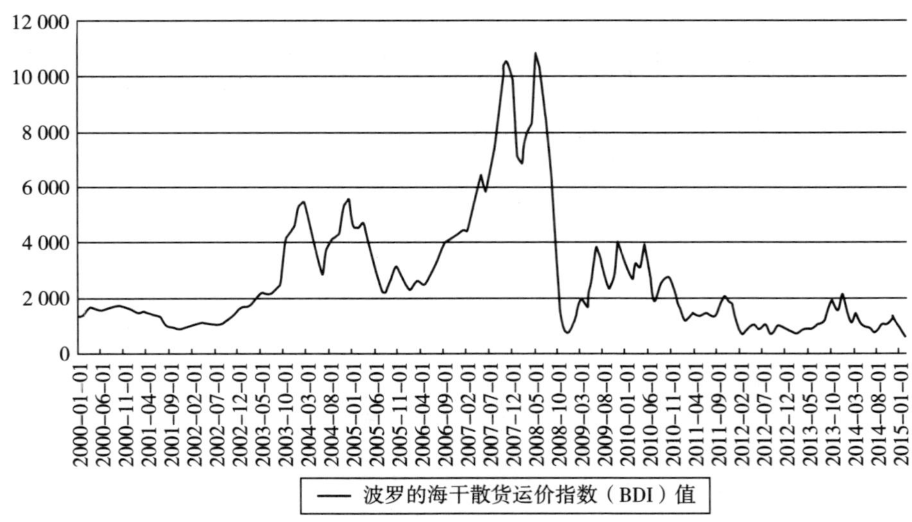


注：数据来源于中国船舶工业行业协会。

**图 1　波罗的海干散货运价指数**

**（三）船价下降、成本提升，船企盈利空间受到挤压**

根据中国船舶工业行业协会的统计，截至2015年1月，国际船舶价格基本稳定在船市高点时的70%左右。由于船舶行业的滞后效应，自2008年国际金融危机开始船价下行，直到2010年基本趋于稳定在成本价左右，至今仍无回暖迹象。同时，人民币升值、融资成本提高、原材料价格上涨、劳动力成本刚性上升，还有国际造船新标准实施等诸多因素，使得造船成本大幅上升，全面挤压了船企的盈利空间。



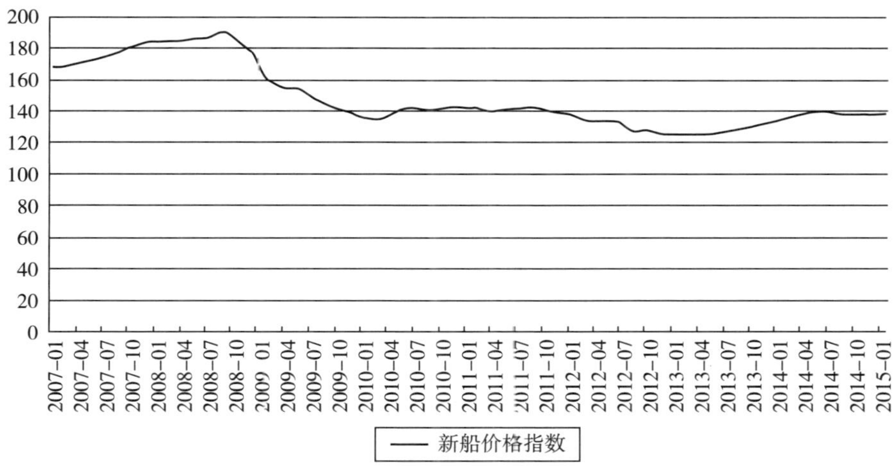


注：数据来源于中国船舶工业行业协会。

**图2　新造船价格指数**

**（四）市场需求发生变化，结构调整转型升级任重道远**

随着全球尤其是欧洲各国在环保方面的要求日趋严格，各种安全与绿色规范频频出台，各种“绿色”船型备受青睐，从而使得以传统船型为主的我国造船企业面临较大产品结构调整压力，既要做好现有船型的升级换代工作，又需要在高端船型研发领域尽快实现突破。上半年新船市场较为低迷，在超大型集装箱船和油船订单上，韩国船厂凭借技术优势承接大量订单；在散货船订单上，日本船厂借本币贬值的机遇和我国抢夺订单。面对日、韩企业的强势竞争，我国船舶工业加快结构调整、转型升级步伐，提高创造市场、开发市场能力任重道远。

**（五）金融机构支持审慎，企业资金周转日趋紧张**

船舶行业是典型的资金密集型行业。对于船舶制造企业而言，一方面前期高价船交付完毕，盈利水平受到较大影响；另一方面由于航运市场低迷，运费下降，船东盈利能力下降甚至亏损，资金普遍紧张，新船预付款比例大幅下降，使得船厂在交船前需要投入大量自有资金或银行融资。国内银行对于船舶行业客户的信贷支持收缩，进一步加剧了造船企业融资难、交船难。

## 二、行业发展预测

由于当前航运市场运费震荡下滑、新船价格不断下降、新接订单量锐减、船队运力规模快速攀升、大量船舶船龄相对年轻，未来市场供给压力仍然较大。预计2020年前，除船型热点转换外，全球新造船市场整体需求不会出现大的增幅，2020年后需求将有所放大。针对全球新造船市场未来需求及中长期走势等热点问题，在2015年6月召开的国际造船专家预测会上，来自中国、韩国、欧洲和日本造船行业协会及企业的船舶市场研究专家对此进行了充分交流和探讨。

与会代表重点对主要船型中长期新船需求进行了预测，普遍认为油船、气体运输船受油价下降和美国页岩气出口增长将会有稳定需求。世界经济缓慢复苏将有利于集装箱船尤其是超大型集装箱船的需求增长。散货船受到市场供需失衡的影响，近两年将会出现短暂低迷，长期来看仍将保持增长。国际原油价格低迷影响了海工市场近期走势，原油价格上涨仍面临诸多不确定性，受此影响，不少油公司削减油气开发资金支出，预计短期海工市场将继续保持低位，随着未来油价逐步攀升，市场可望保持稳定。豪华邮轮、其他货运船（包含汽车运输船）、港口作业拖船、挖泥船、渔船和极地运输船等特种船型新船需求在未来将会有所增长。

## 三、地区整体情况

依托环渤海地区与日、韩造船强国金三角的区位与资源优势，辽宁省现有船舶工业企业200余家，现有大连（环大连湾、旅顺、长兴岛）、葫芦岛、辽河入海口（盘锦、营口）三大造船基地和10个专业化船舶配套园区。作为辽宁省最大的造船产业基地和国家三大重点船舶产业基地——环渤海区域的核心，大连汇集了一大批国际知名的船舶建造企业，拥有规模以上造、修船企业28家，船舶研发中心和设计公司20家，船用配套企业150余家，基本形成了以建造、修理、配套、技术研发及试验设施等为一体的结构较为合理、门类日趋齐全、互补性逐渐增强的船舶工业体系。近年来，中船重工集团、中远集团、韩国STX集团等世界知名企业投资建设的大型造修船及海洋工程项目纷纷落户大连，形成了以大连船舶重工集团有限公司、STX（大连）造船企业集团、大连中远船务工程有限公司、大连辽南船厂为支撑的大连湾、旅顺、长兴岛三大船舶产业基地和五个船舶配套园，船舶制造能力达到千万载重吨，成为世界最大造船城市之一。

根据有关统计数字，2013年，大连市规模以上（年主营业务收入2 000万元及以上工业法人单位）船舶制造行业企业110家，从业人员5.3万人，资产总额1 425.6亿元，较上年下降18.3%；全年工业总产值531.6亿元，同比下降36.7%；出口交货值187.5亿元，同比下降58.8%；产品销售收入499.6亿元，同比下降40.4%；利税总额40.1亿元，同比下降56.1%。受世界经济运行趋势和行业景气度持续低迷的影响，全市船舶工业产值、收入、出口、利润、利税均呈负增长，较上年大幅下滑。

## 四、金融支持策略建议

近年来，我国造船企业努力克服全球金融危机带来的签单难、交船难、融资难、盈利难、转型难等一系列困难，手持订单量继续保持领先优势，但我国船舶工业在高速发展过程中也积累了不少矛盾和问题，主要表现在：创新能力不强，结构性矛盾突出，低端产能过剩，高端产能不足，产业集中度较低，生产效率和管理水平亟待提高，船舶配套产业发展滞后，海工装备发展步伐缓慢。与世界造船强国相比，我国船舶工业整体水平和实力仍有较大差距。随着需求结构变化，国际海事新标准、新规范频繁出台，世界造船竞争格局面临深度调整，船舶行业发展面临较大风险，而这也恰恰是我国实现船舶工业由大到强转变的关键机遇期。

2014年11月，习近平总书记在中央财经领导小组第八次会议上提出，我国经济正在实行从“引进来”为主到“引进来”与“走出去”并重的重大转变。12月，李克强总理在国务院常务会议上提出，统筹国内、国际两个大局，加大金融对企业“走出去”的支持，是稳增长、调结构的重要举措。

上半年，国务院出台了《中国制造2025》，把海洋工程装备和高技术船舶列为十大重点发展领域之一，并配套下发了《关于加快培育外贸竞争新优势的若干意见》和《关于推进国际产能和装备制造合作的指导意见》等文件，要求强化船舶等装备制造业和大型成套设备出口的综合竞争优势；人民银行等九部委联合发布了《关于金融支持船舶工业结构调整促进转型升级的指导意见》；发改委发布了《战略性新兴产业专项债券发行指引》；财政部、工信部、保监会联合发布了《关于开展首台（套）重大技术装备保险补偿机制试点工作的通知》；工信部发布了《军民融合深度发展2015专项行动》等文件。这些政策对稳定船舶工业健康发展起到了重要作用，为船舶工业迈进“3.0时代”带来了新的机遇。

中国船舶工业行业协会牵头编制的船舶工业“十三五”发展规划初稿，明确未来将重点扶持高端海工装备，并配套出台推动船舶兼并重组、高技术船舶“走出去”，如船舶出口信贷扶持等政策；推进行业军民融合深度发展；支持企业信息化建设，打造智能船厂；加强配套设备自主化建设能力；推进行业混合所有制改革。提出到2020年高技术船舶、海洋工程装备及关键配套设备制造能力明显增强，进入世界海洋工程装备制造先进国家行列；造船产量占全球份额40%以上，力争达到50%；高技术船舶、海工装备核心技术主要产品国际市场占有率达到30%以上，海洋油气开发装备关键系统和设备本土化率达30%以上。

当前政治经济形势下，地方政府和金融行业配合各项国家战略和产业政策支持船舶制造企业推进产业结构调整、加快转型升级、提高综合实力和抗风险能力，推进军民融合，除了履行服务实体经济发展的本职职责以外，还将具有更加深远的社会意义。鉴于此，建议地方政府保持各项优惠支持政策的延续性，对尚未落实的政策尽快研究落实，保险公司创新产品满足企业投保需求；此外，结合国际金融危机爆发以来大连地区船舶行业发展情况，针对银行业金融机构提出如下行业、客户和产品的差别化金融服务支持策略。

**（一）重点支持行业**

一是服务国家“走出去”重大战略的实施，配合化解国内造船产能过剩的局面，重点支持金属船舶制造行业向境外的产能转移及相关企业在中亚、东盟、东欧、非洲、拉美等国家投资建厂。

二是切实促进行业结构调整和企业转型升级。重点支持海洋工程装备制造行业中的高端海工装备制造企业；对于金属船舶制造行业，优先支持符合工信部109项船舶行业新标准的产业升级项目和国家规划内改扩建和新建大型造船项目，严格控制其他造船新增产能和重复建设项目。由于船舶配套工业是现代造船工业的重要支撑和组成部分，随着船舶市场需求结构的变化，船舶配套市场也将随之发生改变，因此，建议加大对符合《规划》涉及范围船舶配套行业企业的金融支持力度，从而加强船舶配套设备自主化建设能力。

三是贯彻军民融合国家战略，鼓励军工企业生产民用基础设施和“民参军”，推进军民融合深度发展。

**（二）重点支持客户**

由于外资企业在国内投资已经获得了土地、税收等优于内资企业的诸多优惠政策，使得内资企业在竞争之初已处于劣势；而且，外资企业在国内投资无疑受利益驱动，一旦国内经济形势、政策变化等偏离或低于预期，或者企业调整发展战略，外资企业完全可以不用或者较少考虑对投资国家的社会责任而采取裁员，甚至撤资、违约等极端行为，例如近年来由于境外母公司经营战略调整等原因而选择破产的STX（大连）集团以及韩资企业大连大洋船舶等。因此，地方政府及金融机构应充分发挥大连作为全国船舶产业重点发展地区带来的集群效应，在风险可控的前提下，区分客户所有制类别并采取差别化金融支持策略。

第一，重点支持资金技术实力雄厚、具有国际竞争力的国家核心船舶制造企业，尤其是有军品生产任务的国有控股核心企业，有力推进建设海洋强国重大部署的实施。

第二，积极支持其他产业布局合理、手持订单相对充足、技术水平处于行业领先地位、具有比较优势的国有大型造船企业和公司治理结构科学、领导者素质过硬的大型民营造船企业，以及专业从事海监、渔政、救助等特种船舶建造并与相关政府部门有长期合作关系的技术成熟、资信良好的企业。

第三，适度支持能够带来高端技术、带动国内企业技术进步的中外合资企业。

第四，审慎支持关联交易复杂、贷后管理难度和成本较大的外商独资企业、外方技术垄断的合资企业。

第五，坚决退出公司治理混乱、关联交易复杂或技术落后、缺乏核心竞争力、产能过剩领域的船舶制造企业。

**（三）重点支持产品**

研究国家相关产业政策，了解企业实际信贷需求，创新银行金融产品，切实履行银行业“促进宏观经济稳定、支持实体经济发展”的社会使命，努力实现经济效益与社会效益的协调统一。

密切关注国务院提出的国产首台（套）装备风险补偿机制配套政策落实情况，加大对符合国家政策导向的资金技术实力雄厚的国家核心企业产业结构调整和具有自主知识产权、符合行业新标准的技术升级改造等项目的支持力度，促进企业提高自主创新能力，加快重大技术装备自主化。

积极提供切实增强企业核心竞争力和抗风险能力的船企并购贷款。

配合国家“走出去”战略，鼓励有竞争优势的企业开拓国际市场，提供出口买方信贷、出口卖方信贷、出口信贷再融资支持，此类业务应避免介入国别风险高企或前景难以判断的交易对手；同时，根据企业需要提供履约保证、预收款退款保证等非融资性保证产品。

抓住产业集群效应，对于国家重点核心船舶制造企业的上游船舶配套企业，可考虑先行支持风险相对可控的供应链融资产品。在此基础上，通过对整条产业链物流、资金流和信息流的全面介入和掌握，深入了解客户实际信贷需求，创造性地开展更广泛的合作。

针对人民币升值以及人民币兑美元交易价浮动幅度扩大等因素都将导致企业面临更大的汇率风险的情况，根据企业规避汇率风险、锁定成本、解决融资等实际需求，建议提供远期结售汇、利率掉期、出口保理等金融产品。

针对企业降低融资成本的需求，可视情况提供内保内贷、出口应收账款风险参与、委托付款等创新金融产品。

针对金融脱媒加剧的情况，可通过机构、投行等业务介入企业不同融资方式。

# 新财政管理体制下<br>建行新疆维吾尔自治区分行财政业务<br>推进策略和措施

新疆维吾尔自治区分行机构业务部　刘玉龙

## 第一部分　财政体制改革对我行业务发展的影响

在原有分散烦冗的财政资金管理体制下，财政部门、预算单位重复多头开立账户，财政收入迟滞入库，财政支出层层流转，大量财政资金滞留银行，财政类账户和存款成为各家银行竞相瓜分的蛋糕。随着财政体制改革的不断深入，财政账户体系和资金流转模式发生了实质性的转变，银行原先背靠财政、坐享其成的单一负债发展时代一去不返，将在多元化合作的全新领域开展争夺。

### 一、财政账户管理日趋规范

#### （一）存量账户清理撤并

2011年起，财政部持续组织清理地方财政专户，新疆地区各级财政均按照政策对存量账户进行了清理，如撤并社保专户、撤销基建专户，未来财政账户总体只减不增。

#### （二）新开账户审批从严

根据《财政专户管理办法》规定，各级财政部门一律不得新设专项支出财政专户，只有行政区划调整的地区，才能开设新的财政专户，各级财政部门新开财政专户或转移账户均需上报财政部核准，进一步增加了商业银行营销财政账户难度。

#### （三）账户总量严格管控

财政部对财政账户总量作出明确规定。县级以上财政部门开设社会保险基金财政专户原则上不超过5个，县（区）级原则上不超过3个，且在同一家银行只允许开设1个社会保险基金财政专户。财政部门非税收入财政专户在同一家银行只允许开设1个。其他性质相同或相似的资金原则上应在1个财政专户中分账核算。此外预算单位账户总量要求撤并至11个以内，并逐步压缩至8个，基建专用账户予以撤销。

### 二、财政资金沉淀日益减少

#### （一）存量资金加紧盘活

新疆地区各级财政部门存量存款受到盘活政

策影响，要么资金上收国库，要么改变用途加紧支用，我行仅自治区财政厅外国政府贷款偿债基金规模调减就流失存款7亿多元，多个二级分行财政清理资金流失存款超亿元以上。

**（二）财政支出国库集中**

按照国家建立“公共财政、阳光财政”的改革要求，各级政府财政资金运行按照“收入直缴、支出直拨”的人行国库集中收付制度，财政资金由国库通过预算单位零余额账户直接支付给下游收款人账户，不再滞留在财政和预算单位实体账户，用款单位花钱不见钱。原有的财政存款集中至国库转化为国库资金，商业银行财政存款增长来源枯竭。

## 三、财政代理需求逐步旺盛

**（一）代理国库集中支付**

国库集中支付制度的实施给财政存款带来冲击的同时，也为财政业务创造了新的合作机遇。国库集中支付需要依托财政部门或预算单位在商业银行开立零余额账户，由商业银行代为将资金垫付给收款人或用款单位，日终与国库进行清算。表面看，代理国库集中支付并不能直接增加存款，但其背后是庞大的信息流和资金流，通过财政资金支付信息营销其下游庞大的承接客户群体，是大负债经营模式下财政资金体内循环的重要手段。

**（二）代理非税收入收缴**

非税收入是除税收收入以外的财政收入重要来源，资金流量巨大。现有模式下，缴款人通过商业银行将应缴非税缴入财政非税收入专户，再由财政部门按旬将专户资金划转到国库，短时间内非税资金会在财政专户中形成稳定的沉淀。此外，在代理非税收缴过程中，商业银行可与庞大的非税缴款客户群体建立业务联系，拓宽客户基础。

**（三）公务卡**

财政规定预算单位工作人员日常公务支出必须通过商业银行办理的财政公务卡进行消费和财务报销，其实质是国库集中支付的一种变相。公务卡除可用于公务支出外，也可用于个人消费支出，与信用卡使用方式相同。开办财政公务卡业务，可以在开展财政代理业务的同时，拓展优质个人客户群体，提高信用卡发行量及相关附加收益。

**（四）代发工资**

代发工资是承接财政资金的方式之一，也是增加个人客户、提高存款沉淀的重要途径。公务人员客户群体人数庞大、收入稳定、质量优良，是商业银行竞相营销的优质个人客户群体，而代发工资业务决定了这一客户群体在银行间的划分，有助于增加发卡量、提升储蓄存款及推广其他个人业务。

## 四、关联合作机遇不断显现

**（一）国库现金管理**

2014年地方国库现金管理业务试点以来，25家省级财政已经开展了国库现金管理，仅中央国库累计办理存款就超过万亿元。预计2016年自治区财政也将开展国库现金管理试点工作，届时可成为财政专户存款的重要来源。

**（二）地方债发行**

在债券发行过程中，商业银行一方面可以提供咨询顾问服务，另一方面通过积极承销债券密切银政合作关系，同时争取获取一定比例的财政增量存款奖励。2015年度，新疆维吾尔自治区政府累积发行地方债693亿元，其中我行承销88.78亿元，获得财政配套存款奖励51亿元，成为财政存款的又一重要增长点。

**（三）PPP项目合作**

当前，政府单纯依靠财政收入、土地出让金无法满足基础设施建设的巨大投资需求，国家政策允许社会资本通过特许经营等方式参与城市基础设施投资和运营，鼓励和引导社会投资，增强公共产品供给能力，将政府职能由提供者向合作者、监管者转变。这种情况下，商业银行既有的优质政府融资平台贷款将逐步退出市场，取而代之的将是全新的PPP项目融资合作模式。地方政府探索初期急需相关融资咨询顾问服务，项目公司也广泛存在着多渠道资金筹措的信贷需求。2015年，新疆维吾尔自治区PPP项目库入库项目总数已达445个，涵盖生态环保、农业和水利、市政基础设施、交通、能源、社会事业等诸多领域。

# 第二部分 我行财政业务发展的现状

我行前身作为财政基建资金拨付代理银行，

在财政和预算单位基建专项资金营销上有着独特的优势，但是全行错失了国库集中支付改革初期抢占市场的机遇，以至现阶段财政业务领域发展中困难诸多，与同业先进银行竞争处于劣势。

## 一、财政类账户和存款情况

截至2015年9月末，我行各类财政专户总数为166户，账户数量较年初减少18户；财政存款余额为315亿元，占到机构存款总量的50%以上，较年初新增115亿元，超过机构存款全量新增总额。由此可以看出，虽然面临紧迫的改革形势，但当前及今后一段时期内财政存款仍将是机构存款增长的重要来源。

存在问题：二级分行财政资金总量不均衡，一方面受当地财政存款资源制约，另一方面也反映出各行与当地财政合作关系密切程度。此外从层级看，我行财政存款主要集中在自治区和地州，市县级财政存款占比较低，存在进一步挖潜的空间。

## 二、财政代理业务情况

### （一）代理国库集中支付业务

截至2015年9月末，全辖零余额账户总数为860户，本年新增53户，当年累计代理国库集中支付19.28万笔，代理总额240.73亿元。

### （二）代理非税收缴业务

截至2015年9月末，自治区非税收入达393亿元，其中我行共代理非税收缴52.01万笔，金额合计36.1亿元，占到全疆份额的9.22%。全行共开立各级财政非税收缴专户37户，日均存款沉淀14.92亿元。

### （三）财政公务卡

截至2015年9月末，全行累计发放公务卡48 263张，本年新增发卡5 580张，零余额开户预算单位公务卡签约率达65.36%。

### （四）代发工资

截至2015年9月末，全行财政代发工资预算单位客户929户，占到全行代发工资客户总数的29.02%；月代发人数23.74万人，占到全行代发工资人数的41.04%；月代发工资总额10.39亿元，占到全行代发工资总额的41.14%。

### （五）存在问题

1. 客户基础弱。我行财政、预算单位账户以基建专户居多，面临不断撤销的局面，而基本户、零余额账户较少，导致客户合作基础薄弱。以自治区本级为例，区本级下属预算单位共有1 491家，但在我行开立零余额账户的仅有121家，市场占比8%，不到工商银行的五分之一，仅为农业银行的三分之一。二级分行中有部分分行当地预算单位零余额账户份额几乎为零。

2. 业务空白多。全行代理财政直接支付、授权支付、非税收缴业务资格缺失情况普遍存在，尤其是市、县（市辖区）地区，部分分行各级财政代理资格均为空白。

3. 市场份额低。客户基础薄弱、代理资格不全直接导致我行代理财政业务市场份额偏低。如2015年前9个月，我行代理非税市场份额仅为9.22%；工商银行在1999年凭借成功中标政府统发工资代理业务，一举拿下全疆财政统发工资80%以上的代理份额，在公务人员代发工资业务领域占据绝对优势。

## 三、财政资金承接情况

2014年，新疆维吾尔自治区财政预算收入总计3 528.7亿元，其中公共财政预算收入1 272.6亿元，上级补助收入（中央转移支付）1 998.1亿元，全疆财政预算支出总计3 232.4亿元。从区域对比分析看，乌鲁木齐财政支出总量占到全疆的三分之一以上，昌吉、伊犁、阿克苏、喀什地区财政支出在200亿元以上，南疆地区是中央转移支付的重点。在财政预算支出中，通过我行各级财政账户、预算单位账户承接的财政支出资金总量为302.47亿元，占到全疆财政支出的9.36%。各级财政支出承接总量偏低，直接影响到财政资金下游承接以及体内循环的资金量。不同二级分行财政资金承接水平参差不齐。

# 第三部分财政业务的工作目标和营销策略

财政业务关联性强、辐射度广、稳定性高，其背后掌控着财政资金源头，下游隐含着丰富的企业和个人客户，是全行机构业务发展的中心，也是银行竞争力的重要体现。一系列改革政策的出台落地，使得财政业务核心领域已经发生了深刻的业态变化，给我们带来的既有挑战，也有机遇，要求全行上下紧盯机遇，积极应对，有效推进，综合营销，不断提升财政业务市场份额和竞争力。

财政业务发展思路：切实践行“三大一高”客户战略，立足各级财政资金管理改革的新形势、新变化和新要求，以财政客户、账户为基础，以财政代理业务为抓手，以大资管、大负债综合服务为手段，为地方政府和财政客户提供全方位的金融服务，促进财政业务转型和竞争力全面提升。

财政业务三年发展目标：

财政性存款年均新增 40 亿元，2018 年末余额达到 435 亿元；

零余额账户年均新增 100 户，2018 年末余额达到 1 200 户；

财政业务代理资格破零提升，2018 年末有机构区域代理资格覆盖度达到 80%；

财政支出资金承接率 2018 年末提升至 15%。

## 一、建立健全财政客户营销维护体系

鉴于财政客户的重要性以及营销层级高、业务辐射广的特点，要求全行建立多层级、跨条线、分工明确、有效联动的专业化营销服务团队。

**（一）区分行层面**

加强对自治区财政厅及下设处室的牵头营销，组建分行相关部门及营业部构成的营销团队，明确分工，落实责任，共同做好财政厅的营销和维护。

**（二）二级分行层面**

应比照区分行建立由行领导牵头、机构条线负责、相关条线联动组成的财政客户专营团队，做好各级财政客户的高层营销、错层营销及日常维护。

**（三）支行层面**

财政日常业务的办理与维护，了解客户需求，搜集客户信息，并及时向上级部门反馈，做好上下联动营销。

## 二、财政类账户营销措施

在严格的账户管控政策下，新设账户资源少之又少，存量账户撤并完成后将形成相对稳定的既定格局。在此过程中，首先要争取存量账户不流失，其次要抓住机遇，抢抓新增账户和抢挖他行账户。具体措施包括：

（一）加强与各地财政部门的沟通，摸清本行财政专户基本情况，及时了解财政账户清理规划。对于本行撤并账户通过“一户通”分账核算确保资金不流失；对于他行撤销账户，积极营销财政部门，争取并入他行资金。

（二）允许保留的 7 大类财政专户和 11 类预算单位账户是积极抢挖的营销重点。7 大类财政专户包括社会保险基金、外国政府贷款赠款、偿债准备金、非税收入、教育收费、彩票、代管预算单位资金等专户；11 类预算单位账户包括基本账户、零余额、党费、工会、住房公积金、住房基金、维修基金、非税汇缴、贷款资金、食堂和其他专项资金账户。

（三）零余额账户是开展代理国库集中支付、代发工资、公务卡业务的基础和核心。在国库集中支付改革已经到位的地区，只能通过抢挖他行账户扩大份额；在改革尚未开展的乡镇地区，要密切关注改革进度，抢抓新增份额机遇。

（四）抓住新设行政区划和我行县域新设机构的机遇，加大对区、县、社区、街道等基层政府机构客户的营销。

（五）密切银政关系，依托我行 PPP 项目贷款、城镇化贷款、新农村贷款等对当地经济发展作出的贡献，将分割预算单位账户作为谈判需求，争取自上而下实现账户的批量营销。

（六）区分行将组织推动厅局客户专项营销活动，通过为客户提供量身制定切合需求的资金管理综合金融服务，力争实现系统性客户的整体迁移。

## 三、财政类资金营销措施

新的财政资金管理体制下，财政资金上游以国库存款形式存在，中游一段时期内仍有一定量实体资金在各类财政专户、预算单位账户中沉淀，下游通过集中支付转化为政府供应商存款。紧跟财政资金流转脉络，抢抓各个环节资金承接，实现财政资金的体内循环，是新时期财政存款的营销重点。具体措施包括：

**（一）上游抓国库现金管理**

从已开展国库现金管理的省份经验来看，国

库现金管理主要采取招投标方式来公开选择代理银行，在招投标评分中，政府关注银行对当地地方经济建设支持力度同时兼顾存款的利率价格。

1. 要密切关注各地财政尤其是财政厅国库现金管理改革进度，加强对财政国库部门的走访，深入了解改革进程，及早掌握包括分配方式、考核指标、评分重点等在内的详细的工作要求，取得国库现金管理投标的主动性，力争最大存款份额。

2. 组建机构、公司、小企业、财会等相关部门构成的专业化营销团队，加强部门间协作和上下联动，多方统筹各项资源，共同推进数据填报、标书撰写和客户营销等各环节工作。

3. 加大对当地 PPP 项目、城镇化、新农村等建设项目以及中小企业、民生领域的信贷投入，将其作为营销的有力武器，争取当地政府的支持。

**（二）中游抓财政实体资金**

根据目前财政资金管理要求，财政部门可以将社保基金、粮食风险基金、退耕还林退牧还草基金和退役金从国库转入财政专户核算；预算单位可以将学生补助、助学金、医疗补助、高校分区结算资金、交通建设资金、路产损失赔偿资金以及经批准的重大专项资金从其零余额账户划转到实有资金账户。

1. 各行要加强与当地政府财政部门、行业主管部门、厅局事业单位的营销沟通，就上述资金开展针对性的摸底、攻关工作。

2. 对于系统性客户层级间自上而下拨付的专项资金，如兵团财政基建资金、交通建设资金等，要从上游龙头客户源头掌握拨付信息和资金流向，争取开立下游单位承接账户，实现此类资金的全流程营销。

3. 针对利率市场化下的财政资金保值增值需求，要及时了解财政部门保值增值资金安排计划，摸清掌握他行存款定价政策，提早做好营销与竞标准备，争取营销主动。总、分行需积极应对激烈竞争，创新期限灵活、计息灵活、收益率高的负债产品，打造竞争优势。

**（三）下游抓支付末端承接**

财政资金体量巨大，全疆每年有 3 000 余亿元的财政资金通过各类支付方式流入到政府下游供应商客户，国库集中支付模式下，承接财政下游资金实现体内循环是存款营销的重中之重。

1. 要从当地政府和财政部门获取项目信息，掌握大宗财政资金流向及财政资金重点支出方向，根据上述信息积极营销相关供应商或劳务提供者的结算账户，引导资金流入其在我行开立的结算账户，实现财政资金的体内循环。

2. 与预算单位积极沟通的前提下，掌握预算单位日常规律性支出或较大规模支出的收款单位，并通过此信息开展对预算单位下游客户的积极营销。

3. 扩大财政资金承接范围，开展中央、省、市各级财政资金承接工作，进一步发挥各级财政客户辐射平台作用，促进财政资金在我行体内循环水平的提高。

4. 建立总、分、支行等各级机构共同参与，涵盖机构、公司、小企业、住房、个金等多个条线的全方位、多层级、立体化的资金承接网络，针对财政资金循环不同节点组建服务团队，依托对公客户行为分析系统筛选下游大额收款客户信息，创建财政资金在我行系统内全程跟踪、全程营销的工作模式，打通财政资金体内循环的脉络和通道。

## 四、财政类资产业务营销措施

当前，国家不断清理地方政府债务，规范融资主体和融资模式，银政合作需求不断变化、范围不断延伸、产品不断创新，原有单一信贷支持的合作方式被多渠道、多元化资金筹措方式取而代之，也对我行从大资管角度向政府提供全方位的融资支持提出了更高的要求。

**（一）积极参与地方债承销**

1. 目前，新疆地区政府债券均采取自治区统发模式，因此区分行要重点加强与财政厅相关部门的走访和沟通，了解地方债发行计划和需求，掌握同业竞争对手动态，把握营销先机。

2. 机构业务部与投资银行部要加强联动，为政府发债工作提供全方位服务，力争成为债券发行的主承销商。机构业务部负责发债的整体营销和协调；投资银行部负责制订承销方案并做好与总行投行部的沟通协调；财务会计部负责向总行金融市场部请求政策支持，争取最大承销额度。

3. 通过承销债券积极争取地方政府配套给予

财政存款支持，提高综合收益。

4. 积极应对政府债券发行后对我行存量政府融资平台贷款和理财资金的置换冲击，加强对政府及财政部门的营销攻关，尽量争取延迟置换或少置换。

**（二）加强 PPP 营销合作**

1. 区分行层面要成立由公司委牵头的 PPP 项目营销服务团队，加强与自治区政府 PPP 项目管理归口部门营销对接，其中公司业务部负责对自治区发改委、财政厅经建处（自治区 PPP 项目管理中心）的营销跟进，机构业务部负责与财政及其他相关政府部门的营销对接，兵团业务部负责对兵团 PPP 项目的牵头营销，及早介入抢抓营销机遇，获取项目信息并跟踪落地。

2. 二级分行层面需加强对本地政府主管部门的营销公关，紧密跟踪国家关于推广 PPP 模式的最新政策，密切关注各地政府相关部门 PPP 项目库建设，以财政部甄选的国家示范项目以及自治区入库项目为作战地图，有针对性地提早介入项目磋商进程，提供综合服务方案，绑定优质项目资源。

3. 在深入研究政策和不断总结经验的基础上，与地方政府密切合作，为其提供融资顾问服务，并向其推介与我行合作关系良好的社会资本投资人、承包商、运营商、服务商等优质客户资源，引导、协助政府开展 PPP 项目建设工作。

4. 区分行、二级分行要组建公司、机构、投行等相关条线在内的 PPP 项目营销服务保障团队，对重点项目进行联动营销，制订综合金融服务方案。要加大与建银国际、租赁、保险、信托、基金公司的合作，调动行内资源为 PPP 项目提供收益信托、融资租赁、代理保险等一揽子综合金融服务。

5. 要加强机构条线与造价咨询条线的有效联动，向各级政府推介我行造价咨询业务优势，争取入围各地 PPP 项目审价合作平台，抢抓学校、医院、道路、高铁、旅游、传媒、文化等 PPP 重点项目及政府投资工程，通过提供审价服务撬动项目、业务的经办权，带动账户、存款、资产业务的增长。

**（三）推广政府引导基金**

1. 二级分行要及时了解掌握各地政府在创新创业、新兴产业、城市基础设施、民生事业、中小微企业等领域设立基建投资引导基金、产业扶持基金以及创新创业基金的意向和规划，并及时向分行反馈信息。

2. 区分行组建由机构、公司、投行等相关条线共同构成的政府性基金营销服务团队，根据各级政府引导基金需求制订配套的信贷支持方案，同时提供包括资金托管、投资运营、保值增值等方面的一揽子金融服务。

3. 争取开立各类政府引导基金托管账户，积极吸收财政配套启动资金及社会资本注入资金，同时加强对基金下游客户的营销拓展。

## 五、财政类代理业务营销措施

随着国库集中支付改革的推出，财政类客户对商业银行衍生出了诸多的资金结算代理需求，代理业务已经成为服务财政和政府机构客户的重要手段，也是财政部门分配资源时考评银行的重要指标之一，对财政业务的整体发展日益重要。

**（一）积极争办代理国库集中支付业务**

1. 代理国库集中支付是财政支出的资金源头和信息源头，各行要将各级财政代理支付业务作为营销的重点目标，未取得代理业务资格的分支行，要力争实现有机构地区的代理资格的全覆盖。

2. 区分行将加强代理支付系统建设，积极推进电子化支付，优化和完善各项代理财政业务系统功能，为预算单位和客户提供快捷、便利的金融服务。

3. 提高代理财政业务服务水平。加强对财政业务操作人员的培训，确保熟悉业务、熟练操作，同时做好预算单位的跟踪服务，及时采集客户意见和需求。

4. 抓住乡镇国库集中支付制度改革的契机，加强对基层财政部门的营销，力争取得市、区县近郊乡镇代理财政业务资格。

**（二）加强代理非税收缴业务营销**

1. 开立财政部门非税归集专户是开办非税代缴业务的前提，只有开立账户才能开展相关业务。各行首先要将开立各级财政非税归集账户作为营销重点，力争实现代理非税业务资格的全覆盖。

2. 开立财政非税专户后，要积极营销当地国土、交警、学校等非税收缴资金量大的执收单位优先选择我行作为代缴银行。

3. 区分行要结合执收单位和缴款人的非税收缴需求，全面研发开通柜面、自助设备、电子银行等非税缴交渠道，为缴款人提供便捷的缴款服务，提升在同业间的市场竞争力。

**（三）抢抓代发工资市场份额**

财政代发工资包括财政统发和预算单位自主发放两种模式。开办财政统发业务需要搭建与财政系统相连的代发工资平台，争办预算单位自主发放工资需开立其基本结算账户和零余额账户。各行应全力营销主管统发工资的各级财政部门，争取统发工资代发资格，同时营销各预算单位基本结算账户及零余额账户，在我行办理代发业务，区分行负责搭建代发工资系统。

### 六、财政类衍生业务营销措施

财政客户是各级政府的管家，掌控着诸多资源，营销财政业务不能仅局限于其本身，还应关注财政背后衍生出的关联业务。

**（一）加强政府集中采购链条营销**

1. 要以财政为核心加强对政府采购部门、各级预算单位、供应商及生产施工企业的延伸营销，获取政府采购项目中标信息，有针对性地开展下游客户营销工作。

2. 机构条线要与资金结算条线加强联动，以搭建招投标资金管理平台为抓手，实现对政府采购环节资金链条的整体营销。

3. 机构条线要与小企业条线加强联动，做好政府采购贷等中小企业融资产品的创新和推广，推动政府下游供应商融资和结算服务的批量化营销，扩大客户基础，争取合作机会。

**（二）抢抓公共资源交易中心建设机遇**

1. 把握2016年6月底前地方各级政府完成公共资源交易平台整合的重要机遇，加强与发改、财政、国土、住建、交通等相关部门的营销沟通，找准关键部门和负责人，坚持定期走访沟通，表达服务意愿，力争开立各级公共资源交易中心相关账户。

2. 抓住政府电子政务服务平台建设机遇，机构条线牵头营销政府主管部门，资金结算条线负责制订资金管理服务方案并做好系统开发对接，全力争取搭建公共资源交易结算平台和资金监管系统，以此为切入点实现交易资金的沉淀。

3. 发挥公共资源交易中心上通政府职能部门、下达招投标企业的良好平台作用，积极营销参与交易的招投标单位、企业，争取在我行开立相关交易结算账户。

# 培育和打造战略转型新时期文化品牌的实践与案例

甘肃省分行　王文永　尉文晋　阎焱　陈萍　蔺文辉

### 一、建行企业文化转型背景分析

**（一）外部环境**

1. 建行战略的转型，为企业文化的转型与发展创造了机遇，提出了新的要求。同时，外部经营风险加大和客户服务期望的提升，使声誉风险管理压力增大。一些新的矛盾的出现，突发事件进一步增多，银行不断被推上舆论的风口浪尖。

2. 受多样化信息与文化的影响，优秀企业文化的培育面临很多考验。近几年，随着年轻员工的增多，员工思想的独立性、选择性、多边性、差距性特点越来越突出，质疑能力、辩论能力不断增强。相同的故事，相同的信息，作用在边际递减。优秀成效宣传、先进典型宣传效果和带动作用面临新的挑战。

3. 同业竞争加剧，员工队伍的管理难度加大。随着中小股份制银行和地方银行的不断扩张，新设金融机构不断增多，导致建行员工离职现象较多。据调查，2012年以来，甘肃省分行大学本科学历辞职人员占比达到57%，35—45岁人员占比达到59%，员工流失带来一定的负面影响。

**（二）内部因素**

近年来，甘肃省分行在典型宣传、文明创建和企业文化建设方面积淀了一定的文化底蕴。但总的来看，目前甘肃省分行的企业文化工作还没有做到“内化于心，外化于形”，企业价值观、经营理念、文化理念等传导不够深入，方法不多。企业的价值观、理念未能很好地转化为员工自觉的行为准则。受文化建设体系不完善，制度层、行为层设计统筹不够，以及文化认同等因素影响，文化的功能作用在防范风险、服务客户、参与竞争等方面尚未充分发挥出来，尤其在遵章守纪、合规经营、风险防范方面，问题比较突出，屡查屡犯、此查彼犯。

究其原因：一是对企业文化建设重视不够、自觉性不强。部分管理者对企业文化建设的重要性、必要性和紧迫性认识不够，一定程度上还存在“说起来重要、做起来次要、忙起来不要”的现象，把企业文化建设与业务经营和改革发展割裂开，甚至把企业文化建设看成一种负担。有的把企业文化建设片面、简单理解为“吹拉弹唱、打球照相”，没有把重点放在建立核心价值观、调动员工积极性、树立正确经营理念、增强员工凝聚力、提升服务层次上，企业文化建设停留在表象层面，与转型发展、员工精神追求有机融合不够。

二是企业文化的吸引力和感召力仍显不足。具有建行特色的文化氛围不够浓厚，文化特点不够突出，文化建设对转型发展的引领助推作用还没有充分发挥。

三是员工文化认同、习惯养成还有待进一步加强。有的员工对建设银行核心价值观的理解不深不透，部分员工的忠诚度不高、责任心不强，在客户服务、行为规范、礼仪着装、工作环境维护等方面尚未完全养成自觉习惯。

四是工作作风与转型发展要求差距较大。没有认真践行“以客户为中心”的经营理念，工作效率不高、执行力不强、团队意识差、精细化管理不到位，客户意识、主动意识、担当意识不强，缺乏底线思维和问题导向，等等。特别是在思维模式上，不善于整体构建，点状思维、分散思维比较多，逻辑思维、结构思维欠缺。

面对新的形势、新的任务、新的机遇、新的挑战，要想在日益激烈的市场竞争中取胜，实现转型跨越发展，只有主动适应、转型发展、积极作为，树立“用文化管企业”“以文化兴企业”的理念，对原有文化进行整合和创新，建设一流的企业文化，营造“企业有生气、产品有名气、领导有正气、员工有士气”的发展环境和精神面貌，才能抢占先机、把握主动，实现客户价值与自身价值的同步增长。

## 二、企业文化转型指导思想、发展目标

**（一）指导思想**

坚持战略导向和问题导向，以文化传导战略，挖掘提炼“甘肃建行精神”，传播正能量，让企业文化成为凝心聚力、凝神聚气、振奋精神、引领业务发展的核心。

**（二）发展目标**

以“人本文化”为核心，发挥企业文化的“引领、凝聚、辐射、带动”作用，努力营造“风清、气正、劲足、绩优”的良好局面，增强全行员工的“存在感、力量感和幸福感”，坚持“两经营，两服务”（经营客户、经营网点，服务基层、服务一线），提升“两体验”（客户体验、员工体验），打造“和谐、高效、担当、力量”的甘肃建行精神。

## 三、企业文化转型具体措施

以培育“人本文化、服务文化、品牌文化、典型文化、创新文化、合规文化”等“六位一体”文化为主线，以营造建行“好氛围”、提升建行“好形象”、传递建行“好声音”、传播建行“好故事”、争做建行“好员工”、打造建行“好品牌”的“六好举措”为推动，画出甘肃省分行最美的“脸型”，让企业文化成为“强素质、塑形象”的“引擎”，成为提升甘肃省分行核心竞争力的强有力武器。

**（一）培育人本文化**

建立常态化员工关爱机制，持续抓好“温暖

工程”，建立人文关怀平台，通过健康关爱暖人心、工作关爱聚人心、成长关爱悦人心、家庭关爱宽人心、精神关爱和人心，提升员工满意度，增强员工的归属感和幸福感，营造出“温暖和谐、团结奋进”的建行发展“好氛围”。

**（二）培育服务文化**

按照“三严三实”要求，坚持经营客户、经营网点的思路，服务基层、服务客户、服务员工，通过服务文化建设，切实把客户至上、服务至上变为全员的自觉行动，真正做到机关为基层、全员为客户，相互支持、相互配合，实现始于客户需求，终于客户满意，提升甘肃建行“好形象”。

1. 坚持“以客户为中心”，搭建大服务文化建设平台。快速发展投资银行、私人银行、电子银行、小微企业和消费金融等战略性新兴业务，全面打造包括保险、基金、信托、租赁、投行、期货等在内的综合服务平台，大力拓展“三大一高”客户的企业链、产品链、供应链系统服务，推进网点“三综合”建设，做到一点接触、全面响应的“一站式”服务。提升大服务能力，利用新一代核心信息系统，深入挖掘大数据应用，以综合营销的方式，通过综合化的平台，向客户提供综合化的产品，最终满足客户综合化需求。通过综合化多功能的大服务文化建设，提升同业难以复制的综合化多功能服务能力，进而形成新的竞争优势，发挥好地方金融生力军作用。

2. 坚持经营网点的思路，着力于服务基层、服务一线，最终提高客户体验和员工体验。积极转变工作作风，说实话、办实事，进一步提升对基层和一线的服务水平，切实提高工作效率。提倡马上就办，实行首问负责、日清日结、限时办结制度。明确服务职责，实行“清单”服务模式，各部门对服务基层、服务员工事项进行梳理，形成责任清单，明确其职责权限。在此基础上，提出改进和加强本部门服务基层、服务网点工作的具体措施，并将服务基层、服务网点的内容、标准、程序、质量、办理时限等向基层公开。完善《甘肃省分行本部服务兰州二级行工作方案》，在加大调研的基础上，推出服务兰外行具体举措。

3. 坚持开展学习活动，提高三个能力。通过定期组织集中学习，邀请总行、高校和研究机构的专家学者进行辅导讲座，开拓思想，丰富知识。开展全员读书活动，全员配发读书卡，定期举办读书沙龙，交流学习体会。同时，开展“送培训到基层”活动，推动能力素养的大提升。进一步增强服务地方建设能力、防范金融风险能力、参与市场竞争能力。省分行部门每年送培训下基层应不少于2次。

4. 坚持畅通监督渠道，落实服务监督机制。建立完善客户投诉信息收集、处理、反馈和改进的管理机制，实行首问负责制，认真接受服务对象的评价和监督，及时处理客户投诉。持续开展“客户满意度”调查，并将其纳入到各级行绩效考核体系。设立“委屈奖”，对正确处理客户投诉而受委屈员工进行鼓励嘉奖。对客户投诉处理不及时导致投诉升级并造成声誉风险事件者，要严肃追究责任。

**（三）培育典型文化**

积极搭建建行故事、建行骄子、建行荣誉等典型平台，以典型带动群众，以典型促进发展，凝聚建行“正能量”，传播建行“好故事”，争做建行“好员工”。营造“爱行敬业、创业干事”的争先氛围，让文化驱动转化为推动业务发展的生产力。

1. 培育先进典型，培养一流团队。通过定期举办风采展示、道德讲堂、故事会、竞赛等活动，培育各种先进典型，培养一流建行团队。每年组织开展“十大陇原最美建行人”表彰活动（十大最美分支行行长、十大最美服务团队、十大最美大堂经理、十大最美客户经理、十大最美柜面明星、十大最美风控标兵和十大最美道德模范），展示他们在转型发展中爱岗敬业、创先争优的先进事迹，表彰他们传承中华民族正直勤勉的美德，在重重困难面前依然乐观包容的人间大爱，在全行树立标杆，弘扬正气，让先进典型群体时时刻刻传递正能量，让敬业爱岗得到褒奖，让大善大美得以传承。

2. 规范典型形象展示，多渠道传承典型文化。各二级行应因地制宜建立“荣誉室”“文化墙”，由省分行制定统一规范，每年对各行“荣誉室”“文化墙”进行评比奖励。实行精神表扬卡制度，量化表扬指标。运用企业网、微信平台、传统媒体和新媒体、行长“微信点赞”等平台和形式进行广泛宣传，使典型人物和事迹广泛传承，使好人好事蔚然成风。

3. 加大典型宣传力度，定期开展“三带”（带媒体进建行、带记者下基层、带先进学典型）活动，讲故事，广传播，促发展。每年定期组织中央和地方知名新闻媒体进建行、进基层开展采访宣传活动，以建设银行战略转型为宣传主题，挖掘工作亮点，传播先进事迹，使“建行好声音”贯穿全年。充分调动媒体资源，创新宣传形式，开展多角度、全方位的立体宣传，进一步提升甘肃省分行声誉形象。每年组织1次通讯员培训，宣传稿件每年增长20%以上，年终奖优罚劣。每年带先进到省内外进行学习交流1—2次，取长补短，不断提高。

**（四）培育创新文化**

在“大众创业、万众创新”的时代，牢固树立“人人可以创新、事事可以创新”“创新从我开始，创新从现在开始”的理念，让创新成为一种习惯。

1. 培养创新意识。通过“三方驱动”，即高层驱动、员工驱动、客户驱动，树立“创新驱动发展”的理念，营造全员创新的动力，寻找创新亮点，发掘创新内容。定期举办创新沙龙活动。加强上下联动，及时发现创新需求，启发创新思维，做好跨部门、跨条线的沟通、交流和协调。强化学习型组织建设，提高创新能力，坚持做到“四个一”，即坚持每天看一次总分行和兄弟行的网站；每周组织一次学习，把握国家和总行的政策要求；每旬与兄弟行电话交流一次；每月读一本书开阔视野。

2. 拓展创新渠道。一是做好创客“金点子”大赛活动。充分发挥青年员工创新能力强、思维敏捷的优势，调动青年员工创新的积极性，掀起创新热潮。二是举办“造梦建行”创意赛。常态化收集全体员工和客户对分行产品、管理、商业模式、流程优化等方面的创意及解决方案，推动好建议、好方案的落地转化，提升创新集聚速度，使创新充分贴近市场、贴近客户、贴近员工。三是推行创新试点行制、产品创新直通车制和银企联动创新团队制，鼓励创新积极性，提高创新效率和创新针对性。

3. 推广创新模式。对创新理念、创新产品、创新方法等创新成果，加强推广宣传，转化为生产力。省分行建立产品创新论坛，发布同业新产品信息，提供产品创新思路。举办“新产品上市推介会”，提高客户对产品的认知度，增加客户黏度。加强创新表彰，通过示范引领作用，带动更多创新激情，实现创新的良性循环。

**（五）培育合规文化**

进一步强化风险合规意识，着力打造全员全面风险管理的合规文化体系。通过强化思想道德、价值理念的“软约束”和制度机制、信息技术的“硬约束”，培养依法经营、规范操作的行为习惯。实现“内控促发展、合规创价值”，提升核心竞争力。

1. 树立合规风险理念，加强合规文化主题教育。一是继续落实提升内控管理水平“攻坚”行动要求，开展“合规文化大家谈”活动。鼓励员工将合规理念融入日常行为规范，融入具体业务操作。二是在全行评选表彰优秀“合规文化”宣传形式、宣传内容，通过开展“合规文化新媒体作品征集”活动，展现具有建行特色的合规文化。三是开展企业文化实践课题研究，将合规文化建设成果纳入全行企业文化优秀成果评选范围。

2. 夯实“合规文化”落地机制，形成合规文化良性循环。通过每周合规谈、制度学习等方式，加强全员教育培训，使全员熟知操作流程、规章内容，实现“有规能合”。通过制度梳理，明确红线、底线范围，使制度清晰有效，实现“有规可合”。加强监督检查，强化执行、整改纠偏和考核奖惩。通过有规有矩、守规褒奖、违规惩罚、奖罚分明的正向激励约束机制，并与绩效挂钩，实行责任倒逼制度，实现“有规必合”。

3. 营造合规氛围，创建平安建行。开展“合规标兵”评选活动，通过树立典型，宣传合规人物，带动全员合规积极性。开展案件案例学习、加强违规违纪通报，将“合规文化”贯穿于日常工作之中，让“合规”成为一种态度、一种习惯、一种职业精神。

## 四、加快企业文化转型的策略

**（一）加强组织领导**

健全党委领导、主要领导负责、各部门齐抓共管的企业文化转型机制。把文化转型纳入重要议事日程，与业务工作同部署、同落实、同检查，形成一级抓一级、层层抓落实的企业文化工作格局。各级行要成立由行长任组长、分管行领导任副组长、相关部门负责人为成员的文化转型领导小组，专门负责文化转型的部署、推进和协调工作。“一把手”要亲自抓，做文化转型打造的倡导者、示范者和推动者；分管行领导要明确职责，一抓到底；各职能部门要认真履行本部门、本条线文化转型工作职责，以带动企业文化的转型与发展。

**（二）加大资源投入**

省分行设立文化转型与品牌培育打造岗，配备专职人员，负责企业文化转型工作。二级分支行要设立文化转型岗，配备兼职人员。进一步加大文化转型的资金投入，每年在行政经费中安排一定数额的费用专门用于文化品牌打造，实行专款专用。同时要厉行节约，讲求实效，利用好现有资源，防止重复建设、铺张浪费。

**（三）建立健全持续健康运行机制**

建立企业文化转型与文化品牌、业务发展有机结合、相融共进的工作机制。注意发掘和运用公共资源优势，既鼓励先进，又兼顾多数；既统一思想，又尊重差异；既解决思想问题，又解决实际问题。

由无序化推行转变为系统化推行。避免文化转型依照管理者的主观决策，即兴开展、随意实施、任意而行。各行要根据实际情况，从满足员工物质、精神需要，激励员工行为出发，制订系统全面的推广方案和计划，分阶段分步骤地实施，在内部建立完整的运行机制，从思想和行为两方面确保全体干部员工能够领悟贯彻。

实现粗放型向个性化转变。各级管理者要充分考虑到员工个体的价值观、物质需要、精神追求、工作潜能、心理状况等因素的差异，以此为基础，多途径、多渠道地实施“以人为本”，让员工充分感受到文化品牌的强大关怀力。

**（四）建立文化转型培训教育体系和文化传播网络**

通过将《建行文化培训教材》《建行文化丛书》纳入全行教育培训体系，进一步规范全行文化品牌培训教育。自上而下开展文化品牌和企业文化转型专题培训和推广，培养宣讲队伍，层层宣讲，统一全行思想共识，形成良好文化氛围，使全行员工人人明确转型目标任务，人人参与转型过程，人人收获转型成果，为文化的落地生根夯实基础。先行确定1—2个二级行先行试点推进，探索和掌握切合甘肃省分行实际的文化品牌深植方法，通过总结提炼升华，以点带面，点面结合，全面开花。把文化品牌的成果转化为文化产品，通过各类文化活动、报刊、网络、视频、手机等载体，广泛传播建行文化，为促进建行科学发展提供精神动力、舆论支持和文化氛围。

## 五、剖析甘肃省分行成功培育打造的3个文化品牌典型案例，找准文化品牌建设的方向与定位

品牌之一：“五维推五型”。在7月25日至26日召开的全国企业文化年会上，甘肃省分行“五维推五型——企业文化价值驱动体系”获得“全国企业文化优秀成果”大奖，标志着甘肃省分行文化品牌培育迈上了新台阶。

面对新一届甘肃省分行党委“提升三感、转语境、构建新行为体系”的迫切愿望，甘肃省分行党委大胆运用“顶层设计、基层践行”的新方法，展开了企业文化价值驱动体系方案的设计工作。

通过上下联动，精准定位，确定了以“为客户创造价值、为股东创造价值、为社会创造价值、为员工创造价值、为建行创造价值”的“以价值为中心”五维设计模式，以价值驱动为轴线，与各项业务板块对接，引领实现“总行五个转型、打造最具价值创造力银行”的总体目标，形成了详细的“五维推五型企业文化价值驱动体系”实施方案，颁发试行，勇敢地迈出了向“以价值为中心”转型的第一步。

方案以“五维推五型”为模式，以“梦想、担当、力量、创新”为主线，设计了“文化理念、人本关怀、业务推进、合规文化、激励考核、团队管理、典型示范、发展创新、慧馨服务”九大板块，推出了开心农场、创意墙角、成才之“路”、素质晴雨表等20余项品牌、工具、策略、平台等，致力于培育领先的服务品牌、建设一流的企业文化，加快推进总行战略转型目标落地生根，以更快、更高、更优的标准打造基层行新优势，增强新常态下一线机构的核心竞争力。

品牌之二："花韵书香"。在今年2月前举办的首届"陇上金融家"颁奖典礼暨"陇上金融家圆桌会议"上，甘肃省分行"花韵书香"服务品牌荣获"十大甘肃最佳金融产品和服务"称号。

总行编辑发行的《建行文化》系列丛书，将甘肃省分行"花韵书香"编入其中，标志着"花韵书香"品牌成为建行成立60年来成功创建的前二十大品牌之一。

2013年，建行甘肃省分行"花韵书香"品牌通过国家商标局第36类商标专利注册认证，标志着该品牌名称在批准范围内的使用推广成为建行的专有权利。

2014年，甘肃省分行成功举办"爱行悦读·书漂陇原"活动启动仪式，现场推出60余条图书漂流线路图、图书200多本，涉及社科、管理、励志、经济、互联网、国学等各类图书70个品类。这些图书经历三个多月，漂流到全省20家二级分支机构、282个经营网点，覆盖7 000余名员工。截至目前，"花韵书香"品牌在甘肃省分行所辖机构拥有29个面向客户的"小花书架"示范点，在甘肃省分行本部建设了1个拥有面积1 000平方米的"花韵书香"示范基地——"爱行悦读"书院，既可用于员工读书、展示员工各类才艺作品，又可开展各类讲座、文艺活动，以此营造浓厚的"阅读季"氛围，产生强劲的"阅读季"风，为最终实现建行转型发展战略目标提供强有力的思想保障和精神动力。

2015年，选择100个网点，建设"花韵书香"品牌"图书角"，力推品牌落地生根。"'花香书韵'是建行最大的文化创新。对于客户来讲，来银行里读书，简直就是心中最亮丽的风景，也是洗去心灵浮华的实践。建行尽了一份社会责任，开了一个正本清源的好头!"这只是客户对"花韵书香"服务品牌的一个评价，由此诠释了品牌力量，是金融业勇担社会责任的最美创新。

品牌之三："农耕文明"。

为推进建行转型发展，落实总行"三大一高"客户战略，支持农业实体经济，甘肃省分行汲取陇原大地得天独厚的伏羲文化、周祖农耕文化，挖掘推出了"农耕文明"金融服务文化品牌，主打"农耕文明"涉农个人贷款，金融支持大农业，服务"三农"产业链，在陇原大地上谱写了建行支持农业发展的最美旋律。

由于"农耕文明"深植于人心，每个人都藏着一个农业大国再创农业文明辉煌的梦想，可以说她是中华民族赖以传承的血脉。将"农耕文明"作为建行的文化品牌进行宣传推广，非常容易引起社会各个成员的心里共鸣，对于建行发展农业普惠金融、提升建行形象具有极高的品牌价值和品牌魅力。

2013年，甘肃省分行"农耕文明"品牌通过国家商标局第36类商标专利注册认证，标志着该品牌名称在批准范围内的使用推广成为建行的专有权利，为持续创新该项文化品牌的内涵，扩大品牌影响力提供了法律保障。

"扩大'农耕文明'贷款规模"作为甘肃"强化'三农'支持保障，支持农村金融创新发展"的举措，写入了2014年中共甘肃省委《关于全面深化农村改革加快推进农业现代化的意见》的省委1号文件。这标志着甘肃省分行打造的"农耕文明"贷款不仅成为引领陇原农业经济发展的金融品牌，更是成为了推动自身转型发展、提升农村金融市场竞争力的新优势。

善建者行，成其久远。"公司+农户"的商业运作贷款模式，把脉"三农"，既解决龙头企业原料供应难题，也解决了农户发展资金不足的问题，为破解"三农"贷款难题找到了准确的切入点。

# 利率市场化背景下的商业银行存款定价策略浅析

河南省新乡分行课题组　赵海涛　李伟　张建　王建敏　高彰博

中国人民银行决定，自 2015 年 10 月 24 日起，下调金融机构人民币贷款和存款基准利率，以进一步降低社会融资成本。同时，对商业银行和农村合作金融机构等不再设置存款利率浮动上限，并抓紧完善利率的市场化形成和调控机制，加强人民银行对利率体系的调控和监督指导，提高货币政策传导效率。这是 2015 年以来的第五次降息，人民银行在宣布“双降”的同时也放开了存款利率上限。这是利率市场化迈出的最关键一步，预示着行进多年的利率市场改革进程终于跑进了终点。

伴随着利率市场化不断向前推进，金融机构的自主定价权和客户的自主选择权进一步扩大，差异化竞争局面逐步形成，人民银行利率政策的传导和金融市场秩序的维护也逐步转向依赖市场机制和市场自律，这些都无疑对金融机构的定价能力提出了更高要求。因此，金融机构必须积极面对新的市场环境，提高定价管理能力，加强成本的精细化核算，优化定价方法，改进定价技术和定价管理系统，努力完成科学定价。因此，本文将研究利率市场化背景下，商业银行存款产品的定价策略，同时选取了高定价的公积金存款和定价灵活的“聚财通”存款作为案例分析，探索商业银行主动运用价格杠杆支持业务发展和转型的新模式。

## 一、存款产品盈亏平衡测算

吸收存款是商业银行的主要业务，在以往基准利率的指导下，商业银行的收益与存款规模成正比。然而，伴随着存款利率浮动上限的进一步放开，银行单靠息差受益的模式受到挑战，存款执行利率的差异，将直接影响银行的收益水平，若存款利率浮动比率过高，超过内转价格后，会使银行面临亏损。

### （一）存款产品差异化定价

汇总 2015 年以来的 5 次降息，活期存款和通知存款利率没有变化，根据各类存款的对比发现，这是银行在内转收益中获利的主要产品。然而活期存款又具有较高的不稳定性，使得银行很难有效控制活期存款的流向，因此要提高客户的忠诚度，从而稳定活期存款。通知存款具有一定的稳定性，内转收益较高，是吸收存款的有利产品，需要继续推广和发展。

**表 1**　**存款产品利率上浮盈亏平衡**　单位：%

| 产品名称 | 三个月定期 | | 半年定期存款 | | 一年定期 | | 二年定期 | | 三年定期 | | 五年定期 | |
|---|---|---|---|---|---|---|---|---|---|---|---|---|
| 日期 | 基准利率 | 浮动上限 | 基准利率 | 浮动上限 | 基准利率 | 浮动上限 | 基准利率 | 浮动上限 | 基准利率 | 浮动上限 | 基准利率 | 浮动上限 |
| 2015.03.01 | 2.10 | 87.14 | 2.30 | 73.04 | 2.50 | 63.20 | 3.10 | 31.61 | 3.75 | 2015.47 | 4.00 | 12.00 |
| 2015.05.11 | 1.85 | 96.22 | 2.05 | 79.51 | 2.25 | 68.00 | 2.85 | 32.63 | 3.50 | 14.29 | 3.75 | 12.00 |
| 2015.06.28 | 1.60 | 109.38 | 1.80 | 88.89 | 2.00 | 75.00 | 2.60 | 34.62 | 3.25 | 15.38 | | |
| 2015.08.26 | 1.35 | 129.63 | 1.55 | 103.23 | 1.75 | 85.71 | 2.35 | 40.43 | 3.00 | 18.33 | 3.05 | 16.39 |

随着基准利率的下调，三个月到二年定期存款产品的浮动上限不断变大，这给商业银行更多的定价空间，也是利率市场化的进一步推进。三年及五年定期存款的浮动空间相对来说比较有限，这就使商业银行在吸收中长期定期存款时要综合考虑量价关系，提高市场议价能力，在市场份额

和内转收益方面综合权衡，确定上浮比率。

**（二）付息率测算研究**

存款付息率即为商业银行吸收存款的综合利率，也是商业银行各项存款的综合成本。该指标在数值上等于商业银行一定时期内的各类利息成本总额与日均存款的比率。付息率越高说明商业银行吸收存款的成本越大，反之，则说明商业银行吸收存款的成本越小。

付息率指标成为各大商业银行考核的一项指标，所以要想有效降低总的付息率，需要增加利率较低的活期存款、通知存款产品，因为定期产品利率整体较高，尤其是三年及以上定期产品，较高的利率水平会提高整体付息率水平。本文根据某行上半年的付息率水平，建立付息率测试程序，尝试测算付息率与各类存款新增的数量关系，获得相应数据。如新增 1 亿元活期存款，该行付息率会降低 0.0069%，新增 1 亿元通知存款，付息率会降低 0.0026%；新增 1 亿元五年定期存款，付息率会提高 0.0078%，此时若想保持付息率不变，需同时增加 1.13 亿元活期存款或者 3 亿元通知存款。该模型可以根据市场变化和利率调整，及时修正，获得最新数据，对市场评估具有较好的预测效果。

## 二、住房公积金存款产品分析

住房公积金存款产品是对公存款的重要组成部分，数量规模和特有的稳定性使得它成为多家商业银行争夺的焦点。本文将通过实证研究，为商业银行吸收该类存款提供一定的参考。

**（一）盈亏平衡分析**

住房公积金存款较少一部分是活期存款，大多以定期存放，三年及五年期定期存款占比较大，付息率较高，属高成本类存款，但它的数量规模和稳定性巩固了商业银行的对公存款，属于存款规模高贡献类产品。

**表 2　　住房公积金存款利率上浮盈亏平衡**　　单位：%

| 项目<br>类别 | 活期<br>存款 | 协定<br>存款 | 通知<br>存款 | 定期存款 | | | | | |
|---|---|---|---|---|---|---|---|---|---|
| | | | | 三个月 | 六个月 | 一年 | 二年 | 三年 | 五年 |
| 基准利率 | 0.35 | 1.15 | 1.35 | 1.35 | 1.55 | 1.75 | 2.35 | 3 | 3.05 |
| 浮动上限 | / | 119.13 | / | 129.63 | 103.23 | 85.71 | 40.43 | 20.00 | 18.03 |

注：①活期存款和通知存款一般执行基准利率，本文主要分析定期存款的盈亏平衡。

②数据参考 2015 年 8 月 26 日人民银行利率。

住房公积金存款主要以定期存款为主，而商业银行在中长期定期存款上的定价空间却很有限。例如三年期存款的浮动上限为 20%，若按当时的一浮到顶（即 50%）的比率浮动，那么该行每吸收 1 亿元三年期住房公积金存款，会亏损 90 万元，而这 90 万元的亏损则需要通过 4 147 万元活期存款来弥补。

**（二）付息率影响分析**

以该商业银行上半年的存款结构及付息率为基础，建立基础模型，检验公积金存款的增加对综合付息率变化的影响，进而量化公积金存款利率对付息率影响。拟合方程：F = 1.9478% + 0.00000139% K。由方程拟合可知，当按照最高利率 5.2%（2015 年 5 月 11 日利率为基准）执行，每增加 1 亿元五年期公积金存款，一般性存款付息率将会提高 0.0139%。

同理，分别求出各类住房公积金存款增加对付息率影响的幅度。

**表 3　　挂牌利率住房公积金存款增加对付息率影响**　　单位：%

| 存款类别 | 活期 | 三个月 | 六个月 | 一年 | 二年 | 三年 | 五年 |
|---|---|---|---|---|---|---|---|
| 执行该行挂牌利率 | 0.35 | 2.50 | 2.70 | 2.90 | 3.25 | 3.75 | 4.00 |
| 新增 1 亿元影响幅度 | -0.0068 | 0.0024 | 0.0032 | 0.0041 | 0.0056 | 0.0077 | 0.0088 |

**表 4　　上浮利率住房公积金存款增加对付息率影响**　　单位：%

| 存款类别 | 活期 | 三个月 | 六个月 | 一年 | 二年 | 三年 | 五年 |
|---|---|---|---|---|---|---|---|
| 执行上浮 50% 利率 | 0.35 | 2.73 | 2.99 | 3.25 | 4.03 | 4.88 | 5.20 |
| 新增 1 亿元影响幅度 | -0.0068 | 0.0034 | 0.0045 | 0.0056 | 0.0089 | 0.0126 | 0.0139 |

住房公积金存款作为持久发展的核心存款，为稳固存款规模作出了突出贡献，然而它特有的政策属性导致需要付出较高的利息成本来维护。结合内转价格分析，在执行挂牌利率时，存款都处于收益状态，收益由高到低排序是活期、三个月定期、协定存款、通知存款，随后是六个月及以上定期存款项目，这些利差收益与存期成反比。在吸收住房公积金存款时，利用成本和收益的变动关系，在存款议价和结构调整方面掌握更多的主动权，一方面引导客户存期限较短的定期存款，另一方面利率上浮比率需要慎重考虑，增强议价谈判能力。

## 三、个人“聚财通”存款产品分析

### （一）日均数据比较分析

个人“聚财通”存款产品，实现了存款差别化定价、分档计息的新尝试，是银行业务创新发展的成果。它既满足了银行对存款产品的控制，又能实现个人活期存款收益的最大化。本文根据时间序列数据，分析该产品对存款业务的影响。

**表5　日均存款产品统计指标分析**

| 存款类别 | 均值 | 最大值 | 最小值 | 方差 | 偏度 | 峰度 | J－B统计量 | P值 |
|---|---|---|---|---|---|---|---|---|
| 聚财存款 | 260 426 | 276 082 | 244 086 | 8 511 | 0.25 | 2.05 | 4.26 | 0.12 |
| 个人存款 | 1 354 302 | 1 411 585 | 1 274 342 | 35 601 | －0.64 | 2.73 | 6.23 | 0.04 |

“聚财通”存款与普通个人存款比较，两者的时间序列走势基本一致，波动比率比整体的10.2%略高2.1个百分点。因此可以把个人“聚财通”存款当成个人存款的一个缩影，它兼具了活期存款的流动性和定期存款的稳定性。

### （二）单日新增数据比较分析

根据日均存款走势指标，可以初步判定个人“聚财通”存款新增是个人存款新增的一个重要组成部分。由于普通个人储蓄存款包含“聚财通”存款，如果是行内资金的变动，即是行内活期或定活两便、个人通知存款等转变为聚财通存款的话，那么个人普通存款当日新增的影响不大，变动趋势也会有差异。因此，为了详细解读增长的来源问题，本文将用两个科目比上日新增日均存款数据的对比来做相关论证。

**表6　日均新增存款数据统计指标分析**

| 存款类别 | 均值 | 最大值 | 最小值 | 方差 | 偏度 | 峰度 | J－B统计量 | P值 |
|---|---|---|---|---|---|---|---|---|
| “聚财通”新增 | 34 | 12 669 | －7 436 | 3 493 | 1.22 | 5.56 | 45.76 | 0.00 |
| 个人新增 | 735 | 36 726 | －13 439 | 8 281 | 1.93 | 8.31 | 157.68 | 0.00 |

“聚财通”的当日变动最大值是1.26亿元，单日变动比日均存款均值的比率为4.865%；普通个人储蓄存款当日变动最大值3.67亿元，单日变动比日均存款均值的比率为2.712%。后者数值较大，基数大，变动比率较小，但这在一定程度上还是能够说明前者的单日流动性要高于后者，也是“聚财通”特点的真实体现；两者的单日最大负增长变动比率几乎相等（前者－0.183%，后者－0.136%），但比率都不大，说明该行存款整体处于上升趋势。值得注意的是，该阶段“聚财通”日均变动比率竟然小于个人普通储蓄存款（前者0.013%，后者0.054%）。这里可以提出一个大胆的结论，尽管个人存款中定期占比达到47.68%（2014年12月31日数据）的较高比率，但“聚财通”存款的稳定性要优于整体水平，这也说明了“聚财通”具有较高稳定性的功能。

### （三）因果关系检验

由单日新增数据的序列图可以看出，两者具有高度的一致性，线性相关系数为0.85，可以解释为，个人“聚财通”存款的变动有85%的比率能反映到个人存款新增数据中，大部分“聚财通”存款的变动来源于普通个人储蓄存款以外的资金；还存在一些其他因素，导致存款增长并不是完全正相关，因为“聚财通”存款的增加和减少可能只是普通个人储蓄存款科目内的资金流动。

两组数据的波动具有随机性，偏度、峰度、J－B检验统计量综合表明，两者均为随机游走的正态分布序列。我们可以根据正态分布的特性做单位根检验，建立回归模型，做格兰杰因果分析。

因果检验表明，“聚财通”存款单日新增与

个人存款单日新增存在因果关系，说明“聚财通”存款业务的发展与个人存款业务的发展互为促进作用。个人“聚财通”存款就像存款吸铁石一样，能将行外资金吸进到存款容量中，是存款新增的有力法宝。

## 四、结论与建议

综上所述，商业银行在存款定价方面的策略建议如下：

一是大力吸收低利率的活期和通知存款，以有效降低存款成本；二是对高成本高稳定的存款（例如公积金、社保存款）要综合平衡，审慎提升定价上浮比例；三是要积极创新，主动研究发展类似“聚财通”的新型存款产品，充分运用价格杠杆，在保证存款稳定增长的前提下合理控制存款成本。

本文通过利率市场化背景下商业银行存款盈亏平衡的测算，分析商业银行在存款产品定价方面的策略，进而为决策制定者提供实证依据。另外，通过分析对公和个人存款的特色产品特点，厘清存款新增的内生和外生力量，测算产品收益和定价上限，对商业银行业务的开展具有实际指导作用。

放开存款利率上限是我国经济转型的需要，能够更充分地发挥市场资源优化配置作用，推动经济增长方式转型。利率市场化给商业银行创造更加自由的经营环境，有利于促进资源的优化配置，提高商业银行经营的自主性，增加了商业银行主动匹配资产与负债的手段，推动了商业银行综合化经营模式的转变，有助于提高商业银行的管理水平。

利率市场化改变了银行业已习惯的利率决定机制和变动规律，给商业银行带来发展机遇的同时，也给商业银行的经营管理带来巨大的挑战。利率市场化使得存贷利差收窄，过度依赖利差的传统模式会越来越难以为继，商业银行需要从根本上调整经营政策，实现金融行业的快速转型。利率市场化还加大了商业银行面临的风险水平，利率风险的扩大改变了商业银行传统的风险度量方法，对利率风险的计量技术提出了更高的挑战。

取消对利率浮动的行政限制后，并不意味着人民银行不再对利率进行管理，只是今后的利率调控会更加倚重市场化的货币政策工具和传导机制。商业银行要在利率市场的浪潮中找准自己的定位，结合自身存款结构和产品特色，制定差异化定价策略，细分市场、精准营销，利用大数据时代的科技产品，指导实际工作，带动全员积极性，主动应对利率市场化带来的挑战，尽快实现业务发展转型，提升综合竞争力。

# 利率市场化下的互联网金融运作机制研究

——以“余额宝”为例

常州培训中心　冯文滔

## 一、引言

成功实现利率市场化的国家早在 20 世纪 80 年代就陆续开启了利率市场化进程（铃木淑夫，1987；悉尼．霍默和理查德．西勒，2010），而自 20 世纪 90 年代，互联网才开始在普罗大众中盛行开来。这些国家呈现“先有利率市场化，后有互联网金融”的特点。我国目前则是“利率市场化与互联网金融并行”。利率市场化、互联网金融与银行的相互作用机制难以获得直接有效的经验借鉴。

因此，本文采用更能反映客观现实的案例研究方法（Eisenhardt，1989），在利率市场化与互联网金融并行的背景下，以“余额宝”作为研究对象，探讨互联网金融产品的运作机制。本文的安排如下：第二部分分析“余额宝”的运作机制；第三部分分析“余额宝”的红利因素；第四部分是本文的研究结论。

## 二、“余额宝”的运作机制

从2013年6月份上线至今，仅2年多时间，“余额宝”的资金规模已相当于一家大型城市商业银行总资产的四倍，接近一家国有大型商业银行一级分行规模的两倍。基于此，笔者从机制设计角度剖析“余额宝”的运行模式。

“余额宝”原名“增利宝”，是“天弘基金”的一款货币基金，运行模式如图1所示。“余额宝”的流程在形式上包括“三大要素”：“1元起购”“零申赎费”和“T+0”。“1元起购”使得似乎谁都可以加入“余额宝”分享收益；“零申赎费”和“T+0”模式让客户几乎感觉不到存在申购、赎回的过程，转入即申购，转出即赎回。笔者再引入“客户”变量，如图1左半部分所示。假设有这样一位金融消费者（客户）手中持有100元现金，既要用于消费又希望用于投资获取高额回报，银行产品显然难以满足这一要求，而“余额宝”的所有特点正好满足了这类客户的需求：“1元起购”“零申赎费”和“T+0”。

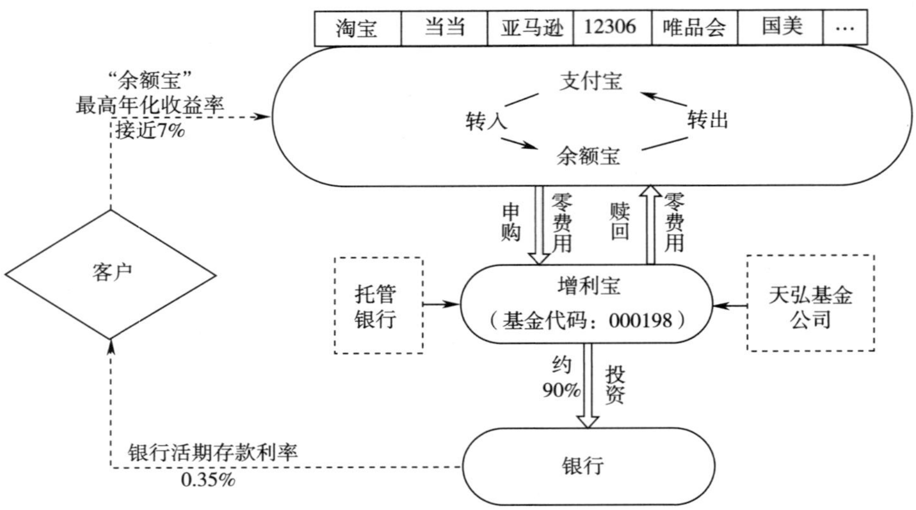


资料来源：笔者自行绘制。

**图1 “余额宝”运行模式图**

由此，“余额宝”的整体运作机制已经呈现在我们面前，接下来，笔者将进一步剖析“余额宝”成功的关键因素。

## 三、“余额宝”的红利分析

笔者认为，“规模红利”和“市场红利”是“余额宝”模式成功的两个重要因素。

第一，就“规模红利”而言，“支付宝”所拥有的用户基数就是“余额宝”的“规模红利”。2012年，“支付宝”拥有超过8亿注册用户，按照0—1概率保守估计，“支付宝”注册用户中只要有50%愿意购买“余额宝”，“余额宝”的用户数便可以达到4亿。其实，无论发行什么基金或保险产品，只要乘上一个4亿，每人只需投资1 000元，再加上诸如“T+0”“1元起购”等点缀，“余额宝”的规模就可以迅速达到4 000亿元，势必变成今天我们所看到的“余额宝”。而后续“支付宝”相继推出的“娱乐宝”等产品的成功，也进一步佐证了“支付宝”这缸大水池的蓄水能量①。

那么，购买“余额宝”的客户会无限增长吗？笔者进一步将“支付宝”用户划分为投资型和支付型两大类，如果同一个客户兼具两者，可以视为两个客户来看待。根据分析，第一类投资

① 根据新华网报道，阿里巴巴集团推出的第一期“娱乐宝”募集资金7 300万元，4天内售罄；第二期“娱乐宝”9 200万元，更是不到100小时便销售一空。

型客户，他们投资“余额宝”是为追求资金的保值增值，并不关心“余额宝”的网络支付功能。然而，作为一款基金产品，“余额宝”从2013年上市到2014年底，将90%左右的资金投向银行，把“不同的鸡蛋放在了同一个篮子里”。这般剑走偏锋的投资决策必然导致“余额宝”的收益伴随货币政策等因素的变化而出现剧烈波动，并不匹配货币基金投资者的偏好。笔者从CSMAR的“中国开放式基金研究数据库”数据中筛选2013年6月到2014年底的平均七日年化收益率排名位列前五的货币基金，如表1所示。可以看出，到2014年底，平均收益率较好的货币基金基本上采用了1:1的均衡投资组合。2013年6月以后，大量货币基金相继上市，其与“余额宝”之间存在激烈的同业竞争。根据已披露的数据来看，多只货币基金的平均七日年化收益率已持续超越“余额宝”。因此，投资型客户用脚投票、套现离场的概率非常大。第二类支付型客户，他们是经常使用“支付宝”的小微客户，会在“支付宝”中留有小额资金以备网络支付，前面已提到按照0—1概率分布估算，“余额宝”可以轻松坐拥4亿支付型客户。因此，“余额宝”千万级的客户规模也是不无道理的。假定其他条件不变，“余额宝”的规模y会伴随“支付宝”用户数x的变动而变动，呈现y=f（x）的函数形式。

**表1　　货币基金投资组合情况**

| 基金代码 | 基金简称 | 2014年底主要投资组合 | |
|---|---|---|---|
| | | 银行项目（%） | 固定收益项目（%） |
| 000330 | 汇添富现金宝货币 | 54.49 | 42.33 |
| 000331 | 中加货币 | 29.54 | 52.56 |
| 000343 | 华夏财富宝货币 | 53.47 | 44.58 |
| 000359 | 易方达易理财 | 46.40 | 39.07 |
| 000389 | 广发天天红货币 | 40.07 | 43.18 |

资料来源：CSMAR数据库。

注：基金筛选标准：场外交易的契约型开放式货币基金，并且都于2013年以前上市，已发布2014年第四季度报告；“银行项目”包括银行存款和结算备付金；“固定收益项目”包括债券和资产支持证券；百分比的计算分母为“基金总资产”。

基于上述理论分析，“余额宝”未来首要的竞争对手与其说是银行等金融机构，倒不如说是来自愈演愈烈的其他“第三方支付平台”的客户争夺战。典型的案例来自腾讯“滴滴打车”和支付宝“快的打车”在2014年的激烈竞争，双方在出租车打车市场上均主动向消费者大额让利，其本质是为了在“财付通”和“支付宝”平台上“黏住”客户，拓展各自支付平台的用户基数。

第二，就“市场红利”而言，利率没有完全市场化这一市场环境便是“余额宝”成功的“市场红利”。根据“余额宝”官方数据显示，其七天年化收益率最高时曾经接近7%（商业银行活期储蓄存款利率为固定的0.35%），平均也在3%—5%左右。因此，根据图1所示，活期存款客户可能从银行“搬家”，将存款从银行转移到“余额宝”。伴随“余额宝”资金规模不断增长，“余额宝”将资金存放到银行时就具有了更大的议价能力，其收益率也就开始攀升。客户获利后又更加青睐“余额宝”，不仅活期储蓄存款，甚至是定期存款都可能转移到“余额宝”中，导致“余额宝”资金规模进一步壮大，银行可能支付给“余额宝”更高的收益率。银行的大量“宝宝”类产品开始上线应对“余额宝”的冲击，这其实是没有注意到“余额宝”成功的本质。根据前述分析，仅仅模仿“1元起购”“T+0”等点缀，在利率没有完全市场化的条件下，银行本身作为“余额宝”产品获利的内生一环，不可能复制出真正的“类余额宝”产品。因此，银行推出的“宝宝类”产品不能完全阻止“余额宝”的壮大，更无法通过“宝宝类”产品与之抗衡。其实，与其说是银行在模仿“余额宝”产品，毋宁说是“余额宝”在模仿银行的活期储蓄存款产品，比如“T+0”“1元起购”等，都是对活期存款产品的模仿。戴国强和方鹏飞（2014）的研究就开宗明义地指出，由于构建在互联网企业的支付平台上，支付功能的提供使得互联网金融具有货币属性，成为活期存款的替代品，其本质是活期存款的利率市场化。

第三，进一步，在“余额宝”红利分析的基础之上，笔者以“余额宝”资金投向作为切入点，分析“余额宝”红利的来源与银行之间的关系。笔者以“余额宝”2013 年年报和 2014 年半年报作为分析对象，这两份年报都披露了“余额宝”在银行的投资明细，如表 2 所示。

**表 2　　“余额宝”与银行的关系**

| 项目 | 2013 年 | | 2014 年 | |
|---|---|---|---|---|
| | 金额（亿元） | 百分比（%） | 金额（亿元） | 百分比（%） |
| 活期存款 | 0. 91 | 0. 05 | 153. 25 | 3. 06 |
| 定期存款 | 1 754. 50 | 99. 95 | 4 861. 21 | 96. 94 |
| 存款期限 1 个月以内 | 518. 00 | 29. 52 | 184. 10 | 3. 79 |
| 存款期限 1—3 个月 | 836. 50 | 47. 68 | 1 510. 30 | 31. 07 |
| 存款期限 3 个月以上 | 400. 00 | 22. 80 | 3 166. 81 | 65. 14 |
| 银行存款总额 | 1 755. 41 | 94. 71 | 5 014. 46 | 87. 34 |

资料来源：天弘基金官方网站披露的“增利宝”2013 年年报和 2014 年半年报，百分比数据由笔者自行计算。

注：其中“银行存款总额”为活期与定期存款之和与“增利宝”基金总份额数之比。

根据表 2 的“银行存款总额”的总体百分比指标，我们可以发现，“余额宝”在 2013 年基本按照超过 90% 的比例投资到银行，虽然 2014 年投资银行存款的比例有所下降，但“余额宝”仍然保持着近 90% 的银行存款比重。“余额宝”的投资行为是“不理性”的吗？其实，这种看似不太理性的投资决策反而是最“理性”的投资决策。正因为利率没有实现完全市场化，因此，从大的投资方向来看，“余额宝”从 2013 年发行到现在，其实都是为了获取“市场红利”。

再来看“余额宝”的投资比例分配：根据表 2 所示，在 2013 年，“余额宝”将几乎所有银行存款都投到了定期存款中，比例几乎接近 100%，其中又有接近 50% 的资金是投向 3 个月以下的短期银行存款，3 个月以下银行定期存款合计占到了定期存款的近 80%；再来看 2014 年上半年，“余额宝”的投资行为突然发生了一些不经意的变化，大方向还是银行存款，但是定期存款中近 70% 的资金投向了 3 个月以上的银行定期存款，这一明细的变化凸显了“余额宝”对市场的反应。就这一反应，我们从 Shibor 与“余额宝”的利率互动变化中得到进一步的佐证，如图 2 和图 3 所示。

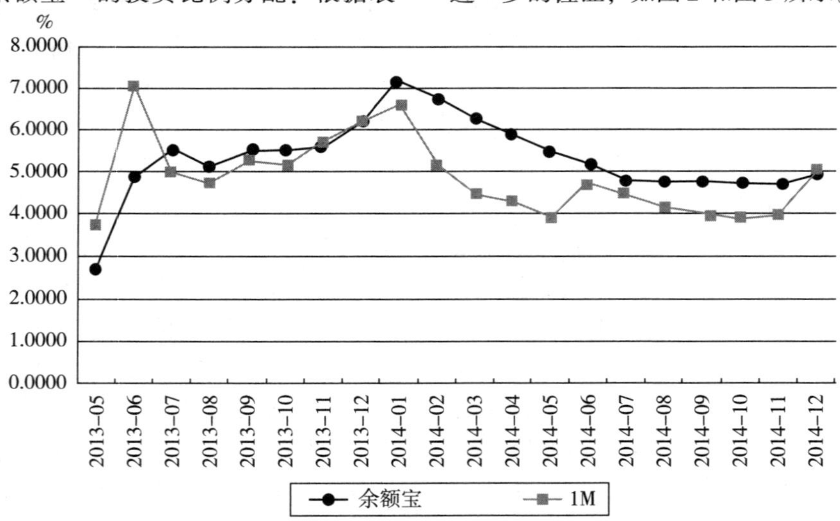


**图 2　余额宝 7 天年化收益率均值与 Shibor（1 个月）报价均值**

根据图 2 所示，结合前述分析，我们取Shibor的 1 个月利率，并计算月均算数平均值作为 Shibor 的 1 个月的月均利率，同时计算“余额宝”的月均算数平均值，再加上 0. 63% 的管理和托管费率作为“余额宝”的月均利率。从 2013 年一直持续到 2014 年初，“余额宝”基本都是紧贴 Shibor 的 1 个月利率在变动，可能说明这一时期银行间出现了一定的流动性紧张，出现短暂的所谓银行"存款饥饿"现象，导致银行间短期拆解利率中1个月期产品受到热捧，"余额宝"则在与银行的谈判过程中盯住了银行的这一需求，给出了紧贴Shibor的1个月短期利率，从而获得银行的青睐，也由此获得持续的高收益。从图2的趋势可以明显看出，到2014年初，"余额宝"的收益率走势是明显紧随Shibor的1个月短期利率在不断攀升，并于2014年初达到一个峰值。

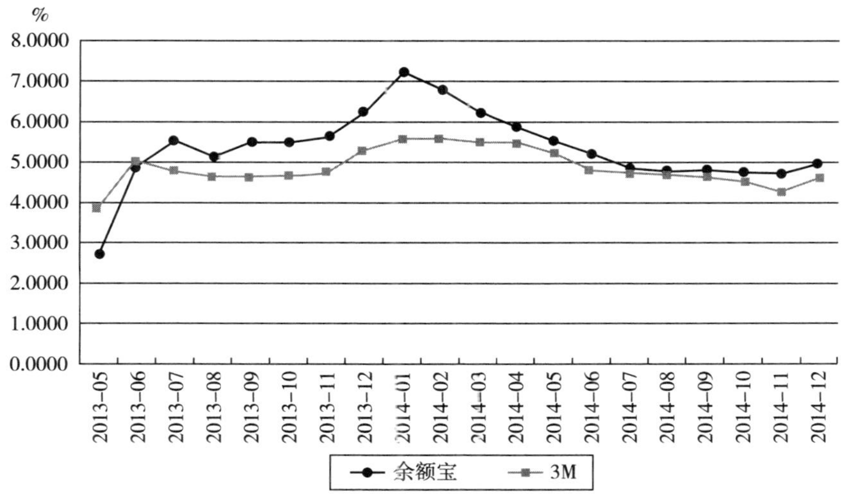


**图3 余额宝7天年化收益率均值与Shibor（3个月）报价均值**

根据图3所示，结合前述分析，我们取Shibor的3个月利率，并计算月均算数平均值作为Shibor的3个月的月均利率，同时计算"余额宝"的月均算数平均值，再加上0.63%的管理和托管费率作为"余额宝"的月均利率。从2014年3—4月份开始，伴随人民银行在回购、定向降准等方面的出手，使得市场上的流动性压力得到缓释，由此导致了银行间短期资金需求降低。"余额宝"的投资取向开始向银行定期存款中的3个月及以上的长期产品转向。从图3可以看出，"余额宝"基本都是紧贴Shibor的3个月利率在变动，这说明"余额宝"资金规模仍然还是对银行有吸引力，但是却没有了2013年底到2014年初的那种近乎疯狂的短期需求。同时，人民银行释放流动性的措施也导致了Shibor利率的系统性下降，作为紧随Shibor的"余额宝"的收益率也只能无奈下跌。

## 四、研究结论

伴随中国利率市场化进程向纵深推进，互联网金融的相关研究议题也在逐步展开，针对互联网金融运作机制的研究又是其中极为重要的一环（芮晓武和刘烈宏，2014）。本文的研究围绕利率市场化下的互联网金融运作机制，以"余额宝"为案例研究对象，分析了"余额宝"与利率市场化、商业银行的相互关系，以期有助于我们更加深刻地理解利率市场化下互联网金融的运作机制，为商业银行与互联网金融的共生发展搭建桥梁。

# 云南省县域支行个贷业务分析

云南省分行住房金融与个人信贷部　张浩

"郡县治，天下无不治"，这是《史记》中司马迁对秦废封国、设郡县的评价，也代表了中国最早的朴素县域政治经济发展观。长期以来，中国建设银行云南省分行一直高度重视县域市场，密切配合全省各县政府搞活当地经济，大力支持县域经济发展。近五年来，建设银行积极响应国家建设“桥头堡”的号召，持续开拓创新，从城镇化建设金融服务、社区金融服务以及互联网金融平台建设等多个维度，多层次、全方位地为县域经济发展提供了充足的金融资源配置，满足县域金融服务需求。其中县域个人贷款业务发展，是我行“零售资产进网点战略”中的关键一环。

## 一、云南省县域经济发展概况

### （一）云南省县域经济的特点

截至2014年末，从经济发展、民生改善、规模效应以及市场需求四个方面看，云南县域经济的特点主要表现为：一是人口较多，人口流失情况严重；二是国民生产总值占比过半、第三产业产值占比较小；三是县域、城乡之间人均收入差距较大、贫困人口较多；四是县域社会消费品零售总额低于全省平均水平。

### （二）云南省县域经济实力分类

本文选取了与县域个贷业务发展相关度较高的人口总量、第二产业及第三产业产值、固定资产投资、城镇居民收入、社会消费品零售总额等五项指标，按综合经济实力好、中、差各三分之一对107个县域进行了分类。详情如表1所示。

表1　县域综合经济实力分类情况

| 县域综合经济实力 | （经济实力排名）县域名 |
|---|---|
| 好 | （1）宣威、（2）个旧、（3）弥勒、（4）富源、（5）宜良、（6）禄丰、（7）沾益、（8）建水、（9）腾冲、（10）会泽、（11）开远、（12）罗平、（13）晋宁、（14）录甸、（15）祥云、（16）陆良、（17）嵩明、（18）砚山、（19）石林、（20）泸西、（21）新平、（22）禄劝、（23）镇雄、（24）云县、（25）富宁、（26）广南、（27）师宗、（28）瑞丽、（29）凤庆、（30）通海、（31）澄江、（32）宾川、（33）盈江、（34）大姚、（35）石屏、（36）丘北 |
| 中 | （37）江川、（38）武定、（39）元江、（40）景谷、（41）易门、（42）永德、（43）马关、（44）耿马、（45）勐海、（46）永胜、（47）富民、（48）峨山、（49）华宁、（50）昌宁、（51）澜沧、（52）弥渡、（53）勐腊、（54）元阳、（55）墨江、（56）南华、（57）鹤庆、（58）巧家、（59）云龙、（60）洱源、（61）龙陵、（62）彝良、（63）马龙、（64）鲁甸、（65）巍山、（66）牟定、（67）金平、（68）元谋、（69）麻栗坡、（70）永善、（71）景东、（72）华坪 |
| 差 | （73）玉龙、（74）红河、（75）施甸、（76）维西、（77）南涧、（78）姚安、（79）盐津、（80）宁洱、（81）德钦、（82）水富、（83）兰坪、（84）绿春、（85）镇康、（86）河口、（87）威信、（88）沧源、（89）双柏、（90）屏边、（91）镇沅、（92）永平、（93）宁蒗、（94）双江、（95）大关、（96）西畴、（97）剑川、（98）永仁、（99）陇川、（100）江城、（101）漾濞、（102）绥江、（103）孟连、（104）梁河、（105）西盟、（106）福贡、（107）贡山 |

## 二、云南同业市场发展概况

### （一）建设银行县域机构设置、覆盖分布情况

目前，全省107个建制县与县级市中，建设银行在69个县域地区设置了县级经营机构（共70个县支行）。全省县域机构覆盖率为64.49%。如图1所示。

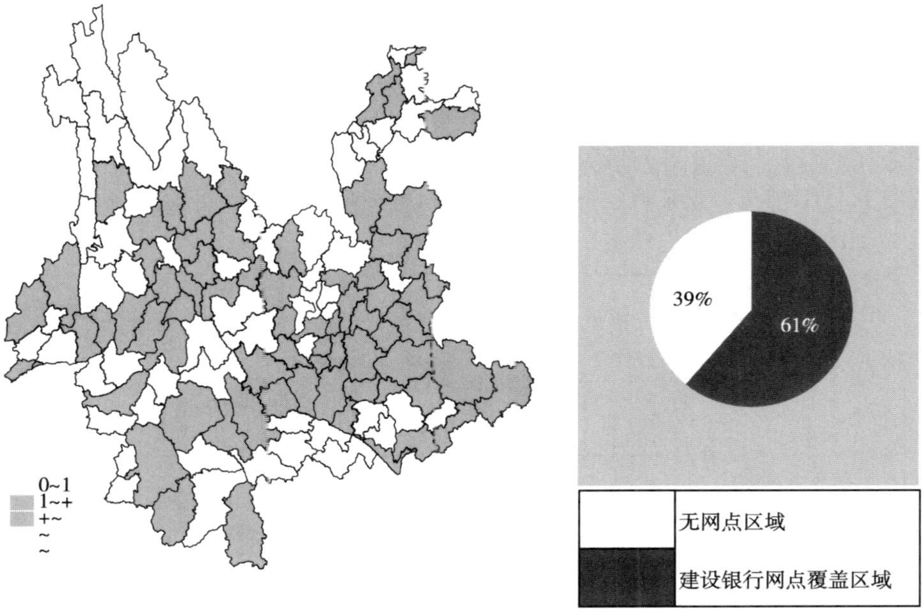


**图1 中国建设银行云南省县域网点覆盖情况图**

### （二）建行县支行个贷业务市场表现情况分析

采用上文云南省县域经济实力分类对各县域经济实力的划分方法，将56个县支行①个贷同业综合竞争力按照强、中、弱三类进行了分类，详情见表2。

**表1 县域综合经济实力分类情况**

| 二级行 | 同业综合竞争力 | | | | | | | | |
|---|---|---|---|---|---|---|---|---|---|
| | 强 | | | 中 | | | 弱 | | |
| | 数量 | 占比 | 县支行行名 | 数量 | 占比 | 县支行行名 | 数量 | 占比 | 县支行行名 |
| 昆明 | 1 | 5.26% | 石林 | 2 | 10. 53% | 嵩明、寻甸 | 1 | 5. 56% | 宜良 |
| 曲靖 | 3 | 15. 79% | 宜威、罗平、师宗 | 1 | 5. 26% | 沾益 | 4 | 22. 22% | 富源、陆良、会泽、马龙 |
| 玉溪 | 2 | 10. 53% | 新平、元江 | 1 | 5. 26% | 江川 | 5 | 27. 78% | 澄江、通海、峨山、华宁、易门 |
| 红河 | 5 | 26. 32% | 开远、弥勒、河口、建水、石屏 | 2 | 10. 53% | 个旧、泸西 | | | |
| 大理 | 2 | 10. 53% | 祥云、巍山 | 2 | 10. 53% | 南涧、漾濞 | 3 | 16. 67% | 洱源、鹤庆、宾川 |
| 昭通 | 2 | 10. 53% | 镇雄、水富 | 1 | 5. 26% | 大关 | 1 | 5. 56% | 溪洛渡 |
| 文山 | 2 | 10. 53% | 丘北、麻栗坡 | 3 | 15.79% | 广南、砚山、马关 | 1 | 5. 56% | 富宁 |
| 普洱 | | | | | | | | | |
| 西双版纳 | | | | | | | | | |
| 楚雄 | 1 | 5. 26% | 禄丰 | 1 | 5. 26% | 牟定 | 1 | 5. 56 | 大姚 |
| 保山 | | | | 3 | 15. 79% | 昌宁、施甸、腾冲 | 1 | 5. 56% | 龙陵 |
| 德宏 | 1 | 5. 26% | 盈江 | 1 | 5. 26% | 瑞丽 | | | |
| 丽江 | | | | 2 | 10. 53% | 永胜、华坪 | | | |
| 怒江 | | | | | | | 1 | 5. 56% | 兰坪 |
| 迪庆 | | | | | | | | | |
| 临沧 | | | | | | | | | |
| 合计 | 19 | | | 19 | | | 18 | | |

① 同业数据仅采集到56个县支行。

**（三）云南建行县域机构所在地经济、个贷同业市场发展情况分析**

综合我行县域机构所在地经济与个贷同业市场的发展情况来看，56 个县支行样本共划分为 9 个区间，按第①区间最强到第⑨区间最弱依次排序。其中，共有 14 个县支行处于县域经济好、同业综合竞争能力强的第①区间，占样本县支行总数的 25%；仅有兰坪支行一个支行处于县域经济实力差、同业竞争能力弱的第⑨区间，占总数的 1.8%；共有 2 个县支行处于县域经济差，但个贷同业竞争能力强的第⑥区间，占样本县支行总数的 3.6%；尤其值得关注的是，第⑤区间县域经济实力好，但同业竞争能力弱的县支行共 9 个，占 16.1%。

| | 同业竞争能力弱 | 同业竞争能力中 | 同业竞争能力强 |
|---|---|---|---|
| 县域综合经济实力好 | ⑤ 宾川、澄江、大姚、富宁、富源、陆良、会泽、通海、宜良（9） | ② 个旧、瑞丽、嵩明、腾冲、泸西、寻甸、广南、砚山、沾益（9） | ① 建水、禄丰、开远、罗平、弥勒、丘北、师宗、祥云、新平、宣威、盈江、石林、石屏、镇雄（14） |
| 县域综合经济实力中 | ⑦ 洱源、马龙、峨山、鹤庆、华宁、龙陵、易门、溪洛渡（8） | ④ 昌宁、华坪、江川、马关、牟定、永胜（6） | ③ 麻栗坡、巍山、元江（3） |
| 县域综合经济实力差 | ⑨ 兰坪（1） | ⑧ 漾濞、大关、施甸、南涧（4） | ⑥ 河口、水富（2） |

**图 2　67 个县支行所在县城经济实力、同业竞争力（56 个样本行）九宫图**

## 三、县支行个贷业务发展面临的形势与问题

**（一）县支行个贷业务发展面临的形势**

1. 县支行个贷业务有发展潜力，但必须重点关注房地产市场开发过剩与人口流出。截至 2014 年末，县支行个人贷款余额 143.42 亿元，近三年增速分别为 19.34%、20.75%、16.74%，个贷业务发展维持了一定的增长态势。但是，自 2010 年开始，市场发展走势逐渐钝化，住房销售量增幅逐渐缩小，新开工面积依然快速增长，房地产供给大幅高于需求，详情如图 3 所示。

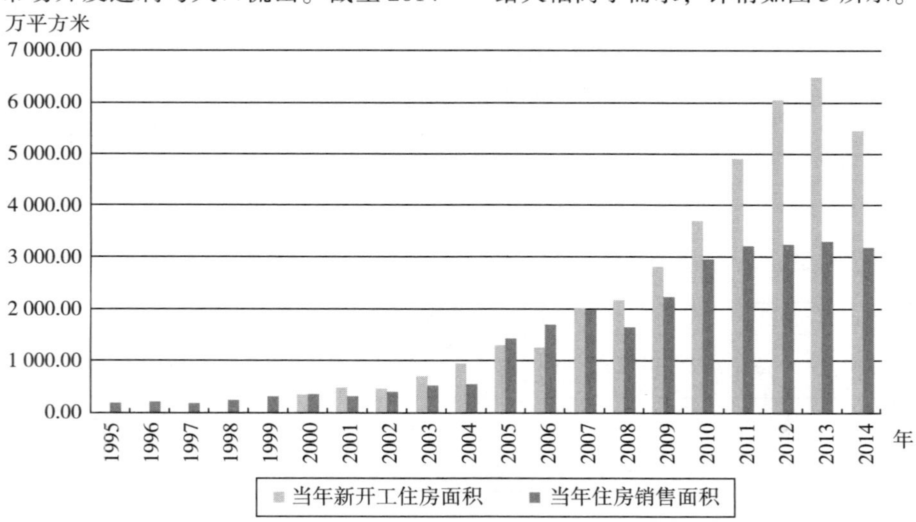


**图 3　全省 20 年房地产市场供需关系**

其次，城镇保障性安居工程的推进一定程度上形成了新的房地产物业形态，未来将在一定程度上影响供需。据人民银行统计，截至2015年9月末，全省城镇保障性安居工程已开工18.35万套，开工率达到87.2%，基本建成25.11万套，占国家下达基本建成计划书18.53万套的135.5%；2012年以前公租房分配入住12.39万套，完成国家下达指标的56.8%。最后，全省县域人口均有流出，无人口净流入县域。根据国家统计局的统计方法计算，截至2014年12月末，县域户籍人口总数为3 544.18万人，县域常住人口均值①为3 533.9万人，县域人口流出10.28万人，100%的县域人口净流出。

2. 个贷业务有市场需求，但需要关注房地产市场分化与产品匹配。首先，全省市场需求总体平稳。截至2015年9月末，全省商品房销售面积2 088.36万平方米，同比增长1.21%，已连续两个季度同比增长。其次，市场区域分化。商品房交易多集中在昆明及州、市区域，县域交易量较小。最后，二手房交易逐渐活跃，房屋需求类型、交易形态发生变化。前11月昆明地区二手房销售面积为305.11万平方米，同比增长38.8%，部分州、市以及县域的交易量也有不同程度提高，其中自住和改善性住宅供需矛盾较小，但写字楼、商业综合体住宅底商等的供需矛盾较大，供过于求现象突出，物业形态供需矛盾呈现结构性差异。

**（二）县支行个贷业务发展所面临的问题**

1. 县支行所属县域宏观经济情况与个贷业务发展不匹配。如上文图2所示，在56个县支行样本中，共有32个县支行处于经济实力好的县域，其中，18个支行个贷同业综合竞争力居中、较弱，占该类县域支行的56.3%；共有17个县支行处于经济实力居中的县域，其中，8个支行个贷同业综合竞争力较弱，占该类县域支行的47.1%；两类县域，共26个县支行，占样本总数的46.4%，个贷同业综合竞争力与所属县域的经济实力不匹配。

2. 部分县支行个贷业务的产品结构不尽合理，调整压力依然较大

首先，就个人贷款占各项贷款余额的情况来看，截至2015年9月，县支行个贷已占县支行各项贷款余额的36.89%，并且，在县支行“两个办法”考核中，作为相关指标主要的得分点，个贷业务贡献较大，分别占等级行及业务竞赛指标总值的81.9%、151.23%。但是，在宏观经济形势下行、对公资产业务发展受影响较大的部分县域，个贷在县支行资产业务中的结构仍不尽合理，还存在可积极调整的空间。

其次，就个人贷款产品的结构来看，截至2014年末，县支行住房、消费经营贷款的占比分别为88.93%、11.07%。从产品结构变化总的趋势上看，住房占比逐渐缩小，消费占比逐渐增大，但具体到各个县域，需要各县支行结合当地市场的供需情况，对当地房地产发展阶段作出合理判断，积极稳妥地推进住房贷款业务发展。

再次，就住房贷款的产品结构来看，截至2014年末，一手房、商用房贷款占比有所减少，二手房贷款占比逐渐增大，但县域之间依然存在一定差异。具体到各个县支行的情况上看，40.3%的支行二手房占比较上年下降，这其中还有13个支行存在商用房贷款占比不降反升的情况，县支行个人贷款结构调整的压力依然较大。

最后，从消费经营贷款中个人助业贷款的发展情况来看，如图4所示，由于个人助业贷款受县域经济形势影响较大，县支行助业贷款余额逐年上升，但增速逐年下降。具体到各个支行产品占比上来看，消费经营贷款中，26.87%的县支行助业贷款占比过半，其中部分行的助业贷款占比已达90%以上，消费经营贷款产品单一、风险集中，隐患相对较大。

① 国家统计局要求，自2004年1月1日起，我国人均GDP计算均统一使用常住人口均值进行计算。因此依据这一要求，各县常住人口均值=各县GDP/各县人均GDP；由此，各县人口流出数=各县域户籍人口数-各县常住人口均值。

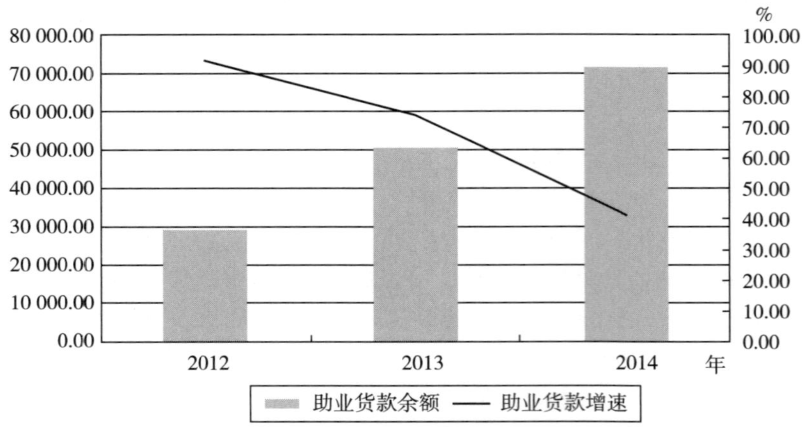


**图 4　县支行 2012—2014 年助业贷款余额及增速情况图**

3. 管理体制与考核机制中存在薄弱环节

首先，部分二级分行在制定个贷业务考核办法中，存在资源配置不能体现省分行要求、挂价与同类行相比较低，无法调动县支行业务发展积极性的问题；同时，在县支行负责人 KPI 考核中，未能体现个贷业务评价指标。

其次，部分二级分行个贷中心对县支行的指导帮扶不足，政策未能有效传导给县支行，对所辖县域市场及客户的关注度不够、分析能力较弱，个贷业务管理精细化程度不足。

最后，各县支行个贷业务管理水平的差异较大。部分行对内未能建立健全支行个贷业务考核、培训、管理机制，个贷条线人才匮乏；对外未能利用相关个贷产品积极营销拓展目标客户，资产业务结构单一。

## 四、加快县支行个贷业务发展的对策

**（一）因地制宜、顺势而为、深挖潜力**

县支行个贷业务的发展必须结合当地的经济特点，研究发展的方向脉络，分析市场的潜力，遵循因地制宜、顺势而为、深挖潜力的发展思路与方法。

1. 县支行处于经济实力较强的县域。要因地制宜结合当地人口总量、二三产业的人口吸纳能力、消费需求、资源禀赋等优势大力发展个贷业务。

2. 县支行处于经济实力居中的县域。要顺势而为，积极研究当地市场发展趋势，把握县域经济发展的脉络，契合县域经济发展的规划与目标，找准个贷业务发展的方向，从而推动个贷业务的全面发展。

3. 县支行处于经济实力较弱的县域。必须认真分析、深挖潜力，积极探索个贷业务发展转型的方法与路径，开拓新的客户与市场，加快个贷业务结构调整，打造业务支撑点。

**（二）开拓思路、加强创新、把握机遇**

县支行个贷业务的发展必须直面互联网金融创新、利率市场化、同业竞争更加激烈、房地产市场发展新阶段等一系列全新的挑战，要以开拓思路、加强创新、把握机遇的方法与态度，将挑战转化为经济“新常态”下的发展机遇。

1. 在确保行业地位与竞争优势的基础上，主动调整个人住房贷款业务结构。一方面，面对房地产市场发展的新阶段，要“优中选优”，积极发展一手房贷款。另一方面，要积极发展二手房市场，在二手房市场相对成熟的县域，大力推广“房易安”交易资金监管业务；在二手房市场处于起步阶段、仍不具备完备交易环节的县域，县支行要以交易过户为切入点，加强对政府房屋产权管理部门的营销，有效提高二手房贷款占比。同时，继续调控商用房贷款，控制潜在风险。

2. 互联网金融潜力无限，要创新发展个人消费贷款，提前布局蓝海市场。县支行必须加快消费贷款的转型发展，以“快贷”等互联网金融创新产品为抓手，尽快培育个贷业务新的增长点，提前布局抢占市场。一方面，对于个贷业务占比较高的县支行来说，必须尽快将现有的存量优质房贷客户同步转化为我行“快贷”客户，同时，积极推进“白名单”客户的营销工作，通过批量精准营销拓展“快贷”市场份额；另一方面，对于个贷业务占比较少的县支行，更要积极把握市场机遇，大力营销“白名单”客户，力争“快贷”业务全面覆盖存量房贷客户。

3. 县域经济个人生产经营领域形势仍不乐观，必须审慎发展个人经营贷款，探索新的发展模式。目前，县域经济持续下行，个人经营贷款风险暴露，必须审慎发展该类贷款、严格控制风险，可在有资源禀赋的地区，围绕云烟、云花、云药、珠宝等高原特色产业，审慎发展个人助业贷款。另外，对于部分第一产业相对发达、产业优势明显、农业能够形成上、下游产业链、集团化运作的县域，可以尝试探索个人支农贷款的发展模式。

**（三）完善考核、提高效率、培养人才**

1. 完善考核机制，充分调动县支行发展个人贷款的积极性。各二级行要对县支行制定相应的资源配置和业绩评价办法，给予县支行业务发展充分支持。

2. 梳理业务流程，提升服务衔接效率，做好县支行服务工作。二级行个贷中心要进一步梳理优化与县支行的衔接流程，做好基层机构的服务工作，提升客户服务感受。

3. 做好个贷客户经理队伍建设，提高人员素质。各二级行个贷中心要做好对县支行的持续培训工作以及日常业务指导，适当增加专、兼职客户经理配备。

**（四）跨县域发展模式建议**

目前，全省仍有38个县暂未设置建行经营机构，该区域拥有人口901.68万、生产总值1 244.9亿元以及社会消费品零售总额329.81亿元，具有相应的业务拓展价值。因此，加快探索无机构县域的跨县域个贷服务模式，对我行拓展县域个贷业务市场具有重要意义。

1. 跨县域个贷业务发展的产品策略

（1）住房贷款发展策略。县支行可通过与我行长期合作的资金实力较强、信用记录良好的房地产企业，重点发展跨县域的优质楼盘、客户。同时，通过与当地相关政府部门合作，有效利用政策、系统优势，推广我行委托性住房金融业务，挖掘客户资源，打造县支行个贷业务新增长点。

（2）消费经营贷款发展策略。充分发挥线上服务成本低、功能强、覆盖广的优势，依托线上服务渠道，高效利用我行“快贷”产品优势，积极营销“快贷”产品，抢占跨县域消费经营贷款市场，并区别不同县域、不同客户群体，通过“白名单”体验等模式创新，建立差别化的消费经营贷款线下渠道服务体系，共同构建线上线下协同的跨县域新型个贷业务发展模式。

2. 跨县域个贷业务发展的实现模式

（1）部门联动。依靠公司机构、电子银行、个人金融等业务部门协同带动，通过跨县域资金开户、营销理财、基本结算等功能的实现，逐步转化结算客户为信贷客户、对公客户为个人客户，立足现有业务系统及营销手段，联动发展跨县域个贷业务。

（2）战略合作。为解决个贷金融服务受限于物理渠道的问题，还可考虑跨县域依托当地与我行业务互补性较强、核心业务联系紧密、有过合作经历的相关金融服务机构，以签订战略合作协议、设立代办点等方式，多样化地实现跨县域个贷金融服务。

# 社区银行发展问题研究

**大连市分行授信审批部　隽宗华**

从金融市场建设角度，社区银行到底是市场新的进入者，还是现有金融机构挺进社区扩张的网点？抑或社区银行是机构属性，还是社会属性？这是两个不同出发点、不同发展目的、不同经营方向、不同运行方式、不同结果的问题。固然，在当下市场经济大背景下，金融机构延伸扩张社区银行，提供差异性、特色化金融服务也是丰富金融活动的合理布局，但从民生推新角度，如果能建设体现社区文化的真正社区银行推展普惠金融，无疑也是具有重大意义的金融创新。

## 一、国内外社区银行的实践及其差异分析

### （一）建立动因上的差异

社区银行（Community Bank）的概念来自于美国等西方金融发达国家。在美国，社区银行建立的动因是能为社区居民和社区内的中小企业提供比各种大银行更具有价值和更出色的贴身服务。而这种服务具有强大的社员保护而显得力量不可低估。同样社区银行也受到法律上的支持与保护。

我国社区银行是近年来，随着住宅小区大量产生、国家利率市场化改革的推进、金融机构网点建设市场准入放松，一些银行基于网点扩张，以“社区化”战略寻求业务新生点，看好社区能最近距离贴近零售客户发挥渠道优势而“跑马圈地”设立经营阵地。这种基于自身经营思想的社区银行在基本的机构属性上（规模、业务结构以及客户结构、价值主张）就与真正意义上“社区银行”有本质的不同。

### （二）文化背景上的差异

在美国等西方国家，“社区”是一个严格界定的地理区域，居民大多具有相同的文化元素以及同感的背景。社区银行是与文化结缘，遵循趋同的文化服务社区，并以文化趋同性走向其所在的城市或乡村居民聚居的区域。由于浸没文化，深耕族群背景，其对所在区域内的中小企业和社区居民提供金融服务具有鲜明的本社区利益至上的特点。

我国社区银行是基于本总分行的文化传递、经营理念，利用银行的网络渠道、标准化产品，结合社区客户的偏好，行销差异化、特色化服务，来满足居民居家金融服务、便民服务及家庭理财、家庭财富管理的需求。

### （三）独立自治上的差异

在美国，广泛的院外游说和社会宣传活动为社区银行争取到了一个较为宽松的政策环境和广泛的社会支持，使得其能高度独立与自治的运作。时至今日，依然对选票发挥着很大的影响，使得美国总统对社区银行的影响力也高度重视。除法律规定以外，社区银行不会受到来自外部行政干预的影响。

我国的社区银行不是平台，只是柜面延伸，承担的是渠道任务，比拼的是渠道优势，依托的是后台的支持保障，维系的是集体力量作业下的客户关系，不存在独立与自治。也因此缺少了国外社区银行那种必需的商业灵活性。

### （四）经营风格上的差异

从美国等国家社区银行的特征和业务运行方式上来看，他们在经营理念和商业模式已经有了其独到的经营风格，使其在理念、定位、运行方式和竞争力培育等方面都有别于其他商业银行。社区银行已经突破了银行的职能定位，已经不再仅仅是方便客户交易的中介，已经转变成了手段或方案的提供者，并且致力于方便人们的生活、影响人们金融规划以及帮助他们实现金融目标。社区银行银企关系、客户关系已经从客户关系管理转向更加亲密的类似“客户—代理人”关系，在底线基础上提供解决客户需求的前瞻性银行服务与金融建议。

我国的社区银行还拘泥于传统的、历史的、等级的系统结构中，经营风格由上级指导对环境、市场、客户做适应性变化，没有多少社区特色，或者说称不称作社区银行意义也不大，至于其持续性发展不是取决于社区，而是取决于地理位置与繁华路段。

### （五）商业模式上的差异

美国模式：美国社区银行实质上是一种社民商业银行，是为社区里的中小企业服务的银行。它提供了从社区里儿童的储钱罐业务到社区里老人的养老金管理计划等诸多服务，使得社区内的中小企业和全体居民享受到比大银行更为充分、便捷和低成本的金融服务。其商业模式就是基于社民利益、赢得社民的信任从而产生的丰富需求，使其一对一量身定制个性化产品和业务找到了关系性。在美国银行界中，存在着很多数量资产虽

小却充满生机和活力的社区银行。欧洲模式：欧洲是银行业的发源地，拥有发达的金融体系。20世纪90年代，由于面临经营困境，不少银行纷纷实施网点撤并计划，于是在一些地区，尤其是偏远地区出现了"金融真空"状态。为消除不良影响，欧洲国家，尤其是英国，掀起了一场"社区银行服务运动"。该运动的核心不在于建若干"社区银行"，而在于为所有社区提供金融服务。澳洲模式：澳洲社区银行坚持走特许经营之路。从所有权来看，澳洲社区银行股权100%属于本地居民和企业。特许经营模式下的社区银行，股权结构合理，资金来源、品牌、业务培训等方面优势突出，深受社区居民和企业欢迎，因而获得了较大成功。

我国社区银行商业模式分2013年12月13日前后，12月13日前是"跑马圈地"，战略卡位，各显其能。商业模式一地一个样，经营上更是打"擦边球"、钻空子，甚至违规、跨界。12月13日后，随着中国银监会办公厅下发《关于中小商业银行设立社区支行、小微支行有关事项的通知》，社区银行有了较大规范，也有了比较清晰的模式指引。管理部门明确指出社区银行分为"有人"和"无人"两种模式，"有人"网点必须持牌，"无人"则必须自助。

**（六）服务功能上的差异**

我国与美国等国家社区银行在服务功能上的差异主要体现在精细化程度以及经营活力上。社区银行的发展机会在于整合社区各个业态、各类社员的金融服务需求。因此社区银行需要归并文化多样性，而不是促成统一标准的一般银行模式，这就需要社区银行经营始于宏观层面，而服务就要在产品、渠道、工具等每个维度上细化并呈现个性化的特色。虽然当今世界电子化的手段提供了诸多方便，但总是需要由专业人员提供进一步的服务。要由客户信任的银行客户经理提供细化、专业的过程帮助与专注的服务。而客户经理服务的热情也体现出了这家银行的经营活力。银行模式中，人是最好的资产，保持同客户之间高水平的接触是可信任的银行客户经理的特质。这也是国外银行保持开放的、持续不断吸引人才以保持竞争力的共同做法。这点在社区银行表现得尤为突出。美国、加拿大一些土著银行就是文化驱动、生命一体的社区银行的范例。他们甚至不用去外面找寻市场，只迎合当地社群需要，精细于社区所有社员及其他们后代各种业务与需求。与社区业主十分熟悉的客户经理通过激发业主积极地共同参与方式，设计和提供内容详尽、量身定制的金融产品和服务。

**（七）政府政策上的差异**

美国等国家在支持方面，对社区银行有着鲜明的扶持政策。特别是选举期间，对社区银行更是热情高涨。在监管方面，美国社区银行的监管体系以社区银行内部控制为基础，政府相关部门的专职监管为核心，自律组织的自律监管为依托，中介组织的社会监督为补充。

我国社区银行还处在实践探索阶段，政府政策还没有一个完整、系统、全过程的政策规定体系。银监局仅从行业监管角度，提出框架监管，但从支持到监督等必要的配套政策及法规制度还没有明确的文件规定。

## 二、对社区银行若干问题的认识与理念确认

**（一）社区银行的属性问题**

社区银行应该有其社会性，不能因为现在社区还只是居委会就将未来发展之路卡死，任由现有银行势力战略布局。建立社区银行是社会民主的实践，其为社区服务又受制社区业主的监督，会大大刹住唯指标而为的急功近利，从而以细致服务追求长远利益，同时也能提升社区业主参与社区全面民主建设的积极性以及关心社区利益继而维护自身利益的权益行动。社区是村落，是业主共同的多元需求区，而不是强势经济的开发区。更主要的是，市场经济需要不同业态、不同形态的银行范式，那种靠超常规、争金夺银、急于扩大市场利益份额追逐的行为能是社会的福祉？我们今天很多只顾眼前利益的做法不用到未来，现在看都是错误的。社区银行崛起至少以市场新进入者身份能从首善心态出发，致力于普惠金融，对金融市场单纯讲效率而忽视公平也是一个补救。

**（二）政府价值观的引导问题**

政府作为市场"看到见的手"，不应是市场的观察者、活动的组织者、实践的总结者，而应是市场规则的制定者，让市场各类主体在规则下

生长。对于社区银行，政府不应只寄希望现有金融机构网点进驻社区，解决新社区、偏远地区老百姓存钱难、取钱难的问题，而应看到当下社区银行是改变目前金融业价值观的唯一可选方案。让一大群为股东利益服务、追求长期可持续股东回报的上市银行、股份商业银行承担社会责任、培育社会扶助目标，其只能做到努力，难能全力，这也是近年来农村、新城镇化社区、小微企业、小商品经营者金融发展问题宣传不小但实际成效不大的一个根本问题。因此，政府应积极制定社区银行的准入、设立、风控规则，动员社区积极筹建社区银行，提升其社会金融地位，使其真正成为我国金融市场体系的重要成员与和谐社会、普惠价值的促进者。同时，通过建立社区银行，也可以改善我国金融市场结构中过于追求效率而忽视公平所产生的功利性弊端。

**（三）社区银行的经营目的**

社区银行的经营目的应该是以社区为经营单元，通过建立新的生产方式，让那些难于获得常规金融服务的社区业主、社区从事个体经营者、社区低收入客户以及偏远地区、边缘化地带的新型住宅区或者新型城镇新的市民得到实现需求、实现商业机会的通道和窗口。对于这些客户群体，如果没有新的金融服务进入者，他们的需求和商业机会就很难得到社会正规层面的解决和支持。

**（四）社区银行的经营目标**

社区银行的经营目标应该不能以追求股东价值为最大，而应是提供一个更加均衡的金融信贷服务的配置，使全体社区群体、商户或客户都能够利用它解决困境并增强自身的生产经营能力。这就使得社区银行经营目标就是服务社区，并通过社区经营者和客户的发展而发展。

**（五）社区银行的功能问题**

当今社会，随着金融科技与金融工具、金融载体、金融渠道、金融手段创新突变，社区银行的功能应该回归到本质上才能有效率、有活力，即做服务中介的坚定者，而不是做金融产业。服务客户需要应该是社区银行整个行为中最大的部分，也就是利用各种资源、租借、嵌入式合作提供各种金融行为所需的服务和手段，以方便、简捷、高效、低收费、超增值方式吸引住社区商户与业主、客户，让其真正感受到社区银行是自己的银行，真正能得到及时帮助、全程服务的银行。

**（六）社区银行的保障问题**

社区银行虽可能产生于社区民主共建的基础上，有可能有自己的规章、规则和管理的方式，但它应该纳入到我国市场金融体系内，是我国多体制、多层次、多类型的国家金融体系的有机组成部分。它在业务运行保障体系上应该享受到与其他商业银行同等的待遇，同时在“三农”信贷、民生领域、扶小解困、资助救济、社会公益、政府福利、社区利益等方面，也应该倡导和国外同业者一样享受到政府的特殊倾向和政策、法律的特定保护。

## 三、社区银行的建构思路及发展展望

在当今信息网络技术条件下，社区银行的建构应该要有一种全新视觉，即社区银行不仅仅是客户办理电子、网络金融业务的场所，也是客户金融学习、金融产品体验的中心，同时也是客户解决方案的制订过程。因此，社区银行构建特征要具有标志性。

**（一）彰显民生金融的理念**

国外社区银行是业主委员会在取得全体业主同意基础确定章程招募股份建立的，因此其始终能代表本社区利益，并以服务本社区业主为自豪。我国可以借鉴国外社区银行的经验，出发于本社区，服务于本社区，做本社区的民生金融，不仅让本社区全体业主享受到便利、实惠，而且还能让社区小商品经营者、工商贸客户得到比股份商业银行更低的交易价格和全方位的职业帮助。

**（二）在公正公平基础上建立合伙关系**

国外社区银行很少有以利润为中心的，大都追求服务的社会效益和综合回报。其站在公正公平的基础上，以合伙的心态与理解力，从职业角度给社区客户提供将资金通向资本、把货币通向财富的服务和金融技能，让社区客户既是金融服务的受益者，又是风险的参与者和担当者。我国社区银行也须将道德价值和金融活动结合起来，把金融作为一种社会工具来实现普惠金融。

**（三）渠道业务全部电子化**

在电子技术、网络交互十分发达和普及的情况下，社区银行应该就是一个电子市场，让传统的柜面业务、人工操作全部电子化。初创和规模偏小的社区银行可不经办手工的现金业务。没有电子化，显然解决不了整体运营成本的控制问题。

**（四）收费业务价格优势最大化**

社区银行实质上是一个特定群体的利益体，一个特定区域的市场势力，也是一个政府维护、倾向的领域。社区银行享受免税、低税政策与社会捐赠，具有实质性优势，这使得它有实现低收费的空间。此外，凡是经得社区全体业主同意嵌入进社区银行的其他商业银行的业务、系统、网络、产品、渠道、工具、机具、外包、有偿信息与服务都得接受社区银行规定的统一价格标准。

**（五）一对一服务始终保持专心专注专业**

一对一服务是以客户为中心的理念践行。这种服务专心于客户沟通，专注于客户业务，专业于客户操作，决不让客户感觉到怠慢或疏忽。同时及时建立客户关系管理联系机制，明确客户经理责任制，主动联系、回访、往来。

**（六）解决方案客户互动全程化**

成功在于细节。国外有些社区银行量身定制的解决方案不仅是客户经理的设计专案，而是与社区客户不断讨论、推敲的结果。我国社区银行要想赢得广泛的社区客户信任，就得细致于客户互动，提供给客户的方案要相当清楚，使客户的问题真正得到解决。

**（七）客户经理实行终极责任制**

为客户服务要自始至终，客户业务不结清，客户关系不完结，客户经理的责任就一直关联，与客户休戚相关是终极的职业维系。

**（八）家园式文化，打造家门口的便利店**

社区银行是社区业主的银行，邻里关系是天然因素，社区银行存在于家园环抱中，日常性的往来是每天规律性活动。这也使得社区银行在老百姓的日常生活中能找到个性化、细节化、延伸性、跨界性的扩展业务和创新领域。

**（九）牢记底线，坚持原则**

国外社区银行虽然一方面尽可能满足客户随时变化和日益增长的需求，但另一方面又严格在原则、底线问题上不迁就客户。只要从客户角度出发，尽可能维护双方利益，在维护自身利益时不损害客户利益，客户能理解并尊重银行的原则坚守，这种职业操守值得我们借鉴。我国社区银行需要革除传统商业银行只考虑、维护自身利益的狭隘思想，从合理维护客户利益角度出发设计规章制度，才能与客户建立良好的关系，在业务合作上经得起推敲，并行发展，取得双赢成果。

# 三江源生态保护与金融支持

青海省分行 李振宇 刘建立 衣宁

三江源地区地处青藏高原腹地，是长江、黄河、澜沧江的发源地，是我国淡水资源的重要补给地，是高原生物多样性最集中的地区，是亚洲、北半球乃至全球气候变化的敏感区和重要启动区，特殊的地理位置、丰富的自然资源、重要的生态功能使其成为我国青藏高原生态安全屏障的重要组成部分，在全国生态文明建设中具有特殊重要地位，关系到全国的生态安全和中华民族的长远发展。

## 一、青海三江源生态保护综合试验区规划建设情况

2005 年，国务院批准实施《青海三江源自然保护区生态保护和建设总体规划》，启动实施了一期工程；2008 年，《国务院关于支持青海等省藏区经济社会发展的若干意见》提出“适时启动三江源二期工程前期研究工作”和“建立三江源国家生态保护综合试验区”的要求；2011 年 11 月，国务院批准实施《青海三江源国家生态保护

综合试验区总体方案》，要求组织编制生态保护、社会事业、基础设施、城镇、产业和水资源等重点领域专项规划。

自2005年一期工程实施以来，工程建设取得了显著成效，并积累了丰富的经验。一是生态环境发生变化，生态状况明显好转。2004—2012年，三江源自然保护区森林覆盖率由3.2%提高到4.8%；草原植被盖度平均提高11.6个百分点。森林面积增加13.58 $km^2$，草地面积增加135.17 $km^2$，湿地面积增加104.94 $km^2$；林草生态系统水源涵养量由169.23亿$m^3$增加到197.6亿$m^3$；年平均气温变化率约为0.1摄氏度/10年，增温速率明显降低；降水量均值为518.66mm，年均降水量增加48.04mm，湿润指数平均增加5.03左右；长江、黄河、澜沧江径流量稳中有增，水土保持功能提高，天然草地放牧压力减轻。二是生产生活条件改善，保护生态积极性提高。通过小城镇建设和生态移民工程，改善了生态移民的居住、就医、上学等条件。初步建立了生态补偿机制，同时，通过生态工程建设实践和培训、宣传等工作，项目区广大干部群众加深了对三江源生态保护和建设重大意义的认识，保护和建设生态的积极性明显提高。

## 二、三江源生态保护综合试验区存在的问题

### （一）超载过牧现象依然存在，生态整体退化趋势未得到根本遏制

由于对转变农牧民生产方式引导不足，舍饲畜牧业基础设施建设薄弱，牧业生产仍以传统放牧为主，减畜手段强制性为主，退牧还草饲料粮补助、草原奖补机制等补助也只能满足农牧民基本生活水平，难以保障实现脱贫致富的目标，至今超载问题尚未得到根本解决。

### （二）自然和技术条件制约依然严重

三江源地区平均海拔约4 000米，气候寒冷、空气稀薄、紫外线强、地形复杂、降水分布不均，冻土广布，土壤发育过程和植被生长缓慢，破坏后极难恢复。特殊的气候地理条件和敏感脆弱的生态环境特征，决定了生态恢复和治理的技术难度远远高于低海拔地区。目前，针对高寒地区特殊的自然生态系统的保护和恢复技术仍存在不成熟甚至空白的领域，制约了生态保护和建设工程效益的发挥。

### （三）生态保护和民生改善矛盾一时难以有效解决

随着生态保护和建设措施的继续实施，综合试验区建立后的范围扩大，区域内矿产资源、水电资源、中藏药资源的开发利用将受到进一步的限制，草原禁牧和限牧面积进一步加大，势必影响当地经济的发展和农牧民生活水平的提高。而与此相对应的是，人口增加，基础设施依然薄弱，公共服务能力不高，产业结构调整的难度大，生态经济短期难以形成规模，牧民转产转业制约多，人口与环境承载能力之间的矛盾日益突出。

### （四）财政资金缺口较大，金融支持力度不足

一是三江源生态保护一期工程在15.23万平方公里的三江源国家级自然保护区内选择典型地块实施，共22个项目，总投资75.07亿元。已投资65.13亿元，其中国家投资59.47亿元，地方配套5.66亿元。二期工程估算总投资160.57亿元，其中，预算内投资80.83亿元，财政资金79.74亿元。范围涵盖整个三江源国家生态保护综合试验区，包括玉树、果洛、海南、黄南四个藏族自治州全部行政区域的21个县和格尔木市的唐古拉山镇，共158个乡镇、1 214个行政村（含社区），总面积39.5万平方公里，占全省总面积的54.6%。从一期、二期工程的资金来源看，主要依靠国家专项拨款及财政资金，且该类资金仅用于森林草原防火、鼠害防治、退耕还林、能源建设、沙漠化土地防治、湿地保护、野生动物保护等项目，在建立生态补偿机制、小城镇建设、支持当地特色产业发展等方面的资金缺口较大。

二是在过去的几年中，金融机构积极投入、加大支持力度，在促进三江源生态保护区建设的进程中发挥了重要的推动作用。同时，这个过程也存在一些瑕疵和制约因素，限制了金融支持的效能。截至2014年1月末，三江源自然保护区各项存款余额仅占全省的10.53%，各项贷款余额仅占全省的2.8%，贷存比仅为23.11%，存款资源不能有效转化为信贷资源；金融机构较少，还有88个金融服务空白乡镇，占全省总数的63.31%，对三江源自然保护区的可持续发展构成

了“瓶颈制约”。

三是三江源地区地方财政收入入不敷出，多地财政赤字问题严重。因此，当地生态保护建设、生态补偿及生态移民后续产业发展所需资金完全依靠中央财政转移支付及省级财政拨付资金。缺乏稳定、持续的资金来源造成三江源生态保护综合试验区建设仅仅能够解决生态保护与建设项目投入成本问题，无法解决三江源因生态保护而丧失的发展机会成本损失，也不能使退耕者、退牧户从生态保护中受益，更不能使生态保护与经济社会发展、农牧民脱贫致富有效结合，生态效益无法有效转化成经济效益。

## 三、金融支持三江源生态保护建设的路径选择

### （一）加快保护区机构网点建设，构建多层次的金融服务体系

三江源地区金融机构较少，目前还有三分之二的乡镇没有金融机构，制约了经济金融的互动和金融政策的传导。因此，监管部门要加强监管引导，可采取西宁等发达地区与三江源地区新增金融网点挂钩的办法，引导各类银行业金融机构在三江源保护区内县、乡增设机构网点，在暂不具备条件设立营业网点的金融机构空白乡镇，通过布放ATM、设立村级金融服务站等方式，努力满足保护区金融服务需求。支持符合条件和监管政策要求的银行业金融机构发起设立村镇银行，适度放宽保护区村镇银行组建条件，提高民间资本入股比例，加大对社会资本、民间资本投资入股村镇银行的鼓励力度。政府部门要加大政策支持，鼓励外埠银行业金融机构在保护区新设立机构，对新设立的机构网点应缴纳的税收予以适当减免；对开办初期经营亏损的，财政给予一定资金补助。对于省内银行来说，要积极响应政府要求，自觉履行社会责任，主动地在三江源地区增设物理网点，延伸服务半径，进一步扩大金融服务的广度和深度。

### （二）健全保护区金融保障措施，推动金融与市场的有效衔接

一是建立三江源金融风险补偿机制。三江源国家生态保护综合试验区建设不仅仅是生态工程，更是一个集生态、经济、社会建设于一体的系统工程。目前，保护区经济发展落后，生态建设和产业发展成本高，银行经营风险大。政府可从“三江源生态补偿资金”中拿出一部分资金，对保护区金融机构在办理金融业务过程中严格履职后，仍然造成损失的，按损失额给予一定比例的补偿。同时，采用财政贴息、税收优惠等措施，引导金融机构加大融资支持力度，缓解三江源地区资金需求与供给的矛盾。

二是发展政策性担保机构。三江源地区担保机构少、规模小、担保能力低。省、州两级政府应加大对担保机构的政策扶持力度，设立风险准备金补助、担保费补助，探索建立担保机构、银行、财政风险共担的合作模式，鼓励社会多种资金进入担保体系，做大担保基金规模，合理放大担保机构的担保倍数，提高信用担保能力。

三是积极推广贷款信用保险。贷款信用保险是指保险人对银行或其他金融机构与企业之间的借贷合同进行担保，以承保借款人信誉风险的保险。当企业或个人无法归还贷款时，银行可以从保险人那里获得补偿。用保险来规避贷款风险目前在金融领域广泛运用，国际上一些发达国家和地区的商业银行贷款，大多是通过不同形式取得保险。美国有90%以上的商业银行参加信用保险，我国仅对民营企业开展了贷款信用保险业务，而我省尚未开办贷款信用保险业务。监管部门要加强业务引导，鼓励省内保险机构在三江源地区先行先试，开办贷款信用保险业务，使银行信贷资金安全得到保障，同时对省内正待发展的保险业来说，也提供了开展新险种的有效途径。

### （三）充分发挥金融支持作用，协调推进产业发展和生态改善

三江源地区经济发展落后，地方政府财政自给率很低，多数农牧民尚未解决温饱问题。同时，三江源地区又是一块难得的“绿色资源”宝地，有着不可替代的资源优势。要使生态移民“搬得出、稳得住、能致富、不反弹”，后续产业的发展是重要保证。银行业金融机构应发挥金融的导向作用，适当选择有机畜牧业、特色旅游和民族手工业等涉及范围广、受惠面大、环境影响小、有较好基础、发展难度不大、产品市场广阔的产业，通过银团贷款、联合贷款、基金、信托等多种方式筹措资金，满足项目建设的资金需求，推

动生态旅游业、生态畜牧业等绿色产业的发展，带动生态移民就业，增加地方政府收入。完善三江源农村金融服务体系，创新订单农业发展模式，积极探索支持地方农业产业化龙头企业的“企业＋农户”“基地＋农户”“协会＋农户”等多种经营模式的发展，扩大小额农户贷款范围；以“合作机构＋农户＋银行”的三方合作为主要模式，扩大个人支农贷款范围，丰富信贷担保形式，发展特色产业，支持生态移民转移创业、脱贫致富，实现三江源地区保护与发展的统一。

**（四）深入开展金融创新，着力提升金融服务活力**

结合三江源地区经济发展实际和金融服务需求，着力建立“量体裁衣”式创新体系。加强业务创新，针对保护区内融资难问题，围绕零售化、小额化发展方向，以三江源地区小微企业和农户为服务目标，加快高灵活性、信用类信贷产品创新。积极探索有效抵押担保方式，针对三江源地区企业普遍存在的“经营规模小、信用记录不完善、有效抵押物不足”的情况，加强银保合作和抵押担保创新，通过引进担保公司、引入第三方财产抵押等方式，增强贷款风险缓释能力。商业银行也可借鉴国外技术，在贷款发放上主要考核借款人还贷意愿和还贷能力，通过“软信息”和“硬信息”搜集检验，形成真实有效的资产负债表和现金流量表，更快更有效地向保护区内企业提供融资支持。提高政策执行的灵活性，对于因自然灾害等客观原因造成无法按原定期限正常还款的贷款可以合理展期，灵活合理确定涉农、小微企业不良贷款容忍度等。着力改善金融服务质量，按照“流程银行”要求，整合行业标准、申报、担保、审批流程，合理设定审批权限、简化贷款流程。加强科技运用，加快推进电话银行、手机银行、网上银行等现代服务手段在保护区县域及以下地区的推广使用，努力消除金融服务物理空白点，不断提高保护区内金融服务水平。

**（五）加信用建设，优化金融生态环境**

良好的金融生态环境是金融运行的基础条件。但目前全省仍有不少企业特别是小企业，信用意识淡薄。在三江源地区，部分企业经营者文化水平较低，“提供虚假信息”“故意拖欠贷款”等不良行为尤为突出，加大了银行信贷风险。因此，要加强保护区信用体系建设，积极推进保护区各类经济主体信用评价及“信用户”“信用村”“信用乡镇”创建工作，逐步扩大信用创建覆盖面，构建“守信受益、失信惩戒”的信用激励约束机制。在现行的各种对企业信用评价基础上，将三江源地区各部门、各行业的评价进行整合，建立一个对企业信用的综合评价方法，并以网络技术为依托，建立三江源地区企业信用发布查询平台，在法律允许的范围，以方便迅捷的途径向社会公开企业信用。多渠道开展金融基础知识宣传教育，增强三江源地区金融消费者的风险意识和信用意识。

# 四、风险管理研究

## 利用 IT 技术转型工作模式 提升关联交易与内部交易管理水平

### ——新一代关联交易与内部交易管理信息系统亮点寻踪

总行内控合规部 安瑛晖 舒耀斌 王光远

在董事会的精心督导下，总行内控合规部按照“新一代”总体开发工作部署，于2015年9月26日顺利完成新一代关联交易和内部交易管理信息系统2.2期的建设和上线工作，经总、分行多级用户验证，系统运行稳定、各项功能有效。该系统的上线启用是总行内控合规部充分利用IT技术转型工作模式的成果，增强了我行应对监管规则变化的能力，提高了关联交易与内部交易统计、信息披露的及时性、准确性和完整性，进一步提升了我行内控管理效能。

**一、新一代关联交易与内部交易管理信息系统的开发背景**

为积极应对监管规则变化，进一步规范全行关联交易和内部交易业务流程，提高关联交易对外披露数据质量，强化关联交易管理工作的及时性、合规性、有效性，进一步提升关联交易管理能力，总行内控合规部依据有关监管制度对关联交易管理的要求，组织各分行及子公司进行多次研讨，理顺了建行关联交易管理职责及管理流程，修订出台了《中国建设银行股份有限公司关联交易管理实施办法（修订稿）》《中国建设银行股份有限公司关联交易管理专岗工作规定（试行）》等多个规章制度。同时，在新一代核心系统建设项目中实施了关联交易优化项目。

一是跟进监管要求，坚持制度先行。《商业银行并表管理与监管指引（修订）》（以下简称《指引》）自2015年7月1日起正式施行，该《指引》规范了商业银行内部交易及间接内部交易定义，梳理了商业银行内部交易管理职责，明确了商业银行内部交易监管要求，进一步指出了商业银行内部交易管理的重大意义。以此为依据，总行内控合规部组织各分行及子公司进行多次内部交易调研，理顺了建行内部交易的交易类别、管理职责及管理流程，率先制定出台了《中国建设银行股份有限公司内部交易管理办法》。

二是多方修订需求，完善系统控制。有效的内部交易管理机制有赖于新一代关联交易与内部交易管理系统内部交易功能的开发完善，总行内控合规部坚持以国内领先的严苛要求开发新一代关联交易与内部交易管理系统内部交易功能，组织专家团队对内部交易系统开发需求进行修订完善，并通过现场指导、邮件反馈、电话沟通等多种方式指导系统开发技术人员进行系统开发。

三是高强度测试，保障系统上线。新一代关联交易与内部交易管理系统内部交易功能上线测试工作时间紧、任务重，为保障系统成功上线，总行内控合规部组织系统测试人员加班加点进行业务映射、需求完善及系统测试工作，顺利实现了系统上线。目前，系统运行平稳，数据统计全面准确。

## 二、新一代关联交易优化项目成效显著

新一代关联交易和内部交易管理信息系统（以下简称“新一代系统”），通过对各项功能、业务流程的优化整合，缩短控制层级，调整资源投入结构，开启了全行关联交易管理工作模式由“人海战术”向“专业化、集约化、精细化”的转变，释放了大量的人力资源，极大减轻了基层员工在关联交易管理方面的工作压力，完成了全行关联交易集中管理第一阶段的目标，同时提高了我行关联交易管理工作的质量和效率。以新一代系统上线前后数据为例，2014 年，全行原关联交易系统操作用户 3 572 人；通过人工申报模式采集关联交易数量 94 697 条；各一级分行组织疑似关联方核查合计 769 次，累计筛查出疑似关联方客户 22 626 个；人工发现信息变化并手工维护关联方 985 个。2015 年新一代系统上线后，操作用户减少至 157 人；截至 2015 年 9 月 30 日，系统自动采集交易 249 820 条；系统疑似关联方自动识别功能筛查出疑似关联方客户合计 25 355 个，推动各一级分行开展疑似关联方核查工作合计 251 次；系统发现信息变化并推送人工维护关联方 1 134 个。

上述数据显示，新一代系统上线后，全行从事关联交易系统操作用户减少了 95%，关联方、关联交易基础信息比对及录入等工作对人工的依赖度下降约 96.43%。交易识别与归集、疑似关联方识别、关联方信息更新等工作的全面性、准确性、及时性，以及效率有了大幅提升，同时改变了大部分工作完全依赖人工的情况。

## 三、新一代关联交易优化项目的提升效果

### （一）创建了新的制度管理模式，搭建了制度与信息共享平台

建设银行作为一家在沪港两地上市的商业银行，需要遵守的关联交易监管规则复杂多变，如何确保从业人员准确掌握监管制度内容，成为提高我行关联交易管理水平的迫切需要。内控合规部在新一代系统建设中，将制度管理模式的创新放在首要位置，并将其与“制度库”功能的建设相结合，经过反复研讨和实验，最终取得了成功。

关联交易“制度库”功能的启用，是我行内控合规制度管理模式创新理论和思路的践行，为内控合规制度管理工作提供了有益的经验，为内控合规制度管理平台建设提供了可移植、复用的较为成熟的系统功能。关联交易“制度库”功能设置了制度办法、制度解析、业务术语、常见问题、操作手册、关联方认定文档、交易披露文档、董事会审批文档、股东大会审批文档、交易豁免文档、关联方豁免文档等 13 个子模块。目前已加载各类监管制度文件 16 份、建设银行关联交易和内部交易管理制度 7 份、制度解析 286 条、业务术语 61 条、常见问题 116 条等内容。

各级关联交易管理人员可按照用户权限对各类文档进行上传和下载；按照业务类别、监管机构等分类条件，在线查阅各监管机构和建行关联交易、内部交易管理相关规定，及时获知监管规则的变化情况，学习内控合规部定期更新的对内外部关联交易管理制度的差异分析，从而有重点地通过人工方式解决系统的局限性，有效开展各项关联交易管理工作。

### （二）增强了系统识别关联方的能力，提高了工作效率

新一代系统上线前，关联方的识别、收集工作，首先需要依靠人工定期或随着建行关联方范围的变化不定期在以亿为单位的全量客户中，逐一查找、识别疑似建行关联方客户，然后由专职人员进行关联方判别、关联方申报等后续工作。由于各机构在疑似关联方识别工作中投入的资源不一、工作频度不同，人员经验、识别标准和颗粒度存在差异，导致识别工作质量、效率和效果良莠不齐。

新一代系统按照监管要求，结合实际工作情况和历史积累的经验，建立了疑似关联方识别模型和业务流程。系统每日从“关联方股权信息”“企业实际控制人”等线索入手，自动识别、获取疑似关联方信息，并推动相关分行进一步有针

对性地核查，从而将大量人力资源从繁重的基础工作中释放出来，专注于对符合关联方特征客户的重点排查。借助此项系统功能，内控合规部有效整合了全行分散的人力、关联方线索、客户信息等资源，实现了疑似关联方识别工作的自动化和标准化，提升了防控关联方和关联交易漏识别、漏报风险的能力，减轻和降低了人工收集、识别关联方工作的负担和难度。

系统数据显示，2014 年全年，各一级分行组织疑似关联方核查合计 769 次，累计筛查出疑似关联方客户 22 626 个（含重复筛查），最终认定关联方 470 个，但是经过内控合规部检查发现还有个别分行未及时开展疑似关联方核查工作。截至 2015 年 9 月 30 日，新一代系统每日自动完成对疑似关联方的筛查工作，累计识别出疑似关联方客户 25 355 个，并推送至分行客户端，推动分行开展对疑似关联方的甄别工作合计 251 次，其中 163 个客户最终被认定为建设银行关联方。

**（三）实现了信息共享，减轻了工作负担**

新一代关联交易和内部交易管理信息系统借助“新一代”大数据平台，增加了“自动获取信息”功能。系统将关联方信息与统一客户视图中相关信息进行交互匹配，在关联方申报和维护工作中，实现了由系统自动填报相关信息项，减少人工收集、手工录入工作量，提高关联方信息申报的准确性和时效性。此外，当统一客户视图中建设银行关联方客户的信息发生变更时，新一代系统可及时识别出客户的信息变化项，提示系统操作人员。该功能在大幅减少人工比对、手工录入信息工作量的同时，有效提高了数据更新的时效性，确保了客户信息收集的准确性和一致性。如 2014 年全年，各一级分行人工发现并维护信息变化的关联方合计 985 个；2015 年 1 至 9 月末，由新一代系统发现并推动一级分行维护信息变化的关联方合计 1 134 个。

**（四）增强了系统精细化程度，提升了关联方信息管理效率**

新一代系统的关联方监管机构变化清单功能，通过模拟基因遗传信息传导模式，在关联方监管机构等信息发生变化时，自动提取受其影响的各层级关联方范围，并以“首页提醒”的方式提示相关一级分行进行人工判别。在人工完成对清单中关联方相关信息的确认后，系统自动计算关联方所属监管机构标识信息，并自动完成对有关关联方删除或监管机构标识维护的全流程操作。如当某一个关联方集团不再符合建行关联方条件时，系统操作人员删除该集团直接关联人后，新一代系统将自动整理出该关联方所引发的监管机构变化的客户名单，并送至相关分行。有关人员完成对清单中关联方监管机构变化情况的确认后，系统将自动完成后续关联方删除工作。彻底改变以往当一个关联方被删除或所属监管机构信息发生变化时，必须先由人工查找其所影响的其他关联方的名单，然后手工逐一进行维护操作的工作模式。

新一代系统关联方监管机构变化清单功能进一步提升了关联方信息管理工作的效率和精细化程度。截至 2015 年 9 月 30 日，新一代系统累计生成关联方监管机构变化清单 301 个，并推送至有关一级分行，督促完成相关工作。

**（五）科学评定关联方风险等级，支持事前控制**

为精确控制关联交易风险，内控合规部根据关联方集团关系的复杂程度、历史关联交易量等要素指标，在新一代系统中新增关联方风险分值计量和风险级评定功能，并制定关联方风险等级评定业务流程。当关联方申报入库后，新一代系统将自动测算其初始风险等级，此后自动记录客户历史交易行为，并定期结合客户所在集团的复杂程度等信息，更新关联方风险计量分值和风险等级。进而为每个关联方、关联方集团划定交易事前控制的阈值区间，为关联交易事前控制功能提供基础数据和控制策略依据，实现了对关联交易的精细化、差异化管理，提高了关联交易风险防控能力。

**（六）实现了关联方关系图谱展示，提升了用户体验**

在新一代系统的建设过程中，内控合规部以全面落实监管要求为原则，同时高度重视在用户体验方面的能力提升，实现了系统自动绘制关联方关系图谱功能。新一代系统利用已获取的关联方身份、关联方集团关系、建设银行集团关系等信息，制作出关联方关系、关联方集团、建设银行集团、同一关联人等客户关系图谱，更加直观地展出示关联方与其上下级关联方之间的关系、关联方集团内各成员间的隶属关系和股权结构、建行集团各子公司层级关系以及满足上交所同一关联人定义的全部成员等信息。为关联交易管理人员全面掌握关联方范围的变化、关联方风险等级评定的有效性提供了便利，进一步提升了全行关联交易管理工作的精细化程度。

**（七）自动收集交易，简化工作流程，提升防控能力**

新一代系统的交易自动审核入库功能，可以自动识别关联交易和内部交易，并将经过系统核查校验无误的交易数据，自动保存于数据库中，而经系统校验发现存在异常的交易数据，则会从自动入库流程挡出并转入人工申报流程。该功能是新一代系统重要能力提升点之一，既简化了工作流程，又减轻了基层人员的工作负担，同时全面提高了关联交易和内部交易披露信息基础数据的质量，有效防控了关联交易管理工作中潜在的合规风险。如项目上线后，系统通过自动审核入库功能成功地借助预设且符合业务场景的逻辑规则，精确地发现了源数据的异常、接口字段导致的异常等情况，并通过启发式的“提示信息”，引导业务人员深入分析，查找出问题根源，最终加以解决。

**（八）提高监测与控制能力，做好主动合规工作**

新一代系统首次实现了对个贷、对公信贷、金融市场等业务审批流程中关联交易的事前监控，以及对全量关联交易的事后监测功能，进一步提升了建行关联交易管理主动合规能力。

2015 年 9 月 28 日至 29 日，梁某等 2 名非建行关联方向建行某支行申请办理 4 笔个贷业务时，使用“建行股权”作为质押物，违反了银监会“商业银行不得接受本行的股权作为质押向关联方提供授信”的规定。新一代关联交易系统与个贷系统共同通过事前监控和交互功能，对个贷系统审批流程中的上述涉嫌违反监管规定的个贷交易，发出了“禁止交易”的指令，充分体现了新一代系统事前控制功能的精准性和及时性。后经进一步核实，发现上述情况是由于经办人员操作不熟练而在选择“质押物品类型”时出错所导致，但也足以验证了新一代系统事前控制功能的有效性。

**（九）增强了数据统计能力，提高了信息披露质量**

为满足监管机构对信息披露要求以及内部管理的需要，新一代系统根据不同监管规则，设计了 6 套与之对应的统计口径和统计指标，实现了参数化管理功能，并完成了统计指标的初始化配置，从而实现由系统自动生成各类披露报表，改变了原系统需人工下载数据、手工填制，耗时耗力还容易出现误差的状况，提升了关联交易和内部交易披露信息获取的及时性、准确性和全面性，进一步提高了关联交易信息披露质量。

目前，系统中如《G15 最大二十家关联方关联交易情况表》，可直接生成满足银监会要求的披露数据；系统自动编制的《关联交易审计调查表》，可以进一步减轻总行和一级分行人工收集关联交易数据、手工汇总工作压力，减少人为误差，提高关联交易披露年报编制工作的效率和准确性；灵活报表功能，可以从关联方身份、监管机构、业务种类等 8 个维度，按照监管机构在信息披露报表方面提出的新要求，拼接、组合生成所需统计报表，不但减少了人工收集数据和计算数据所花费的时间及人力，同时也为关联交易管理人员编制新的披露报表提供了更高效的途径；《关联交易工作完成情况统计监测表》可对各级关联交易管理机构在疑似关联方识别工作、关联方及关联交易申报、审核、确认流程中的工作进度、工作效率进行监测和统计，为总行对全行关联交易管理工作的考核与评价，提供了客观的基础数据支持。

**（十）实现了功能参数化，提高了系统延展性**

为增强新一代系统应对监管规则变化的能力，内控合规部新一代优化项目组在按照最新监管制度要求，实现疑似关联方识别、关联方判定、关联方风险等级评定、关联交易和内部交易收集、事前控制、事后监测、报表统计等功能的同时，预设可灵活调整的空间，大幅度增强系统的参数化程度。实现了在最大限度减少对系统主体结构改造升级的情况下，实时新增、调整疑似关联方检索规则、关联方身份、监管机构标志、交易业务种类分类、报表统计项、统计指标、统计范围、统计口径等参数，以保证疑似关联方识别功能、关联方判定结论、关联方风险等级评定结果、关联交易和内部交易的分类与归集、关联交易监控和报表统计数据等与监管规则的一致性，极大地提升了系统的延展性。

需要关注的是，新一代系统先进功能在减轻基层工作负担、提高关联交易管理工作科技水平的同时，由于系统各项功能的精密度和相互关联度较高，因此也对总、分行，特别是对总行关联交易管理工作提出了更高的要求。例如，对系统的疑似关联方模型、业务种类参数、交易事前控制模型、客户风险等级评定模型、统计报表口径等功能、模型有效性的监测和定期的调整工作，需要专业的专职人员及时完成；同时，对于系统收集关联方、关联交易和内部交易信息质量的检查与数据分析工作，也需要多名专职人员长期负责、持续跟踪。因此，建立一支专业、专注的关联交易管理专家团队尤为重要。

综上所述，新一代关联交易和内部交易管理系统在开发设计上，以提升用户体验、遵照业务真实场景、确保基础数据及时、准确、完整为原则，通过减少管理层级，缩短业务流程，建立与外部系统及数据源的共享机制，极大减轻了基层工作压力，提高了关联方、关联交易和内部交易识别、收集的自动化程度和准确度；实现了对已发生关联交易的实时监测和对拟发生关联交易的事前控制；增强了系统应对监管规则变化的能力；提升了关联交易与内部交易统计、信息披露的及时性、准确性和完整性，进一步提高了我行内控管理水平与风险防控能力。

# 我行建筑业信贷风险调查与对策建议

总行信贷管理部　李萌

## 一、我行建筑业信贷情况及客户风险成因分析

总体来看，2015 年以来全行建筑业贷款余额继续增长，但增速有所下降，贷款质量压力持续增大，不良余额和不良率增长较快，截至 6 月 30 日不良贷款余额比年初增加 21.68 亿元，增长率 72.33%。

### （一）我行建筑业贷款基本情况分析

1. 贷款余额继续增长。截至 2015 年 6 月末，我行建筑业贷款余额 2 802.58 亿元，比年初增加 105.35 亿元，增长率 3.91%，增速比去年同期下降 11.63 个百分点。上半年，建筑业贷款增速比全行整体对公贷款增速低 0.88 个百分点。

（1）主要投放在房屋建筑业和土木工程建筑业。我行建筑业信贷主要投放在房屋建筑业和土木工程建筑业，6 月末，在建筑业贷款占比分别达到 45.61% 和 40.72%。2015 年建筑业新增贷款余额也集中在土木工程建筑业和房屋建筑业，比年初分别增加 5.18% 和 3.73%。建筑装饰和其他建筑业 6 月末贷款余额较年初下降 3.6%（详见表 1）。

**表 1　2015 年 6 月 30 日建筑业子行业贷款余额情况**　单位：亿元、%

| 行业 | 贷款余额 | 贷款占比 | 贷款新增 | 增长率 | 新增占比 |
|---|---|---|---|---|---|
| 房屋建筑业 | 1 278.21 | 45.61 | 45.99 | 3.73 | 43.65 |
| 土木工程建筑业 | 1 141.29 | 40.72 | 56.25 | 5.18 | 53.39 |
| 建筑安装业 | 158.79 | 5.67 | 11.50 | 7.81 | 10.92 |
| 建筑装饰和其他建筑业 | 224.29 | 8.00 | -8.39 | -3.60 | -7.96 |
| 总计 | 2 802.58 | 100 | 105.35 | 3.91 | 100 |

数据来源：CMISS 系统。

其中，土木工程建筑业中，贷款余额较大的行业小类包括铁路工程建筑业、公路工程建筑业、其他道路隧道和桥梁工程建筑业等8个行业小类，在土木工程建筑业中占比共计95.32%。

（2）长三角区域贷款余额占比高。我行建筑业贷款余额主要集中在长三角地区。截至2015年6月30日，长三角地区建筑业贷款余额920.42亿元，全行占比32.84%；京津冀地区贷款余额367.57亿元，全行占比13.12%。

截至6月末，建筑业贷款余额前五名分行为江苏、浙江、北京、上海、西藏分行，全行占比分别为11.14%、10.34%、8.22%、7.02%、5.11%。建筑业新增贷款余额前五名分行为上海、西藏、山东、湖北、辽宁分行。

建筑业贷款余额新增方面，北京、江苏、天津、浙江等10家分行贷款余额较年初有所下降，其中北京分行降幅达9.74%，天津分行降幅达7.76%。

（3）总行战略性客户贷款余额占比将近50%。截至6月30日，总行建筑业9个战略性客户（中国建筑、中国电建、中国中铁等）贷款余额1 319.13亿元，占全行建筑业贷款余额的47.07%；这9个战略性客户贷款余额比年初增加149.03亿元，增速14.99%，远远高于全行建筑业贷款增速，且无不良贷款余额。我行建筑业信贷资源重点向特大型优质客户倾斜。

2. 不良贷款增长较快。2015年以来，建筑业贷款质量形势变得更加严峻，信贷风险继续暴露且增长较快，不良余额和不良率双升。截至6月30日，建筑业不良客户153户，其中新暴露不良客户95户；不良贷款余额51.66亿元，比年初增加21.68亿元，不良率1.84%，与全行整体对公贷款不良率基本持平。2015年上半年，新暴露逾期贷款余额47.95亿元，涉及161个客户，建筑业客户风险情况需要密切关注和持续监控。

（1）房屋建筑业、建筑装饰和其他建筑业贷款风险较大。建筑业贷款风险主要集中在房屋建筑业及建筑装饰和其他建筑业两个子行业。其中，房屋建筑业不良贷款余额和新增不良余额都较高。截至6月末，房屋建筑业不良贷款余额34.01亿元，比年初增加12.63亿元，不良余额在建筑业中占比65.82%，不良率2.66%。建筑装饰和其他建筑业不良贷款余额6.57亿元，比年初增加3.43亿元，不良率2.93%，不良余额在建筑业中占比12.72%（详见表2）。土木工程建筑业不良率在四个子行业中最低，但其中贷款风险较大的行业小类有其他道路隧道和桥梁工程建筑业、公路工程建筑业2个行业，不良余额分别为4.56亿元和1.62亿元，其他道路隧道和桥梁工程建筑业不良率达到2.9%。

**表2　2015年6月30日建筑业子行业不良及逾期贷款情况**　　单位：亿元、%

| 行业 | 不良余额 | 不良占比 | 不良率 | 不良余额比年初增加 | 不良余额新增占比 | 今年新暴露逾期余额 |
|---|---|---|---|---|---|---|
| 房屋建筑业 | 34.01 | 65.82 | 2.66 | 12.63 | 58.23 | 30.91 |
| 土木工程建筑业 | 9.47 | 18.33 | 0.83 | 5.05 | 23.31 | 10.26 |
| 建筑安装业 | 1.62 | 3.14 | 1.02 | 0.58 | 2.65 | 1.88 |
| 建筑装饰和其他建筑业 | 6.57 | 12.72 | 2.93 | 3.43 | 15.81 | 4.91 |
| 总计 | 51.66 | 100 | 1.84 | 21.68 | 100 | 47.95 |

数据来源：CMISS系统。

（2）不良贷款主要集中在浙江、宁波分行，上半年江苏分行贷款风险也开始暴露。建筑业贷款质量区域分化明显，风险主要集中在浙江、宁波两家分行，6月末，两家分行不良余额占全行的67.41%。其中，浙江分行建筑业不良贷款余额23.59亿元，全行占比45.66%，不良率8.14%；2015年上半年新暴露逾期贷款余额21.46亿元，新增占比44.75%。宁波分行建筑业不良贷款余额11.24亿元，全行占比21.75%，不良率14.04%。同属长三角地区的江苏分行建筑业贷款风险也开始显现，上半年新增不良贷款和逾期贷款余额分别达到2.52亿元和9.79亿元，全行占比分别达到11.60%和20.42%，其中新暴露逾期余额前10大客户中有3个来自江苏分行（详见表3）。

表3 2015年6月30日建筑业不良贷款、新增不良及逾期较大分行情况

单位：亿元、%

| 不良余额较大分行 | 不良贷款余额 | 不良率 | 不良全行占比 | 2015年新增不良较大分行 | 新增不良余额 | 新增占比 | 2015年新增逾期较大分行 | 新增逾期贷款余额 |
|---|---|---|---|---|---|---|---|---|
| 浙江分行 | 23.59 | 8.14 | 45.66 | 浙江分行 | 13.35 | 61.57 | 浙江分行 | 21.46 |
| 宁波分行 | 11.24 | 14.04 | 21.75 | 江苏分行 | 2.52 | 11.60 | 江苏分行 | 9.79 |
| 江苏分行 | 4.65 | 1.49 | 8.99 | 陕西分行 | 2.24 | 10.32 | 福建分行 | 2.67 |
| 陕西分行 | 2.33 | 3.89 | 4.52 | 深圳分行 | 1.11 | 5.13 | 陕西分行 | 2.46 |
| 吉林分行 | 1.57 | 3.22 | 3.04 | 宁波分行 | 0.87 | 4.03 | 黑龙江分行 | 1.89 |

数据来源：CMISS系统。

（3）大中型客户和小企业客户都呈现出风险。建筑业大中型客户和小企业客户都暴露出了风险。截至6月30日，大中型客户不良贷款余额43.3亿元，占比83.82%，不良率1.78%。其中不良余额前10大客户的不良余额总和占全行建筑业不良余额的48.97%。2015年上半年，大中型客户不良余额增加18.11亿元，增长率71.89%。大中型客户风险主要集中在浙江分行和宁波分行，不良余额全行占比分别为48.59%和25.7%。

截至6月末，小企业客户不良贷款余额8.36亿元，占比16.18%，不良率2.26%；上半年，小企业客户不良余额增加3.58亿元，增长率74.9%。

**（二）我行建筑业客户风险形成原因分析**

我们对全行存量及新增不良贷款余额较大、新增逾期贷款余额较大的客户，分行上报的重大风险事项客户进行了综合分析，总结出建筑业客户有以下风险成因：

1. 经营情况不佳，业务收入下滑。一些建筑企业受到当地区域经济放缓、支柱产业不景气等因素影响，经营状况不容乐观。在2015年上半年新增逾期贷款余额较大的23个客户中，我行取得了其中18个客户的2014年财务报表，其中11个客户2014年营业收入较2013年有所下降，占比61%，甚至一些地方龙头建筑企业收入也大幅度下降。例如，总行重大风险事项客户××集团公司业务收入从2013年的35.89亿元降至2014年的24.53亿元，降幅达31.65%。另一个新增不良客户××建筑工程有限公司受当地煤炭产业下滑影响，2014年前三季度业务收入仅1.44亿元，较2013年全年的7.3亿元下降非常明显。

2. 财务状况不断恶化，应收账款占比较大，现金流紧张。建筑业属于微利行业，由于企业业务同质化，内部竞争激烈，建筑业企业垫付资金承揽项目现象非常普遍，在经济下行期企业应收账款占比不断增大，现金流不足而无法偿还贷款。上半年我行新增逾期贷款客户中，几乎所有企业经营性净现金流都非常紧张，与销售收入相距甚远，甚至无法覆盖贷款本息。一些企业（如××有限责任公司）应收账款余额巨大而无法回收，企业无还款来源造成贷款违约。而我行重大风险事项客户××有限公司建设项目挂靠较多，管理不到位，项目经理挪用资金、债务转移、经济纠纷频频发生，现金流枯竭。

3. 区域房地产市场风险和其他行业风险传导到建筑业企业。由于近一年房地产市场不断下行，建筑企业施工项目销售缓慢而引起工程款无法回收。上半年建筑业新增不良、逾期贷款余额较大的客户中，大部分所在地级城市近一年内在我行房地产贷款有不良或逾期及展期余额。例如，截至6月30日，我行房地产业展期余额4亿元和1亿元的浙江省××市和××市分别新暴露5家、4家建筑业逾期客户；我行前期房开贷风险较为突出的2个城市分别新增了1家建筑业逾期客户。另外，近期煤炭行业风险突出的××市新暴露2家建筑业逾期客户，其实际控制人主要从事煤炭行业。

4. 建筑企业涉足多元化经营，投资房地产等行业而亏损。一些建筑业企业盲目扩张和投资，涉足主营业务以外的行业特别是房地产行业。企业多元化经营主要有两种表现形式：一是有些建

筑企业和其他行业特别是房地产企业同属于同一控制人，建筑企业成为此控制人旗下其他贷款限制企业的融资渠道，而这些企业经营状况出现问题必然会引起建筑企业违约。二是有些建筑企业在前几年房地产市场繁荣时通过借款、民间借贷等盲目扩大业务范围投资房地产，近期房地产市场调整而投资建设的楼盘销售不畅，导致建筑企业资金链断裂。

5. 建筑企业涉足对外担保而导致代偿资金。一些建筑企业特别是长三角地区的企业同时为多家企业提供对外担保，需要为违约的被担保企业代偿资金，扩大了信贷资金的风险敞口。在2014年的23个重大风险事项客户中，有9个客户的风险成因是过度对外担保。据前期担保圈风险排查，长三角地区企业担保互保情况较为严重，而浙江、宁波、江苏地区也是我行建筑业风险最大的区域。其中××有限责任公司和××有限公司属于同一担保圈且担保圈分类为高风险，两家公司分别为9家和6家企业提供对外担保。

6. 建筑企业涉及政商事件、法律纠纷或媒体负面报道，致使业务搁置。2014年建筑业重大风险事项客户中，有3家客户由于政商关系、触犯法律而主要负责人被带走，引起了企业生产的停滞和资金链的断裂。其中有2家是土木工程建筑企业，法定代表人被纪检部门带走调查，对企业正常生产经营带来非常不利的影响。而另外1家不良贷款余额较大的企业于2014年被媒体广泛曝光而加速了各家银行回收其贷款的进度。

7. 企业参与民间融资。一些建筑企业特别是浙江地区企业控制人参与民间融资，非理性扩大投资规模和资金杠杆，而民间融资成本高、期限短，使得企业在短时间内债务压力剧增。再加上一些银行的抽贷，导致企业资金进一步短缺。

## 二、我行建筑业信贷情况及客户风险防范的建议

建筑业贷款质量趋势基本判断：随着我国经济增速放缓、下游房地产及制造业步入深度调整，再加上建筑业行业普遍的垫资施工模式及东部沿海地区企业互保现象严重，因此我行大部分建筑业客户面临严峻的经营压力。由于2015年1—6月建筑业新暴露逾期贷款47.95亿元而新增不良贷款只有21.68亿元，因此部分逾期而非不良贷款企业如果不采取措施，将很可能转为不良客户。预计近期我行建筑业信贷质量压力较大，不良贷款将持续暴露并呈现区域分化特征。

总体措施：根据6月末CMISS数据，全行建筑业在2015年底前有1 015.78亿元贷款余额即将到期，占比36.24%。因此，全行应果断行动，积极应对新常态下建筑业企业风险阶段性高发态势，树立主动提前发现风险的意识，加强建筑企业信贷风险前瞻性识别和管控。要严格执行总行建筑业信贷政策及大中型客户名单制管理要求，加强行业、区域和客户选择。同时，建议根据具体情况对建筑业风险客户实行分类管理，加大不良及逾期贷款客户的风险处置力度。

具体工作建议如下：

### （一）提高风险意识，加强建筑业客户风险前瞻性管控

开展辖内建筑业客户风险排查，主动发现风险，加强建筑业信贷客户风险前瞻性管控能力，实现信贷风险管理从“事后个案应对”向“事前总体防控”转变。践行大数据理念，加强数据挖掘和数据分析，举一反三，总结已发生信贷风险企业的特征，认真梳理辖内其他具有类似特征的未暴露风险的客户，及时走访客户，分析判断，对可能出现风险的客户主动做好风险缓释措施和处置应对预案。

1. 加强贷后管理，及时监测客户经营财务状况。本次研究发现，不少分行对所辖建筑业客户的财务数据获取不及时，例如截至目前仍然没有取得一些客户2014年度的财务报表。

我行建筑业贷款多为短期贷款，2015年6月末建筑业短期贷款余额1 834.49亿元，占建筑业贷款比重的65.46%。而建筑企业最新的经营财务趋势会迅速直接影响到其偿债能力。因此，要加强贷后管理，定期走访客户（建议每月至少走访客户一次，在贷款到期前两个星期及时走访客户），取得客户每季度的资产负债表、利润表、现金流量表等，注重客户最新的数据获取、挖掘和分析。

关注企业重点财务指标，如营业收入、应收账款、账龄及占营业收入比重、经营性现金流、短期负债等的变动情况。根据账龄判断应收账款等资金来源能否在时点覆盖我行贷款。核实工程

款结算、资金流向、抵质押物变动情况等，密切关注企业管理层和客户经营情况的变化。判断企业经营情况、财务指标的变化对于偿债能力的影响。根据每季度梳理的所辖地区担保圈数据，厘清建筑业企业对外担保、互保情况，测算企业潜在风险敞口。长三角地区分行和所辖民营企业较多的分行尤其要注意建筑企业担保圈风险。

2. 特别关注具有如下特征的建筑业客户

（1）企业前期出现过不良、逾期贷款或违约；

（2）企业上一季度主营业务收入同比明显下降；

（3）企业应收账款增长较快，或企业应收账款占销售收入比重较大及比重明显增加；

（4）企业上一季度经营性净现金流为负值，经营性净现金流环比、同比明显下降，或年度经营性净现金流无法覆盖我行贷款本息；

（5）企业涉及法律诉讼、工程款纠纷、建筑质量、环保问题等相关负面报道；

（6）企业在其他银行贷款有所压缩；

（7）企业涉及民间借贷融资；

（8）企业涉足对外担保，且企业所在担保圈上一季度在我行风险分类为高风险、中风险；

（9）企业母公司、子公司、同一控制人控制的关联企业在我行或其他金融机构出现贷款违约；

（10）家族式经营及政商关系密切的民营企业；

（11）企业承接项目的业主在我行或其他金融机构近一年新增不良、逾期、展期贷款余额；

（12）企业所在地级城市近一年在我行新增房地产开发不良、逾期、展期贷款余额较大或当地房地产市场严重供大于求；

（13）企业位于单一产业城市且该城市支柱产业为产能过剩行业或出现明显下滑。

3. 进一步研究建筑业风险较高区域、子行业的风险特征。建筑业不良贷款区域分化较为明显，因此建筑业不良贷款较为集中的区域特别是长三角地区要加强研究，找出区域不良建筑企业风险成因及相关关联企业，以点带面，认真排查存在风险隐患的客户，确认有实质性风险的要提前采取措施。针对建筑业子行业较多、分支较为复杂的特点，加强研究建筑业不良贷款余额较大、新增不良及逾期贷款较快的子行业，总结梳理行业风险点，举一反三，尽早发现辖内其他具有类似特征尚未暴露风险的客户。

**（二）严格执行建筑业信贷政策，加强客户和项目选择**

1. 执行总行建筑业信贷政策和相关管理办法。严格执行建筑业信贷政策（建总函〔2014〕828 号）、2015 年行业限额管理方案（建总函〔2015〕398 号）及大中型客户名单制准入管理办法，确保建筑业信贷新增总量控制在行业新增限额之内，合理分配信贷资源和控制信贷投放增速，加强监测辖内行业限额执行情况，保持我行建筑业信贷业务平稳发展。

2. 加强行业选择，重点支持土木工程建筑业。分行要把握区域经济发展特点、功能定位、资源禀赋等因素，结合“一带一路”等三个国家重大战略的实施和国家重点工程的推进，加强建筑业子行业选择，因地制宜，对建筑业子行业实行差别化信贷支持策略。建议重点支持目前贷款质量相对较好、行业内大中型客户较多的土木工程建筑业，在子行业中优先支持铁路工程建筑业、水源及供水设施工程建筑业、河湖治理及防洪设施工程建筑业。审慎支持房屋建筑业、建筑安装业、建筑装饰和其他建筑业。房屋建筑业中要选择支持房地产市场健康良好发展的地区。

3. 加强客户和项目选择。加强客户选择，践行信贷政策客户选择导向。优先支持我行战略性客户（即“十大建”集团）、央企建筑集团，以及具有施工总承包一级及以上资质、承建国家及地方重点项目、业务稳定增长、财务指标良好、应收账款占比较低的地方龙头建筑公司。

注重项目选择。优先支持纳入国家重点工程的基础设施建设项目，“国家重大战略”中实施的重点交通、城市基础设施、能源生产及供应项目；择优支持位于库存水平合理、供求平衡的一二线城市、由优质房地产客户开发的项目；不介入业主资金紧张、长期拖欠工程款、借道建筑企业为房地产开发融资的项目；审慎支持建筑安装业、建筑装饰和其他建筑业中的项目。

**（三）加大建筑业贷款风险较大区域和客户化解力度，对风险客户实行分类管理**

1. 贷款风险较大区域分行要制订专项化解方

案。建筑业存量及新增不良贷款、逾期贷款余额较大的分行要单独制订建筑业不良贷款专项化解方案，逐个梳理有问题的客户，仔细研究，摸清原因，有针对性地采取风险化解措施。应着力化解辖内大中型民营建筑企业和在风险分类为高风险担保圈的建筑企业的不良贷款，抓住重点，以点带面，确保年内风险化解工作有明显进展。

2. 对已暴露风险的客户实行分类管理。对不良贷款、逾期贷款客户以及即将暴露风险的客户进行分类管理。第一类是遇到阶段性资金紧张（特别是主要应收账款来源是政府机构）但业务量稳定、区域市场占有率高、前期信用良好的国有企业和民营地方龙头企业，建议给予适度地信贷支持措施，帮助企业渡过难关。第二类是扩张较快、实际控制人多元化经营、受困于其他行业的大型民营企业，要密切关注其施工及投资项目回款情况，必要时与当地政府积极沟通解决方案，逐步压缩贷款，同时通过贷款置换、债务重组、处置抵质押物等方式偿还我行贷款。第三类是业务量明显下降、控制人以往信用较差、股权不清晰、处于中高风险担保圈的民营中小企业，要坚决压缩退出，并做好法律诉讼等措施。

3. 加大问题贷款处置力度。对于不良贷款余额及新增逾期贷款余额较大的客户，特别是总行及分行重大风险事项客户，要抓紧时间、加大力度化解和处置问题贷款。处置重大不良贷款工作要制订周全的工作方案，既要做到一户多策，又要做到区域、部门联动。要充分利用资产处置、债务重组、核销转让等措施。

对于由于业主方拖欠工程款导致资金周转困难的客户，要协助其督促业主方加快项目资金回笼，提早支付工程款；对于经营正常、现金流与还款期限不匹配的，可通过调整贷款期限等方式加以解决；对于还款前景不乐观的企业，主动采取处置抵质押物、担保单位代偿、开展债务重组等方式；确认无法回收贷款的企业，与总行积极沟通，通过打包出让、核销等手段化解存量不良。

# 促发展　保质量　重实效　全面构建小企业信贷风险防控体系

总行小企业业务部　杨寒

近年来，我行积极响应国家和监管机构关于提高小微企业金融服务的要求，将服务小微企业作为支持实体经济的重要战略性业务，努力提高服务质量和水平。围绕小企业业务“小额化、标准化、综合化、集约化、网络化、智能化”转型，全行在客户定位、营销服务、机构建设、流程优化、产品创新、系统支持等方面开展了一系列有效工作，初步建立了适合小企业信贷业务特点的风险防范长效机制，有力地支持了小企业业务的健康快速发展。

## 一、明确客户定位，从源头控制风险

当前，我国经济发展进入新常态，经济发展动力正从传统增长点转向新的增长点，新兴产业、服务业和小微企业重要性更加凸显。与此同时，在经济增长方式转变和经济结构调整的过程中，国内实体经济的一些风险因素仍然较为突出，小微企业生产经营困难局面尚未根本改善。面对新的经济形势和新的业务态势，我行在梳理、总结小企业信贷业务实践经验的基础上，明确了小企业的客户定位，制定了客户选择指南，以便更好地辨别和选择优质客户，把好风险防控的第一道关口。

### （一）坚持小额化客户定位，提高风险分散水平

小额化转型的实质是客户的小型化，而不仅

是贷款金额的小额化。我行坚持“以小为主、以微为重”的客户定位，降低户均贷款，逐步压缩单户贷款额度较大的客户，积极推进业务小额化转型，支持真正的小微企业客户。业务转型以来，全行单户贷款500万元（含）以下小企业授信客户数大幅上升，贷款余额占比不断增加。

在小额化的客户定位下，由于小微企业生产规模偏小，实际融资需求也相对较小，小额化的贷款投放，增强了企业的履约意愿，也提高了企业财产抵押和企业主个人连带责任保证等风险缓释措施的有效性。在贷款总量不变的情况下，小额化能够支持更多的小微企业，使得风险分散作用进一步加大，过度授信风险降低。同时，小额化还是流程标准化、业务批量化的前提和基础，对打造高效率、短流程、低风险的业务模式有着关键作用。

**（二）契合经济转型要求，主动把控行业风险**

随着国家产业转型升级、居民收入增长、消费和服务领域快速发展，我行迅速适应经济新常态，顺应产业结构升级导向，加快行业结构调整。一方面密切关注城镇化进程中涌现的居民日常消费、医疗保健、文化教育、休闲娱乐等生活性服务需求，重点支持为民生领域优质核心企业及机构提供配套服务的小微企业；结合国家对战略性、高科技领域的投资，支持创新能力强、技术含量高、具有自主知识产权的科技类小微企业，以及承接大型信息技术企业和科研机构外包服务的小微企业；适当调整制造业、批发零售业等传统行业的小企业信贷结构，转向具有传统工艺和区域特色的“小而美”企业。

另一方面，面对“各类隐性风险逐步显性化，风险总体可控，但化解以高杠杆和泡沫化为主要特征的各类风险将持续一段时间”的现阶段经济风险特征，严控“两高一剩”行业信贷客户，钢贸、煤贸等高风险行业客户，以及国家宏观调控、环保不达标、经营严重亏损等风险较大行业信贷客户。通过加强研判，准确把握行业潜在风险，切实做好风险防范。

**（三）抓住关键因素，甄选“五好”客户**

小企业客户数量庞大，情况千差万别，为了更好地辨别出优质客户，我行根据客户选择实践和信贷政策导向，综合考虑生产经营、企业主素质、社会口碑等因素，提炼了优质小企业“五好”客户参考标准以及高风险客户的“30个风险特征”，方便客户经理在具体业务操作过程中，做到“沙里淘金”。

“五好”客户标准包括：自身经营好，即客户经营持续性好，经营优势明显，融资额度适度，主要管理人员稳定；企业主素质好，即从业经验好，银行信用好，企业主资产实力好，企业主本地经营；社会口碑好，即政府机构口碑好，专业评价机构口碑好，行业口碑好，民众口碑好；风险缓释好，即抵质押且押品易处置、易变现、易保存，政府背景的担保公司担保或保险公司保证，追加个人连带责任保证；合作意愿好，即基本户或结算占比高，主办银行，产品覆盖多，核心资产抵押。

## 二、建立批量营销服务模式，进行集中式风险管理

从小企业经营业态和生存模式来看，集群化发展已经成为小企业经营生存的重要模式。面对数量庞大的小微企业，单纯依靠客户经理“一对一”单兵作战进行营销，不仅成本高、效率低，也不利于从整体上规划客户、甄别客户。

针对具有共性特征的客户群，我行不断探索风险低、效率高的服务模式，在开展批量营销前，由专业队伍提前按照统一的价值导向和风险偏好进行分析规划，通过政策分析研究、区域资源梳理、客户群聚集形式及特征的挖掘，准确把握客户群的风险特征和关键风险点，并在此基础上，设计风险防控方案。这种规划在先、批量开发、标准化操作的集群服务模式，在有效降低风险的前提下，契合了小企业的集群化发展特征。目前，批量营销服务模式对象主要包括“一圈、一链、一平台”以及大数据客户群。

**（一）针对“一圈”客户群，开展整合化营销和风险管理**

“一圈”是指综合市场、专业市场、工业园区等商圈。针对商圈内客户，我行同市场管理方、园区管委会等合作，统一进行商圈评估，根据商圈管理方提供的信息，结合行内客户选择标准，初步确定目标客户群，形成批量营销名单库，制

订和设计相应的服务方案。

在商圈营销服务模式下，营销小组由客户经理、审批人员、风险条线人员等组成，对商圈主要行业（产业）风险、管理方运营风险、担保链风险等进行整体把控，提高了风险管理的专业程度。管理方与我行共享商户的物流、资金流等信息，或是出资为商户提供融资担保，在提供信用增信的同时，一定程度上解决了客户信息的完整性和真实性问题。此外，对于商圈信贷业务，我行实行授信总量管理、集中度管理和分级管理，有效避免散单方式带来的高成本和高风险。

**（二）针对“一链”客户群，依托供应链条掌握真实交易信息**

“一链”即供应链。针对核心企业上下游小微企业，我行加强部门及总分行之间的横纵向联动，对供应链进行总体评估、统一开发和管理，依托供应链条中的交易信息，通过数据挖掘和数据分析的方式，为链条企业提供批量化的营销服务，总体把控风险。

在供应链营销服务模式下，我行通过重点营销合作关系紧密、经营稳定、对上下游企业有较强管控能力的核心企业，利用其销售管理系统，批量筛选与核心企业合作关系紧密、贡献突出的优质目标客户，重点关注核心企业付款能力风险、供应链内交易真实性风险、供应链企业间合作中断性风险。一方面可以借助核心企业进行增信，另一方面也可以借助供应链条中的物流、信息流、资金流，强化对有真实贸易背景的实体经济的支持，解决客户财务数据不真实、信用记录缺失等带来的信息不对称问题。

**（三）针对“一平台”，借力第三方为小企业融资增信**

我行积极同政府、协会、保险公司和担保机构等客户营销平台和风控平台开展合作，利用其政策、资金、信息等优势，合力为小企业提供金融服务。

平台营销服务模式主要包括三种：一是与政府机构合作开展的风险补偿模式，政府机构利用自身的政策、信息、增信和资源优势，与我行共同筛选政策支持、发展前景良好、经营稳定的客户，同时通过建立风险补偿资金池等方式，为在经济放缓情况下可能带来的银行风险损失提供补偿；二是与担保机构、保险公司合作开展的风险分散模式，充分发挥其专业优势协助进行客户选择，增加风险缓释能力；三是与协会等第三方协作组织开展的协助服务模式，利用协作组织对会员的服务能力、信息优势实现对一群客户的营销和管理，提升服务和风险管理效率。

**（四）针对大数据类客户群，应用数据分析与挖掘有效控制风险**

为进一步提升服务效率，有针对性地进行风险管控，我行加强数据挖掘，推进小微企业目标客户细分与精准营销。

针对存量无贷户，我行依托小企业数据实验室开展了“小企业、大数据”客户精准筛选项目。从企业级数据仓库1600个数据项中提取对无贷户转化为有贷户变化最敏感的15项关键变量，建立了小企业目标客户筛选模型，按照模型预测的客户营销响应概率由高到低排名，生成营销客户名单，下发分支机构，由客户经理进行针对性电话营销或上门走访营销。充分利用信息存量，批量挖掘和营销交易活跃、结算稳定、金融资产沉淀较多、合作时间较长的优质小企业。

针对诚信纳税小微企业，我行通过与税务部门合作，批量获取小微企业纳税信息，通过数据分析进行信息交叉验证，筛选和营销客户。针对特约商户，我行批量获取银行卡收单交易金额、笔数等数据信息，进行回归分析，建立模型选择目标客户，由客户经理有针对性地进行营销。

在大数据类客户群营销服务模式下，运用数据挖掘以及大数据分析等现代化的信息技术手段，依据与经营情况相关性高的、可获得性较强的、数据准确客观的客户信息，可以从大量的小企业客户中，批量发现优质客户，具有营销成本低、营销精准度高、业务风险小的特点。

## 三、推进小企业经营机构建设，提高专业风险管理水平

自2007年在同业中首创“信贷工厂”模式以来，我行不断推进小企业经营中心标准化建设，经过8年时间，全行已有34家一级分行组建了小企业经营中心，基本覆盖国内主要城市和部分百强县，专职人员近3 000人。通过工厂化流水线作业，标准化的操作规范，集约化的处理模式，

合理配置适岗人员，逐步建立起了有别于大中型企业的、“一站式”服务小微企业的专营管理体系，在业务流程效率大幅提高的同时，有力地控制了业务风险。

**（一）着力打造“流程银行”，推行标准化操作规范**

在“信贷工厂”小企业经营中心，我行将信贷业务流程划分为多道工序，包括业务受理、评价授信、信贷审批、合同签订、贷款发放、预警管理等，实现业务流程“模块化”处理。同时制定相应的标准作业手册和业务流程图，清晰界定了各个环节的具体职责，对作业程序和操作规范进行了详细说明，通过岗位设置专业化、流程操作标准化，实现工厂化流水线作业。在此基础上，我行不断总结经验、改进问题，积极对中心流程操作进行优化升级，在极大提升业务办理效率的同时，提高了操作的规范性和政策执行力，进而有效防范操作风险。

**（二）实现集约化处理模式，提升人员“专业专注”水平**

“信贷工厂”作为重要的中后台业务集中处理平台，负责所辖区域内小企业业务的集中受理、集中审查、集中评价、集中信贷审批、集中放款审核和集中风险监测等，突出专业技能和岗位责任，使得各岗位人员更加专业专注，有效地降低了操作风险的发生。此外，“信贷工厂”专职贷款审批人派驻制度的建立，更加方便了评价授信人员与贷款审批人之间的交流与沟通，这样一方面统一风险偏好，提高业务办理效率，另一方面使得审批人能更贴近市场，提高对小微企业关键风险点的把控能力，提升审批专业化水平。

**（三）落实关键岗位分离，防范道德风险**

“信贷工厂”遵循“分离与制衡”的业务理念，落实关键岗位分离，包括信贷审批与信贷管理相分离、信贷执行和贷后管理相分离、早期预警与现场检查相分离等，打破了支行客户经理个人从市场营销到授信评价材料的申报，再到贷款回收“一手清”的现象，降低了道德风险。从实践来看，中心评价或支行评价、中心审核的信贷业务不良率明显低于支行评价的信贷业务不良率。

**四、完善信贷业务流程，提高风险控制针对性**

近年来，我行积极探索适合小企业信贷客户的业务流程，对相关业务环节持续进行监测、重检和优化。在评级信贷模式基础上，针对单户授信总额500万元（含）以下的小微企业，借鉴先进银行经验，在同业中率先推出评分卡信贷模式，建立了评级和评分卡业务流程并行的柔性生产线，并且开发了契合小企业客户自身特点的续贷业务流程和贷后管理流程。信贷业务流程的优化完善，对小企业业务在有效控制风险的前提下向“小额化”“标准化”转型，具有深远的战略意义。

**（一）创建专属小微企业的评分卡信贷业务流程**

由于小微企业的财务报表普遍不真实、不可靠，我行在对规模相对较大、财务信息相对充分有效的小企业采取评级信贷业务流程的同时，基于小微企业评分卡工具，结合客户经营特征和关键风险点，创建了专属小微企业的信贷业务流程。以客户群为重点进行批量化精准营销，采用标准化调查模板进行调查，通过申请评分卡对单笔债项进行评分，运用系统工具主动实施风险预警。

小微企业评分卡信贷业务流程采用国际先进银行普遍的做法，运用评分卡进行评价，从传统的主要依靠企业财务报表选择客户，转向围绕非财务信息进行风险评价，通过企业履约能力、信用情况和资产状况等信息对企业实质性风险进行判断，提高了评价的针对性，解决了财务报表不规范导致难以准确反映小微企业风险状况的问题。

流程优化后，办理小微企业评分卡信贷业务时所需要的申报材料有效减少，流程处理时间大大缩短，业务量成倍增长，不良率低于1%，有效解决了业务发展、流程效率、风险控制之间的平衡关系。

**（二）开发小微企业续贷业务流程**

针对小微企业存量信贷业务，我行开发了小微企业评分卡续贷流程和评级续贷流程。在拟申请贷款品种不变、贷款额度和期限不增加的情况下，运用行为评分卡进行履约能力评价，提前进行风险预判。系统根据评分卡监测评分结果，按照续贷准入条件，自动进行筛选，生成可续贷名单，对有续贷需求的客户，审批通过后客户可继续使用贷款额度或快速发放贷款。

续贷业务流程进行系统化的客户筛选，前置了风险控制；采取自动化的贷款审批，对于满足一定条件的续贷业务，由系统自动出具最终审批结论，降低了道德风险；通过填写额度授信或单笔业务审核表，对企业资料、信用状况、综合授信、合规情况等内容进行针对性审核，抓住关键风险点，提高了业务办理质量。

**（三）设计差异化的小企业贷后管理流程**

针对小企业信贷业务自身特点，在全行贷后管理统一制度要求基础上，我行对小企业贷后管理工作流程和方式进行了创新。一方面，依托系统工具，对信贷客户进行非现场、集约化集中监测和批量处理，既达到提前预判风险的目的，又解决小企业客户经理工作量大、贷后管理成本高和有效性不足的问题。另一方面，依据小企业客户的贷款金额、业务模式以及风险类型的不同，制定差别化的现场检查频率和贷后管理方式；针对客户群共同风险特征，明确贷后管理的关键风险点和检查要点，从整体风险管理入手，做好风险监测和把控。

## 五、加强产品创新，破解小微企业缺信息、缺信用难题

我行坚持“以客户为中心”，践行普惠金融，专注于为小微企业提供专业的金融服务方案，不遗余力地进行产品创新。按照“总行引领创新、分行主动创新、多方合作创新”的创新模式，利用新的风险理念和技术，针对不同生命周期和风险缓释能力的小微企业，着力解决小微企业普遍存在的缺信息、缺信用的难题，真实识别客户的风险状况。近几年来，共推出全行性基础性产品30余项，区域特色产品两百余项，不断满足不同区域、不同特点客户群体的金融需求。

从产品创新效果来看，我行小企业产品创新不仅为客户新增、贷款新增作出了较大的贡献，也保持了资产质量的稳定，“助保贷”“五贷一透”等新产品整体不良率低于1%，风险防控能力表现良好。

**（一）推进基于信用的大数据产品创新**

在小微企业“评分卡”基础上，我行运用大数据技术，基于客户交易结算、金融资产等历史数据进行深入分析和挖掘，根据企业与企业主的交易和行为特征差异，进行差别化产品设计，陆续创新推出了小微企业“五贷一透”大数据信贷产品。重点依据私人银行客户或高端信用卡持卡人AUM值、信用状况等数据，针对资信好的小企业推出“信用贷”产品；依据企业持续有效的结算量、日均金融资产等内部数据，针对我行存量优质结算客户推出“善融贷”产品；依据企业在主要银行前12个月的对账单，针对他行结算客户推出“创业贷”产品；依据纳税信用等级和增值税、营业税、企业所得税等纳税数据，针对按时足额纳税的小企业推出“税易贷”产品；依据银行卡收单交易流水，针对小企业特约商户推出“POS贷”产品；依据企业交易结算记录，针对结算频繁并形成一定资金沉淀的小微企业推出“结算透”产品。

“五贷一透”大数据产品，从可获得性较强、来源较为可信的数据入手，充分把握企业经营行为与账户行为之间的关系，从而确定客户授信的可行性，数据真实性高，风险防范更为有效。

**（二）推进第三方合作产品创新**

我行积极推动与政府部门、保险公司等第三方的合作，创新“助保贷”“保贷通”等平台类产品，发挥第三方信息、资源优势，创新风险缓释方式，共同建立客户筛选、推荐、引导、扶持的信贷支持平台。

“助保贷”是我行小微企业融资的一项重要创新产品，由政府和银行搭建合作平台，共同筛选企业组成“小微企业池”，以政府提供的风险补偿资金和企业缴纳的助保金共同组成“助保金池”作为风险缓释方式，由我行向“小微企业池”内的企业发放贷款。“助保贷”在客户选择上，发挥了政府的政策优势，更能了解当地的优势行业、优势企业；在了解客户上，发挥了政府的信息优势，有效整合各个方面、各个渠道的信息，提高了信息的真实性和可靠性；在信用环境上，发挥了政府的公权力，提高了小企业的违约成本，也提高了小企业的还款意愿；在客户救助上，发挥了政府的资源优势，通过资产兼并重组、法律借助、资产变现等方式，降低贷款损失率；在风险缓释上，发挥了助保金的独特优势，利用

"大数定律"抵御风险。通过这五方面的把关，大大提高了产品的风控能力。

**（三）推进"圈、链"批量化产品创新**

针对商圈内的小微企业客户群，我行创新了"租贷通""商盟贷"等特色产品，加强客户群规划与评估，推动客户合作互助，避免高成本和高风险。

围绕供应链上下游小微企业，依托核心企业的交易信息，我行推出了"政府采购贷""供应贷"等产品。其中，"政府采购贷"以政府信用为前提，在充分把握政府采购交易背景和履约状况的基础上，以采购合同项下的应收账款作为质押；"供应贷"在充分考察、分析和把握付款人及其上游供应商真实贸易背景、产品及结算记录的基础上，以付款人偿付应付账款的未来现金流作为直接还款来源。上述产品的推出，既解决了小企业固定资产少、缺乏抵质押物的融资难题，也保障了交易背景的真实性，有效降低业务风险。

## 六、研发专业工具，提高风险管理精细化水平

随着我行小企业客户数的不断增长、业务量不断扩大以及风险形势的不断变化，传统的依靠"人海战术"进行业务发展的模式已经越来越难以满足小企业业务快速发展和风险防控的需求，强大的工具创新、工具支持显得愈加重要。近年来，我行充分认识到开展技术创新的重要性和紧迫性，积极推动系统研究和开发建设工作，提高了操作便利性、流程高效性、风控针对性，有效突破了人力资源有限带来的业务发展和管理瓶颈，在业务发展过程中起到了极大的保障和支持作用。

**（一）基于小企业客户统一视图，全方位反映客户信息**

为了方便客户经理全面了解客户，我行在对公客户关系管理系统上，建立了全面、完整、及时、一致的客户统一视图，面向一线小企业客户经理进行综合信息的推送展示。在全面展示企业基本信息、经营数据、财务状况以及在我行各类信贷信息的同时，针对小企业客户特点，专门开发了五类小企业专有信息，包括客户分类信息、评分卡信息、企业主及配偶基本信息、企业主及配偶外部信息、水电费信息。

由于小企业主及其配偶的资产状况、信用情况对企业经营和偿债能力影响较大，小企业客户统一视图通过与对私系统打通接口，纳入企业主及配偶的相关信息，包括私人银行客户等级、个人贷款余额、信用卡额度、AUM 值、个人产品使用数量、个人存款信息等，可以更加客观准确地展示客户风险程度，帮助客户经理及时发现潜在风险，从而对客户的后续风险管理活动进行有效调整。

**（二）开发更为客观的小企业评价模型**

针对小企业客户群体的不同特征，我行分别开发了小企业客户评级模型和申请评分卡模型，并上线了相应的系统应用项目，提高了评价的客观性和准确性，真实反映小企业风险水平，有利于客户定价、风险定价，提高风险管理水平。

根据小企业客户特点，我行于 2007 年在国有商业银行中率先开发了单独的小企业客户评级模型，于 2009 年实现系统功能上线。随着小企业客户数据积累和模型排序能力的变化，2013 年开始，我行开展了小企业评级模型优化，将评级模型细分为 10 个模型。优化后账户行为模块数据由后台自动获取，准确性较高，权重上升，财务指标模块权重适当降低，定性指标模块权重大幅降低，模型风险排序能力大大提升，评级结果对风险更加敏感。模型已于 2015 年 9 月实现系统功能上线。

为解决小微企业因财务报表不规范导致评价结果不准确的问题，我行进一步细分客户群体，通过对 6 万多户小微企业客户的财务指标、账户行为、定性指标三大类 300 多个具体指标、累计 86.7 亿条数据进行逻辑回归分析，针对 500 万元及以下小额贷款客户建立了申请评分卡模型，提高了对小微企业客户评价的针对性和有效性。申请评分卡主要应用于新客户信贷业务评价和审批决策，于 2013 年 7 月开发完成并上线应用。

**（三）上线预警监测工具进行系统化风险监测**

近年来，我行致力于强化系统化风险监测水平，开发了小企业信贷客户早期预警工具、行为评分卡等系统工具，共同构成了我行小微企业预警监测体系。通过动态监测企业和企业主的信用记录、经营情况、结算信息等，及时预警、化解

风险，实现信贷风险“早发现、早决策、早行动”，对于小企业业务差别化贷后管理具有重要意义。

小企业信贷客户早期预警工具于2009年开始设计开发，2010年开始试点应用，2012年全行推广应用，系统定期自动获取定量信息，结合人工录入定性信息实行批量化预警，并对不同预警级别实行差异化的风险处置。根据前期应用情况，我行于2013年开始，对早期预警工具指标及流程进行了持续优化。目前，早期预警模型涵盖客户账户行为、经营状况、履约风险、企业管理和其他预警五大类共37项指标，纳入了企业主及配偶的个人存款和结算信息，设置了预警指标定制功能，利用人行征信系统开发了新的征信预警指标，自动关联对公信贷预警跟踪系统（CEWM系统），优化了跟踪管理流程，有效实现了系统化的非现场集中监测和差异化的预警跟踪管理。

针对零售类和非零售类小微企业，我行开发了零售和非零售小微企业行为评分卡模型，分别于2014年4月和11月实现系统功能上线。模型指标覆盖了企业基本情况、结算行为、逾期行为等方面信息。行为评分卡作为重要的非现场监测工具之一，与小企业信贷客户早期预警工具一并纳入小企业预警监测体系中，每月对存量信贷客户自动进行行为评分，根据评分结果自动触发预警信号并确定不同的预警级别，提示贷后管理人员及时采取相应预警处置措施。

**（四）应用催收管理工具，实现批量化到期自动提醒催收**

针对小企业客户因忘记还款而逾期的情况，我行利用短信平台和客服坐席，开发了贷款到期、逾期欠息短信提醒和电话自动催收功能，并于2012年6月实现功能上线应用。2014年，依托新一代系统不良资产管理应用平台，我行又设计开发了小企业信贷业务催收组件，实现了到（逾）期提示、催收执行、查询统计三大业务功能，于2015年9月成功试点上线运行。催收管理工具增强了贷后催收工作的精细化管理，准确记录贷后催收管理过程，增加了催收手段，有效控制了客户的非恶意违约行为，减少临时性逾期，提高信贷资产质量。

## 七、健全责任管理体系，提升信贷制度执行水平

为了强化合规守法经营理念，改进和提高授信经营工作质量，增强各级管理人员和信贷人员的风险意识、责任意识，构建防范和控制小企业信贷业务风险的长效治理机制，我行不断完善小企业责任管理体系，严肃、严格、严厉追究导致风险及损失的主责任人，充分发挥警示教育作用，提升了信贷制度的执行水平，有效控制道德风险。

**（一）加强信贷业务责任认定和追究工作，促进信贷经营管理人员尽职履职**

对于存在主观责任的授信业务，我行制定了违规失职行为处理办法，详细规定了工作人员的失职行为和处理方式，突出重点、严肃问责，有力控制了案件和风险隐患。在不良资产处置过程中，引入了独立审计机制，加强责任认定和追究，弄清楚业务是否符合要求、责任是否清楚、责任人是否追究，总结经验教训，杜绝“一核了之”。在收贷环节，落实责任收贷制度，按照“谁经营、谁管理，谁负责”的原则，对因主观原因或管理不善造成重大风险或实际损失的，坚决予以离岗收贷，最大程度减少资产损失。

**（二）明确信贷业务各环节责任，制定尽职免责标准**

我行于2007年专门针对小企业授信业务制定下发了《中国建设银行小企业授信业务尽职免责办法（试行）》，规定了小企业授信业务尽职免责和违规问责的相关要求。随着经济形势的不断变化和小企业业务的转型发展，我行对尽职免责办法进行了修订，对责任认定的范围及权限、尽职标准、减免责要求及工作流程等进行明确规定，通过落实尽职免责机制，保障业务发展的积极性，办法已于2015年正式下发。

**（三）研究小企业全面责任体系，做实信贷基础管理**

为了更好地解决信贷流程管控弱化、责任管理机制不健全的问题，我行不断梳理内部原因，研究细化信贷业务责任认定标准，合理安排主体责任，确保责任主体尽职履职，夯实信贷管理基础。

在确定信贷业务责任主体时，我行遵循权、

责、利、能对等的原则，将经营责任和管理责任相统一，既规范了经营主责任人、经营岗位责任人分别在经营决策、信贷操作中承担的经营责任，又强调了经营部门、经营单位负责人在政策引导、制度执行监控、激励约束等方面所承担的管理责任。下一步，我行将根据小企业业务的转型需要和小额化的业务特点，研究小企业业务全面责任体系，清晰界定岗位职责，明确客户经理的经营责任，同时引入集体决策机制，强化实质性风险把关作用，形成良好的责任文化。

# 浅谈信用卡差异化风险定价

总行信用卡中心　俞艳红

伴随着金融体制改革的深化，利率市场化的脚步加快，信用卡行业正面临着新的机遇和挑战，包括更为丰富的信贷需求、更加多样的产品类型和更加多元化的市场主体等。而从信用卡作为信贷产品的本质上说，如何依据客户的风险盈利状况对客户进行合理的定价，即差异化风险定价问题将是信用卡行业持续良性发展的核心问题。国外信用卡行业实践已是明证，而在国内风险定价尚在萌芽阶段，很多发卡行对于风险定价的意义、理念和实施方法了解甚少。本文尝试从这几个方面进行初步的探讨，同时结合国内现状对下一步风险定价的实施提出建议。

## 一、信用卡差异化风险定价的研究范围及意义

基于信用卡信贷本质的考虑，本文的研究范围主要是信用卡信贷类价格（主要包括循环利率和分期贷款手续费率）差异化策略的设计和实施，其他费用（如年费、挂失费、补卡费、取现费等）由于在当前定价实践中通常为统一定价，在特定情况下发卡行因客户具体情况进行适当减免，故不在本文研究范围内。

实施信用卡差异化风险定价策略，对于开拓市场、提升发卡行竞争力和盈利能力、更好地满足消费者信贷需求、推动消费增长都具有积极的意义。

**（一）从市场发展角度看，差异化风险定价策略的实施有助于开拓潜在的信用卡信贷市场**

风险程度的差异以及市场信息的不对称性，使得统一的价格不利于开拓潜在的信用卡信贷需求。信用卡作为提供支付信贷服务的载体，其需求与价格紧密相关。当实行同一定价时，对于高风险客户，这一价格可能过低，从而导致信贷风险升高或者银行提高信审标准从而缩小潜在市场边界；对于低风险客户，这一价格可能偏高，从而导致信贷需求被抑制。无论何种情况都不利于潜在市场的拓展。

**（二）对发卡银行来说，差异化风险定价策略的实施有助于提升银行竞争力和盈利能力**

在给定市场边界条件下，率先成功实施差异化风险定价策略的发卡行将获得先发优势，形成超越市场的竞争力，从而获得超额利润。伴随着越来越多的发卡行开始实施差异化定价策略，市场边界逐步被拓展，发卡行也将从更广阔的市场中获得更多的盈利。

**（三）从消费者角度看，差异化风险定价策略的实施将更好地满足消费者信贷需求，推动消费增长**

如前所述，差异化定价策略的推广使得原来市场边界下的高风险、低风险客户都可以在市场中以合适的价格获得消费信贷服务，从而得以完成消费交易，实现总体消费额的增长。

## 二、信用卡差异化定价理念及实践

**（一）信用卡差异化定价的基本流程**

差异化定价策略的设计和实施是一个持续、系统、动态的过程，实践操作中可以分为以下三

个步骤：

1. 在风险评估基础上进行客户细分。信用卡差异化定价是基于对不同客户风险的衡量和预测来制定差异化的价格，因此评估客户风险，预测客户未来的信贷损失，并据此进行客户细分是差异化定价的第一步。从国外实践情况看，一般先按照风险模型评分（包括申请评分、行为评分、外部征信评分等）进行初步分层，再综合考虑客户与银行的关系强度、行为特征、信用历史等因素确定最终的风险细分框架，在细分后应保证不同细分群组的预期不良率具有显著的差异，这往往要求发卡行要具备较长时期的历史数据积累和较强的数据挖掘能力。从数据分析的情况来看，一般会使用循环信贷的客户风险较高，与银行关系强度较弱或是交易时间较短的客户潜在损失率较高，曾经有过坏账历史的客户未来发生坏账的概率也较高。银行可以根据自身的客户战略和风险偏好对全体客群进行细分。

2. 在目标收益率目标下进行定价设计。客户细分步骤后就是具体的定价设计步骤，定价方法多种多样，如基于成本的成本加成定价法、基于特定目标利率的基准利率加点定价法、基于客户盈利的目标收益率定价法等。在这里，考虑到差异化定价的目标是实现和提升银行盈利，而差异化定价的基础是客户风险、盈利的差异，因此选取目标收益率定价法进行介绍。差异化定价设计的过程就是测算实现目标收益率的过程，银行的重要职能就是管理风险并实现盈利，对于高风险客户往往要求更高的收益回报。基于此，收益率衡量指标一般取风险调整后收益率（RAM），计算公式如下。

风险调整后收益率 =（毛收入 − 资金成本 − 新增信用损失）/ 平均贷款余额

= 毛收入 / 平均贷款余额 − 资金成本率 − 不良损失率

=（利息类收入 + 其他费用净收入）/ 平均贷款余额 − 资金成本率 − 不良损失率

下面通过一个例子来简要说明定价设计过程：假设资金成本率为4%，其他费用收益率为3%。不良损失率、循环率均为根据历史数据预测值，不同细分客群具有不同的不良损失率和循环率。假设总体风险调整后收益率目标为7.3%，基于发卡行的客户战略及风险偏好可以为每个细分群组指定RAM目标值。据此可按上述公式倒推计算出各组的基准年化循环利率价格。可以看到，在上述前提下，A客户群循环率为30%，不良损失率最低，仅为0.1%，其对应的年化循环利率基准价格也最低，为10.3%；而E客户群循环率为100%，不良损失率最高达到3.2%，其对应的年化循环利率也最高，达到22.2%。

**表1　　基于客户细分的定价设计（示例）　　单位：%**

| 客户细分 | 客户占比 | RAM目标 | 不良损失率 | 资金成本率 | 费用收益率 | 循环率 | 年化透支利率 |
|---|---|---|---|---|---|---|---|
| 细分A | 30.0 | 2.0 | 0.1 | 4.0 | 3.0 | 30.0 | 10.3 |
| 细分B | 20.0 | 4.5 | 0.5 | 4.0 | 3.0 | 50.0 | 12.0 |
| 细分C | 20.0 | 8.0 | 1.0 | 4.0 | 3.0 | 70.0 | 14.3 |
| 细分D | 20.0 | 12.0 | 1.7 | 4.0 | 3.0 | 85.0 | 17.3 |
| 细分E | 10.0 | 18.0 | 3.2 | 4.0 | 3.0 | 100.0 | 22.2 |
| 合计 | 100.0 | 7.3 | 1.0 | 4.0 | 3.0 | 60.0 | 14.0 |

在各组基准价格基础上，还可以再综合不同产品的权益、功能因素在产品间进行价格的适当调整，如高端产品往往会附有高价值的权益服务，这些权益服务对发卡行而言将是额外的成本，发卡行针对这些产品的定价可以在基准定价基础上进行适当上浮。在确定和调整基准价格时，还需要适度考虑市场同业价格及竞争情况，确保定价策略在符合银行总体战略的前提下具有充分的市场竞争力。

3. 定期跟踪监测客户结构与收益。在确定定价策略后，需要定期（月度、季度、半年度、年度）跟踪定价策略执行中关键客户结构参数的变化以及策略执行效果是否符合既定收益目标。在上面的例子中，如果一定时期中A客户群占比上升显著超过30%，而E客户群占比下降，这将影响总体风险调整后收益率目标的实现，从而需要决策是否调整基准定价策略或是通过其他促销手段予以补偿。

（二）信用卡差异化定价策略的迭代优化

差异化定价策略的制定和上线实施并不意味着定价工作的结束，相反，这将是一项持续不断迭代优化的工作。对于发卡行而言，要一次性、准确地找到和确定对于自身最优的差异化定价策略是非常困难的，而且由于内部业务结构、外部经济环境、客户需求、市场因素的变迁，所谓最优的定价策略也必然是在不断变化中的。这就要求发卡行要持续不断地根据各种因素的变化而对实施中的定价策略进行迭代优化。实践中一般通过“冠军—挑战者”测试的方式进行整体策略的优化，具体实施来看，往往在当前基准定价策略（即冠军策略）执行期间，抽取部分客群测试执行新的定价策略（即挑战者策略），通过跟踪对比两套策略的实施效果来确定是否替换原有定价策略。为保证效果对比的稳定性，这一过程往往需要跟踪12个月以上。如果挑战者策略实施效果显著优于冠军策略，则考虑正式上线挑战者策略，同时开始测试新的挑战者策略。

## 三、信用卡差异化定价实施的挑战与建议

在国内利率市场化进程加快的大背景下，信用卡定价差异化的推进是不可逆转的趋势，但从近期来看，主要还将受到以下几方面的制约和挑战：

（一）政策约束

从2013年7月20日起，人民银行全面放开金融机构贷款利率管制，其中包括个人消费贷款，但信用卡循环贷款利率却仍受限于1999年发布的《银行卡业务管理办法》，发卡行无法因人而异地进行定价。

（二）客户心理因素

国内社会大众对信用卡差异化定价策略还有一个适应和接受的过程。目前，国内社会大众还比较适应银行产品统一定价的传统模式，对于因人而异的定价方式仍需要一个适应和接受的过程。如果某家银行贸然地大规模地实施全面差异化定价，可能会引起部分存量客户的反感，而这部分客户往往是具有较强信贷意愿和盈利潜力的中高价值客户，从而导致客户满意度下降甚至流失，银行盈利水平也可能因此下降。

（三）银行内部因素

从银行内部来看，实施差异化定价策略的软、硬件环境也需要一定时期的建设和完善，包括数据驱动、盈利导向的企业文化及流程，支持定价差异化、灵活稳定的IT策略系统，以及具有信用卡定价差异化相关知识、经验的专业人才队伍等。

（四）具体建议

应当看到，正是上述挑战中孕育着取得竞争优势、实现市场领先的巨大机遇。发卡行如果抢先建立成熟、有效的定价差异化流程，将能够迅速吸引和抓住整个市场中的低风险优质客群，同时有效甄别、排除高风险客群，在提升资产质量的前提下实现盈利的增长。从发卡行的角度看，尽管目前国内信用卡透支利率市场化日程尚不明确，但仍应积极从以下方面着手准备，迎接挑战：

1. 在企业内部大力强化数据驱动和盈利导向的文化氛围及业务流程。信用卡业务全生命周期各个决策应统一在总体盈利目标下，通过数据分析、跟踪、评估业务决策的有效性，并据以形成决策优化的流程。从上文的介绍中可以看到，信用卡差异化定价策略的设计和实施从本质上就是一个数据驱动的、以盈利为目标并需要不断迭代优化的过程，发卡行要实施差异化定价就必须有盈利的压力、深入挖掘数据和整合信息的能力以及不断适应调整变化的机制。

2. 在信用卡循环利率市场化日程尚不确定的情况下，可以通过差异化的产品/服务体系作为对差异化定价策略的替代措施。不同客群具有不同的风险收益特征，因此可以针对不同客群推出不同的产品、提供差异化的促销活动和服务，通过调整对不同客群办理产品的反馈力度来调整不同客群的价格。如目前部分股份制银行基于不同客群设计不同封闭式促销活动，对客户的积分、现金反馈分别设置不同的门槛，从而达到客户定价服务差异化的目的。

3. 在上述基础上，发卡行可以对信用卡分期信贷产品定价进行小规模、测试性的差异化定价，初步评估效果后再予以适当的推广。《银行卡业务管理办法》目前主要对信用卡循环利率形成约束，而分期信贷产品则属于可自主定价的贷款产

品，考虑到国内客户对差异化定价的接受程度，发卡行可以推出期限、还款方式更加多元化的分期信贷产品，同时取其中某几种产品进行小规模的定价差异化测试，一方面可以观察客户的接受程度，另一方面有助于积累经验、循序渐进地建立适合发卡行自身的差异化定价流程和制度，为下一步大规模推广奠定基础。

# 控制风险　实现盈利

## ——信用卡的大数据实践

总行信用卡中心　薛颖慧

从2003年中国信用卡元年至今，整整十二年的发展，市场从零开始，已经达到近20万亿的交易规模。

每分钟，我行6 000多万的持卡客户贡献着600多万元的交易额；每分钟，我行会收到600多笔客户申请和6 000多笔金融交易。其中混杂着令各家银行都头痛的欺诈和套现行为，如何守住大门，挡掉这些坏客户、坏交易？这是必须解决的问题。

信用卡盈利最主要的贡献来自于循环信贷，而每年大量刷卡交易额形成的贷款中，百分之六七十将由于持卡人全额还款，无法产生任何信贷收益，并且这一比例还在不断上升，以往靠粗放式拓展新账户带来的收益增速已明显不能满足盈利同比增长的要求。如何拓展盈利？这就是各家银行同样面临着的第二个问题。

从2013年初到现在的两年多时间里，我们从推进账单分期快速发展的业务实践中，总结发现了解决这两个问题的三步曲。

第一步，守大门，关键是“严密”，严密防控风险，解决的是哪些目标不能打。第二步，找目标，关键是“平衡”，平衡业务决策，解决的是哪些目标拼命打。第三步，提效率，关键是“高效”，高效组织实施，解决的是怎样打才能打得快打得准。

### 一、三步曲第一步：严密

在探讨信用卡盈利问题之前，我们首先要解决守住大门的问题，确保客户真实、交易真实、用途真实。

首先是客户真实。2014年全行2 000多万笔信用卡申请中，近6万笔是伪冒、虚假申请。

其次是交易真实。2014年，全球欺诈损失率为万分之2.82，损失金额高达9.12亿美元。

最后是用途真实。中国的信用卡还面临套现的虚假交易风险。2014年，监管三令五申，但套现交易额仍高达50.7亿元。

严峻的外部欺诈形势要求我们必须严守风险底线。此外，欺诈风险管理的“木桶效应”也决定了，我们在与不法分子斗智斗勇的同时，还要与同业进行竞争，谁的风险防控网络编织得更严密，谁就将更安全地守住自己的大门。

为了解决客户真实、交易真实、用途真实的问题，我们通过数据挖掘，建立了模型化、标准化、自动化的反欺诈体系。

为了防控客户虚假，我们利用中文模糊匹配技术，对地址类、单位名称类等关键信息，实现了自动化核查，解决了中文信息比对难题。并且通过逻辑回归方法，从客户基本属性、申请信息、历史申请记录、关联人信息、第三方客户信息等维度，构造了270个变量进行客户画像，最终找到13个有效变量，构建征信评分模型，对伪冒和虚假申请的概率进行预测。前20%的高风险评分申请件，涵盖了50%—60%的伪冒申请，识别能力提升近3倍，并且每月还将节约作业成本近600万元。

为了防控交易虚假，我们需要解决在高并发的海量交易中，毫秒级地识别小概率风险事件，可谓电光火石之中万里挑一。我们引入全球领先的神经网络机器学习方法，收集了近2年内约6.3亿笔交易数据，从交易时间、交易频数、交易比率、消费类型、交易偏好等维度，构建客户交易行为档案。综合分析了876个变量，最终找到200个有效弱相关变量，开发了交易欺诈评分模型。与同业传统的经验规则相比，我们只需关注0.25%的风险交易，就可主动识别发现超过80%的交易欺诈，其中约10%的高风险交易还可做到实时拦截。模型的应用将侦测范围扩大1倍以上，侦测精度提升60倍以上。

为了防控用途虚假，我们通过逻辑回归的方法，模拟套现客户对信用卡资金的需求和应用场景，从交易行为、历史取现还款、行内资产情况、账户逾期状态等维度，构造1 625个变量，并从中筛选出10个有效变量，构建评分模型，不仅对客户存在套现行为的可能性进行预测，还对套现客户潜在的不良风险进行预测。根据模型对前30%高风险客户进行管控，可以实现75%的潜在不良风险覆盖，覆盖程度较以往翻番。模型的应用，使得我行在国内17家主要收单银行的套现风险排名，从原来的倒数第二转变为数一数二。

正是因为有了大数据在反欺诈、反套现方面的深入应用，我们守牢了信用卡业务的风险底线，解决了真实的人、真实的交易、真实的用途，这才能放心大胆进一步探讨盈利问题。

## 二、三步曲第二步：平衡

盈利不仅仅是创造收益，还需要考虑成本和损失，需要在三个目标之间进行平衡：一是不良可控；二是营销成功率高；三是营销成本低。要平衡决策，第一步要对不良率、营销成功率、营销成本进行准确计量。

对于不良率的计量，我们使用决策树技术，从客户行为评分卡、账户状态、信贷历史等维度出发，找到了违约率较高的三类客群：不了解的客户（申请评分低的6个月内新办卡客户）、不放心的客户（行为评分较低、额度使用率较高的客户）、不清白的客户（近期有逾期表现的客户）。

对于营销成功率的计量，我们使用逻辑回归技术，从资产水平、行内关系、用卡行为等维度，综合分析了928个变量，构建出响应评分模型，找到了营销成功率较高的四类客群：初来乍到型（持卡时间短，尚处于用卡习惯培育期，对不同信用卡产品的接受度较高）、轻车熟路型（曾经使用过信用卡信贷产品，对于账单分期的了解度较高、接受意愿较强）、有机可乘型（由于客户消费突发性增长，为账单分期营销提供了机会）、顺水推舟型（近期额度使用一直较充分的客户，对这部分客户以缓解还款压力为切入点进行账单分期营销）。

对于营销成本的计量，我们统计了各营销渠道的历史成本数据，总结出短信、微信、网银等自助渠道的营销成本较低，而人工坐席外呼的成本较高，为自助渠道成本的200倍。

完成了准确计量，我们进入第二步，平衡决策。

第一个平衡是不良控制与营销成功率之间的平衡。数据告诉我们，资金需求高的客户虽然营销成功率高，但往往风险也较高。有了计量模型，我们能在不同的风险偏好下进行选择，既满足风险红线，又减少对规模的影响。比如当前的策略，只减少16%的交易规模，却排除了48%的不良客户，并成功地将该项业务不良率控制在0.8%以下。

第二个平衡是营销成本与营销成功率之间的平衡。低成本的营销渠道往往伴随着低营销成功率，高成本的营销渠道则需要提高成功率才能覆盖成本。有了营销成功率模型精选客户，我们成功地将人工坐席的营销成功率提高近3倍，一个坐席人员每天外呼50名客户，原来只能成功营销4人，现在可以成功营销11人，新创造交易额16万元、新增收入8 000元。

## 三、三步曲第三步：高效

圈好了高盈利的目标群体，我们又如何高效地完成销售、成功转化为盈利呢？

高效的营销策略不是一蹴而就的，在设计初步方案后，需要在实施过程中不断测试、分析客户反馈，反复迭代优化，实现最终的高效。

比如，实施初期，人工坐席对客户的营销时

间是一致的、无差别化的。营销结果数据反馈，在客户最后还款日前的5天，营销成功率从15%提高至20%；根据这个结果我们重新安排了营销时机。

再比如，实施初期，我们对每个客户都进行3次电话营销。然而不同客户对反复营销的反馈是不同的，有的客户被打动了，有的客户却转而投诉被打扰。通过对第一次营销过程的语音分析，我们将客户做了区分，犹豫不决的客户应当紧追不舍，委婉拒绝的客户应当不断尝试，果断拒绝的客户应当下次再说，反感投诉的客户应当放弃营销。优化策略后，客户体验上升了，营销成功率也提升了10%。

最后，营销话术有影响吗？也有！通过对营销语音的分析，我们发现地域有相当的差别。中北部客户对账单分期产品认知有限，话术重点应放在产品介绍上；而东南部沿海地区的客户对账单分期产品的了解度较高，产品介绍已经不能打动客户，话术重点应放在提高客户的办理意愿上。

迭代优化的效果反映在业务规模的增长上。2014年，账单分期业务规模迅速增长，交易量突破531亿元，同比增长率75%；收入22亿元，同比增长110%。2015年，账单分期业务继续保持高速增长，交易额达到811亿元、同比增长53%，收入达到34亿元、同比增长55%。

### 四、体会

“严密”“平衡”“高效”三部曲下来，我们既推动了账单分期业务高速健康发展，又实现了守住风险聚焦盈利的大目标，充分践行了信用卡“效益质量规模协调发展”的战略规划。

最后，有两点体会值得分享：第一点，实现严密防范欺诈套现风险，数据说话；实现以盈利为导向的多目标平衡决策，数据说话；实现策略高效实施迭代优化，还是数据说话。第二点，数据必须和战略方向相结合，数据必须和策略应用相结合，数据必须基于战略和应用，才能实现真正的价值创造。

# 移动支付风险的探讨及对策研究

宁波市分行课题组

### 一、移动支付的背景状况

依据中国人民银行对移动支付的定义，移动支付（Mobile Payment）是指单位、个人直接或授权他人通过移动通信终端或者设备，如手机、掌上电脑、笔记本电脑等，发出支付指令，实现货币支付与资金转移的行为，一般是在移动运营商、金融机构、第三方支付机构等共同或分工合作的基础上推出和实现的。

#### （一）移动支付的基本情况

1. 发展状况。移动支付兴起于20世纪90年代的美国，在日、韩得到了迅速的发展，但是在我国的起步相对较晚。我国的移动支付发展主要经历了三个阶段：1999—2004年是市场导入期，相关技术逐渐确立和完善，银行、电信运营商和第三方支付机构三方各自主导的商业模式逐渐确立，在这个时期主要是进行用户熟悉和用户习惯的培养；2005—2010年是发展期，在这个阶段，支持近场支付的RFID技术和NFC技术逐渐凸显并在中国开始投入商用，各大主体对移动支付的关注程度逐渐增强，移动手机等移动终端的用户群体不断扩大，用户基础要求逐渐形成；2010年之后是移动支付发展的成熟期，在这个阶段，移动支付的用户习惯逐渐形成，关于移动支付的业务种类、功能、技术等都不断地完善，移动支付的使用规模也大范围扩张。

近年来，移动支付市场无论从交易规模还是

从用户群体等指标来衡量，增长速度惊人，第三方移动支付市场的发展速度尤为突出。2013 年，第三方移动支付的交易规模的增长率高达 707.0%；2014 年，市场交易规模达到 59 924.7 亿元，同比增长 391.3%。2015 年 11 月 11 日，中国“双十一”秒杀美国“黑色星期五”，天猫商城全天成交额 912 亿元，其中，手机支付 626.42 亿元，占比 68.67%，移动支付已远远超过了有线支付业务量。

2. 主要特征。移动支付这一新型的支付方式之所以能够在全球兴起，并在支付市场中扮演着愈发重要的角色，主要是因为移动支付较传统的支付方式而言，具有其自身的优势。其一，移动支付具有移动性和及时性，摆脱了距离和地域的限制，用户能够随时随地获得自己所需的信息和服务，进行交易支付；其二，移动支付的定制化，方便客户根据自己的需要制定商品和服务，减少了时间成本和搜索成本；其三，移动支付的虚拟性，省去了携带现金和信用卡的麻烦，防止了假币的流通。

**（二）移动支付的运营模式**

随着移动支付的功能和技术的不断完善，其使用规模呈快速成倍扩大态势，各产业链主体对于移动支付市场的重视程度日益提高，参与主体各显其能，持续增加资源投入，希望能够更多地占据这一新兴市场，分享诱人的经济利润。从目前主流的移动支付主体情况看，主要涉及移动运营商、金融机构、第三方支付机构等三家主体，其在市场中的地位及运营模式也各具特点。

1. 移动运营模式。移动运营商主要集中在设备和 SIM 卡的设计上投入，在软件平台上投入较少。这种方式的产生主要是和移动运营商的计费有关，用户在互联网上购买游戏、软件等小额的虚拟物品，直接从手机账户中扣费完成支付。这种方式虽然简单易用，但是仅限于小额支付。较为典型的案例如中国移动的“手机钱包”、中国电信的“翼支付”、中国联通也在筹备自己的支付公司“沃易付”。

2. 银行运营模式。银行自己主导和开发属于银行自己的移动支付平台，与移动运营商的通信网络互联互通，把银行账户与手机银行账户对接并建立对应关系，用户在进行移动支付时通过银行卡账户进行支付。在这种运营模式下，移动运营商只为用户和银行提供通信和网络服务，而不参与移动支付；银行在这种模式下则是提供交易平台、付款途径、支付结算等服务。这种运营模式的技术要求是银行账户的管理和移动设备的钱包功能，这意味着银行和移动设备制造商之间的合作是提供技术的关键元素，只有通过相互的合作，才能发挥相对优势，这种模式才能更好地渗透市场。

3. 第三方运营模式。这是目前移动支付领域中发展最为迅速的一种模式。第三方支付机构是指独立于银行和移动运营商之外的提供交易的平台，《非金融机构支付服务管理办法》中把第三方支付机构定义为：为收款人和付款人提供中介货币资金转移服务的非金融机构。在移动支付中，以第三方支付机构为主导的模式发展最为迅速，其发展也经历了前期主要是提供支付通道作用，到现在引导用户把钱存入第三方支付账户，并在支付时直接从第三方账户直接支付的模式。例如支付宝公司在推出“余额宝”之后，很多用户会把资金直接转入“余额宝”，在需要支付时，直接从“余额宝”进行支付，而不再需要之前跳转至各大银行的手机银行进行支付。

**（三）三种模式的差异比较**

三种移动支付的运营模式各具特色，在移动支付市场中发挥着各自的作用。为了更好地理解不同模式之间的差异，本文将三种模式的主要特点进行比较分析，如表 1 所示。运营模式在主体资质、账户开立、资金安全保障等方面的差异也常常是风险产生的根源。

表 1　　运营模式差异分析

| 模式 | 移动运营模式 | 银行运营模式 | 第三方运营模式 |
| --- | --- | --- | --- |
| 开立账户 | 未完全实名制 | 实名制<br>多重验证 | 未完全实名制 |
| 交易额度 | 小额 | 因渠道而异 | 额度限制 |
| 交易费用 | 免费 | 异地/跨行手续费 | 额度内免费 |
| 主体资质 | 有无资质经营风险 | 符合 | 获取支付机构牌照 |
| 操作流程 | 简单 | 较为复杂 | 便捷 |
| 支付终端 | 手机钱包 | 手机银行 | 第三方支付客户端 |
| 应用场景 | 少 | 较多 | 丰富 |

## 二、移动支付的风险分析

我国的移动支付发展时间较短，许多基础设施尚未建立完备，支付标准的混乱、法规政策的空缺、监管体制的不完善等诸多问题，阻碍我国移动支付市场快速发展，成为支付的主要风险因素。从移动支付全流程的风险成因看，流程前、后两段的风险更多体现在政策和技术层面，属于基础型风险；而移动支付三种模式的差异性一定程度上导致了流程中段的风险隐患，偏重于交易型风险。尤其在第三方支付异军突起的情况下，其与银行竞争中所产生的风险不可小觑。

### （一）支付的基础型风险

1. 支付标准。早在 2012 年 12 月 14 日，中国人民银行已发布了移动支付在金融行业的技术标准，技术标准 13.56MHz 已明确为主流移动支付标准，但在实践中的效果却不尽如人意。我国的移动支付标准相对混乱，三大移动运营商都有各自的技术标准，有的甚至采用多个标准发展移动支付。因此，标准的不统一将直接导致移动支付服务提供商的兼容成本增加，技术标准的开环拓展应用受到影响，以及支付应用利益相关方的收益参差不齐，进而导致协作不能很好地进行。

2. 交易终端。消费者使用手机作为支付终端进行移动支付，手机作为自己的私有物品，专机专用，能够降低非法分子在设备使用过程中加载不法程序的几率，但这优势的发挥取决于消费者购机渠道和使用手机的习惯：第一，消费者是通过正规的渠道购买手机的，从而确保手机能够在一个较为安全稳定的系统中运行，为交易支付提供一个安全的环境，降低不安全系统或程序被预装的风险；第二，消费者在使用手机的过程中，具有较强的安全意识，做到及时安装杀毒软件并定期更新，设定开机密码，支付完成后及时退出界面，只安装有明确来源的应用程序，等等。

3. 用户信息。银行、运营商或者第三方支付机构三者都会要求消费者在进行移动支付前或者过程中登记相关用户信息，大多包含姓名、身份证号以及银行卡号等。这些信息具有极强的隐私性和极高的商业价值，对于三大主体而言，是抢占市场先机、进行精准营销、提升利润的坚实基础，针对性强，有效性高。

对于用户而言，基于对相关机构的信任而登记的个人信息以及其进行交易的记录，都应该受到保护。从用户方来说，由于缺乏安全意识，可能会在一些司空见惯的场景泄露自己的隐秘信息，进而陷入资金被盗用、骚扰信息不断的尴尬局面，较为典型的是在公共场合接入不安全的无线网络，用户的身份信息和支付交易信息极有可能在接入和使用网络的过程中被不法分子窃取，而用户全然不知。从银行机构、支付机构和商户来看，一方面，未能认识到客户交易关键信息的泄露可能会影响用户资金的安全，缺乏动力采取有效的信息保护措施；另一方面，若用户资金因为技术漏洞或人为原因而遗失，因没有相应的制度约束和经济赔偿机制，此类事件的发生对于银行机构或者商户没有任何损害。

### （二）支付的交易型风险

1. 主体资质。移动互联网支付发展迅速，用户日渐增多，参与移动支付的主体也日渐增多，主要的主体有第三方支付机构、银行和移动运营商三家。这三家在发展移动支付的问题上，可能存在一定的主体资质或者业务范围的问题。第一，移动支付涉及金融业务，法律要求提供货币资金转移服务的非金融机构应当获得支付牌照，则第三方支付机构和移动运营商可能因主体资格欠缺成为了“影子银行”。第二，各大银行有自己的手机银行软件和平台，维护成本较高且相互之间较难统一，这对于用户而言，需要在不同的平台上进行切换，操作烦琐，迫切需要设立一个机构进行统一化，而我国目前可以担此重任的估计也只有银联。对于银联的法律地位及从事移动支付服务也存在着主体资格和经营范围的问题，因为在我国，中国银联是一个银行卡的联合组织，其主要负责的是各大银行之间的跨行交易清算。

2. 交易关系。传统消费模式下，消费者只与商业机构形成合同关系，消费者与商家之间的权责关系明确。在移动支付模式下，消费者是整个移动支付过程中的发起者，消费者与商业机构、移动运营商、银行和认证机构之间存在四个相互独立的合同关系：一是消费者与商业机构的买卖合同关系；二是消费者与移动运营商间的移动通信服务合同关系；三是消费者与银行间的金融服务合同关系。四是消费者与认证机构间的认证服务合同关系，消费者为了顺利完成移动支付交易必须严格履行上述四个合同义务。在移动支付业务中，支付过程的各个环节如果出现违约情况，都将会导致移动支付业务的风险。

**（三）第三方支付的特定风险**

随着移动支付市场快速发展，第三方支付平台的影响力逐渐增强，其与银行之间的关系不断发生着变化，两者从最开始的完全合作逐渐转向竞争与合作共存的状态。第三方支付在帮助推动银行业务在广度以及深度层面拓展的同时，也因其业务的创新，对银行传统支付业务、资金流转等方面构成了威胁和替代。从风险因素看，第三方支付在流程中形成的风险因素具有较为鲜明的特点，因此在当前第三方支付模式比重逐步扩大的情况下，有必要对其风险因素予以重点关注。

1. 支付账户。2015 年 12 月 28 日，人民银行发布了《非银行支付机构网络支付业务管理办法》，条款对客户在第三方机构开立账户作了明确的实名制登记和身份审核要求，同时，要求根据客户身份核查情况将个人支付账户分为三类，对三类账户所支付的累计金额作了明确。虽然管理办法从监管角度出发，对账户开立进行了规范，但在制度尚未施行前，大量存量客户核查的不到位及第三方机构自身审核机制的不完备，仍极容易被犯罪分子利用而进行洗钱犯罪，如利用原有未核实的多个账户或购买别人的账户，不同账户之间相互转账进行洗钱；设立假的商户，借助或者雇佣他人进行支付，进而达到洗钱的目的；或者利用互联网的虚拟性和不易识别性等进行远程移动支付以达到洗钱的目的。

目前来看，中国人民银行在 2012 年出台的《支付机构反洗钱和反恐怖融资管理办法》，对支付机构履行反洗钱义务作出了一定的规定。在《非银行支付机构网络支付业务管理办法》中也明确了第三方机构履行反洗钱义务的法律责任。但第三方支付机构的体系机制远非银行体系般成熟和健全，加之部分机构意识淡漠，支付机构的反洗钱成效会过多地流于形式，给监管带来一定的难度。

2. 交易资金。尽管《非银行支付机构网络支付业务管理办法》明确支付机构不得经营或者变相经营证券、保险、信贷、融资、理财、担保、信托、货币兑换、现金存取等业务，但从第三方支付平台操作的实际情况看，在消费者将资金转至第三方平台与交易完成的间隔中，会形成一定数量的沉淀资金。一般交易资金可以在第三方平台上停留 3—7 天。此外，消费者可以从网上银行充值到第三方的账户上，其账户余额也就成为了第三方的沉淀资金。同时，管理办法也明确了消费者在第三方机构账户资金的性质为预付价值，不受《存款保险条例》保护，一旦支付机构出现经营风险或信用风险，所导致的资金余额无法使用，将不能回提为银行存款。

沉淀资金在第三方机构中的大量积累会引发一系列潜在的风险，如第三方支付机构擅自处理沉淀资金，或者用沉淀资金进行投资造成亏损等。中国人民银行在 2013 年 6 月颁布的《支付机构客户备付金存管办法》第二十九条中规定：“支付机构应当按季计提风险准备金，存放在备付金存管银行或其授权分支机构开立的风险准备金专用存款账户，用于弥补客户备付金特定损失以及中国人民银行规定的其他用途。风险准备金按照所有备付金银行账户利息总额的一定比例计提。支付机构开立备付金收付账户的合作银行少于4家（含）时，计提比例为10%。支付机构增加开立备付金收付账户的合作银行的，计提比例动态提高。风险准备金的计提与管理办法由中国人民银行另行制定。”尽管如此，但从人民银行2015年1月至10月开展的非银行支付机构客户备付金管理专项检查情况看，仍存在支付机构挪用、占用备付金，备付金存管银行监督不力等现象。

3. 线下识别。第三方支付机构与百货公司、旅游公司、餐饮公司等进行合作，用户在与第三方支付机构合作的营业场所进行消费时，只需要进行简单快捷的扫码，便可以完成交易。不断地创新支付产品的最终目标是为了提升消费者的支付体验，但便捷的体验背后是产品的复杂性和多样性，消费者由于知识面有限难以对产品有全面深刻的了解，从而无法对产品的安全性进行科学评估。移动互联网时代有二维码支付、NFC手机钱包支付、摇一摇转账支付、短信转账支付、照片确认支付、语音支付、图像识别支付、超声波识别支付、随身卡刷卡支付、条码支付十种，以二维码支付为例，用户进行扫码支付看似简单，实际上涉及了二维码生成、支付终端信息读取、支付指令验证等多个节点，任何一个节点存在安全隐患，都将对用户支付交易的安全产生威胁。在创新业务发展萌芽期，管理制度通常落后于业务发展速度。在创新产品业务标准、管理规范尚未出台的阶段，由于有效信息未能充分披露，消费者一方面可能因为产品不成熟、了解不全面而面临权益受到侵害的风险，另一方面因为制度规章的缺位而不能获得较好的保障。

## 三、应对移动支付风险的对策探讨

### （一）构建移动支付的生态环境

1. 加强顶层设计，规范市场建设。一是加强移动支付的法规建设。涉及客户支付交易安全的各类信息都必须以法律规章的形式予以明确，确保客户一旦权益受到侵害能够得到有效的法律保护。市场主体的真实性和可靠性是移动支付良性发展的基础条件，应当建立客户身份验证机制、欺诈损失承担机制的法规建设，提高交易欺诈成本，防范非法分子实施欺诈行为。二是加强移动支付的标准建设。2013年，移动支付13.56MHz通信标准取得了各方认可，为资源整合、协同发展奠定了基础，虽然在实践过程中效果不如预期，但在一定程度上缓解了支付标准混乱的局面。在此基础上，其他相应支付标准建设也应加快确立，如终端安全性标准、系统安全性标准、信息传输标准、业务管理标准等，全面系统的支付标准体系的建立有助于推动实践效果不断提升。三是加强移动支付公共平台建设。移动金融安全可信公共服务平台（MTPS）的建立，能够实现应用共享、实体互信、系统互通的多种效益，有助于促进行业资源整合和业务合作。应当进一步加强平台建设，完善平台功能，制定平台管理规范，增加平台接入机构数量，推动移动支付业务更好地发展。

2. 推动主体合作，优化支付环境。移动支付是由通信、金融等多行业主体共同参与而形成的产业链，其安全问题不单单存在于某一行业或某一领域，而具备跨行业、跨领域、系统性的典型特征，这与传统支付业务的支付安全问题不能一概而论。应从全局出发，立足于提升整个产业链安全水平的高度，通过两大机制的建立来推进产业链主体间的沟通协作。一是建立沟通协商机制，进行事前防范。产业链中各业务主体，如银行机构、支付机构、电信运营商、终端制造商等应树立责任意识，通过定期会面对于暴露的移动支付安全问题进行深入探讨和分析，发现安全风险易发点，形成有效的解决方案或规避手段，从而在安全问题发生之前进行有效防范。二是建立安全管理成功经验的输出机制，进行事后总结。弱势企业拥有的资源相对较少，对于安全管理建设的投入心有余而力不足，因此其安全问题也就较为突出。强势企业拥有先进的技术和丰富的人才，有能力及时研发出方案解决不断产生的安全问题，总结出成功的管理经验。每一家支付企业面临的安全问题具有差异性，成功的管理经验虽然不能全部照搬，但能提供极具价值的借鉴之处，在该机制的建立下，弱势企业有积极性通过较少的有偿支出获取成功管理经验以弥补自身的不足，促进自我管理水平的提升，从而有助于提升整个产业的安全管理水平。

### （二）监督移动支付的交易过程

1. 监督交易过程，防范洗钱犯罪。首先，落实账户实名制，把风险的预防进一步前移。目前，像“支付宝”、微信支付等大都仅用了身份证、银行卡这两种方式来证明用户的身份。但是，上述两种方式的防范能力有限。为了适应风险管理的需求，《非银行支付机构网络支付业务管理办法》第6条规定，支付机构为客户开立支付账户的，应当对客户实行实名制管理，登记客户身份基本信息，核实客户有效身份证件，按规定留存有效身份证件复印件或者影印件，并通过三个（含）以上合法安全的外部渠道对客户身份基本信息进行多重交叉验证，确保有效核实客户身份及其真实意愿，不得开立匿名、假名支付账户。按照上述规定，一些用户注册支付账户难度将会增加，消费类支付账户的开立至少需要3份资料来证明，兼备理财功能的综合账户的开立则需要5份资料。证明自我身份的资料来源渠道主要包括公安、工商、教育、财税等管理部门及商业银行、征信机构等单位所运营的，能够有效验证客户身份基本信息的数据库或系统。其次，加强对支付机构和支付业务的风险评估，对于风险评估较高的机构和业务要加强监管，依据可疑交易和大额交易报告规则，对风险评估较高的机构和企业自动进入风险监控系统，减少对所有交易监控的信息量，通过风险评估提高对移动支付反洗钱监控的工作效率。最后，注重客户身份资料的保存和交易内容的保存制度，加强对客户身份的识别。这样在出现移动支付洗钱犯罪时，便于对犯罪活动进行核查和查处，从而有助于减少我国的洗钱犯罪。

2. 加强资金管理，完善细化制度。2010年颁布的《非金融机构支付服务管理办法》第二十四条和第二十九条明确规定了备付金的归属和转移条件，备付金存管银行对支付机构备付金的使用负有监督职责及其向人民银行报送的义务。但是上述规定相对笼统，对一些具体的如备付金存管银行的资质要求、存管职责、备付金账户的开立与变更等，都未作出具体的规定。因此，推动客户备付金制度的完善和细化，严格监管支付机构的客户备付金存管情况，防止支付机构滥用消费者或者客户的备付金，避免由此造成的金融风险，是一项亟待完成的任务。

**（三）提高移动支付用户的安全意识**

1. 加大宣传力度，强化防范意识。移动支付独有的交易特征使其风险防控的重点不同于传统支付业务，安全知识宣传重点应根据特征进行一定的调整。对于客户而言，应帮助他们树立和强化安全意识，坚决杜绝从非法渠道购买手机，不随意接入开放式公共网络，购机后及时安装杀毒软件并定期杀毒，减少交易终端风险。相关机构应具有服务意识，对于所属客户提供宣传和培训资料，进行风险处置能力评估，指导客户根据自身交易需要合理设定移动支付服务限额，有效降低风险敞口，帮助客户提升解决安全问题的能力。

2. 总结经典案例，保障重点群体。移动支付绝大部分是通过非面对面交易完成的，这种方式对于用户而言非常便捷，但使不法分子实施欺诈的可能性增加，缺乏安全知识和风险防范意识的客户群体也通常成为不法分子的主要目标。加强移动支付风险案例研究，分析受害客户的群体特征，通过定向发送安全知识讲座邀请、邮寄相关资料等方式实施重点宣传，帮助客户提高风险防范意识。

课题主持人：童铭红

课题组成员：柴熠　苏云　张芸霞

# 信用风险压力测试实践

宁波市分行　施虹

压力测试作为金融稳定性分析领域的重要分析方式，目前已被国际大银行广泛应用，并成为金融稳定性分析领域的重要分析方式。压力测试的结果可以为风险管理部门和银行管理者提供三方面的信息：第一，在压力测试的过程中，运用相对准确严谨的统计方法，可以从海量数据中提炼出究竟哪些是影响信贷质量的主要影响因子，从数据本身获取客观结论，再与业务部门的直观感受和主观经验相互验证。第二，在找出主要影响因子后，用模拟方法评估极端情况的发生是否会给商业银行带来无法承担的潜在损失，风险是否依然可控。其目的在于"未雨绸缪"，提醒银行的管理者不能忽略"几十年一遇"甚至"几百年一遇"的风险带来的影响。第三、以模型的定量结果和定性分析为基础，判定承压体系中的弱点环节，并有针对性地制定相应政策响应和反馈。通过正式报告路线上报给金融机构的高层呈阅，并最终成为在整个金融机构或在部分分支机构执行的应对政策。

压力测试是国际先进银行普遍采用的风险管理工具，也是防范系统性风险的有效手段。下面选取两个我行近几年信用风险压力测试案例进行分析。

案例一：宁波分行外贸活动信用风险压力测试

2009 年底，我行和厦门大学合作，针对宁波市外贸活动对我行信贷资产质量的影响进行了压力测试。在整个过程中，我们完成了一个完整标准的压力测试体系所需的全部流程。

**（一）定义将要进行分析的机构和资产组合**

本次压力测试以我行对公信贷资产的信用风险水平作为测试目标。由于数据可得性限制，选用了经调整的不良贷款率的月变化率作为被测指标，用以度量我行信贷资产质量的整体变化。测试结果表明，这一指标与宁波市外贸活动相关因子之间存在合理稳定的关系。最终确定以该指标作为反映我行对公信贷资产信用风险状况的因变量。

**（二）选择风险因子，收集数据，构建宁波市外贸因子与我行对公信贷风险之间的传导模型系统**

从经济意义上说，全国宏观经济走势和宁波市宏观经济走势都会影响我行的整体信贷风险，而本次压力测试的目标是检验宁波市外贸活动的影响。因此本次压力测试中，初选了反映全国宏观经济走势、宁波市宏观经济走势和宁波市外贸活动状况的 3 类共 50 个风险因素作为候选因子，进入模型筛选。

在样本数据方面，收集了进行压力测试时可获得的最长历史数据构建模型，具体为 2003 年 1 月至 2009 年 8 月的月数据，共 80 个样本点。

信贷质量与风险因子之间风险传导机制模型的建立。其具体实现途径可有多种选择，如自上而下和自下而上方法等。宁波市是我国重要的进出口贸易城市和港口城市，外贸活动在宁波市经济中总量很大，占有非常重要的地位。因此在测试中我们采用了"自上而下"的宏观经济因子信用风险压力测试模型框架。在具体模型建设上，参考了 Wilson（1997）、Boss（2002）、Virolainen（2004）和香港金融管理局季报（2006）中宏观信用风险压力测试的建模方法，并根据我行的具体情况进行了调试和校准。该方法的基础是麦肯锡的 Credit Portfolio View 模型，也是国际上相当流行、不少发达国家人民银行采用的信用风险压力测试框架体系。具体构建了一个方程系统，由描述各风险因子与我行不良率关系的主方程和各风险因子的自回归方程组成，使用 SUR（表面无关回归）进行估计，以反映不良率与各因子之间相互影响的动态关系。

经过定性分析、数据平稳性检验、单因子 Newey – West 显著性检验和最终 SUR 回归的层层筛选后，最后发现有 4 个风险因子与我行不良率变化之间存在显著的统计关系，分别为原油期货价格、宁波机电产品进口额、全国 PPI 和宁波市获权企业数，从而构建起了宏观经济因子、宁波市外贸因子与我分行对公信贷风险之间的传导模型系统。

**（三）设计压力情景**

根据压力测试惯例，分别设计了历史情景、系统情景和专家情景，分别测试在历史上曾经出现的情景下、在貌似不可能发生的系统情景下以及在专家设定的压力情景下，宁波市外贸活动的变化会对我行信贷资产的质量产生怎样的影响。实际上，我们对模型得到的 4 个有影响的风险因子都分别构造了单因子的压力情景和组合因子的压力情景，以分别检验当风险因子各自变动和同时发生变动时对我行信贷资产质量可能产生的影响。

除此之外，根据我行风险管理的需要，我们对每个风险因子增加设计了八种非压力情景，分别考察在这些因子各自和同时发生非压力变动时对我行信贷资产质量的可能影响。

**（四）基于上述构建的信用风险传导系统，对每个给定的压力情景进行10万次模拟，计算压力情景下承压要素的定量化结果**

具体来看，在因子压力方面，分别进行了单因子压力测试和组合因子的压力测试；在压力测试期方面，同时测试了因子压力对我行不良率变化的即时影响和压力发生一个季度以及一年后的影响；在压力结果方面，计算了所有压力情景下我行不良率变化的期望值、90% VaR值、95% VaR值和99% VaR值。此外，还进行了无压力情形下（即所有因子发生随机变动的情形下）我行不良贷款率变化的模拟，并将其期望值、VaR值与各压力情景下得到的结果相比较，以更好地了解因子施压的影响效果。

在非压力情景下，我们也进行了类似的模拟和计算，得到了相应的定量化结果。

**（五）以上述模型定量结果和定性分析为基础，结合实际经验，分析各风险因子对金融机构信贷质量或者稳定性的可能影响，制定相应的政策响应和反馈**

分析结果显示，宁波市外贸活动状况的确对我行的对公信贷风险具有显著的影响。宁波企业针对大宗商品与工业品价格涨跌进行的投机活动会对宁波企业经营状况有较大的影响，进而对我行信贷质量形成较大的威胁，应加强关注企业的此类经济活动。

**（六）政策建议**

在本次测试中，对我行不良率影响最为显著的四个风险因子进行分析：一是原油价格与我行不良率之间的负向关系主要源于宁波市进出口企业近年来大量投机于大宗商品价格涨跌的现象。当以原油为代表的大宗商品价格持续上涨时，进行投机交易的企业获利颇丰，我行不良率状况较好；反之则从事投机交易的企业极容易出现现金流问题，影响贷款的按期偿还，我行不良率趋于上升。二是全国PPI作为全国的一个宏观经济指标，它与我行不良率变化之间的负向关系说明宏观经济形势对我行不良率变动有影响，也可能与宁波市部分企业囤积商品进行投机的现象有关。三是机电产品进口和获权企业数与我行不良率之间的负向关系则说明，这两个因子的变化能够更好更充分地反映宁波企业的经营状况以及对未来的预期，从而使得在系统建模中其他因子不再显著。综上分析，我们概括了几点在今后的风险管理工作中应关注的一些问题及建议：

1. 关注国内外宏观经济走势，关注宁波市外贸活动。由于外贸在宁波市经济总量中的重要地位，宁波市外贸活动状况的确对我行的对公信贷风险具有显著的影响。在经济全球化的背景下，国内外经济的联动性明显加强，经济和金融的波动加大，外向型经济受影响更为显著。这表明在日常信贷工作中，在继续执行现有信贷政策的同时，我们必须更加密切地关注国内外的宏观经济走势、加强行业分析和研究，密切关注国家产业政策变化、宁波市经济尤其是外贸企业的动向和企业预期等，及时调整信贷政策，做好信贷风险防范及相应的风险管理工作。

2. 重点关注企业的贷款用途，严防企业投机交易。这次压力测试揭示了近年来我行对公贷款信用风险的一个重要风险源是大宗商品价格的暴涨暴跌。进一步的分析表明，大宗商品价格变化主要是通过影响宁波企业相关的投机性交易利润，进而影响这些企业的现金流状况和偿债能力，最终对我行的信贷质量造成威胁。从大宗商品价格的走势来看，2008年暴跌之后大部分大宗商品价格均出现持续回升，相应再次引发投机行为，未来若再次出现大宗商品价格下跌，可能会再次引发新的风险。在今后的贷款工作中，必须严格注意此类企业贷款用途的事前审核和事后监控，尽量防止企业通过囤积与大宗商品相关的工业品、工业原料以及交易期货等方式进行投机交易，做好动态风险管理。

3. 完善工作流程，做好应急预案。根据压力测试结果，制定针对性的应对措施。压力测试的最终目的，在于有效识别潜在的风险因素，尽量降低不利事件或经济环境对我行造成的冲击。因此，必须认真分析压力测试结果，为管理层决策提供判断的依据，并根据具体情况制定有针对性的应对措施，例如发布风险提示、完善工作流程或制订应急预案等。

4. 进一步提升风险管理的理念。风险管理不能只局限于常态环境，还需要对可能出现的极端情况有所准备。目前，很多风险管理工具都是基于常态环境假设的，在极端环境下并不适用。因此经常进行各种风险的压力测试，才能判断银行在极端情况下面临的风险，从而制定针对性的应对措施。而且压力测试不仅是一项重要的风险管理工具，也是一个有效的沟通工具。只有风险部门和业务部门、压力测试团队和管理层之间保持信息的畅通，才能使各部门对风险的判断达成共识，对压力测试结果予以认可，才能确保应对机制的有效落实和顺利执行。

案例二：宁波分行出口企业贷款压力测试

2013年2月，我行依托总行新开发上线的信用风险压力测试系统，结合宁波区域市场环境特点，确定出口企业贷款压力测试内容。经过数据采集、确定压力测试模型、开展压力测试、分析压力测试结果等一系列步骤，独立完成了宁波分行2012年度出口企业贷款压力测试，实现压力测试技术水平及应用能力的提升。本次出口企业贷款压力测试采用的是自下而上的财务模型压力测试流程。设定企业压力情景下收入、成本等中间财务指标，再根据财务公式确定压力下企业的利润水平等结果指标，与正常条件下企业的利润水平等结果指标相比较，得到企业贷款违约风险。

**（一）承压对象与承压指标**

我行出口企业贷款压力测试的承压对象为2012年2月宁波分行出口企业客户（总行口径），选取客户规模为“特大型”“大型”和“中型”且贷款余额大于1 000万的客户共126户。

压力测试的承压指标为企业税后净利润，根据税后净利润是否大于零来判断企业违约的可能性。

**（二）压力因素与压力指标**

通过分析，发现订单量变化、人民币汇率上涨、原材料价格上涨与人力成本上涨这些因素将对出口企业的利润产生影响，因而上述四个因素作为本次压力测试的压力因素。

测试采用自下而上的财务模型压力测试流程，选取企业利润表中的营业收入（新）、营业成本、营业税金及附加、销售费用、管理费用、财务费用、投资收益、营业外收入、营业外支出这九个财务指标，并将营业收入（新）拆分成“出口销售收入”和“国内销售收入”两个指标，将营业成本拆分成“直接人工”“直接材料”和“其他”三个指标，并通过以下财务模型的计算公式得到企业的税后净利润。

收入＝出口销售收入＋国内销售收入＋投资收益＋营业外收入

成本＝直接人工＋直接材料＋其他＋主营业务税金及附加＋营业费用＋管理费用＋财务费用＋营业外支出

税后净利润＝（收入－成本）×（1－0.2）

分析发现，订单量变动率与汇率变动率的变动影响主营业务收入，原材料价格和人力成本的变动影响主营业务成本，订单量的变动将影响原材料的采购量。并假设公司固定成本与费用保持不变，受影响的只是可变成本和与之相关的费用。所以测试的承压指标为出口销售收入、国内销售收入、直接人工、直接材料。

**（三）压力情景设计**

订单量变动率与汇率变动率的变动影响主营业务收入（包括出口销售收入和国内销售收入）、直接人工与直接材料。若订单减少比例是a，则主营业收入、直接人工与直接材料则为原来的（1－a）。

汇率影响出口销售收入，若汇率升值b，则出口销售收入为原来的1/（1＋b）。

原材料价格变动影响直接材料，若原材料价格涨价率是c，则直接材料为原来的（1＋c）。

人力成本变动影响仅涉及直接人工，若人力成本上涨率是d，则直接人工为原来的（1＋d）。

**（四）相关假设条件**

本次压力测试假设了“轻度”“中度”和“重度”三种压力情景，并分别进行了情景假设。

1. 轻度压力：订单量变化率为－10%，汇率变化率为3%，原材料价格变化率为10%，人力成本变化率为10%；即

出口销售收入×（1－0.1）/（1＋0.03）

国内销售收入×（1－0.1）

直接人工×（1－0.1）×（1＋0.1）

直接材料×（1－0.1）×（1＋0.1）

2. 中度压力：订单量变化率为 -20%，汇率变化率为5%，原材料价格变化率为20%，人力成本变化率为20%；即

出口销售收入×（1-0.2）/（1+0.05）

国内销售收入×（1-0.2）

直接人工×（1-0.2）×（1+0.2）

直接材料×（1-0.2）×（1+0.2）

3. 重度压力：订单量变化率为 -30%，汇率变化率为7%，原材料价格变化率为30%，人力成本变化率为30%；即

出口销售收入×（1-0.3）/（1+0.07）

国内销售收入×（1-0.3）

直接人工×（1-0.3）×（1+0.3）

直接材料×（1-0.3）×（1+0.3）

**（五）数据来源**

通过总行信用风险压力测试系统抽取了客户规模为“特大型”“大型”和“中型”且贷款余额大于1 000万的出口企业客户共126户，但由于这些客户2011年的年报数据总行系统中没有，因此采用了下发各支行补录的方式。

**表1　　各支行出口企业客户**　单位：个

| 机构名称 | 客户数 |
|---|---|
| 集团部 | 11 |
| 一支行 | 3 |
| 二支行 | 11 |
| 三支行 | 2 |
| 城建支行 | 2 |
| 镇海支行 | 5 |
| 北仑支行 | 7 |
| 鄞州支行 | 13 |
| 慈溪支行 | 35 |
| 余姚支行 | 20 |
| 奉化支行 | 3 |
| 宁海支行 | 2 |
| 象山支行 | 5 |
| 段塘支行 | 2 |

续表

| 机构名称 | 客户数 |
|---|---|
| 兴宁支行 | 1 |
| 高新区支行 | 4 |
| 合计 | 126 |

此次补录是采用线下补录的方式，由各行补录完成后统一导入总行信用风险压力测试系统进行下一步的压力测试。126户客户除12户客户因为时间原因客户经理确实无法得到企业年报数据外，其余114户客户均能顺利导入系统进行测试。

**（六）测试模型**

本次出口企业贷款压力测试拟采用的是自下而上的财务模型压力测试流程，选取客户规模为“特大型”“大型”和“中型”且贷款余额大于1 000万的客户。根据订单变化影响主营业务收入、直接人工与直接材料，汇率影响出口销售收入，原材料价格变动影响直接材料，人力成本变化影响直接人工等方面因素设计压力测试的压力情景，并分别对这些因素施压设计轻度压力情景、中度压力情景和重度三个压力情景。通过出口企业财务模型计算公式计算出每个客户在各个压力情景下的净利润，并根据其净利润是否大于零，从而判断我行出口企业信用风险情况。

**（七）测试结果**

根据上述压力测试具体过程，对分行114户出口企业客户进行了压力测试。在没有施压情况下，有112户出口企业客户的税后净利润大于零；在轻度情景压力下，有27户出口企业客户的税后净利润大于零；在中度情景压力下，有8户出口企业客户的税后净利润大于零；在重度情景压力下，有5户出口企业客户的税后净利润大于零。

分别按照客户规模维度和客户区域维度在轻度、中度和重度三个情景下分析客户的税后净利润，结果如表2至表7所示。

1. 轻度情景压力

**表 2** 客户规模维度压力测试结果

| 规模 | (−600 000 000.00, −500 000 000.00] | (−500 000 000.00, −400 000 000.00] | (−400 000 000.00, −300 000 000.00] | (−300 000 000.00, −200 000 000.00] | (−200 000 000.00, −100 000 000.00] | (−100 000 000.00, 0.00] | (0.00, 100 000 000.00] | (100 000 000.00, 200 000 000.00] | (200 000 000.00, 300 000 000.00] |
|---|---|---|---|---|---|---|---|---|---|
| 特大型 | 0 | 2 | 0 | 0 | 0 | 0 | 0 | 0 | 0 |
| 大型 | 1 | 1 | 0 | 1 | 3 | 27 | 5 | 2 | 2 |
| 中型 | 0 | 0 | 0 | 0 | 0 | 64 | 18 | 0 | 0 |

**表 3** 客户区域维度压力测试结果

| 地域 | (−600 000 000.00, −500 000 000.00] | (−500 000 000.00, −400 000 000.00] | (−400 000 000.00, −300 000 000.00] | (−300 000 000.00, −200 000 000.00] | (−200 000 000.00, −100 000 000.00] | (−100 000 000.00, 0.00] | (0.00, 100 000 000.00] | (100 000 000.00, 200 000 000.00] | (200 000 000.00, 300 000 000.00] |
|---|---|---|---|---|---|---|---|---|---|
| 集团部 | 0 | 1 | 0 | 0 | 1 | 4 | 3 | 0 | 2 |
| 一支行 | 0 | 0 | 0 | 0 | 0 | 2 | 0 | 1 | 0 |
| 二支行 | 0 | 2 | 0 | 0 | 2 | 5 | 2 | 0 | 0 |
| 三支行 | 0 | 0 | 0 | 0 | 0 | 2 | 0 | 0 | 0 |
| 城建支行 | 0 | 0 | 0 | 0 | 0 | 1 | 1 | 0 | 0 |
| 镇海支行 | 0 | 0 | 0 | 0 | 0 | 4 | 1 | 0 | 0 |
| 北仑支行 | 1 | 0 | 0 | 0 | 0 | 6 | 0 | 0 | 0 |
| 鄞州支行 | 0 | 0 | 0 | 0 | 0 | 10 | 3 | 0 | 0 |
| 慈溪支行 | 0 | 0 | 0 | 0 | 0 | 30 | 4 | 1 | 0 |
| 余姚支行 | 0 | 0 | 0 | 1 | 0 | 14 | 5 | 0 | 0 |
| 奉化支行 | 0 | 0 | 0 | 0 | 0 | 3 | 0 | 0 | 0 |
| 宁海支行 | 0 | 0 | 0 | 0 | 0 | 2 | 0 | 0 | 0 |
| 象山支行 | 0 | 0 | 0 | 0 | 0 | 4 | 1 | 0 | 0 |
| 段塘支行 | 0 | 0 | 0 | 0 | 0 | 2 | 0 | 0 | 0 |
| 兴宁支行 | 0 | 0 | 0 | 0 | 0 | 0 | 1 | 0 | 0 |
| 高新区支行 | 0 | 0 | 0 | 0 | 0 | 2 | 2 | 0 | 0 |

2. 中度情景压力

**表 4　客户规模维度压力测试结果**

| 规模 | (−1 600 000 000.00, −1 400 000 000.00] | (−1 400 000 000.00, −1 200 000 000.00] | (−1 200 000 000.00, −1 000 000 000.00] | (−1 000 000 000.00, −800 000 000.00] | (−800 000 000.00, −600 000 000.00] | (−600 000 000.00, −400 000 000.00] | (−400 000 000.00, −200 000 000.00] | (−200 000 000.00, 0.00] | (0.00, 200 000 000.00] |
|---|---|---|---|---|---|---|---|---|---|
| 特大型 | 0 | 0 | 0 | 2 | 0 | 0 | 0 | 0 | 0 |
| 大型 | 1 | 0 | 0 | 1 | 0 | 1 | 7 | 27 | 5 |
| 中型 | 0 | 0 | 0 | 0 | 0 | 0 | 0 | 79 | 3 |

**表 5　客户区域维度压力测试结果**

| 地域 | (−1 600 000 000.00, −1 400 000 000.00] | (−1 400 000 000.00, −1 200 000 000.00] | (−1 200 000 000.00, −1 000 000 000.00] | (−1 000 000 000.00, −800 000 000.00] | (−800 000 000.00, −600 000 000.00] | (−600 000 000.00, −400 000 000.00] | (−400 000 000.00, −200 000 000.00] | (−200 000 000.00, 0.00] | (0.00, 200 000 000.00] |
|---|---|---|---|---|---|---|---|---|---|
| 集团部 | 1 | 0 | 0 | 0 | 0 | 0 | 1 | 6 | 3 |
| 一支行 | 0 | 0 | 0 | 0 | 0 | 0 | 0 | 2 | 1 |
| 二支行 | 0 | 0 | 0 | 2 | 0 | 0 | 2 | 5 | 2 |
| 三支行 | 0 | 0 | 0 | 0 | 0 | 0 | 0 | 2 | 0 |
| 城建支行 | 0 | 0 | 0 | 0 | 0 | 0 | 0 | 2 | 0 |
| 镇海支行 | 0 | 0 | 0 | 0 | 0 | 0 | 0 | 5 | 0 |
| 北仑支行 | 0 | 0 | 0 | 1 | 0 | 0 | 0 | 6 | 0 |
| 鄞州支行 | 0 | 0 | 0 | 0 | 0 | 0 | 0 | 13 | 0 |
| 慈溪支行 | 0 | 0 | 0 | 0 | 0 | 0 | 1 | 32 | 2 |
| 余姚支行 | 0 | 0 | 0 | 0 | 0 | 1 | 0 | 19 | 0 |
| 奉化支行 | 0 | 0 | 0 | 0 | 0 | 0 | 0 | 3 | 0 |
| 宁海支行 | 0 | 0 | 0 | 0 | 0 | 0 | 0 | 2 | 0 |
| 象山支行 | 0 | 0 | 0 | 0 | 0 | 0 | 1 | 4 | 0 |
| 段塘支行 | 0 | 0 | 0 | 0 | 0 | 0 | 2 | 0 | 0 |
| 兴宁支行 | 0 | 0 | 0 | 0 | 0 | 0 | 0 | 1 | 0 |
| 高新区支行 | 0 | 0 | 0 | 0 | 0 | 0 | 0 | 4 | 0 |

3. 重度情景压力

**表 6** **客户规模维度压力测试结果**

| 规模 | (−2 240 000 000.00, −1 960 000 000.00] | (−1 960 000 000.00, −1 680 000 000.00] | (−1 680 000 000.00, −1 400 000 000.00] | (−1 400 000 000.00, −1 120 000 000.00] | (−1 120 000 000.00, −840 000 000.00] | (−840 000 000.00, −560 000 000.00] | (−560 000 000.00, −280 000 000.00] | (−280 000 000.00, 0.00] | (0.00, 280 000 000.00] |
|---|---|---|---|---|---|---|---|---|---|
| 特大型 | 0 | 0 | 0 | 2 | 0 | 0 | 0 | 0 | 0 |
| 大型 | 1 | 0 | 0 | 1 | 0 | 3 | 5 | 29 | 3 |
| 中型 | 0 | 0 | 0 | 0 | 0 | 0 | 1 | 79 | 2 |

**表 7** **客户区域维度压力测试结果**

| 地域 | (−2 240 000 000.00, −1 960 000 000.00] | (−1 960 000 000.00, −1 680 000 000.00] | (−1 680 000 000.00, −1 400 000 000.00] | (−1 400 000 000.00, −1 120 000 000.00] | (−1 120 000 000.00, −840 000 000.00] | (−840 000 000.00, −560 000 000.00] | (−560 000 000.00, −280 000 000.00] | (−280 000 000.00, 0.00] | (0.00, 280 000 000.00] |
|---|---|---|---|---|---|---|---|---|---|
| 集团部 | 1 | 0 | 0 | 0 | 0 | 1 | 0 | 8 | 1 |
| 一支行 | 0 | 0 | 0 | 0 | 0 | 0 | 0 | 2 | 1 |
| 二支行 | 0 | 0 | 0 | 2 | 0 | 0 | 2 | 6 | 1 |
| 三支行 | 0 | 0 | 0 | 0 | 0 | 0 | 0 | 2 | 0 |
| 城建支行 | 0 | 0 | 0 | 0 | 0 | 0 | 0 | 2 | 0 |
| 镇海支行 | 0 | 0 | 0 | 0 | 0 | 0 | 0 | 5 | 0 |
| 北仑支行 | 0 | 0 | 0 | 1 | 0 | 0 | 0 | 6 | 0 |
| 鄞州支行 | 0 | 0 | 0 | 0 | 0 | 0 | 0 | 13 | 0 |
| 慈溪支行 | 0 | 0 | 0 | 0 | 0 | 0 | 2 | 31 | 2 |
| 余姚支行 | 0 | 0 | 0 | 0 | 0 | 1 | 0 | 19 | 0 |
| 奉化支行 | 0 | 0 | 0 | 0 | 0 | 0 | 0 | 3 | 0 |
| 宁海支行 | 0 | 0 | 0 | 0 | 0 | 0 | 0 | 2 | 0 |
| 象山支行 | 0 | 0 | 0 | 0 | 0 | 0 | 1 | 4 | 0 |
| 段塘支行 | 0 | 0 | 0 | 0 | 0 | 1 | 1 | 0 | 0 |
| 兴宁支行 | 0 | 0 | 0 | 0 | 0 | 0 | 0 | 1 | 0 |
| 高新区支行 | 0 | 0 | 0 | 0 | 0 | 0 | 0 | 4 | 0 |

**（八）测试结论**

针对宁波出口企业在欧债危机、人民币升值、劳动力和原材料成本上升等多重压力下的经营形势，提出以下政策建议：

1. 对出口企业实行差别化的行业和客户政策，优先支持资本密集型、技术密集型和产品附加值高的企业。服装、纺织、家居用品等传统低附加值的劳动密集型制造业作为宁波外贸的重要支柱，我行仍应给以支持，但需要重点关注：

（1）企业是否通过产品升级转型、打造自主品牌以及技术创新等手段，从以价格优势竞争转为以质量和品牌等非价格优势参与国际竞争。

（2）企业是否通过利用人民币升值，增加从国外进口原材料，降低材料成本。

（3）企业是否通过将生产工厂转移至劳动力资源较丰富的中西部地区，乃至东南亚国家，以此来降低人工成本。

2. 引导企业采取银行金融工具进行汇率成本和收益锁定，消化和分散人民币升值的损失。人民币汇率的快速升值与波动，对已经采取远期汇率锁定等措施和有进口业务的出口企业的直接影响相对较小。但宁波绝大多数规模较小的出口企业，目前尚未对汇率风险采取任何措施，致使其汇率风险处于完全敞口状态。为此，我行应引导企业结合自身实际，通过采取银行避险工具如人民币远期外汇交易、外汇期权、掉期交易等手段规避汇率风险。

3. 鼓励企业进行跨境贸易人民币计价结算。跨境贸易人民币结算，有利于企业规避汇率风险、节约汇兑成本。鉴于我国已经通过人民币信贷、人民币投资等方式在海外投放了越来越多的人民币，采用人民币计价结算的空间已在扩大，尤其是人民币在东南亚等地的接受度不错。为此，我行应加大对出口企业跨境贸易人民币结算方式的宣传力度，引导企业在对发展中国家客户，对于我方市场地位较强的行业开展跨境贸易时尽量用人民币作为贸易结算货币，有效应对人民币升值带来的汇率风险。

4. 要求企业提高出口信用保险投保率，扩大出口信用保险覆盖面。由于受国际金融危机和欧债危机的影响，去年下半年，不少欧美客商出现资金困难，延迟付款和拖欠货款的现象也时有出现。而企业投保出口信用保险后，相应的收汇有了较好的保障，从而对防范和分散我行出口贸易融资项下的信用风险起到积极作用。

5. 完善工作流程，做好应急预案。根据压力测试结果，制定针对性的应对措施。压力测试的最终目的，在于有效识别潜在的风险因素，尽量降低不利事件或经济环境对我行造成的冲击。因此，必须认真分析压力测试结果，为管理层决策提供判断的依据，并根据具体情况制定有针对性的应对措施，例如发布风险提示、完善工作流程或制订应急预案等。

6. 进一步提升风险管理的理念。风险管理不能只局限于常态环境，还需要对可能出现的极端情况有所准备。目前，很多风险管理工具都是基于常态环境假设的，在极端环境下并不适用。因此经常进行各种风险的压力测试，才能判断银行在极端情况下面临的风险，从而制定针对性的应对措施。而且压力测试不仅是一项重要的风险管理工具，也是一个有效的沟通工具。只有风险部门和业务部门、压力测试团队和管理层之间保持信息的畅通，才能使各部门对风险的判断达成共识，对压力测试结果予以认可，才能确保应对机制的有效落实和顺利执行。

CHINA 中国建设银行年鉴 2016
CONSTRUCTION BANK ALMANAC

# 第七部分　大事记

# 领导重要活动类

**1月4日** 董事长王洪章、副行长朱洪波、余静波在总行大楼会见中国航天科工集团公司董事长高红卫一行并出席建设银行与中国航天科工集团公司战略合作协议签字仪式。

**1月5日** 董事长王洪章、副行长朱洪波在总行大楼出席落实党风廉政建设主体责任工作（视频）会议。

**1月5日** 行长张建国、首席财务官许一鸣到河北涿鹿支行调研业务发展情况并看望一线困难员工。

**1月6日** 监事长郭友、副行长朱洪波、余静波、首席风险官曾俭华在总行大楼出席“一个加强、两个遏制”专项自查工作动员部署（视频）会议。

**1月7日** 董事长王洪章、行长张建国、监事长郭友、副行长庞秀生在总行大楼会见中投公司董事长兼首席执行官、中央汇金公司董事长丁学东，中投公司监事长、中央汇金公司监事长郭浩达一行。

**1月8日** 行长张建国、首席风险官曾俭华在四川德阳出席中国机械工业集团与各金融机构沟通协调会议。

**1月8日** 行长张建国在四川绵竹支行调研。

**1月8日** 监事长郭友在深圳主持召开部分分行国际化战略暨国际（海外）业务转型发展座谈会。

**1月9日** 董事长王洪章在北京参加国务院应对国际金融危机小组第26次会议。

**1月9日** 监事长郭友在上海主持召开部分分行国际化战略暨国际（海外）业务转型发展座谈会。

**1月12日** 监事长郭友在总行大楼主持召开国际化战略暨国际（海外）业务转型发展座谈会。

**1月13日** 董事长王洪章、行长张建国、纪委书记朱洪波在北京参加十八届中央纪委第五次全体会议。

**1月14日** 行长张建国、副行长余静波一行拜访首都机场集团公司总经理刘雪松、副总经理高世清，就北京新机场项目合作进行会谈。

**1月15日** 董事长王洪章、行长张建国、监事长郭友、董事会秘书陈彩虹在北京拜会银监会主席尚福林、副主席周慕冰。

**1月19日** 董事长王洪章在北京参加国务院第四次全体会议，之后主持召开2015年第2次党委会议，传达学习习近平总书记重要讲话和十八届中央纪委第五次全会精神。行长张建国、监事长郭友、副行长朱洪波、副行长庞秀生、副行长章更生、副行长杨文升、副行长黄毅、副行长余静波出席，首席风险官曾俭华、首席经济学家黄志凌、首席财务官许一鸣、董事会秘书陈彩虹、批发业务总监许会斌列席部分议题。

**1月20—24日** 董事长王洪章在瑞士出席达沃斯论坛。期间，董事长王洪章作为世界经济论坛国际工商理事会（IBC）成员，应邀出席年会及李克强总理与IBC成员闭门会议，拜访了瑞士联邦财长部部长艾维琳·威德默—施伦普夫女士、主管国际金融事务的国务秘书杜哲巍先生、瑞士国家银行（瑞士中央银行）管理委员会主席托马斯·乔丹先生、瑞士金融市场监管署（FINMA）首席执行官马克·布兰森先生和瑞士银行家协会会长派特里克·欧迪尔先生。此外，王洪章董事长还会见了苏黎世州州长恩斯特·施多克先生，拜访了我国驻瑞大使许镜湖女士，并接受了中央电视台财经频道专访。

**1月20日** 监事长郭友在总行大楼主持召开监事会与普华永道年度履职监督访谈会议。

**1月21日** 监事长郭友在总行大楼主持召开监事会与专职董事年度履职监督访谈会议。

**1月23—26日** 监事长郭友、副行长章更生在北京出席北京市第十四届人民代表大会第三次会议。

**1月26日** 董事长王洪章接受中央电视台“金融者说”栏目采访，专题节目《金融者说（第12期）——王洪章董事长说“大国金融”》于2月10日在央视网、中国经济网上线播放。

**1月27—28日** 董事长王洪章、行长张建国、监事长郭友、副行长朱洪波、副行长庞秀生、副行长章更生、副行长杨文升、副行长黄毅、副行长余静波、首席风险官曾俭华、首席经济学家黄志凌、首席财务官许一鸣、批发业务总监许会斌在北京出席2015年全行工作会议。董事长王洪章作题为《适应新常态，抓住新机遇，以转型发展打造竞争新优势》的讲话，行长张建国作题为《主动适应新常态，坚定信心，稳中求进》的工作报告，监事长郭友主持并作会议总结。

**1月27日** 监事长郭友在总行大楼主持召开监事会与部分分行年度履职监督访谈会议。

**1月28日** 董事长王洪章在北京参加国务院第80次常务会议。

**1月29—30日** 董事长王洪章、行长张建国、监事长郭友、副行长朱洪波、副行长庞秀生、副行长章更生、副行长杨文升、副行长黄毅、副行长余静波、首席风险官曾俭华、首席经济学家黄志凌、首席财务官许一鸣、批发业务总监许会斌在北京出席国际化转型发展工作会议。董事长王洪章发表讲话，行长行长张建国作工作部署，监事长监事长郭友主持会议并就《中国建设银行国际化转型发展暨支持企业“走出去”指导意见》进行专题解读。

**1月30日** 董事长王洪章、副行长章更生、副行长余静波在北京出席建设银行与中国华融资产管理股份有限公司战略合作协议签字仪式。

**1月30日** 董事长王洪章、副行长黄毅在北京参加中央国家机关第二十九次党的工作会议。

**1月30日** 监事长郭友在北京与出席国际化转型发展工作会议的各海外分（子）行负责人座谈。

**1月30日** 监事长郭友、副行长余静波在北京出席北京市分行、战略客户部与海外机构协同合作备忘录签字仪式。

**1月** 董事长王洪章在全国党建工作权威期刊《党建研究》（2015年第1期）和《学习时报》（第773期）分别刊发了署名文章《党委书记要履行好从严治党职责》和《“一把手”应当做什么》。

**2月2日** 董事长王洪章在北京出席建设银行与交通运输部《战略合作协议》签字仪式。

**2月4日** 董事长王洪章在北京会见上海清算所董事长许臻一行，批发业务总监许会斌陪同会见。

**2月4日** 董事长王洪章、副行长余静波、董事会秘书陈彩虹在内控合规部调研。

**2月5日** 董事长王洪章、监事长郭友在北京会见瑞士联邦财政部部长艾维琳·威德默·施伦—普夫女士一行，并陪同来宾参观丰盛支行智慧银行。陈彩虹董秘、董事会办公室、投资托管业务部、财富管理与私人银行部、公共关系与企业文化部、国际业务部等相关领导陪同会见。

**2月5日** 行长张建国、副行长庞秀生、首席财务官许一鸣在北京出席2015年全行计划财务工作会议。

**2月6日** 董事长王洪章、副行长朱洪波在北京会见韩国三星集团副会长李在镕一行。战略客户部、个人存款与投资部、信用卡中心、国际业务部、建信基金管理有限公司、首尔分行和北京市分行的有关负责人，以及三星集团相关高管参加了会晤。

**2月6日** 董事长王洪章、副行长杨文升在北京会见中国银联董事长葛华勇一行。

**2月6日** 行长张建国、监事长郭友在北京出席国际化转型发展工作推进会议。

**2月6日** 监事长郭友到国际业务部调研。

**2月9日** 董事长王洪章、监事长郭友、副行长朱洪波、副行长庞秀生、副行长章更生、副行长杨文升、副行长黄毅、副行长余静波、首席风险官曾俭华、首席财务官许一鸣、董事会秘书陈彩虹在北京出席全行纪检监察工作（视频）会议。

**2月9日** 行长张建国在北京参加国务院第三次廉政工作会议。

**2月10日** 董事长王洪章、首席风险官曾俭华、董事会秘书陈彩虹在风险管理部调研。

**2月10日** 行长张建国在信达大厦会见明讯银行首席执行官杰弗瑞·泰斯勒（Jeffrey Tessler）先生一行。投资托管部、金融市场部、资产管理部（投资银行部）、渠道与运营管理部、国际业务部相关负责人陪同会见。

**2月10日** 监事长郭友在北京主持召开人才、薪酬与组织机构统筹委员会会议，副行长庞秀生、副行长章更生出席。

**2月11日** 董事长王洪章、行长张建国、监事长郭友、副行长朱洪波、副行长庞秀生、副行长章更生、副行长杨文升、副行长黄毅、首席财务官许一鸣、批发业务总监许会斌在北京出席总行机关本部暨离退休老同志迎新春团拜会。

**2月11日** 董事长王洪章、监事长郭友在北京会见香港金融管理局总裁陈德霖一行。总行董事会办公室、资产负债管理部、风险管理部、金融市场部、国际业务部以及建行亚洲主要负责人陪同会见。

**2月11日** 行长张建国、监事长郭友、副行长朱洪波、首席风险官曾俭华在北京出席风险管理与内控管理委员会会议。

**2月12日** 董事长王洪章、监事长郭友、副行长黄毅在北京会见西城区委书记王宁一行。

**2月12日** 董事长王洪章在北京会见中国银行间市场交易商协会秘书长谢多一行。

**2月13日** 董事长王洪章、杨文升在北京会见全国社会保障基金理事会理事长谢旭人一行。

**2月17日** 董事长王洪章在北京参加中办、国办春节团拜会。

**2月26日** 董事长王洪章、监事长郭友在总行大楼会见了来访的丝路基金董事长金琦女士一行。总行股权与投资管理部、战略客户部、机构业务部、投资托管业务部、资产管理部（投资银行部）及国际业务部主要负责人陪同会见。

**2月27日** 董事长王洪章、行长张建国、监事长郭友在北京看望周道炯同志。

**3月2日** 董事长王洪章出席山西省与大型银行座谈会。

**3月2日** 行长张建国、副行长杨文升、首席风险官曾俭华在河南省郑州市出席2015年风险管理工作转型会议。

**3月3日** 董事长王洪章、监事长郭友、副行长庞秀生、董事会秘书陈彩虹在北京拜会财政部部长楼继伟。

**3月3—13日** 行长张建国在北京参加全国政协十二届三次会议。

**3月4日** 董事长王洪章、监事长郭友出席巡视工作领导小组会议。

**3月5日** 董事长王洪章、行长张建国在北京参加十二届全国人大三次会议。

**3月6日** 监事长郭友在天津出席天津市分行中层以上领导人员大会并作讲话。

**3月9日** 董事长王洪章在北京出席2015年总行巡视培训班开班仪式并讲话。

**3月9日** 董事长王洪章、副行长庞秀生在北京会见福建省委书记尤权、省委秘书长叶双瑜、常务副省长张志南一行。

**3月9日** 监事长郭友在北京出席审计署2015年专项审计进点会议。

**3月10日** 监事长郭友在北京出席北京市人大财经委员会会议。

**3月11日** 监事长郭友在北京主持召开监事会履职尽责监督委员会2015年第一次会议

**3月11日** 监事长郭友在北京会见财政部副部长史耀斌一行。

**3月12日** 监事长郭友在北京主持召开监事会2015年第2次会议，首席风险官曾俭华、董事会秘书陈彩虹出席。

**3月13—19日** 董事长王洪章赴匈牙利出席中德住房储蓄银行董事会会议并赴捷克访问。

**3月16日** 行长张建国、余静波在北京会见银监会副主席周慕冰。

**3月17日** 在北京监事长郭友在北京出席中英银行业商务伙伴午餐会。

**3月18日** 行长张建国、监事长郭友、庞秀生、章更生、杨文升、余静波、首席风险官曾俭华、首席经济学家黄志凌在北京出席银监会2014年度监管通报会议。

**3月19日** 行长张建国、章更生、批发业务总监许会斌在北京出席2015年对公业务战略转型暨年度工作会议。

**3月19日** 监事长郭友在北京出席国际化转型推进会议。

**3月19—20日** 监事长郭友在北京出席银监会第11次国际咨询委员会会议。

**3月20日** 行长张建国在总行大楼会见法国巴黎银行（BNP Paribas）董事长乐明翰（Jean Lemierre）先生一行，资产负债管理部、资产管理部（投资银行部）和国际业务部相关负责人陪同会见。

**3月23日** 董事长王洪章、批发业务总监许会斌在上海会见上海清算所董事长许臻、总经理谢众。

**3月23日** 董事长王洪章在上海宣布上海市分行、信用卡中心有关人事任免事宜。

**3月23日** 监事长郭友在总行大楼会见瑞士苏黎世州经济与劳动部副部长布鲁诺·索特先生一行，金融市场部、战略客户部、投资托管业务部、国际业务部、渠道与运营管理部及苏黎世分行筹备组相关负责人陪同出席。

**3月25日** 监事长郭友在总行大楼会见智利中央银行董事会成员塞巴斯提安·克拉若先生一行。

**3月26日** 董事长王洪章在总行大楼王洪章董事长在总行会见了来访的香港东亚银行主席兼行政总裁李国宝博士一行，董事会办公室和国际业务部相关负责人陪同会见。

**3月26日** 行长张建国、首席风险官曾俭华、董事会秘书陈彩虹出席董事会风险管理委员会会议。

**3月26日** 监事长郭友在北京主持召开监事会履职尽职监督委员会2015年第二次会议。

**3月27日** 董事长王洪章、行长张建国、监事长郭友、副行长庞秀生、首席财务官许一鸣、首席经济学家黄志凌、董事会秘书陈彩虹在北京出席董事会战略发展委员会会议。

**3月27日** 董事长王洪章、行长张建国、监事长郭友、副行长庞秀生、副行长余静波、首席风险官曾俭华、首席财务官许一鸣、董事会秘书陈彩虹在北京出席年度业绩董事会。

**3月27日** 监事长郭友在北京主持召开监事会2015年第三次会议，首席财务官许一鸣、董事会秘书陈彩虹出席。

**3月28—29日** 董事长王洪章在海南出席了博鳌亚洲论坛2015年年会。期间，董事长王洪章出席了论坛开幕式及国家主席习近平与中外企业家闭门座谈会。此外，董事长王洪章还应博鳌亚洲论坛副理事长曾培炎邀请，参加了“中日CEO对话”，并在中方代表中率先发言。论坛期间，董事长王洪章分别与荷兰首相马克·吕特、新西兰前总理兼建行新西兰子行董事长詹妮·希普利、俄罗斯外贸银行（VTB）董事长兼行长安德烈·柯斯京、海航集团董事局主席陈峰、中国华信能源总裁陈秋途、安邦保险集团董事长兼总经理吴小晖等进行了会谈。

**3月28日—4月3日** 监事长郭友一行赴德国和卢森堡路演。期间分别与德盛安联资产管理公司、DWS投资管理有限公司等10家投资机构和汇丰私人银行、ING（卢森堡）等10余家机构会谈交流，拜访中国驻法兰克福总领馆和卢森堡金融监管局，与德意志交易所、德意志银行和卢森堡金融中心等机构会谈交流，并与我行法兰克福和卢森堡分行（子行）员工座谈。

**3月30日** 董事长王洪章、副行长庞秀生、副行长杨文升、首席风险官曾俭华在香港出席建设银行2014年度业绩发布会。

**3月30日** 行长张建国、副行长余静波、首席财务官许一鸣在北京出席建设银行2014年度业绩发布会。

**3月31日** 董事长王洪章在香港主持召开建行亚洲2015年第一次战略与企业管治委员会会议以及建行亚洲2015年第一次董事会会议。

**3月31日** 董事长王洪章就我行转型发展接受《香港经济日报》专访，副行长杨文升就我行互联网金融接受《信报》专访。

**3 月 31 日**　行长张建国在北京主持召开规章制度梳理规范工作动员会议，副行长余静波出席。

**4 月 1 日**　行长张建国、副行长余静波在北京会见北京市常务副市长李士祥一行。

**4 月 2 日**　董事长王洪章、副行长黄毅在北京会见中央国家机关工委副书记俞贵麟一行。

**4 月 2 日**　行长张建国、副行长杨文升在北京出席 2015 年零售及电子银行业务转型发展暨工作会议。

**4 月 3 日**　行长张建国在北京参加国务院有关会议。

**4 月 7 日**　监事长郭友、副行长余静波、首席风险官曾俭华在北京出席加强风险防控暨推进“一个加强、两个遏制”工作（视频）会议。

**4 月 8 日**　董事长王洪章、监事长郭友、副行长余静波在北京出席 2015 年审计转型发展工作会议。

**4 月 8—14 日**　行长张建国一行赴新加坡、韩国路演。期间会见淡马锡投资部总裁兼中国区联席总裁谢松辉先生，与摩根士丹利投资管理公司、瑞银资产管理公司等 10 余家在新投资机构和未来资产、三星资产等 11 家在韩投资机构会谈交流，拜访我国驻新加坡和韩国大使馆，与韩国当地中资银行负责人座谈，视察我行新加坡和首尔分行。

**4 月 9 日**　董事长王洪章、副行长余静波在西安出席陕西丝绸之路经济带国际投资推介会。期间出席建设银行与陕西省人民政府《战略合作协议》签字仪式，走访三星电子西安半导体芯片生产项目。

**4 月 10 日**　董事长王洪章在北京参加国务院有关会议。

**4 月 10 日**　监事长郭友到党校出席第 32 期干部进修班开学典礼。

**4 月 11—29 日**　监事长郭友参加中组部浦东干部学院培训班。

**4 月 14 日**　董事长王洪章、首席经济学家黄志凌、首席财务官许一鸣、董事会秘书陈彩虹在北京出席转型发展规划“深化体制机制改革”专题汇报会。

**4 月 15 日**　董事长王洪章在北京参加国务院常务会议

**4 月 15 日**　王洪章董事长在北京接受《财经》杂志执行主编何刚一行独家专访

**4 月 16 日**　行长张建国主持召开 2015 年第一季度经营形势分析会议，副行长庞秀生、副行长章更生、副行长余静波、首席风险官曾俭华、首席经济学家黄志凌、首席财务官许一鸣、批发业务总监许会斌出席。

**4 月 17 日**　董事长王洪章、行长张建国在北京参加国务院总理李克强调研座谈会。

**4 月 18—25 日**　董事长王洪章一行赴墨西哥和美国路演。期间拜访我国驻墨西哥大使馆和驻纽约总领馆，拜访墨西哥银行与证券监督委员会，与中兴通讯和中国电力建设等中资企业在墨业务负责人座谈，出席 ABAC 会议，与建行投资人拉扎德基金和黑岩基金一对一会谈，与 GE 资产管理公司等 10 余家投资机构小组会谈。

**4 月 21 日**　行长张建国在京西宾馆参加“三严三实”专题教育工作座谈会。

**4 月 22 日**　行长张建国、章更生在总行大楼会见人力资源和社会保障部副部长胡晓义一行。

**4 月 29 日**　董事长王洪章在北京主持召开董事会 2015 年第 2 次会议，行长张建国、首席风险官曾俭华、首席财务官许一鸣、董事会秘书陈彩虹出席。

**4 月 29 日**　监事长郭友在北京主持召开监事会 2015 年第 4 次会议，首席财务官许一鸣、董事会秘书陈彩虹出席。

**5 月 4 日**　董事长王洪章在北京参加银监会经济金融形势分析会议。

**5 月 5 日**　董事长王洪章、监事长郭友、副行长章更生、副行长余静波、首席风险官曾俭华、首席经济学家黄志凌、董事会秘书陈彩虹、批发业务总监许会斌在北京出席邹碧华同志先进事迹报告会。

**5 月 7—10 日**　董事长王洪章在莫斯科出席相关活动。期间，5 月 8 日（莫斯科时间），在中俄两国领导人见证下，建设银行与俄罗斯直接投资管理有限责任公司和中俄投资基金管理公司（简称“俄直投公司”和“中俄投资基金公司”）签署谅解备忘录。董事长王洪章、俄直投公司首席执行官基里尔先生和中俄投资基金公司总裁胡冰先生分别在备忘录上签字。

**5月10日**　行长王祖继、副行长庞秀生赴中国人民银行参加有关会议。

**5月11日**　董事长王洪章在北京参加国务院会议。

**5月11日**　监事长郭友在总行大楼会见来访的迪拜国际金融中心管理局（DIFCA）副首席执行官阿里夫·阿米里（ArifAmiri）先生一行，国际业务部和迪拜子行相关负责人陪同会见。

**5月11日**　监事长郭友在北京出席天津市政府举办的天津自贸区金融板块路演宣传活动。

**5月12日**　董事长王洪章在总行大楼讲授“三严三实”专题党课，行长王祖继、监事长郭友、副行长庞秀生、副行长章更生、副行长杨文升、副行长余静波、首席风险官曾俭华、首席经济学家黄志凌、首席财务官许一鸣、董事会秘书陈彩虹、批发业务总监许会斌出席。

**5月13日**　董事长王洪章在北京参加国务院常务会议。

**5月13日**　行长王祖继、首席风险官曾俭华在北京会见湖北省副省长曹广晶一行。

**5月13日**　行长王祖继、首席风险官曾俭华在北京会见银监会大型银行部副主任王大庆一行。

**5月13日**　监事长郭友到建信基金宣布有关人事任免事宜。

**5月14日**　中央政治局委员、国务院副总理马凯在银监会主席尚福林、人民银行副行长易纲、上海市常务副市长屠光绍、银监会主席助理杨家才、上海市银监局局长廖岷，以及建设银行行长王祖继、上海市分行行长段超良、上海市分行副行长徐众华等陪同下，视察了建设银行上海市徐汇支行。

**5月14日**　行长王祖继在上海市分行调研。

**5月15日**　行长王祖继在北京出席国家旅游局2015年中国旅游产业促进座谈会。

**5月18—28日**　行长王祖继出访巴西、智利、秘鲁。期间随国务院总理李克强一行进行了访问，期间李克强总理宣布了建设银行为智利人民币清算行，参加中巴工商界峰会、中国装备制造业大型展览及中智建交45周年经贸研讨会等活动。期间，王祖继一行参观巴西子行总部，与巴西子行员工交流。

**5月20日**　董事长王洪章到北京市分行宣布有关人事任免事宜，副行长余静波出席。

**5月22日**　董事长王洪章、副行长余静波在总行大楼会见美国信安金融集团董事长兼首席执行官施伯文先生一行。

**5月22日**　董事长王洪章在总行大楼接受中央电视台二套财经频道《经济信息联播》栏目专访。

**5月25日**　董事长王洪章、监事长郭友在总行大楼会见了三星中国CEO朴载淳总裁一行。战略客户部、个人存款与投资部、采购部和北京市分行的有关负责人，以及三星中国相关高管人员参加了会晤。

**5月27—29日**　董事长王洪章在安徽与安徽省分行及芜湖分行领导班子成员、部门负责人、部分基层机构和员工代表进行座谈，深入合肥、芜湖等地多个基层网点开展调研。期间，董事长王洪章会见了安徽省政府、芜湖市委市政府领导同志以及中国科技大学校长，走访了科大讯飞、奇瑞汽车公司，并到合肥生产基地调研。

**5月28日**　监事长郭友、副行长庞秀生、副行长章更生在总行大楼出席人才、薪酬与组织机构统筹委员会会议。

**5月28日**　监事长郭友到纪委、监察部宣布人事任免事宜。

**6月2日**　董事长王洪章、董事会秘书陈彩虹在北京出席摩根大通2015年全球中国峰会，参加CEO对话并与投资者交流。

**6月3日**　董事长王洪章、副行长庞秀生在总行大楼会见欧洲稳定机制（ESM）总裁克劳斯·雷格林（Klaus Regling）先生一行。

**6月3日**　董事长王洪章、副行长章更生、副行长余静波在总行大楼会见人力资源和社会保障部副部长胡晓义一行。

**6 月 3 日** 监事长郭友在北京讲授“三严三实”专题党课。

**6 月 5 日** 监事长郭友在总行大楼会见《金融时报》社长邢早忠一行。

**6 月 8 日** 董事长王洪章、副行长章更生在总行大楼会见宁夏自治区常务副主席张超超一行。

**6 月 8 日** 董事长王洪章、监事长郭友、副行长余静波在总行大楼会见中国出口信用保险公司董事长王毅、副总经理查卫民一行。

**6 月 8 日** 监事长郭友在总行大楼会见加拿大皇家银行（RBC）企业银行及全球信贷部负责人舒柏奇（Patti Shugart）女士一行。

**6 月 9 日** 行长王祖继在总行大楼会见会见青岛市市长张新起一行。

**6 月 9 日** 监事长郭友在总行大楼会见文莱金融管理局局长助理阿迪·玛汗·勒曼先生一行。

**6 月 10 日** 董事长王洪章、副行长庞秀生在总行大楼会见来访的伦敦证券交易所集团（LSE）首席执行官罗睿铎（Xavier Rolet）先生一行。

**6 月 10 日** 董事长王洪章在北京参加国务院有关会议。

**6 月 10 日** 行长王祖继在杭州主持召开部分分行资产质量管控座谈会，副行长余静波、首席风险官曾俭华出席会议。

**6 月 10 日** 监事长郭友在总行大楼会见荷兰国际集团（ING）管理层成员、全球客户关系执行总裁史蒂夫·瑞斯维克（Steven van Rijswijk）先生一行。

**6 月 10 日** 监事长郭友在北京参加中央财经领导小组办公室《关于深化中央管理企业负责人薪酬制度改革的意见》落实情况座谈会。

**6 月 11 日** 董事长王洪章在沈阳主持召开部分分行资产质量管控座谈会，副行长章更生、首席风险官曾俭华出席。

**6 月 11 日** 行长王祖继、副行长余静波在浙江省分行调研。

**6 月 12 日** 董事长王洪章在北京主持召开 2015 年董事会战略发展委员会第二次会议，监事长郭友、副行长庞秀生、首席经济学家黄志凌、董事会秘书陈彩虹出席。

**6 月 12 日** 董事长王洪章在北京主持召开 2015 年董事会第三次会议，监事长郭友、副行长余静波、董事会秘书陈彩虹出席。

**6 月 15 日** 董事长王洪章在香港主持召开 2014 年度股东大会、2015 年第一次 A 股类别和 H 股类别股东大会，行长王祖继、董事会秘书陈彩虹出席。

**6 月 15 日** 董事长王洪章、行长王祖继、董事会秘书陈彩虹在香港出席媒体见面会。

**6 月 15 日** 监事长郭友在北京主持召开 2014 年度股东大会、2015 年第一次 A 股类别和 H 股类别股东大会，副行长庞秀生、副行长章更生、副行长杨文升、副行长黄毅、副行长余静波、首席风险官曾俭华、首席经济学家黄志凌、首席财务官许一鸣出席。

**6 月 16 日** 董事长王洪章在香港主持召开建行亚洲董事会会议。

**6 月 16 日** 行长王祖继到香港审计分部调研。

**6 月 17 日** 董事长王洪章在北京参加国务院常务会议。

**6 月 17 日** 行长王祖继在北京讲授“三严三实”专题党课。

**6 月 17 日** 监事长郭友在总行大楼会见中国银监会大型银行部主任杨丽平一行。

**6 月 19 日** 董事长王洪章在纪委、监察部调研。

**6 月 23 日** 行长王祖继、首席风险官曾俭华在重庆市分行调研。

**6 月 24 日** 董事长王洪章在北京参加国务院常务会议。

**6 月 24 日** 行长王祖继、首席风险官曾俭华在湖北省分行调研不良贷款压控情况。期间，会见了三峡全通、陈长宏控制企业集团、武汉重冶集团、亚美集团国银资本等企业负责人，就重大信用风险项目化解处置情况进行了探讨和研究。

**6 月 25 日**　行长王祖继在湖北省分行主持召开“三十大”项目暨不良贷款压控企业座谈会，首席风险官曾俭华出席。

**6 月 25 日**　行长王祖继、首席风险官曾俭华在武汉南湖生产基地调研。

**6 月 26 日**　董事长王洪章、副行长庞秀生在财务会计部调研。

**6 月 27 日**　行长王祖继在上海出席 2015 年陆家嘴论坛。

**6 月 28 日至 7 月 5 日**　董事长王洪章出访比利时、法国、意大利。期间，在法国出席中国建设银行（欧洲）有限公司巴黎分行开业相关活动，在意大利出席中国建设银行（欧洲）有限公司米兰分行开业庆祝活动，在比利时出席建设银行与欧洲清算行集团签署备忘录签字仪式。

**6 月 28 日至 7 月 7 日**　监事长郭友出访荷兰、西班牙、波兰。期间在荷兰出席中国建设银行（欧洲）有限公司阿姆斯特丹分行开业庆祝活动，在西班牙出席中国建设银行（欧洲）有限公司巴塞罗那分行开业庆祝活动。

**6 月 29 日**　行长王祖继在北京出席中央国家机关第四届职工运动会开幕式。

**6 月 30 日**　（法国当地时间）中国国务院总理李克强和法国总理瓦尔斯在法国总理府共同为中国建设银行欧洲巴黎分行开业揭牌。同日，中国建设银行在巴黎举行活动，庆祝巴黎分行开业。董事长王洪章在开业庆祝活动上宣布中国建设银行全资子银行——建行欧洲在法国巴黎、荷兰阿姆斯特丹、西班牙巴塞罗那和意大利米兰设立的分行正式开业。法国前总理拉法兰先生、前国民议会议长阿夸耶先生、法国商务投资署主席贝妮科女士、中国驻法大使馆公使关键先生，以及来自中法两国政府、企业界、金融机构等各界嘉宾 300 余人出席开业庆祝活动。

**7 月 6—16 日**　董事长王洪章在北京参加中组部“深化企业改革，完善市场需求”专题研讨班。

**7 月 8 日**　行长王祖继在北京参加国务院常务会议。

**7 月 9 日**　董事长王洪章在北京参加国务院有关会议。

**7 月 9 日**　监事长郭友在北京出席新浪财经 2015 年中国银行业发展论坛暨第三届银行综合评选颁奖典礼。

**7 月 10 日**　董事长王洪章在北京参加国务院有关会议。

**7 月 10 日**　行长王祖继、首席财务官许一鸣在北京参加国务院有关会议。

**7 月 10 日**　监事长郭友在总行大楼会见诺斯德（Lazard）集团全球副董事长、金融服务行业全球主席柏凯瑞（Gary Parr）先生一行。总行董事会办公室、股权与投资管理部和国际业务部相关负责人陪同出席。

**7 月 13 日**　行长王祖继会见莫斯科交易所首席执行官亚历山大·阿法纳西耶夫先生、俄罗斯联邦中央银行第一副行长谢尔盖·什韦佐夫先生。

**7 月 15 日**　行长王祖继在北京参加国务院常务会议。

**7 月 15 日**　监事长郭友在北京主持召开人才、薪酬与组织机构统筹委员会会议，副行长庞秀生、副行长章更生出席。

**7 月 16 日**　行长王祖继、监事长郭友、首席财务官许一鸣在北京出席建设银行国际化转型推进会议。

**7 月 17 日**　董事长王洪章、首席财务官许一鸣在总行大楼会见普华永道中国及亚太区主席赵柏基一行。

**7 月 17 日**　行长王祖继在总行大楼主持召开 2015 年上半年经营形势分析会议，副行长庞秀生、副行长章更生、副行长杨文升、副行长黄毅、首席风险官曾俭华、首席经济学家黄志凌、首席财务官许一鸣、董事会秘书陈彩虹出席。

**7 月 17 日**　行长王祖继、董事会秘书陈彩虹在总行大楼会见淡马锡首席投资官谢松辉一行。

**7 月 17 日**　监事长郭友在党校出席第 32 期干部进修班毕业典礼。

**7 月 21—22 日** 董事长王洪章在北京出席中德住房储蓄银行第四届董事会第六次会议。

**7 月 22 日** 监事长郭友在江苏省分行调研。期间，监事长郭友出席省分行中层以上领导干部大会，召开分行班子座谈会，慰问南京审计分部干部员工并召开座谈会，实地调研了南京地区营业网点。

**7 月 23 日** 董事长王洪章在北京出席 APEC 中国工商理事会有关活动。

**7 月 24 日** 董事长王洪章、行长王祖继、监事长郭友、副行长庞秀生、副行长章更生、副行长余静波在养老金公司及稻香湖生产基地调研。

**7 月 24 日** 董事长王洪章、副行长章更生在北京拜访了亚洲基础设施投资银行多边临时秘书处秘书长金立群，总行股权与投资管理部、公司业务部、战略客户部、机构业务部、国际业务部及北京分行主要负责人陪同会见。

**7 月 24 日** 监事长郭友在北京主持召开监事会 2015 年第 5 次会议，首席财务官许一鸣、董事会秘书陈彩虹出席。

**7 月 27—28 日** 董事长王洪章、行长王祖继、监事长郭友、副行长庞秀生、副行长章更生、副行长杨文升、副行长黄毅、副行长余静波、首席风险官曾俭华、首席经济学家黄志凌、首席财务官许一鸣、董事会秘书陈彩虹在北京出席中国建设银行 2015 年度夏季工作座谈会暨战略与创新专题研讨会。

**7 月 27 日** 董事长王洪章、行长王祖继、监事长郭友在北京参加国务院有关会议。

**7 月 29—31 日** 董事长王洪章、首席财务官许一鸣在青岛市分行调研。调研期间，董事长王洪章一行深入基层网点，并在城阳支行召开“三严三实”专题教育基层员工座谈会。董事长王洪章还会见了山东省委常委、青岛市委书记李群，市委副书记、市长张新起一行。

**7 月 29 日** 行长王祖继在北京会见复星集团董事长郭广昌一行。

**7 月 29 日** 行长王祖继在北京会见巴克莱银行副主席韦德颖爵士一行。

**7 月 29 日** 监事长郭友在北京出席 2015 年夏季海外工作座谈会。

**7 月 31 日** 行长王祖继在北京参加中组部“三严三实”专题教育工作座谈会

**7 月 31 日** 行长王祖继在北京参加国务院有关会议。

**7 月 31 日** 监事长郭友在北京参加银监会 2015 年上半年全国银行业监督管理工作及形势分析会议。

**8 月 3—4 日** 行长王祖继、首席风险官曾俭华在青海省分行调研。期间，行长王祖继一行听取省分行工作汇报，与省分行班子成员、部分二级分支行和省分行部门主要负责人及基层网点负责人、员工、劳模代表进行了座谈。

**8 月 4 日** 监事长郭友在总行大楼会见英国贸易投资总署驻英国大使馆公使衔参赞马雪莉女士一行。

**8 月 5—6 日** 行长王祖继、首席风险官曾俭华在甘肃省分行调研。期间，行长王祖继一行出席建设银行与兰州大学战略合作协议签字仪式，并与甘肃省委书记、省人大常委会主任王三运举行会谈。

**8 月 7 日** 行长王祖继在北京出席中央纪委党风政风监督室调研座谈会。

**8 月 7 日** 行长王祖继、副行长章更生在总行大楼会见解放军总医院院长任国荃、政委袁安升一行，并出席建设银行与解放军总医院在总行大楼友好合作协议签字仪式。

**8 月 7—8 日** 监事长郭友在山东省分行进行工作调研。期间在济南主持召开座谈会，听取山东省分行关于“三严三实”专题教育开展情况汇报、国际业务工作情况以及整改工作情况以及山东总审计室审计整改情况汇报，并赴省行营业部营业中心、济南兴华支行视察工作，看望慰问一线员工。

**8 月 10 日** 行长王祖继在北京主持召开风险管理与内控管理委员会会议，监事长郭友、章更生、杨文升、黄毅、余静波、首席风险官曾俭华、首席经济学家黄志凌、首席财务官许一鸣出席。

**8 月 10—11 日** 行长王祖继、副行长章更生在福建省分行调研。期间，行长王祖继一行出席建设银行与福建省人民政府金融合作备忘录签字仪式，行长王祖继与福建省常务副省长张志南共同为“中国建设银行海峡两岸跨境金融中心”揭牌。

**8 月 12 日**　行长王祖继一行在厦门市分行调研。期间，行长王祖继听取分行汇报，看望慰问一线员工，并会见了厦门市市委书记王蒙徽、市长裴金佳。

**8 月 13—14 日**　行长王祖继、首席风险官曾俭华在湖南省分行调研。期间，听取湖南分行工作汇报，会见湖南省省委书记徐守盛、省长杜家毫、省委秘书长韩永文、副省长张剑飞一行，赴长沙湘江支行营业部，看望慰问一线员工，走访泰富重装集团有限公司。

**8 月 14 日**　董事长王洪章、副行长余静波在战略客户部调研。

**8 月 14 日**　监事长郭友在总行大楼会见富国银行（Wells Fargo & Company）副行长蒂姆·斯隆（Tim Sloan）先生一行。

**8 月 18 日**　董事长王洪章、副行长余静波在渠道与运营管理部调研。

**8 月 21 日**　董事长王洪章在北京参加国务院有关学习讲座。

**8 月 24 日**　董事长王洪章在北京参加银监会有关座谈会议。

**8 月 24—25 日**　董事长王洪章在宁夏区分行调研。期间，董事长王洪章听取分行汇报，看望一线员工，会见宁夏回族自治区党委书记、自治区人大常委会主任李建华，自治区人民政府主席刘慧，自治区党委常委、常务副主席张超超等领导同志，出席了中国建设银行与自治区人民政府战略合作协议签约仪式。调研期间，董事长王洪章还看望总行在宁夏挂职二部，走访了银川阅海湾中央商务区和宁东能源化工基地重点企业。

**8 月 26—27 日**　董事长王洪章、副行长章更生在山西省分行调研。期间，董事长王洪章一行听取分行汇报，看望一线员工。董事长王洪章与山西省省委书记王儒林、山西省省长李小鹏举行会谈，出席建设银行与山西省人民政府《关于推进金融振兴的合作协议》签约仪式，章更生副行长与山西省副省长王一新代表双方签字。

**8 月 25 日**　行长王祖继、首席风险官曾俭华在北京出席风险管理和资产保全专题研修班座谈会议。

**8 月 26 日**　行长王祖继在北京参加国务院常务会议。

**8 月 27 日**　行长王祖继、副行长余静波一行在北京拜访中国中车股份有限公司，与总裁奚国华、副总裁兼财务总监詹艳景举行会谈。

**8 月 27 日**　行长王祖继、副行长庞秀生、首席风险官曾俭华、董事会秘书陈彩虹在总行大楼出席风险管理委员会 2015 年第三次会议。

**8 月 27 日**　监事长郭友在总行大楼主持召开履职尽职监督委员会 2015 年第三次会议。

**8 月 28 日**　董事长王洪章、行长王祖继、监事长郭友、副行长庞秀生、副行长章更生、首席财务官许一鸣、董事会秘书陈彩虹在总行大楼出席战略发展委员会 2015 年第三次会议。

**8 月 28 日**　董事长王洪章、行长王祖继、监事长郭友、副行长庞秀生、副行长章更生、首席风险官曾俭华、首席财务官许一鸣、董事会秘书陈彩虹在总行大楼出席董事会 2015 年第三次会议。

**8 月 28 日**　行长王祖继、章更生在北京拜会北京市副市长陈刚。

**8 月 28 日**　监事长郭友、首席财务官许一鸣、董事会秘书陈彩虹在总行大楼出席监事会 2015 年第六次会议。

**8 月 31 日**　董事长王洪章、副行长庞秀生、副行长章更生、董事会秘书陈彩虹在北京出席 2015 年中期业绩发布会。

**8 月 31 日**　行长王祖继、副行长杨文升、首席财务官许一鸣在香港出席 2015 年中期业绩发布会。

**9 月 1 日**　行长王祖继一行在香港参加金融市场业务境外央行等主权机构类推介会。

**9 月 1 日**　行长王祖继在香港会见招商局集团总经理李晓鹏。

**9 月 1 日**　监事长郭友、副行长余静波赴北京市政府参加市地税局干部培训中心处置有关会议。

**9 月 1 日**　监事长郭友在总行大楼会见瑞士银行家协会（SBA）主席帕特里克·欧吉尔（Patrick Odier）先生一行。

**9 月 2 日** 行长王祖继、余副行长静波在总行大楼会见太平保险集团总裁李劲夫等一行。

**9 月 2 日** 行长王祖继、副行长余静波在总行大楼会见中兴通讯副总裁韦在胜一行。

**9 月 6—17 日** 行长王祖继、首席经济学家黄志凌在井冈山参加中组部第九期省部级干部党性教育专题培训班。

**9 月 7 日** 董事长王洪章、监事长郭友、副行长黄毅在北京出席建设银行与中国三峡集团战略合作协议签字仪式。

**9 月 7 日** 监事长郭友赴中国人民银行拜会副行长潘功胜。

**9 月 8—10 日** 董事长王洪章在大连出席 2015 年夏季达沃斯论坛，期间出席大会开幕式，参加国务院总理李克强与企业家的闭门对话活动，出席商业领袖对话活动，出席题为“适应中国新常态”的公开论坛，参加达沃斯论坛创始人施瓦布教授的私人早餐会议。出席夏季达沃斯会议期间，董事长王洪章会见了大连市委书记唐军、市长肖盛峰等领导，出席建设银行与大连市政府创新发展全面金融合作协议的签约仪式。董事长王洪章还在大连市分行进行座谈，赴星海湾支行、中山支行以及分行营业部调研。

**9 月 10 日** 监事长郭友在北京出席党校 2015 年秋季学期（第 33 期）干部进修班开学典礼。

**9 月 10 日** 监事长郭友在总行大楼举行会见迪拜国际金融中心（DIFC）首席行政官艾萨·卡辛姆（EssaKazim）先生一行。

**9 月 11 日** 董事长王洪章在北京主持党委中心组“三严三实”专题学习研讨，行长王祖继、监事长郭友、副行长章更生、副行长黄毅、几位书籍朱克鹏出席。

**9 月 14 日** 监事长郭友在中国人民银行参加有关会议。

**9 月 15 日** 监事长郭友在北京出席审计专题研修班并与学员座谈。

**9 月 16 日** 董事长王洪章在北京参加国务院常务会议。

**9 月 17 日** 董事长王洪章、行长王祖继、副行长章更生在北京出席建设银行与上海市政府有关合作协议签字仪式。

**9 月 18 日** 董事长王洪章、副行长章更生在北京出席建设银行与国家税务总局银税合作协议签字仪式。

**9 月 18 日** 董事长王洪章在北京参加国务院有关会议。

**9 月 18 日** 监事长郭友在北京主持召开外汇业务情况通报（视频）会议。

**9 月 19 日** 董事长王洪章、监事长郭友、副行长杨文升在北京出席建信基金成立 10 周年座谈会议。

**9 月 21—25 日** 董事长王洪章在南非出席开普敦分行开业活动并参加建设银行与南非监管机构、内外部审计师三方会谈。

**9 月 21 日** 行长王祖继在北京钓鱼台国宾馆出席第七次中英经济财金对话 PPP 圆桌会议。

**9 月 21 日** 监事长郭友在北京出席中英银行业论坛。

**9 月 22—23 日** 行长王祖继、副行长余静波在广西区分行调研。期间会见广西自治区党委书记彭清华、常务副主席唐仁健，出席 2015 年“21 世纪海上丝绸之路（广西）”投资论坛暨项目签约会。

**9 月 22 日** 监事长郭友、副行长庞秀生、纪委书记朱克鹏、首席风险官曾俭华、首席财务官许一鸣在北京出席学习贯彻《中国共产党巡视工作条例》（视频）会议。

**9 月 23 日** 监事长郭友在北京参加国务院常务会议。

**9 月 24 日** 行长王祖继、副行长杨文升、首席风险官曾俭华、首席财务官许一鸣在北京出席不良资产处置创新方案专题会议。

**9 月 24 日** 监事长郭友在北京出席合规官试点工作（视频）会议。

**9 月 24 日** 监事长郭友在总行大楼会见泛欧交易所伦敦（Euronext London）首席执行官霍奇金森（Lee Hodgkinson）先生一行。

**9 月 25 日** 行长王祖继在北京主持召开集约化建设专题会议，监事长郭友、副行长章更生、副行长杨文升、几位书籍朱克鹏、首席风险官曾俭华、首席经济学家黄志凌出席。

**9月26日** 行长王祖继、副行长庞秀生在北京数据中心视察新一代核心系统2.2期上线情况。

**9月28日** 行长王祖继在北京市分行调研。

**9月28—30日** 监事长郭友在新疆维吾尔自治区分行调研。期间，监事长郭友一行在区分行营业部中山路支行、直属营业室，看望慰问基层一线员工，会见中国人民银行乌鲁木齐中心支行行长郭建伟，赴霍尔果斯中哈合作中心调研，参观中哈合作中心内的义乌国际商贸中心、东方劲秀会展中心及中免免税店等大中型商贸市场，并赴霍尔果斯支行看望了员工，了解支行党建工作开展情况。期间，郭友监事长一行与区分行领导班子、部门负责人进行了座谈。

**9月29日** 董事长王洪章在北京参加国务院常务会议。

**9月30日** 行长王祖继在兴融中心视察并看望员工。

**10月8日** 董事长王洪章、副行长杨文升在湖北省武汉市出席建设银行与湖北省政府战略合作协议签字仪式。

**10月8日** 行长王祖继会在总行大楼见恒大地产董事局主席许家印一行。

**10月9—10日** 董事长王洪章在河南省分行召开“三严三实”专题教育座谈会并进行工作调研。期间，董事长王洪章会见河南省委书记郭庚茂、省长谢伏瞻，走访了郑州宇通集团新能源厂区、河南省进口物资公共保税中心有限公司等客户。

**10月9日** 行长王祖继在天津市分行调研。期间，行长王组继听取分行党委汇报，和分行领导班子成员、部分部门负责同志举行座谈，拜会了天津市副市长阎庆民，与市政府副秘书长杜强、市金融局局长孔德昌、市发改委副主任宋岗新、天津银监局副巡视员陆晖明等举行了工作会谈。

**10月10日** 行长王祖继、副行长黄毅在总行大楼会见太平洋保险集团董事长高国富一行。

**10月13日** 董事长王洪章在北京参加国务院有关会议。

**10月14日** 董事长王洪章在北京参加国务院常务会议。

**10月14日** 行长王祖继、副行长杨文升在建信信托调研。

**10月14日** 监事长郭友在总行大楼会见马来西亚交通部部长拿督斯里廖中莱先生一行。

**10月15—24日** 董事长王洪章出访爱尔兰、英国、中国香港。在爱尔兰期间，出席建信租赁（国际）有限公司开业庆祝活动并致辞。在伦敦期间，出席“2015中国银行间市场投资研讨会”并作主题演讲，出席与英国贸易投资总署、芝加哥商品交易所、英国标准人寿公司等战略合作伙伴与客户的签约仪式，应邀出席中英工商峰会并在第一节全体会议发言，在习近平主席和卡梅伦首相共同见证下签署《伦敦金属交易所—香港证券交易所互联互通及中国建设银行与伦敦金属交易所战略合作备忘录》，董事长王洪章与伦敦金属交易所（LME）总裁Garry Jones及伦敦金属交易所清算公司（LMEC）总裁Trevor Spanner（由Garry Jones代表）就工业金属交易及人民币清算服务等领域合作签订谅解备忘录，陪同习近平主席参观“建银国际—剑桥—帝国理工学院数据经济实验室”，在伦敦证券交易出席建设银行10亿两年期离岸人民币债登陆伦敦证券交易所挂牌上市仪式，会晤怡和集团主席亨利·凯瑟克爵士并签署《战略合作协议》。在香港期间，出席“CCB2020 新的起点　新的未来”大型宣传推介活动。

**10月16日** 行长王祖继在北京参加国务院有关会议。

**10月17—18日** 行长王祖继在吉林省分行调研。调研期间，行长王祖继与吉林省分行领导班子、主要业务部门负责人、相关基层机构负责人进行了座谈，听取了吉林省分行汇报，会见了吉林省省委书记巴音朝鲁、省长蒋超良等领导，访问一汽集团公司，视察了一汽支行，慰问一线员工。

**10月17日** 监事长郭友、副行长章更生、副行长余静波在北京出席总行本部第十一届职工运动会。

**10月19日** 行长王祖继在北京主持召开2015年第三季度经营形势分析会议，监事长郭友、副行长庞秀生、副行长杨文升、副行长余静波、纪委书记朱克鹏、首席风险官曾俭华、首席经济学家黄志凌、首席财务官许一鸣、董事会秘书陈彩虹出席。

**10 月 19 日** 监事长郭友在北京参加中央宣传部有关会议。

**10 月 20—21 日** 监事长郭友在长春市吉林大学出席“建行杯”首届中国“互联网 +”大学生创新创业大赛闭幕式并为选手颁奖。期间，监事长郭友看望慰问了吉林总审计室的工作人员，视察了西安大路支行。

**10 月 21 日** 行长王祖继在北京参加国务院常务会议。

**10 月 23 日** 董事长王洪章、行长王祖继、副行长杨文升在香港出席“CCB2020 新的起点 新的未来”大型宣传推介活动。

**10 月 23 日** 董事长王洪章、行长王祖继、副行长杨文升、董事会秘书陈彩虹在香港出席上市十周年宣传推介活动。

**10 月 23 日** 董事长王洪章、行长王祖继、副行长杨文升在香港拜访华润集团总部，与华润（集团）有限公司董事长傅育宁、总经理乔世波举行高层会晤。

**10 月 23 日** 监事长郭友在北京参加国务院有关会议。

**10 月 23 日** 监事长郭友在北京参加银监会“2015 年全国银行业小微企业金融服务评优表彰暨工作推动（电视电话）会议”。

**10 月 23 日** 监事长郭友在总行大楼会见来访的法国外贸银行（Natixis）副行长奥利维尔·佩尔克尔（Olivier Perquel）先生一行。

**10 月 26—29 日** 董事长王洪章、行长王祖继在北京京西宾馆参加中国共产党第十八届中央委员会第五次全体会议。

**10 月 27 日** 监事长郭友在北京主持召开监事会履职尽职监督委员会 2015 年第四次会议。

**10 月 28 日** 行长王祖继、监事长郭友、副行长庞秀生、副行长章更生、董事会秘书陈彩虹在北京出席 2015 年第一次临时股东大会。

**10 月 29 日** 董事长王洪章、行长王祖继、监事长郭友、副行长庞秀生、副行长章更生、副行长杨文升、首席财务官许一鸣、董事会秘书陈彩虹在北京出席董事会 2015 年第六次会议暨战略发展委员会 2015 年第四次会议。

**10 月 29 日** 监事长郭友在北京主持召开监事会 2015 年第七次会议，纪委书记朱克鹏、首席风险官曾俭华、首席财务官许一鸣出席。

**10 月 30 日** 董事长王洪章、监事长郭友、副行长庞秀生、副行长杨文升、副行长黄毅、副行长余静波、纪委书记朱克鹏、首席风险官曾俭华、首席经济学家黄志凌、首席财务官许一鸣、董事会秘书陈彩虹出席“落实两个责任做好巡视配合工作”（视频）会议。

**10 月 30—31 日** 行长王祖继在安徽省分行调研。期间，行长王祖继一行与安徽分行领导班子成员、部门负责同志举行座谈，深入马鞍山路支行，滨湖支行等基层网点看望一线员工，并赴合肥生产基地调研。期间，行长王祖继在合肥出席了建设银行与中欧交易所战略合作协议签字仪式。

**11 月 2 日** 行长王祖继在资产负债管理部宣布人事任免事宜。

**11 月 3 日** 董事长王洪章、行长王祖继总行大楼参加中央第十二巡视组专项巡视中国建设银行情况沟通会。

**11 月 3 日** 董事长王洪章、行长王祖继、监事长郭友、副行长庞秀生、副行长章更生、副行长杨文升、副行长黄毅、副行长余静波、纪委书记朱克鹏、首席风险官曾俭华、首席经济学家黄志凌、首席财务官许一鸣、董事会秘书陈彩虹在总行大楼参加中央第十二巡视组专项巡视中国建设银行工作动员会。

**11 月 3 日** 董事长王洪章、行长王祖继、监事长郭友、副行长庞秀生、副行长章更生、副行长杨文升、副行长黄毅、副行长余静波、纪委书记朱克鹏在总行大楼参加中央第十二巡视组专项巡视中国建设银行党委工作汇报会。



**11 月 4 日** 董事长王洪章在北京参加国务院常务会议。

**11 月 5 日** 董事长王洪章在北京参加中央国家机关学习贯彻党的十八届五中全会精神动员部署会。

**11 月 5—6 日** 监事长郭友在北京参加北京市人大代表集中视察活动。

**11 月 6 日** 董事长王洪章、副行长庞秀生、首席财务官许一鸣在金融市场部调研。

**11 月 9 日** 董事长王洪章、副行长黄毅在总行大楼会见来访的美国信安金融集团（Principal Financial Group）董事长施伯文（Larry Zimpleman）先生一行。

**11 月 9 日** 董事长王洪章在北京参加国务院有关座谈会议。

**11 月 11 日** 董事长王洪章在北京参加国务院常务会议。

**11 月 11 日** 董事长王洪章、行长王祖继、监事长郭友、副行长庞秀生、副行长章更生、副行长黄毅、副行长余静波、纪委书记朱克鹏、首席风险官曾俭华、首席经济学家黄志凌、首席财务官许一鸣、董事会秘书陈彩虹在北京出席建设银行选人用人“一报告两评议”工作会议。

**11 月 11 日** 董事长王洪章在北京主持召开董事会 2015 年第 7 次会议，行长王祖继、监事长郭友、副行长庞秀生、副行长章更生、首席财务官许一鸣、董事会秘书陈彩虹出席。

**11 月 12 日** 董事长王洪章、监事长郭友在公共关系与企业文化部调研。

**11 月 12 日** 行长王祖继、首席财务官许一鸣到建信基金调研。

**11 月 13 日** 董事长王洪章在北京参加国务院有关会议。

**11 月 13 日** 董事长王洪章在北京主持党委中心组开展了以“严以用权，真抓实干，实实在在谋事创业做人，树立忠诚、干净、担当的新形象”为主题的学习研讨，行长王祖继、监事长郭友、副行长庞秀生、副行长章更生、副行长杨文升、副行长黄毅、副行长余静波、纪委书记朱克鹏、首席风险官曾俭华、首席经济学家黄志凌、首席财务官许一鸣、董事会秘书陈彩虹出席。

**11 月 13 日** 行长王祖继、首席财务官许一鸣到建信租赁调研。

**11 月 16 日** 行长王祖继在河北省分行调研。期间，行长王祖继一行深入石家庄广安大街支行等基层网点看望慰问员工，与省分行领导班子成员、省分行部门负责人进行了座谈

**11 月 17—18 日** 董事长王洪章在菲律宾马尼拉出席 2015 年亚太经合组织工商领导人峰会。董事长王洪章作为 APEC 工商咨询理事会（ABAC）中国代表和 APEC 中国工商理事会（ACBC）常务副主席出席峰会，参加习近平主席主旨演讲会，出席了 APEC 经济体领导人与 ABAC 代表对话等活动。期间，董事长王洪章接受了新华社、中央电视台新闻频道和财经频道的采访，先后会见穆迪公司首席执行官麦克丹尼尔先生、俄罗斯远东发展部部长亚历山大．谢尔盖耶夫．加卢什卡先生、美国通用电气副主席约翰．赖斯先生以及俄罗斯直接投资基金首席执行官基里尔先生等重要客户。

**11 月 18 日** 行长王祖继、董事会秘书陈彩虹在总行大楼会见渣打集团（Standard Chartered Plc）行政总裁温拓思（Bill Winters）先生一行。

**11 月 18—19 日** 监事长郭友在宁夏区分行调研。期间，监事长郭友深入区分行营业部清和北街支行看望慰问一线员工并看望慰问困难员工，听取了宁夏分行工作及“三严三实”专题教育活动开展情况汇报，与宁夏区分行领导班子成员、分行部门负责人进行了座谈，看望总行在宁夏挂职干部，会晤了宁夏回族自治区政府副主席王和山。

**11 月 20 日** 董事长王洪章、行长王祖继、监事长郭友、副行长庞秀生、副行长章更生、副行长杨文升、副行长余静波在北京出席建信养老金管理公司开业仪式。

**11 月 22—26 日** 行长王祖继出访马来西亚，期间陪同国家领导人出席相关高层访问活动。

**11 月 23—25 日** 董事长王洪章在香港出席中德住房储蓄银行第四届第七次董事会会议及建行亚洲 2015 年第四次董事会会议。

**11 月 24 日** 监事长郭友在总行大楼会见汇丰集团（HSBC）环球银行副主席伟凯文（Kevan Watts）先生一行。

**11 月 25 日** 监事长郭友在北京市西四环支行调研。

**11 月 26 日**　董事长王洪章、余静波在深圳市分行调研。

**11 月 30 日**　监事长郭友在总行大楼会见英国欧洲货币机构投资者集团主席拉什巴斯（Andrew Rashbass）先生一行。

**12 月 1—5 日**　董事长王洪章出访南非。期间，在中国国家主席习近平和南非总统祖马共同见证下，董事长王洪章在南非首都比勒陀利亚与南非工业发展公司首席执行官杰弗里奎纳签署战略合作协议。期间，董事长王洪章还会见了重要客户。

**12 月 1 日**　行长王祖继在北京参加中组部有关会议。

**12 月 1 日**　监事长郭友在北京主持召开海外分行审计发现问题整改及内控合规管理会议，副行长余静波出席。

**12 月 2 日**　行长王祖继在北京参加国务院常务会议。

**12 月 2 日**　行长王祖继、副行长余静波在总行大楼会见苹果公司副总裁兼司库 Gary Joseph Wipfler 先生一行。

**12 月 2 日**　行长王祖继、副行长庞秀生、副行长章更生、副行长黄毅、副行长余静波、纪委书记朱克鹏、首席风险官曾俭华、首席经济学家黄志凌、首席财务官许一鸣、董事会秘书陈彩虹在北京出席党委中心组十八届五中全会精神解读专题讲座。

**12 月 2—4 日**　监事长郭友在广西防城港分行调研。

**12 月 3 日**　行长王祖继、庞秀生在北京出席银行业信息科技风险管理年会。

**12 月 4 日**　行长王祖继、章更生在北京出席建设银行与信达资产管理股份有限公司战略合作协议签字仪式。

**12 月 6—9 日**　行长王祖继在西藏区分行调研。期间，行长王祖继一行深入拉萨北京中路支行、拉萨城西支行、分行住房金融业务部和私人银行、林芝分行及米林县分理处等机构网点慰问基层一线员工，看望慰问了西藏区分行驻平均海拔 5000 米的尼木县续迈乡霍德村工作队队员及部分村民，到西藏自治区林芝市米林县卧龙镇江中村慰问驻村员工和村民，与西藏区分行领导班子成员、分行部门及分支负责人进行座谈。在藏期间，行长王祖继会见了西藏自治区主席洛桑江村。

**12 月 7 日**　董事长王洪章、副行长余静波在总行大楼会见到访的中国化工集团公司董事长任建新、副总经理陆晓宝一行。

**12 月 8 日**　董事长王洪章、监事长郭友在全国妇联出席建设银行“母亲健康快车”捐赠暨发车活动。

**12 月 9 日**　董事长王洪章在北京参加国务院常务会议。

**12 月 9—10 日**　行长王祖继、首席风险官曾俭华在四川省分行调研。期间，行长王祖继一行深入岷江支行、大邑县支行营业部及瀚城支行等机构网点看望慰问一线员工，与四川省分行领导班子成员、部分分行部门以及分支机构负责人进行了座谈。在川期间，王祖继一行会见了四川省省长魏宏、副省长甘霖。

**12 月 9 日**　监事长郭友在总行大楼会见了来访的澳门金融管理局行政委员尹先龙先生一行。

**12 月 9 日**　监事长郭友在总行大楼会见了英国审慎监管局（PRA）国际银行监管执行理事莎拉·布里登（Sarah Breeden）女士一行。

**12 月 10 日**　监事长郭友在北京出席监事会与董事年度履职监督访谈。

**12 月 11 日**　董事长王洪章在总行大楼会见新加坡交易所首席执行官罗文才先生一行。

**12 月 14 日**　董事长王洪章在北京为 2015 年一级分行党委书记及总行部门总经理高级研修班学员授课，行长王祖继、监事长郭友、副行长庞秀生、副行长章更生、副行长杨文升、副行长黄毅、副行长余静波、纪委书记朱克鹏、首席风险官曾俭华、首席经济学家黄志凌、首席财务官许一鸣、董事会秘书陈彩虹出席。

**12月15日**　行长王祖继、副行长庞秀生、首席风险官曾俭华、董事会秘书陈彩虹在北京出席董事会风险管理委员会会议。

**12月15日**　监事长郭友在北京国际贸易单证处理中心调研。

**12月16日**　董事长王洪章、行长王祖继、监事长郭友、副行长庞秀生、副行长章更生、副行长黄毅、首席风险官曾俭华、董事会秘书陈彩虹在北京出席董事会战略发展委员会会议。

**12月16日**　董事长王洪章、行长王祖继、监事长郭友、副行长庞秀生、副行长章更生、首席风险官曾俭华、董事会秘书陈彩虹在北京出席董事会2015年第8次会议。

**12月16日**　行长王祖继在北京参加人民银行召开的全国扶贫开发金融服务工作（电视电话）会议。

**12月17日**　行长王祖继在北京为2015年一级分行党委书记及总行部门总经理高级研修班学员授课，监事长郭友、副行长庞秀生、副行长章更生、副行长杨文升、副行长黄毅、副行长余静波、首席风险官曾俭华、首席经济学家黄志凌、首席财务官许一鸣、董事会秘书陈彩虹出席。

**12月18—21日**　董事长王洪章、行长王祖继在北京参加中央经济工作会议。

**12月18日**　监事长郭友出席党校2015年秋季学期（第33期）干部进修班结业仪式，并为学员颁发中央党校毕业证书。

**12月18日**　监事长郭友在北京出席监事会与部分分行年度履职监督访谈会议。

**12月21日**　董事长王洪章、行长王祖继、监事长郭友、副行长庞秀生、副行长章更生、副行长黄毅、副行长余静波、纪委书记朱克鹏、首席风险官曾俭华、首席经济学家黄志凌、首席财务官许一鸣、董事会秘书陈彩虹出席全行“从严治党、正风肃纪”警示教育（视频）大会。

**12月21日**　监事长郭友、副行长章更生在国家教育部会晤教育部副部长林蕙青。

**12月22日**　监事长郭友在北京主持召开外汇业务合规经营情况通报（视频）会议。

**12月23日**　董事长王洪章在北京参加国务院常务会议。

**12月24日**　董事长王洪章在河北张家口分行主持召开党建工作调研座谈会议。

**12月24日**　监事长郭友在北京主持召开监事会2015年第8次会议，纪委书记朱克鹏、首席风险官曾俭华、首席财务官许一鸣、董事会秘书陈彩虹出席。

**12月25日**　董事长王洪章、监事长郭友、副行长杨文升出席全行2015年个人客户经理风采展示大赛决赛。

**12月28日**　董事长王洪章、行长王祖继、副行长余静波出席建设银行与中国出口信用保险公司战略合作协议签字仪式。

**12月28日**　监事长郭友在北京主持召开伪基站短信诈骗应对处置协调会议。

**12月29日**　董事长王洪章在北京主持召开总行党委“三严三实”专题民主生活会，行长王祖继、监事长郭友、副行长庞秀生、副行长章更生、副行长杨文升、副行长黄毅、副行长余静波、纪委书记朱克鹏出席。

**12月29日**　监事长郭友在北京会见中国银行业协会常务副会长杨再平。

**12月30日**　董事长王洪章、章更生在总行大楼会见北京市西城区委书记卢映川、区长王少峰一行。

**12月30日**　监事长郭友在北京主持召开人才、薪酬与组织机构统筹委员会会议，副行长庞秀生、副行长章更生出席。

**12月31日**　董事长王洪章、董事会秘书陈彩虹到北京东四支行看望员工。

**12月31日**　行长王祖继看望新一代核心系统IT管控委员会运营维护团队及北京数据中心员工并检查安全生产情况。

**12月31日**　监事长郭友看望新一代核心系统业务管控委员会员工。

# 机构及人事类

**1月7日** 副行长章更生兼任中国建设银行（上海）中心主任，段超良、姜国云、王江兼任中国建设银行（上海）中心副主任；明确中国建设银行（上海）中心大厦由信用卡中心负责管理。

**1月8日** 胡哲一不再担任中国建设银行股份有限公司副行长及中国建设银行股份有限公司执行董事职务。

**1月12日** 总行营运管理部更名为渠道与运营管理部，下设渠道管理部（二级部）、集中业务管理中心（二级部，原后台业务中心）。总行人力资源部营业网点设置管理职责划入渠道与运营管理部。总行股权与投资管理部子公司综合管理职责划入资产负债管理部，其子公司综合管理处划转资产负债管理部。股权与投资管理部子公司财务管理职责划入财务会计部，其子公司财务管理处划转财务会计部。股权与投资管理部设综合化拓展处。总行营业部职责、机构划转北京市分行，战略客户部不再保留营业中心。总行结算与现金管理部柜面管理处、督导处划转渠道与运营管理部。总行个人存款与投资部客户体验及柜面管理处、自助业务管理处、网点建设管理处3个处室划转渠道与运营管理部。总行国际业务部外币资产负债管理职责划入资产负债管理部。

**1月13日** 总行发文，成立中国建设银行海峡两岸跨境金融中心，与福建省分行国际业务部合署办公。

**1月19日** 总行发文，许会斌为建信基金管理有限责任公司董事长人选不再担任中国建设银行股份有限公司批发业务总监职务，杨文升不再兼任建信基金管理有限责任公司董事长职务。

**2月4日** 总行发文，成立中国建设银行（马来西亚）有限公司筹备组，封奇任筹备组组长。

**2月4日** 建信人寿上海分公司揭牌仪式在上海举办，副行长章更生出席仪式。

**2月16日** 余静波不再兼任中国建设银行首席审计官。

**2月26日** 中国建设银行上海数据中心更名为中国建设银行上海数据分析中心

**3月6日** 朱洪波不再担任中国建设银行股份有限公司副行长及中国建设银行股份有限公司执行董事职务。

**3月10日** 中国建设银行人才建设与组织机构统筹委员会更名为人才、薪酬与组织机构统筹委员会。

**3月12日** 总行发文，成立中国建设银行苏黎世分行筹备组，龚伟运任筹备组组长。

**4月2日** 总行发文，成立养老金管理公司筹备组，冯丽英为筹备组组长。

**4月20日** 总行批复，福建自贸试验区福州片区支行升格为中国建设银行股份有限公司福建自贸试验区福州片区分行；广州南沙开发区支行升格为中国建设银行股份有限公司广东自贸试验区分行；珠海横琴支行升格为中国建设银行股份有限公司广东横琴自贸试验区分行；厦门自贸试验区象屿支行升格为中国建设银行股份有限公司厦门自贸试验区分行；福建自贸试验区平潭片区支行升格为中国建设银行股份有限公司福建自贸试验区平潭片区分行。

**5月8日** 中国建设银行（上海）中心建行大厦正式启用。总行章更生副行长，上海市金融办、中国人民银行上海总部、上海市银监局领导，总行相关部门、驻沪部门和机构负责人等出席了启用仪式。建行（上海）中心副主任、上海市分行行长段超良主持启用仪式。

**5月13日** 余静波不再兼任中国建设银行北京市分行行长职务。

**6月13日** 总行批复，哈尔滨农垦支行升格为中国建设银行股份有限公司农垦分行。

**6月15日** 总行批复，武汉光谷支行升格为中国建设银行股份有限公司武汉光谷分行。

**6月20日** 张建国不再担任中国建设银行股份有限公司行长及中国建设银行股份有限公司副董事长、执行董事职务。

**6月30日** （法国当地时间）中国建设银行（欧洲）有限公司巴黎分行开业，中国国务院总理李克强和法国总理瓦尔斯在法国总理府共同为建设银行欧洲巴黎分行开业揭牌。

**6月30日** （荷兰当地时间）中国建设银行（欧洲）有限公司阿姆斯特丹分行开业。

**7月1日** （西班牙当地时间）中国建设银行（欧洲）有限公司巴塞罗那分行开业。

**7月3日** （意大利当地时间）中国建设银行（欧洲）有限公司米兰分行开业。

**7月9日** 王祖继任中国建设银行股份有限公司行长及中国建设银行股份有限公司副董事长、执行董事。

**7月21日** 总行发文，成立中国建设银行大数据工作领导小组。

**7月28日** 朱克鹏同志任建设银行纪委书记、党委委员。

**7月30日** 郝爱群任中国建设银行股份有限公司非执行董事。

**8月7日** 庞秀生、章更生任中国建设银行股份有限公司执行董事。

**8月11日** 行长王祖继与福建省常务副省长张志南共同为“中国建设银行海峡两岸跨境金融中心”揭牌。

**9月7日** 李军任中国建设银行股份有限公司非执行董事。

**9月11日** 总行批复，霍尔果斯国际边境合作中心支行升格为中国建设银行股份有限公司霍尔果斯国际边境合作中心分行。

**9月17日** 总行发文，在内蒙古自治区分行、黑龙江省分行、江苏省分行、浙江省分行、广东省分行、甘肃省分行、青岛市分行、深圳市分行等开展设立合规官试点工作。

**9月18日** 王琳不再担任中国建设银行股份有限公司工会委员会常务副主席职务。

**9月23日** （南非当地时间）中国建设银行股份有限公司开普敦分行开业。

**10月19日** （伦敦当地时间）中国建设银行（欧洲）有限公司伦敦分行开业，新办公楼启用。。

**10月16日** （爱尔兰当地时间）中国建设银行在都柏林举行活动，庆祝建信租赁（国际）有限公司开业。

**10月26日** 总行发文，设立中国建设银行泛亚跨境金融中心，与云南省分行国际业务部合署办公。中国建设银行泛亚跨境金融中心下设河口分中心、瑞丽分中心。

**10月29日** 董事会审议通过建行欧洲在波兰华沙设立分行的议案。

**10月30日** 建信保险资产管理有限公司举行创立大会。

**11月20日** 建信养老金管理有限责任公司在总行大楼举行开业仪式，正式成立。

**11月25日** （瑞士当地时间）中国建设银行（欧洲）有限公司苏黎世分行完成工商注册登记，正式成立，并于当地时间11月27日试营业。

**11月26日** （阿联酋当地时间）中国建设银行迪拜国际金融中心分行正式获颁牌照。

**12月21日** 总行发文，成立中国建设银行投贷联金融中心，与苏州分行投资银行业务部合署办公。

**12月31日** 总行发文，成立中国建设银行中新（重庆）互联互通跨境金融中心，与重庆市分行国际业务部合署办公。

**12月31日** 伊琳·若诗不再担任中国建设银行股份有限公司独立非执行董事以及战略发展委员会、审计委员会、提名与薪酬委员会委员。

# 会议类

**1 月 5 日** 中国建设银行落实党风廉政建设主体责任工作（视频）会议在总行大楼召开。会议传达了中央及中央纪委关于落实党风廉政建设主体责任的有关精神，总行党委书记、董事长王洪章作重要讲话，纪委书记朱洪波主持会议。

**1 月 6 日** “一个加强、两个遏制”专项自查工作动员部署（视频）会议在京召开，监事长郭友、副行长朱洪波、副行长余静波、首席风险官曾俭华出席。

**1 月 8 日** 部分分行国际化战略暨国际（海外）业务转型发展座谈会在深圳市召开，监事长郭友主持会议。

**1 月 9 日** 部分分行国际化战略暨国际（海外）业务转型发展座谈会在上海市召开，监事长郭友主持会议。

**1 月 16 日** 2014 年度经营形势分析会议在总行大楼召开，行长张建国主持，监事长郭友、朱洪波、庞秀生、杨文升、余静波、首席财务官许一鸣、批发业务总监许会斌出席。

**1 月 19 日** 2015 年第 2 次党委会议在总行大楼召开，董事长王洪章主持。会议传达学习习近平总书记重要讲话和十八届中央纪委第五次全会精神，行长张建国、监事长郭友、副行长朱洪波、副行长庞秀生、副行长章更生、副行长杨文升、副行长黄毅、副行长余静波出席，首席风险官曾俭华、首席经济学家黄志凌、首席财务官许一鸣、董事会秘书陈彩虹、批发业务总监许会斌列席部分议题。

**1 月 27—28 日** 中国建设银行 2015 年工作会议在北京召开。会议的主要任务是，深入贯彻党的十八大和十八届三中、四中全会，中央经济工作会议、国务院常务会议精神，全面落实“三个能力”建设要求，总结 2014 年工作，研判经营形势，全面推进转型发展，部署 2015 年工作任务。会上，董事长王洪章作题为《适应新常态，抓住新机遇，以转型发展打造竞争新优势》的讲话，行长张建国作题为《主动适应新常态，坚定信心，稳中求进》的工作报告，党委副书记、监事长郭友主持并作会议总结。总行党委委员，高级管理人员，部分董事、监事出席会议。国务院办公厅、中央纪委监察部、发改委、财政部、人民银行、审计署、银监会、证监会和汇金公司有关同志应邀出席会议。

**1 月 29 日** 中国建设银行国际化转型发展工作会议在北京召开。会议的主要任务是，贯彻中央经济工作会议和中央外事工作会议精神，落实国务院关于“金融走出去”的政策要求和总行党委关于推进国际化转型发展的总体要求，总结 2014 年全行国际业务情况，研究分析下一阶段经营形势，讨论国际化转型发展指导意见，部署 2015 年工作。会上，董事长王洪章发表了重要讲话，行长张建国作了工作部署，监事长郭友主持会议并就《中国建设银行国际化转型发展暨支持企业“走出去”指导意见》进行专题解读。总行党委成员，总行高级管理人员，部分董事、监事出席了会议。银监会有关同志应邀出席了会议。

**2 月 5 日** 建设银行 2015 年全行计划财务工作会议在北京召开。会议的主要任务是认真贯彻年度工作会议精神，围绕转型发展，明确经营管理目标，分解和落实经营责任，研究部署全年计财工作。行长张建国出席会议并作讲话，副行长庞秀生主持会议并作总结，首席财务官许一鸣作工作报告；部分董事、监事出席会议；银监会和汇金公司的有关同志应邀参加会议。

**2 月 9—10 日** 全行纪检监察工作（视频）会议在北京召开。董事长王洪章、监事长郭友、副行长朱洪波、副行长庞秀生、副行长章更生、副行长杨文升、副行长黄毅、副行长余静波、首席风险官曾俭华、首席财务官许一鸣、董事会秘书陈彩虹出席会议。中央纪委四室代表应邀出席会议。董事长王洪章作讲话，副行长朱洪波作工作报告。

**2 月 9—16 日**　中国建设银行股份有限公司监事会 2015 年第一次会议以书面会议方式召开。本次会议审议并通过了《中国建设银行股份有限公司监事会 2015 年度工作计划》。

**2 月 28 日**　总行机关廉政工作会议暨纪检工作会议在总行大楼召开。总行机关纪委委员、各支部（总支）书记、纪检委员、各团支部书记参加了会议。机关党委常务副书记吴慧文同志主持会议，总行党委委员、副行长、机关党委书记黄毅同志出席会议并作讲话；机关纪委书记李志同志部署了 2015 年总行机关纪检工作。

**3 月 2—3 日**　全行 2015 年风险管理工作转型（视频）会议在河南省郑州市召开。会议的主要内容是贯彻落实全行工作会议精神和总行党委关于推进转型发展的总体要求，总结 2014 年风险管理工作，分析当前面临的形势和突出问题，研究部署 2015 年风险管理工作目标和重点，签署风险防控工作责任书。行长张建国出席会议并作讲话，副行长杨文升对授信审批提出要求，首席风险官曾俭华作风险管理工作报告。部分董事、监事出席会议，银监会、汇金公司有关同志应邀出席会议。

**3 月 11—12 日**　中国建设银行股份有限公司监事会 2015 年第二次会议及专门委员会会议在北京召开。全体监事参加了相关会议，部分高管列席了会议，银监会应邀列席了会议。本次会议审议并通过了关于监事会 2014 年度工作总结的议案，研究讨论了理财业务发展及风险管控情况、2014 年度监事会报告，听取了 2014 年全面风险管理情况的汇报。监事会履职尽职监督委员会会议集中评议了《监事会对董事会及其成员 2014 年度履职情况的评价报告》，《监事会对高级管理层及其成员 2014 年度履职情况的评价报告》、《监事会及其成员 2014 年度履职情况的自我评价报告》。监事会财务与内部控制监督委员会会议听取了 2014 年度信贷资产质量情况的汇报，与普华永道沟通了财务管理相关情况。

**3 月 19—20 日**　全行对公业务战略转型暨年度工作会议在北京召开，行长张建国、副行长章更生、副行长余静波、批发业务总监许会斌出席会议并讲话。

**3 月 20 日**　全行信贷业务人员大规模培训和信贷人员岗位培训教材开发工作专题视频会议在北京召开。会议对全行信贷人员培训和信贷人员岗位培训教材开发等工作进行了全面部署和动员，提出了工作计划安排及工作要求。副行长章更生、批发业务总监许会斌出席会议并作讲话。

**3 月 23—24 日**　全行存款业务转型发展案例培训在党校举办，一级分行分管行领导及总行相关部门负责人参训。湖南、山西、山东、广东、湖北、福建、江西、上海、安徽 9 家分行分享了网络拓展、资金承接、县域拓展等方面的经验，总行结算与现金管理部介绍了对公一户通、单位结算卡、多模式现金池等新型结算产品。首席财务官许一鸣全程参加并做讲话。

**3 月 25—26 日**　“金融市场业务转型与发展”高级研修班在高级研修院举办，37 家境内一级分行、5 家海外机构的分管行领导和总行 13 个部门负责人参加。副行长庞秀生出席研修班并主持学员讨论。

**3 月 26—27 日**　建设银行 2014 年度业绩董事会及专门委员会会议（董事会 2015 年第一次会议及专门委员会会议）在北京召开，全体董事、监事和部分高管参加会议。本次董事会会议审议通过建设银行 2014 年度报告、利润分配方案、内部控制评价报告、社会责任报告、聘用外部审计师、资本充足率管理报告、资本充足率报告、在马来西亚设立子银行、全面风险管理报告、修订风险偏好陈述书、庞秀生先生担任本行执行董事及提请召开 2014 年度股东大会和类别股东大会等议案。

**3 月 26—27 日**　中国建设银行股份有限公司监事会 2015 年第三次会议及专门委员会会议在北京召开。全体监事参加了相关会议，部分高管列席了会议。银监会应邀列席了会议。本次监事会会议审议并通过了关于 2014 年年度报告、年度报告摘要的议案、关于 2014 年度利润分配方案的议案、关于 2014 年度内部控制评价报告的议案、关于 2014 年社会责任报告的议案、关于 2014 年度监事会报告的议案、关于中国建设银行资本管理高级方法实施现场检查问题整改方案的议案、关于监事会对董事会及其成员

2014 年度履职情况的评价报告的议案、关于监事会对高级管理层及其成员 2014 年度履职情况的评价报告的议案、关于监事会及其成员 2014 年度履职情况的自我评价报告的议案，听取了财务与内部控制监督委员会主席介绍财委会会议情况、2014 年经营工作情况的汇报。监事会履职尽职监督委员会会议审核通过了《监事会对董事会及其成员 2014 年度履职情况的评价报告》,《监事会对高级管理层及其成员 2014 年度履职情况的评价报告》、《监事会及其成员 2014 年度履职情况的自我评价报告》。监事会财务与内部控制监督委员会会议审核通过了 2014 年度国内、国际财务报告、2014 年度利润分配方案、2014 年度内部控制评价报告，听取了普华永道会计师事务所 2014 年度财务报告审计情况的汇报。

**3 月 30 日** 建设银行 2014 年度业绩发布会分别在北京、香港两地举行。

**3 月 31 日** 规章制度梳理与规范工作动员会在北京召开，行长张建国出席并主持会议，余静波副行长作动员讲话。

**4 月 2 日** 存款保险制度工作安排视频会在北京召开，首席财务官许一鸣主持会议传达人民银行对存款保险制度实施的最新要求，并部署相关工作。总行办公室、资债部、财会部、公司部、个金部等 18 个主要业务和综合管理部门以及各一级分行、二级分行分管行领导参加视频会。

**4 月 2—3 日** 全行零售及电子银行业务转型发展暨工作会议在北京召开，行长张建国出席会议并作讲话，副行长杨文升出席会议。

**4 月 7 日** 加强风险防控暨推进“一个加强、两个遏制”工作（视频）会议在北京召开，监事长郭友、副行长余静波、首席风险官曾俭华出席。

**4 月 8—9 日** 2015 年全行审计转型发展工作会议在京召开。董事长王洪章、监事长郭友，副行长余静波出席会议并作讲话。部分董事、监事出席会议。各审计分部和总审计室主要负责人，总行审计部、相关部门负责人参加了会议。

**4 月 16 日** 2015 年一季度经营形势分析会议在北京召开，行长张建国主持会议，副行长庞秀生、副行长章更生、副行长余静波、首席风险官曾俭华、首席经济学家黄志凌、首席财务官许一鸣、批发业务总监许会斌出席。

**4 月 28—29 日** 建设银行董事会 2014 年第二次会议及专门委员会会议在北京召开。本次董事会会议审议通过了 2015 年第一季度报告、2015 年内部资本充足评估报告、悉尼分行变更境外高级监察官、关于章更生先生担任本行执行董事和关于伊琳·若诗女士担任本行独立非执行董事任期延至 2015 年底等议案，并听取了审计委员会和提名与薪酬委员会会议情况。提名董事的议案将提交年度股东大会审议。

**4 月 29 日** 中国建设银行股份有限公司监事会 2015 年第四次会议及专门委员会会议在北京召开。部分高管列席了会议，银监会应邀列席了会议。本次监事会会议审议并通过了关于 2015 年第一季度报告的议案，听取了财务与内部控制监督委员会主席介绍财委会会议情况、我行压力测试工作开展情况的汇报，研究讨论了内控缺陷分析和整改事项。监事会财务与内部控制监督委员会会议审核通过了 2015 年第一季度报告，听取了普华永道关于 2015 年第一季度财务报告商定程序工作汇报、2015 年一季度信贷资产质量情况汇报、2014 年下半年内部审计主要发现汇总报告。

**5 月 5 日** 邹碧华同志先进事迹（视频）报告会在总行大楼举行。在京部分董事、监事和总行各部门、境内子公司主要负责人及员工代表在现场聆听了报告。各一级分行，哈尔滨、常州培训中心，总行信用卡中心、总行直属中心、各审计分部、各总审计室负责人及员工代表通过视频方式收看了报告会实况。中央国家机关工委《紫光阁》杂志社、最高人民法院政治部派员参加了报告会。报告会前，董事长王洪章，监事长郭友，副行长章更生、副行长余静波集体接见了邹碧华同志的亲属和报告团成员。

**5 月 6 日** 建设银行“三严三实”专题教育工作会（视频）在北京召开。副行长章更生出席会议并作讲话，副行长黄毅主持会议。



**5 月 26 日** 建设银行安全保卫工作会议在广西区南宁市召开。会议回顾总结“平安建行”创建工作，表彰“平安建行”创建工作先进集体和个人，交流“平安建行”创建活动典型做法和先进经验，研究部署全行安全保卫工作。会上总行行长与各分行行长签订了安全管理责任书。副行长余静波出席会议并做讲话。

**6 月 9—10 日**　建设银行 2015 年机构业务转型推动暨同业业务专营座谈会在深圳召开，副行长章更生出席会议并作讲话。

**6 月 11—12 日**　2015 年董事会第三次会议及专门委员会会议在北京召开，董事长王洪章主持会议，监事长郭友、副行长余静波、董事会秘书陈彩虹出席。审议通过关于《中国建设银行股份有限公司内部交易管理办法》的议案，关于李军先生担任战略发展委员会、审计委员会委员的议案，关于郝爱群女士担任战略发展委员会、风险管理委员会委员的议案，关于维姆·科克先生担任提名与薪酬委员会主席的议案，关于王祖继先生担任本行行长的议案，关于王祖继先生担任本行副董事长的议案，关于王祖继先生担任战略发展委员会、风险管理委员会委员的议案。

**6 月 15 日**　建设银行 2014 年度股东大会、2015 年第一次 A 股类别股东大会和 2015 年第一次 H 股类别股东大会在北京和香港以现场会议方式召开，两地采用视频方式连接。香港会场由董事长王洪章、行长王祖继和各相关专门委员会主席出席会议；北京会场由监事长郭友、其他董事、监事和高管出席会议。会议审议通过了董事会报告、监事会报告、财务决算方案、利润分配方案、固定资产投资预算、聘用 2015 年度外部审计师、选举董事、发行优先股、修订章程和 2015—2017 年资本规划等相关议案。会议期间，还召开了媒体见面会，董事长王洪章、行长王祖继和董事会秘书陈彩虹接受了文汇报、大公报、星岛日报、经济日报等 32 家香港媒体采访。

**6 月 24—25 日**　中国建设银行 2015 年渠道与运营业务转型发展暨工作会议在北京召开，副行长余静波出席会议并讲话。

**7 月 2 日**　全行印章管理座谈暨科技管章现场观摩会在河南郑州举办，各一级分行办公室负责印章管理的同志参加了会议。

**7 月 13 日**　2015 年董事会第四次会议及专门委员会会议在北京召开。审议通过关于授权签署纽联储、纽约州金融服务管理局书面协议的议案。

**7 月 17 日**　2015 年上半年经营形势分析会议在总行大楼召开，行长王祖继主持会议，副行长庞秀生、副行长章更生、副行长杨文升、副行长黄毅、首席风险官曾俭华、首席经济学家黄志凌、首席财务官许一鸣、董事会秘书陈彩虹出席。

**7 月 24 日**　中国建设银行股份有限公司监事会 2015 年第五次会议在北京召开。部分专职董事、高管列席了会议，银监会应邀列席了会议。本次监事会会议听取了 2014 年以来违规违纪责任追究情况、“加强内部管控、遏制违规经营和违法犯罪”专项自查工作情况、集团并表管理情况、加强全行财务管理有关情况的汇报。

**7 月 27—28 日**　中国建设银行夏季工作座谈会暨战略与创新专题研讨会在北京召开。会议的主要任务是：贯彻落实党中央、国务院近期有关会议精神，总结上半年工作，分析当前经营形势，开展大数据专题研讨，部署下半年工作任务。会上，党委书记、董事长王洪章作讲话，党委副书记、行长王祖继作经营工作报告，党委副书记、监事长郭友主持并作会议总结。总行党委委员，高级管理人员，部分董事、监事出席会议。人民银行、银监会和汇金公司有关同志应邀出席会议。

**7 月 29 日**　2015 年夏季海外工作座谈会在北京召开，监事长郭友出席会议。

**8 月 7 日**　京津冀协同发展委员会 2015 年度例会在河北召开，副行长章更生主持并讲话。

**8 月 18 日**　全行集中采购工作会议在北京召开。会议的主要任务是：回顾总结总行集中采购工作，分析形势和存在的问题，研究全行集中采购的转型发展，部署集中采购重点工作。副行长余静波出席并作讲话。

**8 月 26 日**　全行金融市场业务转型发展推动（视频）会议在北京召开，会议通报了 1—7 月全行金融市场业务经营情况，交流分行业务发展经验，并部署下一阶段工作。副行长庞秀生主持会议并作讲话。

**8 月 27—28 日** 2015 年董事会第五次会议及专门委员会会议在北京召开，董事长王洪章主持会议，监事长郭友、副行长余静波、董事会秘书陈彩虹出席。董事长王洪章、行长王祖继、监事长郭友、副行长庞秀生、副行长章更生、首席财务官许一鸣、董事会秘书陈彩虹出席相关会议。会议审议通过 2015 年半年度报告、半年度业绩公告及半年度报告摘要，关于《中国建设银行股份有限公司 2015 年上半年全面风险管理报告》的议案，关于《中国建设银行股份有限公司压力测试管理政策》的议案，关于《中国建设银行股份有限公司并表管理办法》（修订稿）的议案，《中国建设银行股份有限公司执行董事 2015 年度绩效考核方案》，《中国建设银行股份有限公司高级管理人员 2015 年度绩效考核方案》，关于提名卡尔·沃特先生为本行独立非执行董事候选人的议案，关于提名冯婉眉女士为本行独立非执行董事候选人的议案，关于提请召开中国建设银行股份有限公司 2015 年第一次临时股东大会的议案。

**8 月 27—28 日** 中国建设银行股份有限公司监事会 2015 年第六次会议及专门委员会会议在北京召开。部分高管列席了会议，银监会应邀列席了会议。本次监事会会议审议并通过了关于 2015 年半年度报告、半年度报告摘要的议案、关于《中国建设银行股份有限公司股东代表监事 2015 年度绩效考核方案》的议案，听取了财务与内部控制监督委员会主席介绍财委会会议情况、2015 年上半年经营计划执行情况的汇报、2015 年上半年案件防控情况汇报，研究讨论了政府融资平台贷款有关情况。监事会财务与内部控制监督委员会会议审核通过了 2015 年半年度报告及摘要，听取了普华永道关于 2015 年半年度财务报告审阅情况的汇报、2015 年上半年全面风险管理情况的汇报、2015 年中期信贷资产质量情况的汇报、流动性风险管理情况的汇报、2015 年上半年内部审计主要发现汇总报告。监事会履职尽职监督委员会会议审核通过了《中国建设银行股份有限公司股东代表监事 2015 年度绩效考核方案》，听取了经营转型进展情况的汇报、绩效考核体系的介绍、董事、监事、高管履职相关监管要求的介绍。

**8 月 31 日** 全行安全生产大检查动员部署视频会议在北京召开。会议传达了习近平总书记、李克强总理关于做好安全生产工作的重要批示和马凯副总理、王勇国务委员在全国安全生产电视电话会议上的讲话精神，并对全行自 9 月起至 11 月底开展的安全生产大检查工作进行了部署。副行长余静波出席并作讲话。

**8 月 31 日** 建设银行 2015 年中期业绩发布会分别在北京和香港两地举行。董事长王洪章、副行长庞秀生、副行长章更生、董事会秘书陈彩虹在北京出席，行长王祖继、副行长杨文升、首席财务官许一鸣在香港出席。

**9 月 22 日** 建设银行学习贯彻《中国共产党巡视工作条例》（视频）会议在北京召开，监事长郭友、副行长庞秀生、纪委书记朱克鹏、首席风险官曾俭华、首席财务官许一鸣出席。

**9 月 24 日** 不良资产处置创新方案专题会议在北京召开，行长王祖继、副行长杨文升、首席风险官曾俭华、首席财务官许一鸣出席。

**9 月 24 日** 建设银行合规官试点工作（视频）会议在北京召开，监事长郭友出席。

**10 月 19 日** 建设银行行在伦敦举办了“2015 中国银行间市场投资研讨会”，来自 50 余家海外机构投资者的 70 余名嘉宾参会。董事长王洪章出席会议并做了《金融市场新机遇　建行服务新亮点》的主旨演讲。

**10 月 19 日** 建设银行 2015 年三季度经营形势分析会议在北京召开，行长王祖继主持会议，监事长郭友、副行长庞秀生、副行长杨文升、副行长余静波、纪委书记朱克鹏、首席风险官曾俭华、首席经济学家黄志凌、首席财务官许一鸣、董事会秘书陈彩虹出席。

**10 月 28 日** 建设银行 2015 年第一次临时股东大会在北京召开。行长王祖继、监事长郭友、副行长庞秀生、副行长章更生、董事会秘书陈彩虹出席。



**10 月 27—29 日** 国建设银行股份有限公司监事会 2015 年第七次会议及专门委员会会议在北京召

开。全体监事出席，部分高管及银监会相关人员列席了会议。本次监事会会议审议并通过了关于2015年第三季度报告的议案、关于监事会2015年年度履职监督与评价工作方案的议案，听取了监事会财委会2015年第五次会议情况的介绍、银监会对我行江浙地区钢贸行业信贷风险状况现场检查相关情况的汇报、不良贷款处置情况汇报、重大信贷风险及问题跟踪审计整改情况汇报，研究讨论了利率市场化加快推进对经营的影响。监事会履职尽职监督委员会会议审核通过了监事会2015年年度履职监督与评价工作方案，听取了我行养老金业务发展情况汇报、我行关联交易管理工作汇报，研究讨论了履职尽职监督委员会2016年工作安排。监事会财务与内部控制监督委员会会议审核通过了2015年第三季度报告，听取了普华永道关于2015年第三季度财务报告商定程序工作汇报、2015年第三季度信贷资产质量情况汇报、2014年下半年内部审计主要发现整改情况汇报、内控合规管理情况汇报、集中采购工作情况汇报。

**10月28—29日** 董事会2015年第六次会议及专门委员会会议在北京召开。董事会2015年第六次会议暨战略发展委员会第四次会议审议通过了2015年第三季度报告、建行欧洲在波兰设立分行等议案，并听取了相关委员会会议情况介绍。会议期间，还召开了董事会审计委员会和社会责任与关联交易委员会等专门委员会会议。其中，审计委员会2015年第八次会议审核通过2015年第三季度报告和2015年度内部控制评价工作方案，听取普华永道关于2015年第三季度财务报告商定程序工作汇报、2015年度审计计划更新情况，听取2014年下半年内部审计主要发现整改情况汇报；社会责任与关联交易委员会2015年第三次会议听取了2015年第三季度一般关联交易备案情况的报告、新一代关联交易和内部交易管理信息系统主要功能点的报告和绿色信贷工作开展情况报告等。

**11月3日** 中央第十二巡视组专项巡视中国建设银行股份有限公司工作动员会在总行大楼召开，党委书记王洪章主持会议并作动员讲话，中央第十二巡视组组长武在平就专项巡视工作作了讲话。中央巡视工作领导小组办公室有关负责同志就配合做好巡视工作提出要求。中央第十二巡视组副组长穆占英、吴海英、回建及巡视组全体成员，中国建设银行总行党委成员，高级管理人员，在京总行各部门主要负责人及副总经理（副主任）以上人员，在京子公司主要负责人，总行纪检监察机构、组织（人事）部门等有关人员在主会场参加会议；各一级分行行级领导人员，哈尔滨、常州培训中心班子成员，总行信用卡中心班子成员等在分会场参加视频会议。

**11月5—6日** 中国建设银行数据管理工作座谈会在南宁召开。这次会议主要任务是：贯彻落实总行党委和全行转型发展要求，加快推进董事长关于建设“大数据银行”的重要举措。首席经济学家黄志凌出席会议并做讲话。

**11月11日** 建设银行董事会2015年第七次会议在北京召开。会议审议通过了关于聘用2016年度外部审计师的议案。

**11月24日** 合规官试点工作座谈会在广州召开。会议的主要内容是研究探讨合规官试点工作，共同推动合规工作转型发展。副行长余静波出席会议并讲话。

**11月25日** 全行2015年度财务会计决算工作会议（视频）在北京召开，对年终财务会计决算、岁末年初重要的财会工作以及2016年综合经营计划编制等进行重点部署。首席财务官许一鸣出席并作讲话。

**12月4日** 全行个人业务旺季营销启动视频会在北京召开。副行长杨文升出席会议并讲话。

**12月14—17日** 全行一级分行党委书记总行部门总经理高级研修班在北京举办。

**12月15—16日** 董事会2015年第八次会议及专门委员会会议在北京召开，全体董事、部分监事和高管参加了会议。本次董事会会议审议通过了建设银行2016年风险偏好陈述书、2014年度董事、监事和高级管理人员薪酬分配清算方案等议案。

此外，董事会战略发展委员会听取了建设银行被纳入全球系统重要性银行所带来的影响、2015年转型发展执行情况、新一代核心系统建设进展，并书面参阅个人住房抵押贷款资产证券化有关情况的报告。

审计委员会听取了2015年年度报告和2016年一季度报告编写工作安排、书面参阅了2015年上半年内部审计主要发现整改清单和非审计服务审查办法落实情况报告。风险管理委员会审核通过了建设银行2016年风险偏好陈述书，听取了资本管理高级方法实施情况、合规风险管理情况、信息科技风险管理情况和全行案件情况报告。提名与薪酬委员会审核通过了2014年度董事、监事和高级管理人员薪酬分配清算方案，听取了2015年度政府有关部门及监管机构薪酬政策最新变化、2015年度政府有关部门及监管机构薪酬政策最新变化、员工发展培养机制和2014年度员工薪酬结构分析报告。社会责任与关联交易委员会听取了2015年度建设银行公益捐赠情况和社会责任报告编制安排。

**12月21日** 全行"从严治党、正风肃纪"警示教育（视频）大会在北京召开，董事长王洪章、行长王祖继、监事长郭友、副行长庞秀生、副行长章更生、副行长黄毅、副行长余静波、纪委书记朱克鹏、首席风险官曾俭华、首席经济学家黄志凌、首席财务官许一鸣、董事会秘书陈彩虹出席。

**12月24日** 国建设银行股份有限公司监事会2015年第八次会议及专门委员会会议在北京召开。全体监事出席，部分高管及银监会相关人员列席了会议。监事会会议听取了监事会财委会2015年第六次会议情况的介绍、全行押品管理情况的汇报、财务审计发现整改情况的汇报、对公业务转型实施进展情况的汇报、反洗钱工作情况的汇报、2015年案件防控情况的汇报，研究讨论了监事会2016年重点工作安排，参阅了《我行入选全球系统重要性银行有关影响及措施建议》。监事会财务与内部控制监督委员会会议听取了业务管理费和员工费用管理办法及下一步管理思路的汇报、普华《2014年度管理建议书》（信贷专题）整改落实情况的汇报、银监会对我行资本管理高级方法检查整改落实情况的汇报，研究讨论了重点领域信用风险管控情况，参阅了《27家建信村镇银行经营管理审计情况报告》。

**12月27日** 珠三角地区协调委员会2015年例会在珠海召开，套开重要客户产品推介会、境内外联动项目对接会。副行长章更生出席会议并讲话，珠三角地区6家境内分行、4家境外分行、8家子公司、总行12个相关部门主要负责人出席了会议。

# 业务类

**1月4日** 建设银行与中国航天科工集团公司（以下简称"科工集团"）在北京签署《战略合作协议》。董事长王洪章、副行长朱洪波、副行长余静波与科工集团董事长高红卫、总经理曹建国、总会计师王云林等出席签约仪式。

**1月8日** 建设银行推出龙卡日本旅行信用卡、龙卡韩国旅行信用卡。

**1月14日** 建设银行中标入围国家科技风险开发事业中心"国家科技成果转化引导基金创业投资子基金"项目托管服务供应商。

**1月15日** 建设银行与LG Display集团在韩国首尔签署业务合作备忘录。签约仪式前，副行长章更生与LG Display集团首席财务官金相敦举行了高层会晤。在韩期间，副行长章更生还拜访了韩国银行、三星电子、现代汽车等客户，并看望了首尔分行员工。总行公司业务部总经理康义、首尔分行总经理彭钢、广东省分行副行长李洪茂陪同。

**1月16日** 建行亚洲（含建行香港分行）合计总资产达到7 753亿港元，按当日汇率折合1 000.3亿美元，首次突破千亿美元大关。

**1月20日** 中国证券登记结算有限责任公司正式批复建设银行成为首批股票期权资金结算银行。

**1月21日** 建设行与华中科技大学在湖北省武汉市签署《战略合作协议》。副行长章更生、华中科技大学校长丁烈云、常务副校长罗俊、总会计师湛毅青出席签约仪式。参加签约仪式的还有总行机构业务部刘仁刚总经理、黄小汉副总经理，湖北省分行行长廖林、副行长张为忠，华中科技大学总务长、校长助理及相关部门负责人。

**1月23日** 建设银行京津冀项目对接暨协同推进活动在河北举办。许会斌批发业务总监出席活动并作讲话，总行战略客户部、股权与投资管理部、信贷管理部、授信审批部、公司业务部、资产管理部等部门及北京分行、天津分行、河北分行、澳门分行、建行亚洲、建信基金、建信租赁、建信信托、建信人寿、建银国际等10家境内外机构和子公司负责人参加了活动。

**1月24日** 善融商务善付通平台上线。

**1月24日** 新西兰子行海外网站上线。

**1月26日** 建设银行与美国银行“小微企业业务经营模式优化”派驻专家型项目启动。

**1月30日** 建设银行与中国华融资产管理股份有限公司在北京签署战略合作协议，董事长王洪章、副行长章更生、副行长余静波在北京出席签字仪式。

**1月30日** 建设银行小微企业风险监测预警体系全面建成上线。

**1月** 建设银行与交通运输部签署《战略合作协议》，董事长王洪章与交通运输部部长杨传堂分别代表双方签字。

**1月** 建设银行与中国人民健康保险股份有限公司签署《现金管理业务合作协议》。

**1月** 建设银行针对务工人员这一特殊群体推出全行性特色卡“惠福龙卡”。

**2月2日** 上海黄金交易所首推黄金实物询价期权业务，建设银行成为全国首批完成黄金实物询价期权业务交易的银行。

**2月2日** 建设银行新一代对公贷款定价模型及流程优化系统一期上线应用。

**2月2日** 建设银行行与交通运输部在北京签署《战略合作协议》，董事长王洪章与交通运输部部长杨传堂分别代表双方签署了《战略合作协议》。

**2月4日** 中国建设银行（亚洲）成功发行首支大中华地区金融机构欧元高级债券，该债券穆迪信用评级A2，期限5年期，发行规模为5亿欧元，发行收益率为1.513%，债券在卢森堡及香港挂牌交易。

**2月11日** 总行修订下发了《中国建设银行员工职业装制作标准手册》。

**2月** 建设银行完成对建信金融租赁有限公司增资35亿元。

**2月** 建设银行柜面业务集中处理日峰值业务量达100.35万笔，首次突破“百万”大关。

**2月** 建设银行声誉风险管理“固本工程”在集团范围内全面启动。

**2月** 建设银行在全行范围内部署开展“寻找身边‘李红英’，争做最美建行人”主题宣传教育活动。

**2—5月** 建设银行在全行开展“服务转型走百行 主动授信到千户”春季专项活动。

**3月23日** 建设银行与上海市浦东新区人民政府在上海签署银政战略合作协议。董事长王洪章，上海市委常委、常务副市长屠光绍，上海市政府副秘书长、浦东新区区长孙继伟出席。总行机构业务部刘仁刚总经理、浦东新区周亚副区长分别代表双方签署《银政战略合作协议》。总行人力资源部、机构业务部、上海市分行主要负责人以及浦东新区人民政府办公室、发展和改革委员会、财政局、建设和交通委员会、国有资产管理委员会、金融局负责人参加了上述活动。

**3月25日** （伦敦时间）建设银行推出欧洲第一只人民币RQFII货币市场交易所基金，并正式在伦交所挂牌交易，该基金由建银国际担当基金管理人角色。

**3月31日** 建设银行“合规管理年”工作正式启动

**3月** 上海清算所正式批准建设银行成为其外汇综合清算会员。

**3月** 建设银行与德意志交易所集团签署合作协议，正式建立战略合作伙伴关系。

**3月** 建设银行在全行部署开展基层思想政治工作系列创新实践活动。

**3月** 建设银行获的中国电子科技集团公司企业年金账户管理人资格，实现在十大军工央企年金资格全覆盖。

**3—6月** 建设银行第三届“青年创新建行强”创客金点子大赛举办。

**4月2日** 建设银行与上海黄金交易所在上海签署战略合作协议，副行长庞秀生和首席经济学家黄志凌出席签约仪式。

**4月2日** 建设银行与中国银联股份有限公司在上海签署战略合作备忘录，副行长庞秀生和首席经济学家黄志凌出席签约仪式。

**4月8日** 建设银行与大连再生资源交易所有限公司在大连签署《网络银行战略合作协议》，章更生副行长出席签约仪式。

**4月8日** 建设银行与东北亚煤炭交易有限公司在大连签署《网络银行战略合作协议》，副行长章更生出席签约仪式。

**4月9日** 建设银行与陕西省人民政府在陕西西安签署《战略合作协议》，董事长王洪章、副行长余静波出席，副行长余静波、副省长张道宏代表双方签署协议。

**4月9日** 建设银行在西安举办陕西“丝绸之路新起点”签约及大型投资推介宣传活动。

**4月28日** 建设银行在青海发行龙卡中华福运轮信用卡。

**4月29日** 建设银行对外公布2015年第一季度业绩。

**4月30日** 建设银行召开分析师电话会议，境内外80余名分析师应邀参加。

**5月6日** 建设银行首次以总行为主体在境外成功发行符合巴塞尔Ⅲ条款的美元二级资本债券，规模20亿美元，期限为10年期（第5年末设发行人选择赎回权），发行票息3.875%，标普和惠誉分别给予本期债券BBB+的评级。

**5月7日** 电话银行中心承接建行（亚洲）信用卡电话服务一期项目正式上线。

**5月8日** 建设银行与俄罗斯直接投资管理有限责任公司和中俄投资基金管理公司在莫斯科签署谅解备忘录。董事长王洪章、俄直投公司首席执行官基里尔先生和中俄投资基金公司总裁胡冰先生分别在备忘录上签字。

**5月16日** 东京分行日文版海外网站上线。

**5月18日** 智能客服接入深圳智慧银行，首次实现与物理网点的对接。

**5月22日** 建行亚洲完成丝路基金有限责任公司（以下简称“丝路基金”）下属四家香港子公司及两家开曼平台公司的账户开立，成为丝路基金境外下属全部六家公司唯一账户行。

**5月25日** （智利时间）国务院总理李克强在智利宣布，建设银行智利分行获任南美地区首家人民币清算行。

**5月26日** 建设银行与绿地集团、上海建工集团、建信信托等九家机构在上海市共同签署《战略合作框架协议》，发起国内首支千亿规模的中国城市轨道交通PPP产业基金，基金总规模1000亿，首期规模240亿。董事长王洪章向签约仪式致贺信，副行长章更生出席仪式并讲话，上海市副秘书长徐逸波、绿地集团董事长张玉良、上海建工集团总裁杭迎伟、各保险资产管理公司负责人及总行审批部、公司部、资管部、上海市分行、建银国际、建信信托、建信人寿负责人出席仪式。

**5月** 建设银行推出善融商务个人商城手机客户端APP“建行善融商城”。

**5月** “善付通”供应链协同平台向全行正式开放。

**6月2日** 建设银行与重庆市财政局、中小企业局签署小微企业金融服务战略合作协议，副行长章更生出席签约仪式并讲话。

**6月5日** 建设银行与沈阳市政府在沈阳签署战略合作协议，副行长章更生出席签约仪式并与沈阳市市长潘利国举行会谈。

**6 月 10 日**　建设银行善融商务“台湾馆”正式上线。

**6 月 15 日**　建设银行在国内正式推出企业手机银行，面向企业客户提供移动金融服务。

**6 月 18 日**　建设银行与宝马集团签署《战略合作协议》，副行长余静波出席签字仪式并与宝马集团司库兼财务高级副总裁 Norbert Mayer 先生在总行大楼举行会晤。战略客户部总经理刘广良、宝马集团司库兼财务高级副总裁 Norbert Mayer、金融主管 Fredrick Altmann 代表双方签字。

**6 月 18 日**　建设银行与中国铁路国际有限公司在北京签署《推进铁路“走出去”战略合作协议》，副行长余静波和中国铁路国际有限公司董事长黄弟福分别在协议上签字。

**6 月 29 日**　建设银行与欧洲清算行在欧洲清算行比利时总部附近 Ch teau Val Duchesse 城堡签署备忘录。董事长王洪章、欧洲清算行集团董事长 Marc – Antoine Autheman 和首席技术与服务师 Lieve Mostrey 出席签约仪式。

**6 月 29 日**　建设银行“建元个人住房抵押贷款资产支持证券”500 亿元注册发行额度获批，建设银行也成为信贷资产支持证券注册发行制改革后首家获得人民银行批准的发起机构。

**6 月**　建设银行针对平板电脑用户打造的 Pad 银行客户端“中国建设银行 HD”正式在苹果应用商店发布。

**6 月**　建设银行善融商务商旅频道推出员工专属差旅机票自助购票服务。

**6 月**　建设银行信用卡累计客户数超过 6000 万户，超越工行成为国内信用卡客户最多的银行。

**7 月 1 日**　建设银行在北京参展第三届中国中小企业投融资交易会，副行长黄毅出席开幕式，并陪同第十届全国人大常委会副委员长顾秀莲、中国中小企业协会会长李子彬、著名经济学家厉以宁等与会嘉宾和领导参观建设银行展馆。

**7 月 1 日**　建设银行受恒生投资管理有限公司、建银国际资产管理有限公司委托，正式向中国证监会递交了三只香港互认基金产品申请，这是自中港基金互认开闸之后首批申报的香港互认基金产品。

**7 月 1 日**　善融商务个人商城手机客户端“建行善融商城”正式对外推广。

**7 月 13 日**　经中国版权保护中心审核，中国建设银行微信银行形象“小微”申请作品登记成功。

**7 月 16 日**　建设银行信用卡消费交易额突破 1 万亿元。

**7 月 17 日**　建设银行成功获任银行间清算市场股份有限公司外汇产品中央对手清算的美元结算银行资格。

**7 月 18 日**　总行组织开展了全行 37 家一级分行信贷人员岗位资格考试。

**7 月 18 日**　建设银行个人贷款系统在新西兰子行上线。

**7 月 24 日**　建设银行完成 2014 年度分红派息。此次派息以 2014 年税后利润 2 254. 54 亿元为基数，向全体股东派发现金股息 752. 53 亿元，每股现金股息为 0. 301 元（含税）。

**7 月 24 日**　建设银行牵头筹组“东源项目”15 亿美元亚洲银团贷款签约。

**7 月 30 日**　建设银行在甘肃兰州举办“建行禹道伴您远航”现金管理业务推介会。

**7 月 31 日**　建设银行完成为东北工业集团有限公司办理德国德尔福汽车系统有限公司电子与安全分部天线系统部门并购贷款业务，发放 5 年期并购贷款 1500 万欧元，并带动 4 家海外分行、1 家境内分行的账户开立。

**7 月 31 日**　建设银行总行联合建行（亚洲）在香港举办“商业银行与基金互认论坛暨签约仪式”，总行及建行（亚洲）和多间中港两地的金融机构及基金公司，签署了在香港分销中国基金及在中国分销香港基金的服务意向书。

**7 月**　建设银行发布 2014 年社会责任报告。

**7 月**　《中国建设银行股份有限公司内部控制标准》（通用级）通过中国版权保护中心审核，获国家版权局登记。

**7月** 建设银行启动分行放款中心验收。

**7月** 建设银行推出军队网上银行支付平台。

**7月** 建设银行中标平安人寿保险股份有限公司分红保险组合资产托管业务，规模5000亿元左右。

**7月** 建行亚洲与宝钢集团有限公司下属境外成员企业宝钢资源（国际）有限公司签署3亿美元的综合授信协议。

**8月1日至12月31日** 建设银行携手亚马逊、中国银联开展建行银联IC借记卡“龙卡惠嘉年华·特享亚马逊”营销活动。

**8月4—6日** 全行境外机构合规官培训班在哈尔滨培训中心举办，各境外机构合规官、10家境内分行以及总行相关部门派员参加了培训。

**8月6日** 建设银行与兰州大学在甘肃省兰州市签署战略合作协议，行长王祖继、首席风险官曾俭华，兰州大学王乘校长、钟福国党委副书记、高新才副校长等出席签约仪式，总行办公室、战略规划部负责人陪同出席。

**8月7日** 建设银行与解放军总医院在总行大楼签署友好合作协议。行长王祖继、副行长章更生与解放军总医院院长任国荃、政委袁安升出席签约仪式。

**8月10日** 建设银行首尔分行1.4亿元人民币贷款发放至青岛路桥建设集团在青岛分行开立的账户，青岛市试点开展韩国银行机构对青岛财富管理改革试验区内企业发放跨境人民币贷款业务政策落地。

**8月11日** 建设银行与福建省人民政府在福州签署金融合作备忘录。行长王祖继，副行长章更生，福建省省委书记尤权，省委常委、秘书长叶双瑜，省委常委、常务副省长张志南出席，副行长章更生与福建省常务副省长张志南代表双方签署《金融合作备忘录》。签约仪式上，行长王祖继与福建省常务副省长张志南共同为“中国建设银行海峡两岸跨境金融中心”揭牌。建设银行与福建省金融办签署了《“21世纪海上丝路产业基金”合作协议》，福建省分行与福州城市建设投资集团有限公司签订了《银企合作协议》。总行资产负债管理部、授信审批部、公司业务部、资产管理部（投资银行部）、国际业务部、福建省分行、厦门分行主要负责人以及福建省政府、金融办负责人参加上述活动。

**8月19日** 建设银行作为主承销商的天津市保障住房建设投资有限公司2015年度第一期47.8亿元中期票据成功发行，这也是全国首单成功落地的保障房棚户区改造公募债券品种。

**8月25日** 建设银行与宁夏回族自治区人民政府签署战略合作协议。董事长王洪章、宁夏回族自治区党委书记、自治区人大常委会主任李建华，自治区人民政府主席刘慧，自治区党委常委、常务副主席张超超等出席签约仪式。

**8月25日至9月1日** 建设银行海外机构外籍高管（主管）培训班在香港培训中心举办，来自20家海外机构的32名外籍人员参加了培训。

**8月27日** 建设银行与国家税务总局纳税服务司在湖北省随州市签署合作协议，联合推出小微企业“出口退税贷”服务合作项目，湖北省分行为首批试点，与湖北省国税局代表签署“出口退税贷”服务项目合作协议，并现场与部分纳税小微企业代表签订“出口退税贷”银企合作协议。

**8月27日** 建设银行与山西省人民政府在太原签署战略合作协议。董事长王洪章、副行长章更生、山西省省委书记王儒林、省长李小鹏出席，副行长章更生和副省长王一新代表双方签署《关于推进金融振兴的合作协议》，总行办公室、信贷管理部、授信审批部、公司业务部、战略客户部、小企业业务部、住房金融与个人信贷部、资产管理部（投资银行部）、山西省分行主要负责人以及山西省政府、金融办负责人参加上述活动。

**8月** 建设银行启动2015信用卡创新发展年活动。

**9月1日** 建设银行在香港举办“2015中国银行间市场投资研讨会”，来自53家境外机构投资者的近80位代表参会，行长王祖继出席会议并作题为《开放的中国金融市场与国际化进程中的中国建设银行》的主旨演讲。

**9月7日** “快贷”在建设银行手机银行客户端部署上线。

**9月7日** 建设银行与中国长江三峡集团公司在北京签署《战略合作协议》。董事长王洪章、监事长郭友，三峡集团董事长卢纯、总经理王琳等出席签字仪式。副行长黄毅、三峡集团总会计师杨亚分别代表双方签字。

**9月8日** 建设银行与大连市人民政府在大连举行高层会谈并签署全面金融合作协议。董事长王洪章、大连市市委书记唐军、市长肖盛峰出席，总行公司业务部总经理康义与大连市常务副市长曹爱华代表双方签署《创新发展全面金融合作协议》。

**9月9—13日** 建设银行在英国进行中期业绩路演，副行长杨文升率团开展路演并出席中金伦敦论坛。

**9月9日** 中国铁路财务有限责任公司在建设银行北京铁道支行开立基本结算账户，注册资金100亿元全部进入。

**9月11日** 建设银行与中国银河证券股份有限公司在北京签署全面战略合作协议，副行长章更生及中国银河证券股份有限公司董事长陈有安分别代表双方签字。

**9月13日** 建设银行个人网络银行用户数突破两亿。

**9月17日** 建设银行与上海市人民政府及部分重要客户在北京签署战略合作备忘录。董事长王洪章、行长王祖继、副行长章更生，上海市市长杨雄、常务副市长屠光绍出席。行长王祖继与上海市常务副市长屠光绍代表双方签署了《“科技创新中心”建设战略合作备忘录》《“上海自贸试验区”建设战略合作备忘录》《城镇化建设金融合作备忘录》，总行公司业务部总经理康义代表总行分别与上海国际港务（集团）股份有限公司、百联集团有限公司签署《战略合作协议》。

**9月18日** 建设银行与国家税务总局在北京签署业务合作协议。董事长王洪章、副行长章更生、国家税务总局局长王军、总经济师范坚出席，副行长章更生和国家税务总局总经济师范坚代表双方签署了《“征信互认银税互动”合作框架协议》。

**9月19日** 建设银行在广西南宁承办第七届中国—东盟金融合作与发展领袖论坛“黄金机遇·合作共赢”分论坛。副行长黄毅出席论坛并发表主题演讲。

**9月23日** 建设银行与广西壮族自治区人民政府在南宁共同举办“21世纪海上丝绸之路”（广西）投资论坛暨项目签约会。行长王祖继、副行长余静波，广西壮族自治区人民政府主席陈武、常务副主席唐仁健出席，余静波和唐仁健代表双方签署《战略合作备忘录》和《丝路主题产业发展系列基金战略合作协议》。

**9月25日** 建设银行与国泰君安证券股份有限公司在上海签署全面战略合作协议。副行长黄毅与国泰君安证券总裁兼副董事长王松出席签约仪式并致辞。

**9月25日** 建设银行在全国银行间债券市场成功发行“建元”2015年第一期个人住房抵押贷款资产支持证券，发行规模为16.22亿元，其中优先级证券分三档，信用评级均为AAA级，投资人包括银行、证券公司、基金公司等多家机构。

**9月26日** 新一代衍生产品交易对手风险管理系统上线。

**9月26日** 新一代代理保险项目完成2.2期推广上线

**9月28日** （巴西时间）建设银行完成对巴西BIC银行的要约收购。

**9月** 建设银行推出小微企业“置业贷”业务和小微企业“快捷贷”业务。

**9月** 建设银行推出龙卡云闪付移动支付产品，实现银行卡与移动终端的结合。

**9月** 建设银行推出“消费专用卡”产品，包括购车分期卡与装修分期卡。

**10月8日** 建设银行与湖北省人民政府在武汉签署战略合作协议。董事长王洪章、副行长杨文升，湖北省省委书记李鸿忠、省长王国生出席。副行长杨文升和湖北省副省长曹广晶代表双方签署了《战略合作协议》，相关子公司与湖北省政府金融办及湖北省重要客户分别签署了《长江经济带产业基金战略合作框架协议》《租赁融资合作协议》《项目融资合作协议》《金融服务合作协议》等7个合作协议，湖北省分行与湖北省交通集团投资有限公司签订了《综合金融合作协议》。

**10月12日** （伦敦当地时间）建设银行在伦敦发行10亿元两年期离岸人民币债券。

**10月16日** （爱尔兰当地时间）建设银行在都柏林举行活动，庆祝建信租赁（国际）有限公司开业。王洪章董事长出席开业庆祝活动并致辞。开业仪式之后，建信租赁副总裁张雷代表建信租赁（国际）有限公司与德意志银行签订了5亿美元的飞机资产融资意向，并代表建信租赁与爱尔兰投资发展局签署了《合作谅解备忘录》。

**10月18日** 建设银行开通银联IC借记卡POS小额闪付小额快速支付服务，简称“小额免密免签”，成为首批支持闪付快速支付业务的银行之一。

**10月19日** （伦敦当地时间）建设银行2015年10亿元伦敦离岸人民币债券完成交割，发行圆满成功。

**10月19日** （伦敦当地时间）建设银行在伦敦举办中国银行间市场投资研讨会、“人民币国际化”图片展等系列活动，并与英国贸易投资总署、芝加哥商品交易所、英国标准人寿公司等战略合作伙伴与客户举行了签约仪式。董事长王洪章出席上述活动。

**10月21日** （伦敦当地时间）在习近平主席和卡梅伦首相共同见证下签署《伦敦金属交易所—香港证券交易所互联互通及中国建设银行与伦敦金属交易所战略合作备忘录》，董事长王洪章与伦敦金属交易所（LME）总裁Garry Jones及伦敦金属交易所清算公司（LMEC）总裁Trevor Spanner（由Garry Jones代表）就工业金属交易及人民币清算服务等领域合作签订谅解备忘录。

**10月21日** （伦敦当地时间）建设银行与怡和集团在伦敦签署《战略合作协议》。董事长王洪章与怡和集团主席亨利·凯瑟克爵士代表双方签字。

**10月21日** （伦敦当地时间）建设银行10亿元两年期离岸人民币债登陆伦敦证券交易所挂牌上市交易，这是伦敦交易所上市的第一单人民币债。董事长王洪章在伦敦证券交易所出席上市仪式并敲钟。

**10月22日** （伦敦当地时间）建设银行与伦敦金属交易所在伦敦签署《收购伦敦金融交易所圈内会员迈特迪斯特公司协议》。

**10月22日** （伦敦当地时间）建设银行、中国再生医学国际有限公司与牛津大学在伦敦签署关于建银国际·中国再生医学牛津大学研发中心的协议。

**10月23日** 建设银行在香港举行“CCB2020新的起点　新的未来”大型宣传推介活动。董事长王洪章、行长王祖继、副行长杨文升出席，宣传推介活动由总行监事、公共关系与企业文化部总经理刘进主持，董事会秘书陈彩虹，部分董事、监事，总行相关部门和部分分行、子公司负责人，及境内外百余位重要客户、机构投资者、IPO机构代表、70多家境内外媒体记者等出席推介活动。

**10月23日** 建设银行在香港举行上市十周年答谢酒会。来自中央人民政府驻香港特别行政区联络办公室、香港特区政府的嘉宾，以及建设银行部分前任董事和现任董事、监事，汇金公司、部分发起人股东、重要投资者和IPO主要机构代表，总行有关部门及部分分行和子公司负责人等200余人出席答谢酒会。董事长王洪章、行长王祖继、副行长杨文升出席。酒会由董事会秘书陈彩虹主持。

**10月23日** 以台湾合作金库商业银行董事长廖灿昌为领队的台湾金融代表团一行到访建设银行，副行长黄毅在总行大楼会见了代表团。

**10月23日** 洲际交易所（ICE）在其官网公布，建设银行获得洲际交易所基准管理机构（IBA）批准，将直接参加伦敦金银市场协会（LMBA）黄金定价业务。建设银行于10月30日正式参与定价交易，成为该业务的第十二家参与行。

**10月29日** 建设银行公布2015年第三季度业绩。

**10 月 30 日** 建设银行与中欧交易所股份有限公司在安徽省合肥市就于欧洲合作推广离岸人民币计价证券产品签订谅解备忘录。在国务院总理李克强和德国总理默克尔共同见证下，行长王祖继与德意志交易所总裁贾韦德签署了协议。

**10 月 30 日** 建设银行召开分析师电话会议，境内外 90 余名投资者和分析师应邀参加。首席财务官许一鸣和董事会秘书陈彩虹以及董办、资债部、财会部、信管部、公司部、房金部和资产管理部等部门负责人出席会议。

**10 月** 建设银行推出小微企业“商票质押贷”业务。

**10 月** 建设银行个人贷款余额首次超过工商银行，成为国内最大零售贷款银行。

**10 月** 建设银行推出海外品牌标识，制定《中国建设银行海外品牌视觉形象规范手册》。

**11 月 3 日** 金融稳定理事会（FSB）更新了全球系统重要性银行名单，建设银行首次入选，也是 2015 年度评估中惟一新入榜的金融机构。

**11 月 9 日** 建设银行发布《中国建设银行股份有限公司章程（2015 年修订）》。

**11 月 24—26 日** “天下粮仓丰收河南”中国建设银行金融电商对接会在河南省洛阳市举办。安徽、山西、河北、湖南等省 7 家采购商与河南省内 150 家涉农企业共 400 余人参加了会议，68 家企业在会议现场搭建展台布展商品。

**11 月 30 日** 中国人民银行授权中国建设银行苏黎世分行担任瑞士人民币业务清算行。

**11 月** 建设银行推出“建单通”“建票通”“建信通”系列产品及跨境融资性风险参与产品。

**11 月** 电话银行中心成功承接澳门分行电话银行业务。

**12 月 2 日** （比勒陀利亚当地时间）建设银行与南非工业发展公司在南非首都比勒陀利亚签署战略合作协议。在中国国家主席习近平和南非总统祖马共同见证下，董事长王洪章与南非工业发展公司首席执行官杰弗里奎纳代表双方签字。

**12 月 4 日** 建设银行与中国信达资产管理股份有限公司在北京签署战略合作协议。行长王祖继、副行长章更生、中国信达董事长侯建杭、总裁臧景范并出席签约仪式。副行长章更生与中国信达资产管理股份有限公司总裁臧景范代表双方签字。

**12 月 9 日** 建设银行在境外成功发行 30.5 亿美元 S 条例巴塞尔Ⅲ合规优先股，初始股息率为 4.65%、较 5 年期美元国债收益率的溢价息差为 2.974%。

**12 月 10 日** 建设银行完成中国能源建设股份有限公司 H 股 IPO 承销及锚定投资业务。作为最主要合作银行以及唯一受邀出席的国有商业银行，副行长余静波一行代表建设银行作为锚定投资人见证了中国能源建设股份有限公司在港成功上市。

**12 月 10 日** 建设银行“善融昭通行——2015 年云南农特产品昭通地区洽谈会”在云南省昭通市举办。

**12 月 15 日** “全球资源 共享发展——2015 中国（苏州）境外投资与服务高峰论坛”在苏州召开，会上，中国建设银行中新跨境金融中心和苏州工业园区境外投资促进中心签署了战略合作协议，副行长余静波出席论坛并见证签约。

**12 月 17 日** 建设银行 30.5 亿美元非累积永续境外优先股在香港联交所上市交易。

**12 月 18 日** 建设银行发行 240 亿元二级资本债券。本期债券为 2015 年境内第一期二级资本债，期限 5+5 年期，固定票面利率 4.0%。

**12 月 18 日** 首尔分行获得韩国央行和韩国企划财政部共同指定的人民币对韩元直接交易做市商资质，为建设银行海外机构中第一次获得经营所在地官方指定的人民币对当地货币外汇交易做市商。

**12 月 18 日** 内地与香港互认基金获准注册，建设银行代理的“恒生中国 H 股指数基金”成为首批获准的 3 只香港互认基金之一。

**12 月 22 日** 建设银行在全国银行间债券市场成功发行“建元”2015 年第二期个人住房抵押贷款资

产支持证券，发行规模同业第一，为80.42亿元。

**12月24日** 建设银行与中国人民银行征信中心在北京就应收账款融资服务签署合作备忘录。副行长章更生、中国人民银行行长助理杨子强出席签约仪式。

**12月24日** 建设银行在澳门地区成功发行“中国建设银行”统一品牌信用卡。

**12月25日** 建设银行行首批6件国际专利申请正式递交至国际专利合作组织中国受理机构——中国国家知识产权局。

**12月25日** 建设银行完成中石油管道有限责任公司20亿元人民币股权投资业务，此为建设银行首笔对非上市公司的股权投资业务。

**12月28日** 建设银行与中国出口信用保险公司在北京签署了战略合作协议和“服务国家对外合作重大战略，支持企业境外业务健康发展”专项合作协议。董事长王洪章与中国信保董事长王毅出席签约仪式，行长王祖继、中国信保总经理罗熹分别代表双方签署战略合作协议，副行长余静波、中国信保副总经理查卫民代表双方签署“服务国家对外合作重大战略，支持企业境外业务健康发展”专项合作协议。

**12月31日** 37家一级分行放款中心建设基本完成，并通过总行验收。

**12月** 建设银行推出大数据系列产品小微企业“薪金贷”业务、小微企业“上市贷”业务。

**12月** 建设银行完成国家工商总局工商客户信息接入。

# 综合类

**1月7日** 首席经济学家黄志凌应世界银行集团常务副行长兼首席财务官伯特兰·巴德雷先生邀请，出席世行在北京组织的银行家会议。

**1月15日** 由新华网、中国社科院经济学部企业社会责任研究中心主办，新华社新闻研究所、新华每日电讯社、经济参考报社、参考消息报社等单位联合主办的“第七届中国企业社会责任峰会暨第四届《中国企业社会责任报告（2014）》发布会”在北京举行。建设银行获得2014年中国企业社会责任最具影响力奖，董事长王洪章获得2014年中国企业社会责任杰出企业家奖。

**1月15日** 建设银行在中国银行业协会主办的全国银行业维权大会上被授予“银行业金融机构法律风险管理先进单位”荣誉称号。

**1月18日** 由新华社经济参考报、新华网、财经国家周刊联合主办的“第二届中国财经领袖年会暨2014中国财经年度人物颁奖盛典”在北京举行，董事长王洪章获得“2014中国财经年度人物”称号。

**1月21日** 在《华夏时报》主办的“第八届金蝉奖颁奖典礼”上，我行手机银行获颁“2014最具创新手机银行”奖项。

**1月** 全国金融青年提升岗位能力、提升服务水平工作推进会暨“金点子”创新创效大赛在北京举行，我行荣获首届金融青年“金点子”创新创效金点子大赛一等奖并获得“全国十大金融青年服务明星标兵”、“全国十大金融青年岗位能手标兵”，总行团委荣获组织奖。

**1月** “希望工程—龙卡快乐音乐教室”捐赠仪式分别在甘肃省白银市平川区乐雅小学和四川省西昌市洛古波小学举行，副行长黄毅出席仪式并主持召开“积分圆梦·微公益”研讨推进会议。

**1月** 建设银行“争创青年文明号，争当青年岗位能手”评选活动揭晓，85家单位被授予2013—2014年度总行级“青年文明号”，617家单位被继续认定为总行级“青年文明号”，168名个人被授予2013—2014年度总行级“青年岗位能手”称号。建设银行推荐的深圳市分行梅林支行柜员林燕、安徽省分行滁州分行陈孟，分获“全国十大金融青年服务标兵”和“全国十大金融青年岗位标兵”，20名青年员工分获“全国金融青年服务明星”、“全国金融青年岗位明星”。

**1月** 中国金融政研会发文表彰2013—2014年全国金融系统企业文化建设先进单位和先进工作者，建设银行5个单位和6名个人受到表彰。

**3月** 中华全国总工会和中国金融工会授予山西省临汾分行个人金融部客户经理李红英同志为全国以及全国金融五一巾帼标兵和全国金融五一劳动奖章荣誉称号；授予福建省福州城北金龙支行和海南省海口新海航支行营业部为全国以及全国金融五一巾帼标兵岗和全国金融五一劳动奖状荣誉称号。全国妇联授予李红英同志为全国巾帼建功标兵荣誉称号；授予河北省衡水分行胜利分理处、山东省分行电子银行部95533客户服务中心和广东省肇庆分行端州四路分理处为全国巾帼文明岗荣誉称号。

**3月** 建设银行30家单位荣获第四届全国文明单位称号。

**3月** 经国务院批准，建设银行应承康、于妍玲、刘仁刚、王江、刘力耕、赵富高等6位同志享受2014年政府特殊津贴。

**3月** 在美国《环球金融》杂志（Global Finance）2015年新兴市场国家最佳银行评选中，建设银行荣获“中国最佳银行”（Best Bank in China）奖项。

**3月** 万事达国际卡组织授予建设银行“2014全球欺诈风险管理奖”和“2014最佳授权通过率奖”。

**4月2日** 在CFCA第三届金融品牌峰会上，建设银行网上银行“15载 有我在”活动、微信银行公众号分获2015金融业社会化营销大赛“十大社会化营销案例”、“最佳微信公众平台”奖。

**4月29日** 建设银行总行团委授予156名同志“中国建设银行优秀共青团员”称号，授予119名同志“中国建设银行优秀共青团干部”称号，授予118个团组织“中国建设银行五四红旗团委（团支部）”称号。

**4月** 建设银行北京市分行通州支行营业部等40个集体、山西省分行临汾分行李红英等40名个人获得中国银监会文明办表彰，被授予全国银行业“雷锋岗”称号以及全国银行业“学雷锋标兵”称号。

**4月** 在《证券时报》举办的“2015中国区优秀投行”评选活动，建设银行荣获“2015年度最佳全能银行投行”和“2015年度最佳银行（行业）投行”两个综合性奖项。

**4月** “中国建设银行青年服务明星”评选活动结束，80名同志被授予“中国建设银行青年服务明星”荣誉称号。

**4月** 建设银行荣获《亚洲银行家》评选的“中国最佳按揭及住房贷款业务奖”。

**5月4日** 建设银行在北京雁栖湖举办“善健者行——积分圆梦微公益·环保健步雁栖湖”活动。副行长黄毅、中国体育报社常务副总编张乐年及中国青少年发展基金会出席颁奖仪式。

**5月14日** 建设银行在新加坡《亚洲银行家》“2015年度中国奖项计划”的评选中获得“企业风险管理成就大奖”，龙卡全球至尊信用卡中荣获“中国最佳信用卡产品奖”。

**5月15日** 《中国组织人事报》在头版刊发《砥砺品格、锤炼党性、推进发展——中国建设银行部署“三严三实”专题教育》一文，报道董事长王洪章带头讲授“三严三实”专题党课情况。

**5月28日** 《上海证券报》社主办的“2015中国财富管理高峰论坛”暨第七届“金理财”奖颁奖典礼在上海举行，建设银行小微金融服务获得“最佳中小企业伙伴银行奖”。

**5月29日** 建设银行在甘肃省夏河县王格尔塘镇洒索玛小学“龙卡信用卡 爱心100分”走进甘肃慈善捐助活动。活动中，建设银行将持卡人捐赠的2 500万积分兑换的合计价值10万余元的款项及物资捐赠至甘南洒索玛小学。

**5月30日** 由《银行家》杂志、中国社会科学院金融研究所金融产品中心、互联网金融千人会共同主办的中国金融创新论坛暨“2015中国金融创新奖”颁奖典礼在北京举行，首席经济学家黄志凌出席论坛开幕式并发表演讲。建设银行荣获“最佳金融创新奖”、“最佳金融品牌创新奖”两项综合大奖，“助保贷”产品获“十佳金融产品创新奖”（公司业务），“快贷”产品获“十佳金融产品创新奖”（零售业），“e单通”产品获“十佳互联网金融创新奖”。

**5月** 全国金融系统先进集体先进个人表彰大会暨第一届全国金融道德模范颁奖仪式在北京召开，建设银行一批先进集体和个人获得表彰。

**5月** 美国《福布斯》杂志2015年度全球企业2000强排行榜发布，建设银行居排行榜第二位。

**6月3日** 央视二套财经频道《经济信息联播》“中国品牌故事”专题播出《建设银行：不只做房贷更要当好置业顾问》，王洪章董事长接受央视专访。

**6月8日** 《财经》杂志推出专访董事长王洪章的封面报道。

**6月16日** 建设银行荣获中国金融期货交易所“期货保证金存管业务优秀奖”。

**6月29日** 建设银行首创的网点员工专属健身操在中央国家机关第四届职工运动会开幕式展演。

**6月** VISA国际组织授予建设银行2014年度全球风险服务最高奖项——“最快交易响应率奖”、“最高国际交易授权批复奖”。

**6月** 建设银行在《证券时报》组织的“2015中国最佳财富管理机构”评选中获得“2015中国最佳银行理财品牌”和“2015中国最佳权益类银行理财产品”奖项。

**7月31日** 《人民日报》第五版“声音”栏目以《“将“严”从要求变成追求”》为题刊发董事长王洪章在总行党委中心组“三严三实”教育第一专题研讨会上的讲话。

**7月** 建设银行总行第二批次巡视启动。4个巡视组从7月下旬开始分别进驻江西省分行、广西壮族自治区分行、海南省分行、新疆维吾尔自治区分行及驻地审计机构，进行为期2个月的巡视。

**7月** 美国《财富》杂志正式发布2015年度世界500强排行榜，建设银行排名第29位。

**8月1日** 建设银行在《21世纪经济报道》2015中国资产管理“金贝奖”评选中，被评为“2015最佳风险控制银行”。

**8月8日** 建设银行第七届职工乒乓球比赛闭幕，广东、总行机关、新疆、北京、广西、福建、湖北、深圳代表队分获团体前八名。

**8月23—26日** 由中央金融团工委主办、建设银行承办的共青团“融情夏令营”活动在京举办。

**8月** 建设银行在《银行家》杂志举办的“最美银行logo”评选活动中荣获“最美银行logo”称号。

**9月28日** “积分圆梦”公益行动全国启动仪式在北京举行，建设银行作为首家开通积分圆梦·微公益平台的银行，荣获中央金融团工委、全国青联、中国银行行业协会及中国青少年发展基金会联合颁发的“积分圆梦”公益行动最具社会责任金融机构奖。副行长黄毅率队出席仪式，并与中国关心下一代工作委员会主任顾秀莲，中国银监会党委委员、副主席郭利根，团中央书记处书记徐晓等金融机构分管领导共同开启全国公益行动。

**9月** 在全行启动“寻找身边李红英，争做最美建行人评选”主题活动。

**10月19—21日** “建行杯”首届中国“互联网+”大学生创新创业大赛在吉林大学举办，该项赛事由教育部等五部委及吉林省人民政府共同主办，全国1 781所高校57 253支团队报名参赛。国务院总理李克强对此次活动作出批示，副总理刘延东亲自出席并在活动期间参观了建设银行智慧银行展位。监事长郭友受邀参观高校创新创业教育成果展，并在闭幕式上为选手颁奖。

**10月20日** 建设银行在“金耳唛杯”大奖赛中荣获“2015年‘金耳唛杯’中国最佳呼叫中心”称号。

**10月23日** 中国银监会在北京召开“2015年全国银行业小微企业金融服务评优表彰暨工作推动

（电视电话）会议”，建设银行荣获“全国银行业金融机构小微企业金融服务先进单位”。监事长郭友代表建设银行领奖，并就建设银行创新小微企业金融服务做经验介绍。

**10 月 24 日**　全行 2015 年度岗位培训考试笔试举行。

**10 月 27 日**　董事长王洪章在《中国纪检监察报》发表署名文章：坚守责任担当　用好监督利器。

**11 月 13 日**　在《首席财务官》主办的“2015 年度中国 CFO 最信赖银行评选”活动中，建设银行荣获“最佳中小企业服务品牌奖”。

**11 月 13 日**　在《每日经济新闻》主办的“2015 中国普惠金融发展论坛”上，建设银行荣获“小微金融服务卓越贡献奖”。

**11 月 15—16 日**　在中国企业文化研究会举办的“‘十二五’企业文化总结暨专项文化建设——中外企业文化 2015 重庆峰会”上，建设银行荣获“‘十二五’企业文化建设十大典范组织”等奖项。

**11 月 28 日**　由《21 世纪经济报道》主办的 21 世纪亚洲金融机构竞争力排名结果揭晓，建设银行被评委会评定为“亚洲最佳风险管理银行”。

**11 月 29 日**　“第十届中国中小企业家年会颁奖盛典”在北京举行，建设银行荣获“2015 全国支持中小企业发展十佳商业银行”称号。

**11 月**　美国《环球金融》杂志（Global Finance）公布第八届“中国之星”评选获奖名单，建设银行荣获“中国最佳银行”“最佳人民币交易基金银行”“最佳人民币商品银行”“最佳离岸利率套期保值银行”等奖项。

**11 月**　建设银行启动对总行部门巡察工作。

**12 月 1—3 日**　第二届中国青年志愿服务项目大赛暨志愿服务交流会在重庆举行，建设银行“积分圆梦·微公益”项目获金奖。

**12 月 2 日**　由《中国经营报》主办的第七届卓越竞争力金融机构评选颁奖典礼上，建设银行获选“2015 卓越竞争力风险管理银行”奖项。

**12 月 5 日**　建设银行微信银行正式开通“积分圆梦·微公益”功能。

**12 月 8 日**　建设银行捐款 700 万元购置 47 辆“母亲健康快车”，并与中国妇女发展基金会在全国妇联联合举行了“中国建设银行捐赠‘母亲健康快车’发车”仪式。董事长王洪章、监事长郭友出席。

**12 月 22 日**　全国金融青年提升岗位能力、提升服务水平工作推进会暨全国金融青年志愿者协会成立仪式在北京举行，建设银行获六大奖项，副行长黄毅在总行大楼接见了优秀员工代表。

**12 月 25 日**　全行 2015 年个人客户经理风采展示大赛决赛在北京举办。董事长王洪章、监事长郭友、副行长杨文升出席。

**12 月**　经第一财经金融价值榜组委会评定，建设银行获选“年度风控银行”“年度大数据最佳金融机构 APP”奖项，董事长王洪章获 2015 年度“第一财经金融价值榜·年度银行家”大奖。

**12 月**　2015 年度中国 CFO 最信赖银行评选揭晓，建设银行荣获最佳养老金服务奖。

**12 月**　建设银行在中国金融认证中心、金融界等机构举办的评选活动中获得“2015 年中国最佳手机银行奖”“杰出手机银行创新奖”等奖项。

**12 月**　《互联网周刊》杂志评选出《中国商业银行网站 TOP100》，建设银行互联网网站荣获排行榜第一位。

CHINA 中国建设银行年鉴 2016
CONSTRUCTION BANK ALMANAC

# 第八部分　附录

# 2015年建设银行董事会成员名录

| | |
|---|---|
| 王洪章 | 董事长、执行董事、党委书记 |
| 张建国 | 副董事长（2015年6月离任）、执行董事（2015年6月离任）、党委副书记（2015年4月免） |
| 王祖继 | 副董事长（2015年7月任）、执行董事（2015年7月任）、党委副书记（2015年4月任） |
| 朱洪波 | 执行董事（2015年3月离任）、党委委员（2015年2月免） |
| 胡哲一 | 执行董事（2015年1月离任）、党委委员（2014年12月免） |
| 庞秀生 | 执行董事（2015年8月任） |
| 章更生 | 执行董事（2015年8月任） |
| 李　军 | 执行董事（2015年9月任） |
| 陈远玲（女） | 非执行董事 |
| 郝爱群（女） | 非执行董事（2015年7月任） |
| 徐　铁 | 非执行董事 |
| 郭衍鹏 | 非执行董事 |
| 董　轼 | 非执行董事 |
| 张　龙 | 独立非执行董事 |
| 伊琳·若诗（女） | 独立非执行董事（2015年12月离任） |
| 钟瑞明 | 独立非执行董事 |
| 维姆·科克 | 独立非执行董事 |
| 莫里·洪恩 | 独立非执行董事 |
| 梁高美懿（女） | 独立非执行董事 |

# 2015 年建设银行监事会成员名录

| 姓名 | 职务 |
|---|---|
| 郭　友 | 监事长、党委副书记 |
| 刘　进（女） | 股东代表监事 |
| 李晓玲（女） | 股东代表监事 |
| 金磐石 | 职工代表监事 |
| 张华建 | 职工代表监事 |
| 王　琳 | 职工代表监事 |
| 王辛敏 | 外部监事 |
| 白建军 | 外部监事 |

# 2015 年建设银行总行党委成员名录

| | |
|---|---|
| 王洪章 | 董事长、党委书记 |
| 张建国 | 副董事长、行长、党委副书记（2015 年 4 月免去党委副书记职务，2015 年 6 月免去副董事长、行长职务，退出现职） |
| 王祖继 | 副董事长、行长、党委副书记（2015 年 4 月任党委副书记，2015 年 7 月起任副董事长、行长） |
| 郭　友 | 监事长、党委副书记 |
| 朱洪波 | 执行董事、副行长、纪委书记、党委委员（2015 年 2 月免职调离） |
| 庞秀生 | 执行董事、副行长、党委委员（2015 年 8 月任执行董事） |
| 章更生 | 执行董事、副行长、党委委员（2015 年 8 月任执行董事） |
| 杨文升 | 副行长、党委委员 |
| 黄　毅 | 副行长、党委委员兼工会委员会主席、机关党委书记 |
| 余静波 | 副行长、党委委员兼首席审计官、北京市分行行长、党委书记（2015 年 2 月不再兼任首席审计官，2015 年 5 月不再兼任北京市分行行长、党委书记） |
| 朱克鹏 | 纪委书记、党委委员（2015 年 7 月任职） |

# 2015 年建设银行总行高级管理人员名录

曾俭华　　首席风险官

黄志凌　　首席经济学家

许一鸣　　首席财务官

陈彩虹　　董事会秘书

许会斌　　批发业务总监（2015 年 5 月不再担任批发业务总监职务）

康　义　　批发业务总监兼公司部总经理（2015 年 8 月任）

牟乃密　　营运业务总监兼任渠道与运营管理部总经理（2015 年 8 月任）

# 2015年建设银行总行部门领导名录

## 董事会办公室

主任：徐漫霞（女）
副主任：何欣梅（女）
副主任：李兖
资深经理（专业技术二级）：高云（女）
资深副经理（专业技术二级）：赵雁冰（女）（2015年9月任）

## 监事会办公室

主任：王炽
副主任：车新亭
副主任：薄银根

## 办公室（党委办公室）

办公室、党委办公室主任：姜国云
办公室资深经理（专业技术一级）兼《建设银行报》编辑部总编辑：刘健（2015年9月任）
办公室副主任兼基建办公室副主任：郭京凯（2015年8月任）
办公室、党委办公室副主任、党委秘书兼信访办公室主任：杨洸（2015年9月任）
办公室副主任：刘建国（2015年2月任）
办公室副主任：林朝晖（2015年2月任）
办公室副主任：祝艳阳（2015年2月任）
办公室资深经理（专业技术二级）：关金红（2015年5月任）
信访办公室主任：王艳薇（女）（总行部门总经理级）（2015年7月免，退休）
信访办公室副主任：李恒生（总行部门副总经理）
基建办公室主任：刘铁彦（总行部门总经理级）
基建办公室副主任：戴勇（2015年4月任）

## 资产负债管理部

总经理：应承康（2015年10月免，退休）
副总经理（主持工作）：刘方根（2015年10月任）
副总经理：王晓薇（女）
副总经理：邸慧清（女）
资深经理（专业技术二级）：刘津峰

## 财务会计部

总经理：方秋月（2015 年 1 月任）

副总经理：许涛

副总经理：朱琳（女）

副总经理：杨立斌

资深经理（专业技术二级）：欧阳锋（2015 年 2 月）

## 人力资源部（党委组织部）

总经理、党委组织部部长：薛胜利

副总经理、党委组织部副部长：李春信（总行部门总经理级）

副总经理、党委组织部副部长兼教育培训部（二级部）总经理：刘英（女）（总行部门总经理级）（2015 年 8 月任）

副总经理、党委组织部副部长：徐云清

副总经理、党委组织部副部长：徐剑（2015 年 1 月免）

副总经理、党委组织部副部长：王晓平（2015 年 1 月任）

副总经理、党委组织部副部长：史艾（2015 年 9 月任）

## 股权与投资管理部

总经理：李云泽（2015 年 3 月免）

总经理：孙建政（2015 年 6 月任）

副总经理：文远华（2015 年 3 月免，调离）

副总经理：谢瑞平（2015 年 12 月免）

副总经理：丁慧（2015 年 12 月任）

副总经理：齐建功

副总经理：常佳伟

资深经理（专业技术二级）：蒋畅（2015 年 3 月任）

## 风险管理部

总经理：彭洪明（2015 年 3 月任）

副总经理兼资产保全部（二级部）总经理：刘桂峰（女）（总行部门总经理级）

副总经理兼市场风险管理部（二级部）总经理：杨军（总行部门总经理级）

副总经理：高扬

副总经理：田国林

资深经理（专业技术二级）：怡颖（女）

市场风险管理部（二级部）副总经理：钱爱莉（女）（总行部门副总经理）

资产保全部（二级部）副总经理：谭兴民（2015 年 3 月免，退休）

资产保全部（二级部）副总经理：马奎（2015 年 12 月免）

资产保全部（二级部）资深经理（专业技术二级）：曹桂英（女）

## 信贷管理部

总经理：尚朝辉（2015 年 5 月免）

总经理：邓艾兵（2015年9月任）
副总经理：张华清
副总经理：陈蕾
副总经理：尚妍（女）
资深经理（专业技术二级）：胡萍（女）

## 授信审批部

总经理：靳彦民
副总经理：李敏新（总行部门总经理级）
副总经理兼授信部（二级部）总经理：邓艾兵（总行部门总经理级）（2015年9月免）
副总经理兼授信部（二级部）总经理：纪伟（2015年9月任）
副总经理：宋知春（女）
副总经理：臧慧业
副总经理：童文涛
副总经理：张颖（女）（2015年9月任）
授信部（二级部）副总经理：张明合
授信部（二级部）副总经理：贺志红
授信部（二级部）副总经理：修 琦
副总经理级专职贷款审批人：王建林
副总经理级专职贷款审批人：何平（女）
副总经理级专职贷款审批人：杨利亚
副总经理级专职贷款审批人：王展刚（2015年12月免，调离）
副总经理级专职贷款审批人：张山林
副总经理级专职贷款审批人：蒋雯（女）
副总经理级专职贷款审批人：魏海滨
副总经理级专职贷款审批人：张承
副总经理级专职贷款审批人：饶跃胜
副总经理级专职贷款审批人：闫静波
副总经理级专职贷款审批人：陈林峰
副总经理级专职贷款审批人：喻永新
副总经理级专职贷款审批人：周晓
副总经理级专职贷款审批人：梁洪晨
副总经理级专职贷款审批人：蒋伯荣
副总经理级专职贷款审批人：陈红霞（女）
副总经理级专职贷款审批人：周永舫
副总经理级专职贷款审批人：陈新声
副总经理级专职贷款审批人：江艳峰
副总经理级专职贷款审批人：曹众
副总经理级专职贷款审批人：李年丰
副总经理级专职贷款审批人：张文利
副总经理级专职贷款审批人：毕立民
副总经理级专职贷款审批人：商立平

副总经理级专职贷款审批人：张剑峰（女）（2015年6月任）
副总经理级专职贷款审批人：翟玉茹（女）（2015年9月任）
副总经理级专职贷款审批人：陈德深（2015年9月任）
副总经理级专职贷款审批人：栗红保（2015年9月任）

**审计部**

总经理：李秀昆（2015年3月任）
资深经理（专业技术一级）：范广州（2015年9月任）
副总经理：周小知（2015年10月免）
副总经理：冯道海
副总经理：杨军
副总经理：武丕宏
副总经理：靳晓飞（女）
资深经理（专业技术二级）：陆君（女）（2015年5月任）

**内控合规部**

总经理：王军
副总经理：秦仁文（总行部门总经理级）（2015年9月）
副总经理：陈宝东
副总经理：万盛举
资深副经理（专业技术二级）：文海燕（女）（2015年9月任）
资深副经理（专业技术二级）：许振慧（2015年9月任）

**公司业务部**

总经理（兼）：康义
副总经理：蔡亚蓉（女）
副总经理：李钺（女）
副总经理：李丽杰（女）
副总经理：张喜军
副总经理：田建明
资深专员：魏兴富（总行部门总经理级）（2015年4月免）

**战略客户部**

总经理：刘广良（2015年2月任）
副总经理：万志敏（2015年11月免，退休）
副总经理：郑玉金（女）（2015年2月任）
副总经理：郑绍平（2015年2月任）
副总经理：程志伟（2015年2月任）
副总经理：鲁秀艳（女）（2015年2月任）
副总经理：钱理红（女）（2015年2月任）
副总经理：周明（2015年2月任）
资深经理（专业技术二级）：何华新（2015年2月任）

## 机构业务部

总经理：刘仁刚（2015 年 11 月免，退休）
副总经理：张坤
副总经理：王雪玲（女）
副总经理：马解宇（女）（2014 年 10 月任）
副总经理：孙玉辉
副总经理：黄小汉
资深经理（专业技术二级）：梅亚星

## 小企业业务部

总经理：刘守平
副总经理：周鑫泉
副总经理：隋露（女）
副总经理：李从军（2015 年 8 月免，调离）
副总经理：李晓芳（女）
资深经理（专业技术二级）：张楠（女）

## 养老金业务部

总经理：冯丽英（女）
副总经理：龚毅
副总经理：李红骏
副总经理：施宇平
资深经理（专业技术二级）：杭琛
总经理助理：张剑峰（女）（2015 年 6 月免）

## 投资托管业务部

总经理：赵观甫
副总经理：纪伟（2015 年 9 月免）
副总经理：张军红
副总经理：郑绍平（2015 年 2 月免）
副总经理：张力铮
副总经理：黄秀莲（女）

## 结算与现金管理部

总经理：李国建（2015 年 2 月任）
副总经理：周玉旺（2015 年 2 月任）
副总经理：张继波（2015 年 2 月任）
副总经理：霍晓梅（女）（2015 年 2 月任）

## 个人存款与投资部

总经理：杨绍萍（女）

副总经理：马美芹（女）
副总经理兼电话银行中心副总经理：张敏（女）
副总经理：刘涛（女）
副总经理：曹伟
副总经理：孙娜（女）
电话银行中心副总经理：李建峰（总行部门副总经理）
资深经理（专业技术二级）：虞菊华（女）
资深副经理（专业技术二级）：龚永媛（女）（2015 年 11 月）

### 财富管理与私人银行部

总经理：魏春旗（2015 年 3 月免）
总经理：黄先俊（2015 年 8 月任）
副总经理：应红（女）
副总经理：梅雨方
副总经理：杨刚
副总经理：马勇
副总经理：严俊

### 住房金融与个人信贷部

总经理：王毅
副总经理：孙冰峰（总行部门总经理级）
副总经理：童学锋
副总经理：孙聚贤（女）
副总经理：孟国鸿
副总经理：周　刚
资深经理（专业技术二级）：赵晓英（女）

### 信用卡中心

总经理、党委书记：段超良（2015 年 3 月免）
总经理、党委书记：魏春旗（2015 年 6 月任）
副总经理、党委副书记：蒋志春
副总经理、党委委员：吴惠涛
副总经理、党委委员：黄勇
副总经理、党委委员：张伟
纪委书记、党委委员：杨学才
党委委员：郭从秀（2015 年 1 月任）

### 网络金融部

总经理：黄浩（2015 年 12 月免，调离）
副总经理：马春峰（总行部门总经理级）（2015 年 3 月免，退休）
副总经理：刘建忠
副总经理：寇冠

副总经理：于潇（女）

## 产品创新与管理部

总经理：李尚荣（2015 年 1 月免）
总经理：徐捷（2015 年 4 月任）
副总经理：赵志宏（2015 年 9 月免）
副总经理：胡恒社
副总经理：汪下烟
资深经理（专业技术二级）：熊熙（女）（2015 年 2 月任）

## 金融市场部

总经理：谷裕
副总经理兼商品与期货交易部（二级部）总经理：王勇（总行部门总经理级）
副总经理：曹守年
副总经理：刘彦（女）
副总经理：张铮
副总经理：严瑛（女）
资深副经理（专业技术二级）：苏瑾（2015 年 8 月任）
资深副经理（专业技术二级）：何川（2015 年 8 月任）
商品与期货交易部（二级部）副总经理：雷鸣（总行部门副总经理）
商品与期货交易部（二级部）副总经理：格根（女）（总行部门副总经理）

## 资产管理部（投资银行部）

总经理：黄曦（女）
业务总监：黄金华（总行部门副总经理）
副总经理：李少俊
副总经理：谢国旺
副总经理：吴小隆（2015 年 4 月任）

## 国际业务部

总经理：杨爱民
副总经理：孙建政（总行部门总经理级）（2015 年 6 月免）
副总经理：江建华（2015 年 11 月免）
副总经理：孙剑波（女）
副总经理：钱理红（女）（2015 年 2 月免）
副总经理：原玎（女）
资深经理（专业技术二级）：蒋畅（女）（2015 年 3 月免）

## 渠道与运营管理部（2015 年 1 月更名）

总经理（兼）：牟乃密
副总经理：吕穗春（女）（总行部门总经理级）（2015 年 4 月任）
副总经理：李雪艳（女）（2015 年 4 月任）

副总经理：梁军（2015 年 4 月任）

副总经理兼渠道管理部（二级部）总经理：陈德（2015 年 9 月任）

副总经理：李月希（2015 年 4 月任）

资金业务营运总监：刘润发（总行部门总经理助理）（2015 年 11 月免，调离）

**数据管理部**

总经理：刘静芳（女）

副总经理：施良（2015 年 12 月免）

副总经理：曹建勇

副总经理：常征

副总经理：刘贤荣

资深经理（专业技术二级）：尚波

**信息技术管理部**

总经理：金磐石

副总经理兼“新一代核心系统”建设推进工作小组常务副组长：朱玉红（女）（总行部门总经理级）

副总经理：王申科

副总经理：刘延新

副总经理：纪朝晖

资深经理（专业技术二级）：林磊明

资深经理（专业技术二级）：郭汉利

资深副经理（专业技术二级）：李坤（2015 年 11 月）

资深专员：李骁（总行部门副总经理 级）

总工程师（专业技术一级）：胡宪忠

**法律事务部**

总经理：程美芬（女）（2015 年 11 月免，退休）

副总经理：曹屹立

副总经理：吴胜春

副总经理：侯太领

副总经理：周立众

资深经理（专业技术二级）：邱纪成

**战略规划部**

总经理：吴建杭

副总经理：蒋清海

副总经理：许占涛（总行部门总经理级）

副总经理：宋海林

副总经理：朱勇

资深经理（专业技术二级）：贾铁真

### 采购部

总经理：吴建中
副总经理：顾万寿
副总经理：黄文化

### 纪委、监察部（巡视办）

纪委副书记兼监察部总经理、巡视工作办公室主任：张华建（2015 年 5 月免监察部总经理职务，2015 年 10 月免巡视工作办公室主任职务）
纪委副书记兼巡视工作办公室副主任：林鸿（总行部门总经理）（2015 年 3 月免）
纪委副书记兼巡视工作办公室主任：林晓东（总行部门总经理）（2015 年 10 月任）
纪委副书记兼监察部总经理：王德刚（2015 年 5 月任监察部总经理）
副总经理：刘文锦（2015 年 5 月任）
副总经理：赵翀（2015 年 12 月任）
副总经理：罗铿（2015 年 5 月任）
副总经理：马景欣（女）（2015 年 9 月任）
资深副经理（专业技术二级）：杨洲德（2015 年 9 月任）
巡视工作办公室副主任兼总行巡视组副组长：傅晓燕（女）（2015 年 1 月免总行巡视组副组长）
总行第一巡视组组长：张涛（女）（2015 年 11 月免，退休）
总行第二巡视组组长：潘念宁（女）
总行第三巡视组组长：王毅（2015 年 4 月免）
总行第四巡视组组长：艾尔肯·艾则孜（2015 年 4 月任）
总行巡视组组长：陈东平（2015 年 4 月任）
总行巡视组副组长：魏兴福（总行部门总经理级）（2015 年 4 月任）
总行巡视组副组长：何小平（总行部门总经理级）（2015 年 4 月任）
总行巡视组副组长：邹春生（总行部门总经理级）（2015 年 5 月任）
总行巡视组副组长：冯涛
总行巡视组副组长：赵荣（女）（总行部门副总经理）
中国监察学会建设银行分行副秘书长：韩晓春（女）（总行部门副总经理）

### 公共关系与企业文化部（党委宣传部）

总经理、党委宣传部部长：刘进（女）
副总经理：何小平（2015 年 4 月免）
副总经理：柴翔
副总经理：张延明
副总经理：于保月（2015 年 4 月任）
资深副经理（专业技术 二级）：李锦望（2015 年 8 月任）

### 安全保卫部

总经理：刘晖
副总经理：任亚民（2015 年 6 月免）
副总经理：熊自力

## 离退休人员管理部

总经理：张玉英（女）
资深经理（专业技术二级）：万滨江（2015 年 7 月免）

## 机关党委

常务副书记：吴慧文（女）（总行部门总经理）（2015 年 1 月任）
机关纪委书记：李志（女）（总行部门副总经理）（2015 年 11 月免，退休）
机关党委副书记：韩智慧（总行部门副总经理）（2015 年 3 月任）
资深副经理（专业技术二级）：王利和（2015 年 8 月任）

## 党校（高级研修院）

常务副校长、高级研修院院长：王博之（总行部门总经理）（2015 年 10 月免）
副校长、高级研修院副院长（主持工作）：周小知（2015 年 10 月任）
副校长、高级研修院副院长：周平

## 工会（团委）

常务副主席（三职等）：王琳（2015 年 9 月免，退休）
副主席（拟任）：王博之（总行部门总经理级）（2015 年 10 月任）
团委书记：周波（总行部门副总经理）

## “新一代核心系统”建设推进工作小组

副组长：王怀伟

# 2015 年建设银行分行领导名录

## 北京市分行

行长、党委书记（兼）：余静波（2015 年 5 月免）
行长、党委书记：廖林（2015 年 5 月任）
副行长、党委副书记：李凡
纪委书记、副行长、党委委员：王光明
副行长、党委委员：郎理英（女）
副行长、党委委员：徐洪昇
副行长、党委委员：王新立
副行长、党委委员：吴泼伟（2015 年 3 月任党委委员，4 月任副行长）
资深专员：董建恒
资深专员：赵克义

## 天津市分行

行长、党委书记：高德高（2015 年 3 月免，调离）
行长、党委书记：邱书民（2015 年 3 月任）
副行长、党委委员：刘步其
副行长、党委委员：王斌（2015 年 5 月免，调离）
副行长、党委委员：李明凯
副行长、党委委员：屈宏志
纪委书记、党委委员：宋涛（2015 年 2 月任）
副行长、党委委员：王艳颖（女）（2015 年 9 月任）
副行长、党委委员：王津成（2015 年 9 月任）
资深专员：李军（女）（2015 年 1 月免职退休）

## 河北省分行

行长、党委书记：程远国
副行长、党委委员：郭英辉（女）
纪委书记、副行长、党委委员：韩智慧（2015 年 3 月免）
副行长、党委委员：李春生
副行长、党委委员：陈中新（2015 年 2 月任副行长）
副行长、党委委员：尹全振
副行长、党委委员：王永平
纪委书记、党委委员、工会主任：杜彦芳（女）（2015 年 3 月任纪委书记、党委委员）

副行长、党委委员：任鹏（2015 年 7 月任党委委员，9 月任副行长）
资深专家：孙福州（2015 年 1 月免职退休）

**山西省分行**

行长、党委书记：高　强（2015 年 5 月免）
行长、党委书记：尚朝辉（2015 年 5 月任党委书记，2015 年 7 月任行长）
副行长、党委副书记：陈东平（2015 年 3 月免）
副行长、纪委书记、党委委员：解陆一（2015 年 10 月免）
副行长、党委委员：斛文锋
副行长、党委委员：于　凡（女）
副行长、党委委员：宋佐军
副行长、党委委员：贾爱民
资深专员：孟荣华

**内蒙古自治区分行**

行长、党委书记：张勤（2015 年 7 月任）
行长、党委书记：邱书民（2015 年 3 月免）
副行长、党委副书记：朱博海（2015 年 3 月任）
纪委书记、党委委员：楚孔用（2015 年 3 月免）
副行长、党委委员：张兆西
副行长、党委委员：董发凯（2015 年 2 月免）
副行长、党委委员：崔殿满（2015 年 5 月免）
副行长、党委委员：孙建国
副行长、党委委员：乔俊峰（蒙古族）
副行长、党委委员：高凤山
纪委书记、党委委员：樊精隆（2015 年 7 月任）
行长助理：姜波（2015 年 10 月任）
行长助理：宋宝崧（2015 年 12 月任）
资深专家：汪永俭（2015 年 10 月由西安审计分部主任改任）

**辽宁省分行**

行长、党委书记：袁桂军
副行长、党委副书记：韩民
副行长、党委委员：司朝伟
副行长、党委委员：林忠治（2015 年 2 月调离）
副行长、党委委员：张勇
副行长、党委委员：张连钢（2015 年 9 月免）
纪委书记、党委委员：项宏（2015 年 2 月任）
行长助理：柳旭（女）
资深专员：籍宝奎（2015 年 12 月免职退休）
资深专员：孙琳

## 吉林省分行

行长、党委书记：杨铁军
副行长、党委副书记：于宁哲
副行长、党委委员：江文波（2015 年 11 月任）
副行长、党委委员、工会主任：姚殿英
纪委书记、党委委员：奚丽娟（女）（满族）
副行长、党委委员：具京子（女）（朝鲜族）
副行长、党委委员：刘伟
行长助理：李华（女）（朝鲜族）（2015 年 2 月免）
行长助理：王立生（2015 年 11 月任）
资深专家：王毅

## 黑龙江省分行

行长、党委书记：张勤（2015 年 7 月免）
行长、党委书记：石永拴（2015 年 7 月任党委书记，2015 年 9 月任行长）
副行长、党委副书记：耿庆军
副行长、党委委员：尹君
副行长、党委委员：李松
副行长、党委委员：张连钢（2015 年 9 月任党委委员，2015 年 11 月任副行长）
纪委书记、党委委员：杨贵满（2015 年 9 月任）
副行长、党委委员：江文波（2015 年 11 月免）
行长助理：邹洵游（2015 年 11 月免）
资深专员：姜鸿飞
资深专员：张慧敏（女）
资深专员：吕春光（2015 年 12 月免职退休）

## 上海市分行

行长、党委书记：王江（2015 年 3 月免，调离）
行长、党委书记：段超良（2015 年 3 月任）
副行长、党委副书记：徐捷（2015 年 1 月免）
副行长、党委副书记：徐众华（2015 年 2 月任党委副书记）
纪委书记、副行长、党委委员：林晓东（2015 年 10 月免）
副行长、党委委员：陈金富
副行长、党委委员：吴益强
副行长、党委委员：李骏
副行长、党委委员：李朝阳
副行长、党委委员：孙维（女）（2015 年 3 月任党委委员，6 月任副行长）
纪委书记、党委委员：孙莉琳（女）（2015 年 10 月任）
资深专员：纪万林（2015 年 9 月由资深客户经理（公司及机构业务）（专业技术二级）改任）
资深专员：冯嘉兴（2015 年 9 月由资深产品经理（专业技术二级）改任）

## 江苏省分行

行长、党委书记：杨毓（2015 年 7 月免，调离）
副行长、党委副书记：张毅
副行长、党委副书记：樊庆刚
副行长、党委委员：金扬统（2015 年 3 月免）
副行长、党委委员：邵斌
副行长、党委委员：张伟煜
副行长、党委委员：陈宝权
纪委书记、党委委员：方建平（2015 年 2 月任）
副行长、党委委员：刘兵（2015 年 2 月任）
资深专家：沈义明
资深专员：武莉（女）

## 浙江省分行

行长、党委书记：黄先俊（蒙古族）（2015 年 5 月免）
行长、党委书记：高强（2015 年 5 月任党委书记，2015 年 6 月任行长）
副行长、党委副书记：林顺辉（2015 年 5 月免）
副行长、党委副书记：苏克（2015 年 6 月任党委副书记，2015 年 8 月任副行长）
副行长、党委委员：张民
纪委书记、党委委员、工会主任：傅春兰（女）（2015 年 4 月免）
副行长、党委委员：陈慧芳（女）
副行长、党委委员：陈根海
副行长、党委委员：贾纯
党委委员：劳新江（2015 年 2 月任）
资深专员：王爱玲（女）（2015 年 7 月由浙江总审计室总审计师兼主任改任）

## 安徽省分行

行长、党委书记：戴跃明
副行长、党委副书记：徐　剑（2015 年 1 月任党委副书记，3 月任副行长）
副行长、党委委员：姚启凡
纪委书记、副行长、党委委员：杨庆生
副行长、党委委员：杨学军
副行长、党委委员：吴振广
副行长、党委委员：张广飞
副行长、党委委员：方华平
行长助理：袁平

## 福建省分行

行长、党委书记：刘丽华（女）
副行长、党委副书记：陈万铭（布依族）
副行长、党委副书记：丁保平（2015 年 4 月任党委副书记）

副行长、党委委员：王东标
纪委书记、党委委员、工会主任：郑碧玲（女）
副行长、党委委员：黄汾
副行长、党委委员：林平
资深专员：刘峰（2015 年 11 月由副行长、党委委员改任）
资深专员：李文贤（2015 年 3 月免职退休）
资深专员：林和发（2015 年 10 月免职退休）
资深专员：胡敏华（2015 年 11 月免职退休）

## 江西省分行

行长、党委书记：万国平
副行长、党委副书记（总行部门总经理）：林鸿（2015 年 3 月任）
副行长、党委委员：彭家彬
副行长、党委委员：蒋曙明
纪委书记、党委委员：王志武（女）
副行长、党委委员：刘忠
副行长、党委委员：杜占良
行长助理：丁俊
资深专家：易建荣（2015 年 12 月免职退休）
资深专员：喻金龙（2015 年 3 月由副行长、党委委员改任）

## 山东省分行

行长、党委书记：薛峰
副行长、党委副书记：李文达
副行长、党委副书记：王晓永（2015 年 3 月免）
副行长、纪委书记、党委委员：张维国
副行长、党委委员：李建平
纪委书记、党委委员：楚孔用（2015 年 3 月任）
副行长、党委委员：朱治昌
副行长、党委委员：郝子建（2015 年 5 月任副行长）
资深专员：刘振奇
资深专员：路民（2015 年 9 月由副行长、党委委员改任）

## 河南省分行

行长、党委书记：石亭峰
副行长、党委副书记：石永拴（2015 年 7 月免）
副行长、党委委员：张志军
副行长、党委委员：王保信
副行长、党委委员：黄兴宏
副行长、党委委员：路建华
纪委书记、党委委员：张新华
副行长、党委委员：许建东

副行长、党委委员：胡军（2015年11月任党委委员，2015年12月任副行长）
行长助理：岳邦奎（2015年1月任）

**湖北省分行**

行长、党委书记：廖林（2015年5月免）
行长、党委书记：林顺辉（2015年5月任党委书记，2015年7月任行长）
副行长、党委副书记、纪委书记：张敏（女）（2015年11月任）
副行长、党委委员：范广州（2015年9月免）
副行长、党委委员：林帆（2015年4月免）
副行长、党委委员：王进军
副行长、党委委员：石章振
副行长、党委委员：李忠东（2015年5月免）
副行长、党委委员：张为忠（2015年11月免纪委书记）
副行长、党委委员：李涛（2015年1月任党委委员，4月任副行长）
巡视员：陶恒喜

**湖南省分行**

行长、党委书记：刘力耕
副行长、党委副书记：梁德顺
副行长、党委委员：尹利芳
副行长、党委委员：卢刚
副行长、党委委员：文爱华
纪委委员、党委委员：朱怀伟
副行长、党委委员：黄天祥（2015年2月任副行长）
行长助理：李白宁（2015年1月任）
资深专家：陈二尧

**广东省分行**

行长、党委书记：刘军
副行长、党委副书记：李民（2015年9月任党委副书记）
副行长、党委委员：易景安（2015年9月免）
副行长、党委委员：吴集荣
副行长、党委委员：王雄（2015年5月任党委委员，2015年7月任副行长）
副行长、党委委员：李洪茂
副行长、党委委员：王燊
纪委书记、党委委员：杨泽英（女）
工会主任：王志雄
行长助理：邓竞
行长助理：席荣贵
资深专员：沈奕明
资深专员：王少先（2015年2月免）
资深专员：陈翠芳（女）（2015年6月免）

## 广西壮族自治区分行

行长、党委书记：胡昌苗
副行长、党委副书记：李思影
纪委书记、党委委员、工会主任：杨静挺
副行长、党委委员：梁建林（回族）
副行长、党委委员：黄诚东
副行长、党委委员：农卫东（壮族）
副行长、党委委员：陈创胜
行长助理：张石强（2015 年 2 月免）
行长助理：唐家健（2015 年 9 月任）
行长助理：王德志（2015 年 11 月任）
资深专家：魏振华（2015 年 6 月由副行长、党委副书记改任）

## 海南省分行

行长、党委书记：张中科
副行长、党委委员：李泉
副行长、党委委员：石滨（女）
纪委书记、党委委员、工会主任：尹慧琳（女）
副行长、党委委员：麦文盛
副行长、党委委员：戴建军（土家族）
副行长、党委委员：符史峰（2015 年 1 月任党委委员，2015 年 2 月任副行长）

## 重庆市分行

行长、党委书记：余江（2015 年 3 月免）
行长、党委书记：李云泽（2015 年 3 月任党委书记，2015 年 5 月任行长）
副行长、党委副书记：熊刚
副行长、党委委员：文姜元
纪委书记、党委委员：高永强
副行长、党委委员：陈义
副行长、党委委员：吴承恩
副行长、党委委员：张希
行长助理：杨中仑（2015 年 4 月任）
资深专家：何益民
资深专员：罗文章（2015 年 4 月免）
资深专员：刘平（2015 年 9 月由重庆总审计室总审计师兼主任改任）

## 四川省分行

行长、党委书记：杨丰来
副行长、党委委员：严斌
纪委书记、党委委员：李述成
副行长、党委委员：卢生

副行长、党委委员：孟伟（2015年10月任）
工会主任：颜克忠
行长助理：戴虎林
行长助理：杨泽新（女）
资深专员：汪海（2015年10月由副行长、党委委员改任）

### 贵州省分行

行长、党委书记：李果
副行长、党委委员：杜坚
纪委书记、副行长、党委委员：许修智
副行长、党委委员：肖倬
副行长、党委委员：陈昕（2015年3月任副行长）
副行长、党委委员：陆雪涛（女）
副行长、党委委员：朱启江
副行长、党委委员：吴建政
资深专员：张民权（白族）
资深专员：蒋晓树

### 云南省分行

行长、党委书记：高升亮
副行长、党委副书记：马亦凌（女）（回族）
副行长、党委委员：何跃
副行长、党委委员：董晓威
副行长、党委委员：赵海涛（2015年4月免纪委书记）
副行长、党委委员：李瑞冬（女）
纪委书记、党委委员：吴灿文（2015年4月由副行长改任纪委书记）
党委委员：普跃

### 西藏自治区分行

行长、党委书记：韩文贞
副行长、党委副书记：查克健
纪委书记、党委委员：次仁顿珠（藏族）
副行长、党委委员：王曼村
副行长、党委委员：武青勇
副行长、党委委员：孟伟（2015年10月免）
资深专员：罗文章（2015年4月任）
资深专员：严仕成

### 陕西省分行

行长、党委书记：杨新丰
副行长、党委副书记：李忠华
副行长、党委委员：刘红旗（2015年5月免，调离）

副行长、党委委员：曹建平（2015 年 8 月免）
副行长、党委委员：张玺峰
副行长、党委委员：张敏（女）（2015 年 11 月免）
副行长、党委委员：严建新（2015 年 8 月免纪委书记，2015 年 10 月任副行长）
纪委书记、党委委员：何宇欣（2015 年 8 月任）
副行长、党委委员：张庚（2015 年 8 月任党委委员，2015 年 12 月任副行长）

## 甘肃省分行

行长、党委书记：艾尔肯·艾则孜（维吾尔族）（2015 年 1 月免）
行长、党委书记：李尚荣（2015 年 1 月任党委书记，2015 年 2 月任行长）
副行长、党委副书记：王晓永（2015 年 3 月任）
副行长、党委委员：孙一顺
副行长、党委委员：王文永
副行长、党委委员：杨玉江
副行长、党委委员：朱博海（2015 年 3 月免）
纪委书记、党委委员：杨仲元（2015 年 8 月任）
资深专员：苏安平

## 青海省分行

行长、党委书记：李振宇
副行长、党委副书记：王浩
副行长、党委委员：梁世斌
副行长、党委委员：刘志发
副行长、党委委员：吕作龙
副行长、党委委员：刘玉武（蒙古族）
纪委书记、党委委员：汪有胜

## 宁夏回族自治区分行

行长、党委书记：郑海峰
副行长、党委副书记：刘海涛
纪委书记、党委委员：袁贵
副行长、党委委员：徐长宁（2015 年 2 月免）
副行长、党委委员：陈福功
副行长、党委委员：金大钊（满族）
副行长、党委委员：吴其海
副行长、党委委员：王斌

## 新疆维吾尔自治区分行

行长、党委书记：魏承国（2015 年 8 月免）
行长、党委书记：杨险峰（2015 年 9 月任）
副行长、党委委员：张春生
纪委书记、副行长、党委委员：阿布来提·木明（维吾尔族）

副行长、党委委员：徐军世
党委委员：李新平
副行长、党委委员：李军
资深专员：孙积安

**深圳市分行**

行长、党委书记：王业
副行长、党委副书记：李华峰（2015 年 8 月由党委委员改任党委副书记）
纪委书记、副行长、党委委员：王雄（2015 年 5 月免）
副行长、党委委员：赵芝然
副行长、党委委员：潘虹
副行长、党委委员：戴惠明
副行长、党委委员：李忠东（2015 年 5 月任）
纪委书记、党委委员：韩凤林（2015 年 5 月由副行长改任纪委书记）
资深专家：易景安（2015 年由广东省分行副行长、党委委员改任）

**大连市分行**

行长、党委书记：郭元析
副行长、党委副书记：程超英（女）
纪委书记、党委委员：隋岩（女）
副行长、党委委员：石新亭
副行长、党委委员：张鹏举（2015 年 12 月任）
副行长、党委委员：率长江（2015 年 12 月任）
副行长、党委委员：全敏（朝鲜族）（2015 年 12 月免）
资深专员：肖青（女）（2015 年 1 月免职退休）

**宁波市分行**

行长、党委书记：葛王杰
纪委书记、副行长、党委委员：任国正
副行长、党委委员：陈恒星
副行长、党委委员：卢冲
副行长、党委委员：张琐琐（女）
副行长、党委委员：张一敏（2015 年 7 月任党委委员，2015 年 8 月任副行长）
行长助理：陈晓峰

**厦门市分行**

行长、党委书记：生柳荣
副行长、党委副书记：黄霞（女）
副行长、党委委员：肖春辉
副行长、党委委员：黄惠玲（女）
副行长、党委委员：黄华红（女）
纪委书记、党委委员：封霞（女）（2015 年 2 月任）

资深专员：丁嘉槐

## 青岛市分行

行长、党委书记：段红涛
副行长、党委副书记：郭中华（女）（2015 年 3 月任党委副书记）
副行长、党委委员：刘远方
副行长、党委委员：王士清
副行长、党委委员：刘从正
纪委书记、党委委员：杨洲德（2015 年 9 月免）
副行长、党委委员：王德平（2015 年 9 月任党委委员，2015 年 11 月任副行长）
副行长、党委委员：徐　海（2015 年 9 月任党委委员，2015 年 11 月任副行长）
资深专员：陈庆辉（2015 年 2 月由副行长、党委委员改任）
行长助理：管恩新（2015 年 10 月任）

## 苏州分行

行长、党委书记：刘兴华
副行长、党委副书记：杨虹（女）（2015 年 11 月免）
副行长、党委委员：黄松鹤
纪委书记、副行长、党委委员：方建平（2015 年 2 月免）
副行长、党委委员：许永良
副行长、党委委员：朱斌晨
副行长、党委委员：冯宇
纪委书记、党委委员：戚晓钧（2015 年 7 月任）
资深专家：林少斌（2015 年 11 月免职退休）
资深专员：吕伟民（2015 年 12 月免职退休）

## 哈尔滨培训中心

主任、党委书记兼建设银行党校哈尔滨分校校长：孙平生
副主任、党委副书记：孙耀河
副主任、党委委员、资深副经理（专业技术二级）：邹洵游（2015 年 11 月任）
纪委书记、党委委员：王建立

## 常州培训中心

主任、党委书记兼建设银行党校常州分校校长：屈建伟
副主任、党委副书记：江炳钰
副主任、纪委书记、党委委员、资深副经理（专业技术二级）：汪书明（2015 年 4 月任纪委书记，2015 年 11 月任资深副经理（专业技术二级）
资深专员：赵余分（2015 年 3 月由纪委书记、副主任、党委委员改任）

# 2015年建设银行境内子公司负责人名单

| 序号 | 所在机构 | 职务 | 姓名 | 性别 | 民族 | 备注 |
|---|---|---|---|---|---|---|
| 1 | 中德住房储蓄银行 | 董事长（兼） | 王洪章 | 男 | 汉族 | |
| | | 行长 | 王云 | 男 | 汉族 | |
| 2 | 建信基金管理有限责任公司 | 董事长（兼） | 杨文升 | 男 | 汉族 | 2015年1月免 |
| | | 董事长 | 许会斌 | 男 | 汉族 | 2015年1月任 |
| | | 总裁 | 孙志晨 | 男 | 汉族 | |
| 3 | 建信金融租赁有限公司 | 董事长 | 顾京圃 | 男 | 汉族 | |
| | | 总裁 | 王强 | 男 | 满族 | |
| 4 | 建信信托有限责任公司 | 董事长 | 杜亚军 | 男 | 汉族 | |
| | | 总裁 | 王宝魁 | 男 | 汉族 | |
| 5 | 建信人寿保险有限公司 | 董事长（兼） | 章更生 | 男 | 汉族 | |
| | | 总裁 | 赵富高 | 男 | 汉族 | 2015年11月免 |
| | | 总裁 | 谢瑞平 | 男 | 汉族 | 2015年11月任 |
| | | 党委书记 | 苏克 | 男 | 汉族 | 2015年6月免 |
| | | 党委书记 | 赵富高 | 男 | 汉族 | 2015年6月任，<br>2015年10月免 |
| | | 党委书记 | 谢瑞平 | 男 | 汉族 | 2015年10月任 |
| | | 监事长 | 郭世坤 | 男 | 汉族 | 2015年8月免 |
| 6 | 建信期货有限责任公司 | 董事长 | 程双起 | 男 | 汉族 | |
| | | 总裁 | 葛文杰 | 男 | 汉族 | |
| 7 | 建信养老金管理有限责任公司 | 董事长（兼） | 余静波 | 男 | 汉族 | 2015年11月任 |
| | | 总裁 | 冯丽英 | 女 | 汉族 | 2015年11月任 |

# 2015年建设银行境外机构主要负责人名单

| 序号 | 所在机构 | 职务 | 姓名 | 性别 | 备注 |
|---|---|---|---|---|---|
| 1 | 新加坡分行 | 总经理 | 任冬艳 | 女 | 2015年10月由副总经理（主持工作）任总经理 |
| 2 | 法兰克福分行 | 总经理 | 谢均乐 | 男 | 2015年11月任 |
|  |  | 总经理 | 李彪 | 男 | 2015年6月免 |
| 3 | 约翰内斯堡分行 | 总经理 | 张进国 | 男 |  |
| 4 | 东京分行 | 总经理 | 李勇龙 | 男 |  |
| 5 | 首尔分行 | 总经理 | 彭钢 | 男 |  |
| 6 | 纽约分行 | 总经理 | 张骏 | 男 |  |
| 7 | 悉尼分行 | 总经理 | 金扬统 | 男 | 2015年3月任 |
|  |  | 总经理 | 王启新 | 男 | 2015年1月免 |
| 8 | 胡志明市分行 | 总经理 | 黄国勇 | 男 | 2015年3月任 |
|  |  | 总经理 | 孙琳 | 男 | 2015年2月免 |
| 9 | 台北分行 | 总经理 | 李国夫 | 男 |  |
| 10 | 多伦多分行 | 总经理 | 孙念北 | 男 |  |
| 11 | 澳门分行 | 总经理 | 侯伟荣 | 男 |  |
| 12 | 迪拜国际金融中心分行 | 总经理 | 袁盛瑞 | 男 |  |
| 13 | 建行亚洲/香港分行 | 总裁 | 毛裕民 | 男 |  |
| 14 | 建银国际 | 总裁 | 胡章宏 | 男 |  |
| 15 | 建行伦敦/伦敦分行 | 执行总裁 | 丰习来 | 男 |  |
| 16 | 建行俄罗斯 | 总经理 | 高榕 | 男 |  |
| 17 | 建行欧洲/卢森堡分行 | 总经理 | 李锁生 | 男 |  |
| 18 | 巴黎分行 | 总经理 | 张广迎 | 男 | 2015年10月任 |
| 19 | 阿姆斯特丹分行 | 总经理 | 李翔 | 男 | 2015年10月任 |
| 20 | 巴塞罗那分行 | 总经理 | 刘江 | 男 | 2015年10月任 |
| 21 | 米兰分行 | 总经理 | 张哲 | 男 | 2015年10月任 |
| 22 | 建行新西兰 | 总经理 | 徐长宁 | 男 |  |
| 23 | 建行巴西 | 执行总裁 | 陈铁军 | 男 | 2015年3月任，2015年10月免 |
| 24 | 香港培训中心 | 主任 | 吴忆 | 男 |  |

# 2015 年建设银行审计机构负责人名单

| 序号 | 所在机构 | 职务 | 姓名 | 性别 | 备注 |
|---|---|---|---|---|---|
| 1 | 天津审计分部 | 分部主任 | 鲁可贵 | 男 | |
| 2 | 沈阳审计分部 | 分部主任 | 王书仁 | 男 | |
| 3 | 上海审计分部 | 分部主任 | 沈　明 | 男 | |
| 4 | 南京审计分部 | 分部主任 | 邵来吉 | 男 | |
| 5 | 武汉审计分部 | 分部主任 | 金海萍 | 女 | 2015 年 7 月免 |
| 6 | 广州审计分部 | 分部主任 | 熊建华 | 男 | |
| 7 | 成都审计分部 | 分部主任 | 曾　益 | 男 | 2015 年 11 月免 |
| 8 | 西安审计分部 | 分部主任 | 汪永俭 | 男 | 2015 年 8 月免 |
| | | | 魏承国 | 男 | 2015 年 8 月任 |
| 9 | 香港审计分部 | 副主任 | 张德强 | 男 | |
| 10 | 北京总审计室 | 总审计师 | 张超英 | 女 | |
| 11 | 河北总审计室 | 总审计师 | 任　鹏 | 男 | 2015 年 7 月免 |
| | | | 陈素坤 | 女 | 2015 年 7 月任 |
| 12 | 山西总审计室 | 总审计师 | 许敏鸣 | 女 | |
| 13 | 内蒙古总审计室 | 总审计师 | 白俊芝 | 女 | |
| 14 | 大连总审计室 | 总审计师 | 金　军 | 男 | |
| 15 | 吉林总审计室 | 总审计师 | 宋　涛 | 男 | 2015 年 2 月免 |
| | | | 李　华 | 女 | 2015 年 2 月任 |
| 16 | 黑龙江总审计室 | 总审计师 | 贾悦红 | 女 | |
| 17 | 浙江总审计室 | 总审计师 | 王爱玲 | 女 | 2015 年 7 月免 |
| | | | 金海萍 | 女 | 2015 年 7 月任 |
| 18 | 宁波总审计室 | 总审计师 | 黄品良 | 男 | 2015 年 2 月免 |
| | | | 胡明月 | 女 | 2015 年 2 月任 |
| 19 | 福建总审计室 | 总审计师 | 林　华 | 女 | |
| 20 | 厦门总审计室 | 总审计师 | 温　剑 | 男 | |
| 21 | 山东总审计室 | 总审计师 | 崔凤芹 | 女 | |
| 22 | 青岛总审计室 | 总审计师 | 于敬一 | 女 | |
| 23 | 安徽总审计室 | 总审计师 | 胡　忠 | 男 | |
| 24 | 苏州总审计室 | 总审计师 | 谷成沛 | 男 | |
| 25 | 江西总审计室 | 总审计师 | 樊精隆 | 男 | 2015 年 7 月免 |
| | | | 滕赶远 | 男 | 2015 年 7 月任 |
| 26 | 河南总审计室 | 总审计师 | 程全正 | 男 | |

续表

| 序号 | 所在机构 | 职务 | 姓名 | 性别 | 备注 |
| --- | --- | --- | --- | --- | --- |
| 27 | 湖南总审计室 | 总审计师 | 张石强 | 男 | 2015 年 2 月任 |
| 28 | 深圳总审计室 | 总审计师 | 谭晓兵 | 男 | |
| 29 | 广西总审计室 | 总审计师 | 庞平声 | 男 | 2015 年 2 月任 |
| 30 | 海南总审计室 | 总审计师 | 庞平声 | 男 | 2015 年 2 月免 |
| | | | 侯凤儒 | 男 | 2015 年 2 月任 |
| 31 | 重庆总审计室 | 总审计师 | 刘　平 | 男 | 2015 年 9 月免 |
| 32 | 贵州总审计室 | 总审计师 | 陈光俊 | 男 | |
| 33 | 云南总审计室 | 总审计师 | 王黎川 | 男 | |
| 34 | 西藏总审计室 | 总审计师 | 白　杨 | 女 | 2015 年 4 月任 |
| 35 | 甘肃总审计室 | 总审计师 | 杨　宁 | 男 | 2015 年 1 月任 |
| 36 | 青海总审计室 | 总审计师 | 李锦旗 | 男 | 2015 年 1 月免 |
| | | | 张双勇 | 男 | 2015 年 4 月任 |
| 37 | 宁夏总审计室 | 总审计师 | 沈忠良 | 男 | |
| 38 | 新疆总审计室 | 总审计师 | 熊跃明 | 男 | 2015 年 7 月免 |